本書出版由國家古籍整理出版專項經費資助

本書出版得到國家古籍整理出版專項經費資助

蕭繹集校注

〔南朝梁〕蕭　繹　著
陳志平　熊清元　校注

上

上海古籍出版社

圖書在版編目(CIP)數據

蕭繹集校注 /（南朝梁）蕭繹著;陳志平,熊清元校注. —上海：上海古籍出版社，2018. 12（2019.10重印）
（中國古典文學叢書）
ISBN 978-7-5325-9019-3

Ⅰ. ①蕭… Ⅱ. ①蕭… ②陳… ③熊… Ⅲ. ①古典文學—注釋—中國—南朝時代 Ⅳ. ①I213. 912

中國版本圖書館 CIP 數據核字(2018)第 241588 號

中國古典文學叢書
蕭繹集校注
（全三册）
〔南朝梁〕蕭　繹　著
陳志平　熊清元　校注
上海古籍出版社出版發行
（上海瑞金二路 272 號　郵政編碼 200020）
（1）網址：www. guji. com. cn
（2）E-mail：guji1@guji. com. cn
（3）易文網網址：www. ewen. co
上海展强印刷有限公司印刷
開本 850×1168　1/32　印張 48. 125　插頁 17　字數 950,000
2018 年 12 月第 1 版　2019 年 10 月第 2 次印刷
印數：1,801–2,500
ISBN 978-7-5325-9019-3
I·3329　平裝定價：198. 00 元
如有質量問題,請與承印公司聯繫
電話：021-66356565

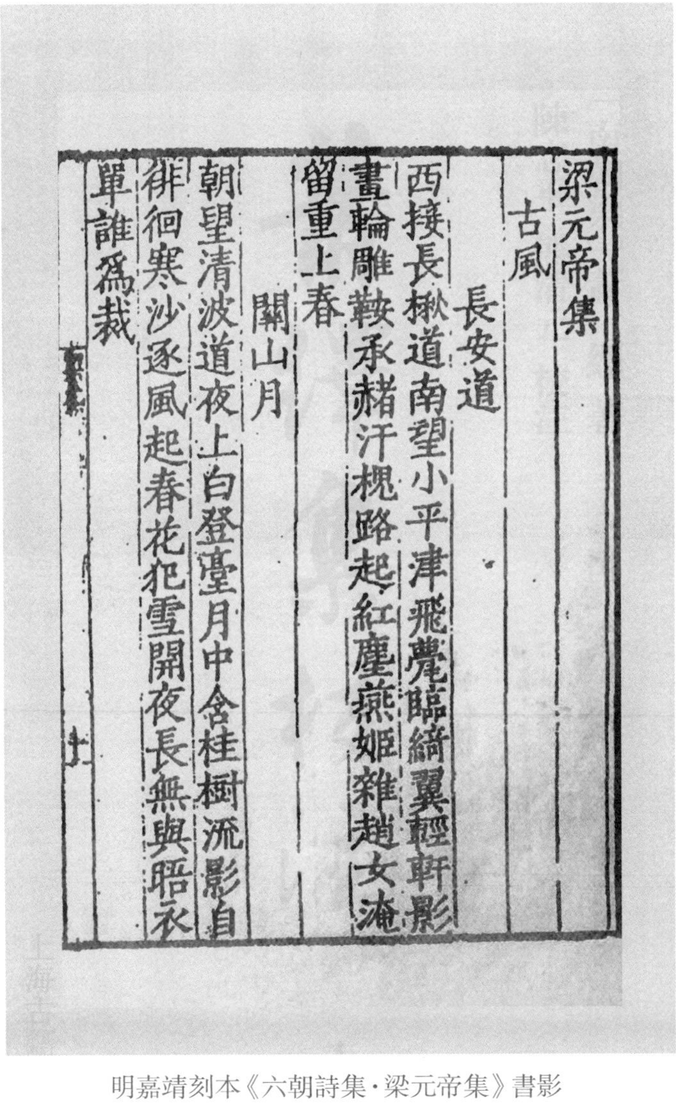
梁元帝集
古風
長安道
西接長楸道南望小平津飛甍臨綺翼輕軒影
畫輪雕鞍承赭汗槐路起紅塵燕姬雜趙女淹
留重上春
關山月
朝望清波道夜上白登臺月中含桂樹流影自
徘徊寒沙逐風起春花犯雪開夜長無與晤衣
單誰爲裁

明嘉靖刻本《六朝詩集·梁元帝集》書影

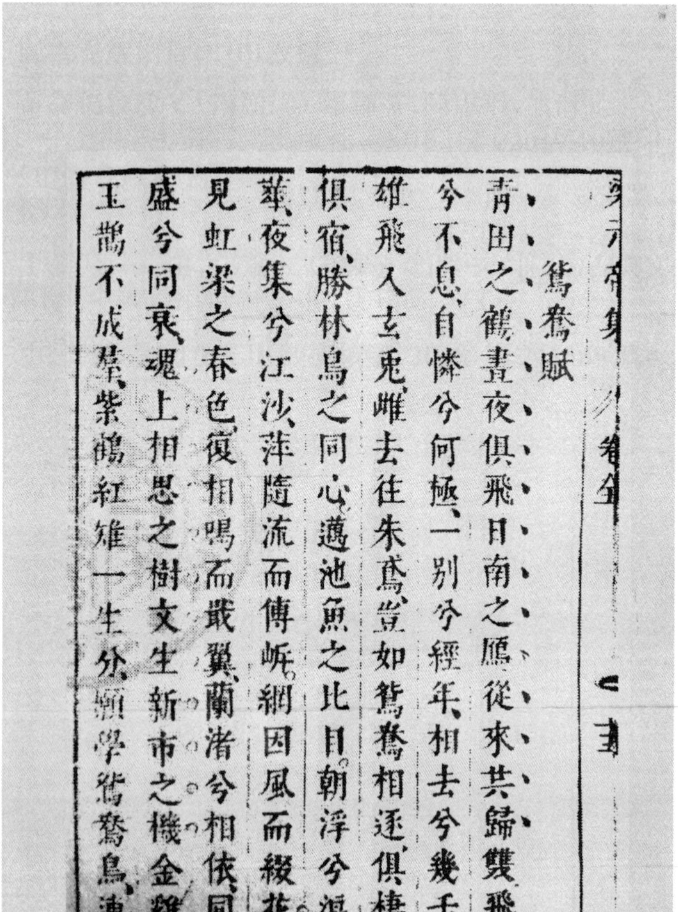

鴛鴦賦

青田之鶴、晝夜俱飛、日南之鴈、從來共歸、雙飛兮不息、自憐兮何極、一別兮經年、相去兮幾千、雄飛入玄兎、雌去往朱鳶、豈如鴛鴦相逐、俱棲俱宿、勝林鳥之同心、邁池魚之比目、朝浮兮浪華、夜集兮江沙、萍隨流而傳岻、網因風而綴花、見虹梁之春色、復相喝而戢翼、蘭渚兮相依、同盛兮同衰、魂上相思之樹、文生新市之機、金雞玉鵲不成羣、紫鶴紅雉一生分、願學鴛鴦鳥、連

明崇禎刻本張溥輯《漢魏六朝百三名家集·梁元帝集》書影

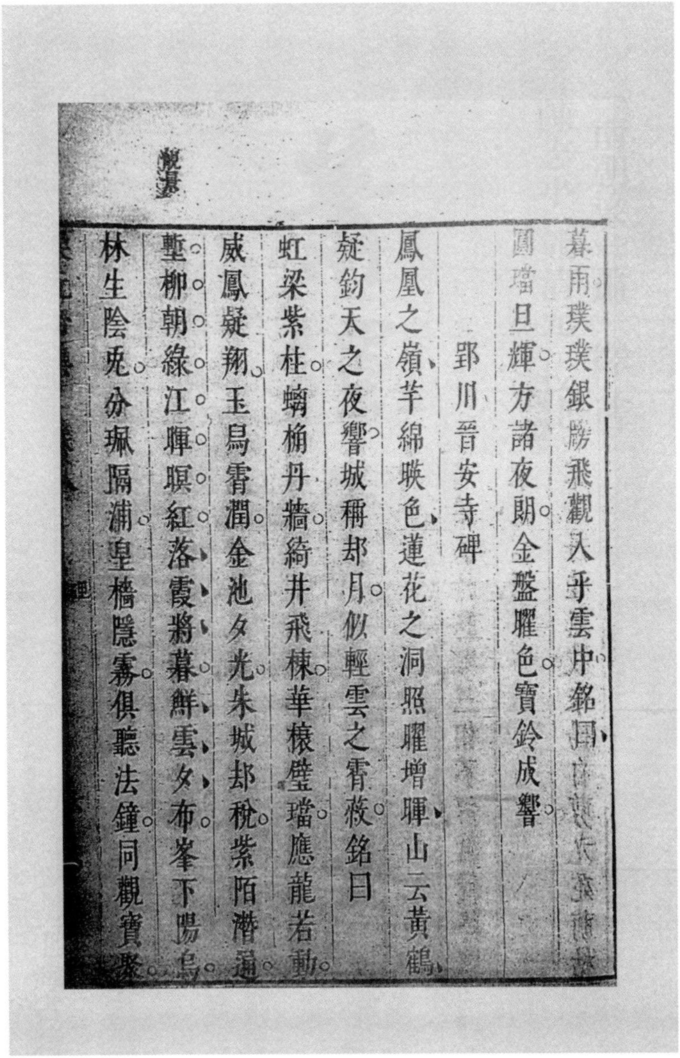

暮雨濮濮銀牓飛觀入乎雲中銘

圓璫旦輝方諸夜朗金盤曜色寶鈴成響

郢川晉安寺碑

鳳凰之嶺芊綿暎色蓮花之洞照曜增暉山云黃鶴

疑鈞天之夜響城稱却月似輕雲之霄蔽銘曰

虹梁紫柱螭桷丹墻綺井飛棟華榱璧璫應龍若動

威鳳疑翔玉鳥霄潤金池夕光朱城却梲紫陌潛通

塹柳朝綠江暉暝紅落霞將暮鮮雲夕布峯下陽烏

林生陰兎分珮隔浦皇檣隱霧俱聽法鐘同觀寶聚

明末刊本閻光世編《文選遺集·梁元帝集》書影

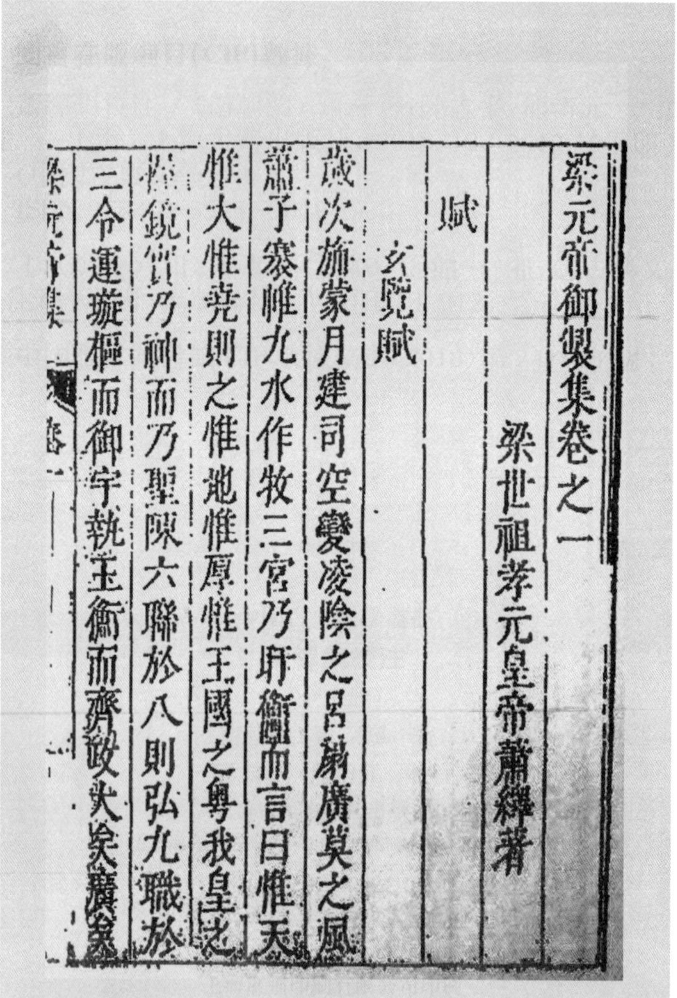
梁元帝御製集卷之一
梁世祖孝元皇帝蕭繹著
賦
玄覽賦
歲次旃蒙月建司空變淩陰之呂肅廣莫之風
蕭子褰帷九水作牧三宮乃瑕衢而言曰惟天
惟大惟堯則之惟地惟厚惟王國之粵我皇之
握鏡實乃神而乃聖隙六聯於八則弘九職於
三令運璇樞而御宇執玉衡而齊政炎炎廣炎
梁元帝集　卷一

明末刻本張燮輯《七十二家集·梁元帝御製集》書影

前言

蕭繹，字世誠，小字七符，南蘭陵（郡治在今江蘇省常州市）人，梁武帝蕭衍第七子。梁天監七年（508）生，母阮修容。天監十三年，封湘東王。歷會稽太守、丹陽尹、荆州刺史、江州刺史等職。太清元年（547），蕭繹再爲荆州刺史，且都督荆、雍、湘、司、郢、寧、梁、南、北秦九州諸軍事，此時的梁王朝内政外交危機四伏。二年八月，東魏投附梁朝的侯景叛亂。三年三月，梁京師被攻陷，梁武帝蕭衍、梁簡文帝蕭綱先後死於城中。大寶三年（552），蕭繹平息侯景之亂，於江陵稱帝，改元承聖。承聖三年（554）十月，其侄蕭詧聯合西魏攻江陵。不久，城破被俘，蕭繹被詧使人以土囊壓殺。承聖四年（555）四月，其子方智承制，追尊爲孝元皇帝，廟號世祖。

蕭繹是中國歷代皇帝中少有的學者、文學家和藝術家。

蕭繹一生勤奮好學。顔之推顔氏家訓載：「梁元帝嘗爲吾説：『昔在會稽，年始十二，便已好學。時又患疥，手不得拳，膝不得屈。閑齋張葛幃避蠅獨坐，銀甌貯山陰甜酒，時復進之，以自寬痛。率意自讀史書，一日二十卷，既未師受，或不識一字，或不解一語，要自重之，不知厭倦。』」〔一〕南史卷八梁紀元帝亦載：「性愛書籍，既患目，多不自執卷。置讀書左右，番次上直，晝夜爲常，略無休已，雖睡，卷猶不釋。五人各伺一更，恒致達曉。常眠熟大鼾，左右有睡，讀失次第，或偷卷度紙。帝必驚覺，更令追讀，加以檟楚。」蕭繹也自云曾因讀書「感心氣疾」，「泛玩衆書萬餘」〔二〕。

爲了多讀書，蕭繹大量聚書。金樓子聚書篇云：「吾今年四十六歲，自聚書來四十年，得書八萬卷，河間之侔漢室，頗謂過之矣。」平定侯景之亂，蕭繹又將京師建康的七萬多卷圖書運至江陵〔三〕，使其藏書數量多達十四萬卷。

除勤於讀書、藏書，蕭繹更勤於著述。梁書卷五元帝紀載：「所著孝德傳三十卷，忠臣傳三十卷，丹陽尹傳十卷。注漢書一百一十五卷，周易講疏十卷，内典博要一百卷，連山三十卷，洞林三卷，玉韜十卷，補闕子十卷，老子講疏四卷，全德志、懷舊志、荆南志、江州記、貢職圖、古今同姓名録一卷，筮經十二卷，式贊三卷，文集五十卷。」〔四〕蕭繹撰寫的金樓子中有著書篇，專門著録自己的著作，其中甲部書籍四件，一百三十二卷〔五〕，乙部十一件，二百十一卷〔六〕，丙部書籍十八件，一百六十卷〔七〕；丁部書四件，一百四十四卷〔八〕。另著録佛教類書内典博要一部三十三卷。如果加上其他未著録的作品如梁史、湘東鴻烈、金樓子、錦帶、纂要、山水松石格、洞林、筮經、西府新文、玉苑、玉苑麗文、相馬經、詩評、漢武洞冥記、孫子兵法注，蕭繹共有著作五十餘部七百餘卷，數量十分驚人〔九〕。這些著作，内容廣泛博雜，涉及經學、歷史、子學、玄學、佛理、占卜、兵法、繪畫、書法、音樂、文學創作和批評，惜大部分已經亡佚，流傳至今的就只有後人輯録的金樓子以及我們整理的這部蕭繹集了。

蕭繹從小喜好文學，至死不渝。金樓子自序篇載其「六歲解爲詩」，雜記篇上又載曾「賦詩蒙賞」。在其四十餘年的生涯中，蕭繹一直筆耕不輟，創作了大量的詩文。至臨死前，猶在賦詩。資治通鑑卷一六五梁紀世祖孝元皇帝下「承聖三年(554)」條載：十一月庚子，「是夜，帝巡城，猶口占爲詩，羣臣亦有和者」。南史卷八梁本紀元帝載：承聖三年，元帝都江陵，魏師至，城見剋，帝降。「在幽逼，求酒飲之，製詩四絶。……梁王詧遣尚書傅準監行刑，帝謂之曰：『卿幸爲我宣行。』準捧詩，流淚不能禁，進土囊而殞之」。

蕭繹亦工書法和繪畫。南史梁本紀元帝載：「帝工書善畫，自圖宣尼像，爲之贊而書之，時人謂之『三絶』。」顔氏家訓雜藝稱：「畫繪之工，亦爲妙矣；自古名士，多或能之。吾家嘗有梁元帝手畫蟬雀白團扇及馬圖，亦難及也。」四庫全書總目卷一一四山水松石格提要云：「元帝之畫，南史載有宣尼像，金樓子載有職貢圖，歷代名畫記載有蕃客入朝圖、游春苑圖、鹿圖、師利圖、鶼鶴陂澤圖、芙蓉湖醮鼎圖，貞觀畫史載有文殊像。是其擅長，惟在人物。故姚最續畫品録惟稱湘東王殿下工於像人，特盡神妙。」

作爲皇帝，蕭繹是失敗的，但作爲學者、文學家，蕭繹卻是成功的。金樓子流傳至今，是南北朝時期重要的子書作品，被譽爲「志在立言，文采燦然」之作〔一〇〕。古今同姓名録是第一部收集同姓名人物的書籍，忠臣傳是第一部專記忠臣事蹟的傳記，黄妳自序可能是第一部關於書籍故事的書。蕭繹鋭意求新，撰著了許多新題材著作。

蕭繹的文學創作，在梁代文壇乃至中國古代文學史上都有重要地位。梁書元帝紀稱其「篤志藝文」，「下筆成章，出言爲論，才辯敏速，冠絶一時」。南史梁本紀元帝贊他「文籍滿腹」。梁典總論稱：「世祖聰明特達，才藝兼美，詩筆之麗，罕與爲匹，伎能之事，無所不該。」明張溥漢魏六朝百三家集題辭稱蕭繹詩賦「婉麗多情」。三兄蕭綱許其爲當時文壇領袖，甚至將之比爲曹子建：「文章未墜，必有英絶；領袖之者，非弟而誰。每欲論之，無可與語，思吾子建，一共商權。」〔一一〕「事實上，梁中大通、大同之後的新文風，是由蕭綱、蕭繹兄弟連袂領導的」〔一二〕。梁中期，蕭統去世後，蕭綱繼位太子，倡導新體詩歌。這種詩歌内容上多寫宫廷生活和男女之情，形式上追求詞藻靡麗，繼承和發展了「永明體」，當時稱之爲「宫體」。其時，蕭綱與蕭繹書信往返，以蕭繹爲自己創作上的同調。而從蕭繹的文學創作和主張來看，其確實和蕭綱相互呼應，共同推動了「宫體詩」的創作。

蕭繹主張文學要求新求變，認爲時代在變，文章的體裁、情志、事義、辭采、音韻、風格等方面都要隨之而變。「新變」是文學保持活力的重要法寶：「夫世代亟改，論文之理非一；時事推移，屬詞之體或異。」〔一三〕同時，蕭繹求新卻並不追求驚奇怪異，他追求的是一種文質彬彬的文學風格：

> 能使艷而不華，質而不野，博而不繁，省而不率，文而有質，約而能潤，事隨意轉，理逐言深，所謂菁華，無以間也。〔一四〕

其次，蕭繹强調情感抒發的重要性，集中體現這一思想的是他的文筆說。可以說，蕭繹文學思想的一大創新，就是重新定義了文筆說。「在晉宋以後，最能代表一新異之文筆，要推梁元帝」〔一五〕。蕭繹在金樓子立言篇下中云：

> 今之儒，博窮子史，但能識其事，不能通其理者，謂之學。至如不便爲詩如閻纂，善爲章奏如伯松，若此之流，泛謂之筆。吟詠風謠、流連哀思者，謂之文。……筆退則非謂成篇，進則不云取義，神其巧惠，筆端而已。至如文者，惟須綺縠紛披，宫徵靡曼，唇吻遒會，情靈搖盪。……潘安仁清綺若是，而評者止稱情切，故知爲文之難也。

蕭繹嘲笑「作詩不對」乃是「吼文」〔一六〕，不能稱爲詩歌。「至此文筆的區分，便不用有韻脚無韻脚作標準了」〔一七〕。此就不同于傳統的文筆説了。其次，傳統文筆説認爲，詩、賦、誄、頌、銘、箴等文體因其有韻，故都是文，而蕭繹提出「吟詠風謠、流連哀思者」才是文，文是帶情感的。這兩點是蕭繹「文筆説」大放異彩之處。

蕭繹認爲文須「綺縠紛披，宫徵靡曼，唇吻遒會，情靈摇盪」，即「文」是表達感情的，同時要語言華美。西晉陸機文賦提出「詩緣情而綺靡」，要求詩歌用華美的語言來表達情感，蕭繹「綺縠紛披」「情靈摇盪」之論實承此而來。「宫徵靡曼」，指作品音節的相互配合，靡靡動聽；「唇吻遒會」，即指音節的和諧流利。此則是從永明聲律説發展而來的。

蕭繹的文學思想和以蕭綱爲首的宫體詩派的主張是完全一致的。宫體詩派的健將蕭子顯就曾指出：「在乎文章，彌患凡舊。若無新變，不能代雄。」〔一八〕在當時人看來，宫體詩本身就是一種求新的詩歌，故梁書稱宫體詩倡導者之一徐摛的詩歌爲「文體既别」〔一九〕，隋書稱蕭綱、蕭繹的創作爲「新巧」〔二〇〕。

蕭繹的詩歌創作踐行了自己的文學主張。今存蕭繹詩作八十四題九十六首，樂府十七題二十首，騷一首。其題材多爲宴遊寫景、閨怨艷情。另有少量的邊塞以及遊戲之作。

作爲諸侯王，蕭繹的生活是富貴無憂的，故宴遊詩歌占有很大部分，如和鮑常侍龍川館、和林下作妓應令、春夜看妓、和劉上黄、戲作艷詩等。這些宴遊詩中雖也有「舉杯聊轉笑，歎兹樂未央」（春夜看妓）這樣醇酒美人的徹夜嬉樂，但蕭繹推崇的實則是一種像三國時曹氏西園宴遊那樣的文人雅集，所謂「想延賓於北閣，因置酒于南軒。聞鶯鳴而懷友，聽長笛其何言」（言志賦），即在公務之餘，於良辰美景之中，和志同道合的朋友飲酒賞景，吟詩談玄。如落日射罷云：「附枝時可息，言從清夜遊。」去丹陽尹荆州其二：「終朝陪北閣，清夜侍西園。」

表現女性的閨情、閨怨是當時詩作相當普遍的題材，也是蕭繹詩歌的主要内容。如寒閨：「烏鵲夜南飛，良人行未歸。池水浮明月，寒風送擣衣。願織回文錦，因君寄武威。」寄送衣錦以申思念夫君之情。又如和彈箏人詩二首其一：「横箏在故帷，忽憶上弦時。舊柱離移處，銀帶手輕持。悔道啼將别，教成今日悲。」横箏在當下，一「故」字又勾連着過往，後四句歷史與現實交織，造成時空錯亂之感，寫盡物是人非的哀怨與愁思。春别應令四首、戲作艷詩、班婕妤、閨怨詩等，則傾吐閨中女子感懷身世、哀愁自傷之情愫。

蕭繹此類詩歌雖亦可歸入宫體詩，細加體味，詩人主要抓住女性的悲苦、哀怨之類的情感集中描寫，與其他宫體詩人過分注重對女性的容貌、表情、姿態、動作以及衣着、用具乃至其居室和周圍的自然環境作精細而具體的描繪有所不同。蕭繹詩歌注重情感的抒發表達，這與其「吟詠風謡，流連哀思」的理論主張是互相表裏的。故其詩歌往往有感動人心的力量，而不以情色誘惑取勝。

蕭繹的樂府詩，大部分屬樂府横吹曲。如驄馬驅前半部分寫邊塞苦寒惡劣的氣候，使人有置身邊關之感；後半部分寫「行役子」的奔波辛勞，結句「還看玉關路」，暗含思鄉之意，感情藏而不露，卻更加動人。劉生「任俠有劉生，然諾重西京」，慷慨激昂，激蕩人心，頗有豪俠之氣。其他如燕歌行、紫騮馬、關山月，所用雖是樂府舊題，但氣勢昂揚，充滿了悲壯之感，這些都爲唐代邊塞詩的創作積累了經驗。

蕭繹的詩歌中，還有一部分是遊戲之作，如宫殿名詩、縣名詩、姓名詩、將軍名詩、屋名詩、車名詩、船名詩、歌曲名詩、藥名詩、針穴名詩、龜兆名詩、獸名詩、鳥名詩、樹名詩、草名詩、相名詩，共計十六首，這些詩作是將某類事物如宫殿名、郡縣名嵌入詩歌之中，雖然只是一種文字遊戲，却講求知識的廣博和構思的巧妙。如船名詩：「天暝浮雲飛，三翼自相追。池模白鷁舞，檐知青雀歸。華淵通轉塹，伏檻跨相磯。松澗流星影，桂窗斜月暉。思君此無極，高樓淚染衣。」詩中三翼、白鷁、青雀、高樓實則都是船名。這對作者的知識儲備是一大考驗。諸多船名排列，卻並不使人生厭，就在於作者巧妙構思情境。齊梁隸事之風盛行，貴族喜歡較量記憶同類事物之多寡以顯示才學之高下，蕭繹受此影響，作遊戲之詩，亦是時代風氣之典型反映。

當然，蕭繹的詩歌也存在題材狹窄、遊戲之作過多等缺點。作爲諸侯王，侯景之亂前，蕭繹生活安定從容，不太有機會接觸更廣闊的生活，故其詩歌雖有較高的技巧，但内容貧乏。侯景之亂起，平静的生活被打破，其在平定叛亂之餘卻依然屬文不輟，而其詩歌内容則有所豐富，詩風也由雍容婉約變爲粗獷悲涼了。如從軍行：「寶劍飾龍淵，長虹畫彩旃。山虚和鐃管，水静瀉樓船。連雞隨火度，燧象帶烽然。洞庭晚風急，瀟湘夜月圓。荀令多文藻，臨戎賦雅篇。」此平定湘土，以領軍將軍、大都督率軍東下，進討侯景。此時王僧辯斬湘州刺史河東王譽，平定湘土，以領軍將軍、大都督率軍東下，進討侯景。瀟湘月圓，洞庭風急，氣氛急切緊張，格調鏗鏘剛健，此已經不同于湘東苑中的無邊風月了。「臨戎賦雅篇」，別是一種情懷心境。其他如藩難未静述懷、登城觀戰、憶始安王等，都能將自己的經歷和真情實感融入詩中。齊梁詩歌至此開始跳出吟風詠月的狹小天地，向更廣闊的道路發展了。

歷史學家范文瀾曾說：「自玄言詩以至對偶詩，大都是缺乏性情或者不敢露出真性情的詩，梁陳詩人卻敢於説出真性情，雖然這種真性情多是污穢的，但終究是有了内容。」〔三〕梁代詩人在情感表達上相較前代詩歌更自然真實，此在蕭繹的作品中體現得尤爲明顯，因爲蕭繹主張文學就是要寫情，尤其是詩歌要做到「情靈摇盪」。蕭繹的詩歌就特别注重心理、情感描寫，將女性的心潮起伏作爲描寫的重要題材，通過微妙的表情、動作變化表現女性的心理，有時亦感人至深。如别詩二首之一：「别罷花枝不共攀，别後書信不相關。欲覓行人寄消息，衣常潮水暝應還。」通過「不共攀」、「不相關」寫别後的相思之苦，而以潮水有信反襯「行人」的無情，又暗寓盼歸之意，和唐李益江南曲「早知潮有信，嫁與弄潮兒」有異曲同工之妙。登顔園故閣：「衣香知步近，釧動覺行遲。」「步近」寫夫，「釧動」言己，寫出了少婦知夫婿歸來的急切趨奔之情。戲作艷詩：「入堂值小婦，出門逢故夫。含辭未及吐，絞袖且踟躕。」今懷無已，故情有餘，「絞袖」不安，踟躕難行。

求新也是蕭繹的詩歌主張和追求，現存蕭繹的詩作就有不少刻意求新之作。如春日，句句用「春」字，全詩十八句，用了二十三個「春」字，雖模擬陶淵明止酒每句用「止」字，卻在遊戲之餘又自有其妙處。如「春心日日異，春情處處多。處處春芳動，日日春禽變。春意春已繁，春人春不見。不見懷春人，徒望春光新」。「春」字的重複，句短語促，凸顯了春之來去匆匆，更讓人感春傷懷。閻本評爲：「喜其調之屢變而不徘。」〔二二〕而鮑泉奉和湘東王春日詩則用二十九「新」字，遊戲成分就更濃了。而十六首具名詩雖是遊戲之作，但均構思精巧，屬對工整。「多務纖巧，此變之變也」〔二三〕。

蕭繹的詩歌對顏色不太敏感。雖然也能寫出顏色生動艷麗的詩句，如「霞出浦流紅，苔生岸泉緑」（示吏民），「霜戈臨漸白，日羽映流紅」（藩難未静述懷），「池紅早花落，水淥晚苔生」（納涼），「葉翠如新翦，花紅似故栽」（賦得詠石榴），但多是大紅大緑的常見顏色搭配，未見其特別的渲染構思。這可能和蕭繹患眼疾、視力不佳有關。反之，蕭繹對於光影的變化特别敏感，同時，視覺的缺陷也成就了其嗅覺和聽覺的敏鋭，因此刻畫光綫的明暗變化，描繪若隱若現浮動的氣息和聲響成爲了其詩歌的一大特色。晚景遊後園：「高軒聊騁望，焕景入川梁。波横山渡影，雨罷葉生光。日移花色異，風散水文長。」雨過天晴，池塘水漲，倒映着山影，樹葉上的雨滴在夕陽下熠熠生輝，花的顏色隨着太陽的移動而時時不同。作者以「望」來統攝全篇，大自然的一切都在陽光普照下變化着。而詠池中燭影則寫燭影在池水中的變化：「映水疑三燭，翻池類九微。入林如磷影，度渚若螢飛。」其他如「風入花枝動，日映水光浮。」（奉敕爲詩）「柳條恒掃岸，花氣盡熏舟。水際含天色，虹光入浪浮。」（赴荆州泊三江口）「戲蝶時飄粉，風花乍落香。高欄來蕙氣，疏簾度晚光。」（後臨荆州）「玉題書仙篆，金牓燭神光。桂影侵檐進，藤枝繞檻長。苔文隨溜轉，梅氣入風香。」（和鮑常侍龍川館）「竹密無分影，花疏有異香。」（春夜看妓）「鳴珂隨蹋駃，輕塵逐影移。香來知驟近，汗斂覺風吹。」（後園看騎馬）「日照池光淺，雲歸山望濃。」（遊後園）「香浮鬱金酒，煙繞鳳皇樽。」（和劉尚書兼明堂齋宫）「臨池影入浪，從風香拂衣。」（賦得蘭澤多芳草）諸如此例，不一而足。

蕭繹的詩作在煉字、對偶、白描、格律以及意境營造等方面，則爲唐代近體詩的形成和發展奠定了基礎。清王夫之以爲梁元帝蕭繹爲七言小詩之祖[二四]，並評春别應令二首云：「元帝二詩，恰與劉夢得浪淘沙、白樂天竹枝合轍。蓋中唐人於此一體殊勝盛唐，中唐以興會爲主，雅得母音故也。元帝五言於詩家最爲卑下，而於此體則爲母音。」[二五]清吴喬圍爐詩話卷一稱春别爲「似律之詩」。明胡應麟詩藪内編卷三「古體下」稱：「簡文烏棲曲妙於用短，元帝燕歌行巧於用長，並唐體之祖也。」卷四「近體上」稱：「齊、梁、陳、隋句有絶是唐律者……元帝『疊鼓隨朱鷺，長簫應紫騮』……皆端嚴華妙。」采菽堂古詩選卷二二評藩難未静述懷「霜戈臨塹白，日羽映流紅」：「『白』、『紅』二字生動。」古詩鏡卷一九評從軍行「山虚和鐃管，水浄寫樓船」：「句琢而韻。」采菽堂古詩選卷二二評：「『山虚』二句佳，『水浄』句尤活。」閻本評姓名詩「濤來如陣起，星上似烽燃」：「俱從境造。」六研齋筆記卷四評巫山詩「樹雜山如畫，林暗澗疑空」：「山之精采浮動，全藉於樹，樹雜則穿插掩映，有幽深層遝之趣，元帝善畫，二語已破山水之的。」

除詩歌外，蕭繹還有各體文章總計一百三十七篇。這些文章中，有很大一部分是教、令、表、書信、碑銘、論等應用性文字。其中亦時有名作佳句。清許槤六朝文絜卷三選録有蕭繹的答勸進群下令，評「侯景，項籍也；蕭棟，殷辛也。赤泉未賞，劉邦尚曰漢王；白旗弗懸，周發猶稱太子」諸句：「引古立案，構思精而撰語陗。」卷九選録鄭衆論，評「風生稽落，日隱龍堆；翰海飛沙，皋蘭走雪」四句云：「寫得濃至而有態，睹此光景，焉能不酸鼻痛心。」錢鍾書曾評攝山棲霞寺碑「苔依翠屋，樹隱丹楹」句：「『隱』字尋常，『依』字新切。」〔二六〕

蕭繹曾創作了不少的辭賦。隋書卷七八藝術庾季才傳附子質傳：「庾質，字行修，少而明敏，早有志尚。八歲誦梁世祖玄覽言志等十賦，拜童子郎。」庾質七歲即能誦玄覽言志等十賦，可知時人對蕭繹的辭賦是頗爲推崇的。今則僅存有辭賦七篇，其中玄覽賦、言志賦、蕩婦秋思賦、採蓮賦均是辭賦佳作。蕩婦秋思賦婉麗多情，況周頤以爲是「至佳之詞境」，「看似平淡無奇，卻情深而意真」〔二七〕。採蓮賦筆法細微，構思新巧，充滿生活情趣。開篇即云：「紫莖兮文波，紅蓮兮芰荷；緑房兮翠蓋，素實兮黄螺。」襯以紫、紅、緑、素（白）諸明亮之色，爲人物設置了明快愉悦的活動背景。「棹將移而藻掛，船欲動而萍開」則很有畫面感。「恐沾裳而淺笑，畏傾船而斂裾」以動作寫心理，纖巧細緻。「蓮花亂臉色，荷葉雜衣香」構思別致，對唐王昌齡採蓮曲

「荷葉羅裙一色裁，芙蓉向臉兩邊開」有直接影響〔二八〕。此賦亦入選了六朝文絜，許槤對其語言十分贊許。

蕭繹最重要的賦作當推玄覽賦。該賦結構宏大，語言華美，是六朝少見的長篇大賦。錢鍾書曾指出：「全梁文卷一三梁元帝玄覽賦洋洋四千言，追往事而述遊蹤。」〔二九〕蕭繹是想借此賦對自己一生做一次深刻的總結。玄覽賦構思非常巧妙。從表面看，該賦有意模仿西晉潘岳西征賦，屬於征行賦，即以行旅爲線索來表現個人經歷和情感，但蕭繹突破前人征行賦只記某一次行旅的模式，而是以任職時間先後爲順序將自己多年的仕宦蹤跡融入一篇賦中。全賦以地點的轉換來展開描寫，整體感覺仍是征行賦的模式，只是這些地點是蕭繹歷次仕宦地的串聯，前後跨越了二十餘年，故給人新奇繁複之感，體現了蕭繹在賦作上的求新求變精神。梁元帝御製集篇末小注云：「帝始封湘東王，爲會稽太守，入尹丹陽，出牧荆州，後召爲護軍、領石頭戍。至是復褰帷江州。追敘宦跡，綜爲茲篇。按河上公曰：『心居玄冥之處，覽知萬物，謂之玄覽。』賦名本此。」由此可窺得玄覽賦的奧秘。

全賦洋洋灑灑近四千字，總結了自己二十六年的仕宦生涯，時間跨度大，地點轉換頻繁，内容豐富而不雜亂，得益于蕭繹構思嚴謹，選材精當。此如同一棵大樹，主幹挺拔，雖有衆多枝椏，但錯落有致，反顯得枝繁葉茂。同時，蕭繹將仕宦地域的人文掌故、地理風貌和民俗物産巧妙融合，鋪張揚厲，極貌以寫物，感情强烈，頗能顯示大梁的聲威和氣勢。

作爲文壇領袖之一，蕭繹不僅提出了自己的文學主張，有自己的文學創作實踐，還團結了劉緩、鮑泉、周弘直、劉孝綽、徐君蒨、徐陵、陰鏗、顔之推、王褒、庾信等文學創作人才，形成了西府文學集團。該集團通過詩文唱和、典籍編撰、江陵校書等活動，在創作上相互切磋砥礪，同時和蕭綱文學集團遥相呼應，推動了當時文學、學術的發展。〔三〇〕

蕭繹生前，其作品就已經結集。金樓子著書篇：「集三秩三十卷。」〔三一〕此集當即是蕭繹自己的作品集。梁書元帝紀與南史梁本紀元帝均著録「文集五十卷」。隋書卷三五經籍志著録：「梁元帝集五十二卷，梁元帝小集十卷。」隋書比梁書南史多出兩卷，或是目録。而「小集」則是指部分作品的結集。舊唐書經籍志、新唐書藝文志則俱著録爲：「梁元帝集五十卷，梁元帝集十卷。」但這也並非表示蕭繹作品在宋初以來尚有完集流傳。因爲舊唐書經籍志、新唐書藝文志的基礎是唐毋煚的古今書録，而古今書録完稿於開元年間。故只可以説唐開元間蕭繹集尚有五十卷流傳。完成時間相當於我國唐昭宗大順二年(891)的日本國見在書目録則著録有「湘東王集一。」此「一」或爲一卷。宋直齋書録解題卷一九、文獻通考卷二四二俱録「梁元帝詩一卷」。至明末，世善堂藏書目録著録「梁元帝詩集一卷」，澹生堂藏書目著録：「梁元帝集一卷。」似乎一卷本此時還有流傳〔三二〕。這表明，唐末至宋代以來，只有一卷本的蕭繹集流傳。大約在唐代的「安史之亂」的浩劫中，蕭繹文集散佚了。而明代國史經籍志著録「元帝集五十卷，小集十卷」，清乾隆江南通志經籍志著録「元帝集五十二卷，梁元帝小集十卷」，都是抄襲前代書目的著録，實則未見原書。

明代中葉有學人收集整理前代典籍，其中就包括梁元帝的詩文。如明張之象古詩類苑、馮維訥古詩紀、梅鼎祚梁文紀、陸時雍古詩鏡等均輯録有大量蕭繹的作品。明無名氏輯六朝詩集（一説薛應旂編纂），其中就收録有梁元帝集一卷，此一卷是否就是唐末流傳下來的一卷本尚未可知。張燮編七十二家集，中有梁元帝御製集十卷，附録一卷。閻光世所編的文選遺集，其中有梁元帝集八卷。張溥輯漢魏六朝百三名家集，亦録有梁元帝集。清嚴可均輯録全上古三代秦漢三國六朝文，其全梁文中有梁元帝集。今人逯欽立先秦漢魏晉南北朝詩中有梁元帝詩集。

檢隋唐以來史籍如梁書、南史、陳書，總集如玉臺新詠、文館詞林、廣弘明集、文苑英華、樂府詩集，類書如藝文類聚、初學記、太平御覽、册府元龜等，對蕭繹的詩歌、文章均有收録，甚至蕭繹自己撰寫的金樓子中亦收有少量文章序言。今檢明清以來所編輯的蕭繹集中的作品，均未超出宋以前總集、類書範圍〔三〕。今諸書俱存，而明清人所輯録之蕭繹集，不僅文字多有訛誤，且有誤入、漏輯者，故我們整理蕭繹集，決定截斷衆流，直接從宋代及以前的史籍、總集、類書中重新輯録蕭繹作品，而不以明清某一蕭繹集爲底本。

在校勘上，對於明以前所存的蕭繹作品，則盡量搜集通校；明清以來的蕭繹集和文獻中著録的蕭繹作品，則選其有價值者出校；對前人和今人零散的校勘成果，亦擇善而從。在注釋上，除注意名物制度，如官職、地名、典章制度外，尤其注意梁元帝詩文中的語典和事典，以及對作者使用時心境、意圖的揭櫫〔三四〕。在注釋的同時，亦廣泛收集蕭繹詩文的相關資料，如他人唱和之作、歷代評論等，以便學人研究。

本書還意在與筆者所撰金樓子疏證校注配合，形成完備的現存蕭繹著作全集，故在全面收羅其詩歌、文章的同時，也重新輯録了蕭繹的其他著作佚文，如纂要、詩評、孫子兵法注、同姓同名録等，以餘編形式附於全書之後，免去讀者翻檢之勞。

近些年來，學界對蕭繹的研究已有比較豐富的成果，主要集中在以下幾個方面：一是年譜。如吴光興撰蕭綱蕭繹年譜〔三五〕，書中對譜主蕭綱、蕭繹生平進行了詳細考證。二是有關作品的繫年。如曹道衡、劉躍進編南北朝文學編年史〔三六〕，陳文新主編中國文學編年史〔三七〕。二書對梁元帝生平、作品進行了繫年。三是相關史實、史料的札記。如周一良魏晉南北朝史札記〔三八〕，曹道衡、沈玉成中古文學史料叢考〔三九〕，二書對梁元帝相關史實、作品有諸多考辨。四是關於梁元帝詩文的研究性專著和單篇論文。如劉躍進門閥士族與永明文學、鍾仕倫金樓子研究、柏俊才梁武帝蕭衍考略等，對梁元帝的思想傾向、文論主張、詩文藝術等頗有研究。這些論著爲我們整理梁元帝作品，提供了重要的參考。至於對蕭繹詩文的整理，有唐前諸帝詩文校注梁元帝集〔四〇〕，流傳未廣，筆者未能得見。

此次整理，我們力争爲學界提供一個現存作品搜集完備、校勘可靠、方便使用的蕭繹集的新文本，爲讀者正確理解蕭繹詩文貢獻一個可信的注釋本，爲學人研究蕭繹作品提供必要的參考文獻和相關資料索引。

限於學力，書中錯誤和不足之處定有不少，還望專家學者和廣大讀者批評指正。

【校注】

〔一〕顔氏家訓卷三勉學篇。顔之推之父顔協曾釋褐爲湘東王蕭繹國常侍，又兼府記室。蕭繹出鎮荆州，轉正記室。顔真卿顔魯公集卷一六唐故通議大夫行薛王友柱國贈秘書少監國子祭酒太子少保顔君廟碑銘并序：「〔顔見遠〕生梁鎮西記室參軍諱協字子和，感家門事義，不求聞達。元帝著懷舊詩以傷之。撰晉仙傳五篇。」

〔二〕金樓子自序篇。

〔三〕南史卷八〇賊臣傳侯景：「收圖書八萬卷歸江陵。」隋書卷四九牛弘傳載：弘上表請開獻書之路，有云：「蕭繹據有江陵，遣將破平侯景，收文德之書，及公私典籍，重本七萬餘卷，悉送荆州。故江表圖書，因斯盡萃於繹矣。」隋書卷三二經籍志：「元帝尅平侯景，收文德之書及公私經籍，歸於江陵，大凡七萬餘卷。」

〔四〕南史梁紀元帝所著録多出金樓子十卷，另洞林作詞林，全德志作古今全德志，荆南志作荆南地記。

〔五〕甲部主要是五經類書籍。金樓子著書篇作者自己所統計數量與實際留存之間有差別，可能是金樓子著書篇有殘缺。甲部實際卷數爲九十九卷。

〔六〕乙部是歷史記載類書籍，實際二百〇一卷。

〔七〕丙部爲諸子類書籍，包括兵法、食譜、棋譜、地志、繪畫等，實際一百五十九卷。

〔八〕丁部主要是作品合集。

〔九〕今蕭繹著作有的真僞難定。如錦帶，蕭統昭明集中亦有之，題曰十二月啓。纂要，所載多與戴安道、顔延之所撰相混。山水松石格，四庫全書總目卷一一四山水松石格：「其文凡鄙，不類六朝人語。……未聞以山水松石傳，安有此書也？」漢武洞冥記，余嘉錫四庫提要辯證卷一八考證，此書爲蕭繹所作。舊本題後漢郭憲撰。宋晁載之續談助卷一録洞冥記廿餘條載之，跋云：「張柬之言隨其父在江南拜父友孫義强、李知續，二公言似非子横所録。其父乃言後梁尚書蔡天寶與岳陽王啓，稱湘東昔造洞冥記一卷，則洞冥記梁元帝所作。」余氏認爲：「據其所考，則此書出於六朝人依託，非郭憲所撰。唐人已言之矣。其所引蔡天寶與岳陽王啓，唐去六朝不遠，必無舛誤。惟蔡天寶應作蔡大寶，周書北史均附見蕭詧傳，嘗爲詧使江陵見元帝，令注所製玄覽賦。岳陽王即詧也。大寶敘其耳目所聞見，其言最可徵信，然則此書實梁元帝作也。」

〔一〇〕清譚獻復堂日記卷五。

〔一一〕見梁書卷四九庾肩吾傳載蕭綱與湘東王書。

〔一二〕參吴光興蕭綱蕭繹年譜前言，社會科學文獻出版社二〇〇六年版，第二一頁。

〔一三〕蕭繹内典碑銘集林序。

〔一四〕内典碑銘集林序。

〔一五〕逯欽立漢魏六朝文學論集，陝西人民出版社一九八四年版，第三六五頁。

〔一六〕日遍照金剛文鏡秘府論南卷引梁朝湘東王詩評。

〔一七〕逯欽立漢魏六朝文學論集，陝西人民出版社一九八四年版，第三六五頁。

〔一八〕南齊書卷五二文學傳論。

〔一九〕梁書卷三〇徐摛傳。

〔二〇〕隋書卷七六文學傳。

〔二一〕范文瀾中國通史簡編修訂本第二編，人民出版社一九六四年版，第四一三頁。

〔二二〕明閻光世編梁元帝集八卷，收入文選遺集，今簡稱「閻本」，其中有不少評語。

〔二三〕明謝榛四溟詩話卷二。

〔二四〕古詩評選卷三于魏收挾瑟歌下評云：「與元帝同爲七言小詩之祖。」上海古籍出版社二〇一一年版，第一三一頁。

〔二五〕古詩評選卷三，上海古籍出版社二〇一一年版，第一三〇頁。

〔二六〕錢鍾書管錐編，中華書局一九九六年版，第一三九九頁。

〔二七〕蕙風詞話卷一。

〔二八〕參王琳六朝辭賦史，世界圖書出版公司二〇一四年版，第三二八頁。又，現代散文名家朱自清荷塘月色曾引用採蓮賦，並云：「採蓮是江南的舊俗，似乎很早就有，而六朝時爲盛；從詩歌裏可以約略知道。採蓮的是少年的女子，她們是蕩着小船，唱着艷歌去的。採蓮人不用説很多，還有看採蓮的人。那是一個熱鬧的季節，也是一個風流的季節。」「可見當時嬉遊的光景。這真是有趣的事。」

〔二九〕錢鍾書管錐編，中華書局一九八六年第二版，第一一八一頁。

〔三〇〕此節改寫自陳志平、熊清元蕭繹評傳，上海古籍出版社二〇一八年版。

〔三一〕金樓子著書篇載：「貢職圖一秩一卷。」據貢職圖序提到「皇帝君臨天下之四十載」云云，則知職貢圖作于太清元年（547）以後。故著書篇亦當完成在此後。

〔三二〕據王重民考證，陳第世善堂藏書目録存在增補痕跡，是一部真假參半的書目。參王重民中國目録學史料四，吉林省圖書館學會會刊一九八一年第六期。

〔三三〕閻光世所編文選遺集，於封頁「簡文帝、元帝、宣帝並諸王」下小注：「已上四種舊無耑刻，今遍閱群書，旁搜内典，彙輯成集。」此也可證明蕭繹集非源自舊本，亦是時人從諸書中輯録而成。

〔三四〕陳寅恪讀哀江南賦云：「解釋詞句，徵引故實，必有時代限斷。然時代劃分，於古典甚易，於『今典』則難。蓋所謂『今典』者，即作者當日之時事也。」

〔三五〕社會科學文獻出版社二〇〇六年版。

〔三六〕人民文學出版社二〇〇〇年版。

〔三七〕湖南人民出版社二〇〇七年版。

〔三八〕中華書局一九八五年版。

〔三九〕中華書局二〇〇三年版。

〔四〇〕李修餘、陳朝輝主編，中國文史出版社二〇一四年版。

例言

一、梁元帝蕭繹詩文集大約在北宋中後期散佚，明清以來學者掇拾佚文，重新輯録。今考明六朝詩集梁元帝集、張燮梁元帝御製集、張溥漢魏六朝百三名家集梁元帝集以及清嚴可均全上古三代秦漢三國六朝文全梁文、今人逯欽立先秦漢魏晉南北朝詩等所收蕭繹作品，均未超出宋及以前史籍、類書、總集範圍。今諸史籍、類書、總集俱存，而明清人所輯録之元帝集，不僅文字多有訛誤，且有篇目誤入者（如答廣信侯書、下荆州等），有漏輯者（如議移都令、祠房廟令、郢州都督蕭子昭碑銘并序等），故本書截斷衆流，直尋諸篇出處，重新輯録并整理。

二、所輯録詩文，若載録之史籍、類書、總集諸書於其作者均無異説，可確定爲蕭繹者，則以收録内容最完整者爲底本；如諸書均完整收録，則以時代最早者爲底本。凡諸書所標之作者有異，但可判定爲蕭繹者，列入「正文」部分；若無法判定作者，則列入書後「存疑之作」中。明以前史籍、類書、總集收録情況以及明代以來梁元帝集重要版本，俱以小注列於該篇篇末，排在最前者即是底本。底本均爲時代較早之刻本或重要版本。如：

宋本梁書、陳書（百衲本影印）；

知不足齋初刻本金樓子；

乾隆三十九年陳琰删補吴兆宜箋注本玉臺新詠箋注；

南宋紹興刻本藝文類聚；

民國三年張鈞衡刻適園叢書文館詞林；

清古香齋袖珍本初學記；

明刻本廣弘明集（四部叢刊影印）等。

所用其他史籍、類書、總集版本見「引用文獻」。

三、本書對蕭繹詩文的整理，包括重新編次、文字校勘、詞語典故注釋、作品考證、歷代評論集録、輯佚等。

四、篇目排序參照文選文體分類及順序（唯「詔」後單列「敕」，「論」後單列「議」）。各類作品中，略以創作時間先後相次，時間不可考者置於本類作品之末。

五、詩文標題一般依底本，如底本無標題或標題有誤，則依别本所列標題擇善而從或另立標題；而各本標題有異，一一列示説明。

六、本書校勘與注釋合併，以方便改定底本文字的情況説明和注釋的處理。

凡明以前諸書所收録蕭繹文字，除作底本外，其他俱作校本，並與底本通校，排列異文。凡明、清以來蕭繹作品之輯本，作爲參校，僅取有價值者。如據日內閣文庫藏本（部分據國會圖書館藏本配補）影印古詩類苑、據文淵閣四庫全書影印古詩紀、梁文紀、釋文紀、古詩鏡、據明嘉靖刻本影印梁元帝集（今徑稱「六朝詩集」）、據北京圖書館藏明末刻本影印梁元帝御製集（今簡稱「御製集」）、明閻光世編，明末刊本梁元帝集（今簡稱「閣本」）、明張溥輯，明崇禎間太倉張氏原刊本梁元帝集（今簡稱「張本」）、據清光緒王毓藻刻本影印全上古三代秦漢三國六朝文全梁文元帝（今簡稱「全梁文」）；另梁元帝集選一卷，收入漢魏六朝百三家集選，清吴汝綸評選，一九一七年都門書局排印本。此本底本爲張溥漢魏六朝百三名家集，爲避免重複，故只録其校改文字。今徑稱「吴汝綸校」；梁元帝集五卷，收入漢魏六朝名家集初刻，今人丁福保輯，清宣統三年排印本。今簡稱「丁本」。其他如明王志慶古儷府（文淵閣四庫全書本）、明王志堅四六法海（文淵閣四庫全書本）、清許槤六朝文絜（道光十四年黎經誥箋注本）等文字偶有可資校勘者，亦出校。底本之訛字、衍字，則於正文中徑改删，并於校注中説明。他本文字異同有價值者，亦出校。而避諱字一般僅出注説明，不改字。

七、本書注釋包括作品之背景述略、繫年考證、人物簡介、典故要詮、詞語簡釋等。對於正文較生僻之字在校注中於該字後括注漢語拼音，對於不太常見的詞語及人名、地名、職官、典制酌加詮釋。對於所涉人物，一般僅簡述其姓名、籍貫、所處時代、主要仕歷，同時提供可供檢索之史傳或相關資料名稱。但若此人之事跡涉及對文本之理解者，則不在此例。注釋直接引用之文獻，一般只注明名稱、卷次，僻見者注明時代和作者，而於其出版單位、時間、版次等，則俱詳本書所附「引用文獻」，注釋中不另贅述。箋注州、郡、縣，僅明其治所之今地所在，且今地之縣以下，一般不注何鎮；其他地名之今地則盡量具體。本書所注之今地，依據中國歷史地名大辭典（史爲樂主編，中國社會科學出版社二〇〇五年版）所釋。

八、本書之校注以篇爲單元，篇中酌情分段。校注詞條以〔一〕〔二〕〔三〕〔四〕〔五〕……標識。同一篇目中，注釋詞條及内容全同者不重出，不同篇目中則不避重複。注釋材料中必要的補字以六角方括號〔〕標識。爲避免枝蔓，有時對材料作必要的删減，删減處施以删略號「……」或以「云云」提示。

九、凡前人對蕭繹單篇作品的評價，今一一搜集，以「集評」形式分列於該篇之下。凡當時人與蕭繹唱和之作及其他相關作品，附於蕭繹本作注文之後，以便讀者參考。蕭繹之作散佚頗多，然亦有文本無存而篇目可考者，今悉數列出；所加考證，於題目下以「按語」形式出之。

十、蕭繹所撰金樓子，筆者曾撰金樓子疏證校注可參看。其他作品如同姓同名録真僞莫辨，纂要、詩評、孫子兵法注、忠臣傳等均爲殘篇，今俱重新輯録，作爲本書集外餘編，庶免讀者翻檢之勞。

十一、附録包括梁元帝「本紀」、「歷代著録」和「歷代評論」。「本紀」選自梁書卷五元帝紀及南史卷八梁本紀元帝紀，「歷代著録」輯録歷代書目對蕭繹作品的著録條目，「歷代總評」引述歷代典籍對蕭繹及其詩文的整體性評價文字。

目録

書

碑文……一一三四

墓誌……一二二二

祭文……一二六四

存疑之作……一一七三

失傳之作……一二一四

賦

春賦

洛陽小苑之西，長安大道之東。苔染池而盡緑，桃含山而併紅。露霑枝而重葉，網縈花而曳風〔一〕。初學記卷三、御製集、閻本、張本、全梁文、丁本。

【校注】

〔一〕網：指蛛網。○縈：牽纏。詩經周南樛木：「南有樛木，葛藟縈之。」毛傳：「縈，旋也。」此謂蛛網網住落花。

【集評】

閻本：評「洛陽小苑之西，長安大道之東」：短言已盡。

對燭賦〔一〕

月似金波初映空〔二〕，雲如玉葉半從風〔三〕。恨九重兮夕掩〔四〕，怨三秋兮不同〔五〕。爾乃傳芳醁〔六〕，揚清曲，長袖留賓待華燭〔七〕。燭燼落〔八〕，燭華明。花抽珠漸落〔九〕，珠懸花更生。風來香轉散，風度焰還輕。本知龍燭應無偶〔一〇〕，復訝魚燈有舊名〔一一〕。燭火燈光一雙炷〔一二〕，詎照誰人兩處情。藝文類聚卷八〇、御製集、閣本、張本、全梁文、丁本。又，紺珠集卷一三、類説卷六〇引「月似」二句。

【校注】

〔一〕對燭賦：梁簡文帝、庾信俱有對燭賦，見藝文類聚卷八〇。今按：蕭繹此篇蓋與簡文、庾信同時作。

〔二〕金波：漢書卷二二禮樂志引郊祀歌景星曰：「月穆穆以金波，日華燿以宣明。」顏師古注：「言月光穆穆，若金之波流也。」

〔三〕玉葉：本樹葉之美稱。後常用以喻雲彩。晉陸機浮雲賦：「金柯分，玉葉散。緑翹明，巖英焕。」南朝梁簡文帝蕭綱詠雲：「玉葉散秋影，金風飄紫煙。」〇半：紺珠集卷一三「玉葉」條、類説卷六〇「金波玉葉」條作「乍」。

〔四〕九重：指宫門。楚辭九辯：「豈不鬱陶而思君兮，君之門以九重。」洪興祖補注：「月令云：九門磔攘，天子有九門，謂關門、遠郊門、近郊門、城門、皋門、庫門、雉門、應門、路門也。」

〔五〕三秋：詩經王風采葛：「一日不見，如三秋兮。」

〔六〕醁（lù）：廣韻燭韻：「醁，美酒。」

〔七〕長袖：韓非子五蠹：「長袖善舞，多錢善賈。」此代指舞女。

〔八〕燭燼：蠟燭燃燒後的灰燼。廣韻震韻：「燼，燭餘。」

〔九〕花：指燭花。○珠：燭淚。南朝梁簡文帝蕭綱對燭賦：「漸覺流珠走，熟視絳花多。」

〔一〇〕龍燭：楚辭天問：「日安不到，燭龍何照？」王逸注：「言天之西北，有幽冥無日之國，有龍銜燭而照之也。」藝文類聚卷八二引魏陳王曹植芙蓉賦曰：「芙蓉蹇産，菡萏星屬。絲條垂珠，丹榮如緑。焜焜韡韡，爛若龍燭。」此蓋指龍形蠟燭。

〔一一〕魚燈：魚形之燈。藝文類聚卷八〇引魏殷巨鯨魚燈賦曰：「横海之魚，厥號惟鯨。普彼鱗族，莫之與京。大秦美焉，乃觀乃詳。寫載其形，託于金燈。隆脊矜尾，鬐甲舒張。垂首俛視，蟠于華房。狀欣欣以竦峙，若將飛而未翔。懷蘭膏於胸臆，明制節之謹度。伊工巧之奇密，莫尚美於斯器。因綺麗以致用，設機變而罔匱。匪雕文之足瑋，差利事之爲貴。永作式於將來，跨千載而弗墜。」

〔三〕炷：燈芯。大廣益會玉篇火部：「炷，燈炷也。」樂府詩集卷四六清商曲辭讀曲歌八十九首之七七：「然燈不下炷，有油那得明？」

【集評】

閻本：評「月似金波初映空，雲如玉葉半從風」：起是佳句。評「花抽珠漸落……詎照誰人兩處情」：佳詩。

【附】

藝文類聚卷八〇引梁簡文帝對燭賦曰：雲母窗中合花氈，茱萸幔裏鋪錦筵。照夜明珠且莫取，金羊燈火不須燃。下絃三更未有月，甲夜繁星徒依天。於是摇同心之明燭，施雕金之麗檠。眠龍傍繞，倒鳳雙安。菖蒲傳酒坐欲闌，碧玉舞罷羅衣單。影度臨長枕，煙生向果盤。回照金屏裏，脈脈兩相看。

藝文類聚卷八〇引周庾信對燭賦曰：龍沙雁塞早應寒，天山月坂客衣單。燈前行衣疑不亮，月下穿鍼覺最難。剩取燈花持炷燭，還却燈檠下燭槃。傍垂細溜，上繞飛蛾。光清寒入，焰暗風過。楚人纓脱盡，燕君書誤多。曉星没，芳無歇。還持照夜遊，詎減西園月。

採蓮賦〔一〕

紫莖兮文波〔二〕，紅蓮兮芰荷〔三〕。緑房兮翠蓋〔四〕，素實兮黄螺〔五〕。於時妖童媛女〔六〕，蕩舟心許〔七〕，鷁首徐迴〔八〕，兼傳羽杯〔九〕。棹將移而藻挂〔一〇〕，船欲動而萍開。爾其纖腰束素〔一一〕，遷延顧步〔一二〕。夏始春餘，葉嫩花初。恐沾裳而淺笑，畏傾船而斂裾〔一三〕。故以水濺蘭橈〔一四〕，蘆侵羅襦〔一五〕。漁澤未反〔一六〕，梧臺迴見〔一七〕。荇濕霑衫〔一八〕，菱長繞釧〔一九〕。泛柏舟而容與〔二〇〕，歌採蓮於枉渚〔二一〕。

歌曰：碧玉小家女，來嫁汝南王。蓮花亂臉色，荷葉雜衣香。因持薦君子，願襲芙蓉裳〔二二〕。 藝文類聚卷八二、御製集、閣本、張本、全梁文、六朝文絜卷一、丁本。

【校注】

〔一〕採蓮賦：梁簡文帝亦有採蓮賦，見藝文類聚卷八〇。今按：蕭繹或與簡文帝同時作。採蓮，江南古辭：「江南可採蓮，蓮葉何田田。」蕭繹烏棲曲：「沙棠作船桂爲楫，夜渡江南採蓮葉。」

〔二〕「紫莖」句：楚辭招魂：「紫莖屏風，文緣波些。」王逸注：「屏風，水葵也。言復有水葵生於池中，其莖紫色，風起水動，波緣其葉上而生文也。或曰：紫莖，言荷莖紫色也。屏風，謂荷葉鄣風也。」文，同「紋」。

〔三〕芰（jì）荷：菱葉與荷葉。楚辭招魂：「芙蓉始發，雜芰荷些。」王逸注：「芰，菱也，秦人謂之薢茩。」說文解字艸部：「芰，蔆也。」

〔四〕緑房：即蓮蓬。文選卷一一王延壽魯靈光殿賦：「圓淵方井，反植荷蕖。發秀吐榮，菡萏披敷。緑房紫菂，窋咤垂珠。」李善注：「緑房，芙蕖之房，刻繒爲之，緑色。」張銑注：「緑房，蓮子也。」○翠蓋：指荷葉。

〔五〕「素實」句：藝文類聚卷八二引晉夏侯湛芙蓉賦曰：「臨清池以遊覽，觀芙蓉之麗華……緑房翠蔕，紫飾紅敷。黄螺圓出，垂蕤散舒。纓以金牙，點以素珠。固陂池之麗觀，尊終世之特殊。」素實，白色蓮肉。黄螺，指黄色橢圓形的蓮子。

〔六〕時：御製集作「是」。○妖童媛女：曹植芙蓉賦：「於是狡童媛女，相與同遊。」妖童，漂亮少年。大廣益會玉篇女部：「妖，媚也。」媛，説文解字女部：「媛，美女也。」

〔七〕心許：以心相許。大廣益會玉篇言部：許，「從也」。

〔八〕鷁(yì)首：淮南子卷八本經訓：「龍舟鷁首，浮吹以娱。」高誘注：「鷁，大鳥也。畫其像著船頭，故曰鷁首。」此指船頭。

〔九〕兼：説文解字秝部：「兼，并也。」○羽杯：即羽觴。楚辭招魂：「瑶漿蜜勺，實羽觴些。」王逸注：「羽，翠羽也。觴，觚也。」洪興祖補注：「杯上綴羽，以速飲也。」漢書卷九七外戚傳下班倢伃：「顧左右兮和顏，酌羽觴兮銷憂。」顏師古注引孟康曰：「羽觴，爵也，作生爵形，有頭尾羽翼。」

〔一〇〕棹：六朝文絜卷一作「櫂」。指船槳。説文解字木部新附：「櫂，所以進船也。……或从卓。」

〔一一〕纖腰：細腰。藝文類聚卷四三引東漢張衡舞賦曰：「搦纖腰而互折，嬛傾倚兮低昂。」○束素：束緊的絹帛。形容女子腰肢柔細。文選卷一九宋玉登徒子好色賦：「腰如束素，齒如含貝。嫣然一笑，惑陽城，迷下蔡。」

〔一二〕遷延：文選卷四張衡南都賦：「翹遥遷延。」李善注：「遷延，卻退貌。」文選卷一九宋玉神女賦：「歡情未接，將辭而去。遷延引身，不可親附。似逝未行，中若相首。」李善注：「遷延，卻行去也。」○顧步：文選卷二二沈約鍾山詩應西陽王教：「淹留訪五藥，顧步佇三芝。」李善注：「日出東南隅行曰：顧步咸可懽。蒼頡篇曰：顧，旋也。王逸楚辭注曰：步，徐行也。」

〔一三〕斂裾：撩起衣服下擺。裾，爾雅釋器：「衱謂之裾。」郭璞注：「衣後裾也。」大廣益會玉篇衣部：「裾，袿也，衣裒也。」

〔一四〕蘭橈：蘭木船槳，多用以形容船的精美。楚辭九歌湘君：「薜荔柏兮蕙綢，蓀橈兮蘭旌。」王逸注：「橈，船小楫也。」

〔一五〕羅薦：絲織席褥。楚辭九歎逢紛：「薜荔飾而陸離薦兮，魚鱗衣而白蜺裳。」王逸注：「薦，卧席也。」今按：薦，同𧝝。

〔一六〕「漁澤」句：新序卷二雜事：「晉文公出田，逐獸，碭入大澤，迷不知所出，其中有漁者，文公謂曰：『我，若君也。道安從出？我且厚賜若。』漁者曰：『臣願有獻。』文公曰：『出澤而受之。』於是送出澤。公令曰：『子之所欲以教寡人者何等也？願受之。』漁者曰：『鴻鵠保河海之中，厭而欲數移，徙之小澤，則必有丸繒之憂；黿鼉保深淵，厭而出之淺渚，則必有羅網釣射之憂。今君逐獸，碭入至此，何行之太遠也？』文公曰：『善哉！』謂從者，記漁者名。漁者曰：『君何以名爲？君其尊天事地，敬社稷，固四國，慈愛萬民，薄賦斂，輕租稅者，臣亦與焉。君不敬社稷，不固四國，外失禮於諸侯，内逆民心，一國流亡，漁者雖得厚賜，不能保也。』遂辭不受。曰：『君亟歸國，臣亦反漁所。』」漁澤，各本作「菊澤」。今按：「菊澤」蓋「漁澤」音近而訛，故改正。反，同「返」。

〔一七〕梧臺：戰國齊梧宮之臺。故址在今山東省淄博市。水經注卷二六淄水：「系水又北逕臨淄城西門北，而西流逕梧宮南，昔楚使聘齊，齊王饗之梧宮，即是宮矣。其地猶名梧臺里。臺甚層秀，東西一百餘步，南北加減，即古梧宮之臺。臺東即闞子所謂宋愚人得燕石處。臺西有石社碑，猶存，漢靈帝熹平五年立。其題云：梧臺里。」〇迥：說文解字辵部：「迥，遠也。」

〔一八〕荇（xìng）：詩經周南關雎：「參差荇菜，左右流之。」毛傳：「荇，接余也。」孔穎達疏：「釋草云：『莕，接余，其葉苻。』陸璣疏云『接余，白莖，葉紫赤色，正員，徑寸餘，浮在水上。根在水底，與水深淺等。大如釵股，上青下白，鬻其白莖，以苦酒浸之，肥美可案酒』是也。」

○濕：張本作「温」。四庫全書考證卷九六漢魏六朝百三家梁元帝集：「刊本『濕』訛『温』，並據賦彙改。」

〔一九〕釧：説文解字金部：「釧，臂環也。」南朝宋何偃與謝尚書書：「珍玉名釧，因物託情。」

〔二〇〕柏舟：柏木之舟。詩經邶風柏舟：「汎彼柏舟，亦汎其流。」○容與：悠然自得貌。文選卷三二屈原九歌湘夫人：「時不可兮再得，聊逍遥兮容與。」後漢書卷二八下馮衍傳下：「意斟愖而不澹兮，俟回風而容與。」李賢注：「容與猶從容也。」文選卷七司馬相如子虚賦：「於是楚王乃弭節徘徊，翱翔容與。」李善注引郭璞曰：「翱翔容與，言自得也。」

〔二一〕枉渚：古地名。枉水流入沅水的小水灣，在今湖南省常德市南。楚辭九章涉江：「朝發枉渚兮，夕宿辰陽。」水經注卷三七沅水：「沅水又東歷小灣，謂之枉渚。」枉，閣本、張本、六朝文絜卷一作「江」。

〔二二〕「碧玉」六句：亦見蕭繹樂府五言採蓮曲。

【集評】

閣本：評「鷁首徐迴，兼傳羽杯。棹將移而藻挂，船欲動而萍開」：局曲，亦卓絶。評「荇濕霑衫，菱長繞釧」：幅雖窄，已具山川大意。

三國兩晉南北朝文選梁文元帝：陸云：自應買兹荷渡，泛彼文瀾。錢云：雖復蓮歌有節，餘聲猶曳蘭橈。

六朝文絜卷一：評「棹將移而藻挂，船欲動而萍開」二句：體物瀏亮，斯爲妙語。評「爾其纖腰束素，遷延顧步」二句：生撰語，却佳。以有藻飾，所以讀之不厭。評「荇濕霑衫，菱長繞釧」三句：腴鍊。

【附】

藝文類聚卷八二引梁簡文帝採蓮賦曰：望江南兮清且空，對荷華兮丹復紅。卧蓮葉而覆水，亂高房而出叢。楚王暇日之歡，麗人妖艷之質。且棄垂釣之魚，未論芳莽之實。唯欲迴渡輕船，共採新蓮。傍斜山而屢轉，乘橫流而不前。於是素腕舉，紅袖長，迴巧笑，墮明璫。荷稠刺密，亟牽衣而綰裳；人喧水濺，惜虧朱而壞粧。物色雖晚，徘徊未反。畏風多而榜危，驚舟移而花遠。歌曰：常聞蕖可愛，採擷欲爲裙。葉滑不留綎，心忙無假薰。千春誰與樂，唯有妾隨君。

鴛鴦賦〔一〕

青田之鶴〔二〕，晝夜俱飛；日南之雁〔三〕，從來共歸。雙飛兮不息，自憐兮何極；一別兮經年〔四〕，相去兮幾千。雄飛入玄兔〔五〕，雌去往朱鳶〔六〕。豈如鴛鴦相逐〔七〕，俱栖俱宿。勝林鳥之同心，邁池魚之比目〔八〕。朝浮兮浪華，夜集兮江沙。萍隨流而博岸〔九〕，網因風而綴花〔一〇〕。見虹梁之春色〔一一〕，復相鳴而戢翼〔一二〕。蘭渚兮相依〔一三〕，同盛兮同衰。魂上相思之樹〔一四〕，文生新市之機〔一五〕。金雞玉鵲不成群，紫鶴紅雉一生分〔一六〕。願學鴛鴦鳥，連翩恒逐君〔一七〕。藝文類聚卷九二、御製集、閣本、張本、全梁文、丁本。

【校注】

〔一〕鴛鴦賦：梁簡文帝蕭綱、庾信、徐陵皆有同題之作，俱見藝文類聚卷九二。今按：蕭繹此作蓋與簡文帝等作於同時。

〔二〕青田之鶴：藝文類聚卷九〇引永嘉郡記曰：「有洙沐溪，野青田九里中，有雙白鵠，年年生子，長大便去，只恒餘父母一雙在耳，精白可愛，多云神仙所養。」今按：鶴、鵠古通。

〔三〕日南之雁：藝文類聚卷九一引會稽典録曰：「虞國少有孝行，爲日南太守，常有雙雁，宿止廳上。每出行縣，輒飛逐車。既卒於官，雁逐喪還至餘姚，住墓前，歷三年乃去。」日南，郡名，漢武帝時設立，在今越南中部。

〔四〕經年：數年，謂長期。

〔五〕玄兔：郡名。漢武帝時置。轄境相當我國遼寧省東部及今朝鮮咸鏡道一帶。此泛指北方邊塞之地。蕭繹職貢圖贊：「北通玄兔，南漸朱鳶。」

〔六〕朱鳶：古縣名，屬交趾郡。故治在今越南河内市東南。古多用以指南方邊遠地區。

〔七〕逐：大廣益會玉篇辵部：「逐，從也。」

〔八〕「勝林鳥」二句：玉臺新詠卷三楊方合歡詩五首之一：「齊彼同心鳥，譬此比目魚。」同心，沈約宋書卷二九符瑞志：「同心鳥，王者德及遐方，四夷合同則至。」比目，爾雅釋地：「東方有比目魚焉，不比不行，其名謂之鰈。」晉郭璞注：「狀似牛脾，鱗細，紫黑色，一眼，兩片相合乃得行。」晉潘岳悼亡詩：「如彼游川魚，比目中路析。」

〔九〕傅：御製集、閣本、張本、全梁文、丁本作「傳」。今按：疑作「傅」是。傅，通「附」。漢書卷八一匡衡傳：「衡爲少傅數年，數上疏陳便宜，及朝廷有政議，傅經以對，言多法義。」顏師古曰：「傅讀曰附。附，依也。」

〔一〇〕「絅因」句：蕭繹春賦：「絅縈花而曳風。」

〔一一〕虹梁：狀如彩虹之拱橋。

〔一二〕戢翼：斂翅。詩經小雅白華：「鴛鴦在梁，戢其左翼。」鄭玄箋：「戢，斂也。斂左翼者，謂右掩左也。」藝文類聚卷五引魏劉楨大暑賦曰：「獸喘氣於玄景，鳥戢翼於高危。」

〔一三〕蘭渚：文選卷二〇曹植應詔詩：「朝發鸞臺，夕宿蘭渚。」呂向注：「鸞臺、蘭渚，並路邊地，美言之也。」

〔一四〕「魂上」句：搜神記卷一一韓憑妻：「宋康王舍人韓憑，娶妻何氏，美，康王奪之。憑怨，王因之，論爲城旦。妻密遺憑書，繆其辭曰：『其雨淫淫，河大水深，日出當心。』既而王得其書，以示左右，左右莫解其意。臣蘇賀對曰：『其雨淫淫，言愁且思也；河大水深，不得往來也；日出當心，心有死志也。』俄而憑乃自殺。其妻乃陰腐其衣，王與之登臺，妻遂自投臺，左右攬之，衣不中手而死。遺書於帶曰：『王利其生，妾利其死。願以尸骨，賜憑合葬。』王怒，弗聽。使里人埋之，冢相望也。王曰：『爾夫婦相愛不已，若能使冢合，則吾弗阻也。』宿昔之間，便有大梓木生於二冢之端，旬日而大盈抱，屈體相就，根交於下，枝錯於上。又有鴛鴦，雌雄各一，恒棲樹上，晨夕不去，交頸悲鳴，音聲感人。宋人哀之，遂號其木曰『相思樹』。相思之名，起于此也。」

〔一五〕「文生」句：謂從新市婦人織機上織出鴛鴦圖案。文選卷二九雜詩古詩十九首孟冬寒氣至：「客從遠方來，遺我一端綺。相去萬餘里，故人心尚爾。文采雙鴛鴦，裁爲合歡被。」樂府詩集卷三五長安有狹斜行：「長安有狹斜，狹斜不容車。適逢兩少年，挾轂問君家。君家新市傍，易知復難忘。大子二千石，中子孝廉郎。小子無官職，衣冠仕洛陽。三子俱入室，室中自生光。大婦織綺紵，中婦織流黄。」文，同「紋」。新市，新集市。

〔一六〕「金雞」二句：錢鍾書管錐編第二册焦氏易林六師：「屯：『殊類異路，心不相慕；牝牛牡猳，獨無室家。』按大有之姤、革之蒙略同，『獨』作『鰥』。此可以釋莊子齊物論：『蝯猵狙以爲雌，麋與鹿交，鰌與魚游。毛嬙麗姬，人之所美也。魚見之深入，鳥見之高飛，麋鹿見之決驟。四者孰知天下之正色哉？』猿鹿魚鳥各愛其雌，不愛『人之所美』，即『殊類異路，心不相慕』也。左傳僖公四年楚子使與齊師言曰：『唯是風馬牛不相及也。』正義：『服虔曰：牝牡相誘謂之風。』列女傳卷四齊孤逐女傳：『夫牛鳴而馬不應者，異類故也。』論衡奇怪篇：『牝牡之會，皆見同類之物，情欲感動，乃能授施。若夫牡馬見雌牛，雄雀見牝雞，不與相合者，異類故也。殊類異性，情欲不相得也。』與易林語尤類。詞章中多詠此意，如藝文類聚卷九二引梁元帝鴛鴦賦：『金雞玉鵲不成群，紫鶴紅雉一生分。』李商隱柳枝詞：『花房與蜜脾，蜂雄蛺蝶雌。同時不同類，那復更相思？』又閨情：『紅露花房白蜜脾，黄蜂紫蝶兩參差。』黄庭堅戲答王定國題門：『花裏雄蜂雌蛺蝶，同時本自不作雙。』於『風馬牛』、『魚入鳥飛』等古喻，皆可謂脱胎换骨者。」金雞，傳説中的神雞。神異經東荒經：「扶桑山有玉雞，玉雞鳴則金雞鳴，金雞鳴則石鷄鳴，石雞鳴則天下之雞悉鳴，潮水應之矣。」玉鵲，即喜鵲。

〔一七〕連翩：並翅，謂比翼雙飛。玉臺新詠卷四宋吴邁遠擬樂府：「可憐雙白鶴，雙雙絶塵氛。連翩弄光景，交頸遊青雲。」

【集評】

閻本：評「魂上相思之樹，文生新市之機」：警句。

【附】

藝文類聚卷九二引梁簡文帝鴛鴦賦曰：朝飛緑岸，夕歸丹嶼。顧落日而俱吟，追清風而雙舉。時排荇蔕，乍拂菱華。始臨滻而作影，遂蹙水而生花。亦有佳麗自如神，宜羞宜笑復宜嚬。既是金閨新入寵，復是蘭房得意人。見兹禽之棲宿，想君意之相親。何曾織錦，未肯挑桑。藝文類聚卷九二引周庾信鴛鴦賦曰：盧姬小來事魏王，自有歌聲足繞梁。何曾織錦，未肯挑桑。終歸薄命，著罷空牀。見鴛鴦之相學，還欹眠而淚落。南陽漬粉不復看，京兆新眉遂嬾約。況復雙心並翼，馴狎池籠。浮波弄影，刷羽乘風。共飛詹几，全開魏宫。俱棲梓樹，堪是韓馮。若乃韓壽欲婚，温嶠願婦。玉臺不送，胡香未有。必見此之雙飛，覺空牀之難守。藝文類聚卷九二引陳徐陵鴛鴦賦曰：飛飛兮海濱，去去兮迎春。炎皇之季女，織素之佳人。未若宋王之小史，含情而死。憶少婦之生離，恨新婚之無子。既交頸於千年，亦相隨於萬里。山雞映水那相得，孤鸞照鏡不成雙。天下真成長合會，無勝比翼兩鴛鴦。觀其啁吭浮沉，輕軀瀁瀁。拂荇戲而波散，排荷翻而水落。特訝鴛鴦鳥，長情真可念。許處勝人多，何時肯相厭。聞道鴛鴦一鳥名，教人如有逐春情。不見臨邛卓家女，祇爲琴中作許聲。

蕩婦秋思賦〔一〕

蕩子之别十年〔二〕，倡婦之居自憐。登樓一望〔三〕，唯見遠樹含煙〔四〕；平原如此，不知道路幾千？天與水兮相逼，山與雲兮共色。山則蒼蒼入漢〔五〕，水則涓涓不測〔六〕。誰復堪見鳥飛，悲鳴隻翼〔七〕。秋何月而不清，月何秋而不明。況乃倡樓蕩婦，對此傷情。

於時露萎庭蕙〔八〕，霜封階砌。坐視帶長〔九〕，轉看腰細〔一〇〕。重以秋水文波〔一一〕，秋雲似羅〔一二〕。日黯黯而將暮〔一三〕，風騷騷而渡河〔一四〕。妾怨迴文之錦〔一五〕，君思出塞之歌〔一六〕。相思相望，路遠如何！鬢飄蓬而漸亂〔一七〕，心懷愁而轉歎。愁縈翠眉斂〔一八〕，啼多紅粉漫〔一九〕。

已矣哉！秋風起兮秋葉飛，春花落兮春日暉。春日遲遲猶可至〔二〇〕，客子行行終不歸〔二一〕。藝文類聚卷三二、御製集、閣本、張本、全梁文、丁本。

【校注】

〔一〕蕩婦：指辭家遠出、羈旅忘返的遊子之婦。文選卷二九古詩十九首青青河畔草：「昔爲倡家女，今爲蕩子婦。蕩子行不歸，空牀難獨守。」

〔二〕蕩子：文選卷二九古詩十九首青青河畔草李善注引列子曰：「有人去鄉土遊於四方而不歸者，世謂之爲狂蕩之人也。」

〔三〕登樓一望：文選卷一一王粲登樓賦：「登茲樓以四望兮，聊暇日以銷憂。」李善注引馮衍顯志賦曰：「伏朱樓而四望，采三秀之華英。」

〔四〕遠樹含煙：謂遠方之樹爲煙霧籠罩。南朝齊謝朓游東田：「遠樹曖阡阡，生煙紛漠漠。」

〔五〕蒼蒼：深青色。○漢：詩經小雅大東：「維天有漢，監亦有光。」毛傳：「漢，天河也。」此處指天空。

〔六〕涓涓：文選卷四五陶淵明歸去來兮辭：「木欣欣以向榮，泉涓涓而始流。」吕向注：「涓涓，泉流貌。」

〔七〕隻翼：孤鳥。文選卷三○陸機擬青青河畔草：「良人遊不歸，偏棲獨隻翼。」隻，閣本、張本訛作「雙」。

〔八〕時：御製集作「是」。○蕙：楚辭離騷：「余既滋蘭之九畹兮，又樹蕙之百畝。」晉嵇含南方草木狀卷上：「蕙草，一名薰草。葉如麻，兩兩相對，氣如蘼蕪，可以止癘。出南海。」爾雅翼卷二釋草「蘭」：「與蕙甚相類，其一幹一花而香有餘者蘭，一幹數花而香不足者蕙。」

〔九〕帶：衣帶。文選卷二九古詩十九首行行重行行：「相去日已遠，衣帶日已緩。」梁書卷一三沈約傳載約與徐勉書：「百日數旬，革帶常應移孔；以手握臂，率計月小半分。」

〔一〇〕腰細：形容人瘦弱。墨子兼愛中：「昔者楚靈王好士細要，故靈王之臣皆以一飯爲節，脇息然後帶，扶牆然後起。」後漢書卷二四馬援傳：「楚王好細腰，宮中多餓死。」

〔一一〕重：加上。楚辭離騷：「紛吾既有此内美兮，又重之以修能。」○文波：楚辭招魂：「紫莖屏風，文緣波些。」王逸注：「言復有水葵生於池中，其莖紫色，風起水動，波緣其葉而生文也。」洪興祖補注：「緣，文選作綠。五臣云：風起吹之，生文於綠波中也。」

〔二〕羅：楚辭招魂：「蒻阿拂壁，羅幬張些。」王逸注：「羅，綺屬也。」

〔三〕黯黯：光線昏暗。漢陳琳遊覽詩：「蕭蕭山谷風，黯黯天路陰。」

〔四〕騷騷：文選卷一五張衡思玄賦：「寒風淒其永至兮，拂窮岫之騷騷。」吕向注：「騷騷，風聲。」李善注：「騷騷，風勁貌。」

〔五〕迴文之錦：太平御覽卷八一五引王隱晉書曰：「竇滔妻蘇氏善屬文。苻堅時，滔爲秦州刺史，被徙流沙。蘇氏思之，織錦爲回文詩以寄滔。循環宛轉以讀之，詞甚悽切。」又，初學記卷二七録有前秦苻堅秦州刺史竇韜妻蘇氏織錦迴文七言詩。

〔六〕出塞之歌：西京雜記卷一：「高帝、戚夫人善鼓瑟擊筑。帝常擁夫人倚瑟而弦歌，畢，每泣下流漣。夫人善爲翹袖折腰之舞，歌出塞、入塞、望歸之曲，侍婦數百皆習之。後宫齊首高唱，聲入雲霄。」

〔七〕鬢：閣本、張本作「髩」。今按：髩，同「鬢」。○飄蓬：飄飛散亂的蓬草。此形容鬢髮散亂。三國魏曹操卻東西門行：「田中有轉蓬，隨風遠飄揚。」詩經衛風伯兮：「自伯之東，首如飛蓬。」

〔八〕縈：閣本、張本作「容」。四庫全書考證卷九六漢魏六朝百三家梁元帝集：「刊本『縈』訛『容』，據賦彙改。」○翠眉：眉的美稱。宋玉登徒子好色賦：「眉如翠羽。」晉崔豹古今注卷下雜注：「魏宮人好畫長眉，今多作翠眉、警鶴髻。」南朝梁江淹麗色賦：「夫絶世獨立者，信東鄰之佳人。既翠眉而瑶質，亦盧瞳而赬脣。」

〔一九〕紅粉：女子化妝之胭脂鉛粉。文選卷二九古詩十九首青青河畔草：「娥娥紅粉妝，纖纖出素手。」○漫：雜亂。此處指淚水濕亂，弄花了容妝。

〔二〇〕遲遲：豳風七月：「春日遲遲，采蘩祁祁。」毛傳：「遲遲，舒緩也。」朱熹集傳：「遲遲，日長而暄也。」

〔二一〕「客子」句：文選卷二九古詩十九首行行重行行：「行行重行行，與君生别離。」客子，客居異地之人。此處指蕩子。文選卷二九魏文帝雜詩：「棄置勿復陳，客子常畏人。」

【集評】

丹鉛餘録總録卷一八「四言詩自然句」條：江淹别賦「春草碧色，春水緑波。送君南浦，傷如之何」，取詩目前，不彫琢而自工，可謂天然之句。他如梁元帝「秋水文波，秋雲似羅」，唐羅昭諫蟋蟀賦「美人在何，夜影流波。與子佇立，徘徊思多」，抑其次也。

閻本：評「登樓一望，唯見遠樹含煙。平原如此，不知道路幾千」：四句又元□星宿海□。

三國兩晉南北朝文選梁文元帝：陸云：佻達見于筆端，以貌蕩婦若畫，真真也。錢云：此一首古樂府也。晉以下無賦，至梁時賦體大壞，無復可理。

清況周頤蕙風詞話卷一：蕙風嘗讀梁元帝蕩婦秋思賦，至「登樓一望，惟見遠樹含煙。平原如此，不知道路幾千」，呼娛而詔之曰：「此至佳之詞境也，看似平淡無奇，却情深而意真。求詞詞外，當於此等處得之。」

六朝文絜卷一：評「蕩子之別十年，倡婦之居自憐」二句：起得超，語淺而思深，故妙。評「坐視帶長，轉看腰細」二句：逼真蕩婦情景，琢磨入細。評「妾怨迴文之錦，君思出塞之歌」二句：寫出幽憤意，却是可憐。評「愁縈翠眉斂，啼多紅粉漫」二句：史稱帝不好聲色，頗有高名。觀此婉麗多情，余未之信。

錢鍾書管錐編第四册全上古秦漢三國六朝文一九四全梁文卷八：簡文帝臨秋賦：「雲出山而相似，水含天而難別。」按卷一五元帝蕩婦秋思賦亦有「天與水兮相逼，山與雲兮共色」，全晉文卷五七袁宏東征賦已云「即雲似嶺，望水若天」，固寫景之恒蹊也。

玄覽賦〔一〕

歲次旃蒙〔二〕，月建司空〔三〕。變蕤賓之吕〔四〕，扇廣莫之風〔五〕。蕭子褰帷九水〔六〕，作牧三宫〔七〕，乃盱衡而言曰〔八〕：

惟天惟大，惟堯則之〔九〕；惟地惟厚，惟王國之〔一〇〕。粤我皇之握鏡〔一一〕，實乃神而乃聖〔一二〕。陳六聯於八則〔一三〕，弘九職於三令〔一四〕，運璇樞而御宇〔一五〕，執玉衡而齊政〔一六〕。大矣廣矣〔一七〕，無德而稱〔一八〕。俯齱齵於軒羲〔一九〕，諒斗筲於子姒〔二〇〕。包河圖與洛書〔二一〕，括龍官乎鳳紀〔二二〕。超大德於百王〔二三〕，高鴻名於萬祀〔二四〕。

【校注】

〔一〕玄覽賦：御製集篇末小注：「帝始封湘東王，爲會稽太守，入尹丹陽，出牧荆州，後召爲護軍，領石頭戍。至是復褰帷江州。追敘宦跡，綜爲兹篇。按河上公曰：『心居玄冥之處，覽知萬物，謂之玄覽。』賦名本此。」文選卷三張衡東京賦：「睿哲玄覽，都兹洛宫。」薛綜注：「玄，通也。」李善注：「老子曰：『滌除玄覽。』河上公曰：『心居玄冥之處，覽知萬物，故謂之玄覽。』王弼曰：『玄，物之極也。』廣雅曰：『玄，遠也。』」同書卷一七陸機文賦：「佇中區以玄覽，頤情志於典墳。」李善注：「字書曰：『玄，幽遠也。』老子曰：『滌除玄覽。』河上公曰：『心居玄冥之處，覽知萬物，故謂之玄覽。』」張銑注：「玄，遠。……立志中都，遠覽文章，養情於典墳也。」錢鍾書管錐編第三册全上古三代秦漢三國六朝文一三八全晉文卷九七：「『佇中區以玄覽，頤情志於典墳。遵四時以歎逝，瞻萬物而思紛。』按文選李善注第一句：『老子曰：「滌除玄覽」，河上公曰：「心居玄冥之處，覽知萬物。」』五臣張銑注：『玄，遠也。遠覽文章。』銑説爲長。機祇借老子之詞，以言閲覽書籍，即第二句之『頤情典墳』，正如『遵時歎逝』，即第四句之『瞻物思紛』，均以次句申説上句。或者見善注引老子，遂牽率魏晉玄學，尋虛逐微，蓋不解文理而强充解道理耳。張衡思玄賦，文選李善注解題亦引老子『玄之又玄』，然其賦實楚辭遠遊之遺意，故既曰：『何必歷遠以劬勞？』復曰：『願得遠度以自娱。』全梁文卷一三梁元帝玄覽賦洋洋四千言，追往事而述遊蹤；崔湜奉和登驪山高頂寓目應制『名山何壯哉，玄覽一徘徊』，又徐彦伯奉和幸新豐温泉宫應制『何如黑帝月，玄覽白雲鄉』，猶言遠眺；皆不必睹『玄』字而如入玄冥、處玄夜也。」又，周書卷四八蕭大寶傳：「及梁元帝與河東王譽結隙，詧令大寶使江陵以觀之。梁元帝素知大寶，見之甚悦。乃示所制玄覽賦，令注解焉。三日而畢。元帝大嗟賞之，贈遺甚厚。」隋書卷七八藝術庾季才傳附子質傳：「庾質，字行修，少而明敏，早有志尚。八歲誦梁世祖玄覽、言志等十賦，拜童子郎。」又，吴光興蕭綱蕭繹年譜繫蕭大寶事於太清三年(549)秋七月，繫庾質事於承聖二年(553)。

〔二〕旃蒙：歲陽名。爾雅釋天：「太歲在甲曰閼逢，在乙曰旃蒙。」今按：據梁書卷三武帝紀，蕭繹自大同六年(540)十二月至太清元年(547)正月，在江州刺史任上，其間大同十一年(545)爲乙丑歲，此「旃蒙」當指是年。

〔三〕月建司空：指冬季。司空，冬官。大戴禮記千乘：「司空司冬，以制度制地事，準揆山林，規表衍沃，畜水行衰濯浸，以節四時之事。」

〔四〕「變蕤」句：謂蕤賓之律變而爲大吕之律。指季冬十二月。禮記月令：「季冬之月，日在婺女，昏婁中，旦氐中。其日壬癸。其帝顓頊，其神玄冥。其蟲介。其音羽，律中大呂。」鄭玄注：「大呂者，蕤賓之所生也，三分益一，律長八寸二百四十三分寸之百四。季冬氣至，則大呂之律應。」蕤賓，古代樂律名。古樂分十二律，律分陰陽，奇數爲陽律，名曰六律；偶數爲陰律，名曰六呂。同時，律、曆相配，即十二律與十二月相適應，謂之律應。蕤賓爲十二律之第七律，與五月相應。文苑英華卷一一六、御製集、閣本、張本、全梁文、丁本作「淩陰」，藝文類聚卷二六作「蕤賓」。淩陰，藏冰的地窖。詩經豳風七月：「二之日鑿冰沖沖，三之日納于淩陰。」毛傳：「淩陰，冰室也。」今按：「淩陰」義與此文不合，當以作「蕤賓」爲是，據改。呂，大呂，爲十二律之第四律，與十二月相應。國語卷三周語下：「四曰蕤賓。……元間大呂，助宣物也。」韋昭注：「五月曰蕤賓。……十二月曰大呂。」

〔五〕廣莫：淮南子卷三天文：「不周風四十五日，廣莫風至。」史記卷二五律書：「廣莫風居北方。廣莫者，言陽氣在下，陰莫陽廣大也，故曰廣莫。」世説新語言語：「鼻如廣莫長風，眼如懸河決溜。」劉孝標注引春秋考異郵曰：「距不周風四十五日，廣莫風至。廣莫者，精大備也，蓋北風也，一曰寒風。」太平御覽卷二六引春秋考異郵曰：「冬風曰廣莫風。」

〔六〕蕭子：蕭繹自稱。文選卷一〇潘岳西征賦：「潘子憑軾西征，自京徂秦。」李善注：「潘子，岳自謂也。」馮衍揚節賦曰：「馮子耕於鄘山之阿。」蕭繹自稱蕭子，與潘岳、馮衍自稱潘子、馮子同。〇褰（qiān）帷：指高級地方官履任。後漢書卷三一賈琮傳：「以琮爲冀州刺史。

舊典，傳車騶駕，垂赤帷裳，迎於州界。及琮之部，升車言曰：『刺史當遠視廣聽，糾察美惡，何有反垂帷裳以自掩塞乎？』乃命御者褰之。百城聞風，自然竦震。」褰，撩起。禮記曲禮上：「冠毋免，勞毋袒，暑毋褰裳。」鄭玄注：「褰，袪也。」〇九水：水經注卷三九贛水：「漢高祖六年，始命陳嬰以爲豫章郡治，此即陳嬰所築也。王莽更名，縣曰宜善，郡曰九江焉。劉歆云：湖漢等九水入彭蠡，故言九江矣。」此借指江州。今按：梁書卷三武帝紀：大同六年（540），「十二月壬子，江州刺史豫章王歡薨。以護軍將軍湘東王繹爲鎮南將軍、江州刺史」。

〔七〕作牧：出任州行政長官。周禮天官冢宰大宰：「以九兩繫邦國之民：一曰牧，以地得民。」鄭玄注：「牧，州長也。」文選卷四三孔稚圭北山移文：「希蹤三輔豪，馳聲九州牧。」李周翰：「牧，長也。」〇三宫：太平御覽卷一七三引郡國志曰：「廬山有三宫，上宫在懸崖之表，人所不及；次宫在山巖下，兩邊有陰陽溝，有石羊馬，夾道相對；下宫在彭蠡湖際。」此代指江州。

〔八〕盱衡：漢書卷九九王莽傳上：「當此之時，公運獨見之明，奮亡前之威，盱衡厲色，振揚武怒。」顏師古注引孟康曰：「眉上曰衡。盱衡，舉眉揚目也。」

〔九〕「惟天」二句：論語泰伯：「子曰：『大哉！堯之爲君。巍巍乎，唯天爲大，唯堯則之。蕩蕩乎，民無能名焉。』」堯，傳説中遠古賢明帝王。姓伊祁，名放勳。初封於陶，又封於唐，號陶唐氏，史稱唐堯。生平詳史記卷一五帝本紀。惟大，藝文類聚卷二六、閻本、張本作「爲大」。

〔一〇〕「惟地」二句：詩經小雅正月：「謂天蓋高，不敢不局。謂地蓋厚，不敢不蹐。」詩經周頌天作：「天作高山，大王荒之。」惟厚，藝文類聚卷二六作「爲厚」，閻本、張本作「蓋厚」。

〔一一〕我皇：指蕭繹父梁武帝蕭衍。藝文類聚卷二六作「羲皇」。今按：「羲」蓋「我」之訛。○握鏡：喻指帝王受天命，懷明道。文選卷五五劉孝標廣絶交論：「蓋聖人握金鏡，闡風烈，龍驤蠖屈，從道汙隆。」李善注：「春秋孔録法曰：『有人卯金刀，握天鏡。』雒書曰：『秦失金鏡。』鄭玄曰：『金鏡，喻明道也。』」

〔一二〕乃神而乃聖：尚書大禹謨：「益曰：『都！帝德廣運，乃聖乃神，乃武乃文。皇天眷命，奄有四海，爲天下君。』」孔安國傳：「聖無所不通，神妙無方，文經天地，武定禍亂。」孔穎達疏：「洪範云：『睿作聖。』言通知衆事，故爲無所不通。案易曰：『神者，妙萬物而爲言也。』又曰：『神妙無方。』此言神道微妙，無可比方，不知其所以然。易又云：『陰陽不測之謂神。』」

〔一三〕六聯：周時官府各部門聯合行政的六項事務。周禮天官冢宰小宰：「以官府之六聯合邦治：一曰祭祀之聯事，二曰賓客之聯事，三曰喪荒之聯事，四曰軍旅之聯事，五曰田役之聯事，六曰斂弛之聯事。凡小事皆有聯。」賈公彦疏：「謂官府之中有六事，皆聯事通職，然後國治得會合，故云合邦治也。」○八則：周治理都鄙的八項法規。周禮天官冢宰大宰：「以八則治都鄙：一曰祭祀，以馭其神；二曰法則，以馭其官；三曰廢置，以馭其吏；四曰禄位，以馭其士；五曰賦貢，以馭其用；六曰禮俗，以馭其民；七曰刑賞，以馭其威；八曰田役，以馭其衆。」賈公彦疏：「以八則治三等采地之都鄙也。」

〔一四〕九職：周時的九種職業。周禮天官冢宰大宰：「以九職任萬民：一曰三農，生九穀；二曰園圃，毓草木；三曰虞衡，作山澤之材；四曰藪牧，養蕃鳥獸；五曰百工，飭化八材；六曰商賈，阜通貨賄；七曰嬪婦，化治絲枲；八曰臣妾，聚斂疏材；九曰閒民，無常職，轉移執事。」賈公彦疏：「此九者，皆是民之職業也。」〇三令：周宰夫（天官冢宰屬官，掌百官之考核銓敘）所掌之禁令、徵令、戒令。周禮天官冢宰宰夫：「宰夫之職，掌治朝之法，以正王及三公、六卿、大夫、群吏之位，掌其禁令。敘群吏之治，以待賓客之令，諸臣之復，萬民之逆。掌百官府之徵令，辨其八職。……凡邦之吊事，掌其戒令，與其幣器財用凡所共者。大喪小喪，掌小官之戒令，帥執事而治之。」

〔一五〕璇樞：星名。北斗第一星爲樞，第二星爲璇。多用以代指北斗星。又，古以北斗爲天帝之車駕。史記卷二七天官書：「斗爲帝車，運於中央，臨制四鄉。」故亦用以比喻樞紐、關鍵。淮南子卷九主術：「事欲鮮者，執柄持術，得要以應衆，執約以治廣，處静持中，運於璇樞，以一合萬，若合符者也。」

〔一六〕玉衡：尚書舜典：「在璿璣玉衡，以齊七政。」孔安國傳：「璣、衡，王者正天文之器，可運轉者。」孔穎達疏：「璣、衡者，璣爲轉運，衡爲横簫，運璣使動，於下以衡望之，是王者正天文之器。漢世以來，謂之渾天儀者是也。馬融云：『渾天儀可旋轉，故曰璣。衡，其横簫，所以視星宿也。以璿爲璣，以玉爲衡，蓋貴天象也。』蔡邕云：『玉衡，長八尺，孔徑一寸，下端望之，以視星辰。蓋懸璣以象天，而衡望之。轉璣窺衡，以知星宿。』是其説也。」史記卷一五帝本紀：「舜乃在璿璣玉衡，以齊七政。」裴駰集解引鄭玄曰：「璿璣、玉衡，渾天儀也。」

〔一七〕大矣廣矣：周易繫辭：「夫易，廣矣大矣，以言乎遠則不禦，以言乎邇則静而正，以言乎天地之間則備矣。」

〔一八〕無德而稱：論語泰伯：「子曰：『泰伯，其可謂至德也已矣。三以天下讓，民無得而稱焉。』」德，釋名釋言語：「德，得也。」

〔一九〕「俯齱（zōu）齵（óu）」句：謂黄帝軒轅、伏羲都不足與我皇相比。齱齵，連綿詞。段玉裁説文解字注齒部：「齱，齱齵，齒不正也。」形容參差不齊。齱，閣本、張本作「緅」。四庫全書考證卷九六漢魏六朝百三家梁元帝集：「刊本『齱』訛『緅』。」軒羲，古帝黄帝軒轅、伏羲的並稱。

〔二〇〕「諒斗筲（shāo）」句：謂夏、商與我皇相比都顯得氣量狹小。諒，助字辨略卷五「諒」字條：「又通作亮。」明也。斗筲，斗與筲。斗，量器，容十升；筲，飯筐，容五升。皆容量小的器皿，喻指才識短淺之人。論語子路：「噫！斗筲之人，何足算也？」晉陸機豪士賦序：「庸夫可以濟聖賢之功，斗筲可以定烈士之業。」四庫全書考證卷九六漢魏六朝百三家梁元帝集：「〔刊本〕『筲』訛『筲』。」子姒，上古三代夏姒姓，商子姓。因以指商代和夏代。

〔二〕河圖：周易繫辭上：「河出圖，洛出書，聖人則之。」尚書顧命：「大玉、夷玉、天球、河圖，在東序。」孔安國傳：「河圖，八卦。伏犧氏王天下，龍馬出河，遂則其文以畫八卦，謂之河圖，及典、謨，皆歷代傳寶之。」○洛書：尚書洪範：「天乃錫禹洪範九疇，彝倫攸敘。」孔安國傳：「天與禹洛出書。神龜負文而出，列於背，有數至于九。禹遂因而第之，以成九類，常道所以次敘。」孔安國疏：「易繫辭云：『河出圖，洛出書，聖人則之。』九類各有文字，即是書也。而云『天乃錫禹』，知此天與禹者即是洛書也。漢書五行志劉歆以爲伏羲繫天而王，河出圖，則而畫之，八卦是也。禹治洪水，錫洛書，法而陳之，洪範是也。先達共爲此說。龜負洛書，經無其事。中候及諸緯多説黄帝、堯、舜、禹、湯、文、武受圖書之事，皆云龍負圖，龜負書。」文心雕龍原道：「若乃河圖孕乎八卦，洛書韞乎九疇，玉版金鏤之實，丹文緑牒之華，誰其尸之，亦神理而已。」古代認爲出現河圖洛書，乃帝王、聖人受命之祥瑞。

〔三〕龍官：左傳昭公十七年：「大皞氏以龍紀，故爲龍師而龍名。」杜預注：「有龍瑞，故以龍命官。」漢書卷一九百官公卿表上：「易敘宓羲、神農、黄帝作教化民，而傳述其官，以爲宓羲龍師名官。」顏師古注：「應劭曰：『師者長也，以龍紀其官長，故爲龍師。春官爲青龍，夏官爲赤龍，秋官爲白龍，冬官爲黑龍，中官爲黄龍。』張晏曰：『庖羲將興，神龍負圖而至，因以名師與官也。』」○鳳紀：左傳昭公十七年：「我高祖少皞摯之立也，鳳鳥適至，故紀於鳥，爲鳥師而鳥名。」

〔三〕大德：詩經小雅谷風：「忘我大德，思我小怨。」晉陸機弔魏武帝文：「丕大德以宏覆，援日月而齊暉。」○百王：荀子不苟：「百王之道，後王是也。」漢書卷五六董仲舒傳：「蓋聞五帝三王之道，改制作樂而天下洽和，百王同之。」

〔四〕鴻名：文選卷四八司馬長卿封禪文：「前聖所以永保鴻名，而常爲稱首者用此，宜命掌故，悉奏其儀而覽焉。」呂向注：「鴻，大也。」○祀：爾雅釋天：「夏曰歲，商曰祀，周曰年。」

惟天縱於副后〔一〕，蹌啓、誦而惟首〔二〕。既論儒於肅成〔三〕，復斷獄於長壽〔四〕。豈止丕、莊屈膝〔五〕，將令班、鄭捧箒〔六〕。譬衢樽而待酌〔七〕，若懸鐘之須扣〔八〕。前蹌繫象之外〔九〕，聲高洙泗之右〔一〇〕。

【校注】

〔一〕天縱：謂上天賦予。論語子罕：「固天縱之將聖，又多能也。」朱熹集注：「縱，猶肆也，言不爲限量也。」○副后：副君、太子。漢書卷七一疏廣傳：「太子國儲副君，師友必於天下英俊。」此指太子蕭綱。

〔二〕啓、誦：指大禹之子啓和周武王之子姬誦。啓建立了夏朝，生平詳史記卷二夏本紀。誦是西周第二代國君，謚成王。生平詳史記卷四周本紀。

〔三〕論儒於肅成：三國志卷二魏書文帝紀裴松之注引魏書曰：「帝初在東宫，疫癘大起，時人彫傷，帝深感歎……故論撰所著典論、詩賦，蓋百餘篇，集諸儒於肅城門内，講論大義，侃侃無倦。」論，文苑英華卷一二六、閣本、張本、全梁文、丁本作「倫」，藝文類聚卷一六、御製集作「論」。今按：作「論」是，據改。儒指儒學。肅成，亦作「肅城」，宫門名。南朝陳江總宴樂脩堂應令詩：「肅城通甲觀，承華啓畫堂。」隋書卷七六文學諸葛潁傳：「〔煬〕帝常賜潁詩，其卒章曰：『參翰長洲苑，侍講肅成門。』」

〔四〕斷獄於長壽：後漢書卷一〇皇后明德皇后紀：「時楚獄連年不斷，因相證引，坐繫者甚衆。后慮其多濫，乘閒言及，惻然。帝（按：指漢明帝劉莊）感悟之，夜起仿偟，爲思所納，卒多有所降宥。」同書卷二明帝紀：「論曰：明帝善刑理，法令分明。日晏坐朝，幽枉必達。内外無倖曲之私，在上無矜大之色。斷獄得情，號居前代十二。」長壽，漢宫名。今按：東漢明德馬皇后所居宫爲長秋宫，詳後漢書皇后紀。故疑「長壽」爲「長秋」之訛。

〔五〕丕、莊：曹丕和劉莊。丕，字子桓，沛國譙人，曹操次子。建安二十二年立爲太子。漢獻帝延康元年，操死，丕嗣爲魏王，繼任丞相。尋廢漢建魏。卒，謚曰文。三國志卷二魏書有紀。莊，光武帝第四子。建武十九年立爲皇太子，中元二年即位。謚曰孝明皇帝，廟號顯宗。後漢書卷二有紀。○屈膝：文選卷四四司馬相如喻巴蜀檄：「北征匈奴，單于怖駭，交臂受事，屈膝請和。」張銑注：「屈膝，拜也。」

〔六〕班、鄭：班固和鄭玄。班固，字孟堅，東漢扶風安陵人。潛心二十餘年，修成漢書。善辭賦，同時精通經學，撰白虎通。後漢書卷四〇班彪傳有附傳。鄭玄，字康成，北海高密人。東漢經學大師。後漢書卷三五有傳。○捧箒（zhǒu）：猶擁箒，即執箒。爲古人迎接賓貴之禮。史記卷七四孟子荀卿列傳：鄒子往燕，「昭王擁彗先驅，請列弟子之座而受業」。司馬貞索隱：「彗，帚也。謂爲之掃地，以衣袂擁帚而却行，恐塵埃之及長者，所以爲敬也。」彗，通「箒」。

〔七〕衢樽而待酌：設酒通衢，待行人自飲。淮南子卷一〇繆稱訓：「聖人之道，猶中衢而致尊邪，過者斟酌多少不同，各得所宜。是故得一人所以得百人也。」高誘注：「道六通謂之衢。尊，酒器也。」後以「衢樽」喻仁政。晉書卷三〇刑法志：「念室後刑，衢樽先惠，將以屏除災害，引導休和，取譬琴瑟，不忘銜策，擬陽秋之成化，若堯舜之爲心也。」

〔八〕懸鐘之須扣：淮南子卷一三氾論訓：「禹之時以五音聽治，懸鐘、鼓、磬、鐸，置鞀，以待四方之士。」須，文選卷三二屈平九歌少司命：「夕宿兮帝郊，君誰須兮雲之際？」李周翰注：「須，待也。」

〔九〕前：御製集作「業」。今按：疑作「業」爲是，與下文「聲」相對。○繫象：周易之繫辭與象辭的合稱。宋書卷四六張邵傳附子敷傳：「〔敷〕性整貴，風韻端雅，好玄言，善屬文。初，父邵使與南陽宗少文談繫象，往復數番，少文每欲屈，握麈尾歎曰：『吾道東矣。』」周易爲六朝玄學家所談「三玄」之一，故此處蓋借「繫象」指玄言之士。

〔一〇〕洙泗：洙水和泗水。古時二水自今山東省泗水縣北合流而下，至曲阜北，又分爲二水，洙水在北，泗水在南。春秋時地屬魯國，孔子曾在洙泗之間聚徒講學。禮記檀弓上：曾子謂子夏曰：「吾與女事夫子於洙泗之間。」鄭玄注：「洙泗，魯水名。」此處代指儒者。南朝梁任昉齊竟陵文宣王行狀：「弘洙泗之風，闡迦維之化。」○右：上也。此言聲譽在儒者之上。

伊俯己之顓愚〔一〕，謬聯蕚於天衢〔二〕。筵東門而畫野，創南國而分墟〔三〕。詔宗伯以爲儐〔四〕，誥内史而策書〔五〕；用分茲於茅社〔六〕，從侯服而俾予〔七〕。類金虎以封建〔八〕，非桐珪以錫虞〔九〕。

【校注】

〔一〕俯己：低頭看自己。○顓（zhuān）愚：愚昧無知。此爲自謙。

〔二〕「謬聯蕚」句：意謂自己身爲皇帝的子嗣。謬，用爲謙詞。聯蕚，即「連華」。天衢，天空，此喻指皇家。蕭繹上忠臣傳表：「臣連華霄漢，憑暉日月。」又，伐侯景檄文：「況聯華日月，天下不賤。」

〔三〕「筮東門」二句：指分封爲湘東王。據梁書卷二武帝紀及卷五元帝紀載，天監十三年（514）秋七月乙亥，蕭繹封湘東郡王，邑二千户。東門，漢書卷四八賈誼傳：「擇良日，立諸子雒陽上東門之外，畢以爲王，而天下安。」顔師古注：「諸侯國皆在關東，故於東門外立之也。東面最北出門曰上東門。」宋樂史太平寰宇記卷三河南道三：「漢舊儀云：『册皇子爲諸侯王，皆於上東門中，以東門在卯故也。』」晝野，劃分疆域。南國，楚辭九章橘頌：「受命不遷，生南國兮。」王逸注：「南國，謂江南也。」此指湘東。分墟，分封土地。

〔四〕宗伯以爲儐：周禮春官宗伯大宗伯：「王命諸侯，則儐。」鄭玄注：「儐，進之也。王將出命，假祖廟，立依前，南鄉。儐者進，當命者延之，命使登。内史由王右以策命之。降，再拜稽首，登，受策以出。此其略也。諸侯爵禄其臣，則於祭焉。」賈公彦疏：「儐謂進使前以受策也。」周禮春官宗伯小宗伯：「凡大禮，佐大宗伯，賜卿大夫士爵，則儐。」賈公彦疏：「諸侯尊，故大宗伯儐。卿大夫士卑，故小宗伯儐之。」宗伯，文苑英華卷一二六、御製集、閣本、張本、全梁文、丁本作「伯宗」。今按：伯宗，蓋「宗伯」之倒誤，據周禮春官宗伯改。宗伯，官名。周代六卿之一，分大宗伯、小宗伯。周禮春官宗伯：「乃立春官宗伯，使帥其屬而掌邦禮，以佐王和邦國。」鄭玄注：「鄭司農云：『宗伯，主禮之官。……則唐虞歷三代，以宗官典國之禮與其祭祀，漢之大常是也。」」

〔五〕内史而策書：周禮春官宗伯内史：「内史，掌王之八枋之法，以詔王治。……凡命諸侯及孤、卿、大夫，則策命之。」鄭玄注：「策謂以簡策書王命。」内史，官名。左傳襄公十年：「使周内史選其族嗣，納諸霍人，禮也。」杜預注：「内史，掌爵禄廢置者。」策書，謂書於簡策。

〔六〕茅社：尚書禹貢：「厥貢惟土五色。」孔安國傳：「王者封五色土爲社，建諸侯則各割其方色土與之，使立社。燾以黄土，苴以白茅，茅取其絜，黄取王者覆四方。」孔穎達疏：「傳解貢土之意，『王者封五色土以爲社』，若封建諸侯，則各割其方色土與之，使歸國立社。其上『燾以黄土』，燾，覆也。四方各依其方色，皆以黄土覆之。其割土與之時，『苴以白茅』，用白茅裹土與之。必用白茅者，取其絜清也。易稱『藉用白茅』，茅色白而絜美。韓詩外傳云：『天子社廣五丈，東方青、南方赤、西方白、北方黑，上冒以黄土。將封諸侯，各取其方色土，苴以白茅，以爲社。明有土謹敬絜清也。』蔡邕獨斷云：『天子大社，以五色土爲壇。皇子封爲王者，授之太社之土，以所封之方色，苴以白茅，使之歸國以立社，謂之茅社。』」

〔七〕侯服：古代王城周邊按距離劃分的區域之一，所指遠近不一。尚書禹貢：「五百里甸服……五百里侯服。」孔安國傳：「甸服外之五百里。侯，候也，斥候而服事。」孔穎達疏：「『侯』聲近候，故爲『侯』也。襄十八年左傳稱晉人伐齊，『使司馬斥山澤之險』，『斥』謂檢行之也。『斥候』謂檢行險阻，伺候盜賊。此五百里主爲斥候而服事天子，故名『侯服』。因見諸言『服』者，皆是服事也。」周禮夏官司馬職方氏：「乃辨九服之邦國，方千里曰王畿，其外方五百里曰侯服，又其外方五百里曰甸服。」鄭玄注：「服，服事天子也。詩云：『侯服于周。』」○俾（bǐ）：尚書湯誥：「俾予一人，輯寧爾邦家。」陸德明音義：「俾，使也。」詩經邶風緑衣：「我思古人，俾無訧兮。」毛傳：「俾，使。」

〔八〕金虎：即「金虎符」。文選卷三五潘勖册魏公九錫文：「今以冀州之河東河内魏郡趙國中山鉅鹿常山安平甘陵平原凡十郡，封君爲魏公，使使持節御史大夫慮，授君印綬册書，金虎符第一至第五，竹使符第一至第十。」李善注：「應劭漢官儀曰：金銅虎符五，竹使符十。范曄後漢書，杜詩上書曰：舊制發兵，皆以虎符。其餘徵調竹使符。」吕向注：「金虎、竹使符，漢家符名。」太平御覽卷一九八封建部：「禹貢徐州土五色。王者取五色土以爲社，封四方諸侯，各割其方色土與之，皆苴以白茅，皆假銅虎、竹使符第五。夫爲諸侯始受封之，各有菜地。」文苑英華卷一二六、閣本、張本、全梁文、丁本作「金獸」，御製集作「金虎」。今按：當以「金虎」爲是，作「獸」者，蓋後人避唐諱而改。今改回。○封建：左傳僖公二十四年：「昔周公吊二叔之不咸，故封建親戚以蕃屏周。」楊伯峻注：「分封土地建國家也。」

〔九〕桐珪之錫虞：史記卷三九晉世家：「成王與叔虞戲，削桐葉爲珪以與叔虞曰：『以此封若。』……於是遂封叔虞於唐。」虞，文苑英華卷一二六、張本、全梁文、丁本作「處」，御製集作「虞」。今按：作「虞」是，據改。

爾其湘水之東〔一〕，即我龜蒙〔二〕。魏甘露而分邑，吴太平而定中〔三〕。鎮鱗山之崔嵬〔四〕，傍龍跡其穹隆〔五〕；金城高而相屬〔六〕，石燕起而依風〔七〕。豈連鑣於分陝〔八〕，羨追蹤於二公〔九〕。

【校注】

〔一〕湘水之東：指湘東郡，以處湘水之東而得名。湘水，即湘江。水經注卷三八引羅君章湘中記曰：「湘水之出于陽朔，則觴爲之舟，至洞庭，日月若出入于其中也。」

〔二〕龜蒙：龜山和蒙山的並稱。均在今山東省境内。二山連續，長約八十餘里，其西北一段名龜山，東南名蒙山。詩經魯頌閟宫：「泰山巖巖，魯邦所詹。奄有龜蒙，遂荒大東。至于海邦，淮夷來同。莫不率從，魯侯之功。」毛傳：「龜，山也；蒙，山也。」孔穎達疏：「論語説顓臾云：『昔者，先王以爲東蒙主。』謂顓臾主蒙山也。魯之境内有此二山，故知龜、蒙是龜山、蒙山也。龜、蒙今在魯地，故言奄有泰山。」文選卷四〇阮籍爲鄭沖勸晉王箋：「周公藉已成之勢，據既安之業，光宅曲阜，奄有龜蒙。」龜、蒙，周時在周公姬旦封地内，故此用以代指封地，而蕭繹亦有以周公自比之意。

〔三〕「魏甘露」二句：指湘東首立爲郡，時在三國魏甘露二年（257），亦即吴太平二年。三國志卷四八吴書三嗣主傳孫亮：太平二年春二月，「以長沙東部爲湘東郡，西部爲衡陽郡。」湘東郡治所酃縣，在今湖南省衡陽市湘江東岸。水經注卷三八湘水：「臨承即故酃縣也。縣，即湘東郡治也。郡舊治在湘水東，故以名郡。魏正元二年，吴主孫亮分長沙東部立。」宋書卷三七州郡志：「湘東太守，吴孫亮太平二年，分長沙東部都尉立。」甘露，三國魏高貴鄉公曹髦年號（256—260）。藝文類聚卷二六作「正元」。正元，亦高貴鄉公曹髦年號（254—256）。今按：當以作「甘露」爲是。

〔四〕鱗山：即石魚山。水經注卷三八漣水：「水出邵陵縣界，南逕連道縣，縣故城在湘鄉縣西百六十里。控引衆流，合成一溪。東入衡陽湘鄉縣，歷石魚山下，多玄石，山高八十餘丈，廣十里，石色黑而理若雲母。開發一重，輒有魚形，鱗鰭首尾，宛若刻畫，長數寸，魚形備足。燒之作魚膏腥，因以名之。」鱗，文苑英華卷一二六、御製集、張本、全梁文、丁本作「麟」，藝文類聚卷二六作「鱗」。今按：作「鱗」是，據改。〇崔嵬：楚辭九章涉江：「帶長鋏之陸離兮，冠切雲之崔嵬。」王逸注：「崔嵬，高貌。」

〔五〕龍跡：太平御覽卷三八八引盛弘之荆州記曰：「湘東陰山縣北數十里有武陽、龍靡二山，上悉生松柏美木。龍靡山有盤石，石上有仙人跡及龍跡。傳云昔仙人遊此二山，常税駕此石。」〇其：文苑英華卷一二六下小注：「一作『而』。」〇穹隆：文選卷五六陸倕石闕銘：「鬱崫重軒，穹隆反宇。」李周翰注：「鬱崫、穹隆，壯大貌。」

〔六〕金城：管子度地：「城外爲之郭，郭外爲之土閬。地高則溝之，下則堤之，命之曰金城。樹以荆棘，上相穡著者，所以爲固也。」後漢書卷四〇班固傳上：「建金城其萬雉，呀周池而成淵。」李賢注：「金城，言堅固也。」

〔七〕「石燕」句：水經注卷三八湘水：「〔湘水〕東南流逕石燕山東，其山有石，紺而狀燕，因以名山。其石或大或小，若母子焉。及其雷風相薄，則石燕群飛，頡頏如真燕矣。」

〔八〕連鑣（biāo）：騎馬同行。此喻指並列。説文解字馬部：「鑣，馬銜也。」〇分陝：陝即今陝西省陝縣。相傳周初周公旦、召公奭分陝而治，周公治陝以東，召公治陝以西。史記卷一五帝本紀：「置左右大監，監于萬國。」張守節正義：「若周、邵分陝也。」同書卷三四燕召公世家：「其在成王時，召公爲三公：自陝以西，召公主之；自陝以東，周公主之。」

〔九〕追蹤：追隨，效法。〇二公：指周公、召公。

彼琅臺之作守〔一〕，有彭泗之嘉名〔二〕。殊並海之分地〔三〕，異魚石之所城〔四〕。經沈子之高墉〔五〕，蓋水運之堤封〔六〕。謝禮樂之干櫓〔七〕，閱武騎之輣衝〔八〕。軾錦車而前騖〔九〕，驅魚軒而繼蹤〔一〇〕。無復鸞歌鳳舞，唯對緑柳青松。留吴宫之宿鸛〔一一〕，響平陵之夜鐘〔一二〕。

【校注】

〔一〕琅臺：即琅邪臺，在琅邪郡琅邪山上，故址在今山東省膠南市東。此處代指南琅邪郡。郡治在今江蘇省南京市北。今按：蕭繹爲南琅邪郡太守，梁書卷五元帝紀失載，據吴光興蕭綱蕭繹年譜考證，時當天監十六年(517)。

〔二〕彭泗：彭城泗水。彭城，即今江蘇省徐州市。古泗水南流經彭城東北。

〔三〕並(bàng)海之分地：指古徐州。尚書禹貢：「海、岱及淮惟徐州。」宋書卷三五州郡志：「唐堯之世，置十有二牧，及禹平水土，更制九州，冀州堯都，土界廣遠，濟、河爲兖州，海、岱爲青州，海、岱及淮爲徐州，淮、海爲揚州。」並，傍也。

〔四〕魚石之所城：即春秋時彭城。春秋成公十八年：「夏，楚子、鄭伯伐宋。宋魚石復入于彭城。」今按：此彭城，故址在今江蘇省銅山縣。

〔五〕沈子：即沈子國。水經注卷二一汝水：「汝水又東南，左會澺水。水上承汝水别流于奇額城東，東南流爲練溝，逕邵陵縣西，東南流注，至上蔡西岡北爲黄陵陂，陂水東流，于上蔡岡東爲蔡塘。又東逕平輿縣故城南，爲澺水。縣，舊沈國也，有沈亭。春秋定公四年，蔡滅沈，以沈子嘉歸，後楚以爲縣。」今按：沈國，故址在今河南省平輿縣。〇高墉：高城。三國魏明帝長歌行：「大城育狐兔，高墉多鳥聲。」

〔六〕水運之堤封：爲漕運修建的堤防。水運，即漕運。抑或指秦代。古代五德始終之説，以秦爲水運。「水運之堤封」或指秦時遺留的堤防。堤封，堤岸。

〔七〕干櫓：禮記儒行：「儒有忠信以爲甲胄，禮義以爲干櫓；戴仁而行，抱義而處。」鄭玄注：

「干櫓，小楯、大楯也。」

〔八〕輣（péng）衝：即「衝輣」。漢書卷一〇〇敘傳下：「戎車七征，衝輣閑閑。」顏師古注引鄧展曰：「輣，兵車名也。」後漢書卷一光武帝紀上：「或爲地道，衝輣橦城。」李賢：「衝，橦車也。詩曰：『臨衝閑閑。』許慎曰：『輣，樓車也。』」文選卷五三陸機辯亡論上：「輶軒騁於南荒，衝輣息於朔野。」李善注：「班固漢書述曰：戎車七征，衝輣閑閑。字略作轒，樓也。音義曰：輣，兵車名也。」李周翰曰：「衝輣，兵車也。」説文解字車部：「輣，兵車也。」

〔九〕軾：本指車前橫木。説文解字車部：「軾，車前也。」此謂憑軾致敬。新序卷五雜事：「魏文侯過段干木之閭而軾。」漢書卷四六萬石傳：「過宫門闕必下車趨，見路馬必軾焉。」顏師古注：「軾謂撫軾，蓋爲敬也。」〇錦車：以錦爲飾的車子。泛指華麗的車。〇騖（wù）：大廣益會玉篇馬部：「騖，奔也，疾也。」

〔一〇〕魚軒：左傳閔公二年：「歸夫人魚軒。」杜預注：「魚軒，夫人車，以魚皮爲飾。」

〔一一〕吴宫之宿鷰：太平御覽卷九二二引吴地記曰：「春申君都吴宫，因加巧飾。春申死，吏照鷰窟，失火，遂焚。」

〔一二〕平陵之夜鐘：蓋指漢昭帝陵前的銅鐘。真誥卷一七握真輔：「漢昭帝平陵、宣帝杜陵二銅鐘在長安。夏侯征西欲徙詣洛，重不能致之，在青門裏道南，其西者是平陵鐘，東者杜陵鐘也。」平陵，漢昭帝陵墓，在今陝西省咸陽城西秦都區平陵鄉大王村。文苑英華卷一二二六

「鐘」下小注：「樂府詩：『遠聽平陵鐘。』」今按：玉臺新詠卷八庾肩吾賦得橫吹曲長安道：「遠聽平陵鐘，遙識新豐樹。」

飛余轡而西征〔一〕，戍太真之舊營〔二〕。鳴節鼓之金鐲〔三〕，屯戎車於石城〔四〕。戮滔天之封豕〔五〕，斬橫海之長鯨〔六〕。每輟書而歎息，景樹德之風聲〔七〕。從王役於鏡中〔八〕，浮文鷁而載鴻〔九〕。經謝亭而帳飲〔一〇〕，想彥伯之高風〔一一〕。度五城而騁望〔一二〕，見三冀之無窮〔一三〕。故以飛雲蒼隼〔一四〕，白鱧青桐〔一五〕；金吾舍利〔一六〕，鳴鶴紫宮〔一七〕。眺方嶽乎雲間〔一八〕，望赤坂之朱殷〔一九〕。想真長之送別〔二〇〕，懷思曠之還山〔二一〕。此檜檝而方遠〔二二〕，彼松舟而未閑。倦旅泊於新丘〔二三〕，同渭水之不流〔二四〕。或千人而並唱，乍萬人而相鈎〔二五〕。毀橋由於瑗度〔二六〕，鑿空資於仲謀〔二七〕。

【校注】

〔一〕轡（pèi）：說文解字絲部：「轡，馬轡也。」詩經邶風簡兮：「有力如虎，執轡如組。」朱熹集傳：「轡，今之韁也。」此代指馬。○西征：向西行進。爾雅釋言：「征、邁，行也。」

〔二〕太真之舊營：太真，東晉溫嶠字。嶠，太原祁縣人。歷官顯職，參與平定王敦、蘇峻的叛亂，拜驃騎將軍、開府儀同三司，加散騎常侍，封始安郡公。卒，謚曰忠武。晉書卷六七有傳。晉書本傳載：蘇峻之亂，温嶠與陶侃、庾亮赴京師，「戎卒六萬，旌旗七百餘里，鉦鼓之聲震於百里，直指石頭，次於蔡洲」。嶠屯沙門浦，築壘於四望磯以逼賊。今按：沙門浦、四望磯，並在今南京市西北。

〔三〕節鼓之金鐲：周禮地官司徒鼓人：「以金錞和鼓，以金鐲節鼓，以金鐃止鼓，以金鐸通鼓。」鄭玄注：「鐲，鉦也，形如小鍾，軍行鳴之，以爲鼓節。司馬職曰：『軍行鳴鐲。』」

〔四〕戎車：尚書牧誓：「武王戎車三百兩。」孔安國傳：「兵車，百夫長所載。」○石城：即石頭城。故址在今南京市西石頭山後。文選卷五左思吴都賦：「戎車盈於石城。」劉淵林注：「石城，石頭城也。」

〔五〕滔天：彌漫天際。此喻罪惡極大。尚書堯典：「静言庸違，象恭滔天。」孔安國傳：「滔，漫也。……言共工……貌象恭敬而心傲很，若漫天。」○封豕：史記卷一一七司馬相如列傳：「射封豕。」裴駰集解引郭璞注：「封豕，大豬。」此喻貪暴反叛者。左傳昭公二十八年：「昔有仍氏生女，黰黑，而甚美，光可以鑑，名曰玄妻。樂正后夔取之，生伯封，實有豕心，貪惏無饜，忿纇無期，謂之封豕。」杜預注：「封，大也。」

〔六〕長鯨：喻指巨寇。唐劉知幾史通敘事：「論逆臣則呼爲問鼎，稱巨寇則目以長鯨。」

〔七〕景：後漢書卷三九劉愷傳：「今愷景仰前脩。」李賢注：「景猶慕也。」○樹德：立德。漢劉向説苑至公：「孔子聞之曰：『善爲吏者樹德，不善爲吏者樹怨。』」○風聲：尚書畢命：

「彰善癉惡，樹之風聲。」孔安國傳：「明其爲善，病其爲惡，立其善風，揚其善聲。」

〔八〕鏡中：初學記卷八引輿地志曰：「山陰南湖，縈帶郊郭，白水翠巖，互相映發，若鏡若圖，故王逸少云：『山陰上路行，如在鏡中遊。』」太平御覽卷六六引會稽記曰：「漢順帝永和五年，會稽太守馬臻創立鏡湖，在會稽、山陰兩縣界，築塘蓄水高丈餘，田又高海丈餘，若水少則洩湖灌田，如水多則開湖洩田中水入海，所以無凶年，堤塘周迴三百一十里，溉田九千餘頃。」此指會稽。今按：蕭繹出爲會稽太守時間，史書失載。據顏氏家訓卷三勉學篇載：「梁元帝嘗爲吾説：『昔在會稽，年始十二，便已好學。』」蕭繹年十二，時天監十八年（519）。參吴光興蕭綱蕭繹年譜卷二「天監十八年」條考證。

〔九〕文鷁：漢書卷五七司馬相如傳上：「西馳宣曲，濯鷁牛首。」顏師古注：「鷁即鷁首之舟也。」○載鴻：禮記曲禮：「前有水則載青旌，前有塵埃則載鳴鳶，前有車騎則載飛鴻。」鄭玄注：「載，謂舉於旌首以警衆也。禮，君行師從，卿行旅從。前驅舉此，則士衆知所有。所舉各以其類象。……鴻，取飛有行列也。」

〔一〇〕謝亭：即謝公亭，相傳爲南朝齊謝朓送范雲赴零陵之地。在今安徽省宣州市北。唐李白謝公亭：「謝公離別處，風景每生愁。」宋祝穆方輿勝覽卷一五寧國府宣城「謝公亭」條：「在宣城縣北二里。舊經云：『謝玄暉送范雲零陵内史之地。』」今按：文選卷二〇謝玄暉新亭渚別范零陵詩李善注：「十洲記曰：丹陽郡新亭在中興里，吴舊亭也。」又，太平御覽卷一九四引丹陽記曰：「京師三亭。新亭，吴舊亭也，故基淪毁，隆安中，有丹陽尹司馬恢移創今地。謝石創征虜亭，三吴搢紳創冶亭，並太元中。」是謝公亭亦即新亭，或稱征虜亭。〇帳飲：在郊野設帳宴飲，多用於送别。晉書卷三三石崇傳：「出爲征虜將軍……崇有别館在河陽之金谷，一名梓澤；送者傾都，帳飲於此焉。」

〔一一〕彦伯之高風：世説新語言語「袁彦伯爲謝安南司馬」條劉孝標注引續晉陽秋曰：「袁宏字彦伯，陳郡人，魏郎中令焕六世孫也。……宏起家建威參軍、安南司馬記室。太傅謝安賞宏機捷辯速，自吏部郎出爲東陽郡，乃祖之於冶亭，時賢皆集。安欲卒迫試之，執手將别，顧左右取一扇而贈之。宏應聲答曰：『輒當奉揚仁風，慰彼黎庶。』合坐歎其要捷。性直亮，故位不顯也。在郡卒。」袁宏，晉書卷九二有傳。高，文苑英華卷一二六下小注：「或作『仁』。」

〔一二〕五城：指休寧一帶。太平寰宇記卷一〇四歙州休寧縣：「五城水，源從縣城南北流。水旁有五城村，古之大鎮，有五城斜偶相對。」〇騁望：放眼遠望。楚辭九歌湘夫人：「登白薠兮騁望，與佳期兮夕張。」漢馬融廣成頌：「騁望千里，天與地莽。」

〔一三〕三冀：疑當作「三翼」。文選卷三五張景陽七命：「爾乃浮三翼，戲中沚。」李善注：「越絶書，伍子胥水戰兵法内經曰：大翼一艘，長十丈；中翼一艘，長九丈六尺；小翼一艘，長九丈。」

〔一四〕飛雲蒼隼（sǔn）：初學記卷二五引晉令曰：「水戰有飛雲船、蒼隼船、先登船、飛鳥船。」

〔一五〕白艚：船名。梁簡文帝蕭綱贈張纘詩：「波搖白艚舟，風動蒼鷹舳。」○青桐：即梧桐。北魏賈思勰齊民要術卷五種槐柳楸梓梧柞「梧桐」自注：「桐葉，花而不實者曰白桐；實而皮青者曰梧桐。案：今人以其皮青，號曰『青桐』也。」此爲船名。太平御覽卷七七○引周處風土記曰：「晨鳧，即青桐，大舡名，諸葛恪所造鴨頭舡也。」

〔一六〕金吾：漢書卷一九百官公卿表上：「中尉，秦官，掌徼循京師，有兩丞、候、司馬、千人。武帝太初元年更名執金吾。」顏師古注：「應劭曰：『吾者，禦也，掌執金革以禦非常。』師古曰：『金吾，鳥名也，主辟不祥。天子出行，職主先導，以禦非常，故執此鳥之象，因以名官。』」晉崔豹古今注卷上輿服：「漢朝執金吾，金吾亦棒也。以銅爲之，黃金塗兩末，謂爲金吾。御史大夫、司隸校尉亦得執焉。」此蓋爲船名，抑或字有誤。○舍利：梵語，意譯身骨，又名舍利子。魏書卷一一四釋老志：「佛既謝世，香木焚尸。靈骨分碎，大小如粒，擊之不壞，焚亦不燋，或有光明神驗，胡言謂之『舍利』。弟子收奉，置之寶瓶，竭香花，致敬慕，建宮宇，謂爲『塔』。」此蓋爲船名，抑或字有誤。又，初學記卷二五引晉宮閣記曰：「舍（今按：藝文類聚卷七一作「合」）利池有雲母舟、無極舟。」

〔一七〕鳴鶴紫宮：鳴鶴舟和紫宮舟。初學記卷二五引晉宮閣記曰：「天泉池有紫宮舟、升進舟、曜陽舟、飛龍舟、射獵舟，靈芝池有鳴鶴舟、指南舟。」

〔一八〕方嶽：即方山。文選卷二○謝靈運鄰里相送方山詩李善注引丹陽郡圖經曰：「方山在江寧縣東五十里，下有湖水。舊揚州有四津，方山爲東，石頭爲西。」

〔一九〕赤阪：即赤山。六朝事蹟編類卷六絳巖山：「圖經云：在句容縣西南三十里，周回二十四里，高一百六十五丈。上有龍坑祠壇。江南地志云：漢丹陽縣北有赭山，其土亦赤，因爲郡名。本名赤山，唐天寶六年改名絳巖山。」○朱殷：赤黑色。左傳成公二年：「張侯曰：『自始合，而矢貫余手及肘，余折以御，左輪朱殷，豈敢言病。』」杜預注：「朱，血色，血色久則殷。殷音近煙，今人謂赤黑爲殷色。」朱，文苑英華卷一二六、御製集、全梁文、丁本作「珠」，閣本、張本作「朱」。今按：作「朱」是，據改。

〔二〇〕真長：東晉劉惔字真長。惔，祖籍沛國相縣。少有名，雅善清談。歷司徒左長史、侍中、丹陽尹。晉書卷七五有傳。

〔二一〕思曠：東晉阮裕字思曠。裕，陳留尉氏人。淹通有理識，官侍中。有肥遁之志，還居會稽剡山。徵金紫光禄大夫，不就，卒。晉書卷四九有傳。世説新語方正：「阮光禄赴山陵，至都，不往殷、劉許，過事便還。諸人相與追之。阮亦知時流必當逐己，乃遄疾而去，至方山不相及。劉尹時爲會稽，乃歎曰：『我入，當泊安石渚下耳，不敢復近思曠傍。伊便能捉杖打人，不易。』」今按：劉尹，即劉真長惔。

〔二二〕檜檝：檜木做的船槳。詩經衛風竹竿：「淇水滺滺，檜楫松舟。」陸德明音義：「檜，古活反，又古會反，木名。楫，本又作『檝』，子葉反，徐音集。方言云：『楫謂之橈，或謂之櫂。』

釋名云：『楫，捷也，撥水舟行捷疾也。』」此借指舟船。

〔二三〕旅泊：蕭繹登堤望水詩：「旅泊依村樹，江槎擁戍樓。」○新丘：地名。具體方位待考。

〔二四〕渭水之不流：太平御覽卷五五九引潘岳關中記曰：「秦始皇陵上驪山之北，高數十丈，周迴六七里，今在陰盤界。此陵雖高大，不足以銷六十萬人積年之功也。其用功力，或□□□□隱而不見者。驪山泉本北流者，皆陂障使西流。又此無大石，運取於渭北諸山。故其歌曰：『運石甘泉口，渭水爲不流。千人一唱，萬人相鉤。』」

〔二五〕相鉤：謂相互應和。

〔二六〕毀橋由於瑗度：事待考。瑗度，東晉謝琰字瑗度。琰，謝安子。曾爲征虜將軍、會稽内史、衛將軍、徐州刺史等。孫恩作亂，戰死，謚曰忠肅。晉書卷七九有傳。今按：建康實録卷七晉中顯宗成皇帝載：咸康二年冬十月，「更作朱雀門，新立朱雀浮航。航在縣城東南四里，對朱雀門，南度淮水，亦名朱雀橋」。原文小注：「案，地志：本吴南津大吴橋也。王敦作亂，温嶠燒絶之，遂權以浮航往來。至是，始議用杜預河橋法作之。長九十步，廣六丈，冬夏隨水高下也。」又，晉書卷六七温嶠傳載：王敦作亂，以誅温嶠爲名，軍至都下，温嶠燒朱雀桁以挫其鋒。則「毀橋」者爲温嶠，非謝琰。

〔二七〕鑿空資於仲謀：資治通鑑卷一三七齊紀世祖武皇帝「永明九年」：「乃命豫章王妃庾氏四時祠二帝、二后於清溪故宅。」胡三省注引建康志曰：「吴大帝鑿通城北塹以洩玄武湖水，發源於鍾山，接於秦淮，謂之清溪。」建康實録卷二吳中太祖下：吳大帝孫權赤烏四年，「冬十一月，詔鑿東渠，名青溪，通城北塹潮溝」。鑿空，漢書卷六一張騫傳：「歲餘，騫卒。後歲餘，其所遣副使通大夏之屬者皆頗與其人俱來，於是西北國始通於漢矣。然騫鑿空，諸後使往者皆稱博望侯，以爲質於外國，外國由是信之。」顏師古注：「蘇林曰：『鑿，開也。空，通也。騫始開西域道也。』師古曰：『空，孔也。猶言始鑿其孔穴也。故此下言「當空道」，而西域傳謂「孔道」也。』」仲謀，三國吳孫權字仲謀。權，吳郡富春人。東漢末，繼其兄孫策據有江東六郡。後稱帝，國號吳。卒，謚大皇帝，廟號太祖。三國志卷四七吳書有傳。

睇三茅之靈秘〔一〕，懷九轉之仙記〔二〕。紫臺石室之文〔三〕，青首銀函之字〔四〕。獨有披霧之心〔五〕，彌軫凌雲之志〔六〕。捫殷碑之愴望〔七〕，挹延州之高讓〔八〕。井羃沸而蛩蟺〔九〕，勢崎嶇而低昂〔一〇〕。見傳巴之度曲〔一一〕，聞安歌之浩唱〔一二〕；想觀樂乎朝陽〔一三〕，憶紆衣乎夕張〔一四〕。迴途舲之美風〔一五〕，聳余棹乎雲陽〔一六〕。彼桑梓之必敬〔一七〕，況枌榆之舊鄉〔一八〕。將遊目於五湖〔一九〕，乃浩覽於姑蘇〔二〇〕。臨閶門之跨水〔二一〕，聳重闕而開都〔二二〕。睇太伯之卜祀〔二三〕，爰避國於勾吳〔二四〕；去西滸之樂政〔二五〕，尊東夷之楷模〔二六〕。時渡谷水之陽〔二七〕，尚想嘉禾之方〔二八〕；壯庱亭於吳后〔二九〕，雄檇李於越王〔三〇〕。觀泉亭之涌波〔三一〕，崖巍巍而峨峨〔三二〕；張素蓋而縈州嶼，馳白馬而越江沲〔三三〕。鼓洪濤於萬里，曾未動於纖羅〔三四〕。

【校注】

〔一〕睇（dì）：大廣益會玉篇目部：「睇，傾視也。」○三茅：指「三茅君」，即茅盈及其弟茅固、茅衷。據傳爲漢景帝時咸陽人，先後隱居句曲山（在今江蘇省句容縣），得道成仙，太上老君分别授爲司命真君、定籙真君、保命仙君，世稱三茅君。梁書卷五一處士陶弘景傳：「於是止于句容之句曲山……昔漢有咸陽三茅君得道，來掌此山，故謂之茅山。」○靈秘：指道教之秘籍。

〔二〕九轉：九次提煉。道教謂丹的煉製有一至九轉之别，而以九轉爲貴。抱朴子内篇金丹：「九轉之丹，服之三日得仙。」此蓋指煉丹的法術。○仙記：道教典籍的美稱。

〔三〕紫臺：謂神仙所居之地。漢武帝内傳：「上元夫人語帝曰：『阿母今以瓊笈妙藴，發紫臺之文，賜汝八會之書，五嶽真形，可謂至珍且貴，上帝之元觀矣。』」○石室：傳説中的神仙洞府。

〔四〕青首：黑色的題簽。後漢書卷三〇襄楷傳：「初，順帝時，琅玡宫崇詣闕，上其師干吉於曲陽泉水上所得神書百七十卷，皆縹白素朱介青首朱目，號太平清領書。」李賢注：「首，縹也。」○銀函：銀匣。南朝齊孔稚珪玄館碑：「朋白兔而侶青鳥，啓銀函而講金字。」

〔五〕披霧：撥開雲霧，得見青天。比喻人豁然開朗。世説新語賞譽：「衛伯玉爲尚書令，見樂廣與中朝名士談議，奇之……命子弟造之曰：『此人，人之水鏡也，見之若披雲霧覩青天。』」

〔六〕軫：廣韻軫韻：「軫，動也。」○凌雲：史記卷一一七司馬相如傳：「相如既奏大人之頌，天子大説，飄飄有凌雲之氣，似游天地之間意。」此喻志氣高超。

〔七〕殷碑：待考。

〔八〕挹：通「揖」，推崇。集韻緝部：「挹，或作揖。」○延州之高讓：指春秋季札辭讓王位事。史記卷三一吳太伯世家：「二十五年，王壽夢卒。壽夢有子四人，長曰諸樊，次曰餘祭，次曰餘眛，次曰季札。季札賢，而壽夢欲立之，季札讓不可，於是乃立長子諸樊，攝行事當國。王諸樊元年，諸樊已除喪，讓位季札。季札謝曰：『曹宣公之卒也，諸侯與曹人不義曹君，將立子臧，子臧去之，以成曹君，君子曰「能守節矣」。君義嗣，誰敢干君！有國，非吾節也。札雖不材，願附於子臧之義。』吳人固立季札，季札棄其室而耕，乃舍之。……十三年，王諸樊卒。有命授弟餘祭，欲傳以次，必致國於季札而止，以稱先王壽夢之意，且嘉季札之義，兄弟皆欲致國，令以漸至焉。季札封於延陵，故號曰延陵季子。」延州，「延州來」之省稱，即季札。左傳昭公二十七年：「〔吳子〕使延州來季子聘于上國。」杜預注：「季子本封延陵，後復封州來，故曰延州來。」季札，春秋時吳國人，吳王壽夢少子。賢明博學。生平詳左傳襄公十四年、二十九年、史記卷三一吴太伯世家及禮記檀弓下等。高讓，拱手相讓。晉陸雲盛德頌序：「陛下猶復允執高讓，成功靡有。」

〔九〕井：蓋指泉水。吕氏春秋卷一四孝行覽本味：「水之美者，三危之露，崑崙之井。」高誘注：「井，泉。」〇觱（bì）沸：詩經小雅采菽：「觱沸檻泉，言采其芹。」毛傳：「觱沸，泉出貌。」〇蜎蟺（wān shàn）：文選卷一八嵇康琴賦：「瀄汩澎湃，蜎蟺相糾。」李善注：「蟺，展轉也。」張銑注：「蜎蟺，盤旋貌。」蜎，同「蜿」。

〔一〇〕低昂：高低起伏。楚辭遠遊：「服偃蹇以低昂兮，驂連蜷以驕驁。」

〔一一〕傳巴：楚辭九歌禮魂：「成禮兮會鼓，傳芭兮代舞。」王逸注：「芭，巫所持香草名也。……言祠祀作樂，而歌巫持芭而舞，訖以復傳與他人更用之。芭，一作巴。」〇度曲：作曲。漢書卷九元帝紀史臣贊曰：「鼓琴瑟，吹洞簫，自度曲，被歌聲，分刌節度，窮極幼眇。」顔師古注引應劭曰：「自隱度作新曲，因持新曲以爲歌詩聲也。」

〔一二〕聞：文苑英華卷一二六、閣本、張本、全梁文、丁本作「開」。文苑英華下小注：「疑作『聞』。」御製集作「聞」。今按：作「聞」是，據改。〇安歌：楚辭九歌東皇太一：「揚枹兮拊鼓，疏緩節兮安歌。」洪興祖補注：「〔王逸注〕：言肴膳酒醴既具，不敢寧處，親舉枹擊鼓，使靈巫緩節而舞，徐歌相和，以樂神意也。五臣云：使曲節希緩而安音清歌。」王夫之通釋：「安歌，聲出自然。」〇浩唱：放聲高歌。文選卷三二屈原九歌東皇太一：「靈偃蹇兮姣服，陳竽瑟兮浩倡。」王逸注：「浩，大也。言己又陳列竽瑟，大倡作樂，以自竭盡也。」

〔三〕觀樂：欣賞音樂。史記卷三一吳太伯世家：「〔王餘祭〕四年，吳使季札聘於魯，請觀周樂。」

〔四〕紆衣：披上衣服。紆，繫結。文選卷三張衡東京賦：「紆皇組，要干將，負斧扆，次席紛純。」李善注：「紆，垂也。」○夕張：文選卷三二屈原湘夫人：「登白薠兮騁望，與佳期兮夕張。」王逸注：「張，施也。言己願以始秋薠草初生望平之時，修設祭具，夕早灑掃，張施帷帳，與夫人期歆饗之也。」

〔五〕途：文苑英華卷一二六下小注：「疑作『余』。」御製集作「余」。四庫全書考證卷九六漢魏六朝百三家梁元帝集：「刊本『余』訛『途』。」○舲（líng）：淮南子卷二俶真訓：「越舲蜀艇，不能無水而浮。」高誘注：「舲，小船也。」

〔六〕雲陽：古縣名。即今江蘇省丹陽市。文選卷二三謝靈運廬陵王墓下作詩：「曉月發雲陽，落日次朱方。」李善注引越絕書曰：「曲阿爲雲陽縣。」

〔七〕桑梓：詩經小雅小弁：「維桑與梓，必恭敬止。」朱熹集傳：「桑、梓二木。古者五畝之宅，樹之墻下，以遺子孫，給蠶食、具器用者也。」此借指故鄉。今按：蕭繹南蘭陵中都里人，故址在今江蘇省常州市西北，與古雲陽相鄰，故有桑梓之稱。

〔八〕枌榆：漢高祖故鄉里社名。史記卷二八封禪書：「高祖初起，禱豐枌榆社。」裴駰集解引張晏曰：「社在豐東北十五里。或曰：枌榆，鄉名，高祖里社也。」後泛指故鄉。枌，文苑英華卷一二六、閻本、張本、全梁文、丁本作「松」。文苑英華小注：「疑作『佘』。」御製集作「枌」。四庫全書考證卷九六漢魏六朝百三家梁元帝集：「刊本『枌』訛『松』。」吴汝綸校：「『松』校改『枌』。」今按：作「枌」爲是，據改。

〔一九〕五湖：周禮夏官司馬職方氏：「東南曰揚州，其山鎮曰會稽，其澤藪曰具區，其川三江，其浸五湖。」鄭玄注：「具區、五湖在吴南。浸，可以爲陂灌溉者。」具區，即太湖。一説「五湖」即太湖。國語卷二一越語下：「果興師而伐吴，戰於五湖。」韋昭注：「五湖，今太湖。」

〔二〇〕乃浩覽：藝文類聚卷二六作「夕結覽」。文苑英華卷一二六「浩」下小注：「或作『夕結覽』，非。」○姑蘇：地名，即今江蘇省蘇州市。

〔二一〕閶門：城門名。在江蘇省蘇州市城西。吴越春秋卷四闔閭内傳：「子胥乃使相土嘗水，象天法地，造築大城。周迴四十七里。陸門八，以象天八風。水門八，以法地八聰。築小城，周十里，陸門三，不開東面者，欲以絶越明也。立閶門者，以象天門，通閶闔風也。立蛇門者，以象地户也。闔閭欲西破楚，楚在西北，故立閶門以通天氣，因復名之破楚門。」

〔二二〕重闕：謂層層設門。説文解字門部：「闕，門觀也。从門，欮聲。」○開都：建立都城。今按：今江蘇省蘇州市爲春秋時吴國後期的都城。

〔二三〕太伯：即吴太伯，春秋時期吴國第一代國君，商末岐山周部落首領周太王古公亶父的長子。太王欲傳位季歷及其子昌，太伯乃與讓位季歷，而出逃至荆蠻，自號句吴。事蹟詳史記卷三一吳太伯世家。○卜祀：占卜祭祀。

〔二四〕「爰避國」句：史記卷三一吳太伯世家：「吳太伯，太伯弟仲雍，皆周太王之子，而王季歷之兄也。季歷賢，而有聖子昌，太王欲立季歷以及昌，於是太伯、仲雍二人乃奔荆蠻，文身斷髮，示不可用，以避季歷。季歷果立，是爲王季，而昌爲文王。太伯之奔荆蠻，自號句吳。荆蠻義之，從而歸之千餘家，立爲吳太伯。」爰，文選卷一五張衡思玄賦：「將答賦而不暇兮，爰整駕而亟行。」李善注：「爰，於是也。」經傳釋詞卷二「爰」：「或訓爲于，或訓爲於，或訓爲曰，或訓爲於是，其義一也。……爰、粵、于一聲之轉，故三字皆可訓爲於。」

〔二五〕去西滸：詩經大雅緜：「古公亶父，來朝走馬。率西水滸，至于岐下。」毛傳：「滸，水厓也。」孔穎達疏：「言文王之先，久古之公曰亶父者，避狄之難，其來以早朝之時，疾走其馬，循西方水厓漆、沮之側東行而至於岐山之下。」西滸，豳地西邊漆水之涯。今按：此以古公亶父自豳遷岐比太伯奔吳。

〔二六〕東夷：古代對我國中原以東各族的統稱。亦指吳。文選卷五六曹植王仲宣誄：「嗟彼東夷，憑江阻湖，騷擾邊境，勞我師徒。」李善注：「東夷謂吳。」

〔二七〕谷水：古會稽郡長水縣（治所在今浙江省桐鄉市東北）城外的一條河流。水經注卷二九沔水：「吳記曰：一江東南行七十里入小湖爲次溪，自湖東南出謂之谷水。谷水出吳小湖，逕由卷縣故城下。神異傳曰：由卷縣，秦時長水縣也。」宋張堯同嘉禾百詠谷水：「短棹經行處，風披藻荇香。中宵孤鶴唳，片月在滄浪。」下附考：「舊經云：『古戰場。夾谷口，秦長水縣治，今谷水是也。』神異傳曰：『由拳縣，即秦長水縣淪陷爲谷，因名谷水。東南流逕嘉興縣城西，又東逕鹽官縣故城南。』水經注引吴記曰：『谷水出吴小湖，逕由拳縣故城下。』九州志云：『谷水之右，有馬睪城，吴王濞煮海爲鹽於此。』梁元帝玄覽賦曰：『時渡谷水之陽，尚想嘉禾之方。壯庱亭於吴后，雄檇李於越王。』」〇陽：公羊傳僖公二十二年：「宋公與楚人期戰於泓之陽。」何休注：「水北曰陽。」

〔二八〕嘉禾之方：指吴郡嘉興縣。宋書卷三五州郡志：「嘉興令，此地本名長水，秦改曰由拳。吴孫權黄龍四年，由拳縣生嘉禾，改曰禾興。孫皓父名和，又改名曰嘉興。」水經注卷二九沔水：「吴黄龍三年，有嘉禾生卷縣，改曰禾興，後太子諱和，改爲嘉興。春秋之檇李城也。谷水又東南逕嘉興縣城西。」嘉禾，生長奇異的禾苗，古人以之爲吉祥的徵兆。

〔二九〕「壯庱（chēng）亭」句：「吴后壯於庱亭」之倒置。三國志卷四七吴書吴主傳孫權：「〔建安〕二十三年十月，權將如吴，親乘馬射虎於庱亭。馬爲虎所傷，權投以雙戟，虎却廢，常從張世擊以戈，獲之。」庱亭，地名。在今江蘇省丹陽市東、武進縣西。清朱駿聲説文通訓定聲升部：「〔淩〕字亦變作庱。吴志，建安二十三年，孫權將如吴，親乘馬，射虎于庱亭。元和郡縣志：庱亭在丹陽縣東四十七里。當是以淩水得名。」吴后，指吴主孫權。庱，文苑英華卷一二二六、御製集、閣本、張本、全梁文、丁本作「慶」。今按：「慶」當是「庱」之訛，改正。

〔三〇〕「雄檇（zuì）李」句：「越王雄於檇李」之倒置。史記卷三一吳太伯世家：「十九年夏，吳伐越，越王句踐迎擊之檇李。越使死士挑戰，三行造吳師，呼，自剄。吳師觀之，越因伐吳，敗之姑蘇，傷吳王闔廬指，軍却七里。吳王病傷而死。」裴駰集解：「賈逵曰：『檇李，越地。』杜預曰：『吳郡嘉興縣南有檇李城也。』檇音醉。」檇（zuì）李，古地名。在今浙江省嘉興市西南。左傳定公十四年：「五月，於越敗吳于檇李。」杜預注：「檇李，吳郡嘉興縣南醉李城。」水經注卷二九沔水：「谷中有城，故由卷縣治也。即吳之柴辟亭，故就李鄉檇李之地。」嘉興即春秋之檇李城也。

〔三一〕泉亭：漢書卷二八地理志「會稽郡」「錢唐：西部都尉治。武林山，武林水所出，東入海，行八百三十里，莽曰泉亭。」水經注卷四〇漸江水「山下有錢唐故縣，浙江逕其南，王莽更名之曰泉亭。」

〔三二〕崖：藝文類聚卷二六作「窟」，似誤。

〔三三〕「張素蓋」二句：形容波濤浩蕩迴旋之狀。文選卷三四枚乘七發：「太子曰：『善！然則濤何氣哉？』客曰：『不記也。然聞於師曰，似神而非者三：疾雷聞百里；江水逆流，海水上潮；山出內雲，日夜不止。衍溢漂疾，波涌而濤起。其始起也，洪淋淋焉，若白鷺之下翔。其少進也，浩浩溰溰，如素車白馬帷蓋之張。』」素蓋，無飾的車蓋。州嶼（yǔ），水中小島。州，藝文類聚卷二六作「洲」。今按：州，通「洲」。越，藝文類聚卷二六作「赴」。江淹，長江之支流。詩經召南江有汜：「江有沱，之子歸，不我過。」毛傳：「沱，江之別者。」沲，同「沱」。

〔三四〕未動於纖羅：形容波濤平静之狀。文選卷一二木華海賦：「若乃霾曀潛銷，莫振莫竦。輕塵不飛，纖蘿不動。」李善注：「爾雅曰：唐蒙，女蘿。」六臣注：「五臣作羅。」纖，閣本、張本作「汩」。四庫全書考證卷九六漢魏六朝百三家梁元帝集：「刊本『纖』訛『汨』。」

及戾止乎東歐〔一〕，登玉笥與銅牛〔二〕。山東武而遥集〔三〕，雁南海而飛浮〔四〕。巖亭亭其似蓋，氣苕苕其若樓〔五〕。登舜橋而延首〔六〕，瞰禹井而淹留〔七〕。御史之牀猶在〔八〕，督護之門不修〔九〕。雖濫同於借寇〔一〇〕，愧人瘼之何求〔一一〕。

【校注】

〔一〕戾止：詩經魯頌泮水：「魯侯戾止，言觀其旂。」毛傳：「戾，來。止，至也。」○東歐：即「東甌」，今浙江省温州市及南部沿海地區的古稱。史記卷一一四東越列傳：「孝惠三年，舉高帝時越功，曰閩君摇功多，其民便附，乃立摇爲東海王，都東甌，世俗號爲東甌王。」抱朴子外篇鈞世：「東甌之木，長洲之林，梓豫雖多，而未可謂之爲大廈之壯觀，華屋之弘麗也。」歐，文苑英華卷一二六下小注：「疑作『甌』。」御製集、閣本、張本作「甌」。今按：歐，通「甌」。

〔二〕玉笥：山名。即宛委山。在今浙江省紹興市東南。史記卷一三〇太史公自序：「上會稽，探禹穴。」張守節正義：「括地志云：『石箐山一名玉笥山，又名宛委山，即會稽山一峰也，在會稽縣東南十八里。』吴越春秋云：『禹案黄帝中經九山，東南天柱，號曰宛委，赤帝左闕之填，承以文玉，覆以磐石，其書金簡青玉爲字，編以白銀，皆瑑其文。禹乃東巡，登衡山，血白馬以祭。禹乃登山，仰天而笑，忽然而卧，夢見繡衣男子自稱玄夷倉水使者，却倚覆釜之山，東顧謂禹曰：「欲得我山神書者，齊於黄帝之嶽，巖嶽之下，三月季庚，登山發石。」禹乃登宛委之山，發石，乃得金簡玉字，以水泉之脈。』」〇銅牛：山名。太平御覽卷四七引孔曄會稽記曰：「銅牛山，舊傳常有一黄牛出山巖食草，採伐人始見，猶謂是人所養，或有共驅，蹙之，垂及輒失，然後知爲神異。」水經注卷四〇漸江水：「水側有白鹿山。……東有銅牛山，山有銅穴三十許丈，穴中有大樹神廟。」

〔三〕山東武而遥集：謂怪山從東武縣飛來此地。怪山亦稱龜山。太平御覽卷四七引吴越春秋曰：「怪山者，琅琊東武海中山也。一夕自來，百姓怪之，故曰怪山。形似龜體，故謂龜山。」又引會稽志曰：「龜山之下有東武里，即琅琊東武縣。山一夕移於此，東武人因徙此，故里不動。」東武，縣名。治所在今山東省諸城市。怪山，即今浙江省紹興市西南塔山。

〔四〕雁南海而飛浮：蓋指雁南飛而至於雁蕩山。夢溪筆談卷二四雜誌一：「温州雁蕩山，天下奇秀。……按西域書，阿羅漢諾矩羅居震旦東南大海際雁蕩山芙蓉峰龍湫，唐僧貫休爲諾矩羅贊，有『雁蕩經行雲漠漠，龍湫宴坐雨濛濛』之句。」清顧祖禹讀史方輿紀要卷九四「温州府樂清縣」：「雁蕩山：縣東九十里。……志云：山跨樂清、平陽二縣，在平陽西南者曰南雁蕩，此爲北雁蕩。……絶頂有湖，方十餘里，水常不涸，雁之春歸者留宿焉，故曰雁蕩。」雁蕩山在今浙江省温州樂清市東北。

〔五〕「巖亭」二句：文選卷二張衡西京賦：「干雲霧而上達，狀亭亭以苕苕。」薛綜注：「亭亭、苕苕，高貌也。」氣，全梁文、丁本作「飛」。

〔六〕舜橋：即百官橋。水經注卷四〇漸江水：「江水東逕上虞縣南，王莽之會稽也。本司鹽都尉治也，地名虞賓。晉太康地記曰：舜避丹朱于此，故以名縣，百官從之，故縣北有百官橋。」宋樂史太平寰宇記卷九六江南東道八越州「餘姚縣」：「舜橋，地志云：『舜橋，舜避丹朱於此。百官侯之，故亦名百官橋。』」故址在今浙江省紹興上虞市。〇延首：伸長頭頸。形容急切盼望的樣子。三國魏曹植王仲宣誄：「孰云仲宣，不聞其聲。延首歎息，雨泣交頸。」

〔七〕瞰：藝文類聚卷二六作「睱」。〇禹井：水經注卷四〇漸江水：「又有會稽之山，古防山也，亦謂之爲茅山，又曰棟山。……山上有禹冢，昔大禹即位十年，東巡狩，崩于會稽，因而葬之。有鳥來，爲之耘，春拔草根，秋啄其穢，是以縣官禁民，不得妄害此鳥，犯則刑無赦。山東有湮井，去廟七里，深不見底，謂之禹井，云東遊者多探其穴也。」○淹留：逗留。楚辭離騷：「時繽紛其變易兮，又何可以淹留？」爾雅釋詁：「曩、塵、佇、淹、留，久也。」晉郭璞注：「塵垢，佇企，淹滯，皆稽久也。」

〔八〕御史之牀：南齊書卷四〇武十七王竟陵文宣王子良傳：「昇明三年，爲使持節、都督會稽東陽臨海永嘉新安五郡、輔國將軍、會稽太守。……子良敦義愛古。……郡閣下有虞翻舊牀，罷任還，乃致以歸。」宋樂史太平寰宇記卷九六江南東道八越州「會稽縣」：「御史牀，在州東南四里，虞翻爲長沙桓王（今按：即孫策）所待，特設此牀以表賢。翻仕漢至御史。故梁元帝玄覽賦云：『御史之牀猶在，都護之門不修。』」牀，文苑英華卷一二六、閻本、張本、全梁文作「狀」，藝文類聚卷二六、御製集、丁本作「牀」。今按：作「牀」是，據改。

〔九〕督護之門：宋樂史太平寰宇記卷九六江南東道八越州「會稽縣」：「都護門，在縣南二里。晉中興將軍王恬爲此內史，成帝問曰：『與誰同行？』恬曰：『將弟薈偕。』帝欲見之。薈未有官，于時法式，白衣不得見天子。因拜爲都護。至郡，別開此門出入。時人貴之，因官爲號。」宋施宿會稽志卷一八：「督護門：十道志云：『晉中將軍王愔，成帝拜爲督護，到郡，開此門出入，時人貴之，因以爲名。』梁元帝玄覽賦云：『御史之牀猶在，督護之門不修。』『督護』一作『都督』。」督護，武官名。州、郡及軍府之僚屬，掌軍務。

〔一〇〕借寇：後漢書卷一六寇恂傳載：恂曾爲潁川太守，頗著政績，後離任。建武七年光武帝南征隗囂，恂從行至潁川，百姓遮道謂光武曰：「願從陛下復借寇君一年。」後因以「借寇」爲地方挽留官吏的典故。南朝梁何遜哭吴興柳惲詩：「霞區兩借寇，貪泉一舉厄。」

〔一一〕人瘼：指人民的疾苦。詩經大雅皇矣：「監觀四方，求民之莫。」馬瑞辰通釋：「至漢書、潛夫論及文選注並引作『求民之瘼』，瘼謂病也。」後漢書卷七六循吏傳序：「廣求民瘼，觀納風謡。」文選卷五九沈約齊故安陸昭王碑文：「而皇情眷眷，慮深求瘼。」李善注：「毛詩曰：『皇矣上帝，臨下有赫，鑒觀四方，求民之瘼。』班固漢書引詩而爲『此瘼』。爾雅曰：瘼，病也。」人，御製集作「民」。

皇覽揆余之忠誠〔一〕，詔入謁於承明〔二〕。既攝州於淮海〔三〕，且作尹乎中京〔四〕。慕張生之讁伏〔五〕，挹邊延之勵精〔六〕。珥金貂而待問〔七〕，鳴玉佩而趨庭〔八〕。兼三河及三輔〔九〕，揔九緯乎九經〔一〇〕。揚王庭之俊選〔一一〕，聞褎然於前則〔一二〕。時濫假於中台〔一三〕，掌邦教之觀國〔一四〕。乍南宫而薦士〔一五〕，且右鄉而表德〔一六〕。判辟雍之樂語〔一七〕，辯金馬之儒墨〔一八〕。驅安車以騁望〔一九〕，壯天居之麗極〔二〇〕。

【校注】

〔一〕「皇覽」句：文選卷一〇潘岳西征賦：「皇鑒揆余之忠誠，俄命余以末班。」楚辭離騷：「皇覽揆余初度兮，肇錫余以嘉名。」王逸注：「皇，皇考也。覽，觀也。揆，度也。余，我也。」

〔二〕承明：宫門名。三國志卷二魏書文帝紀裴松之注：「諸書記是時帝居北宫，以建始殿朝群臣，門曰承明，陳思王植詩曰『謁帝承明廬』是也。」文選卷二四曹植贈白馬王彪：「謁帝承明廬，逝將歸舊疆。」李善注引陸機洛陽記曰：「承明門，後宫出入之門，吾常怪『謁帝承明廬』，問張公，云：魏明帝作建始殿，朝會皆由承明門。」蕭繹去丹陽尹荆州詩二首之一：「駿駕乘驪馬，謁帝朝承明。」

〔三〕攝州於淮海：謂代理揚州刺史。攝，代理。淮海，本廣泛的地理概念，包括今江蘇省、山東省、河南省、安徽省四省的接壤地區。此處用以代指揚州。尚書禹貢：「淮、海惟揚州。」

〔四〕作尹乎中京：指出爲丹陽尹。尹，京師所在郡的行政長官。中京，指都城。據蕭綱蕭繹年譜，普通三年（522），蕭繹入爲侍中、宣威將軍、丹陽尹。普通七年（526），曾兼任揚州刺史。梁時丹陽尹、揚州刺史治所皆在都城建康，即今江蘇省南京市。

〔五〕張生之譎伏：指漢代張敞發伏禁奸事。張生，即張敞。敞字子高，西漢河東平陽人。昭帝初舉察廉爲甘泉倉長。宣帝即位，擢豫州刺史，元康中守京兆尹。元帝即位，徵爲左馮翊。漢書卷七六有傳。漢書本傳：「是時潁川太守黄霸以治行第一入守京兆尹。霸視事數月，不稱，罷歸潁川。於是制詔御史：『其以膠東相敞守京兆尹。』自趙廣漢誅後，比更守尹，如霸等數人，皆不稱職。京師寖廢，長安市偷盜尤多，百賈苦之。上以問敞，敞以爲可禁。敞既視事，求問長安父老，偷盜酋長數人，居皆温厚，出從童騎，閭里以爲長者。敞皆召見責問，因貰其罪，把其宿負，令致諸偷以自贖。偷長曰：『今一旦召詣府，恐諸偷驚駭，願一切受署。』敞皆以爲吏，遣歸休。置酒，小偷悉來賀，且飲醉，偷長以赭汙其衣裾。吏坐里閭閲出者，汙赭輒收縛之，一日捕得數百人。窮治所犯，或一人百餘發，盡行法罰。由是枹鼓稀鳴，市無偷盜，天子嘉之。」擿伏，即「摘伏」，揭發隱秘的壞人壞事。南朝梁何遜贈族人秣陵兄弟詩：「時然臨下邑，摘伏信如神。」

〔六〕挹：推崇。梁書卷十四任昉傳：「沈約一代詞宗，深所推挹。」○邊延：邊鳳和延篤。後漢書卷六四延篤傳：「延篤字叔堅，南陽犫人也。……遷左馮翊，又徙京兆尹，其政用寬仁，憂恤民黎，擢用長者，與參政事，郡中歡愛，三輔咨嗟焉。先是陳留邊鳳爲京兆尹，亦有能名，郡人爲之語曰：『前有趙張三王，後有邊延二君。』」同書卷七六循吏傳：「邊鳳、延篤先後爲京兆尹，時人以輩前世趙、張。」○勵精：振奮精神。

〔七〕「珥金貂」句：指入爲侍中。珥，文選卷一三潘岳秋興賦：「珥蟬冕而襲紈綺之士，此焉游處。」李善注：「珥，猶插也。」金貂，皇帝左右侍臣的冠飾。文選秋興賦：「登春臺之熙熙兮，珥金貂之炯炯。」李善注：「漢書，谷永對詔曰：『戴金貂之飾，執常伯之職也。』董巴輿服志曰：『侍中冠金璫，附蟬爲文，貂尾爲飾。』」後漢書輿服志下：「武冠，一曰武弁大冠，諸武官冠之。侍中、中常侍加黃金璫，附蟬爲文，貂尾爲飾，謂之『趙惠文冠』。胡廣説曰：

『趙武靈王效胡服，以金璫飾首，前插貂尾，爲貴職。秦滅趙，以其君冠賜近臣。』待問，等
待詢問。禮記儒行：「儒有席上之珍以待聘，夙夜强學以待問。」

〔八〕「鳴玉佩」句：謂返回朝廷爲官而得以聆聽父親梁武帝的教誨。鳴玉佩，古人腰間佩玉飾，
行走時使相擊發聲。國語楚語下：「王孫圉聘於晉，定公饗之。趙簡子鳴玉以相。」韋昭
注：「鳴玉，鳴其佩玉，以相禮也。」文心雕龍章表：「天子垂珠以聽，諸侯鳴玉以朝。」喻出
仕在朝。晉書卷八九嵇紹傳：「紹雖虚鄙，忝備常伯，腰紱冠冕，鳴玉殿省，豈可操執絲竹，
以爲伶人之事！」趨庭，指親聆父教。論語季氏：「〔孔子〕嘗獨立，鯉趨而過庭。曰：『學
詩乎？』對曰：『未也。』『不學詩，無以言。』鯉退而學詩。他日，又獨立，鯉趨而過庭。曰：
『學禮乎？』對曰：『未也。』『不學禮，無以立。』鯉退而學禮。」

〔九〕「兼三河」句：謂治理京師及附近地區。三河，地名。漢代稱河内、河南、河東爲三河。史記
卷一二九貨殖列傳：「昔唐人都河東，殷人都河内，周人都河南。夫三河在天下之中，若鼎
足，王者所更居也。」此處借指京師建康所在地區。三輔，後漢書卷一光武帝紀：更始元年，
九月庚戌，「三輔豪傑共誅王莽，傳首詣宛。」李賢注：「三輔謂京兆、左馮翊、右扶風，共在
長安中，分領諸縣。」三輔黄圖卷一三輔沿革：「武帝太初元年改内史爲京兆尹，與左馮翊、
右扶風，謂之三輔，其理俱在長安古城中。」太平御覽卷一六四引三輔黄圖曰：「太初元年以
渭城以西屬右扶風，長安以東屬京兆尹，長陵以北屬左馮翊，以輔京師，謂之三輔。」後世泛

稱京城附近地區。

〔一〇〕「惣九緯」句：指管理都城。周禮冬官考工記匠人：「國中九經九緯，經涂九軌。」賈公彦疏：「南北之道爲經，東西之道爲緯。」惣，同「總」。

〔一一〕俊選：可教化的優秀人材。禮記王制：「命鄉論秀士，升之司徒，曰選士。司徒論選士之秀者而升之學，曰俊士。升於司徒者不征於鄉，升於學者不征於司徒，曰造士。樂正崇四術，立四教，順先王詩、書、禮、樂以造士：春秋教以禮、樂，冬夏教以詩、書。王大子、王子、群后之大子，卿、大夫、元士之適子，國之俊選，皆造焉。」

〔一二〕「聞裦（yòu）」句：指漢武帝策賢良事。漢書卷五六董仲舒傳載：漢武帝舉賢良文學制曰：「朕獲承至尊休德，傳之亡窮，而施之罔極，任大而守重，是以夙夜不皇康寧，永惟萬事之統，猶懼有闕。故廣延四方之豪儁，郡國諸侯公選賢良修絜博習之士，欲聞大道之要，至論之極。今子大夫裦然爲舉首，朕甚嘉之。子大夫其精心致思，朕垂聽而問焉。」顔師古注：「張晏曰：『裦，進也，爲舉賢良之首也。』師古曰：『裦然，盛服貌也。詩經邶風旄丘之篇曰：「裦如充耳。」』」王念孫讀書雜志漢書雜志董仲舒傳「裦然」條：「裦然者，出衆之貌，故曰『裦然爲舉首』。（原注：大雅生民篇：「實種實裦。」毛傳曰：「裦，長也。」義與「裦然爲舉首」之「裦」相近。）張晏訓『裦』爲『進』，猶爲近之。師古訓爲『盛服貌』，則與『爲舉首』三字義不相屬。且下句云『朕甚嘉之』者，嘉其賢良出衆，非嘉其盛服也。」裦，全梁文作「褎」，中華書局影印本校云：「『褒』當作『裦』。」丁本作「褏」。前則，前代典則。

〔三〕濫假：謙稱才不堪職任。濫，謙辭。假，暫時代理政事。史記卷七項羽本紀：「乃相與共立羽爲假上將軍。」張守節正義：「未得懷王命也，假，攝也。」○中台：星名。古以三台象徵三公，中台象徵司徒或司空。從下文「掌邦」句看，蕭繹當代理司徒一職，然史書失載，或因非正式授予故。

〔四〕「掌邦」句：謂任司徒之職。邦教，尚書周書周官：「司徒掌邦教。」孔安國傳：「地官卿司徒，主國教化，布五常之教，以安和天下衆民，使小大協睦。」周禮地官司徒：「惟王建國，辨方正位，體國經野，設官分職，以爲民極。乃立地官司徒，使帥其屬而掌邦教，以佐王安擾邦國。」觀國，周易觀卦：「六四，觀國之光，利用賓于王。」魏王弼注：「居觀之時，最近至尊，觀國之光者也。居近得位，明習國儀者也，故曰『利用賓于王』也。」

〔五〕乍：突然。此謂突然降臨。○南宮：皇室及王侯子弟的學宮。史記卷一二一儒林傳：「高祖過魯，申公以弟子從師入見高祖於魯南宮。」張守節正義引括地志云：「泮宮在兖州曲阜縣西南二百里魯城内宫之内。」南朝梁簡文帝相宮寺碑：「五明盛士，並宣北門之教；四姓小臣，稍罷南宮之學。」

〔六〕右鄉：禮記王制：「司徒修六禮以節民性……命鄉簡不帥教者以告，耆老皆朝于庠，元日習射上功，習鄉上齒，大司徒帥國之俊士與執事焉。不變，命國之右鄉簡不帥教者移之左，命國之左鄉簡不帥教者移之右，如初禮。不變，移之郊，如初禮。不變，移之遂，如初禮。不變，屏之遠方，終身不齒。」

〔一七〕辟雍：亦作「辟廱」。本西周時大學，後爲行鄉飲或祭祀之禮的地方。漢班固白虎通卷六辟雍：「天子立辟雍何？所以行禮樂，宣德化也。辟者，璧也。象璧圓，又以法天。雍者，雍之以水，象教化流行也。」○樂語：指説話的技巧和理論。周禮春官宗伯大司樂：「凡有道者、有德者，使教焉……以樂語教國子：興、道、諷、誦、言、語。」鄭玄注：「興者，以善物喻善事。道讀曰導。導者，言古以剴今也。倍文曰諷，以聲節之曰誦，發端曰言，答述曰語。」

〔一八〕金馬：漢代宮門名。亦爲學士待詔之處。史記卷一二六滑稽列傳東方朔：「金馬門者，宦者署門也，門傍有銅馬，故謂之曰『金馬門』。」○儒墨：韓非子顯學：「世之顯學，儒、墨也。儒之所至，孔丘也。墨之所至，墨翟也。」

〔一九〕安車：周禮春官宗伯巾車：「安車，彫面鷖總，皆有容蓋。」鄭玄注：「安車，坐乘車。凡婦人車皆坐乘。」賈公彥疏：「案：曲禮上云『婦人不立乘』，是婦人坐乘，男子立乘。曲禮上『大夫七十而致事，若不得謝，則必賜之几杖，乘安車』，則男子坐乘，亦謂之安車也。」東晉皇甫謐高士傳韓康：「桓帝時，乃備元纁安車以聘之。使者奉詔造康，康不得已，乃佯許諾，辭安車，自乘柴車，冒晨先發至亭。」車，文苑英華卷一二六、閣本、張本、全梁文作「居」，御製集、丁本作「車」，吳汝綸校：「『居』校改『車』。」又云：「『車』字，汝綸臆改。」今按：作

「車」是，據改。○騁望：放眼遠望。楚辭九歌湘夫人：「登白蘋兮騁望，與佳期兮夕張。」王逸注：「騁，平也。」

〔二○〕天居：指天子居處。南朝陳徐陵太極殿銘序：「天居爽塏，大寢尊嚴。」

詳夫皇王爰處〔一〕，本無定所：堯都平陽〔二〕，舜在冀方〔三〕，玄王居亳〔四〕，成周卜洛〔五〕。故知黄旗紫蓋〔六〕，域中爲大〔七〕。天地之所合，風雨之所會〔八〕。蔭美氣之葱葱〔九〕，浮卿雲之靄靄〔一○〕。聳梁山而成闕〔一一〕，縈長淮而似帶〔一二〕。昔者甘泉、暉章〔一三〕，平樂、未央〔一四〕，凌霄、飛雨〔一五〕，麒麟、鳳凰〔一六〕，九華、仁壽〔一七〕，百福、明光〔一八〕，玉階紫闈〔一九〕，雕柱錦牆〔二○〕，木蘭爲棟〔二一〕，文杏爲梁〔二二〕。温臺冬燠〔二三〕，秋窗夏涼。甲乙之帳〔二四〕，庚辛之方〔二五〕。未有祇園之右〔二六〕，齊之仁壽，用擬舟航〔二七〕，長爲稱首〔二八〕。日殿月宫〔二九〕，金池珠叢〔三○〕；七重迢遞〔三一〕，千柱玲瓏。虹橋左跨〔三二〕，雁苑南通〔三三〕。紫紺之堂臨水〔三四〕，青蓮之臺帶風〔三五〕。及夫曒光未旭〔三六〕，更籌曙促〔三七〕，猶然陽燧之火〔三八〕，尚執驪龍之燭〔三九〕。或帶桃花之綬〔四○〕，乍響玄山之玉〔四一〕。

【校注】

〔一〕皇王：詩經大雅文王有聲：「四方攸同，皇王維辟。」毛傳：「皇，大也。」此指皇帝。○爰處：詩經邶風擊鼓：「爰居爰處？爰喪其馬？」鄭玄箋：「爰，於也。……今於何居乎？於何處乎？於何喪其馬乎？」詩經小雅斯干：「爰居爰處，爰笑爰語。」經傳釋詞卷二「爰」：「或訓爲于，或訓爲於，或訓爲曰，或訓爲於是，其義一也。……爰、粤、于一聲之轉，故三字皆可訓爲於。」

〔二〕堯：古賢帝名。初封於陶，又封於唐，號陶唐氏。事詳史記卷一五帝本紀。○平陽：地名。史記卷一五帝本紀「帝堯者」張守節正義引帝王紀云：「堯都平陽，於詩爲唐國。」漢書卷二八地理志「河東郡平陽縣」顔師古注引應劭曰：「堯都也，在平河之陽。」在今山西省臨汾市西南十八里金殿鎮。

〔三〕舜：五帝之一，姚姓，有虞氏，名重華，史稱虞舜或舜。相傳受堯禪讓，後禪位於禹，死蒼梧。生平詳史記卷一五帝本紀。○冀方：古泛指中原地區。尚書五子之歌：「惟彼陶唐，有此冀方。」孔安國傳：「陶唐，帝堯氏。都冀州，統天下四方。」蔡沈集傳：「堯授舜，舜授禹，皆都冀州。言冀方者，舉中以包外也。」孔子家語卷九正論解：「夏書曰：『維彼陶唐，率彼天常，在此冀方。』」王肅注：「中國爲冀。」

〔四〕玄王：本指商代的始祖契。詩經商頌長發：「有娀方將，帝立子生商。玄王桓撥，受小國是達，受大國是達。」毛傳：「玄王，契也。」鄭玄箋：「承黑帝而立子，故謂契爲玄王。」孔穎達疏：「上言有娀生子，此句即言玄王，故知玄王即契也。且國語云：『玄王勤商，十四世而興。』玄王爲契明矣。……箋以契不爲王，玄又非謚，解其稱玄王之意。玄，黑色之别。以其承黑帝立子，故謂契爲玄王也。以湯有天下而稱王，契即湯之始祖，亦以王言之。」一説契由玄鳥降生，故名。國語卷三周語下：「玄王勤商，十有四世而興。」韋昭注：「玄王，契也。殷祖由玄鳥而生，湯亦水德，故曰玄王。」此指商湯王。史記卷三殷本紀：「成湯，自契至湯八遷。湯始居亳，從先王居，作帝誥。」玄，藝文類聚卷一二六作「商」。○亳：古都邑名，爲商湯的都城。一説在今河南省商丘縣東南，傳説湯曾居於此，又名南亳。一説在今河南省商丘縣北，傳説諸侯擁戴湯爲盟主於此，又名北亳。一説在今河南省偃師縣西，傳説湯攻克夏時所居，又名西亳。史記卷三殷本紀「湯始居亳」裴駰集解：「皇甫謐曰：『梁國穀熟爲南亳，即湯都也。』」張守節正義引括地志云：「宋州穀熟縣西南三十五里南亳故城，即南亳，湯都也。宋州北五十里大蒙城爲景亳，湯所盟地，因景山爲名。河南偃師爲西亳，帝嚳及湯所都，盤庚亦徙都之。」

〔五〕「成周」句：史記卷四周本紀：「成王在豐，使召公復營洛邑，如武王之意。周公復卜申視，卒營築，居九鼎焉。」成周，本指西周的東都洛邑。始見於周成王五年的何尊銘文，其曰「唯王初遷宅于成周」。此指周王。卜，卜居，占卜以擇地居住。洛，古地名。即西周的東都洛邑。故址據傳在今河南省洛陽市東郊。

〔六〕黄旗紫蓋：文選卷三〇謝朓始出尚書省詩：「青精翼紫軑，黄旗映朱邸。」李善注：「方言曰：韓楚之間，輪謂之軑。……天子之車，以紫爲蓋，故曰紫軑。司馬德操與劉恭嗣書曰：黄旗紫蓋，恒見東南，終成天下者，揚州之君子。」李周翰注：「黄旗，瑞雲也，皆王者將興之符應也。」三國志卷四七吴書孫權傳裴松之注引吴書：吴陳化對魏文帝曰：「舊説紫蓋黄旗，運在東南。」同書卷四八孫皓傳裴松之注引江表傳：「初丹楊刁玄使蜀，得司馬徽與劉廙論運命曆數事。玄詐增其文以誑國人曰：『黄旗紫蓋見於東南，終有天下者，荆、揚之君乎！』」藝文類聚卷六一引晉庾闡揚都賦曰：「子未聞楊都之巨偉也……土映黄旗之景，巒吐紫蓋之祥。」同書卷六二引陳徐陵太極殿銘曰：「夫紫蓋黄旗，揚都之王氣長久；虎踞龍蟠，金陵之地體貞固。」此代指梁京師建康。

〔七〕域中爲大：老子第二五章：「道大，天大，地大，王大。域中有四大，而王處一。」藝文類聚卷一四引北齊邢卲文宣帝謚議曰：「處無上之尊，居域中之大。」大，文苑英華卷一二六、閻本、張本脱，藝文類聚卷二六、御製集、全梁文、丁本有。今按：以有「大」爲是，據補。

〔八〕「天地」二句：周禮地官司徒大司徒：「日至之景尺有五寸，謂之地中，天地之所合也，四時之所交也，風雨之所會也，陰陽之所和也。然則百物阜安，乃建王國焉，制其畿方千里而封樹之。」文選卷三張衡東京賦：「昔先王之經邑也，掩觀九隩，靡地不營。土圭測景，不縮不盈。總風雨之所交，然後以建王城。」李善注：「周禮曰：土圭之法，測土深正日景，以求地中四時之所交，風雨之所會，陰陽之所和，乃建王國也。」雨，藝文類聚卷二六作「雲」。

〔九〕「蔭美氣」句：後漢書卷一下光武帝紀史臣論曰：「皇考南頓君初爲濟陽令，以建平元年十二月甲子夜生光武於縣舍，有赤光照室中。欽異焉，使卜者王長占之。長辟左右曰：『此兆吉不可言。』……後望氣者蘇伯阿爲王莽使至南陽，遥望見春陵郭，唶曰：『氣佳哉！鬱鬱葱葱然。』及始起兵還春陵，遠望舍南，火光赫然屬天，有頃不見。」北堂書鈔卷一五一氣篇「美氣」條：「東觀漢記云：望氣者蘇伯阿望春陵城曰：『美哉！王氣鬱鬱葱葱。』」

〔一〇〕卿雲：史記卷二七天官書：「若煙非煙，若雲非雲，鬱鬱紛紛，蕭索輪囷，是謂卿雲。卿雲見，喜氣也。」

〔一一〕梁山：即天門山。長江東岸者稱東梁山，屬今安徽省蕪湖市；長江西岸者稱西梁山，屬今安徽省和縣。二者合稱天門山。○闕：説文解字門部：「闕，門觀也。从門，欮聲。」三輔黄圖卷六雜録：「闕，觀也。周置兩觀以表宮門，其上可居，登之可以遠觀，故謂之觀。人臣將朝，至此則思其所闕。」

〔一二〕長淮：指淮河。○似帶：史記卷一八高祖功臣侯者年表：「封爵之誓曰：『使河如帶，泰山若厲。國以永寧，爰及苗裔。』」裴駰集解引應劭曰：「帶，衣帶也。厲，砥石也。河當何時如衣帶，山當何時如厲石，言如帶厲，國乃絶耳。」蕭繹金樓子自序：「霧生猶縠，河垂似帶。」

〔三〕甘泉：宮殿名。一名雲陽宮。故址在今陝西省淳化縣西北甘泉山。○暉章：宮殿名。藝文類聚卷六二引洛陽宮殿簿曰：「明光、徽音、式乾、暉章、含章、建始、仁壽、宣光、嘉福、百福、芙蓉、九華、流圃、華光、崇光。」原注：「並殿名。」

〔四〕平樂：平樂觀，又名「平樂館」。藝文類聚卷六三引漢宮殿名曰：「長安有臨仙觀、渭橋觀、仙人觀、霸昌觀、蘭池觀、平樂觀、九華觀……」故址在今河南省洛陽市東北漢魏故城。○未央：宮殿名。藝文類聚卷六二引漢宮闕名曰：「長安有長樂宮、未央宮、長門宮、鼓簧宮、承光宮、林光宮……」

〔五〕凌霄：宮闕名。藝文類聚卷六二引魏志曰：「明帝作凌霄闕。」○飛雨：宮殿名。初學記卷二四引廟記曰：「飛羽殿，或云飛雨殿。」陳張正見帝王所居篇：「沉沉飛雨殿，藹藹承明廬。」

〔六〕麒麟：宮殿名。三輔黄圖卷三未央宮：「麒麟殿，未央宮有麒麟殿。」漢書：『哀帝燕董賢父子於麒麟殿，視賢曰：「吾欲法堯禪舜，如何？」』○鳳凰：宮殿名。漢書卷二五郊祀志下：「上（今按：指漢宣帝）自幸河東之明年正月，鳳皇集祋祤，於所集處得玉寶，起步壽宮，乃下詔赦天下。後間歲，鳳皇、神爵、甘露降集京師，赦天下。其冬，鳳皇集上林，乃作鳳皇殿，以答嘉瑞。」

〔一七〕九華：宮觀名。藝文類聚卷六三引漢宮殿名曰：「長安有臨仙觀、渭橋觀、仙人觀、霸昌觀、蘭池觀、平樂觀、九華觀……」○仁壽：宮殿名。藝文類聚卷六二引洛陽宮殿簿曰：「明光、徽音、……仁壽、宣光……」原注：「並殿名。」

〔一八〕百福、明光：俱宮殿名。藝文類聚卷六二引洛陽宮殿簿曰：「明光、徽音、……百福……」原注：「並殿名。」

〔一九〕玉階：文選卷一班固西都賦：「玄墀釦砌，玉階彤庭。」張銑注：「玉階，以玉飾階。」文選卷一五張衡思玄賦：「勔自强而不息兮，蹈玉堦之嶢峥。」李善注：「玉階，天子階也。」○紫闈：指皇宫。南朝宋顏延之宋文皇帝元皇后哀策文：「釋位公宫，登曜紫闈。」

〔二〇〕雕柱錦牆：太平御覽卷一八七引傅玄正都賦曰：「錦牆雕柱。」吕氏春秋卷二三貴直論過理：「雕柱而桔諸侯，不適也。」高誘注：「雕畫高柱。」

〔二一〕木蘭：香木名。戰國楚屈原離騷：「朝搴阰之木蘭兮，夕攬洲之宿莽。」本草綱目卷三四木一木蘭：「集解：……時珍曰：木蘭枝葉俱疏，其花内白外紫。亦有四季開者。深山生者尤大，可以爲舟。」

〔二二〕文杏：即銀杏。漢司馬相如長門賦：「刻木蘭以爲榱兮，飾文杏以爲梁。」

〔二三〕燠（yù）：爾雅釋言：「燠，暖也。」

〔二四〕甲乙之帳：即甲帳、乙帳。漢武故事曰：上於宮外起神明殿九間，中有神室，「雜錯天下珍寶爲甲帳，其次爲乙帳，甲以居神，乙上自御之。」漢書卷九六西域傳史臣贊曰：「於是廣開上林，穿昆明池，營千門萬户之宫，立神明通天之臺，興造甲乙之帳，落以隨珠、和璧。」顔師古注：「其數非一，以甲乙次第名之也。」

〔二五〕庚辛之方：明楊慎丹鉛總録卷一七干支類庚辛枋：「梁元帝賦：『甲乙之帳，庚辛之枋。』人多不知庚辛枋爲何語。按後漢書注引馬融西第頌曰：『西北戌亥，玄石承輸，蝦蟇吐瀉，庚辛之域。』即此事也。」方，御製集作「房」。今按：此句義難明。庚辛，蓋指金。古人以爲庚辛爲秋之主日，秋屬金，故稱。參禮記月令。太平御覽卷二四引三禮義宗曰：「秋曰庚辛者，庚，更也，辛，新也，言物皆改更而新也。」抱朴子内篇黄白：「抱朴子曰：神仙經黄白之方二十五卷，千有餘首。黄者，金也。白者，銀也。古人秘重其道，不欲指斥，故隱之云爾。或題篇云庚辛，庚辛亦金也。」方，可通「房」。則所謂「庚辛之方」乃「金房」，金房即金屋，漢武故事：「若得阿嬌作婦，當作金屋貯之也。」此泛指華美的房屋。又，方，或通「枋」，即兩柱之間起連接作用的長方形木材，「庚辛之方」即金飾的屋樑，代指華麗的房屋。

〔二六〕祇園：「祇樹給孤獨園」的簡稱。印度佛教聖地之一。相傳釋迦摩尼成道後，憍薩羅國的給孤獨長者用大量黄金購置舍衛城南祇陀太子園地，建築精舍，請釋迦説法。祇陀太子也奉獻了園内的樹木，故以二人名字命園。梁武帝在京師建康亦置有孤獨園。梁書卷三武帝紀載：普通二年春正月，「辛巳，輿駕親祠南郊。詔曰：『……又於京師置孤獨園，孤幼有歸，華髮不匱。』」資治通鑑卷一四九梁紀高祖武皇帝「普通二年」：「置孤獨園于建康，以收養窮民。」胡三省注曰：「古者鰥寡孤獨廢疾者有養。帝非能法古也，祖釋氏須達多長者之爲耳。」陳垣通鑑胡注表微釋老篇：「須達多乃舍衛國給孤獨長者之本名，亦云修達多。玄應音義三云：『修達多，亦云善雲，故得給孤獨名也。』」

〔二七〕舟航：本指船隻。此謂拯濟世人。宋書卷二武帝紀中：「相國宋王天縱聖德，靈武秀世，一匡頽運，再造區夏，固以興滅繼絶，舟航淪溺矣。」

〔二八〕稱首：第一。文心雕龍才略：「然而魏時話言，必以元封爲稱首。」

〔二九〕日殿月宫：日宫與月宫。立世阿毘曇論日月行品：「從閻浮提地高四萬由旬，此處日月行，半須彌山，等遊幹陀山，是日月宫殿，團圓如鼓。是月宫者，厚五十由旬，廣五十由旬，周回一百五十由旬。是月宫殿，琉璃所成，白銀所覆。……是宫殿者，説名栴檀，是月天子，於其中住，亦名栴檀。……是日宫者，厚五十一由旬，廣五十一由旬，周回一百五十三由旬。是日宫殿，頗梨所成，赤金所覆。火大分多，下際火分復爲最多，其下際光亦爲最勝，是其上際金城圍繞。……是宫殿説名修野，是日天子于其中住，亦名修野。」此借指天子和后妃所居宫殿。

〔三〇〕金池珠叢：美麗的池園。此形容宫殿建築的華麗。

〔三一〕迢遞：高峻貌。文選卷二八謝朓鼓吹曲：「逶迤帶渌水，迢遞起朱樓。」李周翰曰：「迢遞，高皃。」
〔三二〕左：文苑英華卷一二六下小注：「或作『右』。」
〔三三〕雁苑：古園囿名。西京雜記卷二：「梁孝王好營宮室苑囿之樂，作曜華之宮，築兔園。園中有百靈山，山有膚寸石、落猿巖、棲龍岫。又有雁池，池間有鶴洲鳬渚。」此借指京師建康之池苑。
〔三四〕紫紺之堂：指佛堂。以其色紫紺，故云。吳月氏優婆塞支謙譯佛説菩薩本業經：「於是忍世界，百億天帝釋，皆於忉利紫紺殿上，化作七寶師子之座，施交露帳，席以彩縶已。」
〔三五〕青蓮之臺：指青蓮狀佛像臺座。
〔三六〕皦（jiǎo）光：日光。○旭：説文解字日部：「旭……一曰明也。」
〔三七〕更籌：夜間報更用的計時竹籤。南朝梁庾肩吾奉和春夜應令詩：「燒香知夜漏，刻燭驗更籌。」
〔三八〕然：同「燃」。○陽燧：古時利用日光取火的器具。周禮秋官司寇司烜氏：「司烜氏，掌以夫遂取明火於日，以鑒取明水於月。」鄭玄注：「夫遂，陽遂也。」賈公彦疏：「以其日者太陽之精，取火於日，故名陽遂。」淮南子卷三天文訓「故陽燧見日，則燃而爲火。」高誘注：「陽燧，金也。取金杯無緣者熟摩令熱，日中時以當日下，以艾承之，則燃得火也。」論衡卷二率性：「陽遂取火於天，五月丙午日中之時，消鍊五石，鑄以爲器，磨礪生光，仰以嚮日，則火來至。」

〔三九〕驪龍之燭：山海經大荒北經：「西北海之外，赤水之北，有章尾山。有神，人面蛇身而赤，身長千里，直目正乘，其瞑乃晦，其視乃明，不食，不寢，不息，風雨是謁。是燭九陰，是謂燭龍。」楚辭天問：「日安不到，燭龍何照？」王逸注：「言天之西北，有幽冥無日之國，有龍銜燭而照之也。」文選卷一三謝惠連雪賦：「若乃積素未虧，白日朝鮮，爛兮若燭龍，銜燿照崑山。」李周翰注：「燭龍，崑山神也，常銜燭以照。」此指龍形蠟燭。驪龍，黑龍。抱朴子内篇袪惑：「凡探明珠，不於合浦之淵，不得驪龍之夜光也。」

〔四〇〕桃花之綬：初學記卷一二引漢官儀曰：「衣裳，公侯華蟲，卿大夫藻火。又曰：卿秩中二千石，綬青地桃花三彩。」同書卷二六引董巴輿服志曰：「二千石，青綬，三采；青白紅淳青圭，長丈七尺，百二十首。」原注：「又漢官儀：綬羽青地，桃花縹，長丈八尺。」又曰：「二千石綬桃花縹。」

〔四一〕響玄山之玉：指佩戴玉飾。古人以佩玉喻出仕。漢書卷二七五行志：「其於王事，威儀容貌亦可觀者也。故行步有佩玉之度，登車有和鸞之節，田狩有三驅之制，飲食有享獻之禮。」顏師古注：「玉佩上有雙衡，下有雙璜，琚瑀以雜之，衝牙蚍珠以納其間。右徵角而左宫羽，進則揜之，退則揚之，然後玉鏘鳴焉。是爲行步之節度也。」玄山，吕氏春秋卷一四孝行覽本味：「飯之美者：玄山之禾，不周之粟，陽山之穄，南海之秬。」高誘注：「玄山，處則未聞。」

爰八命而建旟〔一〕，誠非親而勿居〔二〕。應鳴鞞於龍角〔三〕，覆緹幕於熊車〔四〕。開轅門於淮渚〔五〕，泛艅皇之容與〔六〕。吟紫騮之長歌〔七〕，奏玄雲之疊鼓〔八〕。開右座而納文〔九〕，設左廣而投武〔一〇〕。既風起而雲飛〔一一〕，復摧班而拉虎〔一二〕。泛樓船而鬱紆〔一三〕，憶霸楚之雄圖〔一四〕。悲騅馬之不逝〔一五〕，忘鹿逐之長驅〔一六〕。豈烏江之天險〔一七〕，資赤帝之神符〔一八〕。

【校注】

〔一〕「爰八命」句：謂出爲地方州牧。梁書卷五元帝紀：「普通七年，出爲使持節、都督荆湘郢益寧南梁六州諸軍事、西中郎將、荆州刺史。」八命，周九等級官爵之第八等。周禮春官宗伯典命：「王之三公八命。」周禮春官宗伯大宗伯：「以九儀之命正邦國之位……八命作牧。」鄭玄注：「謂侯伯有功德者，加命得專征伐於諸侯。鄭司農曰：『一州之牧。王之三公亦八命。』」建旟，建，樹立；旟，畫有鳥隼的旗。爾雅釋天：「錯革鳥曰旟。」周冬季大閱，州里之長立旟旗以爲標誌。周禮春官宗伯司常：「司常，掌九旗之物名，各有屬，以待國事……鳥隼爲旟……及國之大閱，贊司馬頒旗物：王建大常，諸侯建旂，孤卿建旜，大夫、士建物，師都建旗，州里建旟。」鄭玄注：「鳥隼，象其勇捷也。」

〔二〕非親而勿居：齊梁時揚州刺史、南徐州刺史、南兖州刺史、荆州刺史等地方大員多爲皇弟、皇子擔任，非宗室近戚，不得居之。

〔三〕鳴鞞（pí）：敲擊鞞鼓。南朝梁丘遲旦發漁浦潭詩：「櫂歌發中流，鳴鞞響還障。」鳴，文苑英華卷一二六下小注：「一作『膺』。」〇龍角：晉書卷二三樂志：「角，説者云：蚩尤氏帥魑魅與黄帝戰於涿鹿，帝乃命始吹角爲龍鳴以禦之。」

〔四〕緹（tí）幕：文選卷二三劉楨贈五官中郎將詩之四：「明月照緹幕，華燈散炎輝。」李善注：「緹，丹色也。」〇熊車：後漢書輿服志上：「公、列侯安車，朱班輪，倚鹿較，伏熊軾，皂繒蓋，黑轓，右騑。……諸車之文：……公、列侯，倚鹿伏熊，黑轓，朱班輪，鹿文飛軨，九斿降龍。」漢書卷六〇杜周傳附子延年傳：「賜安車駟馬，罷就第。」顏師古注：「安車，坐乘之車也。後漢輿服志云『公、列侯安車，朱斑輪，倚鹿較，伏熊軾，皂蓋』。倚鹿較者，畫立鹿於車之前兩藩外也。伏熊軾者，車前横軾爲伏熊之形也。」

〔五〕轅門：周禮天官冢宰掌舍：「設車宫、轅門。」鄭玄注：「謂王行止宿阻險之處，備非常。次車以爲藩，則仰車以其轅表門。」〇淮渚：淮水邊。渚，楚辭九歌湘君：「夕弭節兮北渚。」王逸注：「渚，水涯也。」

〔六〕艅皇：即「艅艎」。文選卷一二郭璞江賦：「漂飛雲，運艅艎。」李善注：「左氏傳曰：楚敗吴師，獲其乘舟艅艎。杜預曰：艅艎，舟名也。」此泛指大船。〇容與：文選卷三三屈原九章涉江：「船容與而不進兮，淹回水而凝滯。」張銑注：「容與，徐動貌。」

〔七〕紫騮：即紫騮馬，漢樂府曲調名。樂府解題：「漢横吹曲，二十八解，李延年造。魏晉已來，唯傳十曲……。後又有關山月、洛陽道、長安道、梅花落、紫騮馬、驄馬、雨雪、劉生八曲，合十八曲。」

〔八〕玄雲：漢鐃歌名。晉書卷二三樂志下：「漢時有短簫鐃歌之樂，其曲有……玄雲、黄爵行、釣竿等曲，列於鼓吹，多序戰陣之事。」〇疊鼓：文選卷二八謝朓鼓吹曲：「凝笳翼高蓋，疊鼓送華輈。」李善注：「小擊鼓謂之疊。」張銑注：「疊鼓，其聲重疊也。」

〔九〕納文：招納文士。

〔一〇〕廣而投武：文苑英華卷一二六「武」下小注：「或作『光而招武』。」今按：疑作「廣而招武」爲是。廣，説文解字廣部：「廣，殿之大屋也。」段玉裁注：「覆乎上者曰屋，無四壁而上有大覆蓋，其所通者宏遠矣，是曰廣。」招武，與上文「納文」對。

〔一一〕風起而雲飛：史記卷八高祖本紀載：十二年，高祖劉邦還歸，過沛，留。置酒沛宫，悉召故人父老子弟縱酒。高祖擊筑，自爲歌詩曰：「大風起兮雲飛揚，威加海内兮歸故鄉，安得猛士兮守四方！」

〔一二〕摧班而拉虎：文選卷三四曹植七啓：「批熊碎掌，拉虎摧斑。」李善注：「斑，虎文也。」班，御製集作「斑」。今按：班，通「斑」。

〔一三〕樓船：史記卷一一三南越列傳：「今吕嘉、建德等反，自立晏如，令罪人及江淮以南樓船十萬師往討之。」裴駰集解引應劭曰：「船上施樓，故號曰『樓船』也。」文選卷五左思吳都賦：「輕輿按轡以經隧，樓船舉颿而過肆。」劉淵林注：「樓船，船有樓也。」〇鬱紆：文選卷二四曹植贈白馬王彪詩：「鬱紆將何念，親愛在離居。」李周翰注：「鬱紆，愁思繁也。」

〔一四〕霸楚：指項羽。因其曾自封西楚霸王，故稱。文選卷四七陸機漢高祖功臣頌：「霸楚寔喪，皇漢凱入。」劉良注：「霸楚，謂項羽也。」

〔一五〕「悲騅」句：史記卷七項羽本紀載：垓下之圍，「項王則夜起，飲帳中。有美人名虞，常幸從；駿馬名騅，常騎之。於是項王乃悲歌忼慨，自爲詩曰：『力拔山兮氣蓋世，時不利兮騅不逝。騅不逝兮可奈何，虞兮虞兮奈若何！』歌數闋，美人和之。項王泣數行下，左右皆泣，莫能仰視」。

〔一六〕鹿逐：閣本、張本、丁本作「逐鹿」。史記卷九二淮陰侯列傳：「秦失其鹿，天下共逐之，於是高材疾足者先得焉。」裴駰集解引張晏曰：「以鹿喻帝位也。」

〔一七〕烏江：即今安徽省和縣東北四十里長江岸邊的烏江浦。史記卷七項羽本紀載：垓下之圍後，「於是項王乃欲東渡烏江。烏江亭長檥船待，謂項王曰：『江東雖小，地方千里，衆數十萬人，亦足王也。願大王急渡。今獨臣有船，漢軍至，無以渡。』項王笑曰：『天之亡我，我何渡爲！且籍與江東子弟八千人渡江而西，今無一人還，縱江東父兄憐而王我，我何面目見之？縱彼不言，籍獨不愧於心乎？』乃謂亭長曰：『吾知公長者。吾騎此馬五歲，所當無敵，嘗一日行千里，不忍殺之，以賜公。』乃令騎皆下馬步行，持短兵接戰。獨籍所殺漢軍數百人。項王身亦被十餘創。顧見漢騎司馬呂馬童，曰：『若非吾故人乎？』馬童面之，指王翳曰：『此項王也。』項王乃曰：『吾聞漢購我頭千金，邑萬户，吾爲若德。』乃自刎而死」。

〔一八〕赤帝：即「赤帝子」。指漢高祖劉邦。史記卷八高祖本紀：「高祖被酒，夜徑澤中，令一人行前。行前者還報曰：『前有大蛇當徑，願還。』高祖醉，曰：『壯士行，何畏！』乃前，拔劍擊斬蛇。蛇遂分爲兩，徑開。行數里，醉，因卧。後人來至蛇所，有一老嫗夜哭。人問何哭，嫗曰：『人殺吾子，故哭之。』人曰：『嫗子何爲見殺？』嫗曰：『吾子，白帝子也，化爲蛇，當道，今爲赤帝子斬之，故哭。』人乃以嫗爲不誠，欲告之，嫗因忽不見。」○神符：上天賦予的憑信。文選卷四八揚雄劇秦美新：「於是乃奉若天命，窮寵極崇，與天剖神符，地合靈契。」李善注：「分天之符，合地之契，言應録而王也。」

於是途經灌壘〔一〕，水分當利〔二〕。彼吴王之連和〔三〕，延魏后之交質〔四〕。趙將軍之建節〔五〕，辛侍中之奉使〔六〕。亮鼎足其何言〔七〕，限修江而爲二〔八〕。泊九井而問津〔九〕，蓋六服之都會〔一〇〕。方函谷之設險〔一一〕，譬魯陽之襟帶〔一二〕。觀棄繻之裂帛〔一三〕，見高車之輔軾〔一四〕。顧濡須之故巘〔一五〕，每當食而忘飯。鬬二虎於江干，争兩龍於修坂〔一六〕。既凱捷而來旋〔一七〕，遂鳴鐃而獨返〔一八〕。彼銅山之可傷〔一九〕，何驕容之無方〔二〇〕。已築長洲之苑〔二一〕，復實海陵之倉〔二二〕。遂稱兵而内侮，宜朝起而夕亡〔二三〕。原西陵以肇基，始銜梯於士治〔二四〕。載爲前茅之首〔二五〕，實表勤王之師〔二六〕。同薏苡之興謗，成貝錦之深疑〔二七〕。良弓藏而高鳥盡〔二八〕，入不謙而出不辭〔二九〕。遊雷中而徜徉〔三〇〕，遇日吉而辰良〔三一〕。祀公瑾以桂酒，薦忠肅以椒漿〔三二〕。實討曹之英策〔三三〕，蓋謀桓之秘方〔三四〕。衣披披而屢舞〔三五〕，神欣欣而樂康〔三六〕。吊劉安於下雉〔三七〕，聊載懷於惇史〔三八〕。或策杖而龍飛〔三九〕，或叱石而羊起〔四〇〕。將雞鳴於天上〔四一〕，遂埋魂於蒿里〔四二〕。匪仙道之云僞，蓋爲仁其由己〔四三〕。

【校注】

〔一〕灌壘：地名，方位待考。南朝陳張正見溢城詩：「匡山暖遠壑，灌壘屬中流。」壘，文苑英華卷一二六下小注：「或作『疊』。」

〔二〕當利：即「當利口」。爲當利水與長江的匯合處，在今安徽省和縣東南。三國志卷四六吴書孫破虜討逆傳：「時吴景尚在丹楊，策從兄賁又爲丹楊都尉，〔劉〕繇至，皆迫逐之。景、賁退舍歷陽。繇遣樊能、于麋東屯横江津，張英屯當利口，以距術。」

〔三〕吴王：指吴主孫權。吴，文苑英華卷一二六、閣本、張本、全梁文、丁本作「吾」，御製集作「吴」。四庫全書考證卷九六漢魏六朝百三家梁元帝集：「刊本『吴』訛『吾』。」今按：作

「吳」是，據改。○連和：史記卷五〇楚元王世家：「〔趙王〕北使匈奴，與連和攻漢。」

〔四〕魏后：指魏文帝曹丕。據三國志卷四七吳書吳主傳，吳黃武元年，孫權曾上書曹魏，「求自改厲」，曹丕有報書徵質子事。后，爾雅釋詁：「后，君也。」○交質：互相派人爲質。左傳隱公三年：「故周鄭交質，王子狐爲質於鄭，鄭公子忽爲質於周。」

〔五〕「趙將軍」句：指三國魏趙儼監護諸軍事。趙儼，字伯然，潁川陽翟人，曹魏將軍、名臣，與辛毗、陳群、杜襲等齊名。三國志卷二三魏書有傳。三國志本傳：「黃初三年，賜爵關内侯。孫權寇邊，征東大將軍曹休統五州軍禦之，徵儼爲軍師。權衆退，軍還，封宜土亭侯，轉爲度支中郎將，遷尚書。從征吳，到廣陵，復留爲征東軍師。」建節，執持符節。

〔六〕「辛侍中」句：事待考。辛侍中，指辛毗。毗，字佐治，三國時魏豫州潁川陽翟人。黃初元年(220)，曹丕即皇帝位，以辛毗爲侍中，賜爵關内侯。魏明帝即位，封潁鄉侯，後爲衛尉。卒，謚肅侯。三國志卷二五魏書有傳。奉使，奉命出使。今按：三國志本傳無辛毗奉使事，而同書卷四七吳主傳亦僅言：「魏欲遣侍中辛毗、尚書桓階往與盟誓，並徵任子，權辭讓不受。」

〔七〕「亮鼎」句：三國志卷三五蜀書諸葛亮傳載：赤壁之戰前，諸葛亮爲孫權謀劃天下形勢，曰：「操軍破，必北還。如此則荆吳之勢彊，鼎足之形成矣。」又，同書卷五四魯肅傳載：肅言於孫權曰：「肅竊料之，漢室不可復興，曹操不可卒除。爲將軍計，惟有鼎足江東，以觀天下之釁。」亮，爾雅釋詁：「亮，信也。」鼎足，鼎有三足，比喻三方並峙之勢。史記卷九二淮陰侯列傳：「參分天下，鼎足而居。」文選卷二四潘岳爲賈謐作贈陸機詩：「三雄鼎足，孫啓南吳。」

〔八〕「限修」句：指長江將魏、吴分隔爲二。修江，即長江。

〔九〕九井：山名。在今安徽省當塗縣南。文選卷二二殷仲文南州桓公九井作詩李善注引庾仲雍江圖曰：「姑孰至直瀆十里，東通丹陽湖，南有銅山，一名九井山。山有九井，井與江通。」元和郡縣志卷二九「當塗縣」：「九井山在縣南十里，殷仲文九日從桓温登九井賦詩，即此山也。」

〔一〇〕六服：周劃分王畿以外的諸侯邦國爲六等，分别是侯服、甸服、男服、采服、衛服、蠻服。尚書周官：「六服群辟，罔不承德。」周禮秋官司寇大行人：「邦畿方千里，其外方五百里謂之侯服，歲壹見，其貢祀物。又其外方五百里謂之甸服，二歲壹見，其貢嬪物。又其外方五百里謂之男服，三歲壹見，其貢器物。又其外方五百里謂之采服，四歲壹見，其貢服物。又其外方五百里謂之衛服，五歲壹見，其貢材物。又其外方五百里謂之要服，六歲壹見，其貢貨物。」鄭玄注：「要服，蠻服也。此六服去王城三千五百里，相距方七千里，公侯伯子男封焉。」賈公彦疏：「職方云『蠻服』，要、蠻義一也。」後用以指除京師外的廣大地區。○都會：大都市。史記一二九貨殖列傳：「然邯鄲亦漳河之間一都會也。」

〔一一〕方：廣韻陽韻：「方，比也。」○函谷：函谷關，在今河南省靈寶市北。

〔一二〕魯陽：指魯陽關。在今河南省魯山縣西南平高城村。爲洛陽與南陽平原之間的交通要衝，歷來是兵家必争之地。水經注卷三一滍水：「其水南流逕魯陽關，左右連山插漢，秀木干雲，是以張景陽詩云：朝登魯陽關，峽路峭且深。」○襟帶：亦作「衿帶」，衣襟和腰帶。喻重要的地理位置。文選卷二張衡西京賦：「苟民志之不諒，何云巖險與襟帶！」文選卷六左思魏都賦：「正位居體者，以中夏爲喉，不以邊垂爲襟也。」李善注：「喉、衿，以身及衣爲喻也。……李尤函谷關銘曰：衿帶咽喉。聲類曰：衿，衣交領也。」

〔一三〕棄繻（rú）之裂帛：漢書卷六四下終軍傳：「初，軍從濟南當詣博士，步入關，關吏予軍繻。軍問：『以此何爲？』吏曰：『爲復傳，還當以合符。』軍曰：『大丈夫西游，終不復傳還。』棄繻而去。軍爲謁者，使行郡國，建節東出關，關吏識之，曰：『此使者乃前棄繻生也。』軍行郡國，所見便宜以聞。還奏事，上甚説。」顏師古注：「張晏曰：『繻，音須。繻，符也，書帛裂而分之。若券契矣。』蘇林曰：『繻，帛邊也。舊關出入皆以傳。傳煩，因裂繻頭合以爲符信也。』師古曰：『蘇説是也。』」資治通鑑卷二八八後漢紀隱皇帝上「乾祐二年」：「行道往來者，皆給過所。」胡三省注引宋白曰：「古書之帛爲繻，刻木爲契，二物通謂過所也。」

〔一四〕高車之輔軑（dài）：高車，於對人車馬的美稱。東觀漢記卷一七郭丹傳：「〔郭丹〕自去家十二年，果乘高車出關，如其志焉。」輔軑，車上部件。輔，車輪外旁夾轂的直木。朱駿聲説文通訓定聲豫部：「輔，當作木夾車也。」軑，楚辭離騷：「屯余車其千乘兮，齊玉軑而並馳。」王逸注：「軑，錮也。一云車轄也。」

〔一五〕濡須：即濡須口，在今安徽省含山縣西南濡須山附近。東漢建安十八年，曹操與孫權統率的軍隊在此發生了濡須之戰。事詳三國志卷四七吳書吳主傳及裴松之注引吳歷。○巘(yǎn)：詩經大雅公劉：「陟則在巘，復降在原。」毛傳：「巘，小山別於大山也。」孔穎達疏：「『小山別於大山』者，釋山云：『重甗，隒。』郭璞曰：『謂山形如累兩甗。甗，甑，山狀似之，上大下小，因以爲名。』西京賦曰『陵重甗』是也。與皇矣『小山別大山曰鮮』義別。彼謂大山之傍別有小山也。」文選卷二張衡西京賦：「赴洞穴，探封狐；陵重巘，獵昆駼。」薛綜注：「陵，猶升也。山之上大下小者曰巘。」

〔一六〕「鬭二虎」二句：蓋「鬭二虎於修坂，争兩龍於江干」之錯置。喻魏、吳交戰。江干，江邊。集韻寒韻：「干，水涯也。」修阪，長長的山坡。三國魏曹植贈白馬王彪詩：「中逵絶無軌，改轍登高岡。修阪造雲日，我馬玄以黄。」

〔一七〕凱捷而來旋：謂勝利而歸。

〔一八〕鳴鐃：周禮夏官司馬大司馬：「鳴鐃且郤，及表乃止。」鄭玄注：「鐃所以止鼓。軍退，卒長鳴鐃以和衆，鼓人爲止之也。」鐃，周禮地官司徒鼓人：「以金鐃止鼓。」鄭玄注：「鐃，如鈴，無舌有秉，執而鳴之，以止擊鼓。司馬職曰：『鳴鐃且卻。』」

〔一九〕銅山：指西漢吳王劉濞鑄錢之銅山。史記卷一〇六吳王濞傳：「吳有豫章郡銅山，濞則招致天下亡命者盜鑄錢，煮海水爲鹽，以故無賦，國用富饒。」張守節正義：「銅山，今宣州及潤州句容縣有，並屬章也。」今按：此下六句均寫劉濞事。

〔二〇〕「何驕」句：謂吳王劉濞驕恣不遵法度。史記卷一〇六吳王濞傳載：「孝文時，吳太子入見，得侍皇太子飲博。吳太子師傅皆楚人，輕悍，又素驕，博，争道，不恭，皇太子引博局提吳太子，殺之。於是遣其喪歸葬。至吳，吳王慍曰：『天下同宗，死長安即葬長安，何必來葬爲！』復遣喪之長安葬。吳王由此稍失藩臣之禮，稱病不朝。京師知其以子故稱病不朝，驗問實不病，諸吳使來，輒繫責治之。吳王恐，爲謀滋甚。及後使人爲秋請，上復責問吳使者，使者對曰：『王實不病，漢繫治使者數輩，以故遂稱病。且夫「察見淵中魚，不祥」。今王始詐病，及覺，見責急，愈益閉，恐上誅之，計乃無聊。唯上棄之而與更始。』……鼂錯爲太子家令，得幸太子，數從容言吳過可削。數上書説孝文帝，文帝寬，不忍罰，以此吳日益横。及孝景帝即位，錯爲御史大夫，説上曰：『……今吳王前有太子之郄，詐稱病不朝，於古法當誅，文帝弗忍，因賜几杖。德至厚，當改過自新。乃益驕溢，即山鑄錢，煮海水爲鹽，誘天下亡人，謀作亂。』」方，後漢書卷二八桓譚傳：「如此，天下知方，而獄無怨濫矣。」李賢注：「方，猶法也。」

〔二一〕長洲之苑：即長洲苑，故址在今江蘇省蘇州市西南、太湖北。漢書卷五一枚乘傳載枚乘説吴王曰：「修治上林，雜以離宫，積聚玩好，圈守禽獸，不如長洲之苑。」顔師古注：「服虔曰：『吴苑。』孟康曰：『以江水洲爲苑也。』韋昭曰：『長洲在吴東。』」

〔二〕海陵：縣名。西漢置，屬臨淮郡。治所在今江蘇省泰州市。漢書卷五一枚乘傳載乘重諫吴王書，有云：「轉粟西鄉，陸行不絶，水行滿河，不如海陵之倉。」顔師古注：「臣瓚曰：『海陵，縣名也。有吴大倉。』」後漢書郡國志「廣陵郡」：「東陽，故屬臨淮。有長洲澤，吴王濞太倉在此。」

〔三〕「遂稱兵」二句：指吴楚七國之亂事。據史記卷一〇六吴王濞傳載：以吴王劉濞爲首的七國以誅晁錯爲名，發動叛亂，不久兵敗，劉濞被殺。

〔四〕「原西陵」二句：意謂推究晉滅吴統一天下之大業，實由王濬統兵攻克吴之西陵始奠定的基礎。晉書卷四二王濬傳：「太康元年正月，濬發自成都，率巴東監軍、廣武將軍唐彬攻吴丹楊，克之，擒其丹楊監盛紀。……二月庚申，克吴西陵，獲其鎮南將軍留憲、征南將軍成據、宜都太守虞忠。壬戌，克荆門、夷道二城，獲監軍陸晏。乙丑，克樂鄉，獲水軍督陸景。平西將軍施洪等來降。……濬自發蜀，兵不血刃，攻無堅城，夏口、武昌，無相支抗。於是順流鼓棹，徑造三山。皓遣游擊將軍張象率舟軍萬人禦濬，象軍望旗而降。皓聞濬軍旌旗器甲，屬天滿江，威勢甚盛，莫不破膽。用光禄勳薛瑩、中書令胡沖計，送降文於濬。……壬寅，濬入於石頭。」西陵，即夷陵，在今湖北省宜昌市東南長江北岸。三國志卷四七吴書吴主傳孫表，而惡直醜正，實繁有徒，欲構南箕，成此貝錦，公於聖世，反白爲黑。』」薏苡，植物名。後漢書卷二四馬援傳：「初，援在交阯，常餌薏苡實，用能輕身省慾，以勝瘴氣。南方薏苡實大，援欲以爲種，軍還，載之一車。時人以爲南土珍怪，權貴皆望之。援時方有寵，故莫以聞。及卒後，有上書譖之者，以爲前所載還，皆明珠文犀。」李賢注：「神農本草經曰：『薏苡味甘，微寒，主風濕痺下氣，除筋骨邪氣，久服輕身益氣。』」○成貝錦之深疑，詩經小雅巷伯：「萋兮斐兮，成是貝錦。彼譖人者，亦已大甚。」毛傳：「貝錦，錦文也。」鄭玄箋：「錦文者，文如餘泉、餘蚳之貝文也。興者，喻讒人集作已過，以成於罪，猶女工之集采色以成錦文。」孔穎達疏：「女工集彼衆采而織之，使萋然兮，斐然兮，令文章相錯，以成是貝文，以爲其錦也。以興讒人集已諸過而構之，令過惡相積，故成是愆狀，以爲己罪也。實無罪而讒之，使得重刑，故傷之云：彼讒譖人者，亦已復爲大甚。言非徒譴讓小辜，乃至極刑重罪，是爲太甚。」朱熹集傳：「時有遭讒而被宫刑爲巷伯者，作此詩。言因萋斐之形，而文致之以成貝錦。以比讒人者因人之小過，而飾成大罪也。彼爲是者，亦已大甚矣。」

〔二八〕「良弓」句：史記卷四一越王句踐世家：「范蠡遂去，自齊遺大夫種書曰：『蜚鳥盡，良弓藏；狡兔死，走狗烹。越王爲人長頸鳥喙，可與共患難，不可與共樂。子何不去？』」同書卷九二淮陰侯傳：「〔韓〕信曰：『果若人言，「狡兔死，良狗亨；高鳥盡，良弓藏；敵國破，謀臣亡。」天下已定，我固當亨！』」

權：黃武元年，「是歲改夷陵爲西陵」。肇基，謂始創基業。尚書武成：「至于大王，肇基王跡。」衝梯，古戰具。衝車和雲梯。此指攻戰。士治，王濬字，晉弘農湖人。曾爲巴郡太守、益州刺史。西晉平東吴之戰，王濬是主力。太康六年卒，謚曰武。晉書卷四二有傳。

〔二五〕前茅：左傳宣公十二年：「前茅慮無，中權後勁。」杜預注：「慮無，如今軍行前有斥候蹹伏，皆持以絳及白爲幡，見騎賊舉絳幡，見步賊舉白幡，備慮有無也。茅，明也，或曰時楚以茅爲旌識。」楊伯峻注：「茅，疑即公羊傳『鄭伯肉袒，左執茅旌』之茅旌……楚軍之前軍或以茅旌爲標幟，故云『前茅』。……王引之公羊述聞云：『……茅當讀爲旄。蓋旌之飾也，或以爲羽，或以爲旄。』」引申爲先頭部隊。

〔二六〕勤王：謂勤勉盡力於王事。左傳僖公二十五年：「狐偃言於晉侯曰：『求諸侯莫如勤王。』」晉書卷七九謝安傳：「夏禹勤王，手足胼胝。」勤，閣本作「勒」。

〔二七〕「同薏苡」二句：指吴主投降，王濬乘勝納降，王渾誣濬違詔不受節度及得吴寶物事。晉書卷四二王濬傳：「王渾久破皓中軍，斬張悌等，頓兵不敢進。而濬乘勝納降，渾恥而且忿，乃表濬違詔不受節度，誣罪狀之。有司遂按濬檻車徵，帝弗許，詔讓濬曰：『伐國事重，宜令有一。前詔使將軍受安車將軍渾節度，渾思謀深重，案甲以待將軍。云何徑前，不從渾命，違制昧利，甚失大義。將軍功勳，簡在朕心，當率由詔書，崇成王法，而於事終恃功肆意，朕將何以令天下？』」「渾又騰周浚書，云濬軍得吴寶物。濬復表曰：『……秣陵之事，皆如前所

〔二九〕「入不」句：晉書卷四二王濬傳：「濬自以功大，而爲渾父子及豪强所抑，屢爲有司所奏，每進見，陳其攻伐之勞，及見枉之狀，或不勝忿憤，徑出不辭。」

〔三〇〕雷中：即大雷，亦稱大雷戍，爲南朝軍事重鎮。在今安徽省望江縣。○徜徉：御製集作「儻佯」。連綿詞。徘徊。

〔三一〕日吉而辰良：楚辭九歌東皇太一：「吉日兮辰良，穆將愉兮上皇。」王逸注：「日謂甲乙，辰謂寅卯。」洪興祖補注：「沈括存中云：『吉日兮辰良，蓋相錯成文，則語勢矯健。如杜子美詩云：「紅豆啄餘鸚鵡粒，碧梧棲老鳳凰枝。」韓退之云：「春與猿吟兮，秋鶴與飛。」皆用此體也。』」

〔三二〕「祀公瑾」二句：公瑾，周瑜字公瑾，三國吴廬江郡舒縣人。輔佐孫策、孫權在江東建立政權。三國志卷五四吴書有傳。忠肅，指何無忌，東晉東海郯人。曾與劉裕等起兵打敗篡位的桓玄。後在盧循之亂中戰死，謚忠肅。晉書卷八五有傳。傳周瑜與何無忌死後在大雷戍爲神，稱周何二神。蕭繹金樓子興王篇載：齊明帝命蕭衍爲雍州領兵，往救新野。「凡公私行旅，多停大雷，輒逾信次，不肯時發。上軍浦口，值風起浪生，沿流溯波，無敢行者。軍直兵啓：『風浪大，不可冒，宜入浦待静，兼應解周、何郎神。』上曰：『周公瑾、何無忌，在昔勤王，如我今日，亦復何異？爾若有靈，當令風静。』因打上鼓催進，行途未遠，便波恬風息。」藝文類聚卷七九有謝朓祭大雷周何二神文。太平御覽卷三二九引梁書曰：「王僧辯平郢州，進師尋陽，軍人多夢周、何二廟神兵曰：『吾已助天子討賊。』自稱征討大將軍，並乘朱航。俄而反曰：『已殺竟。』同夢者數十百焉。」又引陳書曰：「高祖討侯景，軍次大雷。軍人杜稜夢雷池君周、何神，自稱征討大將軍，乘朱航，陳甲仗，稱下征侯景，須臾便還，去已殺景。」桂酒，漢書卷二二禮樂志引郊祀歌練時日曰：「牲繭栗，粢盛香，尊桂酒，賓八鄉。」顔師古注引應劭曰：「桂酒，切桂置酒中也。」椒漿，楚辭九歌東皇太一：「蕙肴蒸兮蘭藉，奠桂酒兮椒漿。」王逸注：「椒漿，以椒置漿中也。」漢書卷二二禮樂志引郊祀歌赤蛟曰：「勺椒漿，靈已醉。」

〔三三〕實：文苑英華卷一二六、閣本、張本、全梁文作「賓」，下小注：「疑。」御製集、丁本作「實」。四庫全書考證卷九六漢魏六朝百三家梁元帝集：「刊本『實』訛『賓』。」今按：作「實」是，據改。〇討曹之英策：指建安十三年（208）九月，曹操率水軍數十萬，欲攻吴，孫權群下議欲迎之。周瑜建言破曹，後有赤壁之捷事。見三國志卷五四吴書周瑜傳。

〔三四〕謀桓：指東晉桓玄篡位，何無忌與劉裕等密謀共圖玄事。見晉書卷八五何無忌傳。本傳載：「會稽世子元顯子彦章封東海王，以無忌爲國中尉，加廣武將軍。及桓玄害彦章於市，無忌入市慟哭而出，時人義焉。隨牢之南征桓玄，牢之將降於玄也，無忌屢諫，辭旨甚切，牢之不從。及玄篡位，無忌與玄吏部郎曹靖之有舊，請莅小縣。靖之白玄，玄不許，無忌乃還京口。初，劉裕嘗爲劉牢之參軍，與無忌素相親結。至是，因密共圖玄。劉毅家在京口，與無忌素善，言及興復之事，無忌曰：「桓氏强盛，其可圖乎？」毅曰：「天下自有强弱，雖强易弱，正患事主難得耳！」無忌曰：「天下草澤之中非無英雄也。」毅曰：「所見唯有劉下邳。」無忌笑而不答，還以告裕，因共要毅，與相推結，遂共舉義兵，襲京口。無忌僞著傳詔服，稱敕使，城中無敢動者。」

〔三五〕披披：楚辭九歌大司命：「靈衣兮披披，玉佩兮陸離。」文選卷一六潘岳寡婦賦：「仰神宇之寥寥兮，瞻靈衣之披披。」劉良注：「披披，動皃。」

〔三六〕「神欣欣」句：楚辭九歌東皇太一：「五音紛兮繁會，君欣欣兮樂康。」王逸注：「欣欣，喜貌。康，安也。」洪興祖補注：「五臣云：……欣欣，和悦貌。」

〔三七〕劉安：漢高祖劉邦孫，襲父爵爲淮南王。後因謀反被誅。安曾招致賓客方術之士作鴻烈，後稱淮南鴻烈，亦稱淮南子。史記卷一一八、漢書卷四四有傳。〇下雉：縣名。漢屬江夏郡，治所在今湖北省陽新縣東南。史記卷一一八淮南王傳：「王問伍被曰：『吾舉兵西鄉，諸侯必有應我者；即無應，奈何？』被曰：『南收衡山以擊廬江，有尋陽之船，守下雉之城，結九江之浦，絶豫章之口，彊弩臨江而守，以禁南郡之下，東收江都、會稽，南通勁越，屈彊江淮閒，猶可得延歲月之壽。』王曰：『善無以易此。急則走越耳。』」裴駰集解：「徐廣曰：『在江夏。』駰案：蘇林曰：『下雉，縣名。』」司馬貞索隱：「縣名，在江夏。」

〔三八〕載懷：寄託情懷。〇惇史：禮記内則：「凡養老，五帝憲，三王有乞言。五帝憲，養氣體而不乞言，有善則記之爲惇史。」鄭玄注：「惇史，史惇厚者也。」孔穎達疏：「惇，厚也。言老人有善德行則記録之，使衆人法則，爲惇厚之史。」三國志卷四魏書高貴鄉公髦傳：「乞言納誨，著在惇史。」

〔三九〕策杖而龍飛：後漢書卷八二方術傳下費長房：「費長房者，汝南人也。曾爲市掾。市中有老翁賣藥，懸一壺於肆頭。……長房辭歸，翁與一竹杖，曰：『騎此任所之，則自至矣。既至，可以杖投葛陂中也。』又爲作一符，曰：『以此主地上鬼神。』長房乘杖，須臾來歸，自謂去家適經旬日，而已十餘年矣。即以杖投陂，顧視則龍也。」

〔四〇〕叱石而羊起：葛洪神仙傳卷二皇初平：「皇初平者，丹谿人也。年十五，而家使牧羊，有道士見其良謹，使將至金華山石室中四十餘年，忽然不復念家。其兄初起入山索初平，歷年不能得見，後在市中有道士，善卜，乃問之，曰：『吾有弟名初平，因令牧羊，失之，今四十餘年，不知死生所在，願道君爲占之。』道士曰：『金華山中有一牧羊兒，姓皇名初平，是卿弟非耶？』初起聞之驚喜，即隨道士去尋求，果得相見，兄弟悲喜，因問弟曰：『羊皆何在？』初平曰：『羊近在山東。』初起往視，了不見羊，但見白石無數，還謂初平曰：『山東無羊也。』初平曰：『羊在耳，但兄自不見之。』初平便乃俱往看之，乃叱曰：『羊起！』於是白石皆變爲羊數萬頭。初起曰：『弟獨得神通如此，吾可學否？』初平曰：『唯好道便得耳。』」

〔四一〕雞鳴於天上：論衡卷七道虛：「儒書言：淮南王學道，招會天下有道之人，傾一國之尊，下道術之士，是以道術之士，並會淮南，奇方異術，莫不争出。王遂得道，舉家升天。畜産皆仙，犬吠於天上，雞鳴於雲中。此言仙藥有餘，犬雞食之，並隨王而升天也。好道學仙之人，皆謂之然。此虚言也。」

〔四二〕遂：文苑英華卷一一六作「逐」，下小注：「疑。」御製集、閣本、張本、全梁文、丁本作「遂」。今按：作「遂」是，據改。◎蒿里：漢書卷六三武五子廣陵厲王劉胥傳：「蒿里召兮郭門閲，死不得取代庸，身自逝。」顔師古注：「蒿里，死人里。」今按：以上「吊劉安於下雉……遂埋魂於蒿里」六句謂劉安雖信仙道，然亦無補於生，終因謀反被誅。

〔四三〕爲仁其由己：論語顔淵：子曰：「克己復禮爲仁。一日克己復禮，天下歸仁焉。爲仁由己，而由人乎哉？」

經釣臺而高邁〔一〕，過鄂渚而西浮〔二〕。變青門之三襲，爲黄塵之一丘〔三〕。城逶迤而中斷，階陂陁而半留〔四〕。分沙羡而啓鎮〔五〕，即開蕃於夏州〔六〕。星尚連於翼軫〔七〕，舍兼分於斗牛〔八〕。麗滄浪之水清，良信美乎濯纓〔九〕。嗟其釣而非釣〔一〇〕，復何慮而何營。羌有願而不獲〔一一〕，拂蘭橈而上征〔一二〕。冬已謝而春辭，聊方舟而水嬉〔一三〕。看白沙而似雪〔一四〕，望却月而成眉〔一五〕。臨石渚其如鏡〔一六〕，玩弱柳其猶絲。

停赤壁而延佇〔一七〕，聊愴望而方思〔一八〕。吴水鄉之舟檝〔一九〕，魏陸産之皋貔〔二〇〕，本吴長而魏短，况地利與天時〔二一〕。結憤風而炎上〔二二〕，燎原火於鶩颸〔二三〕。灰霧霏而擊馬，箭參差而麗黿〔二四〕。成班車之逸氣〔二五〕，碎當途於鹿麋〔二六〕。分洞庭於吴上〔二七〕，限東益於巴丘〔二八〕。如淄澠之相別〔二九〕，似涇渭之分流〔三〇〕。雖滔滔而直瀉〔三一〕，終耿耿而横浮〔三二〕。想蘭香之薦枕〔三三〕，懷娥媓之夜遊〔三四〕。

【校注】

〔一〕釣臺：地名。在今湖北省鄂州市長江邊。三國志卷五二吴書張昭傳：「權於武昌，臨釣臺，飲酒大醉。權使人以水灑群臣曰：『今日酣飲，惟醉墮臺中，乃當止耳。』昭正色不言，出外車中坐。」水經注卷三五江水三：「〔鄂縣〕北背大江，江上有釣臺，權常極飲其上，曰：墮臺醉乃已。張昭盡言處。」

〔二〕鄂渚：楚辭九章涉江：「乘鄂渚而反顧兮，欸秋冬之緒風。」王逸注：「鄂渚，地名。」洪興祖補注：「楚子熊渠，封中子紅於鄂。鄂州，武昌縣地是也。隋以鄂渚爲名。」

〔三〕「變青門」二句：意謂吴所都之武昌（今按：即今湖北省鄂州市）被廢棄。三國志卷四七吴書吴主傳：黄龍元年，「夏四月，夏口、武昌並言黄龍、鳳凰見。丙申，南郊即皇帝位。……秋九月，權遷都建業」。同書卷四八吴書三嗣主傳孫皓載：甘露元年，「九月，從西陵督步闡表，徙都武昌」。寶鼎元年，「十二月，皓還都建業」。青門，漢長安城東南門。三輔黃圖卷一都城十二門：「長安城東出南頭第一門曰霸城門，民見門色青，名曰青城門，或曰青門。」此借指吴都城武昌城門。三襲，三重。指宫觀的多重門。南朝梁沈約郊居賦：「孤嶝横插，洞穴斜經。千丈萬仞，三襲九成。」

〔四〕「城逶迤」二句：此敘武昌城的破敗。事或起於吴主孫權遷都建業後徙武昌宫材瓦以繕治建康宫。三國志卷四七吴書吴主傳孫權裴松之注引江表傳載：「權詔曰：『建業宫乃朕從京來所作將軍府寺耳，材柱率細，皆以腐朽，常恐損壞。今未復西，可徙武昌宫材瓦，更繕治之。』有司奏言曰：『武昌宫已二十八歲，恐不堪用，宜下所在通更伐致。』權曰：『大禹以卑宫爲美，今軍事未已，所在多賦，若更通伐，妨損農桑。徙武昌材瓦，自可用也。』」逶迤，文選卷七揚雄甘泉賦：「梁弱水之濎濙兮，躡不周之逶迤。」吕向注：「逶迤，長曲貌。」坡陁，閣本、張本作「坂陁」。今按：坡陁，同「陂陁」，傾斜不平貌。史記卷一一七司馬相如傳：「登陂陁之長阪兮，坌入曾宫之嵯峨。」司馬貞索隱：「登陂陁。陂音普何反。陁音徒何反。」

〔五〕沙羨：縣名，屬江夏郡。治所在今湖北省武漢市武昌區。宋書卷三七州郡志：「沙陽男相，二漢舊縣，本名沙羨，屬武昌，晉武帝太康元年更名，又立沙羨，而沙陽徙今所治。文帝元嘉十六年度巴陵，孝武孝建元年度江夏。」

〔六〕蕃：文苑英華卷一二六下小注：「與『藩』同。」○夏州：春秋時楚地。在今湖北省武漢市漢陽區北。史記卷六九蘇秦傳載：蘇秦説楚威王曰：「楚，天下之强國也。王，天下之賢王也。西有黔中、巫郡，東有夏州、海陽。」裴駰集解：「徐廣曰：『楚考烈王元年，秦取夏州。』駰案：左傳『楚莊王伐陳，鄉取一人焉以歸，謂之夏州』。而注者不説夏州所在。車胤撰桓温集云：『夏口城上數里有洲，名夏州。』『東有夏州』謂此也。」

〔七〕翼軫：二十八宿中的翼宿和軫宿。古爲楚之分野。史記卷二七天官書：「翼軫，荆州。」

〔八〕斗牛：二十八宿中的斗宿和牛宿。此指吴越地區，因其當斗、牛二宿之分野，故稱。

〔九〕「麗滄浪」二句：屈原漁父云：屈原既放，游於江潭，遇漁父。後漁父鼓枻而去，且歌曰：「滄浪之水清兮，可以濯我纓；滄浪之水濁兮，可以濯我足。」滄浪，古水名。有漢水、漢水之别流、漢水之下流、夏水諸説。尚書禹貢：「嶓冢導漾，東流爲漢。又東，爲滄浪之水。」孔安國傳：「别流，在荆州。」孔穎達疏：「傳言『别流』，似分爲異水。案經首尾相連，不是分别，當以名稱别流也。以上在梁州，故此云在荆州。」水經注卷三二夏水：「劉澄之著永初山川記云：『夏水，古文以爲滄浪，漁父所歌也。』」

〔一〇〕嗟：文選卷一六潘岳寡婦賦：「鞠稚子於懷抱兮，嗟低徊而不忍。」李周翰注：「嗟，歎也。」文苑英華卷一二六下小注：「疑。」

〔一一〕羌：猶「乃」，連詞。○獲：文苑英華卷一二六作「護」，下小注：「疑作『獲』。」御製集、閻本、張本、全梁文、丁本作「獲」。今按：「獲」是，據改。

〔二〕蘭橈：蘭木船槳。楚辭九歌湘君：「薜荔柏兮蕙綢，蓀橈兮蘭旌。」王逸注：「橈，船小楫也。」後爲船的美稱。○上征：溯流而上。漢馮衍顯志賦：「浮江河而入海兮，溯淮濟而上征。」

〔三〕聊：楚辭九章悲回風：「憐思心之不可懲兮，證此言之不可聊。」朱熹集注：「聊，賴也。」○方舟：莊子山木：「方舟而濟於河。」成玄英疏：「兩舟相並曰方舟。」

〔四〕白沙而似雪：藝文類聚卷八引湘中記曰：「湘水至清，雖深五六丈，見底了了，石子如樗蒲矢，五色鮮明，白沙如霜雪，赤岸如朝霞。」

〔五〕却月：彎月。

〔六〕石渚：石頭小洲。

〔七〕赤壁：地名。漢獻帝建安十三年（208）孫權與劉備聯軍大破曹操軍隊處。水經注卷三五江水三：「右逕赤壁山北，昔周瑜與黃蓋詐魏武大軍處所也。」今按：赤壁今地有異説，多以爲在今湖北省赤壁市。○延佇：楚辭離騷：「悔相道之不察兮，延佇乎吾將反。」王逸注：「延，長也。佇，立貌。」洪興祖補注：「佇，久立也。」

〔八〕方：爾雅釋詁：「方，始也。」

〔九〕吴：指三國東吴。○舟檝：船槳。此指水軍。

〔二〇〕魏：指三國魏。○皋貔（pí）：虎貔。喻精鋭部隊。此指陸軍。貔，似虎的猛獸。説文解字豸部：「貔，猛獸。」

〔二一〕地利與天時：孟子公孫丑下：「天時不如地利，地利不如人和。」荀子議兵：「臨武君與孫卿子議兵於趙孝成王前。王曰：『請問兵要。』臨武君對曰：『上得天時，下得地利，觀敵之變動，後之發，先之至，此用兵之要術也。』」

〔二二〕憤風：疾風。藝文類聚卷二七引梁王僧孺中川長望詩曰：「長川杳難即，四望四無極。安流寧可值，憤風方未息。」○炎上：指火。尚書洪範：「火曰炎上。」

〔二三〕燎原火：初學記卷二十五引西晉潘尼火賦：「及至焚野燎原，埏光赫戲……遂乃衝風激揚，炎光奔逸。」燎，全梁文、丁本作「潦」。○颸（sī）：大風。説文解字風部：「颸，涼風也。」三國志卷一魏書武帝紀：「公至赤壁，與備戰，不利。於是大疫，吏士多死者，乃引軍還。備遂有荆州、江南諸郡。」裴松之注引山陽公載記曰：「公船艦爲備所燒，引軍從華容道步歸，遇泥濘，道不通，天又大風，悉使羸兵負草填之，騎乃得過。羸兵爲人馬所蹈藉，陷泥中，死者甚衆。」

〔二四〕麗龜：左傳宣公十二年：「麇興於前，射麇，麗龜。」杜預注：「麗，著也。龜，背之隆高當心者。」楊伯峻注：「古之田獵者，其箭先著背以達於腋爲善射。」

〔二五〕班車之逸氣：謂出征之軍返回，氣度安閒。班車，勝利返回的戰車。此指孫、劉聯軍。

〔二六〕當途：即「當塗高」，漢代讖書中的隱語，指魏。後漢書卷七五袁術傳：「〔術〕又少見讖書，言『代漢者當塗高』，自云名字應之。」李賢注：「當塗高者，魏也。」三國志卷二魏書文帝紀裴松之注：「太史丞許芝條魏代漢見讖緯于魏王曰：『……故白馬令李雲上事曰：「許昌氣見於當塗高，當塗高者當昌於許。」當塗高者，魏也；象魏者，兩觀闕是也；當道而高大者魏。魏當代漢。』」○鹿麋：即麋鹿。今按：麋鹿性膽怯，易驚走。此喻曹軍大敗潰逃。

〔二七〕上：御製集作「土」。

〔二八〕東益：益州東部。三國時屬蜀國。○巴丘：山名。在今湖南省岳陽市西南。三國赤壁大戰後，巴丘是孫、劉兩軍事集團的交界處。

〔二九〕淄澠：淄水和澠水的並稱。皆在今山東省内。相傳二水味各不同，然混合則難以辨别。吕氏春秋卷一八審應覽精諭：「孔子曰：『淄、澠之合者，易牙嘗而知之。』」高誘注：「淄、澠，齊之兩水名也。」喻性質截然不同的兩種事物。

〔三〇〕涇渭：指涇水和渭水。渭水是黄河最大的支流，發源於今甘肅省，經陝西省入黄河；涇水則是渭河的支流，發源于寧夏省。二水在陝西省西安市高陵縣相匯。詩經邶風谷風：「涇以渭濁，湜湜其沚。」毛傳：「涇渭相入而清濁異。」孔穎達疏：「禹貢云：『涇屬渭汭。』注云：『涇水、渭水發源皆幾二千里，然而涇小渭大，屬於渭而入於河。』又引地理志云：『涇水出今安定涇陽西幵頭山，東南至京兆陵陽，行千六百里入渭。』即涇水入渭也。」今按：以上四句，言謂赤壁戰後，三國疆域已定。

〔三一〕滔滔：詩經齊風載驅：「汶水滔滔，行人儦儦。」毛傳：「滔滔，流貌。」

〔三二〕耿耿：文選卷二六謝脁暫使下都夜發新林至京邑贈西府同僚詩：「秋河曙耿耿，寒渚夜蒼蒼。」李善注：「耿耿，光也。」吕延濟注：「耿耿，明浄也。」

〔三三〕蘭香之薦枕：藝文類聚卷七九引杜蘭香別傳曰：「杜蘭香，自稱南陽人，以建興四年春，數詣張傳。傳年十七，望見其車在門外。婢通言：『阿母所生，遣授配君，君可不敬從？』傳先改名碩，碩呼女前，視可十八九，説事邈然久遠。有婦子二人，大者萱支，小者松支。鈿車青牛，上飲食皆備。作詩曰：『阿母處靈岳，時遊雲霄際。衆女侍羽儀，不出墉宫外。飄輪送我來，豈復恥塵穢。從我與福俱，嫌我與禍會。』至其年八月旦來，復作詩曰：『逍遥雲霧間，呼嗟發九嶷。流汝不稽路，弱水何不之。』出署豫子三枚，大如雞子，云：『食此，令君不畏風波，辟寒温。』碩食二，欲留一。不肯，令碩盡食。言：『本爲君作妻，情無曠遠，以年命未合，其小乖。太歲東方卯，當還求君。』」薦枕，文選卷一九宋玉高唐賦：「昔者先王嘗遊高唐，怠而晝寢，夢見一婦人，曰：『妾巫山之女也，爲高唐之客，聞君遊高唐，願薦枕席。』」李善注：「薦，進也，欲親於枕席，求親昵之意也。」

〔三四〕娥媓：相傳爲堯女，舜妻。漢劉向列女傳有虞二妃：「有虞二妃者，帝堯之二女也，長娥皇，次女英。」傳其没于湘水，遂爲湘水之神。

若夫子瑜設險之記〔一〕，閻邀游涌之地〔二〕，既下車而踐境，早詢求於方志〔三〕。曉泊鬻拳之津〔四〕，夕瞻荒谷之寺〔五〕。居柳下而布德〔六〕，坐棠陰而高視〔七〕。班六條於宰邑〔八〕，賢十部於從事〔九〕。每題輿於仲舉〔一〇〕，豈虛名乎叔治〔一一〕。藉務隙於登臨〔一二〕，乃紛吾之本志〔一三〕。時復設羽蓋〔一四〕，揚旌旆，乘雕玉〔一五〕，從貝帶〔一六〕。浮雲起，登高唐〔一七〕，泛枉渚〔一八〕，望涔陽〔一九〕。荆棘生於龍門之下〔二〇〕，狐兔穴於馬牧之旁〔二一〕。臨章華而流眄〔二二〕，見舊楚之淒凉。試極目乎千里，何春心之可傷〔二三〕。

【校注】

〔一〕子瑜設險之記：事待考。子瑜，三國諸葛瑾字。瑾，徐州琅琊郡陽都人，諸葛亮之兄。曾爲東吳大將軍、左都護，領豫州牧。三國志卷五二吴書有傳。三國志本傳：「後從討關羽，封宣城侯，以綏南將軍代吕蒙領南郡太守，住公安。劉備東伐吴，吴王求和，瑾與備牋曰：『奄聞旗鼓來至白帝，或恐議臣以吴王侵取此州（今按：指荆州），危害關羽，怨深禍大，不宜答和。此用心於小，未留意於大者也。試爲陛下論其輕重，及其大小。陛下若抑威損忿，蹔省瑾言者，計可立決，不復咨之於群后也。陛下以關羽之親何如先帝？荆州大小孰與海内？俱應仇疾，誰當先後？若審此數，易於反掌。』」

〔二〕「閻邀」句：左傳莊公十八年：「初，楚武王克權，使鬬緡尹之，以叛，圍而殺之。遷權於那處，使閻敖尹之。及文王即位，與巴人伐申，而驚其師。巴人叛楚而伐那處，取之，遂門于楚。閻敖游涌而逸。楚子殺之。」杜預注：「涌水在南郡華容縣。閻敖既不能守城，又游涌水而走。涌，音勇，水名。」楊伯峻注：「涌，據水經注江水三及方輿紀要，即今湖北省監利縣東南俗名乾港湖者。」水經注卷三五江水三：「江水又東，涌水注之，水自夏水南通于江，謂之涌口。二水之間，春秋所謂閻敖游涌而逸者也。江水又逕南平郡孱陵縣之樂鄉城北，吴陸抗所築，後王濬攻之，獲吴水軍督陸景於此渚也。」太平御覽卷六九引盛弘之荆州記曰：「江津東十餘里，有中夏洲，洲之首，江之汜也。故屈原云：『經夏首而西浮。』又二十餘里有涌口，所謂『閻敖遊涌而逸』，二水之間，謂之夏洲，首尾七百里。」遊，文苑英華卷一二六下小注：「或作『浪』。」

〔三〕方志：周禮地官司徒誦訓：「誦訓，掌道方志，以詔觀事。」鄭玄注：「説四方所識久遠之事，以告王觀博古。」文選卷四左思吴都賦：「方志所辨，中州所羨。」張銑注：「方志謂四方物土所記録者。」

〔四〕鬻拳之津：鬻拳，春秋時楚國宗室後裔。曾以兵器諍諫楚文王，後自殺。左傳莊公十九年：「春，楚子禦之，大敗於津。還，鬻拳弗納。遂伐黄，敗黄師于踖陵。還，及湫，有疾。夏六月庚申，卒，鬻拳葬諸夕室，亦自殺也，而葬於絰皇。初，鬻拳强諫楚子，楚子弗從。臨之以兵，懼而從之。鬻拳曰：『吾懼君以兵，罪莫大焉。』遂自刖也。楚人以爲大閽，謂之大伯，使其後掌之。君子曰：『鬻拳可謂愛君矣，諫以自納於刑，刑猶不忘納君於善。』」杜預注：「鬻拳，楚大閽。」

〔五〕荒谷：地名。左傳桓公十三年：「莫敖使徇于師曰：『諫者有刑。』及鄢，亂次以濟。遂無次，且不設備。及羅，羅與盧戎兩軍之。大敗之。莫敖縊於荒谷，群帥囚于冶父以聽刑。」楊伯峻注：「荒谷在今湖北省江陵縣西。」水經注卷二八沔水：「陂水又逕郢城南，東北流謂之揚水。又東北，路白湖水注之。湖在大港北，港南曰中湖，南堤下曰昬官湖，三湖合爲一水。東通荒谷，荒谷東岸有冶父城，春秋傳曰：莫敖縊于荒谷，群帥囚於冶父。謂此處也。」

〔六〕「居柳」句：此似暗用柳下惠典故。春秋魯大夫展獲，字禽。太平御覽卷九五七引許慎淮南子注曰：「展禽之家有柳樹，身行惠德，因號柳下惠。一曰邑名。」柳下惠的賢德受到孔子、孟子的推崇。論語微子：「柳下惠爲士師，三黜。人曰：『子未可以去乎？』曰：『直道而事人，焉往而不三黜？枉道而事人，何必去父母之邦？』」孟子萬章：孟子曰：「柳下惠，不羞汙君，不辭小官。進不隱賢，必以其道。遺佚而不怨，阨窮而不憫。與鄉人處，由由然不忍去也。『爾爲爾，我爲我，雖袒裼裸裎於我側，爾焉能浼我哉？』故聞柳下惠之風者，鄙夫寬，薄夫敦。……柳下惠，聖之和者也。」

〔七〕棠陰：棠梨樹蔭。史記卷三四燕召公世家：「召公巡行鄉邑，有棠樹，決獄政事其下，自侯伯至庶人各得其所，無失職者。召公卒，而民人思召公之政，懷棠樹不敢伐，哥詠之，作甘棠之詩。」後以喻惠政或良吏的惠行。南朝梁簡文帝罷丹陽郡往與吏民別詩：「柳栽今尚在，棠陰君詎憐。」

〔八〕「班六條」句：謂考核地方長官。漢書卷一九百官公卿表上「武帝元封五年初置部刺史」，顔師古注：「漢官典職儀云刺史班宣，周行郡國，省察治狀，黜陟能否，斷治冤獄，以六條問事，非條所問，即不省。一條，强宗豪右田宅踰制，以强凌弱，以衆暴寡。二條，二千石不奉詔書遵承典制，倍公向私，旁詔守利，侵漁百姓，聚斂爲姦。三條，二千石不卹疑獄，風厲殺人，怒則任刑，喜則淫賞，煩擾刻暴，剥截黎元，爲百姓所疾，山崩石裂，祅祥訛言。四條，二千石選署不平，苟阿所愛，蔽賢寵頑。五條，二千石子弟恃怙榮勢，請託所監。六條，二千石違公下比，阿附豪强，通行貨賂，割損正令也。」後因以指考察官吏。○宰邑：地方行政官長。

〔九〕「賢十」句：三國志卷一五魏書劉馥傳裴松之注引晉孫盛晉陽秋：「〔劉弘〕每有興發，手書郡國，丁寧款密，故莫不感悦，顛倒奔赴，咸曰：『得劉公一紙書，賢於十部從事也。』」十部，形容人數衆多。從事，官名。漢以後三公及州郡長官皆自辟僚屬，多以「從事」爲稱。

〔一〇〕題輿於仲舉：太平御覽卷二六三引謝承後漢書曰：「周景爲豫州，辟陳蕃爲别駕，不就。景題别駕輿曰：『陳仲舉座也。』不復更辟。蕃惶懼，起視職。」後以「題輿」爲景仰賢達，望其出仕之典。仲舉，東漢陳蕃字仲舉。蕃，汝南平輿人。爲人剛直，多次免官。後與竇武等謀誅宦官，事泄被殺。後漢書卷六六有傳。

〔一一〕虚名乎叔治：三國魏王脩字叔治。脩，爲人忠貞，足以矯俗。三國志卷一一魏書王脩傳：「袁氏政寬，在職勢者多畜聚。太祖破鄴，籍没審配等家財物貲以萬數。及破南皮，閲脩家，穀不滿十斛，有書數百卷。太祖歎曰：『士不妄有名。』」裴松之注引魏略曰：「脩爲司金中郎將，陳黄白異議，因奏記曰……太祖甚然之，乃與脩書曰：『君澡身浴德，流聲本州，忠能成績，爲世美談，名實相副，過人甚遠。』」

〔一二〕登臨：楚辭九辯：「憭慄兮若在遠行，登山臨水兮送將歸。」後泛指遊覽。

〔一三〕紛吾：楚辭離騷：「紛吾既有此内美兮，又重之以修能。」王逸注：「紛，盛貌。」文選卷九班彪北征賦：「紛吾去此舊都兮，騑遲遲以歷兹。」此蕭繹自謂。

〔一四〕羽蓋：周禮春官宗伯巾車：「輦車，組輓，有翣，羽蓋。」鄭玄注：「后居宫中從容所乘……以羽作小蓋，爲翳日也。」

〔一五〕雕玉：文選卷七揚雄子虚賦：「楚王乃駕馴駁之駟，乘雕玉之輿。」李善注：「郭璞曰：刻玉以飾車也。」

〔一六〕貝帶：史記卷一二五佞幸列傳：「故孝惠時郎侍中皆冠鵕鸃，貝帶。」裴駰集解：「以貝飾帶。」漢書卷九三佞幸傳顔師古注：「海貝飾帶。」此代指隨從人員。

〔一七〕高唐：戰國時楚國臺觀名。在雲夢澤中。戰國楚宋玉高唐賦序：「昔者楚襄王與宋玉遊於雲夢之臺，望高唐之觀。」

〔一八〕枉渚：古地名。在今湖南省常德市南。楚辭九章涉江：「朝發枉渚兮，夕宿辰陽。」洪興祖補注：「〔王逸注〕：枉陼，地名。陼，一作渚。……或曰：枉，曲也。陼，沚也。……補曰：前漢武陵郡有辰陽。注云：三山谷辰水所出，南入沅七百五十里。水經云：沅水東逕辰陽縣東南，合辰水。舊治在辰水之陽，故取名焉。楚詞所謂『夕宿辰陽』也。沅水又東歷小灣，謂之枉渚。」水經注卷三七沅水：「沅水又東歷小灣，謂之枉渚。」

〔一九〕涔陽：戰國時楚地。在今湖南省澧縣東北。楚辭九歌湘君：「望涔陽兮極浦，横大江兮揚靈。」洪興祖補注：「〔王逸注〕：涔陽，江碕名，近附郢。……補曰：涔音岑，碕音祈，曲岸也。今澧州有涔陽浦。水經云：涔水出漢中南縣東南旱山，北至沔陽縣南，入于沔。涔水，即黄水也。集韻：涔，郎丁切，水名。其字从令。引楚辭『望涔陽兮極浦』，未詳。」

〔二〇〕龍門：古楚國都城郢都城門名。楚辭九章哀郢：「過夏首而西浮兮，顧龍門而不見。」王逸注：「龍門，楚東門也。言己從西浮而東行，過夏水之口，望楚東門，蔽而不見，自傷日以遠也。」洪興祖補注：「水經云：龍門，即郢城之東門。又伍端休江陵記云：『南關三門，其一名龍門，一名修門。』」

〔二一〕馬牧：水經注卷三四江水二：「江水東得馬牧口，江水斷洲通會。……〔江陵〕城西有栖霞樓，俯臨通隍，吐納江流。城南有馬牧城，西側馬徑。此洲始自枚迴，下迄于此，長七十餘里。」

〔二〕章華：即章華臺，楚離宮名。春秋時楚靈王所築，故址在今湖北省監利縣西北。史記卷四〇楚世家：「〔靈王〕七年，就章華臺，下令内亡人實之。」國語卷一九吴語：「昔楚靈王不君，其臣箴諫以不入。乃築臺於章華之上，闕爲石郭，陂漢，以象帝舜。罷弊楚國，以間陳、蔡。」後漢書郡縣志：「汝南郡……城父，故屬沛，春秋時曰夷。有章華臺。」劉昭注：「杜預曰：『章華宫在華容縣城内。』」水經注卷二八沔水：「揚水又東入華容縣，有靈溪水，西通赤湖水口，已下多湖，周五十里，城下陂池，皆來會同。又有子胥瀆，蓋入郢所開也。水東入離湖，湖在縣東七十五里，國語所謂楚靈王闕爲石郭陂，漢以象帝舜者也。湖側有章華臺，臺高十丈，基廣十五丈。左丘明曰：楚築臺于章華之上。韋昭以爲章華亦地名也。王與伍舉登之。舉曰：『臺高不過望國之氛祥，大不過容宴之俎豆。』蓋譏其奢而諫其失也。」〇流眄：全梁文、丁本作「流眄」，藝文類聚卷二六作「留眄」。流，文苑英華卷一二六下小注：「一作『留』。」

〔三〕「試極目」二句：楚辭招魂：「目極千里兮傷春心。」王逸注：「言湖澤博平，春時草短，望見千里，令人愁思而傷心也。」

其舊渚宫也〔一〕，夾江帶阡〔二〕，布護井田〔三〕，通達交道〔四〕，高門接連〔五〕。人要水心之劍〔六〕，家有給耕之田〔七〕。既追隨而得性〔八〕，寔燕處而超然〔九〕。若平臺之中，觀閣相通，雄梁渡水〔一〇〕，壯翼臨空〔一一〕。金堤之路〔一二〕，銅鞮之宮〔一三〕，閣寫陵霄〔一四〕，樓布麗譙〔一五〕。横走馬而爲觀〔一六〕，擬牽牛而作橋〔一七〕。爾乃樹之榛栗，椅桐梓漆〔一八〕，三巴黄甘〔一九〕，千户朱橘〔二〇〕。桃蔭井而成蹊〔二一〕，萍浮江而泛實〔二二〕，蟬鳴枝而候稻〔二三〕，范飛冠而吐蜜〔二四〕。復有水底石髮〔二五〕，山筋地骨〔二六〕，書帶新抽〔二七〕，屏風牙發〔二八〕。反魂長生〔二九〕，靈壽女貞〔三〇〕，金鹽玉豉〔三一〕，堯韭舜榮〔三二〕。交讓之目〔三三〕，代謝之名〔三四〕，忘憂長樂〔三五〕，桃杷鼓箏〔三六〕。竹則篔簹、緑籙〔三七〕，交戰、策皮〔三八〕，淚沾虞后〔三九〕，龍還葛陂〔四〇〕，便娟防露〔四一〕，檀欒夾池〔四二〕。

【校注】

〔一〕舊：藝文類聚卷二六、御製集脱。文苑英華卷一二六下小注：「一無此字。」○渚宮：春秋楚宫名。故址在今湖北省荆州市江陵區。左傳文公十年：「〔子西〕沿漢泝江，將入郢。王在渚宫，下，見之。」水經注卷三四江水二：「江水又東逕江陵縣故城南，禹貢荆及衡陽惟荆州，蓋即荆山之稱而制州名矣。故楚也。子革曰：我先君僻處荆山，以供王事。遂遷紀郢。今城，楚船官地也，春秋之渚宫矣。」

〔二〕阡：説文解字自部新附：「阡，路東西爲陌，南北爲阡。」文選卷七潘岳藉田賦：「遐阡繩直，邇陌如矢。」張銑注：「阡陌，田畔道也。」

〔三〕布護：文選卷三張衡東京賦：「聲教布濩，盈溢天區。」薛綜注：「布濩，猶散被也。」護，文苑英華卷一二六下小注：「一作『濩』。」藝文類聚卷二六、御製集、全梁文、丁本作「濩」。今按：護、濩通。說文解字水部段玉裁注：「濩，或假爲護。」〇井田：孟子梁惠王下：「昔者文王之治岐也，耕者九一，仕者世禄，關市譏而不征，澤梁無禁，罪人不孥。」朱熹注：「九一者，井田之制也。方一里爲一井，其田九百畝。中畫井字，界爲九區。一區之中，爲田百畝。中百畝爲公田，外八百畝爲私田。八家各受私田百畝，而同養公田，是九分而税其一也。」韓詩外傳卷四：「古者八家而井田。方里而爲一井。廣三百步，長三百步爲一里，其田九百畝。廣一步，長百步爲一畝。廣百步，長百步爲百畝。八家爲鄰，家得百畝。餘夫各得二十五畝，家爲公田十畝。餘二十畝共爲廬舍。各得二畝半。八家相保，出入更守，疾病相憂，患難相救，有無相貸，飲食相招，嫁娶相謀，漁獵分得，仁恩施行，是以其民和親而相好。」此泛指田地。

〔四〕達：文苑英華卷一二六下小注：「一作『連』。」藝文類聚卷二六、御製集、全梁文、丁本作「逵」。説文解字九部：「馗，九達道也。……馗或從辵，從坴。」〇交道：交錯之道路。道，藝文類聚卷二六、全梁文、丁本作「迸」。

〔五〕高門：莊子達生：「有張毅者，高門縣薄，無不走也。」成玄英疏：「高門，富貴之家也。」

〔六〕要：文苑英華卷一二六下小注：「一作『腰』。」藝文類聚卷二六、御製集作「腰」。今按：「要」爲「腰」之本字，此處用作動詞，佩戴。○水心之劍：即水心劍，傳説中的寶劍名。南朝梁吴均續齊諧記：「秦昭王三月上巳，置酒河曲，見金人自河而出，奉水心劍曰：『令君制有西夏。』及秦霸諸侯，乃因此處立爲曲水。」七國考卷一一秦兵制：「白帖云：『秦昭王三月三日曲水宴，有金人於水中捧水心劍以奉王。』玉海云：『金人捧水心之劍曰：『令君制有西夏。』乃伯諸侯。』」

〔七〕家有給：文苑英華卷一二六「給」下小注：「一作『家給火』。」藝文類聚卷二六、御製集、全梁文、丁本作「家給火」。

〔八〕追隨：追逐。此謂出仕。○得性：謂合其情性。詩經小雅魚藻「魚在在藻」毛傳：「魚以依蒲藻爲得其性。」

〔九〕○燕處：閒居。○超然：謂離塵脱俗。老子第二六章：「雖有榮觀，燕處超然。」

〔一〇〕梁：説文解字木部：「梁，水橋也。」

〔一一〕翼：文選卷一班固西都賦：「列芬橑以布翼，荷棟桴而高驤。」李善注引説文曰：「翼，屋榮也。」後漢書卷四〇班固傳李賢注：「翼，屋之四阿也。」

〔一二〕金堤：漢書卷五七司馬相如傳上：「嫛姍勃窣，上金堤。」顔師古注：「金堤，言水之隄塘堅如金也。」文選卷二張衡西京賦：「周以金堤，樹以柳杞。」薛綜注：「金堤，謂以石爲邊隒，而多種杞柳之木。」李善注：「金堤，言堅也。」此專指江陵堤防。水經注卷三四江水二：「江陵城地東南傾，故緣以金堤，自靈溪始。桓温令陳遵造。遵善于方功，使人打鼓，遠聽之，知地勢高下，依傍創築，略無差矣。」

〔一三〕銅鞮之宫：春秋晉離宫名。左傳襄公三十一年：鄭子産謂晉士文伯曰：「今銅鞮之宫數里，而諸侯舍于隸人。」杜預注：「銅鞮，晉離宫。」楊伯峻注：「銅鞮宫在山西沁縣南二十五里。」此指連綿的宫殿。

〔一四〕寫：映照。○陵霄：太平御覽卷一八四引三輔舊事曰：「秦二世欲起凌雲閣與南山齊。」又引漢宫殿疏曰：「凌雲閣，秦二世造。」此泛指高閣。

〔一五〕麗譙（qiáo）：莊子徐無鬼：「君亦必無盛鶴列於麗譙之間。」郭象注：「麗譙，高樓也。」成玄英疏：「言其華麗嶕嶢也。」

〔一六〕「横走」句：藝文類聚卷六三引漢宫殿名曰：「長安有臨仙觀、渭橋觀、仙人觀、霸昌觀、蘭池觀、平樂觀、九華觀、豫章觀、三章觀、昆明觀、走馬觀、華光觀……」觀，唐蘇鶚蘇氏演義卷上：「觀者，樓觀也。」

〔一七〕「擬牽」句：三輔黄圖卷一咸陽故城：「始皇窮極奢侈，築咸陽宫，因北陵營殿，端門四達，以則紫宫，象帝居。渭水貫都，以象天漢，横橋南渡，以法牽牛。」

〔一八〕「爾乃」二句：詩經鄘風定之方中：「樹之榛栗，椅桐梓漆，爰伐琴瑟。」毛傳：「椅，梓屬。」

鄭玄箋：「樹此六木於宫者，曰其長大可伐以爲琴瑟。」

〔一九〕三巴黄甘：初學記卷二八引張載詩曰：「江南郡蔗，張掖豐柿，三巴黄甘，瓜州素柰，凡此數品，殊美絶快。」巴，文苑英華卷一二六、御製集、閣本、張本、全梁文、丁本作「色」，藝文類聚卷二六作「巴」。文苑英華小注：「一作『巴』。」今按：作「巴」是，據改。三巴，古地名。巴郡、巴東、巴西的合稱。相當於今四川省嘉陵江和綦江流域以東的大部地區。晉常璩華陽國志卷一巴志：「建安六年，魚復蹇胤白璋争巴名。璋乃改永寧爲巴郡，以固陵爲巴東，徙羲爲巴西太守。是爲三巴。」黄甘，即黄柑。漢書卷五七司馬相如傳載相如上林賦，有云：「黄甘橙楱。」顔師古注：「郭璞曰：『黄甘，橘屬而味精。』」

〔二〇〕千户朱橘：指江陵之橘。史記卷一二九貨殖列傳：「安邑千樹棗；燕、秦千樹栗；蜀、漢、江陵千樹橘……此其人皆與千户侯等。」朱橘，三國魏曹植橘賦：「有朱橘之珍樹，于鶉火之遐鄉。」晉傅玄橘賦：「詩人覩王雎而詠后妃之德，屈平見朱橘而申直臣之志焉。」

〔二一〕「桃蔭」句：史記卷一〇九李將軍列傳：太史公曰：「諺曰『桃李不言，下自成蹊』。」司馬貞索隱：「姚氏云：『桃李本不能言，但以華實感物，故人不期而往，其下自成蹊徑也。』」

〔二二〕「萍浮」句：漢劉向説苑辨物：「楚昭王渡江，有物大如斗，直觸王舟，止於舟中。昭王大怪之，使聘問孔子。孔子曰：『此名萍實，令剖而食之。惟霸者能獲之，此吉祥也。』」

〔二三〕「蟬鳴」句：齊民要術卷二水稻引廣志：「南方有蟬鳴稻，七月熟。」

〔二四〕「范飛」句：文苑英華卷一二六「冠」下小注：「蜂也。」禮記檀弓下：「蠶則績而蟹有匡，范則冠而蟬有緌。」鄭玄注：「范，蜂也。」孔穎達疏：「范，蜂也。蜂頭上有物似冠也。」

〔二五〕水底石髮：丁本作「水石髮底」，疑誤。石髮，魏張揖廣雅卷一〇：「石髮，石衣也。」陸德明經典釋文爾雅音義卷三〇「菭」注：「徒來反。郭云一名石髮。説文云，水青衣也。……今作苔。」

〔二六〕山筋：藝文類聚卷八一引本草經曰：「朮一名山筋，久服不飢，輕身延年，生鄭山。」顏氏家訓卷六書證：「爾雅云：『朮，山薊也。』郭璞注云：『今朮似薊而生山中。』案：朮葉其體似薊，近世文士，遂讀薊爲筋肉之筋，以耦地骨用之，恐失其義。」〇地骨：抱朴子内篇仙藥：「或云仙人杖，或云西王母杖，或名天精，或名却老，或名地骨，或名苟杞也。」神農本草經卷一上經：「枸杞：味苦，寒。主五内邪氣，熱中消渴，周痹。久服，堅筋骨，輕身，不老。一名杞根，一名地骨，一名枸忌，一名地輔。生平澤。」

〔二七〕書帶：太平御覽卷四二引三齊記略曰：「鄭玄刊注詩，善棲釁。今山有古井不竭，猶生細草，葉形似韭，俗稱鄭公書帶。」清吴景旭歷代詩話卷一九「書帶草」：「陸龜蒙書帶草賦：『彼碧者草，云書帶名，先儒既没，後代還生。』吴旦生曰：『三齊記略：「不夜城東有文登山，鄭玄删注詩書，棲於北山。上有古井石碣，旁生細草，葉如薤之葉。其長尺餘，堅韌異常，土人謂之康成書帶草。」梁元帝玄覽賦：「書帶新抽，屏風芽發。」』」

〔二八〕屏風：博物志卷三「異草木」：「太原晉陽以北生屏風草。」一説即水葵。楚辭招魂：「紫莖屏風，文緣波些。」王逸注：「屏風，水葵也。」洪興祖補注：「本草曰：『凫葵，即莕菜，生水中，俗名水葵。又防風，一名屏風。』」朱熹集注：「屏風，水葵也，又名凫葵，又名防風，即荇菜也。生水中，莖紫色。」○牙：同「芽」。

〔二九〕反魂：舊題漢東方朔海内十洲記：「聚窟洲在西海中……洲上有大山，形似人鳥之象，因名之爲神鳥山。山多大樹，與楓木相類，而花葉香聞數百里，名爲反魂樹。扣其樹，亦能自作聲，聲如群牛吼，聞之者皆心震神駭。伐其木根心，於玉釜中煮，取汁，更微火煎，如黑餳狀，令可丸之。名曰驚精香，或名之爲震靈丸，或名之爲反生香，或名之爲震檀香，或名之爲人鳥精，或名之爲却死香。一種六名，斯靈物也。香氣聞數百里，死者在地，聞香氣乃却活，不復亡也。以香薰死人，更加神驗。」○長生：藝文類聚卷八九引洛陽宫殿簿曰：「明光殿前，長生二株；含章殿前，長生一株。」同卷引晉宫閣名曰：「華林園長生六株，萬年殿前，長生二株。」又引鄴中記曰：「金華殿後，有皇后浴室。種雙長生樹，枝條交於楝上，團團車蓋形，冬日不彫，葉大如掌，至八九月乃生華，華色白，子赤，大如橡子，不中啖也，世人謂之西王母長生樹。」並引晉嵇含長生樹賦曰：「松柏之下，不滋非類之草，猥有長生，育于域内。」

〔三〇〕靈壽：漢書卷八一孔光傳：「賜太師靈壽杖。」顏師古注：「孟康曰：『扶老杖也。』服虔曰：

『靈壽，木名。』師古曰：『木似竹，有枝節，長不過八九尺，圍三四寸，自然有合杖制，不須削治也。』」○女貞：藝文類聚卷八九引鄭氏婚禮謁文贊曰：「女貞之樹，柯葉冬生，寒涼守節，險不能傾。」同卷又引典術曰：「女貞木者，少陰之精，冬葉不落。」

〔三二〕金鹽玉豉：蕭繹金樓子志怪篇：「五茄一名金鹽，地榆一名玉豉。唯此二物，可以煮石。」本草綱目卷三六木三五加「發明」：「慎微曰：東華真人煮石經云：『昔有西域真人王屋山人王常云：「何以得長久？何不食石蓄金鹽。母何以得長壽？何不食石用玉豉。」』玉豉，地榆也；金鹽，五加也。皆是煮石而餌得長生之藥也。昔孟綽子、董士固相與言云：『寧得一把五加，不用金玉滿車；寧得一斤地榆，不用明月寶珠。』」

〔三三〕堯韭舜榮：神農本草經卷一上經：「吴普曰：昌蒲，一名堯韭。」宋羅願爾雅翼王應麟序：「堯韭舜榮，儷句爲嬉。」原文小注：「堯韭，昌蒲也。舜榮，即詩舜華，木堇也。梁元帝玄覽賦始用之，蓋戲借堯舜二字爲對。」藝文類聚卷八二引梁皇太子謝敕賚河南菜啓曰：「堯韭未儔，姬歜非喻。」宋王應麟困學紀聞卷一八評詩：「堯韭舜榮，梁元帝玄覽賦始用之。李群玉蒲澗寺詩：『澗有堯時韭，山餘禹代糧。』」清翁文圻注：「宋青臣續古藁編曰：『周益公校正文苑英華序云：「以『堯韭』對『舜華』，非讀本草注，安知其爲菖蒲？」按梁元帝玄覽賦『金鹽玉豉，堯韭舜榮』謂此也。』余讀他書，亦有用者，如類聚載梁太子賚河南菜啓則云「堯韭非儔，姬歜非喻」，又以「堯韭」對「姬歜」矣，固曰堯韭出於本草，而不知所以名之義。

後見典術曰「聖王之仁，功濟天下者，堯也。天星降精於庭爲韭，感百物爲菖蒲」，今菖蒲是也。』郭璞詩：『蕣榮不終朝，蜉蝣豈見夕。』『蕣』亦作『舜』。」

〔三三〕交讓：文選卷四左思蜀都賦：「交讓所植，蹲鴟所伏。」劉淵林注：「交讓，木名也。兩樹對生，一樹枯則一樹生，如是歲更，終不俱生俱枯也。出岷山，在安都縣。」

〔三四〕代謝：待考。蓋木名。又，太平御覽卷四三引襄陽記曰：「襄陽縣薤山，山上有竹，三年生一笋，笋成竹死，代謝如春秋焉。」同書九六三引荆州圖曰：「築陽薤山上有孤竹，三年而生一笋。笋成，代謝常一。」然此爲竹笋而非木。

〔三五〕忘憂：詩經衛風伯兮：「焉得諼草？言樹之背。」毛傳曰：「諼草，令人忘憂。」説文解字艸部：「藼，令人忘憂艸也。……蕿，或从煖。萱，或从宣。」文選卷三一江淹雜體詩三十首潘黄門悼亡：「消憂非萱草，永懷寧夢寐。」張銑注：「萱草，草名，可忘憂也。」初學記卷二七引説文曰：「萱，忘憂草也。」又引束皙發蒙説曰：「甘棗令人不惑，萱草可以忘憂。」〇長樂：藝文類聚卷八一引晉傅玄紫華賦曰：「紫華一名長樂華，舊生於蜀，其東界特饒，中國奇而種種。余嘉其華純耐久，可歷冬而服，故與友生各爲之賦。」

〔三六〕桃杷鼓箏：御定駢字類編卷一九〇「桃杷」：「梁元帝賦：『金鹽玉豉，堯韭舜英。交讓之目，代謝之名。忘憂長樂，桃杷鼓箏。』按：皆草木名。」桃杷，文苑英華卷一二六下小注：「疑。」四庫全書考證卷九六漢魏六朝百三家梁元帝集：「刊本『枇』訛『桃』。」今按：桃，疑

「枇」之訛。枇杷，藝文類聚卷八七引宋周祇枇杷賦曰：「至枇杷樹，寒暑無變，負雪揚華。余殖庭圃，遂賦之云：名同音器，質貞松竹，四序一采，素華冬馥。」鼓箏，爾雅釋草：「傅，横目。」郭璞注：「一名結縷，俗謂之鼓箏草。」

〔三七〕篔簹：文選卷五左思吴都賦：「其竹則篔簹箖箊，桂箭射筒。」劉淵林注引異物志：「篔簹，生水邊，長數丈，圍一尺五六寸，一節相去六七尺，或相去一丈，廬陵界有之。」康熙字典卷二三「竹部・篔」引戴凱之竹譜：「篔簹竹最大，大者中甑，筍亦中射筒。薄肌而最長，節中貯箭，因以爲名。」太平御覽卷九六三引顧徽廣州記曰：「篳竹，一名篔簹，節長一丈。」〇緑籙：蓋竹名。籙，閣本、張本作「簶」。今按：籙或爲「簵」之訛。尚書禹貢：「荆及衡陽惟荆州。……厥貢羽、毛……箘、簵、楛。」孔安國傳：「箘、簵，美竹。楛，中矢幹。三物皆出雲夢之澤，近澤三國常致貢之，其名天下稱善。」又，詩經衛風淇奥：「瞻彼淇奥，緑竹猗猗。」唐陸德明釋文：「草木疏云：『有草似竹，高五六尺，淇水側人謂之菉竹也。』」宋俞德鄰佩韋齋輯聞卷二：「淇澳云：『菉竹猗猗。』注：『菉，蓐也。』又爾雅云：『竹，萹蓄也，似小梨，赤莖節，好生道旁，可食。』又云：『韓詩作薄，音篤。亦云萹竹。』余嘗疑之。史記河決瓠子，武帝令群臣從官自將軍以下皆負薪寘決河。是時東郡燒草，以故薪柴少，乃下淇園之竹以爲楗。天子既臨決河，悼功之不成，乃作歌曰云云……晉灼注：『淇園，衛苑也，多篠。』顏師古曰：『頽林竹者，即上所説下淇園之竹以爲楗。』又任昉述異記：『衛有淇園，出竹，在淇水之上。』梁元帝竹詩亦云：『嶰谷管新抽，淇園竹復收。』則淇澳從來産竹明矣。所謂菉蓐、萹蓄之類，將别有所據。」則確有菉竹，然爲似竹之草。

〔三八〕交戰、策皮：待考。蓋均爲竹名。

〔三九〕淚沾虞后：晉張華博物志卷八：「堯之二女，舜之二妃，曰湘夫人。帝崩，二妃啼，以涕揮竹，竹盡斑。」虞后，指虞舜之二妃。

〔四〇〕龍還葛陂：神仙傳卷九壺公：費長房從壺公學道，「長房憂不能到家，公以竹杖與之曰：『但騎此到家耳。』長房辭去，騎杖忽然如睡，已到家，家人謂之鬼，具述前事，乃發視棺，中惟一竹杖，乃信之。長房以所騎竹杖投葛陂中，視之乃青龍耳。」葛陂，地名，在今河南省新蔡縣西北。

〔四一〕便娟防露：文苑英華卷一二六「露」下小注：「七諫：娟之竹，上葳蕤而防露。」楚辭東方朔七諫初放：「便娟之修竹兮，寄生乎江潭。上葳蕤而防露兮，下泠泠而來風。」王逸注：「便娟，好貌。」

〔四二〕檀欒夾池：藝文類聚卷六五引漢枚乘梁王兔園賦：「脩竹檀欒，夾池水旋，菟園並馳。」檀欒，文選卷三〇謝朓和王著作八公山詩：「阡眠起雜樹，檀欒蔭修竹。」吕延濟曰：「檀欒，竹美皃。」

聊右書而左琴〔一〕，且繼踵於華陰〔二〕。彼門人之問道〔三〕，各家求而有心〔四〕。先鉛擿於魚魯〔五〕，乃紛定於陶陰〔六〕。識三家之云謬〔七〕，知五門之可尋〔八〕。時仰稟於皇猷〔九〕，討巴濮於裨儵〔一〇〕。乃稜威於華墨〔一一〕，出車檻之云脩〔一二〕。觀月窟之入附〔一三〕，睹日勒之來遊〔一四〕。既虎牙而成號〔一五〕，又龍額而爲侯〔一六〕。仰皇德之洪深〔一七〕，疑朱離於侏任〔一八〕。見白題之蹋鼓〔一九〕，看烏孫之學瑟〔二〇〕。獻桂條之良賮〔二一〕，奉桃枝之怪琛〔二二〕。嗤聚米於馬援〔二三〕，哂畫地於臧旻〔二四〕。

【校注】

〔一〕右書而左琴：晉皇甫謐高士傳陳仲子：「陳仲子者，齊人也。……楚王聞其賢，欲以爲相，遣使持金百鎰，至於陵聘仲子。仲子入謂妻曰：『楚王欲以我爲相。今日爲相，明日結駟連騎，食方丈於前，意可乎？』妻曰：『夫子左琴右書，樂在其中矣。結駟連騎，所安不過容膝，食方丈於前，所甘不過一肉。今以容膝之安，一肉之味，而懷楚國之憂。亂世多害，恐先生不保命也！』於是出謝使者，遂相與逃去，爲人灌園。」顔氏家訓卷四涉務：「士君子處世，貴能有益於物耳，不徒高談虚論，左琴右書，以費人君禄位也。」

〔二〕繼踵：跟隨。楚辭離騷：「忽奔走以先後兮，及前王之踵武。」洪興祖補注：「踵，亦跡也。」朱熹集注：「踵，足跟也。」○華陰：後漢書卷三六張楷傳載：張楷字公超，「隱居弘農山中，學者隨之，所居成市，後華陰山南遂有公超市」。

〔三〕門人：禮記檀弓下：「子思哭於廟，門人至。」鄭玄注：「門人，弟子也。」○問道：請教道理、道術。晏子春秋卷三問上第十一：「臣聞問道者更正，聞道者更容。」問，文苑英華卷一二六下小注：「疑。」全梁文作「門」。

〔四〕家：御製集作「蒙」。

〔五〕鉛擿：以鉛黄校改書寫錯誤。夢溪筆談卷一故事：「館閣新書浄本有誤書處，以雌黄塗之。嘗校改字之法，刮洗則傷紙，紙貼之又易脱，粉塗則字不没，塗數遍方能漫滅，唯雌黄一漫則滅，仍久而不脱。古人謂之『鉛黄』，蓋用之有素矣。」○魚魯：抱朴子内篇遐覽：「書三寫，魚成魯，虚成虎。」泛指文字錯訛。

〔六〕陶陰：北堂書鈔卷一〇一刊校謬誤「以陶爲陰」條引漢劉歆七略曰：「古文或誤以典爲與，以陶爲陰，如此類多。」

〔七〕三家：指漢代傳詩的三派。漢書卷三〇藝文志：「詩經二十八卷，魯、齊、韓三家。」顔師古注引應劭曰：「申公作魯詩，后蒼作齊詩，韓嬰作韓詩。」今按：「三家詩」西漢皆列於學官，各有異説。東漢後期，毛詩興盛，「三家詩」相繼亡，唯韓詩存外傳。

〔八〕五門：周禮天官冢宰閽人：「閽人，掌守王宮之中門之禁。」鄭玄注：「鄭司農云：『王有五門，外曰皋門，二曰雉門，三曰庫門，四曰應門，五曰路門。路門一曰畢門。』玄謂雉門，三門也。」

〔九〕皇猷（yóu）：皇帝的謀略。猷，尚書盤庚上：「各長于厥居，勉出乃力，聽予一人之作猷。」孔穎達疏：「聽從我遷徙之謀。」同書文侯之命：「亦惟先正，克左右昭事厥辟。越小大謀猷，罔不率從，肆先祖懷在位。」文選卷五九沈約齊故安陸昭王碑文：「爰始濯纓，清猷濬發。」吕向注：「猷，謀。」

〔一〇〕「討巴」句：金樓子序云：「六戎多務，千乘紛紛。」亦當是載此次討戎行動。陳書卷一一淳于量傳載：「荆、雍之界，蠻左數反，山帥文道期積爲邊患。」中大通二年（532），荆州刺史蕭繹遣王僧辯、淳于量征之，「大破道期，斬其酋長，俘虜萬計。」或即是此事。討，閻本、張本作「計」。巴濮，巴，巴人，生活在今川東、鄂西一帶。濮，少數民族之一，分布在江漢之南或楚國西南。尚書牧誓：「及庸、蜀、羌、髳、微、盧、彭、濮人。」孔安國傳：「八國皆蠻、夷、戎、狄屬文王者國名。……濮在江漢之南。」此泛指少數民族。裨（pí）鯈（tiáo），古邑名。春秋時庸國屬地，蓋在今陝西省安康縣一帶。左傳文公十六年：「唯裨、鯈、魚人實逐之。」杜預注：「裨、鯈、魚，庸三邑。」一説，部落名。楊伯峻注：「裨、鯈、魚恐俱是庸人所帥『群蠻』之部落名，杜注不可信。裨、鯈所在之地，今已不得知。」

〔一一〕稜威：威嚴，威勢。此用爲動詞。○華墨：地名。具體方位不詳。梁書卷三四張纘傳載纘南征賦，有云：「既固之而設險，又居之而務德。南通珠崖、夜郎，西款玉津、華墨。」

〔一二〕車檻：詩經王風大車：「大車檻檻，毳衣如菼。」毛傳：「大車，大夫之車。檻檻，車行聲也。」文選卷五左思吴都賦：「出車檻檻，被練鏘鏘。」

〔一三〕月窟：傳説月的歸宿處。此借指邊遠之地。南朝梁武帝閶闔篇：「長旗掃月窟，鳳跡輾星躔。」

〔一四〕日勒：縣名，屬張掖郡。治所在今甘肅省永昌縣西北。漢書卷二八地理志：「張掖郡，故匈奴昆邪王地，武帝太初元年開。……日勒，都尉治澤索谷。莽曰勒治。」

〔一五〕虎牙：山名。後漢書郡國志：「南郡：……夷陵，有荆門、虎牙山。」劉昭注：「荆州記曰：『荆門，江南；虎牙，江北。虎牙有文如齒牙，荆門上合下開。』」水經注卷三四江水二：「江水東歷荆門、虎牙之間。……虎牙在北，石壁色紅，間有白文類牙形，並以物像受名。此二山，楚之西塞也。」又用爲將軍名號。漢書卷八宣帝紀載：元平二年秋，「御史大夫田廣明爲祁連將軍，後將軍趙充國爲蒲類將軍，雲中太守田順爲虎牙將軍，及度遼將軍范明友、前將軍韓增，凡五將軍，兵十五萬騎，校尉常惠持節護烏孫兵，咸擊匈奴。」

〔一六〕龍頟：侯國名。漢書卷七昭帝紀載：元鳳元年三月，「武都氐人反，遣執金吾馬適建、龍頟侯韓增、大鴻臚廣明將三輔、太常徒，皆免刑擊之」。同書卷二八地理志上：「平原郡，高帝置。……龍頟，侯國，莽曰清鄉。」

〔一七〕洪深：張本作「供深」。

〔一八〕「疑朱離」句：文苑英華「離」下小注：「詩注：西夷之樂曰朱離。」「侏」下小注：「文選東都賦：『襟離兜離。』李善注：『東夷之樂也。』」御製集作「款侏離於韎任」。今按：詩經小雅鼓鐘：「以雅以南，以籥不僭。」鄭玄箋：「爲雅爲南也。舞四夷之樂，大德廣所及也。東夷之樂曰昧，南夷之樂曰南，西夷之樂曰朱離，北夷之樂曰禁。」陸德明音義：「韎，本又作昧。」孔穎達疏：「孝經鉤命決云：『東夷之樂曰昧，南夷之樂曰任，西夷之樂曰株離，北夷之樂曰禁……』然則言『昧』者，物生根也；『南』者，物懷任也。秋物成而離其根株，冬物藏而禁閉于下，故以爲名焉。以『南』訓『任』，故或名『任』，此爲『南』，其實一也。定本作『朱離』，其義不合。」後漢書卷五一陳禪傳：「四夷之樂陳於門，故詩云『以雅以南，韎、任、朱離』。」李賢注：「周禮：『鞮鞻氏掌四夷之樂。』鄭玄注云：『東方曰韎，南方曰任，西方曰朱離，北方曰禁。』……韎音昧。」文選卷一班固東都賦：「四夷間奏，德廣所及。僸佅兜離，罔不具集。」李善注：「孝經鉤命決曰：東夷之樂曰佅，南夷之樂曰任，西夷之樂曰株離，北夷之樂曰禁。毛萇詩傳曰：東夷之樂曰韎，南夷之樂曰任，西夷之樂曰朱離，北夷之樂曰禁。然説樂是一，而字並不同，蓋古音有輕重也。僸，音禁。」則「朱離」即「株離」。侏任，疑當作「佅任」，即「昧任」「韎任」。

〔一九〕白題：史記卷九五灌嬰傳：「復從擊韓信胡騎晉陽下，所將卒斬胡白題將一人。」裴駰集解引服虔曰：「胡名也。」○蹋鼓：即「踏鼓」，謂踩著鼓點節奏起舞。蹋，同「踏」。

〔二〇〕烏孫：古代西域國名。地在今新疆伊犁河谷。參漢書卷九六西域傳下烏孫國。文選卷二七石崇王明君詞序：「昔公主嫁烏孫，令琵琶馬上作樂，以慰其道路之思。」○瑟：御製集、閣本、張本作「琴」。

〔二一〕桂條：馬名，亦名「桂枝馬」。藝文類聚卷九三引梁元帝答齊國饟馬書曰：「名重桂條，形圖柳谷。襄陽地穴，近求未易；滇池水裹，遠訪猶難。」蕭繹樹名詩：「逢君桂枝馬，車下覓新知。」桂，文苑英華卷一二六、全梁文作「挂」，御製集、閣本、張本、丁本作「桂」。今按：作「桂」是，據改。○賚（lài）：説文解字貝部：「賚，會禮也。」文選卷一四顏延年赭白馬賦：「或踰遠而納賚。」李善注：「賚，蒼頡篇曰：『賚，財貨也。』説文曰：『賚，會禮也。』」南朝陳徐陵與章司空昭達書：「百越之賚，不供王府；萬里之民，不由國家。」

〔二二〕桃枝：藝文類聚卷八九引竹譜曰：「桃枝竹，皮滑而黃，可以爲席。」又引山海經曰：「嶓冢之山，嚚水之上，多桃枝竹。」又引魏志曰：「倭國有桃枝竹。」又引裴氏廣州記曰：「廣州有桃枝竹。」此竹可以爲杖，即桃枝竹杖。漢書卷九六西域傳下史臣贊曰：「遭值文、景玄默，養民五世，天下殷富，財力有餘，士馬彊盛。故能睹犀布、瑇瑁則建珠崖七郡，感枸醬、竹杖則開牂柯、越巂，聞天馬、蒲陶則通大宛、安息。」○琛：詩經魯頌泮水：「憬彼淮夷，來獻其琛。」毛傳：「琛，寶也。」陸德明音義：「琛，敕金反，犍爲舍人云：『美寶曰琛。』」文選卷三張衡東京賦：「藩國奉聘，要荒來質，具惟帝臣，獻琛執贄。」薛綜注：「琛，寶也。」

〔一三〕聚米於馬援：馬援，字文淵，東漢扶風茂陵人。光武帝建武中拜隴西太守，後拜伏波將軍。後漢書卷二四有傳。後漢書本傳：「〔建武〕八年，帝自西征囂，至漆，諸將多以王師之重，不宜遠入險阻，計冘豫未決。會召援，夜至，帝大喜，引入，具以群議質之。援因説隗囂將帥有土崩之埶，兵進有必破之狀。又於帝前聚米爲山谷，指畫形埶，開示衆軍所從道徑往來，分析曲折，昭然可曉。帝曰：『虜在吾目中矣。』明旦，遂進軍至第一，囂衆大潰。」

〔一四〕哂（shěn）：論語先進：「夫子哂之。」何晏集解引馬融曰：「哂，笑也。」○畫地於臧旻：太平御覽卷二七八引謝承後漢書曰：「臧旻有幹事才，達於從政，討賊有功，拜議郎。還京師，見太尉袁逢，問其西域諸國土地風俗人物種數，旻具答，悉陳其狀，手畫地形。逢奇其才，歎息言：『雖班固作西域傳，何以過此！』」臧旻，臧洪父，拜揚州刺史，遷使匈奴中郎將。後漢書卷五八臧洪傳附旻傳。

彼蠢爾之爲鯁〔一〕，伊憑凌而未静〔二〕。異黄巾於黑山〔三〕，非緑林於青嶺〔四〕。余喟然以指蹤〔五〕，實濟寬而持猛〔六〕。負步光之文劍〔七〕，驚漢陽之夕景〔八〕。麾靈琚之左轉〔九〕，光玳簪而右篸〔一〇〕。日雲生而陣合，紅塵起而軍暗〔一一〕。於是驅驌驦〔一二〕，命蹶張〔一三〕，迴翠蓋之金爪〔一四〕，臨絳宫之玉堂〔一五〕。擬都護之戊己〔一六〕，模荆尸之甲裳〔一七〕。作齊軍之減竈〔一八〕，斆燕師之卧牆〔一九〕。觀田畯於虞澤〔二〇〕，命車右而前驅〔二二〕。猶從戎於細柳〔二三〕，若驅馬於長楡〔二三〕。矜猿鳴之抱木〔二四〕，傷兔走之依株〔二五〕。每愀然而作色〔二六〕，方載馳而轉軾〔二七〕。閲放麑而興憫〔二八〕，對亂鱗而動惻〔二九〕。矧高宴於城隅〔三〇〕，駐五馬而踟躕〔三一〕。乃有青琴碧玉〔三二〕，絳樹緑珠〔三三〕；西河王豹，東野綿駒〔三四〕。蘭缸夕然〔三五〕，合璧斜天〔三六〕，照流風之迴雪〔三七〕，映出水之初蓮〔三八〕。非吾心之所悦，曾未始而流連〔三九〕。

【校注】

〔一〕蠢爾：詩經小雅采芑：「蠢爾蠻荆，大邦爲讎。」毛傳：「蠢，動也。」陸德明音義：「蠢，尺允反。爾雅：『不遜也。』」孔穎達疏：「釋訓云：『蠢，不遜也。』郭璞曰：『蠢動爲惡，不謙遜也。』」朱熹集傳：「蠢者，動而無知之貌。」晉潘岳關中詩：「蠢爾戎狄，狡焉思肆。」〇爲鯁：爲害。詩經大雅桑柔：「誰生厲階，至今爲梗？」毛傳：「梗，病也。」後漢書卷六五段熲傳：「昔先零作寇，趙充國徙令居内，煎當亂邊，馬援遷之三輔，始服終叛，至今爲鯁。」李賢注：「『鯁』與『梗』同。梗，病也。大雅云：『至今爲梗。』」

〔二〕憑淩：亦作「憑陵」。文選卷五八王儉褚淵碑文：「嗣王荒怠於天位，彊臣憑陵於荆楚。」張銑注：「憑陵，勇暴貌也。」

〔三〕黄巾：東漢末年太平道首領張角等起兵，徒衆數十萬，皆以黄巾裹頭，稱爲黄巾軍。事詳後漢書卷七一皇甫嵩傳等。巾，文苑英華卷一二六、御製集、閣本、張本、全梁文、丁本作「金」。四庫全書考證卷九六漢魏六朝百三家梁元帝集：「刊本『巾』訛『金』。」今按：作「巾」是，據改。○黑山：後漢書卷七一朱儁傳：「自黄巾賊後，復有黑山、黄龍、白波、左校、郭大賢、于氐根、青牛角、張白騎、劉石、左髭丈八、平漢、大計、司隸、掾哉、雷公、浮雲、飛燕、白雀、楊鳳、于毒、五鹿、李大目、白繞、畦固、苦哂之徒，並起山谷間，不可勝數。……賊帥常山人張燕，輕勇趫捷，故軍中號曰飛燕。善得士卒心，乃與中山、常山、趙郡、上黨、河内諸山谷寇賊更相交通，衆至百萬，號曰黑山賊。」

〔四〕緑林：西漢末，新市人王匡、王鳳等聚於緑林山中，衆至七八千人。王莽天鳳四年（17）起事，又號下江兵。事詳漢書卷九七王莽傳。

〔五〕喟然：迅疾貌。史記卷一一七司馬相如列傳：「於斯之時，天下大説，嚮風而聽，隨流而化，喟然興道而遷義。」司馬貞索隱：「喟，漢書作『芔』，音許貴反。」漢書卷五七司馬相如傳上顔師古注：「芔然猶欻然也。」○指蹤：史記卷五三蕭相國世家：「夫獵，追殺獸兔者，狗也；而發蹤指示獸處者，人也。」此喻指揮謀劃。

〔六〕濟寬而持猛：即「寬猛相濟」。左傳昭公二十年：「仲尼曰：『善哉！政寬則民慢，慢則糾之以猛。猛則民殘，殘則施之以寬。寬以濟猛，猛以濟寬，政是以和。』」孔子家語卷九正論解：「寬以濟猛，猛以濟寬，寬猛相濟，政是以和。」持，御製集作「待」。

〔七〕步光之文劍：史記卷六七仲尼弟子列傳：「因越賤臣種奉先人藏器，甲二十領，鈇屈盧之矛，步光之劍，以賀軍吏。」文選卷三四曹植七啓：「步光之劍，華藻繁縟，飾以文犀，彫以翠緑。」張銑注：「步光，越王之劍也，其光可照數步。」

〔八〕漢陽：漢水之北。南史卷五〇劉虬傳附子之亨傳：「中大通六年，出師南鄭，詔湘東王節度諸軍。」今按：蕭繹時爲荆州刺史，鎮江陵。出師南鄭，故稱漢陽。

〔九〕麾：文選卷二一顔延之五君詠之五：「屢薦不入官，一麾乃出守。」李善注：「麾，指麾也。」○靈琚：玉飾的車。琚，廣韻魚韻：「琚，玉名。」此蓋指戰車。○左轉：楚辭離騷：「路不周以左轉兮，指西海以爲期。」王逸注：「轉，行也。」

〔一〇〕玳簪：玳瑁製作的簪子。史記卷七八春申君列傳：「趙使欲夸楚，爲瑇瑁簪，刀劍室以珠玉飾之，請命春申君客。春申君客三千餘人，其上客皆躡珠履以見趙使，趙使大慙。」此喻僚屬。○簪（zān）：集韻勘韻：「簪，綴也。」唐希麟續一切經音義卷七「簪子」注引韻集：「簪，插頭者也。」

〔一一〕「日雲」二句：漢班固西都賦：「紅塵四合，煙雲相連。」日雲，御製集、閣本、張本、全梁文、丁本作「白雲」。文苑英華卷一二六「雲」下小注：「一作『霜』。」今按：疑作「白雲」爲是，與下文「紅塵」對。紅塵，謂車馬揚起的飛塵。

〔一二〕驌驦：亦作「驌驦」。良馬名。後漢書卷六〇馬融傳：「登于疏鏤之金路，六驌驦之玄龍。」

李賢注：「驌騻，馬名。左傳云，唐成公有兩驌騻馬。」

〔一三〕蹶張：史記卷九六張丞相列傳：「申屠丞相嘉者，梁人，以材官蹶張從高帝擊項籍，遷爲隊率。」裴駰集解：「徐廣曰：『勇健有材力開張。』駰案：如淳曰『材官之多力，能脚蹋强弩張之，故曰蹶張。律有蹶張士』。」司馬貞索隱：「孟康云：『主張强弩。』」此借指弓弩手。

〔一四〕翠蓋：淮南子卷一原道訓：「馳要褭，建翠蓋。」高誘注：「翠蓋，以翠鳥羽飾蓋也。」○金爪：車蓋上裝飾物。隋書卷一〇禮儀志：「蔡邕獨斷論漢制度，凡乘輿車，皆有六馬，羽蓋金爪，黄屋左纛，鏤鍐方釳，重轂繁纓，黄繒爲蓋裏也。」

〔一五〕「臨絳宫」句：疑指用道術勝敵。顔之推觀我生賦：「守金城之湯池，轉絳宫之玉帳。」自注：「孝元自曉陰陽兵法，初聞賊來，頗爲厭勝，被圍之後，每歎息，知必敗。」王利器顔氏家訓集解附録二顔之推傳注引盧文弨曰：「考絳宫玉帳，蓋遯甲、六壬之書，元帝明於占候，見金樓子自序。」又引張淏雲谷雜記（説郛本）：「蓋玉帳乃兵家厭勝之方位，謂主將於其方置軍帳，則堅不可犯，猶玉帳焉。其法出於黄帝遁甲，以月建前三位取之，如正月建寅，則巳爲玉帳，主將宜居。」絳宫、玉堂，均是太乙術語。蕭繹伐侯景文：「加以日臨黄道，兵起絳宫，三門既啓，五將咸發。」藝文類聚卷五九引梁簡文帝和武帝詩：「聊舉青龍陣，正取絳宫時。」

〔一六〕都護之戊己：漢書卷一九百官公卿表：「戊己校尉，元帝初元元年置，有丞、司馬各一人，候五人，秩比六百石。」顔師古注：「甲乙丙丁庚辛壬癸皆有正位，唯戊己寄治耳。今所置校尉亦無常居，故取戊己爲名也。有戊校尉，有己校尉。一説戊己居中，鎮覆四方，今所置校尉亦處西域之中撫諸國也。」後漢書卷一九耿弇傳附耿秉傳：「明年秋，肅宗即位，拜秉征西將軍，遣案行涼州邊境，勞賜保塞羌胡，進屯酒泉，救戊己校尉。」都護，官名。漢宣帝置西域都護，總監西域諸國，並護南北道，爲西域地區最高長官。其後廢置不常。晉宋以後，公府則有參軍都護、東曹都護，職權較卑，與漢制異。漢書卷七〇鄭吉傳：「吉既破車師，降日逐，威震西域，遂并護車師以西北道，故號都護。都護之置自吉始焉。」顔師古注：「并護南北二道，故謂之都。都猶大也，總也。」

〔一七〕荆尸：左傳莊公四年：「四年春王三月，楚武王荆尸，授師孑焉，以伐隨。」杜預注：「尸，陳也。荆亦楚也，更爲楚陳兵陣之法。」〇甲裳：皮革制的戰袍。左傳宣公十二年：「趙旃棄車而走林，屈蕩搏之，得其甲裳。」杜預注：「下曰裳。」

〔一八〕齊軍之減竈：史記卷六五孫子吴起列傳：「魏與趙攻韓，韓告急於齊。齊使田忌將而往，直走大梁。魏將龐涓聞之，去韓而歸，齊軍既已過而西矣。孫子謂田忌曰：『彼三晉之兵素悍勇而輕齊，齊號爲怯，善戰者因其勢而利導之。兵法，百里而趣利者蹶上將，五十里而趣利者軍半至。使齊軍入魏地爲十萬竈，明日爲五萬竈，又明日爲三萬竈。』龐涓行三日，大喜，曰：『我固知齊軍怯，入吾地三日，士卒亡者過半矣。』乃棄其步軍，與其輕鋭倍日并行逐之。孫子度其行，暮當至馬陵。馬陵道陜，而旁多阻隘，可伏兵，乃斫大樹白而書之曰『龐涓死于此樹之下』。於是令齊軍善射者萬弩，夾道而伏，期曰『暮見火舉而俱發』。龐涓果夜至斫木下，見白書，乃鑽火燭之。讀其書未畢，齊軍萬弩俱發，魏軍大亂相失。龐涓自知智窮兵敗，乃自剄，曰：『遂成豎子之名！』齊因乘勝盡破其軍，虜魏太子申以歸。」

〔一九〕燕師之臥牆：水經注卷一三漯水：「按燕書，建興十年，慕容寶自西河還，軍敗于參合，死者六萬人。十一年，垂衆北至參合，見積骸如山，設祭吊之禮，死者父兄皆號泣，六軍哀慟，垂慙憤嘔血，因而寢疾焉。輿過平城北四十里，疾篤，築燕昌城而還，即此城也。北俗謂之老公城。」北周庾信哀江南賦：「有名將之閉壁，無燕師之臥墻。」

〔二〇〕田畯：詩經小雅甫田：「田畯至喜。」鄭玄箋：「田畯，司嗇，今之嗇夫也。」孔穎達疏：「田畯，田官，在田司主稼穡，故謂司嗇。漢世亦有此官，謂之嗇夫。」此泛指農民。◎虞澤：指山野沼澤。太平御覽卷八四一引葛龔薦戴昱曰：「兄弟同居二十餘年，及爲宗老所分，昱持妻子，逃舊業，入虞澤，裙獲野豆，以自賑給。」虞，尚書舜典：「俞。咨，益，汝作朕虞。」孔安國傳：「虞，掌山澤之官。」

〔二一〕車右：禮記曲禮上：「君撫僕之手，而顧命車右就車。」鄭玄注：「車右，勇力之士備制非常者，君行則陪乘，君式則下步行。」穀梁傳成公五年：「輦者不辟，使車右下而鞭之。」范寧注：「凡車將在左，御在中，有力之人在右，所以備非常。」

〔二二〕從戎：從軍。三國魏曹植雜詩之二：「類此遊客子，捐軀遠從戎。」○細柳：地名，在今陝西省咸陽市西南。史記卷五七絳侯世家：「文帝之後六年，匈奴大入邊。乃以宗正劉禮爲將軍，軍霸上；祝兹侯徐厲爲將軍，軍棘門；以河内守亞夫爲將軍，軍細柳：以備胡。上自勞軍。至霸上及棘門軍，直馳入，將以下騎送迎。已而之細柳軍，軍士吏被甲，鋭兵刃，彀弓弩，持滿。天子先驅至，不得入。先驅曰：『天子且至！』軍門都尉曰：『將軍令曰「軍中聞將軍令，不聞天子之詔」。』居無何，上至，又不得入。於是上乃使使持節詔將軍：『吾欲入勞軍。』亞夫乃傳言開壁門。壁門士吏謂從屬車騎曰：『將軍約，軍中不得驅馳。』於是天子乃按轡徐行。至營，將軍亞夫持兵揖曰：『介胄之士不拜，請以軍禮見。』天子爲動，改容式車。使人稱謝：『皇帝敬勞將軍。』成禮而去。既出軍門，群臣皆驚。文帝曰：『嗟乎，此真將軍矣！曩者霸上、棘門軍，若兒戲耳，其將固可襲而虜也。至於亞夫，可得而犯邪？』稱善者久之。」張守節正義：「細柳倉在雍州咸陽縣西南二十里也。」後遂稱軍營紀律嚴明者爲「細柳營」。

〔二三〕長榆：漢書卷四五伍被傳：「廣長榆，開朔方。」顔師古注：「如淳曰：『長榆，塞名，王恢所謂樹榆以爲塞者也。』師古曰：『長榆在朔方，即衛青傳所云榆谿舊塞是也。或謂之榆中。』」

〔二四〕猿鳴之抱木：搜神記卷一一魏更嬴：「楚王游於苑，白猿在焉。王令善射者射之。矢數發，猿搏矢而笑。乃命由基。由基撫弓，猿即抱木而號。」

〔二五〕兔走之依株：韓非子五蠹：「宋人有耕者，田中有株，兔走觸株，折頸而死，因釋其耒而守株，冀復得兔。」

〔二六〕愀（qiǎo）然：禮記哀公問：「孔子愀然作色而對曰：『君之及此言也，百姓之德也。』」鄭玄注：「愀然，變動貌也。」文選卷八司馬長卿上林賦：「於是二子愀然改容，超若自失，逡巡避席。」李善注引郭璞曰：「愀然，變色貌也。」

〔二七〕載馳：詩經鄘風載馳：「載馳載驅，歸唁衛侯。」毛傳：「載，辭也。」高亨注：「載，猶乃也，發語詞。」〇轉軾：謂駕車回返。南朝梁何遜與胡興安夜别詩：「居人行轉軾，客子暫維舟。」

〔二八〕「閔放」句：韓非子說林上：「孟孫獵得麑，使秦西巴持之歸，其母隨之而啼，秦西巴弗忍而與之。孟孫適至而求麑，答曰：『余弗忍而與其母。』孟孫大怒，逐之。居三月，復召以爲其子傅。其御曰：『曩將罪之，今召以爲子傅，何也？』孟孫曰：『夫不忍麑，又且忍吾子乎？』」後漢書卷一三公孫述傳載：吴漢破公孫述，述死，又縱兵大掠，光武帝乃讓吴漢副將劉尚曰：「城降三日，吏人從服，孩兒老母，口以萬數，一旦放兵縱火，聞之可爲酸鼻！尚宗室子孫，嘗更吏職，何忍行此？仰視天，俯視地，觀放麑啜羹，二者孰仁？」李賢注：「韓子曰：『孟孫獵得麑，使秦西巴持之。其母隨而呼，秦西巴不忍而與其母。』」

〔二九〕「對亂」句：幽明録載：「成彪兄喪，哀悼結氣，晝夜哭泣。……後釣於湖，經所共飲處，釋綸悲感。有大魚跳入船中，俯視諸小魚。彪仰天號慟，俯而見之，悉放小魚，大者便自出船去。」亂鱗，指散亂的小魚。文苑英華卷一二六「鱗」下小注：「此上疑作『燐』。」惻，廣雅釋詁：「惻，悲也。」

〔三〇〕矧：爾雅釋言：「矧，況也。」○高宴：盛大的宴會。南朝梁沈約八詠詩解佩去朝市：「充待詔于金馬，奉高宴于柏梁。」

〔三一〕駐五馬踟（chí）躕（chú）：玉臺新詠卷一日出東南隅行：「使君從南來，五馬立踟躕。」五馬，漢時太守乘坐五匹馬駕轅的車，因借指太守的車駕。踟躕，詩經邶風静女：「愛而不見，搔首踟躕。」鄭玄箋：「踟躕，行止。」文選卷一成公子安嘯賦：「逍遥攜手，踟躕步趾。」李周翰注：「踟躕，緩行貌。」

〔三二〕青琴：史記卷一一七司馬相如傳：「若夫青琴宓妃之徒，絶殊離俗，姣冶嫺都。」裴駰集解：「漢書音義：『皆古神女名。』」司馬貞索隱引伏儼曰：「青琴，古神女也。」○碧玉：人名。南朝宋汝南王妾。蕭繹採蓮賦：「碧玉小家女，來嫁汝南王。」北周庾信結客少年場行：「定知劉碧玉，偷嫁汝南王。」

〔三三〕絳樹：魏歌女名。初學記卷一九引魏文帝與繁欽書：「今之妙舞莫巧於絳樹，清歌莫激於宋臈。」南朝陳徐陵雜曲：「碧玉宮伎自翩妍，絳樹新聲最可憐。」玉芝堂談薈卷七「歷代美人」：「姬侍則馮方女、魏絳樹、翾風、緑珠、宋禕……」宛委山堂本説郛卷三二引娜嬛記曰：「絳樹一聲能歌兩曲，二人細聽，各聞一曲，一字不亂，人疑其一聲在鼻，竟不測其何術。當時有黄華者，雙手能寫二牘，或楷或草，揮毫不輟，各自有意。余謂『絳樹兩歌，黄華二牘』是確對也。」○緑珠：晉書卷三三石崇傳：「崇有妓曰緑珠，美而艷，善吹笛。」

〔三四〕「西河」二句：孟子告子下載：淳于髡曰：「昔者王豹處於淇，而河西善謳；綿駒處於高唐，而齊右善歌；華周、杞梁之妻善哭其夫，而變國俗。有諸内必形諸外。爲其事而無其功者，髡未嘗覩之也。」漢趙岐注：「王豹，衛之善謳者。淇，水名。衛詩竹竿之篇：『泉源在左，淇水在右。』碩人之篇曰：『河水洋洋，北流活活。』衛地濱於淇水，在北流河之西，故曰處淇而河西善謳，所謂鄭衛之聲也。綿駒，善歌者也。高唐，齊西邑，綿駒處之，故曰齊右。」西河，即河西。東野，齊東鄉郊。世説新語言語「潁川太守髡陳仲弓」劉孝標注：「按寔（按：陳仲弓之名）之在鄉里，州郡有疑獄不能決者，皆將詣寔……豈有盛德感人若斯之甚而不自衛，反招刑辟，殆不然乎？此所謂東野之言耳。」

〔三五〕蘭釭：燈的美稱。南朝齊王融詠幔：「但願置尊酒，蘭釭當夜明。」今按：缸、釭同。○然：藝文類聚卷二六作「燃」。今按：然，「燃」之本字。

〔三六〕合璧：指日月。漢書卷二一律曆志上：「日月如合璧。」

〔三七〕流風之迴雪：文選卷一九曹植洛神賦：「仿佛兮若輕雲之蔽月，飄摇兮若流風之回雪。」

〔三八〕出水之初蓮：北周庾信擬連珠：「蓋聞無怨生離，恩情中絶。空思出水之蓮，無復迴風之雪。」

〔三九〕流連：謂樂而忘歸。孟子梁惠王下：「流連荒亡，爲諸侯憂。從流下而忘反謂之流，從流上而忘反謂之連……先王無流連之樂，荒亡之行。」

濫叨棨於分陝〔一〕，踰一紀之星躔〔二〕。子既生而冠字〔三〕，嗟留滯以迴邅〔四〕。罷臨邊之瑞節〔五〕，觀楚黎之卧轍〔六〕。向秋野之蒼茫，對寒江之幽咽。散歸雲之鬱蓊〔七〕，吐長風之飀飂〔八〕。聞羌笛之哀怨〔九〕，聽胡笳之悽切〔一〇〕。摻余袂兮淚成行〔一一〕，攀余轅兮不忍别〔一二〕。

【校注】

〔一〕「濫叨」句：謂出任荆州刺史。濫，謙辭。意謂才能不能勝任。叨棨，忝受恩榮。叨，謙辭，表示非分的承受。分陝，陝即今陝西省陝縣。相傳周初周公旦、召公奭分陝而治，周公治陝以東，召公治陝以西。南齊書卷一五州郡志：「弘農郡陝縣，周世二伯總諸侯，周公主陝東，召公主陝西，故稱荆州爲陝西也。」文選卷六〇任昉齊竟陵文宣王行狀：「初，沈攸之跋扈上流，稱亂陝服。」吕向注：「上流，荆州也。時攸之爲荆州刺史，宋順帝即位，起兵作亂。時以荆州比陝州，爲分陝之望也，如侯、甸之服，故云陝服也。」太平御覽卷一六七引盛弘之荆州記曰：「元嘉中，以京師根本之所寄，荆楚爲重鎮，上流之所揔，擬周之分陝；晉宋以降此爲西陝。」此指蕭繹任荆州刺史。今按：據梁書之武帝紀及元帝紀，蕭繹普通七年（526）十月出爲荆州刺史。

〔二〕「踰一」句：謂在任超過了十二年。一紀，國語卷一〇晉語四：文公在狄十二年，狐偃曰：「蓄力一紀，可以遠矣。」韋昭注：「十二年，歲星一周爲一紀。」星躔（chán），日月星辰運行的軌跡。躔，廣韻仙韻：「躔，日月行也。」今按：蕭繹大同五年（539），入爲安右將軍、護軍將軍，領石頭戍軍事。六年，出爲鎮南將軍、江州刺史。其在荆州刺史任上十四年。

〔三〕子：指蕭繹長子蕭方等。梁書卷四四、南史卷五四有傳。蕭方等生於大通二年（528），此時蕭繹年二十，正在荆州刺史任上。〇冠字：禮記曲禮上：「男子二十，冠而字。」鄭玄注：「成人矣，敬其名。」

〔四〕迴邅（zhān）：同「邅迴」。文選卷四六王融三月三日曲水詩序：「曲拂邅迴，潺湲徑復。」劉良注：「曲拂邅迴，謂水曲折流也。」明朱謀瑋駢雅卷一釋詁：「邅迴、連嶁、涴演、連犿，委曲也。」此謂盤旋徘徊。

〔五〕瑞節：國語周語上：「古者，先王既有天下……故爲車服、旗章以旌之，爲贄幣、瑞節以鎮之。」韋昭注：「瑞，六瑞：王執鎮圭，尺二寸；公執桓圭，九寸；侯執信圭，七寸；伯執躬圭，六寸；子執穀璧，男執蒲璧，皆五寸。節，六節：山國用虎節，土國用人節，澤國用龍節，皆以金爲之；道路以旌節，門關用符節，都鄙用管節，皆以竹爲之。」

〔六〕楚黎：楚地民衆。此指荆州黎民。後漢書卷四一第五鍾離宋寒傳史臣贊：「惵惵楚黎，寒君爲命。」李賢注：「黎，衆也。」〇卧轍：後漢書卷二六侯霸傳：「更始元年，遣使徵霸，百姓老弱相攜號哭，遮使者車，或當道而卧。皆曰：『願乞侯君復留朞年。』」

〔七〕鬱蓊：文選卷一〇潘岳西征賦：「吐清風之飂戾，納歸雲之鬱蓊。」吕向注：「言此山能吐風納雲也。飂戾，聲；鬱蓊，雲皃。」

〔八〕飉[風戾]：同「飂戾」，連綿詞。

〔九〕羌笛：風俗通義卷六聲音笛：「謹按：樂記：『武帝時丘仲之所作也。笛者，滌也，所以蕩滌邪穢，納之於雅正也。』長二尺四寸，七孔。其後又有羌笛，馬融笛賦曰：『近世雙笛從羌起，羌人伐竹未及已，龍鳴水中不見已，截竹吹之音相似，剡其上孔通洞之，材以當楇便易持。京君明賢識音律，故本四孔加以一，君明所加孔後出，是謂商聲五音畢。』」

〔一〇〕胡笳：我國古代北方民族的管樂器，相傳由漢張騫從西域傳入，漢魏鼓吹樂中常用之。漢蔡琰悲憤詩之二：「胡笳動兮邊馬鳴，孤雁歸兮聲嚶嚶。」〇悽切：藝文類聚卷五七引晉湛方生七歡曰：「苦嚴霜之淒切，困寒風之蕭條。」

〔一一〕摻：執持。詩經鄭風遵大路：「遵大路兮，摻執子之袪兮。」毛傳：「摻，擥也。袪，袂也。」各本作「慘」。文苑英華卷二二六下小注：「疑作『槮』。」今按：皆當是「摻」之訛，改正。〇袂(mèi)：楚辭九歌湘夫人：「捐余袂兮江中。」王逸注：「袂，衣袖也。」

〔三〕攀余轅：意謂牽挽車轅，不讓離去。後漢書卷七六循吏傳孟嘗：「以病自上，被徵當還，吏民攀車請之。嘗既不得進，乃載鄉民船夜遁去。」

奉信珪而入朝〔一〕，驅駟馬而乘軺〔二〕。既總司於戎旅〔三〕，亦兼飾於豐貂〔四〕。登贊蹕而目極〔五〕，忽平原之已超〔六〕。帶方逵之九軌〔七〕，接馳道之三條〔八〕。彼重門之擊柝〔九〕，馮霞起以建標〔一〇〕。雜丹樓以藻井〔一一〕，間青山於綺寮〔一二〕。瞰落星之嵷寵〔一三〕，睹爟火之迢繞〔一四〕。鬱如蓬萊之臨滄海〔一五〕，憬如崑崙之出絳霄〔一六〕。函夏之所覿〔一七〕，江、漢之所朝〔一八〕。

【校注】

〔一〕信珪：國語卷一周語上「爲贄幣瑞節以鎮之」，韋昭注：「瑞，六瑞：王執鎮圭，尺二寸……侯執信圭，七寸。」周禮春官宗伯大宗伯：「以玉作六瑞，以等邦國……侯執信圭。」鄭玄注：「『信』當爲『身』，聲之誤也。身圭、躬圭，蓋皆象以人形爲瑑飾，文有麤縟耳。欲其慎行以保身。圭皆長七寸。」〇入朝：指大同五年(539)，蕭繹被召入爲安右將軍、護軍將軍，領石頭戍軍事。見梁書卷五元帝紀。

〔二〕驅馬：藝文類聚卷二六作「駿驅」，文苑英華卷一二六「馬」下小注：「一作『駿馬』。」○軺（yáo）：文選卷四三丘遲與陳伯之書：「乘軺建節，奉疆埸之任。」劉良注：「軺，使車也。」

〔三〕總司於戎旅：指蕭繹入爲護軍將軍事。今按：護軍將軍，六朝時掌監督京師以外諸軍，權任頗重。總司，總管。戎旅，指軍事。戎，藝文類聚卷二六訛作「戍」。

〔四〕豐貂：古代王公顯貴冠上裝飾的貂尾。庾子山集注庾信本傳：「豐貂右弭。」清倪璠注：「應劭漢官儀曰：『侍中金蟬右貂，貂取内勁悍而外溫潤。』」晉書卷二五輿服志：「及秦皇并國，攬其餘軌，豐貂東至，獬豸南來。」梁書卷三七何敬容傳：「昔君侯納言加首，鳴玉在腰，回豐貂以步文昌，聳高蟬而趨武帳，可謂盛矣。」

〔五〕贙（xuàn）踞：義同「虎踞」，喻指地形的雄壯險要。此喻建康石頭城。太平御覽卷一五六引吴録曰：「劉備曾使諸葛亮至京，因覩秣陵山阜，歎曰：『鍾山龍蟠，石頭虎踞，此帝王之宅也。』」贙，獸名。爾雅釋獸：「贙，有力。」郭璞注：「出西海大秦國，有養者，似狗，多力獷惡。」此指贙虎，即猛虎。

〔六〕「忽平原」句：謂已遠離地處江漢平原的荆州。已遠離平原。楚辭九歌國殤：「出不入兮往不反，平原忽兮路超遠。」王逸注：「言身棄平原山壄之中，去家道甚遠也。」忽，王念孫讀書雜志荀子第八賦：「忽，遠貌。」

〔七〕逵：左傳隱公十一年：「潁考叔挾輈以走，子都拔棘以逐之，及大逵，弗及。」杜預注：「逵，道方九軌也。」陸德明釋文：「逵，求龜切。爾雅云：『九達謂之逵。』杜云：『道方九軌。』此依考工記。」○九軌：周禮冬官考工記匠人：「國中九經九緯，經涂九軌。」鄭玄注：「經緯之涂，皆容方九軌。軌謂轍廣。乘車六尺六寸，旁加七寸，凡八尺，是爲轍廣。九軌積七十二尺，則此涂十二步也。旁加七寸者，輻内二寸半，輻廣三寸半，綆三分寸之二，金轄之間三分寸之一。」漢張衡東京賦：「經途九軌，城隅九雉。」

〔八〕馳道：禮記曲禮下：「歲凶，年穀不登，君膳不祭肺，馬不食穀，馳道不除，祭事不縣。」孔穎達疏：「馳道，正道，如今之御路也。是君馳走車馬之處，故曰馳道也。」史記卷六秦始皇本紀：「二十七年……治馳道。」裴駰集解：「應劭曰：『馳道，天子道也。道若今之中道然。』漢書賈山傳曰：『秦爲馳道於天下，東窮燕齊，南極吴楚，江湖之上，濱海之觀畢至。道廣五十步，三丈而樹，厚築其外，隱以金椎，樹以青松。』」○三條：後漢書卷四○班固傳：「披三條之廣路，立十二之通門。」李賢注：「周禮：『國方九里，旁三門。』每門有大路，故曰三條。」

〔九〕重門之擊柝：周易繫辭下：「重門擊柝，以待暴客。」陸德明音義：「柝，他洛反，馬云兩木相擊以行夜，説文作㯪。」抱朴子外篇詰鮑：「重門有擊柝之警，治戎遏暴客之變。」重門，文選卷三○謝朓觀朝雨詩：「平明振衣坐，重門猶未開。」吕向注：「重門，帝宫門也。」柝，文苑英華卷一二六作「析」，御製集、閣本、張本、全梁文、丁本作「柝」。今按：作「柝」是，據改。

〔一〇〕霞起以建標：文選卷一一孫綽遊天台山賦：「赤城霞起而建標，瀑布飛流以界道。」李善注：「支遁天台山銘序曰：往天台當由赤城山爲道徑。孔靈符會稽記曰：赤城山名色皆赤，狀似雲霞。懸霤千仞，謂之瀑布。飛流灑散，冬夏不竭。天台山圖曰：赤城山，天台之南門也。瀑布山，天台之西南峰，水從南巖懸注，望之如曳布。建標，立物以爲之表識也。戰國策曰：舉標甚高。」

〔一一〕丹樓：晉王嘉拾遺記卷一〇洞庭山：「丹樓瓊宇，宫觀異常。」世説新語言語：「顧長康時爲客，在坐，目曰：『遥望層城，丹樓如霞。』」〇藻井：傳統建築中的天花板形制。文選卷二張衡西京賦：「蔕倒茄於藻井，披紅葩之狎獵。」薛綜注：「藻井，當棟中交木方爲之，如井幹也。」

〔一二〕綺寮：雕刻或繪飾精美的窗户。文選卷六左思魏都賦：「雷雨窈冥而未半，皦日籠光於綺寮。」吕向注：「寮，窗也。」寮，丁本作「缭」。

〔一三〕瞰：文苑英華卷一二六、閻本、張本、全梁文、丁本作「者」。文苑英華下小注：「疑。」御製集作「瞰」。四庫全書考證卷九六漢魏六朝百三家梁元帝集：「刊本『瞰』訛『者』。」今按：作「瞰」是，據改。〇落星：山名。在今江蘇省南京市東北，北臨長江。相傳有大星落於此，因而得名。又，山上有落星樓。文選卷五左思吴都賦：「數軍實乎桂林之苑，饗戎旅乎落星之樓。」劉淵林注：「吳有桂林苑、落星樓，樓在建業東北十里。」○嵸（zōng）巃：亦作「巃嵸」。文選卷八司馬相如上林賦：「於是乎崇山矗矗，巃嵸崔巍。」郭璞注：「皆高峻貌也。」

〔一四〕爟（huò）火：閃爍的火光。玄應一切經音義卷五「轉爟」注引説文：「爟，灼也。」○迢繞：高遠貌。文苑英華卷一二六、御定歷代賦彙外集卷四作「迢遥」。今按：迢繞，連綿詞，同「迢遥」、「岧嶢」。

〔一五〕鬱：文選卷一六司馬相如長門賦：「正殿塊以造天兮，鬱並起而穹崇。」李善注引郭璞方言注曰：「鬱，壯大也。」○蓬萊：蓬萊山。傳説中神山名。史記卷二八封禪書：「自威、宣、燕昭使人入海求蓬萊、方丈、瀛洲，此三神山者，其傅在勃海中。」○滄海：大海。漢董仲舒春秋繁露觀德：「故受命而海内順之，猶衆星之共北辰，流水之宗滄海也。」

〔一六〕憬：文選卷二〇顔延之皇太子釋奠會作詩：「懷仁憬集，抱智麕至。」吕向注：「憬，遠也。」○崑崙：淮南子卷一原道訓：「經紀山川，蹈騰崑崙，排閶闔，淪天門。」高誘注：「崑崙，山名也，在西北，其高萬九千里，河之所出。」○絳霄：指天空。郭璞遊仙詩：「振髮戴翠霞，解褐禮絳霄。」

〔一七〕函夏：漢書卷八七揚雄傳上：「遵逝乎歸來，以函夏之大漢兮，彼曾何足與比功？」顔師古注：「服虔曰：『函夏，函諸夏也。』師古曰：『函，包容也。……函讀與含同。』」此指全國。

○覿（dí）：說文解字見部新附：「覿，見也。」

〔一八〕江、漢：長江和漢水。尚書禹貢：「江、漢朝宗于海。」詩經小雅四月：「滔滔江漢，南國之紀。」朱熹集傳：「江、漢，二水名。」

若夫天不愛道，地不愛寶〔一〕。賓連紫達〔二〕，華平朱草〔三〕。麒麟五色〔四〕，飛兔雙翼〔五〕。集我君圃之旁〔六〕，遊我帝梧之側〔七〕。于斯時也，天子郊禘于員丘〔八〕，高玉簡於東漢〔九〕，邁金版於西周〔一〇〕，奏蒼璧而服大裘〔一一〕。樂有雲翹之舞〔一二〕，牲非璽栗之牛〔一三〕；設黄琮而禮地〔一四〕，望方澤乎神州〔一五〕。節會咸池之琯〔一六〕，冕無繁露之旒〔一七〕。觀三農乎九穀〔一八〕，薦黍稷之穜稑〔一九〕。命甸師而清塵〔二〇〕，詔封人而出宿〔二一〕。敬青壇而致虞〔二二〕，動翠耜而祈穀〔二三〕。時季春之上巳，臨祓禊乎沼沚〔二四〕。杏花發於露寒，棘實浮於濛汜〔二五〕。爰長久之御節〔二六〕，採日精於山趾〔二七〕。天策夜而動星〔二八〕，鈎陳朝而按軌〔二九〕。

【校注】

〔一〕「若夫」二句：禮記禮運：「故天不愛其道，地不愛其寶，人不愛其情。故天降膏露，地出醴泉，山出器車，河出馬圖，鳳皇、麒麟，皆在郊棷，龜龍在宮沼，其餘鳥獸之卵胎，皆可俯而闕也。」

〔二〕賓連：文苑英華卷一二六「連」下小注：「瑞木。見白虎通。」漢班固白虎通義卷五封禪：「繼嗣平明則賓連生於房户。賓連者，木名也，其狀連累相承，故在於房户，象繼嗣也。」玉海卷一九七祥瑞植物「賓連」：「木名。白虎通：『王者繼嗣平明則賓連生於户，闊達生於房。(原注：連累相承，象繼嗣也。)』瑞應圖：『男女有别，則生於房。』宋志：『賓連、闊達生於房室，王者御后妃有節則生。』梁元帝玄覽賦：『天不愛道，地不愛寶。賓連紫達，華平朱草。』李德裕瑞橘賦：『艴朱草與屈軼，燁紫芝與賓連。』」〇紫達：文苑英華卷一二六「達」下小注：「文選曲水序作『紫脱』。」太平御覽卷八七三引孫氏瑞應圖曰：「紫達者，王者仁義行則常見。」又引禮斗威儀曰：「君乘土而王，其政太平，則紫達常生。」文選卷四六王融三月三日曲水詩序：「天瑞降，地符升，澤馬來，器車出，紫脱華，朱英秀，佞枝植，歷草孳。」李善注：「禮斗威儀曰：人君乘土而王，其政太平，而遠方神獻其朱英紫脱。宋均注曰：紫脱，北方之物，上值紫宫。凡言常生者，不死也，死則主當之。」

〔三〕華平朱草：文苑英華卷一二六「草」下小注：「見東觀記。」東觀漢記卷二帝紀二章帝：「章帝時……芝英、華苹、朱草、連理實，日月不絶，載于史官，不可勝紀。」文選卷三張衡東京賦：「植華平於春圃，豐朱草於中唐。」薛綜注：「華平，瑞木也。天下平，其華則平。有不平處，其華則向其方傾。」李善注：「孝經援神契曰：德至於地，則華平盛也。瑞應圖曰：木名也，宫閣記有春王圃。鶡冠子曰：聖王之德，下及萬靈，則朱草生。抱朴子曰：朱草長三尺，枝葉皆赤，莖似珊瑚也。」文選卷四六王融三月三日曲水詩序：「朱英秀。」李善注：「尚書大傳曰：德先地序，則朱草生。瑞應圖曰：朱草，亦曰朱英。」平，御製集作「苹」。

〔四〕麒麟：太平御覽卷八八九引説文：「麒麟，仁獸也，麋身、牛尾、肉角。」

〔五〕飛兔：吕氏春秋卷一九離俗覽離俗：「飛兔、要裹，古之駿馬也。」高誘注：「飛兔、要裹，皆馬名也，日行萬里，馳若兔之飛，因以爲名也。」藝文類聚卷九九引瑞應圖曰：「騕褭者，神馬也，與飛兔同，以明君有德則至也。」又曰：「飛兔者，行三萬里，禹治水土，勤勞歷年，救民之害，天應其德則至。」

〔六〕圃：周禮天官冢宰大宰：「以九職任萬民……二曰園圃，毓草木。」鄭玄注：「樹果蓏曰圃，園其樊也。」周禮地官司徒場人：「場人，掌國之場圃，而樹之果蓏珍異之物。」左傳哀公十五年：「良夫與大子入，舍於孔氏之外圃。」杜預注：「圃，園。」

〔七〕梧：即「梧宫」，戰國時齊國宫殿名。漢劉向説苑卷一二奉使：「楚使使聘於齊，齊王饗之梧宫。」此借指皇宫。抑或指梧桐樹，説苑一八辨物：黄帝時，「於是鳳乃遂集東囿，食帝竹實，棲帝梧樹，終身不去」。

〔八〕郊禘：古帝王以祖先配祭昊天上帝。國語卷一八楚語下：「郊禘不過繭栗，烝嘗不過把握。」韋昭注：「角如繭栗，郊禘祭天也。」○員丘：即「圓丘」，亦作「圜丘」。古代祭天所築的圓形高壇。三輔黄圖卷五圜丘：「漢圜丘，在昆明故渠南，有漢故圜丘，高二丈，周迴百二十步。」周禮春官宗伯大司樂：「冬日至，於地上之圜丘奏之。」賈公彦疏：「言圜丘者，案爾雅，土之高者曰丘，取自然之丘。圜者，象天圜也。」員，御製集作「圜」。今按：員、圜，通「圓」。

〔九〕玉簡：即「玉牒」。帝王封禪、詔誥所用的玉質簡札。後漢書祭祀志：「上許梁松等奏，乃求元封時封禪故事，議封禪所施用。有司奏當用方石再累置壇中，皆方五尺，厚一尺，用玉牒書藏方石。牒厚五寸，長尺三寸，廣五寸，有玉檢。……時以印工不能刻玉牒，欲用丹漆書之；會求得能刻玉者，遂書。書秘刻方石中，命容玉牒。」

〔一〇〕邁：超越。○金版：天子祭祀天帝時鏤刻告詞用的金屬版。周禮秋官司寇職金：「旅于上帝，則共其金版。」鄭玄注：「餅金謂之版。」

〔一一〕蒼璧：黑色玉璧。周禮春官宗伯大宗伯：「以玉作六器，以禮天地四方：以蒼璧禮天，以黄琮禮地，以青圭禮東方，以赤璋禮南方，以白琥禮西方，以玄璜禮北方。」○大裘：周禮天官冢宰司裘：「司裘，掌爲大裘，以共王祀天之服。」鄭玄注引鄭司農云：「大裘，黑羔裘，服以祀天，示質。」周禮春官宗伯司服：「王之吉服，祀昊天、上帝，則服大裘而冕，祀五帝亦如之。」孔子家語卷七郊問：「天子大裘以黼之，被袞象天，乘素車，貴其質也。」

〔一二〕雲翹：樂舞名。後漢書祭祀志：「先立秋十八日，迎黄靈於中兆，祭黄帝后土……八佾舞雲翹、育命之舞。」劉昭注：「魏氏繆襲議曰：『漢有雲翹、育命之舞，不知所出。舊以祀天，今可兼以雲翹祀圓丘，兼以育命祀方澤。』」

〔一三〕牲：犧牲。古代祭祀要獻牛羊等犧牲。國語卷一周語上：「使太宰以祝、史帥狸姓，奉犧牲、粢盛、玉帛往獻焉，無有祈也。」漢書卷二二禮樂志：「河龍供鯉醇犧牲。」顔師古注：「犧牲，牛羊全體者也。」○璽栗之牛：角形如繭似栗的小牛。禮記王制：「祭天地之牛角繭栗。」國語卷一八楚語下：「郊禘不過繭栗，烝嘗不過把握。」韋昭注：「角如繭栗，郊禘祭天也。」漢書卷二二禮樂志引郊祀歌練時日曰：「牲繭栗，粢盛香。」顔師古注：「言角之小，如繭及栗之形也。」璽，古「繭」字。栗，文苑英華卷一一二六作「粟」，御製集、閻本、張本、全梁文、丁本作「粟」。今按：作「栗」是，據改。

〔一四〕黄琮：黄色的玉琮。周禮春官宗伯大宗伯：「以玉作六器，以禮天地四方：以蒼璧禮天，以黄琮禮地。」鄭玄注：「琮八方，象地。」

〔一五〕方澤：古代夏至時於澤中祭地祇所築的方壇。廣雅釋天：「圓丘大壇，祭天也；方澤大折，祭地也。」王念孫疏證引周禮大司樂：「夏日至，於澤中之方邱奏之，若樂八變，則地示皆出，可得而禮矣。」明朱謀㙔駢雅卷五釋天：「祭祀之壇……地曰泰折，一曰方澤。」○神州：文選卷二一左思詠史詩：「皓天舒白日，靈景耀神州。」呂向注：「神州，京都也。」

〔一六〕節：爾雅釋樂：「和樂謂之節。」宋邢昺疏：「八音克諧，無相奪倫，謂之和樂。樂和則應節。樂記云『治世之音安以樂，其政和』是也。樂記又云『大樂與天地同和，大禮與天地同節』，此對文爾。總而言之，則禮樂相將，故此和樂亦謂之節。一云，節，樂器名，謂相也。樂記云『治亂以相』，鄭注云『相，即拊也，亦以節樂』。……故以節爲和樂，義亦通也。」〇咸池：古樂曲名。相傳爲黄帝之樂。禮記樂記：「咸池，備矣。」鄭玄注：「黄帝所作樂名也，堯增修而用之。咸，皆也。池之言施也。言德之無不施也。周禮曰大咸。」吕氏春秋卷五仲夏紀古樂：「黄帝又命伶倫與榮將鑄十二鐘，以和五音，以施英韶，以仲春之月乙卯之日日在奎始奏之，命之曰咸池。」〇琯(guǎn)：玉管。古樂器，玉製，六孔，如笛。曆家亦用以候氣。大戴禮記少閒：「西王母來獻其白琯。」盧辯注：「琯所以候氣。」

〔一七〕冕：説文解字冃部：「冕，大夫以上冠也。」左傳桓公二年：「衮、冕、黻、珽。」杜預注：「冕，冠也。」孔穎達疏：「冠者，首服之大名；冕者，冠之别號。……世本云：『黄帝作冕。』宋仲子云：『冕，冠之有旒者。』」〇繁露之旒(liú)：逸周書王會：「天子南面立，絻無繁露。」晉孔晁注「繁露，冕之所垂也，如繁露也。」淮南子卷九主術：「故古之王者，冕而前旒，所以蔽明也。」晉崔豹古今注卷下問答釋義：「牛亨問曰：『冕旒以繁露，何也？』答曰：『綴珠垂下，重如繁露也。』」旒，文選卷三五潘勖册魏公九錫文：「當此之時，若綴旒然。」張銑注：「旒，冠上垂珠而綴於冠者。」

〔一八〕三農乎九穀：周禮天官冢宰大宰：「以九職任萬民：一曰三農，生九穀。」鄭玄注：「鄭司農云：『三農，平地、山、澤也。九穀，黍、稷、秫、稻、麻、大小豆、大小麥。』……玄謂三農，原、隰及平地。九穀無秫、大麥，而有粱、苽。」

〔一九〕黍稷：黍和稷，爲古代主要農作物。尚書君陳：「黍稷非馨，明德惟馨。」○穜稑：周禮天官冢宰內宰：「上春，詔王后帥六宫之人而生穜稑之種，而獻之于王。」鄭玄注：「鄭司農云：『先種後孰謂之穜，後種先孰謂之稑，王當以耕種于籍田。』玄謂詩云『黍稷穜稑』是也。」

〔二〇〕甸師：古官名。周禮天官冢宰甸師：「甸師，掌帥其屬而耕耨王藉，以時入之，以共齍盛。祭祀，共蕭茅，共野果蓏之薦。喪事，代王受眚烖。王之同姓有罪，則死刑焉。帥其徒以薪蒸役外內饔之事。」○清塵：即清道灑塵。文選卷七潘岳藉田賦：「於是乃使甸師清畿，野廬掃路。」文選卷一班固東都賦：「雨師汎灑，風伯清塵。」

〔二一〕封人：古官名。文選卷七潘岳藉田賦：「封人壝宮，掌舍設枑。」掌守帝王社壇及京畿的疆界。周禮地官司徒封人：「封人掌設王之社壝，爲畿封而樹之。」

〔二二〕青壇：帝王春日郊祭用的土臺。漢劉楨黎陽山賦：「南蔭黄河，左覆金城。青壇承祀，高碑頌靈。」文選卷七潘岳藉田賦：「青壇蔚其嶽立兮，翠幕黕以雲布。」○虞：尚書舜典：「咨，益，汝作朕虞。」孔安國傳：「虞，掌山澤之官。」史記卷一二九貨殖列傳：「周書曰：『農不出則乏其食，工不出則乏其事，商不出則三寶絶，虞不出則財匱少。』財匱少而山澤不辟矣。此四者，民所衣食之原也。」此指山林川澤所出財貨。

〔二三〕翠耜(sì)：裝飾精美的農具。莊子天下：「禹親自操橐耜而九雜天下之川，腓無胈，脛無毛，沐甚雨，櫛疾風。」成玄英疏：「耜，掘土具也。」耜，丁本作「耟」。○祈穀：禮記月令：孟春之月，「天子乃以元日祈穀于上帝。」

〔二四〕「時季春」二句：後漢書禮儀志祓禊：「是月上巳，官民皆絜於東流水上，曰洗濯祓除去宿垢疢爲大絜。絜者，言陽氣布暢，萬物訖出，始挈之矣。」劉昭注：「謂之禊也。風俗通曰：『周禮「女巫掌歲時以祓除疾病」。禊者，絜也。春者，蠢也，蠢蠢搖動也。尚書「以殷仲春，厥民析」，言人解析也。』蔡邕曰：『論語「暮春者，春服既成，冠者五六人，童子六七人，浴乎沂，風乎舞雩，詠而歸」。自上及下，古有此禮。今三月上巳，祓禊於水濱，蓋出於此。』杜篤祓禊賦曰『巫咸之徒，秉火祈福』，則巫祝也。一説云，後漢有郭虞者，三月上巳產二女，二日中並不育，俗以爲大忌，至此月日諱止家，皆於東流水上爲祈禳自絜濯，謂之禊祠。引流行觴，遂成曲水。韓詩曰：『鄭國之俗，三月上巳，之溱、洧兩水之上，招魂續魄。秉蘭草，祓除不祥。』漢書『八月祓灞水』，亦斯義也。後之良史，亦據爲正。臣昭曰：郭虞之説，良爲虛誕。假有庶民旬內夭其二女，何足驚彼風俗，稱爲世忌乎？杜篤乃稱『王、侯、公主暨于富商，用事伊、雒，帷幔玄黃』。本傳大將軍梁商，亦歌泣於雒禊也。自魏不復用三日水宴者焉。」上巳，周禮春官宗伯女巫：「女巫，掌歲時祓除、釁浴。」鄭玄注：「歲時祓除，如今三月上巳如水上之類。」賈公彦疏：「歲時祓除者，非謂歲之四時，惟謂歲之三月之時。故鄭君云『如今三月上巳』解之。一月有三巳，據上旬之巳而爲祓除之事，見今三月三日水上戒浴是也。」祓（fú）禊（xì），古祭名。三國魏以前多在三月上巳，魏以後在三月三日。沼沚，詩經召南采蘩：「于以采蘩？于沼于沚。」毛傳：「沼，池。沚，渚也。」

〔二五〕棘實：即酸棗。晉崔豹古今注卷下草木：「棘實爲棗，杼實爲豫，桑實爲椹，楮實爲任。」○浮：尚書盤庚：「保后胥慼，鮮以不浮于天時。」孔安國傳：「浮，行也。」○濛汜：亦作「蒙汜」。古代神話中所指日入之處。楚辭天問：「出自湯谷，次于蒙汜。自明及晦，所行幾里？」王逸注：「次，舍也。汜，水涯也。言日出東方湯谷之中，暮入西極蒙水之涯也。」洪興祖補注：「爾雅云：西至日所入，爲太蒙，即蒙汜也。……淮南曰：日出于暘谷……薄於虞淵，是謂黄昏。淪於蒙谷，是謂定昏。日入于虞淵之汜，曙於蒙谷之浦，行九州七舍，有五億萬七千三百九里。」此喻指極遠之地。

〔二六〕長久之御節：指九月九日重陽節。藝文類聚卷四引魏文帝與鍾繇書曰：「歲往月來，忽復九月九日，九爲陽數，而日月並應，俗嘉其名，以爲宜於長久，故以享宴高會。」

〔二七〕日精：初學記卷二七引晉周處風土記曰：「日精、治蘠，皆菊之花莖別名也。」抱朴子内篇仙藥：「仙方所謂日精、更生、周盈，皆一菊，而根莖花實異名。」

〔二八〕天策：星名。左傳僖公五年：「鶉之賁賁，天策焞焞。」杜預注：「天策，傅説星。」孔穎達疏：「傳說，殷高宗之相，死而託神於此星，故名。」

〔二九〕鈎陳：星宫名。文選卷七揚雄甘泉賦：「詔招摇與太陰兮，伏鈎陳使當兵。」李善注引服虔曰：「鈎陳，神名也，紫微宫外營陳星也。」

予是時也〔一〕，陪玉軑〔二〕，飾金羈〔三〕，驅騄駬〔四〕，躍翠騵〔五〕，乘倜儻〔六〕，控權奇〔七〕，寶劍昭晰〔八〕，綵䩭陸離〔九〕，乍俯馬足〔一〇〕，時仰月支〔一一〕。見靈烏之占巽〔一二〕，觀司南之候離〔一三〕。習執鞭而珥筆〔一四〕，雖日夕而忘疲。奧重明堂〔一五〕，地景巳乎正陽〔一六〕。乃八窗而四達〔一七〕，開上員而下方〔一八〕。置陰鑒之明水〔一九〕，設珪瓚而盈觴〔二〇〕。誶天官乎冢宰〔二一〕，服端委而辯方〔二二〕。虔植物之蘊藻〔二三〕，鄙將饗之牛羊〔二四〕。藉鴻私而置傳〔二五〕，復推轂而懷方〔二六〕。泝蛟川於匯澤〔二七〕，沿鵠塞於潯陽〔二八〕。何蠡川之浩浩〔二九〕，而匡岫之蒼蒼〔三〇〕。

【校注】

〔一〕予：御製集作「余」。

〔二〕玉軑（dài）：玉飾的車轄。楚辭離騷：「屯余車其千乘兮，齊玉軑而並馳。」説文解字車部：「軑，車轄也。」此指天子之車。

〔三〕金羈：金飾的馬絡頭。三國魏曹植白馬篇：「白馬飾金羈，連翩西北馳。」

〔四〕騄駬：史記卷五秦本紀：「造父以善御幸於周繆王，得驥、温驪、驊騮、騄耳之駟，西巡狩，樂而忘歸。」裴駰集解引郭璞曰：「紀年云『北唐之君來見以一驪馬，是生騄耳』。八駿皆因其毛色以爲名號。」

〔五〕躍：文苑英華卷一二六、全梁文、丁本作「曜」。御製集、閣本、張本作「躍」。今按：「躍」是，據改。○翠羆（pí）：疑即「翠黄」，馬名。太平御覽卷八九六引符瑞圖曰：「車馬有節則見騰黄。騰黄者，神馬也，其色黄。一名乘黄，亦曰飛黄，或曰吉黄，或曰翠黄，一名紫黄。其狀如狐，背上有兩角。出白氏之國。乘之壽三千歲。」原注：「黄帝乘之。」

〔六〕倜儻：文選卷一四顔延之赭白馬賦：「雄志倜儻，精權奇兮。」李善注：「漢書天馬歌曰：『志俶儻，精權奇。』廣雅曰：『倜儻，卓異也。』」

〔七〕權奇：漢書卷二二禮樂志引郊祀歌天馬曰：「太一況，天馬下，霑赤汗，沫流赭，志俶儻，精權奇。」文選卷一四顔延之赭白馬賦「精權奇兮」，張銑注：「權奇，善行貌。」此代駿馬。

〔八〕昭晰：光亮，光耀。藝文類聚卷八引魏文帝濟川賦：「美玉昭晰以曜暉，明珠灼灼而流光。」

〔九〕彩䩸（róng）：即「采䩸」。馬鞍上裝飾的彩色細毛毯。太平御覽卷三五九引傅玄良馬賦：「金羈在首，發以明珂。鏤鞍采䩸，織防含華。」䩸，「鞾」之俗字。説文解字革部：「鞾，鞍毳飾也。」○陸離：光彩斑斕貌。淮南子卷八本經訓：「五采争勝，流漫陸離。」高誘注：「陸離，美好貌。」

〔一〇〕馬足：猶馬蹄，箭靶名。文選卷一四顔延之赭白馬賦：「經玄蹄而雹散，歷素支而冰裂。」李善注：「玄蹄，馬蹄也；素支，月支也。皆射帖名也。」文選卷二七曹植白馬篇：「仰手接飛猱，俯身散馬蹄。」

〔一一〕月支：箭靶名。文選卷二七曹植白馬篇：「控弦破左的，右發摧月支。」李善注引邯鄲淳藝經曰：「馬射，左邊爲月支三枚，馬蹄二枚。」

〔一二〕靈烏：指太陽。相傳太陽中有三足烏，故稱。〇巽：八卦卦名之一。代表東南方。周易説卦：「巽，東南也。」

〔一三〕司南：韓非子有度：「夫人臣之侵其主也，如地形焉，即漸以往，使人主失端，東西易面而不自知。故先王立司南以端朝夕。」舊注：「司南，即指南車也。」陳奇猷集釋：「司南其制蓋如今羅盤針，故可以正朝夕也。」論衡卷一七是應：「司南之杓，投之於地，其柢指南。」〇離：八卦卦名之一。代表南方。周易説卦：「離也者，明也，萬物皆相見，南方之卦也。」

〔一四〕執鞭而珥筆：文選卷三七曹植求通親親表：「安宅京室，執鞭珥筆。出從華蓋，入侍輦轂。」李善注：「論語子曰：『富而可求，雖執鞭之士，吾亦爲之。』范曄後漢書岑彭謂朱鮪曰：『彭往者得執鞭侍從。』珥筆，戴筆也。漢書趙卬曰：『張安世持橐簪筆。』張晏曰：『近臣負橐簪筆從也。』」

〔一五〕奧重明堂：蓋謂明堂房屋深奧多重。明堂，古代帝王朝會祭祀、宣明政教的地方。孟子梁惠王下：「夫明堂者，王者之堂也。」木蘭辭：「歸來見天子，天子坐明堂。」又，文苑英華卷一二六「奧」下小注：「疑。」吴汝綸「堂」下校：「句絶。」

〔一六〕「地景巳」句：意謂明堂房屋建於國都正南。景巳，即「丙巳」，指方位。文苑英華卷一二六「景」下小注：「一有『邑』字。」「巳」下小注：「丙巳乃明堂之方，梁末諱丙，或唐人寫『丙』作『景』耳。」禮記正義明堂位鄭玄異義引淳于登説：「明堂在國之陽，三里之外，七里之内，丙巳之地，就陽位，上圓下方，八窗四闥，布政之宫，故稱明堂。」正陽，即正南。楚辭遠遊：「飡六氣而飲沆瀣兮，漱正陽而含朝霞。」王逸注：「正陽，南方日中氣也。」

〔一七〕八窗而四達：大戴禮記明堂曰：「明堂者，古有之也。凡九室：一室而有四户八牖，三十六户，七十二牖。」漢桓譚新論離事篇：「王者造明堂辟雍。所以承天行化也。天稱明，故命曰明堂。……八窗法八風，四達法四時，九室法九州，十二坐法十二月，三十六户法三十六雨，七十二牖法七十二風。」太平御覽卷五三三引禮記外傳曰：「明堂，古者天子布政之宫，在國南十里之内、七里之外，黄帝享百神於明廷是也。（原注：南方陽明之地，因爲明堂，路寢宫室之制同。）唐虞爲五府，（原注：府者聚也，合五帝之神祭之。）夏謂太廟爲世室，（原注：世室，不毁之義。）殷人謂路寢爲重屋，周人謂五府爲明堂。（原注：形制同，故平舉。）夏后氏一堂之上爲五室，（原注：木室東北，火室東南，金室西南，水室西北，王室中央。）南面三階。（原注：三面兩階，則九階矣。）五室者，象地載五行也。五行生於四時，故每室四達，（原注：達，向也。四户相對。）一室八窗。（原注：夾户之窗象八節。）」

〔一八〕上員而下方：大戴禮記明堂曰：「明堂者，古有之也。……以茅蓋屋，上圓下方。」漢桓譚新論離事篇：「王者造明堂、辟雍。……上圓法天，下方法地。」員，御製集、閣本、張本作「圓」。今按：員，同「圓」。

〔一九〕「置陰」句：謂利用銅鏡在月下取水。周禮秋官司寇司烜氏：「司烜氏，掌以夫遂取明火於日，以鑒取明水於月，以共祭祀之明齍、明燭，共明水。」鄭玄注：「鑒，鏡屬，取水者，世謂之方諸。取日之火、月之水，欲得陰陽之絜氣也。」文苑英華卷一二六「之明」下小注：「或作『以朝』。」

〔二〇〕珪瓚：尚書文侯之命序：「平王錫晉文侯秬鬯圭瓚，作文侯之命。」孔安國傳：「以圭爲杓柄謂之圭瓚。」孔穎達疏：「『圭瓚』者，酌鬱鬯之杓，杓下有槃，『瓚』即槃之名也。是以圭爲杓之柄，故謂之圭瓚。周禮典瑞云：「祼圭有瓚，以肆先王，以祼賓客。」鄭司農云：『於圭頭爲器，可以挹鬯祼祭謂之瓚。』以肆先王，灌先王祭也。』鄭玄云：『肆，解牲體以祭，因以爲名。爵行曰祼。』漢禮瓚槃大五升，口徑八寸，下有槃，口徑一尺。詩云：『瑟彼玉瓚，黄流在中。』毛傳云：『玉瓚，圭瓚也。黄金所以飾流鬯也。』鄭云：『黄流，秬鬯也。圭瓚之狀，以圭爲柄，黄金爲勺，青金爲外，朱中央。』是説圭瓚之形狀也。禮無明文，而知其然者，祭統云：『君執圭瓚祼尸，大宗執璋瓚亞祼。』鄭云：『圭瓚、璋瓚，祼器也，以圭璋爲柄，酌鬱鬯曰祼。』然則圭瓚、璋瓚惟柄以圭、璋爲異，其瓚形則同。考工記玉人云：『祼圭尺有二寸，有瓚，以祀廟。大璋、中璋九寸，邊璋七寸，厚寸，黄金勺，青金外，朱中，鼻寸。』鄭云：『鼻，勺流也。凡流，皆爲龍口也。』三璋之勺形如圭瓚，是鄭以璋形如此，知圭瓚亦然。」禮記王制：「〔諸侯〕賜圭瓚，然後爲鬯。未賜圭瓚，則資鬯於天子。」鄭玄注：「圭瓚，鬯爵也。」陸德明音義：「圭，字又作『珪』。案説文，珪，古字；圭，今字。」〇盈觴：杯中倒滿酒。

〔二〕誶（suì）：漢書卷一〇〇敘傳上：「既誶爾以吉象兮，又申之以炯戒。」顔師古注：「誶，告也。」〇天官：官名。周禮分設六官，以天官冢宰居首，總御百官。〇冢宰：周官名。爲六卿之首，亦稱太宰。尚書周官：「冢宰掌邦治，統百官，均四海。」孔安國傳：「天官卿稱太宰，主國政治，統理百官，均平四海之内邦國。」詩經大雅雲漢：「鞫哉庶正，疚哉冢宰。」朱熹集傳：「冢宰，又衆長之長也。」

〔三〕端委：左傳昭公元年：「吾與子弁冕端委，以治民臨諸侯，禹之力也。」杜預注：「端委，禮衣。」孔穎達疏引服虔曰：「禮衣端正無殺，故曰端；文德之衣尚褒長，故曰委。」世説新語品藻：「明帝問謝鯤：『君自謂何如庾亮？』答曰：『端委廟堂，使百僚準則，則臣不如亮。一丘一壑，自謂過之。』」〇辯方：即「辨方」。周禮天官冢宰：「惟王建國，辨方正位。」鄭玄注：「辨，别也。鄭司農云：『别四方，正君臣之位。』」晉成公綏天地賦：「辨方正土，經界建邦。」

〔二三〕「虔植」句：時梁祭祀用蔬果，不用牛羊，故有此云云。梁書卷二武帝紀：天監十六年，「冬十月，去宗廟薦脩，始用蔬果」。蘊藻，均水草名。顏氏家訓卷六書證：「郭璞注三蒼亦云：『蘊，藻之類也，細葉蓬茸生。』」一説爲聚集的藻草。左傳隱公三年：「苟有明信，澗、溪、沼、沚之毛，蘋、蘩、薀藻之菜……可薦於鬼神，可羞於王公。」杜預注：「薀藻，聚藻也。」楊伯峻注：「薀，聚集也；藻，水中隱花植物；薀藻，藻草之聚積者。蘋、蘩、薀藻爲三種植物。」今按：蘊、薀可通。

〔二四〕饗（xiǎng）：禮記郊特牲：「蜡也者，索也，歲十二月，合聚萬物而索饗之也。」鄭玄注：「饗者，祭其神也。」文選卷三七劉琨勸進表：「聖帝明王鑒其若此，知天地不可以乏饗，故屈其身以奉之。」呂延濟注：「饗，獻也。天地神明，依人而行，故聖人屈身以奉祭祀。」

〔二五〕鴻私：猶鴻恩。南朝梁江淹蕭領軍讓司空並敦勸啓：「且皇華之命，居上之鴻私；鳳擧之招，爲下之殊榮。」〇置傳：漢書卷一高帝紀下「〔田〕横懼，乘傳詣雒陽」，顏師古注：「如淳曰：『律，四馬高足爲置傳，四馬中足爲馳傳，四馬下足爲乘傳，一馬二馬爲軺傳。急者乘一乘傳。』師古曰：『傳者，若今之驛，古者以車，謂之傳車，其後又單置馬，謂之驛騎。傳音張戀反。』」此指出任地方官。

〔二六〕推轂（gǔ）：史記卷一〇二馮唐傳：「臣聞上古王者之遣將也，跪而推轂，曰『閫以內者，寡人制之；閫以外者，將軍制之』。」此指出任將帥之職。轂，詩經秦風小戎：「文茵暢轂，駕我騏馵。」朱熹集傳：「轂者，車輪之中，外持輻内受軸者也。」老子第十一章：「三十輻共一轂。」陸德明釋文：「轂，車轂。」○懷方：安撫地方。

〔二七〕蛟川：水名。荆溪的别稱。在今江蘇省宜興市南。傳説西晉周處於此斬蛟，故稱。○匯澤：初學記卷七引荆州記云：「宫亭即彭蠡澤也，謂之彭澤湖，一名匯澤。」原注：「在豫章郡。」

〔二八〕鵠塞：即「鶴塞」，地名。在今江西省九江市。北周庾信周大將軍義興公蕭公墓誌銘：「山臨鶴塞，非無陶侃之賓；氣連牛斗，即有張華之劍。」清倪璠注引幽明録曰：「陶公在尋陽西南一塞取魚，自謂其地曰鶴門。」太平御覽卷六六引郡國志曰：「鶴門湖者，陶侃微時喪母，忽有二客來吊，化爲雙白鶴飛去，後因以爲名。」蕭繹還荆州輸江州節表：「臣自擁旄鶴塞，執兹龍節。」鵠，通「鶴」。○潯陽：即「尋陽」。江州刺史治所，在今江西省九江市西南。今按：據梁書卷五元帝紀，蕭繹大同六年(540)出爲鎮南將軍、江州刺史。

〔二九〕蠡川：指彭蠡湖，即今江西省鄱陽湖。史記卷二夏本紀：「彭蠡既都，陽鳥所居。」張守節正義引括地志云：「彭蠡湖在江州潯陽縣東南五十二里。」

〔三〇〕匡岫：今江西省廬山。後漢書郡國志：「〔廬江郡〕尋陽，南有九江，東合爲大江」，劉昭注引釋慧遠廬山記略曰：「山在尋陽南……有匡俗先生者，出殷周之際，隱遯潛居其下，受道於仙人而共嶺，時謂所止爲仙人之廬而命焉。」

其匡岫也，盤紆崷崪〔一〕，嶾嶙鬱律〔二〕。峻極于天〔三〕，干霄秀出〔四〕。岑嶔崎巇〔五〕，烏兔蔽虧〔六〕。㟏岈豁閜〔七〕，背原面野〔八〕。噴飛流於天末〔九〕，鼓雷霆於巖下〔一〇〕。聳高館於雲中，聯蘂祠於星社〔一一〕。雕甍綺閣〔一二〕，吁可畏其欲落；雲霧杳冥〔一三〕，縈萬嶺而俱青。照曜山莊，岧嶤石梁〔一四〕；雁門餘帳，隆安故牀〔一五〕。鏡臨江而分影〔一六〕，鑪喻花而共香〔一七〕。若乃羽族徘徊〔一八〕，察風應雷〔一九〕，鴛鴦感夢〔二〇〕，乾鵲知來〔二一〕。露華挾嶋而肅侶〔二二〕，銜環帶巃而合猜〔二三〕。孔接影而飄颺〔二四〕，鷁交頸而陪鰓〔二五〕。

【校注】

〔一〕盤紆：淮南子卷八本經訓：「木巧之飾，盤紆刻儼，嬴鏤雕琢，詭文回波。」高誘注：「盤，盤龍也。紆，曲屈。」○崷(qiú)崪(zú)：文選卷一班固西都賦：「巖峻崷崪，金石崢嶸。」李善注：「崷，高貌也。」吕延濟注：「崷崪、崢嶸，高峻貌。」

〔二〕嶾(yǐn)嶙鬱律：文選卷二張衡西京賦：「於前則終南太一，隆崛崔崒，隱轔鬱律，連岡乎嶓冢。」吕延濟注：「崔崒、隱轔、鬱律，皆險曲貌。」文選卷二二沈約鍾山詩應西陽王教：「鬱律構丹巘，崚嶒起青嶂。」呂向注：「欝律，直上貌。」

〔三〕峻極于天：詩經大雅崧高：「崧高維嶽，駿極于天。」毛傳：「駿，大。極，至也。」

〔四〕秀出：特出。國語卷六齊語：「於子之鄉，有拳勇股肱之力秀出於衆者，有則以告。」大廣益會玉篇黍部：「秀，出也。」

〔五〕岑崟：亦作「崟岑」。楚辭招隱士：「崟岑碕礒兮。」洪興祖補注：「崟岑，山高險也。」○崎巇：文選卷一一王延壽魯靈光殿賦：「下崩蔚以璀錯，上崎巇而重注。」李善注：「崎巇，危嶮貌。崎音綺，巇音羲。」

〔六〕烏兔：古以爲日中有三足烏，月中有玉兔，故此用以代指日月。○蔽虧：因遮蔽而半隱半現。

〔七〕谽岈豁閜(xiǎ)：史記卷一一七司馬相如傳：「蹇産溝瀆，谽呀豁閜。」裴駰集解：「郭璞曰：皆澗谷之形容也。谽，音呼含反；呀，音呼加反；閜，音呼下反。」司馬貞索隱：「司馬彪云：谽呀，大皃。豁閜，空虚也。」閜，文苑英華卷一二六作「閳」，下小注：「疑作『開』。」御製集、丁本作「開」。閣本、張本作「闓」，全梁文作「閳」。文淵閣四庫全書本江西通志卷一四六藝文引作「閜」。今按：當以作「閜」爲是，據改。

〔八〕背原面野：文選卷一○潘岳西征賦：「面終南而背雲陽，跨平原而連嶓冢。」藝文類聚卷二七引晉袁宏東征賦曰：「爾乃出桑洛，會通川，背彭澤，面長泉。」

〔九〕天末：天的盡頭。指極遠的地方。漢張衡東京賦：「眇天末以遠期，規萬世而大摹。」

〔一〇〕雷霆：周易繫辭上：「鼓之以雷霆，潤之以風雨。」

〔一一〕藂祠：即叢祠。史記卷四八陳涉世家：「又間令吳廣之次所旁叢祠中，夜篝火，狐鳴呼曰『大楚興，陳勝王』。」裴駰集解引張晏曰：「叢，鬼所憑焉。」司馬貞索隱：「墨子云：『建國必擇木之修茂者以爲叢位。』高誘注戰國策云：『叢祠，神祠。叢，樹也。』」〇星社：靈星、社稷。皆古人祭祀的對象。後漢書祭祀志：「郡縣置社稷，太守、令、長侍祠，牲用羊豕。……漢興八年，有言周興而邑立后稷之祀，於是高帝令天下立靈星祠。言祠后稷而謂之靈星者，以后稷又配食星也。舊説，星謂天田星也。」三國志卷三〇魏書烏丸鮮卑東夷傳：「高句麗在遼東之東千里……其俗節食，好治宮室，於所居之左右立大屋，祭鬼神，又祀靈星、社稷。」

〔一二〕雕甍（méng）綺閣：指精美的宮殿樓閣。甍，左傳襄公二十八年：「猶援廟桷，動於甍。」杜預注：「甍，屋棟。」孔穎達疏：「張衡西京賦曰『甍宇齊平』，言諸物棟簷高下等也。説文云『甍，棟梁也』，是又名爲梁。此是屋上之長材，椽所以凴依者也，今俗謂之屋脊。」

〔一三〕杳冥：文選卷二張衡西京賦：「奇幻儵忽，易貌分形，吞刀吐火，雲霧杳冥。」吕延濟注：「杳冥，陰昏貌。」

〔一四〕岧嶢：同「迢繞」，高峻貌。藝文類聚卷三五引魏曹植九愁賦：「踐蹊徑之危阻，登岧嶢之高岑。」○石梁：水經注卷三九洭水：「尋陽記曰：廬山上有三石梁，長數十丈，廣不盈尺，杳然無底。」

〔一五〕「雁門」二句：指東晉廬山釋慧遠之所居。高僧傳卷六晉廬山釋慧遠傳：「釋慧遠，本姓賈氏，雁門樓煩人也。……後欲往羅浮山，及屆尋陽，見廬峰清静，足以息心，始住龍泉精舍。……〔刺史桓伊〕乃爲遠復於山東立房殿，即東林是也。遠創造精舍，洞盡山美，却負香爐之峰，傍帶瀑布之壑，仍石壘基，即松栽構，清泉環階，白雲滿室。復於室内別置禪林，森樹煙凝，石筵苔合。凡在瞻履，皆神清而氣肅焉。」雁門，代指慧遠。隆安，晉安帝年號（397—401）。

〔一六〕「鏡臨」句：水經注卷三九廬江水：「〔廬〕山東有石鏡，照水之所出。有一圓石，懸崖明浄，照見人形，晨光初散，則延曜入石，豪細必察，故名石鏡焉。」

〔一七〕鑪：同「爐」。指廬山香爐峰。太平御覽卷四一引遠法師遊山記曰：「東望香爐，秀絶衆形。」唐李白望廬山瀑布：「日照香爐生紫煙，遥看瀑布掛前川。」○花：閻本、張本作「光」。

〔一八〕羽族：文選卷四左思蜀都賦：「毛群陸離，羽族紛泊。」劉淵林注：「羽族，鳥也。」

〔一九〕察風應雷：意謂鳥類能感知風雷。淮南子卷一八人間訓：「夫鵲先識歲之多風也，去高木而巢扶枝。」大戴禮記夏小正：「雉震呴。震也者，鳴也。呴也者，鼓其翼也。正月必雷，雷不必聞，惟雉爲必聞。何以謂之？雷則雉震呴，相識以雷。」

〔二〇〕鴛鴦感夢：三國志卷二九魏書方技傳周宣：「文帝問宣曰：『吾夢殿屋兩瓦墮地，化爲雙鴛鴦，此何謂也？』宣對曰：『後宫當有暴死者。』帝曰：『吾詐卿耳！』宣對曰：『夫夢者意耳，苟以形言，便占吉凶。』言未畢，而黄門令奏宫人相殺。」

〔二一〕乾鵲知來：淮南子卷一三氾論訓：「猩猩知往而不知來，乾鵠知來而不知往。」高誘注：「乾鵠，鵲也。人將有來事憂喜之徵則鳴，此知來也。知歲多風，多巢於木枝，人皆探其卵，故曰不知往也。」乾鵲，詩經召南鵲巢「維鵲有巢」馬瑞辰通釋：「鵲即乾鵲，今之喜鵲也。……鵲性喜晴，故名乾鵲。」宋吴曾能改齋漫録辨誤「乾鵲音干爲無義」條：「前輩多以『乾鵲』爲『乾』，音『干』，或以對『濕螢』者有之。唯王荆公以爲『虔』字，意見於『鵲之彊彊』，此甚爲得理。余嘗廣之曰：『乾，陽物也。乾有剛健之意。而周易統卦有云：「鵲者陽鳥，先物而動，先事而應。」淮南子曰：「乾鵲知來而不知往，此修短之分也。」』以是知音『干』爲無義。」參王鍈詩詞曲語辭例釋「乾」條。

〔二二〕露華：露水。藝文類聚卷九〇引風土記曰：「鳴鶴戒露，此鳥性警，至八月白露降，流於草上，滴滴有聲，因即高鳴相警，移徙所宿處，慮有變害也。」此借指鶴。○嶋：同「雌」。此指雌鶴。○肅：引。

〔二三〕銜環：續齊諧記：「弘農楊寶，性慈愛。年九歲，至華陰山，見一黄雀爲鴟梟所搏，逐樹下，傷瘢甚多，宛轉復爲螻蟻所困。寶懷之以歸，置諸梁上。夜聞啼聲甚切，親自照視，爲蚊所嚙，乃移置巾箱中，啖以黄花。逮十餘日，毛羽成，飛翔，朝去暮來，宿巾箱中，如此積年。忽與群雀俱來，哀鳴繞堂，數日乃去。是夕，寶三更讀書，有黄衣童子曰：『我，王母使者。昔使蓬萊，爲鴟梟所搏，蒙君之仁愛見救，今當受賜南海。』别，以四玉環與之，曰：『令君子孫潔白，且從登三公，事如此環矣。』寶之孝大聞天下，名位日隆。子震，震生秉，秉生彪，四世名公。及震葬時，有大鳥降，人皆謂真孝招也。」原注：「蔡邕論云：『昔日黄雀報恩而至。』」○帶壟：藝文類聚卷九二引袁山松後漢書曰：「陳弇學尚書，躬自耕種，常有黄雀飛來，隨弇翱翔。」○合：文苑英華卷一二六下小注：「或作『含』。」御製集、全梁文、丁本作「含」。

〔二四〕孔：楚辭東方朔七諫謬諫：「亂曰：鸞皇孔鳳，日以遠兮。」王逸注：「孔，孔雀也。」○飄颻：輕揚高飛貌。文選卷五左思吴都賦：「與風飄颻，颮瀏颼飀。」

〔二五〕鸓（lěi）：「鸓」之俗字。山海經西山經：「〔翠山〕其鳥多鸓，其狀如鵲，赤黑而兩首四足，可以禦火。」郭璞注：「音壘。」四庫全書考證卷九六漢魏六朝百三家梁元帝集：「刊本『鸓』訛『鸓』。」○交頸：頸與頸相互摩挲。多表親昵。莊子馬蹄：「夫馬陸居則食草飲水，喜則交頸相靡，怒則分背相踶。」文選卷一五張衡思玄賦：「鳴鶴交頸，鴡鳩相和。」○陪鰓：文選卷九潘岳射雉賦：「摛朱冠之艴赫，敷藻翰之陪鰓。」徐爰注：「陪鰓，奮怒之貌也。」四庫全書考證卷九六漢魏六朝百三家梁元帝集：「〔刊本〕『磓䃂』訛『陪鰓』。」今按：磓䃂、陪鰓，連綿詞。

爾其彭蠡際天〔一〕，用長百川〔二〕。沸渭渝溢〔三〕，瀲淡連延〔四〕。大則浩汗滉瀁〔五〕，細則澆灌潺湲〔六〕。遇祈飆之弗爽〔七〕，彼所報之無愆〔八〕。且搏摇以九萬，乍高飆而三千〔九〕。其中則有瀺灂嘉魚〔一〇〕，鸛羽龍鬚。戴星含石，蒲身雉軀〔一一〕。乍浮圓鏡，時泛明珠〔一二〕。報蕩子之長信，送仙人之短書〔一三〕。恥觀魚而爲樂〔一四〕，解舒雁於高繳〔一五〕。必冀孔愉之龜〔一六〕，當如噲參之鶴〔一七〕。愾衡冠而發憤〔一八〕，嗟吾人之施薄〔一九〕。

【校注】

〔一〕爾其：連詞，表承接。辭賦中常用作更端之詞，猶言至於、至如。○彭蠡：湖名。即今江西省鄱陽湖。

〔二〕長：義同「漲」，水位升高。

〔三〕沸渭渝溢：文選卷一二木華海賦：「趹踔湛灤，沸潰渝溢。」李善注：「潰，亂流也；渝，亦溢也。」六臣注：「〔潰〕，五臣作渭。」呂延濟注：「波前却騰躍貌。」文選卷九揚雄長楊賦：

「汾沄沸渭，雲合電發。」李善注：「汾沄、沸渭，衆盛貌也。」

〔四〕瀲淡：同「瀲灩」，連綿詞。水波動盪貌。梁王臺卿詠風：「暫拂蘭池上，瀲淡玉波生。」

〔五〕浩汗：同「浩瀚」，水盛大貌。文選卷一二木華海賦：「襄陵廣舄，漻蕩浩汗。」李周翰注：「漻蕩浩汗，廣大貌。」三國魏曹丕濟川賦：「漫浩汗而難測，眇不覩其垠際。」〇滉漾：史記卷一一七司馬相如列傳録相如子虛賦，有云：「然後灝溔潢漾。」唐張守節正義：「晃養二音。郭云：皆水無涯際也。」三國魏曹植節遊賦：「望洪池之滉瀁，遂降集乎輕舟。」

〔六〕潺湲：水流遲緩貌。楚辭九歌湘夫人：「荒忽兮遠望，觀流水兮潺湲。」文選卷二六謝靈運七里瀨：「石淺水潺湲，日落山照曜。」李善注：「楚辭曰：觀流水兮潺湲。雜字曰：潺湲，水流貌也。」

〔七〕祈：文苑英華卷一二六下小注：「或作『神』。」御製集、閣本、張本作「神」。〇飆：説文解字風部：「飆，扶搖風也。」〇弗：文苑英華卷一二六、御製集、閣本、張本作「沸」。全梁文、丁本作「弗」。今按：作「弗」是，據改。〇爽：變更。爾雅釋言：「爽，忒也。」邢昺疏：「爽……又爲忒變。」

〔八〕所：文苑英華卷一二六下小注：「或作『祈』。」〇僁(qiān)：同「愆」。詩經大雅假樂：「不愆不忘，率由舊章。」毛傳：「愆，過。」鄭玄箋：「成王之令德，不過誤，不遺失。」

〔九〕「且摶(tuán)搖」二句：莊子逍遥遊：「鵬之徙於南冥也，水擊三千里，摶扶搖而上者九萬里。」成玄英疏：「摶，鬬也。扶搖，旋風也。」飆，全梁文、丁本作「風」。

〔一〇〕瀺（chán）灂（zhuó）嘉魚：謂嘉魚出没。瀺灂，抱朴子外篇知止：「文鱗瀺灂，朱羽頡頏。」文選卷一〇潘岳西征賦：「瀺灂驚波。」李善注：「瀺灂，出没之皃。」

〔一一〕蒲：文苑英華卷一二六下小注：「疑。」〇雉（zhì）：野雞。

〔一二〕「乍浮」二句：指魚吐出的大大小小的水泡。

〔一三〕「報蕩子」二句：謂魚可傳遞書信。飲馬長城窟行：「客從遠方來，遺我雙鯉魚。呼兒烹鯉魚，中有尺素書。」蕩子，文選卷二九古詩十九首青青河畔草：「昔爲倡家女，今爲蕩子婦。蕩子行不歸，空牀難獨守。」李善注引列子曰：「有人去鄉土遊於四方而不歸者，世謂之爲狂蕩之人也。」短書，即書牘。宋趙彦衛雲麓漫鈔卷七：「唐國子祭酒李涪刊誤云：『短書出晉宋兵革之際，時國禁書疏，非吊喪問疾不得行尺牘，故羲之書云死罪，是違制令故事也，啓事論兵皆短而緘之，貴易於隱藏。』」

〔一四〕觀魚：左傳隱公五年：「五年春，公將如棠觀魚者。」楊伯峻注：「魚者意即捕魚者。」莊子秋水：「莊子與惠子遊於濠梁之上。莊子曰：『儵魚出遊從容，是魚之樂也。』惠子曰：『子非魚，安知魚之樂？』莊子曰：『子非我，安知我不知魚之樂？』惠子曰：『我非子，固不知子矣；子固非魚也，子之不知魚之樂，全矣。』莊子曰：『請循其本。子曰「汝安知魚樂」云者，既已知吾知之而問我，我知之濠上也。』」

〔一五〕舒雁：爾雅釋鳥：「舒雁，鵝。」宋邢昺疏：「鵝一名舒雁……某氏云『在野舒翼飛遠者爲鵝』，李巡曰：『野曰雁，家曰鵝。』」○繳（zhuó）：漢書卷五四蘇武傳：「武能網紡繳，檠弓弩。」顔師古注：「繳，生絲縷也，可以弋射。」抱朴子外篇崇教：「飛高繳以下輕鴻，引沈綸以拔潛鱗。」

〔一六〕孔愉之龜：搜神記卷二〇孔愉：「孔愉字敬康，會稽山陰人。元帝時，以討華軼功封侯。愉少時，嘗經行餘不亭。見籠龜于路者，愉買之，放于餘不溪中。龜中流，左顧者數過。及後以功封餘不亭侯，鑄印而龜鈕左顧，三鑄如初，印工以聞。愉乃悟其爲龜之報，遂取佩焉。累遷尚書左僕射，贈車騎將軍。」事亦見晉書卷七八孔愉傳。

〔一七〕噲參之鶴：搜神記卷二〇鶴銜珠：「噲參養母至孝。曾有玄鶴爲弋人所射，窮而歸參。參收養，療治其瘡，愈而放之。後鶴夜到門外，參執燭視之，見鶴雌雄雙至，各銜明珠，以報參焉。」

〔一八〕愾（xì）：左傳文公四年：「諸侯敵王所愾而獻其功。」杜預注：「愾，恨怒也。」○衝冠：頭髮上豎將帽子衝起。形容極爲憤怒。史記卷八一廉頗藺相如列傳：「相如因持璧却立，倚柱，怒髮上衝冠。」○發憤：發洩憤懣。楚辭九章惜誦：「惜誦以致愍兮，發憤以抒情。」王逸注：「憤，懣也。」

〔一九〕施：集韻寘韻：「施，惠也。」

觀進退於我生，每篤靖而居貞〔一〕。羞爲金谷之富〔二〕，不矯石間之清〔三〕。每鞠躬而遵節〔四〕，藉王道之既平〔五〕。貴静者人所便，予得之於自然。非三百之不足〔六〕，惜五十於豐年〔七〕。笑汙斜之行潦〔八〕，喜甘雨於石田〔九〕。飛新梅於倡粉〔一〇〕，拂輕絮於房綿〔一一〕。月芝抽而曉落〔一二〕，燈花開而夜燃〔一三〕。菊從風而金散，荷帶水而珠員〔一四〕。已寤歌於折柳〔一五〕，復行吟而採蓮〔一六〕。課七分與六日〔一七〕，推兩地與參天〔一八〕。夕章程而鈎股〔一九〕，亦剡注而參連〔二〇〕。

【校注】

〔一〕篤靖：同「篤静」，清静無欲。○居貞：遵守正道。貞，廣雅釋詁一：「貞，正也。」周易頤卦：「居貞之吉，順以從上也。」

〔二〕金谷之富：指東晉石崇之富。金谷，古地名。在今河南省洛陽市西北。初學記卷八引晉郭緣生述征記曰：「金谷，谷也。地有金水，自太白源南流經此谷，注穀水。」水經注卷一六穀水：「穀水又東，左會金谷水，水出太白原，東南流歷金谷，謂之金谷水。東南流逕晉衛尉卿石崇之故居。」石崇在此築金谷園，世説新語品藻劉孝標注引石崇金谷詩叙曰：「有別廬在河南縣界金谷澗中，或高或下，有清泉茂林、衆果竹柏、藥草之屬，莫不畢備。又有水碓、魚池、土窟，其爲娛目歡心之物備矣。」

〔三〕石閭之清：蓋指仙人之清心。石閭，山名。在今山東省泰安市。史記卷一二武帝紀：「夏，遂還泰山，修五年之禮如前，而加禪祠石閭。石閭者，在泰山下阯南方，方士多言此仙人之閭也，故上親禪焉。」

〔四〕鞠躬：漢書卷七九馮參傳史臣贊曰：「宜鄉侯參鞠躬履方，擇地而行，可謂淑人君子。」顔師古注：「鞠躬，謹敬貌。」○遵節：遵守法度。後漢書卷六九竇武傳：「由是〔竇〕紹更遵節，大小莫敢違犯。」

〔五〕王道之既平：文選卷一一王粲登樓賦：「冀王道之一平兮，假高衢而騁力。」李善注：「尚書曰：王道正直。孔安國曰：王道平直也。」

〔六〕三百：謂長壽。初學記卷九引帝王世紀曰：「黄帝，少典之子，姬姓也。……或言壽三百歲。」

〔七〕五十：指五十歲。孟子梁惠王上：「五畝之宅，樹之以桑，五十者可以衣帛矣。」○豐年：豐收之年。詩經小雅無羊：「衆維魚矣，實維豐年。」此指太平盛世。

〔八〕汙斜：御製集作「汙邪」。今按：汙斜，同「汙邪」。史記卷一二六滑稽列傳淳于髡：「髡曰：『今者臣從東方來，見道傍有禳田者，操一豚蹄，酒一盂，祝曰：『甌窶滿篝，汙邪滿車。』』」裴駰集解引司馬彪曰：「汙邪，下地田也。」○行潦：詩經召南采蘋：「于以采藻？于彼行潦。」毛傳：「行潦，流潦也。」孟子公孫丑上：「麒麟之於走獸，鳳凰之於飛鳥，太山之於丘垤，河海之於行潦，類也。」趙岐注：「行潦，道傍流潦也。」

〔九〕甘雨：詩經小雅甫田：「以祈甘雨，以介我稷黍，以穀我士女。」孔穎達疏：「甘雨者，以長物則爲甘，害物則爲苦。」淮南子卷九主術訓：「甘雨時降，五穀蕃植。」○石田：左傳哀公十一年：「得志於齊，猶獲石田也，無所用之。」杜預注：「石田，不可耕。」

〔一〇〕「飛新梅」句：太平御覽卷三〇引雜五行書曰：「宋武帝女壽陽公主人日卧於含章殿簷下，梅花落公主額上，成五出花，拂之不去。皇后留之，看得幾時。經三日，洗之乃落。宮女奇其異，競效之。今梅花粧是也。」

〔一一〕「拂輕絮」句：清吴景旭歷代詩話卷一六「房子」：「左思魏都賦『緜纊房子』。吴旦生曰：曹操夫人與楊彪夫人書『送房子官綿百斤』，晉陽秋『有司奏調房子睢陽綿，武帝不許』。隋圖經云：『常山高邑縣房子城出白土，細滑膏潤，可以塗飾，兼用之濯錦，可致鮮潔，一名赤石岡是也。』水經注云：『房子城西出白土，細滑如膏，可用濯錦，色奪霜雪，光彩異於常錦，俗以爲美談，言房子之纊也，抑亦蜀錦之得濯江矣，歲貢其錦以爲御府。』梁元帝玄覽賦『飛新梅於倡粉，拂輕絮於房綿』。」太平御覽卷八一九引盧毓冀州論：「房子好綿，地產不爲無珍也。」

〔一二〕月芝：藝文類聚卷九八引抱朴子曰：「月芝，生於名山之陰，崑崙之山，大谷源泉，金石之中。」太平御覽卷九八六引仙人彩芝圖曰：「月芝，生於名山之陰，金石珠玉之間。陰乾，治食，令人有毛二尺，延壽萬歲。」

〔一三〕燈花：燈心餘燼結成的花狀物。北周庾信對燭賦：「刺取燈花持桂燭，還却燈檠下燭盤。」○燃：全梁文、丁本作「然」。今按：然，同「燃」。

〔一四〕員：御製集作「圓」。今按：員，同「圓」。

〔一五〕寤歌：夢中而歌。説文解字夢部：「寤，一曰晝見而夜夢也。」○折柳：古樂曲名。折楊柳曲的省稱。多用以惜别懷遠。

〔一六〕採蓮：古樂曲名。樂府詩集卷二六相和歌辭一江南序：「樂府解題曰：江南古辭，蓋美芳晨麗景，嬉遊得時。若梁簡文『桂楫晚應旋』，唯歌遊戲也。」按梁武帝作江南弄以代西曲，有採蓮、採菱，蓋出於此。」

〔一七〕課：考校，計算。○七分與六日：後漢書卷三〇郎顗傳：「郎顗字雅光，北海安丘人也。父宗，字仲綏，學京氏易，善風角、星算、六日七分，能望氣占候吉凶，常賣卜自奉。」李賢注：「易稽覽圖曰：『甲子卦氣起中孚，六日八十分日之七。』鄭玄注云：『六以候也，八十分爲一日之七者，一卦六日七分也。』」

〔一八〕推：推演。淮南子卷八本經訓：「星月之行，可以曆推得也。」高誘注：「推，求也。」○兩地與參天：周易説卦：「昔者聖人之作易也，幽贊於神明而生蓍，參天兩地而倚數。觀變於陰陽而立卦，發揮於剛柔而生爻，和順於道德而理於義，窮理盡性以至於命。」孔穎達疏：

「倚，立也。既用蓍求卦，其揲蓍所得，取奇數於天，取耦數於地。」清李道平纂疏：「案：參兩之説，先儒不一。馬融、王肅云『五位相合，以陰從陽。天得三合，謂一三與五也。地得兩合，謂二與四也』。王弼云『參，奇也。兩，耦也。七九陽數，六八陰數』。鄭氏云『天地之數備于十，乃三之以天，兩之以地，而倚託大衍之數五十也』。必三之以天，兩之以地者，天三覆，地二載，欲極于數，庶得吉凶之審也。孔疏又引張氏云『以三中含兩，有一以包兩之義，明天有包地之德，陽有包陰之道。故天舉其多，地言其少也』。」清俞樾諸子平議淮南子内篇一「三陽一陰成氣三」：「陽之數以三而奇，陰之數以二而偶，所謂參天兩地也。」

〔一九〕章程：史記卷一三〇太史公自序：「張蒼爲章程。」裴駰集解引如淳曰：「章，曆數之章術也；程者，權衡丈尺斛斗之平法也。」〇鉤股：亦作「勾股」。後漢書卷三五鄭玄傳：「始通京氏易、公羊春秋、三統曆、九章算術。」李賢注：「九章算術，周公作也，凡有九篇：方田一，粟米二，差分三，少廣四，均輸五，方程六，傍要七，盈不足八，鉤股九。」

〔二〇〕剡（yǎn）注而參連：周禮地官司徒保氏：「乃教之六藝……三曰五射。」鄭玄注引鄭司農曰：「五射，白矢、參連、剡注、襄尺、井儀也。」賈公彦疏：「云『參連』者，前放一矢，後三矢連續而去也。云『剡注』者，謂羽頭高鏃低而去，剡剡然。」剡，文苑英華卷一二六、閻本、張本、御製集作「剌」。全梁文、丁本作「剡」。四庫全書考證卷九六漢魏六朝百三家梁元帝集：「刊本『剡』訛『剌』。」今按：作「剡」爲是，據改。

幼墳藉以自娱〔一〕，迄方今而不渝〔二〕。雲氣、芝英之簡〔三〕，懸針、倒薤之書〔四〕。緘乎蒸栗之帙〔五〕，飾乎酸棗之珠〔六〕。擬河獻之留真〔七〕，希淳儒之席珍〔八〕。笑彭聃之下士，聊重義而自欣〔九〕。鑿户牖而長望〔一〇〕，混木雁而兼陳〔一一〕。嗟今來而古往，方絶筆於獲麟〔一二〕。　文苑英華卷一二六、御製集、閻本、張本、全梁文、丁本。又，藝文類聚卷二六有節引。

【校注】

〔一〕墳藉：亦作「墳籍」，指古代典籍。

〔二〕方今：當今。墨子尚同中：「方今之時，復古之民始生，未有正長之時。」○渝：詩經鄭風羔裘：「彼其之子，舍命不渝。」毛傳：「渝，變也。」

〔三〕雲氣：即「雲書」，書體名。太平御覽卷七四八引庾元威論書曰：「余爲書十牒屏風，書作十體，間以采墨，當時衆所驚異。自爾絶筆，惟留草本而已。其百體者……日書、月書、風書、雲書、科斗署書……」○芝英：書體名。唐韋續墨藪五十六種書：「芝英書者，六國時各以異體爲符信所製也。」唐顔師古等慈寺碑：「芝英、垂露之書，觀者眩目。」

〔四〕懸針、倒薤：俱書體名。唐封演封氏聞見記文字：「南齊蕭子良撰古文之書五十二種，鵠頭、蚊脚、懸針、垂露、龍爪、仙人、芝英、倒薤、蛇書、蟲書、偃波、飛白之屬，皆狀其體勢而爲之名，雖義涉浮淺，亦書家之前流也。」

〔五〕燕栗之帙：指黃色書套。燕栗，燕熟的栗子，色黃。此指黃色。藝文類聚卷八三引王逸正部論曰：「或問玉符，曰：赤如雞冠，黃如燕栗，白如猪肪，黑如純漆，玉之符也。」帙，説文解字巾部：「書衣也。……袠，帙或从衣。」大廣益會玉篇巾部：「帙，小橐也，書衣也，或作『袠』。」集韻卷九：「帙、袠：説文書衣也，或從衣。」南朝梁蕭統文選序：「飛文染翰，則卷盈乎緗帙。」吕向注：「緗，淺黃色。帙，書衣。」

〔六〕酸棗之珠：後漢書卷八五東夷列傳夫餘國：「出名馬、赤玉、貂豽，大珠如酸棗。」

〔七〕河獻之留真：河獻，指河間獻王劉德，西漢景帝第三子，封河間王。卒，謚獻。史記卷五九五宗世家、漢書卷五三景十三王傳有傳。漢書本傳：「河間獻王德以孝景前二年立，修學好古，實事求是。從民得善書，必爲好寫與之，留其真，加金帛賜以招之。繇是四方道術之人不遠千里，或有先祖舊書，多奉以奏獻王者，故得書多，與漢朝等。」顔師古注：「真，正也。留其正本。」

〔八〕希：仰慕。文選卷二三嵇康幽憤詩：「抗心希古，任其所尚。」吕延濟注：「希，慕也。」○儒：文苑英華卷一二六下小注：「一作『于』。」藝文類聚卷二六、御製集作「于」。○席珍：喻儒者美好的才學。禮記儒行：「哀公命席。孔子侍，曰：『儒有席上之珍以待聘，夙夜强學以待問，懷忠信以待舉，力行以待取，其自立有如此者。』」鄭玄注：「席，猶鋪陳也。鋪陳往古堯舜之善道以待見問也。大問曰聘。」

〔九〕「笑彭」二句：藝文類聚卷二六、御製集作「臨秋水之至樂，登春臺而目（御製集作「自」）欣」。文苑英華卷一二六「欣」下小注：「一作『臨秋水之至樂，登春臺而自欣』。」彭聃，彭祖與老聃的並稱。傳説二人均極長壽。晉嵇紹贈石季倫詩：「遠希彭聃壽，虛心處沖默。」下士，老子第四一章：「下士聞道，大笑之。」顏氏家訓卷四名實：「上士忘名，中士立名，下士竊名。」重義，漢桓寬鹽鐵論錯幣：「古者貴德而賤利，重義而輕財。」自欣，自感欣慰。

〔一〇〕鑿户牖：老子第一一章：「鑿户牖以爲室，當其無，有室之用。」户牖本是門窗，此處以「鑿户牖」喻開創學術流派。文心雕龍諸子：「夫自六國以前，去聖未遠，故能越世高談，自開户牖。」

〔一一〕「混木雁」句：意謂處於材與不材之間以全身遠禍。莊子山木：「莊子行於山中，見大木，枝葉盛茂，伐木者止其旁而不取也。問其故，曰：『無所可用。』莊子曰：『此木以不材得終其天年。』夫子出於山，舍於故人之家。故人喜，命豎子殺雁而烹之。豎子請曰：『其一能鳴，其一不能鳴，請奚殺？』主人曰：『殺不能鳴者。』明日，弟子問於莊子曰：『昨日山中之木，以不材得終其天年；今主人之雁，以不材死：先生將何處？』莊子笑曰：『周將處乎材與不材之間。』」

〔一二〕方：文苑英華卷一二六下小注：「一作『聊』。」藝文類聚卷二六、御製集作「聊」。○絶筆於獲麟：左傳哀公十四年：「十有四年春，西狩獲麟。」杜預注：「麟者，仁獸，聖王之嘉瑞也。時無明王，出而遇獲。仲尼傷周道之不興，感嘉瑞之無應，故因魯春秋而修中興之教。絶筆於獲麟之一句，所感而作，固所以爲終也。……得用曰獲。」此指以著述終老。

【集評】

閣本：評「謬聯萼於天衢；箎東門而畫野，創南國而分墟」：鋪揚父兄，入自己鴻重。評「留吴宫之宿鸗，響平陵之夜鐘」：體班而藻。評「曒光未旭，更籌曙促；猶然陽燧之火，尚執驪龍之燭。或帶桃花之綬，乍響玄山之玉」：琅琅之聲，穿花而近。評「結憤風而炎上，燎原火於驚颷」：琢句崛秀，有漢風。評「桃蔭井而成蹊，萍浮江而泛實」：子虚贊敘，所喜此復敷以便娟，頗近輕纖，然謝堆垛矣。評「見白題之蹋鼓，看烏孫之學瑟」：簇簇眉痕。評「傷兔走之依株」：巧致。評「子既生而冠字」：衛武之嗟。評「何蠡川之浩浩，而匡岫之蒼蒼」：彭蠡、匡盧承作兩大段，氣古筆弘，非六朝習也。評「飛新梅於倡粉，拂輕絮於房綿」：忽如曉奩乍啓。

吴汝綸梁元帝集選玄覽賦評語：「仿西征。」（今按：西征，指潘岳西征賦，見文選卷九。）

言志賦〔一〕

天文既表〔二〕，人文可觀〔三〕。知負扆之來易〔四〕，信握鏡之云難〔五〕。差立極而補天〔六〕，驗璧合而珠連〔七〕。有庖羲之八索〔八〕，稱朱襄之五弦〔九〕。聞夏王之鑄鼎〔一〇〕，重農皇之播田〔一一〕。雖車軌之未同〔一二〕，亶彌媿於棟隆〔一三〕。戮封豕於海内〔一四〕，斬長狄於區中〔一五〕。懷宿昔之璵璠〔一六〕，並來遊於菟園〔一七〕。悲元瑜之已逝〔一八〕，歎靈光之獨存〔一九〕。想延賓於北閣〔二〇〕，因置酒於南軒〔二一〕。聞鸎鳴而懷友〔二二〕，聽長笛其何言〔二三〕。夙有尚於清静，叨再□於鄢郢〔二四〕。東窺文命之穴〔二五〕，南望洪崖之井〔二六〕。遂撫運而登庸〔二七〕，謬垂旒而卷領〔二八〕。雖有愧於前英，每求衣於未明〔二九〕。召司烜而照夜〔三〇〕，觀執珪而滿庭〔三一〕。誠雖休以勿休〔三二〕，寔旨酒之忘憂〔三三〕。絶何楊之妙舞〔三四〕，廢綿駒之善謳〔三五〕。彼知止與知足〔三六〕，復何營而何欲。柱何用於黄金〔三七〕，案寧勞於青玉〔三八〕。爾乃高步北園〔三九〕，用蕩囂煩〔四〇〕。桂偃蹇而臨棟〔四一〕，石穹隆而架門〔四二〕。對灌木之修聳，觀激水之飛奔。澗不風而自響，天無雲而晝昏。聞賓鴻之夜飛〔四三〕，想過沛而需衣〔四四〕。況登樓而作賦〔四五〕，望淮海而思歸〔四六〕。　藝文類聚卷二六、御製集、閣本、張本、全梁文、丁本。

【校注】

〔一〕言志賦：今按：據文中「遂撫運而登庸，謬垂旒而卷領」句，可知此賦寫於蕭繹登基後。據梁書卷五元帝紀，蕭繹即位在承聖元年（552）十一月，此賦蓋作於此後不久。又，隋書卷七八藝術庾季才傳附子質傳：「庾質，字行修，少而明敏，早有志尚。八歲誦梁世祖玄覽、言志等十賦，拜童子郎。」

〔二〕天文：泛指日、月、星辰、風、雲、雨、露、霜、雪等自然現象。周易賁卦：「觀乎天文以察時變。」孔穎達疏：「觀乎天文以察時變者，言聖人當觀視天文剛柔交錯相飾成文以察四時變化。若四月純陽用事，陰在其中，靡草死也。十月純陰用事，陽在其中，齊麥生也。是觀剛柔而察時變也。」

〔三〕人文：指禮樂教化。周易賁卦：「觀乎人文以化成天下。」孔穎達疏：「言聖人觀察人文，則詩書禮樂之謂，當法此教而化成天下也。」

〔四〕負扆：謂皇帝臨朝聽政。荀子正論：「居則設張容，負依而坐。」楊倞注：「户牖之間謂之依，亦作『扆』。扆、依音同。」淮南子卷一三氾論訓：「周公繼文王之業……負扆而朝諸侯。」高誘注：「負，背也。扆，户牖之間，言南面也。」文選卷四〇沈約奏彈王源：「陛下所以負扆興言，思清弊俗者也。」李善注：「禮曰：『天子負斧扆南向而立。』鄭玄曰：『負之言背也。斧依，爲斧文屏風。扆與依同。』」李周翰注：「扆，屏風也。」〇來：御製集、閣本、張本作「未」。今按：疑作「未」是。

〔五〕握鏡：文選卷五五劉孝標廣絶交論：「蓋聖人握金鏡，闡風烈，龍驪蠖屈，從道汙隆。」李善

注：「春秋孔録法曰：『有人卯金刀，握天鏡。』雒書曰：『秦失金鏡。』鄭玄曰：『金鏡，喻明道也。』」蕭繹玄覽賦：「粤我皇之握鏡，實乃神而乃聖。」

〔六〕立極補天：淮南子卷六覽冥訓：「往古之時，四極廢，九州裂，天不兼覆，地不周載……於是女媧鍊五色石以補蒼天，斷鼇足以立四極。」此喻挽回世運。南朝梁陸倕新漏刻銘：「業類補天，功均柱地。」

〔七〕璧合珠連：漢書卷二一律曆志上：「日月如合璧，五星如連珠。」顔師古注引孟康曰：「謂太初上元甲子夜半朔旦冬至時，七曜皆會聚斗、牽牛分度，夜盡如合璧連珠也。」此喻衆美畢集，相得益彰。

〔八〕庖羲：即伏羲，中國神話傳説中人類的始祖。西晉皇甫謐帝王世紀：「古號曰庖羲氏，是爲羲皇。」○八索：古書名。釋名卷六釋典藝：「八索：索，素也。著素王之法，若孔子者，聖而不王，制此法者有八也。……此皆三王以前上古羲皇時書也。」

〔九〕朱襄之五弦：吕氏春秋卷五仲夏紀古樂：「昔古朱襄氏之治天下也，多風而陽氣畜積，萬物散解，果實不成，故士達作爲五弦瑟，以來陰風，以定群生。」路史卷九：「有巢氏没，數閲世而朱襄氏立，於是多風，群陰閼曷，諸陽不成，百物散解，而果蓏草木不遂，遲春而黄落，盛夏而痁痎，乃令士達作五弦之瑟，以來陰氣，以定群生。令曰來陰，都於朱，故號曰朱襄氏。」五弦，指五弦瑟。

〔一〇〕「夏王」句：左傳宣公三年：「楚子伐陸渾之戎，遂至於雒，觀兵于周疆。定王使王孫滿勞楚子。楚子問鼎之大小、輕重焉。對曰：『在德不在鼎。昔夏之方有德也，遠方圖物，貢金九牧，鑄鼎象物，百物而爲之備，使民知神姦。』」

〔一一〕農皇：傳説中的神農氏，其教民稼穡。周易繫辭下：「包犧氏没，神農氏作，斲木爲耜，揉木爲耒。耒耨之利，以教天下。」漢應劭風俗通皇霸三皇：「遂人爲遂皇，伏羲爲戲皇，神農爲農皇也。」皇，全梁文、丁本作「黄」。

〔一二〕「雖車軌」句：各種車軌尺寸還不相同。意謂天下尚未統一。禮記中庸：「今天下車同軌，書同文，行同倫。」史記卷六秦始皇紀：「一法度衡石丈尺，車同軌，書同文字。」

〔一三〕亶（dǎn）：詩經小雅常棣：「是究是圖，亶其然乎？」毛傳：「亶，信也。」○棟隆：周易大過卦：「象曰：棟隆之吉，不橈乎下也。」孔穎達疏：「猶若所居屋棟隆起，下必不橈。」後用以比喻能擔負重任。文選卷二五盧諶贈劉琨詩：「上弘棟隆，下塞民望。」李周翰注：「琨能興復晉室，上大夫國家梁棟，下滿萬人之望也。」

〔一四〕封豕：左傳昭公二十八年：「樂正后夔取之，生伯封，實有豕心，貪惏無饜，忿纇無期，謂之封豕。」史記卷一一七司馬相如傳：「射封豕。」裴駰集解引郭璞注：「封豕，大豬。」此喻指叛將侯景。景生平詳梁書卷五六侯景傳。封，詩經周頌烈文：「無封靡于爾邦，維王其崇之。」毛傳：「封，大也。」

〔一五〕長狄：春秋時狄族的一支。左傳文公十一年載：狄人侵魯，魯敗之於鹹，「獲長狄僑如。富父終甥摏其喉以戈，殺之」。此指侯景。景，鮮卑化羯人，故稱。

〔一六〕璵璠：左傳定公五年：「季平子行東野。還，未至，丙申，卒于房。陽虎將以璵璠斂。」杜預注：「璵璠，美玉，君所佩。」後喻指優秀美好的人物。文選卷二四曹植贈徐幹：「亮懷璵璠美，積久德逾宣。」

〔一七〕菟園：即「兔園」，園囿名。也稱梁園。在今河南省商丘縣東。西漢梁孝王劉武所築，爲遊賞與延賓之所。西京雜記卷二：「梁孝王好營宫室苑囿之樂，作曜華之宫，築兔園。」此借指帝王的園林。

〔一八〕「悲元瑜」句：文選卷四二魏文帝與朝歌令吴質書：「每念昔日南皮之遊，誠不可忘。……今果分別，各在一方，元瑜長逝，化爲異物。每一念至，何時可言！」元瑜，三國時阮瑀字元瑜。瑀，陳留尉氏人，建安七子之一。與曹丕友善。三國志卷二一魏書有傳。

〔一九〕靈光之獨存：漢王延壽魯靈光殿賦序：「魯靈光殿者，蓋景帝程姬之子恭王餘之所立也。……遭漢中微，盜賊奔突，自西京未央、建章之殿，皆見隳壞，而靈光巋然獨存。」此喻碩果僅存之人。靈光，殿名。故址在今山東省曲阜市東。

〔二〇〕延賓於北閣：太平御覽卷一八四引漢書曰：「甘露中，五經諸儒雜論於石渠閣。」後漢書卷三章帝紀：「於是下太常、將、大夫、博士、議郎、郎官及諸生、諸儒會白虎觀，講議五經同異，使五官中郎將魏應承制問，侍中淳于恭奏，帝親稱制臨決，如孝宣甘露石渠故事，作白虎議奏。」李賢注：「前書：『甘露二年，詔諸儒講五經異同，蕭望之等平奏其議，上親制臨決焉。』又曰：『施讎，甘露中論五經于石渠閣。』三輔故事曰：『石渠閣在未央殿北，藏秘書之所。』」於，閻本、張本作「之」。

〔二〕置酒：陳設酒宴。晉左思蜀都賦：「吉日良辰，置酒高堂。」置，閻本、張本作「寘」，全梁文、丁本作「直」。

〔三〕鸎鳴：「鸎」同「鶯」。詩經小雅伐木：「伐木丁丁，鳥鳴嚶嚶。出自幽谷，遷于喬木。嚶其鳴矣，求其友聲。」詩序：「伐木，燕朋友故舊也。自天子至于庶人，未有不須友以成者。親親以睦，友賢不棄，不遺故舊，則民德歸厚矣。」毛傳：「君子雖遷於高位，不可以忘其朋友。」鄭玄箋：「『嚶其鳴矣』，遷處高木者。『求其友聲』，求其尚在深谷者。其相得，則復鳴嚶嚶然。」南朝梁蕭統答湘東王求文集及詩苑英華書：「樹花發，鶯鳴和。」宋葉大慶考古質疑卷四：「東皋雜録：詩：『伐木丁丁，鳥鳴嚶嚶。出自幽谷，遷于喬木。』又曰：『嚶其鳴矣，求其友聲。』鄭箋云：『嚶嚶，兩鳥聲。』正文與注皆未嘗及黄鳥。自白樂天作六帖，始類入鶯門，又作詩每用之，如『谷幽鶯暫遷』、『不失遷鶯侶』、『鶯遷各異年』、『樹集鶯朋友』之類，後人多祖述用之。緗素雜記載：『劉夢得嘉話云：「今謂進士登第爲遷鶯者久矣，蓋自詩云『伐木丁丁，鳥鳴嚶嚶。出自幽谷，遷于喬木』，又曰『嚶其鳴矣，求其友聲』，並無鶯字。

頃歲省試早鶯求友詩，又鶯出谷詩，别書固無證據。」斯大誤也。余謂今人吟詠多用「遷鶯」、「出谷」事，又曲名喜遷鶯，皆循襲唐人之誤。故宋景文云「曉報谷鶯朋友動」，又「杏園初日待鶯遷」。舒王云「鶯猶尋舊友」。惟漢梁鴻思友人詩曰：「鳥嚶嚶兮友之期，念高子兮僕懷思。」南史劉孝標絶交論云：「嚶鳴相召，星流電激。」是真得詩意。』苕溪漁隱曰：『涪翁詩「千林風月鶯求友」，亦承唐人之誤。然自唐至今，誤用者衆，爲時碩儒尚猶如此，餘何足怪！』洪駒父云：『古今詩人誤用「出谷」「遷喬」爲黄鶯，按詩注「嚶嚶，兩鳥聲」，非鶯也。禽經稱「鶯嚶嚶然」，要是後人傅會，非詩本意。』已上諸公議論如此。大慶按：詩『嚶嚶』雖非指鶯，然漢張衡歸田賦『王雎鼓翼，倉庚哀鳴。交頸頡頏，關關嚶嚶』，又東都賦『雎鳩鸝黄，關關嚶嚶』，蓋倉庚、鸝黄即所謂鶯也。張衡皆以『嚶嚶』言之，則唐人以『嚶嚶』爲鶯，又未必不本於此。若以爲樂天始誤，竊謂不然。蓋李嶠鶯詩『乍離幽谷日，先囀上林風』，李白荆門望蜀江詩『花飛出谷鶯』，二李蓋先於樂天矣。況梁元帝言志賦『聞鶯鳴而懷友』，陳楊謹從駕祀麓山廟詩『窗幽細網合，階静落花明。簷巢始入燕，軒樹已遷鶯』，自梁陳已用遷鶯事，而曰承襲唐人之誤。非也。」

〔二三〕「聽長笛」句：文選卷一六向秀思舊賦并序：「鄰人有吹笛者，發聲寥亮。追思曩昔遊宴之好，感音而歎，故作賦云。」同書卷一八馬融長笛賦李善注引説文：「笛七孔，長一尺四寸，今人長笛是也。」

〔二四〕叨：猶忝，用作謙詞，表示承受之意。○□：藝文類聚卷二六壞字，汪紹楹校：「疑是『駐』字。」御製集、閣本、張本、全梁文、丁本作「入」。○鄢郢：春秋楚文王定都于郢，惠王之初曾遷都于鄢，仍號郢。史記卷六九蘇秦傳：「秦必起兩軍，一軍出武關，一軍下黔中，則鄢郢動矣。」張守節正義：「鄢鄉故城在襄州率道縣南九里。安郢城在荆州江陵縣東北六里。」史記卷一二九貨殖列傳：「江陵故郢都。」張守節正義：「荆州江陵縣故爲郢，楚之都。」鄢郢楚地，此代指荆州。今按：據梁書卷五元帝紀，普通七年（526），蕭繹初爲荆州刺史，太清元年（547），又爲荆州刺史，都督荆雍湘司郢寧梁南北秦九州諸軍事，故云「再入」。

〔二五〕文命之穴：即「禹穴」，相傳爲夏禹的葬地，在今浙江省紹興市之會稽山。史記卷一三〇太史公自序：「二十而南游江、淮，上會稽，探禹穴。」裴駰集解引張晏曰：「禹巡狩至會稽而崩，因葬焉。上有孔穴，民間云禹入此穴。」此處代指會稽郡。蕭繹懷舊志序曰：「吾自北守琅臺，東探禹穴。」文命，蕭繹金樓子興王篇：「帝禹夏后氏，名曰文命，字高密。」

〔二六〕洪崖之井：在今江西省新建縣西洪涯山下。水經注卷三九贛水：「〔贛水〕西行二十里曰散原山……西北五六里有洪井，飛流懸注，其深無底，舊説洪崖先生之井也。」洪崖，即「洪涯」。文選卷二張衡西京賦：「洪涯立而指麾，被毛羽之襳襹。」薛綜注：「洪涯，三皇時伎人。」洪，藝文類聚卷二六、閣本、張本、全梁文、丁本作「鴻」，御製集作「洪」。今按：作「洪」

是，據改。

〔二七〕撫運：順應時運。撫，楚辭九章懷沙「撫情効志兮」，王逸注：「撫，循也。」○登庸：指登皇帝位。漢揚雄劇秦美新：「臣伏惟陛下以至聖之德，龍興登庸，欽明尚古，作民父母，爲天下主。」

〔二八〕垂旒：古代帝王冠冕前後以繫綴的玉串。漢班固白虎通卷一○紼冕：「垂旒者，示不視邪。」此指居帝王之位。今按：梁書卷五元帝紀：「承聖元年冬十一月丙子，世祖即皇帝位於江陵。」○卷領：衣領外翻。古人認爲是遠古服式。文子上禮：「老子曰：『古者被髮而無卷領，以王天下。』」淮南子卷一三氾論訓：「古者，有鍪而綣領以王天下者矣。」高誘注：「古者，蓋三皇以前也。……綣領，皮衣屈而紩之，如今胡家韋襲反褶以爲領也。一説……綣，繞頸而已，皆無飾。」南朝梁何遜九日侍宴樂游苑詩：「垂衣化比屋，卷領慎爲君。」南朝齊謝朓永明樂第二：「鴻名軼卷領，稱首邁垂衣。」此指統領天下。

〔二九〕求衣於未明：形容勤於政事。漢書卷五一鄒陽傳：「始孝文皇帝據關入立，寒心銷志，不明求衣。」顏師古注：「張晏曰：『……求衣，夜索衣著，不及待明，意不安也。』臣瓚曰：『文帝入關而立，以天下多難，故乃寒心戰慄，未明而起。』」

〔三〇〕司烜：官名。周禮秋官司寇司烜氏：「掌以夫遂取明火於日，以鑒取明水於月，以共祭祀之明齍、明燭，共明水。」

〔三一〕執珪：古代帝王以珪賜有功之臣，使持之朝見。呂氏春秋卷二〇恃君覽知分：「荆王聞之，仕之執圭。」高誘注：「周禮：『侯執信圭。』楚以次非勇武而侯之。」此指朝廷官員。今按：圭、珪通。

〔三二〕雖休以勿休：尚書呂刑：「爾尚敬逆天命以奉我一人，雖畏勿畏，雖休勿休。」孔安國傳：「汝當庶幾敬逆天命以奉我一人之戒，行事雖見畏，勿自謂可敬畏；雖見美，勿自謂有德美。」爾雅釋詁：休，「美也」。

〔三三〕旨酒：美酒。詩經小雅鹿鳴：「我有旨酒，以燕樂嘉賓之心。」〇忘憂：陶淵明飲酒：「泛此忘憂物，遠我遺世情。」

〔三四〕何楊：疑當作「阿陽」，「陽阿」之倒訛。淮南子卷二俶真訓：「足蹀陽阿之舞，而手會緑水之趨。」高誘注：「陽阿，古之名倡也。」三國魏曹植箜篌引：「陽阿奏奇舞，京洛出名謳。」南朝宋鮑照舞鶴賦：「雖邯鄲其敢倫，豈陽阿之能擬。」

〔三五〕綿駒：人名。孟子告子下載：淳于髡曰：「綿駒處於高唐，而齊右善歌。」漢趙岐注：「綿駒，善歌者也。」

〔三六〕知止與知足：謂懂得適可而止。老子第四四章：「故知足不辱，知止不殆，可以長久。」

〔三七〕「柱何」句：太平御覽卷一八七引晉書曰：「太始二年秋，營太廟，致荆山之材，採華山之石，鑄銅柱十二，塗以黃金，鏤以百物，綴以明珠。」又引漢武内傳曰：「上起神屋，鑄銅爲柱，金塗，大五圍。」又引帝王世紀曰：「桀作金柱三千。」

〔三八〕「案寧」句：文選卷二九張衡四愁詩之四：「美人贈我錦繡段，何以報之青玉案。」劉良注：「玉案，美器，可以致食。」

〔三九〕高步：闊步，大步。晉左思詠史之五：「被褐出閶闔，高步追許由。」

〔四〇〕囂煩：喧鬧煩憂。

〔四一〕偃蹇：楚辭離騷：「望瑤臺之偃蹇兮，見有娀之佚女。」王逸注：「偃蹇，高貌。」

〔四二〕穹隆：文選卷二張衡西京賦：「於是鉤陳之外，閣道穹隆。」李善注：「穹隆，長曲貌。」

〔四三〕賓鴻：即鴻雁。禮記月令：季秋之月，「鴻雁來賓。」鄭玄注：「來賓，言其客止未去也。」

〔四四〕過沛：史記卷八高祖本紀：「高祖還歸，過沛，留。置酒沛宮，悉召故人父老子弟縱酒，發沛中兒得百二十人，教之歌。酒酣，高祖擊筑，自爲歌詩曰：『大風起兮雲飛揚，威加海内兮歸故鄉，安得猛士兮守四方！』令兒皆和習之。高祖乃起舞，慷慨傷懷，泣數行下。謂沛父兄曰：『游子悲故鄉。吾雖都關中，萬歲後吾魂魄猶樂思沛。且朕自沛公以誅暴逆，遂有天下，其以沛爲朕湯沐邑，復其民，世世無有所與。』沛父兄諸母故人日樂飲極驩，道舊故爲笑樂。」沛縣，漢高祖劉邦故鄉，治所在今江蘇省徐州市沛縣。

〔四五〕登樓而作賦：東漢建安九年(205)秋，王粲在荆州登上麥城城樓，寫下著名的登樓賦。賦見文選卷一一，李善注：「盛弘之荆州記曰：當陽縣城樓，王仲宣登之而作賦。」

〔四六〕淮海：尚書禹貢：「淮海惟揚州。」故此處代揚州，時爲京師建康所在。蕭繹登基前後，有還都建康之考慮，並曾與臣下討論。見本書議移都令、次建業詔及周書卷四二宗懍傳等。淮，藝文類聚卷二六作「懷」，御製集、閣本、張本、全梁文、丁本作「淮」。今按：作「淮」是，據改。

【集評】

歷代詩話卷一九「華山」：自馮衍有顯志賦，而劉楨之遂志、丁儀之厲志、韋誕之敘志、棗據之表志、曹攄之述志、陸機之遂志、梁元帝之言志諸賦出矣。

詩

奉敕爲詩〔一〕

池萍生已合，林花發稍稠〔二〕。風入花枝動，日映水光浮〔三〕。金樓子自序、太平御覽卷六〇二、古詩紀卷一五一。又，説郛卷五八梁劉劭幼童傳引稠韻。

【校注】

〔一〕奉敕爲詩：金樓子自序：「余六歲解爲詩，奉敕爲詩云云，因爾稍學爲文也。」今按：據梁書卷五元帝紀，蕭繹生於天監七年（508）八月，則此詩作於天監十三年（514）。

〔二〕稠：金樓子各本同，太平御覽卷六〇二、説郛卷五八下、古詩紀卷一五一引作「周」。文選卷第一九束晳補亡詩之三：「黍發稠華，亦挺其秀。」李善注：「蒼頡篇曰：『稠，衆也。』」

〔三〕映：金樓子各本同，太平御覽卷六〇二、古詩紀卷一五一作「照」。

贈到溉到洽〔一〕

魏世重雙丁〔二〕，晉朝稱二陸〔三〕。何如今兩到〔四〕，復似凌寒竹〔五〕。梁書卷四〇到溉傳、記纂淵海卷四〇、古詩紀卷八一、御製集、張本、丁本。

【校注】

〔一〕贈到溉到洽：御製集題作「贈到溉到洽」，古詩紀卷八一、御製集、張本、丁本題作「贈到溉洽」，今題從御製集。到溉，字茂灌，彭城武原人。湘東王繹爲會稽太守，以溉爲輕車長史，行府郡事。梁書卷四〇、南史卷二五有傳。到洽，字茂沿，到溉弟。美容質，善言吐。普通七年出爲尋陽太守，次年卒於郡，謚理子。文集行於世。梁書卷二七、南史卷二五有傳。梁書到溉傳：「溉家門雍睦，兄弟特相友愛。初與弟洽常共居一齋，洽卒後，便捨爲寺，因斷腥膻，終身蔬食，別營小室，朝夕從僧徒禮誦。……有集二十卷行於世。時以溉、洽兄弟比之二陸，故世祖贈詩」云云。今按：據梁書卷五元帝紀，蕭繹普通七年(526)出爲荊州刺史，則其贈到氏兄弟詩必在此前。

〔二〕雙丁：指三國魏丁儀、丁廙兄弟。二丁爲沛郡人，並學博才朗，爲曹植親信。生平詳三國志卷一九曹植傳裴松之注引魏略。

〔三〕二陸：指晉陸機、陸雲兄弟。二陸以兄弟友愛、文才傑出著稱。晉書卷五四有傳。晉書陸雲傳：「〔陸雲〕少與兄機齊名，雖文章不及機，而持論過之，號曰『二陸』。」

〔四〕何：張本作「河」。四庫全書考證卷九六漢魏六朝百三家梁元帝集：「刊本『何』訛『河』，據古詩紀改。」

〔五〕凌寒竹：説文解字竹部：「竹，冬生草也。」凌寒，冒著嚴寒。寒，記纂淵海卷四〇作「雲」。

和彈箏人〔一〕

其一

横箏在故帷〔二〕，忽憶上絃時。舊柱未移處〔三〕，銀帶手經持〔四〕。悔道啼將别，交成今日悲〔五〕。初學記卷一六、文苑英華卷二一二、古詩類苑卷四八、古詩紀卷八一、六朝詩集、御製集、閣本、張本、丁本。

【校注】

〔一〕和彈箏人：六朝詩集題作「彈箏」。古詩紀卷八一題下小注：「和昭明。」初學記卷一六：「風俗通曰：箏，秦聲也。或曰蒙恬所造，五絃筑身。并、涼二州，箏形如瑟。傅玄箏賦曰：上圓象天，下平象地，中空準六合，絃柱擬十二月。斯乃仁智之器，豈蒙恬亡國之臣所能開思運巧。釋名曰：箏，施絃高，箏箏然。阮瑀箏賦曰：箏長六尺，以應律數，絃有十二象四時，柱高三寸象三才。」梁昭明太子蕭統有詠彈箏人詩。今按：俞紹初昭明太子集校注於詩題下有注云：「按初學記卷十六又引有梁元帝和彈箏人詩二首，味其意，當爲和昭明而作者。又昭明此詩有『還作三洲曲』之句，三洲在荆州，疑蕭繹赴荆州任時昭明贈之以箏，詠其事而有此詩。考梁書武帝紀，普通七年（526）蕭繹出爲荆州刺史，事蓋在其時。」依俞氏之説，則蕭繹此詩亦作于普通七年。

〔二〕故帷：舊時帳幕。帷，周禮天官冢宰幕人：「掌帷幕幄帟綬之事。」鄭玄注：「在旁曰帷，在上曰幕。幕或在地，展陳于上。帷幕皆以布爲之。」

〔三〕柱：箏上用以繫弦的部件。○未：文苑英華卷二一二、閣本、張本、丁本作「離」。

〔四〕銀帶：蓋指銀製的撥子，又稱撥片，彈奏絃樂器的用具。○經：文苑英華卷二一二、閣本、張本、丁本作「輕」。文苑英華下小注：「一作『經』。」

〔五〕交：文苑英華卷二一二、古詩類苑卷四八、古詩紀卷八一、六朝詩集、御製集、閣本、張本、丁本作「教」。今按：交，用同「教」。集韻爻韻：「教，令也。」

【集評】

采菽堂古詩選補遺卷三：末二句聲脆，作唐律，於此等句法入，能藥俗響。

【附】梁昭明太子蕭統詠彈箏人詩：故箏猶可惜，應度新人邊。塵多澀移柱，風燥脆調絃。還作三洲曲，誰念九重泉。

其二

瓊柱動金絲〔一〕，奏聲發趙曲〔二〕。流徵含陽春〔三〕，美手過如玉〔四〕。藝文類聚卷四四、初學記卷一六、文苑英華卷二一二、古詩類苑卷四八、古詩紀卷八一、古詩鏡卷一九、六朝詩集、御製集、閣本、張本、丁本。

【校注】

〔一〕瓊柱：即玉柱，指箏上用以繫弦的玉製部件。文選卷一六江淹別賦：「掩金觴而誰御，横玉柱而霑軾。」吕延濟注：「瑟有柱，以玉爲之。」瓊，六朝詩集作「璚」。今按：璚，同「瓊」。○金絲：琴弦的美稱。

〔二〕「奏聲」句：謂箏彈奏出通俗的曲調。奏，初學記卷一六、文苑英華卷二一二、古詩類苑卷四八、古詩紀卷八一、古詩鏡卷一九、御製集、閣本、張本、丁本作「秦」。今按：疑作「秦」是。秦李斯諫逐客書：「夫擊甕叩缶，彈箏搏髀，而歌呼嗚嗚快耳者，真秦之聲也。」文選卷四一楊惲報孫會宗書：「家本秦也，能爲秦聲。婦趙女也，雅善鼓琴，奴婢歌者數人，酒後耳熱，仰天撫缶而呼嗚嗚。」風俗通義卷六「箏」：「謹按禮樂記：『箏，五弦筑身也。』……或曰秦蒙恬所造。」初學記卷一六引風俗通曰：「風俗通曰：箏，秦聲也。或曰蒙恬所造。」南朝梁沈約詠箏詩曰：「秦箏吐絶調，玉柱揚清曲。絃依高張斷，聲隨妙指續。徒聞音繞梁，寧知顔如玉。」趙曲，趙地音樂。此代指俗樂。南朝梁劉勰劉子正賞：「以趙曲爲雅聲者，唯鍾期不溷其音。」

〔三〕「流徵」句：謂箏彈奏出美妙高雅的樂曲。流徵，指流轉變化的音樂。戰國楚宋玉對楚王問：晉成公綏嘯賦：「雜商羽於流徵。」徵，古五音之一。陽春，文選卷四五宋玉對楚王問：「其爲陽春、白雪，國中屬而和者不過數十人；引商刻羽，雜以流徵，國中屬而和者不過數人而已。」李周翰注：「陽春、白雪，高曲名也。」後泛指高雅的曲子。南朝宋鮑照翫月城西門廨中詩：「蜀琴抽白雪，郢曲發陽春。」

〔四〕「美手」句：南朝樂府西洲曲：「欄杆十二曲，垂手明如玉。」戰國楚宋玉笛賦：「延長頸，奮玉手，摛朱脣，曜皓齒。」

【集評】

古詩鏡卷一九：末句韻甚。

閣本：評「美手過如玉」：棄曲取手，幾於不是知音。

去丹陽尹尹荆州〔一〕

其一

驂駕乘駟馬〔二〕，謁帝朝承明〔三〕。分符莅閩越〔四〕，終然慙勵精〔五〕。藝文類聚卷五〇、古詩類苑卷八三、古詩紀卷八〇、六朝詩集、御製集、閻本、張本、丁本。又，錦繡萬花谷後集卷一二、元富大用古今事文類聚遺集卷一三引「明」韻。

【校注】

〔一〕去丹陽尹尹荆州：古詩類苑卷八三、古詩紀卷八〇、六朝詩集、御製集題作「去丹陽尹荆州」。錦繡萬花谷後集卷一二、元富大用古今事文類聚遺集卷一三均引作梁元帝尹荆州。古詩類苑卷八三、張本、丁本詩末小注：「闕。」今按：蕭繹由會稽太守入爲丹陽尹，全詩四句蓋回憶仕歷，確似有闕。丹陽尹，京師所在丹陽郡的行政長官。丹陽，郡名。據宋書卷三五州郡志，丹陽郡，晉武帝太康二年移治建康，元帝太興元年改爲尹。此後迄梁陳，丹陽尹治所皆在建康，即今江蘇省南京市。蕭繹玄覽賦：「既攝州於淮海，且作尹乎中京。」又，據吴光興蕭綱蕭繹年譜，蕭繹於普通三年（522）爲丹陽尹。普通七年（526），出爲荆州刺史，都督荆湘郢益寧南梁六州諸軍事。同書「普通七年」下繫此詩云：「蕭繹此二詩，質諸詩意，皆與詩題『去丹陽尹尹荆州詩』有參差。所謂『尹荆州』亦費解。姑繫於此，俟考。」今按，疑「伊荆州」之「尹」爲「之」之誤。參中古文學史料叢考卷四蕭繹、蕭紀爲太守尹條。

〔二〕驂駕：駕馭。楚辭九歌河伯：「乘水車兮荷蓋，駕兩龍兮驂螭。」漢王逸注：「言河伯以水爲車，驂駕螭龍而戲遊也。」洪興祖補注：「驂，蒼含切。在旁曰驂。驂，兩騑也。」

〔三〕承明：宫門名。三國志卷二魏書文帝紀裴松之注：「諸書記是時帝居北宫，以建始殿朝群臣，門曰承明，陳思王植詩曰『謁帝承明廬』是也。」文選卷二四曹植贈白馬王彪：「謁帝承明廬，逝將歸舊疆。」李善注引陸機洛陽記曰：「承明門，後宫出入之門，吾常怪『謁帝承明廬』，問張公，云：魏明帝作建始殿，朝會皆由承明門。」此指入朝。

〔四〕「分符」句：蓋謂爲會稽太守。分符，同「剖符」。古代帝王分與臣下符節的一半作爲封官授爵的信物。閩越，即今福建省北部和浙江省南部一帶。

〔五〕勵精：振奮精神，竭力工作。

【附】

藝文類聚卷五〇引徐勉和元帝詩曰：敬愛良是賢，謙恭寔所務。尊賢遺道德，重學嚴師傅。六藝誠爲敏，三雍稱有裕。覆被唯仁義，吐納必珪璋。壯思如泉湧，逸藻似雲翔。夙有匡時調，早懷經世方。留心在庶績，厲精思治綱。

藝文類聚卷五〇引蕭琛和元帝去丹陽尹尹荆州曰：妙善有兼姿，群材成大廈。奕奕工辭賦，翩翩富文雅。麗藻若龍雕，洪才類河瀉。案牘時多暇，優游閲典墳。儒墨自玄解，文史更區分。平臺禮申穆，兔苑接卿雲。軒蓋蔭馳道，珠履忽成群。德音高下被，英聲遠近聞。

其二〔一〕

副君垂獎眄〔二〕，仁慈穆且敦〔三〕。終朝陪北閣〔四〕，清夜侍西園〔五〕。降貴深知己，寧思食椹恩〔六〕。未嘗辭晝室〔七〕，誰忍去轘轅〔八〕。藝文類聚卷五〇、古詩類苑卷八三、古詩紀卷八〇、六朝詩集、御製集、閣本、張本、丁本。

【校注】

〔一〕其二：御製集題作「尹荆州辭東宫作」。張本題作「又」。吴汝綸校本題作「去丹陽尹尹荆州第二首」。六朝詩集則此詩和上詩合作一首。又，古詩類苑卷八三、張本、丁本詩末小注：「闕。」吴汝綸校云：「此首不闕。」

〔二〕副君：太子。漢荀悦漢紀宣帝紀一：「太子，國儲副君，官屬師友必取天下英俊。」文心雕龍時序：「文帝以副君之重，妙善辭賦。」今按：此處蓋指昭明太子。○獎眄：勉勵眷顧。眄，古詩紀卷八〇作「盻」。

〔三〕穆：詩經大雅烝民：「吉甫作誦，穆如清風。」鄭玄箋：「穆，孔穎達疏：「穆是美之貌，故爲和也。」陳奐傳疏：「穆，美也。」

〔四〕終朝：詩經小雅采綠：「終朝采綠，不盈一匊。」毛傳：「自旦及食時爲終朝。」〇北閣：即「石渠閣」。後漢書卷三章帝紀：「於是下太常、將、大夫、博士、議郎、郎官及諸生、諸儒會白虎觀，講議五經同異，使五官中郎將魏應承制問，侍中淳于恭奏，帝親稱制臨決，如孝宣甘露石渠故事，作白虎議奏。」李賢注：「三輔故事曰：『石渠閣在未央殿北，藏秘書之所。』」此蓋指太子所居之宮殿。隋書卷六三史祥傳：「比監國多暇，養疾閒宮，厭北閣之端居，罷南皮之馳射。」

〔五〕侍：六朝詩集作「待」。〇西園：園苑名。爲漢末曹操所築，在今河北省臨漳縣西。曹植公宴詩云：「公子敬愛客，終宴不知疲。清夜遊西園，飛蓋相追隨。明月澄清景，列宿正參差。」此借指京師建康園苑。

〔六〕食椹恩：喻受人恩惠。詩經魯頌泮水：「翩彼飛鴞，集于泮林。食我桑黮，懷我好音。」毛傳：「黮，桑實也。」鄭玄箋：「言鴞恒惡鳴，今來止於泮水之木上，食其桑黮。爲此之故，故改其鳴，歸就我以善音。喻人感於恩則化也。」陸德明釋文：「葚，本又作椹，音甚，桑實也。」黮，古通「葚」、「椹」。

〔七〕畫室：六朝詩集、御定淵鑑類函卷一一二作「畫室」。今按：作「畫室」或是。畫室，漢官署名。後漢書百官志三：「黄門署長、畫室署長、玉堂署長各一人。丙署長七人。皆四百石，黄綬。本注曰：宦者。各主中宫别處。」漢宫殿中多有彩畫之室。漢書卷一〇元帝紀：「元帝在太子宫生甲觀畫堂。」顔師古注：「應劭曰：『……畫堂，畫九子母。』如淳曰：『……畫堂，堂名。……』師古曰：『……畫堂，但畫飾耳，豈必九子母乎？霍光止畫室中，是則宫殿中通有綵畫之堂室。』」同書卷六八霍光傳：「明旦，光聞之，止畫室中不入。」顔師古注：「如淳曰：『近臣所止計畫之室也，或曰雕畫之室。』雕畫是也。」王先謙補注引周壽昌曰：「畫室當是殿前西閣之室。楊敞傳『上觀西閣上畫人，指桀紂畫謂樂昌侯王武』云云，又云『畫人有堯、舜、禹、湯』，則知西閣畫古帝王像，故稱畫室。」

〔八〕去：往。廣雅釋詁：「去，行也。」〇轘（huán）轅：形容道路環曲險阻。管子地圖：「凡兵主者，必先審知地圖。轘轅之險，濫車之水……名都、廢邑、困殖之地，必盡知之。」尹知章注：「謂路形若轅，而又轘曲。緱氏東南有轘轅道是也。」

赴荆州泊三江口〔一〕

涉江望行旅〔二〕，金鉦間彩遊〔三〕。水際含天色，虹光入浪浮。柳條恒拂岸〔四〕，花氣盡薰舟〔五〕。叢林多故社〔六〕，單戍有危樓〔七〕。疊鼓隨朱鷺〔八〕，長簫應紫騮〔九〕。蓮舟夾鶴氅〔一〇〕，畫舸覆緹油〔一一〕。榜歌殊未息〔一二〕，於此泛安流〔一三〕。文苑英華卷二八九、古詩類苑卷一三、古詩紀卷八〇、御製集、閣本、張本、丁本。又，藝文類聚卷二七引遊、浮、舟、樓四韻。

【校注】

〔一〕赴荆州泊三江口：藝文類聚卷二七題作「經巴陵行部伍詩」。三江口，在今湖北省黄岡市黄州區西三十里，隔江與鄂州市相對。輿地紀勝卷四九「黄州」：三江口，「在團風鎮之下，有江，三路而下，至此會合爲一」。蕭繹於普通七年（526）、太清元年（547）兩次爲荆州刺史，此詩可能寫於其上任路上。另，今湖南郡城三江口，爲荆江、沅江、湘江匯合處，即洞庭湖入長江之口。今按：據藝文類聚卷二七題，似指湖南郡城三江口。

〔二〕行旅：往來旅客。孟子梁惠王上：「行旅皆欲出於王之塗。」

〔三〕金鉦（zhēng）：古樂器。文選卷三張衡東京賦：「戎士介而揚揮，戴金鉦而建黄鉞。」薛綜注：「金鉦，鐲鐃之屬也。」鉦，詩經小雅采芑：「鉦人伐鼓。」毛傳：「鉦以静之，鼓以動之。」孔穎達疏：「説文云：『鉦，鐃也。似鈴，柄中，上下通。』然則鉦即鐃也。」陳奂傳疏：「詩言誓師，則鉦即大司馬之鐸、鐲、鐃矣。……鄭司農注周禮亦以鐸、鐲、鐃謂鉦之屬，然則鉦其大名也。」周禮地官司徒鼓人：「以金錞和鼓，以金鐲節鼓，以金鐃止鼓，以金鐸通鼓。」鄭玄注：「鐲，鉦也，形如小鍾，軍行鳴之，以爲鼓節。司馬職曰：『軍行鳴鐲。』」〔一〇〕彩遊：即彩旗。遊，古詩類苑卷一三、古詩紀卷八〇、六朝詩集、御製集、閣本、張本、丁本作「斿」。説文解字㫃部：「游，旌旗之流也。……遊，古文游。」大廣益會玉篇㫃部：「斿，旌旗之末垂者，或作游。」

〔四〕掃：藝文類聚卷二七、古詩類苑卷一三、古詩紀卷八〇、御製集作「拂」。

〔五〕薰：藝文類聚卷二七作「燻」。

〔六〕社：國語卷四魯語上：「共工氏之伯九有也，其子曰后土，能平九土，故祀以爲社。」韋昭注：「社，后土之神也。」説文解字示部：「社，地主也。从示、土。春秋傳曰：『共工之子句龍爲社神。』周禮：『二十五家爲社，各樹其土所宜之木。』」大廣益會玉篇示部：社，「土地神主也」。

〔七〕危樓：高樓。危，國語卷一四晉語八：「拱木不生危，松柏不生埤。」韋昭注：「危，高險也。」

〔八〕疊鼓：擊鼓。文選卷二八謝朓鼓吹曲：「凝笳翼高蓋，疊鼓送華輈。」李善注：「小擊鼓謂之疊。」張銑注：「疊鼓，其聲重疊也。」〇朱鷺：樂曲名。漢鼓吹鐃歌十八曲之一。蕭繹鳥名詩：「復聞朱鷺曲，鉦管雜迴潮。」

〔九〕紫騮：即紫騮馬，漢樂府曲調名。樂府解題：「漢橫吹曲，二十八解，李延年造。魏晉已來，唯傳十曲：……後又有關山月、洛陽道、長安道、梅花落、紫騮馬、驄馬、雨雪、劉生八曲，合十八曲。」

〔一〇〕鶴氅(chǎng)：古代儀仗中用鳥羽裝飾的旗幡。又，齊梁御仗侍衛亦有著赤氅、青氅外衣者。參隋書卷一二禮儀志。此蓋指旗幡。鶴，古詩類苑卷一三、古詩紀卷八〇、御製集作「羽」。氅，説文解字毛部：「氅，析鳥羽爲旗纛之屬。」

〔一一〕緹(tí)油：紅色油布。漢書卷八九循吏傳黄霸：「居官賜車蓋，特高一丈，別駕主簿車，緹油屏泥於軾前，以章有德。」緹，史記一二六滑稽列傳西門豹：「爲治齋宮河上，張緹絳帷，女居其中。」張守節正義引顧野王曰：「黄赤色也。又音啼，厚繒也。」

〔一二〕榜歌：船夫所唱之歌。南朝梁虞騫尋沈剡夕至嵊亭詩：「榜歌唱將夕，商子處方昏。」

〔一三〕安流：文選卷三二屈原九歌湘君：「令沅湘兮無波，使江水兮安流。」王逸注：「言己乘船，常恐危殆，願君令沅湘無波涌，使江順徑徐流，則得安也。」此處指平静的江水。

【集評】

詩藪内編卷四「近體上」：齊、梁、陳、隋句，有絶是唐律者，彙集於後，俾初學知近體所從來。……元帝「疊鼓隨朱鷺，長簫應紫騮」……皆端嚴華妙。

采菽堂古詩選卷二二：稍能高壯。

後臨荆州〔一〕

擁旄去京縣〔二〕，褰帷辭未央〔三〕。弱冠從王役〔四〕，從容遊豈漲〔五〕。不學胡威絹〔六〕，寧掛裴潛牀〔七〕。所冀方留犢〔八〕，行當息飲羊〔九〕。戲蝶時飄粉，風花乍落香。高欄來蕙氣，疏簾度晚光。綺錢臨仄宇〔一〇〕，阿閣繞長廊〔一一〕。藝文類聚卷五〇、古詩類苑卷八三、古詩紀卷八〇、六朝詩集、御製集、閣本、張本、丁本。

【校注】

〔一〕後臨荆州：六朝詩集題作「臨荆州」。今按：蕭繹兩爲荆州刺史，從文中「弱冠」推測，此蓋寫於前次，時在普通七年（526）。吴光興蕭綱蕭繹年譜卷三「太清元年（547）」下有云：「蕭繹又有後臨荆州詩之作，詩句曰『擁旄去京縣』、『弱冠從王役』云云，蕭繹年十九離京出牧荆州，事迹與詩意相合，可知所謂『後臨荆州詩』，非再牧荆州時之作品，詩題必有誤。」

〔二〕擁旄：持旄節。古代鎮守一方的長官常持有旄節。梁書卷五元帝紀：「初爲寧遠將軍、會稽太守，入爲侍中、宣威將軍、丹陽尹。普通七年，出爲使持節、都督荆湘郢益寧南梁六州諸軍事、西中郎將、荆州刺史。」〇京縣：國都所轄之縣。此指京都建康。文選卷二七謝朓晚登三山還望京邑：「灞涘望長安，河陽視京縣。」李善注：「潘岳河陽縣詩曰：引領望京室，南路在伐柯。」

〔三〕褰帷：指高級地方官履任。後漢書卷三一賈琮傳：「乃以琮爲冀州刺史。舊典，傳車驂駕，垂赤帷裳，迎於州界。及琮之部，升車言曰：『刺史當遠視廣聽，糾察美惡，何有反垂帷裳以自掩塞乎？』乃命御者褰之。百城聞風，自然竦震。」○未央：宮殿名。史記卷八高祖本紀：「蕭丞相營作未央宮。」張守節正義：「括地志云：『未央宮在雍州長安縣西北十里長安故城中。』顏師古云：『未央殿雖南嚮，而當上書奏事謁見之徒皆詣北闕，公車司馬亦在北焉。是則以北闕爲正門，而又有東門、東闕，至於西南兩面，無門闕矣。蕭何初立未央宮，以厭勝之術理宜然乎？』」此處代指朝廷。

〔四〕弱冠：禮記曲禮上：「二十曰弱，冠。」孔穎達疏：「二十成人，初加冠，體猶未壯，故曰弱也。」今按：蕭繹首次爲荆州刺史時年十九。○從：古詩類苑卷八三、古詩紀卷八〇、六朝詩集、御製集作「復」。○王役：指帝王安排的事務。

〔五〕遊豈：古詩類苑卷八三、六朝詩集作空白，御製集爲兩墨丁。○漲：藝文類聚卷五〇汪紹楹校：「句有訛。」古詩類苑卷八三、古詩紀卷八〇、六朝詩集、御製集、閣本、張本、丁本作「張」。

〔六〕胡威絹：太平御覽卷八一七引晉陽秋曰：「胡威字伯虎，父質之爲荆州也，威自京都省之。停中十餘日，告歸。臨辭，質賜其絹一匹爲道路糧。威跪曰：『大人清高，不審於何得此絹？』質曰：『是吾俸之餘，故以與汝耳。』」事亦見晉書卷九〇良史胡威傳。

〔七〕裴潛牀：三國志卷二三魏書裴潛傳：「裴潛字文行，河東聞喜人也。……潛出爲沛國相，遷兗州刺史。」裴松之注引魏略曰：「潛爲兗州時，嘗作一胡牀，及其去也，留以掛柱。」

〔八〕留犢：三國志卷二三魏書常林傳裴松之注引魏略云：「壽春令時苗，少清白。到任時『乘薄軬車，黄牸牛，布被囊。居官歲餘，牛生一犢。及其去，留其犢，謂主簿曰：『令來時本無此犢，犢是淮南所生有也。』」又，晉書卷三四羊祜傳載，鉅平侯羊篇「歷官清慎，有私牛於官舍産犢，及遷而留之」。後以喻居官清廉，纖介不取。

〔九〕行當：謂將要。○息飲羊：新序卷一雜事：「魯有沈猶氏者，旦飲羊，飽之，以鬻市人。公慎氏有妻而淫，慎潰氏奢侈驕佚，魯市之鬻牛馬者善豫賈。孔子將爲魯司寇，沈猶氏不敢朝飲其羊，公慎氏出其妻，慎潰氏踰境而徙，魯之鬻馬牛不豫賈，布正以待之也。」

〔一〇〕綺錢：窗户上刻鏤的精美錢形圖案。文選卷三〇謝朓直中書省詩：「玲瓏結綺錢，深沉映朱網。」李善注引東宫舊事曰：「窗有四面，綾綺連錢。」吕延濟注：「綺錢，朱網，並宫殿之飾也。」樂府詩集卷四四子夜歌晉宋齊辭第四二：「朝日照綺錢，光風動紈素。」此指窗户。○臨：六朝詩集作「反」。○仄宇：低矮的屋簷。宇，詩經豳風七月：「七月在野，八月在宇，九月在户，十月蟋蟀入我牀下。」陸德明音義：「宇，屋四垂爲宇。韓詩云：『宇，屋霤也。』」

〔一一〕阿閣：文選卷二九古詩十九首第五：「西北有高樓，上與浮雲齊。交疏結綺窗，阿閣三重階。」李善注：「尚書中候曰：昔黄帝軒轅，鳳皇巢阿閣。周書曰：明堂咸有四阿。然則閣有四阿，謂之阿閣。鄭玄周禮注曰：四阿若今四注者也。」此指樓閣。

【集評】

閻本：評「戲蝶時飄粉，風花乍落香。高欄來蕙氣，疏簾度晚光」：樓臺多氣色。

和鮑常侍龍川館〔一〕

珍臺接閑館〔二〕，迢遞山之旁〔三〕。多解三真術〔四〕，俱善四明方〔五〕。玉題書仙篆〔六〕，金榜燭神光〔七〕。桂影侵檐進，藤枝繞檻長。苔文隨溜轉〔八〕，梅氣入風香。

藝文類聚卷七八、古詩類苑卷一一四、古詩紀卷八〇、六朝詩集、御製集、閻本、張本、丁本。

【校注】

〔一〕鮑常侍：指鮑泉。泉，字潤岳，祖籍東海郡。少侍湘東王蕭繹，爲王國常侍。梁書卷三〇、南史卷六二有傳。常侍，此指王國常侍。官職名。掌諫諍、司儀。梁二班。○龍川館：館名。在今湖北省荆州市荆州區紀南城西南。今按：據此，則鮑詩當作於荆州，蕭繹和詩亦當作在爲荆州刺史時。

〔二〕「珍臺」句：漢揚雄甘泉賦：「珍臺閑館，琁題玉英。」珍臺，華美的高臺。閑館，寬敞的館舍。漢司馬相如封禪文：「鬼神接靈圉，賓於閑館。」漢班固西都賦：「徇以離宫别寢，承以崇臺閑館。」

〔三〕迢遞：文選卷二六謝朓郡内高齋閑坐答吕法曹：「結構何迢遞，曠望極高深。」吕延濟注：「迢遞，高也。」

〔四〕三真術：指道教法術。三真，指老子、莊子和列子。老子又稱道德真經，莊子又稱南華真經，列子又稱沖虚真經，合稱三真經，道教奉爲主要經典。

〔五〕四明方：指道教方術。真誥卷九協昌期：「夜卧覺，常更叩齒九通，咽液九過。畢，以手按鼻之邊左右上下數十過。微咒曰：『太上四明，九門發精，耳目玄徹，通真達靈。』」宋張君房雲笈七籤卷四三：「功曹接導，開闔靚明，故曰四明。」

〔六〕玉題：匾額的美稱。

〔七〕金榜：金色的匾額。神異經中荒經：「中央有宫，以金爲牆，有金榜，以銀鏤題，曰『天皇之宫』。」

〔八〕文：古詩類苑卷一一四、六朝詩集、御製集作「衣」。○溜：通「霤」。左傳宣公二年：「三進，及溜，而後視之。」孔穎達疏：「溜謂簷下水溜之處。」陸德明釋文：「屋霤也。」

【集評】

閻本：評「苔文隨溜轉」：此水可喜。

春日〔一〕

春還春節美，春日春風過。春心日日異〔二〕，春情處處多。處處春芳動，日日春禽變。春意春已繁，春人春不見。不見懷春人，徒望春光新。春愁春自結，春結詎能申〔三〕。欲道春園趣，復憶春時人。春人竟何在〔四〕，空爽上春期〔五〕。獨念春花落，還似昔春時〔六〕。藝文類聚卷三、文苑英華卷三三一、古詩類苑卷四、古詩紀卷八〇、六朝詩集、御製集、閣本、張本、丁本。

【校注】

〔一〕春日：文苑英華卷三三一、閣本、張本、丁本題作「春日篇」。六朝詩集將此詩置下和劉上黄詩後，並爲一首，題作「春日」。明費經虞雅倫卷一一格式「疊字」引有此詩。又，清吴兆宜玉臺新詠箋注卷七「非宋刻部分」亦録有此詩，署簡文帝。今按：此詩每句用「春」字，蓋模擬陶淵明止酒每句用「止」字。陶淵明止酒：「居止次城邑，逍遥自閑止。坐止高蔭下，步止蓽門裏。好味止園葵，大歡止稚子。平生不止酒，止酒情無喜。暮止不安寢，晨止不能起。日日欲止之，營衛止不理。徒知止不樂，未知止利己。始覺止爲善，今朝真止矣。從此一止去，將止扶桑涘。清顔止宿容，奚止千萬祀。」

〔二〕心：文苑英華卷三三一作「正」，下小注云：「類聚作『心』。」閣本、張本、丁本作「色」。

〔三〕詎：明費經虞雅倫卷一一格式「疊字」條引作「誰」。

〔四〕竟：文苑英華卷三三一、閣本、張本、丁本作「意」。

〔五〕爽：變更。爾雅釋言：「爽，忒也。」邢昺疏：「爽……又爲忒變。」○上春：初學記卷三引梁元帝纂要曰：「正月孟春，亦曰孟陽、孟陬、上春、初春、開春、發春、獻春、首春、首歲、初歲、開歲、發歲、獻歲、肇歲、芳歲、華歲。」

〔六〕似：古詩類苑卷四、古詩紀卷八〇、御製集作「以」。○昔：文苑英華卷三三一、古詩類苑卷四、古詩紀卷八〇、六朝詩集、御製集、張本、丁本作「惜」。

【集評】

明謝榛四溟詩話卷一：梁元帝春日詩用二十三「春」字，鮑泉奉和亦用二十九「新」字，不及淵明止酒詩用二十「止」字，略無虛設，字字有味。

藝苑卮言卷三：陶淵明止酒用二十「止」字，梁元帝春日用二十三「春」字，鮑泉和至用二十九「新」字，僧□□□用十七「化」字，一時遊戲之語，不足多尚。

閣本：喜其調之屢變而不徘。

隨園詩話卷九第三七則：玉臺新詠實國風之正宗，然有不可學者，如湘東王春日，一句用兩「新」字。

錢鍾書管錐編第一册毛詩正義四七七月：女子求桑采蘩，而感春傷懷，頗徵上古質厚之風。後來如梁元帝春日「春心日日異，春情處處多。處處春芳動，日日春禽變」，李商隱無題「春心莫共花争發」，以至牡丹亭第一出「原來姹紫嫣紅開遍」，胥以花柳代桑麻，以遊眺代操作，多聞生思，無事添愁，有若孟郊長安早春所歎：「探春不爲桑，探春不爲麥。日日出西園，衹望花柳色。」華而不實，樸散醇漓，與七月異撰。李覯盱江全集卷三六戲題玉臺集：「江右君臣筆力雄，一言宮體便移風。始知姬旦無才思，衹把豳詩詠女工。」亦有見於斯矣。

【附】

藝文類聚卷三引鮑泉奉和湘東王春日詩曰：新鸎始新歸，新蝶復新飛。新花滿新樹，新月麗新輝。新光新氣早，新望新盈抱。新水新緑浮，新禽新聽好。新景自新還，新葉復新攀。新枝雖可結，新愁詎解顔。新思獨氛氳，新知不可聞。新扇如新月，新蓋學新雲。新落連珠淚，新點石榴裙。

春别應令四首〔一〕

其一

昆明夜月光如練〔二〕，上林朝花色如霞〔三〕。花朝月夜動春心〔四〕，誰忍相思不相見〔五〕。玉臺新詠卷九、藝文類聚卷三二、古詩類苑卷七四、古詩紀卷八一、古詩鏡卷一九、六朝詩集、御製集、閣本、張本、丁本。

【校注】

〔一〕春别應令四首：藝文類聚卷三二題作「别詩」，六朝詩集、閣本題作「别」，張本、丁本題作「春别應令四首」，然實際總括此四首及下文「别詩二首」，共六首詩。古詩紀題下小注云：「和簡文。」先秦漢魏晉南北朝全梁詩卷一五蕭子顯有春别詩四首，小注：「詩紀云：『簡文、元帝同和。』」同書卷二二有梁簡文帝和蕭侍中子顯春别詩四首。今按：三人詩歌當作於同時，蕭繹、蕭子顯係奉蕭綱之命而作。吴光興蕭綱蕭繹年譜卷二「中大通四年（532）」下：「侍中蕭子顯作春别詩四首，太子綱作和蕭侍中子顯春别詩，湘東王繹更和太子，作春别應令詩。按：子顯爲國子祭酒於中大通四年，已詳本譜中大通三年『國子博士蕭子顯表置制旨經義助教及學生』條。梁書卷三五本傳謂子顯『其年遷國子祭酒，又加侍中』，則加侍中亦在中大通四年。梁書本傳謂蕭子顯『五年，選吏部尚書，侍中如故』，其時，子顯爲『蕭尚書』矣，以故，春别詩當作於四年。」

〔二〕昆明：指建康北真武湖，即今江蘇省南京市玄武湖。六朝事迹編類卷二玄武湖：「按南史：宋文帝元嘉二十三年築北堤，立玄武湖於樂遊苑之北，湖中亭臺四所。後黑龍見于湖側，春秋使道士祠之。至孝武大明五年，常閱武于湖西。七年，又於此湖大閱水軍。按輿地志云：齊武帝亦常理水軍於此，號曰昆明池。故沈約登覆舟山詩『南瞻儲胥館，北眺昆明池』，蓋謂此也。」〇練：白絹。南朝齊謝朓晚登三山還望京邑詩：「餘霞散成綺，澄江静如練。」

〔三〕上林：即上林苑，園囿名。故址在今江蘇省南京市雞鳴山東。宋書卷六孝武帝紀：大明三年九月，「壬辰，於玄武湖北立上林苑」。六朝事迹編類卷四上林苑：「南史：宋孝武大明三年，於真武湖北立上林苑。建康實録云：在縣北十三里有古池，俗呼爲飲馬塘。楊修之詩注云：其苑連雞籠山，在縣北七里。」〇如：六朝詩集作「似」。〇霰（xiàn）：詩經小雅頍弁：「如彼雨雪，先集維霰。」毛傳：「霰，暴雪也。」鄭玄箋：「將大雨雪，始必微温。雪自上下，遇温氣而摶，謂之霰，久而寒勝，則大雪矣。」説文解字雨部：「霰，稷雪也。」此借指白色。

〔四〕花朝：古詩類苑卷七四、古詩紀卷八一、古詩鏡卷一九、六朝詩集、御製集作「朝花」。

〔五〕不相：藝文類聚卷三二、六朝詩集作「今不」。

【集評】

吕祖謙詩律武庫卷一三遊賞門「朝花夜月」條：梁元帝贈别詩云：「昆明夜月光如練，上林朝花色如霰。朝花月夜動春心，誰忍相思不相見。」故月練花霰，後人多倣此。

閻本：六首刻絶，文通二賦，殊恨其板。

【附】

玉臺新詠卷九梁皇太子蕭綱和蕭侍中子顯春别四首：

别觀葡萄帶實垂，江南荳蔻生連枝。無情無意猶如此，有心有恨徒别離。

蜘蛛作絲滿帳中，芳草結葉當行路。紅臉脈脈一生啼，黄鳥飛飛有時度。故人雖故昔經新，新人雖新復應故。

可憐淮水去來潮，春堤楊柳覆河橋。淚迹未燥詎終朝，行聞玉佩已相要。

桃紅李白若朝妝，羞持顚頞比新楊。不惜暫住君前死，愁無西國更生香。

玉臺新詠卷九梁蕭子顯春别四首：

翻鶯度燕雙比翼，楊柳千條共一色。但看陌上携手歸，誰能對此空中憶。

幽宫積草自芳菲，黄鳥芳樹情相依。争風競日常聞響，重花疊葉不通飛。當知此時動妾思，慚使羅袂拂君衣。

江東大道日華春，垂楊掛柳掃輕塵。淇水昨送淚沾巾，紅妝宿昔已應新。

銜悲攬涕别心知，桃花李色任風吹。本知人心不似樹，何意人别似花離。

其二

試看機上交龍錦〔一〕，還瞻庭裏合歡枝〔二〕。映日通風影朱幔〔三〕，飄花拂葉度金池〔四〕。不聞離人當重合，惟悲合罷會成離〔五〕。玉臺新詠卷九、藝文類聚卷三二、古詩類苑卷七四、古詩紀卷八一、六朝詩集、御製集、閣本、張本、丁本。

【校注】

〔一〕交龍錦：初學記卷二七引鄴中記曰：「錦有大登高、小登高、大明光、小明光、大博山、小博山、大茱萸、小茱萸、大交龍、小交龍，蒲桃文錦、斑文錦、鳳皇朱雀錦、韜文錦、桃核文錦，或青綈，或白綈，或黄綈，或緑綈，或紫綈，或蜀綈，工巧百數，不可盡名也。」三國志卷三〇烏丸鮮卑東夷傳：「今以絳地交龍錦五匹、絳地縐粟罽十張、蒨絳五十匹、紺青五十匹，答汝所獻貢直。」交，藝文類聚卷三二、六朝詩集作「蛟」，吴兆宜玉臺新詠箋注卷九小注：「一作『蛟』。」紀容舒玉臺新詠考異卷九：「交，藝文類聚作『蛟』，誤。」今按：交，通「蛟」。

〔二〕合歡：植物名。三國魏嵇康養生論：「合歡蠲忿，萱草忘憂。」晉崔豹古今注卷下草木：「合歡，樹似梧桐，枝葉繁互相交結。每風來輒自相解，了不相牽綴。樹之階庭，使人不忿。嵇康種之舍前。」同書卷下問答釋義：「欲蠲人之忿，則贈之青堂，青堂一名合歡，合歡則忘忿。」南朝梁簡文帝聽夜妓詩：「合歡蠲忿葉，萱草忘憂條。」

〔三〕朱：藝文類聚卷三二、古詩類苑卷七四、古詩紀卷八一、六朝詩集、御製集、閣本、張本、丁本作「珠」。紀容舒玉臺新詠考異卷九：「珠，宋刻作『朱』。按，王融詠幔詩曰：『幸得與珠綴，羃歷君之楹。』則以珠綴幔，故曰『珠幔』。作『朱』爲非。」今按：朱，可通「珠」。

〔四〕拂：吴兆宜玉臺新詠箋注卷九小注：「一作『摇』。」○金池：池的美稱。南朝梁簡文帝與廣信侯重述内典書：「金池動月，玉樹含風。」日僧遍照金剛文鏡秘府論地卷九意春意：「金池水緑，玉苑花紅。（原注：遊園。）」

〔五〕「不聞」二句：玉臺新詠卷九梁簡文帝和蕭侍中子顯春别詩之二：「故人雖故時經新，新人雖新復應故。」

【集評】

清吴喬圍爐詩話卷一：七律託始於漢武、魏文等七言古詩，蕭子雲燕歌行始有偶句，自此漸有七言六句似律之詩。如……梁元帝春别云：『試看機上交龍錦，還瞻庭表合歡枝。映日通風影珠幔，飄花拂葉度金池。不聞離人當重合，惟恐合罷會成離。』

采菽堂古詩選卷二一：此情誠哀。

其三

門前楊柳亂如絲，直置佳人不自持〔一〕。適言新作裂紈詩〔二〕，誰悟今成織素辭〔三〕。玉臺新詠卷九、藝文類聚卷三二、古詩類苑卷七四、古詩紀卷八一、六朝詩集、御製集、閣本、張本、丁本。

【校注】

〔一〕直置：只如此，僅此。宋書卷五三謝方明傳：「謝方明可謂名家駒。直置便自是台鼎人，無論復有才用。」○自持：自我克制。文選卷一九曹植洛神賦：「收和顔而静志兮，申禮防以自持。」呂延濟注：「自持，約也。」

〔二〕適言：楊樹達詞詮卷五：「適，今言『剛纔』。」言，語助詞。○裂紈詩：玉臺新詠卷一班婕妤怨詩序云：「昔漢成帝班婕妤失寵，供養于長信宫。乃作賦自傷，並爲怨詩一首。」詩曰：「新裂齊紈素，鮮潔如霜雪。裁爲合歡扇，團團似明月。出入君懷袖，動摇微風發。常恐秋節至，涼風奪炎熱。棄捐篋笥中，恩情中道絶。」

〔三〕織素辭：玉臺新詠卷一古詩八首上山采蘼蕪：「上山采蘼蕪，下山逢故夫。長跪問故夫：『新人復何如？』『新人雖言好，未若故人姝。顔色類相似，手爪不相如。』『新人從門入，故人從閤去。』『新人工織縑，故人工織素。織縑日一匹，織素五丈餘。將縑來比素，新人不如故。』」

【集評】

閻本：流麗才濫觴。

采菽堂古詩選卷二二：拙，故不近。

其四

日暮徙倚渭橋西〔一〕，正見涼月與雲齊〔二〕。若使月光無近遠，應照離人今夜啼〔三〕。玉臺新詠卷九、藝文類聚卷三二、古詩類苑卷七四、古詩紀卷八一、古詩鏡卷一九、六朝詩集、御製集、閻本、張本、丁本。

【校注】

〔一〕徙倚：楚辭遠遊：「步徙倚而遥思兮，怊惝怳而乖懷。」王逸注：「彷徨東西，意愁憤也。」○渭橋：在長安西北渭水上，古時送客西行多到此相别。水經注卷一九渭水下：「水上舊有便門橋，與便門對直，武帝建元三年造。張昌曰：『橋在長安西北茂陵東。』如淳曰：『去長安四十里。』」通典卷一七三州郡三京兆府「咸陽」小注：「漢武帝作長安城，西門曰便，橋與門相對，因號便門橋，今名便橋，在縣東南。」此借指送别之處。

〔二〕涼：清吴兆宜玉臺新詠箋注卷九下小注：「一作『流』。」藝文類聚卷三二、古詩類苑卷七四、古詩紀卷八一、古詩鏡卷一九、六朝詩集、御製集、閻本、張本、丁本作「流」。

〔三〕夜：藝文類聚卷三二、古詩類苑卷七四、古詩紀卷八一、六朝詩集、御製集作「暝」。古詩紀、古詩類苑下小注：「一作『夜』。」紀容舒撰玉臺新詠考異卷九：「夜，藝文類聚作『暝』，誤。」

【集評】

詩藪内編卷六「近體下」：簡文春别詩「桃紅李白」、「别觀葡萄」，及題雁「天霜河白」三首，皆七言絶也。王筠元唱「銜悲掩涕」一首亦同。湘東「日暮徙倚渭橋西，正見浮雲與月齊。若使月光無近遠，應照離人今夜啼」，意度尤近，但平仄多同，粘帶時失耳。

古詩鏡卷一九：後二語月色平分，彼此共照，將以自遣，復以自嘲。

采菽堂古詩選卷二三：語甚健，然并不知「隔千里兮共明月」。

别詩二首〔一〕

其一

别罷花枝不共攀〔二〕，别後書信不相關〔三〕。欲覓行人寄消息，衣常潮水暝應還〔四〕。藝文類聚卷三二、古詩類苑卷七四、古詩紀卷八一、古詩鏡卷一九、六朝詩集、御製集、閣本、張本、丁本。

【校注】

〔一〕别詩二首：吴兆宜玉臺新詠箋注卷九「非宋刻部分」合此詩與下詩總題爲「别詩二首」。藝文類聚卷三二、六朝詩集、張本、丁本合此二詩與上文四詩，藝文類聚總題爲「別詩」；六朝詩集、閣本總題爲「別」；張本、丁本總題爲「春別四首應令」，實際亦包括上四首與此二首詩。今題作「別詩二首」。

〔二〕別罷：猶別後。字彙網部：「罷，了也。」

〔三〕相關：謂交往聯絡。關，説文解字門部段玉裁注：「凡立乎此而交彼曰關。」

〔四〕衣：古詩鏡卷一九、御製集、閣本、張本、丁本作「依」。古詩類苑卷七四、古詩紀卷八一下小注云：「疑作『依』。」今按：衣，同「依」。説文解字衣部：「衣，依也。」段玉裁注：「依者，倚也。衣，人所以倚以蔽體者也。」○常：吴兆宜玉臺新詠箋注卷九「非宋刻部分」作「帶」。○潮水：又稱「潮信」，因漲落有定時，故稱。唐李益江南曲：「早知潮有信，嫁與弄潮兒。」參顧炎武日知録卷三一潮信。

其二

三月桃花合面脂〔一〕，五月新油好煎澤〔二〕。莫復臨時不寄人，漫道江中無估客〔三〕。　藝文類聚卷三二、古詩類苑卷七四、古詩紀卷八一、古詩鏡卷一九、六朝詩集、御製集、閣本、張本、丁本。

【校注】

〔一〕含：吳兆宜玉臺新詠箋注卷九「非宋刻部分」作「合」。○面脂：潤面的油膏。

〔二〕煎澤：潤澤髮膚的油脂。北周庾信鏡賦：「脂和甲煎，澤漬香蘭。」

〔三〕漫道：休説，莫説。漫，古詩類苑卷七四、古詩紀卷八一、六朝詩集、御製集作「謾」。今按：謾，亦有「莫」義。○估客：往來販貨的商人。

【集評】

閻本評「三月桃花合面脂，五月新油好煎澤」：何時收得？

古詩評選卷三「五七言絕句」：七言小詩始于簡文。以先簡文者，第三句皆用韻，則烏夜啼體耳。簡文孤雁一篇，未免輕俗已甚，不如元帝此二作之有意味也。七言句既冗長，小詩章法短約，自非偶傷搖漾，則爲體本疏，而以密填之，殊不類也。元帝二詩，恰與劉夢得浪淘沙、白樂天竹枝合轍。蓋中唐人於此一體殊勝盛唐，中唐以興會爲主，雅得元音故也。元帝五言于詩家最爲卑下，而于此體則爲元音。文章與物同一理，各有原始，雖美好奇特，要爲霸氣閏統。王江寧七言小詩，非不雄深奇麗，而以原始揆之，終覺霸氣逼人，如管仲之治國，過爲精密，但此便與王道背馳。況宋襄之煩擾妝腔者乎？於魏收挾瑟歌下評云：與元帝同爲七言小詩之祖。

采菽堂古詩選補遺卷三：瑣瑣自有致。

春夜看妓〔一〕

蛾眉漸成光〔二〕，燕姬戲小堂〔三〕。胡舞開春閣〔四〕，鈴盤出步廊。起龍調節奏〔五〕，却鳳點笙簧〔六〕。樹交臨舞席，荷生夾妓行〔七〕。竹密無分影，花疏有異香〔八〕。舉盃聊轉笑〔九〕，歎兹樂未央〔一〇〕。藝文類聚卷四二、初學記卷一五、文苑英華卷二一三、錦繡萬花谷後卷三二、古詩類苑卷九三、古詩紀卷八〇、六朝詩集、御製集、閻本、張本、丁本。

【校注】

〔一〕春夜看妓：初學記卷一五、文苑英華卷二一三、古詩類苑卷九三、古詩紀卷八〇、御製集、閻本、張本、丁本題作「夕出通波閣下觀妓」。古詩紀題下注：「一云『春夜看妓』。」又，清吴兆宜玉臺新詠箋注卷七「非宋刻部分」亦録有此詩，署簡文帝。通波閣，閣名。故址在今湖北省荆州市。太平御覽卷一九六引渚宫故事云：「湘東王於子城中造湘東苑，穿地構山，長數百丈，植蓮蒲，緣岸雜以奇木。其上有通波閣，跨水爲之。」今按：據此，則此詩作於蕭繹爲荆州刺史時。

〔二〕蛾眉：蛾眉月。南朝宋鮑照翫月城西門廨中詩：「蛾眉蔽珠櫳，玉鉤隔綺窗。」初學記卷一五作「娥眉」，文苑英華卷二一三、錦繡萬花谷後集卷三二、閻本、張本、丁本作「娥月」，古詩類苑卷九三、古詩紀卷八〇、六朝詩集、御製集作「蛾月」。〇成光：白虎通卷九日月：「月之爲言闕也。有滿有闕也。所以有闕何？歸功于日也。三日成魄，八日成光，二八十六日轉而歸功晦，至朔旦受符復行。」藝文類聚卷一引乾鑿度曰：「月三日成魄，八日成光，蟾蜍體就，穴鼻始明。」此指月亮漸漸升起。

〔三〕燕姬：燕地美女。文選卷一四鮑照舞鶴賦：「燕姬色沮，巴童心恥。」劉良注：「巴童、燕姬，並善歌舞者。」此泛指歌舞女子。

〔四〕「胡舞」句：初學記卷一五、錦繡萬花谷後集卷三二作「胡舞開齊閣」。文苑英華卷二一三、閣本、張本、丁本作「胡舞間齊閣」。文苑英華「閣」下小注云：「藝文類聚卷作『湖舞開春閣』。」清吴兆宜玉臺新詠箋注卷七「非宋刻部分」作「朝舞開春閣」。

〔五〕起龍：謂開始演奏笙笛。龍，笙笛聲如龍吟，故代指之。漢馬融長笛賦：「龍鳴水中不見已，截竹吹之聲相似。」〇奏：初學記卷一五、文苑英華卷二一三、錦繡萬花谷後集卷三二、閣本、張本、丁本作「鼓」。古詩類苑卷九三、古詩紀卷八〇小注：「一作『鼓』。」

〔六〕却鳳：謂笙曲結束。鳳，指笙。説文解字竹部：「笙，十三簧。象鳳之身也。」後因稱笙爲「鳳笙」。〇點：本樂器名。形如小銅鼓，懸空敲擊，用於報時，或用於合樂，擊之以顯節拍。此處謂調節節奏。〇篁：初學記卷一五、文苑英華卷二一三、錦繡萬花谷後卷三二、古詩類苑卷九三、古詩紀卷八〇、六朝詩集、御製集、閣本、張本、清吴兆宜玉臺新詠箋注卷七

「非宋刻部分」、丁本作「簧」。今按：似以作「簧」是。詩經秦風車鄰：「既見君子，並坐鼓簧。」朱熹集傳：「簧，笙中金葉，吹笙則鼓動之以出聲者也。」

〔七〕行：初學記卷一五、文苑英華卷二一三、錦繡萬花谷後卷三〇、古詩類苑卷九三、古詩紀卷八〇、御製集、閻本、張本、清吴兆宜玉臺新詠箋注卷七「非宋刻部分」、丁本作「航」。

〔八〕有：初學記卷一五作「生」。

〔九〕「舉盃」句：初學記卷一五、錦繡萬花谷後集卷三二作「捉盃時笑語」。文苑英華卷二一三、閻本、張本、丁本作「提盃時笑語」，文苑英華「提」下小注：「初學記作『捉』。」盃，六朝詩集作「目」。

〔一〇〕歎：六朝詩集作「嘆」，初學記卷一五、文苑英華卷二一三、錦繡萬花谷後卷三二、古詩類苑卷九三、古詩紀卷八〇、御製集、閻本、張本、丁本作「歡」。〇樂未央：歡樂不盡。晉傅玄相和歌秋胡行：「母立呼婦來，歡情樂未央。」

早發龍巢〔一〕

征人喜放溜〔二〕，曉發晨陽隈〔三〕。初言前浦合〔四〕，定覺近洲開。不疑行舫動，唯看遠樹來。還瞻起漲岸〔五〕，稍隱陽雲臺〔六〕。文苑英華卷二八九、古詩類苑卷八四、古詩紀卷八一、御製集、閣本、張本、丁本。

【校注】

〔一〕早發龍巢：明曹學佺蜀中廣記卷二一題作「早發龍窠」。古詩紀卷八一題下小注云：「詩彙作劉瑱者，非。」龍巢，縣名。治所在今湖北省隨州市東北。水經注卷三五江水三：「大江又東，左得侯臺水口，江浦也。大江右得龍穴水口，江浦右迤也。北對虎洲。又洲北有龍巢，地名也。昔禹南濟江，黃龍夾舟，舟人五色無主，禹笑曰：吾受命於天，竭力養民，生性也，死命也，何憂龍哉？於是二龍弭鱗掉尾而去焉。故水地取名矣。」

〔二〕征人：遠行之人。晉陶潛答龐參軍詩：「勗哉征人，在始思終。」○放溜：任船順流自行。

〔三〕晨陽：即辰陽縣，治所在今湖南省辰溪縣西。水經注卷三七沅水：「沅水又東逕辰陽縣南，東合辰水。……辰水又逕其縣北，舊治在辰水之陽，故即名焉。楚辭所謂夕宿辰陽者也。」今按：「龍巢」與「晨陽」地兩不屬，疑有誤。此「晨陽」或爲「襄陽」之誤，襄陽正在隨州上游。○限：文選卷六左思魏都賦：「考之四限，則八埏之中。」張載注：「限，猶隅也。」此指城邊。

〔四〕浦：大廣益會玉篇水部：「浦，水源枝注江海邊曰浦」。

〔五〕起漲：文選卷一二郭璞江賦：「衝巫峽以迅激，躋江津而起漲。」李善注：「漲，水大之貌。」

〔六〕隱：文苑英華卷二八九作「穩」，古詩類苑卷八四、古詩紀卷八一、御製集、閣本、張本、丁本作「隱」。今按：作「隱」是，據改。○陽雲臺：文選卷一九宋玉高唐賦序：「昔者先王嘗遊高唐，怠而晝寢。夢見一婦人，曰：『妾巫山之女也，爲高唐之客。聞君遊高唐，願薦枕席。』王因幸之。去而辭曰：『妾在巫山之陽，高丘之阻，旦爲朝雲，暮爲行雨，朝朝暮暮，陽臺之下。』旦朝視之，如言，故爲立廟，號曰朝雲。」唐李白惜餘春賦：「披衛情於淇水，結楚夢於陽雲。」清王琦注：「陽雲臺即陽臺也。」又，太平御覽卷一九六引渚宮故事曰：「湘東王於子城中造湘東苑……前有高山，山有石洞，潛行宛委二百餘步；山上有陽雲樓，極高峻，遠近皆見。」蕭繹有詠陽雲樓簷柳，藝文類聚卷八九梁簡文帝和湘東王陽雲樓簷柳詩曰：「曖曖陽雲臺，春柳發新梅。」知陽雲樓又稱作陽雲臺，此或實指此樓。又，吴汝綸校云：「此見子虛賦，當作『陽雲』，今本有作『雲陽』者，非。」

【集評】

閻本：評「唯看遠樹來」：似稚實老。

隨園詩話補遺卷一〇第九則：詩有見道之言，如梁元帝之「不疑行舫動，唯看遠樹來」，庾肩吾之「只認身已往，翻疑彼岸移」，兩意相同，俱得悟境。

錢鍾書談藝録六九：詩話補遺卷十稱梁元帝之「不疑行舫動，唯看遠樹來」，庾肩吾之「只認己身往，翻疑彼岸移」，爲見道悟境……夫前兩聯不過寫舟行之景，如少陵「稍知花改岸，始驗鳥隨舟」，並無涵蓋乾坤氣象，不知所謂「道」者何指。

夜遊柏齊〔一〕

燭暗行人静〔二〕，簾開雲影入。風細雨聲遲，夜短更籌急〔三〕。能下班姬淚〔四〕，復使倡樓泣〔五〕。况此客遊人〔六〕，中宵空佇立。玉臺新詠卷七、古詩類苑卷一一一、古詩紀卷八一、御製集、張本、丁本。

【校注】

〔一〕夜遊柏齊：吴兆宜玉臺新詠箋注卷七「遊」下小注：「一作『宿』。」古詩類苑卷一一一、古詩紀卷八一、御製集、張本、丁本題作「夜宿柏齊」。柏齊，荆州建築名。南齊書卷三蕭赤斧傳附子穎胄傳：「建武中，荆州大風雨，龍入柏齋中，柱壁上有爪足處，刺史蕭遥欣恐畏，不敢居之。至是以爲嘉祐殿。」齊，通「齋」，屋舍。

〔二〕燭：御製集、張本、丁本作「獨」。

〔三〕更籌：古代夜間報更用的計時竹籤。南朝梁庾肩吾奉和春夜應令詩：「燒香知夜漏，刻燭驗更籌。」此處指時間。

〔四〕「能下」句：漢書卷九七外戚傳班倢伃：「趙氏姊弟驕妒，倢伃恐久見危，求共養太后長信宫，上許焉。倢伃退處東宫，作賦自傷悼，其辭曰：『……仰視兮雲屋，雙涕兮横流。顧左右兮和顔，酌羽觴兮銷憂。』」班姬，即班倢伃，事見漢書卷九七下外戚傳。

〔五〕「復使」句：蕭繹蕩婦秋思賦：「況乃倡樓蕩婦，對此傷情。」

〔六〕客遊人：寄居或遊歷在外之人。文選卷二七曹丕燕歌行：「群燕辭歸雁南翔，念君客遊思斷腸。」同卷善哉行：「隨波迴轉，有似客遊。」

【集評】

采菽堂古詩選卷二三：元帝詩翻以此等直致者爲佳。

落日射羆〔一〕

促宴引枚鄒〔二〕，中園觀獸侯〔三〕。日度埘陰廣〔四〕，風横旗影浮。移竿標入箭〔五〕，疊鼓送爭籌〔六〕。附枝時可息〔七〕，言從清夜遊〔八〕。藝文類聚卷七四、古詩類苑卷一一九、古詩紀卷八一、御製集、閻本、張本、丁本。

【校注】

〔一〕羆（pí）：山海經西山經：「〔嶓冢之山〕獸多犀兕熊羆。」郭璞注：「羆似熊而黄白色，猛憨能拔樹。」此處指畫有熊羆的射靶。又，太平御覽卷一九六引渚宫故事曰：「湘東王於子城中造湘東苑……北有正武堂，堂前有射埘、馬埒。其西有鄉射堂，堂安行埘，可得移動。」

〔二〕枚鄒：漢枚乘、鄒陽的合稱。枚乘字叔，西漢臨沂淮陰人。善辭賦。曾爲吴王劉濞郎中，景帝召爲弘農都尉。漢書卷五一有傳。鄒陽，齊人，漢文帝時爲吴王劉濞門客，吴王陰謀叛亂，鄒陽上書諫止，吴王不聽，因此與枚乘、嚴忌等離吴去梁，爲景帝少弟梁孝王門客。史記卷八三、漢書卷五一有傳。

〔三〕中園：園中。晉張華三月三日後園會詩：「順時省物，言觀中園。」西京雜記卷二：「梁孝王好營宮室苑囿之樂，作曜華之宮，築兔園。園中有百靈山，山有膚寸石、落猿巖、棲龍岫。又有雁池，池間有鶴洲、鳧渚。其諸宮觀相連，延亘數十里，奇果異樹，瑰禽怪獸畢備。王日與宮人賓客弋釣其中。」〇獸侯：周禮冬官考工記梓人：「張獸侯，則王以息燕。」鄭玄注：「獸侯，畫獸之侯也。鄉射記曰：『凡侯，天子熊侯，白質；諸侯麋侯，赤質；大夫布侯，畫以虎豹；士布侯，畫以鹿豕。凡畫者丹質。』是獸侯之差也。」侯，射靶。詩經齊風猗嗟：「終日射侯，不出正兮。」朱熹集傳：「侯，張布而射之者也。」

〔四〕堋（péng）：資治通鑑卷一三四宋紀宋順帝「昇明元年」：「左右王天恩曰：『領軍腹大，是佳射堋。一箭便死，後無復射。』」胡三省注：「射堋，今言射垛也。」北周庾信北園射堂新成詩：「轉箭初調筈，横弓先望堋。」古詩類苑卷一一九、御製集作「弸」。

〔五〕標：文選卷一二郭璞江賦：「標之以翠翳，泛之以遊菰。」李善注：「標，猶表識也。」

〔六〕疊鼓：文選卷二八謝朓鼓吹曲：「凝笳翼高蓋，疊鼓送華輈。」李善注：「小擊鼓謂之疊。」

張銑注：「疊鼓，其聲重疊也。」〇籌：漢書卷二七五行志：「籌，所以紀數。」

〔七〕附枝：樹木的分枝。喻指隨從。

〔八〕清夜遊：三國魏曹植公宴詩：「公子敬愛客，終宴不知疲。清夜遊西園，飛蓋相追隨。明月澄清景，列宿正參差。」

後園看騎馬〔一〕

良馬出蘭池〔二〕，連翩驅桂枝〔三〕。鳴珂隨躡駃〔四〕，輕塵逐影移。香來知驟近，汗斂覺風吹。遥望黄金絡〔五〕，懸識幽并兒〔六〕。藝文類聚卷九三、文苑英華卷三三〇、古詩類苑卷一二七、古詩紀卷八一、古儷府卷一二、御製集、閣本、張本、丁本。

【校注】

〔一〕後園：疑即湘東苑。太平御覽卷一九六引渚宫故事曰：「湘東王於子城中造湘東苑，穿地構山，長數百丈，植蓮蒲，緣岸雜以奇木。其上有通波閣，跨水爲之。南有芙蓉堂，東有禊飲堂，堂後有隱士亭。北有正武堂，堂前有射堋、馬埒。其西有鄉射堂，堂安行堋，可得移動。東南有連理，太清初生此連理，當時以爲湘東踐祚之瑞。北有映月亭、修竹堂、臨水齋。前有高山，山有石洞，潛行宛委二百餘步。山上有陽雲樓，極高峻，遠近皆見。北有臨風亭、明月樓，顔之推云『屢陪明月宴』。並將軍扈義熙所造。」

〔二〕蘭池：漢宫觀名。文選卷一〇潘岳西征賦：「北有清渭濁涇，蘭池周曲。」李善注：「三輔黄圖曰：蘭池觀在城外。長安圖曰：周氏曲，咸陽縣東南三十里，今名周氏陂，陂南一里，漢有蘭池宫。」此代指宫觀。

〔三〕連翩：文選卷二七曹植白馬篇：「白馬飾金羈，連翩西北馳。」張銑注：「連翩，馬馳皃。」〇桂枝：馬名。亦稱「桂條馬」。蕭繹答齊國饟馬書：「名重桂條，形圖柳谷。」金樓子著書篇：「浄竹節之船，驅桂條之馬。」蕭繹樹名詩：「逢君桂枝馬，車下覓新知。」

〔四〕鳴珂：南朝梁何遜車中見新林分別甚盛詩：「隔林望行幰，下阪聽鳴珂。」唐李賀馬詩之二二：「汗血到王家，隨鸞撼玉珂。」清王琦匯解：「玉珂者，以玉飾馬勒之上，振動則有聲，故有『撼玉珂』、『鳴玉珂』之語。」説文解字玉部新附：「珂，玉也。」〇蹋：文選卷二七顔延之北使洛：「改服飭徒旅，首路蹋險難。」吕向注：「蹋，履艱難也。」〇駃：文苑英華卷三三〇作「駚」，古詩類苑卷一二七、古詩紀卷八一、古儷府卷一二、御製集、閣本、張本、丁本作「駛」。今按：駃、駚，疑並爲「駛」之訛。

〔五〕黄金絡：漢樂府陌上桑：「青絲繫馬尾，黄金絡馬頭。」梁武帝西齋行馬：「晨風白金絡，桃花紫玉珂。」絡，經義述聞名字解詁魯子家羈字駒王引之按：「絡頭，今謂之籠頭。」文苑英華卷三三〇誤作「駱」。

〔六〕懸識：預先認識。文心雕龍附會：「夫能懸識湊理，然後節文自會。」○幽并兒：幽并二州的豪俠之士。三國魏曹植白馬篇：「白馬飾金羈，連翩西北馳。借問誰家子？幽并遊俠兒。」

【集評】

閻本：評「香來知驟近，汗斂覺風吹」：小照。

晚景游後園〔一〕

高軒聊騁望〔二〕，焕景入川梁〔三〕。波横山渡影〔四〕，雨罷葉生光。日移花色異，風散水文長〔五〕。

藝文類聚卷六五、初學記卷二四、文苑英華卷三一七、錦繡萬花谷後集卷二五、古詩類苑卷八、古詩紀卷八一、六朝詩集、御製集、閻本、張本、丁本。

【校注】

〔一〕晚景游後園：文苑英華卷三一七題作「晚景有遊後園」。六朝詩集題作「晚景遊浚園」（今按：「浚」疑爲「後」之訛）。又，古詩類苑卷八、古詩紀卷八一篇末並小注：「闕。」今按：此似爲殘詩。晚景，指傍晚。初學記卷一梁元帝纂要云：「日光曰景。」後園，疑即湘東苑。太平御覽卷一九六引渚宫故事云：「湘東王於子城中造湘東苑，穿地構山，長數百丈，植蓮蒲，緣岸雜以奇木。其上有通波閣，跨水爲之。南有芙蓉堂，東有禊飲堂，堂後有隱士亭。北有正武堂，堂前有射堋、馬埒。其西有鄉射堂，堂安行堋，可得移動。東南有連理，太清初生此連理，當時以爲湘東踐祚之瑞。北有映月亭、修竹堂、臨水齋。前有高山，山有石洞，潛行宛委二百餘步。山上有陽雲樓，極高峻，遠近皆見。北有臨風亭、明月樓，顔之推云『屨陪明月宴』。並將軍扈義熙所造。」蕭繹另有遊後園、後園看騎馬詩。

〔二〕高軒：文選卷四左思蜀都賦：「開高軒以臨山，列綺窗而瞰江。」李善注：「高軒，堂左右長廊之有窗者。」○騁望：縱目遠望。楚辭九歌湘夫人：「登白蘋兮騁望，與佳期兮夕張。」漢馬融廣成頌：「騁望千里，天與地莽。」騁，六朝詩集作「聘」，疑誤。

〔三〕川梁：水上橋梁。南朝梁江淹燈夜和殷長史詩：「冰鱗不能起，水鳥望川梁。」

〔四〕波橫：謂水波浮動。橫，文苑英華卷三一七作「搖」，下小注：「類聚作『橫』。」古詩類苑卷八、古詩紀卷八一、御製集下小注云：「一作『搖』。」○渡：文苑英華卷三一七、錦繡萬花谷後集卷二五、六朝詩集作「度」。今按：度，通「渡」。

〔五〕文：文苑英華卷三一七、錦繡萬花谷後集卷二五、古詩類苑卷八、古詩紀卷八一、六朝詩集、御製集、閣本、張本、丁本作「紋」。今按：文、紋，古今字。

遊後園〔一〕

暮春多淑氣〔二〕，斜景落高春〔三〕。日照池光淺，雲歸山望濃。入林迷曲徑，度渚躍危峰〔四〕。藝文類聚卷六五、初學記卷二四、文苑英華卷三一七、錦繡萬花谷後集卷二五、古詩類苑卷八、古詩紀卷八一、六朝詩集、御製集、閣本、張本、丁本。

【校注】

〔一〕遊後園：六朝詩集題作「遊浚園」（今按：「浚」疑爲「後」之訛）。又，後園疑即湘東苑。參上詩注〔一〕。

〔二〕淑氣：和煦之氣。西晉陸機悲哉行：「蕙草饒淑氣，時鳥多好音。」

〔三〕高春：指日影西斜近黄昏時。淮南子卷三天文訓：「〔日〕至於淵虞，是謂高春。」高誘注：「高春，時加戌，民碓春時也。」南朝梁王僧孺爲韋雍州致仕表：「高春之景一斜，不周之風忽至。」春，文苑英華卷三一七、閣本、張本、丁本作「春」，錦繡萬花谷後集卷二五作「峰」。宋吴曾能改齋漫録卷六「高春下春」：「淮南子：『日經于泉隅，是謂高春。頓于連石，是謂下春。』乃悟梁元帝游後園詩『暮春多淑氣，斜景落高春』，又納涼詩『高春斜日下，佳氣滿欄楹』，唐薛能詩『隔溪遥見夕陽春』，然山谷夢伯兄詩云『相攜猶聽隔溪春』，此豈誤也哉。」

明俞弁逸老堂詩話卷下："姚寬西溪叢語云：『柳子厚詩有"空齋不語坐高春"。薛能詩云："隔江遥見夕陽春。"淮南子云："日經於淵虞，是謂高春。"注云："淵虞，地名。高春，時地加戌，民碓春時也。"黄潤玉萬象録云："高春，巳時也。或云日入處，非也。"』余讀梁元帝詩云：『暮春多淑氣，斜景落高春。』又納涼云：『高春斜日下，佳氣滿欄楹。』當以日入處爲是，二説戌與巳皆誤。"

〔四〕度：初學記卷二四、文苑英華卷三一七、古詩類苑卷八、古詩紀卷八一、御製集、閣本、張本、丁本作"渡"。今按：度，通"渡"。○渚：説文解字水部："渚，水。……爾雅曰：小洲曰渚。"○躍：初學記卷二四、文苑英華卷三一七、錦繡萬花谷後集卷二五、古詩類苑卷八、古詩紀卷八一、御製集、閣本、張本、丁本作"隔"。

【集評】

野客叢書卷二〇"少游斜陽暮"條：詩眼載前輩有病少游"杜鵑聲裏斜陽暮"之句，謂斜陽暮似覺意重。僕謂不然，此句讀之，於理無礙。謝莊詩曰："夕天際晚氣，輕霞澄暮陰。"一聯之中，三見晚意，尤爲重疊。梁元帝詩"斜景落高春"，既言斜景，復言高春，豈不爲贅！古人爲詩，正不如是之泥。

閣本：評"日照池光淺，雲歸山望濃"：永日坐消。

詠陽雲樓簷柳〔一〕

楊柳非花樹，依樓自覺春。枝邊通粉色，葉裏映吹綸〔二〕。帶日交簾影〔三〕，因吹掃席塵〔四〕。拂簷應有意，偏宜桃李人〔五〕。藝文類聚卷八九、初學記卷二八、文苑英華卷三二三、古詩類苑卷一一四、古詩紀卷八一、古詩鏡卷一九、古儷府卷一二、六朝詩集、御製集、張本、丁本。又，全芳備祖集後集卷一七引春、巾、塵三韻。

【校注】

〔一〕詠陽雲樓簷柳：六朝詩集題作「陽雲樓簷柳」，閣本、張本、丁本題作「詠雲陽樓簷柳」。陽雲樓，樓名。藝文類聚卷六三有梁劉孝綽登陽雲樓詩，卷八九有梁簡文帝和湘東王陽雲樓簷柳詩。太平御覽卷一九六引渚宮故事曰：「湘東王於子城中造湘東苑……前有高山，山有石洞，潛行宛委二百餘步；山上有陽雲樓，極高峻，遠近皆見。」今按：據此知詩作於蕭繹爲荆州刺史時。

〔二〕葉：文苑英華卷三二三、古儷府卷一二、六朝詩集、張本、丁本作「隙」。○吹綸：初學記卷二八、文苑英華卷三二三、古詩類苑卷一一四、古詩紀卷八一、古詩鏡卷一九、古儷府卷一二、六朝詩集、御製集、閣本、張本、丁本作「紅巾」。全芳備祖集後集卷一七作「朱輪」。唐杜甫麗人行：「楊花雪落覆白蘋，青鳥飛去銜紅巾。」清仇兆鰲注：「梁元帝詠柳：『枝邊通粉色，葉裏映紅巾。』趙注：『紅巾，蓋婦人之飾。』黃注：『巾，蓋樹間所掛之綵。』」

〔三〕帶日：六朝詩集作「昔日」。

〔四〕席：文苑英華卷三二三、古儷府卷一二、六朝詩集、閻本、張本、丁本作「牕」。

〔五〕偏：程度副詞。莊子庚桑楚：「老聃之役有庚桑楚者，偏得老聃之道。」成玄英疏：「門人之中，庚桑楚最勝，故稱偏得也。」〇桃李人：指年輕貌美的佳人。南朝齊丘巨源詠扇：「宛轉含嬌意，偏宜桃李人。」又，御製集詩末小注：「『簾影』，楊用修作『窗影』，『因吹掃席塵』作『因風掃隙塵』，『拂簷』作『入簷』。」今按：楊用修所引見升庵詩話卷八「梁元帝陽雲館柳詩」條。

【集評】

升菴詩話卷八「梁元帝陽雲館柳詩」條：「楊柳非花樹，依樓自覺春。枝邊通粉色，葉底映紅巾。帶日交簾影，因風掃隙塵。入簾應有意，偏宜桃李人。」此詩諸本所載不全，以定本正之。

古詩鏡總論：梁元折楊柳「楊柳非花樹，依樓自覺春」，唐人無此神情。

古詩鏡卷一九：「楊柳非花樹，依樓自覺春」，麗情妙語，以近美人故也。春色多韶，得此居勝。「枝邉通粉色，葉裏映紅巾」，妝襯得佳。譬諸畫家，紅樹疎林，遠帶殘鴉，數點布襯點染，亦詩家之一義也。

采菽堂古詩選補遺卷之三：「帶日交簾影」，生動。

古詩賞析卷一九：此詠樓邊柳，能與樓中人映合，是謂切題。前二，點題，風神獨絶。中四，柳與樓中人夾寫，而賓主仍清。後二，推進一層，以有意宜人作結。用「桃李」字，掩映生姿。

沈德潛古詩源卷一二：詠楊柳者，唐人佳句甚多，然不如梁元二語有天然之致。「落星依遠戍，斜月半平林」，二語澹遠可風，摘録於此。

【附】

藝文類聚卷八九引梁簡文帝和湘東王陽雲樓簷柳詩曰：曖曖陽雲臺，春柳發新梅。柳枝無極軟，春風隨意來。潭拖青帷閉，玲瓏朱扇開。佳人有所望，車聲非是雷。

詠秋夜〔一〕

秋夜九重空〔二〕，蕩子怨房櫳〔三〕。燈光入綺帷，簾影進屏風〔四〕。金徽調玉軫〔五〕，兹夜撫離鴻〔六〕。　玉臺新詠卷七、古詩類苑卷五、古詩紀卷八一、御製集、張本、丁本。

【校注】

〔一〕詠秋夜：清吴兆宜玉臺新詠箋注卷七題下小注：「一無『詠』字。」古詩類苑卷五、古詩紀卷八一、御製集、張本、丁本題作「秋夜」。古詩紀卷八一、御製集、張本、丁本合此詩與下詩總題爲「雜詠二首」。今按：玉臺新詠箋注卷八有劉緩雜詠和湘東王三首，分别爲寒閨、秋夜、冬宵。是蕭繹此詩及寒宵三韻（一作「寒閨」）必與之同時。梁書卷四九文學劉昭傳附劉緩傳載：劉緩，「字含度，少知名。歷官安西湘東王記室，時西府盛集文學，緩居其首。除通直郎，俄遷鎮南湘東王中録事，復隨府江州，卒」。考梁書元帝紀及武帝紀，蕭繹普通七年（526）出爲荆州刺史，大同元年（535）十二月進號安西將軍，五年（539）七月入爲安右將軍、護軍將軍，六年十二月出爲鎮安將軍、江州刺史。則劉緩在西府作此和詩，必在大同二年（536）至五年（539）間，而蕭繹之原詩作期可知。

〔二〕九重：指天。楚辭天問：「圜則九重，孰營度之？」王逸注：「言天圜而九重，誰營度而知之乎。」洪興祖補注：「易曰：乾元用九，乃見天則。淮南曰：天有九重，人亦有九竅。」

〔三〕蕩子：文選卷二九古詩青青河畔草：「蕩子行不歸，空牀難獨守。」李善注：「列子曰：有人去鄉土遊於四方而不歸者，世謂之爲狂蕩之人也。」紀容舒玉臺新詠考異卷七：「『蕩子』二字未詳，疑爲『蕩婦』之誤。」〇怨：文選卷四四陳琳爲袁紹檄豫州：「怨曠思歸，流涕北顧。」吕延濟注：「怨，别。」〇房櫳：文選卷二九張協雜詩：「房櫳無行跡，庭草萋以緑。」李周翰注：「櫳亦房之通稱。」此代指家。

〔四〕進：吴兆宜玉臺新詠箋注卷七下小注云：「一作『穿』。」古詩類苑卷五、古詩紀卷八一、御製集、張本、丁本作「穿」。

〔五〕金徽：金飾的琴徽。徽，琴上繫弦之繩。大廣益會玉篇絲部：「琴張弦也。」○玉軫：玉製的琴柱。東晉劉妙容宛轉歌：「低紅掩翠方無色，金徽玉軫爲誰鏘。」唐李賀追和柳惲：「酒杯箬葉露，玉軫蜀桐虚。」王琦彙解：「軫者，琴柱，所以繫弦，麗者以玉爲之。」

〔六〕離鴻：蓋古樂曲名。晉王嘉拾遺記卷三周靈王：「師涓出於衛靈公之世，能寫列代之樂，善造新曲以代古聲，故有四時之樂。春有離鴻、去雁、應蘋之歌。」

【附】

玉臺新詠卷八劉緩雜詠和湘東王三首秋夜：樓上起秋風，絶望秋閨中。燭溜花行滿，香燃歛欲空。徒交兩行淚，俱浮妝上紅。

寒宵三韻〔一〕

烏鵲夜南飛〔二〕，良人行未歸〔三〕。池水浮明月，寒風送擣衣〔四〕。願織迴文錦〔五〕，因君寄武威〔六〕。玉臺新詠卷七、藝文類聚卷三二、古詩類苑卷五、古詩紀卷八一、六朝詩集、御製集、閣本、張本、丁本。

【校注】

〔一〕寒宵三韻：吴兆宜玉臺新詠箋注卷七題下小注：「一作寒閨，後八卷劉緩和詩亦作『閨』。」

藝文類聚卷三二、古詩類苑卷五、古詩紀卷八一、御製集、閣本、張本、丁本題作「寒閨」。

〔二〕「烏鵲」句：曹操短歌行：「月明星稀，烏鵲南飛。」

〔三〕良人：儀禮士昏禮：「媵衽良席，在東。」鄭玄注：「婦人稱夫曰良。孟子曰：『將見良人之所之。』」孟子離婁下：「齊人有一妻一妾而處室者，其良人出，則必饜酒肉而後反。」趙岐注：「良人，夫也。」焦循正義：「『良』與『郎』一聲之轉，古者婦稱夫曰良，而今謂之郎。」

〔四〕擣衣：南朝齊謝朓秋夜詩：「秋夜促織鳴，南鄰擣衣急。」

〔五〕迴文錦：太平御覽卷八一五引王隱晉書曰：「竇滔妻蘇氏善屬文。苻堅時，滔爲秦州刺史，被徙流沙。蘇氏思之，織錦爲迴文詩以寄滔。循環宛轉以讀之，詞甚悽切。」初學記卷二七録有前秦苻堅秦州刺史竇韜妻蘇氏織錦回文七言詩。

〔六〕武威：郡名。治所在今甘肅省武威市。漢書卷二八地理志：「武威郡，故匈奴休屠王地。武帝太初四年開。」

【附】

玉臺新詠箋注卷八劉緩雜詠和湘東王三首寒閨：別後春池異，荷盡欲生冰。箱中剪刀冷，臺上面脂凝。纖腰轉無力，寒衣恐不勝。

出江陵縣還〔一〕

其一

游魚迎浪上，雊雉向林飛〔二〕。遠村雲裏出，遥舡天際歸〔三〕。藝文類聚卷二八、古詩類苑卷一四、古詩紀卷八一、六朝詩集、御製集、閻本、張本、丁本。

【校注】

〔一〕出江陵縣還：六朝詩集題作「江陵縣還」。江陵縣，縣名。荆州屬縣，治所在今湖北省荆州市江陵縣。今按：蕭繹此詩當作於爲荆州刺史時期。

〔二〕雊（gòu）雉：鳴叫著的野雞。雊，詩經小雅小弁：「雉之朝雊，尚求其雌。」鄭玄注：「雊，雉鳴也。」

〔三〕「遠村」二句：文選卷二七謝朓之宣城出新林浦向版橋：「天際識歸舟，雲中辨江樹。」舡，古詩類苑卷一四、古詩紀卷八一、六朝詩集、御製集、閻本、張本、丁本作「船」。今按：舡，同「船」。

【集評】

宋吴幵優古堂詩話「天際識歸舟」條：梁王僧孺中川長望詩云：「岸際樹難辨，雲中鳥易識。」蓋全用謝元暉「天際識歸舟，雲中辨江樹」而不及也。梁元帝詩云：「遠村雲裏出，遥船天際歸。」亦效元暉，而遠勝僧孺。

宋龔頤正芥隱筆記「作詩祖述有自」條：謝靈運有「雲中辨煙樹，天際識歸舟」，王僧孺有「岸際樹難辨，雲中鳥易識」，梁元帝有「遠村雲裏出，遥船天際歸」；陰鏗詩有「天際晚帆孤，天邊看遠樹」，「大江静猶浪」，老杜所以有「江流静猶湧，雲中辨煙樹」；鏗有「薄雲巖際出，初月波中上」，杜詩「薄雲巖際宿，孤月浪中翻」；鏗有「中川聞棹謳」，杜有「中流聞棹謳」；鏗有「花逐下山風」，杜有「雲逐度溪風」。祖述有自，青出於藍也。

其二〔一〕

朝出屠羊縣〔二〕，夕返仲宣樓〔三〕。水滿還侵岸，沙盡稍開流。藝文類聚卷二八、古詩類苑卷一一四、古詩紀卷八一、六朝詩集、御製集、閻本、張本、丁本。

【校注】

〔一〕其二：清馮舒詩紀匡謬「元帝出江陵縣還二首」：「第二首『朝出屠羊縣』篇，藝文祇曰『又詩』，未必即是前題也。」

〔二〕屠羊縣：指江陵縣。莊子讓王：「楚昭王失國，屠羊説走而從於昭王。昭王反國，將賞從者，及屠羊説。」江陵曾爲春秋時楚都，故稱。

〔三〕仲宣樓：在今湖北省荆州市江陵縣。文選卷一一王粲登樓賦劉良注：「時董卓作亂，仲宣避難荆州，依劉表，遂登江陵城樓，因懷歸而有此作，述其進退危懼之情也。」一説在今湖北省當陽市東南麥城。水經注卷三二漳水：「漳水又南逕當陽縣，又南逕麥城東，王仲宣登其東南隅，臨漳水而賦之曰云云。」今按：仲宣樓所在，有異説，據此詩，則蕭繹以爲在江陵。

看摘薔薇〔一〕

倡女卷春裾〔二〕，迎風戲玉除〔三〕。近叢看影密，隔樹望釵疏〔四〕。横枝斜綰袖〔五〕，嫩葉下牽裾。牆高攀不及〔六〕，花新摘未舒。莫疑插鬢少〔七〕，分人猶有餘〔八〕。藝文類聚卷八一、宋陳景沂全芳備祖集前集卷一五、宋謝維新古今合璧事類備要别集卷三一、古詩類苑卷一二二、古詩紀卷八〇、御製集、閣本、張本、丁本。

【校注】

〔一〕看摘薔薇：古詩類苑卷一二二題作「看美人摘薔薇」。又，清吴兆宜玉臺新詠箋注卷七「非宋刻部分」亦録有此詩，署簡文帝。薔薇，植物名。落葉灌木，花白色或淡紅色，有芳香，可供觀賞。藝文類聚卷八一引梁劉緩看美人摘薔薇花詩（按，此詩古詩類苑卷一二二題作和元帝看美人摘薔薇）云云，與蕭繹此詩殆同時作。梁書卷四九文學劉昭傳附劉緩傳載：緩，「字含度，少知名。歷官安西湘東王記室，時西府盛集文學，緩居其首。除通直郎，俄遷鎮南湘東王中録事，復隨府江州，卒」。考梁書武帝紀，蕭繹普通七年（526）十月出爲荆州刺史，大同元年（535）十二月進號安西將軍，五年七月入爲安右將軍、護軍將軍，六年十二月出爲鎮南將軍、江州刺史。是劉緩與蕭繹同時作此詩，當在大同二年（536）至五年（539）間。

〔二〕卷春裾：全芳備祖集前集卷一五作「卷春袂」，古詩類苑卷一二二、古詩紀卷八〇、御製集、閻本、張本、清吴兆宜玉臺新詠箋注卷七「非宋刻部分」、丁本作「倦春閨」。

〔三〕玉除：臺階的美稱。文選卷二四曹植贈丁儀詩：「凝霜依玉除，清風飄飛閣。」李善注：「玉除，階也。」

〔四〕釵疏：全芳備祖集前集卷一五作「花稀」。

〔五〕綰（wǎn）：廣韻潸韻：「綰，繫也。」此謂掛住。

〔六〕攀：古詩類苑卷一二二、古詩紀卷八〇、御製集、閻本、張本、清吴兆宜玉臺新詠箋注卷七「非宋刻部分」、丁本作「舉」。

〔七〕鬢：清吴兆宜玉臺新詠箋注卷七「非宋刻部分」作「髩」。

〔八〕分：古今合璧事類備要別集卷三一作「及」。

【集評】

閻本：其人可知。

【附】

藝文類聚卷八一引梁劉緩看美人摘薔薇花詩曰：新花臨曲池，佳麗復相隨。鮮紅同映水，輕香共逐吹。繞架尋多處，窺叢見好枝。今新猶恨少，將故復嫌萎。釵邊爛熳插，無處不相宜。

懷舊〔一〕

弘都多雅度〔二〕，信乃含賓實〔三〕。鴻漸殊未昇〔四〕，上才淹下秩〔五〕。梁書卷五〇文學顔協傳、册府元龜卷二一一、御製集。

【校注】

〔一〕懷舊：梁書卷五〇文學顔協傳：「顔協，字子和，琅邪臨沂人也。……少以器局見稱。博涉群書，工於草隸。釋褐湘東王國常侍，又兼府記室。世祖出鎮荆州，轉正記室。時吴郡顧協亦在蕃邸，與協同名，才學相亞，府中稱爲『二協』。舅陳郡謝暕卒，協以有鞠養恩，居喪如伯叔之禮，議者重焉。又感家門事義，不求顯達，恒辭徵辟，遊於蕃府而已。大同五年，卒，時年四十二。世祖甚嘆惜之，爲懷舊詩以傷之。其一章曰」云云。御製集題作「傷顧協」。顏氏家訓卷四文章：「吾家世文章，甚爲典正，不從流俗，梁孝元在蕃邸時，撰西府新文，訖無一篇見録者，亦以不偶於世，無鄭、衛之音故也。有詩賦銘誄書表啓疏二十卷……操行見於梁史文士傳及孝元懷舊志。」

〔二〕弘都：即鴻都。後漢書卷八孝靈帝紀載，光和五年二月，「始置鴻都門學生」。李賢注：「鴻都，門名也，於内置學。」此代指王府。○雅度：氣度不凡。此指有雅度之士。

〔三〕含賓實：謂名實相稱。賓實，即名實。莊子逍遥遊：「名者，實之賓也。吾將爲賓乎？」册府元龜卷二一一作「忠實」，御製集作「賓寔」。

〔四〕鴻漸：謂鴻漸飛於高位。周易漸卦：「初六，鴻漸于干」，「六二，鴻漸于磐」，「九三，鴻漸于陸」，「六四，鴻漸于木」，「九五，鴻漸于陵」。孔穎達疏：「鴻漸于干者，鴻水鳥也，干水涯也，漸，進之道，自下升高，故取譬鴻飛自下而上也。初之始，進未得禄位，上無應援，體又窮下，若鴻之進于河之干，不得安寧也。故曰『鴻漸于干』也。」此喻仕宦的逐步升遷。○殊未昇：御製集作「未昇昇」。

〔五〕「上才」句：謂顏協久滯低級職位。淹，廣韻鹽韻：「淹，久留也。」秩，資治通鑑卷二周紀顯王「十年」：「明尊卑爵秩等級。」胡三省注：「秩，職也，官也。」

暫别荆州吏民〔一〕

玉節居分陝〔二〕，金貂總上流〔三〕。麾軍時舉扇〔四〕，作賦且登樓〔五〕。年光偏原隰〔六〕，春色滿汀洲〔七〕。日華三翼舸〔八〕，風轉七星斿〔九〕。向解青絲纜〔一〇〕，將移丹桂舟〔一一〕。藝文類聚卷五〇、古今合璧事類備要後集卷六六、記纂淵海卷三四、古詩類苑卷八三、古詩紀卷八〇、古詩鏡卷一九、六朝詩集、御製集、閣本、張本、丁本。

【校注】

〔一〕暫别荆州吏民：藝文類聚卷五〇、古今合璧事類備要後集卷六六、古詩類苑卷八三、古詩紀卷八〇、古詩鏡卷一九、六朝詩集、御製集、閣本、張本、丁本題作「别荆州吏民」。今按：考梁書卷三武帝紀：大同五年（539）「秋七月己卯，以驃騎將軍、開府儀同三司廬陵王續爲荆州刺史，湘東王繹爲護軍將軍、安右將軍」。同書卷五元帝紀亦載蕭繹大同五年自荆州刺史「入爲安右將軍、護軍將軍，領石頭戍軍事」。蕭繹離任荆州刺史時在「秋七月」，而此詩云「年光偏原隰，春色滿汀洲」，二者節候不符。又，此詩格調歡快，與下文别荆州吏民二詩「憤懣」之情不類，當不是同時作。頗疑此詩作於蕭繹第一次爲荆州刺史期間，詩人因公務暫時離開荆州，非離任荆州刺史也。故題作「暫别荆州吏民」，以與下二詩區别。

〔二〕玉節：玉製的符節。周禮地官司徒掌節：「守邦國者用玉節，守都鄙者用角節。」鄭玄注：「謂諸侯於其國中，公卿大夫、王子弟於其采邑，有命者亦自有節以輔之。」〇分陝：西周初周公旦、召公奭分陝而治。陝即今陝西省陝縣。南齊書卷一五州郡志：「弘農郡陝縣，周世二伯總諸侯，周公主陝東，召公主陝西，故稱荆州爲陝西也。」文選卷六〇任昉齊竟陵文宣王行狀：「初，沈攸之跋扈上流，稱亂陝服。」吕向注：「上流，荆州也。時攸之爲荆州刺史，宋順帝即位，起兵作亂。時以荆州比陝州，爲分陝之望也，如侯、甸之服，故云陝服也。」此處指爲荆州刺史。

〔三〕金貂：皇帝左右侍臣的冠飾。後漢書輿服：「武冠，一曰武弁大冠，諸武官冠之。侍中、中常侍加黄金璫，附蟬爲文，貂尾爲飾，謂之『趙惠文冠』。胡廣説曰：『趙武靈王效胡服，以金璫飾首，前插貂尾，爲貴職。秦滅趙，以其君冠賜近臣。』」漢書卷八五谷永傳：「戴金貂之飾、執常伯之職者。」顏師古注：「常伯，侍中也。」文選卷三一江淹雜體詩效王粲懷德：「賢主降嘉賞，金貂服玄纓。」李善注：「時粲爲侍中，故云金貂。」今按：據梁書卷五元帝紀，普通七年（526），蕭繹以侍中、宣威將軍、丹陽尹，出爲荆州刺史。故云「金貂總上流」。〇上流：指荆州。荆州在建康上游，故稱。

〔四〕「麾軍」句：謂指揮戰鬥。東漢以下，常用白羽扇爲指揮軍事戰鬥之標誌。晉書卷一〇〇陳敏傳載：顧榮率軍與陳敏戰，「榮以白羽扇麾之，敏衆潰散」。蕭繹金樓子序：「而候騎交馳，仍麾白羽之扇。」參周一良魏晉南北朝史札記晉書札記「白羽扇」條。麾軍，指揮軍隊。

〔五〕「作賦」句：指王粲登樓作賦事。東漢建安九年（205）秋，王粲在荆州登上麥城城樓，寫下了著名的登樓賦。賦見文選卷一一。

〔六〕年光：春光。藝文類聚卷四引後魏盧元明晦日汎舟應詔詩曰：「遲遲春色華，晼晼年光麗。」○原隰：指原野。國語卷一周語上：「猶其原隰之有衍沃也。」韋昭注：「廣平曰原，下濕曰隰。」

〔七〕「春色」句：文選卷三〇謝朓和徐都曹：「宛洛佳遨遊，春色滿皇州。結軫青郊路，迴瞰蒼江流。日華川上動，風光草際浮。」汀洲，水中小塊陸地。楚辭九歌湘夫人：「搴汀洲兮杜若，將以遺兮遠者。」

〔八〕華：光輝。尚書大傳：「日月光華，旦復旦兮。」此處用作動詞，意謂照耀。○三翼：船名。文選卷三五張協七命：「爾乃浮三翼，戲中沚。」李善注：「越絶書，伍子胥水戰兵法内經曰：大翼一艘，長十丈；中翼一艘，長九丈六尺；小翼一艘，長九丈。」南朝宋謝靈運撰征賦：「迅三翼以魚麗，襄兩服以雁逝。」容齋隨筆四筆卷一一「船名三翼」：「文選張景陽七命曰：『浮三翼，戲中沚。』其事出越絶書，李善注頗言其略，蓋戰船也。其書云：『闔閭見子胥，問船運之備。對曰：「船名大翼、小翼、突冒、樓船、橋船。大翼者，當陵軍之車；小翼者，當陵軍之輕車。」』又水戰兵法内經曰：『大翼一艘，廣一丈五尺三寸，長十丈；中翼一艘，廣一丈三尺五寸，長九丈；小翼一艘，廣一丈二尺，長五丈六尺。』大抵皆巨戰船，而昔之詩人乃以爲輕舟。梁元帝云『日華三翼舸』，又云『三翼自相追』，張正見云『三翼木蘭船』，元微之云『光陰三翼過』。其它亦鮮用之者。」宋葛立方撰韻語陽秋卷二〇：「張景陽七命有『浮三翼，泛中沚』之句，故詩家多用三翼爲輕舟，如梁元帝『日華三翼舸』，元微之『光陰三翼過』是也。按越絕書伍子胥水戰兵法内經曰：『大翼一艘，廣一丈五尺二寸，長十丈。中翼一艘，廣一丈三尺五寸，長五丈六尺。小翼一艘，廣一丈九尺，長二丈。』所謂三翼者，皆巨戰船也。用爲輕舟，誤矣。」

〔九〕七星旍：飾有北斗星的旗幟。旍，藝文類聚卷五〇、六朝詩集作「遊」，古今合璧事類備要後集卷六六、記纂淵海卷三四、古詩類苑卷八三、古詩紀卷八〇、古詩鏡卷一九、御製集、閻本、張本、丁本作「斿」。説文解字㫃部：「游，旌旗之流也。……遊，古文游。」大廣益會玉篇㫃部：「斿，旌旗之末垂者，或作游。」

〔一〇〕向：時間副詞。剛纔。説文解字日部：「曏，不久也。」段玉裁注：「曏或作鄉，今人語曰向年、向時、向者，即曏字也。」

〔一一〕丹桂舟：楚辭九歌湘君：「美要眇兮宜修，沛吾乘兮桂舟。」王逸注：「猶乘桂木之船，沛然而行。」北周庾信奉和濬池初成清晨臨泛詩：「時看青雀舫，遥逐桂舟迴。」丹桂，桂樹的一種。晉嵇含南方草木狀卷中：「桂有三種：葉如柏葉，皮赤者爲丹桂。」

【集評】

古詩鏡卷一九：起四語，典則美麗。

采菽堂古詩選補遺卷三：華稱。

別荆州吏民〔一〕

其一

寄言謝桀黠〔二〕，無乃氣干雲〔三〕。安知霸陵下，復有李將軍〔四〕。　文苑英華卷二八六、古詩類苑卷八三、古詩紀卷八一、御製集、閻本、張本、丁本。

【校注】

〔一〕別荆州吏民：文苑英華卷二八六、閻本、張本、丁本題作「別荆州吏目」，古詩類苑卷八三、古詩紀卷八一、御製集題作「別荆州吏民」。今按：以作「民」爲是。又，此二詩並有望重返荆州之意，蓋作於大同五年（539）秋七月，蕭繹荆州刺史之職被廬陵王續所代，入京爲護軍將軍、領石頭戍軍事時。蕭繹被代與蕭續之謗有關。參南史卷五三梁武帝諸子傳廬陵威王續並吴光興蕭綱蕭繹年譜「太清元年」下「春正月」條。

〔二〕寄言：猶寄語，告訴。三國魏阮籍詠懷詩：「黄鳥東南飛，寄言謝友生。」〇謝：漢書卷五七周勃傳：「使人稱謝：『皇帝敬勞將軍。』」顔師古注：「謝，告也。」〇桀黠：凶惡狡詐。史記卷一二九貨殖列傳：「桀黠奴，人之所患也。」此處指凶悍狡詐之人。按：此人或指江禄。南史卷三六江禄傳：「禄字彦遐，幼篤學有文章，工書善琴。形貌短小，神明俊發。位太子洗馬、湘東王録事參軍，以氣陵府王，王深憾焉。廬陵威王續代爲荆州，留爲驃騎諮議參軍。獻書告別，王答書乃致恨。」黠，文苑英華卷二八六作「點」，古詩類苑卷八三、古詩紀卷八一、御製集、閣本、張本、丁本作「黠」。今按：作「黠」是，據改。

〔三〕無乃：不要如此。莊子德充符：「子産蹴然改容更貌曰：『子無乃稱！』」晋郭象注：「已悟則厭其多言也。」清劉淇助字辨略卷三「乃」字條引莊子德充符此語，云：「此『乃』字合訓『如此』，言無爲如此稱説也。」〇氣干雲：此形容氣焰囂張。

〔四〕「安知」二句：史記卷一〇九李將軍列傳：「家居數歲。廣家與故潁陰侯孫屏野居藍田南山中射獵。嘗夜從一騎出，從人田間飲。還至霸陵亭，霸陵尉醉，呵止廣。廣騎曰：『故李將軍。』尉曰：『今將軍尚不得夜行，何乃故也！』止廣宿亭下。居無何，匈奴入殺遼西太守，敗韓將軍，後韓將軍徙右北平。於是天子乃召拜廣爲右北平太守。廣即請霸陵尉與俱，至軍而斬之。」霸陵，閣本、張本、丁本作「灞陵」。漢文帝陵寢，故址在今陝西省西安市東霸河南。李將軍，指李廣。廣，隴西成紀人，西漢名將。文帝時，爲武騎常侍。景帝時任隴西、北地、雁門等郡太守。武帝時，入爲未央衛尉。後爲右北平太守。廣猿臂善射，愛撫士卒，匈奴畏懼，稱之爲「飛將軍」。元狩四年，從大將軍衛青擊匈奴，以迷失道被責赴幕府對簿，自殺。史記卷一〇九、漢書卷五四有傳。

其二

莫言江漢遠〔一〕，煙霞隔數千。何必黄丞相，重應臨潁川〔二〕。文苑英華卷二八六、古詩類苑卷八三、古詩紀卷八一、六朝詩集、御製集、閣本、張本、丁本。

【校注】

〔一〕江漢：長江和漢水。此借指荆州。

〔二〕「何必」二句：黄丞相，指漢黄霸。霸字次公，淮陽陽夏人。爲人明察内敏，又習文法，善御衆。兩爲潁川太守，吏民愛敬。宣帝五鳳三年（55），代丙吉爲丞相，並封建成侯，總攬朝綱社稷。後世將他與龔遂作爲「循吏」的代表。事詳漢書卷八九循吏傳黄霸。漢書本傳載：霸爲潁川太守，「以外寬内明得吏民心，户口歲增，治爲天下第一。徵守京兆尹，秩二千石。坐發民治馳道不先以聞，又發騎士詣北軍馬不適士，劾乏軍興，連貶秩。有詔歸潁川太守官，以八百石居治如其前。前後八年，郡中愈治。是時，鳳皇神爵數集郡國，潁川尤多。天子以霸治行終長者，下詔稱揚曰：『潁川太守霸，宣布詔令，百姓鄉化，孝子弟弟貞婦順孫日以衆多，田者讓畔，道不拾遺，養視鰥寡，贍助貧窮，獄或八年亡重罪囚，吏民鄉于教化，興於行誼，可謂賢人君子矣。書不云乎「股肱良哉」！其賜爵關内侯，黄金百斤，秩中二千石。』而潁川孝弟、有行義民、三老、力田，皆以差賜爵及帛」。潁川，郡名。治所在許昌縣，即今河南省許昌市東。

送西歸内人〔一〕

秋氣蒼茫結孟津〔二〕，復送巫山薦枕神〔三〕。昔時慊慊愁應去〔四〕，今日勞勞長别人〔五〕。藝文類聚卷三〇、古詩類苑卷九五、古詩紀卷八一、六朝詩集、御製集、閣本、張本、丁本。

【校注】

〔一〕西歸内人：南史卷五三梁武帝諸子傳廬陵威王續：「元帝之臨荆州，有宫人李桃兒者，以才慧得進，及還，以李氏行。時行宫户禁重，續具狀以聞。元帝泣對使訴於簡文，簡文和之得止。元帝猶懼，送李氏還荆州，世所謂西歸内人者。」今按：續，指蕭繹之兄廬陵王蕭續。蕭繹登江州百花亭懷荆楚詩：「試酌新春酒，遥勸陽臺人。」陽臺人，或即指李氏。内人，指宫女。周禮天官冢宰寺人：「掌王之内人及女宫之戒令。」鄭玄注：「内人，女御也。」今按：考梁書武帝紀及元帝紀，蕭繹普通七年（526）出爲荆州刺史，大同五年（539）七月還京爲安右將軍、護軍將軍。據知其「送李氏還荆州」當在大同五年。

〔二〕孟津：古黄河津渡名。在今河南省孟津縣東北、孟縣西南。相傳周武王在此盟會諸侯並渡河，故一名盟津。此代指渡口。

〔三〕巫山薦枕神：即巫山神女。文選卷一九宋玉高唐賦：「昔者先王嘗遊高唐，怠而晝寢，夢見一婦人曰：『妾巫山之女也，爲高唐之客，聞君遊高唐，願薦枕席。』」李善注：「薦，進也。欲親進於枕席，求親昵之意也。」此借指西歸内人。復送，六朝詩集作「送復」。

〔四〕慊慊：文選卷二七魏文帝燕歌行：「慊慊思歸戀故鄉，何爲淹留寄他方？」李善注引鄭玄禮記注曰：「慊，恨不滿之皃也。」張銑注：「慊慊，心不足皃。」〇愁應去：閻本、張本、丁本作「應愁去」。

〔五〕勞勞：憂愁傷感貌。玉臺新詠卷一古詩爲焦仲卿妻作：「舉手長勞勞，二情同依依。」

登江州百花亭懷荆楚〔一〕

目極纔千里〔二〕，何由望楚津〔三〕。落花灑行路，垂楊拂砌塵〔四〕。柳絮飄春雪〔五〕，荷珠漾水銀。試酌新清酒〔六〕，遥勸陽臺人〔七〕。藝文類聚卷二八、文苑英華卷三一

五、古詩類苑卷一一二、古詩紀卷八一、古詩鏡卷一九、御製集、閣本、張本、丁本。

【校注】

〔一〕登江州百花亭懷荆楚：文苑英華卷三一五題作「登百花亭懷荆楚」。又，文苑英華卷三一五詩末有小注：「以下三篇并見江州石本。」升庵詩話卷八「梁元帝登百花亭懷荆楚」條下小注：「此詩又以爲邵陵王綸作。」江州，即今江西省九江市。梁書卷五元帝紀：「〔大同〕六年，出爲使持節、都督江州諸軍事、鎮南將軍、江州刺史。」曹道衡、沈玉成中古文學史料叢考卷四梁陳「陰鏗在梁事跡考」條：「至於登江州百花亭懷荆楚，則大同六年至太清元年間爲江州刺史時作也。」吴光興蕭綱蕭繹年譜繫此詩於大同七年(541)下。

〔二〕目極：文選卷三三宋玉招魂：「目極千里兮，傷春心。」文苑英華卷三一五、古詩類苑卷一一一、古詩紀卷八一、古詩鏡卷一九、御製集、升庵詩話卷八「梁元帝登百花亭懷荆楚」條、閣本、張本、丁本作「極目」。○纔：文苑英華卷三一五訛作「讒」。

〔三〕楚津：楚地渡口。津，説文解字水部：「津，水渡也。」

〔四〕砌：大廣益會玉篇石部：砌，「階砌也」。南朝齊謝脁直中書省詩：「紅藥當階翻，蒼苔依砌上。」

〔五〕柳絮：初學記卷二八：「伍緝之柳花賦曰：『步江皋兮騁望，感春柳之依依；垂緑葉而雲布，飈零花而雪飛。』按神農本草經曰：『柳花一名柳絮。』」世説新語言語：「謝太傅寒雪日內集，與兒女講論文義。俄而雪驟，公欣然曰：『白雪紛紛何所似？』兒子胡兒曰：『撒鹽空中差可擬。』兒女曰：『未若柳絮因風起。』」〇春：古詩類苑卷一一一、御製集作「晴」。

〔六〕新清酒：新釀的清酒。古詩類苑卷一一一、古詩紀卷八一、古詩鏡卷一九、御製集作「新春酒」。閣本、張本、丁本作「新豐酒」。新豐，縣名。漢高祖七年（前200）改驪邑縣置，治所在今陝西省臨潼縣東北陰盤城。漢書卷二八地理志上：「京兆尹……新豐，驪山在南，故驪戎國。秦曰驪邑。高祖七年置。」顏師古注：「應劭曰：太上皇思東歸，於是高祖改築城寺街里以象豐，徙豐民以實之，故號新豐。」北周庾信春賦：「移戚里而家富，入新豐而酒美。」清倪璠注：「三輔舊事曰：太上皇不樂關中，思慕鄉里，高祖徙豐沛屠兒、酤酒、煮餅商人，立爲新豐。」

〔七〕陽臺人：陽臺，戰國楚宋玉高唐賦序：「昔者先王嘗遊高唐，怠而晝寢，夢見一婦人，曰：『妾巫山之女也，爲高唐之客，聞君遊高唐，願薦枕蓆。』王因幸之。去而辭曰：『妾在巫山之陽，高丘之阻，旦爲朝雲，暮爲行雨，朝朝暮暮，陽臺之下。』」又，南史卷五三梁武帝諸子傳廬陵威王續：「元帝之臨荆州，有宮人李桃兒者，以才慧得進，及還，以李氏行。時行宮户禁重，續具狀以聞。元帝泣對使訴於簡文，簡文和之得止。元帝猶懼，送李氏還荆州，世所謂西歸內人者。」所謂「陽臺人」蓋即指此「內人」。

【集評】

宋黄庭堅跋登江州百花亭懷荆楚詩：百花亭，梁大同三年刺史邵陵王綸所作。此詩出英華集，皆佳句也。崇寧元年八月壬戌來集斯亭。其甲子又來，四顧徘徊，悵詩人之不可見，因大書此三詩，遺寺僧宗素，俾刻之堅石，後來者得觀覽焉。修水黃庭堅題。（今按：詩當爲湘東王蕭繹作。綸爲江州刺史在普通年間，且未曾刺荆州，不知黃山谷何以有此誤。）

古詩鏡卷一九：「柳絮飄晴雪，荷珠漾水銀」，不得風雅。唐杜審言「梅花落處疑晴雪」七言，得此反覺韻饒。以五言入古，七言近晚，其體自不同也。

【附】

文苑英華卷三一五朱超道奉和登百花亭懷荆楚：亭高登望極，春心遠近同。莫恨荆臺隱，雲行不礙空。柳色浮新翠，蘭心帶淺紅。若因鵬舉便，重上龍門中。

文苑英華卷三一五陰鏗追和登百花亭懷荆楚：江陵一柱觀，潯陽千里潮。風煙望似接，川路恨成遥。落花輕未下，飛絲斷易飄。藤長還依格，荷生不避橋。陽臺可憶處，惟有暮將朝。

和劉尚書兼明堂齋宫〔一〕

質明攝上宰〔二〕，言早乘車軒〔三〕。四圭邸蒼玉〔四〕，六變舞雲門〔五〕。香浮鬱金酒〔六〕，煙繞鳳皇樽〔七〕。貂冕交揮映〔八〕，珩珮自相喧〔九〕。微風颺清管〔一〇〕，輕雨發陳根〔一一〕。新花臨御陌〔一二〕，春色起天園〔一三〕。河間獻樂語〔一四〕，斯道愧能論。初學記卷

一三、錦繡萬花谷後集卷一七、古詩類苑卷二五、古詩紀卷八〇、御製集、閻本、張本、丁本。古詩紀卷八〇。又，藝文類聚卷三八、文苑英華卷三二〇、六朝詩集引軒、門、樽、園、論五韻；記纂淵海卷二〇引園、論二韻，卷七六引門、樽二韻。

【校注】

〔一〕和劉尚書兼明堂齋宫：文苑英華卷三二〇題作「和劉尚書廉明堂齋宫」，六朝詩集題作「和劉尚書明堂齋宫」。劉尚書，指劉孺。孺字孝稚，祖籍彭城。梁大通三年爲左民尚書，中大通五年爲都官尚書，大同五年守吏部尚書。此詩云「攝上宰」，蓋作於大同五年（539）劉孺守吏部尚書時。明堂，古代帝王朝會祭祀、宣明政教的地方。孟子梁惠王下：「夫明堂者，王者之堂也。」齋宫，國語卷一周語上：「王即齋宫，百官御事各即其齋三日。」韋昭注：「所齋之宫也。」今按：劉孺原詩今不存。又，據梁書卷五元帝紀，大同五年（539），蕭繹「入爲安右將軍、護軍將軍，領石頭戍軍事」，時正在京師。

〔二〕質明：謂天剛剛亮的時候。儀禮士冠禮：「擯者請期，宰告曰：『質明行事。』」鄭玄注：「質，正也。宰告曰『旦日正明行冠事』。」文苑英華卷三二〇作「微明」。○攝：代理。左傳隱公元年：「不書即位，攝也。」杜預注：「假攝君政，不修即位之禮。」○上宰：指輔政大臣。文選卷二九棗據雜詩：「吴寇未殄滅，亂象侵邊疆。天子命上宰，作蕃於漢陽。」

〔三〕言早：藝文類聚卷三八、文苑英華卷三二〇、錦繡萬花谷後集卷一七、古詩類苑卷二五、古詩紀卷八〇、六朝詩集、御製集、閻本、張本、丁本作「詰旦」。詰旦，清晨。文選卷二〇丘遲侍宴樂游苑送張徐州應詔詩：「詰旦閶闔開，馳道聞鳳吹。」李善注：「左氏傳曰：詰朝將見。杜預曰：詰朝，平旦也。」〇車軒：藝文類聚卷三八、文苑英華卷三二〇、錦繡萬花谷後集卷一七、翰苑新書後集上卷九、古詩類苑卷二五、古詩紀卷八〇、御製集、閻本、張本、丁本作「軺軒」，六朝詩集作「軒轅」。軺軒，文選卷四七陸機漢高祖功臣頌：「紀信誑項，軺軒是乘。」李周翰注：「軺軒，輕車也。」

〔四〕「四圭」句：指用蒼玉雕成的圭祭天。周禮春官宗伯典瑞：「四圭有邸，以祀天、旅上帝。」鄭玄注引鄭司農云：「於中央爲璧，圭著其四面，一玉俱成。爾雅曰：『邸，本也。』圭本著於璧，故四圭有邸，圭末四出故也。或説四圭有邸有四角也。」賈公彦疏：「云於中央爲璧，謂用一大玉，琢出中央，爲璧形，亦肉倍好爲之，四面琢，各出一圭。」圭邸，文苑英華卷三二〇作「邸陳」。

〔五〕六變：謂樂章改變六次。古代祭百神，樂章六變祭典始成。文選卷三張衡東京賦「雷鼓鼝鼝，六變既畢。」薛綜注：「凡樂六變爲一成，則更奏。」李善注引周禮：「若樂六變，一變，川澤之神見。二變，山林之神見。三變，丘陵之神見。四變，墳衍之神見。五變，地神見。六變，天神見。」晉陸雲移書太常府薦張贍：「廣樂九奏，必登昊天之庭；韶夏六變，必饗上帝之祀矣。」〇雲門：周六樂舞之一。周禮春官宗伯大司樂：「以樂舞教國子舞雲門、大卷、大咸、大磬、大夏、大濩、大武。」鄭玄注：「此周所存六代之樂，黄帝曰雲門、大卷。黄帝能成名萬物，以明民共財，言其德如雲之所出，民得以有族類。」

〔六〕鬱金：草名，可泡酒。李白客中行：「蘭陵美酒鬱金香，玉碗盛來琥珀光。」本草綱目卷一四草三鬱金：「集解：恭曰：『鬱金生蜀地及西戎。苗似薑黄，花白質紅，末秋出莖心而無實。其根黄赤，取四畔子根去皮火乾，馬藥用之，破血而補，胡人謂之馬蒁。嶺南者有實似小豆蔻，不堪噉。』頌曰：『今廣南、江西州郡亦有之，然不及蜀中者佳。四月初生苗似薑黄，如蘇恭所説。』宗奭曰：『鬱金不香。今人將染婦人衣最鮮明，而不耐日炙，微有鬱金之氣。』時珍曰：『鬱金有二：鬱金香是用花，見本條；此是用根者。其苗如薑，其根大小如指頭，長者寸許，體圓有横紋如蟬腹狀，外黄内赤。人以浸水染色，亦微有香氣。』」

〔七〕煙：六朝詩集作「氣」。○鳳皇樽：鳳凰狀的酒盃。皇，御製集、閣本、張本、丁本作「凰」。今按：皇、凰可通。樽，文苑英華卷三二〇作「尊」。今按：尊、樽，古今字。

〔八〕貂冕：冠上飾有貂尾，故稱，爲帝王近臣所戴。後漢書輿服志下：「武冠，一曰武弁大冠，諸武官冠之。侍中、中常侍加黄金璫，附蟬爲文，貂尾爲飾，謂之『趙惠文冠』。胡廣説曰：『趙武靈王效胡服，以金璫飾首，前插貂尾，爲貴職。秦滅趙，以其君冠賜近臣。』」○揮：錦繡萬花谷後集卷一七作「暉」，翰苑新書後集上卷九、古詩類苑卷二五、古詩紀卷八〇、御製集、丁本作「輝」。今按：「揮」通「輝」。文選卷二七王粲從軍詩五首之一：「禽獸憚爲犧，良苗實已揮。」李善注：「揮當爲輝。」又，暉，同「輝」。

〔九〕珩（héng）珮：玉珮。南朝梁沈約梁三朝雅樂歌俊雅詩之二：「珩珮流響，纓紱有容。」文選卷五八顔延之宋文皇帝元皇后哀策文：「飾遺儀於組旒，淪徂音乎珩珮。」珩，國語卷八晉語二：「黄金四十鎰，白玉之珩六雙，不敢當公子，請納之左右。」韋昭注：「珩，佩上飾也。珩形似磬而小。」後漢書卷五九張衡傳：「辮貞亮以爲鞶兮，雜伎藝以爲珩。」李賢注：「珩，佩玉也。」

〔一〇〕颺（yáng）：楚辭九辯：「何曾華之無實兮，從風雨而飛颺。」説文解字風部：「颺，風所飛揚也。」

〔一一〕陳根：踰年的草根。禮記檀弓上：「朋友之墓，有宿草而不哭焉。」鄭玄注：「宿草，謂陳根也。」

〔一二〕御陌：謂京城中的道路。文苑英華卷三二〇作「御街」，下有小注：「一作『御宙』」；六朝詩集作「御栢」。

〔一三〕天園：楚辭王褒九懷通路：「微觀兮玄圃。」王逸注：「上睨帝圃，見天園也。」此指天子的園囿。

〔一四〕河間：指河間獻王劉德。德，漢景帝第三子，封爵號河間王。修禮樂，好儒術，藏書與朝廷等。卒，謚獻。史記卷五九五宗世家、漢書卷五三景十三王傳有傳。○樂語：漢書卷二四食貨志下：「〔王〕莽乃下詔曰：『夫周禮有賒貸，樂語有五均。』」顏師古注：「鄧展曰：『樂語，樂元語，河間獻王所傳，道五均事。』」

和劉尚書侍五明集〔一〕

帝德洽區宇，垂衣彰太平〔二〕。黄唐懋懋實〔三〕，子姒亹嘉聲〔四〕。治家陳五禮〔五〕，功成奏六英〔六〕。汲引留宸鑒，舟航動睿情〔七〕。法王唯一法〔八〕，無生信不生〔九〕。因因從此見〔一〇〕，果果自斯明〔一一〕。元良仰副后〔一二〕，含一震鴻名〔一三〕。龜藏踰啓筮，魯史冠春卿〔一四〕。日宮佳氣滿〔一五〕，月殿善風清〔一六〕。綺錢蔽西觀〔一七〕，緹幔卷南榮〔一八〕。金門練朝鼓〔一九〕，玉壺休夜更〔二〇〕。宮槐留曉合〔二一〕，城烏侵曙鳴〔二二〕。露光枝上動〔二三〕，霞影水中輕〔二四〕。虛薄今何事〔二五〕，徒知戀法城〔二六〕。廣弘明集卷三〇、古詩類苑卷一〇一、古詩紀卷八〇、御製集、閣本、張本、丁本。又，藝文類聚卷七六、六朝詩集引情、生、清、榮四韻。

【校注】

〔一〕和劉尚書侍五明集：廣弘明集卷三〇、古詩紀卷八〇題下注俱云：「藝文作和劉尚書侍講。」藝文類聚卷七六、古詩類苑卷一〇一題作「和劉尚書侍講五明集詩」，六朝詩集題作「和劉尚書侍講」。五明，梵語意譯。佛教所説的古印度五種學問。唐玄奘大唐西域記卷二印度九「教育」：「七歲之後，漸授五明大論。一曰聲明，釋詁訓字，詮目疏別；二工巧明，伎術機關，陰陽曆數；三醫方明，禁呪閑邪，藥石針艾；四謂因明，考定正邪，研覈真僞；五曰内明，究暢五乘，因果妙理。」

〔二〕帝：指梁武帝。〇垂衣：製定衣服的等級制度，示天下以禮。後用以稱頌帝王無爲而治。周易繫辭下：「黄帝堯舜，垂衣裳而天下治，蓋取諸乾坤。」韓康伯注：「垂衣裳以辨貴賤，乾尊坤卑之義也。」

〔三〕黄唐：黄帝和唐堯。均上古賢明帝王，「五帝」之一。〇懋（mào）實：盛大的實績。藝文類聚卷七七引後魏温子昇大覺寺碑曰：「神功實業，既被無邊，鴻名懋實，方在不朽。」懋，文選卷一〇潘岳西征賦「賴先哲以長懋」李善注：「説文曰：『懋，盛也。』」

〔四〕子姒：指商代和夏代。夏，姒姓；商，子姓。南朝梁蕭統七契之八：「固以德苞子姒，道邁虞唐，六合寧泰，四宇咸康。」〇恧（nǜ）：方言第六：「恧，慙也。……山之東西，自愧曰恧。」閣本、張本、丁本作「惡」，四庫全書考證卷九六漢魏六朝百三家集梁元帝集：「刊本『恧』訛『惡』。」

〔五〕五禮：五種禮儀。周禮春官宗伯小宗伯：「掌五禮之禁令與其用等。」鄭玄注引鄭司農云：「五禮，吉、凶、賓、軍、嘉。」隋書卷六禮儀志一：「以吉禮敬鬼神，以凶禮哀邦國，以賓禮親賓客，以軍禮誅不虔，以嘉禮合姻好，謂之五禮。」梁書卷二五徐勉傳：「朝儀國典，婚冠吉凶，勉皆預圖議。普通六年，上修五禮表曰：『……五禮之職，事有繁簡，及其列畢，不得同時。嘉禮儀注以天監六年五月七日上尚書，合十有二秩，一百一十六卷，五百三十六條；賓禮儀注以天監六年五月二十日上尚書，合十有七秩，一百三十三卷，五百四十五條；軍禮儀注以天監九年十月二十九日上尚書，合十有八秩，一百八十九卷，二百四十條；吉禮儀注以天監十一年十一月十日上尚書，合二十有六秩，二百二十四卷，一千五條；凶禮儀注以天監十一年十一月十七日上尚書，合四十有七秩，五百一十四卷，五千六百九十三條：大凡一百二十秩，一千一百七十六卷，八千一十九條。又列副秘閣及五經典書各一通，繕寫校定，以普通五年二月始獲洗畢。』」

〔六〕六英：古樂名。吕氏春秋卷五仲夏紀古樂：「帝嚳令咸黑作爲聲，歌九招、六列、六英。」淮南子卷一一齊俗訓：「咸池、承雲、九韶、六英，人之所樂也。」高誘注：六英，「帝顓頊樂」。隋書卷一三音樂志：「梁氏之初，樂緣齊舊。武帝思弘古樂，天監元年，遂下詔訪百僚：……是時對樂者七十八家，咸多引流略，浩蕩其詞，皆言樂之宜改，不言改樂之法。帝既素善鐘律，詳悉舊事，遂自制定禮樂。」

〔七〕「汲引」二句：謂皇帝留心於佛教。汲引，佛教語。謂救濟世人。南朝梁沈約爲竟陵王發講疏并頌：「無相非色空不可極，而立言垂訓，以汲引爲方。」留，閣本、張本、丁本作「爲」。宸鑒，皇帝鑒察。梁書卷五元帝紀：「百司岳牧，祈仰宸鑒。」舟航，佛教語。謂普渡衆生。佛教有「慈航普度」語。睿情，帝王的情意。文選卷三一江淹雜體詩效顔延之侍宴：「禮登佇睿情，樂闋延皇眄。」劉良注：「禮成樂闋，賓客將散，故延佇天子之情而顧盼。」

〔八〕法王：佛教對釋迦摩尼的尊稱。亦借指高僧。法華經譬喻品：「我爲法王，於法自在。」○一法：佛教語。一切事物都有自身的法則，故總名爲法。一法，猶言一事一物。

〔九〕無生：佛教語。謂没有生滅，不生不滅。晉王該日燭：「咸淡泊於無生，俱脱骸而不死。」○不生：梵語意譯，音譯爲阿羅漢。佛教認爲得阿羅漢果者，不再受生於三界五趣之中，即永入涅槃，不受生死之果報，故稱爲不生。參大智度論卷三。

〔一〇〕因因：佛教語。謂智慧。大般涅槃經卷二七：「佛性者，有因有因因，有果有果果。有因者即十二因緣，因因者即是智慧。有果者即是阿耨多羅三藐三菩提，果果者即是無上大般涅槃。」

〔一一〕果果：佛教語。謂涅槃。菩提爲修行之結果，故謂之爲果。依其菩提而證涅槃，故涅槃曰果果。四教儀卷一〇：「常住佛果，具足一切佛法，名菩提果。四德涅槃，名爲果果。」

〔一二〕元良：太子的代稱。禮記文王世子：「語曰：『樂正司業，父師司成。一有元良，萬國以貞。』世子之謂也。」鄭玄注：「元，大也。良，善也。」○副后：儲君，太子。蕭繹玄覽賦：

「惟天縱於副后，踰啓誦而爲首。」

〔一三〕含一：即「含一之德」，謂純一的至德。文選卷四〇阮籍詣蔣公：「伏惟明公，以含一之德，據上台之位。」劉良注：「書曰：伊尹作咸有一德。含，咸也。」老子第三九章：「昔之得一者：天得一以清，地得一以寧，神得一以靈，谷得一以盈，萬物得一以生，侯王得一以爲天下正。」○鴻名：大名，盛名。史記卷二夏本紀：「當帝堯之時，鴻水滔天。」司馬貞索隱：「一作『洪』。鴻，大也。以鳥大曰鴻，小曰雁，故近代文字大義者皆作『鴻』也。」

〔一四〕「龜藏」二句：閣本、張本、丁本作「龜藏踰啓魯，筌史冠春卿」。四庫全書考證卷九六漢魏六朝百三家梁元帝集：「刊本『筮』訛『魯』，『魯』訛『筌』，據古詩紀改。」龜藏，將占卜用的龜甲珍藏起來。史記卷一二八龜策列傳：「略聞夏殷欲卜者，乃取蓍龜，已則棄去之，以爲龜藏則不靈，蓍久則不神。至周室之卜官，常寶藏蓍龜。」啓筮，打開占卜之書，即以占卜決定吉凶。魯史，指春秋。春卿，周春官爲六卿之一，故稱。掌邦禮。後因稱禮部長官爲春卿。南朝梁時太常、宗正、司農三卿爲春卿。隋書卷二六百官志上：「諸卿，梁初猶依宋齊，皆無卿名。天監七年，以太常爲太常卿，加置宗正卿，以大司農爲司農卿，三卿是爲春卿。」

〔一五〕日宫：佛教謂日天子住于太陽中，太陽爲日天子的宫殿。立世阿毗曇論日月行品：「從閻浮提地高四萬由旬，此處日月行，半須彌山，等遊乾陀山。是日月宫殿，團圓如鼓……是日宫者，厚五十一由旬，廣五十一由旬，周回一百五十三由旬。是日宫殿，頗梨所成，赤金所覆，火大分多，下際火分，復爲最多，其下際光，亦爲最勝，是其上際，金城圍繞。……是宫殿説名修野，是日天子于其中住，亦名修野。」後以借指皇宫。

〔一六〕月殿：月宫。古代神話傳説月中有宫殿，爲嫦娥所居，又稱廣寒宫。又，立世阿毗曇論五日月行品：「從剡浮提地，高四萬由旬，是處日月行，半須彌山，等遊乾陀山。是日月宫殿，團圓如鼓。是月宫者，厚五十由旬，廣五十由旬，周回一百五十由旬。是月宫殿，琉璃所成，白銀所覆，水大分多，下際水分，復爲最多，其下際光，亦爲最勝。……是宫殿，説名栴檀，是月天子于其中住，亦名栴檀。」此指宫殿。南朝梁簡文帝玄圃園講頌序：「風生月殿，日照槐煙。」

〔一七〕綺錢：窗户上刻鏤的精美錢形圖案。此指窗户。文選卷三〇謝朓直中書省詩：「玲瓏結綺錢，深沉映朱網。」李善注引東宫舊事曰：「窗有四面，綾綺連錢。」樂府詩集卷四四子夜歌晉宋齊辭第四二：「朝日照綺錢，光風動紈素。」○蔽：藝文類聚卷七六作「敞」，古詩類苑卷一〇一作「敝」。○西觀：西邊的樓觀。唐蘇鶚蘇氏演義卷上：「觀，樓觀也。」

〔一八〕緹幔：橘紅色的帷幕。後漢書律曆志上：「候氣之法，爲室三重，户閉，塗釁必周，密布緹縵。」文選卷二三劉楨贈五官中郎將詩之四：「明月照緹幕，華燈散炎輝。」李善注：「緹，丹色也。」○南榮：史記卷一一七司馬相如列傳「偓佺之倫暴於南榮」司馬貞索隱：「應劭曰：『屋檐兩頭如翼也。』故鄭玄云：『榮，屋翼也。』七誘云『飛榮似鳥舒』是也。」説文解字木部：「榮……一曰：屋梠之兩頭起者爲榮。」清段玉裁注：「簷之兩頭軒起爲榮。」沈括（今按：字存中）夢溪筆談補筆談卷一故事「廡序之辨」：「序之外謂之榮。榮，屋翼也。」宋胡仔漁隱叢話後集卷一〇：「藝苑雌黄云：筆談言：『士人文章中多言前榮，屋翼謂之榮，東西注屋則有之，未知前榮安在？』予嘗觀韓退之示兒詩『前榮饌賓親，冠婚之所於』，果如存中之言，則退之亦誤矣。又考王元長曲水詩序云：『負朝陽而抗殿，跨靈沼以浮榮。』五臣注則以榮爲屋檐，一名櫋，一名宇，即屋之四垂也，又謂之楣，又謂之梠。集韻云：『屋梠之兩頭起者爲榮。』其謂之翼，則言檐宇之翼張如翬斯飛耳。故禮記言『洗當東榮』，又言『升自東榮，降自西北榮』，上林賦云：『偓佺之徒暴于南榮。』則所謂榮者，東西南北皆有之矣。故李華含元殿賦又有『風交四榮』之説。由是而言，則沈氏筆談未爲確論。」六朝詩集作「營」。

〔一九〕金門：漢宮門名，爲學士待詔之處。史記卷一二六滑稽列傳：「金馬門者，宦者署門也。門傍有銅馬，故謂之曰『金馬門』。」○練：漢書卷八三薛宣傳：「〔翟方進〕薦宣明習文法，練國制度。」顏師古注：「練猶熟也。言其詳熟。」○朝鼓：古代朝廷上早朝時所鳴之鼓。

〔二〇〕玉壺：計時之宮漏的美稱。

〔二一〕「宮槐」句：爾雅釋木：「守宮槐葉，晝聶宵炕。」郭璞注：「槐葉晝夜聶合，而夜炕布者，名爲守宮槐。」集韻葉韻：「聶，合也。」留，閣本、張本、丁本作「當」。

〔二〕「城烏」句：南朝梁朱超詠城上烏詩：「朝飛集麗城，猶作夜啼聲。」侵曙，拂曉。侵，到，臨近。列子周穆王：「周之尹氏大治産，其下趣役者侵晨昏而弗息。」曙，古詩類苑卷一〇一作「樹」。

〔三〕動：古詩類苑卷一〇一、古詩紀卷八〇、御製集作「宿」。

〔四〕「霞影」句：南朝梁何遜春夕早泊和諮議落日望水：「草光天際合，霞影水中浮。」

〔五〕虚薄：虚浮淺薄。後漢書卷二孝明帝紀：「朕以虚薄，何以享斯？」

〔六〕法城：佛教語。喻佛法。謂佛法能守護正法，遮防非法，如同城防。正法華經七寶法品：「佛滅度後，守護法城。」南朝梁沈約佛紀序：「緣之所乖，面法城而不覩。」

示民吏〔一〕

闕里尚撝謙〔二〕，厲鄉裁知足〔三〕。咨余再分陝〔四〕，少思宜寡欲〔五〕。霞出浦流紅〔六〕，苔生岸泉緑。方令江漢士〔七〕，變爲鄒魯俗〔八〕。藝文類聚卷五〇、古詩類苑卷八三、古詩紀卷八〇、六朝詩集、御製集、閣本、張本、丁本。

【校注】

〔一〕示民吏：據詩中「再分陝」、「江漢士」諸語，此詩當作於蕭繹再爲荆州刺史時，時在太清元年（547）。吴光興蕭綱蕭繹年譜卷三「太清元年（547）」下有云：「示民吏詩，觀其詩意，當爲『後臨荆州示民吏詩』。」

〔二〕闕里：孔子故里，在今山東省曲阜市内闕里街。漢書卷六七梅福傳：「今仲尼之廟不出闕里。」顔師古注：「闕里，孔子舊里也。」此處借指孔子。○撝（huī）謙：謙遜。周易謙卦：「六四，無不利，撝謙。」王弼注：「指撝皆謙，不違則也。」又，論語之述而篇云「三人行必有我師焉」，泰伯篇云「如有周公之才之美，使驕且吝，其餘不足觀也」，此均是孔子提倡謙虚的例子。

〔三〕厲鄉：閣本、張本、丁本作「瀨鄉」。瀨鄉即厲鄉，老子故鄉。史記卷六三老子列傳：「老子者，楚苦縣厲鄉曲仁里人也。」唐張守節正義：「厲音賴。晉太康地記云：『苦縣城東有瀨鄉祠，老子所生地也。』」此處借指老子。○知足：老子第三三章：「知足者富，强行有志。」第四四章：「故知足不辱，知止不殆，可以長久。」第四六章：「罪莫大於可欲，禍莫大於不知足，咎莫大於欲得。故知足之足，常足。」

〔四〕咨：尚書堯典：「帝曰：『咨，汝羲暨和。』」孔安國傳：「咨，嗟。」論語堯曰：「堯曰：『咨，爾舜！天之曆數在爾躬，允執其中。』」朱熹集注：「咨，嗟歎聲。」○再分陜：據梁書之武帝紀及元帝紀，蕭繹普通七年（526）十月出爲荆州刺史，大同五年（539）入爲安右將軍、護軍將軍，領石頭戍軍事。太清元年（547），再爲荆州刺史，故云「再分陜」。分陜，參暫别荆州吏民注〔二〕。

〔五〕寡欲：老子第一九章：「見素抱樸，少私寡欲。」

〔六〕浦：水濱。詩經大雅常武：「率彼淮浦，省此徐土。」毛傳：「浦，涯也。」

〔七〕令：古詩類苑卷八三、御製集作「知」。○江漢：長江與漢水流域。此指荊州。○士：六朝詩集作「女」。

〔八〕鄒魯：鄒，孟子故鄉；魯，孔子故鄉。莊子天下篇：「其在於詩、書、禮、樂者，鄒魯之士搢紳先生多能明之。」後因以指文化昌盛之地、禮義之邦。

【集評】

閻本：苟如此，何惡乎右仰知忍。

藩難未靜述懷〔一〕

玉節威雲夢〔二〕，金鉦韻渚宮〔三〕。霜戈臨漸白〔四〕，日羽映流紅〔五〕。單醪結猛將〔六〕，芳餌引群雄〔七〕。箭擁淇園竹〔八〕，劍聚若溪銅〔九〕。亟覩周王駿〔一〇〕，多逢鮑氏驄〔一一〕。謀出河南賈〔一二〕，威寄隴西馮〔一三〕。谿雲連陣合〔一四〕，却月半山空〔一五〕。樓前飄密柳，井上落疏桐。差營逢霆雨〔一六〕，立壘掛長虹〔一七〕。藝文類聚卷五九、古詩類苑卷

八三、古詩紀卷八〇、六朝詩集、御製集、閣本、張本、丁本。

【校注】

〔一〕藩難：指侯景之亂。梁武帝太清二年（547），侯景發動叛亂，領兵南下，渡過長江，攻入京師建康，並縱兵搶掠。事詳梁書卷五六侯景傳。時蕭繹爲荆州刺史，都督荆雍湘司郢寧梁南北秦九州諸軍事。詳梁書卷五元帝紀。吴光興蕭綱蕭繹年譜卷三「太清三年（549）」：九月，「是月，湘東王繹以鮑泉圍長沙久不克，怒之，以王僧辯代爲都督，攻長沙。……按：今存蕭繹藩難未静述懷、和王僧辯從軍詩二詩，細繹其詩意，似即征湘州時期作品」。又，吴汝綸在詩末校：「此詩似未終。」

〔二〕玉節：玉製的符節。周禮地官司徒掌節：「守邦國者用玉節，守都鄙者用角節。」鄭玄注：「謂諸侯於其國中，公卿大夫、王子弟於其采邑，有命者亦自有節以輔之。」〇雲夢：澤名。周禮夏官司馬職方氏：「正南曰荆州，其山鎮曰衡山，其澤藪曰雲夢。」本爲春秋戰國時楚王的遊獵區，後借指古代楚地。荆州爲古楚都所在，故稱。

〔三〕渚宫：春秋楚國宫名。故址在今湖北省荆州市。左傳文公十年：「〔子西〕沿漢泝江，將入郢。王在渚宫，下，見之。」此處代指荆州刺史治所江陵。

〔四〕霜戈：明亮鋒利的戈戟。南朝齊謝朓從戎曲：「日起霜戈照，風迴連旗翻。」〇漸：古詩類苑卷八三、古詩紀卷八〇、御製集、閣本、張本、丁本作「塹」。今按：漸，或爲「塹」之誤。指防禦用的溝壕。墨子備城門：「塹中深丈五，廣比扇，塹長以力爲度。」又，塹、壍同。

〔五〕日羽：古代傳説日中有三足烏，故稱日光爲日羽。

〔六〕「單醪」句：吕氏春秋卷一六先識覽察微：「故凡戰必悉熟偏備，知彼知己，然後可也。」高誘注：「古之良將，人遺之單醪，輸之於川，與士卒從下流飲之，示不自獨享其味也。」文選卷三五張協七命之七：「單醪投川，可使三軍告捷。」李善注引黄石公記：「昔良將之用兵也，人有饋一簞之醪，投河，令衆迎流而飲之。夫一簞之醪，不味一河，而三軍思爲致死者，以滋味及之也。」單醪，一樽酒。單，通「簞」。醪（láo），廣雅釋器：「醪，酒也。」

〔七〕「芳餌」句：後漢書卷二一耿純傳：「是時郡國多降邯鄲者，純恐宗家懷異心，乃使訢、宿歸燒其廬舍。世祖問純故，對曰：『竊見明公單車臨河北，非有府臧之蓄，重賞甘餌，可以聚人者也，徒以恩德懷之，是故士衆樂附。』」李賢注：「黄石公記曰：『芳耳之下必有懸魚，重賞之下必有死夫。』易曰：『何以聚人，曰財。』故純引之。」

〔八〕淇園：在今河南省淇縣西北，爲先秦衛國竹園。詩經衛風淇奧：「瞻彼淇奥，緑竹猗猗。」孔穎達疏：「視彼淇水隈曲之内，則有王芻與萹竹猗猗然美盛。」淇，六朝詩集訛作「箕」。宋俞德鄰佩韋齋輯聞卷二：「淇澳云：『菉竹猗猗。』注：『菉，蓐也。』又爾雅云：『竹，萹蓄也，似小梨，赤莖節，好生道旁，可食。』又云：『韓詩作薄，音篤。亦云萹竹。』余嘗疑之。史記河決瓠子，武帝令群臣從官自將軍以下皆負薪寘決河。是時東郡燒草，以故薪柴少，乃下淇園之竹以爲楗。天子既臨決河，悼功之不成，乃作歌曰云云。『河伯許兮薪不屬，薪不屬兮衛人罪，燒蕭條兮噫乎何以銜水，頹林竹兮楗石菑。』晉灼注：『淇園，衛苑也，多篠。』顏師古曰：『頹林竹者，即上所説下淇園之竹以爲楗。』又任昉述異記：『衛有淇園，出竹，在淇水之上。』梁元帝竹詩亦云：『嶰谷管新抽，淇園竹復收。』則淇澳從來産竹明矣。所謂菉薅、萹蓄之類，將别有所據。」

〔九〕若溪：指「若耶溪」，即今浙江省紹興市東南平水江。越絶書卷一一越絶外傳記寶劍：「赤堇之山，破而出錫；若耶之溪，涸而出銅。」閣本、張本、丁本作「若耶」。

〔一〇〕亟：漢書卷二三刑法志：「師旅亟動，百姓罷敝。」顏師古注：「亟，屢也。」○周王駿：相傳周穆王有八匹名馬，曾乘之周流天下。事詳穆天子傳。

〔一一〕鮑氏驄：太平御覽卷二五〇引列異傳曰：「故司隸校尉上黨鮑子都，少時上計掾，於道中遇一書生獨行，時無伴，卒得心痛。子都下車爲按摩，奄忽而亡，不知姓名。有素書一卷，銀十鉼。即賣一鉼以殯，其餘銀及素書着腹上，呪之曰：『若子魂靈有知，當令子家知子在此。今使命不獲久留。』遂辭而去。至京師，有驄馬隨之，人莫能得近，唯子都得近。子都歸行失道，遇一關内侯家，日暮往宿，見主人呼奴通刺。奴出見馬，入白侯曰：『外客盜騎昔所失驄馬。』侯曰：『鮑子都上黨高士，必應有語。』侯曰：『若此乃吾馬，昔年無故失之。』子都曰：『昔年上計遇一書生，卒死道中。』具述其事，侯乃驚愕曰：『此吾兒也。』侯迎喪開槨，視銀、書如言。侯乃舉家詣闕上薦子都，聲名遂顯。至子永、孫昱，並爲司隸。及其爲公，皆乘驄馬。故京師歌曰：『鮑氏驄，三入司隸再入公；馬雖疲，行步轉工。』」

〔二〕河南賈：指西漢賈誼。誼，河南郡洛陽人。漢文帝時，數上疏陳政事，多所匡建。漢書卷四八有傳。漢書本傳史臣贊曰：「劉向稱『賈誼言三代與秦治亂之意，其論甚美，通達國體，雖古之伊、管未能遠過也。使時見用，功化必盛。爲庸臣所害，甚可悼痛』。追觀孝文玄默躬行以移風俗，誼之所陳略施行矣。」

〔三〕隴西馮：蓋指隴西太守馮緄。後漢書卷三八馮緄傳：「馮緄字鴻卿，巴郡宕渠人也。……初舉孝廉，七遷爲廣漢屬國都尉，徵拜御史中丞。順帝末，以緄持節督揚州諸郡軍事，與中郎將滕撫擊破群賊，遷隴西太守。後鮮卑寇邊，以緄爲遼東太守，曉喻降集，虜皆弭散。徵拜京兆尹，轉司隸校尉，所在立威刑。遷廷尉、太常。時長沙蠻寇益陽，屯聚積久，至延熹五年，衆轉盛，而零陵蠻賊復反應之，合二萬餘人，攻燒城郭，殺傷長吏。又武陵蠻夷悉反，寇掠江陵間，荆州刺史劉度、南郡太守李肅並奔走，荆南皆没。於是拜緄爲車騎將軍，將兵十餘萬討之。……緄軍至長沙，賊聞，悉詣營道乞降。進擊武陵蠻夷，斬首四千餘級，受降十餘萬人，荆州平定。」

〔四〕「谿雲」句：暗指橫雲陣形。北周庾信庾開府集卷七周使持節大將軍廣化郡開國公丘乃敦崇傳：「澆沙聚石之營，却月橫雲之陣。」

〔一五〕却月：彎月。亦暗指如半月的陣形。宋書卷四八朱齡石傳：「高祖乃遣白直隊主丁旿，率七百人，及車百乘，於河北岸上，去水百餘步，爲却月陣，兩頭抱河，車置七仗士，事畢，使豎一白毦。」南朝梁吴均從軍行：「陣頭横却月，馬腹帶連錢。」

〔一六〕差營：選擇軍營。爾雅釋詁：「差，擇也。」○霪（yín）雨：大廣益會玉篇雨部：霪，「久雨」。霪，古詩類苑卷八三、古詩紀卷八〇、六朝詩集、御製集、閣本、張本作「霔」。

〔一七〕立壘：紮營。壘，陣地上的防禦工事。亦指軍營。禮記曲禮上：「四郊多壘，此卿大夫之辱也。」鄭玄注：「壘，軍壁也。」○掛長虹：指雨過天晴。

【集評】

采菽堂古詩選卷二三於赴荆州泊三江口詩下評：藩難未静述懷中有「霜戈臨塹白，日羽映流紅」，「白」、「紅」二字生動，全首不稱，故不録。

登顔園故閣〔一〕

高樓三五夜〔二〕，流影入丹墀〔三〕。先時留上客〔四〕，夫婿美容姿〔五〕。妝成理蟬鬢〔六〕，笑罷斂蛾眉。衣香知步近，釧動覺行遲。如何舞館樂，翻見歌梁悲〔七〕？猶懸北窗幌〔八〕，未捲南軒帷。寂寂空郊暮，非復少年時〔九〕。玉臺新詠卷七、古詩類苑卷一一〇、古詩紀卷八〇、御製集、張本、丁本。

【校注】

〔一〕顏園：園名。清吳兆宜玉臺新詠箋注卷七引梁書顏協傳，述顏協及父見遠兩代仕宦於荆州事，云：「此登顏園故閣，殆其是邪？」顏協，字子和，祖籍琅邪臨沂。釋褐湘東王國常侍，又兼府記室。蕭繹出鎮荆州，轉正記室。大同五年（539），卒。梁書卷五〇、南史卷七二有傳。

〔二〕三五夜：指農曆十五日之夜。

〔三〕丹墀（chí）：指宮殿的赤色臺階或地面。文選卷二張衡西京賦：「右平左城，青瑣丹墀。」漢書卷九七外戚傳下孝成班倢伃載倢伃作賦自傷悼，其辭曰：「俯視兮丹墀，思君兮履綦。」顏師古注引孟康曰：「丹墀，赤地也。」

〔四〕上客：貴客。戰國策卷五秦三「蔡澤見逐于趙」章：「應侯曰：『善。』乃延入坐爲上客。」梁簡文帝大堤：「炊雕留上客，貰酒逐神仙。」

〔五〕美容姿：文選卷三〇陸機擬青青河畔草詩：「粲粲妖容姿，灼灼美顏色。」

〔六〕蟬鬢：古代婦女的髮式。晉崔豹古今注卷下雜注：「魏文帝宮人絶所愛者，有莫瓊樹、薛夜來、田尚衣、段巧笑四人，日夕在側。瓊樹乃製蟬鬢，縹眇如蟬，故曰蟬鬢。」蟬，古詩類苑卷一一〇訛作「彈」。

〔七〕「如何」二句：文選卷三〇謝朓和伏武昌登孫權故城：「舞館識餘基，歌梁想遺轉。」李善注：「西征賦曰：覓陛殿之餘基。歌有繞梁，故曰歌梁。淮南子曰：秦楚燕趙之歌也，異轉而皆樂。」列子湯問：「昔韓娥東之齊，匱糧，過雍門，鬻歌假食。既去而餘音繞梁欐，三日不絶。左右以其人弗去。過逆旅，逆旅人辱之。韓娥因曼聲哀哭，一里老幼悲愁，垂涕相對，三日不食。」

〔八〕櫎：古詩類苑卷一一〇、古詩紀卷八〇、御製集、張本、丁本作「幌」。清吴兆宜玉臺新詠箋注卷七校云：「一作『幌』。」説文解字木部：「櫎，帷，屏風之屬。」段玉裁注：「櫎，一變爲榥，再變爲幌。」

〔九〕「寂寂」二句：藝文類聚卷三四引梁何遜行經范僕射故宅：「寂寂空郊莫，無復車馬歸。」今按：莫、暮，古今字。

【集評】

采菽堂古詩選補遺卷三：迢遞。「衣香」二句生動。

憶始安王〔一〕

如何吾幼子，勝衣已別離〔二〕。十日無由宴〔三〕，千里送遠垂〔四〕。南史卷五四元帝諸子傳始安王方略、古詩紀卷七五、御製集、漢魏六朝百三家集梁武帝集。

【校注】

〔一〕憶始安王：南史卷五四元帝諸子傳始安王方略：「始安王方略，元帝第十子，貞惠世子母弟也。母王氏，王琳之次姊，元帝即位，拜貴嬪。次妹又爲良人，並蒙寵幸，方略益鍾愛。侯景亂，元帝結好于魏。方略年數歲便遣入關。元帝親送近畿，執手歔欷。既而旋駕，憶之賦詩曰……。至長安即得還，贈遺甚厚。江陵喪亡，遇害。」御製集題作「憶始安王」，古詩紀卷七五、漢魏六朝百三家集梁武帝集卷八〇署作梁武帝送始安王方略入關。吴光興蕭綱蕭繹年譜卷三「大寶元年（550）」二月下子目云：「是月，西魏將楊忠乘勝進逼，湘東王繹遣子方略爲質，與西魏結好爲盟。」並考述引證南史、周書、通鑑等頗詳，末按云：「今從通鑑繫於二月。蕭繹送質於魏，其少子之名，諸史不同，應作『方略』。」今題從御製集。

〔二〕勝衣：兒童剛能承受得起成人的衣服。謂年紀尚小。史記卷六〇三王世家：「皇子賴天，能勝衣趨拜，至今無號位師傅官。」

〔三〕「十日」句：謂親人之間不能相聚宴集。十日宴，猶十日飲。文選卷二六陸厥奉答内兄希叔：「平原十日飲，中散千里遊。」李善注：「史記曰：秦昭王聞魏齊在平原君家，遺平原君好書曰：寡人聞君之高義，願與爲布衣之交，君幸過寡人，寡人原與君爲十日之飲。平原君遂入秦見昭王。」此指親朋之間宴集。無由，没有辦法。儀禮士相見禮：「某也願見，無由達。」鄭玄注：「無由達，言久無因緣以自達也。」

〔四〕遠垂：此指西魏都城長安。垂，邊陲。爾雅釋詁下：「疆，垂也。」郝懿行義疏：「垂，又通作陲。」

從軍行〔一〕

寶劍飾龍淵〔二〕，長虹畫彩旃〔三〕。山虚和鐃管〔四〕，水静瀉樓船〔五〕。連雞隨火度〔六〕，燧象帶烽然〔七〕。洞庭晚風急〔八〕，瀟湘夜月圓〔九〕。苟令多文藻〔一〇〕，臨戎賦雅篇〔一一〕。文苑英華卷一九九、樂府詩集卷三二、古詩類苑卷五一、古詩紀卷八〇、古樂苑卷一六、古詩鏡卷一九、古儷府卷一〇、六朝詩集、御製集、閻本、張本、丁本。又，藝文類聚卷五九引船、然、圓、篇四韻。

【校注】

〔一〕從軍行：藝文類聚卷五九、古詩類苑卷五一、古詩紀卷八〇、古詩鏡卷一九、御製集題作「和王僧辯從軍」。王僧辯，字君才，祖籍太原祁縣。父仕北魏，梁武帝天監中隨父歸梁，爲湘東王國左常侍，隨府轉丹陽尹參軍、會稽中兵、荆州中兵、荆州諮議參軍，歷竟陵太守。侯景之亂，任大都督，從繹討景。後爲陳霸先襲殺。梁書卷四五、南史卷六三有傳。吴光興蕭綱蕭繹年譜卷三「太清三年(549)九月」下有云：「是月，湘東王繹以鮑泉圍長沙久不克，怒之，以王僧辯代爲都督，攻長沙。……按：今存蕭繹藩難未静述懷、和王僧辯從軍詩二詩，細繹其詩意，似即征湘州時期作品。」今按：據梁書王僧辯傳及卷五元帝紀，大寶元年(550)五月，王僧辯斬湘州刺史河東王譽，平定湘土後，以領軍將軍、大都督率軍東下，進討侯景。此詩或作於其時。

〔二〕龍淵：寶劍名。史記卷六九蘇秦傳：「韓卒之劍戟皆出於冥山、棠谿、墨陽、合賻、鄧師、宛馮、龍淵、太阿，皆陸斷牛馬，水截鵠雁。」裴駰集解引吴越春秋：楚王令干將、歐冶鑄劍，「一曰龍淵，一曰太阿。」司馬貞索隱：「案晉太康地理記曰：汝南西平有龍泉水，可以淬刀劍，特堅利，故有龍泉之劍。楚之寶劍也。」晉劉琨扶風歌：「左手彎繁弱，右手揮龍淵。」淵，文苑英華卷一九九、閣本、張本、丁本作「煙」。藝文類聚卷五九、樂府詩集卷三二、古詩類苑卷五一、古詩紀卷八〇、古樂苑卷一六、古詩鏡卷一九、古儷府卷一〇、六朝詩集、御製集作「淵」。今按：作「淵」是，據改。

〔三〕畫：樂府詩集卷三二訛作「書」。〇彩旃(zhān)：彩旗。旃，亦作「旜」。儀禮聘禮：「使者載旜，帥以受命于朝。」鄭玄注：「旜，旌旗屬也。載之者，所以表識其事也。」樂府詩集卷三二、六朝詩集作「船」。

〔四〕和：廣韻過韻：「和，聲相應。」〇鐃管：鼓吹樂中所用鐃歌、橫笛等樂器。南朝梁簡文帝讓鼓吹表：「寬博爲善，不飾被於聲明；緣寵成功，未增榮於鐃管。」

〔五〕静瀉：藝文類聚卷五九作「静寫」，樂府詩集卷三二、古詩類苑卷五一、古詩紀卷八〇、古詩鏡卷一九、六朝詩集、御製集作「浄寫」，古樂苑卷一六作「浮寫」。今按：疑當作「浄寫」。寫，清顧炎武日知録卷三二「寫」條：「寫，説文曰：『置物也。』詩：『駕言出游，以寫我憂。』『既見君子，我心寫兮。』周禮稻人：『以澮寫水。』儀禮特牲饋食禮：『主人出，寫嗇於房。』禮記曲禮：『器之溉者不寫，其餘皆寫。』韓非子：『衛靈公召師涓而告之曰：「有鼓新聲者，其狀似鬼神，子爲聽而寫之。」』國語：『王命工以良金，寫范蠡之狀而朝禮之。』史記秦始皇紀：『寫放其宮室，作之咸陽北阪上。』蘇秦傳：『宋王無道，爲木人以寫寡人。』新序：『葉公子高好龍，鉤以寫龍，鑿以寫龍，屋室雕文以寫龍。』周髀經：『笠以寫天。』上林賦：『肸蠁布寫。』漢書賈捐之傳：『淮南王盜寫虎符。』今人以書爲寫，蓋以此本傳於彼本，猶之以此器傳於彼器也。」錢鍾書管錐編第一册史記會注考證四秦始皇本紀：「蓋『寫』與『傳移』同意，移於彼而不異於此之謂。移物之貌曰『寫』。如史記此句，擬肖是也。……梁元帝詩中與『寫』相對之『和』，指空山之回聲答響，可見水映影之肖本形，正如山答響之肖本聲。」〇樓船：有樓的大船。古代多用作戰船。史記卷一一三南越列傳：「今吕嘉、建德等反，自立晏如，令罪人及江淮以南樓船十萬師往討之。」裴駰集解引應劭曰：「船上施樓，故號曰『樓船』也。」文選卷五左思吴都賦：「輕輿按轡以經隧，樓船舉颿而過肆。」劉淵林注：

「樓船，船有樓也。」西京雜記卷六：「樓船上建樓櫓。」

〔六〕連雞：古代戰爭中用來助戰的雞禽。宋許洞虎鈐經火攻：「火禽，以胡桃空中實艾，開兩口，復合之，繫野雞項下，針其尾而縱之，飛宿於草上，則火發。」御覽卷八六八火部一引晉中興書曰：「殷浩北伐，江逌爲長史。逌取數百雞以長繩連脚，皆繫火，一時驅放過壍，集營皆燃焉。」

〔七〕燧象：左傳定公四年：「鍼尹固與王同舟，王使執燧象以奔吳師。」杜預注：「燒火燧繫象尾，使赴吳師，驚却之。」北周庾信周柱國大將軍紇干弘神道碑：「靈龍更起，燧象還燃。」

〔八〕洞庭：即洞庭湖，在湖南省北部、長江南岸，素有「八百里洞庭」之稱。○晚：藝文類聚卷五九作「曉」。

〔九〕瀟湘：湘江與瀟水的合稱，此代指湘州。

〔一〇〕荀令：指漢末荀彧。彧字文若，潁川潁陰人。東漢末年曹操帳下重要謀臣，被曹操稱爲「吾之子房」，司馬懿亦常稱其「書傳遠事，吾自耳目所從聞見，逮百數十年間，賢才未有及荀令君者也」。官至侍中，守尚書令，謚曰敬侯。三國志卷一〇魏書一〇有傳。此蓋借指王僧辯。

〔一一〕雅篇：優美的篇章。此指王僧辯所作從軍詩，今不存。

【集評】

古詩鏡卷一九：「山虚和鐃管，水浄寫樓船」，句琢而韻。

采菽堂古詩選卷二三：通首雅。「山虚」二句佳，「水浄」句尤活。

詠連理木〔一〕

江浦同心橘〔二〕，上苑合歡枝〔三〕。玉海卷一九七祥瑞植物「唐瑞橘」。

【校注】

〔一〕詠連理木：玉海卷一九七祥瑞植物「唐瑞橘」：「梁元帝詠連理木」云云。連理木，樹木異根而枝幹連生。古時以爲吉祥之兆。白虎通卷六封禪：「德至草木，則朱草生，木連理。」太平御覽卷一九六引渚宫故事云：「湘東王於子城中造湘東苑……東南有連理。太清初生此連理，當時以爲湘東踐祚之瑞。」今按：太清元年（547）湘東苑有生連理事，大寶元年（550）又有王僧辯獻共蔕橘事。蕭繹此詩或是合二事爲一。則詩作於550年後。

〔二〕同心橘：即并蔕橘。古以爲瑞物。梁書卷五元帝紀：「大寶元年，世祖猶稱太清四年。正月辛亥朔，左衛將軍王僧辯獲橘三十子共蔕，以獻。」

〔三〕上苑：帝王之園囿。此蓋指湘東王苑。○合歡：木名。藝文類聚卷八九引本草經曰：「合歡，味甘平，生川谷，安五臟，和心志，令人歡樂無憂，久服輕身明目，生益州。」引仲長統昌言曰：「漢哀帝時，有異物生於長樂宮東廡柏樹，及永巷南闥合歡樹，議者以爲芝草也，群臣皆賀受賜。」又引古今注曰：「知蠲人之忿，則贈以青囊，三名合歡，則忘忿，枝葉若繁互相交結，每一風來，輒自相解，不相牽綴。嵇康種之舍前。」

五言詩〔一〕

寒浞猶稽命〔二〕，新都久未平〔三〕。留滯淹三楚〔四〕，巑岏保一城〔五〕。終當撫期運〔六〕，伐罪吊蒼生〔七〕。古詩類苑卷五一、古詩紀卷八一、御製集、張本、丁本。

【校注】

〔一〕五言詩：古詩紀卷八一、張本、丁本題下小注云：「梁詞人麗句云梁世宗作。」今按：蕭繹廟號世祖，見梁書卷五元帝紀。此云「世宗」，或誤。又，據詩意，蓋作於侯景之亂平定前。時蕭繹爲荆州刺史，鎮江陵。

〔二〕寒浞：上古傳説中人物，寒國宗族。羿奪帝相位以代夏，號有窮，任浞爲相。浞行媚於内而施略於外，終殺羿自立。後夏遺臣靡輔帝相子少康滅浞。參左傳襄公四年。○稽命：苟延生命。説文解字稽部：「稽，留止也。」

〔三〕新都：指王莽。西漢永始元年，王莽爲新都侯。後廢漢自立。詳漢書卷九九王莽傳。文選卷五〇范曄後漢書光武紀贊：「英威既振，新都自焚。」李善注：「漢書曰：莽封爲新都侯。」文選卷五四陸機五等論：「是以五侯作威，不忌萬邦；新都襲漢，易於拾遺也。」今按：蕭繹以寒浞殺羿自立、王莽篡漢比侯景篡梁。侯景事，詳梁書卷五六侯景傳。

〔四〕淹：廣韻鹽韻：「淹，久留也。」〇三楚：戰國楚疆域廣闊，秦漢時分爲西楚、東楚、南楚，合稱三楚。文選卷二三阮籍詠懷詩一七：「三楚多秀士，朝雲進荒淫。」李善注引孟康漢書注曰：「舊名江陵爲南楚，吴爲東楚，彭城爲西楚。」後泛指長江中游以南，即今湖南省、湖北省一帶地區。此蓋指荆州刺史所轄地區。

〔五〕巑(cuán)岏(wán)：楚辭劉向九歎憂苦：「登巑岏以長企兮。」王逸注：「巑岏，鋭山也。」明朱謀㙔駢雅卷一釋詁：「巑岏，高也。」〇一城：此指荆州治所江陵。

〔六〕期運：時運。文選卷六左思魏都賦：「迥時世而淵默，應期運而光赫。」

〔七〕「伐罪」句：即「伐罪吊民」。討伐有罪之人，慰問受害百姓。宋書卷九五索虜傳：「興雲散雨，慰大旱之思；吊民伐罪，積後己之情。」

【集評】

采菽堂古詩選卷二二：言志真切，無誇語。「巑岏保一城」語，能述事。

詠霧〔一〕

其一

三辰生遠霧〔二〕，五里暗城闉〔三〕。從風疑細雨，映日似游塵〔四〕。乍若輕煙散〔五〕，時如佳氣新。不妨鳴樹鳥，時蔽摘花人〔六〕。

初學記卷二、古今事文類聚前集卷三、記纂淵海卷二、古詩類苑卷三、古詩紀卷八〇、六朝詩集、御製集、閣本、張本、丁本。又，藝文類聚卷二、錦繡萬花谷前集卷二、六朝詩集引闉、塵、新三韻。

【校注】

〔一〕詠霧：古今事文類聚前集卷三録其一，題作「霧」。又，藝文類聚卷二引周王褒詠霧應詔詩云云。今按：據周書卷四一王褒傳載：褒初仕於梁，與元帝有舊，元帝即位，拜侍中，累遷吏部尚書，左僕射，寵遇日隆。此詩蓋同時而作。吴光興蕭綱蕭繹年譜繫「詠霧」唱和事於「承聖二年(554)」下。

〔二〕三辰：左傳桓公二年：「三辰旂旗，昭其明也。」杜預注：「三辰，日、月、星也。」或指三天，藝文類聚卷二引帝王世紀曰：「黄帝時，天大霧三日。」藝文類聚卷二、古今事文類聚前集卷

三、記纂淵海卷二、錦繡萬花谷前集卷二、古詩類苑卷三、古詩紀卷八〇、六朝詩集、御製集、閻本、張本、丁本作「三晨」。今按：「辰」、「晨」可通。

〔三〕「五里」句：後漢書卷三六張楷傳：「性好道術，能作五里霧。」城闉(yīn)，文選卷五七謝莊宋孝武宣貴妃誄：「崇徽章而出寰甸，照殊策而去城闉。」李善注引説文：「闉，城曲重門也。」亦泛指城郭。

〔四〕游：錦繡萬花谷卷二作「微」。

〔五〕輕：藝文類聚卷二、古今事文類聚前集卷三、記纂淵海卷二、古詩紀卷八一、古詩類苑卷三、六朝詩集、御製集作「飛」。古詩類苑、古詩紀、御製集小注云：「一作『輕』。」錦繡萬花谷卷二作「非」。

〔六〕時：古今事文類聚前集卷三、記纂淵海卷二作「能」。

【附】

藝文類聚卷二引周王褒詠霧應詔詩曰：七條開早陌，五里闇朝氛。帶樓疑海氣，含蓋似浮雲。方從河水上，預奉緑圖文。

閻本：評「不妨鳴樹鳥」：時有拙意，古意之餘。

其二

曉霧晦階前，垂珠帶葉邊〔一〕。五里浮長隰〔二〕，三晨暗遠天〔三〕。傍通似佳氣〔四〕，却望若飛煙。疏簾還復密，斷棟更疑連〔五〕。還思逢樂廣，能令雲霧褰〔六〕。

藝文類聚卷二、初學記卷二、古詩類苑卷三、古詩紀卷八〇、六朝詩集、御製集、閣本、張本、丁本。

【校注】

〔一〕垂珠：指露珠。

〔二〕五里：即「五里霧」。藝文類聚卷二引謝承後漢書曰：「河南張楷性好道術，能作五里霧。時關西人裴優亦能作三里霧，自以不如楷，往從學之。」〇隰（xí）：低濕的地方。尚書禹貢：「原隰厎績，至于豬野。」孔安國傳：「下濕曰隰。」爾雅釋地：「下濕曰隰……下者曰隰。」

〔三〕三晨：即「三辰」。參前詩注〔二〕。〇暗：初學記卷二、張本、丁本作「晦」。

〔四〕傍：六朝詩集作「旁」。今按：傍，同「旁」。廣韻唐韻：「傍，側也。」〇佳氣：美好的雲氣。古代以爲是吉祥的象徵。白虎通卷六封禪：「德至八方，則祥風至，佳氣時喜。」後漢書卷一光武帝紀：「後望氣者蘇伯阿爲王莽使至南陽，遥望見舂陵郭，唶曰：『氣佳哉！鬱鬱葱葱然。』」

〔五〕斷棟：初學記卷二、閣本、張本、丁本作「新棟」，御定佩文齋詠物詩選卷一作「斷岫」。

〔六〕「還思」二句：樂廣，字彦輔，西晉南陽人。善清言，尚名教，與王衍並名重於時。累遷侍中，河南尹。後爲吏部尚書，左僕射，尚書令。晉書卷四三有傳。世説新語賞譽：「衛伯玉爲尚書令，見樂廣與中朝名士談議，奇之曰：『自昔諸人没已來，常恐微言將絶，今乃復聞斯言於君矣！』命子弟造之，曰：『此人，人之水鏡也，見之若披雲霧睹青天。』」劉孝標注引王隱晉書曰：「衛瓘有名理，及與何晏、鄧颺等數共談講，見廣奇之，曰：『每見此人，則瑩然猶廓雲霧而覩青天。』」宋王楙野客叢書卷一二「披霧睹天」：「今用『披霧睹青天』事，多指樂廣，如梁孝元詩『還思逢樂廣，能令雲霧褰』，駱賓王詩『情披樂廣天』是也。往往謂此語創見於晉，不知此語已先見於徐幹中論，曰：『文王畋於渭水，遇太公釣。召而與之言，載之而歸，文王之識也，灼然若驅雲而見白日，霍然如開霧而睹青天。』晉人蓋引此語以美樂廣耳。曹植謝入覲表曰：『若披浮雲而曬白日。』」褰，文選卷一一孫綽遊天台山賦：「爾乃羲和亭午，遊氣高褰。」李善注引徐爰射雉賦注曰：「褰，開也。」劉良注：「褰，收也。」

遺武陵王詩〔一〕

回首望荆門〔二〕，驚浪且雷奔。四鳥嗟長別〔三〕，三聲悲夜猿〔四〕。南史卷五三梁武帝諸子傳武陵王紀、通志卷八三下宗室傳、古詩類苑卷二三、古詩紀卷八一、御製集、張本、丁本。

【校注】

〔一〕遺武陵王詩：古詩類苑卷二三、古詩紀卷八一、御製集、張本、丁本俱題作「遺武陵王詩」，今從。南史卷五三梁武帝諸子傳武陵王紀：大寶二年（551），「五月己巳，紀次西陵，軍容甚盛。……元帝書遺紀，遣光州刺史鄭安中往喻意於紀，許其還蜀，專制岷方。紀不從命，報書如家人禮。既而侯叡爲任約、謝答仁所破，又陸納平，諸軍並西赴，元帝乃與紀書曰：『甚苦大智！季月煩暑，流金鑠石，聚蚊成雷，封狐千里。以玆玉體，辛苦行陣，乃睠西顧，我勞如何。自獯醜憑陵，羯胡叛換，吾年爲一日之長，屬有平亂之功，膺此樂推，事歸當璧。儻遣使乎，良所希也。如曰不然，於此投筆。友于兄弟，分形共氣。兄肥弟瘦，無復相代之期；讓棗推梨，長罷歡愉之日。上林静拱，聞四鳥之哀鳴；宣室披圖，嗟萬始之長逝。心乎愛矣，書不盡言。』大智，紀別字也。帝又爲詩曰：『回首望荆門，驚浪且雷奔。四鳥嗟長別，三聲悲夜猿。』圓正在獄中連句曰：『水長二江急，雲生三峽昏。願貰淮南罪，思報阜陵恩。』帝看詩而泣。」今按：南史梁武帝諸子傳武陵王紀所敍「大寶二年」事，悉承梁書武陵王紀傳誤，實皆屬承聖二年（553）。參曹道衡、沈玉成中古文學史料叢考卷四梁陳「梁書武陵王紀傳錯訛顛倒」條。武陵王，指蕭紀。紀字世詢，武帝第八子。天監十三年，封武陵王。侯景之亂，武帝蕭衍、簡文帝蕭綱相繼死。蕭繹鎮荆州，發兵靖亂，擒殺侯景。紀鎮巴蜀，乘機稱帝，年號「天正」，起兵伐荆州。蕭繹大軍在外，只得與之書，許其還蜀，專制岷方。紀不從。蕭繹援軍到，蕭紀頻敗。後被殺於亂軍之中。事詳梁書卷五五武陵王紀傳、南史卷五三。

〔二〕荆門：山名。在今湖北省枝江市西北之長江南岸，與北岸虎牙山相對。水經注卷三四江水二：「江水東歷荆門、虎牙間。……此二山，楚之西塞也。」過荆門便是荆州治所江陵，蕭繹爲荆州刺史，鎮江陵。

〔三〕「四鳥」句：説苑卷一八辨物：「孔子晨立堂上，聞哭者聲音甚悲。孔子援瑟而鼓之，其音同也。孔子出，而弟子有吒者。問：『誰也？』曰：『回也。』孔子曰：『回爲何而吒？』回曰：『今者有哭者，其音甚悲，非獨哭死，又哭生離者。』孔子曰：『何以知之？』回曰：『似完山之鳥。』孔子曰：『何如？』回曰：『完山之鳥生四子，羽翼已成，乃離四海，哀鳴送之，爲是往而不復返也。』孔子使人問哭者。哭者曰：『父死家貧，賣子以葬父，將與其别也。』孔子曰：『善哉，聖人也！』」文選卷二八陸機豫章行：「三荆歡同株，四鳥悲異林。」嗟，感歎，悲傷。文選卷一六潘岳寡婦賦：「鞠稚子於懷抱兮，嗟低徊而不忍。」李周翰注：「嗟，歎也。」

〔四〕「三聲」句：水經注卷三四江水二：「故漁者歌曰：『巴東三峽巫峽長，猿鳴三聲淚沾裳。』」

【集評】

采菽堂古詩選卷二二：不入一語，但作比義，動以至性，大佳。

宴清言殿作柏梁體〔一〕

玉衡七政轉璇璣梁元帝〔二〕，升降端揆而才非侍中、尚書僕射臣裒〔三〕。澄鏡朱紫眇難追吏部尚書臣穀〔四〕。藝文類聚卷五六、古詩類苑卷三一、古詩紀卷八一、御製集、張本、丁本。

【校注】

〔一〕宴清言殿作柏梁體：清言殿，荆州江陵殿名。柏梁體，七言古詩的一種。藝文類聚卷五六引世説新語曰：「漢孝武皇帝元封三年作柏梁臺，詔群臣二千石，有能爲七言者，乃得上坐。皇帝曰：『日月星辰和四時。』梁王曰：『驂駕駟馬從梁來。』大司馬曰：『郡國士馬羽林才。』丞相曰：『總領天下誠難治。』大將軍曰：『和撫四夷不易哉。』御史大夫曰：『刀筆之吏臣執之。』太常曰：『撞鐘擊鼓聲中詩。』宗正曰：『宗室廣大日益滋。』衛尉曰：『周衛交戟禁不時。』光禄勳曰：『總領從官柏梁臺。』廷尉曰：『平理請讞決嫌疑。』太僕曰：『循飾輿馬待駕來。』大鴻臚曰：『郡國吏功差次之。』少府曰：『乘輿御物主治之。』大司農曰：『陳粟萬碩揚以箕。』執金吾曰：『徼道宫下隨討治。』左馮翊曰：『三輔盗賊天下尤。』右扶風曰：『盗阻南山爲民災。』京兆尹曰：『外家公主不可治。』詹事曰：『椒房率更領其財。』典屬國曰：『蠻夷朝賀常會期。』大匠曰：『柱枅薄櫨相枝持。』太官令曰：『枇杷橘栗桃李梅。』上林令曰：『走狗逐兔張罝罘。』郭舍人曰：『齧妃女脣甘如飴。』東方朔曰：『迫窘詰屈幾窮哉。』」樂府古題要解卷下「連句」條：「右起漢武帝柏梁宴作。人爲一句，連以成文，本七言詩。詩有七言，始於此也。」清趙翼陔餘叢考卷二三柏梁體：「漢武宴柏梁臺，賦詩，人各一句，句皆用韻，後人遂以每句用韻者爲柏梁體。然柏梁以前，如漢高大風歌、荆卿易水歌，又如靈寶謡……可見此體久已有之，不自柏梁始也。但聯句之每句用韻者，乃爲柏梁體耳。」又，吴光興蕭綱蕭繹年譜繫此事於「承聖二年（553）」下，云：「帝宴清言殿，作柏梁體詩。……按，據梁書元帝紀：『（承聖二年正月）戊寅，以吏部尚書王褒爲尚書右僕射，劉瑴爲吏部尚書。』姑繫此次君臣詩歌活動於是歲。」

〔二〕「玉衡」句：尚書舜典：「在璿璣玉衡，以齊七政。」孔安國傳：「璣、衡，王者正天文之器，可運轉者。七政，日、月、五星各異政。」孔穎達疏：「璣、衡者，璣爲轉運，衡爲横簫，運璣使動，於下以衡望之，是王者正天文之器。漢世以來，謂之渾天儀者是也。馬融云：『渾天儀可旋轉，故曰璣。衡，其横簫，所以視星宿也。以璿爲璣，以玉爲衡，蓋貴天象也。』蔡邕云：『玉衡，長八尺，孔徑一寸，下端望之，以視星辰。蓋懸璣以象天，而衡望之。轉璣窺衡，以知星宿。』是其説也。七政，其政有七，於璣衡察之，必在天者。知七政謂日、月與五星也。木曰歲星、火曰熒惑星、土曰鎮星、金曰太白星、水曰辰星。易繫辭云：『天垂象，見吉凶，聖人象之。』此日、月、五星有吉凶之象，因其變動爲占。七者各自異政，故爲七政。得失由政，故稱政也。」史記卷一五帝本紀：「舜乃在璿璣、玉衡，以齊七政。」裴駰集解引鄭玄曰：「璿璣、玉衡，渾天儀也；七政，日、月、五星也。」〇梁元帝：古詩類苑卷三一、古詩紀卷八一、御製集、張本、丁本作「帝」。

〔三〕端揆：尚書令或尚書僕射之别稱。梁書卷七沈約傳：約授尚書左仆射，尋遷尚書令，史書云「約久處端揆，有志臺司」。同書卷三七謝舉傳：舉遷尚書僕射，史云「舉雖居端揆，未嘗肯預時務，多因疾陳解」。又，陳書卷二七江總傳：總授尚書令，策書云：「其端朝握揆，朕所望焉。」參周一良宋書札記「執法與端右」條。○侍中：職官名。南北朝時門下省長官，侍從皇帝左右，出入宮廷，與聞朝政，爲親信貴重之職。梁十二班。○尚書僕射：官名。尚書省次官，佐尚書令執行政務，南朝時有左、右僕射，若置祠部尚書，則唯置一尚書僕射。梁十五班。○裒：即王褒。褒，字子淵，祖籍琅邪臨沂。梁元帝承制，拜侍中，累遷吏部尚書，左僕射。江陵陷，入北，封石泉縣子，出爲宜州刺史。周書卷四一有傳。裒，褒之異體字。

〔四〕澄鏡：觀察清楚。意謂明察。○朱紫：朱衣紫綬，即紅色官服、紫色綬帶。古代高級官員的服色或服飾。藝文類聚卷四八引南朝梁王僧孺吏部郎表曰：「方愧朱紫，永慚鈞衡。」○吏部尚書：尚書省吏部長官，主詮選。梁十四班。○縠：疑當作「轂」。轂，指劉轂。轂字仲寶，沛國人。仕梁，官寧海令，稍遷湘東王記室參軍，又轉中記室。承聖二年，遷吏部尚書、國子祭酒。死於江陵之亂中。梁書卷四一有傳。梁書卷五元帝紀：「〔承聖〕二年春正月乙丑，詔王僧辯率衆軍士討陸納。戊寅，以吏部尚書王褒爲尚書右僕射，劉轂爲吏部尚書。」

【集評】

宋吳聿觀林詩話：漢武柏梁臺，群臣皆聯七言，或述其職，或謙敘不能，至左馮翊曰「三輔盜賊天下危」，右扶風曰「盜阻南山爲民災」，京兆尹曰「外家公主不可治」，則又有規警之風。及宋孝武華林都亭、梁元帝清言殿，皆效此體，雖無規儆之風，亦無佞諛之辭，獨敘叨冒愧惭而已。近世應制，争獻諛辭，褒日月而諛天地，惟恐不至，古者賡載相戒之風，於是掃地矣。

登城觀戰〔一〕

落星依遠戍〔二〕，斜月半平林。徵兵資琰玉〔三〕，疊鼓亂摐金〔四〕。單醪投百米，芳餌下千尋〔五〕。從軍所以樂〔六〕，梁王有赤心〔七〕。說郛卷五四引徐鉉五代新説、閣本。

【校注】

〔一〕登城觀戰：説郛卷五四引徐鉉五代新説：「湘東王命太尉王僧辯、司空陳霸先擊景，破之，誅景，即位爲元皇帝，都荆州。魏軍圍城，帝登城樓觀戰，爲詩云云。俄而城陷，被殺。」閣本題作「等城觀戰」。詩題從閣本。今按：資治通鑑卷一六五梁紀世祖孝元皇帝下「承聖三年（554）」：十一月庚子，「是夜，帝巡城，猶口占爲詩，群臣亦有和者」。此詩蓋亦作於其時。

〔二〕落星：山名。在今江蘇省南京市東北，北臨長江。相傳有大星落於此，因而得名。山上有落星樓。文選卷五左思吴都賦：「數軍實乎桂林之苑，饗戎旅乎落星之樓。」劉淵林注：

「吳有桂林苑、落星樓，樓在建鄴東北十里。」

〔三〕琰玉：美玉。説文解字玉部：「琳，美玉也。」又，「琰，璧上起美色也。」徐鍇繫傳：「琰，亦美色之玉也。」梁書卷五元帝紀：承聖三年十一月，「丙戌，世祖遍行都柵……丁亥，魏軍至柵下。丙申，徵廣州刺史王琳入援」。此處借指王琳。

〔四〕疊鼓：文選卷二八謝朓鼓吹曲：「凝笳翼高蓋，疊鼓送華輈。」李善注：「小擊鼓謂之疊。」張銑注：「疊鼓，其聲重疊也。」○亂：釋名釋言語：「亂，混也。」○摐（chuāng）金：敲擊金鉦。南朝梁沈約爲安陸王謝荆州章：「摐金入濟，識謝戎麾。」唐高適燕歌行：「摐金伐鼓下榆關，旌旗逶迤碣石間。」摐，文選卷六司馬相如子虛賦：「摐金鼓，吹鳴籟。」郭璞注引韋昭曰：「摐，擊也。」金，漢書卷四九晁錯傳：「前擊後解，與金鼓之指相失。」顏師古注：「金，金鉦也。鼓所以進衆，金所以止衆也。」此不習勒卒之過也，」同書卷六五東方朔傳：「戰陣之具，鉦鼓之教。」顏師古注：「鉦鼓，所以爲進退士衆之節也。」

〔五〕「單醪（láo）」二句：參藩難未静述懷注〔六〕。

〔六〕「從軍」句：文選卷二七王粲從軍詩：「從軍有苦樂，但聞所從誰。所從神且武，焉得久勞師。」

〔七〕梁王：此爲蕭繹自指。○赤心：後漢書卷一光武帝紀：「降者更相語曰：『蕭王推赤心置人腹中，安得不投死乎！』」

【集注】

升庵詩話卷一一「落星遠」條：「『落星依遠戍，斜月半平林』，梁元帝句也。『故鄉一水隔，風煙兩岸通』，陳後主句也。唐人高處始能及之。見五代新説。

弇州四部稿卷一四六：梁元帝詩有「落星依遠戍，斜月半平林」，陳後主有「故鄉一水隔，風煙兩岸通」，又「日月光天德，山河壯帝居」，在沈、宋集中當爲絶唱。隋煬帝「寒鴉千萬點，流水繞孤村」是中唐佳境。

閻本：評「落星依遠戍，斜月半平林」：悲壯。

幽逼詩四首〔一〕

其一

南風且絶唱〔二〕，西陵最可悲〔三〕。今日還蒿里，終非封禪時〔四〕。南史卷八梁本紀元帝、通志卷一三梁紀、古詩類苑卷九七、古詩紀卷八一、御製集、張本、丁本。

【校注】

〔一〕幽逼詩四首：古詩類苑卷九七、古詩紀卷八一、御製集、張本、丁本俱題作「幽逼詩四首」，今從。又，南史卷八梁本紀元帝：承聖三年（555），元帝都江陵，魏師至，城見剋，帝降。「在幽逼，求酒飲之，製詩四絶云云。梁王詧遣尚書傅準監行刑，帝謂之曰：『卿幸爲我宣行。』準捧詩，流淚不能禁，進土囊而殞之。梁王詧使以布帊纏屍，斂以蒲席，束以白茅，以車一乘，葬于津陽門外。」

〔二〕南風：左傳襄公十八年：「晉人聞有楚師，師曠曰：『不害，吾驟歌北風，又歌南風，南風不競，多死聲，楚必無功。』」杜預注：「歌者吹律以詠八風，南風音微，故曰不競也。師曠唯歌南北風者，聽晉、楚之强弱。」又，「南風」亦是古代樂曲名。相傳爲虞舜所作。禮記樂記：「昔者舜作五弦之琴以歌南風。」鄭玄注：「南風，長養之風也，以言父母之長養己，其辭未聞也。」孔子家語卷八辨樂解：「昔者舜彈五弦之琴，造南風之詩。其詩曰：『南風之薰兮，可以解吾民之慍兮；南風之時兮，可以阜吾民之財兮。』」〇絶：通志卷一三梁紀作「莫」。

〔三〕西陵：三國魏武帝陵寢。在河南省臨漳縣西。太平御覽卷五六〇魏武帝遺令曰：「汝等時時登銅雀臺，望吾西陵墓田。」南朝齊謝朓銅雀臺詩：「鬱鬱西陵樹，詎聞歌吹聲。」又，西陵亦可指西陵峽，長江三峽之一。在今湖北省巴東縣至宜昌市之間，古屬荆州。

〔四〕「今日」二句：謂今日死去，魂歸泰山，不是封禪。還蒿里，謂死亡。漢以來傳人死魂歸泰山。後漢書卷九〇烏桓：「赤山在遼東西北數千里，如中國人死者魂神歸岱山也。」李賢注：「博物志：『泰山，天帝孫也，主召人魂。』」蒿里，漢書卷六三廣陵厲王劉胥傳：「蒿里召兮郭門閲，死不得取代庸，身自逝。」顔師古注：「蒿里，死人里。」晉陶潛祭程氏妹文：「死如有知，相見蒿里。」封禪，古代帝王祭祀天地的大典。在泰山上築土爲壇，報天之功，稱封；在泰山下的梁父山上闢場祭地，報地之德，稱禪。

【集評】

明郎瑛七修類稿卷三九詩文類「廢主詩」條：梁簡文帝爲侯景幽於永福省，將崩，詩云：「寶劍藏龍匣，神龍逐陸居。有意聊思句，無情堪著書。」湘東王被害時詩：「南風且絶唱，西陵最可悲。今日還蒿里，終非封禪時。」北齊高歡後主爲周滅時，爲詩曰：「龍樓絶行跡，鳳闕求無因。獨知明月夜，遥想鄴城人。」李後主歸宋後，念嬪妃散落，作長短句云：「簾外雨潺潺，春意闌珊。羅衾不奈五更寒。夢裏不知身是客，一晌貪歡。獨自莫憑欄，無限江山，别時容易見時難。流水落花春去也，天上人間。」數日後下世。楊溥爲徐知誥逼遷於江南時詩云：「煙凝楚岫愁千點，雨灑吴江淚萬行。兄弟四人三百口，不堪獨坐細思量。」宋徽宗在北時詩：「國破山河在，人非殿宇空。中原何日事，搔首賦車攻。」「投老汗城北，西江又是秋。中原心耿耿，南北淚悠悠。嘗膽思賢佐，顒情憶舊遊。故宫禾黍遍，行役閔宗周。」又：「杳杳神京路八千，宗祧隔越已經年。衰殘病渴那能久，辛苦窮荒敢怨天。」右六主所詠，雖有高下，皆非聞蟆聲而問公私、黜大臣而不知者，甘於困辱而不能死社稷，此帝王所以貴德而不貴才云。

「吴汝綸校」頁眉批注：「淒愴欲絶。」

其二

人生逢百六〔一〕，天道異貞恒〔二〕。何言異螻蟻〔三〕，一旦損鯤鵬〔四〕。南史卷八梁本紀元帝、通志卷一三梁紀、古詩類苑卷九七、古詩紀卷八一、御製集、張本、丁本。

【校注】

〔一〕百六：指厄運。古代言災變運數者，以陰爲六，陽爲一，陰陽互爲消長。百一爲陽數之極，百六爲陰數之極。漢書卷八五谷永傳：「遭無妄之卦運，直百六之災阸。」文選卷四七袁宏三國名臣序贊：「百六道喪，干戈迭用。」吕延濟注：「四千六百一十七歲爲一元，一百六歲曰陽九之厄。」宋洪邁容齋續筆卷六「百六陽九」條：「史傳稱百六陽九爲厄會，以曆志考之，其名有八。初入元百六曰陽九，次曰陰九。又有陰七、陽七、陰五、陽五、陰三、陽三，皆謂之災歲。大率經歲四千五百六十而災歲五十七，以數計之，每及八十歲，則值其一。今人但知陽九之厄。云經歲者，常歲也。」

〔二〕貞恒：謂忠貞不渝。南朝梁沈約瑞石像銘序：「愛其貞恒之性，嘉其可久之姿。」

〔三〕螻蟻：螻蛄和螞蟻。泛指微小的生物。史記卷六六伍子胥傳：「太史公曰：怨毒之於人甚矣哉！王者尚不能行之於臣下，況同列乎！向令伍子胥從奢俱死，何異螻蟻。」

〔四〕鯤鵬：莊子逍遥遊：「北冥有魚，其名爲鯤；鯤之大，不知其幾千里也！化而爲鳥，其名爲鵬；鵬之背，不知其幾千里也！怒而飛，其翼若垂天之雲。」南朝梁武帝孝思賦：「察蟭螟於蚊睫，觀鯤鵬於北溟。」喻指志向高遠之物。

其三

松風侵曉哀〔一〕，霜雰當夜來〔二〕。寂寥千載後〔三〕，誰畏軒轅臺〔四〕。南史卷八梁本紀元帝、通志卷一三梁紀、古詩類苑卷九七、古詩紀卷八一、御製集、張本、丁本。又，太平御覽卷四五引梁湘東王臨終詩臺韻。

【校注】

〔一〕侵曉：拂曉。侵，到，臨近。列子周穆王：「周之尹氏大治産，其下趣役者侵晨昏而弗息。」

〔二〕霜雰（fēn）：即寒氣。雰，同「氛」。説文解字氣部：「氛，祥氣也。从氣，分聲。雰，氛或從雨。」古今韻會舉要文韻：「雰，釋名曰：『潤氣著草木，遇寒凍色白曰雰。』」

〔三〕「寂寞」句：文選卷二三阮籍詠懷之一一：「千秋萬歲後，榮名安所之。」李善注引戰國策曰：「楚王謂安陵君曰：寡人萬歲千秋之後，誰與樂此矣？」

〔四〕軒轅臺：相傳爲黄帝陵寢。山海經大荒西經：「有軒轅之臺，射者不敢西鄉，畏軒轅之臺。」

臺，清王夫之古詩評選卷三「五七言絶句」作「來」。

【集評】

古詩評選卷三「五七言絶句」：沉著有餘意。

其四

夜長無歲月，安知秋與春。原陵五樹杏〔一〕，空得動耕人〔二〕。南史卷八梁本紀元帝、通志卷一三梁紀、古詩類苑卷九七、古詩紀卷八一、御製集、張本、丁本。

【校注】

〔一〕原陵：東漢光武帝劉秀陵寢，在今河南省孟津縣東北。後漢書卷二明帝紀：「〔中元二年〕三月丁卯，葬光武皇帝於原陵。」李賢注引帝王紀曰：「原陵方三百二十步，高六丈。在臨平亭東南，去洛陽十五里。」〇五樹杏：藝文類聚卷八七引朱超石與兄書曰：「光武墳邊杏甚美，今奉送其核。」神仙傳卷一〇董奉：「董奉，字君異。……君異居山間爲人治病，不取錢物。使人重病愈者，使栽杏五株，輕者一株。如此數年，計得十萬餘株，鬱然成林。而山中百蟲群獸遊戲杏下，竟不生草，有如耘治也。」此詩蓋合光武墳邊杏、董奉栽杏二事爲一。

〔二〕得：丁本作「待」。

登隄望水

驅馬河隄上，非謂城隅遊〔一〕。懷山殊未已〔二〕，徒然勞九愁〔三〕。旅泊依村樹〔四〕，江槎擁戍樓〔五〕。高岸翻成浦，曲港反通舟。棗野良知歎〔六〕，瓠河今可儔〔七〕。願假宣尼術〔八〕，泗水却横流〔九〕。初學記卷六、文苑英華卷一六三、古詩類苑卷一五、古詩紀卷八〇、六朝詩集、御製集、閣本、張本、丁本。又，海録碎事卷九引愁韻。

【校注】

〔一〕城隅：周禮冬官考工記匠人：「王宫門阿之制五雉，宫隅之制七雉，城隅之制九雉。」鄭玄注：「宫隅、城隅，謂角浮思也。」陸德明音義：「浮思，並如字，本或作罘罳，同。」賈公彦疏：「鄭以『浮思』解『隅』者，按漢時云『東闕浮思災』，言災，則『浮思』者，小樓也。按明堂位云『疏屏』，注亦云『今浮思也。刻之爲雲氣蟲獸，如今闕上爲之矣』。則門屏有屋覆之，與城隅及闕皆有浮思，刻畫爲雲氣并蟲獸者也。」孫詒讓正義：「角浮思者，城之四角爲屏以障城，高於城二丈，蓋城角隱僻，恐奸宄踰越，故加高耳。」詩經邶風静女：「静女其姝，俟我於城隅。愛而不見，搔首踟躕。」隅，文苑英華卷一六三作「遇」。

〔二〕懷山：尚書堯典：「湯湯洪水方割，蕩蕩懷山襄陵，浩浩滔天。」孔安國傳：「懷，包。」蔡沈集傳：「懷，包其四面也。」

〔三〕九愁：形容愁思之多。藝文類聚卷三五引魏陳王曹植九愁賦曰：「嗟離思之難忘，心慘毒而含哀。」南朝梁簡文帝喜疾瘳詩：「逍遥臨四注，兼持散九愁。」

〔四〕旅泊：旅途中行舟暫停。

〔五〕江槎（chá）：江中小船。槎，慧琳一切經音義卷七二：「槎，水中流木也。」晉張華博物志卷三：「年年八月，有浮槎去來不失期。」○戍樓：駐軍的瞭望樓。

〔六〕棗野：酸棗之野。漢書卷二九溝洫志：「漢興三十有九年，孝文時河決酸棗，東潰金堤，於是東郡大興卒塞之。」同書卷一〇〇敘傳下：「夏乘四載，百川是導。唯河爲艱，災及後代。商竭周移，秦決南涯。自兹距漢，北亡八支。文陻棗野，武作瓠歌。」酸棗，津名，在今河南省延津縣西南。

〔七〕瓠河：即瓠子河，古黄河支流。自今河南省濮陽縣南分黄河水東出，經山東省鄄城南東流，經雷澤湖北入鄆城然後匯入濟水。漢書卷二九溝洫志：「漢興三十有九年……其後三十六歲，孝武元光中，河決於瓠子，東南注鉅野，通於淮、泗。」○儔：比，相比。文選卷四三孔琳北山移文：「務光何足比，涓子不能儔。」張銑注：「儔，匹也。」

〔八〕宣尼術：指孔子觀水之術。荀子宥坐：「孔子觀於東流之水，子貢問於孔子曰：『君子之所以見大水必觀焉者，是何？』孔子曰：『夫水，大偏與諸生而無爲也，似德。其流也埤下，裾拘必循其理，似義。其洸洸乎不淈盡，似道。若有決行之，其應佚若聲響，其赴百仞之谷不懼，似勇。主量必平，似法。盈不求概，似正。淖約微達，似察。以出以入，以就鮮絜，似善化。其萬折也必東，似志。是故君子見大水必觀焉。』」宣尼，即孔子。漢平帝元始元年追謚孔子爲褒成宣尼公，後因稱爲宣尼。見漢書卷一二平帝紀。術，古詩類苑卷一五、古詩紀卷八〇、六朝詩集、御製集卷一二六作「道」。古詩紀、古詩類苑、御製集小注云：「一作『術』。」

〔九〕「泗水」句：論衡卷四書虛：「傳書言：孔子當泗水之葬，泗水爲之却流。此言孔子之德，能使水却，不湍其墓也。」泗水，水名。源出今山東省泗水縣東陪尾山。

【集評】

閻本：評「旅泊依村樹，江槎擁戍樓」：居然新漲。

宮殿名詩〔一〕

杳閒花欲燃〔二〕，竹徑露初圓。鬭雞東道上〔三〕，走馬北場邊〔四〕。合歡依暝巷〔五〕，蒲萄向日鮮〔六〕。旗亭覓張放〔七〕，香車迎董賢〔八〕。定隔天淵水〔九〕，相思夜不眠〔一〇〕。　藝文類聚卷五六、古詩類苑卷八一、古詩紀卷八〇、六朝詩集、御製集、閻本、張本、丁本。

【校注】

〔一〕宫殿名詩：即在詩句中嵌入宫殿名稱。唐吴兢樂府古題要解「宫殿名」條：「右若三輔黄圖等所載。」明費經虞雅倫卷一一格式「宫殿名」：「此體以宫殿名集入詩。」六朝詩集題作「宫殿」。

〔二〕杏：藝文類聚卷五六汪紹楹校：「原作『盃』，據馮校本改。」古詩類苑卷八一、古詩紀卷八〇、御製集作「林」。六朝詩集、閣本、張本、丁本作「杯」。四庫全書考證卷九六漢魏六朝百三名家集梁元帝集：「刊本『林』訛『杯』，據古詩紀改。」○燃：古詩紀卷八〇、六朝詩集、御製集、閣本、張本、丁本作「然」。今按：然、燃，古今字。

〔三〕鬭雞：古代遊戲名。曹植名都篇：「鬭雞東郊道，走馬長楸間。」亦爲臺名。初學記卷二四引郭緣生述征記曰：「廣陽門北有鬭雞臺。」故址在今河南省洛陽市東北漢魏故城。

〔四〕走馬：馳馬。詩經大雅緜：「古公亶父，來朝走馬。」鄭玄箋：「言其辟惡早且疾也。」又爲觀名。藝文類聚卷六三引漢宫殿名曰：「長安有臨仙觀……走馬觀……。」○場：古詩類苑卷八一、古詩紀卷八〇、御製集下小注云：「一作『堂』。」

〔五〕合歡：植物名。三國魏嵇康養生論：「合歡蠲忿，萱草忘憂。」晉崔豹古今注卷下草木：「合歡，樹似梧桐，枝葉繁互相交結。每風來輒自相解，了不相牽綴。樹之階庭，使人不忿。嵇康種之舍前。」亦宫殿名。文選卷一班孟堅西都賦：「合歡、增城，安處常寧。」李善注：

「長安有合歡殿、披香殿、鴛鸞殿、飛翔殿。」○卷：古詩類苑卷八一、古詩紀卷八〇、六朝詩集、御製集、閣本、張本、丁本作「卷」。今按：疑作「卷」是。

〔六〕蒲萄：古詩類苑卷八一、古詩紀卷八〇、六朝詩集、御製集作「葡萄」。蒲萄即「葡萄」，亦作「蒲桃」。植物名。亦宮殿名。三輔黄圖卷三甘泉宮：「葡萄宮，在上林苑西。漢哀帝元壽二年，單于來朝，以太歲厭勝所，舍之此宮。」故址在今陝西省周至縣境。

〔七〕旗亭：文選卷二張衡西京賦：「旗亭五重，俯察百隧。」薛綜注：「旗亭，市樓也。」李善注：「史記褚先生曰：臣爲郎，與方士會旗亭下。」○張放：古詩類苑卷八一、古詩紀卷八〇小注：「張氏，成帝幸臣。」放，漢富平侯，得漢成帝劉驁寵信。漢書卷五九張湯傳：「〔張〕放爲侍中中郎將，監平樂屯兵，置莫府，儀比將軍。與上卧起，寵愛殊絶，常從爲微行出游，北至甘泉，南至長楊、五莋，鬬雞走馬長安中，積數年。」

〔八〕董賢：字聖卿，西漢馮翊雲陽人。哀帝時，封高安侯，官至給事禁中，領尚書事。性柔和便辟，深得寵信。哀帝死，罷官，自殺。漢書卷九三有傳。漢書本傳：「賢寵愛日甚，爲駙馬都尉侍中，出則參乘，入御左右，旬月間賞賜累鉅萬，貴震朝廷。常與上卧起。嘗晝寢，偏藉上袖，上欲起，賢未覺，不欲動賢，乃斷袖而起。其恩愛至此。賢亦性柔和便辟，善爲媚以自固。每賜洗沐，不肯出，常留中視醫藥。」另，三輔黄圖卷五觀：「又有禁觀、董賢觀、蒼龍觀、當市觀、旗亭樓、馬伯騫樓，在城内。」

〔九〕天淵：本星名。漢書卷七五李尋傳：「月、太白入東井，犯積水，缺天淵。」顏師古注引孟康曰：「天淵十星在北斗星東南。」或即指銀河，暗用牛郎織女隔河相思事。文選卷二九古詩十九首之九：「迢迢牽牛星，皎皎河漢女。……河漢清且淺，相去復幾許？盈盈一水間，脈脈不得語。」又爲池名。太平御覽卷七六九引晉宮閣記曰：「天淵池中紫宫舟、升進舡。」

〔一〇〕相思：思念。亦爲宫殿名。藝文類聚卷六三引漢宫殿名曰：「長安有臨仙觀、渭橋觀……相思觀、長平觀。」

【集評】

明謝榛四溟詩話卷二：孔融離合體，竇韜妻迴文體，鮑照十數體、建除體，謝莊道里名體，梁簡文帝卦名體，梁元帝歌曲名體、姓名體、鳥名體、獸名體、龜兆名體、鍼穴名體、將軍名體、宫殿名體、屋名體、車名體、船名體、草名體、樹名體，沈炯六府體、八音體、六甲體、十二屬體。魏晉以降，多務纖巧，此變之變也。

閻本：評「合歡依暝巷」：夜態。

縣名詩〔一〕

長陵新市北〔二〕，鄭衛好容儀〔三〕。先過上蘭苑〔四〕，還牽高柳枝〔五〕。薄粧宜入鏡〔六〕，舒花堪照池〔七〕。蒲洲涵水色〔八〕，椒壁雜風吹〔九〕。此時方夜飲，平臺傳羽卮〔一〇〕。藝文類聚卷五六、古詩類苑卷八一、古詩紀卷八〇、六朝詩集、御製集、張本、丁本。

【校注】

〔一〕縣名詩：即在詩句中嵌入郡縣名稱。唐吴兢樂府古題要解「郡縣名」條：「右據地理志所載也。」明費經虞雅倫卷一一格式「縣名」：「此體以縣名集入詩。」

〔二〕長陵：西漢高祖劉邦的陵墓，在今陝西省咸陽市東北約四十里。○新市：新集市。亦縣名，西漢置，屬中山國，治所在今河北省正定縣東北。

〔三〕鄭衛：春秋戰國時鄭國與衛國的並稱。相傳兩國音樂輕靡淫逸，盛産美女。楚辭招魂：「鄭衛妖玩，來雜陳些。」王逸注：「鄭衛，國名也。」洪興祖補注：「許慎云：鄭衛，新聲所出國也。」此處代指美女。

〔四〕上蘭苑：即上林苑。在今陝西省西安市西北。漢書卷八七揚雄傳載雄校獵賦，有云：「望舒彌轡，翼乎徐至於上蘭。」顔師古注引晉灼曰：「上蘭觀在上林中。」同書卷九八元后傳：「冬饗飲飛羽，校獵上蘭。」

〔五〕高柳：高大的柳樹。亦縣名。西漢置，屬代郡。治所在今山西省陽高縣西南。

〔六〕薄粧：猶淡粧。又，薄，地名。後漢書郡國志：「梁國：……薄，故屬山陽，湯所都。」劉昭

注：「杜預曰蒙縣西北有薄城。中有湯冢。左傳宋公子御說奔亳。其西又有微子冢。」故址在今河南省商丘縣北。

〔七〕舒花：開放的花朵。說文解字予部：「舒，伸也。」又，舒，縣名。西漢置，爲廬江郡治。縣治在今安徽省廬江縣城池鄉。三國時廢。西晉復置，治所移今舒城縣。南朝梁廢。

〔八〕蒲洲：長滿香蒲的小洲。又爲地名，晉書卷一三天文志：「〔安帝隆安〕五年，孫恩攻侵郡縣，殺內史，至京口，進軍蒲洲，於是內外戒嚴。」蒲，春秋時衛邑，即今河南省長垣縣。

〔九〕椒壁：以花椒子和泥所塗的牆壁。三輔黃圖卷三未央宮：「椒房殿，在未央宮，以椒和泥塗，取其温而芬芳也。」多指后妃的居室。又，椒，春秋時楚邑。

〔一〇〕平臺：漢書卷四七文三王傳梁孝王：「大治宮室，爲複道，自宮連屬於平臺三十餘里。」顏師古注：「如淳曰：『平臺在大梁東北，離宮所在也。』晉灼曰：『或說在城中東北角。』師古曰：『今其城東二十里所有故臺基，其處寬博，土俗云平臺也。』」亦泛指露天臺榭。亦縣名，漢時屬常山郡。漢宣帝以之封史玄爲平臺侯。漢書卷二八地理志：「常山郡，高帝置。……平臺，侯國。」〇羽巵：古代的一種酒器。文選卷三〇沈約三月三日率爾成篇：「象筵鳴寶瑟，金瓶汎羽巵。」李善注：「羽巵，即羽觴也。楚辭曰：瑤漿密勺實羽觴。」楚辭招魂：「瑤漿蜜勺，實羽觴些。」王逸注：「羽，翠羽也。觴，觚也。」洪興祖補注：「杯上綴羽，以速飲也。」漢書卷九七外戚傳下孝成班倢伃：「顧左右兮和顏，酌羽觴兮銷憂。」顏師古注引孟康曰：「羽觴，爵也，作生爵形，有頭尾羽翼。」

【集評】

唐皮日休松陵集卷一〇雜體詩序：案梁元藥名詩曰：「戍客恒山下，當思衣錦歸。」「藥名」繇是興焉。陸與予亦有是作，至如鮑昭之「建除」，沈炯之「六甲」、「十二屬」，梁簡文之「卦名」，陸惠曉之「百姓」，梁元帝之「鳥名」、「龜兆」，蔡黄門之口字「古兩頭纖纖」、「槁砧」、「五雜組」已降，非不能也，皆鄙而不爲。噫！繇古至律，繇律至雜，詩盡乎此也。

姓名詩〔一〕

征人習水戰，辛苦配戈船〔二〕。夜城隨偃月〔三〕，朝軍逐避年〔四〕。龍吟澈水度〔五〕，虹光入夜圓〔六〕。濤來如陣起〔七〕，星上似烽燃〔八〕。經時事南越〔九〕，還復討朝鮮〔一〇〕。藝文類聚卷五六、古詩類苑卷八一、古詩紀卷八〇、六朝詩集、御製集、閣本、張本、丁本。

【校注】

〔一〕姓名詩：即將姓名嵌入詩中。漢孔融有離合郡姓名詩，梁沈約有和陸慧曉百姓名詩。唐吴兢樂府古題要解「姓名」條：「右據古人之知名者。」明費經虞雅倫卷一一格式「百姓名」引元帝此詩，並云：「此體以百姓名集入詩。」能改齋漫録卷二「柳渾青李太白」條：「葉少蘊石林詩話云：『或者以荆公詩以古人姓名藏句中，如「莫言柳渾青，終恨李太白」，自公始發之。然唐權德輿已有此體。』予按梁元帝已有人姓名詩及將軍名詩，不始於權德輿也。」宋王楙野客叢書卷一七「古人名詩」條：「此體其源流亦出於六朝，至唐而著。」今按：此詩中姓名已不得而考。

〔二〕戈船：漢書卷六武帝紀：「遣伏波將軍路博德出桂陽，下湟水；樓船將軍楊僕出豫章，下湞水；歸義越侯嚴爲戈船將軍，出零陵，下離水。」顔師古注：「張晏曰：『越人於水中負人船，又有蛟龍之害，故置戈於船下，因以爲名也。』臣瓚曰：『伍子胥書有戈船，以載干戈，因謂之戈船也。……』師古曰：『以樓船之例言之，則非爲載干戈也。此蓋船下安戈戟以禦蛟鼉水蟲之害。張説近之。』」西京雜記卷六：「昆明池中有戈船、樓船各數百艘。樓船上建樓櫓，戈船上建戈矛。」

〔三〕偃月：横卧形的半弦月。太平御覽卷四引漢京房周易飛候：「正月有偃月，必有嘉主。」

〔四〕避：趕不上，不及。漢劉向説苑正諫：「齊桓公謂鮑叔曰：『寡人欲鑄大鐘，昭寡人之名焉。寡人之行，豈避堯舜哉！』」○年：日期，指某一確定時間。宋王安石省兵詩：「擇將付以職，省兵果有年。」

〔五〕澈：明費經虞雅倫卷一一格式「百姓名」引作「徹」。○度：古詩類苑卷八一、御製集作「渡」。今按：度，同「渡」。

〔六〕虹光：彩虹之光。

〔七〕「濤來」句：文選卷三四枚乘七發：「太子曰：『善，然則濤何氣哉？』客曰：不記也。然聞于師曰，似神而非者三：疾雷聞百里；江水逆流，海水上潮；山出内雲，日夜不止。衍溢漂疾，波涌而濤起。其始起也，洪淋淋焉，若白鷺之下翔。其少進也，浩浩溰溰，如素車白馬帷蓋之張。其波涌而雲亂，擾擾焉如三軍之騰裝。其旁作而奔起也，飄飄焉如輕車之勒兵。六駕蛟龍，附從太白。純馳浩蜺，前後駱繹。顒顒卬卬，椐椐彊彊，莘莘將將。壁壘重堅，沓雜似軍行。訇隱匈磕，軋盤涌裔，原不可當。觀其兩傍，則滂渤怫鬱，闇漠感突，上擊下律，有似勇壯之卒，突怒而無畏。蹈壁衝津，窮曲隨隈，踰岸出追。遇者死，當者壞。初發乎或圍之津涯，荄軫谷分。迴翔青篾，銜枚檀桓。弭節伍子之山，通厲骨母之場，淩赤岸，篲扶桑，横奔似雷行。誠奮厥武，如振如怒。沌沌渾渾，狀如奔馬。混混庉庉，聲如雷鼓。發怒庢沓，清升踰跇，侯波奮振，合戰於藉藉之口。鳥不及飛，魚不及迴，獸不及走。紛紛翼翼，波涌雲亂。蕩取南山，背擊北岸。覆虧丘陵，平夷西畔。險險戲戲，崩壞陂池，決勝乃罷。」

〔八〕燃：古詩類苑卷八一、古詩紀卷八〇、六朝詩集、御製集、明費經虞雅倫卷一一格式「百姓名」、閣本、張本、丁本作「然」。今按：然、燃，古今字。

〔九〕經時：長期。○事：戰國策卷五「魏謂魏冉」條：「夫楚王之以其國依冉也，而事臣之主，此臣之甚患也。」鮑彪注：「事，征伐也。」○南越：古國名。秦末趙佗建立，國都番禺（今廣東省廣州市），轄境包括今廣東、廣西兩省的大部分及福建、湖南、貴州、雲南的部分地區和越南的北部。漢武帝元鼎六年（公元前一一一）滅亡。史記一一三南越列傳：「高后時，有司請禁南越關市鐵器。」

〔一〇〕朝鮮：古國名。對古代朝鮮半島北部國家的稱謂。詳史記卷一一五朝鮮列傳、漢書卷二八地理志。

【集評】

閻本：評「濤來如陣起，星上似烽燃」：俱從境造。

將軍名詩〔一〕

虎旅皆成陣〔二〕，龍騎盡能踊〔三〕。鳴鞭俱破虜〔四〕，決勝往長榆〔五〕。細柳浮輕暗〔六〕，大樹繞栖烏〔七〕。樓船寫退鷁〔八〕，檣鳥狎飛梟〔九〕。度河還自許〔一〇〕，偏與功名俱〔一一〕。藝文類聚卷五六、古詩類苑卷八一、古詩紀卷八〇、六朝詩集、御製集、閻本、張本、丁本。

【校注】

〔一〕將軍名詩：即將將軍名號嵌入詩中。唐吴兢樂府古題要解「將軍名」條：「右據職官所載。」明費經虞雅倫卷一一格式「將軍名」：「此體以將軍名集入詩。」六朝詩集題作「將軍」。

〔二〕虎旅：指勇猛的軍隊。亦將軍名號。魏書卷九八島夷蕭衍傳：「〔延昌〕三年六月，衍遣衆寇九山，荆州刺史桓叔興大破之，斬其虎旅將軍蔡令孫、冠軍將軍席世興、貞義將軍藍次孫。」

〔三〕龍騎：威武的騎兵。亦將軍名號。隋書卷二六百官志載：梁時，「又詔以將軍之名，高卑舛雜，命更加釐定。於是有司奏置一百二十五號將軍……武臣、爪牙、龍騎、雲麾，爲十八班」。○踊（pū）：馬蹄踐踏之跡。大廣益會玉篇足部：「踊，馬蹀跡也。」

〔四〕鳴：明費經虞雅倫卷一一格式「將軍名」引作「揚」。○破虜：擊破敵人。亦將軍名號。後漢書卷一光武帝紀：「及更始至洛陽，乃遣光武以破虜將軍行大司馬事。」

〔五〕決勝：決定勝負。亦將軍名號。隋書卷二六百官志載：梁時，「又詔以將軍之名，高卑舛雜，命更加釐定。於是有司奏置一百二十五號將軍……略遠、貞威、決勝、開遠、光野，爲八班」。○長榆：漢書卷四五伍被傳：「南越賓服，羌、僰貢獻，東甌入朝，廣長榆，開朔方，匈奴折傷。」顔師古注：「如淳曰：『……長榆，塞名，王恢所謂樹榆以爲塞者也。』師古曰：『長榆在朔方，即衛青傳所云榆谿舊塞是也。或謂之榆中。』」

〔六〕細柳：漢代周亞夫被稱作「細柳將軍」。史記卷五七絳侯周勃世家：「文帝之後六年，匈奴大入邊。乃以宗正劉禮爲將軍，軍霸上；祝茲侯徐厲爲將軍，軍棘門；以河内守亞夫爲將軍，軍細柳：以備胡。上自勞軍。至霸上及棘門軍，直馳入，將以下騎送迎。已而之細柳軍，軍士吏被甲，鋭兵刃，彀弓弩，持滿。天子先驅至，不得入。先驅曰：『天子且至！』軍門都尉曰：『將軍令曰「軍中聞將軍令，不聞天子之詔」。』居無何，上至，又不得入。於是上乃使使持節詔將軍：『吾欲入勞軍。』亞夫乃傳言開壁門。壁門士吏謂從屬車騎曰：『將軍約，軍中不得驅馳。』於是天子乃按轡徐行。至營，將軍亞夫持兵揖曰：『介胄之士不拜，請以軍禮見。』天子爲動，改容式車。使人稱謝：『皇帝敬勞將軍。』成禮而去。既出軍門，群臣皆驚。文帝曰：『嗟乎，此真將軍矣！曩者霸上、棘門軍，若兒戲耳，其將固可襲而虜也。至於亞夫，可得而犯邪！』稱善者久之。月餘，三軍皆罷。乃拜亞夫爲中尉。」○暗：御製集作「岸」。

〔七〕大樹：亦將軍名號，指東漢大將馮異。後漢書卷一七馮異傳：「異爲人謙退不伐，行與諸將相逢，輒引車避道。進止皆有表識，軍中號爲整齊。每所止舍，諸將並坐論功，異常獨屏樹下，軍中號曰『大樹將軍』。」

〔八〕樓船：史記卷一一三南越列傳：「今呂嘉、建德等反，自立晏如，令罪人及江淮以南樓船十萬師往討之。」裴駰集解引應劭曰：「船上施樓，故號曰『樓船』也。」西京雜記卷六：「樓船上建樓櫓。」文選卷五左思吴都賦：「輕輿按轡以經隧，樓船舉颿而過肆。」劉淵林注：「樓船，船有樓也。」亦將軍名號。隋書卷二六百官志載：梁時，「又詔以將軍之名，高卑舛雜，命更加釐定。於是有司奏置一百二十五號將軍……武毅、鐵騎、樓船、宣猛、樹功，爲六班。」○寫：墨子經説上：「圜，規寫攴也。」孫詒讓閒詁：「寫，謂圖畫其象。」○退鷁：左傳僖公十六年：「六鷁退飛過宋都。」此指鷁鳥。古船首多畫鷁鳥。方言卷九：「〔船〕首謂之閤閭，或謂之艗艏。」郭璞注：「鷁，鳥名也。今江東貴人船前作青雀，是其像也。」淮南子卷八本經訓：「龍舟鷁首，浮吹以娱。」高誘注：「鷁，大鳥也。畫其像著於船頭，故曰鷁首。」

〔九〕飛鳧：船名。文選卷三五張協七命：「乘鳧舟兮爲水嬉，臨芳洲兮拔靈芝。」李善注：「郭璞曰：『舟爲鳧形制，今吴之青雀舫，此其遺象也。』」太平御覽卷七七〇引晉周處風土記曰：「晨鳧即青桐大舡名，諸葛恪所造鴨頭舡也。」又，漢有飛將軍李廣，見漢書卷五四李廣傳。梁有佽飛將軍，隋書卷二六百官志：「於是有司奏置一百二十五號將軍……佽飛、安夷、克戎、綏狄、威虜，爲三班。」

〔一〇〕度河：度，通「渡」。渡過河水。又，「度河」亦將軍名號。隋書卷二六百官志載：梁時，「於是有司奏置一百二十五號將軍……綏方、奉正、承化、浮海、度河，爲二班。」

〔一一〕偏：恰好。又，梁有偏將軍名號。隋書卷二六百官志：梁時，「於是有司奏置一百二十五號將軍……偏將軍、裨將軍，爲一班」。

屋名詩〔一〕

梁園氣色和〔二〕，斗酒共相過〔三〕。玉柱調新曲〔四〕，畫扇掩餘歌〔五〕。深潭影菱菜〔六〕，絶壁挂輕蘿〔七〕。木蓮恨花晚〔八〕，薔薇嫌刺多。含情戲芳節〔九〕，徐步待金波〔一〇〕。藝文類聚卷五六、古詩類苑卷八一、古詩紀卷八〇、六朝詩集、御製集、閣本、張本、丁本。

【校注】

〔一〕屋名詩：即將房屋結構部件名稱嵌入詩中。明費經虞雅倫卷一一格式「屋名」：「此體以屋名集入詩。」

〔二〕梁園：即梁苑，西漢梁孝王劉武的東苑。史記卷五八梁孝王世家：「孝王，竇太后少子也，愛之，賞賜不可勝道。於是孝王築東苑，方三百餘里。」唐張守節正義曰：「括地志云：兔園在宋州宋城縣東南十里。葛洪西京雜記云：梁孝王苑中有落猿巖、栖龍岫、雁池、鶴洲、鳬島。諸宮觀相連，奇果佳樹，瑰禽異獸，靡不畢備。俗人言梁孝王竹園也。」代指皇室的宅第園林。又，梁，屋梁。

〔三〕斗：量器。亦是房屋部件名。建築用的方形木塊，墊於拱與拱之間。釋名釋宮室：「斗，在欒兩頭，如斗也。斗負上，員檼也。」○過：探訪。

〔四〕玉柱：玉製的弦柱。指代琴、瑟、箏等絃樂器。文選卷一六江淹別賦：「掩金觴而誰御，横玉柱而霑軾。」李善注：「琴有柱，以玉爲之。」柱，屋柱，亦是房屋部件名。

〔五〕畫扇：有畫飾的扇子。南朝梁鮑泉落日看還詩：「雕甍斜落影，畫扇拂遊塵。」扇，門扇，亦是房屋部件名。禮記月令：仲春之月，「是月也，耕者少舍，乃修闔扇，寢廟畢備。」鄭玄注：「因蟄蟲啓户，耕事少間而治門户也。用木曰闔，用竹葦曰扇。」

〔六〕菱菜：水生草本植物名，果實俗稱菱角。藝文類聚卷八二引廣志曰：「鉅野大於常陵，淮漢以南，凶年以菱爲蔬，猶以橡爲資也。」同卷引異苑曰：「永陽縣有山……又别有異藤，花形似菱菜，朝紫，中緑，晡黄，暮青，夜赤，五色迭耀。」

〔七〕壁：山崖。又，指牆壁，亦是房屋部件名。

〔八〕木蓮：即木芙蓉。俗稱黄心樹。南朝梁江淹閩中草木頌十五首中有木蓮篇。本草綱目卷三六木三木芙蓉：「釋名：地芙蓉、木蓮、華木、桃木、拒霜。時珍曰：此花艷如荷花，故有芙蓉、木蓮之名。八九月始開，故名拒霜。集解：時珍曰……秋半如著花，花類牡丹、芍藥。」木，亦可指房屋部件木柱等。閣本、張本作「水」。

〔九〕芳節：陽春時節。亦泛指佳節、良時。南朝宋劉鑠代收淚就長路詩：「徘徊去芳節，依遲從遠軍。」節，亦是房屋部件名，即斗栱。屋柱上端頂住横梁的木結構。論語公冶長：「臧文仲居蔡，山節藻棁，何如其知也。」

〔一〇〕金波：指月。漢書卷二二禮樂志：「月穆穆以金波，日華燿以宣明。」顔師古注：「言月光穆穆，若金之波流也。」蕭繹對燭賦：「月似金波初映空。」波，明費經虞雅倫卷一一格式「屋名」引作「棱」。

【集評】

閻本：評「木蓮恨花晚，薔薇嫌刺多。含情戲芳節，徐步待金波」：兒女情事。

車名詩〔一〕

長墟帶江轉〔二〕，連甍映日分〔三〕。佳人坐椒屋〔四〕，接膝對蘭薰〔五〕。繞砌縈流水〔六〕，邊梁圖畫雲〔七〕。錦色懸殊衆，衣香遥出群〔八〕。日暮輕帷下〔九〕，黄金妾贈君〔一〇〕。藝文類聚卷五六、初學記卷二五、古詩類苑卷八一、古詩紀卷八〇、六朝詩集、御製集、閻本、張本、丁本。

【校注】

〔一〕車名詩：即將車輛構件名稱嵌入詩中。唐吴兢樂府古題要解「車名」條：「右據周禮、漢官儀所載。」明費經虞雅倫卷一一格式「車名」：「此體以車名集入詩。」

〔二〕長墟：綿延的土丘。南朝梁何遜望廨前水竹詩：「遠天去浮雲，長墟斜落景。」○轉：轉動。亦車上部件。左傳襄公二十四年：「將及楚師，而後從之乘，皆踞轉而鼓琴。」楊伯峻注：「轉，軫也，此軫爲車後横木。説詳胡玉縉許廎學林。」

〔三〕連甍（méng）：形容房屋連延成片。晉左思蜀都賦：「比屋連甍，千廡萬室。」甍，説文解字瓦部:「甍,屋棟也。」徐鍇繫傳:「所以承瓦也。」

〔四〕椒屋:后妃居住的宫室。後漢書卷一〇皇后紀贊曰:「班政蘭閨,宣禮椒屋。」李賢注:「椒屋,即椒房也。」屋,亦可指車蓋。史記卷七項羽本紀:「紀信乘黄屋車。」張守節正義引李斐曰:「天子車以黄繒爲蓋裏。」

〔五〕接膝:猶促膝。晉陶潛閒情賦:「激清音以感余,願接膝以交言。」

〔六〕砌:臺階。大廣益會玉篇石部:砌,「階砌也」。

〔七〕梁:此指車梁,即車前横木。

〔八〕衣:衣服。亦可指車衣,即遮蓋在車輿上的帷幔。

〔九〕帷:周禮天官冢宰幕人:「掌帷幕幄帟綬之事。」鄭玄注:「在旁曰帷,在上曰幕。幕或在地,展陳于上。帷幕皆以布爲之。」古代車上亦施帷。

〔一〇〕妾:初學記卷二五引作「妄」,明費經虞雅倫卷一一格式「車名」引作「忘」。

【集評】

閻本:評「錦色懸殊衆,衣香遥出群」:何人斯?

船名詩〔一〕

天暝浮雲飛〔二〕,三翼自相追〔三〕。池模白鵠舞〔四〕,檐知青雀歸〔五〕。華淵通轉塹〔六〕，伏檻跨相磯〔七〕。松澗流星影〔八〕，桂窗斜月暉。思君此無極〔九〕，高樓淚染衣〔一〇〕。藝文類聚卷五六、古詩類苑卷八一、古詩紀卷八〇、御製集、閣本、張本、丁本。又，初學記卷二五、錦繡萬花谷續集卷七引追、歸、暉、衣四韻。

【校注】

〔一〕船名詩：即將與船有關的部件名稱嵌入詩中。唐吴兢樂府古題要解「船名」條：「右若左氏傳吴艅艎之類也。」明費經虞雅倫卷二一格式「船名」：「此體以船名集入詩。」

〔二〕暝：錦繡萬花谷續集卷七、古詩類苑卷八一、古詩紀卷八〇、六朝詩集、御製集、明費經虞雅倫卷二一格式「船名」、閣本、張本、丁本作「際」。

〔三〕三翼：文選卷三五張協七命：「爾乃浮三翼，戲中沚。」李善注：「越絶書，伍子胥水戰兵法内經曰：大翼一艘，長十丈；中翼一艘，長九丈六尺；小翼一艘，長九丈。」此指船。三，錦繡萬花谷續集卷七作「玉」。

〔四〕模：初學記卷二五、錦繡萬花谷續集卷七、明費經虞雅倫卷二一格式「船名」作「邊」。今按：模，用同「摹」，摹寫，描摹。正字通木部：「模，通作『摹』。」○白鵠：鳥名。亦船名。玉臺新詠卷一古詩爲焦仲卿妻作：「青雀白鵠舫，四角龍子幡，婀娜隨風轉。」

〔五〕檐知：初學記卷二五、錦繡萬花谷續集卷七、明費經虞雅倫卷二一格式「船名」引作「林深」。○青雀：鳥名。亦船名。方言卷九：「〔船〕首謂之閤閭，或謂之艗艏。」郭璞注：「鷁，鳥名也。今江東貴人船前作青雀，是其像也。」北周庾信奉和濬池初成清晨臨泛：「時看青雀舫，遥逐桂舟迴。」明王世貞弇州四部稿卷一五八宛委餘編三：「驚帆，魏曹洪所名駿馬也；馳馬，吴孫權所名快舫也。二事正相反，而又相對出，一時甚奇。舟又有鳴鶴、飛鳥、青鷁、秃鶖、蒼隼、鸚鵡、鸛鵒、鴨頭、鴻毛者，皆鳥名，見西京雜記、晉令宫閣記、吴志、蜀王本紀、輿服雜事諸書，白鵠、青雀見梁元帝詩。」

〔六〕華淵：寬闊的江水。

〔七〕檻：文選卷五左思吴都賦：「弘舸連舳，巨檻接艫。」劉淵林注：「船上下四方施板者曰檻也。」○磯：水邊石灘或突出的巖石。廣雅釋水：「磯，磧也。」漢孔融離合作郡姓名字詩：「吕公磯釣，闔口渭傍。」

〔八〕澗：錦繡萬花谷續集卷七引作「潤」，疑誤。

〔九〕「思君」句：初學記卷二五、錦繡萬花谷續集卷七引作「思此無情極」。又，無極，亦船名。初學記卷二五引晉宫閣記曰：「舍利池有雲母舟、無極舟。」

〔一〇〕樓：亦指樓船。史記卷一一三南越列傳：「今吕嘉、建德等反，自立晏如，令罪人及江淮以南樓船十萬師往討之。」裴駰集解引應劭曰：「船上施樓，故號曰『樓船』也。」文選卷五左思吴都賦：「輕輿按轡以經隧，樓船舉颿而過肆。」劉淵林注：「樓船，船有樓也。」

歌曲名詩〔一〕

啼烏怨别鶴〔二〕，曙鳥憶離家〔三〕。石闕題書字〔四〕，金燈飄落花〔五〕。東方曉星度〔六〕，西山晚日斜〔七〕。縠衫迴廣袖〔八〕，團扇掩輕紗〔九〕。暫借青驄馬〔一〇〕，來送黄牛車〔一一〕。藝文類聚卷五六、文苑英華卷一九三、樂府詩集卷七四、古詩類苑卷八一、古詩紀卷八〇、古樂苑卷三八、六朝詩集、御製集、閣本、張本、丁本。

【校注】

〔一〕歌曲名詩：即將樂府歌曲名嵌入詩中。唐吴兢樂府古題要解「歌曲名」條：「右據樂府所載。」明費經虞雅倫卷一一格式「歌曲名」：「此體以歌曲名集入詩。」六朝詩集題作「歌曲」。文苑英華卷一九三、樂府詩集卷七四、閣本、詩淵「文史門・歌」題作「金樂歌」。文苑英華「金」下小注：「一作『會』。」又，清吴兆宜玉臺新詠箋注卷七「非宋刻部分」亦録有此詩，題作「金樂歌」，署簡文帝。

〔二〕啼烏：樂府清商曲辭有烏夜啼。樂府詩集卷四七「清商曲辭四」烏夜啼八曲郭茂倩題解：「唐書樂志曰：『烏夜啼者，宋臨川王義慶所作也。元嘉十七年，徙彭城王義康於豫章。義慶時爲江州，至鎮，相見而哭。文帝聞而怪之，徵還，慶大懼，伎妾夜聞烏夜啼聲，扣齋閤云：「明日應有赦。」其年更爲南兗州刺史，因此作歌。故其和云：「夜夜望郎來，籠窗窗不開。」今所傳歌辭，似非義慶本旨。』教坊記曰：『烏夜啼者，元嘉二十八年，彭城王義康有罪放逐，行次潯陽；江州刺史衡陽王義季，留連飲宴，歷旬不去。帝聞而怒，皆囚之。會稽公主，姊也，嘗與帝宴洽，中席起拜。帝未達其旨，躬止之。主流涕曰：「車子歲暮，恐不爲陛下所容！」車子，義康小字也。帝指蔣山曰：「必無此，不爾，便負初寧陵。」武帝葬於蔣山，故指先帝陵爲誓。因封餘酒寄義康，且曰：「昨與會稽姊飲，樂，憶弟，故附所飲酒往，遂宥之。」使未達潯陽，衡陽家人扣二王所囚院曰：「昨夜烏夜啼，官當有赦。」少頃使至，二王得釋，故有此曲。』按史書稱臨川王義康爲江州，而云衡陽王義季，傳之誤也。古今樂録：『烏夜啼，舊舞十六人。』樂府解題曰：『亦有烏棲曲，不知與此同否。』」烏，文苑英華卷一九三引作「鳥」。○別鶴：樂府歌曲有別鶴操。鶴，文苑英華卷一九三、樂府詩集卷七四、古詩類苑卷八一、古詩紀卷八〇、古樂苑卷三八、御製集、閻本、張本、清吴兆宜玉臺新詠箋注卷七「非宋刻部分」、丁本作「偶」。宋王楙野客叢書卷一七「鳥名詩」條、明費經虞雅倫卷一一格式「歌曲名」引作「鶴」。

〔三〕憶離家：樂府歌曲有離歌，見樂府詩集卷八四「雜歌謡辭二」。離，文苑英華卷一九三下小注：「一作『誰』。」樂府詩集卷七四作「誰」。

〔四〕「石闕」句：樂府詩集卷四六「清商曲辭三」華山畿：「將懊惱，石闕晝夜題，碑淚常不燥。」

又，同卷讀曲歌：「打壞木棲牀，誰能坐相思。三更書石闕，憶子夜啼碑。」闕，文苑英華卷一九三、閣本作「門」，文苑英華下小注：「一作『闕』。」能改齋漫録卷七「東邊日下終無雨，闕上封書合有碑」：「潘子真詩話記張文潛詩云：『東邊日下終無雨，闕上封書合有碑。』『東邊日出西邊雨，道是無晴却有晴』，此劉禹錫竹枝歌也。『別後長相思，頓書千丈闕，題碑無罷時』，此宋華山畿詞也，事見匠智古今樂録。予又以爲文潛兼取宋讀曲歌詞耳——『打壞木棲牀，誰能坐相思。三更書石闕，憶子夜啼碑。』梁元帝金樂歌亦云：『石闕題書字。』」

〔五〕金燈：明費經虞雅倫卷一一格式「歌曲名」引作「鐙燈」。○落花：花，指燈花。又，漢橫吹曲有梅花落。樂府詩集卷二一「橫吹曲辭一」漢橫吹曲郭茂倩題解：「樂府解題曰：『漢橫吹曲，二十八解，李延年造。魏、晉已來，唯傳十曲。……後又有關山月、洛陽道、長安道、梅花落、紫騮馬、驄馬、雨雪、劉生八曲，合十八曲。』」

〔六〕方：文苑英華卷一九三、閣本作「風」，文苑英華下小注：「一作『方』。」○度：文苑英華卷一九三、樂府詩集卷七四、古詩類苑卷八一、古詩紀卷八〇、古樂苑卷三八、御製集、閣本、張本、丁本作「没」。古詩類苑卷八一、古詩紀卷八〇、張本、丁本下小注云：「一作『度』。」樂府詩集卷二五地驅樂歌：「月明光光星欲墮，欲來不來早語我。」

〔七〕西山：樂府詩集卷三二「相和歌辭」王粲從軍行：「白日半西山，桑梓有餘暉。」

〔八〕縠（hú）衫：縐紗薄衫。樂府詩集卷四六「清商曲辭三」讀曲歌十七：「縠衫兩袖裂，花釵鬢邊低。」説文解字糸部：「縠，細縛也。」○廣袖：寬大的袖子。蓋暗指樂府歌辭小垂手。樂府詩集卷七六梁吴均小垂手：「且復小垂手，廣袖拂紅塵。」

〔九〕團扇：樂府清商曲吴聲曲有團扇郎。樂府詩集卷四五「清商曲辭二」團扇郎郭茂倩題解引南朝陳智匠古今樂録曰：「團扇郎歌者，晉中書令王珉捉白團扇，與嫂婢謝芳姿有愛，情好甚篤。嫂捶撻婢過苦，王東亭聞而止之。芳姿素善歌，嫂令歌一曲當赦之。應聲歌曰：『白團扇，辛苦五流連，是郎眼所見。』珉聞，更問之：『汝歌何遺？』芳姿即改云：『白團扇，憔悴非昔容，羞與郎相見。』後人因而歌之。」又，漢班婕妤作怨歌行詩，有云：「裁爲合歡扇，團團似明月。」南朝梁鍾嶸詩品漢婕妤班姬：「團扇短章，詞旨清捷，怨深文綺。」

〔一〇〕青驄馬：青白色的雜毛駿馬。又，樂府西曲歌有青驄白馬。樂府詩集卷四九引古今樂録曰：「青驄白馬，舊舞十六人。」

〔一一〕黄牛車：漢書卷九七外戚傳：「地節三年，求得外祖母王媪，媪男無故，無故弟武皆隨使者詣闕。時乘黄牛車，故百姓謂之黄牛媪。」樂府詩集卷四六「清商曲辭三」懊儂歌：「黄牛細犢車，遊戲出孟津。」

【集評】

閻本：評此詩：如初紈，自矜其影。

藥名詩〔一〕

戍客恒山下〔二〕，常思衣錦歸〔三〕。況看春草歇，還見雁南飛〔四〕。蠟燭凝花影〔五〕，重臺閇綺扉〔六〕。風吹竹葉袖〔七〕，網綴流黃機〔八〕。詎信金城裏〔九〕，繁露曉霑衣〔一〇〕。藝文類聚卷五六、古詩類苑卷八一、古詩紀卷八〇、六朝詩集、御製集、閻本、張本、丁本。

【校注】

〔一〕藥名詩：即將藥物名嵌入詩中。唐吴兢樂府古題要解「藥名」條：「右據本草所載。」明費經虞雅倫卷一一格式「藥名」：「此體以藥名集入詩。」能改齋漫録卷三「藥名詩不始於唐」條：「蔡絛西清詩話謂：『藥名詩，世以起於陳亞，非也。東漢已有離合體，至唐始著藥名之號，如張籍答鄱陽客詩：「江皋歲暮相逢地，黄葉霜前半下枝。子夜吟詩問松桂，心中萬事喜君知。」』以余觀之，恐或不然。且藥名之號，自梁以來已有之。簡文帝藥名詩云：『朝風動春草，落日照横塘。重臺蕩子妾，黄昏獨自傷。燭映合歡被，帷飄蘇合香。石墨聊書賦，鉛華試作粧。徒令惜萱草，蔓延滿空房。』梁元帝藥名詩云：『戍客恒山下，常思衣錦歸。況看春草歇，還見雁南飛。蠟燭凝花影，重臺閉綺扉。風吹竹葉袖，網綴流黄機。詎信金城裏，繁露曉霑衣。』如庾肩吾、沈約亦各有一首，乃知藥名詩不始於唐。」野客叢書卷一七「藥名詩」條：「西清詩話云：『藥名詩起自陳亞，非也。東漢已有離合體，至唐始著藥名之號，如張籍答鄱陽客詩云「江皋歲暮相逢地，黄葉霜前半夏枝。子夜吟詩向松桂，心中萬事豈君知」是也。』僕謂此説亦未深考，不知此體已著於六朝，非起於唐也。當時如王融、梁簡文、元帝、庾肩吾、沈約、竟陵王皆有，至唐而是體盛行，如盧受采、權、張、皮、陸之徒多有之。吴曾漫録謂『藥名詩』庾肩吾、沈約亦各有一者，非始於唐。所見亦未廣也。本朝如錢穆父、黄山谷之輩，亦多此作。」又，吴光興蕭綱蕭繹年譜卷二「大同元年（535）」：「庾肩吾任湘東王録事參軍，俄以本官領荆州大中正。與湘東王繹有『藥名詩』唱和。梁元帝藥名詩曰云云。庾肩吾奉和藥名詩：『英王牧荆楚，聽訟出池臺。督郵稱蝗去，亭長説烏來。行塘朱鷺響，當道赤帷開。馬鞭聊寫賦，竹葉暫傾杯。』按：觀庾詩『英王牧荆楚』句，則在荆州和湘東王詩也。據蕭繹法寶聯璧序末署『平西中録事參軍典書通事舍人南郡庾肩吾』，可知中大通六年肩吾在湘東王平西將軍府；又據梁書文學本傳，肩吾『除安西湘東王録事參軍，俄以本官領荆州大中正』，則是年湘東王繹進號安西將軍時，肩吾亦在王府。姑繫此次詩歌唱和於此。」

〔二〕恒山：山名。亦草藥名，又名常山、互草。本草綱目卷一五常山：「釋名：恒山（原注：吴普）……」原注：「時珍曰：恒亦常也。恒山乃北嶽名，在今定州。常山乃郡名，亦今真定。豈此藥始産于此得名歟？蜀漆乃常山苗，功用相同，今併爲一。」

〔三〕常思：亦「蒼耳」之别名，藥草名。本草綱目卷一五草四葈耳：「釋名：胡枲、常思（原注：弘景）……」原注：「弘景曰：傖人皆食之，謂之常思菜。」○衣錦歸：即「衣錦還鄉」，富貴後榮耀地回到故鄉，含有得志後誇耀之意。漢書卷三一項籍傳：「羽見秦宫室皆已燒殘，又懷思東歸，曰：『富貴不歸故鄉，如衣錦夜行。』」梁書卷九柳慶遠傳：「高祖餞於新亭，謂曰：『卿衣錦還鄉，朕無西顧之憂矣。』」又，明皇甫汸解頤新語卷三考證：「柏山、衣錦，梁元帝之『藥名』也。」

〔四〕雁南飛：蓋暗指藥草「雁來紅」。農政全書卷九荒政：「後庭花，一名雁來紅。」本草綱目卷一五草四青葙附録雁來紅：「時珍曰：莖葉穗子並與雞冠同。其葉九月鮮紅，望之如花，故名。吴人呼爲老少年。一種六月葉紅者，名十樣錦。」陝西通志卷四四物産二：「十樣錦，即臨秋變，雁來紅，以雁來而色嬌紅。」

〔五〕蠟燭：本草綱目卷六火燭燼：「集解：時珍曰：燭有蜜蠟燭、蟲蠟燭、柏油燭、牛脂燭，惟蜜蠟、柏油者，燼可入藥。」

〔六〕重臺：多層高臺。亦草藥「玄參」之别名。宋唐慎微證類本草卷八：「玄參味苦鹹，微寒，無毒。……一名重臺，一名玄臺，一名鹿腸，一名正馬，一名咸，一名端。」○閅：古詩紀卷八〇、六朝詩集、御製集、閣本、張本、丁本作「閉」。今按：閉、閅同。

〔七〕竹葉：本草綱目卷三七木四竹：「集解：弘景曰：竹類甚多，入藥用篁竹，次用淡、苦竹。」

〔八〕流黄機：織絹的織機。流黄，黄色的物品。特指絹。樂府詩集卷三四相和歌辭相逢行：「大婦織綺羅，中婦織流黄。」又，流黄亦即硫黄，一種礦物，可入藥。文選卷四張衡南都賦：「銅錫鉛鍇，赭堊流黄。」李善注：「本草經曰：石流黄，生東海牧陽山谷中。本草言其所出，此亦兼而有之。博物志曰：雄黄似石流黄。」參本草綱目卷一一金石四石硫黄。

〔九〕金城：文選卷二一張協詠史：「朱軒曜金城，供帳臨長衢。」劉良注：「金城，長安城也。」又，古郡名，在今甘肅省蘭州市之西北。漢書卷七昭帝紀載：始元六年秋七月，「以邊塞闊遠，取天水、隴西、張掖郡各二縣置金城郡」。又，金可入藥。參本草綱目卷八金石一金。○裏：諧音「李」，樹名，其果、核、根、花、葉、樹膠皆可入藥。參本草綱目卷二九果一李。

〔一〇〕繁露：露水。露可入藥，參本草綱目卷五水一露。又，繁露，亦藥草名。爾雅釋草：「蔠葵，蘩露。」郭璞注：「承露也。大莖小葉，華紫黄色。」本草綱目卷二七菜二落葵：「釋名：……繁露。……。」時珍曰：「爾雅云：蔠葵，繁露也。一名承露。其葉最能承露，其子垂垂亦如綴露，故得露名。而蔠、落二字相似，疑落字乃蔠字之訛也。」○曉：閣本、張本、丁本作「晚」。四庫全書考證卷九六漢魏六朝百三家梁元帝集：「刊本『曉』訛『晚』，據古詩紀改。」

【集評】

采菽堂古詩選卷二二：寫兩地蕭索，兩不相知，有情但未見。皆是藥名。

【附】

藝文類聚卷五六引庾肩吾奉和藥名詩曰：英王牧荆楚，聽訟出池臺。督郵稱蝗去，亭長説烏來。行塘朱鷺響，當道赤帷開。馬鞭聊寫賦，竹葉暫傾杯。

針穴名詩〔一〕

金推五百里〔二〕，日晚唱歸來〔三〕。車轉承光殿〔四〕，步上通天臺〔五〕。釵臨曲池影〔六〕，扇拂玉堂梅〔七〕。先取中庭入〔八〕，罷逐步廊迴〔九〕。下關那早閉〔一〇〕，人迎已復開〔一一〕。藝文類聚卷五六、古詩類苑卷八一、古詩紀卷八〇、御製集、閻本、張本、丁本。

【校注】

〔一〕針穴名詩：即將針灸經穴名稱嵌入詩中。唐吴兢樂府古題要解「針穴名」條：「右據醫家明堂所載。」明費經虞雅倫卷一一格式「針穴名」：「此體以靈樞針穴名集入詩。」藝文類聚卷五六題作「斜穴名詩」，古詩類苑卷八一、古詩紀卷八〇、御製集題作「針穴名詩」，閻本、張本、丁本題作「鐵穴名詩」。今按：鐵、斜當是鍼、針之形誤。鍼、針同。故以題作「針穴名詩」爲是。

〔二〕金推：指太陽運行。推，雅倫卷一一格式「針穴名」、閻本、張本、丁本作「椎」。○五百里：

指距離。又，中醫中手有五里穴位，手陽明大腸經穴位，臂外側，當曲池與肩髃穴連線上，曲池上三寸處。又有足五里穴位，足厥陰肝經穴位，大腿内側，當氣沖穴直下三寸，大腿根部，恥骨結節的下方，長收肌的外緣。

〔三〕歸來：亦穴位名。足陽明胃經穴位，下腹部，當臍中下四寸，距前正中線二寸。

〔四〕轉：楚辭離騷：「路不周以左轉兮。」王逸注：「轉，行也。」○承光殿：殿名。三國志卷三魏書明帝紀：「〔太和〕六年……九月，行幸摩陂，治許昌宮，起景福、承光殿。」太平御覽卷一七五引晉宮閣名曰：「太極殿十二間……承光殿、永寧殿、景福殿……。」又，承光，足太陽膀胱經穴位，頭部，當前髮際正中直上二點五寸，旁開一點五寸。

〔五〕通天臺：臺名。在今陝西省淳化縣西北甘泉山故甘泉宮中。漢書卷六武帝紀：「〔元封〕二年夏四月……作甘泉通天臺。」顔師古注：「通天臺者，言此臺高，上通於天地。」漢舊儀云高三十丈，望見長安城。」三輔黄圖卷五臺榭：「通天臺，武帝元封二年作甘泉通天臺。漢舊儀云：『通天者，言此臺高通于天也。』漢武故事：『築通天臺於甘泉，去地百餘丈，望雲雨悉在其下，望見長安城。』『武帝時祭泰乙，上通天臺，舞八歲童女三百人，祠祀招仙人。祭泰乙，云令人升通天臺，以候天神，天神既下祭所，若大流星，乃舉烽火而就竹宮望拜。上有承露盤，仙人掌擎玉杯，以承雲表之露。元鳳間，自毁，椽桷皆化爲龍鳳，從風雨飛去。』西京賦云：『通天眇而竦峙，徑百常而莖擢，上瓣華以交紛，下刻陗其若削。』亦曰候神臺，又曰望仙臺，以候神明、望神仙也。」通天，亦足太陽膀胱經穴位，頭部，當前發際正中直上四寸，旁開一點五寸。

〔六〕曲池：池塘。亦手陽明大腸經穴位，肘横紋外側端，屈肘，横紋盡處端點，當尺澤穴與肱骨外上髁連線中點，即肱骨外上髁内緣凹陷處。

〔七〕玉堂：堂名。亦任脈穴位，胸部，當前正中線上，平第三肋間。

〔八〕中庭：廳堂。亦任脈穴位，胸部，當前正中線上，平第五肋間，即胸劍結合部。

〔九〕罷：猶後。○步廊：走廊。亦足少陰腎經穴位，胸部，當第五肋間隙，前正中線旁開二寸。

〔一〇〕下關：下門，閉門。亦足陽明胃經穴位，面部耳前方，當顴弓與下頜切跡所形成的凹陷中。醫宗金鑒刺灸心法要訣胃經穴歌：「下關頭維對人迎。」醫宗金鑒刺灸心法要訣胃經分寸歌：「下關耳前動脈行。」原注：「從頰車上行，耳前動脈，側卧合口有空取之，下關穴也。」

〔一一〕人迎：亦足陽明胃穴位，頸部喉結旁，當胸鎖乳突肌的前緣，頸總動脈搏動處，即前頸喉結外側大約三釐米處。

【集評】

閻本：評「釵臨曲池影，扇拂玉堂梅」：時於此中，得少佳趣。

龜兆名詩〔一〕

土膏春氣生〔二〕，倡女協春情〔三〕。魚游連北水〔四〕，鵲作遼東鳴〔五〕。折梅還插鬢〔六〕，盪柱更移聲〔七〕。銀燭含朱火〔八〕，金鑪對寶笙〔九〕。百枝凝夕焰〔一〇〕，却月隱高城〔一一〕。藝文類聚卷五六、古詩類苑卷八一、古詩紀卷八〇、六朝詩集、御製集、閣本、張本、丁本。

【校注】

〔一〕龜兆名詩：即將解釋龜卜的詞語嵌入詩中。明費經虞雅倫卷一一格式「龜兆名」：「此體以龜兆名集入詩。」龜兆，指占卜時龜甲鑽孔後受炙灼出現的坼裂之紋。左傳昭公五年：「龜兆告吉，曰：『克可知也。』」尉繚子武議：「合龜兆，視吉凶，觀星辰風雲之變。」又，南史卷八梁本紀元帝載：承聖三年（554）十一月西魏攻梁，庚子，「是夜，有流星墜城中。帝援蓍筮之，卦成，取龜式驗之，因抵于地曰：『吾若死此下，豈非命乎？』」後世多以卜卦占吉凶，龜卜消亡。此「龜兆名」或是指卦名，蕭綱即有卦名詩。六朝詩集題作「龜兆」。

〔二〕「土膏」句：謂春天來臨。此疑指離卦。周易離卦：「彖曰：離，麗也。日月麗乎天，百穀草木麗乎土。」土膏，國語卷一周語上：「陽氣俱蒸，土膏其動。」韋昭注：「膏，土潤也。」

〔三〕「倡女」句：謂蕩婦因春而思人。此疑指家人卦。周易家人卦：「彖曰：家人，女正位乎内，男正位乎外。男女正，天地之大義也。」倡女，以歌舞娱人的婦女。亦指蕩婦，即蕩子之婦。南朝梁簡文帝執筆戲書詩：「舞女及燕姬，倡樓復蕩婦。」

〔四〕「魚遊」句：古樂府詩江南：「江南可採蓮，蓮葉何田田。魚戲蓮葉間，魚戲蓮葉東，魚戲蓮葉西，魚戲蓮葉南，魚戲蓮葉北。」此疑指中孚卦。周易中孚卦：「中孚：豚魚吉。利涉大川，利貞。」

〔五〕「鵠作」句：搜神後記卷一丁令威：「丁令威，本遼東人，學道於靈虚山。後化鶴歸遼，集城門華表柱。時有少年，舉弓欲射之。鶴乃飛，徘徊空中而言曰：『有鳥有鳥丁令威，去家千年今始歸。城郭如故人民非，何不學仙冢壘壘。』遂高上衝天。今遼東諸丁云其先世有升仙者，但不知名字耳。」今按：鵠，通「鶴」。遼東，指遼河以東的地區，即今遼寧省的東部和南部。又，此句疑指漸卦。周易漸卦：「初六，鴻漸于干。」「六二，鴻漸于磐。」「九三，鴻漸于陸。」「六四，鴻漸于木。」「九五，鴻漸于陵。」「上九，鴻漸于陸。」

〔六〕「折梅」句：南朝齊陸凱贈范曄：「折花逢驛使，寄與隴頭人。江南無所有，聊贈一枝春。」此疑指巽卦。周易説卦：「巽爲木……其於人也，爲宣髮。」宣髮，即黑白髮。

〔七〕「盪柱」句：謂彈奏音樂。此疑指震卦。周易震卦：「象曰：洊雷，震。」蕩，上下移動。柱，樂器上的繫弦部件。史記卷八一廉頗藺相如列傳：「王以名使〔趙〕括，若膠柱而鼓瑟耳。」

〔八〕「銀燭」句：此疑指未濟卦。周易未濟卦：「象曰：火在水上，未濟。」銀燭，指蠟燭。

〔九〕「金鑪」句：此疑指乾卦。周易說卦：「乾爲天……爲金……。」鑪，御製集、閣本、張本作「鑪」。今按：鑪、鑪同，香爐。

〔一〇〕「百枝」句：此疑指鼎卦。周易鼎卦：「象曰：木上有火，鼎。」百枝，形容燈燭繁多。漢焦贛易林隨之大有：「華燈百枝，消衰暗微。」南朝梁簡文帝列燈賦：「斜輝交映，倒影澄鮮。九微間吐，百枝交布。」百，明費經虞雅倫卷一一格式「龜兆名」引作「背」。

〔一一〕「却月」句：此疑指坎卦。周易說卦：「坎爲水……爲月……」却月，彎月。月，六朝詩集作「目」，疑誤。

獸名詩〔一〕

豹韜求祕術〔二〕，虎略選良臣〔三〕。水涉黄牛浦〔四〕，山過白馬津〔五〕。摧鋒上狐塞〔六〕，畫像入麒麟〔七〕。果下新花落〔八〕，桃枝芳樹春〔九〕。王孫及公子〔一〇〕，熊席復横陳〔一一〕。藝文類聚卷五六、古詩類苑卷八一、古詩紀卷八〇、六朝詩集、御製集、閣本、張本、丁本。

【校注】

〔一〕獸名詩：即將動物名嵌入詩中。樂府古題要解「草樹鳥獸名」條：「右見於記録者，皆可用也。」明費經虞雅倫卷一一格式「獸名」：「此體以獸名集入詩。」

時作此閣，圖畫其象於閣，遂以爲名。』師古曰：『漢宫閣疏名云蕭何造。』」麒麟閣，在漢長安城内，即今陝西省西安市西北。麒麟，古代傳説中的一種動物。古人以爲仁獸、瑞獸。詩經麟之趾陸德明音義：「草木疏云：麕身、牛尾、馬足、黄色、員蹄、一角，角端有肉。音中鍾吕，行中規矩，王者至仁則出。」管子封禪：「今鳳凰不來，嘉穀不生。」

〔八〕果下：亦馬名，即果下馬。漢書卷六八霍光傳「召皇太后御小馬車」，顔師古注：「張晏曰：『皇太后所駕遊宫中輦車也。漢廄有果下馬，高三尺，以駕輦。』師古曰：『小馬可於果樹下乘之，故號果下馬。』」後漢書卷八五東夷濊傳：「〔濊〕又多文豹，有果下馬。」李賢注：「高三尺，乘之可於果樹下行。」

〔九〕芳樹：佳木。三國魏阮籍詠懷詩之一三：「芳樹垂緑葉，清雲自逶迤。」芳，六朝詩集作「蕚」。

〔一〇〕王孫：泛指貴族子弟。亦是猴的别稱。漢王延壽王孫賦：「有王孫之狡獸，形陋觀而醜儀。」〇公子：富貴人家的子弟。另，抱朴子内篇登涉：「稱無腸公子者，蟹也。」

〔一一〕熊席：熊皮坐席。周禮春官宗伯司几筵：「甸役，則設熊席。」西京雜記卷一：「〔昭陽殿〕中設木畫屏風，文如蜘蛛絲縷，玉几玉牀，白象牙簟，緑熊席。席毛長二尺餘，人眠而擁毛自蔽，望之不能見，坐則没膝。」〇横陳：隨意卧躺。藝文類聚卷一八引梁劉緩詠傾城人詩曰：「上客徒留目，不見正横陳。」

〔二〕豹韜：古代兵書六韜篇名之一。相傳爲周太公呂尚所撰。淮南子卷七精神訓：「故通許由之意，金縢、豹韜廢矣！」高誘注：「金縢、豹韜，周公、太公陰謀圖王之書也。」

〔三〕虎略：即武略，指剋敵制勝的軍事策略。

〔四〕黄牛浦：即黄牛灘，在今東距湖北省宜昌市約四十公里的黄牛峽中。水經注卷三四江水二：「江水又東逕黄牛山，下有灘，名曰黄牛灘。南岸重嶺疊起，最外高崖間有石，色如人負刀牽牛，人黑牛黄，成就分明。既人跡所絶，莫得究焉。此巖既高，加以江湍紆迴，雖途逕信宿，猶望見此物，故行者謠曰：『朝發黄牛，暮宿黄牛。三朝三暮，黄牛如故。』」

〔五〕白馬津：渡口名。在今河南省滑縣北。史記卷五一荆燕世家：「〔漢王〕使劉賈將二萬人，騎數百，渡白馬津入楚地。」張守節正義引括地志曰：「黎陽，一名白馬津，在滑州白馬縣北三十里。」

〔六〕摧鋒：謂挫敗敵軍的鋭氣。三國魏曹植封二子爲公謝恩章：「文無升堂廟勝之功，武無摧鋒接刃之効。」南朝梁劉孝標出塞詩：「陷敵摐金鼓，摧鋒揚旆旌。」○狐塞：「飛狐塞」的省稱。在今河北省淶源縣北跨蔚縣界。

〔七〕「畫像」句：漢書卷五四蘇武傳：「〔宣帝〕甘露三年，單于始入朝。上思股肱之美，乃圖畫其人於麒麟閣，法其形貌，署其官爵姓名。……皆有功德，知名當世，是以表而揚之，明著中興輔佐，列於方叔、召虎、仲山甫焉。凡十一人，皆有傳。」顔師古注：「張晏曰：『武帝獲麒麟

鳥名詩〔一〕

方舟去鳷鵲〔二〕，鵠引欲相要〔三〕。晨鳧移去舸〔四〕，飛燕動歸橈〔五〕。雞人憐夜刻〔六〕，鳳女念吹簫〔七〕。雀釵照輕幌〔八〕，翠的繞纖腰〔九〕。復聞朱鷺曲〔一〇〕，鉦管雜迴潮〔一一〕。藝文類聚卷五六、古詩類苑卷八一、古詩紀卷八〇、六朝詩集、御製集、閣本、張本、丁本。

【校注】

〔一〕鳥名詩：將禽鳥名嵌入詩中。明費經虞雅倫卷一一格式「鳥名」：「此體以鳥名集入詩。」野客叢書卷一七「鳥名詩」：「葉天經謂退之『喚起牕全曙，催歸日未西』，喚起、催歸二鳥名，鳥名詩起此。僕考之，其體亦自六朝。觀梁元帝嘗有是作，退之非祖此乎？當時爲雜體詩，至不一也。梁元帝所作爲多，不但鳥名也，如獸名、歌曲名、龜兆名、鍼穴名、將軍名、宮殿名、屋名、車名、船名、樹名、草名，率皆有作。鳥名詩，如云：『晨鳧移去舸，飛燕動歸橈。』獸名詩，如云：『水涉黄牛浦，山過白馬津。』歌曲名詩，如云：『啼烏怨別鶴，曙鳥憶還家。』龜兆名詩，如云：『土膏春氣生，倡女協春情。』此類甚多。」

〔二〕方舟：莊子山木：「方舟而濟於河，有虛船來觸舟，雖有惼心之人不怒。」成玄英疏：「兩舟相並曰方舟。」漢班固西都賦：「方舟並騖，俛仰極樂。」○鳷鵲：南朝樓閣名。故址在江蘇省南京市內。南朝梁吳均與柳惲相贈答詩之一：「日映昆明水，春生鳷鵲樓。」唐李白永王東巡歌之四：「春風試暖昭陽殿，明月還過鳷鵲樓。」清王琦注：「吳均詩：『春生鳷鵲樓。』是皆謂金陵之昭陽殿、鳷鵲樓也。舊注以爲在長安者，非是。」亦傳説中的異鳥名。晉王嘉拾遺記卷六後漢：「章帝永寧元年，條支國來貢異瑞。有鳥名鳷鵲，形高七尺，解人語。其國太平，則鳷鵲群翔。」

〔三〕鵠：鳥名。通稱天鵝。莊子天運：「夫鵠不日浴而白。」○要：通「邀」。明費經虞雅倫卷一一格式「鳥名」引作「邀」。

〔四〕晨鳧：船名。太平御覽卷七七〇引晉周處風土記曰：「晨鳧即青桐大舡名，諸葛恪所造鴨頭舡也。」亦鳥名，即野鴨。文選卷四左思蜀都賦：「晨鳧旦至，候雁銜蘆。」劉淵林注：「晨鳧，常以晨飛也。」

〔五〕飛燕：船名。明周嬰卮林卷五「飛燕」：「南齊荀伯玉傳：『世祖在東宮，任左右張景真。世祖拜陵，荀伯玉密白之。上大怒，檢校東宮。世祖還至方山，日暮，將泊，豫章王遣飛燕東迎，具白上怒之意。』夫東方棹返，豫章騎迎，水陸差池，何以邂逅？宋書袁顗傳：『劉胡叛走，袁顗大怒，呼取飛燕，謂衆曰：「我當自出追之。」至鵲頭，步取青林。』若蕭嶷名馬飛燕，則袁顗已擅美於前矣。予謂此雙燕皆船名也。哀江南賦曰：『排青龍之戰艦，鬥飛燕之船樓。』可據。梁元帝詩：『晨鳧移去舸，飛燕動歸橈。』與子山賦正同。」燕，鳥名。○橈

(ráo)：楚辭九歌湘君：「薜荔柏兮蕙綢，蓀橈兮蘭旌。」王逸注：「橈，船小楫也。」

〔六〕雞人：周官名。掌供應祭祀雞牲及呼告國家祭祀的時辰。參周禮春官宗伯雞人。後指宫中專管更漏之人。文選卷五五劉孝標廣絶交論：「靡不望影星奔，藉響川鶩，雞人始唱，鶴蓋成陰，高門旦開，流水接軫。」同書卷五六陸倕新刻漏銘：「坐朝晏罷，每旦晨興，屬傳漏之音，聽雞人之響。」〇夜刻：夜間的時刻。刻，計時單位。古代以漏壺計時，一晝夜分爲百刻。漢書卷一一哀帝紀：「漏刻以百二十爲度。」顔師古注：「舊漏晝夜共百刻，今增其二十。」

〔七〕「鳳女」句：列仙傳蕭史：「蕭史者，秦穆公時人也。善吹簫，能致孔雀白鶴於庭。穆公有女字弄玉好之，公遂以女妻焉。日教弄玉作鳳鳴，居數年，吹似鳳聲，鳳凰來止其屋。公爲作鳳臺，夫婦止其上，不下數年。一日，皆隨鳳凰飛去，故秦人爲作鳳女祠於雍宫中，時有簫聲而已。」鳳女，指弄玉。

〔八〕雀釵：雀形頭釵。南朝梁何遜嘲劉諮議詩：「雀釵横曉鬢，蛾眉艷宿妝。」文選卷二七曹植美女篇：「頭上金爵釵，腰佩翠琅玕。」釋名卷四釋首飾：「爵釵，釵頭及上施爵也。」今按：爵通「雀」。〇照：明費經虞雅倫卷一一格式「鳥名」引作「炤」。今按：照、炤同。

〔九〕翠的：指青緑色的蓮子。此代指繡有蓮子的圍裙。海録碎事卷五「釵梁」條：「佩珠翠的，釵梁粟填。」的，同「菂」，蓮子。御定駢字類編卷一四五「翠的」：「菂同。」梁簡文帝鳥名詩

『雀釵照輕幌，翠的繞纖腰』。」爾雅釋草：「荷，芙渠。……其實蓮，其根藕，其中的，的中薏。」翠，亦鳥名，即翠鳥。

〔一〇〕朱鷺曲：樂曲名。漢鼓吹鐃歌十八曲的第一曲。朱鷺，鳥名，又稱朱鸝。

〔一一〕鉦（zhēng）管：樂器名。鉦，古樂器名。行軍時用以節止步伐。詩經小雅采芑：「鉦人伐鼓。」毛傳：「鉦以静之，鼓以動之。」孔穎達疏：「説文云：『鉦，鐃也。似鈴，柄中，上下通。』然則鉦即鐃也。」陳奂傳疏：「詩言誓師，則鉦即大司馬之鐸、鐲、鐃矣……鄭司農注周禮亦以鐸、鐲、鐃謂鉦之屬，然則鉦其大名也。」管，樂器名。亦爲以管發聲樂器的總稱。詩經周頌有瞽：「既備乃奏，簫管備舉。」鄭玄箋：「管如笛，併而吹之。」孔穎達疏：「『管如笛，併而吹之』，謂並吹兩管也。小師注云『管如笛，形小，併兩而吹之，今大予樂官有之』是也。」漢書卷二一律曆志上：「八音：土曰塤，匏曰笙，皮曰鼓，竹曰管，絲曰絃，石曰磬，金曰鐘，木曰柷。」○迴潮：潮水倒流。

【集評】

閻本：評「雞人憐夜刻，鳳女念吹簫。雀釵照輕幌，翠的繞纖腰」：辟寒金。

樹名詩〔一〕

趙李競追隨〔二〕，輕杉露弱枝〔三〕。杏梁始東照〔四〕，柘火未西馳〔五〕。香因玉釧動〔六〕，佩逐金衣移〔七〕。柳葉生眉上〔八〕，珠璫摇鬢垂〔九〕。逢君桂枝馬〔一〇〕，車下覓新知〔一一〕。藝文類聚卷五六、古詩類苑卷八一、古詩紀卷八〇、御製集、閣本、張本、丁本。

【校注】

〔一〕樹名詩：即將樹木名嵌入詩中。又，六朝詩集有樹名題目，然漏刻正文。明費經虞雅倫卷一一格式「樹名」：「此體以樹名集入詩。」

〔二〕趙李：所指不一。參明楊慎丹鉛總録卷一三訂訛類趙李。此或爲漢成帝皇后趙飛燕和漢武帝李夫人的並稱。二人并以能歌善舞受到天子寵愛。北周庾信和春日晚景宴昆明池：「春餘足光景，趙李舊經過。」後亦指稱能歌善舞者。明費經虞雅倫卷一一格式「樹名」引作「桃李」。

〔三〕杉：古詩類苑卷八一、古詩紀卷八〇、御製集、閣本、張本、丁本作「衫」。明費經虞雅倫卷一一格式「樹名」引作「移」。○弱枝：柔弱的四肢。枝，通「肢」。

〔四〕杏梁：文杏木所製的屋梁，言屋宇的華貴。漢司馬相如長門賦：「刻木蘭以爲榱兮，飾文杏以爲粱。」○照：明費經虞雅倫卷一一格式「樹名」引作「炤」。今按：照、炤同。

〔五〕柘（zhè）火：周禮夏官司馬司爟：「司爟，掌行火之政令。」鄭玄注：「鄭司農説以鄹子曰：「春取榆柳之火，夏取棗杏之火，季夏取桑柘之火，秋取柞楢之火，冬取槐檀之火。」此代指季夏之火星。

〔六〕香：亦樹名。南朝陳徐陵長干寺衆食碑：「𧹸類天廚，果同香樹。」清吴兆宜注：「栴檀樹。」○玉釧：玉製手鐲。南朝梁簡文帝夜聽妓詩：「朱唇隨吹盡，玉釧逐絃摇。」玉，亦可指玉樹。槐樹的别稱。三輔黄圖卷二漢宫：「甘泉谷北岸有槐樹，今謂玉樹。」

〔七〕佩：古代繫於衣帶的裝飾品，如珠玉、容刀、帨巾、觿之類。詩經秦風渭陽：「我送舅氏，悠悠我思。何以贈之，瓊瑰玉佩。」左傳定公三年：「蔡昭侯爲兩佩與兩裘以如楚，獻一佩一裘於昭王。」杜預注：「佩，佩玉也。」古詩類苑卷八一、古詩紀卷八〇、御製集作「珮」。今按：珮，同「佩」。○逐：明費經虞雅倫卷一一格式「樹名」引作「追」。○金衣：華美的縷金之衣。又，亦可指柑橘。藝文類聚卷八六引梁劉孝儀謝晉安王賜甘啓曰：「便得削彼金衣，咽兹玉液，甘踰萍實，冷亞水圭。」初學記卷二八「橘部」引李尤七歎曰：「金衣素裹，班理内充。滋味偉異，淫樂無窮。」

〔八〕「柳葉」句：形容女子之眉細長如柳葉。

〔九〕珠璫：綴珠的耳飾。漢劉楨魯都賦：「插曜日之珍笄，珥明月之珠璫。」珠，亦樹名，即珠樹，神話傳説中的仙樹。山海經海内西經：「開明北有視肉、珠樹、文玉樹、玗琪樹、不死樹。」淮南子卷四墬形訓：「掘崑崙虚以下地，中有增城九重……珠樹、玉樹、琁樹、不死樹在其西。」

〔一〇〕桂枝馬：馬名。亦稱「桂條馬」。蕭繹答齊國饟馬書曰：「名重桂條，形圖柳谷。襄陽地穴，近求未易；滇池水裏，遠訪猶難。」金樓子卷五著書篇：「浄竹節之船，驅桂條之馬。」

〔一一〕新：張本、丁本作「親」。○知：指知己。亦同「智」，可作樹名，指智慧樹，又稱菩提樹、畢鉢羅樹。大唐西域記卷八摩揭陀國十七「菩提樹垣」：「金剛座上菩提樹者，即畢鉢羅之樹也。昔佛在世，高數百尺，屢經殘伐，猶高四五丈。佛坐其下成等正覺，因而謂之菩提樹焉。莖幹黄白，枝葉青翠，冬夏不凋，光鮮無變。」

【集評】

閻本：評「柳葉生眉上」：柳眉俗句，翻入雅。

草名詩〔一〕

胡王迎娉主〔二〕，塗經薊北遊〔三〕。金錢買含笑〔四〕，銀釭影梳頭〔五〕。初控游龍馬〔六〕，仍移卷柏舟〔七〕。中江離思切〔八〕，蓬鬢不堪秋〔九〕。況度蒲昌海〔一〇〕，落月似懸鈎〔一一〕。

藝文類聚卷五六、古詩類苑卷八一、古詩紀卷八〇、六朝詩集、御製集、閻本、張本、丁本。

【校注】

〔一〕草名詩：即將花草名稱嵌入詩中。明費經虞雅倫卷一一格式「草名」：「此體以將草名集入詩。」

〔二〕「胡王」句：指胡漢和親事，漢以來多有發生。如史記卷九九劉敬叔孫通列傳：「〔高祖〕取家人子名爲長公主，妻單于。使劉敬往結和親約。」卷一一孝景本紀：元年四月，「匈奴入代，與約和親」。著名者如漢元帝時，王昭君和親匈奴呼韓邪單于。王，亦可指「王芻」，植物名，菉草的别稱，又名藎草。詩經衛風淇奥「緑竹猗猗」毛傳：「緑，王芻也。」孔穎達疏：「釋草云：『菉，王芻。』舍人曰：『菉，一爲王芻。某氏曰，菉，鹿蓐也。』又曰：『竹萹蓄。』李巡曰：『一物二名。』郭璞曰：『似小藜，赤莖節，好生道旁，可食。』」爾雅釋草：「菉，王芻。」娉，六朝詩集訛作「嫂」。

〔三〕薊：古地名，在今北京市西南。亦草名。爾雅釋草：「朮，山薊。」郭璞注：「本草云：朮，一名山薊。今朮似薊而生山中。」邢昺疏：「生平地者，即名薊；生山中者，一名朮。」古詩類苑卷八一、古詩紀卷八〇、六朝詩集、御製集、明費經虞雅倫卷一一格式「草名」、閣本、張本、丁本作「蒯」。蒯(kuǎi)，古地名。春秋周畿内地。在今河南省洛陽市西南。左傳昭公二十三年：「〔尹辛〕攻蒯，蒯潰。」杜預注：「河南縣西南蒯鄉是也。」亦草名。多年生草本植物。左傳成公九年：「雖有絲麻，無棄菅蒯。」文選卷二張衡西京賦：「草則葴莎菅蒯，薇蕨荔芃。」李善注引聲類曰：「蒯，草中爲索。」

〔四〕「金錢」句：藝文類聚卷五七後漢崔駰七依：「酒酣樂中，美人進以承宴，調歡欣以解容。

回顧百萬，一笑千金。振飛縠以長舞袖，裊細腰以務抑揚。」金錢，泛指貨幣。亦花草名，多年生草本。本草綱目卷一五草四旋覆花：「釋名：……金錢花。」「集解：……頌曰：……六月開花如菊花，小銅錢大，深黄色。上黨田野人呼爲金錢花，七八月採花。今近道人家園圃所蒔金錢花，花葉並同，極易繁盛，恐即旋覆也。」含笑，面帶笑容。亦花名，木蘭科，常緑灌木。宋陳善捫虱新話論南中花卉：「南中花木有北地所無者，茉莉花、含笑花、闍提花、鷹爪花之類……含笑有大小。小含笑有四時花，然惟夏中最盛。又有紫含笑，香尤酷烈。」

〔五〕銀釭：燈的美稱。釭，古詩紀卷八〇、六朝詩集、御製集、閣本、張本、丁本作「缸」，明費經虞雅倫卷一一格式「草名」引作「玦」。今按：缸，同「釭」。

〔六〕游龍馬：後漢書卷一〇皇后紀明德皇后：「前過濯龍門上，見外家問起居者，車如流水，馬如游龍，倉頭衣緑褠，領袖正白，顧視御者，不及遠矣。」又，文選卷四三孫楚爲石仲容與孫皓書：「遊龍曜路，歌吹盈耳。」李善注：「周禮曰：凡馬八尺爲龍。」游龍，亦草名。詩經鄭風山有扶蘇：「山有橋松，隰有游龍。」毛傳：「龍，紅草也。」宋朱弁曲洧舊聞卷四：「紅蓼即詩所謂游龍也，俗呼水紅。」本草綱目卷一六草五葒草：「釋名：……游龍。……陳藏器解云：天蓼即水葒，一名游龍，一名大蓼。」「集解：……弘景曰：今生下濕地甚多，極似馬蓼而甚長大，詩稱『隰有游龍』，郭璞云：即蘢古也。」

〔七〕卷柏舟：柏木做的船。卷柏，亦草名。又稱「萬歲」、「長生不死草」、「豹足」，多年生蕨類植物。参本草綱目卷二一草之十卷柏。

〔八〕中江離思：中江，江中。離思，離别之思。又，江離，香草名。楚辭離騷：「扈江離與辟芷兮，紉秋蘭以爲佩。」王逸注：「江離、芷，皆香草名。」晉張華博物志卷四：「芎藭，苗曰江蘺，根曰芎藭。」○切：大廣益會玉篇：「切，急也。」

〔九〕蓬鬢：鬢髮蓬亂。南朝宋鮑照擬行路難詩之一三：「形容憔悴非昔悦，蓬鬢衰顔不復妝。」蓬，亦草名。詩經召南騶虞：「彼茁者蓬，壹發五豵。」毛傳：「蓬，草名也。」曹操却東西門行：「田中有轉蓬，隨風遠飄揚。」

〔一〇〕蒲昌海：古詩類苑卷八一、古詩紀卷八〇、六朝詩集、御製集、閻本、張本、丁本作「菖蒲海」。漢書卷九六西域傳：「于闐在南山下，其河北流，與葱嶺河合，東注蒲昌海。蒲昌海，一名鹽澤者也，去玉門、陽關三百餘里，廣袤三百里。其水亭居，冬夏不增減，皆以爲潛行地下，南出於積石，爲中國河云。」即今新疆東南部的羅布泊。又，蒲昌即菖蒲，亦植物名。多年生水生草本。参本草綱目卷一九草八菖蒲。

〔一一〕懸鈎：彎鈎。亦植物名，即「懸鈎子」，亦稱「山莓」，薔薇科植物。

【集評】

閻本：評「胡王迎娉主，塗經薊北遊」：態新。

相名詩〔一〕

仙人賣玉杖〔二〕，乘鹿去山林〔三〕。浮杯度池曲〔四〕，摩鏡往河陰〔五〕。井内書銅板〔六〕，竈裏化黄金〔七〕。妻摇五明扇〔八〕，妾弄一絃琴〔九〕。暫遊忽千里〔一〇〕，中天那可尋〔一一〕。藝文類聚卷五六、古詩類苑卷八一、古詩紀卷八〇、六朝詩集、御製集、閣本、張本、丁本。

【校注】

〔一〕相名詩：即將相術術語嵌入詩中。唐吴兢樂府古題要解卷下「相名」條：「右據相書所載，若『山庭』、『日角』是也。」明費經虞雅倫卷一一格式「相名」：「此體以相名集入詩。」又，六朝詩集題作「樹名」，實是樹名詩漏刻正文，相名詩漏刻題目，前後錯置。

〔二〕「仙人」句：漢武帝内傳：「帝塚中先有一玉箱、一玉杖，此是西胡康渠王所獻，帝甚愛之，故入梓宫中。其後四年，有人於扶風市中買得此二物。帝時左右侍人有識此物，是先帝所珍玩者，告之有司。有司詰辭，買者乃商人也。從關外來詣鄗市，見一人於北車巷賣此二物，責素三十四，錢九萬，即售之。度實不知賣箱杖主名，昨來洛市，因見詰此二物，事實如辭。」仙，相術中有仙庫，位於人中左右側，稱左右仙庫。人，相術中有人中，位於鼻梁下方。

〔三〕「乘鹿」句：藝文類聚卷九五引列仙傳曰：「蘇躭與衆兒俱戲獵，常騎鹿，鹿形如常鹿，遇嶮絶之處，皆能超越，衆兒問曰：『何得此鹿騎而異常鹿耶？』答曰：『龍也。』」山林，相術中有山林，位於左右太陽穴旁。

〔四〕「浮杯」句：釋慧皎高僧傳卷一〇宋京師杯度：「杯度者，不知姓名，常乘木杯度水，因而爲目。」池，相術中有陂池，位於右嘴角邊。

〔五〕「摩鏡」句：太平御覽卷七一七引海内士品曰：「徐孺子嘗事江夏黄公。黄公薨，往會其葬。家貧無以自致，齎磨鏡具自隨，賃磨取資，然後得前。既至，祭而退。」摩鏡，同「磨鏡」，銅鏡磨之使光。河陰，黄河南岸。國語卷一五晉語九：「與鼓子田於河陰，使夙沙釐相之。」韋昭注：「河陰，晉河南之田。」文選卷二四陸機贈馮文羆：「發軫清洛汭，驅馬大河陰。」李善注引穀梁傳曰：「水南曰陰。」

〔六〕井：相術中以井竈指鼻孔。

〔七〕「竈裏」句：史記卷一二孝武本紀：「是時而李少君亦以祠竈、穀道、卻老方見上，上尊之。……少君言於上曰：『祠竈則致物，致物而丹沙可化爲黄金，黄金成以爲飲食器則益壽，益壽而海中蓬萊仙者可見，見之以封禪則不死，黄帝是也。臣嘗游海上，見安期生，食臣棗，大如瓜。安期生仙者，通蓬萊中，合則見人，不合則隱。』於是天子始親祠竈，而遣方士入海求蓬萊安期生之屬，而事化丹沙諸藥齊爲黄金矣。」

〔八〕妻：相術中有妻妾宫，位於左右眼角邊。○五明扇：本儀仗用的掌扇。晉崔豹古今注卷上輿服：「五明扇，舜所作也。既受堯禪，廣開視聽，求賢人以自輔，故作五明扇焉。秦漢公卿士大夫皆得用之。魏晉非乘輿不得用。」後世泛指扇。隋盧思道美女篇：「京洛多妖艷……時摇五明扇，聊駐七香車。」

〔九〕一絃琴：古琴的一種。晉王嘉拾遺記卷二殷湯：「拊一弦琴則地祇皆升，吹玉律則天神俱降。」唐盧照鄰宿玄武詩之一：「已乘千里輿，還撫一弦琴。」

〔一〇〕忽：廣韻没韻：「忽，倏忽。」

〔一一〕中天：指上界，神仙世界。相術中有天中，位於額頭上部天庭上。

納涼〔一〕

高舂斜日下〔二〕，佳氣滿欄楹〔三〕。池紅早花落，水渌晚苔生〔四〕。星稀月稍上〔五〕，雲開河尚横〔六〕。白鳥翻帷暗〔七〕，丹螢入帳明〔八〕。珠綦趍北閣〔九〕，玳席徙南榮〔一〇〕。金鋪掩夕扇〔一一〕，玉壺傳夜聲〔一二〕。藝文類聚卷五、古詩類苑卷五、古詩紀卷八〇、六朝詩集、御製集、閣本、張本、丁本。又，海録碎事卷五引榮韻。

【校注】

〔一〕納涼：乘涼。南朝陳徐陵内園逐涼詩：「納涼高樹下，直坐落花中。」

〔二〕高春：日影西斜近黄昏時。參前詩遊後園注〔三〕。春，古詩類苑卷五、閻本、張本、丁本作「舂」。四庫全書考證卷九六漢魏六朝百三家梁元帝集：「刊本『舂』訛『春』。」吴汝綸於「春」下小注：「『春』校改『舂』。」

〔三〕欄楹：欄杆及柱子。泛指廊屋。欄，古詩類苑卷五、古詩紀卷八〇作「櫚」。

〔四〕淥：古詩類苑卷五、古詩紀卷八〇、六朝詩集、御製集、閻本、張本、丁本作「緑」。○苔：六朝詩集、閻本、張本、丁本作「萍」。

〔五〕「星稀」句：曹操短歌行：「月明星稀，烏鵲南飛。」

〔六〕河：指銀河。

〔七〕白鳥：大戴禮記卷二夏小正：八月，「丹鳥羞白鳥。丹鳥者，謂丹良也。白鳥者，謂閩蚋也」。金樓子立言上：「白鳥，蚊也。」

〔八〕丹螢：即螢火蟲。南朝梁簡文帝列燈賦：「競紅蕊之晨舒，蔑丹螢之昏鶩。」晉崔豹古今注卷中魚蟲：「螢火……一名丹良，一名磷，一名丹鳥。」

〔九〕珠綦（qí）：飾有寶珠的鞋子。綦，鞋帶。禮記内則：「偪屨著綦。」鄭玄注：「綦，屨繫也。」此代指鞋。珠，六朝詩集、閻本、張本、丁本作「朱」。綦，海録碎事卷五訛作「纂」。○閣：六朝詩集、閻本、張本、丁本作「闕」。四庫全書考證卷九六漢魏六朝百三家梁元帝集：「刊本『閣』訛『闕』……並據古詩紀改。」

〔一〇〕玳席：以玳瑁殼製作的席子。大廣益會玉篇玉部：玳，「俗以瑇瑁作玳」。玳瑁狀如龜黿，甲殼黑白斑文，可做裝飾品。六朝詩集、閣本、張本、丁本作「玳瑁」。四庫全書考證卷九六漢魏六朝百三家梁元帝集：「刊本『席』訛『瑁』，並據古詩紀改。」○徙：六朝詩集、閣本訛作「徒」。○南榮：史記卷一一七司馬相如列傳：「偓佺之倫，暴於南榮。」司馬貞索隱：「應劭曰：『南榮，屋檐兩頭如翼也。』故鄭玄云：『榮，屋翼也。』七誘云『飛榮似鳥舒』是也。」説文解字木部：「榮……一曰：屋梠之兩頭起者爲榮。」清段玉裁注：「簷之兩頭軒起爲榮。」

〔一一〕金鋪：文選卷一六司馬相如長門賦：「擠玉户以撼金鋪兮，聲噌吰而似鐘音。」李善注：「金鋪，以金爲鋪首也。」吕延濟注：「金鋪，扉上有金花，花中作鈕鐶以貫鎖。」○扇：指門扉。禮記月令：仲春之月，「是月也，耕者少舍，乃修闔扇，寢廟畢備」。鄭玄注：「因蟄蟲啓户，耕事少閒而治門户也。用木曰闔，用竹葦曰扇。」

〔一二〕玉壺：計時宫漏的美稱。

賦得蘭澤多芳草〔一〕

春蘭本無艷〔二〕，春澤最葳蕤〔三〕。燕姬得夢罷〔四〕，尚書奏事歸〔五〕。臨池影入浪，從風香拂衣。當門已芬馥〔六〕，入室復芳菲〔七〕。蘭生不擇逕，十步豈難稀〔八〕。

初學記卷二七、文苑英華卷三二七、古詩類苑卷一二二、古詩紀卷八〇、古儷府卷一二、六朝詩集、御製集、閣本、張本、丁本。

【校注】

〔一〕賦得蘭澤多芳草：古儷府卷一二、六朝詩集題作「蘭澤多芳草」。賦得，凡摘取古人成句爲詩題，題首多冠以「賦得」二字。亦用於應制及詩人集會分題之作。蘭澤多芳草，文選卷二九古詩十九首中有「涉江采芙蓉，蘭澤多芳草」詩。困學紀聞卷一八評詩：「梁元帝賦得蘭澤多芳草詩，古詩爲題，見於此。」古詩紀卷一四六統論下「雜體」：「梁元帝賦得蘭澤多芳草詩，古詩爲題，見於此。」原注：「今按：劉琨有胡姬年十五，沈約有江蘺生幽渚，皆在元帝前。」清汪師韓詩學纂聞「回文集句賦得限韻次韻」條：「明馮惟訥詩紀統論云：『劉琨有胡姬年十五，沈約有江蘺生幽渚，謂古詩爲題自元帝始，非也。』」原注：「按元帝有賦得涉江采芙蓉及蘭澤多芳草、蒲生我池中等作。」清吴景旭歷代詩話卷三三「無絶」條：「困學紀聞曰：『梁元帝賦得蘭澤多芳草詩，古詩爲題，見於此。』吴旦生曰：劉越石胡姬年十五，沈休文江蘺生幽渚，出自晉宋，在梁前矣。……徐幹室思詩其末句云：『自君之出矣，明鏡闇不治。思君如流水，何有窮已時。』宋武帝擬之曰：『自君之出矣，金翠暗無精。思君如日月，迴環晝夜生。』其時諸賢共賦，遂以『自君之出矣』爲題。」

〔二〕艷：宋周必大文忠集卷五〇跋楊無咎畫秋蘭：「陸機庭中奇樹詩『歡友蘭時往』，注『春時也』。梁元帝詩『春蘭本無絶』，唐太宗詩『春暉開紫苑，淑景媚蘭湯』之類，此言蘭以春而花也。」今按：據此，則「艷」一作「絶」。宋彭叔夏英華辨證卷九：「『春蘭本無艷』，初學記卷作『無絶』。按楚辭『春蘭兮秋菊，長無絶兮終古』，則『無絶』字亦是。」

〔三〕澤：儀禮既夕禮：「茵著用荼，實綏澤焉。」鄭玄注：「澤，澤蘭也。」太平御覽卷九九〇引廣雅曰：「虎蘭，澤蘭也。」又引本草經曰：「澤蘭，一名虎蘭，一名龍來。味微温，無毒。生池澤。治乳婦衄血。生汝南，又生大澤旁。」又引吴氏本草曰：「澤蘭，一名水香。神農、黄帝、岐伯、桐君：酸，無毒。季氏：温。生下地水旁，葉如蘭。二月生香，赤節，四葉相值支節間。三月三日採。」〇葳蕤：連綿詞。草木茂盛貌。漢東方朔七諫初放：「便娟之修竹兮，寄生乎江潭。上葳蕤而防露兮，下泠泠而來風。」南朝梁江洪詠薔薇：「當户種薔薇，枝葉太葳蕤。」明朱謀㙔駢雅卷一釋詁：「葳蕤，盛也。」葳，古詩類苑卷一二二作「萎」。今按：萎、葳同音。萎蕤即葳蕤。

〔四〕燕姬得夢：指燕姞夢蘭事。左傳宣公三年：「初，鄭文公有賤妾曰燕姞，夢天使與己蘭，曰：『余爲伯鯈。余，而祖也。以是爲而子。以蘭有國香，人服媚之如是。』既而文公見之，與之蘭而御之。辭曰：『妾不才，幸而有子。將不信，敢徵蘭乎？』公曰：『諾。』生穆公，名之曰蘭。」又載：「公逐群公子，公子蘭奔晉，從晉文公伐鄭。石癸曰：『吾聞姬、姞耦，其子孫必蕃。姑，吉人也，后稷之元妃也，今公子蘭，姑甥也。』」

〔五〕尚書：此指尚書郎。官名，侍從皇帝左右，掌文書奏章。漢應劭漢官儀卷上：「〔尚書郎〕握蘭含香，趨走丹墀奏事。」

〔六〕「當門」句：藝文類聚卷八一引蜀志曰：「先主殺張裕，諸葛亮救之，先主曰：『芳蘭當門，不得不鋤。』」

〔七〕「入室」句：説苑卷一七雜言：孔子曰：「與善人居，如入蘭芷之室，久而不聞其香，則與之化矣。」復，文苑英華卷三二七、古詩類苑卷一二二、古詩紀卷八〇、古儷府卷一二、六朝詩集、御製集、閣本、張本、丁本作「更」。文苑英華下小注：「初學記卷作『復』。」

〔八〕「蘭生」二句：漢劉向説苑談叢：「十步之澤，必有香草；十室之邑，必有忠士。」漢王符潛夫論實貢：「夫十步之間，必有茂草；十室之邑，必有忠信。」

賦得詠石榴〔一〕

塗林未應發〔二〕，春暮轉相催。然燈疑夜火〔三〕，連珠勝早梅〔四〕。西域移根至〔五〕，南方釀酒來〔六〕。葉翠如新翦，花紅似故栽〔七〕。還憶河陽縣，映水珊瑚開〔八〕。藝文類聚卷八六、初學記卷二八、文苑英華卷三二六、錦繡萬花谷後集卷三七、古詩類苑卷一二

四、古詩紀卷八〇、六朝詩集、御製集、閣本、張本、丁本。

【校注】

〔一〕賦得詠石榴：初學記卷二八、古詩類苑卷一二四題作「賦得石榴」，文苑英華卷三二六、六朝詩集、閣本題作「石榴」。古詩紀卷八〇、御製集、張本、丁本題作「詠石榴」。

〔二〕塗林：地名，具體方位不詳。太平御覽卷九七〇引晉陸機與弟雲書曰：「張騫爲漢使外國十八年，得塗林安石榴也。」後爲石榴的別名。

〔三〕「然燈」句：形容石榴之紅。

〔四〕連珠：連成串的珠子。此形容石榴果。藝文類聚卷八六引晉應貞安石榴賦曰：「丹葩結秀，朱實星懸，膚拆理阻，爛若珠駢。」

〔五〕「西域」句：初學記卷二八引博物志曰：「張騫使西域還，得安石榴。」西域，漢以來對玉門關、陽關以西地區的總稱。漢書卷九六西域傳序：「西域以孝武時始通，本三十六國，其後稍分至五十餘，皆在匈奴之西，烏孫之南。南北有大山，中央有河，東西六千餘里，南北千餘里。東則接漢，阸以玉門、陽關，西則限以葱嶺。」

〔六〕「南方」句：蕭繹古意詩：「樽中石榴酒，機上蒲萄紋。」梁書卷五四諸夷海南諸國頓遜國：「又有酒樹，似安石榴，采其花汁停甕中，數日成酒。」

〔七〕栽：文苑英華卷三二六、古詩類苑卷一二四、古詩紀卷八〇、六朝詩集、御製集、閣本、張本、丁本作「裁」。今按：疑作「裁」爲是。

〔八〕「還憶」二句：藝文類聚卷八六引晉潘岳河陽庭前安石榴賦曰：「雖小縣陋館，聊可以遊賞。有嘉木曰安石榴，修條外暢，榮幹内樛。扶疏偃蹇，冉弱紛柔。於是暮春告謝，孟夏戒初。新莖擢潤，膏葉垂腴。丹暉綴於朱房，緗的點乎紅鬚。煌煌煒煒，熠爍入蕊。似長離之栖鄧林，若珊瑚之映緑水。既乃攢乎狹庭，載阤載褊。土階無等，肩牆惟淺。壁衣蒼苔，瓦被駮蘚。處悴而榮，在幽彌顯。其華可玩，其實可珍。羞于王公，薦於鬼神。豈伊仄陋，用渝厥真。菓猶如之，而況於人。」周庾信枯樹賦：「若非金谷滿園樹，即是河陽一縣花。」憶，文苑英華卷三二六訛作「億」。河陽縣，西晉永嘉五年置，治所在今雲南省大理市北。晉書卷五五潘岳傳載岳曾出爲河陽令。

賦得竹〔一〕

嶰谷管新抽〔二〕，淇園竹復修〔三〕。作龍還葛水〔四〕，爲馬向并州〔五〕。柯亭臨絶澗〔六〕，桃枝夾細流〔七〕。冠學芙蓉樣〔八〕，花堪威鳳遊〔九〕。邛王若有獻〔一〇〕，張騫應拜侯〔一一〕。

〔一〕藝文類聚卷八九、初學記卷二八、文苑英華卷三二五、古詩類苑卷一二五、古詩紀卷八〇、古詩鏡卷一九、古儷府卷一二、六朝詩集、御製集、閣本、張本、丁本。又，文鏡秘府天卷引修、州二韻，全芳備祖集後集卷一六引州韻。

【校注】

〔一〕賦得竹：文苑英華卷三二五、古儷府卷一二、閻本題作「竹」，六朝詩集題作「詠竹」。

〔二〕嶰(xiè)谷：崑崙山北谷名。東漢應劭風俗通聲音序：「昔黃帝使伶倫自大夏之西，崑崙之陰，取竹於嶰谷生，其竅厚均者，斷兩節而吹之，以爲黃鐘之管。」文選卷五左思吴都賦：「梢雲無以踰，嶰谷弗能連。」劉淵林注：「嶰谷，崑崙北谷也。」劉良注：「嶰谷，山名，生美竹。」

〔三〕淇園：在今河南省淇縣西北，爲先秦時衛國竹園。詩經衛風淇奥：「瞻彼淇奥，緑竹猗猗。」○竹：初學記卷二八、文苑英華卷三二五、古詩類苑卷一二五、古詩紀卷八〇、古詩鏡卷一九、古儷府卷一二、六朝詩集、御製集、閻本、張本、丁本作「節」。

〔四〕「作龍」句：神仙傳卷九壺公：費長房從壺公學道，「長房憂不能到家，公以竹杖與之曰：『但騎此到家耳。』長房辭去，騎杖，忽然如睡，已到家，家人謂之鬼，具述前事，乃發視棺，中惟一竹杖，乃信之。長房以所騎竹杖投葛陂中，視之乃青龍耳」。葛水，即葛陂，湖泊名。在今河南省新蔡縣西北。

〔五〕「爲馬」句：後漢書卷三一郭伋傳：「〔建武〕十一年，省朔方刺史屬并州。帝以盧芳據北土，乃調伋爲并州牧。……伋前在并州，素結恩德，及後入界，所到縣邑，老幼相攜，逢迎道路。

所過問民疾苦，聘求耆德雄俊，設几杖之禮，朝夕與參政事。始至行部，到西河美稷，有童兒數百，各騎竹馬，道次迎拜。」并州，西漢武帝置，東漢時治所在今山西省太原市西南晉源鎮。

〔六〕柯亭：藝文類聚卷四四引伏滔蔡邕長笛賦序曰：「初，邕避難江南，宿於柯亭。柯亭之館，以竹爲椽。仰而眄之曰：『良竹也。』取以爲笛，奇聲獨絶，歷代傳之。」玉臺新詠卷一〇梁武帝咏笛：「柯亭有奇竹，含情復抑揚。妙聲發玉指，龍音響鳳凰。」太平御覽卷一九四引郡國志曰：「柯亭，一名千秋亭，又名高遷亭。會稽記云：漢議郎蔡邕避難宿於此亭，仰觀椽竹，知有奇響，因取爲笛，果有異聲。」此代指竹。

〔七〕桃枝：竹名。爾雅釋草：「桃枝，四寸有節。」藝文類聚卷八九引竹譜曰：「桃枝竹，皮滑而黄，可以爲席。」

〔八〕「冠學」句：謂竹的頂部狀似芙蓉。又，古有竹葉冠。隋書卷一一禮儀志：「長冠，一名齋冠。高七寸，廣三寸，漆纚爲之。制如版，以竹爲裏。漢高祖微時，以竹皮爲此冠，所謂劉氏冠。……至天監三年，祠部郎沈宏議：『案竹葉冠，是高祖爲亭長時所服，安可綿代爲祭服哉？』」芙蓉，楚辭離騷：「製芰荷以爲衣兮，集芙蓉以爲裳。」洪興祖補注：「本草云：其葉名荷，其華未發爲菡萏，已發爲芙蓉。」樣，文苑英華卷三二五、古詩類苑卷一二五、古詩紀卷八〇、古詩鏡卷一九、古儷府卷一二、六朝詩集、御製集、閣本、張本、丁本作「勢」，文苑英華小注云：「類作『梯』。」古詩類苑卷一二五、古詩紀卷八〇、御製集小注云：「一作『樣』。」

〔九〕「花堪」句：韓詩外傳卷八：「黄帝降于東階，西面，再拜稽首曰：『皇天降祉，敢不承命！』鳳乃止帝東園，集帝桐樹，食帝竹實，没身不去。詩曰：『鳳凰于飛，翽翽其羽，亦集爰止。』」威鳳，漢書卷八宣帝紀：「九真獻奇獸，南郡獲白虎威鳳爲寶。」顔師古注引晉灼曰：「鳳之有威儀者也，與尚書『鳳皇來儀』同意。」

〔一〇〕邛（qióng）：史記卷一一七司馬相如列傳：「是時邛筰之君長聞南夷與漢通。」司馬貞索隱曰：「文穎曰：『邛者，今爲邛都縣；筰者，今爲定筰縣：皆屬越巂郡也。』」後漢書卷一三公孫述傳：「蜀地肥饒，兵力精强，遠方士庶多往歸之，邛、笮君長皆來貢獻。」李賢注：「邛、笮皆西南夷國名。」晉常璩華陽國志卷三蜀志：「笮，笮夷也。汶山曰夷，南中曰昆明，漢嘉、越巂曰筰，蜀曰邛，皆夷種也。」又，史記卷一二三大宛列傳：「騫曰：『臣在大夏時，見邛竹杖、蜀布。問曰：『安得此？』大夏國人曰：『吾賈人往市之身毒。身毒在大夏東南可數千里。其俗土著，大與大夏同，而卑濕暑熱云。其人民乘象以戰。其國臨大水焉。』以騫度之，大夏去漢萬二千里，居漢西南。今身毒國又居大夏東南數千里，有蜀物，此其去蜀不遠矣。今使大夏，從羌中，險，羌人惡之。少北，則爲匈奴所得。從蜀宜徑，又無寇。』天子既聞大宛及大夏、安息之屬皆大國，多奇物，土著，頗與中國同業，而兵弱，貴漢財物；其北有大月氏、康居之屬，兵强，可以賂遺設利朝也。且誠得而以義屬之，則廣地萬里，重九譯，致殊俗，威德遍於四海。天子欣然，以騫言爲然，乃令騫因蜀犍爲發間使，四道並出：出駹，出冄，出徙，出邛、僰，皆各行一二千里。其北方閉氐、筰，南方閉巂、昆明。昆明之屬無君長，善寇盜，輒殺略漢使，終莫得通。然聞其西可千餘里有乘象國，名曰滇越，而蜀賈奸出物者或至焉，於是漢以求大夏道始通滇國。初，漢欲通西南夷，費多，道不通，罷之。及張騫言可以通大夏，乃復事西南夷。」張守節正義：「邛都邛山出此竹，因名『邛竹』。節高實中，或寄生，可爲杖。」

〔一一〕張騫：漢中成固人。漢武帝建元中爲郎，使西域，再爲匈奴所獲，歷十三歲亡歸。拜太中大夫。元朔末從衛青出塞有功，封博望侯。元狩中遷衛尉，出塞後期論斬，贖爲庶人。後拜中郎將，復使西域，還拜大行。漢書卷六一有傳。

【集評】

古詩鏡卷一九：「作龍」、「冠學」兩聯，寫得生韻流動，不徒典故爲佳。

閣本：「作龍」、「冠學」二聯，獨步巍壇。

詠池中燭影〔一〕

魚燈且滅燼〔二〕，鶴焰暫停輝〔三〕。自有銜龍燭〔四〕，青火入朱扉〔五〕。映水疑三燭〔六〕，翻池類九微〔七〕。入林如燐影〔八〕，度渚若螢飛。河低扇月落〔九〕，霧上珠星稀。章華終宴所〔一〇〕，飛蓋且相追〔一一〕。藝文類聚卷八〇、古詩類苑卷一一五、古詩紀卷八〇、六朝詩集、御製集、閣本、張本、丁本。

【校注】

〔一〕詠池中燭影：六朝詩集題作「池中燭影」。

〔二〕魚燈：魚形的燈。蕭繹對燭賦：「本知龍燭應無偶，復訝魚燈有舊名。」藝文類聚卷八〇引魏殷巨鯨魚燈賦曰：「橫海之魚，厥號惟鯨。普彼鱗族，莫之與京。大秦美焉，乃觀乃詳。寫載其形，託于金燈。」

〔三〕鶴焰：指燭火。因燭臺形如鶴，故稱。藝文類聚卷八〇引漢劉子駿燈賦曰：「惟兹蒼鶴，修麗以奇。身體剹削，頭頸委蛇。負斯明燭，躬含冰池。明無不見，照察纖微。以夜繼晝，烈者所依。」同卷引梁王筠詠燈擎詩曰：「百華曜九枝，鳴鶴映冰池。」又引周庾信燈賦曰：「動鱗甲於鯨魚，鯸光芒於鳴鶴。」

〔四〕銜龍燭：山海經大荒北經：「西北海之外，赤水之北，有章尾山。有神，人面蛇身而赤，身長千里，直目正乘，其瞑乃晦，其視乃明，不食，不寢，不息，風雨是謁。是燭九陰，是謂燭龍。」此指龍形之燭。

〔五〕火：古詩類苑卷一一五、古詩紀卷八〇、御製集、張本、丁本作「光」。

〔六〕燭：丁本作「竺」。

〔七〕九微：燈名。初學記卷二七引漢武内傳曰：「帝七月七日，掃除宫掖之内，設座大殿之上，以紫羅薦地，燔百和香，然九微燈，以待王母。」同書卷四引梁何遜七夕詩曰：「月映九微火，風吹百和香。」藝文類聚卷四五引梁簡文帝長沙宣武王北凉州廟碑文曰：「秋條下葉，春卉含芳。九微夜火，百味朝漿。」

〔八〕入：六朝詩集作「至」。○燐：集韻稕韻：「説文曰：『兵死及牛馬之血爲粦。粦，鬼火也。』字或作燐。」

〔九〕河：指銀河。文選卷二六謝朓暫使下都夜發新林至京邑贈西府同僚：「秋河曙耿耿，寒渚夜蒼蒼。」李善注：「秋河，天漢也。」○扇月：圓月。以其形如團扇，故稱。

〔一〇〕章華：即章華臺。東漢荀悦漢紀武帝紀一：「楚靈王起章華之臺而楚人散。」抱朴子外篇君道：「鑒章華之召災，悟阿房之速禍。」此指華美的高臺。

〔一一〕「飛蓋」句：三國魏曹植公宴詩：「清夜遊西園，飛蓋相追隨。」南朝梁庾肩吾奉和春夜應令：「詎假西園宴，無勞飛蓋遊。」飛蓋，猶言驅車。

詠晚棲烏〔一〕

日暮連翩翼〔二〕，俱向上林棲〔三〕。風多前鳥駛〔四〕，雲暗後群迷〔五〕。路遠聲難徹，飛斜行未齊。應從故鄉返，幾過入蘭閨〔六〕。借問倡樓妾，何如蕩子妻〔七〕？玉臺新詠卷七、藝文類聚卷九二、文苑英華卷二〇六、古詩類苑卷一二六、古詩紀卷八〇、古樂苑卷三八、六朝詩集、御製集、閻本、張本、丁本。

【校注】

〔一〕詠晚棲烏：藝文類聚卷九二、文苑英華卷二〇六、古詩類苑卷一二六、古詩紀卷八〇、古樂苑卷三八、六朝詩集、御製集、閻本、張本、丁本題作「晚棲烏」。古詩紀卷八〇題下小注：「文苑英華作『樂府』。」古樂苑卷三八題下小注：「文苑英華作『樂府』，姑從之。」

〔二〕連翩：並翅而飛。文選卷二二何敬祖遊仙詩：「迢遞陵峻岳，連翩御飛鶴。」

〔三〕上林：即上林苑，園囿名。故址在今江蘇省南京市雞鳴山東。宋書卷六孝武帝紀：大明三年九月，「壬辰，於玄武湖北立上林苑」。六朝事迹編類卷四上林苑：「南史：宋孝武大明三年，於真武湖北立上林苑。建康實録云：在縣北十三里有古池，俗呼爲飲馬塘。楊修之詩注云：其苑連雞籠山，在縣北七里。」

〔四〕多前：六朝詩集作「前多」。○鳥：趙氏復宋本玉臺新詠作「歸」。文苑英華卷二〇六作「鳥」，下小注：「一作『鳥』。」六朝詩集脱。○駛：六朝詩集、閻本、張本、丁本作「駚」。吴汝綸校：「『駚』校改『駛』。」

〔五〕後：六朝詩集作「復」。今按：「後群」與「前鳥」對應，作「復」誤。

〔六〕蘭闈：謂后妃宫室。後漢書卷一〇皇后紀史臣贊曰：「班政蘭闈，宣禮椒屋。」李賢注：「班固西都賦曰：『後宫則掖庭椒房，后妃之室。蘭林、蕙草、披香、發越。』蘭林，殿名，故言蘭闈。」此泛指女子的居室。

〔七〕蕩子：文選卷二九古詩十九首青青河畔草：「蕩子行不歸，空牀難獨守。」李善注：「列子曰：有人去鄉土遊於四方而不歸者，世謂之爲狂蕩之人也。」○妻：藝文類聚卷九二、文苑英華卷二〇六作「啼」。清紀容舒玉臺新詠考異卷七：「妻，藝文類聚、文苑英華作『啼』，誤。」

【集評】

閻本：評「飛斜行未齊」：晚陣横秋，不堪搔首。

泛蕪湖〔一〕

桂潭連菊岸，桃李夾成蹊〔二〕。石文如濯錦〔三〕，雲飛似散珪〔四〕。橈度菱根反〔五〕，船去荇枝低〔六〕。飄隨迎雨鸗〔七〕，鼓逐伺潮雞〔八〕。藝文類聚卷九、古詩類苑卷一四、古詩紀卷八一、六朝詩集、御製集、閣本、張本、丁本。

【校注】

〔一〕蕪湖：湖泊名。在今安徽省蕪湖市北。太平寰宇記卷一〇五江南西道三「蕪湖縣」：「在蕪湖側，以其地卑，蓄水非深而生蕪藻，故曰蕪湖」，「蕪湖，長七里，在縣界。」

〔二〕「桃李」句：史記卷一〇九李將軍列傳太史公曰：「諺曰『桃李不言，下自成蹊』。」司馬貞索隱：「姚氏云：『桃李本不能言，但以華實感物，故人不期而往，其下自成蹊徑也。』」夾，古詩類苑卷一四、古詩紀卷八一、六朝詩集、御製集、閣本、張本、丁本作「映」。

〔三〕石文：石上的花紋。〇濯錦：成都一帶所産的織錦，以華美著稱。文選卷四左思蜀都賦：「貝錦斐成，濯色江波。」劉淵林注：「貝錦，錦文也。譙周益州志云：成都織錦既成，濯於江水，其文分明，勝於初成。他水濯之，不如江水也。」

〔四〕珪：「圭」的古字。玉製禮器，長條形，上尖下方。禮記王制：「〔諸侯〕賜圭瓚，然後爲鬯。未賜圭瓚，則資鬯於天子。」陸德明音義：「圭，字又作『珪』。案説文，珪，古字；圭，今字。」西漢劉向説苑修文：「諸侯以圭爲贄。圭者，玉也。薄而不撓，廉而不劌。有瑕於中，必見於外。故諸侯以玉爲贄。」

〔五〕橈：船槳。文選卷三二屈原九歌湘君：「薜荔柏兮蕙綢，蓀橈兮蘭旌。」王逸注：「橈，船小楫也。」此代指船。○度：通「渡」。

〔六〕去：閻本、張本、丁本作「來」。○荇（xìng）：詩經周南關雎：「參差荇菜，左右流之。」毛傳：「荇，接余也。」孔穎達疏：「釋草云：『莕，接余，其葉苻。』陸璣疏云：『接余，白莖，葉紫赤色，正員，徑寸餘，浮在水上。根在水底，與水深淺等。大如釵股，上青下白。鬻其白莖，以苦酒浸之，肥美可案酒』是也。」南朝梁丘遲侍宴樂游苑送張徐州應詔詩：「巢空初鳥飛，荇亂新魚戲。」○枝：張本、丁本作「葉」。

〔七〕颿（fān）：說文解字馬部：「颿，馬疾步也。从馬，風聲。」宋徐鉉校：「臣鉉等曰：『舟船之颿，本用此字。今別作帆，非是。』」文選卷五左思吴都賦：「輕輿按轡以經隧，樓船舉颿而過肆。」劉淵林注：「颿者，船帳也。」亦借指帆船。六朝詩集作「飄」，疑誤。

〔八〕逐：大廣益會玉篇辵部：逐，「從也」。○伺潮雞：太平御覽卷九一八引異物記曰：「伺潮雞，潮水上則鳴。」

【集評】

閻本：「石文如濯錦」：石堪作文。

和劉上黄〔一〕

新鶯隱葉囀〔二〕，新燕向窗飛。柳絮時依酒〔三〕，梅花乍入衣〔四〕。玉珂逐風

〔五〕玉珂：馬絡頭上的玉製飾物。西晉張華輕薄篇：「文軒樹羽蓋，乘馬鳴玉珂。」唐李賀馬詩之二二：「汗血到王家，隨鸞撼玉珂。」清王琦彙解：「玉珂者，以玉飾馬勒之上，振動則有聲，故有『撼玉珂』、『鳴玉珂』之語。」說文解字玉部新附：「珂，玉也。」〇逐：清吴兆宜玉臺新詠箋注卷七小注：「一作『輕』。」文苑英華卷一五七、閣本、張本、丁本作「隨」。今按：隨、逐，義同。

〔六〕映：初學記卷三、文苑英華卷一五七、古儷府卷二、六朝詩集、御製集、閣本、張本、丁本作「照」。

【集評】

古詩鏡卷一九：「柳絮時依酒，梅花乍入衣」，覺情物兩佳，春氣親人無限。

采菽堂古詩選卷二二：淺而亮。

古詩評選卷六「五言近體」：六句客，兩句主，返映生情。

戲作艷詩〔一〕

入堂值小婦〔二〕，出門逢故夫〔三〕。含辭未及吐，絞袖且踟躕〔四〕。摇兹扇似月〔五〕，掩此淚如珠〔六〕。今懷固無已，故情今有餘〔七〕。玉臺新詠卷七、古詩類苑卷九五、古度〔五〕，金鞍映日暉〔六〕。無令春色晚，獨望行人歸。玉臺新詠卷七、初學記卷三、文苑英華卷一五七、古詩類苑卷四、古詩紀卷八一、古詩鏡卷一九、古儷府卷二、六朝詩集、御製集、閻本、張本、丁本。

【校注】

〔一〕和劉上黄：初學記卷三、文苑英華卷一五七、閻本、張本、丁本題作「春日」，張本、丁本題下小注：「一作『和劉上黄』。」古詩類苑卷四、古詩紀卷八一、古詩鏡卷一九、御製集題作「和劉上黄春日」。王夫之古詩評選卷六「五言近體」題作「春日和劉上黄」。清紀容舒玉臺新詠考異卷七：「初學記作元帝春日詩。疑本作『和劉上黄春日』，宋刻誤脱兩字耳。」又，六朝詩集將此詩置蕭繹春日前，併爲一首，總題作「春日」。劉上黄，或是上黄縣令劉某，姓名無考。上黄，縣名。治所在今湖北省南漳縣東南。

〔二〕囀（zhuàn）：大廣益會玉篇口部：囀，「鳥鳴也」。文苑英華卷一五七作「轉」。今按：「轉」可通「囀」。

〔三〕柳絮：柳樹的種子。有白色絨毛，隨風飛散如飄絮，故稱。南朝梁庾肩吾春日詩：「桃紅柳絮白，照日復隨風。」〇酒：初學記卷三作「洒」，或誤。

〔四〕梅：清紀容舒玉臺新詠考異卷七：「柳絮時不應有梅花，『梅』字疑誤。」〇乍：文苑英華卷一五七、閻本、張本、丁本作「任」。文苑英華小注：「初學記卷作『乍』。」張本、丁本小注：「『任』一作『乍』。」吴汝綸校：「『任』一作『乍』。」又，頁眉批注：「『任』作『乍』，是。」

詩紀卷八一、御製集、張本、丁本。

【校注】

〔一〕艷詩：指以男女愛情爲題材的詩歌。樂府詩集卷三五宋劉鑠三婦艷詩：「大婦裁霧縠，中婦牒冰練。小婦端清景，含歌登玉殿。丈人且徘徊，臨風傷流霰。」大唐新語卷三：「先是，梁簡文帝爲太子，好作艷詩，境内化之，浸以成俗，謂之『宫體』。」

〔二〕小婦：漢書卷九八元后傳：「〔王〕鳳知其小婦弟張美人已嘗適人，於禮不宜配御至尊，託以爲宜子，内之後宫。」顏師古注：「小婦，妾也。」玉臺新詠卷一古樂府相逢狹路間：「小婦無所作，挾瑟上高堂。」

〔三〕故夫：前夫。玉臺新詠卷一古詩八首之一：「上山采蘼蕪，下山逢故夫。」

〔四〕絞袖：反復擰袖子。形容神態不安。○跱躕：同「踟躕」，連綿詞。詩經邶風静女：「愛而不見，搔首踟躕。」朱熹集傳：「踟躕，猶躑躅也。」文選卷一八成公綏嘯賦：「逍遥攜手，踟躕步趾。」李周翰注：「踟躕，緩行貌。」古詩類苑卷九五、古詩紀卷八一、御製集、張本、丁本作「踟躕」。

〔五〕「摇兹」句：即摇動團扇。此暗用西漢班婕妤團扇詩意。團扇詩以秋扇見捐喻己見棄，詩云：「新裂齊紈素，皎潔如霜雪。裁作合歡扇，團圓似明月。出入君懷袖，動摇微風發。常恐秋節至，涼飆奪炎熱。棄捐篋笥中，恩情中道絶。」

〔六〕淚如珠：南朝齊陸厥李夫人及貴人歌：「洞房明月夜，對此淚如珠。」

〔七〕故情：舊情。漢書卷三一陳勝傳：「客出入愈益發舒，言勝故情。」

和林下作妓應令〔一〕

日斜下北閣，高宴出南榮〔二〕。歌清隨澗響，舞影向池生。輕花亂粉色，風筱雜絃聲〔三〕。獨念陽臺下〔四〕，願待洛川生〔五〕。初學記卷一五、文苑英華卷二一三、古詩類苑卷九三、古詩紀卷八一、六朝詩集、御製集、張本、丁本。

【校注】

〔一〕和林下作妓應令：文苑英華卷二一三題作「和林下詠妓應令」。六朝詩集題作「和林下妓應令」。張本、丁本題作「和林下詠姬應令」，下注：「和昭明。」今按：昭明即蕭統。統字德施，小字維摩，梁武帝蕭衍長子。天監元年，立爲皇太子。中大通三年(531)卒，謚曰昭明。梁書卷八、南史卷五三有傳。妓，廣韻紙韻：「妓，女樂。」應令，此指應皇太子蕭統之命。令，南朝時，皇太后、皇后、皇太子、諸王之言皆曰令。

〔二〕南榮：史記卷一一七司馬相如列傳：「偓佺之倫，暴於南榮。」司馬貞索隱：「應劭曰：『南榮，屋檐兩頭如翼也。』故鄭玄云：『榮，屋翼也。』七誘云『飛榮似鳥舒』是也。」説文解字木部：「榮……一曰：屋梠之兩頭起者爲榮。」清段玉裁注：「簷之兩頭軒起爲榮。」

〔三〕筱（xiǎo）：細竹子。亦稱「箭竹」。説文解字竹部：「筱，箭屬。小竹也。」桂馥義證：「字或作篠。」六朝詩集作「條」。

〔四〕陽臺：文選卷一九宋玉高唐賦序：「昔者先王嘗遊高唐，怠而晝寢，夢見一婦人，曰：『妾巫山之女也，爲高唐之客，聞君遊高唐，願薦枕席。』王因幸之。去而辭曰：『妾在巫山之陽，高丘之阻，旦爲朝雲，暮爲行雨，朝朝暮暮，陽臺之下。』」

〔五〕洛川生：洛，文苑英華卷二一三訛作「落」。生，文苑英華卷二一三、古詩類苑卷九三、古詩紀卷八一、六朝詩集、御製集、張本、丁本作「笙」。今按：疑作「笙」是。洛川笙，南朝宋孔寧子前緩聲歌：「笙歌興洛川，鳴簫起秦樹。」南朝梁武帝長安有狹斜行：「洛陽有曲陌，曲曲不通驛。……小婦獨閒暇，調笙游曲池。」洛川，洛水，即今河南省洛河。

【集評】

宋吴开撰優古堂詩話「詠婦人多以歌舞爲稱」條：古今詩人詠婦人者，多以歌舞爲稱。梁元帝妓應令詩云：「歌清隨澗響，舞影向池生。」劉孝綽看妓詩云：「燕姬奏妙舞，鄭女愛清歌。」北齊蕭放冬夜對妓詩云：「歌還團扇後，舞出妓行前。」弘執恭觀妓詩云：「合舞俱迴雪，分歌共落塵。」陳陰鏗侯司空宅詠妓詩云：「鶯啼歌扇後，花落舞衫前。」陳劉珊亦云：「山邊歌落日，池上舞前溪。」庾信和趙王看妓詩云：「緑珠歌扇薄，飛燕舞衫長。」江總看妓詩云：「並歌時轉黛，息舞暫分香。」隋盧思道夜聞隣妓詩云：「怨歌聲易斷，妙舞態難雙。」陳李元操春園聽妓詩云：「紅樹摇歌扇，緑珠飄舞衣。」釋法宣觀妓詩云：「早時歌扇薄，今日舞衫長。」劉希夷春日閨人詩云：「池月憐歌扇，山雲愛舞衣。」以歌對舞者七，以歌扇對舞衣者亦七，雖相沿以起，然詳味之自有工拙也。杜子美取以爲艷曲云：「江清歌扇底，野曠舞衣前。」

采菽堂古詩選卷二二：刻意摹林下，字屬對未甚工。

【附】

玉臺新詠卷七皇太子簡文林下妓：炎光向夕斂，促宴臨前池。泉深影相得，花與面相宜。篪聲如鳥哢，舞袂寫風枝。歡樂不知醉，千秋長若斯。

祀伍相廟〔一〕

石城寧足拒，金陣詎能追〔二〕。楚關開六塞，吴兵入九圍〔三〕。山水猶縈帶〔四〕，城池失是非。空餘壽宫在〔五〕，日暮舞靈衣〔六〕。藝文類聚卷三八、文苑英華卷三二〇、古詩類苑卷一一四、古詩紀卷八一、古詩鏡卷一九、六朝詩集、御製集、閣本、張本、丁本。

【校注】

〔一〕伍相廟：紀念伍子胥的祠廟。伍子胥，名員，春秋末楚人，後奔吴，爲吴王闔閭重臣。夫差繼位，伍子胥多次進諫，夫差聽信讒言，令其自殺。吳人憐之，爲立祠於江上。傳言伍子胥曾封相國公，故稱伍相。史記卷六六有傳。藝文類聚卷三八汪紹楹「伍」下校：「原作『五』，據馮校本改。」

〔二〕「石城」二句：吳越春秋卷三王僚使公子光傳：「〔太子〕建有子，名勝，伍員與勝奔吳。到昭關，關吏欲執之。伍員因詐曰：『上所以索我者，美珠也。今我已亡矣，將去取之。』關吏因舍之。與勝行去，追者在後，幾不得脱。至江，江中有漁父，乘船從下方泝水而上。……乃渡之千潯之津。……遂行至吳。」事亦見史記卷六六伍子胥傳。石城，壘石成城。喻堅固的城池。漢書卷二四食貨志上：「有石城十仞，湯池百步，帶甲百萬，而亡粟，弗能守也。」此指昭關，位於今安徽省含山縣北。拒，文苑英華卷三二〇作「植」。金陣，强大的軍隊行列，此指追者。

〔三〕「楚關」二句：謂伍子胥領兵入楚事。左傳定公四年：「冬，蔡侯、吳子、唐侯伐楚。……十一月庚午，二師陳于柏舉。……五戰，及郢。己卯，楚子取其妹季芈畀我以出，涉睢。……庚辰，吳入郢，以班處宫。」開六塞，言楚門户大開，無能拒吳。入九圍，言吳兵衆多且深入。九圍，重圍。南朝梁吳均上之回詩：「五歷魚麗陣，三入九重圍。」

〔四〕「山水」句：初學記卷六引袁山松宜都記曰：「對西陵南岸有山，其峰孤秀。人自山南上至頂，俯臨大江如縈帶，視舟船如鳧雁。」

〔五〕壽宮：文選卷三二屈原九歌雲中君：「蹇將憺兮壽宮，與日月兮齊光。」王逸注：「壽宮，供神之處也。祠祀皆欲得壽，故名爲壽宮也。」

〔六〕「日暮」句：藝文類聚卷七八引梁江淹丹砂可學賦曰：「奏神鼓於玉袂，舞靈衣於金裾。」北周庾信周宗廟歌皇夏：「寧思玉管笛，空見靈衣舞。」舞靈衣，指舉行祭祀活動。靈衣，祭神的禮服。楚辭九歌大司命：「靈衣兮被被，玉佩兮陸離。」王逸注：「言己得依隨司命，被服神衣。」文選卷五七謝莊宋孝武宣貴妃誄：「靈衣虛襲，組帳空煙。」靈，六朝詩集作「沾」。

【集評】

古詩鏡卷一九：「山水猶縈帶，城池失是非」，老氣撲烈，語動精爽，此少陵權輿。

王夫之古詩評選卷六「五言近體」：其鑄句深穩。

【附】

古詩紀卷七八載梁簡文帝祠伍員廟曰：去國資孝本，循忠全令名。舟裏多奇計，蘆中復吐誠。偃月交吳艦，魚麗入楚營。光功摧妙算，載籍有餘聲。洪濤猶鼓怒，靈廟尚淒清。行潦承椒奠，按歌雜鳳笙。無勞晉后璧，詎用楚臣纓。密樹臨寒水，疏扉望遠城。窗寮野霧入，衣帳積苔生。惟有三青鳥，斂翅時逢迎。

賦得蒲生我池中〔一〕

池中種蒲葉，葉影蔭池濱。未好中宫薦〔二〕，行堪隱士輪〔三〕。爲書聊可截〔四〕，匹柳復宜春〔五〕。瑞葉生符苑〔六〕，鏤璧獻周人〔七〕。藝文類聚卷八二、古詩類苑卷一二三、古詩紀卷八一、古樂苑卷一八、古詩鏡卷一九、御製集、閣本、張本、丁本。

【校注】

〔一〕賦得蒲生我池中：閣本題作「蒲生我池中」。藝文類聚卷八二引古詩曰：「青蒲緑蔕，生我池中。」樂府詩集卷三五魏武帝塘上行五解題下云：「鄴都故事曰：『魏文帝甄皇后，中山無極人。袁紹據鄴，與中子熙娶后爲妻。後太祖破紹，文帝時爲太子，遂以后爲夫人。后爲郭皇后所譖，文帝賜死後宫。臨終爲詩曰：「蒲生我池中，緑葉何離離。豈無蒹葭艾，與君生别離。莫以賢豪故，棄捐素所愛。莫以麻枲賤，棄捐菅與蒯。莫以魚肉賤，棄捐葱與薤。」』歌録曰：『塘上行，古辭。或云甄皇后造。』樂府解題曰：『前志云：晉樂奏魏武帝蒲生篇，而諸集録皆言其詞文帝甄后所作，歎以讒訴見棄，猶幸得新好，不遺故惡焉。若晉陸機「江蘺生幽渚」，言婦人衰老失寵，行於塘上而爲此歌，與古辭同意。』」下録詩兩首，一「晉樂所奏」，云：「蒲生我池中，其葉何離離。傍能行人儀，莫能縷自知。衆口鑠黄金，使君生别離。（一解）念君去我時，念君去我時，獨愁常苦悲。想見君顔色，感結傷心脾。今悉夜夜愁不寐。（二解）莫用豪賢故，莫用豪賢故，棄捐素所愛。莫用魚肉貴，棄捐葱與薤。莫用麻枲賤，棄捐菅與蒯。（三解）倍恩者苦枯，倍恩者苦枯，蹶船常苦没。教君安息定，慎莫致倉卒。念與君一共離别，亦當何時，共坐復相對。（四解）出亦復苦愁，出亦復苦愁，入亦復苦愁。邊地多悲風，樹木何蕭蕭。今日樂相樂，延年壽千秋。（五解）」一「本辭」，云：「蒲生我池中，其葉何離離。傍能行仁義，莫若妾自知。衆口鑠黄金，使君生别離。念君去我時，獨愁常苦悲。想見君顔色，感結傷心脾。念君常苦悲，夜夜不能寐。莫以豪賢故，棄捐素所愛。莫以魚肉賤，棄捐葱與薤。莫以麻枲賤，棄捐菅與蒯。出亦復苦愁，入亦復苦愁。邊地多悲風，樹木何修修。從君致獨樂，延年壽千秋。」

〔二〕中宫薦：謂以蒲草進獻宫中。周禮地官司徒澤虞：「喪紀，共其葦蒲之事。」鄭玄注：「葦以闉壙，蒲以爲席。」中宫，宫中。

〔三〕隱士輪：用蒲草裹車輪迎接賢士。史記卷一一二平津侯主父列傳：「始以蒲輪迎枚生，見主父而歎息。」司馬貞索隱：「漢始迎申公，亦以蒲輪。謂以蒲裹車輪，恐傷草木也。且蒲是草之美者，故禮有『蒲璧』，蓋或畫蒲于輪以爲榮飾也。」漢書卷六武帝紀：「遣使者安車蒲輪，束帛加璧，徵魯申公。」顔師古注：「以蒲裹輪，取其安也。」

〔四〕「爲書」句：漢書卷五一路温舒傳：「路温舒字長君，鉅鹿東里人也。父爲里監門。使温舒牧羊，温舒取澤中蒲，截以爲牒，編用寫書。」

〔五〕「匹柳」句：謂蒲在春天堪與柳爲匹。世説新語言語：「蒲柳之姿，望秋而落；松柏之質，經霜彌茂。」

〔六〕「瑞葉」句：藝文類聚卷八二引秦記曰：「苻洪之先，居武都，家生蒲，長五丈，狀如竹，咸異之，謂之蒲家，因以氏焉。洪後以讖文『草付應王』，遂改姓苻氏。」符，古詩類苑卷一二三、古詩鏡卷一九作「苻」。

〔七〕鏤璧：雕鏤玉璧。古有「蒲璧」，即玉璧上刻有香蒲狀花紋。周禮春官宗伯大宗伯：「子執穀璧，男執蒲璧。」鄭玄注：「穀所以養人，蒲爲席，所以安人。二玉蓋或以穀爲飾，或以蒲爲瑑飾。璧皆徑五寸。」璧，古詩類苑卷一二三、古詩紀卷八一、古樂苑卷一八、古詩鏡卷一九、御製集、閣本、張本、丁本作「碧」。

古意〔一〕

妾在成都縣〔二〕，願作高唐雲〔三〕。樽中石榴酒〔四〕，機上蒲萄紋〔五〕。停梭還斂色〔六〕，何時勸使君〔七〕？藝文類聚卷一八、古詩類苑卷七七、古詩紀卷八一、御製集、閣本、張本、丁本。

【校注】

〔一〕古意：類似「擬古」，托古事古意以抒今情的詩歌。又，清吴兆宜玉臺新詠箋注卷七「非宋刻部分」亦録有此詩，署簡文帝。

〔二〕「妾在」句：此蓋暗用卓文君事。漢書卷五七司馬相如傳載：卓王孫女文君新寡，司馬相如以琴心挑之，「文君夜亡奔相如，相如與馳歸成都。家徒四壁立」。後夫妻之臨邛，文君當壚賣酒，「卓王孫不得已，分與文君僮百人，錢百萬，及其嫁時衣被財物。文君乃與相如歸成都，買田宅，爲富人」。成都縣，治所在今四川省成都市。

〔三〕高唐雲：戰國楚宋玉高唐賦序：「昔者先王嘗遊高唐，怠而晝寢，夢見一婦人，曰：『妾巫山之女也，爲高唐之客，聞君遊高唐，願薦枕蓆。』王因幸之。去而辭曰：『妾在巫山之陽，高丘之阻，旦爲朝雲，暮爲行雨，朝朝暮暮，陽臺之下。』」後世多用以指男女歡會。高唐，戰國時楚國臺觀名。在雲夢澤中。

〔四〕石榴酒：酒名。用石榴釀製的酒。南史卷七八夷貊傳上扶南國：「〔頓遜國〕有酒樹似安石榴，采其花汁停甕中，數日成酒。」

〔五〕蒲萄紋：繡有葡萄圖案的絲織品。南朝梁何思澄南苑逢美人詩：「風卷蒲萄帶，日照石榴裙。」蒲萄，古詩紀卷八一、御製集作「葡萄」。今按：蒲萄、葡萄，同。紋，古詩類苑卷七七、古詩紀卷八一、御製集小注云：「一作『裙』。」清吴兆宜玉臺新詠箋注卷七「非宋刻部分」

作「裙」。

〔六〕「停梭」句：此蓋暗用樂羊子之妻停機斷杼事。後漢書卷八四列女傳：「河南樂羊子之妻者，不知何氏之女也。羊子嘗行路，得遺金一餅，還以與妻。妻曰：『妾聞志士不飲盜泉之水，廉者不受嗟來之食，況拾遺求利，以污其行乎！』羊子大慚，乃捐金於野，而遠尋師學。一年來歸，妻跪問其故。羊子曰：『久行懷思，無它異也。』妻乃引刀趨機而言曰：『此織生自蠶繭，成於機杼，一絲而累，以至於寸，累寸不已，遂成丈匹。今若斷斯織也，則捐失成功，稽廢時月。夫子積學，當日知其所亡，以就懿德。若中道而歸，何異斷斯織乎？』羊子感其言，復還終業，遂七年不反。妻常躬勤養姑，又遠饋羊子。」斂色，收斂容色。形容面色嚴肅。

〔七〕「何時」句：蓋暗用漢樂府陌上桑事。陌上桑寫美女秦羅敷嚴詞拒絕使君的求婚之事，辭曰：「日出東南隅，照我秦氏樓。秦氏有好女，自名爲羅敷。羅敷喜蠶桑，采桑城南隅。……使君從南來，五馬立踟躕。使君遣吏往，問是誰家姝？……使君謝羅敷：『寧可共載不？』羅敷前置辭：『使君一何愚！使君自有婦，羅敷自有夫。』」勸，尚書顧命：「柔遠能邇，安勸小大庶邦。」孔安國傳：「勸使爲善。」使君，漢對州刺史之尊稱，三國、晉沿用，用以對州郡長官的尊稱。三國志卷三二蜀書先主傳：「是時曹公從容謂先主曰：『今天下英雄，唯使君與操耳。』」

詠歌〔一〕

汗輕紅粉濕，坐久翠眉愁。傳聲入鐘磬〔二〕，餘轉雜箜篌〔三〕。初學記卷一五、錦繡萬花谷後集卷三二、古詩類苑卷四六、古詩紀卷八一、御製集、閣本、張本、丁本。

【校注】

〔一〕詠歌：吟詠歌唱。

〔二〕傳聲：飄來的樂曲聲。傳，錦繡萬花谷後集卷三二作「浮」。○鐘磬：鐘和磬，并樂器名。史記卷二四樂書：「然後鐘磬竽瑟以和之，干戚旄狄以舞之。」

〔三〕轉：左傳昭公三十一年：「趙簡子夢童子羸而轉以歌。」杜預注：「轉，婉轉也。」此處指婉轉的歌聲。錦繡萬花谷後集卷三二作「囀」。今按：轉、囀可通。○雜：錦繡萬花谷後集卷三二作「入」。○箜篌：古代撥弦樂器名。史記卷一二孝武本紀：「禱祠泰一、后土，始用樂舞，益召歌兒，作二十五弦及箜篌瑟自此起。」裴駰集解引徐廣曰：「應劭云：武帝令樂人侯調始造箜篌。」司馬貞索隱：「應劭云：『武帝始令樂人侯調作，聲均均然，命曰箜篌。』」隋書卷一五音樂志下：「今曲項琵琶、竪頭箜篌之徒，並出自西域，非華夏舊器。」

詠細雨〔一〕

風輕不動葉，雨細未沾衣〔二〕。入樓如霧上，拂馬似塵飛〔三〕。藝文類聚卷二、初學記卷二、文苑英華卷一五三、古詩類苑卷二、古詩紀卷八一、六朝詩集、御製集、閻本、張本、丁本。

【校注】

〔一〕詠細雨：古詩類苑卷二、古詩紀卷八一、六朝詩集、御製集、張本、丁本題作「細雨」。

〔二〕沾：御製集、閻本、張本、丁本作「霑」。今按：霑，同「沾」。

〔三〕馬：即野馬。莊子逍遥遊：「野馬也，塵埃也，生物之以息相吹也。」郭象注：「野馬者，游氣也。」成玄英疏：「此言青春之時，陽氣發動，遥望藪澤之中，猶如奔馬，故謂之野馬也。」

【集評】

閻本：評「入樓如霧上，拂馬似塵飛」：體物工境。

望春

葉濃知柳密，花盡覺梅疏。蘭生未可握〔一〕，蒲小不堪書〔二〕。初學記卷三、古詩類苑卷四、古詩紀卷八一、御製集、閻本、張本、丁本。

【校注】

〔一〕「蘭生」句：東漢應劭漢官儀卷上：「〔尚書郎〕握蘭含香，趨走丹墀奏事。」藝文類聚卷四引梁簡文帝三日率爾成詩曰：「握蘭唯是旦，採艾亦今朝。」

〔二〕「蒲小」句：漢書卷五一路温舒傳：「路温舒字長君，鉅鹿東里人也。父爲里監門。使温舒牧羊，温舒取澤中蒲，截以爲牒，編用寫書。」蕭繹賦得蒲生我池中詩：「爲書聊可截，匹柳復宜春。」

【集評】

閻本：特韶妍。

渌柳〔一〕

長條垂拂地，輕花上逐風。露霑疑染渌，葉小未鄣空〔二〕。藝文類聚卷八九、古詩類苑卷一二五、古詩紀卷八一、御製集、閻本、張本、丁本。

【校注】

〔一〕渌：古詩類苑卷一二五、古詩紀卷八一、御製集、閻本、張本、丁本作「緑」。今按：渌，疑爲

「緑」之訛。下文「露霑疑染淥」句之「淥」同，不再出校。

〔二〕鄣：遮蔽。孫子兵法行軍篇：「衆草多障者，疑也。」賈林注：「結草多爲障蔽者，欲使我疑之。」

【集評】

采菽堂古詩選補遺卷三：作致之淺者。

詠梅〔一〕

梅含今春樹〔二〕，還臨光日池〔三〕。人懷前歲憶〔四〕，花發故年枝。藝文類聚卷八六、初學記卷二八、瀛奎律髓卷二〇、古詩類苑卷一二四、六朝詩集、古詩紀卷八一、御製集、閣本、張本、丁本。

【校注】

〔一〕詠梅：初學記卷二八題作「詠梅花」。

〔二〕今：初學記卷二八引作「早」。

〔三〕光日池：初學記卷二八引作「日光遲」，瀛奎律髓卷二〇、古詩類苑卷一二四、古詩紀卷八一、御製集、閣本、張本、丁本作「先日池」。先日，從前。漢書卷五一鄒陽傳：「吾先日欲獻愚計。」

〔四〕憶：閣本、張本、丁本作「意」。

【集評】

元方回瀛奎律髓卷二〇「梅花類」：虛谷曰：梅見於書、詩、周禮、禮記、大戴禮、左氏傳、管子、淮南子、山海經、爾雅、本草，取其實而已。曰「爾惟鹽梅」；曰「摽有梅」；曰「籩人八梅蘛爲乾梅」；（疏者謂：梅皆有乾濕。）曰「獸用梅」；曰「五月煮梅，爲豆實」；曰「水火醯醢鹽梅，以亨魚肉」；曰「五沃之土，其梅其杏」；曰「一梅不足爲百人酸」；曰「雲山之上，其實乾腊」，郭璞注：「腊爲乾梅。」曰「梅枏似杏實酢」，曰「梅實明目，益氣不饑」，未以其花爲貴也。惟詩「山有嘉卉，侯栗侯梅」，大戴禮夏小正「正月，梅、杏、杝、桃始華」，一言卉，一言華。説苑：「越使諸發執一枝梅遺〔梁王〕，梁臣韓子顧左右曰：『惡有一枝梅乃遺列國之君乎？』」由是考之，則梅以花貴自戰國始。西京雜記：「漢初修上林苑，群臣各獻名果，有朱梅、紫花梅、同心梅、紫蔕梅。」則梅種之多。特以花書，又自西漢始。漢武帝元封三年，作柏梁臺，詔群臣有能爲七言者，乃得上座。太官令曰：「枇杷橘栗桃李梅。」梁簡文帝引此事爲梅花賦而曰：「七言表柏梁之詠。」則知漢武帝時始有七言詩及梅也，亦恐不專主花。荆州記曰：「陸凱與范曄相善，自江南寄梅一枝，詣長安與曄，併贈詩曰：『折梅逢驛使，寄與隴頭人。江南無所有，聊贈一枝春。』」詩家以爲晉人，非宋文時范曄。姑從其説。則梅花見於五言詩，自晉時始也。大概梅花詩五、七言至梁、陳而大盛。梁簡文帝雪裏不見梅花詩有云：「絶訝梅花晚，爭來雪裏窺。定須還剪綵，學作兩三枝。」梁元帝詩有云：「梅含今春樹，還臨先日池。人懷前歲憶，花發故年枝。」鮑泉詩有云：「可憐階下梅，飄蕩逐風回。度簾拂羅幌，縈窗落梳臺。」陰鏗詩有云：「春近寒雖薄，梅舒雪尚飄。從風還共落，照日不俱消。」庾肩吾詩有云：「窗梅朝始發，庭雪晚初消。道遠終難寄，馨香徒自饒。」庾信詩有云：「當年臘月半，已覺梅花闌。不信今春晚，俱來雪裏看。早知覓不見，真悔著衣單。」此雖非全篇，皆可膾炙。其全篇清雅者，如何遜云：「兔園標物序，驚時最是梅。銜霜當路發，映雪凝寒開。枝横却月觀，花繞淩風臺。朝灑長門泣，夕駐臨邛杯。應知早飄落，故逐上春來。」其七言流麗者，如江總有云：「臘月正月早驚春，衆花未發梅花新。梅花芬芳臨玉臺，朝攀晚折還復開。」「滿酌金巵催玉柱，落梅樹下宜歌舞。」又有一句全聯可觀者：「釵臨曲池影，扇拂玉堂梅」，梁元帝也；「砌石披新錦，梁花畫早梅」，陰鏗也；「草短猶通屧，梅香漸着人」，徐君倩也；「緑條初變柳，紫萼欲舒梅」，隋煬帝也。沿唐及宋，則梅花詩殆不止千首，而一聯一句之佳者無數矣。今摘其尤異者，尾於所賦著題詩之後。而雪也、月也、晴也、雨也，亦著題詩，又尾於後。紅梅、臘梅詩，亦附乎此。格物在致知，玩物則喪志，在學者擇之。

丹鉛餘録摘録卷五：梅花詩被宋人作壞，令人見梅，枝條可憎而香影無味，安得誦此詩，及梁元帝、徐陵、陰鏗、江總諸作，一洗梅花之辱乎？

閣本：評「人懷前歲憶，花發故年枝」：雁後花前，從茲奪舍。

詠宜男草〔一〕

可愛宜男草，垂采映倡家〔二〕。何時如此葉，結實復含花〔三〕。藝文類聚卷八一、宋謝維新古今合璧事類備要别集卷二七、宋陳景沂全芳備祖集前集卷二六、古詩類苑卷一二二、古詩紀卷八一、六朝詩集、御製集、閻本、張本、丁本。

【校注】

〔一〕詠宜男草：古詩類苑卷一二二、六朝詩集、古詩紀卷八一、御製集、張本、丁本題作「宜男草」。宜男草，萱草的别名。初學記卷二七引梁徐勉萱草花賦曰：「其葉四垂，其跗六出，亦曰宜男，加名斯吉。」藝文類聚卷八一引風土記曰：「宜男，草也，高六七尺，花如蓮，宜懷妊婦人佩之，必生男。」太平御覽卷九九六引前蜀杜光庭録異記曰：「婦人帶宜男草，生兒。」

〔二〕倡家：謂歌舞樂人。梁簡文帝詠内人晝眠：「夫婿恒相伴，莫誤是倡家。」漢書卷五二灌夫傳：「所愛倡優巧匠之屬。」顔師古注：「倡，樂人也。」全芳備祖集前集卷二六作「何家」。

〔三〕實：古今合璧事類備要别集卷二七、全芳備祖集前集卷二六作「根」。

細草

依堦疑緑癬〔一〕，傍渚若青苔〔二〕。漫生雖欲遍〔三〕，人迹會應開〔四〕。藝文類聚卷八一、古詩類苑卷一二三、古詩紀卷八一、御製集、閣本、張本、丁本。

【校注】

〔一〕疑：漢書卷五七司馬相如傳録其大人賦：「歷唐堯於崇山兮，過虞舜於九疑。」顏師古注：「疑，似也。山有九峰，其形相似，故曰九疑。」○癬：古詩類苑卷一二三、古詩紀卷八一、御製集、閣本、張本、丁本作「蘚」。今按：疑作「蘚」是。

〔二〕渚：楚辭九歌湘君：「鼂騁鶩兮江皋，夕弭節兮北渚。」王逸注：「渚，水涯也。」

〔三〕欲：王雲路六朝詩歌語詞研究下編釋詞「欲」字條引此句云：「『欲』爲已經義。蓋未然與已然義相因，『將要』與『已經』皆可用『欲』表示。」

〔四〕會應：終究，終將。

賦得春荻〔一〕

翠菼玉池前〔二〕，遥映江南蓮。非秋無有眊〔三〕，未燒不生煙。藝文類聚卷八二、古詩類苑卷一二三、古詩紀卷八一、六朝詩集、御製集、閣本、張本、丁本。

【校注】

〔一〕荻：多年生草本植物，與蘆同類。生長在水邊。本草綱目卷一五草四蘆「集解：……時珍曰：蘆有數種：其長丈許中空皮薄色白者，葭也，蘆也，葦也。短小於葦而中空皮厚色青蒼者，菼也，薍也，荻也，萑也。其最短小而中實者蒹也，蘼也。」

〔二〕菼（tǎn）：初生的荻。詩經衛風碩人：「葭菼揭揭。」毛傳：「葭，蘆。菼，薍也。」孔穎達疏：「『葭，蘆』，『菼，薍』，釋草文。李巡曰：『分別葦類之異名。』郭璞曰：『蘆，葦也。薍，似葦而小。』如李巡云，蘆薍共爲一草。如郭云，則蘆薍別草。大車傳曰：『菼，鵻也，蘆之初生。』則毛意以葭、菼爲一草也。陸璣云：『薍，或謂之荻，至秋堅成則謂之萑。其初生三月中，其心挺出，其下本大如箸。上鋭而細，揚州人謂之馬尾。以今語驗之，則蘆薍別草也。』」詩經王風大車：「大車檻檻，毳衣如菼。」

〔三〕眊（mào）：通「旄」、「茅」，即蘆葦花。或當作「毦」。毦（ěr），卮林卷七「毦字義」條：「吹景集既偏搜『毦』字，又廣推其義，曰：『……柳絮荻花亦可名毦。内典翻譯名義集云：「兜羅綿，亦翻楊華，或稱兜羅毦。」梁元帝春荻詩云「非秋無有毦，未燒不生煙」是也。』……據服虔通俗文曰『毛飾曰毦』，則凡絲羽華草之下垂者並可以毦名矣。毦之義于是乎大備。」文選卷一二郭璞江賦：「揚皜毦，擢紫茸。」李善注：「毦與茸，皆草花也。」

詠螢火〔一〕

著人疑不熱，集草訝無煙〔二〕。到來燈下暗〔三〕，翻住雨中然〔四〕。藝文類聚卷九七、初學記卷三〇、古今事文類聚後集卷四八題、山堂肆考卷二二六、古詩類苑卷一二八、古詩紀卷八一、六朝詩集、御製集、閣本、張本、丁本。

【校注】

〔一〕詠螢火：初學記卷三〇題作「詠螢」，六朝詩集題作「螢火」。古今事文類聚後集卷四八題、山堂肆考卷二二六題作「螢」。

〔二〕「集草」句：禮記月令：季夏之月，「腐草爲螢」。

〔三〕到：初學記卷三〇作「列」，六朝詩集作「倒」。今按：列、倒，並誤。

〔四〕住：古詩類苑卷一二八、古詩紀卷八一、六朝詩集、御製集、閣本、張本、丁本作「往」，古今事文類聚後集卷四八、山堂肆考卷二二六作「在」。今按：作「住」疑誤。○然：山堂肆考卷二二六作「燃」。今按：然，同「燃」。

【集評】

采菽堂古詩選卷二二：稍有致。「燈下」不宜暗，「雨中」不宜然，螢火翻如此，故曰有致。

離合詩〔一〕

沉寥雲物浄〔二〕，水木備春光。龕定方無遠〔三〕，合浦不難航〔四〕。藝文類聚卷五六、古詩類苑卷八一、古詩紀卷八一、六朝詩集、御製集、閻本、張本、丁本。

【校注】

〔一〕離合詩：雜體詩名。唐王叡炙轂子録序樂府：「離合詩，起漢孔融，離合其字以成文。」宋葉夢得石林詩話：「古詩有離合體，近人多不解此體。余讀文類，得北海四言一篇云：『漁父屈節，水潛匿方。與時進止，出寺弛張。呂公磯釣，闔口渭旁。九域有聖，無土不王。好是正直，女回于匡。海外有截，隼逝鷹揚。六翮不奮，羽儀未彰。龍蛇之蟄，俾也可忘。玟琁隱耀，美玉韜光。無名無譽，放言深藏。按轡安行，誰謂路長。』此篇離合『魯國孔融文舉』六字。徐而考之，詩二十四句，每四句離合一字。如首章云『漁父屈節，水潛匿方。與時進止，出寺弛張』，第一句『漁』字，第二句『水』字，『漁』犯『水』字而去『水』，則存者爲『魚』字。第三句有『時』字，第四句有『寺』字，『時』犯『寺』字而去『寺』，則存者爲『日』字。離『魚』與『日』而合之，則爲『魯』字。下四章類此。殆古人好奇之過，欲以文字示其巧也。」明吴訥文體明辨序説：「按離合詩有四體：其一，離一字偏旁爲兩句，而四句湊合爲一字，如

『魯國孔融文舉』、『思楊容姬難堪』、『何敬容』、『閑居有樂』、『悲客他方』是也。其二，亦離一字偏旁爲兩句，而六句湊合爲一字，如『别』字詩是也。其三，離一字偏旁於一句之首尾，而首尾相續爲一字，如『松間斟』、『飲巖泉』、『砌思步』是也。其四，不離偏旁，但以一物二字離於一句之首尾，而首尾相屬爲一物，如縣名、藥名離合是也。」又，顔氏家訓卷六書證：「春秋説以人十四心爲德，詩説以二在天下爲酉，漢書以貨泉爲白水真人，新論以金昆爲銀，國志以天上有口爲吴，晉書以黄頭小人爲恭，宋書以召刀爲邵，參同契以人負告爲造：如此之例，蓋數術謬語，假借依附，雜以戲笑耳。如猶轉貢字爲項，以叱爲匕，安可用此定文字音讀乎？潘、陸諸子離合詩、賦，栻卜、破字經，及鮑昭謎字，皆取會流俗，不足以形聲論之也。」梁書卷三七何敬容傳：「時蕭琛子巡者，頗有輕薄才，因制卦名、離合等詩以嘲之，敬容處之如初，亦不屑也。」藝文類聚卷五六有後漢孔融、梁蕭巡、陳沈蛹、晉潘岳、宋何長瑜、宋孝武、宋謝惠連、宋謝靈運、宋賀道慶、齊石道慧、齊王融離合詩。今按：藝文類聚卷五六詩末汪紹楹校：「原訛『抗』，據馮校本改『寵』。」古詩類苑卷八一、御製集、御定淵鑑類函卷一九八詩末并有小注：「『寵』。」則此詩屬明吴訥文體明辨序説所説第一種，即離第一句「泬」字「水」旁，第三句「龕」字「合」旁，合「穴」和「龍」爲「寵」字。

〔二〕泬寥：楚辭九辯：「泬寥兮天高而氣清。」王逸注：「泬寥，曠蕩空虚也。或曰：泬寥猶蕭條。蕭條，無雲貌。寥，釋文作嵺。」洪興祖補注：「嵺，高貌。」○雲物：雲氣之色。周禮春官宗伯保章氏：「以五雲之物，辨吉凶、水旱降豐荒之祲象。」鄭玄注：「物，色也。視日旁雲氣之色。」左傳僖公五年：「公既視朔，遂登觀臺以望。而書，禮也。凡分、至、啓、閉，必書雲物，爲備故也。」杜預注：「雲物，氣色災變也。」物，古詩類苑卷八一、古詩紀卷八一、六朝詩集、御製集作「初」。古詩類苑、古詩紀下小注云：「一作『物』。」

〔三〕龕定：戰勝，平定。龕，文選卷一九謝靈運述祖德詩：「拯溺由道情，龕暴資神理。」李善注：「孔安國尚書傳曰：龕，勝也。」

〔四〕合浦：郡名。漢置，郡治在今廣西壯族自治區合浦縣東北，以産珍珠著名。〇難：御定淵鑑類函卷一九八作「離」。

賦登山馬〔一〕

登山馬逕小，逕小馬纔通〔二〕。汗赭疑霑勒〔三〕，衣香不逐風〔四〕。何殊隴頭望〔五〕，遥識祁連東〔六〕。藝文類聚卷九三、文苑英華卷三三〇、古詩類苑卷一二七、古詩紀卷八一、六朝詩集、御製集、閣本、張本、丁本。

【校注】

〔一〕賦登山馬：文苑英華卷三三〇題作「賦詠登山馬」，署名阮文帝。今按：史無阮文帝，文苑英華卷三三〇題誤署。古詩類苑卷一二七、六朝詩集題作「賦得登山馬」。古詩紀卷八一題下小注：「簡文同賦。」

〔二〕「登山」二句：藝文類聚卷九三於「逕小」下汪紹楹校：「原倒訛作『遥遥小小』，據馮校本改。」文苑英華卷三三〇作「登山馬逕小，逕小馬終通」。古詩類苑卷一二七、古詩紀卷八一、御製集作「登山馬，逕小馬纔通」，「登山馬」下小注：「一本疊『逕小』二字。」六朝詩集作「登山馬徑小，逕小馬纔通」。閣本、張本、丁本作「登山馬遥遥，小小馬纔通」。四庫全書考證卷九六漢魏六朝百三家梁元帝集：「刊本上『逕小』訛『遥遥』，下『逕小』訛『小小』，據古詩紀改。」今按：古人抄寫遇重文，即以「：」表示。此「逕小」重，故書作「逕：小：」。後人抄書或脱「逕小」二字；或誤作「逕逕小小」，又誤「逕」爲「遥」。

〔三〕汗赭：紅色的汗。史記卷一二三大宛列傳：「〔大宛〕多善馬，馬汗血，其先天馬子也。」漢書卷六武帝紀：「〔太初〕四年春，貳師將軍廣利斬大宛王首，獲汗血馬來。」顔師古注引應劭曰：「大宛舊有天馬種，蹋石汗血，汗從前肩髆出，如血。號一日千里。」〇勒：馬絡頭。釋名釋車：「勒，絡也，絡其頭而引之也。」文苑英華卷三三〇作「動」。

〔四〕「衣香」句：意謂馬因惡衣香而不能隨風奔馳。三國志卷二九方技朱建平傳：「建平又善相馬。文帝將出，取馬外入，建平道遇之，語曰：『此馬之相，今日死矣。』帝將乘馬，馬惡衣香，驚嚙文帝膝，帝大怒，即便殺之。」藝文類聚卷九三引周王褒謝賚馬啓曰：「儻逢漢帝，仍駕鼓車；若值魏王，應驚香氣。」

〔五〕隴頭：即隴山，地處寧夏自治區和甘肅省南部、陝西省西部三省會城市所形成的三角地帶中心。初學記卷一五引秦州記曰：「隴西郡隴山，其上懸巖吐溜於中嶺泉渟，因名萬石泉。泉溢，漫散而下，溝澮皆注。故北人升此而歌曰：『隴頭流水，流離四下。念我行役，飄然曠野。登高遠望，涕零雙落。』」又引辛氏三秦記曰：「隴渭西關，其阪九迴，上有水四注下。俗歌云：『隴頭流水，鳴聲幽咽，遥望秦川，肝腸斷絶。』」後借指邊塞。南朝宋陸凱贈范曄詩：「折花逢驛使，寄與隴頭人。」

〔六〕祁連：指祁連山。位於甘肅省西部和青海省東北部邊境。漢書卷五五霍去病傳：「去病至祁連山。」顏師古注：「祁連山即天山也，匈奴呼天爲祁連。」太平御覽卷五〇引西河舊事曰：「祁連山，在張掖、酒泉二界，焉支山在删丹故縣，東西百餘里，南北二十里，亦宜畜。匈奴失二山，乃歌曰：『亡我祁連山，使我六畜不蕃息；失我焉支山，使我婦女無顔色。』」又引涼州記曰：「祁連山，張掖、酒泉二界之上，東西二百里，南北百餘里，山中冬温夏涼，宜牧，牛乳酪濃好，夏寫酪不用器物，刈草著其上不散，酥特好，酪一斛得升餘酥。又有仙人樹，行人山中飢渴者，輒食之飽，不得持去，平居不可見。」

【附】

藝文類聚卷九三引梁簡文帝登山馬詩曰：登山馬，間樹識金裝。草合宜鞴短，影轉見鞭長。

何殊八公岫，暫上淮南王。

古意詠燭〔一〕

花中燭，焰焰動簾風。不見來人影，迴光持向空。藝文類聚卷八〇、古詩類苑卷一一五、古詩紀卷八一、閣本、張本、丁本。

【校注】

〔一〕古意：類似「擬古」，托古事古意以抒今情的詩歌。

【附】

藝文類聚卷八〇於梁孝元帝古意詠燭後載梁簡文帝和詩：花中燭，似將人意同。憶啼流膝上，燭焰落花中。

風人辭〔一〕

城頭張雀〔二〕，樓羅人著〔三〕。酉陽雜俎續卷四。

【校注】

〔一〕風人辭：古代民歌的一種體裁。清翟灝通俗編識餘：「六朝樂府子夜、讀曲等歌，語多雙關借意，唐人謂之『風人體』，以本風俗之言也。」宋嚴羽滄浪詩話詩體：「論雜體則有風人。」郭紹虞校釋：「『風人』云者，謂其體從民歌中來。」酉陽雜俎續卷四：「予在秘丘，嘗見同官説俗説樓羅，因天寶中，進士有東西棚，各有聲勢，稍傖者多會於酒樓食畢羅，故有此語。予讀梁元帝風人辭云：『城頭網雀，樓羅人著。』則知樓羅之言，起已多時。一云：『城頭網張雀，樓羅人會著。』」

〔二〕張：公羊傳隱公五年：「百金之魚公張之。」何休注：「張，謂張罔罟、置障谷之屬也。」周禮秋官司寇冥氏：「冥氏掌設弧張。」孫詒讓正義：「凡網羅之屬，並爲機軸張施之，故即謂之張。」

〔三〕樓羅：宋黄朝英靖康緗素雜記卷八「摟羅」條引酉陽雜俎，并云：「又蘇鶚演義云：『摟羅，幹了之稱也。俗云騾之大者曰摟騾，騾、羅聲相近。非也。又云婁敬、甘羅，亦非也。蓋摟者，攬也；羅者，綰也。言人善幹辦于事者，遂謂之摟羅。摟字從手旁作婁，爾雅云：「婁，聚也。」』此説近之。然南史顧歡傳云：『蹲夷之儀，婁羅之辯。』又談苑載朱貞白詩云：『太婁羅。』乃止用婁羅字。又五代史劉銖傳云：『諸君可謂僂儸兒矣。』乃加人焉。」宋吴曾能改齋漫録卷一「樓羅」：「以上皆朝英説。然予以爲此説久矣。北齊文宣帝時已有此語，王昕曰：『樓羅樓羅，實自難解。』蓋不始於梁元帝之時。以表考之，梁簡文帝即位，是歲己巳，次年庚午北齊宣帝即位，至壬申年梁元帝方即位。今據緗素雜記，以樓羅事引梁元帝風人辭爲始，不當。蓋元帝在宣帝之後。」清顧炎武日知録卷二四「樓羅」條：「蓋聰明才敏之意。」

長歌行〔一〕

當壚擅旨酒〔二〕，一卮堪十千〔三〕。無勞蜀山鑄〔四〕，扶授采金錢〔五〕。人生行樂爾〔六〕，何處不留連〔七〕。朝爲洛生詠〔八〕，夕作據梧眠〔九〕。忽兹忘物我〔一〇〕，優遊得自然〔一一〕。樂府詩集三〇、古詩類苑卷五九、古詩紀卷八〇、古樂苑卷一六、六朝詩集、御製集、閣本、張本、丁本。

【校注】

〔一〕長歌行：漢樂府曲調名。文選卷二七古樂府三首長歌行李善注：「崔豹古今注曰：長歌，言壽命長短定分，不妄求也。……古詩曰：長歌正激烈。魏武帝燕歌行曰：短歌微吟不能長。傅玄艷歌行曰：咄來長歌續短歌。然行聲有長短，非言壽命也。」其歌辭云：「青青園中葵，朝露待日晞。陽春布德澤，萬物生光輝。常恐秋節至，焜黄華葉衰。百川東到海，何時復西歸？少壯不努力，老大徒傷悲！」唐吴兢樂府古題要解卷上「長歌行」條云：「右古詞『青青園中葵，朝露待日晞』，言榮華不久，當努力爲樂，無至老大乃傷悲也。曹魏改奏文帝所賦『西山一何高』，言仙道鴻濛不可識，如王喬、赤松，皆空言虚詞，迂怪難信，當觀聖道而已。若陸機『逝矣經天日』，復言人運短促，當乘閑長歌，與古文合也。」今按：蕭繹此詩與樂府古辭主旨顯異，而與陸機同題之作意近。又，史記卷一一七司馬相如傳：「相如辭謝，爲鼓一再行。」司馬貞索隱：「樂府長歌行短歌行，行者曲也。」

〔二〕當壚：梁簡文帝當壚曲：「當壚設夜酒，宿客解金鞍。」史記卷一一七司馬相如傳：卓文君夜奔相如，「相如與俱之臨邛，盡賣其車騎，買一酒舍酤酒，而令文君當鑪。」裴駰集解引韋昭曰：「鑪，酒肆也。以土爲墮，邊高似鑪。」今按：壚、鑪，用同。○擅：墨子備城門：「城上三十步一聾竈，人擅苣，長五節。」孫詒讓閒詁引王引之曰：「擅，讀曰撣。説文：『撣，提持也。』古通作『擅』。」○旨酒：詩經小雅鹿鳴：「我有旨酒，以燕樂嘉賓之心。」説文解字旨部：「旨，美也。」

〔三〕卮（zhī）：漢書卷一高帝紀上：「上奉玉卮爲太上皇壽。」顔師古注：「卮，飲酒圓器也。」○十千：文選卷二七曹植名都篇：「我歸宴平樂，美酒斗十千。」吕延濟注：「言酒美故價貴。」又，野客叢書卷三漢唐酒價引典論曰：「孝靈帝末年，百司湎酒，一斗直千文。」宋趙與旹賓退録卷三：「梁元帝長歌行：『當壚擅旨酒，一卮堪十千。』謂之『堪』，則非真十千也。」

巵林卷三漢唐酒價：「釋曰：曹子建名都篇：『歸來宴平樂，美酒斗十千。』此詩人筆興所至耳。甲觀張筵，大官供醴，豈無酒酤我者，而算及酒錢也？梁元帝長歌行『當壚擅旨酒，一巵堪十千』，簡文帝詩『欲袪九秋恨，聊舉十千杯』，皆祖子建者。若泥其語，則一巵一盃又價齊於一斗矣。」「十千」乃「十千文」之略稱。論語雍也篇：「原思爲之宰，與之粟九百。」楊伯峻譯注：「下無量名，不知是斛是斗，還是別的。習慣上常把最通用的度、量、衡的單位省略不説，古今大致相同。」

〔四〕蜀山鑄：史記卷一二五佞幸列傳鄧通載：漢文帝寵信鄧通，「於是賜鄧通蜀嚴道銅山，得自鑄錢，『鄧氏錢』布天下。其富如此」。

〔五〕扶授：扶助，給予。授，古樂苑卷一六、張本、丁本小注：「一作『受』。」古詩類苑卷五九、古詩紀卷八〇、六朝詩集、御製集作「受」。古詩類苑卷五九、古詩紀卷八〇、御製集下小注：「一作『授』。」今按：受、授，古今字。

〔六〕「人生」句：漢書卷六六楊惲傳載惲報孫會宗書，有云：「人生行樂耳，須富貴何時。」

〔七〕留連：留戀不舍。宋書卷二一樂志録魏文帝燕歌行：「仰戴星月觀雲間，飛鳥晨鳴，聲氣可憐，留連顧懷不自存。」

〔八〕洛生詠：指洛下書生音色重濁的諷詠聲。晉室南渡，士大夫多流行「洛生詠」，以爲雅事。世説新語雅量：「〔謝安〕望階趨席，方作洛生詠，諷『浩浩洪流』。」劉孝標注引宋明帝文章志：「安能作洛下書生詠，而少有鼻疾，語音濁。後名流多斆其詠，弗能及，手掩鼻而吟焉。」世説新語輕詆：「人問顧長康：『何以不作洛生詠？』答曰：『何至作老婢聲。』」劉孝標注：「洛下書生詠，音重濁，故云老婢聲。」

〔九〕據梧：莊子齊物論：「昭文之鼓琴也，師曠之枝策也，惠子之據梧也，三子之知幾乎。」成玄英疏：「而言據梧者，只是以梧几而據之談説，猶隱几者也。」蕭繹答劉縮求述制旨義書曰：「所賴昔經陝服，頗足良書，憑几據梧，静供遊目。」

〔一〇〕忽：古詩類苑卷五九、古詩紀卷八〇、六朝詩集、御製集作「從」。〇忘物我：忘掉外物與己身。莊子大宗師：「墮肢體，黜聰明，離形去知，同於大通，此謂坐忘。」郭象注：「夫坐忘者，奚所不忘哉！既忘其迹，又忘其所以迹者，内不覺其一身，外不識有天地，然後曠然與變化爲體而無不通也。」南朝梁沈約郊居賦云：「惟至人之非己，固物我而兼忘。」文選卷三一江淹雜體詩效張廷尉綽雜述：「物我俱忘懷，可以狎鷗鳥。」李善注：「莊子曰吾喪我。郭象曰：『吾喪我，我自忘矣。』我自忘，天下何物足識哉！」

〔一一〕自然：天然，自自然然。老子第二五章：「人法地，地法天，天法道，道法自然。」

芳樹〔一〕

芬芳君子樹〔二〕，交柯御宿園〔三〕。桂影含秋色，桃花染春源〔四〕。落英逐風聚，輕香帶蕊翻。藂枝臨北閣〔五〕，灌木隱南軒〔六〕。交讓良宜重〔七〕，成蹊何用言〔八〕。

文苑英華卷二〇八、樂府詩集卷一七、古詩類苑卷一二五、古詩紀卷八〇、古樂苑卷九、六朝詩集、御製集、閻本、張本、丁本。

【校注】

〔一〕芳樹：漢樂府曲調名。晉書卷二三樂志：「漢時有短簫鐃歌之樂，其曲有朱鷺……芳樹……等曲，列於鼓吹，多序戰陣之事。」古今樂録曰：「漢鼓吹鐃歌十八曲，字多訛誤……十一曰芳樹。」宋書卷二二樂志載漢鼓吹鐃歌十八曲芳樹曲：「芳樹，日月君亂，如於風。芳樹不上無心。温而鵠，三而爲行。臨蘭池，心中懷我悵。心不可匡，目不可顧，妒人之子悲殺人。君有它心，樂不可禁。王將何似？如孫如魚乎？悲矣！」唐吴兢樂府古題要解曰：「右古詞，中有云：『妒人之子愁殺人，君有他心，樂不可禁。』若齊王融『相思早春日』，謝脁『早玩華池陰』，但言時暮衆芳歇絶而已。」

〔二〕君子樹：松柏類樹木。藝文類聚卷八九引晉宮閣記曰：「華林園中有君子樹三株。」太平御覽卷九五九引晉郭義恭廣志曰：「君子樹似檉松，曹爽樹之於庭。」初學記卷二八引西晉左九嬪松柏賦曰：「稟天然之貞勁，經嚴冬而不零。雖凝霜而挺幹，近青春而秀榮。若君子之順時，又似乎真人之抗貞。」

〔三〕御宿園：漢宮苑名。漢書卷八七揚雄傳上：「武帝廣開上林，南至宜春、鼎湖、御宿、昆吾。」

顔師古注：「御宿在樊川西也。」文選卷八揚雄羽獵賦序李善注引三秦記：「樊川，一名御宿。」三輔黄圖卷四苑囿：「御宿苑，在長安城南御宿川中。漢武帝爲離宫别館，禁禦人不得入。往來游觀，止宿其中，故名御宿。」

〔四〕「桂影」二句：樂府詩集卷一七小注：「一作『桂影含秋色，桃花染春源』。」含秋色，文苑英華卷二〇八小注：「一作『隨秋月』。」色，樂府詩集卷一七、古詩類苑卷一二五、古詩紀卷八〇、古樂苑卷九、六朝詩集、御製集作「月」。古樂苑下小注：「月，一作『色』。」花，文苑英華卷二〇八小注：「一作『色』。」樂府詩集卷一七作「色」。二句分含典故。上句暗含「月中桂」之典。初學記卷一引虞喜安天論曰：「俗傳月中仙人桂樹，今視其初生，見仙人之足，漸已成形，桂樹後生。」下句暗用「桃花源」之典，見晉陶淵明桃花源記并序。

〔五〕藂：樂府詩集卷一七、古詩類苑卷一二五、古詩紀卷八〇、古樂苑卷九作「叢」。今按：藂（cóng），同「叢」。楚辭招魂：「五穀不生，藂菅是食些。」王逸注：「柴棘爲藂……藂，一作叢。」洪興祖補注：「藂，草叢生也。」此處爲叢密之意。

〔六〕木：古詩類苑卷一二五訛作「水」。

〔七〕交讓：文選卷四左思蜀都賦：「交讓所植，蹲鴟所伏。」劉淵林注：「交讓，木名也。兩樹對生，一樹枯則一樹生，如是歲更，終不俱生俱枯也。出岷山，在安都縣。」此處語帶雙關，亦指相互謙讓。晏子春秋卷五雜上第十八：「諸侯相見，交讓，争處其卑，禮之文也。」

〔八〕成蹊：史記卷一〇九李將軍列傳太史公曰：「諺曰『桃李不言，下自成蹊』。」司馬貞索隱：「姚氏云：『桃李本不能言，但以華實感物，故人不期而往，其下自成蹊徑也。』」

【集評】

閻本：評「交讓良宜重，成蹊何用言」：緻絢。

巫山高〔一〕

巫山高不窮〔二〕，迴出荆門中〔三〕。灘聲下濺石，猿鳥上逐風〔四〕。樹雜山如畫〔五〕，林暗澗疑空。無因謝神女〔六〕，一爲出房籠〔七〕。藝文類聚卷四二、文苑英華卷二〇一、樂府詩集卷一七、古詩類苑卷一一、古詩紀卷八〇、古樂苑卷九、古詩鏡卷一九、六朝詩集、御製集、閻本、張本、丁本。

【校注】

〔一〕巫山高：漢樂府曲調名。晉書卷二三樂志：「漢時有短簫鐃歌之樂，其曲有朱鷺……巫山高……釣竿等曲，列於鼓吹，多序戰陣之事。」古今樂録曰：「漢鼓吹鐃歌十八曲，字多訛誤……七曰巫山高。」宋書卷二二樂志載漢鼓吹鐃歌十八曲巫山高曲：「巫山高，高以大；淮水深，難以逝。我欲東歸，害梁不爲。我集無高，曳水何梁。湯湯回回，臨水遠望。泣下霑衣，遠道之人心思歸。謂之何？」唐吴兢樂府古題要解：「右其詞大略言江淮水深，無梁可度，臨水遠望，思歸而已。若齊王融『想像巫山高』、梁范雲『巫山高不極』，雜以陽臺神女之事，無復遠望思歸之意也。」今按：蕭繹此詩與王、范詩意近。巫山，山名。位於重慶市東北部，北與大巴山相連，形如「巫」字，故名。

〔二〕「巫山」句：唐李白自巴東舟行經瞿唐峽登巫山最高峰晚還題壁詩：「巫山高不窮，巴國盡所歷。」

〔三〕迴：文苑英華卷二〇一、樂府詩集卷一七、古詩類苑卷一一、古詩紀卷八〇、古樂苑卷九、古詩鏡卷一九、六朝詩集、御製集、閣本、張本、丁本作「迥」。説文解字辵部：「迥，遠也。」王雲路六朝詩歌語詞研究下編釋詞「迴」字條認爲：「『迴』與『迥』同，都表示長、遠義。『迴』或『迥』何以有此義呢？因爲與『迴』形近的『迥』字有長、遠義。……古漢語中有一個特殊現象，即形近之字，往往混淆使用，因而也獲得了所借用的含義。」〇荊門：即荊門山，在今湖北省宜都市西北長江南岸，與北岸虎牙山對峙，處於鄂西巫山山地與江漢平原的分界地。水經注卷三四江水二：「江水又東歷荊門、虎牙之間，荊門在南，上合下開，闇徹山南。有門像，虎牙在北，石壁色紅，間有白文，類牙形，並以物像受名。此二山，楚之西塞也。」

〔四〕猿鳥：文苑英華卷二〇一、樂府詩集卷一七、古詩類苑卷一一、古詩紀卷八〇、古樂苑卷九、古詩鏡卷一九、六朝詩集、御製集、閣本、張本、丁本作「猿鳴」。今按：疑作「猿鳴」爲是。

水經注卷三四江水二：「故漁者歌曰：巴東三峽巫峽長，猿鳴三聲淚沾裳。」且「猿鳴」與上句「灘聲」對。○逐：大廣益會玉篇辵部：「逐，從也。」

〔五〕晝：文苑英華卷二〇一下小注云：「一作『盡』。」

〔六〕謝：漢書卷五四李陵傳：「霍子孟、上官少叔謝女。」顏師古注：「謝，以辭相問也。」○神女：謂巫山神女。文選卷一九宋玉高唐賦序：「昔者先王嘗遊高唐，怠而晝寢，夢見一婦人曰：『妾巫山之女也。』」李善注引襄陽耆舊傳曰：「赤帝女曰姚姬，未行而卒，葬於巫山之陽，故曰巫山之女。楚懷王遊於高唐，晝寢，夢見與神遇，自稱是巫山之女。」又宋玉神女賦序：「楚襄王與宋玉遊於雲夢之浦，使玉賦高唐之事。其夜王寢，果夢與神女遇，其狀甚麗。王異之，明日以白玉。」

〔七〕一爲：王雲路六朝詩歌語詞研究下編釋詞「一爲」條：「『爲』是應用十分廣泛的動詞，與『一』結合，構成雙音節。『一』多不表實義，而有加强語氣的作用。『一』與動詞語素組合構成的雙音節詞有很多，一般是置於句首的。」○房籠：亦作「房櫳」。本指窗欞，此指房屋。文選卷二九張協雜詩之一：「房櫳無行跡，庭草萋以緑。」李周翰注：「櫳亦房之通稱。」籠，文苑英華卷二〇一、樂府詩集卷一七、古詩類苑卷一一、古詩紀卷八〇、古樂苑卷九、古詩鏡卷一九、六朝詩集、御製集、閣本、張本、丁本作「櫳」。

【集評】

古詩鏡卷一九：得一佳句，「樹雜山如畫」。

明李日華六研齋筆記卷四：梁元帝巫山詩云：「樹雜山如畫，林暗澗疑空。」山之精采浮動，全藉於樹，樹雜則穿插掩映，有幽深層遝之趣，元帝善畫，二語已破山水之的。

關山月〔一〕

朝望清波道，夜上白登臺〔二〕。月中含桂樹〔三〕，流影自徘徊〔四〕。寒沙逐風起，春花犯雪開〔五〕。夜長無與晤〔六〕，衣單誰爲裁？藝文類聚卷四二、文苑英華卷一九八、樂府詩集卷二三、古詩類苑卷一一、古詩紀卷八〇、古樂府卷三、古樂苑卷一二、六朝詩集、御製集、張本、丁本。

【校注】

〔一〕關山月：魏晉樂府曲調名。樂府解題曰：「漢横吹曲，二十八解，李延年造。魏晉已來，唯傳十曲……。後又有關山月、洛陽道、長安道、梅花落、紫騮馬、驄馬、雨雪、劉生八曲，合十八曲。」又曰：「關山月，傷離别也。古木蘭詩曰：『萬里赴戎機，關山度若飛。朔氣傳金柝，寒光照鐵衣。』按相和曲有度關山，亦類此也。」古詩紀卷八〇小注云：「一作『傷别離』。」又，清吴兆宜玉臺新詠箋注卷七「非宋刻部分」亦録有此詩，題作傷别離，署簡文帝。

〔二〕「朝望」二句：太平御覽卷一七八引郡國志曰：「金河府，自平城遥登臺出渴鉢口，梁元帝横吹□□詩曰：『朝登青陂道，暮宿白登臺。』天女神即生後魏始祖神元也。」清波，漢書卷三四黥布傳：「章邯之滅陳勝，破呂臣軍，布引兵北擊秦左右校，破之青波，引兵而東。」顔師古曰：「地名也。」即青坡道。太平寰宇記卷四九河東道十雲州：「青坡道。冀州圖云：『青坡道自平城東南四十里西北出至紇真山，東北斜向平城西門山東出經白登山南脚一百步，仍東迴二十里，出渴鉢口，更北行六十里至陽門口，其道始達。』」在今山西省北部。北起山西省陽高縣西北邊墻，西南經大同縣西部至懷仁縣東北。清，文苑英華卷一九八、張本、丁本作「青」。文苑英華卷一九八小注云：「一作『清』。」白登臺，臺名。在今山西省大同市東北。水經注卷一三漯水：如渾水又南分爲二水，「一水南逕白登山西。服虔曰：『白登，臺名也，去平城七里。』如淳曰：『平城旁之高城若丘陵矣。今平城東十七里有臺，即白登臺也。臺南對岡阜，即白登山也。故漢書稱上遂至平城，上白登者也，爲匈奴所圍處。』孫暢之述畫曰：『漢高祖被圍七日，陳平使能畫作美女，送與冒頓。閼氏恐冒頓勝漢，其寵必衰，説冒頓解圍於此矣。』」

〔三〕「月中」句：太平御覽卷九五七引淮南子曰：「月中有桂樹。」含，文苑英華卷一九八、張本、丁本作「有」。文苑英華下小注：「一作『含』。」

〔四〕「流影」句：文選卷二三曹植七哀：「明月照高樓，流光正徘徊。」影，文苑英華卷一九八、張本、丁本作「景」。文苑英華下小注：「一作『影』。」今按：廣韻梗韻：「景，光也。」此「流景」，即流光。而「影」無「光」義，似以作「景」爲是。

〔五〕犯：文苑英華卷一九八、張本、丁本作「向」，小注：「一作『犯』。」

〔六〕晤：清吴兆宜玉臺新詠箋注卷七「非宋刻部分」作「悟」。

【集評】

義門讀書記卷四六：前用飛狐、瀚海，則後用骨都、日逐，前用羽書、刁斗，則後用胡笳、羌笛，步步相爲映發，此永明以後詩體也。曰隴頭，曰玉門，皆非幽并地，不待梁元帝關山月詩，地理謬誤也。

隴頭水〔一〕

銜悲别隴頭，關路漫悠悠。故鄉迷遠近，征人分去留。沙飛曉成幕〔二〕，海氣旦如樓〔三〕。欲識秦川處〔四〕，隴水向東流〔五〕。藝文類聚卷四二、文苑英華卷一九八、樂府詩集卷二一、古樂府卷三、古詩類苑卷一四、古詩紀卷八〇、古樂苑卷一二、六朝詩集、御製集、閻本、張本、丁本。

【校注】

〔一〕隴頭水：魏晉樂府曲調名。晉書卷二三樂志：「李延年因胡曲更造新聲二十八解，乘輿以爲武樂。後漢以給邊將，和帝時，萬人將軍得用之。魏晉以來，二十八解不復具存，用者有黃鵠、隴頭、出關、入關、出塞、入塞、折楊柳、黃覃子、赤之楊、望行人十曲。」樂府詩集卷二一漢橫吹曲引樂府解題曰：「漢橫吹曲，二十八解，李延年造。魏晉已來，唯傳十曲：一曰黃鵠，二曰隴頭……」同卷陳後主隴頭下云：「一曰隴頭水。通典曰：『天水郡有大阪，名曰隴坻，亦曰隴山，即漢隴關也。』三秦記曰：『其阪九回，上者七日乃越，上有清水四注下，所謂『隴頭水』也。』」今按：隴頭，在今陝西省隴縣西北。

〔二〕曉：文苑英華卷一九八、樂府詩集卷二一、閣本、張本、丁本作「晚」。

〔三〕「海氣」句：史記卷二七天官書：「海旁蜄氣象樓臺，廣野氣成宮闕然。」旦，文苑英華卷一九八、樂府詩集卷二一、閣本、張本、丁本作「夜」。文苑英華小注云：「一作『旦』」。

〔四〕秦川：水名。水經注卷一七渭水：「秦水又西南歷隴川，逕六槃口，過清水城，西南注清水。清水上下，咸謂之秦川。」

〔五〕隴水：河流名。水經注卷一七渭水：「渭水又東與新陽崖水合，即隴水也。東北出隴山。」元和郡縣志卷三九秦川：「小隴山，一名隴坻，又名分水嶺。……隴山有水，東西分流，因號驛爲分水驛。行人歌曰：『隴頭流水，鳴聲幽咽。遙見秦川，肝腸斷絕。』」

【集評】

采菽堂古詩選補遺卷三：貼題。寫事清楚，結小作開闔。

折楊柳〔一〕

巫山巫峽長〔二〕，垂柳復垂楊。同心宜同折〔三〕，故人懷故鄉。山似蓮花艷〔四〕，流如明月光〔五〕。寒夜猨鳴徹，遊子淚沾裳〔六〕。藝文類聚卷八九、文苑英華卷二〇八、樂府詩集卷二二、古樂府卷三、古詩類苑一二五、古詩紀卷八〇、古樂苑卷一二、古詩鏡卷一九、六朝詩集、御製集、閻本、張本、丁本。

【校注】

〔一〕折楊柳：漢樂府曲調名。晉書卷二三樂志：「李延年因胡曲更造新聲二十八解，乘輿以爲武樂。後漢以給邊將，和帝時，萬人將軍得用之。魏晉以來，二十八解不復具存，用者有黄鵠、隴頭、出關、入關、出塞、入塞、折楊柳、黄覃子、赤之楊、望行人十曲。」樂府解題：「漢横吹曲，二十八解，李延年造。魏晉已來，唯傳十曲……七曰折楊柳。」樂府詩集卷二二折楊柳下云：「唐書樂志曰：『梁樂府有胡吹歌云：「上馬不捉鞭，反拗楊柳枝。下馬吹横笛，愁殺行客兒。」此歌辭元出北國，即鼓角横吹曲折楊柳枝是也。』宋書五行志曰：『晉太康末，京、洛爲折楊柳之歌，其曲有兵革苦辛之辭。』」又，清吴兆宜玉臺新詠箋注卷七「非宋刻部分」亦録有此詩，署簡文帝。

〔二〕巫山：樂府詩集卷二二、古樂苑卷一二、六朝詩集作「山高」。文苑英華卷二〇八下小注云：「一作『山高』。」清吴兆宜玉臺新詠箋注卷七「非宋刻部分」引作「山高」。清毛先舒詩辯坻卷二六朝：「梁元帝『巫山巫峽長，垂柳復垂楊。』一作『山高巫峽長』，此句爲優。」〇巫峽：長江上著名峽谷。自今四川省巫山縣城東大寧河起，至湖北省巴東縣官渡口止，全長四十六公里。

〔三〕宜：文苑英華卷二〇八、樂府詩集卷二二、古樂府卷三、古詩類苑一二五、古詩紀卷八〇、古樂苑卷一二、古詩鏡卷一九、六朝詩集、御製集、閣本、張本、丁本作「且」。文苑英華卷二〇八小注云：「一作『宜』。」

〔四〕「山似」句：蕭繹東宫後堂仙室山銘：「太華削成，本擅奇聲。峰如雪委，嶺若蓮生。」

〔五〕流：指江河之水。文選卷二一左思咏史：「振衣千仞崗，濯足萬里流。」

〔六〕「寒夜」二句：水經注卷三四江水二：「故漁者歌曰：巴東三峽巫峽長，猿鳴三聲淚沾裳。」鳴澈，文苑英華卷二〇八、樂府詩集卷二二、古樂府卷三、古詩類苑一二五、古詩紀卷八〇、古樂苑卷一二、古詩鏡卷一九、六朝詩集、御製集、閣本、張本、丁本作「聲徹」。

【集評】

升庵詩話卷二「五言律起句」條：五言律詩起句最難，六朝人稱謝朓工於發端，如「大江流日夜，客心悲未央」，雄壓千古矣。唐人多以對偶起，雖森嚴，而乏高古。宋周伯弜選唐三體詩，取起句之工者二，「酒渴愛江清，餘酣漱晚汀」，又「江天清更愁，風柳入江樓」是也。語誠工，而氣衰颯。余愛柳惲「汀洲采白蘋，日落江南春」，吴均「咸陽春草芳，秦帝捲衣裳」，又「春從何處來，拂水復驚梅」，梁元帝「山高巫峽長，垂柳復垂楊」，唐蘇頲「北風吹早雁，日日渡河飛」，張柬之「淮南有小山，嬴女隱其間」，王維「風勁角弓鳴，將軍獵渭城」，杜子美「將軍膽氣雄，臂懸兩角弓」，孟浩然「八月湖水平，涵虚混太清」。雖律也，而含古意，皆起句之妙，可以爲法。何必效晚唐哉？伯弼之見誠小兒也。

閣本：評「山似蓮花艷，流如明月光」：亦光艷。

采菽堂古詩選補遺卷三：前四句迴還，故是新體。

古詩賞析卷一九：此閨怨詩，只借折楊柳爲引端耳。前四，起句即將心馳之地點清，因以楊柳昔曾同折，蹴起人當懷歸。連用疊字，亦巧。後四，頂首句山峽，遞落聞猿客淚，而己之念彼，不言自明，極有含蓄。

古詩源卷一二：連上篇（今按：指詠陽雲樓簷柳），此種音節，竟是五言近體矣。古詩之亡，亡于齊梁之間，唐陳射洪起而廓清之。文得昌黎，詩得射洪，挽回之功不小。

【附】

玉臺新詠卷七梁簡文帝和湘東王横吹曲三首折楊柳：楊柳亂成絲，攀折上春時。葉密鳥飛礙，風輕花落遲。城高短簫發，林空畫角悲。曲中無别意，并爲久相思。

洛陽道〔一〕

洛陽開大道，城北達城西〔二〕。青槐隨幔拂〔三〕，緑柳逐風低。玉珂鳴戰馬〔四〕，金爪鬭場雞〔五〕。桑萎日行暮〔六〕，多逢秦氏妻〔七〕。藝文類聚卷四二、樂府詩集卷二三、古樂府卷三、古詩類苑卷九、古詩紀卷八〇、古樂苑卷一二、六朝詩集、御製集、閣本、張本、丁本。

【校注】

〔一〕洛陽道：魏晉樂府曲調名。樂府解題：「漢横吹曲，二十八解，李延年造。魏晉已來，唯傳十曲……。後又有關山月、洛陽道、長安道、梅花落、紫騮馬、驄馬、雨雪、劉生八曲，合十八曲。」

〔二〕「洛陽」二句：太平御覽卷一九五引陸機洛陽記曰：「宫門及城中大道皆分作三，中央御道，兩邊築土牆，高四尺餘，外分之。唯公卿尚書章服道從中道，凡人皆行左右，左入右出，夾道種榆槐樹。此三道四通五達也。」

〔三〕幔：説文解字巾部：「幔，幕也。」南朝齊謝朓秋夜詩：「北窗輕幔垂，西戶月光入。」

〔四〕玉珂：馬絡頭上的玉製飾物。西晉張華輕薄篇：「文軒樹羽蓋，乘馬鳴玉珂。」唐李賀馬詩之二二：「汗血到王家，隨鸞撼玉珂。」清王琦彙解：「玉珂者，以玉飾馬勒之上，振動則有聲，故有『撼玉珂』、『鳴玉珂』之語。」説文解字玉部新附：「珂，玉也。」

〔五〕金爪：即「金距」。左傳昭公二十五年：「季、郈之雞鬭。季氏介其雞，郈氏爲之金距。」楊伯峻注：「説文：『距，雞距也。』漢書五行志『雌雞化爲雄，而不鳴不將爲距』注：『距，雞附足骨，鬭時所用刺之。』即雞跗蹠骨後方所生之尖突起部，中有硬骨質之髓，外被角質鞘，故可爲戰鬭之用。郈氏蓋于雞脚爪又加以薄金屬所爲假距。」淮南子卷一八人間訓：「魯季氏與郈氏鬭雞，郈氏介其雞，而季氏爲之金距。」高誘注：「金距，施金芒於距也。」文選卷二七曹植名都篇：「名都多妖女，京洛出少年。寶劍直千金，被服光且鮮。鬭雞東郊道，走馬長楸間。」

〔六〕行暮：將近傍晚。行，助字辨略卷二「行」字條：「水經注：『呂望行年五十，賣食棘津。』陶淵明詩：『吾生行歸休。』諸行字，並將辭。」

〔七〕多逢：樂府詩集卷二三作「多途」，六朝詩集作「途多」。○秦氏妻：陌上桑：「秦氏有好女，自名爲羅敷。羅敷喜蠶桑，采桑城南隅。」崔豹古今注卷中音樂：「陌上桑，出秦氏女子。秦氏邯鄲人，有女名羅敷，爲邑人千乘王仁妻。王仁後爲趙王家令。羅敷出采桑於陌上，趙王登臺，見而悦之，因飲酒欲奪焉。羅敷乃彈箏，乃作陌上桑以自明焉。」此指美艷的女子。氏，樂府詩集卷二三、古樂苑卷一二、六朝詩集作「女」，或誤。

【附】

玉臺新詠卷七梁簡文帝和湘東王横吹曲三首洛陽道：洛陽佳麗所，大道滿春光。游童初挾彈，蠶妾始提筐。金鞍照龍馬，羅袂拂春桑。玉車争晚入，潘果溢高箱。

長安道〔一〕

西接長楸道〔二〕，南望小平津〔三〕。飛甍臨綺翼〔四〕，輕軒影畫輪〔五〕。雕鞍承赭汗〔六〕，槐路起紅塵〔七〕。燕姬雜趙女〔八〕，淹留重上春〔九〕。文苑英華卷一九二、樂府詩集卷二三、古詩類苑卷九、古詩紀卷八〇、古樂苑卷一二、古儷府卷一一、六朝詩集、御製集、閣本、張本、丁本。

【校注】

〔一〕長安道：魏晉樂府曲調名。樂府解題曰：「漢横吹曲，二十八解，李延年造。魏晉已來，唯傳十曲……。後又有關山月、洛陽道、長安道、梅花落、紫騮馬、驄馬、雨雪、劉生八曲，合十八曲。」

〔二〕長楸：離騷九章哀郢：「望長楸而太息兮，涕淫淫其若霰。」王逸注：「長楸，大梓。」文選卷二七曹植名都篇：「鬭雞東郊道，走馬長楸間。」李周翰注：「古人種楸於道，故曰『長楸』。」楸，文苑英華卷一九二作「揪」，樂府詩集卷二三、古詩類苑卷九、古詩紀卷八〇、古樂苑卷一二、古儷府卷一一、六朝詩集、御製集、閣本、張本、丁本作「楸」。今按：作「楸」是，據改。

〔三〕小平津：在今河南省孟津縣東北黄河上。後漢書卷八靈帝紀「置八關都尉官」，李賢注：「八關謂函谷、廣城、伊闕、大谷、轘轅、旋門、小平津、孟津也。」

〔四〕飛甍（méng）：文選卷五左思吴都賦：「長干延屬，飛甍舛互。」劉淵林注：「飛甍舛互，言室屋之多相連下之貌。」同書卷二一鮑照詠史：「京城十二衢，飛甍各鱗次。」李周翰注：「甍，屋簷也。」卷二七謝朓晚登三山還望京邑詩：「白日麗飛甍，參差皆可見。」○綺翼：雕畫精美的屋簷。翼，建築物的飛簷。文選卷一班固西都賦：「列芬橑以布翼，荷棟桴而高驤。」李善注引説文曰：「翼，屋榮也。」説文解字木部：「榮……一曰：屋梠之兩頭起者爲榮。」清段玉裁注：「簷之兩頭軒起爲榮。」

〔五〕輕軒：輕便的小車。文選卷三張衡東京賦：「乃御小戎，撫輕軒。」李善注：「毛詩曰『小戎俴收』，謂小戎之車，輕便宜田獵。鄭玄曰：『輕車，驅逆之車。』」同書卷一六潘岳閒居賦：「太夫人乃御版輿，升輕軒，遠覽王畿，近周家園。」○畫輪：彩飾的車輪。

〔六〕雕鞍：刻飾花紋的華美馬鞍。○赭汗：紅色的汗水。史記卷一二三大宛列傳：「〔大宛〕多善馬，馬汗血，其先天馬子也。」漢書卷六武帝紀：「〔太初〕四年春，貳師將軍廣利斬大宛王首，獲汗血馬來。」顔師古注引應劭曰：「大宛舊有天馬種，蹋石汗血，汗從前肩髆出，如血。號一日千里。」

〔七〕槐路：槐蔭大道。藝文類聚卷三八引三輔黄圖曰：「去城七里，東爲常滿倉。倉之北爲槐市，列槐樹數百行，爲隧，無牆屋。諸生朔望會此市，各持其群（汪紹楹校：御覽五百三十四作「郡」）所出貨物，及經傳書記，笙磬樂器，相與買賣，雍雍揖讓，論義槐下。」太平御覽卷九五四引晉書曰：「苻堅僭號，自長安至於諸州，夾路皆種槐柳。百姓歌曰：『長安大街，夾路楊槐。下走朱輪，上有棲鸞。』」○紅塵：車馬揚起的飛塵。文選卷一班固西都賦：「紅塵四合，煙雲相連。」李善注引李陵詩曰：「紅塵塞天地，白日何冥冥。」

〔八〕「燕姬」句：謂漂亮女子很多。古詩十九首東城高且長：「燕趙多佳人，美者顏如玉。」戰國策卷三三中山「陰姬與江姬爭爲后」章：「〔司馬憙〕見趙王曰：『臣聞趙，天下善爲音，佳麗人之所出也。』」文選卷一四鮑照舞鶴賦：「當是時也，燕姬色沮，巴童心耻。」劉良注：「巴童、燕姬，並善歌舞者。」

〔九〕淹留：逗留。楚辭離騷：「時繽紛其變易兮，又何可以淹留？」爾雅釋詁：「曩、塵、佇、淹、留，久也。」晉郭璞注：「塵垢，佇企，淹滯，皆稽久也。」○上春：周禮春官宗伯天府：「上春，釁寶鎮及寶器。」鄭玄注：「上春，孟春也。」

紫騮馬〔一〕

長安美少年〔二〕，金絡飾連錢〔三〕。宛轉青絲鞚〔四〕，照曜珊瑚鞭〔五〕。依槐復依柳〔六〕，躞蹀復隨前〔七〕。方逐幽并去〔八〕，西北共連翩〔九〕。藝文類聚卷九三、文苑英華卷二〇九、古詩類苑卷一二七、古詩紀卷八〇、古樂苑卷一二、御製集、張本、丁本。又，樂府詩集卷二四、類説卷五一、古樂府卷三、六朝詩集引錢、鞭二韻。

【校注】

〔一〕紫騮馬：魏晉樂府曲調名。樂府解題曰：「漢横吹曲，二十八解，李延年造。魏晉已來，唯傳十曲……。後又有關山月、洛陽道、長安道、梅花落、紫騮馬、驄馬、雨雪、劉生八曲，合十八曲。」古今樂録曰：「紫騮馬古辭云：『十五從軍征，八十始得歸。道逢鄉里人，家中有阿誰？』又梁曲曰：『獨柯不成樹，獨樹不成林。念郎錦裲襠，恒長不忘心。』蓋從軍久戍，懷歸而作也。」

〔二〕「長安」句：何遜學古三首之一：「長安美少年，羽騎暮連翩。玉羈瑪瑙勒，金絡珊瑚鞭。」

〔三〕金絡：金飾馬籠頭。南朝宋鮑照代結客少年場行：「驄馬金絡頭，錦帶佩吴鈎。」〇飾連錢：指馬身上黑色的錢形斑文，古人以爲良馬的特徵。唐楊炯驄馬詩：「驄馬鐵連錢，長安俠少年。」唐盧照鄰長安古意：「妖童寶馬鐵連錢，娼婦盤龍金屈膝。」飾，文苑英華卷二〇九、古詩類苑卷一二七、古詩紀卷八〇、御製集、閣本、張本、丁本作「鐵」。文苑英華小注：「一作『錦』。」樂府詩集卷二四、類説卷五一、古樂府卷三、古樂苑卷一二、六朝詩集作「錦」。

〔四〕宛轉：莊子天下：「椎拍輐斷，與物宛轉，舍是與非，苟可以免。」成玄英疏：「宛轉，變化也。」此形容以韁繩控制馬匹的動作。○青絲鞚（kòng）：指馬韁繩。青絲，黑色的絲線。南朝梁王僧孺古意詩：「青絲控燕馬，紫艾飾吳刀。」鞚，大廣益會玉篇革部：鞚，「馬勒也」。此蓋指馬韁繩。

〔五〕照：日光。陳江總并州羊腸坂詩：「驚風起朔雁，落照盡胡桑。」○曜：六朝詩集、御製集、閻本、張本、丁本作「耀」。今按：曜、耀同。○珊瑚鞭：用珊瑚裝飾的馬鞭。初學記卷二二引涼州記曰：「咸寧二年，發張駿陵，得鞭，飾以珊瑚。」

〔六〕「依槐」句：謂滿是槐樹和柳樹。蕭繹折楊柳「垂柳復垂楊」句式類此。

〔七〕躞（xiè）蹀（dié）：徘徊貌。南朝梁吳均行路難：「躞蹀横行不肯進。」

〔八〕幽并：幽州和并州的並稱。約當於今河北省、山西省北部和內蒙古自治區、遼寧省部分地區。古與少數民族接壤，多戰事，故其俗尚氣任俠。三國魏曹植白馬篇：「白馬飾金羈，連翩西北馳。借問誰家子？幽并遊俠兒。」南朝宋鮑照擬古詩之三：「幽并重騎射，少年好馳逐。」

〔九〕連翩：同「聯翩」，連綿詞。文選卷二七曹植白馬篇：「白馬飾金羈，連翩西北馳。」張銑注：「連翩，馬馳皃。」連，古詩類苑卷一一七、古樂苑卷一一二古詩紀卷八〇、御製集作「聯」。

【集評】

玉臺新詠卷七梁簡文帝和湘東王横吹曲三首紫騮馬：賤妾朝下機，正值良人歸。青絲懸玉蹬，朱汗染香衣。驟急珍珂響，蹄多塵亂飛。雕胡幸可薦，故心君莫違。

驄馬驅〔一〕

朔方寒氣重〔二〕，胡關饒苦霧〔三〕。白雪晝凝山，黄雲夙埋樹〔四〕。連翩行役子〔五〕，終朝征馬驅〔六〕。試上金微山〔七〕，還看玉關路〔八〕。文苑英華卷二〇九、樂府詩集卷二四、古樂府卷三、古詩類苑卷一二七、古詩紀卷八〇、古樂苑卷一二、六朝詩集、御製集、閣本、張本、丁本。又，海録碎事卷一引霧韻。

【校注】

〔一〕驄馬驅：樂府曲調名。樂府詩集卷二四驄馬下云：「一曰驄馬驅，皆言關塞征役之事。」樂府解題曰：「漢横吹曲，二十八解，李延年造。魏晉已來，唯傳十曲……。後又有關山月、洛陽道、長安道、梅花落、紫騮馬、驄馬、雨雪、劉生八曲，合十八曲。」樂府詩集卷二四梁鼓驄馬下注云：「一曰驄馬驅，皆言關塞征役之事。」

〔二〕朔方：尚書堯典：「申命和叔宅朔方曰幽都。」孔安國傳：「北稱朔，亦稱方。」蔡沈集傳：「朔方，北荒之地。」

〔三〕苦霧：濃霧。南朝宋鮑照舞鶴賦：「涼沙振野，箕風動天，嚴嚴苦霧，皎皎悲泉。」

〔四〕夙：大廣益會玉篇夕部：「夙，早也，旦也。」樂府詩集卷二四、古樂府卷三、古詩類苑卷一二七、古詩紀卷八〇、古樂苑卷一二、六朝詩集、御製集作「宿」。文苑英華卷二〇九小注云：「一作『宿』。」

〔五〕連翩：匆匆貌。三國魏曹植吁嗟篇：「宕若當何依，忽亡而復存。飄颻周八澤，連翩歷五山。」南朝宋鮑照與荀中書別詩：「連翩感孤志，契闊傷賤躬。」翩，文苑英華卷二〇九小注云：「一作『驄』。」〇行役：詩經魏風陟岵：「予子行役，夙夜無已。」

〔六〕終朝：西晉陸機答張悛詩：「終朝理文案，薄暮不遑暝。」文選卷五三嵇康養生論：「終朝未餐，則囂然思食。」李善注：「終朝，謂從旦至食時。」〇驅：古詩類苑卷一二七、古詩紀卷八〇、古樂苑卷一二小注：「驅，叶都故切。」

〔七〕金微山：又名金山，即新疆北部與蒙古國間之阿爾泰山。後漢書卷四和帝紀：「〔永元三年〕二月，大將軍竇憲遣左校尉耿夔出居延塞，圍北單于於金微山，大破之，獲其母閼氏。」

〔八〕玉關：即玉門關。漢武帝時置，爲古代中國與西域交界的重要關口。故址在今甘肅省敦煌西北小方盤城。

【集評】

采菽堂古詩選卷二二：元帝擬漢橫吹諸篇，非不雕琢雋句，而驅使虚字不確，往往少情。此首直致之作，末二語翻有意致。六句安頓本題三字，亦穩貼。

劉生〔一〕

任俠有劉生〔二〕，然諾重西京〔三〕。扶風好驚坐，長安恒借名〔四〕。榴花聊夜飲〔五〕，竹葉解朝酲〔六〕。結交李都尉〔七〕，遨遊佳麗城〔八〕。

藝文類聚卷三三、文苑英華卷一九六、樂府詩集卷二四、古樂府卷三、古詩類苑卷五八、古詩紀卷八〇、古樂苑卷一二、古儷府卷五、六朝詩集、御製集、閣本、張本、丁本。又，海録碎事卷八録京、名二韻。

【校注】

〔一〕劉生：樂府曲調名。樂府解題曰：「漢横吹曲，二十八解，李延年造。魏晉已來，唯傳十曲……。後又有關山月、洛陽道、長安道、梅花落、紫騮馬、驄馬、雨雪、劉生八曲，合十八曲。」樂府古題要解「劉生」條曰：「右劉生不知何代人，觀齊梁已來所爲劉生辭者，皆稱其任俠豪放，周遊五陵三秦之地。或云抱劍專征爲符節官，所未詳也。」古今樂録曰：「梁鼓角横吹曲，有東平劉生歌，疑即此劉生也。」清毛先舒詩辯坻卷四竟陵詩解駁議云：「樂府横吹有東平劉生歌。又梁元帝劉生云：『任俠有劉生，然諾重西京。』樂府解題稱『齊梁已來爲劉生辭者，皆稱其任俠豪放』。蓋劉生本是俠客，故安東平第五解云：『東平劉生，復感人情。與郎相知，當解千齡。』此閨中屬望，謂所歡與俠者游，當無虞中道。類如唐人記黄衫豪客解使十郎迴心耳。伯敬乃云『是疑是防』，竟以劉生同諸周史明童，可資一笑。或云東平劉生即指安東平本曲，蓋歌此曲以爲歡，故下有『感情』、『相知』語，與『郎歌妙意曲，儂亦吐芳詞』，『君歌楊叛兒，妾勸新豐酒』，詞意正類，解亦近。」

〔二〕任俠：漢書卷三七季布傳：「季布，楚人也，爲任俠有名。」顔師古注：「任謂任使其氣力。俠之言挾也，以權力俠輔人也。」

〔三〕然諾：然、諾皆應對之詞，表示應允。史記卷一二四游俠列傳序：「而布衣之徒，設取予然諾，千里誦義，爲死不顧世，此亦有所長，非苟而已也。」漢書卷三七季布傳：「楚人諺曰：『得黄金百，不如得季布諾。』」○西京：西漢都長安，東漢改都洛陽，因稱洛陽爲東京，長安爲西京。

〔四〕「扶風」二句：漢書卷九二游俠傳載：陳遵字孟公，行俠好客，以功封嘉威侯，「居長安中，列侯近臣貴戚皆貴重之。牧守當之官，及郡國豪桀至京師者，莫不相因到遵門。……性善書，與人尺牘，主皆藏去以爲榮。請求不敢逆，所到，衣冠懷之，唯恐在後。時列侯有與遵同姓字者，每至人門，曰陳孟公，坐中莫不震動，既至而非，因號其人曰陳驚坐云」。扶風，郡名。治所槐里縣，即今陝西省興平市東南。舊爲三輔之地，多豪傑之士。文選卷二八劉琨扶風歌：「朝發廣莫門，莫宿丹水山。左手彎繁弱，右手揮龍淵。顧瞻望宮闕，俯仰御飛軒。」唐李白扶風豪士歌：「扶風豪士天下奇，意氣相傾山可移。」

〔五〕榴花：酒名。南史卷七八夷貊傳上扶南國："〔頓遜國〕有酒樹似安石榴，采其花汁停甕中，數日成酒。"榴，文苑英華卷一九六、古儷府卷五、閻本、張本、丁本作"菊"。○聊：文苑英華卷一九六、古儷府卷五、閻本、張本、丁本作"連"。

〔六〕"竹葉"句：以竹葉青酒解酒，實謂接連不斷地喝酒。竹葉，即竹葉青，酒名。文選卷三五張協七命："乃有荆南烏程，豫北竹葉。浮蟻星沸，飛華蓱接。"李善注："張華輕薄篇曰：蒼梧竹葉清，宜城九醖酒。"朝酲，謂宿醉病酒。漢書卷二三禮樂志引郊祀歌景星曰："百末旨酒布蘭生，泰尊柘漿析朝酲。"顔師古注引應劭曰："酲，病酒也。析，解也。言柘漿可以解朝酲也。"世説新語任誕："天生劉伶，以酒爲名，一飲一斛，五斗解酲。"酲，藝文類聚卷三三作"醒"，文苑英華卷一九六、樂府詩集卷二四、古樂府卷三、古詩類苑卷五八、古詩紀卷八〇、古樂苑卷一二、古儷府卷五、六朝詩集、御製集、閻本、張本、丁本作"醒"。今按：作"酲"是，據改。

〔七〕李都尉：指西漢李廣。廣曾爲隴西都尉和驍騎都尉，後長期率軍和匈奴作戰。詳史記卷一〇九李將軍列傳。都尉，地方武官名，佐太守主一郡武事。

〔八〕遨：六朝詩集作"遠"。○佳麗城：文選卷二四曹植又贈丁儀王粲："壯哉帝王居，佳麗殊百城。"李善注："高誘戰國策注曰：佳，大也。麗，美也。"

飛來雙白鶴〔一〕

紫蓋學仙成〔二〕，能令吴市傾〔三〕。逐舞隨疏節〔四〕，聞琴應別聲〔五〕。集田遥赴影〔六〕，隔霧近相鳴〔七〕。時從洛浦渡〔八〕，飛向遼東城〔九〕。文苑英華卷二〇六、樂府詩集卷三九、古詩類苑卷一一六、古詩紀卷八〇、六朝詩集、御製集、閣本、張本、丁本。

【校注】

〔一〕飛來雙白鶴：古樂府舊題。文苑英華卷二〇六「鶴」下小注：「一作『鵠』」，莊子『鶴』『鵠』通用。」古詩類苑卷一一六題作「賦得飛來雙白鶴」。樂府詩集卷三九艷歌何嘗行古辭云：「一曰飛鵠行。古今樂録曰：『王僧虔技録云：艷歌何嘗行，歌文帝何嘗、古白鵠二篇。』樂府解題曰：『古辭云：「飛來雙白鵠，乃從西北來。」言雌病雄不能負之而去，「五里一反顧，六里一徘徊」。雖遇新相知，終傷生別離也。又有古辭云「何嘗快獨無憂」，不復爲後人所擬。「鵠」一作「鶴」。』」

〔二〕「紫蓋」句：列仙傳王子喬：「王子喬者，周靈王太子晉也。好吹笙作鳳凰鳴，游伊、洛間，道士浮丘公接以上嵩高山，三十餘年後，求之於山上，見桓良，曰：『告我家，七月七日待我於緱氏山巔。』至時，果乘白鶴駐山頭。望之不得到，舉手謝時人，數日而去。」紫蓋，紫色車蓋，帝王儀仗之一。借指帝王。南朝梁沈約齊故安陸昭王碑文：「陪龍駕於伊洛，侍紫蓋於咸陽。」又，爲山峰名。藝文類聚卷七引盛弘之荆州記曰：「衡山有三峰極秀，一峰名紫蓋。」初學記卷三〇引盛弘之荆州記曰：「衡山有三峰極秀，一名紫蓋。澄天明景，輒有一雙白鶴，迴翔其上，清響亮徹。」

〔三〕「能令」句：吴越春秋闔閭内傳四：「吴王有女滕玉，因謀伐楚，與夫人及女會，食蒸魚。王前嘗半而與女。女怒曰：『王食我殘魚，辱我，不忍久生。』乃自殺。闔閭痛之，葬於國西閶門外。鑿池積土，文石爲椁，題湊爲中，金鼎、玉杯、銀樽、珠襦之寶皆以送女。乃舞白鶴於吴市中，令萬民隨而觀之，還使男女與鶴俱入羨門，因發機以掩之，殺生以送死，國人非之。」南朝宋鮑照舞鶴賦：「出吴都而傾市。」

〔四〕「逐舞」句：韓子十過：師曠爲晉平公鼓琴，「一奏之，有玄鶴二八道南方來，集于郎門之垝；再奏之，而列；三奏之，延頸而鳴，舒翼而舞，音中宫商之聲，聲聞於天。平公大説，坐者皆喜。平公提觴而起，爲師曠壽」。太平御覽卷九一六引孫氏瑞應圖曰：「玄鶴者，知音樂之節至。」逐，伴隨。大廣益會玉篇辵部：「逐，從也。」

〔五〕「聞琴」句：太平御覽卷九一六引琴操曰：「高陵牧子取妻五年無子，父兄欲爲改娶，妻聞，中夜驚起，倚户悲嘯。牧子聞之，援琴鼓之云：『痛恩愛之永離，歎别鶴以舒情。』故曰别鶴操。」

〔六〕「集田」句：太平御覽卷九一六引王韶之神鏡記曰：「滎陽郡南百餘里有蘭巖，常有雙鶴，素羽皦然，日夕偶影翔集。傳云：『昔夫婦俱隱此，年數百歲，化成此鶴。』」田，六朝詩集訛作「曰」。

〔七〕「隔霧」句：文選卷一四鮑照舞鶴賦：「巖巖苦霧，皎皎悲泉。冰塞長河，雪滿群山。既而氛昏夜歇，景物澄廓。星翻漢迴，曉月將落。感寒雞之早晨，憐霜雁之違漠；臨驚風之蕭條，對流光之照灼。唳清響於丹墀，舞飛容於金閣。始連軒以鳳蹌，終宛轉而龍躍。」梁簡文帝登板橋詠洲中獨鶴詩：「遠霧旦氛氲，單飛才可分。孤鶩宿嶼浦，羈唳下江汶。」初學記卷三〇引陳孔德紹賦得華亭鶴詩曰：「三山凌苦霧，千里激悲風。」相，六朝詩集作「村」。

〔八〕「時從」句：藝文類聚卷七八引齊袁彖遊仙詩曰：「羽客宴瑤宮，旌蓋乍舒設。王子洛浦來，湘娥洞庭發。」北周庾信庾子山集鶴贊：「華亭別唳，洛浦仙飛。」清倪璠注：「列仙傳曰：『周靈王太子晉，好吹笙，作鳳鳴。游伊、洛之間，道人浮丘公接以上嵩山。三十餘年後，來山上見桓良曰：「告我家，七月七日待我於緱氏山頭。」果乘白鶴，駐山巔，望之不得。舉手謝時人而去。』」

〔九〕「飛向」句：舊題晉陶潛搜神後記卷一「丁令威」曰：「丁令威，本遼東人，學道於靈虛山。後化鶴歸遼，集城門華表柱。時有少年，舉弓欲射之。鶴乃飛，徘徊空中而言曰：『有鳥有鳥丁令威，去家千年今始歸。城郭如故人民非，何不學仙塚纍纍。』遂高上衝天。今遼東諸丁云其先世有升仙者，但不知名字耳。」

班婕妤〔一〕

婕妤初選入，含媚向羅幃。何言飛燕寵〔二〕，青苔生玉墀〔三〕。誰知同輦愛〔四〕，遂作裂紈詩〔五〕。以兹自傷苦，終無長信悲〔六〕。樂府詩集卷四三、古詩類苑卷九八、古詩紀卷八〇、古樂苑卷二二、六朝詩集、御製集、閣本、張本、丁本。

【校注】

〔一〕班婕妤：樂府詩集卷四三晉陸機班婕妤下云：「一曰婕妤怨。漢書曰：『孝成班婕妤，初入宫爲少使，俄而大幸，爲婕妤，居增成舍。自鴻嘉後，帝稍隆内寵，婕妤進侍者李平，平得幸，立爲婕妤，賜姓衛，所謂衛婕妤也。其後趙飛燕姊弟亦從微賤興，班婕妤失寵，稀復進見。趙氏姊弟驕妒，婕妤恐久見危，求供養太后長信宫，帝許焉。』樂府解題曰：『婕妤怨者，爲漢成帝班婕妤作也。婕妤，徐令彪之姑，況之女，美而能文。初爲帝所寵愛，後幸趙飛燕姊弟，冠於後宫。婕妤自知見薄，乃退居東宫，作賦及紈扇詩以自傷悼。後人傷之而爲婕妤怨也。』」班婕妤事見漢書卷九七下外戚傳。好，六朝詩集均作「伃」。今按：婕妤、婕伃同。吴光興蕭綱蕭繹年譜「普通六年」下云：「湘東王繹作班婕妤，何思澄、孔翁歸應教唱和。」「思澄遷秣陵令，大約在普通年間，疑即湘東王丹陽尹任内也。」何、孔二人和詩均見玉臺新詠卷六。

〔二〕飛燕：即趙飛燕，西漢成帝皇后，與其妹趙合德專寵後宮十餘年。平帝時，廢爲庶人，自殺。漢書卷九七下外戚傳有傳。

〔三〕「青苔」句：此暗示失寵。漢書卷九七下外戚傳班倢伃：「其後趙飛燕姊弟亦從自微賤興，踰越禮制，寖盛於前。班倢伃及許皇后皆失寵，稀復進見。」玉墀（chí），宫殿前的石階。南朝宋顔延之宋文皇帝元皇后哀策文：「灑零玉墀，雨泗丹掖。」文選卷一班固西都賦：「於是玄墀釦砌，玉階彤庭。」張銑注：「墀，階也。」

〔四〕同輦（niǎn）愛：漢書卷九七下外戚傳班倢伃：「成帝遊於後庭，嘗欲與倢伃同輦載，倢伃辭曰：『觀古圖畫，賢聖之君皆有名臣在側，三代末主乃有嬖女，今欲同輦，得無近似之乎？』上善其言而止。」輦，通典禮二十六：「夏氏末代制輦……秦以輦爲人君之乘，漢因之。」

〔五〕裂紈（wán）詩：文選卷二七班婕妤怨歌行：「新裂齊紈素，皎潔如霜雪。裁爲合歡扇，團團似明月。出入君懷袖，動摇微風發。常恐秋節至，涼風奪炎熱。棄捐篋笥中，恩情中道絶。」紈，白色細絹，可做扇面。戰國策卷一一齊策四「管燕得罪齊王」章：「下宫糅羅紈，曳綺縠。」鮑彪注：「紈，素也。」

〔六〕長信悲：漢書卷九七下外戚傳班倢伃：「趙氏姊弟驕妒，倢伃恐久見危，求共養太后長信宮，上許焉。倢伃退處東宮，作賦自傷悼。」長信，宮殿名，位於西漢都城長安城内東南隅。三輔黄圖卷三長樂宮：「長信宮，漢太后常居之。按通靈記：『太后，成帝母也。后宮在西，秋之象也。秋主信，故宮殿皆以長信、長秋爲名。』又永壽、永寧殿，皆后所處也。（原注：成帝母王太后，居長信宮。）」文選卷五八謝朓齊敬皇后哀策文：「痛椒塗之先廓，哀長信之莫臨。」李善注引漢應劭漢官儀曰：「帝祖母爲太皇太后，其所居曰長信宮也。」

【附】

玉臺新詠卷六梁孔翁歸奉和湘東王教班婕好：長門與長信，日暮九重空。雷聲聽隱隱，車響絶瓏瓏。恩光隨妙舞，團扇逐秋風。鉛華誰不慕？人意自難終。

玉臺新詠卷六梁何思澄奉和湘東王教班婕好：寂寂長信晚，雀聲哦洞房。蜘蛛網高閣，駁蘚被長廊。虚殿簾帷静，閑階花蘂香。悠悠視日暮，還復拂空牀。

採蓮曲〔一〕

碧玉小家女〔二〕，來嫁汝南王〔三〕。蓮花亂臉色，荷葉雜衣香。因持薦君子，願襲芙蓉裳〔四〕。樂府詩集卷五〇、古詩類苑卷百二二、古詩紀卷八〇、六朝詩集、張本、丁本。又見藝文類聚卷八二採蓮賦。

【校注】

〔一〕採蓮曲：樂府詩集卷五〇於梁武帝江南弄下云：「古今樂録曰：『梁天監十一年冬，武帝改西曲，製江南上雲樂十四曲，江南弄七曲：一曰江南弄，二曰龍笛曲，三曰採蓮曲，四曰鳳笛曲，五曰採菱曲，六曰遊女曲，七曰朝雲曲。』」四庫全書考證卷九六漢魏六朝百三家梁元帝集：「按此首已見前採蓮賦，此重出。」

〔二〕碧玉：樂府詩集卷四五於碧玉歌三首題下云：「樂苑曰：『碧玉歌者，宋汝南王所作也。碧玉，汝南王妾名。以寵愛之甚，所以歌之。』」其二詩云：「碧玉小家女，不敢攀貴德。感郎千金意，慚無傾城色。」（今按：玉臺新詠卷一〇亦録此詩，署孫綽情人碧玉歌）其三詩云：「碧玉小家女，不敢貴德攀。感郎意氣重，遂得結金蘭。」北周庾信結客少年場行：「定知劉碧玉，偷嫁汝南王。」

〔三〕汝南王：樂府詩集卷五〇作「江南王」，藝文類聚卷八二採蓮賦、古詩類苑卷百二二、古詩紀卷八〇、張本、丁本作「汝南王」。中華書局點校本樂府詩集校改爲「汝南王」，校勘記云：「據詩紀卷七〇、百三名家集改。」今從。江南王，不詳。汝南王，樂府詩集卷四五引樂苑以爲是南朝宋汝南王，然史籍無載劉宋封汝南王者。又據太平廣記卷三二一引甄異録：「金吾司馬義妾碧玉，善弦歌。義以太元中病篤，謂碧玉曰：『吾死，汝不得別嫁，當殺汝。』曰：『謹奉命。』……碧玉色甚不美，本以聲見取。」今按：司馬義當作司馬乂，然據晉書卷五九，封汝南王者爲司馬亮，司馬乂封長沙王。

〔四〕襲：衣上加衣。後漢書卷七二光武十王東平憲王蒼傳：「乃命留五時衣各一襲。」李賢注：「衣單複具曰襲。」三國魏曹植五遊詠：「披我丹霞衣，襲我素霓裳。」○芙蓉裳：楚辭離騷：「芰荷以爲衣兮，集芙蓉以爲裳。」洪興祖補注：「本草云：其葉名荷，其華未發爲菡萏，已發爲芙蓉。」

吴趨行〔一〕

水裏生葱翅〔二〕，池心恒欲飛。蓮花逐牀返〔三〕，何時乘艒歸〔四〕？樂府詩集卷六四、古詩類苑卷九五、古詩紀卷八〇、古樂苑卷三五、六朝詩集、御製集、閻本、張本、丁本。

【校注】

〔一〕吴趨行：文選卷二八陸機吴趨行李善注：「崔豹古今注曰：吴趨曲，吴人以歌其地也。」劉良注：「趨，步也。此曲，吴人歌其土風也。」樂府古題要解「吴趨行」條：「右舊説吴人以歌其地。陸士衡『楚妃且勿歎』是也。」

〔二〕葱翅：指葱翠的水草葉形如鳥翅。

〔三〕牀：物之底部。此指船底。

〔四〕䑽（tà）：大廣益會玉篇舟部：「䑽，音榻，大船。」

燕歌行〔一〕

燕趙佳人本自多，遼東少婦學春歌〔二〕。黄龍戍北花如錦〔三〕，玄兔城前月似蛾〔四〕。如何此時別夫壻〔五〕，金羈翠眊往交河〔六〕。還聞入漢去燕營〔七〕，怨妾愁心百恨生〔八〕。漫漫悠悠天未曉，遥遥夜夜聽寒更〔九〕。自從異縣同心別〔一〇〕，偏恨同時成異節〔一一〕。横波滿臉萬行啼〔一二〕，翠眉暫斂千重結〔一三〕。並海連天合不開，那堪春日上春臺〔一四〕。唯見遠舟如落葉〔一五〕，復看遥舸似行杯〔一六〕。沙汀夜鶴嘯羈雌〔一七〕，妾心無趣坐傷離〔一八〕。翻嗟漢使音塵斷〔一九〕，空傷賤妾燕南垂〔二〇〕。藝文類聚卷四二、文苑英華卷一九六、樂府詩集卷三二、古詩類苑卷九五、古詩紀卷八〇、古樂苑卷一六、六朝詩集、御製集、閻本、張本、丁本。

【校注】

〔一〕燕歌行：樂府平調曲名。樂府詩集卷三二魏文帝曹丕燕歌行下云：「樂府解題曰：『晉樂奏魏文帝「秋風」、「別日」二曲，言時序遷换，行役不歸，婦人怨曠無所訴也。』廣題曰：『燕，地名也，言良人從役於燕，而爲此曲。』」後人所作燕歌行多寫邊塞征戍之事。燕趙，今東北遼河流域及河北省、山西省大部。又，清吴兆宜玉臺新詠箋注卷九「非宋刻部分」録此詩。周書卷四一王褒傳：「褒曾作燕歌行，妙盡關塞寒苦之狀，元帝及諸文士並和之，而競爲淒切之詞。」吴光興蕭綱蕭繹年譜繫此事於「承聖二年（553）」下。又，宋鄭樵通志卷七〇藝文略「詩總集」著録燕歌行一卷，下云：「梁元帝撰。僕射王褒以下皆和。」

〔二〕遼東少婦：古以爲燕趙遼東女子美艷善歌舞。三國志卷四三少帝紀裴松之注引魏書載：群臣奏皇太后，有云：「皇帝（今按：指齊王曹芳）即位，纂繼洪業，春秋已長，未親萬機，耽淫内寵，沈漫女色，……又於廣望觀上，使懷、信等於觀下作遼東妖婦，嬉褻過度，道路行人掩目，帝於觀上以爲讌笑。」唐李頎古意：「遼東小婦年十五，慣彈琵琶解歌舞。」遼東，指遼河以東的地區，今遼寧省的東部和南部。戰國、秦、漢至南北朝設郡。

〔三〕黄龍戍：即黄龍岡戍所，在今遼寧省開原縣西北。東連巨嶺，西抵遼河，地處邊防前線。唐沈佺期雜詩：「聞道黄龍戍，頻年不解兵。」

〔四〕玄兔城：指東北邊境上的城防。玄兔，亦作「玄菟」，郡名。轄境屢有變遷，大致相當今遼寧省東部及朝鮮咸鏡道一帶。兔，文苑英華卷一九六、樂府詩集卷三二、古詩類苑卷九五、古詩紀卷八〇、六朝詩集、御製集、閻本、張本、清吴兆宜玉臺新詠箋注卷九、丁本作「菟」。〇前：文苑英華卷一九六、閻本、張本、丁本作「中」。古詩紀卷八〇、古詩類苑卷九五下小注云：「一作『南』。」古樂苑卷一六、御製集作「南」，下小注：「『南』一作『前』。」欽定盛京通志卷一〇九作「邊」。〇月似蛾：即蛾眉月。月初或月末的一種月相，如蠶蛾彎曲細長的觸鬚。蛾，文苑英華卷一九六、古樂苑卷一六、閣本、張本、丁本作「娥」。

〔五〕如何：怎么辦。詩經秦風晨風：「如何如何，忘我實多。」

〔六〕金羈(jī)：文選卷二七曹植白馬篇：「白馬飾金羈，連翩西北馳。」李善注引説文：「羈，絡頭也。」〇翠毦(ěr)：以翠羽做成的裝飾物，常用以飾頭盔或兵器。毦，後漢書卷八六西南夷傳莋都夷：「青衣道夷邑長令田，與徼外三種夷三十一萬口，賫黄金、旄牛毦，舉土内屬。」李賢注引顧野王曰：「毦，結毛爲飾也，即今馬及弓槊上纓毦也。」南朝梁武帝襄陽蹋銅蹄歌：「龍馬紫金鞍，翠毦白玉羈。」樂府詩集卷三二、古詩紀卷八〇、古樂苑卷一六、丁本作「眊」。〇交河：亦名招哈河，在今新疆吐魯番市西。漢書卷九六西域傳下：「車師前國，王治交河城。河水分流繞城下，故號交河。去長安八千一百五十里。」

〔七〕漢：泛指漢族聚居的中原地區。

〔八〕怨：六朝詩集作「恐」。〇愁心：文苑英華卷一九六、閣本、張本、清吴兆宜玉臺新詠箋注卷九「非宋刻部分」、丁本作「心中」，文苑英華下小注：「一作『愁心』。」

〔九〕寒更：寒夜更鼓。寒，文苑英華卷一九六、閣本、張本、丁本作「嚴」，文苑英華下小注云：「一作『寒』。」嚴更，文選卷二張衡西京賦：「重以虎威章溝，嚴更之署。」薛綜注：「嚴更，督行夜鼓。」

〔一〇〕異縣：異地。古詩飲馬長城窟行：「他鄉各異縣，展轉不相見。」○同心：文苑英華卷一九六、閻本、張本、丁本作「心同」。四庫全書考證卷九六漢魏六朝百三家梁元帝集：「刊本『同心』二字互倒，據郭茂倩樂府改。」

〔一一〕偏：程度副詞。莊子庚桑楚：「老聃之役有庚桑楚者，偏得老聃之道。」成玄英疏：「庚桑楚最勝，故稱偏得也。」○節：時節，季節。

〔一二〕横波：文選卷一七傅毅舞賦：「眉連娟以增繞兮，目流睇而横波。」李善注：「横波，言目邪視，如水之横流也。」神女賦曰：望余幬而延視兮，若流波之將瀾。」此處指淚水。○啼：本指哭泣。此指眼淚。北周庾信贈别：「藏啼留送别，拭淚强相參。」

〔一三〕暫：文苑英華卷一九六、閻本、張本、丁本作「漸」，文苑英華卷一九六下小注云：「一作『暫』。」欽定盛京通志卷一〇九作「乍」。

〔一四〕那堪：猶怎堪，怎能禁受。南朝梁蕭綱寒閨：「譬喻持相比，那堪不愁思。」堪，文苑英華卷一九六、閻本、張本、丁本作「宜」，文苑英華下小注云：「一作『堪』。」○春臺：春日登眺覽勝之處。老子第二〇章：「衆人熙熙，如享太牢，如登春臺。」

〔一五〕唯：古詩類苑卷九五、古詩紀卷八〇、六朝詩集、御製集作「乍」。

〔一六〕舸：廣雅釋水：「舸，舟也。」○行杯：流觴，流杯。古代每逢三月上巳日有曲水流觴的風俗，即於環曲的水邊聚會，置酒杯于上流，任其順流而下，杯停依次取飲。南朝梁宗懔荆楚歲時記：「三月三日，士民並出江渚池沼間，爲流杯曲水之飲。」此指水中漂流的酒杯。

〔一七〕夜：清吴兆宜玉臺新詠箋注卷九作「野」。○羈雌：失伴的雌鳥。文選卷三四枚乘七發：「龍門之桐，高百尺而無枝。……暮則羈雌迷鳥宿焉。」吕延濟注：「羈雌，孤鳥也。」

〔一八〕無趣坐傷離：文苑英華卷一九六、閣本、張本、丁本作「無怨生別離」。楚辭九歌少司命：「悲莫悲兮生別離，樂莫樂兮新相知。」水經注卷二六沭水：「列女傳曰：齊人杞梁殖襲莒，戰死。……妻乃哭于城下，七日而城崩。故琴操云：殖死，妻援琴作歌曰：樂莫樂兮新相知，悲莫悲兮生別離！」坐，徒、空。南朝齊王融和王友德元古意：「坐銷芳草氣，空度明月輝。」

〔一九〕翻：副詞。反而。北周庾信卧疾窮愁詩：「有菊翻無酒，無弦則有琴。」○嗟：文選卷一六潘岳寡婦賦：「鞠稚子於懷抱兮，嗟低徊而不忍。」李周翰注：「嗟，歎也。」○斷：文苑英華卷一九六、閣本、張本、丁本作「絶」。蔡琰胡笳十八拍：「故鄉隔兮音塵絶，哭無聲兮氣將咽。一生辛苦兮緣別離，十拍悲深兮淚成血。」庾信擬詠懷之七：「榆關斷音信，漢使絶經過。」

〔二〇〕燕南垂：燕地南陲。此指少婦所處之地。垂，古詩類苑卷九五、六朝詩集、御製集、清吴兆宜玉臺新詠箋注卷九「非宋刻部分」作「陲」。今按：垂，通「陲」，邊陲。爾雅釋詁下：

「疆……垂也。」郝懿行義疏：「垂，又通作陲。」

【集評】

閻本：評「還聞入漢去燕營，怨妾愁心百恨生。漫漫悠悠天未曉，遥遥夜夜聽寒更」：唐漸。評「横波滿臉萬行啼……復看遥舸似行杯」：眇眇愁予乎。

明胡應麟詩藪内編卷三「古體下」：簡文烏棲曲妙於用短，元帝燕歌行巧於用長，並唐體之祖也。……燕歌初起魏文，實祖柏梁體，白紵詞因之。至梁元帝「燕趙佳人本自多，遼東少婦學春歌。黄龍戍北花如錦，玄菟城頭月似蛾」，音調始協。

明胡震亨唐音癸籤卷九引胡應麟語：燕歌，初起魏文，實祖柏梁體，白苧詞因之，皆平韻也。至梁元帝「燕趙佳人本自多，遼東少婦學春歌。黄龍戍北花如錦，玄兔城頭月似蛾」，音調始協。蕭子顯、王子淵製作浸繁，但通章尚用平韻轉聲，七字成句，故讀之尤未大暢。至王楊諸子歌行，韻則平仄互换，句則三五錯綜，而又加以開合，傳以神情，宏以風藻，七言之體自是大備要。惟長篇鉅什，敍述爲宜，用之短歌，紆緩寡態，於是高岑王李出，而格又一變矣。

清馮班鈍吟雜録卷三：七言歌行盛於梁末，梁元帝爲燕歌行，群下和之，今書目有燕歌行集。

鈍吟雜録卷四：古人七言歌行，止有「東飛伯勞歌」、「河中之水歌」，魏文帝有燕歌行。至宋齊多有雜言詩。梁元帝作燕歌行，一時文士争和。鄭漁仲通志藝文志有燕歌行集，今其書不存。

庾信集有一篇，可見。北人盧思道有從軍行。皆唐人歌行之權輿也。

義門讀書記卷四七：魏世已作燕歌行，十六國之機兆動矣；極於梁元帝，而文武之道盡於江陵之敗。

清汪師韓詩學纂聞「詩集」條：詩有一集止爲一事者。梁元帝爲燕歌行，群下和之，有燕歌行集。（今按：此説亦見隨園詩話卷七第四五則。）

清錢本菴唐音審體「古詩七言論」：七言始於漢歌行，盛於梁。梁元帝爲燕歌行，群下和之，自是作者迭出，唐初諸家皆效之。……歌行本出於樂府，然指事詠物，凡七言及長短句不用古題者，通謂之歌行，故文苑英華分樂府、歌行爲二。

【附】

樂府詩集卷三二梁蕭子顯燕歌行：風光遲舞出青蘋，蘭條翠鳥鳴發春。洛陽梨花落如雪，河邊細草細如茵。桐生井底葉交枝，今看無端雙燕離。五重飛樓入河漢，九華閣道暗清池。遥看白馬津上吏，傳道黃龍征戍兒。明月金光徒照妾，浮雲玉葉君不知。思君昔去柳依依，至今八月避暑歸。明珠蠶繭勉登機，鬱金香嗃特香衣。洛陽城頭雞欲曙，丞相府中烏未飛。夜夢征人縫狐貉，私憐織婦裁錦緋。吴刀鄭綿絡，寒閨夜被薄。芳年海上水中鳧，日暮寒夜空城雀。

樂府詩集卷三二北周王褒燕歌行：初春麗日鶯欲嬌，桃花流水没河橋。薔薇花開百重葉，楊柳拂地數千條。隴西將軍號都護，樓蘭校尉稱嫖姚。自從昔別春燕分，經年一去不相聞。無復漢地長安月，唯有漠北薊城雲。淮南桂中明月影，流黄機上織成文。充國行軍屢築營，陽史討虜陷平城。城下風多能却陣，沙中雪淺詎停兵。屬國小婦猶年少，羽林輕騎數征行。遥聞陌頭採桑曲，猶勝邊地胡笳聲。胡笳向暮使人泣，還使閨中空佇立。桃花落，杏花舒，桐生井底寒葉疏。試爲來看上林雁，應有遥寄隴頭書。

樂府詩集卷三二北周庾信燕歌行：代北雲氣晝昏昏，千里飛蓬無復根。寒雁丁丁渡遼水，桑葉紛紛落薊門。晉陽山頭無箭竹，疏勒城中乏水源。屬國征戍久離居，陽關音信絶能疏。願得魯連飛一箭，持寄思歸燕將書。渡遼本自有將軍，塞風蕭蕭生水紋。妾驚甘泉足烽火，君訝漁陽少陣雲。自從將軍出細柳，蕩子空牀難獨守。盤龍明鏡餉秦嘉，辟惡生香寄韓壽。春分燕來能幾日，二月蠶眠不復久。洛陽遊絲百丈連，黄河春冰千片穿。桃花顔色好如馬，榆莢新開巧似錢。蒲桃一杯千日醉，無事九轉學神仙。定取金丹作幾服，能令華表得千年。

烏棲曲〔一〕

其一

沙棠作船桂爲楫〔二〕，夜渡江南採蓮葉〔三〕。復值西施新浣紗〔四〕，共汎江干瞻月華〔五〕。藝文類聚卷四二、樂府詩集卷四八、古樂府卷七、古詩類苑卷九四、古詩紀卷八〇、古樂苑卷二五、古詩鏡卷一九、六朝詩集、御製集、閣本、張本、丁本。

【校注】

〔一〕烏棲曲：古詩紀卷八〇題作「烏棲曲四首」，題下小注云：「樂府詩集又有『幄中清酒』、『濃黛輕紅』二首，亦作元帝，玉臺新詠云蕭子顯詩也。」清吴兆宜玉臺新詠箋注卷九皇太子聖制烏棲曲四首題下小注：「簡文。」樂府詩集卷四七於清商曲辭西曲歌上烏夜啼八曲題下云：「樂府解題曰：『亦有烏棲曲，不知與此同否。』」同書卷四八清商曲辭西曲歌首録梁簡文蕭綱烏棲曲四首，則烏棲曲可能是梁簡文帝蕭綱自製的新曲。又，清吴兆宜玉臺新詠箋注卷九「非宋刻部分」亦録有此四詩。

〔二〕沙棠：木名，可造船。山海經西山經：「西南四百里，曰崑崙之丘。……有木焉，其狀如棠，黄華赤實，其味如李而無核，名曰沙棠，可以禦水，食之使人不溺。」晉王嘉拾遺記卷六前漢：「帝嘗以三秋閑日，與飛燕戲於太液池，以沙棠木爲舟，貴其不沉没也。」東晉郭璞沙棠詩：「安得沙棠，製爲龍舟。汎彼滄海，眇然遐遊。」

〔三〕採蓮葉：漢樂府江南：「江南可采蓮，蓮葉何田田。」

〔四〕西施：姓施，或稱先施，别名夷光，亦稱西子。春秋末年越國苧羅人，著名美女。事跡詳吴越春秋卷五勾踐陰謀外傳。管子小稱：「毛嬙、西施，天下之美人也。」〇浣紗：太平御覽卷四七引孔曄會稽記曰：「勾踐索美女以獻吳王，得諸暨羅山賣薪女西施、鄭旦，先教習於土城山，山邊有石，云是西施澣紗石。」紗，古詩類苑卷九四、古樂府卷七、古詩紀卷八〇、古詩鏡卷一九、六朝詩集、御製集作「沙」。今按：紗，古作「沙」。

〔五〕「共汎」句：古詩類苑卷九四、古詩紀卷八〇「華」下小注：「玉臺新詠作『共汎江干瞻月華』。」汎，樂府詩集卷四八、古樂府卷七、古詩類苑卷九四、古詩紀卷八〇、古樂苑卷二五、古詩鏡卷一九、六朝詩集、御製集、閣本、張本、丁本作「向」。瞻，樂府詩集卷四八、古樂府卷七、古詩類苑卷九四、古詩紀卷八〇、古樂苑卷二五、古詩鏡卷一九、六朝詩集、御製集、閣本、張本、丁本作「眺」。古樂苑卷二五句末小注云：「『向』，玉臺作『汎』；『眺』，玉臺作『瞻』。」御製集句末小注：「玉臺『向』作『汎』，『眺』作『瞻』。」干，詩經魏風伐檀：「坎坎伐檀兮，寘之河之干兮。」毛傳：「干，厓也。」集韻寒韻：「干，水涯也。」

【集評】

閣本：評「復值西施新浣紗，共汎江干瞻月華」：縹緲非煙，依微類月，裘馬兼輕，薄之不歸，箏管挾風，流之放誕。

其二

月華似璧星如珮〔一〕，流影澄明玉堂內〔二〕。邯鄲九投朝始成〔三〕，金巵銀碗共君傾〔四〕。藝文類聚卷四二、樂府詩集卷四八、古詩類苑卷九四、古詩紀卷八〇、古樂苑卷二五、古詩鏡卷一九、六朝詩集、御製集、閻本、張本、丁本。

【校注】

〔一〕璧：玉器名。爾雅釋器：「肉倍好，謂之璧。」邢昺疏：「璧亦玉器，子男所執者也……璧之制，肉，邊也；好，孔也。邊大倍於孔者名璧。」清吴兆宜玉臺新詠箋注卷九「非宋刻部分」作「碧」。○珮：古代繫於衣帶的裝飾品。左傳定公三年：「蔡昭侯爲兩佩與兩裘以如楚，獻一佩一裘於昭王。」杜預注：「佩，佩玉也。」珮，樂府詩集卷四八、古樂苑卷二五、閻本、張本、丁本作「佩」。今按：佩，同「珮」。

〔二〕澄：清吴兆宜玉臺新詠箋注卷九「非宋刻部分」作「燈」。

〔三〕邯鄲：地名。戰國時趙國都城。傳邯鄲産美酒。淮南子卷一〇繆稱訓：「魯酒薄而邯鄲圍。」高誘注：「魯與趙俱朝楚，獻酒於楚，魯酒薄而趙酒厚。楚之主酒吏求酒於趙，不與，楚吏怒，以趙所獻酒獻於楚王，易魯薄酒，楚王以爲趙酒薄而圍邯鄲。」○九投：亦作「九酘」。謂經過九次釀造的酒。初學記卷二六引酒經曰：「烏梅女麲，甛醹九投，澄清百品，酒之終也。」拾遺記卷九晉時事：「張華爲九醞酒。」北堂書鈔卷一四八引有曹操奏上九醞酒法。此代指美酒。投，樂府詩集卷四八作「技」，古詩類苑卷九四、古詩紀卷八〇、古樂苑卷二五、古詩鏡卷一九、六朝詩集、御製集、閻本、張本、丁本作「枝」。

〔四〕巵：大廣益會玉篇巵部：「巵，酒漿器也，受四升。」〇銀：樂府詩集卷四八、古詩類苑卷九四、古詩紀卷八〇、古樂苑卷二五、古詩鏡卷一九、六朝詩集、御製集、閣本、張本、丁本作「玉」。

其三

交龍成錦鬭鳳紋〔一〕，芙蓉爲帶石榴裙〔二〕。日下城南兩相望〔三〕，月没參横掩羅帳〔四〕。藝文類聚卷四二、樂府詩集卷四八、古詩類苑卷九四、古詩紀卷八〇、古樂苑卷二五、古詩鏡卷一九、六朝詩集、御製集、閣本、張本、丁本。

【校注】

〔一〕「交龍」句：初學記卷二七引鄴中記曰：「錦有大登高、小登高、大明光、小明光、大博山、小博山、大茱萸、小茱萸、大交龍、小交龍，蒲桃文錦，斑文錦、鳳皇朱雀錦、韜文錦、桃核文錦，或青綈，或白綈，或黄綈，或緑綈，或紫綈，或蜀綈，工巧百數，不可盡名也。」拾遺記卷九晉時事：「〔石虎〕引鳳文錦步障縈蔽浴所。」

〔二〕石榴裙：南朝齊何思澄南苑逢美人詩：「風捲蒲桃帶，日照石榴裙。」

〔三〕日下：指京城。古代以帝王比日，因以皇帝所在京城爲「日下」。世説新語排調：「荀鳴鶴、陸士龍二人未相識，俱會張茂先坐。張令共語。……陸舉手曰：『雲間陸士龍。』荀答曰：『日下荀鳴鶴。』」

〔四〕月没参（shēn）横：意謂夜深。三國魏曹植善哉行：「月没参横，北斗闌干。」参，星名，二十八宿之一。西方白虎七宿的末一宿，即獵户座的七顆亮星。

其四

七彩隨珠九華玉〔一〕，蛺蝶爲歌明星曲〔二〕。蘭房椒閣夜方開〔三〕，那知步步香風逐。藝文類聚卷四二、樂府詩集卷四八、古詩類苑卷九四、古詩紀卷八〇、古樂苑卷二五、古詩鏡卷一九、六朝詩集、御製集、閻本、張本、丁本。

【校注】

〔一〕隨珠：淮南子卷一七説林訓：「隨侯之珠在於前。」高誘注：「隨國在漢東，姬姓之侯，出遊於野，見大蛇斷在地，隨侯令醫以續傅斷蛇，得愈，去，後銜大珠報之，蓋明月之珠，因號隨侯之珠，世以爲寶也。」史記卷八七李斯列傳「有隨、和之寶」張守節正義引説苑曰：「昔隨侯行遇大蛇中斷，疑其靈，使人以藥封之，蛇乃能去，因號其處爲斷蛇丘。歲餘，蛇銜明珠，徑寸，絶白而有光，因號隨珠。」隨，古詩紀卷八〇、古詩類苑卷九四、古詩鏡卷一九、六朝詩集、御製集作「隋」。今按：隨、隋，用通。○九華玉：絢麗多彩的玉石。西京雜記卷一：「漢帝相傳以秦王子嬰所奉白玉璽、高帝斬白蛇劍。劍上有七采珠、九華玉以爲飾，雜厠五色琉璃爲劍匣。」

〔二〕蛺蝶：漢樂府雜曲歌辭有蜨蝶行，梁李鏡遠亦有蜨蝶行。今按：蜨，蝶之本字。蜨蝶、蛺蝶，即蝴蝶。

〔三〕蘭房椒閤：指后妃所居之室。蘭房，即蘭闈。椒閤，即椒房、椒屋。後漢書卷一〇皇后紀史臣贊曰：「班政蘭闈，宣禮椒屋。」李賢注：「班固西都賦曰：『後宮則掖庭椒房，后妃之室。蘭林、蕙草、披香、發越。』蘭林，殿名，故言蘭闈。椒屋即椒房也。」漢書卷六六車千秋傳：「曩者，江充先治甘泉宮人，轉至未央椒房。」顏師古曰：「椒房，殿名，皇后所居也。以椒和泥塗壁，取其温而芳也。」

【集評】

古詩鏡卷一九：輕款自在。音韻亦詩中一義，夫子謂鄭聲淫，子夏與文侯論樂，詳極節奏，故聲成音，音成樂。唐人七絶，平調雅音。梁人烏棲曲，聲極哀怨，一種妖淫之氣行乎其間。

采菽堂古詩選卷二二：清麗。

秋風摇落〔一〕

秋風起兮寒雁歸〔二〕，寒蟬鳴兮秋草腓〔三〕。萍青兮水澈〔四〕，葉落兮林稀。翠爲蓋兮玳爲席〔五〕，蘭爲室兮金作扉〔六〕。水周兮曲堂〔七〕，花交兮洞房〔八〕。樹参差兮稍密〔九〕，紫荷紛披兮疏且黄〔一〇〕。雙飛兮翡翠〔一一〕，並泳兮鴛鴦〔一二〕。神女雲兮初度雨〔一三〕，班妾扇兮始藏光〔一四〕。且淹留兮日云暮〔一五〕，對華燭兮歡未央〔一六〕。文苑英華卷三五八、御製集、閣本、張本、全梁文、丁本。又，藝文類聚卷五六有節引。

【校注】

〔一〕秋風摇落：藝文類聚卷五六「賦」類引首四語，題作「擬秋氣摇落」。文苑英華卷三三一題作「秋辭」，題下小注：「後篇作秋氣摇落，見三百五十八卷。」故此卷有題無篇。同書卷三五八「騷」類題作「秋風摇落」。御製集題作「秋風摇落辭」，入「辭」類。閣本、張本入「騷」類，題作「秋風搖落」。全梁文、丁本題作「秋風搖落」。今從文苑英華卷三五八，題作秋風搖落，入「騷」類。楚辭九辯：「悲哉秋之爲氣也！蕭瑟兮草木搖落而變衰。」

〔二〕「秋風」句：漢武帝秋風辭：「秋風起兮白雲飛，草木黄落兮雁南歸。」

〔三〕腓：文選卷二〇謝靈運九日從宋公戲馬臺集送孔令詩：「淒淒陽卉腓，皎皎寒潭絜。」李善注：「韓詩曰：秋日淒淒，百卉俱腓。薛君曰：腓，變也，俱變而黄也。腓音肥。毛萇曰：痱，病也。今本作腓字，非。」朱駿聲説文通訓定聲履部：「腓，假借爲『痱』。」

〔四〕萍青：藝文類聚卷五六作「蓱清」。

〔五〕翠爲蓋：淮南子卷一原道訓：「馳要褭，建翠蓋。」高誘注：「翠蓋，以翠鳥羽飾蓋也。」〇玳爲席：以玳瑁殼爲席。蕭繹納涼詩：「珠綦趨北閣，玳席徙南榮。」玳，「玳瑁」的簡稱。大廣益會玉篇玉部：「玳，音袋，俗以瑇瑁作玳。」玳瑁，形似龜的爬行動物，甲殼黄褐色，有黑斑和光澤，可做裝飾品。

〔六〕蘭：木蘭。楚辭九歌湘夫人：「築室兮水中，葺之兮荷蓋。蓀壁兮紫壇，播芳椒兮成堂。桂棟兮蘭橑，辛夷楣兮藥房。」王逸注：「以木蘭爲榱。」〇扉：爾雅釋宫：「闔謂之扉。」宋邢昺疏：「闔，門扇也，一名扉。」

〔七〕水周兮曲堂：水流環繞著曲堂。楚辭九歌湘君：「鳥次兮屋上，水周兮堂下。」王逸注：「周，旋也。言己之所居，在湖澤之中……流水周旋己之堂下。」曲堂，彎曲的長廊。南朝梁何遜七召：「亘以曲堂，周以洞房。」

〔八〕洞房：楚辭招魂：「姱容修態，絙洞房些。」王逸注：「房，室也。」洪興祖補注引五臣注：「洞，深也。」文選卷一一王延壽魯靈光殿賦：「旋室㛹娟以窈窕，洞房窋窱而幽邃。」張銑注：「洞，通也。窋窱，遠也。言此殿内更有曲室，美麗且深，又有通房，長遠而幽邃也。」北周庾信小園賦：「豈必連闥洞房，南陽樊重之第。」清倪璠注：「洞，通也。」

〔九〕稍密：閣本、張本作「密稍」。稍，清龍璋小學蒐佚字書上：「稍，枝末也。」

〔一〇〕紛披：散亂貌。北周庾信枯樹賦：「紛披草樹，散亂煙霞。」

〔一一〕翡翠：鳥名。楚辭招魂：「翡翠珠被，爛齊光些。」王逸注：「雄曰翡，雌曰翠。」洪興祖補注：「翡，赤羽雀。翠，青羽雀。異物志云：翠鳥形如燕，赤而雄曰翡，青而雌曰翠。翡大於群，其羽可以飾幃帳。顔師古曰：鳥各別異，非雌雄異名也。」

〔一二〕泳：文苑英華卷三五八下小注：「一作□」。

〔一三〕「神女」句：謂秋雨初來。文選卷一九宋玉高唐賦序：「昔者楚襄王與宋玉遊於雲夢之臺，望高唐之觀，其上獨有雲氣……王問玉曰：『此何氣也？』玉對曰：『所謂朝雲者也。』王曰：『何謂朝雲？』玉曰：『昔者先王嘗游高唐，怠而晝寢，夢見一婦人曰：妾巫山之女也，爲高唐之客，聞君游高唐，願薦枕席。王因幸之。去而辭曰：妾在巫山之陽，高丘之阻，旦爲朝雲，暮爲行雨。朝朝暮暮，陽臺之下。』」度，引。梁沈君攸採蓮曲：「度手牽長柄，轉楫避疏花。」

〔一四〕「班妾」句：謂秋天收藏起團扇。班妾，指班婕妤，雁門樓煩班況之女，漢成帝時入宫爲婕妤。生平事跡見漢書卷九七下外戚傳。樂府古題要解「婕妤怨」曰：「婕妤，徐令彪之姑，況之女。美而能文，初爲帝所寵愛。後幸趙飛燕姊娣，冠於後宫。婕妤自知恩薄，懼得罪，求供養皇太后於長信宫，因爲賦及紈扇詩以自傷。」文選卷二七班婕妤怨歌行：「新裂齊紈素，皎潔如霜雪。裁爲合歡扇，團團似明月。出入君懷袖，動摇微風發。常恐秋節至，涼風奪炎熱。棄捐篋笥中，恩情中道絶。」班，文苑英華卷三三一作「斑」，御製集、閣本、張本、全梁文、丁本作「班」。今按：「斑」與「班」通，然作姓氏，以「班」爲是，據改。藏光，三國志卷一一魏志管寧傳：「在乾之姤，匿景藏光。」文選卷五八謝朓齊敬皇后哀策文：「先德韜光。」李善注：「廣雅曰：韜，藏也。吴志賀劭上疏曰：陛下韜藏神光，潛德東夏。」此謂隱藏，收藏。

〔一五〕淹留：久留，逗留。楚辭離騷：「時繽紛其變易兮，又何可以淹留？」爾雅釋詁：「曩、塵、佇、淹、留，久也。」晉郭璞注：「塵垢，佇企，淹滯，皆稽久也。」

〔一六〕未央：楚辭離騷：「及年歲之未晏兮，時亦猶其未央。」王逸注：「央，盡也。」西晉傅玄秋胡行：「母立呼婦來，歡情樂未央。」

蕭繹集校注

〔南朝梁〕蕭繹 著
陳志平 熊清元 校注

中

上海古籍出版社

詔

即位江陵詔〔一〕

夫樹之以君，司牧黔首〔二〕。帝堯之心〔三〕，豈貴黄屋〔四〕，誠弗獲已而臨莅之。皇考朕皇祖太祖文皇帝積德岐、梁〔五〕，化行江漢〔六〕，道映在田〔七〕，具瞻斯屬〔八〕。皇高祖武皇帝明並日月〔九〕，功格區宇〔一〇〕，應天從民，惟睿作聖〔一一〕。太宗簡文皇帝地侔啓、誦〔一二〕，方符文、景〔一三〕。羯寇憑凌〔一四〕，時難孔棘〔一五〕。朕大拯横流〔一六〕，克復宗社。群公卿士、百辟庶僚〔一七〕，咸以皇靈睠命，歸運斯及，天命不可以久淹〔一八〕，宸極不可以久曠〔一九〕，粤若前載〔二〇〕，憲章令範〔二一〕，畏天之威〔二二〕，算隆寶曆〔二三〕，用集神器于予一人〔二四〕。昔虞、夏、商、周，年無嘉號，漢、魏、晉、宋，因循以久。朕雖云撥亂，且非創業〔二五〕，思得上繫宗祧〔二六〕，下惠億兆〔二七〕。可改太清六年爲承聖元年〔二八〕。逋租宿責〔二九〕，並許弘貸〔三〇〕；孝子義孫〔三一〕，可悉賜爵；長徒鏁士〔三二〕，特加原宥〔三三〕；禁錮奪勞〔二四〕，一皆曠蕩〔二五〕。梁書卷五元帝紀、册府元龜卷二〇八、梁文紀、御製集、閣本、張本、全梁文、丁本。又，册府元龜卷一八八有節引。

【校注】

〔一〕即位江陵詔：梁文紀卷四題作「即位江陵詔」，御製集、閣本、張本題作「即位詔」，全梁文、丁本題作「即位改元詔」。今題從梁文紀。梁書卷五元帝紀載：承聖元年（552）冬十一月丙子，「世祖即皇帝位於江陵。詔曰」云云。

〔二〕「夫樹」二句：左傳文公十三年：邾子曰：「天生民而樹之君，以利之也。」同書襄公十四年：師曠曰：「天生民而立之君，使司牧之，勿使失性。」司牧，管理，統治。黔首，禮記祭義：「明命鬼神，以爲黔首則。」鄭玄注：「黔首，謂民也。」陸德明音義：「黔……黑也。黑首謂民也。秦謂民爲黔首。」孔穎達疏：「黔，謂黑也。凡人以黑巾覆頭，故謂之黔首。」史記卷六秦始皇本紀：「二十六年……更民名曰黔首。」説文解字黑部：「黔，黎也。从黑，今聲。秦謂民爲黔首，謂黑色也。周謂之黎民。」亦參閲明楊慎丹鉛總録卷一三訂訛類黔首。

〔三〕堯：傳説中遠古賢明帝王，帝嚳之子。姓伊祁，亦作伊耆，名放勳。初封於陶，又封於唐，號陶唐氏，史稱唐堯。以子丹朱不肖，傳位於舜。生平事跡詳史記卷一五帝本紀。

〔四〕黄屋：古代帝王專用的黄繒車蓋。史記卷六秦始皇本紀：「子嬰度次得嗣，冠玉冠，佩華紱，車黄屋。」裴駰集解引蔡邕曰：「黄屋者，蓋以黄爲裏。」此指帝王之位。

〔五〕朕皇祖太祖文皇帝：指蕭繹祖父蕭順之。順之，字文緯，爲齊高帝蕭道成族弟。劉宋時爲黄門郎、安西長史、吴郡内史。南齊時封臨湘縣侯，歷任侍中、衛尉、太子詹事、領軍將軍、丹陽尹。卒，贈鎮北將軍，謚曰懿。梁武帝即位，追尊爲太祖文皇帝。生平事跡詳梁書卷一武帝本紀、南史卷六及卷七梁本紀武帝。〇岐、梁：岐山和梁山。岐山在今陝西省岐山縣東北七十里，梁山在今陝西省岐山縣東北五十里。詩經大雅緜：「古公亶父，來朝走馬。率西水滸，至于岐下。」今按：岐、梁是周的發祥地。所謂「積德岐、梁」，意指蕭順之爲梁王朝的建立奠定了基礎。

〔六〕化行江漢：詩經周南漢廣小序：「漢廣，德廣所及也。文王之道被于南國，美化行乎江、漢之域。」鄭玄箋：「紂時淫風遍於天下，維江、漢之域先受文王之教化。」江漢，長江和漢水。

〔七〕映：閣本、張本作「應」。〇在田：周易乾卦：「九二，見龍在田，利見大人。」王弼注：「處於地上，故曰在田。」後世用以指帝王即位前之處境。

〔八〕具瞻：爲衆人所景仰。詩經小雅節南山：「赫赫師尹，民具爾瞻。」毛傳：「具，俱。瞻，視。」

〔九〕皇考：對亡父的尊稱。禮記曲禮下：「天子死曰『崩』……父曰『皇考』，母曰『皇妣』。」鄭玄注：「皇，君也。考，成也。言其德行之成也。」楚辭離騷：「帝高陽之苗裔兮，朕皇考曰伯庸。」王逸注：「皇，美也；父死稱考。」〇高祖武皇帝：梁武帝蕭衍。衍，字叔達，小字練兒，南蘭陵人。仕齊爲雍州刺史，鎮守襄陽。齊末皇室内亂，起兵入京。不久，廢齊和帝自立，國號梁。即位後，重儒興學，篤信佛教。中大同二年，接納東魏叛將侯景歸降。後景作亂，京都陷，飢困而死。廟號高祖，謚武。著述甚多，後世散佚，明人輯有梁武帝御製集。梁書卷一至三、南史卷六至卷七梁本紀有紀。

〔一〇〕功格區宇：南朝梁沈約宋書卷三武帝本紀史臣曰：高祖劉裕「誅内清外，功格區宇」。文選卷三九任昉啓蕭太傅固辭奪禮：「明公功格區宇，感通有塗。」李善注：「尚書曰：時則有若伊尹格于皇天。東京賦曰：『區宇乂寧。』周易曰：『寂然不動，感而遂通。』」劉良注：「格，至也。區宇，天地也。」

〔一一〕惟睿作聖：聰明通達，明曉事理。尚書洪範：「貌曰恭，言曰從，視曰明，聽曰聰，思曰睿。恭作肅，從作乂，明作哲，聰作謀，睿作聖。」孔安國傳：「於事無不通謂之聖。」孔穎達疏：「睿、聖俱是通名，聖大而睿小，緣其能通微事，事無不通，因睿以作聖也。鄭玄周禮注云：『聖，通而先識也。』是言識事在於衆物之先，無所不通，以是名之爲聖。聖是智之上、通之大也。」

〔一二〕太宗簡文皇帝：梁簡文帝蕭綱。綱，字世纘，小字六通。南朝梁武帝第三子。天監五年，封晉安王。中大通三年，昭明太子蕭統死，繼立爲太子。太清末，侯景破建康，武帝死，綱即位。二年，爲侯景所殺。大寶三年（552）追崇爲簡文皇帝，廟號太宗。綱幼好詩文，是「宫體詩」的代表作家。梁書卷四、南史卷八梁本紀有紀。○地：指地位。○侔：説文解字人部：「侔，齊等也。」○啓、誦：夏禹之子帝啓、周武王之子成王誦。

〔一三〕方：治國謀略。○文、景：指西漢文帝、景帝。其統治時期被稱作「文景之治」，爲西漢盛世。

〔一四〕羯寇：指侯景。景，字萬景，北魏懷朔鎮鮮卑化羯人。梁武帝太清三年（548），侯景發動叛亂，領兵南下，渡過長江，攻入京師建康，武帝蕭衍、簡文帝蕭綱均死於亂中。事詳梁書卷五六侯景傳。○憑凌：侵犯，欺侮。左傳襄公二十五年：「今陳忘周之大德，蔑我大惠，棄我姻親，介恃楚衆，以憑陵我敝邑。」

〔一五〕孔棘：詩經小雅采薇：「豈不日戒，玁狁孔棘。」鄭玄箋：「孔，甚也。棘，急也。」

〔一六〕横流：洪水氾濫。比喻動盪危急之局勢。宋書卷二武帝紀：「大拯横流，夷項定漢。」

〔一七〕百辟：漢書八九循吏召信臣傳：「元始四年，詔書祀百辟卿士有益於民者。」顔師古曰：「百辟，百官。」

〔一八〕淹：文選卷一三賈誼鵩鳥賦：「淹速之度兮，語予其期。」李善注：「淹，遲也。」

〔一九〕宸（chén）極：本指北極星。文選卷三七劉琨勸進表：「永嘉之際，氛厲彌昏，宸極失御，登遐醜裔。」李善注：「宸極，喻帝位。」

〔二〇〕粵若：尚書堯典：「曰若稽古帝堯。」蔡沈集傳：「曰、粵、越通，古文作粵。曰若者，發語辭。」○前載：前代文獻所記載。

〔二一〕憲章：效法。禮記中庸：「仲尼祖述堯舜，憲章文武。」孔穎達疏：「憲，法也。章，明也。」○令範：指好的典範。

〔二二〕畏天之威：詩經周頌我將：「我其夙夜，畏天之威，于時保之。」鄭玄箋：「早夜敬天，於是得安文王之道。」

〔二三〕寶曆：指國祚，皇位。樂府詩集燕射歌辭三晉朝饗樂章：「椒觴再獻，寶曆萬年。」

〔二四〕神器：本指玉璽、寶鼎等代表國家政權的實物。借指帝位、政權。文選卷三張衡東京賦：「巨猾間亹，竊弄神器。」薛綜注：「神器，帝位也。」李善曰：老子曰：天下神器，不可爲也，爲者敗之。韋昭漢書注曰：神器，天子璽也。」同書卷六左思魏都賦：「劉宗委馭，巽其神器。」吕延濟注：「神器，帝位。」○予一人：古代帝王的自稱。尚書湯誥：「王曰：『嗟！爾萬方有衆，明聽予一人誥。』」孔安國傳：「天子自稱曰『予一人』，古今同義。」禮記曲禮下：「君天下，曰『天子』；朝諸侯，分職授政任功，曰『予一人』。」鄭玄注：「『余』『予』古今字。」孔穎達疏：「予，我也。自『朝諸侯』以下，皆是内事，故不假以威稱，但自謂『予一人』者，言我是人中之一人，與物不殊，故自謙損。白虎通云：『王自謂一人者，謙也，欲言已才能當一人耳。故論語云：「百姓有過，在予一人。」臣下謂之一人者，所以尊王者也。以天下之大，四海之内，所共尊者一人耳。』」漢書卷四文帝紀：「朕獲保宗廟，以微眇之身託于士民君王之上，天下治亂，在予一人。」

〔二五〕且：册府元龜卷一八八、卷二〇八引作「自」。今按：中華書局本梁書卷五元帝紀校勘記：「疑作『自』是。」

〔二六〕宗祧（tiāo）：宗廟。左傳襄公二十三年：「紇不佞，失守宗祧，敢告不吊。」杜預注：「遠祖廟爲祧。」

〔二七〕億兆：猶言衆庶萬民。尚書泰誓中：「受有億兆夷人，離心離德。」文選卷三七劉琨勸進表：「億兆攸歸，曾無與二。」

〔二八〕太清六年爲承聖：閣本脱「六年爲承聖」五字。四庫全書考證卷九六漢魏六朝百三家梁元帝集：「刊本脱『六年爲承聖』五字，據梁書改。」太清，南朝梁武帝蕭衍的年號。太清三年，蕭衍死，蕭繹仍沿用。

〔二九〕逋租：拖欠的租税。漢書卷六武帝紀：「諸逋貸及辭訟在孝景後三年以前，皆勿聽治。」顔師古注：「逋，亡也。久負官物亡匿不還者，皆謂之逋。」〇宿責：舊債。宿，漢書卷九〇酷吏傳：「〔尹〕賞所置皆其魁宿。」顔師古曰：「宿，久舊也。」責，通「債」。

〔三〇〕貸：寬免。漢書卷八三朱博傳：「然亦縱舍，時有大貸。」顔師古注：「貸，謂寬假於下也。」

〔三一〕義孫：册府元龜卷二〇八作「從孫」，下小注：「梁武帝父名順之，故曰『從孫』。」

〔三二〕長徒：長期服勞役的人。宋書卷三武帝紀下：「其有犯鄉論清議，贓汙淫盗，一皆蕩滌洗除，與之更始。長徒之身，特皆原遣。」隋書卷二五刑法志：「其不合遠配者，男子長徒，女子配春，並六年。」○鏁士：囚禁的士人。隋書卷二五刑法志：「遇赦降死者，黵面爲劫字，髡鉗，補治鎖士終身。」

〔三三〕原宥：原諒，寬恕。

〔三四〕禁錮：監禁，關押。後漢書卷二九鮑昱傳：「先帝詔言，大獄一起，寃者過半……宜一切還諸徙家屬，蠲除禁錮，興滅繼絶，死生獲所。」○奪勞：古代對犯罪官吏剥奪其職務令服勞役的一種懲罰制度。南朝陳徐陵陳武帝即位詔：「亡官失爵，禁錮奪勞，一依舊典。」隋書卷二五刑法志：「奪勞百日，杖督一百。」

〔三五〕曠蕩：文選卷四四陳琳檄吴將校部曲文：「聖朝開弘曠蕩，重惜民命，誅在一人，與衆無忌。」張銑注：「曠蕩，寬大貌。」

【集評】

閻本：論其氣格，幾不減漢詔，余怪其序繼弑君，地纔黑子，便作粉飾太平語，鮮克有終，宜哉！

蠲免力田詔〔一〕

食乃民天〔二〕，農爲治本〔三〕，垂之千載，貽諸百王，莫不敬授民時〔四〕，躬耕帝籍〔五〕。是以稼穡爲寶，周頌嘉其樂章〔六〕；禾麥不成，魯史書其方册〔七〕。秦人有農力之科〔八〕，漢氏開屯田之利〔九〕。頃歲屯否〔一〇〕，多難荐臻〔一一〕，干戈不戢〔一二〕，我則未暇〔一三〕。廣田之令，無聞於郡國；載師之職〔一四〕，有陋于官方〔一五〕。今元惡殄殲〔一六〕，海内方一，其大庇黔首，庶拯横流。一廛曠務〔一七〕，勞心日仄〔一八〕；一夫廢業，舄鹵無遺〔一九〕。國富刑清，家給民足〔二〇〕。其力田之身，在所蠲免。外即宣勒〔二一〕，稱朕意焉。梁書卷五元帝紀、册府元龜卷四八九、梁文紀、御製集、閣本、張本、全梁文、丁本。

【校注】

〔一〕蠲免力田詔：梁文紀、閣本、張本題作「蠲免力田詔」，御製集、全梁文、丁本題作「勸農詔」。今題從梁文紀等。梁書卷五元帝紀載：「〔承聖〕二年三月庚午，詔曰」云云。

〔二〕食乃民天：史記卷九七酈食其傳載：酈食其曰：「王者以民人爲天，而民人以食爲天。」

〔三〕農爲治本：韓非子詭使：「倉廩之所以實者，耕農之本務也。」廣弘明集卷八釋道安二教論儒道升降二：「農爲治本，史遷不言，安毁縱横，官典俱漏。」

〔四〕敬授民時：謂敬記天時以授農，使知時令變化，不誤農作。後以之指頒布曆書。尚書堯典：「乃命羲、和欽若昊天，曆象日月星辰，敬授人時。」孔安國傳：「曆象其分節，敬記天時，以授人也。」蔡沈集傳：「人時，謂耕穫之候。」史記卷一五帝本紀引作「敬授民時」。蕭繹慶東耕啓：「伏惟陛下，敬授民時，造幄籍圃。」

〔五〕躬耕帝籍：帝王親耕籍田。禮記月令：孟春之月，「是月也，天子乃以元日祈穀于上帝。乃擇元辰，天子親載耒耜，措之于參保介之御間，帥三公、九卿、諸侯、大夫躬耕帝藉」。鄭玄注：「帝籍，爲天神借民力所治之田也。」

〔六〕「是以稼穡」二句：詩經周頌有豐年、良耜諸篇，並豐收後祭祀天地的樂章。

〔七〕「禾麥」二句：春秋載：莊公七年，「秋，大水，無麥苗」。莊公二十八年，「大無麥、禾」。魯史，指春秋。○方册：簡册，典籍。此指史册。禮記中庸：「文武之政，布在方策。」鄭玄注：「方，版也。策，簡也。」孔穎達疏：「言文王、武王爲政之道，皆布列在於方牘簡策。」宋程大昌演繁露卷七「方册」條：「張蒼傳『主柱下方書』，如淳曰：『方，版也。』中庸曰：『文武之政，布在方册。』方册云者，書之於版，亦或書之竹簡也。通版爲方，聯簡爲册。」

〔八〕「秦人」句：史記卷六八商君列傳載：秦孝公以衛鞅爲左庶長，卒定變法之令。「僇力本業，耕織致粟帛多者復其身。事末利及怠而貧者，舉以爲收孥。」科，科條，法令。太玄玄摛：「三儀同科。」范望注：「科，法也。」

〔九〕「漢氏」句：漢書卷九六西域傳下渠犁：「自武帝初通西域，置校尉，屯田渠犁。」明焦竑焦氏筆乘營田：「若屯田，則咸屯兵爲之，趙充國、鄧艾、羊祜皆是也。故云屯田。」亦參文獻通考卷七田賦「屯田」條。屯田，利用戍卒或農民、商人墾殖荒地，以取得軍餉和税糧。有軍屯、民屯、商屯之分。

〔一〇〕頃歲：近年。南朝梁江淹爲蕭公上銅鐘芝草衆瑞表：「頃歲以來，禎應四塞。」○屯（zhūn）否（pǐ）：周易之屯卦和否卦。後世以指時世艱難。屯，震下坎上。周易屯：「彖曰：屯，剛柔始交而難生。」說文解字中部：「難也。象艸木之初生，屯然而難。……易曰：『屯，剛柔始交而難生。』」否，坤下乾上。周易否：「彖曰：『否之匪人，不利君子貞，大往小來。』則是天地不交而萬物不通也，上下不交而天下無邦也；內陰而外陽，內柔而外剛，內小人而外君子，小人道長，君子道消也。」東漢王粲初征賦：「逢屯否而底滯兮，忽長幼以羈旅。」

〔一一〕荐臻：閣本、張本作「薦臻」。詩經大雅雲漢：「天降喪亂，饑饉薦臻。」毛傳：「薦，重。臻，至也。」孔穎達疏：「釋言云：『荐，再也。』僖十三年左傳曰：『晉荐饑。』釋天云：『仍饑爲荐。』此『薦』與『荐』，字異義同，故爲『重』也。『臻，至』，釋詁文。」

〔一二〕干戈不戢：指征戰沒有停息。戢，收藏兵器。說文解字戈部：「戢，藏兵也。」

〔一三〕我則未暇：文選卷三張衡東京賦：「因秦宮室，據其府庫。作洛之制，我則未暇。」

〔一四〕載師：周官名。掌理土地賦役等事務。周禮地官司徒載師：「載師，掌任土之法，以物地事，授地職，而待其政令。」

〔一五〕陋：輕視。史記卷三八宋微子世家：「今殷民乃陋淫神祇之祀。」司馬貞索隱：「劉氏云：『陋淫，猶輕穢也。』」

〔一六〕元惡：首惡，大惡之人。尚書康誥：「元惡大憝，矧惟不孝、不友！」孔安國傳：「大惡之人猶爲人所大惡，況不善父母、不友兄弟者乎。」此處指侯景。○殄（tiǎn）殲：全部殲滅。尚書泰誓下：「肆予小子，誕以爾衆士，殄殲乃讎。」説文解字歺部：「殄，盡也。」

〔一七〕一廛（chán）：孟子滕文公上：「遠方之人聞君行仁政，願受一廛而爲氓。」朱熹集注：「廛，民所居也。」此指一塊土地。○曠務：謂田地荒廢。吕氏春秋卷二二慎行論無義：「以義動則無曠事矣。」高誘注：「曠，廢也。」

〔一八〕勞心日仄：晉書卷四七傅咸傳：「咸上言曰：『陛下處至尊之位，而修布衣之事，親覽萬機，勞心日昃。』」仄，同「昃」。日昃，太陽偏西，約下午二時左右。周易離卦：「日昃之離，何可久也？」明楊慎丹鉛餘録續録卷六「日昃曰映」：「梁元帝纂要云：『日在午曰亭，在未曰映。』王仲宣詩云：『山崗有餘映。』謂日仄也。」

〔一九〕舄（xì）鹵：荒薄的鹽鹼地。漢書卷二九溝洫志：「民歌之曰：『鄴有賢令兮爲史公，決漳水兮灌鄴旁，終古舄鹵兮生稻粱。』」顔師古注：「爾雅曰『鹵，鹹苦也』。師古曰：『舄即斥鹵也，謂鹹鹵之地也。』」

〔二〇〕民：御製集作「人」。

〔二一〕即：閣本、張本作「既」。○宣勒：佈告。文選卷一〇潘岳西征賦：「陷社稷之王章，俾幽死而莫鞫。」李善注：「張晏漢書曰：鞫，窮也。……一曰勒。毛萇詩傳注曰：勒，告也。」

還都建鄴詔〔一〕

夫爰始居亳，不廢先王之都〔二〕；受命于周，無改舊邦之頌〔三〕。頃戎旃既息〔四〕，關柝無警〔五〕。去魯興歎〔六〕，有感宵分〔七〕，過沛殞涕〔八〕，實勞夕寐〔九〕。仍以瀟湘作亂〔一〇〕，庸蜀阻兵〔一一〕，命將授律〔一二〕，指期克定。今八表乂清〔一三〕，四郊無壘〔一四〕，宜從青蓋之典〔一五〕，言歸白水之鄉〔一六〕。江、湘委輸〔一七〕，方船連舳〔一八〕，巴峽舟艫，精甲百萬，先次建鄴，行實京師。然後六軍遄征〔一九〕，九旂揚旆〔二〇〕，拜謁塋陵〔二一〕，修復宗社。主者詳依舊典，以時宣勒〔二二〕。梁書卷五元帝紀、册府元龜卷一九六、梁文紀、御製集、閣本、張本、全梁文、丁本。

【校注】

〔一〕還都建鄴詔：梁文紀卷四題作「還都建鄴詔」，御製集題作「議還都詔」，閣本、張本題作「次建業詔」，全梁文、丁本題作「將歸建鄴先遣軍東下詔」。今題從梁文紀。梁書卷五元帝紀載：承聖二年（553）「八月戊戌，尉遲迥陷益州。庚子，詔曰」云云。

〔二〕「夫爰」二句：相傳湯的先祖帝嚳居亳，此後多次遷徙，至湯仍都於亳。參史記卷三殷本紀及裴駰集解引孔安國説。爰始，詩經大雅緜：「爰始爰謀，爰契我龜。」經傳釋詞卷二

「爰」：「或訓爲于，或訓爲於，或訓爲曰，或訓爲於是，其義一也。……爰、粤、于一聲之轉，故三字皆可訓爲於。」

〔三〕「受命」二句：周武王滅紂，封商之後裔於宋。宋祀先祖，乃奏商頌。參毛詩商頌序。舊邦，指商王朝。

〔四〕戎旃：文選卷四〇謝朓拜中軍記室辭隋王箋：「契闊戎旃，從容讌語。」李周翰注：「戎，兵也；旃，旌也。」此處代指戰爭。

〔五〕關柝：關隘上巡夜所敲的木梆。柝，周易繫辭下：「重門擊柝，以待暴客。」陸德明音義：「柝，他洛反，馬云兩木相擊以行夜，説文作㯓。」

〔六〕去魯興歎：史記卷四七孔子世家載：魯君受齊女樂，怠於政事。孔子離開魯國，作歌曰：「彼婦之口，可以出走；彼婦之謁，可以死敗。蓋優哉游哉，維以卒歲！」此謂離開故都而憂嘆。

〔七〕宵分：夜半。爾雅釋言：「宵，夜也。」後漢書卷五五章帝八王清河孝王慶：「慶小心恭孝，自以廢黜，尤畏事慎法。每朝謁陵廟，常夜分嚴裝，衣冠待明。」李賢注：「分，半也。」

〔八〕過沛殞涕：史記卷八高祖本紀載：漢高祖平定淮南王黥布叛亂，還歸，過故鄉沛，留。置酒沛宮，自擊筑而歌，「慷慨傷懷，泣數行下」。

〔九〕夕：册府元龜卷一九六作「夢」。

〔一〇〕瀟湘作亂：指湘州刺史河東王蕭詧不從梁元帝節度事。詳梁書卷五五河東王詧傳。亂，册府元龜卷一九六作「梗」。

〔一一〕庸蜀阻兵：指益州刺史武陵王蕭紀東下與梁元帝争戰事。詳梁書卷五五武陵王紀傳。庸，本古國名，故地在今湖北省竹山縣。此處「庸蜀」代指益州。

〔一二〕律：周易師卦：「師出以律，否臧凶。」孔穎達疏：「律，法也。」

〔一三〕八表：八方之外。泛指極遠之地。三國魏明帝苦寒行：「遺化布四海，八表以肅清。」〇乂清：安定平靖。三國魏鍾會檄蜀文：「今邊境乂清，方内無事。」

〔一四〕四郊無壘：此反「四郊多壘」而用之，指天下没有争戰。禮記曲禮上：「四郊多壘，此卿大夫之辱也。」鄭玄注：「壘，軍壁也。數見侵伐則多壘。」

〔一五〕從青蓋之典：典，御製集、全梁文、丁本作「興」。中華書局本梁書卷五元帝紀校勘記：「『典』各本訛『興』，據册府元龜一九六改。按王子爲王，賜乘青蓋車，見續漢書輿服志。」今按：蕭繹已即帝位，所乘不應是青蓋車。疑此「青蓋」乃用三國吴嗣主孫皓欲「青蓋入洛陽，以順天命」之典，表將自江陵入建康之意。「青蓋入洛陽」事見三國志卷四八吴書三嗣主傳裴松之注引江表傳：「初丹楊刁玄使蜀，得司馬徽與劉廙論運命曆數事。玄詐增其文以誑國人曰：『黄旗紫蓋見於東南，終有天下者，荆、揚之君乎！』又得中國降人，言壽春下有童謡曰『吴天子當上』。皓聞之，喜曰：『此天命也。』即載其母妻子及後宮數千人，從牛渚陸道西上，云青蓋入洛陽，以順天命。」東晉南朝用此典者不乏其例。文選卷五六陸倕石闕銘：「青蓋南泊，黄旗東指。懸法無聞，藏書弗紀。」李善注：「言帝祚南遷，王綱弛紊，懸法藏書，咸皆廢紀。青蓋，晉也。虞預晉書：王導上言曰：『迴青蓋以反上京。』司馬彪續漢書曰：『皇子皆朱班輪青蓋。』」同篇李善注又引劉璠梁典曰：「天監七年正月戊戌，詔曰：昔晉氏青蓋南移，日不暇給。」皆指政權之遷移。

〔一六〕言歸：回歸。言，語助詞。一説爲我歸。詩經周南葛覃：「言告師氏，言告言歸。」毛傳：「言，我也。」○白水之鄉：東漢光武帝劉秀生於南陽白水鄉。文選卷三張衡東京賦：「我世祖忿之，乃龍飛白水，鳳翔參墟。」李善注：「白水，謂南陽白水縣也，世祖所起之處也。」此處借指梁元帝出生地建康。

〔一七〕江湘：長江和湘水。○委輸：運送物資。史記卷五五留侯世家：「諸侯有變，順流而下，足以委輸。」

〔一八〕方船：兩船相並。史記卷九七酈生傳：「諸侯之兵四面而至，蜀漢之粟方船而下。」説文解字方部：「方，並船也。」○連舳：形容船隻連延不絶。文選卷五左思吴都賦：「弘舸連舳，巨艦接艫。」劉淵林注：「舳，船前也。」

〔一九〕六軍：天子所統領的軍隊。周禮夏官司馬：「凡制軍，萬有二千五百人爲軍。王六軍，大國三軍，次國二軍，小國一軍。」左傳襄公十四年：「周爲六軍，諸侯之大者，三軍可也。」後爲國家軍隊的統稱。○遄征：疾速前進。遄，爾雅釋詁下：「遄，疾也。」

〔二〇〕九斿揚旆（pèi）：文選卷七潘岳藉田賦：「五輅鳴鸞，九旗揚旆。」說文解字㫃部：「旆，繼旐之旗，沛然而垂。……斿，旗有衆鈴，以令衆也。」

〔二一〕塋陵：墳墓。說文解字土部：「塋，墓也。」

〔二二〕宣勒：申令。勒，閻本、張本作「力」。文選卷一〇潘岳西征賦：「陷社稷之王章，俾幽死而莫鞫。」李善注：「張晏漢書曰：鞫，窮也。……一曰勒。毛萇詩傳注曰：勒，告也。」

【集評】

閻本：評「夫爰始居亳，不廢先王之都；受命于周，無改舊邦之頌」：援引得體，詞旨亦復高凝。

清李兆洛駢體文鈔卷六梁元帝次建業詔譚獻評：强顏之詞，亡國之兆。

贈杜崱詔〔一〕

崱，京兆舊姓〔二〕，元凱苗裔〔三〕，家傳學業，世載忠貞。自驅傳江渚〔四〕，政號廉能；推轂淺原〔五〕，實聞清靜。奄致殞喪，惻愴于懷。可贈車騎將軍〔六〕，加鼓吹一部〔七〕。謚曰武〔八〕。梁書卷四六杜崱傳、册府元龜卷三八〇、梁文紀、御製集、張本、全梁文、丁本。

【校注】

〔一〕贈杜崱詔：梁文紀卷四題作「贈杜崱詔」，御製集題作「贈杜崱車騎詔」，張本題作「詔贈杜崱」，全梁文、丁本題作「贈謚杜崱詔」。今題從梁文紀。杜崱，祖籍京兆杜陵。曾參蕭繹荆州幕府，後爲新興太守。太清二年，蕭繹以爲持節、信威將軍、武州刺史。俄遷宣毅將軍，領鎮蠻護軍、武陵内史，枝江縣侯。侯景之亂平，加散騎常侍、持節、督江州諸軍事、江州刺史。後病卒，謚曰武。梁書卷四六、南史卷六四有傳。梁書杜崱傳「承聖二年，及〔陸〕納等戰於車輪，大敗，陷其二壘，納等走保長沙，崱等圍之。後納等降，崱又與王僧辯西討武陵王於硤口，至即破平之。於是旋鎮，遘疾卒。詔曰」云云。

〔二〕「京兆」句：梁書卷四六杜崱傳：「京兆杜陵人也。其先自北歸南，居於雍州之襄陽，子孫因家焉。」京兆，郡名。治所在今陝西省西安市西北。

〔三〕元凱：杜預字。預，晉京兆杜陵人。以軍功封當陽縣侯，博學有謀略，人稱「杜武庫」，自謂有「左傳癖」。晉書卷三四有傳。

〔四〕驅傳江渚：意謂奉命出鎮江州。驅傳，駕御驛車急行。北周庾信擬詠懷之十八：「擁節時驅傳，乘亭不據鞍。」江渚，江邊之地。江州鎮尋陽，地處長江邊，故稱。渚，楚辭九歌湘君：「鼂騁騖兮江皋，夕弭節兮北渚。」王逸注：「渚，水涯也。」

〔五〕推轂（gǔ）：推車轂使之前進。史記卷一〇二張釋之馮唐列傳：「臣聞上古王者之遣將也，跪而推轂，曰閫以內者，寡人制之；閫以外者，將軍制之。」此指出任將帥之職。轂，詩經秦風小戎：「文茵暢轂，駕我騏馵。」朱熹集傳：「轂者，車輪之中，外持輻內受軸者也。」老子第一一章：「三十輻共一轂。」陸德明釋文：「轂，車轂。」〇淺原：即敷淺原。其地歷來説法不一：漢書卷二八地理志以爲即今江西省德安縣南博陽山；朱熹九江彭蠡辨以爲即今江西省廬山；清胡渭禹貢錐指以爲即今廬山以南平原，約在今江西省星子縣境；近人亦有認爲即今安徽省大別山脉尾閭的平原。參修訂本辭源「敷淺原」條。尚書禹貢：「過九江，至於敷淺原。」孔穎達疏：「地理志：『豫章歷陵縣南有博陽山，古文以爲敷淺原。』」此處代指江州。原，册府元龜卷三八〇、御製集、張本、全梁文、丁本作「源」。今按：原、源，古今字。

〔六〕車騎將軍：重號將軍名。據隋書卷二六百官志，梁天監七年，釐定將軍名號，置一百二十五號二十四班，以班多者爲貴，車騎將軍二十四班。

〔七〕鼓吹：樂名。晉崔豹古今注卷中音樂：「短簫鐃歌，軍樂也。黃帝使岐伯所作也。所以建武揚德，風勸戰士也。周禮所謂王大捷，則令凱樂，軍大獻，則令凱歌者也。漢樂有黃門鼓吹，天子所以宴樂群臣。短簫鐃歌，鼓吹之一章耳，亦以賜有功諸侯。」

〔八〕武：唐張守節史記正義謚法解：「剛强直理曰武，威强敵德曰武，克定禍亂曰武，刑民克服曰武。」

追謚王僉詔〔一〕

賢而不伐曰恭〔二〕，謚恭子。梁書卷二一王僉傳、南史卷二三王僉傳、通志卷一四〇、册府元龜卷五九五、張本、全梁文、丁本。

【校注】

〔一〕追謚王僉詔：張本題作「謚王僉詔」，全梁文、丁本題作「追謚王僉詔」。今題從全梁文等。王僉，字公會，祖籍琅邪。官至黃門侍郎，遷太子中庶子，掌東宫管記。梁書卷二一、南史卷二三有傳。梁書王僉傳載：太清二年（549）十二月，王僉卒，時年四十五，「承聖三年（554），世祖追詔曰」云云。

〔二〕伐：自我誇耀。大廣益會玉篇人部：「伐，自矜曰伐。書曰：『汝惟弗伐。』」周易繫辭上：「勞而不伐，有功而不德，厚之至也。」孔穎達疏：「勞而不伐者，雖謙退疲勞而不自伐其善也。」○恭：逸周書卷六謚法解：「敬事供上曰恭，尊賢貴義曰恭，尊賢敬讓曰恭，既過能改曰恭，執事堅固曰恭，安民長悌曰恭，執禮敬賓曰恭，芘親之闕曰恭，尊長讓善曰恭，淵源流通曰恭。」

加王僧辯太尉車騎大將軍詔〔一〕

贊俊遂賢〔二〕，稱于秦典；自上安下〔三〕，聞之漢制。所以仰協台曜〔四〕，俯佐弘圖〔五〕。使持節、侍中、司徒、尚書令、都督揚南徐東揚三州諸軍事、鎮衛將軍、揚州刺史、永寧郡開國公僧辯〔六〕，器宇凝深，風格詳遠，行爲士則〔七〕，言表身文〔八〕，學貫九流〔九〕，武該七略〔一〇〕。頃歲征討，自西徂東，師不疲勞，民無怨讟〔一一〕，王業艱難，實兼夷險。宜其燮此中台〔一二〕，膺茲上將〔一三〕；寄之經野〔一四〕，匡我朝猷〔一五〕。加太尉、車騎大將軍〔一六〕，餘悉如故。梁書卷四五王僧辯傳、册府元龜卷三八〇、梁文紀卷四、御製集、張本、全梁文、丁本。

【校注】

〔一〕加王僧辯太尉車騎大將軍詔：梁文紀卷四、御製集、全梁文、丁本題作「加王僧辯太尉車騎大將軍詔」，張本題作「詔封王僧辯」。今題從梁文紀等。王僧辯，字君才，祖籍太原祁縣。父仕北魏，梁武帝天監中隨父歸梁，爲湘東王國左常侍，隨府轉丹陽尹參軍、會稽中兵、荆州中兵、荆州諮議參軍，歷竟陵太守。侯景之亂，任大都督，從繹討景。後爲陳霸先襲殺。梁書卷四五、南史卷六三有傳。梁書王僧辯傳：「齊主高洋遣郭元建率衆二萬，大列舟艦於合肥，將謀襲建業，又遣其大將邢景遠、步大汗薩、東方老等率衆繼之。時陳霸先鎮建康，既聞此事，馳報江陵。世祖即詔僧辯次于姑孰，即留鎮焉。先命豫州刺史侯瑱率精甲三千人築壘於東關，以拒北寇；徵吴郡太守張彪、吴興太守裴之横會瑱於關；因與北軍戰，大敗之，僧辯率衆軍振旅于建業。承聖三年三月甲辰，詔曰」云云。

〔二〕贊俊遂賢：禮記月令：孟夏之月，「命太尉贊桀俊，遂賢良，舉長大」。鄭玄注：「贊，猶出也。桀俊，能者也。遂，猶進也。」孔穎達疏：「贊是贊佐之義，故云出桀俊。或未仕沉滯者，故云『出』。賢良或職卑位下，故云『遂』。賢良，謂有德行；傑俊，謂多才藝。故鄭注鄉大夫職云：『賢者，有德行者。能者，有道藝者。』蔡氏辯名記曰：『十人曰選，倍選曰俊，萬人曰傑。』」

〔三〕自上安下：漢書卷一九百官公卿表：「太尉，秦官。」顏師古注引應劭曰：「自上安下曰尉，武官悉以爲稱。」

〔四〕台曜：即三台，星名。古以三台比三公。晉書卷一一天文志：「在人曰三公，在天曰三台。」今按：王僧辯加太尉，乃三公之一，故云「仰協台曜」。

〔五〕弘：爾雅釋詁上：「弘，大也。」

〔六〕使持節：官職名。魏晉南北朝時，掌地方軍政的官往往加使持節的稱號。宋書卷三九百官志：「持節都督，無定員。前漢遣使，始有持節。光武建武初，征伐四方，始權時置督軍御史，事竟罷。建安中，魏武帝爲相，始遣大將軍督軍。……晉世則都督諸軍爲上，監諸軍次之，督諸軍爲下。使持節爲上，持節次之，假節爲下。使持節得殺二千石以下；持節殺無官位人，若軍事得與使持節同；假節唯軍事得殺犯軍令者。晉江左以來，都督中外尤重，唯王導居之。宋氏人臣則無也。江夏王義恭假黄鉞。假黄鉞，則專戮節將，非人臣常器矣。」○侍中：官名。侍中省長官，掌贊導左右，顧問應對，地位尊貴。○司徒：官職名。三公之一，六朝時多爲大臣加官。○尚書令：尚書省的長官。魏晉以來，任總機衡，事無大小，均歸於尚書令、僕。參宋書卷三九百官志上。○鎮衛將軍：將軍名號。據隋書卷二六百官志，梁天監七年，釐定將軍名號，有鎮衛將軍，在二十四班。

〔七〕行爲士則：三國志卷二八魏書鄧艾傳：「年十二，隨母至潁川，讀故太丘長陳寔碑文，言『文爲世範，行爲士則』，艾遂自名範，字士則。」

〔八〕言表身文：左傳僖公二十四年載：介子推曰：「言，身之文也。」

〔九〕九流：先秦的九個學術流派。漢書卷一〇〇敘傳下：「劉向司籍，九流以别。」顔師古注引應劭曰：「儒、道、陰陽、法、名、墨、從横、雜、農，凡九家。」此泛指各種學術思想。

〔一〇〕該：廣韻咍韻：「該，備也。」○七略：書名，漢劉歆總括群書，撮其指要，著爲七略。分輯略、六藝略、諸子略、詩賦略、兵書略、術數略和方技略。因其有兵書略，故此蓋泛指各種軍事謀略。

〔一一〕怨讟（dú）：怨恨，毀謗。左傳宣公十二年：「昔歲入陳，今兹入鄭，民不罷勞，君無怨讟，政有經矣。」杜預注：「讟，謗也。」

〔一二〕燮：調和。説文解字又部：「燮，和也。」○中台：星名。漢代以來，以三台當三公之位，中台比司徒或司空。

〔一三〕上將：星名。史記卷二七天官書：「斗魁戴匡六星曰文昌宫：一曰上將，二曰次將……。」司馬貞索隱：「春秋元命包曰：『上將建威武，次將正左右。』」

〔一四〕經野：謂朝廷之外。周禮天官冢宰：「惟王建國，辨方正位，體國經野，設官分職，以爲民極。」鄭玄注：「經謂爲之里數。鄭司農曰：『營國方九里，國中九經九緯，左祖右社，面朝後市，野則九夫爲井，四井爲邑之屬是也。』」賈公彦疏：「此『野』，謂二百里以外三等采地之中，有井田之法，九夫爲井，井方一里之等是也。」

〔一五〕匡：册府元龜卷三八〇作「贊」。○朝猷（yóu）：指治國之道。猷，詩經小雅巧言：「秩秩大猷，聖人莫之。」鄭玄箋：「猷，道也。大道，治國之禮法。」

〔一六〕太尉：官職名。古三公之一，秦始置，爲全國最高軍事長官。魏晉南北朝時，已成爲一種榮譽銜，並無實權。○車騎大將軍：將軍名號。地位尊崇，多加元老重臣。

敕

手敕報顔之儀〔一〕

枚乘二葉〔二〕，俱得遊梁〔三〕；應貞兩世〔四〕，並稱文學。我求才子，鯁慰良深〔五〕。

周書卷四〇顔之儀傳、北史卷八三文苑顔之儀傳、太平御覽卷五八八、册府元龜卷八四〇、通志卷一七六、梁文紀卷四、御製集、閣本、張本、全梁文、丁本。

【校注】

〔一〕手敕報顔之儀：梁文紀卷四題作「答顔之儀」，御製集題作「答顔之儀手敕」，閣本題作「報顔之儀獻神州頌」，張本題作「手敕報顔之儀獻神州頌」，全梁文、丁本題作「手敕報顔之儀」。今題從全梁文。敕，南北朝以後指皇帝的詔書。顔之儀，字子升，琅邪臨沂人。梁末侍湘東王蕭繹於西府。江陵平，之儀入北周。周書卷四〇、北史卷八三有傳。周書顔之儀傳：「之儀幼穎悟，三歲能讀孝經。及長，博涉群書，好爲詞賦。嘗獻神州頌，辭致雅贍。梁元帝手敕報曰」云云。今按：神州頌，北史卷八三文苑顏之儀傳作「荆州頌」。繆鉞顏之推年譜「大寶二年(551)」下云：「之推兄之儀亦仕于梁元帝朝，嘗獻荆州頌。……神州頌，北史顏之儀傳作荆州頌，梁元帝都江陵，應以荆州頌爲合理。」

〔二〕枚乘二葉：指枚乘、枚皋父子。枚乘字叔，西漢臨沂淮陰人。善辭賦。景帝時爲吴王劉濞郎中。濞欲謀反，上書諫，不納，遂去吴至梁，爲梁孝王客。吴楚七國反時，再致書勸劉濞罷兵，以此知名。後景帝召爲弘農都尉，以病去官。武帝即位，年邁，以安車蒲輪徵之，死途中。著七發。皋字少孺，年十七時，上書梁共王，得召爲郎。作賦以文思敏捷著稱。父子二人，漢書卷五一有傳。二葉，兩代。文選卷五左思吴都賦：「雖累葉百疊，而富彊相繼。」劉淵林注：「葉，猶世也。」

〔三〕梁：西漢諸侯王國之一，都睢陽，即今河南省商丘市。前168年，梁懷王劉揖逝世，無子嗣，漢文帝劉恒嫡次子劉武被改封梁王。武在位二十三年，謚號孝，故號梁孝王。其子劉買襲位梁王，在位七年，謚號共。

〔四〕應貞兩世：指應貞及其父應璩。貞，西晉汝南南頓人。善談論，以才學顯。有文集行於當世。晉書卷九二有傳。三國志卷二一魏書王粲傳裴松之注引文章敘録曰：「璩字休璉，博學好屬文，善爲書記。文、明帝世，歷官散騎常侍。齊王即位，稍遷侍中、大將軍長史。曹爽秉政，多違法度，璩爲詩以諷焉。其言雖頗諧合，多切時要，世共傳之。復爲侍中，典著作。

嘉平四年卒，追贈衛尉。貞字吉甫，少以才聞，能談論。正始中，夏侯玄盛有名勢，貞嘗在玄坐作五言詩，玄嘉玩之。舉高第，歷顯位。晉武帝爲撫軍大將軍，以貞參軍事。晉室踐阼，遷太子中庶子、散騎常侍。」

〔五〕鯁慰：心中鬱塞得以寬解。○良：册府元龜卷八四〇作「哀」。

敕報司徒王僧辯〔一〕

孔、沈二士〔二〕，今且借公〔三〕。陳書卷二一孔奐傳、南史卷六三孔奐傳、通志卷一四四、册府元龜卷七二七、梁文紀卷四、張本、全梁文、丁本。

【校注】

〔一〕敕報司徒王僧辯：梁文紀卷四、張本題作「敕報司徒王僧辯」，全梁文、丁本題作「手敕王僧辯」。今題從張本。手敕，手詔。王僧辯，字君才，祖籍太原祁縣。父仕北魏，梁武帝天監中隨父歸梁，爲湘東王國左常侍，累遷竟陵太守。侯景之亂，任大都督，從繹討景。終爲陳霸先襲殺。梁書卷四五、南史卷六三有傳。陳書卷二一孔奐傳：孔奐爲王僧辯僚屬，「梁元帝於荊州即位，徵奐及沈炯並令西上，僧辯累表請留之。帝手敕報僧辯」云云。

〔二〕孔、沈：指孔奐與沈炯。奐字休文，會稽山陰人。好學，善屬文。仕梁爲儀曹侍郎。及侯景平，王僧辯引爲左西曹掾，又除丹陽尹丞。後入陳。陳書卷二一、南史卷二七有傳。炯字禮明，或作初明，吴興武康人。仕梁，爲尚書左户侍郎、吴令。後入王僧辯幕府，羽檄軍書，皆出其手。入陳，加通直散騎常侍。卒，謚恭子。陳書卷一九、南史卷六九有傳。

〔三〕借公：後漢書卷一六寇恂傳載：恂爲潁川太守，甚有治績。後隨光武帝復至潁川，百姓遮道曰：「願從陛下復借寇君一年。」

敕杜龕〔一〕

卿年時尚少，習讀未晚〔二〕，顔晃文學之士〔三〕，使相毗佐〔四〕。造次之間〔五〕，必宜諮稟〔六〕。陳書卷三四顔晃傳、册府元龜卷二〇〇、梁文紀卷四、御製集、張本、全梁文、丁本。又，略見太平御覽卷二四九引三國典畧。

【校注】

〔一〕敕杜龕：梁文紀卷四、御製集、張本、全梁文、丁本題作「敕杜龕」，今從。杜龕，祖籍京兆杜陵。少驍勇，善用兵，與諸父同歸元帝，封中盧縣侯，累遷東揚州刺史，南豫州刺史。後爲陳霸先所殺。梁書卷四六、南史卷六四有傳。陳書卷三四顔晃傳：「承聖初，杜龕爲吴興太守，專好勇力，其所部多輕險少年，元帝患之，乃使晃管其書翰。仍敕龕」云云。

〔二〕習讀：學習誦讀。三國志卷一三魏書王肅傳裴松之注引魏略曰：「〔董遇〕采稆負販，而常挾持經書，投閒習讀。」〇晚：册府元龜卷二〇〇作「曉」。

〔三〕顔晃：字元明，祖籍琅邪臨沂。好學有辭采。梁太清年間侯景之亂中，奔荆州，除中書侍郎。後入陳，歷仕員外散騎常侍，兼中書舍人。陳書卷三四有傳。〇文學：論語先進：「文學：子游、子夏。」邢昺疏：「若文章博學，則有子游、子夏二人也。」

〔四〕毗(pí)佐：輔助。詩經小雅節南山：「天子是毗，俾民不迷。」鄭玄箋：「毗，輔也。」

〔五〕造次：論語里仁：「君子無終食之間違仁，造次必於是，顛沛必於是。」史記卷五九五宗世家河間獻王：「好儒學被服造次必於儒者」司馬貞索隱：「『被服造次』，按：小顔云：被服，言常居處其中，造次，謂所向所行皆法於儒者。」漢書卷五三景十三王河間王傳顔師古注：「造次，謂必行也。」

〔六〕諮稟：請教。後漢書卷一〇皇后紀明德馬皇后：「后時年十歲，幹理家事，敕制僮御，内外諮稟，事同成人。」

別敕王僧辯〔一〕

黑泰背盟〔二〕，忽便舉斧〔三〕。國家猛將，多在下流〔四〕，荆陝之衆〔五〕，悉非勁勇。公宜率貔虎〔六〕，星言就路〔七〕，倍道兼行〔八〕，赴倒懸也〔九〕。梁書卷四五王僧辯傳、梁文紀卷四、御製集、張本、全梁文、丁本。

【校注】

〔一〕別敕王僧辯：梁文紀卷四、御製集、張本、全梁文、丁本題作「別敕王僧辯」，今從。梁書卷四五王僧辯傳載：「〔承聖三年〕十月，西魏相宇文黑泰遣兵及岳陽王衆合五萬，將襲江陵。世祖遣主書李膺徵僧辯於建業，爲大都督、荆州刺史。別敕僧辯」云云。

〔二〕黑泰：即宇文泰。姓宇文名泰，字黑獺，代郡武川人，西魏權臣。其子宇文覺代西魏，追尊爲太祖文皇帝。生平見周書卷二文帝紀。中華書局梁書卷四五王僧辯傳「校勘記」：「宇文泰本名黑獺，獺、泰聲相近。」

〔三〕舉斧：喻自不量力的敵對行爲。斧，螳螂前足似斧，故稱。韓詩外傳卷八：「齊莊公出獵，有螳螂舉足將搏其輪。問其御曰：『此何蟲也？』御曰：『此螳螂也。其爲蟲，知進而不知退，不量力而輕就敵。』」

〔四〕下流：江河下游。此指長江下游。

〔五〕荆陝：指荆州。南齊書卷一五郡縣志：「江左大鎮，莫過荆、揚。弘農郡陝縣，周世二伯總諸侯，周公主陝東，召公主陝西。故稱荆州爲陝西也。」

〔六〕貔虎：貔和虎。比喻勇猛的將士。貔（pí），猛獸名。似虎。尚書牧誓：「如虎如貔，如熊如羆。」孔安國傳：「貔，執夷，虎屬也。四獸皆猛健，欲使士衆法之，奮擊於牧野。」

〔七〕星言：披著星星。謂急速。詩經鄘風定之方中：「靈雨既零，命彼倌人。星言夙駕，説于桑田。」朱熹集傳：「星，見星也。説，舍止也。……言方春時雨既降，而農桑之務作。文公於是命主駕者晨起駕車，亟往而勞勸之。」梁文紀卷四、御製集、張本、全梁文、丁本作「星夜」。

〔八〕倍道：謂兼程。孫子軍争：「卷甲而趨，日夜不處，倍道兼行，百里而争利。」

〔九〕倒懸：人之倒掛，比喻處境極其困苦或危急。孟子公孫丑上：「當今之時，萬乘之國行仁政，民之悦之，猶解倒懸也。」

令

射書雍州令〔一〕

令：雍州文武士庶〔二〕：匈奴輕漢〔三〕，天子蒙塵〔四〕，御膳貶損〔五〕，肝腦塗地〔六〕。吾任總連率〔七〕，承制荆巫〔八〕，宜勒諸藩〔九〕，共勤王業〔一〇〕。而各懷叛渙〔一一〕，莫肯伏從。遂復頓兵堅城，欲懷舉斧〔一二〕，頻被摧拉，屢挫匈奴：此並是卿之所見也。張使君令聞令望〔一三〕，公才公輔〔一四〕，縲紲之中，實非其罪〔一五〕。吾雖不武〔一六〕，忝居藩岳〔一七〕，惟荆惟益〔一八〕，兄弟二人，總一元戎〔一九〕，表裏同契〔二〇〕。柳雍州首行戒路〔二一〕，已當按部。適得柳信，步取馮翊〔二二〕。湘州諸軍〔二三〕，行已獻凱。三萬之兵，少日而至。積穀百萬，足周十年。郢州遣司馬劉龍尋望屆鎮〔二四〕。卿等或羽儀鼎族〔二五〕，或冠冕代華〔二六〕，驅逼來此，念當勞瘁〔二七〕，今並無所問，一皆放免，許其還本，不窮追躡〔二八〕。若有擒送兇身〔二九〕，賞南梁州、北司州〔三〇〕，錢千萬，金銀三千兩，絹布各三千匹，封五千户侯〔三〕，即日交付。信賞之科，有如皎日〔三〕。江水在此，吾不食言〔三〕。民國三年張鈞衡刻適園叢書第三集文館詞林卷六九五、古逸叢書本文館詞林卷六九五、影弘仁本文館詞林卷六九五。

【校注】

〔一〕射書雍州令：射書，史記卷八三魯仲連傳：「其後二十餘年，燕將攻下聊城，聊城人或讒之燕，燕將懼誅，因保守聊城，不敢歸。齊田單攻聊城歲餘，士卒多死而聊城不下。魯連乃爲書，約之矢以射城中，遺燕將。」雍州，州名。治所在襄陽縣，即今湖北省襄樊市。時雍州刺史爲蕭繹之侄岳陽王蕭詧。令，隋書卷二六百官志：「諸王言曰令。」今按：周書卷四八蕭詧傳：「詧既與江陵構隙，恐不能自固，大統十五年，乃遣使稱藩，請爲附庸。太祖令丞相府東閤祭酒榮權使焉。詧大悦。是歲，梁元帝令柳仲禮率衆進圖襄陽。」又，南史卷三八柳元景傳附柳仲禮傳：「湘東王以仲禮爲雍州刺史，襲襄陽。」以上與此令「柳雍州首行戒路，已當按部。適得柳信，步取馮翊。湘州諸軍，行已獻凱。三萬之兵，少日而至」云云合。大統十五年即梁太清三年（549），是此令作於太清三年也。

〔二〕士庶：士人和百姓。泛指人民。管子大匡：「君有過，大夫不諫，士庶人有善而大夫不進，可罰也。」

〔三〕匈奴輕漢：匈奴輕侮、侵凌漢族。此指侯景之亂。匈奴，我國古代北方民族之一。侯景實爲鮮卑化羯人。

〔四〕蒙塵：指帝王失位，蒙受風塵。左傳僖公二十四年：「天子蒙塵于外，敢不奔問官守？」

〔五〕御膳：帝王的飲食。漢書卷九九王莽傳上：「衣重練，減御膳。」

〔六〕肝腦塗地：形容戰亂中人民死亡慘烈。史記卷九九劉敬列傳：「大戰七十，小戰四十，使天下之民肝腦塗地，父子暴骨中野，不可勝數。」

〔七〕連率：諸侯之長。此指統帥，盟主。詩經邶風旄丘序：「衛不能修方伯連率之職。」孔穎達疏：「連率者，即十國以爲連，連有帥是也。」白虎通卷七考黜：「未賜鈇鉞者，從大國連率方伯而斷獄。」

〔八〕承制：秉承皇帝旨意而便宜行事。後漢書卷一八吴漢傳：「〔使者韓〕鴻召見漢，甚悦之，遂承制拜爲安樂令。」梁書卷五元帝紀：太清三年，「四月，太子舍人蕭韶至江陵宣密詔，以世祖爲侍中、假黄鉞、大都督中外諸軍事、司徒承制，餘如故。」○荆巫：荆州和巫山。自巫山順江而下，即爲荆州。此指長江中游荆州一帶。藝文類聚卷二八引晉張載登成都白菟樓詩曰：「西瞻岷山嶺，嵯峩似荆巫。」樂府詩集卷二一「鼓吹曲辭」齊虞羲巫山高：「南國多奇山，荆巫獨靈異。」

〔九〕宜：影弘仁本文館詞林卷六九五作「宣」。○勒：申令約束。即命令、統帥之意。資治通鑑卷一三一宋紀太宗明皇帝「泰始二年」：「勒軍中不得妄動。」胡三省注：「勒，約勒也。」

〔一〇〕勤：勤王。指君主的統治受到威脅而動搖時，臣子起兵救援。○王業：帝王之事業。謂統一天下。荀子王霸：「舜、禹還至，王業還起。」

〔一一〕叛渙：亦作「畔換」、「叛換」，連綿詞。漢書卷一〇〇敘傳下：「項氏畔換，黜我巴、漢。」顏師古注：「畔換，强恣之貌，猶言跋扈也。詩大雅皇矣篇曰『無然畔換』。」文選卷六左思魏都賦：「雲撤叛換，席卷虔劉。」張載注：「叛換，猶恣睢也。漢書曰：項氏叛換。」渙，古逸叢書本文館詞林卷六九五、影弘仁本文館詞林卷六九五作「換」。

〔一二〕舉斧：比喻自不量力的敵對行爲。斧，螳螂前足似斧，故稱。韓詩外傳卷八：「齊莊公出獵，有螳螂舉足將搏其輪。問其御曰：『此何蟲也？』御曰：『此螳螂也。其爲蟲，知進而不知退，不量力而輕就敵。』」

〔一三〕張使君：指張纘。纘，字伯緒，祖籍范陽方城。梁大同二年徵爲吏部尚書。九年，遷湘州刺史。太清二年，蕭繹遣纘爲雍州刺史以代蕭詧，詧不受代，囚纘，後殺之。謚簡憲公。著有鴻寶及文集，皆佚。梁書卷三四、南史卷五六有傳。使君，對州郡長官的尊稱。○令聞令望：美好的聲譽和儀容。詩經大雅卷阿：「顒顒卬卬，如圭如璋，令聞令望。」鄭玄箋：「人聞之則有善聲譽，人望之則有善威儀，德行相副。」

〔一四〕公才公輔：謂有與三公輔相相稱的才識。世説新語品藻：「會稽虞駿，元皇時與桓宣武同俠，其人有才理勝望。王丞相嘗謂駿曰：『孔愉有公才而無公望，丁潭有公望而無公才，兼之者其在卿乎？』」輔，古逸叢書本文館詞林卷六九五、影弘仁本文館詞林卷六九五作「皃」。

〔一五〕「縲紲」二句：論語公冶長：「子謂公冶長：『可妻也。雖在縲絏之中，非其罪也。』」縲紲，亦作「縲絏」。史記卷六晏嬰傳：「越石父賢，在縲紲中。」張守節正義：「縲，黑索也。紲，繫也。」今按：此指張纘爲蕭詧囚禁事。詳梁書卷三四張纘傳。

〔一六〕不武：謂無軍事才能。資治通鑑卷九一晉紀晉元帝「太興三年」：「〔王〕敦謂錢鳳曰：『彼不知懼而學壯語，足知其不武，無能爲也。』」胡三省注：「〔司馬〕承雖忠有餘而才不足，敦窺見而知其無能爲。」

〔一七〕忝：常用作謙詞。尚書堯典：「否！德忝帝位。」孔安國傳：「忝，辱也。」○藩岳：指諸侯或總領一方的地方長官。

〔一八〕惟荆惟益：荆，民國三年張鈞衡刻適園叢書第三集文館詞林卷六九五作「勤」，古逸叢書本文館詞林卷六九五、影弘仁本文館詞林卷六九五作「荆」。今按：荆、益與下「兄弟二人」相應，故作「荆」是，據改。荆、益指荆州和益州。時荆州刺史爲蕭繹，益州刺史爲蕭繹八弟武陵王蕭紀。

〔一九〕元戎：大軍。漢書卷九三董賢傳：「統辟元戎，折衝綏遠。」顔師古注：「元戎，大衆也。」

〔二〇〕同契：同志，同心。曹植玄暢賦：「上同契於稷卨，降合穎於伊望。」晉陸機贈顧令文爲宜春令之四：「比志同契，惟予與子。」

〔二一〕柳雍州：指柳仲禮。仲禮，祖籍河東解縣。曾爲司州刺史。侯景之亂，臺城陷，仲禮至江陵。會雍州刺史岳陽王蕭詧南伐，湘東王蕭繹以仲禮爲雍州刺史，襲襄陽。故此稱柳仲禮爲柳雍州。事詳南史卷三八柳元景傳附柳仲禮傳。○戒路：猶戒途，即登程上路。戒，影弘仁本文館詞林卷六九五作「戎」。

〔二二〕步：古逸叢書本文館詞林卷六九五作「□」。○馮翊：西漢京城長安近畿三輔之一。見漢書卷二八地理志。此借指雍州治所在襄陽近郊。

〔二三〕湘州諸軍：指討伐蕭譽的軍隊。湘州，西晉永嘉元年分荆、廣兩州置，梁時仍置。治所臨湘縣，即今湖南省長沙市。今按：太清三年(549)六月，蕭繹將討侯景，徵兵於湘州刺史蕭譽，譽不與。繹遣將伐湘州，八月譽再敗。事詳資治通鑑卷一六二梁紀高祖武皇帝「太清三年」。

〔二四〕郢州：州名，南朝宋時置，治所在夏口，即今湖北省武漢市武昌區。○劉龍：人名。生平不詳。○届鎮：指抵達雍州鎮所襄陽。

〔二五〕羽儀：周易漸卦：「鴻漸于陸，其羽可用爲儀。」孔穎達疏：「處高而能不以位自累，則其羽可用爲物之儀表，可貴可法也。」此喻居高位而有才德，被人尊重的人物。○鼎族：即「鐘鳴鼎食」之族，謂豪門貴族。

〔二六〕冠冕：古代帝王、官員所戴的帽子。借指仕宦。文選卷四〇沈約奏彈王源：「衣冠之族，日失其序。」李善注：「范曄後漢書霍諝奏記曰：宋光衣冠子孫。袁子正書曰：古者命士已上，皆有冠冕，故謂之冠族。」○代華：世代華貴。

〔二七〕勞瘁：辛苦勞累。詩經小雅蓼莪：「哀哀父母，生我勞瘁。」鄭玄箋：「瘁，病也。」瘁，古逸叢書本文館詞林卷六九五、影弘仁本文館詞林卷六九五作「弊」。

〔二八〕追躡：跟蹤追尋。此指追究。

〔二九〕兇身：指雍州刺史岳陽王蕭詧。

〔三〇〕南梁州：州名。治所在今四川省閬中市。○北司州：隋書卷三一地理志：「義陽郡：齊置司州。梁曰北司州，後復曰司州。」治所在今湖北省黄陂縣。另，梁普通六年（525）置有北司州，屬巴州，治所在今巴中市恩陽縣。今按：疑「北司州」當作「北巴州」。梁天監八年（509），置南梁州、北巴州於一處，稱南梁、北巴州。隋書卷二九地理志：「巴西郡：梁置南梁、北巴州。」

〔三一〕户侯：影弘仁本文館詞林卷六九五「户」字以下闕。

〔三二〕皎日：明亮的太陽。古多用於誓辭。詩經王風大車：「謂予不信，有如皦日。」毛傳：「皦，白也。」陸德明音義：「皦，本又作『皎』。」三國魏曹植黄初五年令：「孤推一概之平，功之宜賞，於疏必與；罪之宜戮，在親不赦。此令之行，有若皎日。」

〔三〕「江水」二句：左傳僖公二十四年：「及河，子犯以璧授公子（今按：即重耳），曰：『臣負羈紲從君巡於天下，臣之罪甚多矣。臣猶知之，而況君乎？請由此亡。』公子曰：『所不與舅氏同心者，有如白水。』投其璧于河。」杜預注：「言與舅氏同心之明，如此白水，猶詩言『謂予不信，有如皦日』。質信於河。」楊伯峻注：「『有如白水』即『有如河』，意謂河神鑒之，晉世家譯作『河伯視之』是也。」食言，言已出而又吞没之。謂言而無信。尚書湯誓：「爾無不信，朕不食言。」孔安國傳：「食盡其言，僞不實。」孔穎達疏：「釋詁云：『食，僞也。』孫炎曰：『食，言之僞也。』哀二十五年左傳云：孟武伯惡郭重曰：『何肥也？』公曰：『是食言多矣，能無肥乎？』然則言而不行，如食之消盡，後終不行，前言爲僞，故通謂僞言爲『食言』，故爾雅訓『食』爲『僞』也。」

遣上封令〔一〕

令：自兇醜憑陵〔二〕，構斯釁逆〔三〕，便遣兼司馬吴曄爲第一軍〔四〕，次遣天門太守樊文皎爲第二軍〔五〕，次遣故軍師將軍方等爲第三軍〔六〕，次遣武寧太守淳于量爲第四軍〔七〕，次竟陵太守王僧辯爲第五軍〔八〕，吾相繼沿流，志清國難，總此六軍〔九〕，方舟而下〔一〇〕。湘雍接境〔一一〕，不遣一軍，覩國幸災，志圖非望。或割地舉兵〔一二〕，或來相掩襲〔一三〕，親尋干戈〔一四〕，各懷不軌。仰惟社稷一旦傾淪，枕戈泣血〔一五〕，容身無地。承明可望〔一六〕，永絶朝謁之期；庭闕方趨，無復聞詩之日〔一七〕。拊膺長叫〔一八〕，没身何補。號天扣地〔一九〕，無所逮及。煩冤荼毒〔二〇〕，貫截肝心。纏綿膈臆〔二一〕，觸途殞慟〔二二〕。風樹鳴枝〔二三〕，不堪自忍〔二四〕。霜露方下〔二五〕，祠祭莫由。犬馬之誠〔二六〕，無忘晷漏〔二七〕。烏鳥有心〔二八〕，每思雪復〔二九〕。銜酷没齒〔三〇〕，髓腦糜潰。春生夏長，萬恨不追。日往月來，百身靡贖〔三一〕。方今菽粟充牣〔三二〕，倉廩欲實，多載糧粒，廣命甲兵，迅揖飛舸，直指姑孰〔三三〕，成敗之決，在乎此行。功成則爲雄烈之人，身死則爲忠義之鬼。奉迎今主〔三四〕，克清象魏〔三五〕。但恐下流諸藩，未必俱發，行路鯁阻〔三六〕，穀粒難周，進未及前，退且惟谷〔三七〕，其間進止，應有深謀。可悉心以對，勿得□隱〔三八〕，并送封事〔三九〕，吾將覽焉。民國三年張鈞衡刻適園叢書第三集文館詞林卷六九五、古逸叢書本文館詞林卷六九五、影弘仁本文館詞林卷六九五。

【校注】

〔一〕遣上封令：上封，上封事。古代臣下上書言事時，將奏章用皂囊緘封呈進，以防洩漏，謂之「上封事」。今按：此令有「故軍師將軍方等」、「親尋干戈，各懷不軌」、「無復聞詩之日」、「奉迎今主」諸語，而據梁書卷五元帝紀，蕭方等敗死於太清三年六月，據梁書簡文帝紀，蕭繹父蕭衍崩於太清三年(549)五月丙辰，辛巳，蕭綱即位。而蕭譽、蕭詧之不軌，據元帝紀，在太清三年夏、秋。是此令當作在太清三年九月以後。

〔二〕兇醜憑陵：指太清二年(548)侯景反叛事。梁書卷三武帝紀：太清二年八月，「戊戌，侯景舉兵反，擅攻馬頭、木柵、荆山等戍」。亦詳同書卷五六侯景傳。兇醜，對敵人或叛亂者的蔑稱。此指侯景。憑陵，文選卷五八王儉褚淵碑文：「嗣王荒怠於天位，彊臣憑陵於荆楚。」張銑注：「憑陵，勇暴貌也。」

〔三〕釁逆：叛亂。

〔四〕兼：官制術語。假職未真授之稱。○司馬：職官名。爲大將軍、將軍、校尉屬官，專管軍事。○吴曄：人名。梁書卷五六侯景傳：太清二年十二月，「邵陵王綸與臨成公大連等自東道集于南岸，荆州刺史湘東王繹遣世子方等、兼司馬吴曄、天門太守樊文皎下赴京師，營於湘子岸前，高州刺史李遷仕、前司州刺史羊鴉仁又率兵繼至。既而鄱陽世子嗣、永安侯確、羊鴉仁、李遷仕、樊文皎率衆渡淮，攻賊東府城前柵，破之，遂結營于青溪水東」。資治通鑑卷一六一梁紀高祖武皇帝「太清二年」：十一月，「己巳，湘東王繹遣司馬吴曄、天門太守樊文皎等將兵發江陵」。

〔五〕天門：郡名。治所在今湖南省石門縣。○樊文皎：人名。資治通鑑卷一六二梁紀高祖武皇帝「太清三年」：正月，「己巳，太子遷居永福省。高州刺史李遷仕、天門太守樊文皎將援兵萬餘人至城下。……癸未，鄱陽世子嗣、永安侯確、莊鐵、羊鴉仁、柳敬禮、李遷仕、樊文皎將兵度淮，攻東府前柵，焚之；侯景退。衆軍營於青溪之東，遷仕、文皎帥鋭卒五千獨進深入，所向摧靡。至菰首橋東，景將宋子仙伏兵擊之，文皎戰死，遷仕遁還」。

〔六〕軍師將軍：雜號將軍名。梁時一百二十五號二十四班將軍中第十九班。○方等：即蕭方等。梁書卷四四世祖二子傳：「忠壯世子方等字實相，世祖長子也。……時河東王爲湘州刺史，不受督府之令，方等乃乞征之，世祖許焉。拜爲都督，令帥精卒二萬南討。方等臨行，謂所親曰：『吾此段出征，必死無二；死而獲所，吾豈愛生。』及至麻溪，河東王率軍逆戰，方等擊之，軍敗，遂溺死，時年二十二。世祖聞之，不以爲慼。後追思其才，贈侍中、中軍將軍、揚州刺史。謚曰忠壯世子，並爲招魂以哀之。」

〔七〕武寧：郡名，屬荆州。治所在樂鄉縣，即今湖北省鍾祥市西北樂鄉關。○淳于量：字思明。起家湘東王國常侍，兼西中郎府中兵參軍。歷新興、武寧二郡太守。侯景之亂，梁元帝凡遣五軍入援京邑，量預其一。臺城陷，量還荆州。元帝以爲假節、通直散騎常侍、都督巴州諸軍事、信威將軍、巴州刺史。入陳，授持節、散騎常侍、平西大將軍。薨，贈司空。陳書卷一一、南史卷六六有傳。

〔八〕次：影弘仁本文館詞林卷六九五下有「遣」字。○竟陵：郡名。屬荆州。西晉時治所在今湖北省鍾祥市，南齊以來治所屢遷。○王僧辯：字君才，祖籍太原祁縣。其父仕北魏，梁武帝天監中隨父歸梁，爲湘東王國左常侍，累遷竟陵太守。侯景之亂，任大都督，從繹討景。終爲陳霸先襲殺。梁書卷四五、南史卷六三有傳。

〔九〕「吾相繼」三句：資治通鑑卷一六一梁紀「太清二年」：十二月，「湘東王繹將鋭卒三萬發江陵，留其子綏寧侯方諸居守，諮議參軍劉之迡等三上牋請留，答教不許」。

〔一〇〕方舟：莊子山木：「方舟而濟於河。」成玄英疏：「兩舟相並曰方舟。」

〔一一〕湘雍：湘州和雍州。湘州，州名。治所臨湘縣，即今湖南省長沙市。時湘州刺史爲蕭繹之侄河東王蕭譽。雍州，州名。治所在襄陽縣，即今湖北省襄樊市。時雍州刺史爲蕭繹之侄岳陽王蕭詧。

〔一二〕割地舉兵：梁書卷五元帝紀載：太清三年，「〔四月〕，世祖徵兵於湘州，湘州刺史河東王譽拒不遣。六月丙午，遣世子方等帥衆討譽，戰所敗死」。割地，割據一地。

〔一三〕來相掩襲：梁書卷五元帝紀載：太清三年，「九月乙卯，雍州刺史岳陽王詧舉兵反，來寇江陵，世祖嬰城拒守」。

〔一四〕親尋干戈：謂骨肉相殘。資治通鑑卷六四漢紀漢獻帝「建安九年」：「二袁兄弟，親尋干戈。」胡三省注：「左傳子産曰：『昔高辛氏有二子，伯曰閼伯，季曰實沉，居於曠林，不相能也，日尋干戈以相征討。』杜預注曰：『尋，用也。』」

〔一五〕枕戈：「枕戈待旦」之略語。枕著武器以待天明，形容殺敵報國心切。世説新語賞譽「劉琨稱祖車騎爲朗詣」劉孝標注引晉陽秋曰：「劉琨與親舊書曰：『吾枕戈待旦，志梟逆虜，常恐祖生先吾箸鞭耳！』」○泣血：禮記檀弓上：「高子皋之執親喪也，泣血三年，未嘗見齒，君子以爲難。」鄭玄注：「言泣無聲，如血出。」孔穎達疏：「凡人涕淚，必因悲聲而出，若血出則不由聲也。今子皋悲無聲，其涕亦出，如血之出，故云泣血。」

〔一六〕承明：宫門名。三國志卷二魏書文帝紀裴松之注：「諸書記是時帝居北宫，以建始殿朝群臣，門曰承明，陳思王植詩曰『謁帝承明廬』是也。」文選卷二四曹植贈白馬王彪：「謁帝承明廬，逝將歸舊疆。」李善注引陸機洛陽記曰：「承明門，後宫出入之門，吾常怪『謁帝承明廬』，問張公，云：魏明帝作建始殿，朝會皆由承明門。」此借指京師建康宫城。

〔一七〕「庭闕」二句：指再也聽不到父親的訓誨。論語季氏：「（孔子）嘗獨立，鯉趨而過庭。曰：『學詩乎？』對曰：『未也。』『不學詩，無以言。』鯉退而學詩。他日，又獨立，鯉趨而過庭。曰：『學禮乎？』對曰：『未也。』『不學禮，無以立。』鯉退而學禮。」鯉，孔子之子孔鯉。今按：據此可知蕭繹父蕭衍已去世。

〔一八〕拊膺：捶胸。表示哀痛或悲憤。晉陸機門有車馬客行：「拊膺攜客泣，捶淚敘温涼。」膺，説文解字肉部：「膺，胷也。」

〔一九〕號天：對天號泣。言極其悲痛。莊子則陽：「至齊，見辜人焉，推而强之，解朝服而幕之，號天而哭之。」成玄英疏：「號叫上天，哀而大哭。」

〔二〇〕煩冤：煩躁憤懣。楚辭九章思美人：「蹇蹇之煩冤兮，陷滯而不發。」王逸注：「忠謀盤紆，氣盈胸也。」〇荼毒：悲痛，痛苦。尚書湯誥：「爾萬方百姓，罹其凶害，弗忍荼毒。」孔安國傳：「荼毒，苦也。」

〔二一〕纏綿：縈繞，固結不解。晉潘岳寡婦賦：「思纏綿以瞀亂兮，心摧傷以愴惻。」〇膈臆：指內心。

〔二二〕觸途：處處，各處。〇殞慟：形容極度悲傷。

〔二三〕風樹：韓詩外傳卷九：皋魚曰：「樹欲静而風不止，子欲養而親不待。往而不可追者年也，去而不可得見者親也。」後用以代指父母死亡不得奉養之悲。

〔二四〕不堪自忍：古逸叢書本文館詞林卷六九五、影弘仁本文館詞林卷六九五作「不自堪忍」。

〔二五〕霜露：禮記祭義：「霜露既降，君子履之，必有悽愴之心，非其寒之謂也。」

〔二六〕犬馬之誠：宋書卷六六王敬弘傳：「雖懷犬馬之誠，遂無塵露之益。」文選卷四〇謝朓拜中軍記室辭隋王牋：「攬涕告辭，悲來横集，不任犬馬之誠。」李善注：「史記臣相翟青曰：臣不勝犬馬心。」三國魏曹植上責躬應詔詩表：「僻處西館，未奉闕庭，踴躍之懷，瞻望反側，不勝犬馬戀主之情。」

〔二七〕無忘晷漏：時時刻刻不能忘懷。晷漏，晷與漏。古代測時的儀器。後漢書律曆志中：「圖儀晷漏，與天相應，不可復尚。」文選卷六左思魏都賦：「晷漏肅唱，明宵有程。」張載注：

「晷漏，漏刻也。」李善注：「説文曰：晷，景。故曰晷漏。」此指時間。

〔二八〕烏鳥有心：喻孝親之心。説文解字烏部：「烏，孝鳥也。」藝文類聚卷九二引晉成公綏烏賦序：「有孝烏集余之廬，乃喟爾而歎曰：余無仁惠之德，祥禽曷爲而至哉？夫烏之爲瑞久矣，以其反哺識養，故爲吉烏。」文選卷三七李密陳情賦：「烏鳥私情，原乞終養。」晉傅咸申懷賦：「盡烏鳥之至情，竭歡敬於膝下。」

〔二九〕雪復：報仇雪恨，洗刷恥辱。世説新語賞譽「劉琨稱祖車騎爲朗詣」，劉孝標注引晉陽秋曰：「〔祖逖〕乃説中宗雪復神州之計。」

〔三〇〕銜酷：心懷慘痛之情。顔氏家訓卷四文章：「銜酷茹恨，徹於心髓！」〇没齒：謂終身。論語憲問：「問管仲。曰：『人也，奪伯氏駢邑三百，飯疏食，没齒無怨言。』」漢書卷七八蕭望之傳：「誒見二子，没齒而已矣。」顔師古注：「没齒，終身也。」

〔三一〕百身靡贖：詩經秦風黄鳥：「如可贖兮，人百其身。」鄭玄箋：「如此奄息之死，可以他人贖之者，人皆百其身。謂一身百死猶爲之，惜善人之甚。」

〔三二〕菽粟：指糧食。粟，影弘仁本文館詞林卷六九五爲壞字。〇充牣：亦作「充仞」。文選卷七司馬相如子虛賦：「珍怪鳥獸，萬端鱗崪，充牣其中。」李善注：「廣雅曰：充牣，滿也。」同書卷一四顔延之赭白馬賦：「聞王會之阜昌，知函夏之充物。」李善注：「漢書音義蘇林曰：充物，喻多也。」牣，影弘仁本文館詞林卷六九五作「仞」。

〔三三〕姑孰：城名。在今安徽省當塗縣，爲六朝軍事要地。

〔三四〕今主：指梁簡文帝蕭綱。太清三年（549）五月，梁武帝蕭衍去世，蕭綱繼位。大寶二年（551）十月，蕭綱被害。見梁書卷四簡文帝紀。

〔三五〕象魏：古代天子、諸侯宫門外懸示教令的一對高建築，亦稱「闕」或「觀」。文選卷三張衡東京賦：「建象魏之兩觀，旌六典之舊章。」薛綜注：「象魏，闕也，一名觀也。」梁書卷五一何胤傳：「闕者，謂之象魏。縣象法於其上，浹日而收之。象者，法也；魏者，當塗而高大貌也。」此代指京城建康。

〔三六〕鯁阻：即「梗阻」，阻塞，斷絶。

〔三七〕惟谷：詩經大雅桑柔：「人亦有言，進退維谷。」毛傳：「谷，窮也。」孔穎達疏：「谷，謂山谷。墜谷是窮困之義，故云『谷，窮』。」朱熹集傳：「言上無明君，下有惡俗，是以進退皆窮也。」

〔三八〕□：原文缺字。

〔三九〕封事：後漢書卷二明帝紀：「於是在位者皆上封事，各言得失。」李賢注：「宣帝始令群臣得奏封事，以知下情。封有正有副，領尚書者先發副封，所言不善，屏而不奏。後魏相奏去副封，以防擁蔽。」文心雕龍奏啓：「自漢置八儀，密奏陰陽，皂囊封板，故曰封事。」

責南軍令〔一〕

令：寒暑載離〔二〕，涉戎無恙〔三〕，城小而固，致足爲勞。西秦忽遣兵馬廿萬衆〔四〕，侵據隨陸〔五〕，進取石城〔六〕，先討桓和〔七〕，次擒仲禮〔八〕，即渡漢南，仍臨溠北〔九〕。吾備設權變〔一〇〕，無滅六奇之謀〔一一〕；經營方略〔一二〕，妙得九天之勢〔一三〕。彼請和退舍，聞義即伏〔一四〕。幕有飛鳥，疑楚師之夕返〔一五〕；路聞班馬，識齊將之方還〔一六〕。談笑却秦，魯連未匹〔一七〕；苻堅奔散，謝安何有〔一八〕！前殄蕭詧〔一九〕，後却楊忠〔二〇〕，坐能制勝，豈非運策〔二一〕？卿等衆軍，一何不武〔二二〕。遂爾逗留，良足多歎。今遣舍人王孝祀往〔二三〕，具申闊曲〔二四〕。民國三年張鈞衡刻適園叢書第三集文館詞林卷六九五、古逸叢書本文館詞林卷六九五、影弘仁本文館詞林卷六九五。

【校注】

〔一〕南軍：蓋指王僧辯及鮑泉所統討伐河東王譽的軍隊。梁書卷四五王僧辯傳載：梁元帝蕭繹命王僧辯及鮑泉統軍討湘州刺史蕭譽，「分給兵糧，克日就道。時僧辯以竟陵部下猶未盡來，意欲待集，然後上頓」。元帝以爲遷延不肯去，故責之。後終平定湘州。據同書卷五元帝紀，事在大寶元年（550）五月。

〔二〕寒暑載離：詩經小雅小明：「二月初吉，載離寒暑。」鄭玄箋：「乃以二月朔日始行，至今更夏暑冬寒矣。」孔穎達疏：「以二月初朔之吉日始行，至于今，則離歷其冬寒夏暑矣。」

〔三〕涉戎：經歷戰事。

〔四〕西秦：此指西魏。梁書卷四簡文帝紀：大寶元年春正月，「己未，太白經天，辛酉乃止。西魏寇安陸，執司州刺史柳仲禮，盡没漢東之地」。

〔五〕隨陸：隨縣和安陸縣。隨縣，治所在今湖北省隨州市。安陸，治所在今湖北省安陸市。

〔六〕石城：城名，西晉時竟陵郡治，在今湖北省天門市。

〔七〕桓和：人名。南朝梁隨郡守將。周書卷一九楊忠傳：「梁司州刺史柳仲禮留其長史馬岫守安陸，自率兵騎一萬寇襄陽。初，梁竟陵郡守孫暠以其郡來附，太祖命大都督符貴往鎮之。及仲禮至，暠乃執貴以降。仲禮又進遣其將王叔孫與暠同守。太祖怒，乃令忠帥衆南伐。攻梁隨郡，克之，獲其守將桓和。所過城戍，望風請服。忠乃進圍安陸。仲禮聞隨郡陷，恐安陸不守，遂馳歸赴援。諸將恐仲禮至則安陸難下，請急攻之。忠曰：『攻守勢殊，未可卒拔。若引日勞師，表裏受敵，非計也。南人多習水軍，不閑野戰，仲禮回師在近路，吾出其不意，以奇兵襲之，彼怠我奮，一舉必克，則安陸不攻自拔，諸城可傳檄而定也。』於是選騎二千，銜枚夜進，遇仲禮於淙頭。忠親自陷陳，擒仲禮，悉俘其衆。馬岫以安陸降，王叔孫斬孫暠，以竟陵降，皆如忠所策。梁元帝遣使送子方畧爲質，並送載書，請魏以石城爲限，梁令以安陸爲界。乃旋師。」

〔八〕仲禮：即柳仲禮，祖籍河東解縣。曾爲梁司州刺史。侯景之亂，推爲大都督，協調諸軍行動。及臺城陷，仲禮至江陵。大寶元年，西魏遣楊忠包圍安陸，仲禮率兵馳援，戰敗被俘，執送長安。南史卷三八有傳。

〔九〕溠：溠水。即今湖北省荆門市南之新埠河。

〔一〇〕權變：隨機應變。文子道德：「聖人者應時權變，見形施宜。」

〔一一〕六奇之謀：指漢陳平爲高祖劉邦所謀劃的六條奇計。漢書卷四〇陳平傳：「平自初從，至天下定後，常以護軍中尉從擊臧荼、陳豨、黥布。凡六出奇計，輒益邑封。奇計或頗祕，世莫得聞也。」清錢大昭漢書辨疑卷一七陳平傳：「間疏楚君臣，一奇計也；夜出女子二千人滎陽東門，二奇計也；躡漢王立信爲齊王，三奇計也；僞游雲夢縛信，四奇計也；解平城圍，五奇計也；其六當在從擊臧荼、陳豨、黥布時，史傳無文。」

〔一二〕方略：權謀，策略。

〔一三〕九天之勢：孫子兵法形篇：「善守者，藏於九地之下；善攻者，動於九天之上，故能自保而全勝也。」曹操注：「因山川、丘陵之固者，藏於九地之下，因天時之變者，動於九天之上。」後漢書卷七一皇甫嵩傳：「有餘者動於九天之上，不足者陷於九地之下。今陳倉雖小，城守固備，非九地之陷也。王國雖强，而攻我之所不救，非九天之埶也。夫埶非九天，攻者受害；陷非九地，守者不拔。」李賢注：「孫子兵法曰：『善守者藏於九地之下，善攻者動於九天之上。』玄女三宮戰法曰：『行兵之道，天地之寶。九天九地，各有表裏。九天之上，六甲子也。九地之下，六癸酉也。子能順之，萬全可保。』」

〔一四〕「彼請」三句：指柳仲禮被擒後，蕭繹與西魏講和，西魏旋師事。見上注〔七〕引周書楊忠傳。又，周書卷二文帝紀下載：大統十六年三月，「及楊忠擒仲禮，繹懼，復遣其子方平來朝」。按，大統十六年即梁大寶元年（550）。退舍，退却，退避。左傳僖公三十三年：「子若欲戰，則吾退舍。」

〔一五〕「幕有」三句：左傳莊公二十八年：「秋，子元以車六百乘伐鄭，入於桔柣之門。子元、鬬御彊、鬬梧、耿之不比爲旆，鬬班、王孫游、王孫喜殿。衆車入自純門，及逵市。縣門不發，楚言而出。子元曰：『鄭有人焉。』諸侯救鄭，楚師夜遁。鄭人將奔桐丘，諜告曰：『楚幕有烏。』乃止。」杜預注：「幕，帳也。」楊伯峻注：「言楚軍抛棄帳幕而逃。幕無人居，烏鴉止其上。」

〔一六〕「路聞」三句：左傳襄公十八年：冬十月，晉、魯、鄭伐齊，「丙寅晦，齊師夜遁。……邢伯告中行伯曰：『有班馬之聲，齊師其遁？』」杜預注：「夜遁，馬不相見，故鳴。班，别也。」班馬，離群之馬。

〔一七〕「談笑」二句：謂輕輕鬆鬆退却强敵，連魯仲連也無法匹敵。魯連，指魯仲連，戰國末期齊國

令

人。公元前258年，秦圍趙國都城邯鄲，趙向魏國求救。魏派大將晉鄙率十萬大軍救趙，卻又懾于秦的恫嚇，停止進發，並且派辛垣衍去勸趙尊秦王爲帝，以解邯鄲之圍。魯仲連挺身而出，堅決主張抗秦，並同辛垣衍展開激烈的辯論，最終説服了辛垣衍。後趙在魏信陵君和楚春申君的援救下，使秦國引兵退去，解除了邯鄲之圍。史記卷八三有傳。

〔一八〕「苻堅」二句：意謂巧設計謀擊敗彊敵，謝安也不如己。淝水之戰中，謝安巧妙指揮，最終以少勝多，擊敗苻堅。苻堅，字永固，又字文玉，氐族，十六國時期前秦皇帝。383年苻堅南侵東晉，後以失敗告終。晉書卷一一三有傳。謝安，字安石，祖籍陳郡陽夏。年四十餘始出仕，東晉孝武時官至録尚書事。太元八年，任征討大都督，於淝水大破苻堅。封建昌縣公，都督揚荆司等十五州軍事。卒，謚文靖。晉書卷七九有傳。何有，論語里仁：「子曰：『能以禮讓爲國乎？何有？』」劉寶楠正義：「何有，不難之詞。」

〔一九〕殄（tiǎn）：文選卷五八王儉褚淵碑文并序：「雖英宰臨戎，元渠時殄。」吕向注：「殄，滅也。」○蕭詧：字理孫，梁昭明太子蕭統第三子。中大通年間封岳陽郡王，後爲雍州刺史。太清三年，兄湘州刺史蕭譽爲蕭繹所攻，遂率衆伐江陵，失敗，遂稱藩於西魏。江陵平，被立爲梁主，年號大定。謚號宣皇帝，廟號中宗。周書卷四八、北史卷九三有傳。周書蕭詧傳載：梁太清三年（549），蕭詧聯合西魏攻江陵。「詧既攻栅不尅，退而築城。又盡鋭攻之。會大雨暴至，平地水四尺，詧軍中霑漬，衆頗離心。其將杜岸、岸弟幼安及其兄子龕，懼詧不振，以其屬降於江陵。譬衆大駭，其夜遁歸襄陽，器械輜重，多没於湕水。」

〔二〇〕楊忠：字揜于，弘農華陰人，隋文帝楊堅之父。北周建立後，被任命爲元帥，封上柱國、隋國公。隋朝建立，追尊爲隋太祖武元皇帝。周書卷一九有傳。

〔二一〕運策：運用計謀。史記卷七項羽本紀：「夫披堅執鋭，義不如公；坐而運策，公不如義。」

〔二二〕不武：謂無軍事才能。資治通鑑卷九一晉紀晉元帝「太興三年」：「〔王〕敦謂錢鳳曰：『彼不知懼而學壯語，足知其不武，無能爲也。』」胡三省注：「〔司馬〕承雖忠有餘而才不足，敦窺見而知其無能爲。」

〔二三〕舍人：六朝時，王國置舍人，掌文檄之事。此爲湘東王國官。○王孝祀：人名。資治通鑑卷一六三梁紀簡文帝「大寶元年」：二月，「繹遣舍人王孝祀等送子方略爲質以求和，魏人許之」。同書卷一六五梁紀元帝「承聖三年」：十一月，「乃使御史中丞王孝祀作降文」。金樓子著書篇：「詩英一秩十卷。」下原注：「付瑯琊王孝祀撰。」

〔二四〕闊曲：闊别後的心曲。

策勳令〔一〕

令：賞不踰月，前王令典〔二〕；德懋以功，往册明誥〔三〕。自白波作寇〔四〕，亟淹旬朔〔五〕；黑山構逆〔六〕，多歷弦望〔七〕。變我維城〔八〕，事踰絶域〔九〕。衆軍力戰，士卒勤勞，寒暑亟離〔一〇〕，征夫疲瘁。今九疑既賓，三湘款服〔一一〕，可催條軍簿〔一二〕，以時策勳，便即申勒〔一三〕，稱吾意也。民國三年張鈞衡刻適園叢書第三集文館詞林卷六九五、古逸叢書本文館詞林卷六九五、影弘仁本文館詞林卷六九五。

【校注】

〔一〕策勳令：左傳桓公二年：「凡公行，告于宗廟。反行，飲至、舍爵、策勳焉，禮也。」杜預注：「既飲置爵，則書勳勞於策，言速紀有功也。」後漢書卷一光武帝紀下：「夏四月，大司馬吴漢自蜀還京師，於是大饗將士，班勞策勳。」李賢注：「其有功者，以策書紀其勳也。」今按：據此令中「今九疑既賓，三湘款服」語，則知其作於大寶元年（550）五月。見下注〔一一〕。

〔二〕「賞不」二句：漢書卷七〇陳湯傳載：故宗正劉向上疏有云：「司馬法曰『軍賞不踰月』，欲民速得爲善之利也。」令典，美好的典章法度。令，善也。

〔三〕「德懋」二句：尚書仲虺之誥：「德懋懋官，功懋懋賞。」懋，勸勉，勉勵。爾雅釋詁：「懋懋、慔慔，勉也。」

〔四〕白波：指東漢末年的白波軍。後漢書卷七二董卓傳：「初，靈帝末，黄巾餘黨郭太等復起西河白波谷，轉寇太原，遂破河東，百姓流轉三輔，號爲『白波賊』，衆十餘萬。」

〔五〕旬朔：十天或一個月。亦泛指不長的時日。文選卷二九曹攄思友人詩：「自我別旬朔，微言絶於耳。」劉良注：「十日爲旬，月初爲朔。」

〔六〕黑山：指東漢末年的黑山軍。後漢書卷七一皇甫嵩朱儁列傳：「賊帥常山人張燕，輕勇趫捷，故軍中號曰飛燕。善得士卒心，乃與中山、常山、趙郡、上黨、河内諸山谷寇賊更相交通，衆至百萬，號曰黑山賊。河北諸郡縣並被其害，朝廷不能討。」今按：「白波」、「黑山」並指叛軍。○構逆：造反，發動叛亂。

〔七〕弦望：鶡冠子天則：「弦望晦朔，終始相巡。」陸佃解：「月盈虧而成弦望。」論衡卷二三四諱：「猶八日，月中分謂之弦；十五日，日月相望謂之望；三十日，日月合宿謂之晦。」晦與弦望一實也。」此借指時日，歲月。

〔八〕維城：連城以衛國。詩經大雅板：「懷德維寧，宗子維城。」文選卷四九干寶晉紀總論：「宗子無維城之助，而闕伯實沈之郤歲構。」張銑注：「維，連也，言宗子連城封之，以助京室也。」此借指皇子或皇室宗族。

〔九〕絶域：指極遠之地。

〔一〇〕寒暑亟（qì）離：多歷寒暑。即經歷很長時間。詩經小雅小明：「二月初吉，載離寒暑。」亟，左傳成公十六年：「吾先君之亟戰也，有故。」杜預注：「亟，數也。」離，經歷。後漢書卷一六寇榮傳：「臣奔走以來，三離寒暑。」李賢注：「離，歷。」

令

〔一〕「九疑」三句：指湘州平定事。梁書卷五元帝紀：大寶元年，「夏五月辛未，王僧辯克湘州，斬河東王譽，湘州平」。九疑，亦作「九嶷」，山名。在今湖南省寧遠縣。此代指湘州。賓，賓服。謂歸順，服從。爾雅釋詁：「悅、懌、愉、釋、賓、協，服也。」郭璞注：「皆謂喜而服從。」宋邢昺疏：「賓者，懷德而服也。」三湘，一般指湖南省湘鄉、湘潭、湘陰。此代指湘州。款服，誠心歸附。

〔二〕催條：催促整理。

〔三〕申勒：明令約束。資治通鑑卷一三一宋紀太宗明皇帝「泰始二年」：「勒軍中不得妄動。」胡三省注：「勒，約勒也。」

與諸藩令〔一〕

令：即日青鳬朽貫〔二〕，紅粟盈倉〔三〕，據有全楚，奄有南服〔四〕，舳艫萬計〔五〕，鐵馬千群〔六〕，一丸之土可封函谷〔七〕，半紙之翰能下聊城〔八〕。而不以富貴爲榮，不以妻孥爲念〔九〕，瀝血叩心〔一〇〕，枕戈嘗膽〔一一〕，其何故哉？政欲埽蕩長蛇，誅鋤封豕〔一二〕，本非經略三夏〔一三〕，包羅二別〔一四〕，而中流未附〔一五〕，必鯁王師〔一六〕，弗見勤王之勳，且有親尋之辱〔一七〕，興言思此〔一八〕，載勞寤寐〔一九〕。又當浮舟水次〔二〇〕，秣馬江陵〔二一〕，静聽郢藩〔二二〕，若爲消息〔二三〕。脱能前驅入討〔二四〕，同盡勤王〔二五〕，陝服景從〔二六〕，差爲未晚。如其驅率市人〔二七〕，泝流西入〔二八〕，凡我腹心，人百其勇。判當待彼先舉，然後從事。兵非我始，幸各逡巡〔二九〕。其間小小應接〔三〇〕，非今所議。民國三年張鈞衡刻適園叢書第三集文館詞林卷六九五、古逸叢書本文館詞林卷六九五、影弘仁本文館詞林卷六九五、孫星衍續古文苑卷五、全梁文、丁本。

【校注】

〔一〕與諸藩令：令文有「親尋之辱」、「秣馬江陵，静聽郢藩」諸語，是必作於太清三年（549）六月蕭繹之子方等敗死以後，蕭繹進軍郢州時。而據梁書卷四簡文帝紀及卷四五王僧辯傳，大寶元年（550）八月，蕭繹遣將軍王僧辯率衆逼郢州。則此令必在此前不久。

〔二〕青鳧：指錢。舊題漢郭憲洞冥記卷四：「帝昇望月臺，時暝望南端，有三青鴨群飛，俄而止於臺……青鴨化爲三小童，皆著青綺文襦，各握鯨文大錢五枚，置帝几前。身止影動，因名輕影錢。」〇朽貫：由於積存過久，穿錢的繩索腐爛。史記卷三〇平準書：「至今上即位數歲，漢興七十餘年之間，國家無事，非遇水旱之災，民則人給家足，都鄙廩庾皆滿，而府庫餘貨財。京師之錢累巨萬，貫朽而不可校。」

〔三〕紅粟：形容糧食豐足。漢書卷二四食貨志：漢景帝時，「太倉之粟陳陳相因，充溢露積於外，腐敗不可食」。文選卷五左思吴都賦：「覶海陵之倉，則紅粟流衍。」劉淵林注：「漢書：太倉之粟，紅腐而不可食。」

〔四〕奄有：覆蓋，包括。詩經魯頌閟宫：「奄有下國，俾民稼穡。」鄭玄箋：「奄，猶覆也。」有，丁本、孫星衍續古文苑卷五作「荒」。○南服：古代分王畿以外地區爲五服，故稱南方爲「南服」。文選卷二〇謝瞻王撫軍庾西陽集别時爲豫章太守庾被徵還東詩：「祗召旋北京，守官反南服。」李善注：「南服，南方五服也。」

〔五〕舳（zhú）艫（lú）：漢書卷六武帝紀：「舳艫千里，薄樅陽而出。」顔師古注引李斐曰：「舳，船後持柂處也。艫，船前頭刺櫂處也。」

〔六〕鐵馬：文選卷五六陸倕石闕銘：「鐵馬千群，朱旗萬里。」李善注：「鐵馬，鐵甲之馬。」此指雄師勁旅。

〔七〕「一丸」句：後漢書卷四三隗囂傳載：囂將王元説囂曰：「今天水完富，士馬最强，北收西河、上郡，東收三輔之地，案秦舊跡，表裏河山。元請以一丸泥爲大王東封函谷關，此萬世一時也。」函谷，即函谷關，在今陝西省靈寶市境内。

〔八〕「半紙」句：公元前284年，燕將樂毅率五國聯軍横掃齊國，齊國大部分地區淪陷。五年後，即墨守將田單率軍反攻，逐步恢復齊國土地。至聊城時，人或讒之燕，燕將懼誅，因保守聊城，不敢歸。田單攻聊城歲餘，士卒多死而聊城不下。魯連乃爲書，約之矢以射城中，燕將見魯連書，泣三日，乃自殺。聊城亂，田單遂屠聊城。事詳戰國策卷一三齊策六「燕攻齊取七十餘城」章、史記卷八三魯仲連傳。翰，正字通羽部：「翰，書辭也。」聊城，春秋時齊邑，在今山東聊城市西北。

〔九〕妻孥(nú)：妻子兒女。詩經小雅常棣：「宜爾家室，樂爾妻孥。」毛傳：「孥，子也。」

〔一〇〕瀝血：滴血發誓。漢趙曄吳越春秋卷七勾踐入臣外傳：「不滅瀝血之仇，不絶懷毒之怨。」○叩心：捶胸。形容悲痛的樣子。

〔一一〕枕戈：「枕戈待旦」之略語。世説新語賞譽「劉琨稱祖車騎爲朗詣」，劉孝標注引晉陽秋曰：「劉琨與親舊書曰：『吾枕戈待旦，志梟逆虜，常恐祖生先吾箸鞭耳！』」○嘗膽：形容刻苦自勵，發憤圖強。史記卷四一越王勾踐世家：「吳既赦越，越王勾踐反國，乃苦身焦思，置膽於坐，坐卧即仰膽，飲食亦嘗膽也。」

〔一二〕「政欲」二句：政，通「正」，僅，只。埽，古逸叢書本文館詞林卷六九五、影弘仁本文館詞林卷六九五、孫星衍續古文苑卷五、全梁文、丁本作「掃」。今按：文選卷四五班固答賓戲：「方今大漢洒埽群穢，夷險芟荒。」李善注：「埽，即今『掃』字也。」長蛇、封豕，皆貪婪、兇殘之物。此處蓋喻指侯景。封，淮南子卷一九修務訓：「吳爲封豨修蛇，蠶食上國，虐始於楚。」高誘注：「封、修，皆大也。豨、蛇，喻貪也。」

〔一三〕經略：左傳昭公七年：「天子經略，諸侯正封，古之制也。」杜預注：「經營天下，略有四海，令故曰經略。」○三夏：指全國。夏，謂華夏。古稱中國東、中、西部分别爲東夏、中夏、西夏。

〔一四〕二别：大别山與小别山。左傳定公四年：「乃濟漢而陳，自小别至於大别。」杜預注：「禹貢：漢水至大别南入江，然則此二别在江夏界。」今按：江夏，屬郢州。此代指郢州。

〔一五〕中流未附：指湘州刺史河東王蕭譽拒命事。事詳梁書卷五元帝紀。中流，指長江中游地區。

〔一六〕鯁：後漢書卷六五段熲傳：「至今爲鯁。」李賢注：「鯁與梗同。」

〔一七〕親尋之辱：尋，民國三年張鈞衡刻適園叢書第三集文館詞林卷六九五作「情」，古逸叢書本文館詞林卷六九五、影弘仁本文館詞林卷六九五、孫星衍續古文苑卷五、全梁文、丁本作「尋」。今按：作「尋」是，蕭繹遣上封令有「湘雍接境，不遣一軍，觀國幸災，志圖非望。或割地舉兵，或來相掩襲。親尋干戈，各懷不軌」諸語可證，據改。資治通鑑卷六四漢紀漢獻帝「建安九年」：「二袁兄弟，親尋干戈。」胡三省注：「左傳：子産曰：昔高辛氏有二子，伯曰閼伯，季曰實沉，居於曠林，不相能也，日尋干戈以相征討。杜預注曰：尋，用也。」親尋之辱，蓋指太清三年(549)六月，蕭繹之子方等帥衆討譽，戰敗而死事。事詳梁書卷五元帝紀。

〔一八〕興言：詩經小雅小明：「念彼共人，興言出宿。」馬瑞辰通釋：「興言猶云薄言，皆語詞也。」

〔一九〕載：詩經鄘風載馳：「載馳載驅，歸唁衛侯。」毛傳：「載，辭也。」○勞：憂愁。○瘖痳：指日夜。詩經周南關雎：「窈窕淑女，寤寐求之。」毛傳：「寤，覺。寐，寢也。」

〔二〇〕又：古逸叢書本文館詞林卷六九五、影弘仁本文館詞林卷六九五、孫星衍續古文苑卷五、全梁文、丁本作「政」。○水次：水邊。

〔二一〕秣馬：飼馬。左傳襄公二十六年：「簡兵蒐乘，秣馬蓐食。」國語卷一九吳語：「吳王昏乃戒，令秣馬食士。」此指出兵。秣，大廣益會玉篇禾部：「養也。」○江陵：縣名，荆州刺史鎮所，在今湖北省荆州市。

〔二二〕郢藩：即郢州，州名，南朝宋時置，治所在夏口，即今湖北省武漢市武昌區。侯景之亂中，郢州爲侯景部將宋子仙所據。詳梁書卷五六侯景傳。

〔二三〕若爲：如何，怎樣。○消息：謂變化。周易豐卦：「天地盈虛，與時消息。」

〔二四〕脱：連詞，表假設。資治通鑑卷一四四齊紀和皇帝「中興元年」：「脱距王師，固非三千兵所能下也。」胡三省注：「脱，或也。」清劉淇助字辨略卷五「脱」字條：「或辭，猶儻也。」

〔二五〕同盡：孫星衍續古文苑卷五作「同盟」。

〔二六〕陜服：指荆州。南齊書卷一五州郡志：「弘農郡陜縣，周世二伯總諸侯，周公主陜東，召公主陜西。故稱荆州爲陜西也。」文選卷六〇任昉齊竟陵文宣王行狀：「初，沈攸之跋扈上流，稱亂陜服。」李善注：「沈約宋書曰：沈攸之，字仲達，爲荆州刺史。順帝即位，攸之帥武義至夏口反。……臧榮緒晉書曰：武陵王令曰：荆州勢據上流，將軍休之，委以分陜之令重。」今按：時蕭繹爲荆州刺史。○景從：漢書卷三一陳勝項籍列傳引漢賈誼過秦論有云：「天下雲合響應，贏糧而景從。」顔師古注：「景從言如影之隨形也。」景，同「影」。

〔二七〕市人：市民，平民。吕氏春秋卷八仲秋紀簡選：「驅市人而戰之，可以勝人之厚禄教卒。」

〔二八〕泝(sù)流：逆流。泝，大廣益會玉篇水部：「泝，逆流而上也，或作溯。」

〔二九〕逡(qūn)巡：小心謹慎。後漢書卷六二鍾皓傳：「逡巡王命，卒歲容與。」

〔三〇〕應接：聯繫，接應。

答南平王恪等令〔一〕

數鍾陽九，時惟百六〔二〕，鯨鯢未翦〔三〕，痛痳痛心〔四〕。周粤天官〔五〕，秦稱相國〔六〕，東至于海，西至于河，南次朱鳶，北漸玄塞〔七〕。卒兹小宰〔八〕，弘斯大德〔九〕。將何用繼蹤曲阜〔一〇〕，擬跡桓、文〔一一〕，終建一匡〔一二〕，肅其五拜〔一三〕。雖義屬隨時〔一四〕，事無虚紀，傳稱皆讓〔一五〕，象著鳴謙〔一六〕，瞻言前典〔一七〕，再懷哽恧〔一八〕。梁書卷五元帝紀、梁文紀卷四、御製集、閣本、張本、全梁文、丁本。

【校注】

〔一〕答南平王恪等令：梁文紀卷四題作「世祖令答」，御製集題作「答南平王恪等拜進相國令」，閣本、張本、全梁文、丁本題作「答南平王恪等令」。今題從閣本、張本等。令，隋書卷二六百官志：「諸王言曰令。」梁書卷五元帝紀載：太清四年(550)十一月甲子，南平王恪、侍中臨川王大款、桂陽王大成、散騎常侍江安侯圓正、侍中左衛將軍張綰、司徒左長史曇等府州國一千人奉牋勸蕭繹即皇帝位，「世祖令答曰」云云。

〔二〕「數鍾」二句：謂遭遇厄運、不幸。數，命運。文選卷五三李康運命論：「吉凶成敗，各以數至。」劉良注：「謂運數至也。」鍾，文選卷三七劉琨勸進表：「方今鍾百王之季，當陽九之會。」李善注：「曹植九詠章句曰：鍾，當也。」陽九、百六，説法不一，或以四千六百一十七歲爲一元，初入元一百零六歲，内有旱災九年，謂之「陽九」。或以四百五十六年爲一「陽九」，以二百八十八年爲一「百六」。古代術數家以數當陽九，時逢百六，則有災荒或厄運。漢書卷二一律曆志：「易九戹曰：初入元，百六，陽九；次三百七十四，陽九；次四百八十，陽九；次七百二十，陰七；次七百二十，陽七；次六百，陰五；次六百，陽五；次四百八十，陰三；次四百八十，陽三。凡四千六百一十七歲，與一元終。經歲四千五百六十，災歲五十七。」同書卷二四食貨志：「莽恥爲政所致，乃下詔曰：『予遭陽九之阸，百六之會。』」顏師古注：「此曆法應有災歲之期也。事在律曆志。」文選卷四七袁宏三國名臣序贊：「百六道喪，干戈迭用。」吕延濟注：「四千六百一十七歲爲一元，一百六歲曰陽九之厄。」亦參宋洪邁容齋續筆卷六「百六陽九」條。

〔三〕鯨鯢：左傳宣公十二年：「古者明王伐不敬，取其鯨鯢而封之，以爲大戮。」杜預注：「鯨鯢，大魚名，以喻不義之人，吞食小國。」資治通鑑卷八八晉紀晉湣帝「建興元年」：「掃除鯨鯢，奉迎梓宫。」胡三省注：「鯨鯢，大魚，鈎網所不能制，以比敵人之魁桀者。」此處喻指侯景。

〔四〕寤寐：醒與睡，以指日夜。詩經周南關雎：「窈窕淑女，寤寐求之。」毛傳：「寤，覺。寐，寢也。」

〔五〕粤：通「曰」。爾雅釋詁：「粤、于、爰，曰也。」○天官：官名。周代以宰相爲天官，爲百官之長。

〔六〕相國：本古官名。春秋戰國時，除楚國外，各國都設相，稱爲相國、相邦或丞相，爲百官之長。秦及漢初，其位尊于丞相。宋高承事物紀原師保輔相相國：「亦秦置官，始皇帝立，尊吕不韋爲相國。漢初蕭何亦爲之，今人以呼宰輔也。」

〔七〕「東至」四句：此蓋仿左傳僖公四年管仲之言。是年春，齊伐楚，管仲對楚子使曰：「昔召康公命我先君大公曰：『五侯九伯，女實征之，以夾輔周室！』賜我先君履，東至于海，西至于河，南至于穆陵，北至于無棣。」朱鳶（yuān），古縣名。屬交趾郡，故治在今越南河内市東南。古以爲南方邊遠之極。蕭繹職貢圖贊：「北通玄菟，南漸朱鳶。」庾信擬詠懷九：「北臨玄菟郡，南戍朱鳶城。」玄塞，文選卷三七曹植求自試表：「臣昔從先武皇帝，南極赤岸，東臨滄海，西望玉門，北出玄塞。」李善注：「玄塞，長城也。北方色黑，故曰玄。」

〔八〕小宰：官名。周代天官的屬官。佐大宰管理政令。

〔九〕大德：周易繫辭上：「天地之大德曰生。」

〔一〇〕曲阜：邑名。周武王滅紂，封周公旦於魯，先都河南魯山，後遷山東曲阜。見史記卷三三魯周公世家。此處用以指周公旦。

〔一一〕擬跡：仿效。漢張衡西京賦：「齊志無忌，擬跡田文。」○桓文：指春秋時齊桓公、晉文公。二人並以諸侯之長而奉周王室。

〔一二〕終建一匡：最終建立扶正天下的功業。一匡，「一匡天下」的省稱，即使天下得到匡正。論語憲問：「管仲相桓公，霸諸侯，一匡天下，民到于今受其賜。」何晏集解引馬融曰：「匡，正也。天子微弱，桓公帥諸侯以尊周室，一正天下。」

〔一三〕五拜：古代諸侯朝見天子之禮，自入至出，凡五拜。參通典卷七四禮三四。

〔一四〕隨時：順應時勢。周易隨卦：「大亨貞無咎，而天下隨時，隨時之義大矣哉。」國語卷二一越語：「夫聖人隨時以行，是謂守時。」韋昭注：「隨時，時行則行，時止則止。」

〔一五〕傳稱皆讓：禮記曲禮：「是以君子恭敬、撙節、退讓以明禮。」孔穎達疏：「應受而推曰讓。」傳，經傳。此處指禮記。「三禮」之中，古以周禮、儀禮爲「經」，禮記爲「傳」。

〔一六〕象著鳴謙：周易謙卦：「六二，鳴謙，貞吉。」象曰：「鳴謙貞吉，中心得也。」孔穎達疏：「鳴謙者，謂聲名也。二處正得中，行謙廣遠，故曰鳴謙。」象，指周易卦象。

〔一七〕瞻言：明見。言，助詞，無義。詩經大雅桑柔：「維此聖人，瞻言百里。」王先謙三家義集疏引胡承珙云：「瞻言之言，但爲語助。」經義述聞通説下語詞誤解以爲實義：「言，云也，語詞也。」〇前典：前代的典則。

〔一八〕哽恧（nǜ）：悲慙。説文解字心部：「恧，慙也。」

【集評】

閣本：二令（今按：指答勸進群下令與答南平王恪等令）大愜人意。

答勸進群下令〔一〕

孤以不德〔二〕，天降之災〔三〕，枕戈飲膽〔四〕，扣心泣血〔五〕。風樹之酷〔六〕，萬始不追〔七〕；霜露之哀〔八〕，百憂總萃〔九〕。甫聞伯升之禍〔一〇〕，彌切仲謀之悲〔一一〕。若封豕既殲，長蛇即戮〔一二〕，方欲追延陵之逸軌，繼子臧之高讓〔一三〕，豈資秋亭之壇〔一四〕，安事繁陽之石〔一五〕。侯景，項籍也〔一六〕；蕭棟，殷辛也〔一七〕。赤泉未賞〔一八〕，劉邦尚曰漢王〔一九〕；白旗弗懸〔二〇〕，周發猶稱太子〔二一〕。飛龍之位〔二二〕，孰謂可躋〔二三〕；附鳳之徒〔二四〕，既聞來議〔二五〕。群公卿士，其諭孤之志〔二六〕，無忽！梁書卷五元帝紀、梁文紀、御製集、閻本、張本、全梁文、六朝文絜卷三、丁本。

【校注】

〔一〕答勸進群下令：梁文紀卷四題作「答江州刺史王僧辯」，御製集題作「答王僧辯勸進令」，閻本、張本題作「答勸進群下令」，全梁文、丁本題作「答王僧辯等勸進令」，六朝文絜卷三題作「答群下勸進初令」。今題從閻本、張本。梁書卷五元帝紀載：太清五年（551）冬十月，梁簡文帝蕭綱崩。侍中、征東將軍、開府儀同三司、江州刺史、尚書令、長寧縣侯王僧辯等奉表勸蕭繹即皇帝位，「世祖奉諱，大臨三日，百官縞素。乃答曰」云云。

〔二〕不德：尚書伊訓：「爾惟不德，罔大，墜厥宗。」孔穎達疏：「『爾惟不德』，謂不修德爲惡也。」三國志卷四八吴書三嗣主傳孫皓：甘露元年三月，皓遣使隨紹、彧報書曰：「孤以不德，階承統緒。」

〔三〕天降之災：左傳莊公十一年：「孤實不敬，天降之災。」

〔四〕枕戈：世説新語賞譽「劉琨稱祖車騎爲朗詣」，劉孝標注引晉陽秋曰：「劉琨與親舊書曰：『吾枕戈待旦，志梟逆虜，常恐祖生先吾箸鞭耳！』」○飲膽：意同「卧薪嘗膽」之「嘗膽」。史記卷四一越王句踐世家：「吴既赦越，越王句踐反國，乃苦身焦思，置膽於坐，坐卧即仰膽，飲食亦嘗膽也。」

〔五〕扣心泣血：形容極度悲痛。文選卷四一李陵答蘇武書：「此陵所以仰天椎心而泣血也。」扣心，意同「椎心」。

〔六〕風樹：韓詩外傳卷九：皋魚曰：「樹欲靜而風不止，子欲養而親不待。往而不可追者年也，去而不可得見者親也。」

〔七〕萬始：萬物之始。此處指萬物。

〔八〕霜露之哀：禮記祭義：「霜露既降，君子履之，必有悽愴之心，非其寒之謂也。」

〔九〕百憂總萃：詩經王風兔爰：「我生之後，逢此百憂。」萃，左傳宣公十二年：「楚師方壯，若萃於我，吾師必盡。」杜預注：「萃，集也。」

〔一〇〕甫：漢書卷七五翼奉傳：「天下甫二世耳，然周公猶作詩書深戒成王，以恐失天下。」顏師古注：「甫，始也。」○伯升之禍：伯升，漢光武帝之兄劉伯升。初，光武帝與兄伯升共起兵反王莽。伯升功績卓著，後被更始帝殺害，光武悲痛異常。事見後漢書卷一光武帝紀。此處以伯升比蕭繹之兄蕭綱。

〔一一〕仲謀之悲：仲謀，三國時吳主孫權字仲謀。權，孫策之弟。建安五年（200），曹操與袁紹相持於官渡，孫策謀襲許昌，迎獻帝。事未及行而孫策爲人所殺。策將死，以事授弟權，權痛哭不止。事見三國志卷四七吳書吳主傳。此處蕭繹以孫權自比。

〔一二〕「若封豕」二句：指消滅侯景，平定叛亂。封豕、長蛇，皆貪婪、兇殘之物。此喻侯景。左傳昭公二十八年：「昔有仍氏生女，黰黑而甚美，光可以鑒，名曰玄妻。樂正后夔取之，生伯封，實有冢心，貪惏無饜，忿纇無期，謂之封豕。」左傳定公四年：「申包胥如秦乞師，曰：『吳爲封豕、長蛇，以荐食上國，虐始於楚。』」封，詩經周頌烈文：「無封靡於爾邦，維王其崇之。」毛傳：「封，大也。」

〔一三〕「方欲」二句：意謂將追隨古代的季札和子臧，辭讓天下。左傳襄公十四年：「吳子諸樊既除喪，將立季札。季札辭曰：『曹宣公之卒也，諸侯與曹人不義曹君，將立子臧。子臧去之，遂弗爲也，以成曹君。君子曰「能守節」。君，義嗣也。誰敢奸君？有國，非吾節也。札雖不才，願附於子臧，以無失節。』固立之。棄其室而耕。乃舍之。」延陵，吳公子季札居於延陵，故以延陵代稱之。子臧，春秋時曹宣公之子欣時。三國魏曹植豫章行：「子臧讓千乘，季札慕其賢。」逸軌，歸隱的蹤跡。晉潘岳秋興賦：「仰群儁之逸軌兮，攀雲漢以遊騁。」

〔一四〕秋亭之壇：在今河北省内丘縣北。後漢書卷一光武帝紀載：建元元年（25）：「光武於是命有司設壇場于鄗南千秋亭五成陌。六月己未，即皇帝位。」後漢書郡國志「常山國」：「高邑：故鄗，光武更名。刺史治。有千秋亭、五成陌，光武即位於此矣。」秋亭，即千秋亭。

〔一五〕繁陽之石：三國志卷二魏書魏文帝紀：「漢帝以衆望在魏，乃召群公卿士，告祠高廟。使兼御史大夫張音持節奉璽綬禪位……乃爲壇於繁陽。庚午，王升壇即阼，百官陪位。」繁陽，漢屬魏郡，治所鄴縣在今河北省臨漳縣西南。

〔一六〕侯景：字萬景，北魏懷朔鎮鮮卑化羯人，後降於梁。梁武帝太清二年（548），侯景發動叛亂，攻入京師建康，武帝蕭衍、簡文帝蕭綱均死於亂中。事詳梁書卷五六侯景傳。○項籍：項羽名籍，字羽，秦末下相人。陳勝起義，羽與叔父項梁起兵響應。梁敗死，羽將其軍，破秦軍主力，自立爲西楚霸王，繼與劉邦争衡，兵敗，自殺。史記卷七有紀，漢書卷三一有傳。

〔一七〕蕭棟：梁昭明太子蕭統之孫。字元吉。簡文帝被廢後，侯景奉之爲帝，不久被迫禪位，改封淮陰王。南史卷五三有傳。○殷辛：即紂王。商代最後一位君主。名受，號帝辛，是有名的暴君。史記卷三殷本紀：「帝乙崩，子辛立，是爲帝辛，天下謂之紂。」生平事跡詳見史記卷三殷本紀。

〔一八〕赤泉未賞：意謂項羽未死。史記卷七項羽本紀載：項羽兵敗，烏江自刎，王翳取其頭，楊喜、吕馬童、吕勝、楊武各得其一體。劉邦因封楊喜爲赤泉侯。

〔一九〕劉邦：字季，西漢沛人。秦末爲泗水亭長。秦二世元年陳勝起義，邦起兵響應，稱沛公，後受封漢王。楚漢争霸中，多次戰敗，然終勝項羽，建立漢朝。廟號高祖。史記卷八、漢書卷一有紀。

〔二〇〕白旗弗懸：指商紂王未滅。史記卷四周本紀載：紂敗，自燔而死。「武王持大白旗以麾諸侯，諸侯畢拜武王，武王乃揖諸侯，諸侯畢從。武王至商國，商國百姓咸待於郊。於是武王使群臣告語商百姓曰：『上天降休！』商人皆再拜稽首，武王亦答拜。遂入，至紂死所。武王自射之，三發而後下車，以輕劍擊之，以黃鉞斬紂頭，縣大白之旗。已而至紂之嬖妾二女，二女皆經自殺。武王又射三發，擊以劍，斬以玄鉞，縣其頭小白之旗。」

〔二一〕周發：指文王太子周武王姬發。文王死，發遵其遺志，盟諸侯於孟津，滅商，建立周王朝。生平事跡詳史記卷四周本紀。

〔二二〕飛龍之位：即帝王之位。周易乾卦：「九五：飛龍在天，利見大人。」飛龍在天，居於高位，故以比帝王君臨天下。飛，御製集作「蜚」。今按：蜚，通「飛」。

〔二三〕躋：説文解字足部：「躋，登也。」

〔二四〕附鳳之徒：指依附帝王以建立功業的人。後漢書卷一光武帝紀：光武帝部下請其即天子位，光武不從，耿純進曰：「天下士大夫捐親戚，棄土壤，從大王于矢石之間者，其計固望其攀龍鱗，附鳳翼，以成其所志耳。」李賢注：「揚雄法言曰：『攀龍鱗，附鳳翼，巽以揚之。』」

〔二五〕來議：指王僧辯等勸進語。六朝文絜作「來儀」。

〔二六〕諭：明白，理解。廣雅釋言：「諭，曉也。」

【集評】

閻本：湘東矢志如此，吾何問然。

三國兩晉南北朝文選梁文元帝：陸云：視父兄之淪亡而坐收其利，偏能作此等語。錢云：雅以駢詞，而開突兀，亦能家也。然梁氏兄弟皆有好文之累，遂暗于達務，遺情脱淫，故不能無偏材之恨。

六朝文絜卷三評「孤以不德，天降之災，枕戈飲膽，扣心泣血。風樹之酷，萬始不追；霜露之哀，百憂總萃」諸句：元帝性好矯飾，始居文宣太后憂，依丁蘭作木母，及武帝崩，秘喪踰年，乃發凶。狡人好語，固不足信也。評「侯景，項籍也；蕭棟，殷辛也。赤泉未賞，劉邦尚曰漢王；白旗弗懸，周發猶稱太子」諸句：引古立案，構思精而撰語陗。

復答〔一〕

省示，復具一二〔二〕。孤聞天生蒸民而樹之以君〔三〕，所以對揚天休〔四〕，司牧黔首〔五〕。攝提、合雒以前〔六〕，栗陸、驪連之外〔七〕，書契不傳〔八〕，無得稱也〔九〕。自阪泉彰其武功〔一〇〕，丹陵表其文德〔一一〕，有人民焉，有社稷焉〔一二〕，或歌謠所歸〔一三〕，或惟天所相〔一四〕。孤遭家多難，大恥未雪，國賊則蚩尤弗翦〔一五〕，同姓則有扈不賓〔一六〕，卧而思之，坐以待旦〔一七〕，何以應寶曆〔一八〕，何以嗣龍圖〔一九〕。庶一戎既定〔二〇〕，罪人斯得，祀夏配天〔二一〕，方申來議也。梁書卷五元帝紀、梁文紀、御製集、張本、全梁文、丁本。

【校注】

〔一〕復答：梁文紀卷四、張本題作「復答」，御製集題作「答復王僧辯勸進令」，全梁文、丁本題作

「又答」。今題從梁文紀等。梁書卷五元帝紀載：太清五年（551）冬十月，梁簡文帝蕭綱崩。群臣上書請蕭繹即皇帝位，蕭繹不從。十一月乙亥，王僧辯又奉表請即皇帝位，「世祖答曰」云云。

〔二〕具：陳述，回答。○一二：表少數。

〔三〕天生蒸民而樹之以君：左傳文公十三年：邾子曰：「天生民而樹之君，以利之也。」同書「襄公十四年」：師曠曰：「天生民而立之君，使司牧之，勿使失性。」蒸民，衆民，百姓。孟子告子上：「詩曰：『天生蒸民，有物有則。』」

〔四〕對揚：尚書説命下：「敢對揚天子之休命！」孔安國傳：「對，答也。答受美命而稱揚之。」○天休：謂天賜福禄。尚書湯誥：「各守爾典，以承天休。」孔安國傳：「守其常道，承天美道。」左傳襄公二十八年：「以禮承天之休。」杜預注：「休，福禄也。」

〔五〕司牧：治理。○黔首：禮記祭義：「明命鬼神，以爲黔首則。」鄭玄注：「黔首，謂民也。」陸德明音義：「黔……黑也。黑首謂民也。秦謂民爲黔首。」孔穎達疏：「黔，謂黑也。凡人以黑巾覆頭，故謂之黔首。」史記卷六秦始皇本紀：「二十六年……更民名曰黔首。」説文解字黑部：「黔，黎也。从黑，今聲。秦謂民爲黔首，謂黑色也。周謂之黎民。」

〔六〕攝提、合雒：並爲遠古年紀。司馬貞補史記三皇紀引春秋緯曰：「自開闢至於獲麟，凡三百二十七萬六千歲，分爲十紀，凡世七萬六百年：一曰九頭紀，二曰五龍紀，三曰攝提紀，四曰合雒紀，五曰連通紀，六曰序命紀，七曰脩飛紀，八曰回提紀，九曰禪通紀，十曰流訖紀。」路史卷二：「攝提三，是謂五十九姓紀。」「合雒四，是謂三姓紀，教人穴居，乘蜚鹿以理。」

〔七〕栗陸、驪連：均傳説中古帝名。初學記卷九引帝王世紀曰：「及女媧氏没，次有大庭氏、柏皇氏、中央氏、栗陸氏、驪連氏、赫胥氏、尊盧氏、混沌氏、有巢氏、朱襄氏、葛天氏、陰康氏、無懷氏，凡十五世，皆襲庖犧之號。」栗陸，周易繫辭下「包犧氏没」，孔穎達疏：「包犧氏没，女媧氏代立爲女皇，亦風姓也。女媧氏没，次有大庭氏、柏黄氏、中央氏、栗陸氏。」路史卷六：「栗陸氏，是爲栗睦，敖昏勤民，愎諫自用，於是乎民始攜。東里子者，賢臣也，諫不行而醳之，栗陸氏殺之。天下叛之，栗陸氏以亡。後有栗氏、睦氏。」驪連，路史卷七：「昆連氏，一曰鼇連氏，一曰鼇蓄氏。昆連者，昏晦之謂也。後有鼇氏、厘氏、驪氏。」原注：「鼇，本又作『驪』。」

〔八〕書契：指文字。周易繫辭下：「上古結繩而治，後世聖人易之以書契。」漢孔安國尚書序：「古者伏羲氏之王天下也，始畫八卦，造書契，以代結繩之政，由是文籍生焉。」陸德明音義：「書者，文字；契者，刻木而書其側：故曰『書契』也。」

〔九〕無得稱：論語泰伯：「子曰：『泰伯，其可謂至德也已矣。三以天下讓，民無得而稱焉。』」無，全梁文、丁本作「未」。

〔一〇〕「自阪泉」句：傳説炎帝欲侵陵諸侯，黄帝修德振兵，撫萬民，與炎帝戰於阪泉之野。三戰，然後得志。詳史記卷一五帝本紀。阪泉，古地名。在今河北省涿鹿縣東南。史記五帝本紀「以與炎帝戰於阪泉之野」張守節正義：「括地志：『阪泉，今名黄帝泉，在嬀州懷戎縣東五十六里。出五里至涿鹿東北，與涿水合。又有涿鹿故城，在嬀州東南五十里，本黄帝所都也。晉太康地理志云『涿鹿城東一里有阪泉，上有黄帝祠』。」案：阪泉之野則平野之地也。

〔一一〕「丹陵」句：傳説帝堯之母陳鋒氏女感赤龍之祥，孕十有四月而生堯於丹陵。見初學記卷九引皇甫謐帝王世紀。藝文類聚卷一三引宋謝莊孝武帝哀策文曰：「胤裔丹陵，蟬聯華渚。」梁江淹建平王慶王太后正位章：「丹陵蘊德，玄丘棲聖。」丹陵，古地名。或以爲即今河北省保定市順平縣伊祁山。

〔一二〕「有人」二句：論語先進：「子路使子羔爲費宰。子曰：『賊夫人之子。』子路曰：『有民人焉，有社稷焉，何必讀書，然後爲學。』子曰：『是故惡夫佞者。』」

〔一三〕歌謡所歸：藝文類聚卷一一引帝王世紀曰：堯時，「天下大和，百姓無事，有五十老人，擊壤於道。觀者歎曰：『大哉，帝之德也。』老人曰：『吾日出而作，日入而息，鑿井而飲，耕田而食，帝何力於我哉！』」

〔一四〕惟天所相：謂得到上天的幫助。藝文類聚卷一一引龍魚河圖曰：「黄帝時，有蚩尤，兄弟八十一人。並獸身人語，銅頭鐵額，食沙石子，造立兵杖，刀戟大弩，威振天下，誅殺無道，不仁慈。萬民欲令黄帝行天下事，黄帝仁義，不能禁蚩尤。黄帝仰天而歎，天遣玄女下，授黄令帝兵信神符，制伏蚩尤。」相，集韻漾韻：「相，助也。」

〔一五〕蚩尤：傳説中上古九黎族部落首領，兇狠異常。此處喻指侯景。侯景，朔方人，太清元年(547)降梁，二年反。見梁書卷五六侯景傳。

〔一六〕有扈：古國名。故地在今陝西省户縣北。尚書甘誓序：「啓與有扈戰于甘之野，作甘誓。」陸德明音義：「有扈，國名，與夏同姓。馬云：『似(今按：當作「姒」)姓之國，爲無道者。』」又甘誓文有云：「有扈氏威侮五行，怠棄三正。」孔安國傳：「有扈與夏同姓，恃親而不恭，是則威虐侮慢五行，怠惰棄廢天、地、人之正道，言亂常。」淮南子卷一一齊俗訓：「昔有扈氏爲義而亡。」高誘注：「有扈，夏啓之庶兄也。以堯、舜舉賢，禹獨與子，故伐啓。啓亡之。」史記卷二夏本紀贊曰：「禹爲姒姓，其後分封，用國爲姓，故有夏后氏、有扈氏、有男氏、斟尋氏、彤城氏、褒氏、費氏、杞氏、繒氏、辛氏、冥氏、斟戈氏。」此喻指梁武陵王蕭紀。紀，梁武帝蕭衍第八子，蕭繹之弟。侯景之亂未平，紀僭號自立。事詳梁書卷五五武陵王紀傳。○不賓：不臣服，不歸順。國語卷一七楚語上：「蠻、夷、戎、狄，其不賓也久矣。」韋昭注：「賓，服也。」

〔一七〕「卧而」二句：形容勤謹。孟子離婁下：孟子曰：「周公思兼三王，以施四事，其有不合者，仰而思之，夜以繼日；幸而得之，坐以待旦。」尚書太甲上：「先王昧爽丕顯，坐以待旦。旁求俊彦，啓迪後人，無越厥命以自覆。」孔安國傳：「言先王昧明思大明其德，坐以待旦而行之。」孔穎達疏：「『坐以待旦而行之』，言先王身之勤也。」

〔一八〕寶曆：指國祚。南齊謝朓三日侍宴曲水代人應詔之二：「寶曆載暉，瑶光重踐。」

〔一九〕龍圖：傳説遠古伏羲、黄帝軒轅氏等登位，有龍圖出河之祥瑞。藝文類聚卷一一引河圖挺佐輔曰：「黄帝脩德立義，天下大治，乃召天老而問焉。『余夢見兩龍，挺白圖，以授余於河之都。』天老曰：『河出龍圖，雒出龜書，紀帝録，列聖人之姓號，興謀治太平。』」宋書卷二七符瑞志：「燧人氏没，宓犧代之，受龍圖，書八卦，所謂『河出圖』者也。」後借指天子之位。南朝梁江淹爲建平王慶明帝疾和表：「故丹陵之君，款金泥而謝賢；嬀墟之后，眷龍圖而慙德。」

〔二〇〕一戎：即「一戎衣」之略語。尚書武成：「一戎衣，天下大定。」孔安國傳：「衣，服也。一著戎服而滅紂，言與衆同心，動有成功。」

〔二一〕祀夏配天：指繼承父輩之位，登基爲帝。左傳哀公元年載：伍員諫吴王勿許夫差求和，曰：「昔有過澆殺斟灌以伐斟鄩，滅夏后相。后緡方娠，逃出自竇，歸於有仍，生少康焉，爲仍牧正。惎澆能戒之。澆使椒求之，逃奔有虞，爲之庖正，以除其害。虞思於是妻之以二姚，而邑諸綸。有田一成，有衆一旅，能布其德，而兆其謀，以收夏衆，撫其官職。使女艾諜澆，使季杼誘豷，遂滅過、戈，復禹之績。祀夏配天，不失舊物。」楊伯峻注：「依古禮，祀天以先祖配之，此則祀夏祖而同時祀天帝也。」

下斷勸進表奏令〔一〕

大壯乘乾〔二〕，明夷垂翼〔三〕，璿度亟移〔四〕，玉律屢徙〔五〕，四岳頻遣勸進〔六〕，九棘比者表聞〔七〕。譙、沛未復〔八〕，塋陵永遠。于居于處，寤寐疚懷〔九〕；何心何顔，撫兹歸運〔一〇〕。自今表奏，所由並斷〔一一〕，若有啓疏〔一二〕，可寫此令施行。梁書卷五元帝紀、梁文紀卷四、御製集、張本、全梁文、丁本。

【校注】

〔一〕下斷勸進表奏令：梁文紀卷四題作「辭勸進表」，御製集題作「斷表勸令」，張本題作「下四方令」，全梁文、丁本題作「下斷勸進表奏令」。今題從全梁文。梁書卷五元帝紀載：太清五年(551)冬十月，梁簡文帝蕭綱崩。群臣上書請蕭繹即皇帝位，蕭繹不從。十一月乙亥，王僧辯又奉表請即皇帝位。「是時巨寇尚存，未欲即位，而四方表勸，前後相屬，乃下令曰」云云。

〔二〕大壯乘乾：喻人臣淩駕君主之上。此指侯景叛亂。左傳昭公三十二年：「在易卦，雷乘乾曰大壯☳，天之道也。」杜預注：「乾爲天子，震爲諸侯，而在乾上，君臣易位，猶臣大彊壯，若天上有雷。」大壯，周易卦名，乾下震上。

〔三〕明夷垂翼：謂賢人志士遭受災難。明夷，周易卦名。離下坤上，日入地中，明而見傷之象。

周易明夷：「初九，明夷，于飛垂其翼。」

〔四〕璿（xuán）度亟移：指時光流逝。璿度，亦稱「璿璣」，以玉爲飾的天體觀測儀器。北齊書卷四五文苑傳顔之推：「土圭測影，璿璣審度。」

〔五〕玉律屢徙：指歲月改易。玉律，玉製的標準定音器。相傳黃帝時伶倫截竹爲筒，以筒之長短分別聲音的清濁高下。樂器之音，則依以爲準。音分陰、陽各六，共十二律，古人又以之配十二月。

〔六〕四岳：古代分掌四時、方岳的官。史記卷一五帝本紀：「嗟，四岳，湯湯洪水滔天。」裴駰集解：「鄭玄曰：「四岳，四時官，主方岳之事。」此處指地方官。

〔七〕九棘：周代群臣立外朝之位，樹棘以區分等級職位。周禮秋官司寇朝士：「朝士掌建邦外朝之法。左九棘，孤卿大夫位焉，群士在其後。右九棘，公侯伯子男位焉，群吏在其後。」鄭玄注：「樹棘以爲位者，取其赤心而外刺，象以赤心三刺也。」後因以爲九卿百官的代稱。〇比：史記卷九呂太后本紀：「孝惠崩，高后用事，春秋高，聽諸呂，擅廢帝更立。又比殺三趙王。」唐司馬貞索隱：「比猶頻也。」

〔八〕譙、沛：譙，三國時魏國曹氏的故鄉沛國譙縣；沛，西漢劉氏故鄉沛縣。分見三國志卷一魏書武帝紀、史記卷八高祖本紀。此處代指蕭氏故鄉南蘭陵郡南蘭陵縣。

〔九〕寤寐：詩經周南關雎：「窈窕淑女，寤寐求之。」毛傳：「寤，覺。寐，寢也。」此指日夜。〇令疢懷：傷心，憂慮。文選卷一三謝莊月賦：「陳王初喪應、劉，端憂多暇。緑苔生閣，芳塵凝榭，悄焉疢懷，不怡中夜。」李善注：「爾雅曰：疢，病也。」

〔一〇〕撫：順應，依循。楚辭九章懷沙：「撫情効志兮。」王逸注：「撫，循也。」○歸運：指順時而至的天運。文選卷四八班固典引：「蓋以膺當天之正統，受克讓之歸運。」

〔一一〕所由：即「所由官」，猶言有關官員。因事必經由其手，故稱。梁書卷七皇后高祖丁貴嬪傳：「婦人無閫外之事，賀及問訊牋什，所由官報聞而已。」資治通鑑卷一七七隋紀隋文帝「開皇十年」：「上不懌，乃令殿内去杖，欲有決罰，各付所由。」胡三省注：「所由，猶言所主也。」詳郭在貽訓詁叢稿六朝俗語雜釋「所由」條、周一良魏晉南北朝史札記「所由」條。

〔一二〕啓疏：並文體名。此處泛指陳事的文書。

勸農令〔一〕

令：歲陰無違〔二〕，肇年將及〔三〕，深耕穊種〔四〕，載聞前史。因糧取用，抑傳往説。今方兇醜尚殷〔五〕，國難未靖〔六〕，須壹車書〔七〕，克清宇内。自非勸農，何以滅敵？今夏首始平，彭蠡新静〔八〕，可通息甲兵，力田墾種。絓是空廢荒田〔九〕，無問公私，隨意耕作，普停租税，悉蠲調役〔一〇〕。若有種糧短闕，就公換請。外即申下，咸使聞知也。民國三年張鈞衡刻適園叢書第三集文館詞林卷六九五、古逸叢書本文館詞林卷六九五、影弘仁本文館詞林卷六九五。

【校注】

〔一〕勸農令：勸農，鼓勵農耕。三國志卷二五魏書高堂隆傳：「是以帝耕以勸農，后桑以成服，所以昭事上帝，告虔報施也。」又，吴光興蕭綱蕭繹年譜卷三繫此文於「大寶二年(551)」下，並加按語云：「時郢州、江州克復不久，又『歲陰無遠，肇年將及』，則歲末年初爲時亦不遠也。姑繫於此。下年初，湘東王又有勸農令發布，別詳。」今按：參以令中「今夏首始平，彭蠡新静」二句，知吴説是。

〔二〕歲陰：歲暮。庾信歲晚出横門詩：「年華改歲陰，遊客喜登臨。」

〔三〕肇年：即肇歲。指一年之始。初學記卷三引梁元帝纂要曰：「正月孟春，亦曰孟陽、孟陬……肇歲。」

〔四〕深耕概(三)種：漢書卷三八高五王齊悼惠王傳附次子城陽景王章傳，有云：「深耕概種，立苗欲疏，非其種者，鉏而去之。」顔師古注：「概，稠也。……概，音冀。」

〔五〕兇醜：指侯景叛軍。○殷：廣雅釋詁：「殷，衆也。」

〔六〕靖：古逸叢書本文館詞林卷六九五、影弘仁本文館詞林卷六九五作「静」。

〔七〕壹車書：車轍和文字相同，謂文物制度劃一，天下一統。禮記中庸：「今天下車同軌，書同文。」

〔八〕「今夏首」二句：此大寶二年（551）六、七月間事。梁書卷四簡文帝紀：大寶二年，「五月癸未，湘東王繹遣遊擊將軍胡僧祐、信州刺史陸法和援巴陵，景遣任約帥衆拒援軍。六月甲辰，僧祐等擊破任約，擒之。乙巳，景解圍宵遁，王僧辯督衆軍追景。庚申，攻魯山城，剋之，獲魏司徒張化仁、儀同門洪慶。辛酉，進圍郢州，下之，獲賊帥宋子仙等。鄱陽王故將侯瑱起兵，襲僞儀同于慶於豫章，慶敗走。秋七月丁亥，侯景還至京師。辛丑，王僧辯軍次湓城，賊行江州事范希榮棄城走。」夏首，地名。在今湖北省武漢市長江岸，爲郢州鎮所所在。此代指郢州。彭蠡，即江西省鄱陽湖，爲江州屬地，此處代指江州。

〔九〕絓（guà）：文選卷五四劉孝標辯命論：「夫神非舜、禹，心異朱、均，才絓中庸，在於所習。」李善注引廣雅：「絓，止也。」

〔一〇〕蠲（juān）：廣雅釋詁：「蠲，除也。」○調役：賦稅和徭役。

課耕令〔一〕

軍國多虞〔二〕，戎旃未靜〔三〕，青領雖熾〔四〕，黔首宜安。時惟星鳥〔五〕，表年祥於東秩〔六〕；春紀宿龍〔七〕，歌歲取於南晙〔八〕。況三農務業〔九〕，尚看夭桃敷水〔一〇〕；

四人有令〔一一〕，猶及落杏飛花〔一二〕。化俗移風，常在所急；勸耕且戰〔一三〕，彌須自許。豈直燕垂寒谷，積黍自温〔一四〕，寧可墮此玄苗〔一五〕，坐飡紅粒〔一六〕。不植蘘頷〔一七〕，空候蟬鳴〔一八〕。可悉深耕穊種〔一九〕，安堵復業〔二〇〕，無棄民力，並分地利。班勒州郡〔二一〕，咸使遵承。梁書卷五元帝紀、册府元龜卷一九八、梁文紀卷四、御製集、閣本、張本、全梁文、丁本。

【校注】

〔一〕課耕令：梁文紀卷四、閣本、張本題作「課耕令」，御製集、梁文紀卷四題作「勸農令」，全梁文、丁本題作「耕種令」。今題從梁文紀等。梁書卷五元帝紀：「大寶三年，世祖猶稱太清六年。正月甲戌，世祖下令曰」云云。册府元龜卷一九八誤作梁簡文帝文。

〔二〕軍國：統軍治國。黄石公三略上略：「軍國之要，察衆心，施百務。」此處指國家。○多虞：多憂患。左傳昭公四年：「君若苟無四方之虞，則願假寵以請于諸侯。」王引之經義述聞按引王念孫云：「虞，憂也。」

〔三〕戎旃（zhān）：文選卷四〇謝朓拜中軍記室辭隋王箋：「契闊戎旃，從容讌語。」李周翰注：「戎，兵也；旃，旌也。」此處代指戰爭。

〔四〕青領：頸脖塗上青色，以區分敵我。史記卷七項羽本紀「異軍蒼頭特起」裴駰集解引漢應劭曰：「蒼頭，謂士卒皂巾，若赤眉、青領，以相别也。」○熾：詩經小雅六月：「玁狁孔熾。」

毛傳：「熾，盛也。」

〔五〕時惟星鳥：指春天。尚書堯典：「日中星鳥，以殷仲春。」孔安國傳：「鳥，南方朱鳥七宿。……春分之昏鳥星畢見，以正仲春之氣節。轉以推季、孟，則可知。」七緯尚書緯考靈曜：「主春者鳥星。」

〔六〕年祥：豐年。南朝齊謝朓賽敬亭山廟喜雨詩：「登秋雖未獻，望歲佇年祥。」○東秩：謂春耕之時。尚書堯典：「寅賓出日，平秩東作。」孔安國傳：「秩，序也。歲起於東而始就耕，謂之東作。」

〔七〕春紀宿龍：待考。春紀，指春天。七緯尚書緯考靈曜：「氣（今按：當作「歲」）在於春紀，可以觀農桑，禁斬伐，以安國家。」宿，謂日月運行於室中的位置。龍，或指蒼龍，即東方七宿（角、亢、氐、房、心、尾、箕）。然火星主夏，與本文不合。

〔八〕「歌歲」句：詩經小雅甫田：「倬彼甫田，歲取十千。我取其陳，食我農人，自古有年。今適南畝，或耘或耔，黍稷薿薿。」孔穎達疏：「毛以爲，倬然明大者，彼古太平之時，天下之大田也。一歲之牧，乃取十千。以其天下皆豐，故不繫之於夫井，不限之於斗斛，要言多取田畝之收，舉十千多數而已。以其大熟如此，故詩人云：我取其陳者以食農人，使一家之内尊老得食其新粟，卑穉食其陳粟。是爲老壯之别，孝養之義也。自古太平有豐年，其時如此，故今成王之時，亦奉而修之。其萬民適彼南畝之内，或耘除草木，或擁其根本，功至力盡，故令黍稷得薿薿然而茂盛。收穫既多，國用充足，所以成大功，所以自安止，又得進我民人成爲髦俊之士。由倉廩實，知禮節，故豐年多穫，髦士所以得進也。」南畯，南畝之農夫。畯，爾雅釋言：「畯，農夫也。」

〔九〕三農：周禮天官冢宰大宰：「以九職任萬民：一曰三農，生九穀。」鄭玄注：「鄭司農云：『三農，平地、山、澤也。』……玄謂三農原、隰及平地。」此泛指農民。

〔一〇〕夭桃敷水：桃花時節盛布雨水。夭桃，茂盛的桃樹。漢書卷二九溝洫志：「來春桃華水盛，必羨溢，有填淤反壤之害。」顏師古注：「月令『仲春之月，始雨水，桃始華』。蓋桃方華時，既有雨水，川谷冰泮，衆流猥集，波瀾盛長，故謂之桃華水耳。而韓詩傳云『三月桃華水』。」

〔一一〕四人有令：謂四民各有教化、命令。中華書局本梁書卷五元帝紀校勘記：「按：『人』當作『民』。此姚思廉避唐諱改。東漢崔寔有四民月令。」四民，指士、農、工、商。令，教令。

〔一二〕落杏飛花：指春耕之時。文選卷三六王融永明九年策秀才文：「將使杏花菖葉，耕穫不愆。」李善注：「氾勝之書曰：杏始華榮，輒耕輕土、弱土。望杏花落，復耕之，輒藺之。此謂一耕而五穫。」

〔一三〕耕且戰：邊農耕，邊備戰。古代重視農耕和戰爭，並主張兩者相結合。商君書慎法：「故吾教令：民之欲利者非耕不得，避害者非戰不免。境内之民，莫不先務耕戰，而後得其所樂。」論衡卷一〇非韓：「夫儒生，禮義也；耕戰，飲食也。貴耕戰而賤儒生，是棄禮義求飲食也。」

〔一四〕豈直：難道。○燕垂寒谷，積黍自温：文選卷六左思魏都賦：「且夫寒谷豐黍，吹律暖之也。」張載注引劉向别録曰：「鄒衍在燕，有谷，地美而寒，不生五穀，鄒子居之，吹律而温至黍生，今名黍谷。」垂，邊陲。爾雅釋詁下：「疆……垂也。」郝懿行義疏：「垂，又通作陲。」

〔一五〕墮此玄苗：謂不種植莊稼。玄苗，青蒼的莊稼。

〔一六〕湌：閣本、張本作「餐」。今按：湌，同「餐」。○紅粒：即紅粟。史稱漢文景之世，太倉之粟儲積日久，至於紅腐不可食。參史記卷三○平準書、漢書卷二四食貨志。漢書卷六四賈捐之傳：「至孝武皇帝元狩六年，太倉之粟紅腐而不可食，都内之錢貫朽而不可校。」後以形容糧食豐足。

〔一七〕鷰頷：黍名。初學記卷二七引郭義恭廣志曰：「黍有燕頷之名。」頷，册府元龜卷一九八、閣本、張本作「鴿」。

〔一八〕空候蟬鳴：意謂到了秋天，莊稼卻没有收成。蟬鳴，禮記月令載：孟秋之月，「涼風至，白露降，寒蟬鳴，鷹乃祭鳥」。鄭玄注：「寒蟬，寒蜩，謂蜺也。」孔穎達疏：「案釋蟲云：『蜺，寒蜩。』郭景純云：『寒螿也，似蟬而小，青赤。』」

〔一九〕概（三）種：密植。概，册府元龜卷一九八作「槪」，梁文紀卷四、御製集、閣本、張本、全梁文、丁本作「漑」。

〔二〇〕安堵：安居。文選卷四四陳琳檄吴將校部曲文：「百姓安堵，四民反業。」吕延濟注：「堵，墻也。安於墻堵，不失家業也。」〇復業：恢復常業。晉書卷九八桓温傳：「温進至霸上，〔苻〕健以五千人深溝自固，居人皆安堵復業，持牛酒迎温。」三國志卷三六蜀書趙雲傳裴松之注引雲别傳：「今安居復業，然後可役調。」

〔二一〕班勒：布告，命令。文選卷一〇潘岳西征賦：「陷社稷之王章，俾幽死而莫鞫。」李善注：「張晏漢書曰：鞫，窮也。……一曰勒。毛萇詩傳注曰：勒，告也。」

【集評】

習學記言卷三二：梁元帝勸農令云：「三農務業，尚看夭桃敷水；四人有令，猶及落杏飛花。」又云：「豈直燕垂寒谷，積黍自温，寧可墮此玄苗，坐餐紅粒。不植燕頷，空候蟬鳴。」帝之文章所以潤色時務者如此，豈載芟、良耜之變者耶？

清李兆洛駢體文鈔卷九梁元帝課耕令譚獻評：「華辭尚以意運。」

錢鍾書管錐編第四册全上古三代秦漢三國六朝文一九八全梁文卷一六：元帝耕種令：「況三農務業，尚看夭桃敷水；四人有令，猶及落杏飛花。……不植燕頷，空候蟬鳴。」按葉適習學紀言序目卷三二引此數語而譏之曰：「帝之文章所以潤色時務者如此，豈載芟、良耜之變者耶！」帝皇勸農，本如「布穀催農不自耕」（楊萬里誠齋集卷三六初夏即事），此令直似士女相約游春小簡，官樣文章而佻浮失體。全三國文卷一八陳王植藉田論云：「非徒娱耳目而已」；若「看夭桃」、「及落杏」等語，真所謂「娛耳目」也。

又答王僧辯等〔一〕

省表，復具一二。群公卿士，億兆夷人〔二〕，咸以皇天眷命，歸運所屬，用集寶位于予一人〔三〕。文叔金吾之官〔四〕，事均往願；孟德征西之位〔五〕，且符前説。今淮海長鯨〔六〕，雖云授首〔七〕；襄陽短狐〔八〕，未全革面〔九〕。太平玉燭〔一〇〕，爾乃議之。

梁書卷五元帝紀、梁文紀卷四、御製集、張本、全梁文、丁本。又，略見資治通鑑卷一六四梁紀梁元帝。

【校注】

〔一〕又答王僧辯等：梁文紀、張本題作「又答王僧辯等」，御製集題作「又答王僧辯勸進令」，全梁文、丁本題作「又答王僧辯等勸進令」。今題從張本。梁書卷五元帝紀載：大寶三年（552）三月，王僧辯等平侯景，傳其首於江陵。戊子，以賊平告明堂、太社。己丑，王僧辯等又奉表請即皇帝位，蕭繹答云云。資治通鑑卷一六四梁紀梁元帝「承聖元年」：三月，「己丑，僧辯等上表勸進」云云。考異曰：「梁帝紀：戊子，王以賊平，告明堂大社。己丑，僧辯等奉表。按：表文云『衆軍以戊子總集建康』，豈是日告捷，即能達江陵乎？蓋僧辯等以己丑日發表勸進耳。」

〔二〕億兆夷人：尚書泰誓中：「受有億兆夷人，離心離德。」孔安國傳：「平人，凡人也。」孔穎達疏：「傳訓『夷』爲『平』，『平人』爲『凡人』，言其智慮齊，識見同，人數雖多，執心用德不同。」

〔三〕予一人：參即位江陵詔注〔二四〕。

〔四〕文叔：東漢光武帝劉秀字文叔。秀，南陽蔡陽人。新莽末，起兵。建武元年稱帝，定都洛陽。後漢書卷一有紀。後漢書卷一○皇后紀光烈陰皇后：「初，光武適新野，聞后美，心悦之。後至長安，見執金吾車騎甚盛，因歎曰：『仕宦當作執金吾，娶妻當得陰麗華。』」○金吾之官：即執金吾。負責皇帝警衛、儀仗以及徼循京師、掌管治安的武職官員。漢書卷一九百官公卿表上：「中尉，秦官，掌徼循京師，有兩丞、候、司馬、千人。武帝太初元年更名執金吾。」顔師古注：「應劭曰：『吾者，禦也，掌執金革以禦非常。』師古曰：『金吾，鳥名也，主辟不祥。天子出行，職主先導，以禦非常，故執此鳥之象，因以名官。』」晉崔豹古今注卷上輿服：「漢朝執金吾，金吾，亦棒也。以銅爲之，黄金塗兩末，謂爲金吾。御史大夫、司隸校尉亦得執焉。」

〔五〕「孟德」句：魏武帝曹操字孟德。三國志卷一魏書武帝紀裴松之注引魏武故事曰：「後徵爲都尉，遷典軍校尉，意遂更欲爲國家討賊立功，欲望封侯作征西將軍，然後題墓道言『漢故征西將軍曹侯之墓』，此其志也。」

〔六〕淮海：尚書禹貢：「淮海惟揚州。」此處用以代指揚州。揚州，爲梁京師建康所在。梁元帝蕭繹丹陽尹序：「東以赤山爲成皋，南以長淮爲伊洛，北以鍾山爲華阜，西以大江爲黄河，既變淮海爲神州，亦即丹陽爲京尹。」○長鯨：資治通鑑卷一六四梁紀梁元帝「承聖元年」下胡三省注：「長鯨，謂侯景。古者伐國，取其鯨鯢，以爲大戮。」梁武帝太清二年（547），侯景發動叛亂，領兵南下，渡過長江。三年三月，攻入京師建康，並縱兵搶掠。事詳梁書卷五六侯景傳。

〔七〕授首：謂被殺。戰國策卷六秦策四「頃襄王二十年」章：「秦、楚合而爲一，臨以韓，韓必授首。」鮑彪注：「言其服而請誅。」梁書卷五六侯景傳：「王僧辯遣侯瑱率軍追景。景至晉陵，劫太守徐永東奔吴郡，進次嘉興，趙伯超據錢塘拒之。景退還吴郡，達松江，而侯瑱軍掩至，景衆未陣，皆舉幡乞降。景不能制，乃與腹心數十人單舸走，推墮二子於水，自滬瀆入海。至壺豆洲，前太子舍人羊鯤殺之，送屍于王僧辯，傳首西臺，曝屍於建康市。百姓争取屠膾噉食，焚骨揚灰。曾罹其禍者，乃以灰和酒飲之。及景首至江陵，世祖命梟之於市，然後煮而漆之，付武庫。」

〔八〕襄陽短狐：喻指岳陽王蕭詧。詧，蕭繹兄統之子，時爲雍州刺史，據襄陽，與蕭繹爲敵。周書卷四八有傳。短狐，即蜮。又名射工。傳説能含沙射影、使人得病的怪物。詩經小雅何人斯：「爲鬼爲蜮。」毛傳：「蜮，短狐也。」資治通鑑卷一六四梁紀梁元帝「承聖元年」胡三省注：「岳陽王詧據襄陽，與湘東爲敵，故斥爲短狐。短狐，蜮也。含沙射人，中之者死。」

〔九〕革面：指改過。周易革卦：「上六，君子豹變，小人革面。征凶，居貞吉。象曰：『君子豹變，其文蔚也。小人革面，順以從君也。』」抱朴子外篇用刑：「洗心而革面者，必若清波之滌輕塵。」

〔一〇〕太平玉燭：資治通鑑卷一六四梁紀元帝「承聖元年」下胡三省注：「爾雅：春爲青陽，夏爲朱明，秋爲白藏，冬爲玄英，四時和謂之玉燭。釋云：此釋太平之時，四氣和暢，以致嘉祥之事也。云春爲青陽者，言春之氣和則青而温陽也；云夏爲朱明者，言夏之氣和則赤而光明也；云秋爲白藏者，言秋之氣和則白而收藏也；云冬爲玄英者，言冬之氣和則黑而清英也。四時和謂之玉燭者，言四時和氣，温潤明照，故謂之玉燭。李巡云：人君德美如玉而明若燭。聘義：君子比德於玉焉。是時人君若德輝動於内，則和氣應於外，統而言之，謂之玉燭。」玉燭，尸子卷上：「四氣和，正光照，此之謂玉燭。」爾雅釋天：「四氣和謂之玉燭。」郭璞注：「道光照。」邢昺疏：「道光照者，道，言也；言四時和氣，温潤明照，故曰玉燭。」抱朴子内篇明本：「玉燭表昇平之徵，澄醴彰德洽之符。」

解嚴令〔一〕

軍容不入國，國容不入軍〔二〕。雖子産獻捷，戎服從事〔三〕，亞夫弗拜，義止將令兵〔四〕。今兇醜殲夷，逆徒殄潰，九有既截〔五〕，四海乂安〔六〕。漢官威儀〔七〕，方陳盛禮；衛多君子〔八〕，寄是式瞻〔九〕。便可解嚴，以時宣勒〔一〇〕。梁書卷五元帝紀、册府元龜卷一九一、梁文紀卷四、御製集、閣本、張本、全梁文、丁本。

【校注】

〔一〕解嚴令：梁文紀卷四題作「侯景平解嚴令」，御製集、閣本、張本、全梁文、丁本題作「解嚴令」。今題從御製集等。解嚴，解除非常的戒備措施。如藝文類聚卷五九引有宋謝莊江都平解嚴詩。初學記卷一二引晉中興書曰：「值海西公廢，太宗即位。未解嚴。」又，梁書卷五元帝紀載：大寶三年（552）「四月乙巳，益州刺史、新除假黄鉞、太尉武陵王紀竊位於蜀，改號天正元年。世祖遣兼司空蕭泰、祠部尚書樂子雲拜謁塋陵，修復社廟。丁巳，世祖令曰」云云。

〔二〕「軍容」二句：司馬法天子之儀：「軍容不入國，國容不入軍。」通典卷一四八兵一敘兵引孫子曰：「不知軍中之事，而欲同軍中之政，則軍士惑矣。」原注：「軍容不入國，國禮不可以治兵也。夫治國尚禮讓，兵貴於權詐，形勢各異，教化不同。而君不知其變，軍國一政，以用治民，則軍士疑惑，不知所措。故兵經曰『在國以信，在軍以詐』也。」容，指禮儀法度和禮節。軍容，文選卷五左思吴都賦：「軍容蓄用，器械兼儲。」劉淵林注：「軍容，軍之容表，言矛、劍等也。」

〔三〕「子産」二句：左傳襄公二十五年載：鄭子展、子産帥軍伐陳，大勝，「獻捷於晉，戎服將事」。子産，春秋時鄭公孫僑字子産。仕鄭爲正卿，執政。孔子稱之爲仁人、惠人。生平事跡詳左傳襄公三十年、三十一年及昭公元年、六年，史記卷四二鄭世家等。獻捷，打勝仗後，進獻俘虜及戰利品。

〔四〕「亞夫」二句：亞夫，即周亞夫，沛縣人，名將絳侯周勃次子，西漢文帝時將軍。七國之亂，亞夫統帥漢軍，三月平定叛軍。後死於獄中。史記卷五七絳侯周勃世家、漢書卷四〇有傳。史記本傳載：漢文帝後元六年（前158），匈奴大入邊。周亞夫率軍駐防細柳，文帝親自至細柳軍營勞軍，亞夫手持兵器曰：「介胄之士不拜，請以軍禮見。」文帝爲動容，贊爲「真將軍」。弗，御製集作「不」。

〔五〕九有：詩經商頌玄鳥：「方命厥后，奄有九有。」毛傳：「九有，九州也。」〇截：詩經大雅常武：「鋪敦淮濆，仍執醜虜。截彼淮浦，王師之所。」毛傳：「截，治也。」詩經商頌長發：「相土烈烈，海外有截。」鄭玄箋：「截，整齊也……四海之外率服，截爾整齊。」

〔六〕乂（yì）安：太平，安定。史記卷一一二平津侯主父列傳：「是時漢興六十餘載，海内乂安。」司馬貞索隱：「乂，理也。」

〔七〕漢官威儀：後漢書卷一光武帝紀載：西漢末，更始帝將北都洛陽，以光武行司隸校尉，使前整修官府。三輔吏士見光武僚屬，「皆歡喜不自勝。老吏或垂涕曰：『不圖今日復見漢官威儀。』由是識者皆屬心焉」。

〔八〕衛多君子：左傳襄公二十九年載：吴公子季札適衛，「説蘧瑗、史狗、史鰌，公子荆、公叔發、公子朝，曰：『衛多君子，未有患也。』」

〔九〕寄：廣雅釋詁：「寄，依也。」○式瞻：敬仰，景慕。文選卷五六張華女史箴：「肅慎爾儀，式瞻清懿。」式，語助詞。詩經小雅節南山：「式夷式已，無小人殆。」清馬瑞辰通釋：「兩『式』字皆語詞。」

〔一〇〕宣勒：佈告。文選卷一〇潘岳西征賦：「陷社稷之王章，俾幽死而莫鞫。」李善注：「張晏漢書曰：鞫，窮也。……一曰勒。毛萇詩傳注曰：勒，告也。」

【集評】

閻本：秦始銷兵，倣周例也，敗亡已自立見，湘東何等時耶，那得復爾？

祠房廟令〔一〕

令：六宗設祀〔二〕，載陳前册；八蜡有祠〔三〕，抑聞往義〔四〕。況復寶雞耀采，光映南陽〔五〕，金馬呈祥，氣浮西蜀〔六〕，而可行潦勿修〔七〕，蘋蘩不設者也〔八〕？近經寇逆以來〔九〕，諸房廟社樹爲所侵伐〔一〇〕，可並修理，置祭專付潘果知事〔一一〕，外即施行。民國三年張鈞衡刻適園叢書第三集文館詞林卷六九五、古逸叢書本文館詞林卷六九五、影弘仁本文館詞林卷六九五。

【校注】

〔一〕祠房廟令：房廟，祠堂，廟宇。宋書卷四八毛脩之傳：「脩之不信鬼神，所至必焚除房廟。」梁書卷五元帝紀：大寶三年(552)四月，「世祖遣兼司空蕭泰、祠部尚書樂子雲拜謁塋陵，修復社廟」。本文蓋作於此時。

〔二〕六宗：尚書舜典：「肆類於上帝，禋于六宗，望於山川，徧於群神。」孔安國傳：「宗，尊也。所尊祭者其祀有六，謂四時也、寒暑也、日也、月也、星也、水旱也。」陸德明音義：「六宗，王云：『四時、寒暑、日、月、星、水旱也。』馬云：『天地四時也。』」孔穎達疏：「漢世以來，說六宗者多矣。歐陽及大、小夏侯說尚書，皆云所祭者六。上不謂天，下不謂地，旁不謂四方，在六者之間，助陰陽變化，實一而名六宗矣。孔光、劉歆以六宗謂乾坤六子：水、火、雷、風、山、澤也。賈逵以爲六宗者，天宗三：日、月、星也；地宗三：河、海、岱也。馬融云：『萬物非天不覆，非地不載，非春不生，非夏不長，非秋不收，非冬不藏：此其謂六也。』鄭玄以六宗言禋，與祭天同名，則六者皆是天之神祇，謂星、辰、司中、司命、風師、雨師。星，謂五緯也。辰，謂日月所會十二次也。司中、司命，文昌第五、第四星也。風師，箕也。雨師，畢也。晉初，幽州秀才張髦上表云：『臣謂禋于六宗，祀祖考所尊者六，三昭、三穆是也。』司馬彪又上表云歷難諸家及自言己意，『天宗者，日、月、星、辰、寒、暑之屬也。地宗，社、稷、五祀之屬也。四方之宗，四時、五常之屬。』惟王肅據家語六宗與孔同。各言其志，未知孰是。」

〔三〕八蜡（zhà）：禮記郊特牲：「蜡也者，索也，歲十二月，合聚萬物而索饗之也。……八蜡以記四方。四方年不順成，八蜡不通，以謹民財也。」鄭玄注：「蜡有八者：先嗇一也，司嗇二也，農三也，郵表畷四也，貓虎五也，坊六也，水庸七也，昆蟲八也。」孔穎達疏：「鄭數八神，約上文也。王肅分貓、虎爲二，無昆蟲。鄭數昆蟲，合貓虎者，昆蟲不爲物害，亦是其功；貓虎俱是除田中之害，不得分爲二不言與，故合爲一也。」八蜡之神諸家解説不一。參錢大昕潛研堂集答問五。蜡，漢蔡邕獨斷：「蜡之言索也，祭曰索此八神而祭之也。」

〔四〕抑：詩經鄭風大叔于田：「抑磬控忌，抑縱送忌。」朱熹集傳：「抑、忌，皆語助辭。」〇往義：指禮記。義，文體名。禮記有祭義、聘義等，故此代指之。

〔五〕「況復」二句：宋書卷二七符瑞志：「先是秦穆公時，陳倉人掘地得物，若羊非羊，若豬非豬，怪，將獻之。道逢二僮子，謂之曰：『子知彼乎，名爲猥，常在地下食死人腦。若欲殺之，以柏東南枝指之，則死矣。』猥因言曰：『此二僮子，名爲寶。得其雄者王，得其雌者霸。』於是陳倉人遂棄猥而逐二僮子，二僮子化爲雉，飛入林。陳倉人以告穆公，穆公發徒大獵，得其雌者，化而爲石，置之汧、渭之間。至文公，爲之立祠，名曰陳寶祠。雄南飛集南陽穰縣，其後光武興於南陽。」南陽，郡名。治所在宛縣，即今河南省南陽市，爲東漢光武帝故鄉。

〔六〕「金馬」二句：漢書卷六四王褒傳：「後方士言益州有金馬、碧雞之寶，可祭祀致也，宣帝使褒往祀焉。」宋書卷二七符瑞志：「先是，術士周群言，西南數有黄氣，直立數丈，如此積年，每有景雲祥風，從璿璣下來應之。建安二十二年中，屢有氣如旗，從西竟東，中天而行。圖書曰：『必有天子出其方。』太白、熒惑、鎮星從歲星，又黄龍見犍爲武陽之赤水，九日乃去。關羽在襄陽，男子張嘉、王休獻玉璽，備後稱帝於蜀。」

〔七〕行潦：詩經大雅泂酌：「泂酌彼行潦，挹彼注兹，可以餴饎。」毛傳：「行潦，流潦也。」鄭玄箋：「流潦，水之薄者也，遠酌取之，投大器之中，又挹之注之於此小器，而可以沃酒食之餴者，以有忠信之德、齊絜之誠，以薦之故也。」孔穎達疏：「言使人遠往酌取彼道上流潦之水，置之於大器而來，待其清澄，又可挹彼大器之水注之此小器之中，以灌沃米餴，以爲饎之酒食。以此祭祀，則天饗之。」左傳隱公三年：「苟有明信，澗、溪、沼、沚之毛……潢、汙、行潦之水，可薦於鬼神，可羞於王公。」楊伯峻注：「行潦乃大雨水之積於道路者。」

〔八〕蘋蘩：蘋和蘩。蘋，池塘生草本植物。蘩，白蒿。左傳隱公三年：「蘋、蘩、薀藻之菜……可薦於鬼神，可羞於王公。」晉左思蜀都賦：「雜以蘊藻，糅以蘋蘩。」此泛指祭品。

〔九〕近經：古逸叢書本文館詞林卷六九五、影弘仁本文館詞林卷六九五作「經近」。○寇逆：指侯景之亂。事詳梁書卷五六侯景傳。

〔一〇〕社樹：唐蘇鶚蘇氏演義卷上：「周禮文：二十五家爲社，各樹其土所宜木。今村墅間，多以大樹爲社樹，蓋此始也。」

〔一一〕潘果：影弘仁本文館詞林卷六九五作「潘杲」。今按：疑當作「潘杲」爲是。金樓子自序：「又有人名裹襞紙中，射之，得鼎卦，余言曰：『鼎卦上離爲日，下巽爲木，日下安木，杲字也。』此是典籤裴重歡疏潘杲名，與余射之。他驗皆如此也。」○知事：主管事務。

赦餘黨令〔一〕

君子赦過，著在周經〔二〕；聖人解網，聞之湯令〔三〕。自獫狁孔熾〔四〕，長蛇荐食〔五〕，赤縣阽危〔六〕，黔黎塗炭〔七〕，終宵不寐，志在雪恥。元惡稽誅〔八〕，本屬侯景，王偉是其心膂〔九〕，周石珍負背恩義〔一〇〕，今並烹諸鼎鑊〔一一〕，肆之市朝〔一二〕。但比屯邅寇擾〔一三〕，爲歲已積，衣冠舊貴〔一四〕，被逼偷生，猛士勳豪，和光苟免〔一五〕，凡諸惡侶，諒非一族〔一六〕。今特闡以王澤〔一七〕，削以刑書〔一八〕，自太清六年五月二十日昧爽以前〔一九〕，咸使惟新〔二〇〕。梁書卷五元帝紀、册府元龜卷二〇八、梁文紀卷四、御製集、張本、全梁文、丁本。

【校注】

〔一〕赦餘黨令：梁文紀卷四題作「赦令」，御製集題作「賜赦令」，張本題作「赦餘黨令」，全梁文、丁本題作「赦令」，今題從張本。梁書卷五元帝紀：大寶三年（552）五月乙酉，「斬賊左僕射王偉、尚書吕季略、少卿周石珍、舍人嚴亶於江陵市。是日，世祖令曰」云云。資治通鑑卷一六四梁紀元帝上「承聖元年」：五月，「丁亥，下令，以『王偉等既死，自餘衣冠舊貴，被逼偷生，猛士勳豪，和光苟免者，皆不問』」。

〔二〕「君子」二句：周易解卦：「象曰：雷雨作，解。君子以赦過宥罪。」周經，指周易。經，册府元龜卷二〇八作「禮」。

〔三〕「聖人」二句：史記卷三殷本紀：「湯出，見野張網四面，祝曰：『自天下四方皆入吾網。』湯曰：『嘻，盡之矣！』乃去其三面，祝曰：『欲左，左。欲右，右。不用命，乃入吾網。』諸侯聞之，曰：『湯德至矣，及禽獸。』」湯令，商湯之誥令。

〔四〕獫狁（xiǎn yǔn）孔熾：獫狁即玁狁。我國古代北方少數民族。詩經小雅采薇：「靡室靡家，玁狁之故。」毛傳：「玁狁，北狄也。」鄭玄箋：「北狄，今匈奴也。」詩經小雅六月：「玁狁孔熾，我是用急。」鄭玄箋：「北狄來侵甚盛，我王是用遣我之急也。」

〔五〕長蛇荐食：左傳定公四年：「申包胥如秦乞師，曰：『吴爲封豕，長蛇，以荐食上國，虐始於楚。』」杜預注：「荐，數也。言吴貪害如蛇豕。」長蛇，喻兇暴之物。荐食，不斷吞食。詩經小雅節南山：「天方薦瘥，喪亂弘多。」毛傳：「薦，重。」

〔六〕赤縣：「赤縣神州」的省稱。史記卷七四孟子荀卿列傳載：戰國齊人鄒衍創立「大九州」學說，「以爲儒者所謂中國者，於天下乃八十一分居其一分耳。中國名曰赤縣神州。」後指中原或中國。○阽危：漢書卷二四食貨志上：「既聞耳矣，安有爲天下阽危者若是而上不驚者！」顔師古注：「阽危，欲墜之意也。」

〔七〕黔黎：黔首、黎民之合稱，即百姓。説文解字黑部：「黔，黎也。从黑，今聲。秦謂民爲黔首，謂黑色也。周謂之黎民。」○塗炭：比喻極困苦的境遇。尚書仲虺之誥：「有夏昏德，民墜塗炭。」孔安國傳：「夏桀昏亂，不恤下民，民之危險，若陷泥墜火，無救之者。」

〔八〕元惡：首惡，大惡之人。尚書康誥：「元惡大憝，矧惟不孝、不友！」孔安國傳：「大惡之人猶爲人所大惡，況不善父母、不友兄弟者乎！」○稽誅：稽延誅伐。韓非子難四：「今昭公見惡稽罪而不誅，使渠彌含憎懼死以徼幸。」南齊書卷七東昏侯紀：「緩戮稽誅，倏彌旬月。」

〔九〕王偉：人名，陳留人。侯景主要謀臣。生平詳梁書卷五六侯景傳。梁書侯景傳：「景之表、啓、書、檄，皆其所製。景既得志，規摹篡奪，皆偉之謀。及囚送江陵，烹於市。」○心膂：心與脊骨。比喻親信得力之人。尚書君牙：「今命爾予翼，作股肱心膂。」孔穎達疏：「膂，背也。汝爲我輔翼，當如我之身，故舉四支以喻。」

〔一〇〕周石珍：人名。梁高祖時曾爲制局監，後降侯景爲少卿，終爲蕭繹所殺。生平詳梁書卷五元帝紀、卷五六侯景傳。

〔一一〕鼎鑊（huò）：本古代兩種烹飪器。後用作烹人的刑具。鼎，張本作「鼑」。鑊，無足鼎。漢書卷二三刑法志：「增加肉刑、大辟，有鑿顛、抽脅、鑊亨之刑。」顏師古注：「鼎大而無足曰鑊，以煮人也。」

〔一二〕肆之市朝：禮記檀弓下：「君之臣不免於罪，則將肆諸市朝，而妻妾執。」鄭玄注：「肆，陳尸也，大夫以上於朝，士以下於市。」

〔一三〕比屯邅寇擾：册府元龜卷二〇八作「此寇擾」。屯邅（zhān），周易屯卦：「六二，屯如邅如，乘馬班如。」孔穎達疏：「屯是屯難，邅是邅回。」比喻處境不利，進退兩難。

〔一四〕衣冠：漢書卷六〇杜欽傳：「茂陵杜鄴與欽同姓字，俱以材能稱京師，故衣冠謂欽爲『盲杜子夏』以相別。」顏師古注：「衣冠謂士大夫也。」

〔一五〕和光：「和光同塵」之略語。老子第四章：「和其光，同其塵。」指隨俗而處，不露鋒芒，隱藏自己。○苟免：苟且免於損害。禮記曲禮上：「臨財毋苟得，臨難毋苟免。」孔穎達疏：「若君父有難，臣子若苟且免身而不鬬，則陷君父於危亡，故云『毋苟免』。」

〔一六〕諒：料想。樂府詩集卷一六鼓吹曲辭一戰城南：「野死諒不葬，腐肉安能去子逃？」資治通鑑卷二九四後周紀太祖「顯德六年」：「于朕盡柔遠之宜，惟乃通方，諒達予意。」胡三省注：「諒，想也。」

〔一七〕闡：顯露。大廣益會玉篇門部：「闡，明也。」○王澤：君王的德澤。漢董仲舒春秋繁露盟會要：「賞善誅惡而王澤洽。」

〔一八〕削：廣雅釋詁：「削，減也。」○以：册府元龜卷二〇八引作「其」。○刑書：刑法的條文。尚書呂刑：「哀敬折獄，明啓刑書胥占，咸庶中正。」

〔一九〕二：張本作「三」。○昧爽：拂曉。尚書太甲上：「先王昧爽丕顯，坐以待旦。」孔安國傳：「爽、顯，皆明也。」孔穎達疏：「昭七年左傳云：『是以有精爽，至於神明。』從爽以至於明，是『爽』謂未大明也。昧是晦冥，爽是未明，謂夜向晨也。」

〔二〇〕惟新：尚書胤征：「殲厥渠魁，脅從罔治。舊染汙俗，咸與惟新。」孔安國傳：「言其餘人久染汙俗，本無惡心，皆與更新，一無所問。」

議移都令〔一〕

令：丹陵舊京〔二〕，每懷去魯之歎〔三〕；白水故鄉〔四〕，彌深過沛之想〔五〕。羯賊侯景〔六〕，指日梟懸〔七〕，夾鍾在律〔八〕，便應底定〔九〕。今若移還建業，言及金陵〔一〇〕，將恐糧運未周，國儲不實，舟輿尚少，樵蘇莫繼〔一一〕。若仍停荆服〔一二〕，即安渚宮〔一三〕，復恐制置豐屋〔一四〕，難爲修理。外可悉心以對，人思自竭，通侯諸將，勿得有隱〔一五〕。

在。而梁書卷五六侯景傳載，景死於太清六年三月。然則蕭繹在即位之前與即位之後，兩次令臣下議遷都之事乎？吴光興蕭綱蕭繹年譜卷四「承聖元年（552）」三月下云：「湘東王下令部下議論移都事宜。文館詞林卷六九五梁孝元帝議移都令曰云云。按：文曰『羯賊侯景，指日梟懸』，大約侯景東竄之時也。以己丑日王僧辯上表迎還建業，姑繫下令議論還都事宜於此。」吴説大體可從。不過「夾鍾在律」乃指二月，吴繫此令於三月下，不無小誤。

〔二〕丹陵：古地名。或以爲即今河北省保定市順平縣伊祁山。古代傳説帝堯之母陳鋒氏女感赤龍之祥，孕十有四月而生堯於丹陵。見初學記卷九引皇甫謐帝王世紀。今按：此疑爲「丹陽」之訛。丹陽，郡名。據宋書卷三五州郡志，丹陽郡，晉武帝太康二年移治建康，元帝太興元年改爲尹。此後迄梁陳，丹陽尹治所皆在建康，即今江蘇省南京市，梁時建康爲京師所在。

〔三〕去魯：離開魯國。孔子五十多歲時，曾離開故國魯國，周遊天下。參史記卷四七孔子世家。

〔四〕白水：水名。即今湖北省棗陽市南白水河，爲東漢光武帝故鄉。文選卷三張衡東京賦：「乃龍飛白水，鳳翔參墟。」薛綜注：「白水，謂南陽白水縣也，世祖所起之處也。」文心雕龍麗辭：「孟陽七哀云：『漢祖想枌榆，光武思白水。』此正對之類也。」太平御覽卷六三引東觀漢記曰：「光武皇考，封南陽之白水鄉。」

〔五〕過沛之想：謂有回故鄉的念頭。沛，江蘇省徐州市沛縣，爲漢高祖劉邦的故鄉。史記卷八民國三年張鈞衡刻適園叢書第三集文館詞林卷六九五、古逸叢書本文館詞林卷六九五、弘仁本文館詞林卷六九五。

【校注】

〔一〕議移都令：太平御覽卷一五六引三國典略曰：「梁元帝在江陵即位，欲還都建康，領軍將軍胡僧祐、太府卿黄羅漢，吏部尚書宗懍、御史中丞劉諒等曰：『建業王氣已盡，與虜止隔一江，若有不虞，悔無及也。且渚宫洲數滿百，當出天子，陛下龍飛，是其應乎。』梁主令朝臣議之。黄門侍郎周弘正、尚書左僕射王褒曰：『帝王所都，本無定處，其如黔首萬姓，未見輿駕入建業，謂是列國諸王。宜順百姓之心，從四海之望。』時江陵人士咸云弘正等皆是東人，志願東下，恐非良計。弘正面折之曰：『若東人勸東，謂爲非計，君等西人欲西，豈成良策？』梁主笑之。又於後堂大會文武五百人，問之曰：『吾欲還業，諸卿以爲何如？』衆皆愕然，莫敢先對。梁主曰：『勸吾去者左袒。』於是左袒者過半。武昌太守朱買臣入勸梁主云：『建業舊都，塋陵猶在。荆鎮邊疆，非王者宅。願陛下弗疑，致後悔也。臣家在荆州，豈不欲陛下住？但恐是臣富貴，非陛下富貴耳。』乃召卜者杜景豪決其去留，遇兆不吉，答云『未去』。景豪退而言曰：『此兆爲鬼賊所留也。』」資治通鑑卷一六五梁紀元帝下繫此事於「承聖二年」。今按：蕭繹太清六年（552）十一月即位，改元承聖，是其議遷都事在即位之次年。然據此令「羯賊侯景，指日梟懸，夾鍾在律，便應底定」云云，則知蕭繹爲此令時景仍高祖本紀載：十二年，追擊反叛的黥布，「高祖還歸，過沛，留。置酒沛宮，悉召故人父老子弟縱酒，發沛中兒得百二十人，教之歌。酒酣，高祖擊筑，自爲歌詩曰：『大風起兮雲飛揚，威加海內兮歸故鄉，安得猛士兮守四方！』令兒皆和習之。高祖乃起舞，慷慨傷懷，泣數行下。謂沛父兄曰：『游子悲故鄉。吾雖都關中，萬歲後吾魂魄猶樂思沛。且朕自沛公以誅暴逆，遂有天下，其以沛爲朕湯沐邑，復其民，世世無有所與。』沛父兄諸母故人日樂飲極驩，道舊故爲笑樂。十餘日，高祖欲去，沛父兄固請留高祖。高祖曰：『吾人衆多，父兄不能給。』乃去。沛中空縣皆之邑西獻。高祖復留止，張飲三日」。

〔六〕羯賊侯景：侯景字萬景，北魏懷朔鎮鮮卑化羯人，後降於梁。梁武帝太清二年（548），侯景發動叛亂，攻入京師建康，武帝蕭衍、簡文帝蕭綱均死於亂中。事詳梁書卷五六侯景傳。侯景，鮮卑化羯人，故稱「羯賊」。羯，我國古代少數民族名。

〔七〕指日：規定日期。謂爲期不遠。三國魏曹植應詔詩：「弭節長騖，指日遄征。」○梟懸：斬首懸掛示衆。文選卷四四陳琳爲袁紹檄豫州：「故九江太守邊讓，英才俊偉……身首被梟懸之誅，妻孥受灰滅之咎。」李善注：「臣瓚漢書注曰：懸首於木曰梟。」呂延濟注：「斬首懸之曰梟。」三國志卷二四魏書高柔傳：「〔公孫〕晃及妻子，叛逆之類，誠應梟縣，勿使遺育。」

〔八〕夾鍾在律：指農曆二月。禮記月令：仲春之月，「其音角，律中夾鍾」。鄭玄注：「夾鍾者，夷則之所生，三分益一，律長七寸二千一百八十七分寸之千七十五。仲春氣至，則夾鍾之律應。」白虎通卷四京師：「二月律謂之夾鐘何？夾者，孚甲也，言萬物孚甲，種類分也。」律，禮記月令：「〔孟春之月〕，律中大蔟。」鄭玄注：「律，候氣之管，以銅爲之。」孔穎達疏：「按司農注周禮云：陽律以竹爲管，陰律以銅爲管，鄭康成則以皆用銅爲之。」

〔九〕底定：即「底定」，平定、安定。尚書禹貢：「三江既入，震澤底定。」孔安國傳：「言三江已入，致定爲震澤。」陸德明音義：「厎，之履反，致也。」蔡沈集傳：「厎定者，言厎於定而不震蕩也。」

〔一〇〕金：弘仁本文館詞林卷六九五作「今」。

〔一一〕樵蘇：柴草。此指生活物資。

〔一二〕荆服：古以荆州比西周之陜州，故稱荆州爲荆服、陜服。文選卷六〇任昉齊竟陵文宣王行狀：「初，沈攸之跋扈上流，稱亂陜服。」呂向注：「上流，荆州也。時攸之爲荆州刺史，宋順帝即位，起兵作亂。時以荆州比陜州，爲分陜之望也，如侯、甸之服，故云陜服也。」蕭繹與劉縮書云：「昔經陜服，頗足良書。」服，古代指王畿以外的地方。尚書益稷：「弼成五服，至於五千。」孔安國傳：「五服，侯、甸、綏、要、荒服也。服五百里，四方相距，爲方五千里。」孔穎達疏：「彼五服，每服五百里，四面相距，爲方五千里也。」

〔一三〕渚宮：春秋楚國的宮殿名。故址在今湖北省荆州市江陵縣。此代指荆州治所江陵。

【校注】

〔一〕封劉瑴宗懍令：文館詞林卷六九五題作「封劉瑴宗懍令」，梁文紀卷四題作「宗懍封信安縣侯手詔」，御製集題作「封宗懍信安縣侯手詔」，全梁文、丁本題作「手詔封宗懍」。以上諸本文同周書宗懍傳，蓋删去有關劉瑴者，故均不全。今題從文館詞林。宗懍（lǐn），字元懍，原籍南陽涅陽。梁武帝普通中，爲湘東王蕭繹記室。蕭繹鎮荆州，爲别駕。及繹即位，以爲尚書郎，封信安縣侯。江陵没，入北周。有荆楚歲時記及文集。梁書卷四一、周書卷四二、北史卷七〇有傳。周書宗懍傳：「梁元帝重牧荆州，以懍爲别駕、江陵令。及帝即位，擢爲尚書侍郎。又手詔曰：『昔扶柳開國，止曰故人；西鄉胙土，本由賓客。況事涉勳庸，而無爵賞？尚書侍郎宗懍，亟有帷幄之謀，誠深股肱之寄，從我于邁，多歷歲時。可封信安縣侯，邑一千户。』」劉瑴，字仲寶，沛國人。自國子禮生射策高第，爲寧海令，稍遷湘東王記室參軍，又轉中記室。歷尚書左丞、御史中丞。承聖二年，遷吏部尚書、國子祭酒。死於江陵之亂中。梁書卷四一有傳。今按：據周書宗懍傳，此令當作於承聖元年（552）。

〔二〕「昔扶柳」二句：史記卷九吕太后本紀：「吕平爲扶柳侯。」裴駰集解：「徐廣曰：吕后姊子也。母字長姁。」張守節正義曰：「括地志云：『扶柳故城在冀州信都縣西三十里，漢扶柳縣也。有澤，澤中多柳，故曰扶柳。』」扶柳，縣名，西漢置，屬信都國，治所在今河北省冀州市西北扶柳城。○開國：指建立諸侯國。

〔一四〕豐屋：高大的房屋。周易豐卦：「象曰：豐，大也。……上六，豐其屋，蔀其家。……象曰：豐其屋，天際翔也。」

〔一五〕「通侯」二句：漢書卷一高帝紀下：「通侯諸將毋敢隱朕。」顔師古注：「應劭曰：『舊曰徹侯，避武帝諱曰通侯。通亦徹也。通者，言其功德通於王室也。』張晏曰：『後改爲列侯。列者，見序列也。』」

封劉瑴宗懍令〔一〕

令：昔扶柳開國，止曰故人〔二〕；西鄉胙土，本由賓客〔三〕。況其事涉勳庸，宜加爵命〔四〕。左丞劉瑴〔五〕，恪勤所任，便繁日久〔六〕，近紀王内侮，銜命有勞〔七〕，雖路中大夫、大史子義望古儔今〔八〕，不能尚也。尚書侍郎宗懍〔九〕，亟有帷幄之謀〔一〇〕，實惟股肱之寄〔一一〕，從我于邁〔一二〕，多歷歲時。瑴可嘉興縣開國伯〔一三〕，懍可信安縣開國伯〔一四〕，食邑各三百户〔一五〕。外即施行。民國三年張鈞衡刻適園叢書第三集文館詞林卷六九五、古逸叢書本文館詞林卷六九五、日藏弘仁本文館詞林校證卷六九五。又，周書卷四二宗懍傳、册府元龜卷二一二、梁文紀卷四、御製集、全梁文、丁本所録均有删節。

〔三〕「西鄉」二句：太平御覽卷二〇一引魯國先賢志曰：「汶陽鮑氏起於鮑吉。吉字利主。桓帝初爲蠡吾侯，吉爲書師。及桓帝立，歷位至河南尹。詔曰：『吉與朕有龍潛之舊，其封西鄉侯。』宗族以吉勢力，至刺史二千石者五。」西鄉，縣名，治所在今北京市房山區。胙土，賜封土地。

〔四〕爵命：封爵受職。文選卷四四陳琳檄吴將校部曲文：「大啓爵命，以示四方。」吕向注：「爵，謂封侯也；命，謂一命受職。」

〔五〕左丞：即尚書左丞，官名。尚書省佐官，掌監察百官，管理中央機構文書奏章等事務。梁九班。

〔六〕便繁：亦作「便煩」、「便蕃」，頻繁，屢次。左傳襄公十一年：「詩曰：樂只君子，殿天子之邦。樂只君子，福禄攸同，便蕃左右，亦是帥從。」杜預注：「便蕃，數也。言遠人相帥來服從，便蕃然在左右。」今按：此歇後藏詞格，意謂在左右。

〔七〕「近紀王」二句：紀王，指武陵王蕭紀。時蕭紀僭號於蜀，帥軍東下，將圖荆州。蕭繹與之有書信往來。詳梁書卷五五武陵王紀傳。劉瑴或此前曾銜命使蜀。紀，影弘仁本文館詞林卷六九五作「⿰女高」。銜命，接受使命。

〔八〕路中大夫：指路充國。漢書卷九四匈奴傳載：漢武帝元封四年，匈奴使者在漢病故，漢使路充國佩二千石印綬使送其喪。匈奴留充國不歸，充國不屈。太初四年，得歸。中大夫，即光禄大夫。後漢書百官志：「光禄大夫，比二千石。本注曰：無員。凡大夫、議郎皆掌顧問應對，無常事，唯詔令所使。凡諸國嗣之喪，則光禄大夫掌吊。太中大夫，千石。本注曰：無員。中散大夫，六百石。本注曰：無員。諫議大夫，六百石。本注曰：無員。」劉昭注：「胡廣曰：『光禄大夫本爲中大夫。武帝元狩五年置諫大夫爲光禄大夫。世祖中興，以爲諫議大夫。又有太中、中散大夫。此四等於古皆爲天子之下大夫，視列國之上卿。』漢官曰三十人。」今按：路充國以二千石印綬使匈奴，故稱路中大夫。○大史子義：即太史慈。慈字子義，東萊黄人。三國志卷四九有傳。大，同「太」。三國志本傳載：慈初從劉繇，後歸孫策。繇亡於豫章，「士衆萬餘人未有所附，策命慈往撫安焉。左右皆曰：『慈必北去不還。』策曰：『子義捨我，當復與誰？』餞送昌門，把腕别曰：『何時能還？』答曰：『不過六十日。』果如期而反」。○望古儔今：謂和古人、今人比較。宋書卷一〇〇自序：「臣遠愧南、董，近謝遷、固，以閶閻小才，述一代盛典，屬辭比事，望古慚良，鞠躬跼蹐，靦汗亡厝。」梁書卷五元帝紀：「中宗以不違群議，故江東可立。儔今考古，更無二謀。」望，論語公冶長：「子謂子貢曰：『女與回也孰愈？』對曰：『賜也何敢望回？回也聞一以知十，賜也聞一以知二。』」何晏集解：「望，謂比視。」禮記表記：「以人望人，則賢者可知已矣。」孔穎達疏：「望，比也。」儔，文選卷五九沈約齊故安陸昭王碑文：「天倫之愛，振古莫儔。」吕向注：「儔，匹也。」

〔九〕尚書侍郎：諸文館詞林本作「中書侍郎」，周書卷四二宗懍傳、册府元龜卷二一一、梁文紀卷四、御製集、全梁文、丁本均作「尚書侍郎」。梁書卷四一宗懍傳載：「及世祖即位，爲尚書郎。」北史卷七〇宗懍傳載：「梁元帝即位，擢爲尚書侍郎。」今按：作「尚書侍郎」是，據改。尚書侍郎，尚書省屬官。主作文書起草。晉書卷二四職官志：「尚書郎，西漢舊置四人，以分掌尚書。……郎主作文書起草，更直五日於建禮門内。尚書郎初從三署詣臺試，守尚書郎，中歲滿稱尚書郎，三年稱侍郎，選有吏能者爲之。」梁六班。

〔一〇〕帷幄：後漢書卷三〇下郎顗傳：「豈獨陛下倦於萬機，帷幄之政有所闕歟？」李賢注：「帷幄，謂謨謀之臣也。」

〔一一〕股肱（gōng）：喻左右輔佐之臣。尚書君牙：「今命爾予翼，作股肱心膂。」孔穎達疏：「股，足也。肱，臂也。……汝爲我輔翼，當如我之身，故舉四支以喻。」後漢書卷五八臧洪傳：「北鄙將告倒懸之急，股肱奏乞歸之記耳。」李賢注：「股肱猶手足也。言北邊有倉卒之急，股肱之臣將告歸自救耳。」

〔一二〕于邁：詩經魯頌泮水：「無小無大，從公于邁。」鄭玄箋：「于，往。邁，行也。」

〔一三〕嘉興縣：三國時吴置，屬吴郡。治所在今浙江省嘉興市南。○開國：本指建立諸侯國，晉以後成爲在五等封爵前所加的稱號。○伯：古代五等爵位的第三等。禮記王制：「王者之制禄爵，公、侯、伯、子、男，凡五等。」

〔一四〕信安縣：南朝梁置，屬西陽郡。治所在今湖北省麻城市東。○伯：周書卷四二宗懍傳、册府元龜卷二一一、梁文紀卷四、御製集、全梁文、丁本作「侯」。又，梁書卷四一宗懍傳、北史卷七○宗懍傳俱載封「信安縣侯」。

〔一五〕食邑：古代君主賜予臣下作爲世禄的封地。○三百：周書卷四二宗懍傳、册府元龜卷二一一、梁文紀卷四、御製集、全梁文、丁本作「一千」。梁書卷四一宗懍傳載：「封信安縣侯，邑一千户。」

教

召學生教〔一〕

閤下〔二〕：昔楚王好詩〔三〕，沛王傳易〔四〕，猶且傳之不朽，以爲盛事〔五〕。況吾親承天旨〔六〕，聞禮聞詩〔七〕，方欲化行南國〔八〕，被于西楚〔九〕。藝文類聚卷三八、太平御覽卷五三四、梁文紀卷四、御製集、閣本、張本、全梁文、丁本。

【校注】

〔一〕召學生教：教，文體的一種。文心雕龍詔策：「教者，效也，出言而民效也。契敷五教，故王侯稱教。」顏氏家訓卷三勉學：「洎于梁世，兹風復闡，莊、老、周易，總謂三玄。武皇、簡文，躬自講論。周弘正奉贊大猷，化行都邑，學徒千餘，實爲盛美。元帝在江、荆間，復所愛習，召置學生，親爲教授，廢寢忘食，以夜繼朝，至乃倦劇愁憤，輒以講自釋。」又，吴光興蕭綱蕭繹年譜卷二「大通元年」：「湘東王繹於荆州立學校，以江陵令賀革爲儒林祭酒，召學生入學。」其按云：「湘東王繹於去歲冬季赴荊州鎮，姑繫立學一事於是年。俟考。」

〔二〕閣下：梁文紀卷四脱此二字。

〔三〕楚王好詩：楚王指漢高祖劉邦同父異母弟劉交。交字游。劉邦即位，封爲楚王。卒，謚元。漢書卷三六有傳。漢書本傳：「楚元王交字游，高祖同父少弟也。好書，多材藝。少時嘗與魯穆生、白生、申公俱受詩於浮丘伯。……元王好詩，諸子皆讀詩，申公始爲詩傳，號魯詩。元王亦次之詩傳，號曰元王詩，世或有之。」

〔四〕沛王傳易：沛王指東漢光武帝之子劉輔。輔初爵中山王，後徙封沛王。卒，謚曰獻。後漢書卷四二光武十王傳有傳。後漢書本傳：「輔矜嚴有法度，好經書，善説京氏易、孝經、論語傳及圖讖，作五經論，時號之曰沛王通論。」

〔五〕事：太平御覽卷五三四作「美」。

〔六〕況：太平御覽卷五三四脱。○天旨：文選卷五四劉孝標辯命論：「故謹述天旨，因言其致云爾。」李周翰注：「天旨，謂天子意也。」今按：蕭繹另有請於州立學校表，是其於荊州立學，得梁武帝批准。

〔七〕聞禮聞詩：論語季氏：「陳亢問于伯魚曰：『子亦有異聞乎？』對曰：『未也。嘗獨立，鯉趨而過庭，曰：「學詩乎？」對曰：「未也。」「不學詩，無以言。」鯉退而學詩。他日又獨立，鯉趨而過庭，曰：「學禮乎？」對曰：「未也。」「不學禮，無以立。」鯉退而學禮。聞斯二者。』陳亢退而喜曰：『問一得三，聞詩，聞禮，又聞君子之遠其子也。』」太平御覽卷五三四脱「禮聞詩」三字。

〔八〕化行南國：詩經周南漢廣小序：「漢廣，德廣所及也。文王之道，被于南國，美化行乎江漢之域。」南國，詩經周南鄭玄譜：「至紂，又命文王典治南國江、漢、汝旁之諸侯。」孔穎達疏：「江漢之域，即梁、荆二州，故尚書注云：『南兼梁、荆。』」楚辭九章橘頌：「受命不遷，生南國兮。」王逸注：「南國，謂江南也。」

〔九〕西楚：古地域名稱。三楚之一。史記卷一二九貨殖列傳：「夫自淮北沛、陳、汝南、南郡，此西楚也。」張守節正義：「言從沛郡西至荆州，并西楚也。」今按：據梁書卷五元帝紀，蕭繹先後曾爲丹陽尹、荆州刺史、江州刺史，所治區域正是古西楚之域。

表

薦顧協表〔一〕

臣聞貢玉之士，歸之潤山；論珠之人，出於枯岸〔二〕。是以芻蕘之言〔三〕，擇於廊廟者也〔四〕。臣府兼記室參軍吴郡顧協〔五〕，行稱鄉閭〔六〕，學兼文武〔七〕，服膺道素，雅量邃遠，安貧守静〔八〕，奉公抗直〔九〕，傍闕知己〔一〇〕，志不自營，年方六十，室無妻子〔一一〕。臣欲言於官人〔一二〕，申其屈滯，協必苦執貞退，立志難奪〔一三〕，可謂東南之遺寶矣〔一四〕。伏惟陛下，未明求衣〔一五〕，思賢如渴，爰發明詔〔一六〕，各舉所知。臣識非許、郭〔一七〕，雖無知人之鑒，若守固無言，懼貽蔽賢之咎〔一八〕。昔孔愉表韓績之才〔一九〕，庾亮薦翟湯之德〔二〇〕，臣雖未齒二臣〔二一〕，協實無慙兩士〔二二〕。梁書卷三〇顧協傳、文苑英華卷六一二、册府元龜卷二〇六、梁文紀卷四、御製集、閣本、張本、全梁文、丁本。

【校注】

〔一〕薦顧協表：文苑英華卷六一一、册府元龜卷二〇六、梁文紀卷四、御製集、閻本、張本、全梁文、丁本題作「薦顧協表」，今從。梁書卷三〇顧協傳：普通六年（525），顧協從蕭正德軍北伐，「軍還，會有詔舉士，湘東王表薦協曰」云云。顧協，字正禮，吴郡吴人。曾爲湘東王參軍，兼記室。卒，謚曰温子。梁書卷三〇、南史卷六二有傳。今按：蕭綱蕭繹年譜繫此表於普通七年（526），可從。

〔二〕「臣聞」四句：荀子勸學：「玉在山而草木潤，淵生珠而崖不枯。」原意喻指有學問之人會自然流露出與衆不同的氣度來。此謂平凡之處亦能發現寶貴之物。

〔三〕芻蕘之言：指地位卑賤之人的言語。芻蕘，詩經大雅板：「先民有言，詢于芻蕘。」毛傳：「芻蕘，薪采者。」孔穎達疏：「言『詢于芻蕘』，謂謀於取芻取蕘之人，非謀於草木，故云『芻蕘，薪采者』，以明是賤人也。説文云：『薪，蕘也。』蕘即薪也。然則芻者飼馬牛之草，蕘者供燃火之草，蕘是薪耳，以薪者亦是采取，故連言之。」孟子梁惠王下：「文王之囿方七十里，芻蕘者往焉，雉兔者往焉，與民同之。」趙岐注：「芻蕘者，取芻薪之賤人也。」

〔四〕廊廟：古代帝王和大臣議政之所。此指朝廷。

〔五〕兼：官制術語。假職未真授之稱。〇記室參軍：官名。王公府軍府屬官，掌書記文翰。

〔六〕鄉閭：文苑英華卷六一一、梁文紀卷四、御製集、閻本、張本作「閭里」。四庫全書考證卷九六漢魏六朝百三家梁元帝集：「刊本『鄉閭』訛『閭里』。」

〔七〕文武：文苑英華卷六一一、册府元龜卷二〇六、御製集、閣本、張本作「文義」。四庫全書考證卷九六漢魏六朝百三家梁元帝集：「〔刊本〕『武』訛『義』。」

〔八〕守：文苑英華卷六一一、梁文紀卷四、御製集、閣本、張本作「專」，文苑英華下小注：「一作『守』。」

〔九〕抗直：剛直。

〔一〇〕闕：册府元龜卷二〇六作「觀」。

〔一一〕室：文苑英華卷六一一、閣本、張本作「家」，文苑英華下小注：「一作『室』。」

〔一二〕官人：尚書皋陶謨：「知人則哲，能官人。」孔穎達正義：「能用官得其人矣。」此處用爲名詞，指選官之人。

〔一三〕奪：説文解字奞部：「奪，手持隹失之也。」段玉裁注：「引申爲凡失去物之稱。」廣雅釋詁：「奪，敓也。」大廣益會玉篇奞部：「奪，易也。」後漢書卷六四盧植傳史臣論曰：「夫蠭蠆起懷，雷霆駭耳，雖賁、育、荆、諸之倫，未有不冘豫奪常者也。」李賢注：「奪，謂易其常分者也。」文選卷二七李密陳情表：「生孩六月，慈父見背；行年四歲，舅奪母志。」張銑注：「奪志，謂舅嫁其母，不得守節。」

〔一四〕東南之遺寶：世説新語賞譽：「張華見褚陶，語陸平原曰：『君兄弟龍躍雲津，顧彦先鳳鳴朝陽，謂東南之寶已盡，不意復見褚生。」陸曰：「公未覩不鳴不躍者耳！』」顧協爲吴人，地在東南，故云。

〔一五〕未明求衣：謂勤於政事。漢書卷五一鄒陽傳：「始孝文皇帝據關入立，寒心銷志，不明求衣。」顔師古注：「張晏曰：『……求衣，夜索衣著，不及待明，意不安也。』臣瓚曰：『文帝入關而立，以天下多難，故乃寒心戰慄，未明而起。』」

〔一六〕爰：連詞。於是。爾雅：「爰、粤、于、那、都、繇，於也。」宋邢昺疏：「爰、粤、于三者又爲於乎。」經傳釋詞卷二「爰」：「或訓爲于，或訓爲於，或訓爲曰，或訓爲於是，其義一也。……爰、粤、于一聲之轉，故三字皆可訓爲於。」

〔一七〕臣：文苑英華卷六一一、閣本、張本脱。四庫全書考證卷九六漢魏六朝百三家梁元帝集：「刊本脱『臣』字，並據梁書改增。」〇許、郭：指許邵、郭泰。許邵，字子將，少峻名節，好獎人倫，多所賞識。郭泰，字林宗，性明知人，好獎訓士類。時天下言拔士者，咸稱許、郭。此二人，後漢書卷六八有傳。

〔一八〕蔽賢：埋没人才。國語卷六齊語：「於子之鄉，有拳勇股肱之力秀出於衆者，有則以告。有而不以告，謂之蔽賢。」

〔一九〕孔愉表韓績之才：晉書卷九四隱逸韓績傳：「韓績，字興齊，廣陵人也。其先避亂，居於吴之嘉興。……績少好文學，以潛退爲操，布衣蔬食，不交當世，由是東土並宗敬焉。司徒王導聞其名，辟以爲掾，不就。咸康末，會稽内史孔愉上疏薦之，詔以安車束帛徵之。」孔愉，字敬康，會稽山陰人。官至鎮軍將軍、會稽内史，加散騎常侍。卒，謚曰貞。晉書卷七八有傳。續，文苑英華卷六一一、閣本、張本作「伯」，文苑英華下小注：「一作『纘』」，疑當作『續』。按晉書隱逸傳韓績傳：孔愉薦之，詔以安車束帛徵之。韓伯傳無此事。」御製集、全梁文、丁本作「纘」，梁文紀卷四篇末小注：「梁書作『纘』，英華作『韓伯』，並誤。孔愉薦韓績，見晉書隱逸傳。」

〔二〇〕庾亮薦翟湯之德：晉書卷九四隱逸翟湯傳：「翟湯，字道深，尋陽人。篤行純素，仁讓廉潔，不屑世事，耕而後食，人有饋贈，雖釜庾一無所受。……咸康中，征西大將軍庾亮上疏薦之，成帝徵爲國子博士，湯不起。」庾亮，字元規，潁川鄢陵人。官至丞相參軍，封都亭侯。晉書卷七三有傳。

〔二一〕齒：左傳隱公十一年：「寡人若朝于薛，不敢與諸任齒。」杜預注：「齒，列也。」〇二臣：指孔愉、庾亮。

〔二二〕兩士：指韓績、翟湯。

【集評】

閣本：評「臣雖未齒二臣，協實無慙兩士」：薦才讓美，兩得之矣。

請於州立學校表〔一〕

臣聞公宫之南，四術四教〔二〕；司樂成均，六詩六律〔三〕。韶濩既舞〔四〕，羽籥之道行焉〔五〕；黨塾兹備〔六〕，離經之志辯焉〔七〕。故不升嵩霍〔八〕，豈識乾行之峻〔九〕；不臨溟渤〔一〇〕，安知地載之厚〔一一〕。洎乎秦焚金篆〔一二〕，周亡玉鏡〔一三〕，群言争亂〔一四〕，諸子相騰〔一五〕。書則夏侯、歐陽〔一六〕，易則神輸、道訓〔一七〕，詩乃齊、魯、毛、韓〔一八〕，傳稱鄒、左、張、夾〔一九〕，禮有曲臺、王史之異〔二〇〕，樂有龍德、趙定之殊〔二一〕。伏惟陛下，撫五辰而建五長〔二二〕，播九德而導九州〔二三〕。容成爲曆〔二四〕，興景雲之瑞〔二五〕；伶倫吹律〔二六〕，應黄鍾之琯〔二七〕。撥亂反正〔二八〕，經武也；制禮作樂〔二九〕，緯文也〔三〇〕。若非六經庖廚〔三一〕，百家異饌〔三二〕，三墳爲瑚璉〔三三〕，五典爲笙簧〔三四〕，豈能暴以秋陽〔三五〕，紆就望之景〔三六〕，濯以江漢〔三七〕，播垂天之澤〔三八〕？藝文類聚卷三八、梁文紀卷四、御製集、閻本、張本、全梁文、丁本。

【校注】

〔一〕請於州立學校表：藝文類聚卷三八、梁文紀卷四、御製集、全梁文、丁本題作「請於州立學校表」，閣本、張本題作「請於州置學校表」。今從藝文類聚等。又，吳光興蕭綱蕭繹年譜卷一「大通元年(527)」：「湘東王繹於荆州立學校，以江陵令賀革爲儒林祭酒，召學生入學。」其按云：「湘東王繹於去歲冬季赴荆州鎮，姑繫立學一事於是年。俟考。」

〔二〕公宫之南，四術四教：禮記王制：「天子命之教，然後爲學。小學在公宫南之左，大學在郊。……樂正崇四術，立四教，順先王詩、書、禮、樂以造士。春秋教以禮、樂，冬夏教以詩、書。王大子，王子，群后之大子，卿、大夫、元士之適子，國之俊選，皆造焉。」公宫，帝王的宫殿。公，君也。四術四教，詩、尚書、禮、樂四種經術學問。

〔三〕「司樂」二句：周禮春官宗伯：「大司樂，掌成均之法，以治建國之學政，而合國之子弟焉。……大師掌六律、六同，以合陰陽之聲。陽聲：黄鍾、大簇、姑洗、蕤賓、夷則、無射。……教六詩：曰風、曰賦、曰比、曰興、曰雅、曰頌。以六德爲之本，以六律爲之音。」司樂，周禮官名，包括樂官之長大司樂，掌成均；樂師，掌國學之政；大師，掌六律、六同等。成均，即古之大學。六律，古代樂音標準名。即黄鍾、大蔟、姑洗、蕤賓、夷則、無射。

〔四〕韶濩(hù)：亦作「韶護」。左傳襄公二十九年：「見舞韶濩者。」杜預注：「殷湯樂。」孔穎達疏：「以其防濩下民，故稱濩也……韶亦紹也，言其能紹繼大禹也。」一説，舜樂和湯樂。文選卷五九王中頭陀寺碑文：「步中雅頌，驟合韶護。」李善注引鄭玄曰：「韶，舜樂；護，湯樂也。」

〔五〕羽籥(yuè)：羽，雉羽。籥，一種編組多管樂器。古代舞者所持的舞具和樂器。周禮春官宗伯籥師：「籥師，掌教國子舞羽歈籥。祭祀，則鼓羽籥之舞。」鄭玄注：「文舞有持羽吹籥者，所謂籥舞也。」

〔六〕黨塾：指鄉學。禮記學記：「古之教者，家有塾，黨有庠，術有序，國有學。」鄭玄注：「古者仕焉而已者，歸教於閭里，朝夕坐於門，門側之堂謂之塾。周禮五百家爲黨，萬二千五百家爲遂。」

〔七〕離經之志辯：禮記學記：「比年入學，中年考校。一年，視離經辨志。」鄭玄注：「離經，斷句絶也。辨志，謂别其心意所趣鄉也。」孔穎達疏：「離經，謂離析經理，使章句斷絶也。辨志，謂辨其志意趨鄉，習學何經矣。」

〔八〕嵩霍：嵩山與霍山。嵩山，位於今河南省西部，是五嶽的中嶽。霍山，位於今安徽省西部，七世紀之前的南嶽、衡山均指霍山。

〔九〕乾行：謂天之運行。周易乾卦：象曰：「天行健，君子以自强不息。」周易説卦：「乾，天也。」

〔一〇〕溟渤：溟海和渤海。後多泛指大海。南朝宋鮑照代君子有所思詩：「築山擬蓬壺，穿池類溟渤。」

〔一一〕地載：周易坤：「象曰：『至哉坤元，萬物資生，乃順承天。坤厚載物，德合無疆。……』象曰：『地勢坤。君子以厚德載物。』」

〔一二〕洎〔三〕乎：等到，待及。集韻至韻：「洎，至也。」○秦焚金篆：指秦始皇焚書。事詳史記卷六秦始皇本紀。金篆，鐘鼎上所鑄的篆文。此泛指圖書。

〔一三〕玉鏡：初學記卷二五引尚書帝命期曰：「桀失玉鏡，用其噬獸。」原注：「玉鏡喻清明之道。」

〔一四〕群言：謂各家著述。

〔一五〕諸子：指先秦至漢初的各派學者或其著作。漢書卷三〇藝文志：「戰國從衡，真僞分争，諸子之言紛然殽亂。」○相騰：詩經魯頌閟宮：「不虧不崩，不震不騰。」鄭玄箋：「震、騰，皆謂僭踰相侵犯也。」

〔一六〕「書則」句：漢書卷三〇藝文志：「書之所起遠矣，至孔子篹焉，上斷於堯，下訖于秦，凡百篇，而爲之序，言其作意。秦燔書禁學，濟南伏生獨壁藏之。漢興亡失，求得二十九篇，以教齊魯之間。訖孝宣世，有歐陽、大小夏侯氏，立於學官。」書，指尚書。夏侯，指夏侯勝、夏侯建。歐陽，指歐陽生。

〔一七〕「易則」句：漢書卷三〇藝文志：「淮南道訓二篇。」原注：「淮南王安聘明易者九人，號九師説。」又：「神輸五篇，圖一。」顏師古注：「劉向别録云：『神輸者，王道失則災害生，得則四海輸之祥瑞。』」

〔一八〕「詩乃」句：漢書卷三〇藝文志：「毛詩二十九卷，毛詩故訓傳三十卷。……漢興，魯申公爲詩訓故，而齊轅固、燕韓生皆爲之傳。或取春秋，采雜説，咸非其本義。與不得已，魯最爲近之。三家皆列於學官。又有毛公之學，自謂子夏所傳，而河間獻王好之，未得立。」毛，指魯人毛亨。

〔一九〕「傳稱」句：漢書卷三〇藝文志：「春秋古經十二篇，經十一卷。左氏傳三十卷。公羊傳十一卷。穀梁傳十一卷。鄒氏傳十一卷。夾氏傳十一卷。左氏微二篇。……張氏微十篇。……春秋所貶損大人當世君臣，有威權勢力，其事實皆形於傳，是以隱其書而不宣，所以免時難也。及末世口説流行，故有公羊、穀梁、鄒、夾之傳。四家之中，公羊、穀梁立於學官，鄒氏無師，夾氏未有書。」傳，指解釋春秋者。鄒，閣本、張本訛作「周」。

〔二〇〕「禮有」句：漢書卷三〇藝文志：「王史氏二十一篇。曲臺后倉九篇。……漢興，魯高堂生傳士禮十七篇。訖孝宣世，后倉最明。戴德、戴聖、慶普皆其弟子，三家立於學官。禮古經者，出於魯淹中及孔氏，與十七篇文相似，多三十九篇。及明堂陰陽、王史氏記所見，多天子諸侯卿大夫之制。」曲臺，顏師古注：「如淳曰：『行禮射於曲臺，后倉爲記，故名曰曲臺記。漢官曰大射于曲臺。』晉灼曰：『天子射宮也。西京無太學，於此行禮也。』」王史，複姓。原注：「七十子後學者。」顏師古注：「劉向別録云六國時人也。」

〔二一〕「樂有」句：漢書卷三〇藝文志著録：「雅琴趙氏七篇。」原注：「名定，勃海人，宣帝時丞相魏相所奏。」又，「雅琴龍氏九十九篇。」原注：「名德，梁人。」顏師古注：「劉向別録云亦魏相所奏也。與趙定俱召見待詔，後拜爲侍郎。」漢書卷六四王襃傳：「神爵、五鳳之間，天下殷富，數有嘉應。上頗作歌詩，欲興協律之事，丞相魏相奏言知音善鼓雅琴者渤海趙定、梁國龔德，皆召見待詔。」今按：龍、龔通。

〔二〕五辰：古代謂五星分主四時，即木主春，火主夏，金主秋，水主冬，土分屬四時，故稱四時爲「五辰」。尚書皋陶謨：「撫于五辰，庶績其凝。」孔安國傳：「言百官皆撫順五行之時，衆功皆成。」孔穎達疏：「五行之時即四時也。」○五長：五國諸侯之長。尚書益稷：「外薄四海，咸建五長。」孔安國傳：「言至海諸侯，五國立賢者一人爲方伯，謂之五長，以相統治，以奬帝室。」

〔三〕九德：賢人所具備的九種優良品格。尚書皋陶謨：「皋陶曰：『都！亦行有九德，亦言其人有德，乃言曰載采采。』禹曰：『何？』皋陶曰：『寬而栗，柔而立，愿而恭，亂而敬，擾而毅，直而温，簡而廉，剛而塞，强而義，彰厥有常，吉哉！』」孔安國傳：「言人性行，有九德以考察，真僞則可知。」孔穎達疏：「皋陶既言其九德，禹乃問其品例曰：何謂也？皋陶曰：人性有寬弘而能莊栗也、和柔而能立事也、慤愿而能恭恪也、治理而能謹敬也、和順而能果毅也、正直而能温和也、簡大而有廉隅也、剛斷而能實塞也、强勁而合道義也。人性不同，有此九德。人君明其九德所有之常，以此擇人而官之，則爲政之善哉。」左傳昭公二十八年：「心能制義曰度，德正應和曰莫，照臨四方曰明，勤施無私曰類，教誨不倦曰長，賞慶刑威曰君，慈和徧服曰順，擇善而從之曰比，經緯天地曰文。九德不愆，作事無悔。」逸周書常訓：「九德：忠、信、敬、剛、柔、和、固、貞、順。」導，閣本、張本作「道」。

〔二四〕容成爲曆：淮南子卷一九修務訓：「昔者，蒼頡作書，容成造曆，胡曹爲衣，后稷耕稼，儀狄作酒，奚仲爲車，此六人者，皆有神明之道，聖智之迹。」高誘注：「容成，黄帝臣，造作曆，知日月星辰之行度。」

〔二五〕景雲：祥雲。文選卷二〇應貞晉武帝華林園集詩：「鳳鳴朝陽，龍翔景雲。」李善注：「孝經援神契曰：王者德至山陵則景雲出。孫柔之曰：一名慶雲。文子曰：景雲光潤。」

〔二六〕伶倫：傳説黄帝時的樂官，古以爲樂律的創始者。吕氏春秋卷五仲夏紀古樂：「昔黄帝令伶倫作爲律。」高誘注：「伶倫，黄帝臣。」

〔二七〕黄鍾：古代音樂分十二律，陰陽各六律，黄鍾爲陽律第一。○琯：玉管。古樂器，六孔，如笛。曆家用以候氣。大戴禮記少間：「西王母來獻其白琯。」盧辯注：「琯所以候氣。」古有以管候氣之法。後漢書律曆志：「截管爲律，吹以考聲，列以物氣，道之本也。術家以其聲微而體難知，其分數不明，故作準以代之。準之聲，明暢易達，分寸又粗。然弦以緩急清濁，非管無以正也。均其中弦，令與黄鍾相得，案畫以求諸律，無不如數而應者矣。」

〔二八〕撥亂反正：使混亂的局面恢復正常。公羊傳哀公十四年：「撥亂世，反諸正，莫近諸春秋。」何休注：「撥，猶治也。」

〔二九〕制禮作樂：禮記明堂位：「武王崩，成王幼弱，周公踐天子之位，以治天下。六年，朝諸侯於明堂，制禮作樂，頒度量而天下大服。」

〔三〇〕緯文：與上文「經武」互文，即「經武緯文」，或作「緯武經文」，指文武相互配合。藝文類聚卷七四引梁沈約棋品序曰：「若夫入神造極之靈，經武緯文之德，故可與和樂等妙。」文苑英華卷六八五引尹義尚與徐僕射書曰：「賓堯仕舜，猶是八才；緯武經文，方儔四貴。」

〔三一〕六經庖廚：謂以六經爲廚房。六經，六部儒家經典。莊子天運：「孔子謂老聃曰：『丘治詩、書、禮、樂、易、春秋六經，自以爲久矣，孰知其故矣。』」漢書卷六武帝紀史臣贊：「孝武初立，卓然罷黜百家，表章六經。」顔師古注：「六經，謂易、詩、書、春秋、禮、樂也。」

〔三二〕百家異饌：謂以百家爲食物。百家，百家指學術上的各種派别。荀子解蔽：「今諸侯異政，百家異説，則必或是或非，或治或亂。」

〔三三〕「三墳」句：三墳，傳説中的典籍。左傳昭公十二年：「是能讀三墳、五典、八索、九丘。」杜預注：「皆古書名。」瑚璉，宗廟禮器。論語公冶長：「子貢問曰：『賜也何如？』子曰：『女，器也。』曰：『何器也？』曰：『瑚璉也。』」

〔三四〕「五典」句：五典，傳説中的古籍。笙簧，即笙。此蓋泛指樂器。説文解字竹部：「笙，十三簧，象鳳之身也。笙，正月之音。物生，故謂之笙。大者謂之巢，小者謂之和。……古者隨作笙。」簧，笙中之簧片。

〔三五〕秋陽：指烈日。孟子滕文公上：「江漢以濯之，秋陽以暴之，皜皜乎不可尚已。」趙岐注：

「秋陽，周之秋，夏之五、六月，盛陽也。」南朝梁江淹被黜爲吴興令辭箋詣建平王：「濯以河漢之流，曝以秋陽之景。」陽，梁文紀卷四、御製集、閣本、張本、全梁文、丁本作「暘」。今按：暘，同「陽」。

〔三六〕「紆就」句：謂舒解對陽光的迫切希望。紆（yū）：疑當作「紓」。説文解字糸部：「紓，緩也。」○就望：迫切希望。孟子梁惠王下：「民望之，若大旱之望雲霓也。」景，日光。廣韻梗韻：「景，光也。」

〔三七〕江漢：長江和漢水。詩經小雅四月：「滔滔江漢，南國之紀。」朱熹集傳：「江漢，二水名。」

〔三八〕垂天：蔽天，籠罩天空。莊子逍遥遊：「其翼若垂天之雲。」陸德明釋文：「『垂天之雲』司馬彪云：若雲垂天旁。崔云：垂，猶邊也，其大如天一面雲也。」文選卷八揚雄羽獵賦：「其餘荷垂天之罼，張竟壄之罘。」李善注：「言罼之大，垂天之邊也。」

【集評】

閣本：令其克終大業，作人之盛，即不可跨礦昌姬，當亦韜軼炎漢。評「若非六經庖廚……播垂天之澤」：諦閲數表，每於篇末攢簇聲華，應是自成一局。

明葉紹泰編增訂漢魏六朝别解梁元帝集：彫鏤匠意，可使「威鳳」、「紺馬」，增其爛漫。

薦鮑幾表〔一〕

臣某言〔二〕：臣聞思皇多士〔三〕，仄陋所以明敭〔四〕；疇咨熙載，髦俊所以並作〔五〕。斯固殷殿初基〔六〕，拾龍淵之寶〔七〕；虞祠始構〔八〕，獻鳳管之玉〔九〕。旌蒲出魯〔一〇〕，賁帛歸齊〔一一〕。頌聲既興，盛業斯在。伏惟陛下，則天緯地〔一二〕，乘正馭才〔一三〕，沙汰八風〔一四〕，澄明六合〔一五〕。叶龜、登夢之客〔一六〕，日賁於丘園〔一七〕；韋轂、投釣之臣〔一八〕，相望於魏闕〔一九〕。故以物無遺寶矣〔二〇〕。振鷺有充庭之謳〔二一〕，白駒罕空谷之詠〔二二〕，洋洋濟濟〔二三〕，無得而稱者焉〔二四〕。

【校注】

〔一〕薦鮑幾表：文苑英華卷六一一「幾」下小注：「梁書作『機』，下同。」鮑幾，字景玄，祖籍東海，鮑泉之父。仕梁，曾官春陵令、尚書郎，終於湘東王諮議參軍。生平見梁書卷三〇鮑泉傳、南史卷六二鮑泉傳。今按：南史鮑泉傳云：鮑幾家貧，「以母老詣吏部尚書王亮干禄，亮一見嗟賞，舉爲春陵令」。又，梁書卷一六王亮傳：「建武末，爲吏部尚書。……頻加通直散騎常侍、太子右衛率，爲尚書右僕射、中護軍。既而東昏肆虐，淫刑已逞，亮傾側取容，竟以免戮。」據知，王亮爲吏部尚書當在齊建武五年（498）至東昏侯永元元年（499）間。是鮑幾入仕必在其時。而此表言鮑幾「解巾入仕，三十餘年，自遊臣府，一紀於茲」，則蕭繹此表蓋作於梁中大通元年(529)。又據蕭綱蕭繹年譜考，蕭繹初出爲寧遠將軍、瑯邪彭城二郡太守在天監十六年(517)，設此時鮑幾入蕭繹幕府，至中大通元年正爲一紀。

〔二〕臣某言：梁文紀卷四、御製集、閣本、張本、全梁文、丁本脱此三字。

〔三〕思皇多士：詩經大雅文王：「思皇多士，生此王國。」孔安國傳：「思，辭也。皇，天也。」漢書卷六四王褒傳引此詩句，顔師古注：「大雅文王之詩也。思，語辭也。皇，美也。言美哉此衆多賢士，生此周王之國也。」

〔四〕「仄陋」句：明察薦舉出身微賤的人。尚書堯典：「岳曰：『否！德忝帝位。』曰：『明明揚側陋。』」孔安國傳：「故明舉明人在側陋者，廣求賢也。」孔穎達疏：「文王世子論舉賢之法云：『或以事舉，或以言揚。』『揚』亦舉也，故以舉解揚。經之『揚』字在於二『明』之下，傳進『舉』字於兩『明』之中，經於『明』中宜有『揚』字，言明舉明人於側陋之處。『明』下有『揚』，故上闕『揚』文。傳進『舉』於『明』上，互文以足之也。『側陋』者，僻側淺陋之處。意言不問貴賤，有人則舉，是令朝臣廣求賢人也。」仄陋，即「側陋」，低賤卑微。敭，説文解字手部：「揚，飛舉也。敭，古文。」

〔五〕「疇咨」二句：漢書卷一〇〇敘傳下：「世宗曄曄，思弘祖業，疇咨熙載，髦俊並作。」顔師古注：「疇，誰也。咨，謀也。熙，興也。載，事也。謀於衆賢，誰可任用，故能興其事業也。」

作，起也。」髦俊，指才智傑出之士。爾雅釋言：「髦，選也。髦，俊也。」郭璞注：「俊士之選。士中之俊如毛中之髦。」

〔六〕殷殿初基：意謂商朝初建。

〔七〕「拾龍」句：謂招攬傑出人才。商初，舉用了傅説、伊尹等。吕氏春秋慎行論求人：「伊尹，庖廚之臣也；傅説，殷之胥靡也，皆上相天子：至賤也。」龍淵，史記卷六九蘇秦傳：「韓卒之劍戟皆出於冥山、棠谿、墨陽、合賻、鄧師、宛馮、龍淵、太阿，皆陸斷牛馬，水截鵠雁。」司馬貞索隱：「按：吴越春秋楚王令風胡子請吴干將、越歐冶作劍二，其一曰龍泉，二曰太阿。又太康地理記曰：汝南西平有龍泉水，可以淬刀劍，特堅利，故曰龍泉之劍。楚之寶劍也。」此喻指傑出人才。南朝梁蕭統答湘東王求文集及詩苑英華書：「徐輪博望，亦招龍淵之侶。」

〔八〕虞祠始構：指虞舜始立。

〔九〕獻鳳管之玉：此蓋喻指各種優秀人物前來。宋書卷一九樂志：「管，爾雅曰：『長尺，圍寸，併漆之，有底。』大者曰簥。簥音驕。中者曰篞。小者曰篎。篎音妙。古者以玉爲管，舜時西王母獻白玉琯是也。月令：『均琴、瑟、管、簫。』蔡邕章句曰：『管者，形長尺，圍寸，有孔無底。』其器今亡。」太平御覽卷五八〇：「大戴禮記曰：舜時，西王母獻白玉琯。説文：管如篪，六孔，十二月之音，物關地而牙，故謂之管。從竹，管聲。琯者，古者有玉管焉。」亦見風俗通聲音管引尚書大傳。漢書卷二一律曆志：「竹曰管。」顔師古注：「孟康曰：『禮樂器記：管，漆竹，長一尺，六孔。尚書大傳：西王母來獻白玉琯。漢章帝時，零陵文學奚景於泠道舜祠下得白玉琯。古以玉作，不但竹也。』」琯，即玉管。

〔一〇〕旌蒲出魯：旌蒲，古時徵聘賢士所用的旌帛和蒲車。漢書卷六武帝紀載：建元元年秋七月，「遣使者安車蒲輪，束帛加璧，徵魯申公」。後漢書卷八三逸民傳序：「旌帛蒲車之所徵賁，相望於巖中矣。」李賢注：「易賁卦六五曰：『賁于丘園，束帛戔戔。』蒲車，以蒲裹輪，取其安。前書武帝以蒲車徵魯申公也。」

〔一一〕賁(bì)帛歸齊：史記卷一二一儒林傳：「清河王太傅轅固生者，齊人也。以治詩，孝景時爲博士。與黄生争論景帝前。……今上初即位，復以賢良徵固。諸諛儒多疾毁固，曰『固老』，罷歸之。時固已九十餘矣。」賁帛，指帝王尊賢禮士所賜與的束帛。文選卷三張衡東京賦：「聘丘園之耿絜，旅束帛之戔戔。」薛綜注：「束帛，謂古招士必以束帛加璧於上。」賁，説文解字貝部：「賁，飾也。」

〔一二〕則天：謂以天爲法，治理天下。論語泰伯：「巍巍乎！唯天爲大，唯堯則之。」漢桓譚新論：「堯能則天者，貴其能臣舜禹二聖。」○緯地：國語卷三周語下：「經之以天，緯之以地，經緯不爽，文之象也。」韋昭注：「以天之六氣爲經，以地之五行爲緯，而成之也。」本指以天地爲法度。後多以「經天緯地」、「經緯天地」謂經營天下，治理國政。荀子解蔽：「經緯天地而材官萬物，制割大理，而宇宙裏矣。」

〔一三〕乘正：乘天地之正理。莊子逍遥遊：「若夫乘天地之正，而御六氣之辯，以遊無窮者，彼且惡乎待哉！」

〔一四〕沙汰：揀選淘汰。○八風：八方之風。此指各地人才。

〔一五〕澄明六合：謂澄清天下。六合，上下四方。謂天下、人世間。

〔一六〕叶龜、登夢之客：指莊子和傅説。叶龜，莊子秋水：「莊子釣於濮水，楚王使大夫二人往先焉，曰：『願以境内累矣！』莊子持竿不顧，曰：『吾聞楚有神龜，死已三千歲矣，王巾笥而藏之廟堂之上。此龜者，寧其死爲留骨而貴乎？寧其生而曳尾於塗中乎？』二大夫曰：『寧生而曳尾塗中。』莊子曰：『往矣！吾將曳尾於塗中。』」叶，玄應音義卷七「宣叶」注：「又作協，同。胡牒反。叶……同也。」登夢，史記卷三殷本紀：「帝武丁即位，思復興殷，而未得其佐。三年不言，政事決定於冢宰，以觀國風。武丁夜夢得聖人，名曰説。以夢所見視群臣百吏，皆非也。於是乃使百工營求之野，得説於傅險中。是時説爲胥靡，築於傅險。見於武丁，武丁曰是也。得而與之語，果聖人，舉以爲相，殷國大治。故遂以傅險姓之，號曰傅説。」

〔一七〕賁(bì)於丘園：謂隱居。周易賁卦：「六五，賁於丘園，束帛戔戔。吝，終吉。」文選卷三張衡東京賦：「聘丘園之耿絜，旅束帛之戔戔。」薛綜注：「言丘園中有隱士，貞絜清白之人，聘而用之。束帛，謂古招士，必以束帛，加璧於上，周易曰：六五，賁於丘園，束帛戔戔。王肅云：失位無應，隱處丘園，蓋蒙闇之人，道德彌明，必有束帛之聘也。」同書卷三七陸機謝平原内史表：「世無先臣宣力之效，才非丘園耿介之秀。」賁，説文解字貝部：「賁，飾也。」陸德明經典釋文卷二周易音義賁：「傅氏云：『賁，古斑字，文章貌。』鄭云：『變也。文飾之貌。』王肅云：『符文反，有文飾，黄白色。』」

〔一八〕韋轂（gǔ）：用皮革包裹車輪，使其安穩行駛。古代用以爲徵聘賢才之禮遇。藝文類聚卷五三引梁沈約薦劉槩表曰：「陛下則天開業，冠帶要荒，輶軒韋轂，交軫於遐路，捨築投竿，相望於魏闕，或以開圻未採，管庫遺賢，執戟忘疲，倚輈不息。」韋，説文解字韋部：「相背也。从舛，口聲。獸皮之韋，可以束枉戾相韋背，故借以爲皮韋。」轂，説文解字車部：「轂，輻所湊也。」老子第一一章：「三十輻共一轂。」陸德明釋文：「轂，車轂。」〇投釣：垂釣。商末姜子牙曾以漁釣干周西伯。西伯遇之於渭水之陽，載與俱歸，立爲師。後佐武王滅商。事詳史記卷三二齊太公世家。

〔一九〕魏闕：古代宮門外兩邊高聳的樓觀，其下常爲懸布法令之所。借指朝廷。莊子讓王：「身在江海之上，心居乎魏闕之下。」文選卷四三孔琳北山移文：「雖情投於魏闕，或假步於山扃。」李善注引高誘曰：「魏闕，象魏也。」張銑注：「魏闕，朝廷也。」爾雅釋宫：「觀謂之闕。」

〔二〇〕以：全梁文、丁本作「已」。今按：正字通人部：「以，與已同。」〇賓矣：全梁文、丁本「賓」

下有四個脱字符「□□□□」，無「矣」字。

〔二一〕振鷺：詩經魯頌有駜：「振振鷺，鷺于下。……振振鷺，鷺于飛。」毛傳：「振振，群飛貌。鷺，白鳥也，以興絜白之士咽咽鼓節也。」鄭玄箋：「僖公之時，君臣無事，則相與明義明德而已，潔白之士，群集於君之朝，君以禮樂與之飲酒，以鼓節之，咽咽然至於無筭爵，則又舞燕樂以盡其歡。君臣於是則皆喜樂也。」後漢書卷九〇蔡邕傳：「鴻漸盈階，振鷺充庭。」李賢注：「詩曰：『振振鷺，鷺於下。』注云：『鷺，白鳥也，喻絜白之士群集君之朝也。』」

〔二二〕白駒：詩經小雅白駒：「皎皎白駒，在彼空谷。生芻一束，其人如玉。毋金玉爾音，而有遐心。」詩小序：「白駒，大夫刺宣王也。」鄭玄箋：「刺其不能留賢也。」陸德明音義：「馬五尺以上曰駒。」

〔二三〕洋洋：詩經魯頌閟宮：「萬舞洋洋，孝孫有慶。」毛傳：「洋洋，衆多也。」〇濟濟：衆多貌。詩經大雅文王：「濟濟多士，文王以寧。」朱熹集傳：「濟濟，多貌。」

〔二四〕「無得」句：論語泰伯：「子曰：『泰伯，其可謂至德也已矣。三以天下讓，民無得而稱焉。』」

臣誠愧知才〔一〕，職非選舉〔二〕。竊以進賢上賞，蔽賢顯戮〔三〕，敢緣斯義，用舉所知。伏見臣府中録事參軍東海鮑幾，年五十有七，字景玄〔四〕，門庭雍睦，立身貞退，博涉文史，頗閑刀筆〔五〕，忠公抗直，出宰廉平〔六〕，雅志弘深，安貧專静。解巾入仕〔七〕，三十餘年，自遊臣府，一紀于兹〔八〕。前宰東邑〔九〕，實有二魯之風〔一〇〕；近處南臺〔一一〕，欲尊兩鮑之則〔一二〕。伏揆天嚴〔一三〕，已當簡在〔一四〕。脱蒙顯居良局〔一五〕，登以清貫〔一六〕，將齊毛玠古人之服〔一七〕，實同吴隱酌水之廉〔一八〕。昔丁隈牧州，陳顧翟之好禮〔一九〕；徐靖爲郡，薦袁涣之篤學〔二〇〕。桓範驅傳，先舉管寧〔二一〕；朱則剖符，亦稱董直〔二二〕。臣才非往哲，識愧前修〔二三〕，輕塵聽覽〔二四〕，伏待斧鉞〔二五〕。謹奉表〔二六〕。文苑英華卷六一一、梁文紀卷四、御製集、閣本、張本、全梁文、丁本。又，藝文類聚卷五五有節引。

【校注】

〔一〕誠愧：文苑英華卷六一一「誠」下小注：「一作『識』。」明王志慶編古儷府卷四作「識愧」，全梁文、丁本作「誠識愧」。

〔二〕職：閣本、張本、明王志堅編四六法海上衍「識」字。

〔三〕「竊以」二句：漢書卷六武帝紀載：元朔元年冬十一月詔：「且進賢受上賞，蔽賢蒙顯戮，古之道也。」傅子通志：「故先王之教，進賢者爲上賞，蔽賢者爲上戮。」

〔四〕「伏見」三句：御製集、閣本、張本、全梁文、丁本無「臣府中録事參軍東海」、「年五十有七字景玄」十七字。　録事參軍，官名，公、軍、州府屬官，掌總録衆曹文簿，舉彈善惡。　東海，郡名。南朝宋僑置，治所在襄賁縣，即今江蘇省漣水縣北。

〔五〕閑：詩經大雅卷阿：「君子之馬，既閑且馳。」鄭玄箋：「閑，習也。」爾雅釋詁：「閑，習也」。〇刀筆：後漢書卷一一劉盆子傳：「酒未行，其中一人出刀筆書謁欲賀。」李賢注：「古者記事書於簡册，謬誤者以刀削而除之，故曰刀筆。」此處指寫文章。

〔六〕出宰：由京官外出任縣官。宰，通典卷三三職官縣令：「縣邑之長曰宰。」〇廉平：清廉公平。

〔七〕解巾：除去頭巾。謂出任官職。後漢書卷二六韋彪傳：「詔書逼切，不得已，解巾之郡。」李賢注：「巾，幅巾也。既服冠冕，故解幅巾。」

〔八〕一紀：尚書畢命：「既歷三紀。」孔安國傳：「十二年曰紀。」國語卷一〇晉語四：「蓄力一紀，可以遠矣。」韋昭注：「十二年歲星一周，爲一紀。」

〔九〕前宰東邑：南史卷六二鮑泉傳：「父幾，字景玄，家貧，以母老詣吏部尚書王亮干禄，亮一見嗟賞，舉爲春陵令。」

〔一〇〕二魯：指東漢魯恭、魯丕兄弟。恭字仲康，扶風平陵人，曾爲中牟令，以德化民，不任刑罰。弟丕字叔陵，曾官新野令，務在表賢明，慎刑罰。兄弟倆治績並著，且明儒學，習魯詩。後漢書卷二五有二人傳。後漢書魯恭傳載：「魯恭字仲康，扶風平陵人也。……十五，與母及丕俱居太學，習魯詩，閉户講誦，絶人間事，兄弟俱爲諸儒所稱，學士争歸之。……特詔公車，拜中牟令。恭專以德化爲理，不任刑罰，訟人許伯等爭田，累守令不能決，恭爲平理曲直，皆退而自責，輟耕相讓。亭長從人借牛而不肯還之，牛主訟於恭。恭召亭長，敕令歸牛者再三，猶不從。恭歎曰：『是教化不行也。』欲解印綬去。掾史涕泣共留之，亭長乃慙悔，還牛，詣獄受罪，恭貰不問。於是吏人信服。建初七年，郡國螟傷稼，犬牙緣界，不入中牟。河南尹袁安聞之，疑其不實，使仁恕掾肥親往廉之。恭隨行阡陌，俱坐桑下，有雉過，止其傍。傍有童兒，親曰：『兒何不捕之？』兒言『雉方將雛』。親瞿然而起，與恭訣曰：『所以來者，欲察君之政迹耳。今蟲不犯境，此一異也；化及鳥獸，此二異也；豎子有仁心，此三異也。久留，徒擾賢者耳。』還府，具以狀白安。是歲，嘉禾生恭便坐廷中，安因上書言狀，帝異之。會詔百官舉賢良方正，恭薦中牟名士王方，帝即徵方詣公車，禮之與公卿所舉同，方致位侍中。恭在事三年，州舉尤異，會遭母喪去官，吏人思之。」後漢書魯丕傳載：「丕字叔陵，性沉深好學，孳孳不倦，遂杜絕交游，不答候問之禮。……除爲議郎，遷新野令。視事期年，州課第一，擢拜青州刺史。務在表賢明，慎刑罰。……永元二年，遷東郡太守。丕在二郡，爲人修通溉灌，百姓殷富。數薦達幽隱名士。」

〔一二〕南臺：即御史臺。以在宮闕西南，故稱。通典卷五四職官略：「後漢以來謂之御史臺，亦謂之蘭臺寺。梁及後魏北齊，或謂之南臺。」按：鮑幾官於御史臺，梁書、南史本傳均無載。

〔一三〕兩鮑：指鮑永和鮑恢。後漢書卷二九鮑永傳：「鮑永字君長，上黨屯留人也。……建武十一年，徵爲司隸校尉。帝叔父趙王良尊戚貴重，永以事劾良大不敬，由是朝廷肅然，莫不戒慎。乃辟扶風鮑恢爲都官從事，恢亦抗直不避彊禦。帝常曰：『貴戚且宜斂手，以避二鮑。』其見憚如此。」

〔一三〕揆：詩經鄘風定之方中：「揆之以日，作于楚室。」毛傳：「揆，度也。」○天嚴：猶言父皇。此指梁武帝。

〔一四〕已當簡在：意謂必有心選用。論語堯曰：「帝臣不蔽，簡在帝心。」朱熹集注：「簡，閲也。」

〔一五〕脱：假設連詞。倘若。助字辨略卷五「脱」字條：「或辭，猶儻也。」○局：職務，職位。大戴禮記四代：「德以監位，位以充局，局以觀功，功以養民，民於此乎上。」孔廣林補注：「官有分職曰局。」廣韻燭韻：局，「曹局」。

〔一六〕清貫：清貴的職事。漢書卷六武帝紀：「詩云『九變復貫，知言之選』。」顔師古注：「貫，事也。」資治通鑑卷二三九唐紀「元和九年」：「上始命宰相選公卿大夫子弟文雅可居清貫者。」胡三省注：「史炤曰：貫，事也。清貫，猶言清職也。」此處指侍從文翰之官。

〔一七〕毛玠古人之服：三國志卷一二魏書毛玠傳：毛玠字孝先，陳留平丘人。少爲縣吏，以清公稱。曾爲曹操幕府功曹、東曹掾。「初，太祖平柳城，班所獲器物，特以素屏風素馮几賜玠，曰：『君有古人之風，故賜君古人之服。』」

〔一八〕吴隱酌水之廉：晉書卷九〇良吏吴隱之傳：「吴隱之，字處默，濮陽鄄城人。……隆安中，以隱之爲龍驤將軍、廣州刺史、假節，領平越中郎將。未至州二十里，地名石門，有水曰貪泉，飲者懷無厭之欲。隱之既至，語其親人曰：『不見可欲，使心不亂。越嶺喪清，吾知之矣。』乃至泉所，酌而飲之，因賦詩曰：『古人云此水，一歃懷千金。試使夷齊飲，終當不易心。』」

〔一九〕「昔丁隁」二句：待考。丁隁、顧翟二人，今存史籍無載。

〔二〇〕「徐靖」二句：待考。今按：三國志卷三八蜀書許渙傳：「始靖兄事潁川陳紀，與陳郡袁渙、平原華歆、東海王朗等親善。」徐、許音同。徐或是許之誤。然史籍未見徐靖或許靖薦袁渙事。袁渙，字曜卿，陳郡扶樂人。劉備爲豫州，舉茂才。後依袁術，又依呂布。布誅，歸曹公，拜沛南部都尉。魏國建，爲郎中令，行御史大夫事。三國志卷一一魏書有傳。渙，文苑英華卷六一一、梁文紀卷四、古儷府卷四作「奐」。

〔二一〕「桓範」二句：藝文類聚卷三七引魏桓範薦管寧表曰：「臣聞殷湯聘伊尹於畎畝之中，周文進呂尚於渭水之濱。竊見東莞管寧，束脩著行，少有令稱，州閭之名，亞故太尉華歆。遭亂浮海，遠客遼東，於混濁之中，履絜清之節，篤行足以厲俗，清風足以矯世，以簞食瓢飲，過於顏子，漏屋蔽衣，踰於原憲。臣聞唐堯寵許由，虞舜禮支父，夏禹優伯成，文王養夷齊，及漢祖高四皓之名，屈命於商洛之野，史籍歎述，以爲美談。陛下紹五帝之鴻烈，並三王之逸軌，膺期受命，光昭百代，仍有優崇之禮。於大夫管寧，寵以上卿之位，榮以安車之稱，斯之爲美，當在魏典，流之無窮，明世之高士也。臣以爲既加其大，不受其細，可重之以玄纁，聘之殊禮矣。」桓範，字元則，沛國人。建安末入曹操丞相府。魏文帝時，爲羽林左監。明帝時，官至兗州刺史，轉冀州牧。正始中拜大司農。生平見三國志卷九魏書曹爽傳裴松之注引魏略。○驅傳：駕駛驛車。唐玄應一切經音義卷三：驅傳，「謂轉次行也」。管寧，字幼安，北海朱虛人。隱士，屢徵不出。三國志卷一一魏書有傳。

〔二二〕「朱則」二句：待考。剖符，古代分封諸侯、功臣時，分與符節的一半以爲信物。後因指分封或授官。朱則、董直二人，今存史籍無載。

〔二三〕前脩：後漢書卷三九劉愷傳：「今愷景仰前修，有伯夷之節。」李賢注：「前修，前賢也。」

〔二四〕塵：此處用作動詞，謂使受玷污。後漢書卷五四楊震傳：「損辱清朝，塵點日月。」○聽覽：猶視聽。魏書卷七七羊深傳載深上疏，有云：「臣誠暗短，敢慕前訓，用稽古義，上塵聽覽。」

〔二五〕斧鉞：斧與鉞。代指刑罰。左傳昭公四年：「王弗聽，負之斧鉞，以徇於諸侯。」

〔二六〕謹奉表：梁文紀卷四、御製集、閻本、張本、全梁文、丁本無此三字。

【集評】

閻本：評「昔丁限牧州，陳顧翟之好禮；徐靖爲郡，薦袁涣之篤學。桓範驅傳，先舉管寧；朱則剖符，亦稱董直」：援引事例，轉見剴切。

上忠臣傳表〔一〕

資父事君〔二〕，寔曰嚴敬〔三〕；求忠出孝〔四〕，義兼臣、子。是以冬温夏凊〔五〕，盡事親之節〔六〕；進思將美〔七〕，懷出奉之義〔八〕。羲軒改物〔九〕，殷周受命〔一〇〕，三能十亂〔一一〕，九棘五臣〔一二〕，靡不夙夜在公〔一三〕，忠爲令德〔一四〕。若使縉雲得姓之子〔一五〕，姬昌魯衛之臣〔一六〕，是知禮合君親〔一七〕，孝忠一體〔一八〕，性與率由〔一九〕，因心致極〔二〇〕。臣連華霄漢，憑暉日月〔二一〕。三握再吐〔二二〕，夙奉紫庭之慈〔二三〕；春詩秋禮，早蒙丹扆之訓〔二四〕。宣帝褒德〔二五〕，麟閣畫充國之形〔二六〕；顯宗念功〔二七〕，雲臺圖仲華之象〔二八〕。金樓子著書篇、藝文類聚卷二〇、梁文紀卷四、御製集、閣本、張本、全梁文、丁本。又，初學記卷一七有節引。

【校注】

〔一〕忠臣傳：蕭繹著。金樓子著書篇：「忠臣傳三秩三十卷。金樓自爲序。」梁書卷五元帝紀、南史卷八梁本紀元帝並録：「忠臣傳三十卷。」隋書卷三三經籍志：「忠臣傳三十卷，梁元帝撰；顯忠録二十卷，梁元帝撰。」今按：南史卷七六隱逸傳阮孝緒：「湘東王著忠臣傳、集釋氏碑銘、丹陽尹録、研神記，並先簡孝緒而後施行。」則忠臣傳曾經阮孝緒審閱。而據梁書卷五一處士阮孝緒傳：孝緒卒於大同二年（536），則蕭繹之忠臣傳及表文自當撰於此前。

〔二〕資父：贍養和侍奉父親。孝經士章：「資於事父以事母而愛同，資於事父以事君而敬同。故母取其愛，而君取其敬，兼之者父也。故以孝事君則忠，以敬事長則順。忠順不失，以事其上，然後能保其禄位，而守其祭祀，蓋士之孝也。」

〔三〕嚴敬：孝經紀孝行章：「子曰：『孝子之事親也，居則致其敬，養則致其樂，病則致其憂，喪則致其哀，祭則致其嚴。五者備矣，然後能事親。』」

〔四〕求忠出孝：後漢書卷二六韋彪傳載：彪上議引孔子言曰：「求忠臣必於孝子之門。」李賢注：「孝經緯之文也。」

〔五〕冬温夏清：冬天使感到温煖，夏天使感到清涼。形容子女孝敬父母極盡其禮。禮記曲禮上：「凡爲人子之禮，冬温而夏清，昏定而晨省。」陸德明音義：「清，七性反，字從冫，水冷也。本或作水旁，非也。」

〔六〕親：知不足齋本金樓子、藝文類聚卷二〇、御製集、閻本、張本、梁文紀卷四作「君」，四庫全書本金樓子、全梁文、丁本作「親」。今按：「冬温夏清」乃人子事親之禮，作「親」爲是，據改。

〔七〕進思將美：孝經事君章：「子曰：『君子之事上也，進思盡忠，退思補過，將順其美，匡救其惡，故上下能相親也。』」

〔八〕出奉：出使、奉命。

〔九〕羲軒：伏羲氏和軒轅氏黄帝，均傳説中上古聖王。○改物：改變前朝的文物制度。多指改正朔，易服色。後因以指改朝换代。左傳昭公九年：「文之伯也，豈能改物？」杜預注：「言文公雖伯，未能改正朔，易服色。」國語卷二周語中：「叔父若能光裕大德，更姓改物，以創制天下，自顯庸也。」韋昭注：「改物，改正朔，易服色也。」

〔一〇〕殷周：商朝和周朝。○受命：受天之命。古帝王自稱受命於天以鞏固其統治。尚書召誥：「惟王受命，無疆惟休，亦無疆惟恤。」孔安國傳：「所以戒成王天改殷命，惟王受之，乃無窮惟美，亦無窮惟當憂之。」

〔一一〕三能：即三台。星名。史記卷二七天官書：「魁下六星，兩兩相比者，名曰三能。三能色齊，君臣和；不齊，爲乖戾。」裴駰集解引蘇林曰：「能音台。」晉書卷一一天文志：「在人曰三公，在天曰三台。」此指三公。周以太師、太傅、太保爲三公。○十亂：指十個輔佐周武王治國平亂的大臣。也泛指輔佐皇帝的有才能之人。尚書泰誓中：「予有亂臣十人，同心同德。」孔安國傳：「我治理之臣雖少而心德同。」孔穎達疏：「釋詁云：『亂，治也。』故謂我治理之臣有十人也。十人皆是上智。咸識周是殷非，故人數雖少，而心、德同，同佐武王，欲共滅紂也。論語引此云：『予有亂臣十人。』而孔子論之，有一婦人焉。則十人之内，其一是婦人。故先儒鄭玄等皆以十人爲文母、周公、太公、召公、畢公、榮公、太顛、宏夭、散宜生、南宮括也。」

〔二〕九棘：周代群臣立外朝之位，樹棘以區分等級職位。周禮秋官司寇朝士：「朝士掌建邦外朝之法。左九棘，孤卿大夫位焉，群士在其後。右九棘，公侯伯子男位焉，群吏在其後。」鄭玄注：「樹棘以爲位者，取其赤心而外刺，象以赤心三刺也。」後因以爲指九卿百官。〇五臣：周文王與周武王均有五臣。周文王五臣：尚書君奭：「惟文王尚克修和我有夏，亦惟有若虢叔，有若閎夭，有若散宜生，有若泰顛，有若南宮括。」孔安國傳：「凡五臣，佐文王，爲胥附、奔走、先後、禦侮之任。」周武王五臣：文選卷五八王儉褚淵碑文：「五臣茲六，八元斯九。」李善注：「呂氏春秋曰：武王之佐五人。高誘曰：周公旦、召公奭、太公望、畢公高、蘇公忿生也。」

〔三〕夙夜在公：日夜爲公事操勞。詩經召南采蘩：「被之僮僮，夙夜在公。被之祁祁，薄言還歸。」毛傳：「夙，早也。」鄭玄箋：「公，事也。早晚在事。」詩經魯頌有駜：「有駜有駜，駜彼乘黃。夙夜在公，在公明明。」

〔四〕忠爲令德：左傳成公十年：「鄭伯討立君者，戊申，殺叔申、叔禽。君子曰：『忠爲令德，非其人猶不可，況不令乎？』」令德，美德。

〔五〕縉雲得姓之子：指饕餮。左傳文公十八年：「縉雲氏有不才子，貪于飲食，冒于貨賄，侵欲崇侈，不可盈厭，聚斂積實，不知紀極，不分孤寡，不恤窮匱，天下之民以比三凶，謂之饕餮。舜臣堯，賓于四門，流四凶族，渾敦、窮奇、檮杌、饕餮，投諸四裔，以禦魑魅。」杜預注：「縉雲，黄帝時官名。」史記卷一五帝本紀：「縉雲氏有不才子，貪于飲食，冒於貨賄，天下謂之饕餮。天下惡之，比之三凶。」裴駰集解：「賈逵曰：『縉雲氏，姜姓也，炎帝之苗裔，當黄帝時任縉雲之官也。』漢書卷一九百官公卿表上「黄帝雲師雲名」，顔師古注引應劭曰：「黄帝受命有雲瑞，故以雲紀事也。由是而言，故春官爲青雲，夏官爲縉雲，秋官爲白雲，冬官爲黑雲，中官爲黄雲。」

〔一六〕姬昌：周文王姓姬，名昌。商紂王時爲西伯，招賢納士，實力日强，爲其子武王滅紂奠定了基礎。生平事跡詳史記卷四周本紀。◯魯：周諸侯國名。爲周公封地。故地在今山東省濟寧市兖州區東南至江蘇省沛縣、安徽省泗縣一帶。史記卷四周本紀：「〔周武王〕封弟周公旦於曲阜，曰魯。」◯衛：周諸侯國名。周公封周武王弟康叔於衛。先後建都於朝歌（今河南省淇縣）、楚丘（今河南省滑縣）、帝丘（今河南省濮陽市）和野王（今河南省沁陽市）等地。

〔一七〕禮：藝文類聚卷二〇、初學記卷一七、梁文紀卷四、御製集、閣本、張本、全梁文、丁本作「理」。今按：理，通「禮」。

〔一八〕孝忠：初學記卷一七作「忠孝」。

〔一九〕率由：遵循，沿用。尚書微子之命：「率由典常，以蕃王室。」孔安國傳：「循用舊典無失其常，以蕃屏周室。」此處歇後，意爲遵循成規。

〔二〇〕因心：初學記卷一七作「恩義」。○極：通「亟」。廣雅釋詁：「亟，敬也。」

〔二一〕蓮華霄漢，憑暉日月：指得到皇帝的恩寵。霄漢、日月，喻指帝王。

〔二二〕三握再吐：史記卷三三魯周公世家：「周公戒伯禽曰：『我文王之子，武王之弟，成王之叔父，我於天下亦不賤矣。然我一沐三捉髮，一飯三吐哺，起以待士，猶恐失天下之賢人。子之魯，慎無以國驕人。』」

〔二三〕紫庭：帝王宫庭。後漢書卷六五皇甫規傳：「臣生長邊遠，希涉紫庭。」西晉左思悼離贈妹詩之二：「以蘭之芳，以膏之明，永去骨肉，内充紫庭。」

〔二四〕丹扆(yǐ)：丹屏，帝王寶座後的屏風。此借指帝王。扆，文選卷四〇沈約奏彈王源：「陛下所以負扆興言，思清弊俗者也。」李善注：「禮曰：『天子負斧扆，南向而立。』鄭玄曰：『負之言背也。斧依，爲斧文屏風。扆與依同。』」李周翰注：「扆，屏風也。」

〔二五〕宣帝：指漢宣帝劉詢。詢，初名病已，字次卿，武帝曾孫，戾太子孫。即位後，勵精圖治，任用賢能。卒，謚曰宣，廟號中宗。漢書卷八有紀。

〔二六〕麟閣：即麒麟閣，在漢長安城内，即今陝西省西安市西北。漢書卷五四蘇武傳：「〔宣帝〕甘露三年，單于始入朝。上思股肱之美，乃圖畫其人於麒麟閣，法其形貌，署其官爵姓名。」

唯霍光不名，曰大司馬大將軍博陸侯姓霍氏，次曰衛將軍富平侯張安世……次曰後將軍營平侯趙充國……。皆有功德，知名當世，是以表而揚之，明著中興輔佐，列於方叔、召虎、仲山甫焉。凡十一人，皆有傳。」顔師古注：「張晏曰：『武帝獲麒麟時作此閣，圖畫其象於閣，遂以爲名。』師古曰：『漢宮閣疏名云蕭何造。』」○充國：即西漢趙充國。充國字翁孫，隴西上邽人。武帝時以騎士補羽林，遷車騎將軍長史。昭帝時遷中郎將，擢爲後將軍。宣帝即位，封營平侯。官至蒲類將軍、將軍少府、後將軍衛尉。卒，謚曰壯侯。漢書卷六九有傳。

〔二七〕顯宗：東漢孝明帝劉莊廟號。莊，初名陽。光武帝第四子。後漢書卷二有紀。

〔二八〕雲臺：漢宮中高臺名。後漢書卷二二馬武傳史臣論曰：「永平中，顯宗追感前世功臣，乃圖畫二十八將於南宮雲臺。」○仲華：東漢鄧禹字仲華。禹，南陽新野人。少遊學長安，與劉秀親善。新莽末從劉秀鎮壓銅馬軍，得信任。光武帝即位，拜大司徒，封高密侯。明帝時拜太傅。卒，謚元。後明帝圖畫二十八將於雲臺，其首即「太傅高密侯鄧禹」。後漢書卷一六有傳。

遷荊州輸江州節表〔一〕

周有掌節之職〔二〕，漢有符節之令〔三〕，所以子孫慷慨〔四〕，忠肅勤王〔五〕，無絶終古〔六〕，有高前載〔七〕。臣自擁旄鶴塞〔八〕，執茲龍節〔九〕，幸逢銀山自溢〔一〇〕，玉燭調年〔一一〕，雖免茂弘之譏〔一二〕，竟微辛毗之勇〔一三〕。藝文類聚卷六八、梁文紀卷四、御製集、閣本、張本、全梁文、丁本。

【校注】

〔一〕遷荆州輪江州節表：荆州，州名，治所在今湖北省荆州市。江州，州名，治所在今江西省九江市。輪，轉送。節，符節。古代使臣所持以作憑證。左傳文公八年：「司馬握節以死，故書以官。」杜預注：「節，國之符信也。握之以死，示不廢命。」今按：魏晉南北朝時，掌地方軍政的官往往加使持節的稱號，蕭繹爲江州刺史時即加使持節。宋書卷三九百官志：「持節都督，無定員。前漢遣使，始有持節。光武建武初，征伐四方，始權時置督軍御史，事竟罷。建安中，魏武帝爲相，始遣大將軍督軍。……晉世則都督諸軍爲上，監諸軍次之，督諸軍爲下。使持節爲上，持節次之，假節爲下。使持節得殺二千石以下；持節殺無官位人，若軍事得與使持節同；假節唯軍事得殺犯軍令者。」又，據梁書卷五元帝紀：蕭繹大同六年（540），「出爲使持節、都督江州諸軍事、鎮南將軍、江州刺史」；太清元年（547）正月，「徙爲使持節、都督荆雍湘司郢寧梁南北秦九州諸軍事、鎮西將軍、荆州刺史」。故此文當寫於太清元年（547）。

〔二〕「周有」句：周禮地官司徒：「掌節，上士二人、中士四人、府二人、史四人、胥二人、徒二十人。……掌節，掌守邦節而辨其用，以輔王命。」鄭玄注：「節猶信也。行者所執之信。」賈公彦疏：「其職云：『掌守邦節，辨其用。』在此者，以其節連於門市，故亦連類在此。……其職云：『邦國之使節，山國虎節。』凡節者，皆行道所用，無節者不達，有節乃得行。故云『行者所執之信』。」

〔三〕「漢有」句：漢書卷一九百官公卿表第七上：「少府，秦官，掌山海池澤之税，以給共養，有六丞。屬官有尚書、符節……」漢書卷七五眭弘傳：「〔弘〕以明經爲議郎，至符節令。」後漢書百官志：「符節令一人，六百石。本注曰：爲符節臺率，主符節事。凡遣使掌授節。」玉海卷八五器用符節「漢節」：「周有掌節之職，漢有符節之令。復（今按：疑當作『後』）漢符節令，位次御史中丞，别爲一臺，令一人爲臺率，屬少府。眭孟、張敬、蔡衍爲之。」

〔四〕慷慨：激昂抗直。後漢書卷一四齊武王縯傳：「性剛毅，慷慨有大節。」

〔五〕忠肅：左傳文公十八年：「高辛氏有才子八人……忠肅共懿，宣慈惠和，天下之民謂之『八元』。」孔穎達疏：「忠者，與人無隱，盡心奉上也。肅者，敬也，應機敏達，臨事恪勤也。」〇勤王：盡力於王事。左傳僖公二十五年：「狐偃言於晉侯曰：『求諸侯莫如勤王。』」晉書卷七九謝安傳：「夏禹勤王，手足胼胝。」梁文紀卷四、閣本、張本作「勤劬」。

〔六〕終古：久遠。楚辭九歌禮魂：「春蘭兮秋菊，長無絶兮終古。」楚辭離騷：「懷朕情而不發兮，余焉能忍與此終古。」王逸注：「終古，猶永古也。」朱熹集注：「終古者，古之所終，謂來日之無窮也。」

〔七〕前載：猶前代。載，爾雅釋天：「載，歲也。」

〔八〕擁旄：指統率軍隊。文選卷四三丘遲與陳伯之書：「朱輪華轂，擁旄萬里，何其壯也。」李善注：「班固涿邪山祝文：杖節擁旄，征人伐鼓。」今按：蕭繹曾都督江州諸軍事，故稱。○鶴塞：即「鵠塞」。地名，在江州鎮所尋陽，即今江西省九江市。北周庾信庾子山集周大將軍義興公蕭公墓誌銘：「山臨鶴塞，非無陶侃之賓；氣連牛斗，即有張華之劍。」清倪璠注引幽明録曰：「陶公在尋陽西南一塞取魚，自謂其地曰鶴門。」太平御覽卷六六引郡國志曰：「鶴門湖者，陶侃微時喪母，忽有二客來吊，化爲雙白鶴飛去，後因以爲名。」蕭繹玄覽賦：「泝蛟川於匯澤，沿鵠塞於潯陽。」此處代指江州。

〔九〕龍節：周禮地官司徒掌節：「守邦國者用玉節，守都鄙者用角節。凡邦國之使節，山國用虎節，土國用人節，澤國用龍節，皆金也。」鄭玄注：「以金爲節，鑄象焉。」此泛指符節。

〔一〇〕逢：閻本、張本作「逮」。○銀山自溢：史記卷二八封禪書：「殷得金德，銀自山溢。」裴駰集解：「蘇林曰：流出也。」此指太平盛世。

〔一一〕玉燭：尸子卷上：「四氣和，正光照，此之謂玉燭。」爾雅釋天：「四氣和謂之玉燭。」郭璞注：「道光照。」邢昺疏：「道光照者，道，言也，言四時和氣，温潤明照，故曰玉燭。」抱朴子内篇明本：「玉燭表昇平之徵，澄醴彰德洽之符。」○調年：風調雨順之年。説文解字言部：「調，和也。」

〔二〕茂弘：東晉王導字茂弘。導，祖籍琅邪臨沂。洛陽傾覆，晉室南渡，王導聯合南北士族擁司馬睿稱帝於建康，官至丞相。卒，謚文獻。晉書卷六五有傳。晉書本傳載：蘇峻之亂平，王導入石頭城，令取故節，陶侃笑曰：「蘇武節似不如是！」導有慚色。資治通鑑卷九四晉紀顯宗成皇帝「咸和四年」亦載此事，胡三省注曰：「導爲侃所譏，自愧其失節。」

〔三〕微：論語憲問：「微管仲，吾其被髮左衽矣。」何晏集解引馬融曰：「微，無也。」○辛毗（pí）之勇：辛毗字佐治，三國魏豫州潁川陽翟人。官至衛尉，封潁鄉侯，謚肅侯。三國志卷二五魏書有傳。三國志本傳：「青龍二年，諸葛亮率衆出渭南。先是，大將軍司馬宣王數請與亮戰，明帝終不聽。是歲恐不能禁，乃以毗爲大將軍軍師，使持節；六軍皆肅，準毗節度，莫敢犯違。」裴松之注引魏略曰：「宣王數數欲進攻，毗禁不聽。宣王雖能行意，而每屈於毗。」

【集評】

閣本：評「雖免茂弘之譏，竟微辛毗之勇」：貪搜故實，釀其華腴。

啓

啓東宫薦石門侯啓〔一〕

切以鳳鳴朝陽〔二〕，必資藍田之寶〔三〕；龍門點額〔四〕，亦俟堂溪之珍〔五〕。是以紫玉見稱，黄金爲貴〔六〕；文傳夢鳥〔七〕，學重靈蛇〔八〕。點漆凝脂，事踰衛玠〔九〕；渾金璞玉，才匹山濤〔一〇〕。昔翟湯隱逸，見稱庾亮〔一一〕；陳平器局，被薦無知〔一二〕。以人廢言〔一三〕，誠增竦讋〔一四〕；進賢上賞〔一五〕，伏待慈照〔一六〕。藝文類聚卷五三、梁文紀卷四、御製集、閣本、張本、全梁文、丁本。

【校注】

〔一〕啓東宫薦石門侯啓：藝文類聚卷五三、梁文紀卷四題作此，御製集題作「上東宫薦石門侯啓」，閣本、張本題作「東宫薦石門侯啓」，全梁文、丁本題作「爲東宫薦石門侯啓」。東宫，太子宫。此指皇太子。石門侯，待考。石門，地名。文選卷四左思蜀都賦：「緣以劍閣，阻以石門。」劉淵林注：「石門在漢中之西，褒中之北。」啓，泛指奏疏、公文、書函。太平御覽卷五九五引漢服虔通俗文：「官信曰啓。」文心雕龍奏啓：「至魏國箋記，始云啓聞。奏事之末，或云謹啓……必斂飭入規，促其音節，辨要輕清，文而不侈，亦啓之大略也。」

〔二〕切：閣本、張本、丁本作「竊」。謙辭，猶言私下。戰國策卷一九趙二「張儀爲秦連横説趙王」章：「臣切爲大王計，莫如與秦遇于澠池。」黄丕烈按：「切作竊，史記作竊。」〇鳳鳴朝陽：喻賢才遇時而起。詩經大雅卷阿：「鳳皇鳴矣，于彼高岡。梧桐生矣，于彼朝陽。」鄭玄箋：「鳳凰鳴于山脊之上者，居高視下，觀可集止。喻賢者待禮乃行，翔而後集。梧桐生者，猶明君出也。生於朝陽者，被温仁之氣，亦君德也。鳳凰之性，非梧桐不棲，非竹實不食。」孔穎達疏：「鄭以爲鳳皇之將出，則先鳴矣，於高山之脊，居高視下，觀可集止。見其梧桐生矣，於彼山東之朝陽，乃往集之，以興賢者之將仕也，則相時待禮，擇可歸就。見其明君出矣，於彼仁聖之治世，乃往仕之。」世説新語賞譽：「君兄弟龍躍雲津，顧彦先鳳鳴朝陽。」

〔三〕藍田之寶：指美玉。藍田，縣名。在今陝西省渭河平原南緣、秦嶺北麓，渭河支流灞河上游。秦置縣，以産美玉聞名。漢班固西都賦：「陸海珍藏，藍田美玉。」南朝梁江淹麗色賦：「於是帳必藍田之寶，席必蒲陶之文。」

〔四〕龍門點額：喻仕路得意。水經注卷四河水四：「爾雅曰：『鱣，鮪也。』出鞏穴，三月則上渡龍門，得渡爲龍矣。否則，點額而還。」太平御覽卷一八三引郡國志曰：「賀州封陽有隄陂龍，水深百尋，大魚自擲，登此門化爲龍，不過者曝鰓點額也。」又曰：「同州龍門城帶龍門山，大魚點額暴鰓半死，謂此也。」

〔五〕堂溪之珍：指利劍。堂溪，亦作「棠溪」、「棠谿」，春秋楚地名，戰國時屬韓。故址在今河南省遂平縣西北。出利劍。史記卷六九蘇秦傳：「韓卒之劍戟皆出於冥山、棠谿、墨陽、合膊。」裴駰集解：「徐廣曰：汝南吴房有棠谿亭。」張守節正義：「故城在豫州偃城縣西八十里。鹽鐵論云『有棠谿之劍』是。」

〔六〕「是以」二句：藝文類聚卷八三引禮斗威儀曰：「君乘金而王，其政平，則黄金見深山。」沈約宋書卷二九符瑞志：「黄銀紫玉，王者不藏金玉，則黄銀紫玉光見深山。」

〔七〕夢鳥：晉書卷九二文苑傳羅含：「含幼孤，爲叔母朱氏所養。少有志尚，嘗晝卧，夢一鳥文彩異常，飛入口中，因驚起説之。朱氏曰：『鳥有文彩，汝後必有文章。』自此後藻思日新。」此喻詩文才思之富。

〔八〕靈蛇：即「靈蛇珠」。搜神記卷二〇隋侯珠：「隋縣溠水側，有斷蛇丘。隋侯出行，見大蛇被傷中斷，疑其靈異，使人以藥封之。蛇乃能走。因號其處『斷蛇丘』。歲餘，蛇銜明珠以報之。珠盈徑寸，純白，而夜有光明，如月之照，可以燭室。故謂之『隋侯珠』，亦曰『靈蛇珠』，又曰『明月珠』。」此喻文才錦繡。三國魏曹植與楊祖德書：「人人自謂握靈蛇之珠，家家自謂抱荆山之玉。」

〔九〕「點漆」二句：詩經衛風碩人：「手如柔荑，膚如凝脂。」世説新語容止：「王右軍見杜弘治，歎曰：『面如凝脂，眼如點漆，此神仙中人。』」衛玠，字叔寶，河東安邑人。晉書卷三六有傳。晉書本傳：「總角乘羊車入市，見者皆以爲玉人，觀之者傾都。」初學記卷一九引衛玠别傳曰：「玠在齠齔中，乘羊車於洛陽市。舉市咸曰：『誰家玉人？』」世説新語容止：「衛玠從豫章至下都，人久聞其名，觀者如堵牆。玠先有羸疾，體不堪勞，遂成病而死，時人謂『看殺衛玠』。」

〔一〇〕「渾金」二句：世説新語賞譽：「王戎目山巨源：『如璞玉渾金，人皆欽其寶，莫知名其器。』」渾金，純金。山濤，字巨源，河内懷人。晉太康初官至右僕射、司徒。卒，謚曰康。晉書卷四三有傳。晉書本傳載：濤有吏才，「再居選職十有餘年，每一官缺，輒啓擬數人，詔旨有所向，然後顯奏，隨帝意所欲爲先。故帝之所用，或非舉首，衆情不察，以濤輕重任意。或譖之於帝，故帝手詔戒濤曰：『夫用人惟才，不遺疏遠單賤，天下便化矣。』而濤行之自若，一年之後衆情乃寢。濤所奏甄拔人物，各爲題目，時稱山公啓事」。

〔一一〕「昔翟」二句：太平御覽卷五〇三引晉中興書曰：「翟湯字長淵，尋陽人。耕而後食，凡有饋贈，一無所受。庾亮薦湯以國子博士，徵不起。」晉書卷九四隱逸有翟湯傳。庾亮，字元規。潁川鄢陵人。官至丞相參軍，封都亭侯。晉書卷七三有傳。

〔一二〕「陳平」二句：史記卷五六陳丞相世家：「平遂至修武降漢，因魏無知求見漢王，漢王召入。」

司馬貞索隱：「漢書張敞與朱邑書云：『陳平須魏倩而後進。』孟康云：『即無知也。』陳平，河南陽武人。初從項羽，後歸劉邦，曾爲高祖獻六奇計，封曲逆侯。惠帝、吕后、文帝時歷任丞相。卒，謚獻。史記卷五六有傳。器局，器量，度量。無知，即魏無知。

〔一三〕以人廢言：論語衛靈公：「子曰：『君子不以言舉人，不以人廢言。』」

〔一四〕竦讋（zhé）：擔憂，懼怕。爾雅釋詁下：「竦，懼也。」説文解字言部：「讋，失氣言。」

〔一五〕進賢上賞：漢書卷六武帝紀載：元朔元年十一月詔：「且進賢受上賞，蔽賢蒙顯戮，古之道也。」

〔一六〕照：明察。韓非子難三：「明能照遠姦而見隱微。」淮南子卷一〇繆稱訓：「照惑者以東爲西。」高誘注：「照，曉。」

慶東耕啓〔一〕

伏惟陛下，敬授民時〔二〕，造幄籍圃〔三〕。漢之元鳳〔四〕，未足捧羈〔五〕；晉之太始〔六〕，非堪扶轂〔七〕。但承明侍從〔八〕，即事未由〔九〕。周南留滯〔一〇〕，伏深戀仰〔一一〕。

藝文類聚卷三九、梁文紀卷四、御製集、閣本、張本、全梁文、丁本。

【校注】

〔一〕慶東耕啓：東耕，即天子籍田。初學記卷一四引漢應劭漢官儀曰：「凡稱籍田爲千畝，亦曰帝籍，亦曰耕籍，亦曰東耕，亦曰親耕，亦曰王籍。」「天子東耕之日，親率三公九卿，戴青車，駕蒼馬。公卿已下，車駕如常法。」隋書卷七禮儀志二：「古典有天子東耕儀。江左未暇，至宋始有其典。」梁書武帝紀記載梁武帝多次親耕籍田：天監十三年，「二月丁亥，輿駕親耕籍田」。普通四年二月，「乙亥，躬耕籍田」。中大通六年，「春二月癸亥，輿駕親耕籍田」。大同元年二月，「丁亥，輿駕躬耕籍田」。大同二年，「二月乙亥，輿駕躬耕籍田」。大同三年二月，「丁亥，輿駕親耕籍田」。大同四年，「二月己亥，輿駕親耕籍田」。大同六年，「二月己亥，輿駕親耕籍田」。大同七年二月，「辛亥，輿駕躬耕籍田」。太清元年二月，「丁亥，輿駕躬耕籍田」。今按：啓云「承明侍從，即事未由。周南留滯，伏深戀仰」，蓋作於蕭繹爲荆州刺史時。將梁書武帝紀所載籍田年歲與梁書元帝紀所載蕭繹爲荆州刺史之時段比對，則此啓作期或在梁大同元年(535)至四年(538)間。

〔二〕敬授民時：敬記天時以授農，使知時令變化，不誤農作。後指頒布曆書。尚書堯典：「乃命羲、和欽若昊天，曆象日月星辰，敬授人時。」孔安國傳：「敬記天時，以授人也。」蔡沈集傳：「人時，謂耕穫之候。」史記卷一五帝本紀引作「敬授民時」。

〔三〕造幄籍圃：左傳哀公十七年：「衛侯爲虎幄於籍圃。」杜預注：「於籍田之圃新造幄幕，皆以虎獸爲飾。」

〔四〕元鳳：西漢昭帝劉弗陵年號（前80年至前75年）。漢書卷七昭帝紀載：始元元年春二月己亥，「上耕于鉤盾弄田」。顔師古注：「應劭曰：『時帝年九歲，未能親耕帝籍，鉤盾，宦者近署，故往試耕爲戲弄也。』臣瓚曰：『西京故事弄田在未央宫中。』師古曰：『弄田爲宴游之田，天子所戲弄耳，非爲昭帝年幼創有此名。』」宋書卷一四禮志一：「耕籍之禮尚矣，漢文帝修之。及昭帝幼即大位，耕於鉤盾弄田。」今按：據漢書昭帝紀，昭帝籍田在元始元年，而非元鳳年間，或原文有訛。

〔五〕未足捧羈：謂未能親自參加。捧羈，猶「奉轡」，謂駕車。文選卷八司馬相如上林賦：「孫叔奉轡，衛公參乘。」劉良注：「奉轡、參乘，謂御從也。」

〔六〕太始：即「泰始」，西晉武帝司馬炎年號（265年至274年）。宋書卷一四禮志一：「晉武帝泰始四年，有司奏始耕祠先農，可令有司行事。詔曰：『……主者詳具其制，并下河南處田地於東郊之南，洛水之北，平良中水者。若無官田，隨宜便換，不得侵民人也。』自此之後，其事便廢。」

〔七〕非堪扶轂：不能扶翼車輪。漢揚雄羽獵賦：「齊桓曾不足使扶轂，楚莊未足以爲驂乘。」文選卷四〇任昉到大司馬記室箋：「將使伊周奉轡，桓文扶轂。」此謂不能親往藉田。轂，説文解字車部：「轂，輻所湊也。」老子第一一章：「三十輻共一轂。」陸德明釋文：「轂，車轂。」

〔八〕承明侍從：意謂入京侍從皇帝。承明，宮門名。三國志卷二魏書文帝紀「初營洛陽宮，戊午幸洛陽」，裴松之注：「諸書記是時帝居北宮，以建始殿朝群臣，門曰承明，陳思王植詩曰『謁帝承明廬』是也。」文選卷二四曹植贈白馬王彪：「謁帝承明廬，逝將歸舊疆。」李善注引陸機洛陽記曰：「承明門，後宮出入之門，吾常怪『謁帝承明廬』，問張公，云：魏明帝作建始殿，朝會皆由承明門。」

〔九〕即事未由：無從任事。此謂未能侍從皇帝藉田。即事，作事。史記卷二八封禪書：「雖受命而功不至，至梁父矣而德不洽，洽矣而日有不暇給，是以即事用希。」

〔一〇〕周南留滯：史記卷一三〇太史公自序：「是歲天子始建漢家之封，而太史公留滯周南，不得與從事，故發憤且卒。」裴駰集解引徐廣曰：「摯虞曰古之周南，今之洛陽。」司馬貞索隱：「張晏云：『自陝已東，皆周南之地也。』」今按：此爲蕭繹以太史公司馬談自比，表不得侍從東耕之憾。周南，詩經十五國風中有周南，所收大抵爲今陝西省、河南省、湖北省一帶的民歌。此蓋指今湖北省一帶，蕭繹時爲荆州刺史，故稱。

〔一一〕戀仰：羨慕，敬仰。

慶南郊啓〔一〕

大裘而冕〔二〕，陶匏以質〔三〕；黄鍾既奏〔四〕，雲門斯舞〔五〕。樂諧六變〔六〕，歌陳九德〔七〕；感天動神，式展誠敬〔八〕。藝文類聚卷三八、梁文紀卷四、御製集、閣本、張本、全梁文、丁本。

【校注】

〔一〕南郊：京都南面，古代天子在此築圜丘以祭天。隋書卷六禮儀志：「梁南郊，爲圓壇，在國之南。高二丈七尺，上徑十一丈，下徑十八丈。其外再壝，四門。常與北郊間歲。正月上辛行事，用一特牛，祀天皇上帝之神於其上，以皇考太祖文帝配。」梁書武帝紀記載梁武帝多次於正月上辛親南郊：「〔天監四年正月〕辛亥，輿駕親祠南郊，赦天下。」「〔天監〕八年春正月辛巳，輿駕親祠南郊。」「〔天監〕十年春正月辛丑，輿駕親祠南郊。」「〔天監〕十二年春正月辛卯，輿駕親祠南郊。」「〔天監十四年正月〕辛亥，輿駕親祠南郊。」「〔天監〕十六年春正月辛未，輿駕親祠南郊。」「〔天監十八年正月〕辛卯，輿駕親祠南郊。」「〔普通二年正月〕辛巳，輿駕親祠南郊。」「〔普通四年春正月辛卯，輿駕親祠南郊。」「〔普通六年正月〕辛亥，輿駕親祠南郊，大赦天下。」「〔大通元年正月〕辛未，輿駕親祠南郊。」「中大通元年正月辛酉，輿駕親祠南郊。」「〔中大通〕三年春正月辛巳，輿駕親祠南郊。」「〔中大通〕五年春正月辛卯，輿駕親祠南郊。」「〔大同〕三年春正月辛丑，輿駕親祠南郊。」「〔大同五年正月〕辛未，輿駕親祠南郊。」「〔大同〕七年春正月辛巳，輿駕親祠南郊。」「〔太清元年正月〕辛酉，輿駕親祠南郊。」

〔二〕大裘而冕：周禮春官宗伯司服：「王之吉服，祀昊天上帝，則服大裘而冕；祀五帝，亦如之。」鄭玄注引鄭司農云：「大裘，羔裘也。」

〔三〕陶匏(páo)以質：禮記郊特牲：「天子適四方，先柴。郊之祭也，迎長日之至也，大報天而主日也。兆於南郊，就陽位也。埽地而祭，於其質也。器有陶匏，以象天地之性也。」漢書卷二五郊祀志「其器陶匏」，顔師古注：「陶，瓦器；匏，瓠也。」

〔四〕黄鍾：古代音樂分十二律，陰陽各六律，黄鍾爲陽律第一。漢書卷二五郊祀志：「臣聞郊柴饗帝之義，埽地而祭，上質也。歌大吕舞雲門以竢天神，歌太蔟舞咸池以竢地祇，其牲用犢，其席稾稭，其器陶匏。皆因天地之性，貴誠上質，不敢修其文也。」顔師古注：「此周禮也。大吕合於黄鍾。黄鍾，陽聲之首也。雲門，黄帝樂也。」

〔五〕雲門：周六樂舞之一，相傳爲黄帝時所作。周禮春官宗伯大司樂：「以樂舞教國子舞雲門、大卷、大咸、大磬、大夏、大濩、大武。……乃奏黄鍾，歌大吕，舞雲門，以祀天神。」鄭玄注：「此周所存六代之樂，黄帝曰雲門、大卷。黄帝能成名萬物，以明民共財，言其德如雲之所出，民得以有族類。」

〔六〕樂諧六變：謂樂章改變六次。古代祭百神，樂章變六次祭典始成。周禮春官宗伯大司樂：「凡六樂者，文之以五聲，播之以八音。凡六樂者，一變而致羽物及川澤之示，再變而致贏物及山林之示，三變而致鱗物及丘陵之示，四變而致毛物及墳衍之示，五變而致介物及土示，六變而致象物及天神。」晉陸雲移書太常府薦張贍：「廣樂九奏，必登昊天之庭；韶夏六變，必饗上帝之祀矣。」

〔七〕歌陳九德：周禮春官宗伯大司樂：「凡樂，黄鍾爲宫，大吕爲角，大蔟爲徵，應鍾爲羽，路鼓路鼗，陰竹之管，龍門之琴瑟，九德之歌，九磬之舞，於宗廟之中奏之，若樂九變，則人鬼可得而禮矣。」鄭玄注引鄭司農曰：「九德之歌，春秋傳所謂水、火、金、木、土、穀謂之六府，正德、利用、厚生謂之三事。六府三事謂之九功，九功之德皆可歌也，謂之九歌也。」

〔八〕式：爾雅釋言：「式，用也。」

謝東宫賜白牙鏤管筆啓〔一〕

春坊漆管〔二〕，曲降深恩；北宫象牙〔三〕，猥蒙霑逮〔四〕。雕鐫精巧，似遼東之仙物〔五〕；圖寫奇麗，笑蜀郡之儒生〔六〕。故知嵇賦非工〔七〕，王銘未善〔八〕。昔伯喈致贈，纔屬友人〔九〕；葛龔所酬，止聞通識〔一〇〕。豈若遠降鴻慈〔一一〕，曲覃庸陋〔一二〕。方覺瑠璃無謟〔一三〕，隨珠過侈〔一四〕。但有羨卜商〔一五〕，無因則削〔一六〕；徒懷曹植〔一七〕，恒願執鞭〔一八〕。藝文類聚卷五八、梁文紀卷四、御製集、閣本、張本、全梁文、丁本。

【校注】

〔一〕謝東宮賜白牙鏤管筆啓：藝文類聚卷五八題作「謝宮賜白牙鏤管筆啓」，汪紹楹校：「全梁文十六『宮』上有『東』字。」梁文紀卷四、御製集、閣本、張本、全梁文、丁本題作「謝東宮賜白牙鏤管筆啓」。今按：據啓中「春坊」可知，「白牙鏤管筆」之賜來自太子東宮，藝文類聚蓋脱「東」字，今題從梁文紀等。鏤，雕刻。爾雅釋器：「玉謂之雕，金謂之鏤，木謂之刻。」郭璞注：「皆治器之名。」

〔二〕春坊：東宮，太子宮。資治通鑑卷一五五梁紀高祖武皇帝「中大通三年」：「〔徐〕摛文體輕麗，春坊盡學之。」胡三省注：「東宮謂之春宮，宮坊謂之春坊。」○漆管：太平御覽卷六〇五引東宮舊事曰：「皇太子初拜，給漆筆四枚，銅博山筆牀副焉。」

〔三〕北宮：王后所居之宮。周禮天官冢宰内宰：「憲禁令于王之北宮而糾其守。」鄭玄注：「北宮，后之六宮。」孫詒讓正義：「古者宮必南鄉，王路寢在前，謂之南宮。……后六宮在王六寢之後，對南宮言之，謂之北宮。」○象牙：指象牙筆管。初學記卷二一引王羲之筆經曰：「昔人或以瑠璃、象牙爲筆管，麗飾則有之。然筆須輕便，重則躓矣。」

〔四〕猥蒙：謙詞，猶辱蒙。正字通犬部：「猥，凡自稱猥者，卑辭也。」

〔五〕遼東之仙物：藝文類聚卷五八引列仙傳曰：「李仲甫，潁川人，漢桓帝時，賣筆遼東市上，一筆三錢，有錢亦與筆，無錢亦與筆。」

〔六〕蜀郡之儒生：宋蘇易簡文房四譜卷一：「司馬相如作文，把筆齧之，似魚含毫。」司馬相如，蜀郡成都人。史記卷一一七、漢書卷五七有傳。

〔七〕嵇賦：宋蘇易簡文房四譜引嵇含試筆賦序：「騁韓盧，逐狡兔，日未移晷，一縱雙獲。季秋之月，毫鋒甚偉。遂刊懸崖之竹而爲筆，因而爲賦。」按：嵇含試筆賦已佚。嵇，閣本、張本作「稽」。

〔八〕王銘：初學記卷二一引晉王隱筆銘曰：「豈其作筆，必兔之毫；調利難禿，亦有鹿毛。」

〔九〕「昔伯喈」二句：北堂書鈔卷一〇四筆「良筆下士所無」條引蔡邕與梁伯張府君書曰：「復惠良筆，下士所無。」伯喈，東漢蔡邕字伯喈。邕，陳留圉人。靈帝建寧三年，辟司徒橋玄府。光和初，坐忤宦官，徙五原。董卓專權，徵署祭酒，遷尚書，拜左中郎將，封高陽鄉侯。卓誅，坐下獄死。所著有獨斷、勸學等。後漢書卷六〇有傳。纔，全梁文、丁本作「讒」，疑誤。

〔一〇〕「葛龔」二句：初學記卷二一引葛龔與梁相書曰：「復惠善墨，下士所無。摧骸骨，碎肝膽，不足明報。」葛龔，字元甫，東漢梁國寧陵人。和帝時，以善文記知名。安帝永初中，舉孝廉，爲太官丞，拜蕩陰令，後爲臨汾令。著文、賦、碑、誄、書記，凡十二篇。後漢書卷八〇文苑傳有傳。

〔一一〕鴻慈：大愛。說文解字心部：「慈，愛也。」

〔一二〕曲覃：曲延，俯及。覃，爾雅釋言：「覃，延也。」郭璞注：「謂延相被及。」〇庸陋：謙詞。平庸淺陋。抱朴子外篇自敘：「余以庸陋，沈抑婆娑，用不合時，行舛於世。」

〔一三〕瑠璃：文房四譜卷二作「琉璃」，御定淵鑑類函卷二〇四作「琉璨」。〇無譡（dǎng）：不合宜。譡，梁文紀卷四、御製集、閣本、張本作「當」。大廣益會玉篇言部：「譡，丁浪切，言中也。」

〔一四〕隨珠：淮南子卷一七說林訓：「隨矦之珠在於前。」高誘注：「隨國在漢東，姬姓之矦，出游于野，見大蛇斷在地，隨侯令醫以續傅斷蛇，得愈，去，後銜大珠報之，蓋明月之珠，因號隨侯之珠，世以爲寶也。」史記卷八七李斯列傳「有隨、和之寶」，張守節正義引說苑曰：「昔隨侯行遇大蛇中斷，疑其靈，使人以藥封之，蛇乃能去，因號其處爲斷蛇丘。歲餘，蛇銜明珠，徑寸，絶白而有光，因號隨珠。」隨，閣本、張本作「隋」。今按：隋、隨同。

〔一五〕卜商：字子夏，春秋末年晉國温地人，一說衛國人，孔子弟子之一，以「文學」著稱。相傳詩、春秋等書，均是由他傳授下來。

〔一六〕無因則削：史記卷四七孔子世家：「至於爲春秋，筆則筆，削則削，子夏之徒不能贊一辭。」削，漢書卷二二禮樂志：「有司請定法，削則削，筆則筆。」顔師古注：「削者謂有所刪去，以刀削簡牘也。」

〔一七〕曹植：字子建，三國魏沛國譙人。曹操子。兄丕即位，植備受猜忌。明帝時徙封東阿王，又改封陳王，後鬱鬱而終。謚思，世稱陳思王。其人文才富艷，後人輯所作爲曹子建集。三國志卷一九魏書有傳。

〔一八〕執鞭：指侍從之事。文選卷三七曹植求通親表：「若得辭遠遊，戴武弁，解朱組，佩青紱，駙馬奉車，趣得一號，安宅京室，執鞭珥筆，出從華蓋，入侍輦轂，承答聖問，拾遺左右。乃臣丹情之至願，不離於夢想者也。」李善注：「論語：子曰：富而可求，雖執鞭之士，吾亦爲之。范曄後漢書岑彭謂朱鮪曰：彭往者得執鞭侍從。」

【集評】

閻本：評「但有羨卜商，無因則削；徒懷曹植，恒願執鞭」：不負賜管天意。

謝敕送齊王瑞像還啓〔一〕

臣聞非晦非明〔二〕，法身凝寂〔三〕；有感有見，渴仰赴幾〔四〕。伏惟陛下，百姓爲心〔五〕，宜觀種覺〔六〕，十方皆見〔七〕，普照王畿〔八〕。將使化行南國〔九〕，乃睠西顧〔一〇〕，江水安流〔一一〕，大川利涉〔一二〕。鮮雲靉靆〔一三〕，暫掩晨離〔一四〕；甘雨霏微，猶藏宿霧。高明可仰，與天花而俱落〔一五〕；清梵騰空〔一六〕，雜塤篪以相韻〔一七〕。頂禮最勝〔一八〕，敬謁法王〔一九〕。瞻彼堵牆〔二〇〕，不足爲喻；立處針鋒〔二一〕，弗云易擬。臣身持净戒〔二二〕，心抃法流〔二三〕，接足道周〔二四〕，膜拜路左〔二五〕，得未曾有，喜躍充遍。藝文類聚卷七七、御製集、閣本、張本、全梁文、丁本。

【校注】

〔一〕謝敕送齊王瑞像還啓：齊王，待考。瑞像，佛教語。稱佛教始祖釋迦摩尼之像。蕭繹與蕭諮議等書：「瑞像放光，倏將旬日。」南史卷五五魚弘傳載：弘曾爲湘東王鎮西司馬，述職西上，「逢敕迎瑞像，王令送像下都」。今按：考梁書卷三武帝紀，湘東王蕭繹初爲鎮西將軍在大同三年(537)閏九月，是魚弘爲鎮西司馬當在其時，此啓亦必作於此後不久。

〔二〕非晦非明：指真如，即佛教所謂永恒存在的實體、實性。善寂菩薩造、宋北印土沙門施護譯集諸法寶最上義論卷上：「真如非晦非明，非即非離。」

〔三〕法身：佛教語。意謂證得清浄自性，成就一切功德之身。隋慧遠大乘義章卷一八：「言法身者，解有兩義：一顯本法性以成其身，名爲法身；二以一切諸功德法而成身，故名爲法身。」湯用彤漢魏兩晉南北朝佛教史第十一章：「法身者，聖人成道之神明耳。」〇凝寂：端莊鎮定。

〔四〕渴仰：仰慕之情如渴者之欲飲水。即熱切仰慕之意。佛經中常用以形容對佛法之仰慕。中阿含經卷九郁伽長者經：「爾時，世尊爲彼説法，勸發渴仰，成就歡喜。」○赴幾：即「赴機」，體察大道。弘明集卷一〇莊嚴寺法雲法師與公王朝貴書：「主上凝天照本，襲道赴機，垂答臣下，旨訓周密。」

〔五〕百姓爲心：老子第四九章：「聖人無常心，以百姓心爲心。」

〔六〕種覺：佛教語。佛證一切種智而大覺圓滿，故名。南朝梁簡文帝大法頌序：「不合不散，無去無來，種覺可生。」種，御製集作「衆」。

〔七〕十方：佛教謂東、南、西、北及東南、西南、東北、西北、上、下爲十方。

〔八〕王畿：古指王城周圍千里的地域。周禮夏官司馬職方氏：「乃辨九服之邦國，方千里曰王畿。」孫詒讓正義：「方千里曰王畿者，謂建王國也。……大司馬云國畿，大行人云邦畿，義並同。」周禮地官司徒大司徒：「乃建王國焉，制其畿方千里而封樹之。」賈公彦疏：「王畿千里，以象日月之大，中置國城，面各五百里。」

〔九〕化行南國：詩經周南漢廣詩序：「漢廣，德廣所及也。文王之道，被于南國，美化行乎江漢之域。」南國，詩經周南鄭玄譜：「至紂，又命文王典治南國江、漢、汝旁之諸侯。」孔穎達疏：「江漢之域，即梁荆二州，故尚書注云：『南兼梁荆。』」化行，教化施行。梁書卷七丁貴嬪傳載：吏部郎張纘爲哀策文，有云：「風有采蘩，化行南國。」

〔一〇〕乃睠西顧：詩經大雅皇矣：「乃眷西顧，此維與宅。」鄭玄箋：「乃眷然運視西顧，見文王之德而與之居。言天意常在文王所。」陸德明音義：「眷，本又作『睠』，又作『券』，並音卷，同。」

〔一一〕江水安流：九歌湘君：「令沅、湘兮無波，使江水兮安流。」安流，謂水流平靜。

〔一二〕大川利涉：周易需卦：「有孚，光亨，貞吉。利涉大川。」益卦：「利有攸往，利涉大川。」

〔一三〕鮮雲：文選卷二八陸機悲哉行：「和風飛清響，鮮雲垂薄陰。」張銑注：「鮮雲，輕雲。」○靉(ài)靆(dài)：雲盛貌。晉潘尼逸民吟：「朝雲靉靆，行露未晞。」玄應一切經音義卷六：「廣雅：靉靆，翳薈也。翳薈，雲興盛皃也。通俗文：「雲覆日爲靉靆。」

〔一四〕晨離：指朝日。離，指日。周易説卦：「離爲火，爲日，爲電。」明周嬰卮林卷六「離有十六義」條：「梁昭明太子詩：『刻桷映晨、離。』謂朝旭也。」

〔一五〕天花：佛教語。天界仙花。法華經序品：「爾時世尊，四衆圍繞，供養恭敬尊重讚歎，爲諸菩薩説大乘經……佛説此經已，結跏趺坐，入於無量義處三昧，身心不動。是時天雨曼陀羅華、摩訶曼陀羅華、曼殊沙華、摩訶曼殊沙華，而散佛上，及諸大衆。」

〔一六〕清梵：謂僧尼誦經的聲音。

〔一七〕塤(xūn)篪(chí)：即「壎篪」。壎、篪皆古代樂器，二者合奏時聲音相應和。詩經小雅何人斯：「伯氏吹壎，仲氏吹篪。」毛傳：「土曰壎，竹曰篪。」塤，同「壎」。

〔一八〕頂禮：雙膝下跪，兩手伏地，以頭抵尊者之足，爲佛教徒最崇敬的跪拜禮節。

〔一九〕法王：佛教對釋迦摩尼的尊稱。亦借指高僧。法華經譬喻品：「我爲法王，於法自在。」

〔二〇〕堵牆：牆垣。禮記射義：「孔子射於矍相之圃，蓋觀者如堵牆。」論語子張：「叔孫武叔語大夫於朝曰：『子貢賢於仲尼。』子服景伯以告子貢。子貢曰：『譬之宫牆，賜之牆也及肩，窺見室家之好。夫子之牆數仞，不得其門而入，不見宗廟之美，百官之富。得其門者或寡矣。夫子之云，不亦宜乎！』」堵，説文解字土部：「堵，垣也。五版爲一堵。」

〔二一〕針鋒：大般涅槃經純陀品：「芥子投針鋒，佛出難於是。」疏曰：「仰針於地，梵宫投芥，墮在針鋒，此事甚難。值佛生信，復難於是。生信聞法，復難於是。」

〔二二〕浄：全梁文、丁本作「静」。

〔二三〕抃（biàn）：鼓掌，拍手。表示歡欣。吕氏春秋卷五仲夏紀古樂：「帝嚳乃令人抃。」高誘注：「兩手相擊曰抃。」韓詩外傳卷二：「桀拍然而抃，盍然而笑。」○法流：佛教語。流傳不絶的佛法。

〔二四〕道周：路旁。詩經唐風有杕之杜：「有杕之杜，生于道周。」毛傳：「周，曲也。」陸德明音義：「周，韓詩作『右』。」孔穎達疏：「言道周繞之，故爲曲也。」

〔二五〕膜拜：合掌加額，長跪而拜。表示尊敬或畏服的禮節。穆天子傳卷二：「吾乃膜拜而受。」郭璞注：「今之胡人禮佛，舉手加頭，稱南膜拜者，即此類也。」○路左：路旁。「左」爲古人平居及遇吉事所尚方位。

【集評】

閣本：評「伏惟陛下，百姓爲心，宜觀種覺，十方皆見，普照王畿」：便入膚理。

上東宮古跡啓〔一〕

師宜八分之巧〔二〕，元常三體之妙〔三〕，史籀、李斯之篆〔四〕，梁鴻、曹喜之書〔五〕，莫不總華桂宮〔六〕，盈滿甲館〔七〕。竊以鸞驚之勢，既聞之於索靖〔八〕；鷹跱之巧，又顯之於蔡邕〔九〕。是以遊霧重雲，傳敬禮之法〔一〇〕；鳥頡魚頏，表楊泉之賦〔一一〕。頗好六文〔一二〕，多慙三禮〔一三〕。尚方大篆〔一四〕，既其牢落〔一五〕；柱下方書〔一六〕，何曾髣髴〔一七〕。空慕河間之聚書〔一八〕，竟微東平之獻表〔一九〕。齊攸尺牘〔二〇〕，顧已缺然；北海楷隸〔二一〕，終成難擬。藝文類聚卷七四、梁文紀卷四、御製集、閣本、張本、全梁文、丁本。

【校注】

〔一〕上東宮古跡啓：古跡，指古人的法書墨跡。隋書卷三二經籍志：「又聚魏已來古跡名畫，於殿後起二臺，東曰妙楷臺，藏古跡；西曰寶跡臺，藏古畫。」藝文類聚卷七四有梁簡文帝答湘東王上王羲之書，蓋爲此啓而作。如此，則時在中大通三年（531）七月蕭綱被立爲太子以後。

〔二〕師宜：即師宜官。唐張懷瓘書斷卷中「妙品」：「師宜官，南陽人。靈帝好書，徵天下工書於鴻都門，至數百人，八分稱宜官爲最，大則一字徑丈，小乃方寸千言，甚矜其能。」師，全梁文、丁本作「施」。全梁文有校云：「『施』當作『師』。」〇八分：漢字書體名。字體似隸而體勢多波磔。唐張懷瓘書斷卷上「八分」：「案八分者，秦羽人上谷王次仲所作也。王愔云：『次仲始以古書方廣少波勢，建初中以隸草作楷法，字方八分，言有模楷。』又蕭子良云：『靈帝時，王次仲飾隸爲八分。』」

〔三〕元常：東漢鍾繇字元常。繇，潁川長社人。漢獻帝時官至侍中尚書僕射，封東武亭侯。魏文帝時，官至太尉，封平陽鄉侯。明帝即位，進封定陵侯，遷太傅。卒，謚曰成侯。三國志卷一三魏書有傳。常，藝文類聚卷七四作「帝」，梁文紀卷四、御製集、閣本、張本、全梁文、丁本作「常」。今按：作「常」是，據改。〇三體：法書要録卷一宋羊欣采古來能書人名：「潁川鍾繇，魏太尉，同郡胡昭公車徵，二子俱學於德昇，而胡書肥，鍾書瘦。鍾書有三體：一曰銘石之書，最妙者也；二曰章程書，傳祕書、教小學者也；三曰行押書，相聞者也。」所謂「銘石書」即正書，「章程書」即隸書（八分書），「行押書」指行書。

〔四〕史籀：人名。書斷卷上「大篆」：「案大篆者，周宣王太史史籀所作也。或云柱下史。始變古文，或同或異，謂之爲篆。篆者，傳也。……史籀即大篆之祖也。」○李斯：楚上蔡人。曾師事荀卿。後入秦，助秦始皇統一天下，官左丞相。二世時，夷三族。史記卷八七有傳。書斷卷上「小篆」：「案小篆者，秦始皇丞相李斯所作也，增損大篆，異同籀文，謂之小篆，亦曰秦篆。……李斯即小篆之祖也。」

〔五〕梁鴻：人名。三國志卷二一魏書劉劭傳裴松之注引衛覬序録隸書曰：「師宜官爲大字，邯鄲淳爲小字。梁鵠謂淳得次仲法，然鵠之用筆盡其勢矣。」宋朱長文墨池編卷二：「安定梁鴻，一作鵠，後漢人，官至選部尚書，乃師宜官法，魏武重之，常以鴻書懸帳中，宮殿題署多出鴻手也。」鴻，全梁文有校云：「『鴻』當作『鵠』。」○曹喜：人名。三國志卷二一魏書劉劭傳裴松之注引衛覬序篆書曰：「秦時李斯號爲工篆，諸山及銅人銘皆斯書也。漢建初中，扶風曹喜少異於斯而亦稱善。邯鄲淳師焉，略究其妙。」

〔六〕總華：御製集作「惣華」，閣本、張本、全梁文、丁本作「總萃」。今按：總、惣、總同，「華」或爲「萃」之訛。○桂宮：漢書卷一〇成帝紀：「初居桂宮。」顏師古注：「三輔黄圖桂宮在城中，近北宮，非太子宮。」三輔黄圖卷二漢宮：「桂宮，漢武帝造，周迴十餘里。漢書曰：『桂宮有紫房複道，通未央宮。』關輔記云：『桂宮在未央北，中有明光殿土山，複道從宮中西上城，至建章神明臺、蓬萊山。』三秦記：『未央宮漸臺西有桂宮，中有明光殿，皆金玉珠璣爲簾箔，處處明月珠。金阤玉階，晝夜光明。』又西京雜記云：『武帝爲七寶牀，雜寶桉，厠寶屏風，列寶帳，設於桂宮，時人謂爲四寶宮。」然此處即指太子東宮。

〔七〕甲館：同「甲觀」。漢書卷一〇成帝紀：「元帝在太子宮生甲觀畫堂，爲世嫡皇孫。」顔師古注：「應劭曰：『甲觀在太子宮甲地，主用乳生也。畫堂畫九子母。』如淳曰：『甲觀，觀名。畫堂，堂名。三輔黄圖云太子宮有甲觀。』師古曰：『甲者，甲乙丙丁之次也。元后傳言見於丙殿，此其例也。而應氏以爲在宮之甲地，謬矣。』」三輔黄圖卷三北宮：「太子宮甲觀畫堂。太子宮有甲觀畫堂。漢書曰：『孝成皇帝，元帝太子也，母曰王皇后。元帝在太子宮生甲觀畫堂。』元后傳曰：『見於丙殿。』此其例也。」此處指太子東宮。

〔八〕「竊以」二句：藝文類聚卷七四引晉索靖書勢曰：「蓋草聖之爲狀也，婉若銀鉤，漂若驚鸞，舒翼未發，若舉復安，蟲蛇蚴虯，或往或還。」勢，山堂肆考卷二三三、梁文紀卷四、御製集作「奇」。索靖，字幼安，敦煌人。晉元康中，遷始平内史。太安末，拜使持節監洛城諸軍事、游擊將軍。拒河間王顒，戰死，謚曰莊。晉書卷六〇有傳。

〔九〕「鷹跱」二句：晉書卷三六衛恒傳：「〔蔡〕邕作篆勢曰：『體有六，篆爲真。形要妙，巧入神。或龜文鍼列，櫛比龍鱗；紓體放尾，長短複身；頹若黍稷之垂穎，蘊若蟲蛇之棼緼；揚波振擊，鷹跱鳥震；延頸脅翼，勢似陵雲。』」跱（zhì），淮南子卷一九修務訓：「〔申包胥〕鶴跱而不食，晝吟宵哭。」高誘注：「鶴跱，跱立貌。」跱，山堂肆考卷二三三作「峙」。蔡邕，字伯喈，東漢陳留圉人。靈帝建寧三年，辟司徒橋玄府。光和初，坐忤宦官，徙五原。董卓專權，徵署祭酒，遷尚書，拜左中郎將，封高陽鄉侯。卓誅，坐下獄死。所著有獨斷、勸學等。後漢書卷六〇有傳。

〔一〇〕「是以」二句：書斷卷中「妙品」：「吴處士張弘字敬禮，吴郡人。篤學不仕，恒著烏巾，時號張烏巾。並善篆隸，其飛白妙絶當時，飄若雲遊，激如驚電，飛仙舞鶴之態有類焉。自作飛白序勢，備説其美也。」南朝宋鮑照飛白書勢銘：「鳥企龍躍，珠解泉分。輕如游霧，重似崩雲。」

〔一一〕「鳥頡」二句：藝文類聚卷七四引晉陽泉（汪紹楹校：「陽」當作「楊」）草書賦曰：「惟六書之爲體，美草法之最奇。杜垂名於古昔，皇著法乎今斯。字要妙而有好，勢奇綺而分馳。解隸體之細微，散委曲而得宜。乍楊柳而奮發，似龍鳳之騰儀。應神靈之變化，象日月之盈虧。書蹤竦而值立，衡平體而均施。或斂束而相抱，或婆娑而四垂。或攢翦而齊整，或上下而參差。或陰岑而高舉，或落擇而自披。其布好施媚，如明珠之陸離。發翰攄藻，如春華之楊枝。提墨縱體，如美女之長眉。其滑澤肴易，如長溜之分歧。其骨梗强壯，如柱礎之不基。斷除弓盡，如工匠之盡規。其芒角吟牙，如嚴霜之傳枝。衆巧百態，無盡不奇，宛轉翻覆，如絲相持。」鳥頡（xié）魚頏（háng），詩經邶風燕燕：「燕燕于飛，頡之頏之。」毛傳：「飛而上曰頡，飛而下曰頏。」馬瑞辰通釋：「頡頏二字雙聲。段玉裁曰：『傳上下互譌，當作「飛而下曰頡，飛而上曰頏。」頡之言抑；抑，降也，下也，故爲下飛。頏之言亢；亢，高也，舉也，故爲上飛。文選甘泉賦：「魚頡而鳥胻。」李善注：「頡胻，猶頡頏也。」魚潛淵而曰頡，鳥戾天而曰胻，正頡下頏上之證。』今按段説是也。」此形容筆法上下跳躍之勢。楊泉，晉人，著有太玄經、物理論等。隋書卷三五經籍志：「晉處士楊泉集二卷。」意林卷五著録太玄經十四卷，小注：「梁國楊泉，字德淵。」今按：今存楊泉草書賦無「鳥頡魚頏」之語，似有闕文。

〔一二〕六文：即六書。太平御覽卷七四八引江式論書表曰：「漢時有六書：一曰古文，孔子壁中書也；二曰奇字，即古文而異者也；三曰篆書，云小篆也；四曰佐書，秦隸書也；五曰繆篆，所以摹印也；六曰鳥蟲，所以書幡信也。」南朝宋鮑照飛白書勢銘：「超工八法，盡奇六文。」

〔一三〕多㮣：丁本作「㮣多」。○三禮：「禮」或是「體」之訛。三體，太平御覽卷七四八引王僧虔論書曰：「鍾公之書，謂之盡妙。鍾有三體：一曰銘石書，妙者也；二曰章程書，傳小學秘書教者也；三曰行狎書是者也。三法皆世人所善。」

〔一四〕尚方：古代專爲帝王製造御用器物的官署。○大篆：漢字書體的一種。相傳周宣王時史籀所作，故亦名籀文或籀書。秦時稱爲大篆，以與小篆相區別。漢書卷三〇藝文志「史籀十五篇。」原注：「周宣王太史作大篆十五篇。」

〔一五〕牢落：即寥落。文選卷八司馬相如上林賦：「牢落陸離，爛熳遠遷。」李善注：「牢落陸離，群奔走也。牢落，猶遼落也。」明朱謀㙔駢雅卷一釋詁：「牢落，彫疏也。」

〔一六〕柱下方書：史記卷九六張丞相列傳：「張丞相蒼者，陽武人也。好書律曆。秦時爲御史，主柱下方書。」裴駰集解引如淳曰：「方，版也，謂書事在版上者也。秦以上置柱下史，蒼爲御史，主其事。或曰四方文書。」司馬貞索隱：「周秦皆有柱下史，謂御史也。所掌及侍立恒在殿柱之下，故老子爲周柱下史。今蒼在秦代亦居斯職。方書者，如淳以爲方板，謂小事書之於方也，或曰主四方文書也。姚氏以爲下云『明習天下圖書計籍，主郡上計』，則方爲四方文書是也。」

〔一七〕髣髴：閻本、張本作「彷佛」。今按：彷佛、髣髴、仿佛同，連綿詞。

〔一八〕河間：指河間王劉德。德，漢景帝第三子。修古好學，從民間得善書，必爲好寫與之，留其真，加賜金帛。由是四方有先祖舊書多奉德，皆古文先秦舊書。卒，謚獻。史記卷五九、漢書卷五三有傳。漢書本傳載：河間獻王「得書多，與漢朝等」。

〔一九〕微：論語憲問：「微管仲，吾其被髮左衽矣。」何晏集解引馬融曰：「微，無也。」藝文類聚卷七〇作「徵」，梁文紀卷四、御製集、閻本、張本、全梁文、丁本作「微」。今按：作「微」是，據改。○東平：東漢光武帝之子劉蒼，封東平王。卒，謚憲。後漢書卷四二光武十王列傳有傳。後漢書本傳：「蒼少好經書，雅有智思，爲人美鬚髯，要帶八圍，顯宗甚愛重之。及即位，拜爲驃騎將軍，置長史掾史員四十人，位在三公上。……蒼在朝數載，多所隆益，而自以至親輔政，聲望日重，意不自安，上疏歸職曰：『……前事之不忘，來事之師也。自漢興以來，宗室子弟無得在公卿位者。惟陛下審覽虞帝優養母弟，遵承舊典，終卒厚恩。乞上驃騎將軍印綬，退就蕃國，願蒙哀憐。』帝優詔不聽。其後數陳乞，辭甚懇切。五年，乃許還國。……〔永平〕十五年春，行幸東平，賜蒼錢千五百萬，布四萬匹。帝以所作光武本紀示蒼，蒼因上光武受命中興頌。帝甚善之，以其文典雅，特令校書郎賈逵爲之訓詁。」

〔二〇〕齊攸：指西晉司馬攸。攸，字大猷，小字桃符，河内温縣人，司馬昭子。晉初，封齊王。武帝晚年，諸子並弱，太子癡呆，朝臣内外皆屬意於攸。帝忌之，遣就國，幽憤卒。晉書卷三八有傳。晉書本傳：「齊獻王攸字大猷。……愛經籍，能屬文，善尺牘，爲世所楷。」○尺牘：後漢書卷一四宗室四王三侯列傳：「帝驛馬令作草書牘十首。」李賢注：「説文云：『牘，書版也。』蓋長一尺，因取名焉。」

〔二一〕北海：指東漢劉睦。睦，光武帝長兄齊武王劉縯之孫，北海靖王劉興之子。襲父爵。卒，謚曰敬。後漢書卷一四宗室四王三侯列傳有傳。後漢書本傳：「睦少好學，博通書傳，光武愛之，數被延納。……又善史書，當世以爲楷則。及寢病，帝驛馬令作草書尺牘十首。」○楷隸：指隸書。漢魏時以隸書爲楷法，故稱。藝文類聚卷七四引晉劉邵飛白書勢曰：「蛟腳偃波，楷隸八分。」

【集評】

閻本：默染形貌，便已斐然，不必深求書法之奥。

【附】

藝文類聚卷七四引梁簡文帝答湘東王上王羲之書曰：試筆成文，臨池染墨，疏密俱巧，真草皆得，似望城扉，如瞻星石。不啻雲飛之散，何待曲辱之丹。方當奉彼廷中，置之帳裏，乍楷銅鉤，時懸欹案。戢意之深，良不能已。

謝上畫蒙敕褒賞啓

臣簿領餘暇〔一〕，竊愛丹青。雲臺之像〔二〕，終微髣髴；宣室之圖〔三〕，更難議擬〔四〕。成蠅罕術〔五〕，畫馬疏工〔六〕。人非世將，恩深晉帝之賞〔七〕；跡愧景山，寵踰魏皇之詔〔八〕。藝文類聚卷七四、梁文紀卷四、御製集、閣本、張本、全梁文、丁本。

【校注】

〔一〕簿領：文選卷二九劉楨雜詩：「沈迷簿領書，回回自昏亂。」李善注：「簿領，謂文簿而記録之。」劉良注：「簿領書，謂文書也。」此指公務。

〔二〕雲臺之像：後漢書卷二二馬武傳論：「永平中，顯宗追感前世功臣，乃圖畫二十八將於南宫雲臺。」雲臺，漢南宫中高臺名。

〔三〕宣室之圖：宣室，指漢未央宫中之宣室殿。史記卷八四屈原賈生列傳：「孝文帝方受釐，坐宣室。上因感鬼神事，而問鬼神之本。賈生因具道所以然之狀。」裴駰集解引蘇林曰：「未央前正室。」司馬貞索隱引三輔故事云：「宣室在未央殿北。」今按：史籍未有載宣室有圖畫者，而漢宫殿中確多有彩畫之室。漢書卷一〇元帝紀：「元帝在太子宫生甲觀畫堂。」顔師古注：「應劭曰：『……畫堂，畫九子母。』如淳曰：『……畫堂，堂名。……』師古曰：『……畫堂，但畫飾耳，豈必九子母乎？霍光止畫室中，是則宫殿中通有綵畫之堂室。」同書卷六八霍光傳：「明旦，光聞之，止畫室中不入。」顔師古注：「如淳曰：『近臣所止計畫之室也，或曰雕畫之室。』雕畫是也。」王先謙補注引周壽昌曰：「畫室當是殿前西閣之室。楊敞傳『上觀西閣上畫人，指桀紂畫謂樂昌侯王武』云云，又云『畫人有堯、舜、禹、湯』，則知西閣畫古帝王像，故稱畫室。」頗疑「宣」是「畫」之形訛，然蕭繹又與武陵王紀書亦云：「宣室披圖。」

〔四〕議擬：閣本、張本作「擬議」。蕭繹謝東宫賜彈棊局啓：「鳳峙鷹揚，信難議擬。」

〔五〕成蠅：唐張彦遠歷代名畫記卷四：「曹不興，吴興人也。孫權使畫屏風，誤落筆點素，因就成蠅狀。權疑其真，以手彈之。」

〔六〕畫馬：韓非子外儲説左上：「客有爲齊王畫者，齊王問曰：『畫孰最難者？』曰：『犬馬最難。』『孰易者？』曰：『鬼魅最易。』夫犬馬，人所知也，旦暮罄於前，不可類之，故難。鬼魅無形者，不罄於前，故易之也。」太平御覽卷七五〇引齊書曰：「滎陽毛惠遠善畫馬，彭城劉瑱善畫婦人，當世並爲第一。」〇工：梁文紀卷四、御製集作「才」，閣本、張本、全梁文、丁本作「文」。

〔七〕「人非」二句：世將，晉王廙字世將。廙，琅邪臨沂人。少能屬文，多所通涉，工書畫，善音樂、射御、博弈、雜伎。元帝時爲左衛將軍，封武康侯。王敦用爲平南將軍、荆州刺史、護南蠻校尉。晉書卷七六有傳。太平御覽卷七四八引王僧虔論書曰：「王平南廙是右軍之叔，自過江東，右軍之前，唯廙爲最。畫爲晉明帝師，書爲右軍法。」唐張彦遠歷代名畫記卷五晉：「王廙字世將，瑯琊臨沂人。善屬詞，工書畫，過江後爲晉代書畫第一，音律衆妙畢綜，元帝時爲左衛將軍，封武康侯。……廙畫爲晉明帝師，書爲右軍法。」人，御製集作「文」。

〔八〕「跡愧」二句：景山，三國魏徐邈字景山。邈，燕國薊人。善畫，爲侍中司空都鄉侯。謚曰穆。三國志卷二七魏書有傳。三國志本傳：嘉平六年，「朝廷追思清節之士，詔曰：『夫顯賢表德，聖王所重；舉善而教，仲尼所美。故司空徐邈、征東將軍胡質、衛尉田豫皆服職前朝，歷事四世，出統戎馬，入贊庶政，忠清在公，憂國忘私，不營産業，身没之後，家無餘財，朕甚嘉之。其賜邈等家穀二千斛，錢三十萬，布告天下。』」續齊諧記：「魏明帝游洛水，水中有白獺數頭，美静可憐，見人輒去。帝欲見之，終莫能遂。侍中徐景山曰：『獺嗜鯔魚，乃不避死。』畫板作兩生鯔魚，懸置岸上。於是群獺競逐，一時執得，帝甚佳之。曰：『聞卿善畫，何其妙也！』答曰：『臣亦未嘗執筆，然人之所目，可庶幾耳。』帝曰：『是善用所長。』」

原注：「顏公庭誥云：『徐景山之畫獺是也。』」

謝東宮賚陸探微畫啓〔一〕

工踰畫馬〔二〕，巧邁圖龍〔三〕。試映玉池，即看魚動〔四〕；還傍金屏，復疑蠅集〔五〕。史遷暫覩，懸識留侯之貌〔六〕；漢帝一瞻，便見王嬙之像〔七〕。藝文類聚卷七四、梁文紀卷四、御製集、閻本、張本、全梁文、丁本。

【校注】

〔一〕謝東宮賚陸探微畫啓：蕭繹善繪畫，故東宮有此賜。顏氏家訓卷七雜藝：「畫繪之工，亦爲妙矣，自古名士，多或能之。吾家常有梁元帝手畫蟬雀白團扇及馬圖，亦難及也。」賚（lài），說文解字貝部：「賚，賜也。」陸探微，南齊謝赫古畫品録：「第一品：陸探微：（小注：事五代宋明帝，吴人）窮理盡性，事絶言象。包前孕後，古今獨立。非復激揚所能稱讚，但價之極乎上上品之外，無他寄言，故屈標第一等。」歷代名畫記卷六：「陸探微（原注：上品上），吴人也。宋明帝時常在侍從，丹青之妙，最推有名。」

〔二〕畫馬：韓非子外儲説左上説二：「客有爲齊王畫者，齊王問曰：『畫孰最難者？』曰：『犬馬最難。』『孰易者？』曰：『鬼魅最易。』夫犬馬，人所知也，旦暮罄於前，不可類之，故難。鬼魅無形者，不罄於前，故易之也。」

〔三〕圖龍：歷代名畫記卷四：「曹不興（原注：中品上），吴興人也。……魏赤烏中不興之青溪，見赤龍出水上，寫獻孫皓，皓送秘府。至宋朝，陸探微見畫歎其妙，因取不興龍置水上，應時蓄水成霧，累日雱霈。」

〔四〕「試映」二句：續齊諧記：「魏明帝游洛水，水中有白獺數頭，美静可憐，見人輒去。帝欲見之，終莫能遂。侍中徐景山曰：『獺嗜鯔魚，乃不避死。』畫板作兩生鯔魚，懸置岸上。於是群獺競逐，一時執得，帝甚佳之。曰：『聞卿善畫，何其妙也！』答曰：『臣亦未嘗執筆，然人之所目，可庶幾耳。』帝曰：『是善用所長。』」原注：「顔公庭誥云：『徐景山之畫獺是也。』」

〔五〕「還傍」二句：歷代名畫記卷四：「曹不興，吴興人也。孫權使畫屏風，誤落筆點素，因就成蠅狀。權疑其真，以手彈之。」

〔六〕「史遷」二句：史記卷五五留侯世家：太史公曰：「余以爲其人計魁梧奇偉，至見其圖，狀貌如婦人好女。」史遷，指司馬遷。遷字子長，西漢左馮翊夏陽人，繼父司馬談爲太史令，撰史。後因李陵之禍下獄，受腐刑。出獄後任中書令，撰成史記。生平詳史記卷一三〇太史公自序、漢書卷六二司馬遷傳。懸識，深刻認識。文心雕龍附會：「夫能懸識腠理，然後節文自會，如膠之黏木，石之合玉矣。」留侯，指張良。良字子房，沛郡城父人。爲劉邦主要謀士，封留侯。卒，謚文成。史記卷五五有傳。

〔七〕「漢帝」二句：西京雜記卷二：「元帝後宫既多，不得常見，乃使畫工圖形，案圖召幸之。諸宫人皆賂畫工，多者十萬，少者亦不減五萬。獨王嬙不肯，遂不得見。匈奴入朝，求美人爲閼氏。於是上案圖，以昭君行。及去，召見，貌爲後宫第一，善應對，舉止閑雅。」漢帝，指漢元帝劉奭。王嬙，字昭君，漢元帝時南郡秭歸人。事見漢書卷九四下匈奴傳。

【集評】

閻本：評「試映玉池，即看魚動；還傍金屏，復疑蠅集」：宫體中似此白描最。

謝東宫賜彈棊局啓〔一〕

繹本慙遊藝〔二〕，彌愧拂巾〔三〕。鳳峙鷹揚〔四〕，信難議擬；鳥跂星懸〔五〕，曾何髣髴。蓮花未易〔六〕，玉屑不工〔七〕。緣邊之法，庶遵細柳之陣〔八〕；徘徊之勢，方希明月之樓〔九〕。子桓有錫〔一〇〕，聞於遂古〔一一〕；季緒蒙賜〔一二〕，即事可傳。藝文類聚卷七四、梁文紀卷四、御製集、閻本、張本、全梁文、丁本。

【校注】

〔一〕彈棊：古代博戲之一。文選卷四二魏文帝與朝歌令吴質書：「彈棊間設，終以六博。」李善注：「藝經曰：『棊正彈法：二人對局，白黑棊各六枚，先列棊相當，更先控，三彈不得，各去控，一棊先補角。』世説曰：『彈棊出魏宫，大體以巾角拂棊子也。』」太平御覽卷七五五引藝經曰：「彈棊，二人對局，黑白棊各六枚。先列棊相當。下呼，上擊之。」又引晉傅玄彈棊賦序曰：「漢武帝好蹴鞠。劉向以爲蹴鞠勞人體，竭人力，非至尊所宜，乃因其體而作彈棊以解之。」○局：棊盤。説文解字口部：「局，博所以行棊也。」

〔二〕遊藝：論語述而：「子曰：志於道，據於德，依於仁，遊於藝。」此泛指遊戲技藝。

〔三〕拂巾：三國志卷二魏書文帝紀裴松之注引博物志曰：「帝善彈棊，能用手巾角。時有一書生，又能低頭以所冠著葛巾角撇棊。」世説新語巧藝：「彈棊始自魏宫内，用妝奩戲。文帝於此戲特妙，用手巾角拂之，無不中。有客自云能，帝使爲之。客箸葛巾角，低頭拂棊，妙踰於帝。」

〔四〕鳳峙：形容巍然屹立。藝文類聚卷一〇引魏邯鄲淳上受命述曰：「爾乃鳴玉陟壇，三揖以俟，既受休命，龍旋鳳峙，煌煌厥暉，穆穆容止。」○鷹揚：威武貌。詩經大雅大明：「維師尚父，時維鷹揚。」毛傳：「鷹揚，如鷹之飛揚也。」

〔五〕鳥跂：南朝齊謝朓三日侍華光殿曲水宴代人應詔詩之七：「紅樹巖舒，青莎水被。雕梁虹拖，雲甍鳥跂。」梁簡文帝與僧正教：「且廣廈雲垂，崇甍鳥跂。」跂，集韻紙韻：「企，舉踵也。或作『跂』。」

〔六〕蓮花：喻佛門妙法。

〔七〕玉屑：喻美好的文辭。南朝梁劉勰文心雕龍時序：「自元暨成，降意圖籍，美玉屑之譚，清金馬之路。」

〔八〕「緣邊」二句：藝文類聚卷七四引魏文帝彈棊賦曰：「然後直扣先縱，二八次舉，緣邊間造，長邪迭取。爾乃詳觀夫變化之理，屈伸之形。聯翩霍繹，展轉盤縈。或暇豫安存，或窮困側傾，或接黨連興，或孤據偏停。」緣邊，邊界。細柳，地名。在今陝西省咸陽市西南。史記卷五七絳侯世家載：漢文帝時，周亞夫爲將軍，屯軍細柳。帝自勞軍，至細柳營，因無軍令而不得入。於是使使者持節詔將軍，亞夫傳令開壁門。既入，帝按轡徐行。至營，亞夫以軍禮見，成禮而去。帝曰：「此真將軍矣！曩者霸上、棘門軍，若兒戲耳！」後稱軍營紀律嚴明者爲「細柳營」。今按：此兩句寫彈棊時的謹慎。

〔九〕「徘徊」二句：曹植七哀詩：「明月照高樓，流光正徘徊。」明顧起元説略卷二四諸志：「梁元帝謝東宮賚彈棋局啓云：『蓮花未易，玉屑不工。緣邊之法，庶遵細柳之陣；徘徊之勢，方希明月之樓。』此又似言其形勢。」

〔一〇〕子桓：即魏文帝曹丕。丕字子桓，沛國譙人，曹操次子。漢獻帝延康元年，操死，嗣爲魏王，繼任丞相。尋代漢建魏。卒，謚曰文。三國志卷二魏書有紀。世説新語巧藝「彈棋始自魏宮内」條劉孝標注：「典論常自敘曰：『戲弄之事，少所喜，惟彈棋略盡其妙。少時嘗爲之賦。昔京師少工有二焉：合鄉侯東方世安、張公子，常恨不得與之對也。』博物志曰：『帝善彈棋，能用手巾角。時有一書生，又能低頭以所冠葛巾角撇棊也。』」亦略見三國志卷二魏書文帝紀裴松之注引典論自敘。○錫：爾雅釋詁上：「錫，賜也。」

〔二〕遂古：亦作「邃古」。楚辭天問：「遂古之初，誰傳道之？」王逸注：「遂，往也。」後漢書卷四〇班固傳下：「伊考自邃古，乃降戾爰兹，作者七十有四人。」李賢注：「邃古猶遠古也。楚詞曰：『邃古之初。』」遂，梁文紀、御製集、閣本、張本作「邃」。

〔三〕季緒：文選卷四二曹植與楊德祖書：「劉季緒才不能逮于作者，而好詆訶文章，掎摭利病。」李善注：「摯虞文章志曰：劉表子，官至樂安太守，著詩賦頌六篇。」然史無劉季緒與彈棋之關係及受賜記載。抑或「季緒」爲「季重」之訛。吴質字季重，濟陰人，以文才爲魏文所善，官至振威將軍，封列侯。事見三國志卷二一魏書吴質傳及裴松之注引魏略。據魏略載，文帝爲太子時，與吴質書，有云：「每念昔日南皮之遊，誠不可忘。既妙思六經，逍遥百氏，彈棋間設，終以博弈，高談娱心，哀筝順耳。」

謝敕賜第啓〔一〕

竊以漢賜五倫〔二〕，寔云清吏；魏寵衛臻〔三〕，用旌庸直〔四〕。未如靈光輪奐〔五〕，睢陽爽塏〔六〕。北連城闕〔七〕，有似甄侯之舍〔八〕；東望市鄽〔九〕，榮深豫章之圃〔一〇〕。昔狼望未平〔一一〕，冠軍辭宅〔一二〕；馬池猶隔〔一三〕，雍丘讓邸〔一四〕。臣慙霍、曹遠志〔一五〕，但識君命無違。再思庸陋〔一六〕，九殞非荅〔一七〕。藝文類聚卷六四、初學記卷二四、梁文紀卷四、御製集、閻本、張本、全梁文、丁本。

【校注】

〔一〕謝敕賜第啓：藝文類聚卷六四、梁文紀卷四、御製集、閻本、張本、全梁文、丁本題作「謝敕賜第啓」，初學記卷二四題作「謝敕賜第宅啓」。今題從藝文類聚。今按：據文中「北連城闕」、「東望市鄽」可知，此第在西州。西州，東晉置，曾爲揚州刺史治所，亦爲諸王所宅。故址在今江蘇省南京市朝天宫西。資治通鑑卷一二〇宋紀太祖文皇帝「元嘉三年」：「〔徐〕羨之還西州。」胡三省注：「揚州刺史治臺城西，故曰西州。」金樓子志怪篇：「余丙申歲婚，……從叔廣州昌住在西州南門，新婦將還西州，車至廣州門，而廣州殞逝，又怪事也。」六朝事迹編類卷一六朝宫殿：「吴孫權遷都建業，徙武昌宫室材瓦繕治太初宫。吴實録有曰臺城，蓋宫省之所寓也。有曰東府，蓋宰相之所居也。有曰西州，蓋諸王之所宅也。」參周一良魏晉南北朝史札記晉書札記「西州」條。

〔二〕漢賜五倫：五倫，即第五倫。倫字伯魚，京兆長陵人。歷官會稽太守、蜀郡太守。建武初，爲司空。後漢書卷四一有傳。後漢書本傳：「倫少介然有義行。……倫奉公盡節，言事無所依違。諸子或時諫止，輒叱遣之，吏人奏記及便宜者，亦并封上，其無私若此。性質愨，少文采，在位以貞白稱，時人方之前朝貢禹。……連以老病上疏乞身。元和三年，賜策罷，以二千石奉終其身，加賜錢五十萬，公宅一區。」賜，初學記卷二四、全梁文、丁本作「錫」。今按：錫，通「賜」。

〔三〕魏寵衛臻：衛臻，字公振，三國時陳留襄邑人。曾爲曹操丞相參軍。文帝時，封安國亭侯。明帝即位，封康鄉侯，官至司徒。齊王時封長垣侯。卒，謚曰敬侯。三國志卷二二魏書有傳。三國志本傳載：臻遜位，「賜宅一區，位特進，秩如三司」。

〔四〕庸直：謂有功勞又正直之臣。國語卷一三晉語：「無功庸者，不敢居高位。」韋昭注：「國功曰功，民功曰庸。」

〔五〕靈光：西漢殿名。故址在今山東省曲阜市東。文選卷一一王延壽魯靈光殿賦序：「魯靈光殿者，蓋景帝程姬之子恭王餘之所立也。初，恭王始都下國，好治宮室，遂因魯僖基兆而營焉。」○輪奐：禮記檀弓下：「晉獻文子成室，晉大夫發焉。張老曰：『美哉輪焉，美哉奐焉。』」鄭玄注：「輪，輪囷，言高大。奐，言衆多。」

〔六〕睢陽：城名，在今河南省商丘縣城南。爲漢代梁國的都城，西漢梁孝王劉武曾都於此。史記卷五八梁孝王世家：「孝王，竇太后少子也，愛之，賞賜不可勝道。於是孝王築東苑，方三百餘里。廣睢陽城七十里。大治宮室，爲複道，自宮連屬於平臺三十餘里。」○爽塏：高爽乾燥。左傳昭公三年：「初，景公欲更晏子之宅，曰：『子之宅近市，湫隘囂塵，不可以居，請更諸爽塏者。』」杜預注：「爽，明。塏，燥。」

〔七〕城闕：宮闕。指帝王所居之處。三國魏曹植贈白馬王彪：「顧瞻戀城闕，引領傷内情。」趙幼文校注：「城闕謂天子所居，不敢直斥，故言城闕。」

〔八〕甄侯之舍：世説新語言語：「魏明帝爲外祖母築館於甄氏。」劉孝標注：「魏書曰：『文昭甄皇后，明帝母也。父逸，上蔡令。烈宗即位，追封上蔡君。嫡孫象襲爵，象薨，子暢嗣，起大第，車駕親自臨之。』」

〔九〕市鄽（chán）：店鋪集中的市區。南朝宋謝靈運山居賦：「山居良有異乎市鄽。」鄽，文選卷三一袁淑效曹子建樂府白馬篇：「籍籍關外來，車徒傾國鄽。」李善注：「鄭玄禮記注曰：鄽，市物邸舍也。今云鄽，以明市也。」

〔一〇〕豫章之圃：韓非子難二：「景公過晏子曰：『子宮小近市，請徙子家豫章之圃。』晏子再拜而辭曰：『且嬰家貧，待市食而朝暮趨之，不可以遠。』」圃，初學記卷二四、記纂淵海卷八作「門」。

〔一一〕狼望：古匈奴地名。漢書卷九四匈奴傳下：「且夫前世豈樂傾無量之費，役無罪之人，快心於狼望之北哉？」顔師古注：「匈奴中地名也。」一説爲狼煙候望之地。資治通鑑卷三四漢紀漢哀帝「建平四年」：「快心狼望之北哉？」胡三省注：「余謂邊人謂舉燧爲狼煙。狼望，謂狼煙候望之地。」此指匈奴。

〔一二〕冠軍辭宅：冠軍，指漢武帝時霍去病。去病，衛青姊子。曾六次出擊匈奴，涉沙漠，遠至狼居胥山。爲驃騎將軍，封冠軍侯。史記卷一一一、漢書卷五五有傳。史記本傳：「天子爲治第，令驃騎視之，對曰：『匈奴未滅，無以家爲也。』」宅，初學記卷二四作「第」。

〔一三〕馬池：地名。在今甘肅省天水市西南。水經注卷二漾水：「今西縣嶓冢山，西漢水所導也，然微涓細注，若通羃歷，津注而已。西流與馬池水合，水出上邽西南六十餘里，謂之龍淵水，言神馬出水，事同余吾、來淵之異，故因名焉。開山圖曰：隴西神馬山有淵池，龍馬所生。即是水也。其水西流謂之馬池川。」

〔一四〕雍丘讓邸：雍丘，指曹植。植曾封雍丘王。三國志卷一九魏書曹植傳載：太和二年，曹植復還雍丘，常自憤怨，抱利器而無所施，上疏求自試，有云：「昔漢武爲霍去病治第，辭曰：『匈奴未滅，臣無以家爲！』夫憂國忘家，捐軀濟難，忠臣之志也。今臣居外，非不厚也，而寢不安席，食不遑味者，伏以二方未克爲念。」

〔一五〕霍、曹：霍去病和曹植。

〔一六〕庸陋：平庸淺陋。此處用作謙詞。

〔一七〕九殞：即「九死」，猶言萬死。文選卷三二屈原楚辭離騷：「亦余心之所善兮，雖九死其猶未悔。」劉良注：「九，數之極也……雖九死無一生，未足悔恨。」

【集評】

閻本：評「昔狼望未平……但識君命無違」：詞意簡當。

爲妾夏王豐謝東宫賚錦啓〔一〕

舒將並石〔二〕，堪來暮雨〔三〕；縈持結纜〔四〕，剩可蕩舟〔五〕。秦川書字〔六〕，□能八體〔七〕；鄴縣登高〔八〕，真堪九日〔九〕。宋姬贈馬〔一〇〕，未足爲榮；馮媛乘車〔一一〕，方兹非寵。藝文類聚卷八五、梁文紀卷四、御製集、閻本、張本、全梁文、丁本。

【校注】

〔一〕爲妾夏王豐謝東宫賚錦啓：藝文類聚卷八五題作「爲妾夏王豐謝東宫賚錦啓」，御製集題作「爲妾夏玉豐謝東宫賚錦啓」，梁文紀卷四、閻本、張本題作「爲妾夏玉安豐謝東宫賚錦啓」，全梁文、丁本題作「爲江夏王安豐謝東宫賚錦啓」。今按：各本標題不一，「妾夏王豐」、「妾夏玉豐」、「妾夏玉安豐」、「江夏王安豐」，史均無載，或有誤。今題從藝文類聚。

〔二〕舒將並石：指東宫賜的美錦鋪開可以和錦石媲美。太平御覽卷三九引南嶽記云：「當翼、軫，度機、衡，謂之衡山。山有錦石，斐然成文。」同書卷七四引新安記曰：「錦沙村，傍山依璽，素波澄膜，錦石舒文，冠軍吳喜聞之而造焉，鼓栧遊泛，彌旬忘返。歎曰：『名山美石，故不虛賞，使人喪朱門之志。』」

〔三〕堪來暮雨：雲觸石而雨，錦可匹石，故擬之。初學記卷一引公羊傳曰：「觸石而出，膚寸而合，不崇朝而雨乎天下者，唯泰山雲乎。」同書卷二引晉潘尼苦雨賦曰：「氣觸石而結蒸，雲膚合而仰浮。雨紛射而下注，潦波涌而橫流。豈信宿以爲多，乃踰月而成霖。」

〔四〕縈持結纜：古以錦爲纜繩，稱「錦纜」。三國志卷五五吳書甘寧傳裴松之注引吳書曰：「住止常以繒錦維舟，去或割棄，以示奢也。」南朝陳張正見公無渡河詩：「金隄分錦纜，白馬渡蓮舟。」縈，閻本、張本作「榮」。

〔五〕剩：張相詩詞曲語辭匯釋卷二：「賸，甚辭，猶頗也。字亦作『剩』。」○蕩舟：划船。左傳僖公三年：「齊侯與蔡姬乘舟於囿，蕩公。」蕭繹採蓮賦：「妖童媛女，蕩舟心許。」

〔六〕秦川書字：太平御覽卷八一五引王隱晉書曰：「竇滔妻蘇氏善屬文。苻堅時，滔爲秦州刺史，被徙流沙。蘇氏思之，織錦爲回文詩以寄滔。循環宛轉以讀之，詞甚悽切。」庾信烏夜啼：「彈琴蜀郡卓家女，織錦秦川竇氏妻。」唐李白烏夜啼：「機中織錦秦川女，碧紗如煙隔窗語。」秦川，指秦川蘇氏。蘇氏前秦人，故稱。

〔七〕□：缺文。梁文紀卷四、御製集、閻本、張本、全梁文、丁本作「妙」。○八體：八種字體。漢許慎說文解字敘：「自爾秦書有八體：一曰大篆，二曰小篆，三曰刻符，四曰蟲書，五曰摹印，六曰署書，七曰殳書，八曰隸書。」

〔八〕鄴縣登高：初學記卷二七引鄴中記曰：「錦有大登高、小登高、大明光、小明光、大博山、小博山、大茱萸、小茱萸、大交龍、小交龍，蒲桃文錦、斑文錦、鳳皇朱雀錦、韜文錦、桃核文錦，或青綈，或白綈，或黄綈，或緑綈，或紫綈，或蜀綈，工巧百數，不可盡名也。」太平御覽六九九引鄴中記曰：「石虎御牀辟方三丈，冬月施熟錦流蘇斗帳，四角安純金龍頭，銜五色流蘇。或用青綈光錦，或用緋綈登高文錦，或用紫綈大小錦，絮以房子綿百二十斤，白綈爲裏，名爲裏複帳。」藝文類聚卷八五引梁皇太子謝敕賚魏國所獻錦等啓曰：「登高之文，北鄴之錦猶見。」

〔九〕九日：指九月九日登高事。續齊諧記：「汝南桓景隨費長房遊學累年，長房謂曰：『九月九日，汝家中當有災。宜急去，令家人各作絳囊，盛茱萸，以繫臂，登高飲菊花酒，此禍可除。』景如言，齊家登山。夕還，見雞犬牛羊一時暴死。長房聞之曰：『此可代也。』今世人九日登高飲酒，婦人帶茱萸囊，蓋始於此。」蓋九月九日登高亦爲江左以來習俗。

〔一〇〕宋姬贈馬：待考。

〔一一〕馮媛乘車：事待考。馮媛或即漢元帝劉奭寵妃。馮媛，漢上黨潞縣人，左將軍、光禄勳馮奉世長女。漢元帝曾幸虎圈鬥獸，有熊佚出圈，攀檻欲上殿，馮媛直前當熊而立，左右格殺熊。由此漢元帝對馮媛倍加敬重。生平詳漢書卷九七外戚傳。又，媛或是「谖」之誤，馮谖乘車事，見戰國策卷一一齊四「馮諼客孟嘗君」章。

【集評】

三國兩晉南北朝文選梁文元帝：綠云：兩帝短言，香旨美麗，真如秋水初生，芙蓉火岸，雖不向河干而淪漣，玩長條而採。錢云：鋪以九華葡萄之錦，當令二姬拂拭。

謝東宮賚辟邪子錦白褊等啓〔一〕

江波可濯，豈藉成都之水〔二〕；登高爲艷，取映鳳皇之文〔三〕。至如鮮潔齊紈〔四〕，聲高趙縠〔五〕；色方藍浦〔六〕，光譬靈山〔七〕。試以照花，含銀燭之狀〔八〕；將持比月，亂合璧之暉〔九〕。藝文類聚卷八五、梁文紀卷四、御製集、閣本、張本、全梁文、丁本。

【校注】

〔一〕辟邪子錦：繡有辟邪的錦繡。辟邪，古代傳説中的神獸。急就篇卷三：「射魃辟邪除群凶。」顏師古注：「射魃，辟邪，皆神獸名……辟邪，言能辟禦妖邪也。」漢書卷九六西域傳上烏弋山離國：「有桃拔、師子、犀牛。」顏師古注引孟康曰：「桃拔一名符拔，似鹿，長尾，一角者或爲天鹿，兩角者或爲辟邪。」○褊：疑指「褊衫」，一種僧尼服裝，類似袈裟。

〔二〕成都之水：即錦里之江水。華陽國志卷三蜀志：蜀郡，「郡更於夷里橋南岸道東邊起文學，有女牆。其道西城，故錦官也。錦江織錦濯其中則鮮明，濯他江則不好。故命曰錦里也」。初學記卷二七引益州記：「錦城在益州南笮橋東流江南岸，蜀時故錦官也。其處號錦里，城墉猶在。」又，梁文紀卷四、御製集「江波」上有「伏承賚辟邪子錦白褊等者」句。

〔三〕「登高」二句：登高、鳳凰，並爲錦名。初學記卷二七引鄴中記曰：「錦有大登高、小登高、大明光、小明光、大博山、小博山、大茱萸、小茱萸、大交龍、小交龍，蒲桃文錦、斑文錦、鳳皇朱雀錦、韜文錦、桃核文錦，或青綈，或白綈，或黄綈，或緑綈，或紫綈，或蜀綈，工巧百數，不可盡名也。」皇，閣本、張本作「凰」。今按：皇，同「凰」。

〔四〕齊紈：齊地出産的白細絹。列子周穆王：「衣阿錫，曳齊紈。」張湛注：「齊，名紈所出也。」文選卷二七班婕妤怨歌行：「新裂齊紈素，皎潔如霜雪。裁爲合歡扇，團團似明月。」李善注：「李斐曰：紈素爲冬服。范子曰：紈素出齊。荀悦曰：齊國獻紈素絹，天子爲三官服也。」

〔五〕趙縠（hú）：趙地所産的縐紗。漢書卷五四江充傳：「充衣紗縠襌衣。」顔師古注：「紗縠，紡絲而織之也。輕者爲紗，縐者爲縠。」

〔六〕方：廣韻陽韻：「方，比也。」〇藍浦：即藍溪。陝西省藍田縣東南有藍溪，産美玉，名曰藍田玉。南朝梁江淹麗色賦：「帳必藍田之寶，席必蒲陶之茵。」

〔七〕靈山：指崑崙山。晉陶潛遊斜川詩序：「若夫曾城，傍無依接，獨秀中皋，遥想靈山，有愛嘉名。」逯欽立校注：「靈山，指崑崙曾城。」藝文類聚卷七引史記曰：「禹本紀，言河出崑崙，崑崙甚高，三千五百餘里，日月所相避隱爲光明也。」山海經西山經：「又西三百二十里，曰槐江之山。……南望崑崙，其光熊熊，其氣魂魂。」

〔八〕銀燭：明徐應秋玉芝堂談薈卷二七「蘭金泥」條：「舒元輿牡丹賦：『席奪銀燭，爐昇絳煙。洞府真人，會於群仙。』江總貞女峽賦：『含炤曜之燭銀，泝潺湲之膏玉。』鮑照芙蓉賦：『潤蓬山之瓊膏，暉葱河之銀燭。』湘東王啓：『試以炤花，含燭銀之狀。持將比月，亂含璧之輝。』梁簡文詩：『銀燭喻漢女，寶鐸邁昆吾。』穆天子傳：『天子之寶，璿珠燭銀。』郭璞注：『燭銀，銀有精光，如燭也。』王子年拾遺記：『漢武帝，外國進蘭金泥，經百鑄，其光變白，名曰燭銀。』吴均餅説：『細如華山之玉，屑白如梁甫之銀泥。既聞香而口閟，亦見色而心迷。』」

〔九〕亂：混淆。釋名釋言語：「亂，渾也。」○合璧：指日月。漢書卷二一律曆志：「日月如合璧，五星如連珠。」合，藝文類聚卷八五、閣本、張本、全梁文、丁本作「含」，梁文紀卷四、御製集作「合」。今按：作「合」是，據改。

【集評】

閣本：評「至如鮮潔齊紈……亂合璧之暉」：高華絶世。

三國兩晉南北朝文選梁文元帝：錢云：文甲江珠之瑄。

謝東宮賚貂蟬啓〔一〕

挹婁之毳〔二〕，曲降鴻恩；麗水之珍〔三〕，復蒙殊獎。東平紫貂之賜〔四〕，非聞暖額；中山黄金之賜〔五〕，豈曰附蟬〔六〕。坐變仲宣之容〔七〕，增暉允南之貌〔八〕。藝文類聚卷六七、梁文紀卷四、御製集、閣本、張本、全梁文、丁本。

【校注】

〔一〕貂蟬：貂尾和附蟬，古代侍臣的冠飾。宋書卷一八禮志「武冠」：「凡侍臣則加貂蟬。應劭漢官曰：『説者以金取堅剛，百鍊不耗；蟬居高食潔，口在腋下；貂内勁悍而外温潤。』此因物生義，非其實也。其實趙武靈王變胡，而秦滅趙，以其君冠賜侍臣，故秦、漢以來，侍臣有貂蟬也。徐廣車服注稱其意曰：『北土寒涼，本以貂皮暖額，附施於冠，因遂變成首飾乎？』侍中左貂，常侍右貂。」

〔二〕挹婁：後漢書卷八五東夷列傳：「挹婁，古肅慎之國也。……有五穀、麻布，出赤玉、好貂。」○毳(cuì)：説文解字毳部：「毳，獸細毛也。」此指獸毛紡織品。

〔三〕麗水：古水名。韓非子内儲説上：「荆南之地，麗水之中生金，人多竊采金。」蕭繹與蕭諮議等書：「化爲金案，奪麗水之珍；變同珂雪，高玄霜之彩。」

〔四〕「東平」句：東平，指東漢光武帝之子劉蒼。蒼，封東平王。卒，謚憲。後漢書卷四二光武十王列傳有傳。後漢書本傳：「〔建初〕六年冬，蒼上疏求朝。明年正月，帝許之。特賜裝錢千五百萬，其餘諸王各千萬。帝以蒼冒涉寒露，遣謁者賜貂裘，及太官食物珍果，使大鴻臚竇固持節郊迎。」東觀漢記卷七「東平憲王蒼」條略同。

〔五〕「中山」句：中山，指曹袞。袞，三國魏沛國譙人，曹操子。初封平鄉侯，多次改封。明帝太和六年，又改封中山王。以病終。三國志卷二〇魏書武文世王公傳有傳。三國志本傳：「〔黄初〕三年，爲北海王。其年，黄龍見鄴西漳水，袞上書贊頌。詔賜黄金十斤。……六年，改封中山。」賜，閣本、張本作「錫」。

〔六〕附蟬：漢侍中、中常侍冠飾。金質，蟬形。漢書卷六三燕剌王劉旦傳：「郎中侍從者著貂羽，黄金附蟬，皆號侍中。」顔師古注：「附蟬，爲金蟬以附冠前也……而貂羽附蟬，又天子侍中之飾。」

〔七〕仲宣：東漢末王粲字仲宣。粲，山陽高平人。漢末董卓之亂後，至荆州依劉表。因貌寢通脱，劉表不甚重之。曹操平荆州，辟爲丞相掾，遷軍謀祭酒，進侍中。病卒。所撰有漢末英雄記十卷，集十一卷。三國志卷二一魏書有傳。三國志本傳載：蔡邕宴賓客，「粲至，年既幼弱，容狀短小，一坐盡驚」。仲宣，梁文紀卷四、御製集、閣本、張本、全梁文、丁本作「仲尼」，或誤。

〔八〕允南：三國時譙周字允南，巴西西充國人。官至散騎常侍，封城陽亭侯。三國志卷四二蜀書有傳。三國志本傳載：「〔譙周〕身長八尺，體貌素樸，性推誠不飾，無造次辯論之才，然潛識内敏。」又，裴松之注引蜀記曰：「周初見亮，左右皆笑。既出，有司請推笑者，亮曰：『孤尚不能忍，況左右乎！』」

謝敕賜縟啓〔一〕

昔漢后錫貂〔二〕，魏君送縟〔三〕，未有玄兔來王〔四〕，黄龍作貢〔五〕，便覺肅眘非遥〔六〕，挹婁無遠〔七〕。藝文類聚卷七〇、梁文紀卷四、御製集、閣本、張本、全梁文、丁本。

【校注】

〔一〕縟：藝文類聚卷七引釋名曰：「縟，人所坐褻辱也。」楊蔭深事物掌故叢談衣冠服飾褥：「褥有二種：一種用於牀上，俗稱墊被；一種用於椅或車上，俗稱坐墊或墊子，古則又稱爲茵。」閣本、張本、梁文紀卷四作「褥」。今按：縟、褥同。

〔二〕漢后錫貂：指漢明帝賜東平王劉蒼貂裘事。參上篇注〔四〕。錫，爾雅釋詁：「錫，賜也。」

〔三〕魏君送褥：太平御覽卷四七八引魏武帝與楊彪書曰：「今贈足下青氊牀褥三具。」魏君，指魏武帝曹操。

〔四〕玄兔：即「玄菟」，古郡名。漢武帝置。轄境相當我國遼寧省東部及朝鮮咸鏡道一帶。梁書卷五四諸夷東夷高句驪：「高句驪者，其先出自東明……其後支別爲句驪種也。其國，漢之玄菟郡也。在遼東之東，去遼東千里。」○來王：謂諸侯定期朝覲天子。尚書大禹謨：「無怠無荒，四夷來王。」孔安國傳：「言天子常戒慎，無怠惰荒廢，則四夷歸往之。」

〔五〕黄龍：古國名。宋書卷九七東夷高句驪國傳：「先是，鮮卑慕容寶治中山，爲索虜所破，東走黄龍。義熙初，寶弟熙爲其下馮跋所殺，跋自立爲主，自號燕王，以其治黄龍城，故謂之黄龍國。跋死，子弘立，屢爲索虜所攻，不能下。太祖世，每歲遣使獻方物。」

〔六〕肅脊：古少數民族名。又作肅慎。居於我國東北地區。一般認爲漢以後的挹婁、勿吉、靺鞨、女真都和它有淵源關係。漢書卷六武帝紀：「海外肅脊，北發渠搜，氐羌徠服。」顔師古注：「周書序云：『成王既伐東夷，肅脊來賀。』即謂此。」○作貢：尚書禹貢：「禹别九州，隨山浚川，任土作貢。」孔安國傳：「任其土地所有，定其賦貢之差。」此處指貢獻方物。

〔七〕挹婁：後漢書卷八五挹婁傳：「挹婁，古肅慎之國也。在夫餘東北千餘里，東濱大海，南與北沃沮接，不知其北所極。」

謝東宫賚寶枕啓

泰山之藥，既使延齡〔一〕；長生之枕，能令益壽〔二〕。黄金可化，豈直劉向之書〔三〕；陽燧含火，方得葛洪之説〔四〕。況復重安玳瑁〔五〕，獨勝瑰材〔六〕；芳松非匹〔七〕，柟榴未擬〔八〕。藝文類聚卷七〇、梁文紀卷四、御製集、閻本、張本、全梁文、丁本。

【校注】

〔一〕「泰山」二句：神仙傳卷六李少君：「李少君字雲翼，齊國臨淄人也，少好道，入泰山採藥，修絶穀遁世全身之術。」

〔二〕「長生」二句：藝文類聚卷七〇引神仙傳曰：「泰山父者，時漢武帝東巡，見父鋤於道，頭上白光高數尺，呼問之，對曰：『有道士教臣作神枕，枕有三十二竅，二十四竅應二十四氣，八竅應八風，臣行之轉少，齒生。』」

〔三〕「黄金」二句：劉向，本名更生，字子政。西漢沛人，楚元王劉交四世孫。歷仕宣、元、成帝三帝，官至中壘校尉。善治尚書洪範，曾撰洪範五行傳論、列仙傳等。漢書卷三六楚元王傳有附傳。漢書本傳：「上復興神僊方術之事，而淮南有枕中鴻寶苑祕書。書言神僊使鬼物爲金之術，及鄒衍重道延命方，世人莫見，而更生父德武帝時治淮南獄得其書。更生幼而讀誦，以爲奇，獻之，言黄金可成。上令典尚方鑄作事，費甚多，方不驗。上乃下更生吏，吏劾更生鑄僞黄金，繫當死。」

〔四〕「陽燧」二句：葛洪，字稚川，自號抱朴子，東晉丹陽句容人。曾受封爲關内侯，後隱居羅浮山煉丹。著有神仙傳、抱朴子、肘後備急方、西京雜記等。晉書卷七二有傳。抱朴子内篇對俗：「陽燧引火於朝日。」陽燧，亦作「陽遂」。古代利用日光取火的凹面銅鏡。周禮秋官司寇司烜氏：「司烜氏，掌以夫遂取明火於日，以鑒取明水於月。」鄭玄注：「夫遂，陽遂也。」賈公彦疏：「以其日者太陽之精，取火於日，故名陽遂。」孫詒讓正義：「古陽遂蓋用窐鏡，故鼂氏注云：『隧在鼓中，窐而生光，有似夫隧。』」

〔五〕重安玳瑁：指枕上多面裝飾有玳瑁。玉臺新詠卷七皇太子蕭綱倡婦怨情十二韻：「六安雙玳瑁，八幅雙鴛鴦。」清吴兆宜注：「山堂肆考曰：六安，六面皆安也。」玳瑁，亦作「瑇瑁」。太平御覽卷八〇七引南方異物志曰：「玳瑁如龜，生南海。大者加蘧篨，背上有鱗，大如扇。發取鱗，因見其文。欲以作器，則煮之，刀截，任意所爲。冷，乃以梟魚皮錯治之。後以枯木條葉瑩之，乃有光輝。」

〔六〕瑰材：指瑰材枕。藝文類聚卷七〇引後漢張紘瓌材枕賦曰：「有卓爾之殊瓌，超詭異以邈絶。且其材色也，如芸之黄；其爲香也，如蘭之芳；其文彩也，如霜地而金莖，紫葉而紅榮。有若蒲陶之蔓延，或如兔絲之煩縈；有若嘉禾之垂穎，又似靈芝之吐英。其似木者，有類桂枝之闌干，或象灌木之叢生。……制爲方枕，四角正端，會緻密固，絶際無間，形妍體法，既麗且閑，高卑得適，辟堅每安，不屑珠碧之飾助，不煩錐鋒之鐫鏤，無丹漆之彤朱，罔觴象之佐副。」同卷引張紘瓌材枕箴曰：「彧彧其文，馥馥其芬。出自幽阻，升於氈茵。允瓌允麗，惟淑惟珍。安安文枕，貳彼弁冠。冠御于晝，枕式于昏。代作充用，榮己寧身。興寢有節，適性和神。」

〔七〕芳松：指芳松枕。芳，梁文紀卷四、御製集、閣本、張本、全梁文、丁本作「方」。太平御覽卷七〇七引劉向別録：「向有芳松枕賦。」

〔八〕枏榴：指楠榴枕。三國志卷五三吳書張紘傳：「紘著詩賦銘誄十餘篇。」裴松之注引吳書曰：「紘見楠榴枕，愛其文，爲作賦。」晉蘇彦有楠榴枕銘，見藝文類聚卷七〇；孫德施有南榴枕賦，見太平御覽卷八〇七。文選卷五左思吳都賦：「楠榴之木，相思之樹。」劉淵林注引劉成曰：「南榴，木之盤結者，其盤節文尤好，可以作器，建安所出最大長也。」枏，同「楠」。梁文紀卷四、御製集、閣本、張本、全梁文、丁本作「稱」，疑誤。

謝東宮賚花釵啓〔一〕

茝亂九衢〔二〕，花含四照〔三〕。田文之珥，慚於寶葉〔四〕；王粲之詠，恧此乘蓮〔五〕。九宮之璫，豈直黄香之賦〔六〕；三珠之釵，敢高崔瑗之説〔七〕。況以麗玉澄暉〔八〕，遠過玳瑁之飾〔九〕；精金曜首，高踐翡翠之名。藝文類聚卷七〇、梁文紀卷四、御製集、閣本、張本、全梁文、丁本。

【校注】

〔一〕花釵：古代婦女的頭飾。南朝梁吴均古意詩之七：「花釵玉宛轉，珠繩金絡紈。」今按：據此啓文意，蓋指蓮花狀金釵。

〔二〕茝：大廣益會玉篇艸部：「茝，香草也。」藝文類聚卷七〇、梁文紀卷四、御製集作「苣」，閻本、張本、全梁文、丁本作「茝」。今按：作「茝」是，據改。〇九衢：草名。文選卷五九王巾頭陀寺碑文：「九衢之草千計，四照之花萬品。」劉良注：「九衢草其枝交錯，相重九出也。」蕭繹爲妾弘夜姝謝東宮賚合心花釵啓云：「夜姝昔往陽臺，雖逢四照。曾遊澧浦，慣識九衢。」

〔三〕四照：指光華四照的花朵。南朝宋鮑照芙蓉賦：「冠五華於仙草，超四照於靈木。」文選卷五九王巾頭陀寺碑文：「四照之花萬品。」劉良注：「四照，即若木花，其光四照也。」

〔四〕「田文」三句：戰國策卷一〇齊策三「齊王夫人死」章：「齊王夫人死，有七孺子皆近。薛公欲知王所欲立，乃獻七珥，美其一，明日視美珥所在，勸王立爲夫人。」韓非子外儲説右上：「靖郭君之相齊也，王后死，未知所置，乃獻玉珥以知之。一曰：薛公相齊，齊威王夫人死，有十孺子，皆貴於王，薛公欲知王所欲立，而請置一人以爲夫人。王聽之，則是説行於王而重於置夫人也；王不聽，是説不行而輕於置夫人也。欲先知王之所欲置以勸王置之，於是爲十玉珥而美其一而獻之。王以賦十孺子，明日坐，視美珥之所在而勸王以爲夫人。」今按：此薛公乃田文之父靖郭君田嬰。蕭繹蓋誤記爲田文。田文，即孟嘗君，齊貴族，爲戰國四公子之一，以善養士著稱。史記卷七五有傳。珥(ěr)，飾有珠玉的耳飾。說文解字玉部：「珥，瑱也。」資治通鑑卷二二漢紀武帝「後元元年」：「後數日帝譴責鉤弋夫人，夫人脱簪珥。」胡三省注：「珥，仍吏翻，耳飾也。」

〔五〕「王粲」二句：藝文類聚卷五七引魏王粲七釋曰：「珥照夜之雙璫，焕煒爚以垂暉。」王粲，山陽高平人。三國志卷二一魏書有傳。恧(nǜ)，方言第六：「恧，慙也……山之東西，自愧曰恧。」乘蓮，四枝蓮花。乘，左傳僖公三十二年：秦師襲鄭，「鄭商人弦高將市于周，遇之。以乘韋先，牛十二犒師」。杜預注：「乘，四。」

〔六〕「九宫」二句：太平御覽卷七一八引黄香九宫賦曰：「剥駭雞以爲釵。」宫，閣本、張本、全梁文、丁本訛作「官」。黄香，字文强，江夏雲夢人。東漢和帝時歷任尚書郎、左丞、尚書令，官至魏郡太守。後漢書卷八〇文苑傳有傳。後漢書本傳：「所著賦、箋、奏、書、令，凡五篇。」璫，釋名卷四釋首飾：「穿耳施珠曰璫。此本出於蠻夷所爲也。蠻夷婦女輕淫好走，故以此琅璫錘之也，今中國人效之耳。」玉臺新詠卷一古詩爲焦仲卿妻作：「腰若流紈素，耳著明月璫。」太平御覽卷七一八引風俗通曰：「耳珠曰璫。」

〔七〕「三珠」二句：藝文類聚卷七〇引後漢崔瑗三子釵銘曰：「元正上日，百福孔靈。鬢髮如雲，乃象衆星。三珠璜釵，攝媛讚靈。」崔瑗，字子玉，東漢涿郡安平人。順帝時舉茂才，遷濟北相。善文辭，工章草，著有草書勢。後漢書卷五二有傳。

〔八〕澄暉：同「澄輝」，指清光。藝文類聚卷一引宋謝莊月賦：「升清質之悠悠，降澄暉之藹藹。」

〔九〕遠過：丁本作「過遠」。

上穀充軍糧啓

臣聞金城十仞，必資守粟〔一〕；革車千乘〔二〕，其在饋實〔三〕。願武車綏旌〔四〕，列飛鴻之行陳〔五〕；奉辭受脤〔六〕，搒摯獸於貔虎〔七〕。賈逵渠水〔八〕，雖曰難蹤〔九〕；梁習勸農〔一〇〕，竊知自勉。藝文類聚卷八五、梁文紀卷四、御製集、閣本、張本、全梁文、丁本。

【校注】

〔一〕「臣聞」二句：管子權修：「地之守在城，城之守在兵，兵之守在人，人之守在粟。」金城，管子度地：「城外爲之郭，郭外爲之土閬。地高則溝之，下則堤之，命之曰金城。樹以荆棘，上相穡著者，所以爲固也。」後漢書卷四〇班固傳上：「建金城其萬雉，呀周池而成淵。」李賢注：「金城，言堅固也。」十，梁文紀卷四、御製集、閣本、張本、全梁文、丁本作「千」。仞，古代長度單位。七尺或八尺爲一仞。

〔二〕革車：左傳閔公二年：「元年革車三十乘，季年乃三百乘。」杜預注：「革車，兵車。」

〔三〕饋實：即食物。饋，周易家人：「六二，無攸遂，在中饋，貞吉。」鄭玄注：「饋，酒食也。」

〔四〕武車綏旌：禮記曲禮上：「兵車不式，武車綏旌，德車結旌。」鄭玄注：「綏，謂垂舒之也。武車，亦兵車。」孔穎達疏：「武車，亦革路也。取其建戈刃，即云兵車；取其威猛，即云武車也。綏，謂垂舒散之也。旌，謂車上旗旛也。尚威武，故舒散旗旛垂綏然。何胤云：『垂放旌旗之旒以見於美也。』」

〔五〕飛鴻：指畫有鴻雁的旗。禮記曲禮：「前有水則載青旌，前有塵埃則載鳴鳶，前有車騎則載飛鴻。」鄭玄注：「載，謂舉於旌首以警衆也。禮，君行師從，卿行旅從。前驅舉此，則士衆知所有。所舉各以其類象。……鴻，取飛有行列也。」○行陣：呂氏春秋卷八仲秋季簡選：「離散係系，可以勝人之行陳整齊。」高誘注：「行陳，五列也。」陳，通「陣」。

〔六〕奉辭受脤（shèn）：謂奉命帥師出征。受脤，左傳閔公二年：「帥師者受命於廟，受脤于社。」左傳成公十三年：「成子受脤于社。不敬。劉子曰：『……國之大事，在祀與戎。祀有執膰，戎有受脤，神之大節也。』」杜預注：「脤，宜社之肉也，盛以脤器，故曰脤。宜，出兵祭社之名。」脤，祭肉。梁文紀卷四、閣本、張本作「賑」，疑誤。

〔七〕「揜（yǎn）擊」句：謂擊敗敵軍。揜，捕取。説文解字手部：「揜，自關以東謂取曰揜。」穀梁傳昭公八年：「車軌塵，馬候蹄，揜禽旅。」范寧注：「揜取衆禽。」摯獸，猛獸。禮記曲禮上：「前有士師則載虎皮，前有摯獸則載貔貅。」鄭玄注：「載，謂舉於旌首以警衆也。禮，君行師從，卿行旅從。前驅舉此，則士衆知所有。所舉各以其類象。……虎，取其有威勇也。貔貅，亦摯獸也。」孔穎達疏：「摯獸，猛而能擊，謂虎狼之屬也。」貙虎，爾雅釋獸：「貙，似貍。」晉郭璞注：「今貙虎也，大如狗，文如貍。」

〔八〕賈逵：字梁道，河東襄陵人。仕曹魏，官至豫州刺史。卒，謚曰肅侯。三國志卷一五魏書有傳。三國志本傳：逵爲豫州刺史，「州南與吴接，逵明斥候，繕甲兵，爲守戰之備，賊不敢犯。外修軍旅，内治民事，遏鄢、汝，造新陂，又斷山溜長谿水，造小弋陽陂，又通運渠二百餘里，所謂賈侯渠者也」。

〔九〕蹤：追隨。

〔一〇〕梁習：字子虞，陳郡柘人。仕曹魏，曾爲并州刺史，進封申門亭侯，官至大司農。三國志卷一五魏書有傳。三國志本傳：「習以别部司馬領并州刺史……邊境肅清，百姓布野，勤勸農桑，令行禁止。……太祖嘉之，賜爵關内侯，更拜爲真。」

謝東宮賚瓜啓

金縈始薦〔一〕，瓊蕊載珍〔二〕；味奪蔗漿，甘踰石蜜〔三〕。藝文類聚卷八七、梁文紀卷

四、御製集、閣本、張本、全梁文、丁本。

【校注】

〔一〕金榮：謂黄色花。藝文類聚卷八七引晉陸機瓜賦曰：「發金榮於秀翹，結玉實於宗柯。」此處借指瓜。

〔二〕瓊蕊：文選卷二張衡西京賦：「屑瓊蕊以朝飡，必性命之可度。」李周翰注：「瓊蕊，玉英也。」此喻指瓜瓤。

〔三〕踰：御製集作「如」。○石蜜：藝文類聚卷八六引梁皇太子謝敕賚城邊橘啓曰：「甘踰石蜜，味重金衣。」同書卷八七引廣志曰：「干蔗其餳爲石蜜。」又引南中八郡志曰：「交阯有甘蔗，圍數寸，長丈餘，頗似竹，斷而食之，甚甘，笮取汁，曝數時成飴，入口消釋，彼人謂之石蜜。」

爲妾弘夜姝謝東宮賚合心花釵啓〔一〕

未得投壺〔二〕，先應含笑；不因鸞鳳〔三〕，自能歌舞。夜姝昔往陽臺〔四〕，雖逢四照〔五〕；曾遊澧浦〔六〕，慣識九衢〔七〕。未有仍代爵釵〔八〕，還勝翠羽〔九〕，飾以南金〔一〇〕，裝茲麗玉。脩靡夫人〔一一〕，本分章華之裏〔一二〕；中山孺子〔一三〕，獨荷春宮之恩〔一四〕。有志當能〔一五〕，無期投閣〔一六〕。藝文類聚卷八八、梁文紀卷四、御製集、閣本、張本、全梁文、丁本。

【校注】

〔一〕弘夜姝：蓋蕭繹妾名。事跡無考。

〔二〕投壺：古代宴會上的一種娛樂活動。賓主依次用箭矢投壺，以投中多少決勝負，負者飲酒。參禮記投壺。藝文類聚卷七四引神仙傳曰：「玉女投壺，天爲之笑。」

〔三〕鸞鳳：鸞簫鳳管，笙簫或笙簫之樂的美稱。風俗通義卷六聲音簫：「謹按：尚書：『舜作，簫韶九成，鳳皇來儀。』其形參差，像鳳之翼。十管，長一尺。」

〔四〕往：四六法海卷五、御製集作「住」。○陽臺：戰國楚宋玉高唐賦序：「昔者先王嘗遊高唐，怠而晝寢，夢見一婦人曰：『妾巫山之女也，爲高唐之客，聞君遊高唐，願薦枕蓆。』王因幸之。去而辭曰：『妾在巫山之陽，高丘之阻，旦爲朝雲，暮爲行雨，朝朝暮暮，陽臺之下。』」

〔五〕四照：指光華四照之花。山海經南山經：「南山之首曰䧿山。其首曰招搖之山，臨于西海之上，多桂，多金玉。有草焉，其狀如韭而青華，其名曰祝餘，食之不飢。有木焉，其狀如穀而黑理，其華四照，其名曰迷穀，佩之不迷。」文選卷五九王巾頭陀寺碑文：「九衢之草千計，四照之花萬品。」劉良注：「四照，即若木花，其光四照也。」南朝宋鮑照芙蓉賦：「冠五華於仙草，超四照於靈木。」

〔六〕澧：水名。源出湖南省西北與湖北省鶴峰縣交界處。楚辭九歌湘君：「捐余玦兮江中，遺余佩兮醴浦。」王逸注：「醴一作澧。」洪興祖補注：「方言注云：澧水，今在長沙。水經云：澧水，出武陵充縣，注於洞庭。按禹貢曰：又東至於澧。史記作醴。孔安國、馬融、王肅皆以醴爲水名。鄭玄曰：醴，陵名也。長沙有醴陵縣。澧、醴，古書通用。今澧州有佩浦，因楚詞爲名也。」

〔七〕九衢。草名。文選卷五九王巾頭陀寺碑文：「九衢之草千計，四照之花萬品。」劉良注：「九衢草，其枝交錯，相重九出也。」今按：據上「陽臺」、「澧浦」等句，蕭繹納此妾蓋在荆州刺史任上。

〔八〕仍代：累代。代，梁文紀卷四、閣本、張本作「伐」，或誤。○爵釵：雀形的髮釵。三國魏曹植美女篇：「頭上金爵釵，腰佩翠琅玕。」釋名卷四釋首飾：「爵釵，釵頭及上施爵也。」今按：爵通「雀」。

〔九〕翠羽：翠鳥羽毛。古代多用作飾物。文選卷三四曹植七啓：「戴金搖之熠燿，揚翠羽之雙翹。」李善注：「司馬彪續漢書曰：皇太后入廟，先爲花勝，上爲鳳凰，以翡翠爲毛羽。」劉良注：「金搖，釵也；熠爍，光色也。又飾以翡翠之羽於上也。」

〔一〇〕南金：詩經魯頌泮水：「元龜象齒，大賂南金。」毛傳：「南謂荆、揚也。」鄭玄箋：「荆、揚之州，貢金三品。」孔穎達疏：「荆、揚之州，於諸州最處南偏，又此二州出金，今云南金，故知『南』爲荆、揚也。……金即銅也。」此指珍寶。

〔一一〕脩靡夫人：漢書卷五三景十三王廣川惠王傳附劉去傳：「幸姬陶望卿爲脩靡夫人，主繒帛。」

〔一二〕章華：即章華臺，楚離宫名。春秋時楚靈王所築，故址在今湖北省監利縣西北。

〔一三〕中山孺子：文選卷二八陸厥中山王孺子妾歌李善注：「漢書曰：詔賜中山靖王噲及孺子妾并未央才人歌詩四篇。如淳曰：孺子，幼少稱也。孺子，宫人也。」

〔一四〕春宫：太子宫。資治通鑑卷一五五梁紀高祖武皇帝「中大通三年」：「〔徐〕摛文體輕麗，春坊盡學之。」胡三省注：「東宫謂之春宫，宫坊謂之春坊。」

〔一五〕當熊：漢書卷九七外戚傳下馮昭儀：「建昭中，上幸虎圈鬭獸，後宫皆坐。熊佚出圈，攀檻欲上殿。左右貴人傅昭儀等皆驚走，馮倢伃直前當熊而立，左右格殺熊。上問：『人情驚懼，何故前當熊？』倢伃對曰：『猛獸得人而止，妾恐熊至御坐，故以身當之。』」

〔一六〕投閣：漢書卷八七揚雄傳：「王莽時，劉歆、甄豐皆爲上公，莽既以符命自立，即位之後欲絶其原以神前事，而豐子尋、歆子棻復獻之。莽誅豐父子，投棻四裔，辭所連及，便收不請。時雄校書天禄閣上，治獄使者來，欲收雄，雄恐不能自免，乃從閣上自投下，幾死。莽聞之曰：『雄素不與事，何故在此？』間請問其故，乃劉棻嘗從雄學作奇字，雄不知情。有詔勿問。然京師爲之語曰：『惟寂寞，自投閣；爰清静，作符命。』

謝晉安王賜馬啓〔一〕

繹武媿仲都〔二〕，遂蒙大驪之錫〔三〕；儒謝春卿〔四〕，空頒名馬之賚。故以取方驎友〔五〕，自匹龍媒〔六〕。不待景公，婉如齊畫〔七〕；無勞馬援，翻等漢銅〔八〕。豈有滅没黑龍〔九〕，連翩白馬〔一〇〕；錢文見重〔一一〕，津名取貴〔一二〕。相彼騏驥，猶深戀主〔一三〕；矧伊伏櫪〔一四〕，彌結懷恩。藝文類聚卷九三、梁文紀卷四、御製集、閣本、張本、全梁文、丁本。

【校注】

〔一〕晉安王：指蕭綱。綱字世纘，小字六通，南朝梁武帝第三子。初封晉安王，中大通三年，昭明太子蕭統死，繼立爲太子。太清末即位，爲侯景所殺。廟號太宗。梁書卷四、南史卷八梁本紀有紀。

〔二〕仲都：李忠字仲都。忠，東萊黄人。西漢末更始劉玄時，拜都尉官。奉劉秀，從征伐。劉秀即位，封中水侯，徵拜五官中郎將。後遷丹陽太守，官至豫章太守。後漢書卷二一有傳。

〔三〕「遂蒙」句：后漢書卷二一李忠傳：「忠遂與任光同奉世祖，以爲右大將軍，封武固侯。時，世祖自解所佩綬以帶忠，因從攻下屬縣。至苦陘，世祖會諸將，問所得財物，唯忠獨無所掠。

世祖曰：『我欲特賜李忠，諸卿得無望乎？』即以所乘大驪馬及繡被衣物賜之。」李賢注：「馬色黑而青曰驪。」錫，爾雅釋詁：「錫，賜也。」

〔四〕春卿：桓榮字春卿。榮，東漢沛郡龍亢人。少習歐陽尚書。光武帝時，拜博士，遷太子少傅，官至太常。明帝即位，尊以師禮，拜爲五更，封關内侯。後漢書卷三七有傳。後漢書本傳：「〔建武〕二十八年，大會百官，詔問誰可傅太子者，群臣承望上意，皆言太子舅執金吾原鹿侯陰識可。博士張佚正色曰：『今陛下立太子，爲陰氏乎？爲天下乎？即爲陰氏，則陰侯可；爲天下，則固宜用天下之賢才。』帝稱善，曰：『欲置傅者，以輔太子也。今博士不難正朕，況太子乎？』即拜佚爲太子太傅，而以榮爲少傅，賜以輜車、乘馬。榮大會諸生，陳其車馬、印綬，曰：『今日所蒙，稽古之力也，可不勉哉！』」

〔五〕方：廣韻陽韻：「方，比也。」〇驎：同「麟」。麒麟，傳説中仁獸名。

〔六〕龍媒：漢書卷二二禮樂志：「天馬徠，龍之媒。」顔師古注引應劭曰：「言天馬者乃神龍之類，今天馬已來，此龍必至之效也。」史記卷二四樂書：「又嘗得神馬渥窪水中，復次以爲太一之歌。歌曲曰：『太一貢兮天馬下，霑赤汗兮沫流赭。騁容與兮跇萬里，今安匹兮龍爲友。』」

〔七〕「不待」二句：藝文類聚卷九三引符子曰：「齊景公好馬，命使善畫者圖之，訪似者，期年不得，今人君考古籍以求賢，亦不可得也。」

〔八〕「無勞」二句：馬援，字文淵，東漢扶風茂陵人。新莽時爲郡督郵，莽敗，依隗囂，後歸光武。拜隴西太守，伏波將軍。後擊武陵五溪蠻，卒於軍。後漢書卷二四有傳。後漢書本傳：「援好騎，善别名馬，於交阯得駱越銅鼓，乃鑄爲馬式，還上之。因表曰：『夫行天莫如龍，行地莫如馬。馬者甲兵之本，國之大用。安寧則以别尊卑之序，有變則以濟遠近之難。昔有騏驥，一日千里，伯樂見之，昭然不惑。近世有西河子輿，亦明相法。子輿傳西河儀長孺，長孺傳茂陵丁君都，君都傳成紀楊子阿，臣援嘗師事子阿，受相馬骨法。考之於行事，輒有驗效。臣愚以爲傳聞不如親見，視景不如察形。今欲形之於生馬，則骨法難備具，又不可傳之於後。孝武皇帝時，善相馬者東門京鑄作銅馬法獻之，有詔立馬於魯班門外，則更名魯班門曰金馬門。臣謹依儀氏輢，中帛氏口齒，謝氏脣鬐，丁氏身中，備此數家骨相以爲法。』馬高三尺五寸，圍四尺五寸，有詔置於宣德殿下，以爲名馬式焉。」

〔九〕滅没：文選卷一四顔延之赭白馬賦：「超攄絶夫塵轍，驅騖迅於滅没。」吕延濟注：「滅没，皆言疾也。」

〔一〇〕連翩：文選卷二七曹植白馬篇：「白馬飾金羈，連翩西北馳。」張銑注：「連翩，馬馳皃。」

〔一一〕錢文：即連錢驄，亦作「連錢驄」，馬名。爾雅釋畜「青驪驎，驒」晉郭璞注：「色有深淺，班駁隱鄰，今之連錢驄。」

〔一二〕津名取貴：古有白馬津，在今河南省滑縣北。史記卷五一荆燕世家：「〔漢王〕使劉賈將二萬人，騎數百，渡白馬津入楚地。」張守節正義引括地志曰：「黎陽，一名白馬津，在滑州白馬縣北三十里。」

〔一三〕戀主：三國魏曹植上責躬應詔詩表：「僻處西館，未奉闕庭，踴躍之懷，瞻望反側，不勝犬馬戀主之情。」

〔一四〕矧（shěn）：爾雅釋言：「矧，況也。」○伏櫪：馬伏在槽上。曹操步出夏門行：「老驥伏櫪，志在千里。」此指受人馴養。

【集評】

閻本：評「相彼騏驥，猶深戀主；矧伊伏櫪，彌結懷恩」：即馬況人，詩家興體。

謝東宮賚蒸栗牛啓〔一〕

色似秘府之書〔二〕，毛類陳王之玉〔三〕。騂角未奇〔四〕，瑩蹄非貴〔五〕。藝文類聚卷九四、梁文紀卷四、御製集、閻本、張本、全梁文、丁本。

【校注】

〔一〕蒸栗：蒸熟的栗子，色黄。此指黄色。文選卷四二魏文帝與鍾大理書：「竊見玉書，稱美玉白如截肪，黑譬純漆，赤擬雞冠，黄侔蒸栗。」劉良注：「栗，木實，蒸之其色鮮黄。」

〔二〕「色似」句：古代書卷爲黄色，故此處用來形容蒸栗之色。晉葛洪抱朴子外篇疾謬：「雜碎故事，蓋是窮巷諸生，章句之士，吟詠而向枯簡，匍匐以守黄卷者所宜識。」楊明照校箋：「古人寫書用紙，以黄蘗汁染之防蠹，故稱書爲黄卷。」秘府，宫中藏書之所。漢書卷三〇藝文志：「於是建藏書之策，置寫書之官，下及諸子傳説，皆充祕府。」顔師古注引如淳曰：「劉歆七略曰：『外則有太常、太史、博士之藏，内則有延閣、廣内、秘室之府。』」

〔三〕「毛類」句：三國志卷一三魏書鍾繇傳裴松之注引魏略：「後太祖征漢中，太子在孟津，聞繇有玉玦，欲得之而難公言。密使臨菑侯轉因人説之，繇即送之。太子與繇書曰：『……竊見玉書，稱美玉白若截肪，黑譬純漆，赤擬雞冠，黄侔蒸栗。』」陳王，指曹植。植字子建，三國魏沛國譙人，曹操子。初封平原侯，徙封臨淄侯。兄曹丕廢漢自立後，植備受猜忌。明帝即位，徙封東阿，又改封陳王，鬱鬱而終。謚思，世稱陳思王。三國志卷一九魏書有傳。今按：得鍾繇玉者乃太子曹丕，非陳王曹植，此或蕭繹誤記。

〔四〕騂角未奇：論語雍也：「子謂仲弓，曰：『犂牛之子騂且角，雖欲勿用，山川其舍諸？』」何晏集解：「騂，赤也。」

〔五〕瑩蹄：晶瑩美麗的蹄子。

【集評】

閻本：評「色似秘府之書，毛類陳王之玉」：順逆俱切，小文大巧。

謝賚車螯蛤蜊啓〔一〕

車螯味高食部〔二〕，名陳物志〔三〕；蛤蜊聲重前論〔四〕，見珍若士〔五〕。並東海波臣〔六〕，西王母藥〔七〕。雀文始化〔八〕，鸞羽猶在〔九〕；體潤珠胎〔一〇〕，形隨月減〔一一〕。藝文類聚卷九七、梁文紀卷四、御製集、閣本、張本、全梁文、丁本。

【校注】

〔一〕車螯：蛤的一種。肉可食，自古即爲海味珍品。且肉、殼並可入藥。○蛤蜊：亦作「蛤梨」，軟體動物，生活在淺海泥沙中。肉可食，味鮮美。又肉、殼可入藥。

〔二〕食部：食物部類。

〔三〕物志：記載方物的博物志。

〔四〕前論：前人記載和評論。

〔五〕若士：淮南子卷一二道應訓：「盧敖游乎北海，經乎太陰，入乎玄闕，至於蒙穀之上，見一士焉……盧敖就而視之，方倦龜殼而食蛤梨。盧敖與之語曰：『……子殆可與敖爲友乎？』若士者齤然而笑曰：『……然子處矣！吾與汗漫期於九垓之外，吾不可以久駐。』若士舉臂而竦身，遂入雲中。」後因以「若士」代仙人。

〔六〕東海波臣：莊子外物：「莊周忿然作色曰：『周昨來，有中道而呼者。周顧視車轍中，有鮒魚焉。周問之曰：『鮒魚來！子何爲者邪？』對曰：『我，東海之波臣也。君豈有斗升之水而活我哉？』」

〔七〕西王母藥：藝文類聚卷九七引漢武内傳曰：「西王母曰：『仙藥次有白水靈蛤。』」西王母，傳説中仙人。

〔八〕雀文始化：禮記月令：「季秋之月……爵入大水爲蛤。……孟冬之月……雉入大水爲蜃。」論衡卷二無形篇：「歲月推移，氣變物類，蝦蟇爲鶉，雀爲蜄蛤。」同書卷一六講瑞篇：「亦或時政平氣和，衆物變化，猶春則鷹變爲鳩，秋則鳩化爲鷹，蛇鼠之類輒爲魚鱉，蝦蟆爲鶉，雀爲蜄蛤。」抱朴子内篇論仙：「若謂受氣皆有一定，則雉之爲蜃，雀之爲蛤，壤蟲假翼，川蛙翻飛，水蠣爲蛉，荇苓爲蛆，田鼠爲鴽，腐草爲螢，鼉之爲虎，蛇之爲龍，皆不然乎？」

〔九〕鷰羽猶在：藝文類聚卷三引易緯通卦驗曰：「立冬，不周風至，水始冰，薺麥生，鷰雀入水爲蛤。」

〔一〇〕珠胎：宋陸佃埤雅卷二蚌：「秋蚌聞雷聲則瘷，其孕珠若懷妊然，故謂之珠胎，與月盈朒。」

〔一一〕形隨月減：鶡冠子天則：「月望而晨月毁於天，珠蛤羸蚌虚於深渚，上下同離也。」吕氏春秋卷九季秋紀精通：「月也者，群陰之本也。月望則蚌蛤實，群陰盈；月晦則蚌蛤虚，群陰虧。夫月形乎天，而群陰化乎淵。」高誘注：「虚，蚌蛤肉隨月虧而不盈滿也。……群陰，蚌蛤也，隨月盛衰虚實也。」文選卷五左思吴都賦：「窮性極形，盈虚自然。蚌蛤珠胎，與月虧全。」藝文類聚卷九七引晉郭璞蚌贊曰：「萬物變蜕，其理無方，雀雉之化，含珠懷璫，與月盈虧，協氣晦望。」

謝東宫賜麈尾錦帔團扇等啓〔一〕

揚雄口訥〔二〕，本貴談端〔三〕；田蚡貌寢〔四〕，終於麗飾。始興之扇〔五〕，方斯非擬；鄴中之錦〔六〕，匹此爲輕。方願弘此仁風，既動承華之氣〔七〕；服兹懷袖〔八〕，復比文若之香〔九〕。藝文類聚卷六九、梁文紀卷四、御製集、張本、全梁文、丁本。

【校注】

〔一〕謝東宫賜麈尾錦帔團扇等啓：梁文紀卷四、張本題作「謝東宫賚麈尾錦帔團扇等啓」。麈(zhǔ)尾，古人閒談時執以驅蟲、撣塵的一種工具。爲名流雅器。帔(pèi)，即披肩。釋名釋衣服：「帔，披也，披之肩背，不及下也。」

〔二〕揚雄：字子雲，西漢蜀郡成都人。年四十，始遊京師，奏甘泉、河東、羽獵、長楊等賦。成帝時任給事黄門郎。後仕王莽，爲大夫。漢書卷八七、八八有傳。漢書本傳：「〔雄〕爲人簡易佚蕩，口吃不能劇談。」○口訥：説話不流利。訥，説文解字言部：「訥，言難也。」

〔三〕談端：清談之話端。

〔四〕田蚡貌寢：田蚡，西漢長陵人，孝景王皇后的胞弟，有口才，善阿諛。武帝即位，封爲武安侯，曾任太尉及丞相。史記一〇七、漢書五二有傳。史記本傳：「武安者，貌侵，生貴甚。」裴駰集解：「韋昭曰：『侵，音寢，短小也。』又云醜惡也，刻確也。音核。」司馬貞索隱：「服虔云：『侵，短小也。』韋昭云『刻確也』。按：確音刻。又孔文祥：『侵，醜惡也。音寢。』」貌寢，亦作「貌侵」，狀貌醜陋短小。

〔五〕始興之扇：待考。始興，郡名。治所在今廣東省始興縣。

〔六〕鄴中之錦：初學記卷二七引鄴中記：「錦有大登高、小登高、大明光、小明光、大博山、小博山、大茱萸、小茱萸、大交龍、小交龍、蒲桃文錦、斑文錦、鳳皇朱雀錦、韜文錦、桃核文錦，或青綈，或白綈，或黄綈，或緑綈，或紫綈，或蜀綈，工巧百數，不可盡名也。」

〔七〕承華：太子宮門名。文選卷二四陸機贈馮文羆遷斥丘令：「閶闔既闢，承華再建。」李善注引洛陽記曰：「太子宮在太宮東薄室門外，中有承華門。」此代指太子。

〔八〕服兹懷袖：文選卷二九古詩十九首庭中有奇樹：「庭中有奇樹，緑葉發華滋。攀條折其榮，將以遺所思。馨香盈懷袖，路遠莫致之。」李善注：「王逸楚辭注曰：『在衣曰懷。』」

〔九〕文若：荀彧字文若。彧，潁川潁陰人。曹操帳下謀臣，官至侍中，守尚書令。謚曰敬侯。人敬稱爲「荀令君」。後漢書卷七〇、三國志卷一〇魏書有傳。藝文類聚卷七〇引襄陽記曰：

「劉季和性愛香，嘗上廁還，過香爐上，主簿張坦曰：『人名公作俗人，不虚也。』季和曰：『荀令君至人家，坐處三日香，爲我如何令君，而惡我愛好也？』」

謝賜功德浄饌一頭啓〔一〕

瑶器自滿〔二〕，金鼎流味；漿含都蔗〔三〕，味資石蜜〔四〕。唐段公路北户録卷二龜圖注、釋文紀卷二二、御製集、張本、全梁文、丁本。

【校注】

〔一〕謝賜功德浄饌一頭啓：御製集題作「謝賜功德浄饌啓」。釋文紀卷二二、張本、全梁文、丁本題作「謝賜功德浄饌一頭啓」。今題從張本。北户録卷二「米餅」：「前朝短書雜説即有呼食爲頭。」龜圖注：「梁元帝謝賜功德浄饌一頭……又謝賚功德食一頭」云云。功德，指念佛、誦經、布施等事。浄饌，素食。頭，宋曾慥類説卷一三「墨紙」：「南朝呼食爲頭，梁元帝謝賜功德浄饌一頭。」

〔二〕瑶器：謂精美的食器。説文解字玉部：「瑶，玉之美者。」

〔三〕都蔗：即甘蔗。漢劉向杖銘：「都蔗雖甘，殆不可杖。」

〔四〕資：國語卷二〇越語：「夏則資皮。」韋昭注：「資，取也。」此謂具有，具備。○石蜜：藝文類聚卷八七引南中八郡志曰：「交阯有甘蔗，圍數寸，長丈餘，頗似竹，斷而食之，甚甘，笮取汁，曝數時成飴，入口消釋，彼人謂之石蜜。」

又謝賚功德食一頭啓〔一〕

天廚淨饌〔二〕，菴羅法果〔三〕。唐段公路北户録卷二龜圖注、釋文紀卷二二、張本、全梁文、丁本。

【校注】

〔一〕又謝賚功德食一頭啓：釋文紀卷二二、張本、全梁文、丁本題作「又謝賚功德食一頭啓」。今題從張本。唐段公路北户録卷二「米餅」：「前朝短書雜説即有呼食爲頭。」龜圖注：「梁元帝謝賜功德淨饌一頭……又謝賚功德食一頭」云云。

〔二〕天廚：帝王的庖廚。

〔三〕菴羅法果：果名。即菴羅果，亦稱菴摩羅迦果、香蓋等。菴羅，又作菴婆羅、菴没羅等，樹名。本草綱目卷三〇果二菴羅果：「釋名：……時珍曰：菴羅，梵音二合者也。菴摩羅，梵音三合者也。華言清淨是也。集解：……時珍曰：按一統志云：菴羅果俗名香蓋，乃果中極品。種出西域，亦柰類也。葉似茶葉，實似北梨，五六月熟，多食亦無害。今安南諸地亦有之。」玄應一切經音義卷八注維摩經「菴羅」云：「此果花多而結子甚少，其葉似柳而長一尺餘，廣三指許。果形似梨而底鉤曲。彼國名爲王樹，謂在王城種之也。」僧肇注維摩詰經佛國品「菴羅樹園」下云：「什曰：『菴羅樹，其果似桃而非桃也。』」徐陵徐孝穆集卷五東陽雙林寺傅大士碑：「芥子菴羅，無疑褊陋。」吴兆宜注引樹敏曰：「闡義云，菴羅是果樹之名，其果似桃。此樹華開生一女，國人歎異，以園封之，園既屬女，故言菴羅樹園。宿善冥熏，見佛歡喜，以園奉佛，佛即受之，而爲所住。」

書

與劉孝綽書〔一〕

君屏居多暇〔二〕，差得肆意典墳〔三〕。吟詠情性〔四〕，比復稀數古人〔五〕，不以委約而能不伎癢〔六〕。且虞卿、史遷由斯而作〔七〕。想摛屬之興〔八〕，益當不少；洛地紙貴〔九〕，京師名動〔一〇〕。彼此一時，何其盛也！近在道務閑，微得點翰，雖無紀行之作〔一一〕，頗有懷舊之篇〔一二〕。至此已來，衆諸屑役。小生之詆，恐取辱於廬江〔一三〕；遮道之姦，慮興謀於從事〔一四〕。方且褰帷自厲〔一五〕，求瘼不休〔一六〕；筆墨之功，曾何暇豫〔一七〕。至於心乎愛矣〔一八〕，未嘗有歇；思樂惠音〔一九〕，清風靡聞〔二〇〕。譬夫夢想温玉〔二一〕，飢渴明珠〔二二〕；雖愧卞、隨〔二三〕，猶爲好事〔二四〕。新有所製，想能示之。勿等清慮〔二五〕，徒虚其請〔二六〕。無由賞悉〔二七〕，遣此代懷。數路計行，遲還芳札〔二八〕。梁書卷三三劉孝綽傳、册府元龜卷一九二、梁文紀卷四、御製集、張本、全梁文、丁本。

【校注】

〔一〕與劉孝綽書：劉孝綽，本名冉，字孝綽，祖籍彭城安上里。善屬文，梁武帝天監初，起家著作佐郎。累遷秘書丞，廷尉卿。位終秘書監。梁書卷三三、南史卷三九有傳。梁書劉孝綽傳：「初，孝綽與到洽友善，同遊東宮。孝綽自以才優於洽，每於宴坐，嗤鄙其文，洽銜之。及孝綽爲廷尉卿，攜妾入官府，其母猶停私宅。洽尋爲御史中丞，遣令史案其事，遂劾奏之，云：『攜少妹于華省，棄老母於下宅。』高祖爲隱其惡，改『妹』爲『姝』。坐免官。孝綽諸弟，時隨藩皆在荆、雍，乃與書論共洽不平者十事，其辭皆鄙到氏。又寫別本封呈東宮，昭明太子命焚之，不開視也。時世祖出爲荆州，至鎮，與孝綽書曰」云云。劉孝綽有答湘東王書，亦見梁書本傳。考梁書卷五元帝紀，蕭繹初爲荆州刺史在普通七年（526）。吴光興蕭綱蕭繹年譜卷一「普通七年」下亦云：「湘東王繹至荆州鎮，致書安慰劉孝綽。」

〔二〕屏居：隱居。漢書卷五二竇嬰傳：「〔孝景〕七年，栗太子廢，嬰爭，弗能得，謝病，屏居藍田南山下數月。」顔師古注：「屏，隱也。」今按：劉孝綽因事罷官，故稱。

〔三〕差：副詞。助字辨略卷四：「差，僅也，略也。」〇肆意：縱情任意。〇典墳：「三墳五典」的省稱。左傳昭公十二年：「是能讀三墳、五典、八索、九丘。」杜預注：「皆古書名。」文選卷三張衡東京賦：「昔常恨三墳五典既泯，仰不睹炎帝帝魁之美。」薛綜注：「三墳，三皇之書也。五典，五帝之書也。」李善注：「左氏傳，楚子曰：左史倚相能讀三墳、五典、八索、九丘也。」此處泛指古代文獻。

〔四〕吟詠情性：謂作詩。六朝人認爲詩是抒寫情性的，故稱。梁書卷四九文學上庾肩吾傳：「時太子與湘東王書論之曰：『……未聞吟詠情性，反擬内則之篇；操筆寫志，更摹酒誥之作。』」

〔五〕數：稱説。荀子勸學：「故誦數以貫之，思索以通之。」清俞樾平議：「誦數猶誦説也。」

〔六〕委約：文選卷三三宋玉九辯：「離芳藹之方壯兮，余委約而悲愁。」王逸注：「身體疲病而憂窮也。」吕向注：「使余委棄而悲愁也。約，棄也。」○伎癢：亦作「技癢」。文選卷九潘岳射雉賦：「屏發布而累息，徒心煩而技懩。」徐爰注：「有技藝欲逞曰技懩也。」

〔七〕虞卿：戰國時遊説之士。因説趙孝成王，爲趙上卿，故號虞卿。後因救魏相魏齊，棄相印與魏齊逃亡，困於梁。史記卷七六有傳。史記本傳：「魏齊已死，不得意，乃著書，上採春秋，下觀近世，曰節義、稱號、揣摩、政謀，凡八篇，以刺譏國家得失，世傳之曰虞氏春秋。太史公曰：……虞卿料事揣情，爲趙畫策，何其工也！及不忍魏齊，卒困於大梁，庸夫且知其不可，況賢人乎？然虞卿非窮愁，亦不能著書以自見於後世云。」○史遷：指司馬遷。遷字子長，西漢左馮翊夏陽人，繼父司馬談爲太史令，撰史。後因李陵之禍下獄，受腐刑。出獄後任中書令，發憤著書，寫成史記。生平詳史記卷一三〇太史公自序、漢書卷六二司馬遷傳。漢書本傳載遷報任安書，有云：「僕竊不遜，近自託於無能之辭，網羅天下放失舊聞，考之行事，稽其成敗興壞之理，凡百三十篇，亦欲以究天人之際，通古今之變，成一家之言。……僕誠已著此書，藏之名山，傳之其人通邑大都，則僕償前辱之責，雖萬被戮，豈有悔哉！」〇由：册府元龜卷一九二作「繇」。今按：繇，通「由」。

〔八〕摛屬：摛采屬文。指創作。

〔九〕洛地紙貴：晉書卷九二文苑左思傳載：左思撰三都賦成，不爲時人所重。及皇甫謐爲作序，張載、劉淵林爲作注，張華見之，歎爲「班張之流也」，「於是豪貴之家競相傳寫，洛陽爲之紙貴」。

〔一〇〕京師名動：後漢書卷八〇文苑列傳趙壹：「光和元年，舉郡上計，到京師。……〔羊〕陟乃與袁逢共稱薦之。名動京師，士大夫想望其風采。」册府元龜卷一九二脱「名動」二字。

〔一一〕無：册府元龜卷一九二脱。

〔一二〕懷舊之篇：蕭繹金樓子著書篇載：「懷舊志一秩一卷。金樓撰。」浦起龍史通通釋雜述以爲：「此謂私志之書，各録知交，而非正史。」蓋蕭繹此時正在撰懷舊志，已有「懷舊」之篇了。

〔一三〕「小生」二句：意謂欲用人，恐人不爲己所用，反而被辱。漢書卷六七朱雲傳：「雲自是之後不復仕，常居鄠田，時出乘牛車從諸生，所過皆敬事焉。薛宣爲丞相，雲往見之。宣備賓主禮，因留雲宿，從容謂雲曰：『在田野亡事，且留我東閣，可以觀四方奇士。』雲曰：『小生乃欲相吏邪？』宣不敢復言。」顔師古注：「小生謂其新學後進。言欲以我爲吏乎。」盧江，郡名。西漢朱邑爲盧江人，而朱雲乃魯人。疑蕭繹混淆二朱籍貫，誤以盧江指朱雲。

〔一四〕「遮道」二句：意謂擔心屬下不忠於自己，反而幹壞事。後漢書卷二二劉隆傳：「是時，天下墾田多不以實，又户口年紀互有增減。十五年，詔下州郡檢覈其事，而刺史太守多不平均，或優饒豪右，侵刻羸弱，百姓嗟怨，遮道號呼。時諸郡各遣使奏事，帝見陳留吏牘上有書，視之，云『潁川、弘農可問，河南、南陽不可問』。帝詰吏由趣，吏不肯服，抵言於長壽街上得之。帝怒。時顯宗爲東海公，年十二，在幄後言曰：『吏受郡敕，當欲以墾田相方耳。』帝曰：『即如此，何故言河南、南陽不可問？』對曰：『河南帝城，多近臣，南陽帝鄉，多近親，田宅踰制，不可爲準。』帝令虎賁將詰問吏，吏乃實首服，如顯宗對。於是遣謁者考實，具知姦狀。明年，隆坐徵下獄，其疇輩十餘人皆死。帝以隆功臣，特免爲庶人。」遮道，攔道。從事，亦稱從事史，官名。州府屬官，有治中、别駕、諸部從事。

〔一五〕褰帷：後漢書卷三一賈琮傳：「以琮爲冀州刺史。舊典，傳車驂駕，垂赤帷裳，迎於州界。及琮之部，升車言曰：『刺史當遠視廣聽，糾察美惡，何有反垂帷裳以自掩塞乎？』乃命御者褰之。百城聞風，自然竦震。」此謂虚心瞭解民情。褰，張本作「搴」。

〔一六〕求瘼：指政務。册府元龜卷一九二引作「坐幙」。瘼，詩經小雅四月：「亂離瘼矣，爰其適歸。」毛傳：「瘼，病。」此指民間疾苦。

〔一七〕暇豫：空閒。

〔一八〕心乎愛矣：詩經小雅隰桑：「心乎愛矣，遐不謂矣？中心藏之，何日忘之！」

〔一九〕惠音：對朋友來信的敬稱。文選卷二四陸機贈馮文羆：「夫子茂遠猷，款誠寄惠音。」

〔二〇〕清風：詩經大雅烝民：「吉甫作誦，穆如清風。」鄭玄箋：「吉甫作此工歌之誦，其調和人之性，如清風之養萬物然。」此代指詩文。○聞：册府元龜卷一九二作「竟」。

〔二一〕温玉：詩經秦風小戎：「言念君子，温其如玉。」鄭玄箋：「念君子之性温然如玉，玉有五德。」禮記聘義：「夫昔者君子比德于玉焉。温潤而澤，仁也；縝密以栗，知也；廉而不劌，義也；垂之如隊，禮也；叩之，其聲清越以長，其終詘然，樂也；瑕不揜瑜，瑜不揜瑕，忠也；孚尹旁達，信也；氣如白虹，天也；精神見于山川，地也；圭璋特達，德也；天下莫不貴者，道也。詩云：『言念君子，温其如玉。』故君子貴之也。」此喻品格高尚。

〔二二〕飢渴明珠：三國志卷一三魏書鍾繇傳裴松之注引魏略：「後太祖征漢中，太子在孟津，聞繇有玉玦，欲得之而難公言。密使臨菑侯轉因人説之，繇即送之。太子與繇書曰：『夫玉以比德君子，見美詩人。晉之垂棘，魯之璵璠，宋之結緑，楚之和璞，價越萬金，貴重都城，有稱疇昔，流聲將來。是以垂棘出晉，虞、虢雙禽；和璧入秦，相如抗節。竊見玉書，稱美玉白若截肪，黑譬純漆，赤擬雞冠，黄侔蒸栗。側聞斯語，未睹厥狀。雖德非君子，義無詩人，高山景行，私所慕仰。然四寶邈焉以遠，秦、漢未聞有良匹。是以求之曠年，未遇厥真，私願不果，飢渴未副。近見南陽宗惠叔稱君侯昔有美玦，聞之驚喜，笑與抃俱。』」

〔二三〕卞：指卞和，春秋時楚國人。相傳他發現了一塊璞玉，經加工果爲寶玉，即和氏璧。事見韓非子和氏及劉向新序卷五雜事。○隨：隨侯，傳説隨侯得到寶珠，即隨侯珠。詳淮南子卷六覽冥訓「隨侯之珠在於前」高誘注。册府元龜卷一九二引作「隋」。今按：隨、隋同。

〔二四〕好事：孟子萬章上：「萬章問曰：『或謂孔子於衛主癰疽，于齊主侍人瘠環，有諸乎？』孟子曰：『否，不然也。好事者爲之也。』」朱熹集注：「好事，謂喜造言生事之人也。」

〔二五〕匆：册府元龜卷一九二引作「忽」。

〔二六〕請：册府元龜卷一九二引作「情」。

〔二七〕由：册府元龜卷一九二引作「繇」。今按：繇，通「由」。

〔二八〕遲：集韻志韻：「遲，待也。」○札：册府元龜卷一九二引作「禮」。

【附】梁書卷三三劉孝綽傳録劉孝綽答湘東王書云：伏承自辭皇邑，爰至荆臺，未勞刺舉，且摛高麗。近雖預觀尺錦，而不睹全玉。昔臨淄詞賦，悉與楊脩，未殫寶笥，顧慚先哲。渚宫舊俗，朝衣多故，李固之薦二賢，徐璆之奏五郡，威懷之道，兼而有之。當欲使金石流功，恥用翰墨垂迹。雖乖知二，偶達聖心。爰自退居素里，却掃窮閈，比楊倫之不出，譬張摯之杜門。昔趙卿窮愁，肆言得失；漢臣鬱志，廣敘盛衰。彼此一時，擬非其匹。竊以文豹何辜，以文爲罪。由此而談，又何容易。故韜翰吮墨，多歷寒暑，既闕子幼南山之歌，又微敬通渭水之賦，無以自同獻笑，少酬褒誘。且才乖體物，不擬作於玄根；事殊宿諾，寧貽懼於朱亥。顧己反躬，載懷累息。但瞻言漢廣，邈若天涯，區區一心，分宵九逝。殿下降情白屋，存問相尋，食椹懷音，矧伊人矣。

與蕭挹書〔一〕

闊别清顔，忽焉已久〔二〕。未復音息〔三〕，勞望情深〔四〕。暑氣方隆，恒保清善〔五〕。握蘭雲閣〔六〕，解紱龍樓〔七〕，允膺妙選〔八〕，良爲幸甚。想同僚多士〔九〕，方駕連曹〔一〇〕，雅步南宫〔一一〕，容與自玩〔一二〕，士衡已後〔一三〕，唯在兹日。惟昆與季〔一四〕，文藻相暉；二陸、三張〔一五〕，豈獨擅美〔一六〕。比暇日無事〔一七〕，時復含毫〔一八〕，頗有賦詩，别當相簡。但衡巫峻極〔一九〕，漢水悠長〔二〇〕；何時把袂〔二一〕，共披心腹〔二二〕。藝文類聚卷三〇、梁文紀卷四、御製集、閣本、張本、全梁文、丁本。

【校注】

〔一〕與蕭挹書：蕭挹，人名。疑爲梁安成王秀之子。秀有子機、推，見梁書卷二二蕭秀傳附，又有子撝，見周書卷四二蕭撝傳。又，集古録卷四梁智藏法師碑（原注：普通三年，真跡）：

「右梁智藏法師碑，梁湘東王蕭繹撰銘，新安太守蕭幾作敘，尚書殿中郎蕭挹書，世號三蕭碑。」今按：書言蕭挹「握蘭雲閣」，「雅步南宮」，知在尚書郎任上。且書末有「衡巫峻極」云云，知蕭繹此時在荆州。考梁書卷五元帝紀，繹之爲荆州刺史始於普通七年（526），則此書之作當在其後，且其時蕭挹仍在尚書郎任上。

〔二〕忽焉已久：文選卷四一孔融論盛孝章書：「五十之年，忽焉已至。」

〔三〕音息：閣本、張本作「音信」。

〔四〕勞望：盼望思念。宋書卷一〇〇自序：宣城太守王僧達書與范璞曰：「離析有時，音旨無日，憂詠沈吟，增其勞望。」勞，憂愁。文選卷四二曹植與楊德祖書：「數日不見，思子爲勞，想同之也。」

〔五〕清善：美好。

〔六〕握蘭：漢應劭漢官儀卷上：「〔尚書郎〕握蘭含香，趨走丹墀奏事。」蘭，香草。今按：蕭挹爲尚書殿中郎，故蕭繹有此稱。〇雲閣：文選卷七揚雄甘泉賦：「乘雲閣而上下兮，紛蒙籠以掍成。」李善注：「雲閣，言高連雲也。」此指宮殿。

〔七〕解紱（fú）：解下印綬。指去官。紱，文選卷二張衡西京賦：「降尊就卑，懷璽藏紱。」李善注：「紱，綬也。」〇龍樓：漢書卷一〇成帝紀：「上嘗急召，太子出龍樓門。」顏師古注引張晏曰：「門樓上有銅龍，若白鶴、飛廉之爲名也。」文選卷四六王融三月三日曲水詩序：「出龍樓而問豎，入虎闈而齒胄。」李周翰注：「龍樓，漢太子門名也。」借指太子所居之宫。今按：據此句，知蕭挹爲尚書殿中郎前，曾任職東宫。

〔八〕允膺：承當。文選卷五九沈約齊故安陸昭王碑文：「公以宗室羽儀，允膺嘉選。」呂向注：「允，信也；膺，當也。」○妙選：指中選的出色人物。

〔九〕多士：衆多賢士。尚書多士序：「成周既成，遷殷頑民，周公以王命誥，作多士。」孔安國傳：「所告者即衆士，故以名篇。」

〔一〇〕方駕：文選卷二張衡西京賦：「酒車酌醴，方駕授饔。」李善注：「鄭玄儀禮注曰：方，併也。」資治通鑑卷一七三陳紀陳宣帝「太建十一年」：「周天元如洛陽……仍令四后方駕齊驅。」胡三省注：「方駕，並駕也。」喻指比肩，媲美。○連曹：謂同僚。曹，指官職。三國志卷四二蜀書杜瓊傳：「古者名官職不言曹；始自漢已來，名官盡言曹，使言屬曹，卒言侍曹，此殆天意也。」

〔一一〕南宫：「尚書省」的别稱。後漢書卷三三鄭弘傳：「爲尚書令……弘前後所陳有補益王政者，皆著之南宫，以爲故事。」資治通鑑卷二九三后周紀世宗睿武孝文皇帝「顯德四年」：「乞令即日宰相於南宫三品、兩省給、舍以上，各舉所知。」胡三省注：「南宫，謂尚書省也。」今按：蕭挹時官尚書殿中郎，故云「雅步南宫」。

〔一二〕容與：後漢書卷二八馮衍傳下：「意斟愖而不澹兮，俟回風而容與。」李賢注：「容與，猶從容也。」

〔一三〕士衡：陸機字士衡。機，吴郡吴人。吴亡，入洛，仕西晉，曾官尚書殿中郎。機有文名於當時，著晉記四卷，洛陽記一卷，要覽若干卷。後人輯有陸士衡集。晉書卷五四有傳。

〔一四〕昆與季：謂兄弟。此指蕭挹兄弟蕭機、蕭推、蕭撝等。梁書卷二二太祖五王蕭秀傳附蕭機傳：「機美姿容，善吐納。家既多書，博學强記。」同卷附蕭推傳：「南浦侯推字智進，機次弟也。少清敏，好屬文，深爲太宗所賞。」周書卷四二蕭撝傳：「蕭撝字智遐，蘭陵人也。梁武帝弟安成王秀之子也。性温裕，有儀表。年十二，入國學，博觀經史，雅好屬文。」

〔一五〕二陸、三張：鍾嶸詩品序：「太康中，三張、二陸、兩潘、一左，勃爾俱興，踵武前王，風流未沫，亦文章之中興也。」晉書卷五五張亢傳：「時人謂載、協、亢、陸機、雲曰『二陸』、『三張』。」

〔一六〕擅美：專美，獨享美名。擅，説文解字手部：「擅，專也。」

〔一七〕比：資治通鑑卷七五魏紀邵陵厲公中「嘉平元年」：「比來天下奢靡轉相倣。」胡三省注：「比，毗寐翻，近也。比來，猶言近來也。」〇暇日：空閒的日子。孟子梁惠王上：「壯者以暇日修其孝悌忠信。」宋孫奭疏：「前所謂閒暇日者，蓋言民於耕耨田地之外，有休息閒暇之日也。」

〔一八〕含毫：謂吮筆寫作。晉陸機文賦：「或操觚以率爾，或含毫而邈然。」

〔一九〕衡巫：衡山和巫山的並稱。文選卷二七顏延之始安郡還都與張湘州登巴陵城樓作詩：「江漢分楚望，衡巫奠南服。」李善注：「衡、巫，二山名。」

〔二〇〕漢水：長江最大的支流，發源於陝西省西南部秦嶺與米倉山之間的冢山，過湖北省襄樊、荆門等市，在武漢市匯入長江。今按：由上文「衡巫」和此「漢水」可知，時蕭繹爲荆州刺史。

〔二一〕把袂：拉住衣袖。表示親昵。南朝梁何遜贈江長史别詩：「餞道出郊坰，把袂臨洲渚。」

〔二二〕共披心腹：文選卷三九鄒陽獄中上書自明：「今人主誠能去驕傲之心，懷可報之意，披心腹，見情素。」

與學生書〔一〕

吾聞斲玉爲器，諭乎知道〔二〕；惟山出泉，譬乎從學〔三〕。是以執射執御，雖聖猶然〔四〕；爲弓爲箕〔五〕，不無以矣〔六〕。抑又聞曰：漢人流麥〔七〕，晉人聚螢〔八〕。安有挾册讀書，不覺風雨以至〔九〕；朗月章奏，不知爝火爲微〔一〇〕。所以然者，良有以夫〔一一〕！可久可大，莫過乎學〔一二〕；求之於己〔一三〕，道在則尊〔一四〕。藝文類聚卷二三、梁文紀卷四、御製集、閣本、張本、全梁文、丁本。

【校注】

〔一〕與學生書：蕭繹有請於州立學校表、召學生教，作於大通元年（527）左右，此書殆亦同時作。

〔二〕「吾聞」二句：禮記學記：「玉不琢，不成器。人不學，不知道。是故古之王者建國君民，教學爲先。」論，梁文紀卷四、閣本、張本作「喻」。今按：喻、諭同。

〔三〕「惟山」二句：周易蒙卦：「象曰：山下出泉，蒙。君子以果行育德。」

〔四〕「是以」句：論語子罕：「達巷黨人曰：『大哉孔子！博學而無所成名。』子聞之，謂門弟子曰：『吾何執？執御乎？執射乎？吾執御矣。』」

〔五〕爲弓爲箕：禮記學記：「良冶之子，必學爲裘。良弓之子，必學爲箕。始駕馬者反之，車在馬前。君子察于此三者，可以有志於學矣。」孔穎達疏：「此一節論學者數見數習，其學則善，故三譬之。……『良弓之子，必學爲箕』者，此第二譬。亦世業者。箕，柳箕也。言善爲弓之家，使幹角橈屈，調和成其弓，故其子弟亦覩其父兄世業，仍學取柳和軟，橈之成箕也。……『君子察於此三者，可以有志於學矣』者，結上三事。三事皆須積習，非一日所成。君子察此三事之由，則可有志於學矣。」

〔六〕以：詩經邶風旄丘：「何其久也？必有以也。」朱熹集傳：「以，他故也。」正字通人部：「以，故也。」

〔七〕漢人流麥：後漢書卷八三逸民傳高鳳：「高鳳字文通，南陽葉人也。少爲書生，家以農畝爲業，而專精誦讀，晝夜不息。妻嘗之田，曝麥於庭，令鳳護雞。時天暴雨，而鳳持竿誦經，不覺潦水流麥。妻還怪問，鳳方悟之。其後遂爲名儒，乃教授于西唐山中。」

〔八〕晉人聚螢：藝文類聚卷九七引續晉陽秋曰：「車胤字武子，學而不倦，家貧，不常得油，夏日用練囊，盛數十螢火，以夜繼日焉。」

〔九〕「安有」二句：即上文「漢人流麥」事。以，全梁文、丁本作「已」。今按：以、已同。

〔一〇〕「朗月」二句：蓋指車胤囊螢事。章奏，臣下呈報給皇帝的文書。爝火，莊子逍遥遊：「堯讓天下于許由，曰：『日月出矣，而爝火不息；其於光也，不亦難乎！』」成玄英疏：「爝火，猶炬火也，亦小火也。」

〔一一〕有以：猶有因。文選卷四二魏文帝與吳質書：「古人思炳燭夜遊，良有以也。」

〔一二〕「可久」二句：周易繫辭上：「易則易知，簡則易從。易知則有親，易從則有功。有親則可久，有功則可大；可久則賢人之德，可大則賢人之業。易簡而天下之理得矣。天下之理得，而成位乎其中矣。」梁簡文帝誡當陽公書：「汝年時尚幼，所闕者學，可久可大，其唯學歟。」

〔一三〕求之於己：論語衛靈公：「君子求諸己，小人求諸人。」文子上德：「怨人不如怨己，求人不如求己。」

〔一四〕道在則尊：文選卷一六潘岳閒居賦：「教無常師，道在則是。」李善注：「蔡邕勸學篇曰：人無貴賤，道在則尊。論語，叔孫武叔曰：吾亦何常師之有，道在則是。言有道則可以爲師。」

【集評】

三國兩晉南北朝文選梁文元帝：錢云：進學解乃其蟬嫣。

答晉安王敘南康簡王薨書〔一〕

南康兄器宇沖貴〔二〕，風神英挺。魏之中山〔三〕，徒聞退讓；晉之扶風〔四〕，雖號師範〔五〕。用今方昔，若吞夢雲〔六〕。及尋陽私疾〔七〕，孝感神明；殆不勝喪〔八〕，扶而後起〔九〕。猶冀天道可期〔一〇〕，豈謂福善虛説〔一一〕。且分違易久〔一二〕，嘉會難逢〔一三〕。綢繆宮闈〔一四〕，不過紈綺之歲〔一五〕；離群作鎮〔一六〕，動迴星紀之曆〔一七〕。志冀雙鸞之集〔一八〕，遽切四鳥之悲〔一九〕。松茂柏悦，夙昔歡抃；芝焚蕙歎，今用嗚咽〔二〇〕。藝文類聚卷二一、梁文紀卷二、御製集、閣本、張本、全梁文、丁本。

【校注】

〔一〕答晉安王敘南康簡王薨書：晉安王，指蕭綱。綱爲南朝梁武帝第三子。初封晉安王，昭明太子蕭統死，繼立爲太子。太清末即位，爲侯景所殺。廟號太宗。梁書卷四、南史卷八梁本紀有紀。南康簡王，梁武帝第四子蕭績。績字世謹。天監八年（509），封南康郡王。曾出爲江州刺史，大通三年（529），因感病卒于任上，時年二十五。謚曰簡。梁書卷二九、南史卷五三有傳。又，梁簡文帝蕭綱有敘南康簡王薨上東宮啓，梁文紀卷二於蕭繹文前選録蕭綱文，而于蕭繹文題下小注：「前啓乃簡文爲晉安王時，當亦及湘東，故有此答。」

〔二〕器宇：儀表，氣概。〇沖：資治通鑑卷六五漢紀「建安十三年」：「斥華僞，進沖遜。」胡三省注：「沖，謙虚也，和也。」

〔三〕魏之中山：指曹操子曹衮。衮，三國魏沛國譙人。初封平鄉侯，多次改封。明帝太和六年（232），改封中山王。以謹慎、謙退著稱。後病終。三國志卷二〇魏書武文世王公傳有傳。

〔四〕晉之扶風：指晉扶風武王司馬駿。駿字子臧。初封汝陰王，後徙封扶風王。晉書卷三八有傳。晉書本傳：「及長，清貞守道，宗室之中最爲儁望。……駿有孝行，母伏太妃隨兄亮在官，駿常涕泣思慕，若聞有疾，輒憂懼不食，或時委官定省。」

〔五〕雖：只，僅。清王引之經傳釋詞卷三：「惟，獨也，亦作『雖』。」〇師範：學習之楷模。

〔六〕吞夢雲：文選卷七司馬相如子虚賦：「且齊東陼鉅海，南有琅邪。……吞若雲夢者八九，於其胸中，曾不蔕芥。」雲夢，春秋戰國時楚王的遊獵區。

〔七〕尋陽私疾：梁書卷二九高祖三王南康簡王績傳：「〔普通〕五年，出爲使持節、都督江州諸軍事、江州刺史。丁董淑儀憂，居喪過禮，高祖手詔勉之，使攝州任，固求解職，乃徵授安右將軍、領石頭戍軍事，尋加護軍。羸瘠弗堪視事。」尋陽，江州鎮所，在今江西省九江市西南。此指在江州刺史任上。私疾，猶私喪。此指蕭續生母董淑儀之喪。

〔八〕殆不勝喪：幾乎承受不了喪事的哀痛。禮記曲禮上：「居喪之禮，頭有創則沐，身有瘍則浴，有疾則飲酒食肉，疾止復初。不勝喪，乃比於不慈不孝。」孔穎達疏：「不勝喪，謂疾不食酒肉，創瘍不沐浴，毀而滅性者也。」宋書卷五七蔡廓傳：「尋除中軍諮議參軍，太尉從事中郎。未拜，遭母憂。性至孝，三年不櫛沐，殆不勝喪。」殆，王引之經傳釋詞卷六「殆」：「殆者，近也，幾也，將然之詞也。」

〔九〕扶而後起：禮記喪服：「百官備，百物具，不言而事行者，扶而起。言而後事行者，杖而起。」孔穎達疏：「『百官備，百物具，不言而事行者，扶而起』者，此謂王侯也。喪具觸事委任百官，不假自言而事得行。故許子病深。雖有扶病之杖，亦不能起，故又須人扶乃起也。」墨子公孟：「又厚葬久喪，重爲棺椁，多爲衣衾，送死若徙，三年哭泣，扶後起，杖後行，耳無聞，目無見。」後漢書卷七〇孔融傳：「年十三，喪父，哀悴過毀，扶而後起，州里歸其孝。」

〔一〇〕天道：天意。尚書湯誥：「天道福善、禍淫，降災于夏，以彰厥罪。」老子第七九章：「天道無親，常與善人。」

〔一一〕福善虛説：謂天佑善人的説法不可信。史記卷六一伯夷傳：「或曰：『天道無親，常與善人。』若伯夷、叔齊，可謂善人者非邪？積仁絜行如此而餓死！且七十子之徒，仲尼獨薦顏淵爲好學。然回也屢空，糟糠不厭，而卒蚤夭。天之報施善人，其何如哉？盜蹠日殺不辜，肝人之肉，暴戾恣睢，聚黨數千人横行天下，竟以壽終。是遵何德哉？此其尤大彰明較著者也。若至近世，操行不軌，專犯忌諱，而終身逸樂，富厚累世不絶。或擇地而蹈之，時然後出言，行不由徑，非公正不發憤，而遇禍災者，不可勝數也。余甚惑焉，儻所謂天道，是邪非邪？」

〔一二〕分違：離別。違，詩經邶風谷風：「行道遲遲，中心有違。」毛傳：「違，離也。」

〔一三〕嘉會難逢：文選卷二九李陵與蘇武詩：「嘉會難再遇，三載爲千秋。」

〔一四〕綢繆：文選卷四二吴質答東阿王書：「奉所惠貺，發函伸紙，是何文采之巨麗，而慰喻之綢繆乎！」吕延濟注：「綢繆，謂殷勤之意也。」○宫閫（kǔn）：宫門。閫，史記卷一○二張釋之馮唐列傳：「臣聞上古王者之遣將也，跪而推轂，曰閫以内者，寡人制之；閫以外者，將軍制之。」裴駰集解引韋昭曰：「此郭門之閫也。門中橛曰閫。」張守節正義：「閫音苦本反。謂門限也。」

〔一五〕紈綺：精細有花紋的絲織品。此謂年少。藝文類聚卷三○引梁張纘離別賦曰：「太常劉侯，前輩宿達，余在紈綺之歲，固已欽其風矣。」○歲：梁文紀卷一六、閻本、張本、全梁文、丁本作「事」。

〔一六〕作鎮：謂作地方官，鎮守一方。

〔一七〕動：往往。清劉淇助字辨略卷三「動」字條：「凡云動者，即兼動輒之意，乃省文也。動，舉動也；輒，即也。言每舉動即如此也。」〇迴星紀之曆：謂逾年。星紀，星次名，十二次之一。古與十二辰之丑相對應，用以紀年。左傳襄公二十八年：「歲在星紀，而淫于玄枵。」杜預注：「歲，歲星也。星紀在丑，斗牛之次。」

〔一八〕冀：閣本、張本、全梁文、丁本作「異」。〇雙鸞之集：喻兄弟之聚集。文選卷二五引西晉傅咸贈何劭王濟詩并序曰：「朗陵公何敬祖，咸之從内兄；國子祭酒王武子，咸從姑之外孫也。並以明德見重於世，咸親之重之，情猶同生，義則師友。何公既登侍中，武子俄而亦作，二賢相得甚歡，咸亦慶之。然自恨闇劣，雖願其繾綣，而從之末由。歷試無效，且有家艱。賦詩申懷，以貽之云爾。日月光太清，列宿曜紫微。赫赫大晉朝，明明闢皇闈。吾兄既鳳翔，王子亦龍飛。雙鸞游蘭渚，二離揚清暉。」李善注：「鸞離，喻王、何也。」初學記卷一八引蘇武别李陵詩曰：「二鳧俱北飛，一鳧獨南翔。子當留斯館，我當歸故鄉。」三國魏嵇康兄秀才公穆入軍贈詩曰：「雙鸞匿景曜，戢翼太山崖。……單雄翻孤逝，哀吟傷生離。」

〔一九〕四鳥之悲：指喪親之悲。説苑卷一八辨物：「孔子晨立堂上，聞哭者聲音甚悲。孔子援瑟而鼓之，其音同也。孔子出，而弟子有吒者。問：『誰也？』曰：『回也。』孔子曰：『回爲何而吒？』回曰：『今者有哭者，其音甚悲，非獨哭死，又哭生離者。』孔子曰：『何以知之？』回曰：『似完山之鳥。』孔子曰：『何如？』回曰：『完山之鳥生四子，羽翼已成，乃離四海，哀鳴送之，爲是往而不復返也。』孔子使人問哭者。哭者曰：『父死家貧，賣子以葬父，將與其別也。』孔子曰：『善哉，聖人也！』」

〔二〇〕「松茂」四句：文選卷一六陸機歎逝賦：「信松茂而柏悦，嗟芝焚而蕙歎。」李善注：「毛詩曰：如松之茂。淮南子曰：巫山之上，順風縱火，紫芝與蕭艾俱死。柏悦蕙歎，蓋以自喻。」歡抃，歡欣鼓舞。芝焚，喻賢德者之亡逝。北周庾信思舊銘：「麟亡星落，月死珠傷，瓶罄罍恥，芝焚蕙歎。」

【集評】

閻本：評「松茂柏悦，夙昔歡抃；芝焚蕙歎，今用鳴咽」：俯仰情切。

【附】

藝文類聚卷二一引梁簡文帝蕭綱敘南康簡王薨上東宮啓曰：方當逸足長衢，克固蕃屏，而峰摧璧毁，一朝云及。綱兄弟各從王役，東守西撫，常願陪承甲館，同奉畫堂，預得西苑賦文，北場旅食，豈謂不幸，獨隔昭世，異林有悲，飛鳴斯切。伏惟殿下，愛睦思深，常棣天篤，北海云亡，騎傳餘藁，東平告盡，驛問留書。嗚呼此恨，復在兹日。

答劉縚求述制旨義書〔一〕

學山學海〔二〕，未臻其極；爲龍爲光〔三〕，或從王事〔四〕。所賴昔經陝服〔五〕，頗足良書〔六〕；憑几據梧〔七〕，静供遊目。枕中之記，即用爲枕〔八〕；帷前之秩，仍可爲帷〔九〕。對此自娱，敬而待命。叩而必應，已謝懸鍾〔一〇〕；汲而無竭，復乖井養〔一一〕。

藝文類聚卷五八、梁文紀卷四、御製集、閣本、張本、全梁文、丁本。

【校注】

〔一〕答劉縮求述制旨義書：劉縮，生平不詳。梁文紀卷四作「劉縚」，題下小注：「縚字言明，昭之子，爲尚書祠部郎，藝文類聚作『縮』，誤。」劉縚，字言明。好學，通三禮。大同中，爲尚書祠部郎，尋去職，不復仕。縚弟緩，曾歷官安西湘東王蕭繹記室，時西府盛集文學，緩居其首。後遷鎮南湘東王中録事，復隨府江州，卒。二人梁書卷四九、南史卷七二有傳。述，闡述。論語述而：「述而不作，信而好古。」皇侃疏：「述者，傳於舊章也。」制旨，對帝王言論、著述的尊稱。南齊書卷四八袁彖傳：「其中朝議不能斷者，制旨平决。」今按：書云「昔經陝服，頗足良書」，是當作於離任荆州刺史以後。考梁書卷五元帝紀，蕭繹普通七年(526)出爲荆州刺史，大同五年(539)入爲安右將軍、護軍將軍，六年出爲江州刺史，太清元年(547)再爲荆州刺史。此後未離荆州。則此書當作於大同五年(539)至太清元年(547)間。

〔二〕學山學海：漢揚雄法言學行：「百川學海而至於海，丘陵學山不至於山，是故惡夫畫也。」後指學問淵博的人。晉王嘉拾遺記卷六後漢：「何休木訥多智，三墳五典、陰陽算術、河洛讖緯，及遠年古諺，歷代圖籍，莫不成誦也。……京師謂康成爲『經神』，何休爲『學海』。」

〔三〕爲龍爲光：詩經小雅蓼蕭：「既見君子，爲龍爲光。其德不爽，壽考不忘。」毛傳：「龍，寵也。」鄭玄箋：「爲寵爲光，言天子恩澤光耀被及己也。」

〔四〕王事：王命差遣的公事。詩經小雅北山：「王事適我，政事一埤益我。」鄭玄箋：「國有王命役使之事，則不以之彼，必來之我。」

〔五〕陝服：指古荆州地。南齊書卷一五州郡志：「弘農郡陝縣，周世二伯總諸侯，周公主陝東，召公主陝西，故稱荆州爲陝西也。」文選卷六〇任昉齊竟陵文宣王行狀：「初，沈攸之跋扈上流，稱亂陝服。」吕向注：「上流，荆州也。時攸之爲荆州刺史，宋順帝即位，起兵作亂。時以荆州比陝州，爲分陝之望也，如侯、甸之服，故云陝服也。」今按：據梁書之武帝紀及元帝紀，蕭繹普通七年(526)十月出爲荆州刺史。

〔六〕頗足良書：金樓子聚書篇載：「前在荆州時，晉安王子時鎮雍州，啓請書寫。比應入蜀，又寫得書。又遣州民宗孟堅下都，市得書。又得鮑中記泉上書。安成煬王於湘州薨，又遣人就寫得書。劉大南郡之遴、小南郡之亨、江夏欒法才、别駕庾喬、宗仲回、主簿庾格、僧正法持綎經書，是其家者，皆寫得。又得招提琰法師衆義疏及衆經序。又得頭陀寺曇智法師陰陽、卜祝、塚宅等書。又得州民朱澹遠送異書。又於長沙寺經藏，就京公寫得四部。又於江州江革家，得元嘉前漢書五帙，又就姚凱處得三帙，又就江録處得四帙。足爲一部，合二十帙，一百一十五卷，並是元嘉書，紙墨極精奇。又聚得元嘉後漢，並史記、續漢春秋、周官、尚書及諸子集等，可一千餘卷。又聚得細書周易、尚書、周官、儀禮、禮記、毛詩、春秋各一部。又使孔昂寫得前漢、後漢、史記、三國志、晉陽秋、莊子、老子、肘後方、離騷等，合六百三十四卷，悉在一巾箱中，書極精細。」可知蕭繹在荆州刺史任上確實聚書不少。

〔七〕憑几據梧：靠著梧几。莊子齊物論：「昭文之鼓琴也，師曠之枝策也，惠子之據梧也，三子之知幾乎。」成玄英疏：「據梧者，只是以梧几而據之談説，猶隱几者也。」几，説文解字几部段玉裁注：「古人坐而憑几。」

〔八〕「枕中」二句：即以書爲枕。形容對書的喜愛。枕中之記，指寶貴之書。越絶書卷一三越絶外傳枕中：「范子曰：『陽者主貴，陰者主賤。故當寒而不寒者，穀爲之暴貴；當温而不温者，穀爲之暴賤。譬猶形影、聲響相聞，豈得不復哉！故曰秋冬貴陽氣施於陰，陰極而復貴；春夏賤陰氣施於陽，陽極而不復。』越王曰：『善哉！』以丹書帛，置之枕中，以爲國寶。」又載：「范子曰：『陰陽進退者，固天道自然，不足怪也。夫陰入淺者即歲善，陽入深者則歲惡。幽幽冥冥，豫知未形。故聖人見物不疑，是謂知時，固聖人所不傳也。夫堯舜禹湯，皆有豫見之勞，雖有凶年而民不窮。』越王曰：『善。』以丹書帛，置之枕中，以爲邦寶。」另，傳淮南王劉安有枕中鴻寶，漢書卷三六楚元王傳附劉向傳：「上復興神仙方術之事，而淮南有枕中鴻寶苑祕書。」顏師古注：「鴻寶、苑祕書，並道術篇名。臧在枕中，言常存録之，不漏泄也。」又，隋書卷三四經籍志著録太公枕中記一卷、墨子枕中五行要記、華佗枕中灸刺經一卷。

〔九〕「帷前」二句：謂書囊皆可爲帷帳，形容書多。漢書卷六五東方朔傳：「上從容問朔：『吾欲化民，豈有道乎？』朔對曰：『堯、舜、禹、湯、文、武、成、康上古之事，經歷數千載，尚難言也，臣不敢陳。願近述孝文皇帝之時，當世耆老皆聞見之。貴爲天子，富有四海，身衣弋綈，足履革舄，以韋帶劍，莞蒲爲席，兵木無刃，衣緼無文，集上書囊以爲殿帷；以道德爲麗，以仁義爲準。於是天下望風成俗，昭然化之。』」太平御覽卷六九九引晉令曰：「元帝時，有奏太極殿施絳帳。帝詔曰：『漢文以上書皂囊爲帷，冬可青布，夏青疏。』」前，全梁文、丁本作「首」。秩，梁文紀卷四、御製集、閻本、張本、全梁文、丁本作「帙」。今按：秩，用同「帙」。説文解字巾部：「帙，書衣也。从巾，失聲。袠，帙或从衣。」

〔一〇〕「叩而」句：墨子卷一二公孟：「公孟子謂子墨子曰：『君子共己以待，問焉則言，不問焉則止。譬若鐘然，扣則鳴，不扣則不鳴。』子墨子曰：『是言有三物焉，子乃今知其一身也，又未知其所謂也。若大人行淫暴於國家，進而諫則謂之不遜，因左右而獻諫則謂之言議。此君子之所疑惑也。若大人爲政，將因於國家之難，譬若機之將發也然，君子之必以諫，然而大人之利。若此者，雖不扣必鳴者也。若大人舉不義之異行，雖得大巧之經，可行於軍旅之事，欲攻伐無罪之國，有之也，君得之，則必用之矣。以廣辟土地，著稅僞材。出必見辱，所攻者不利，而攻者亦不利，是兩不利也。若此者，雖不扣必鳴者也。且子曰：『君子共己待，問焉則言，不問焉則止。譬若鐘然，扣則鳴，不扣則不鳴。』今未有扣子而言，是子之謂不扣而鳴邪？是子之所謂非君子邪？』」鍾，張本作「鏡」。

〔一一〕井養：謂井水供養於人，源源不盡。周易井卦：象曰：「井養而不窮也。」孔穎達疏：「歎美井德，愈汲愈生，給養於人，無有窮已也。」

【集評】

三國兩晉南北朝文選梁文元帝：錢云：是張家帷裳，先書而後練者。

與蕭諮議等書〔一〕

蓋聞圓光七尺〔二〕，上暎真珠之雲；面門五色〔三〕，傍臨珊瑚之地〔四〕。化爲金案〔五〕，奪麗水之珍〔六〕；變同珂雪〔七〕，高玄霜之彩〔八〕。豈不有機則感，感而遂通〔九〕；有神則智，智而必斷〔一〇〕。故碧玉之樓，升堂未易；紫紺之殿，入室爲難〔一一〕。必須五根之信，以信爲首〔一二〕；六度之檀，以檀爲上〔一三〕。故能捨財從信〔一四〕，去有即空〔一五〕。率斯而談〔一六〕，良可知矣。

【校注】

〔一〕蕭諮議：疑指蕭賁。賁，字文奂，南蘭陵人，南齊竟陵王蕭子良之孫。起家梁湘東王蕭繹法曹參軍。侯景之亂後，得罪蕭繹，收付獄，餓死。南史卷四四有傳。其爲諮議參軍，史失載。金樓子聚書篇：「爲江州時，又寫蕭諮議賁、劉中紀緩、周録事弘直等書。」諮議，「諮議參軍」之省稱。王公軍府屬官，主諷議事。今按：據梁書武帝紀，蕭繹爲江州刺史在大同六年(540)十二月至太清元年(547)正月。蕭賁蓋在此期間爲蕭繹幕下諮議參軍，則此書作於此時。

〔二〕圓光：佛教謂菩薩頭頂上的圓輪金光。唐法琳辨正論十喻篇上：「如來身長丈六，方正不傾，圓光七尺，照諸幽冥。」

〔三〕面門：華嚴經探玄記卷三：「面門者，諸德有三釋：一云是口；一云是面之正容，非別口也；光統師云：鼻下口上中間是也。」

〔四〕珊瑚之地：謂積滿珍寶之地。珊瑚，佛説無量壽經卷上：「其佛國土自然七寶，金、銀、琉璃、珊瑚、琥珀、硨磲、瑪瑙，合成爲地。」

〔五〕金案：吴月氏優婆塞支謙譯須摩提女經：「爾時均頭沙彌亦復飛來，乃更歡喜，稱言大善，坐以金案，奉修精竭。」此處疑指佛像底座。

〔六〕麗水之珍：謂金。麗水，古水名。韓非子内儲説上：「荆南之地，麗水之中生金，人多竊采金。」

〔七〕珂雪：白雪。喻物之潔白。慧琳一切經音義卷二九：「廣雅：珂，白石也，次於玉也。埤蒼云：白馬瑙也。顧野王云：珂，螺屬也。出於海中，潔白如雪，所以嬰馬膺也。」

〔八〕玄霜：厚霜。

〔九〕「豈不」三句：周易繫辭上：「易無思也，無爲也，寂然不動，感而遂通天下之故。非天下之至神，其孰能與於此。夫易，聖人之所以極深而研幾也。唯深也，故能通天下之志。唯幾也，故能成天下之務。唯神也，故不疾而速，不行而至。」

〔一〇〕「有神」三句：淮南子卷二俶真訓：「是故神者智之淵也，淵清則智明矣；智者心之府也，智公則心平矣。」

〔一一〕「故碧」四句：謂領悟佛法不易。碧玉之樓，東晉天竺三藏佛陀跋陀羅譯佛説觀佛三昧海經卷三：「一光照西南方無量世界，令西南方地純珊瑚色。珊瑚地上生碧玉樓，樓極下者高五十億由旬。」紫紺之殿，吴月氏優婆塞支謙譯佛説菩薩本業經：「於是忍世界，百億天帝釋，皆於忉利紫紺殿上，化作七寶師子之座，施交露帳，席以彩㲲已。」升堂、入室，論語先進：「門人不敬子路。子曰：『由也升堂矣，未入於室也。』」邢昺疏：「言子路之學識深淺，譬如自外入内，得其門者。入室爲深，顔淵是也；升堂次之，子路是也。」

〔一二〕「必須」三句：謂以信根爲生一切善法的最根本法。五根，佛教謂能生一切善法的五種根本法。即信根(信奉佛法)、精進根(勤修善法)、念根(憶念正法)、定根(使心不散)、慧根(思維真理)。

〔一三〕「六度」二句：謂以檀那爲超脱生死的最正法門。六度，佛教語。又譯爲「六到彼岸」。「度」是梵文「波羅蜜多」的意譯。指使人由生死之此岸度到涅槃(寂滅)之彼岸的六種法門：布施、持戒、忍辱、精進、精慮(禪定)、智慧(般若)。檀，即檀那，梵語音譯，意爲布施。翻譯名義集辨六度法：「法界次第云：秦言布施，若内有信心，外有福田，有財物，三事和合，心中捨法，能破慳貪，是爲檀那。」世説新語文學：「殷中軍被廢東陽，始看佛經。初視維摩詰，疑『般若波羅密』太多，後見小品，恨此語少。」劉孝標注：「波羅密，此言到彼岸也。經云：『到者有六焉：一曰檀；檀者，施也。二曰毗黎；毗黎者，持戒也。三曰羼提；羼提者，忍辱也。四曰尸羅；尸羅者，精進也。五曰禪；禪者，定也。六曰般若；般若者，智慧也。然則五者爲舟，般若爲導，導則俱絶有相之流，升無相之彼岸也。故曰波羅密也。』」

〔一四〕捨財：施捨財物。捨，左傳昭公十三年：「施捨不倦，求善不厭。」杜預注：「施捨，猶言布恩德。」

〔一五〕去有即空：捨棄幻相，即得佛法。空、有，皆佛教語。空，指法性；有，指幻相。謂相反相成的真俗兩諦。佛地經論卷四：「菩薩藏，千載已前，清浄一味，無有乖諍；千載已後，乃興空有二種異論。」後漢書卷八八西域傳史臣論：「詳其清心釋累之訓，空有兼遣之宗，道書之流也。」李賢注：「不執著爲空，執著爲有。兼遣謂不空不有，虚實兩忘也。」維摩詰云：『我及涅槃，此二皆空。』」

〔一六〕率斯：依此。爾雅釋詁：「率，循也。」斯，此也。

竊以瑞像放光〔一〕，倏將旬日〔二〕。蹈舞之深〔三〕，形於寤寐〔四〕；抃躍之誠〔五〕，結於興寢〔六〕。稍覺十字之蒸〔七〕，嗤何曾之饌〔八〕；五鼎之味〔九〕，笑主偃之辭〔一〇〕。黿羹、麟脯〔一一〕，空聞其説；羊酪、猩脣〔一二〕，曷足云也！困于酒食，未若過中不餐〔一三〕；螺蚳登俎〔一四〕，豈及春蔬爲浄。欲吾子三日潔齋〔一五〕，自寅至戌〔一六〕，一中而已〔一七〕。自有米如玉鋭〔一八〕，鹽類虎形〔一九〕，雲夢之芹〔二〇〕，遼東之藻〔二一〕，十斤之梨〔二二〕，千樹之橘〔二三〕，青筍紫薑〔二四〕，固栗霜棗〔二五〕。適口充腸，無索弗獲。八功德水〔二六〕，並入法流〔二七〕，四王俱至〔二八〕，偕讓弘道，同志爲友〔二九〕，豈不盛歟？蕭繹疏〔三〇〕。廣弘明集卷二七上、御製集、閣本、張本、全梁文、丁本。

【校注】

〔一〕瑞像：佛教語。稱佛教始祖釋迦摩尼之像。

〔二〕倏：後漢書卷五九張衡傳：「倏眩眃兮反常閭。」李賢注：「倏，忽也。」

〔三〕蹈舞：即手舞足蹈。孟子離婁：孟子曰：「樂之實，樂斯二者，樂則生矣；生則惡可已也，惡可已，則不知足之蹈之、手之舞之。」詩大序：「不知手之舞之，足之蹈之也。」陸德明釋文：「蹈，動足履地也。」

〔四〕寤寐：指日夜。詩經周南關雎：「窈窕淑女，寤寐求之。」毛傳：「寤，覺。寐，寢也。」

〔五〕抃(biàn)躍：猶言手舞足蹈。南朝梁江淹爲蕭驃騎讓太尉表：「雖蹈疵戾，猶深抃躍。」抃，鼓掌，表示歡欣。吕氏春秋古樂：「帝嚳乃令人抃。」高誘注：「兩手相擊曰抃。」

〔六〕興寢：猶起卧。詩經小雅斯干：「乃寢乃興，乃占我夢。」鄭玄箋：「興，夙興也。」

〔七〕十字之蒸：初學記卷二六引王隱晉書曰：「何曾尊豪累世，蒸餅上不作十字不食。」

〔八〕何曾：字穎考，陳國陽夏人。魏明帝時擢散騎侍郎、散騎常侍。晉朝建立，封太尉，官至太保，領司徒，進太傅，又進太宰。卒，謚曰孝。太康末改謚曰元。晉書卷三三有傳。晉書本傳：「然性奢豪，務在華侈。帷帳車服，窮極綺麗，廚膳滋味，過於王者。每燕見，不食太官所設，帝輒命取其食。蒸餅上不拆作十字不食。食日萬錢，猶曰無下箸處。」

〔九〕五鼎之味：史記卷一一二主父偃傳載：主父偃初游宦，貧乏，不得志。後上書武帝，得重用，「大臣皆畏其口，賂遺累千金。人或説偃曰：『太横矣。』主父曰：『臣結髮游學四十餘年，身不得遂，親不以爲子，昆弟不收，賓客棄我，我阸日久矣。且丈夫生不五鼎食，死即五鼎烹耳。吾日暮途遠，故倒行暴施之。』」

〔一〇〕主偃：即主父偃，西漢齊國臨淄人。武帝時，以上疏言事，拜謁者，遷中大夫。後任齊王相，告齊王與姊姦事，齊王自殺，偃亦被族誅。史記卷一一二、漢書卷六四有傳。

〔一一〕黿（yuán）羹、麟脯：謂精美食物。黿羹，史記卷四二鄭世家：「靈公元年春，楚獻黿於靈公。子家、子公將朝靈公，子公之食指動，謂子家曰：『他日指動，必食異物。』及入，見靈公進黿羹，子公笑曰：『果然！』靈公問其笑故，具告靈公。靈公召之，獨弗予羹。子公怒，染其指，嘗之而出。」麟脯，麒麟做成的肉乾。神仙傳卷三王遠：麻姑下王遠家，「坐定，召進行廚，皆金玉盃盤，無限也。餚膳多是諸花菓，而香氣達於内外。擘脯而行之，如松柏炙，云是麟脯也」。

〔一二〕羊酪、猩脣：俱美食。羊酪，用羊乳製成的食品。世説新語言語：「陸機詣王武子，武子前置數斛羊酪，指以示陸曰：『卿江東何以敵此？』陸云：『有千里蓴羹，但未下鹽豉耳。』」猩脣，吕氏春秋卷一四孝行覽本味：「肉之美者，猩猩之脣，獾獾之炙。」高誘注：「猩猩，獸名也，人面狗軀而長尾。」晉張載七命之七：「燕髀猩脣，髦殘象白。」

〔一三〕過中不餐：東漢西域沙門曇果共康孟詳譯中本起經卷上化迦葉品第三：「迦葉白佛，唯願屈德，臨眄蔬食。佛答迦葉，古佛道法，過中不飯，且明至心。」藝文類聚卷七六引支僧載外國事曰：「罽賓國在舍衛之西，國王民人，悉奉佛，道人及沙門，到冬，未中前飲少酒，過中不復飯。」

〔一四〕螺蚳：周禮天官冢宰鼈人：「祭祀，共蠯、蠃、蚳，以授醢人。」鄭玄注：「蠃，螔蝓。……杜子春云：『……蚳，蛾子。』」爾雅釋蟲：「螱，飛螘，其子蚳。」郭璞注：「蚳，蟻卵。」今按：蠃、螺同。○俎：左傳隱公五年：「鳥獸之肉，不登於俎。」杜預注：「俎，祭宗廟器。」資治通鑑卷三二漢紀二十四孝成皇帝中：「爲其俎豆、管弦之間小不備。」胡三省注：「俎，祭器，如几，盛牲體者也。」

〔一五〕子：閻本、張本、全梁文、丁本作「于」，全梁文有校云：「『于』當作『子』。」○日：全梁文作「口」，有校云：「『口』當作『日』。」○潔齋：浄潔身心，誠敬齋戒。

〔一六〕寅：地支的第三位，指凌晨三時到五時的時間。○戌：地支的第十一位，指晚上七時至九時的時間。

〔一七〕一中而已：指只吃中午一餐。

〔一八〕米如玉鋭：形容米粒細長潔白。初學記卷二六引陸機七徵曰：「神皋奇稌，嘉禾之穗；含滋發馨，素穎玉鋭。」玉，全梁文、丁本作「王」。全梁文有校云：「『王』當作『玉』。」

〔一九〕鹽類虎形：左傳僖公三十年：「冬，王使周公閲來聘，饗有昌歜、白、黑、形鹽。辭曰：『國君，文足昭也，武可畏也，則有備物之饗，以象其德。薦五味，羞嘉穀，鹽虎形，以獻其功。吾何以堪之？』」杜預注：「鹽，虎形，以象武也。」周禮天官冢宰籩人：「朝事之籩，其實麷、蕡、白、黑、形鹽、膴、鮑魚、鱐。」鄭玄注：「形鹽，鹽之似虎者。」形，全梁文、丁本作「筍」，全梁文有校云：「『筍』當作『形』。」

〔二〇〕雲夢之芹：呂氏春秋卷一四孝行覽本味：「菜之美者：……雲夢之芹，具區之菁。」高誘注：「雲夢，楚澤。」雲夢，春秋戰國時楚王的遊獵區。

〔二一〕遼東之藻：待考。今按：頗疑「藻」爲「棗」之音訛。史記卷六九蘇秦列傳：「説燕文侯曰：『燕東有朝鮮、遼東，北有林胡、樓煩，西有雲中、九原，南有嘑沱、易水，地方二千餘里，帶甲數十萬，車六百乘，騎六千匹，粟支數年。南有碣石、雁門之饒，北有棗栗之利，民雖不佃作而足於棗栗矣。』」同書卷一二九貨殖列傳：「上谷至遼東，地踔遠，人民希，數被寇，大與趙、代俗相類，而民雕捍少慮，有魚鹽棗栗之饒。」

〔二二〕十斤之梨：洛陽伽藍記卷三城南「報德寺」：「週迴有園，珍果出焉。有大谷含消梨，重十斤，從樹著地，盡化爲水。」

〔二三〕千樹之橘：史記卷一二九貨殖列傳：「安邑千樹棗；燕、秦千樹栗；蜀、漢、江陵千樹橘；淮北、常山已南，河濟之間千樹萩；陳、夏千畝漆；齊、魯千畝桑麻；渭川千畝竹；及名國萬家之城，帶郭千畝畝鍾之田，若千畝卮茜，千畦薑韭：此其人皆與千户侯等。」

〔二四〕青筍紫薑：文選卷一六潘岳閒居賦：「菜則葱、韭、蒜、芋、青筍、紫薑。」文選卷四張衡南都賦：「蘇蔱紫薑，拂徹膻腥。」李善注引司馬彪上林賦注曰：「紫薑，紫色之薑也。」

〔二五〕固栗：固安縣之栗。水經注卷二一汝水：「〔懸瓠〕城之西北，汝水枝別左出，西北流，又屈西東轉，又西南會汝，形若垂瓠。耆彥云：城北名馬灣，中有地數頃，上有栗園，栗小，殊不並固安之實也，然歲貢三百石，以充天府。」固安，縣名，屬今河北省廊坊市。〇霜棗：洛陽伽藍記卷一城内「景林寺」：「景陽山南有百果園，果列作林，林各有堂。有僊人棗，長五寸，把之兩頭俱出，核細如鍼。霜降乃熟，食之甚美。俗傳云出崑崙山，一曰西王母棗。又有僊人桃，其色赤，表裏照徹，得霜即熟。亦出崑崙山，一曰王母桃也。」

〔二六〕八功德水：佛教語。謂西方極樂世界浴池中具有八種功德之水。八種功德爲：一甘，二冷，三軟，四輕，五清浄，六不臭，七不損喉，八不傷腹。見華嚴經探玄記卷一九。佛説無量壽經卷上：「八功德水，湛然盈滿，清浄香潔，味如甘露。」

〔二七〕法流：佛教語。相續不絶的佛法。

〔二八〕四王：又作梵釋四天。即色界初禪天之梵天、欲界忉利天主之帝釋天（合稱爲梵釋）、四天王之並稱。王，張本、全梁文、丁本作「土」。四土指四面八方。

〔二九〕同志爲友：周禮地官司徒大司徒：「以本俗六安萬民：……五曰聯朋友……」鄭玄注：「同師曰朋，同志曰友。」

〔三〇〕蕭繹疏：閣本、張本、全梁文、丁本脱此三字。

【集評】

閣本：評「五根之信，以信爲首；六度之檀，以檀爲上」：入室之談。評「困于酒食，未若過中不餐；螺蚳登俎，豈及春蔬爲浄」：是儒是佛，是法是戒。

遺周弘直書〔一〕

適有都信〔二〕，賢兄博士平安〔三〕。但京師縉紳〔四〕，無不附逆〔五〕，王克已爲家臣〔六〕，陸緬身充卒伍〔七〕，唯有周生，確乎不拔〔八〕。言及西軍〔九〕，潺湲掩淚〔一〇〕，恒思吾至〔一一〕，如望歲焉〔一二〕。松柏後凋〔一三〕，一人而已〔一四〕。陳書卷二四周弘正傳、册府元龜卷二〇六、梁文紀卷四、御製集、閣本、張本、全梁文、丁本。

【校注】

〔一〕遺周弘直書：梁文紀卷四、御製集、閣本、張本、全梁文、丁本題作「遺周弘直書」，今從。周弘直，字思方，祖籍汝南安成。起家梁太學博士，遷西中郎湘東王蕭繹外兵記室參軍。湘東王鎮江荆二州，累除諮議參軍。入陳，位至太常卿、光禄大夫。陳書卷二四、南史卷三四有傳。陳書卷二四周弘正傳：弘正在京師，爲國子博士。「及梁武帝納侯景，弘正謂弘讓曰：『亂階此矣。』京城陷，弘直爲衡陽内史，元帝在江陵，遺弘直書曰」云云。今按：考梁書武帝紀，侯景攻陷京城在太清三年（549）三月，則書作於此後不久。又按：此書云周弘正「確乎不拔」，似未降賊，然據史載，周弘正亦嘗仕於侯景。南史卷三四周朗傳附：「臺城陷，弘正諂附王偉。」南史卷八〇侯景傳：「梁人而爲景用者，則故將軍趙伯超、前制局監姬石珍、内監嚴亶、邵陵王記宗伏知命，此四人盡心竭力者。若太宰王克、太傅元羅、侍中殷不害、太常姬弘正等雖官尊，止從人望，非腹心任也。景祖名乙羽周，及篡以周爲廟諱，故改周弘正、石珍姓姬焉。」

〔二〕都信：來自京師的使者。信，使者。資治通鑑卷九四晉紀十六成帝「咸和三年」：「宜急追信改書。」胡三省注：「信，即使也。」

〔三〕賢兄博士：指周弘正。弘正，字思行，弘直之兄。梁天監中，補國子生，除太學博士。中大通中，遷國子博士。元帝承制，授黃門侍郎，直侍中省，遷左民尚書，加散騎常侍。入陳，授太子詹事，官至尚書右僕射。卒，謚曰簡。陳書卷二四、南史卷三四有傳。（陳書本傳：「元帝嘗著金樓子，曰：『余於諸僧重招提琰法師，隱士重華陽陶貞白，士大夫重汝南周弘正，其於義理，清轉無窮，亦一時之名士也。』」博士，古代學官名，以博通古今而備顧問。此指國學博士。

〔四〕縉紳：指士大夫。漢書卷二五郊祀志上：「其語不經見，縉紳者弗道。」顔師古注：「李奇曰：『縉，插也，插笏於紳。紳，大帶也。』臣瓚曰：『縉，赤白色也。紳，大帶也。左氏傳有縉雲氏。』師古曰：『李云縉插是也。字本作搢，插笏於大帶與革帶之間耳，非插於大帶也。或作薦紳者，亦謂薦笏於紳帶之間，其義同。」縉紳，梁文紀卷四、御製集、全梁文、丁本作

「搢紳」。今按：縉，通「搢」。

〔五〕附逆：謂投靠僞逆。逆，指侯景。

〔六〕王克：人名。南史卷二三王彧傳附王克傳：「克美容貌，善容止，仕梁歷司徒右長史、尚書
僕射。臺城陷，仕侯景，位太宰、侍中、録尚書事。景敗，克迎侯王僧辯，問克曰：『勞事夷
狄之君。』克不能對，次問璽紱何在？克默然良久曰：『趙平原將去。』平原名思賢，景腹心
也，景授平原太守，故克呼焉。僧辯乃誚克曰：『王氏百世卿族，便是一朝而墜。』仕陳，位
尚書右僕射。」蕭繹金樓子雜記下：「余後爲江州刺史，副君賜報曰：『京師有語曰：「議論
當如湘東王，仕宦當如王克。」』〔克〕時始爲僕射、領選也。」或即此人。○家臣：漢書卷八
八儒林傳張山拊：「德配周、召，忠合羔羊，未得登司徒，有家臣，卒然早終，尤可悼痛！」顔
師古注：「家臣，若今諸公國官及府佐也。」

〔七〕陸緬：人名。吴郡吴人，梁太常卿陸倕之子。南史卷四八陸曉慧傳附陸倕傳：「次緬，有似
於倕，一看殆不能別。」魏書卷九八蕭衍傳：「〔東魏孝静帝〕武定元年夏，又遣散騎常侍沈
衆、通直常侍殷德卿朝貢。其年冬，又遣散騎常侍蕭確、通直常侍陸緬朝貢。」隋書卷三五經
籍志：「梁武帝制旨連珠十卷。陸緬注。」

〔八〕確乎不拔：堅定不移。周易坤卦：「樂則行之，憂則違之，確乎其不可拔，潛龍也。」唐陸德
明音義：「確，苦學反，鄭云『堅高之貌』，説文云『高至』。拔，蒲八反，鄭云『移也』，廣雅云

『出也』。」

〔九〕西軍：指蕭繹統領的荆州一帶的軍隊。荆州在京師建業之西，故稱。陳書卷一高祖本紀：「〔大寶二年〕八月，僧辯軍次湓城，高祖率杜僧明等衆軍及南川豪帥合三萬人將會焉。時西軍乏食，高祖先貯軍糧五十萬石，至是分三十萬以資之，仍頓巴丘。」

〔一〇〕潺(chán)湲(yuán)：九歌湘君：「橫流涕兮潺湲，隱思君兮陫側。」王逸注：「潺湲，流貌。」

〔一一〕恒：册府元龜卷二〇六作「常」。

〔一二〕望歲：盼望豐收。左傳哀公十六年：「又遇一人曰：『君胡胄？國人望君如望歲焉，日日以幾。』」杜預注：「歲，年穀也。」

〔一三〕松柏後凋：喻志操堅貞。論語子罕：「子曰：『歲寒，然後知松柏之後凋也！』」

〔一四〕一人而已：禮記表記：「子曰：中心安仁者，天下一人而已矣。」

賜劉璠書〔一〕

鄧禹文學，尚或執戈〔二〕；葛洪書生，且云破賊〔三〕。前修無遠〔四〕，屬望良深〔五〕。周書卷四二劉璠傳、北史卷七〇劉璠傳、册府元龜卷二〇〇、通志卷一五九、梁文紀卷四、御製集、張本、全梁文、丁本。

【校注】

〔一〕賜劉璠書：梁文紀卷四、御製集、全梁文、丁本題作「賜劉璠書」，張本題作「與劉璠」。今題從梁文紀卷四。劉璠，字寶義，沛國沛人。曾補華陽太守。梁元帝登基，授樹功將軍、鎮西府諮議參軍。後降於北周，封平陽縣子，遷同和郡守。天和中卒。著梁典三十卷，有集二十卷。周書卷四二、北史卷七〇有傳。周書本傳：「梁元帝承制，授樹功將軍、鎮西府諮議參軍。賜書曰」云云。此書亦見北史卷七〇劉璠傳。今按：梁書卷五元帝紀：太清三年，「四月，太子舍人蕭韶至江陵宣密詔，以世祖爲侍中、假黄鉞、大都督中外諸軍事、司徒承制」。則此書作於太清三年（549）四月後。

〔二〕鄧禹：字仲華，南陽新野人。從光武征伐，平定天下。光武即位，拜大司徒，封高密侯。明帝時拜太傅。卒，謚元。後漢書卷一六有傳。後漢書本傳：「年十三，能誦詩，受業長安。時光武亦游學京師，禹年雖幼，而見光武知非常人，遂相親附。數年歸家。及漢兵起，更始立，豪傑多薦舉禹，禹不肯從。及聞光武安集河北，即杖策北渡，追及於鄴。光武見之甚歡，謂曰：『我得專封拜，生遠來，寧欲仕乎？』禹曰：『不願也。』光武曰：『即如是，何欲爲？』禹曰：『但願明公威德加於四海，禹得效其尺寸，垂功名於竹帛耳。』……因令左右號禹曰鄧將軍。常宿止於中，與定計議。」

〔三〕葛洪：字稚川，自號抱朴子，東晉丹陽郡句容人。曾受封爲關内侯，後隱居羅浮山煉丹。

著神仙傳、抱朴子、肘後備急方、西京雜記等。晉書卷七二有傳。晉書本傳：「洪少好學，家貧，躬自伐薪以貿紙筆，夜輒寫書誦習，遂以儒學知名。……太安中，石冰作亂，吳興太守顧秘爲義軍都督，與周玘等起兵討之，秘檄洪爲將兵都尉，攻冰別率，破之，遷伏波將軍。冰平，洪不論功賞，徑至洛陽，欲搜求異書以廣其學。……元帝爲丞相，辟爲掾。以平賊功，賜爵關內侯。」

〔四〕前修：後漢書卷三九劉愷傳：「今愷景仰前修，有伯夷之節。」李賢注：「前修，前賢也。」文選卷三二屈原離騷經：「謇吾法夫前修兮，非時俗之所服。」呂向注：「前修，謂前代修習道德之人。」

〔五〕屬望：期望。後漢書卷六三李固傳：「天下喁喁，屬望風政。」

【集評】

閻本：評「鄧禹文學，尚或執戈；葛洪書生，且云破賊」：上馬橫矟，下馬賦詩，古今能有幾人？

責鮑泉書〔一〕

面如冠玉〔二〕，還疑木偶〔三〕；鬢似蝟毛〔四〕，徒勞繞喙〔五〕。南史卷六二鮑泉傳、通志卷一四二、梁文紀卷四、御製集、閣本、張本、全梁文、丁本。

【校注】

〔一〕責鮑泉書：梁文紀卷四、御製集題作「責鮑泉書」，閣本、張本題作「與鮑泉」，全梁文、丁本題作「爲書責數鮑泉二十罪」。今題從梁文紀卷四。鮑泉，字潤岳，祖籍東海。少事蕭繹，及蕭繹承制，累遷至信州刺史。梁書卷三〇、南史卷六二有傳。南史本傳：「及元帝承制，累遷至信州刺史。方等之敗，元帝大怒，泉與王僧辯討之。僧辯曰：『計將安出？』泉曰：『事等沃雪，何所多慮。』僧辯曰：『君言文士常談耳，江東少有武幹，非精兵一萬不可以往。竟陵甲卒不久當至，猶可重申。欲與卿入言之。』泉許諾，及僧辯如向言，泉默然不繼。元帝大怒，於是械繫僧辯，時人比泉爲酈寄。泉既專征長沙，久而不剋。元帝乃數泉二十罪，爲書責之」云云。今按：梁書卷五元帝紀：太清三年，「六月丙午，遣世子方等帥衆討譽，戰所敗死。七月，又遣鎮兵將軍鮑泉代討譽。九月乙卯，雍州刺史岳陽王詧舉兵反，來寇江陵，世祖嬰城拒守。乙丑，詧將杜崱與其兄弟及楊混，各率其衆來降。丙寅，詧遁走。鮑泉攻湘州不克，又遣左衛將軍王僧辯代將」。是此書作於太清三年(549)九月。

〔二〕冠玉：史記卷五六陳丞相世家：「絳侯灌嬰等咸讒陳平曰：『平雖美丈夫，如冠玉耳，其中未必有也。』」裴駰集解引漢書音義：「飾冠以玉，光好外見，中非所有。」

〔三〕木偶：史記卷七五孟嘗君傳：「秦昭王聞其賢，乃先使涇陽君爲質於齊，以求見孟嘗君。孟嘗君將入秦，賓客莫欲其行，諫，不聽。蘇代謂曰：『今旦代從外來，見木禺人與土禺人相與語。木禺人曰：「天雨，子將敗矣。」土禺人曰：「我生於土，敗則歸土。今天雨，流子而行，未知所止息也。」今秦，虎狼之國也，而君欲往，如有不得還，君得無爲土禺人所笑乎？』孟嘗君乃止。」司馬貞索隱：「禺，音偶，又音寓。謂以土木爲之偶，類於人也。蘇代以土偶比涇陽君，木偶比孟嘗君。」今按：蕭繹暗用此典，有警告鮑泉意。

〔四〕蝟毛：刺蝟之刺。太平御覽卷三七四引鄧粲晉紀曰：「桓温少與沛國劉惔善，惔常稱之曰：『温眼如紫石稜，鬚似蝟毛磔，孫仲謀、晉宣王之流。』」南史六二鮑泉傳：「泉美鬚髯，善舉止，身長八尺，性甚警悟。」

〔五〕徒勞繞喙（huì）：三國志卷四二蜀書周群傳：「〔張裕〕其人饒鬚，先主嘲之曰：『昔吾居涿縣，特多毛姓，東西南北皆諸毛也，涿令稱曰「諸毛繞涿居乎」！』裕即答曰：『昔有作上黨潞長，遷爲涿令者，去官還家，時人與書，欲署潞則失涿，欲署涿則失潞，乃署曰「潞涿君」。』先主無鬚，故裕以此及之。先主常銜其不遜，加忿其漏言，乃顯裕諫爭漢中不驗，下獄，將誅之。諸葛亮表請其罪，先主答曰：『芳蘭生門，不得不鉏。』裕遂棄市。」今按：蕭繹暗用此典，有威脅鮑泉意。喙，梁文紀卷四引作「涿」，下小注：「『繞涿』見蜀張裕傳，今本作『喙』，誤。」

【集評】

閻本：評「鬚似蝟毛，徒勞繞喙」：鬚負人耶，人負鬚耶？

三國兩晉南北朝文選梁文元帝：錢云：令英顔照鏡，自復羞煞。

復邵陵王綸書〔一〕

詧引楊忠來相侵逼〔二〕，頗遵談笑，用却秦軍〔三〕。曲直有在，不復自陳。臨湘旦平〔四〕，暮便即路〔五〕。資治通鑑卷一六三梁紀太宗簡文皇帝「大寶元年」。

【校注】

〔一〕復邵陵王綸書：資治通鑑卷一六三梁紀太宗簡文皇帝「大寶元年（550）」載：二月，「侯景遣任約、于慶等帥衆二萬攻諸藩。邵陵王綸欲救河東王譽，而兵糧不足，乃致書于湘東王繹曰：『天時、地利，不及人和，況乎手足肱支，豈可相害！今社稷危恥，創巨痛深，唯應剖心嘗膽，泣血枕戈，其餘小忿，或宜容貫。若外難未除，家禍仍構，料今訪古，未或不亡。夫征戰之理，唯求克勝；至於骨肉之戰，愈勝愈酷，捷則非功，敗則有喪，勞兵損義，虧失多矣。侯景之軍所以未窺江外者，良爲藩屏盤固，宗鎮强密。弟若陷洞庭，不戢兵刃，雍州疑迫，何以自安，必引進魏軍以求形援。弟若不安，家國去矣。必希解湘州之圍，存社稷之計。』繹復書，陳譽過惡不赦，且曰」云云。今擬題作「復邵陵王綸書」。

〔二〕「詧引」句：周書卷二文帝紀：大統十六年春正月，西魏將楊忠南伐，擒柳仲禮。「先是，梁雍州刺史岳陽王詧與其叔父荆州刺史湘東王繹不睦，乃稱蕃來附，遣其世子嶚爲質。及楊忠擒仲禮，繹懼，復遣其子方平來朝。」詧即蕭詧，字理孫，梁昭明太子蕭統第三子。中大通年間封岳陽郡王，後爲雍州刺史。太清三年，兄湘州刺史蕭譽爲蕭繹所攻，遂率衆伐江陵，失敗，遂稱藩於西魏。承聖三年，聯合西魏伐江陵。江陵平，被立爲梁主，年號大定。謚號宣皇帝，廟號中宗。周書卷四八、北史卷九三有傳。楊忠，字揜于，陝西華陰人，隋文帝楊堅之父，西魏名將。北周建立後，被任命爲元帥，封上柱國，隋國公。隋朝建立，追尊爲隋太祖武元皇帝。周書卷一九有傳。

〔三〕「頗遵」二句：資治通鑑卷一六三梁紀太宗簡文皇帝「大寶元年」胡三省注：「魯仲連談笑而却秦軍，繹引此以爲大言。」魯仲連却秦軍事見戰國策卷二〇趙三「秦圍趙之邯鄲」章。據載，趙孝成王六年（前260年），秦軍圍困趙都邯鄲，魯仲連以利害勸阻了趙平原君、魏辛垣衍尊秦爲帝。「秦將聞之，爲却軍五十里。適會魏公子無忌奪晉鄙軍以救趙擊秦，秦軍引而去。於是平原君欲封魯仲連。魯仲連辭讓者三，終不肯受。平原君乃置酒，酒酣，起前以千金爲魯連壽。魯連笑曰：『所貴於天下之士者，爲人排患釋難、解紛亂而無所取也。即有所取者，是商賈之人也，仲連不忍爲也。』」

〔四〕臨湘：縣名。湘州治所。資治通鑑卷一六三梁紀太宗簡文皇帝「大寶元年」胡三省注：「臨湘縣自漢以來屬長沙郡，時爲州郡治所，隋改臨湘縣曰長沙縣。」時河東王蕭譽爲湘州刺史。

〔五〕即路：資治通鑑卷一六三梁紀太宗簡文皇帝「大寶元年」胡三省注：「即路，就路也。承上文而言，若欲攻襄陽；考之下文，蓋謂討侯景。」

與武陵王書止蜀軍東下〔一〕

蜀中斗絶〔二〕，易動難安〔三〕。弟可鎮之，吾自當滅賊。南史卷五三梁武帝諸子傳武陵王紀、資治通鑑卷一六三梁紀太宗簡文皇帝上「大寶元年」、通志卷八三下、梁文紀卷四、御製集、張本、全梁文、丁本。

【校注】

〔一〕與武陵王書止蜀軍東下：梁文紀卷四題作「與武陵王紀書」，全梁文、丁本題作「與武陵王書止蜀軍東下」，張本題作「與武陵王書」。御製集合此與下又別紙、與武陵王書、又與武陵王書三篇，總題作「與武陵王紀書四首」。全蜀藝文志卷六〇合本篇與下又別紙爲一，題作「與蕭紀書」。今題從全梁文。武陵王蕭紀，字世詢，別字大智。梁武帝第八子。武帝天監十三年封武陵王。後爲安西將軍、益州刺史。太清中，侯景亂，紀不赴援。武帝死，紀於552年稱帝於蜀，改年號天正。同年，以討侯景爲名，率軍東下。至西陵峽，與江陵各軍相持。後蕭繹求助西魏，遣軍攻蜀，紀兵敗，553 年 7 月爲蕭繹所殺。梁書卷五五、南史卷五三有傳。南史梁武帝諸子傳武陵王紀：「大寶元年六月辛酉，紀乃移告諸州征鎮，遣世子圓照領二蜀精兵三萬，受湘東王繹節度。繹命圓照且頓白帝，未許東下。七月甲辰，湘東王繹遣鮑檢報紀以武帝崩問。十一月壬寅，紀總戎將發益鎮，繹使胡智監至蜀，以書止之」云云。

〔二〕蜀中斗絶：資治通鑑卷一六三梁紀太宗簡文皇帝上「大寶元年」作「蜀人勇悍」。斗絶，陡絶。斗，通「陡」，陡峭。史記卷二八封禪書：「成山斗入海，最居齊東北隅，以迎日出云。」司馬貞索隱：「斗入海，謂斗絶曲入海也。」

〔三〕易動難安：三國志卷五八吴書陸遜傳：嘉禾六年，「中郎將周祗乞於鄱陽召募，事下問遜。遜以爲此郡民易動難安，不可與召，恐致賊寇」。

又別紙〔一〕

地擬孫劉〔二〕，各安境界；情深魯衛〔三〕，書信恒通。

〔一〕南史卷五三梁武帝諸子傳武陵王紀、資治通鑑卷一六三梁紀太宗簡文皇帝上「大寶元年」、通志卷八三下、梁文紀卷四、御製集、閣本、張本、全梁文、丁本。

【校注】

〔一〕又別紙：梁文紀卷四題作「別紙」，御製集、全梁文、丁本題作「又別紙」，張本題作「又」，閣本題作「與武陵王書」。今題從御製集等。南史卷五三梁武帝諸子傳武陵王紀載：大寶元年(550)十一月，蕭繹使胡智監至蜀，以書告武陵王鎮蜀勿動，「又別紙」云云。

〔二〕孫劉：指三國時孫權建立的吴國和劉備建立的蜀國。兩國曾結成同盟，對抗魏國。文選卷四五皇甫謐三都賦序：「孫劉二氏，割有交益。」劉良注：「孫劉，謂孫權、劉備也。」

〔三〕魯衛：指周的魯國和衛國。論語子路：「子曰：『魯衛之政，兄弟也。』」魏何晏集解：「包曰：魯，周公之封；衛，康叔之封。周公、康叔既爲兄弟，康叔睦於周公，其國之政亦如兄弟。」資治通鑑卷一六三梁紀太宗簡文皇帝「大寶元年」胡三省注：「地擬孫劉，欲吴蜀各爲一國也；情深魯衛，謂兄弟也。」

【集評】

閣本：評「地擬孫劉」、「情深魯衛」：不可移易。

答齊國饟馬書〔一〕

名重桂條〔二〕，形圖柳谷〔三〕。襄陽地穴〔四〕，近求未易；滇池水裏〔五〕，遠訪猶難。價匹龍媒〔六〕，聲齊驥子〔七〕。河精曜采〔八〕，似伏波之鑄銅〔九〕；震象飛文〔一〇〕，笑東瀛之刻玉〔一一〕。加以控斯銀勒〔一二〕，利此金銜〔一三〕。鞍揭鏤衢〔一四〕，光含兩月〔一五〕；纓縈紫縷〔一六〕，色麗雙絲〔一七〕。方嗤晉后，恒乘鄭國之駟〔一八〕；更鄙曹君，經餉蜀王之馬〔一九〕。藝文類聚卷九三、梁文紀卷四、御製集、閣本、張本、全梁文、丁本。

【校注】

〔一〕答齊國饟馬書：梁文紀卷四題作「答齊國餉雙馬書」，御製集題作「答齊國餉雙馬書二首」（包括下篇），閣本、張本題作「答齊國雙馬書」，全梁文、丁本題作「答齊國雙馬書」。今按：饟，爾雅釋詁下：「饟，餽也。」郝懿行義疏：「饟、餉，聲義同。」其作「雙」者，蓋形近而誤。又，此齊國，蓋指北齊。東魏武定八年（550）五月齊王高洋代東魏，建立北齊。此後北齊與蕭繹互有使者往來。事詳北齊書卷四文宣帝紀。

〔二〕桂條：馬名。蕭繹金樓子卷五著書篇：「浄竹節之船，驅桂條之馬。」

〔三〕形圖柳谷：三國志卷三魏書明帝紀裴松之注：「搜神記曰：初，漢元、成之世，先識之士有言曰，魏年有和，當有開石於西三千餘里，繫五馬，文曰『大討曹』。及魏之初興也，張掖之柳谷，有開石焉，始見於建安，形成於黃初，文備於太和，周圍七尋，中高一仞，蒼質素章，龍馬、麟鹿、鳳皇、仙人之象，粲然咸著，此一事者，魏、晉代興之符也。至晉泰始三年，張掖太守焦勝上言，以留郡本國圖校今石文，文字多少不同，謹具圖上。按其文有五馬象，其一有人平上幘，執戟而乘之，其一有若馬形而不成，其字有『金』，有『中』，有『大司馬』，有『王』，有『大吉』，有『正』，有『開壽』，其一成行，曰『金當取之』。漢晉春秋曰：氐池縣大柳谷口夜激波涌溢，其聲如雷，曉而有蒼石立水中，長一丈六尺，高八尺，白石畫之，爲十三馬，一牛，一鳥，八卦玉玦之象，皆隆起，其文曰『大討曹，適水中，甲寅』。帝惡其『討』也，使鑿去爲『計』，以蒼石窒之，宿昔而白石滿焉。至晉初，其文愈明，馬象皆煥徹如玉焉。」柳谷，地名，在今甘肅省山丹縣。

〔四〕襄陽：縣名，即今湖北省襄樊市。藝文類聚卷九三引襄陽記曰：「中廬山有一地穴，漢時嘗有數百疋馬出，遂因名馬穴。吴時陸遜亦知此穴，馬出得數十疋。」

〔五〕滇池：亦稱昆明湖、昆明池。在今雲南省昆明市西南。華陽國志卷四南中志：「章帝時，蜀郡王阜爲益州太守，治化尤異：神馬四匹出滇池河中，甘露降，白烏見，始興文學，漸遷其俗。……滇池縣郡治，故滇邑也。有澤水，周迴二百餘里。所出深廣，下流淺狹，如倒流，故曰滇池。長老傳言：池中有神馬，或交焉，即生駿駒，俗稱之曰『滇池駒』，日行五百里。有黑水神祠。亦有温泉，如越巂温水。又有白蝟山，山無石，惟有蝟也。」

〔六〕龍媒：謂天馬。漢書卷二二禮樂志：「天馬徠，龍之媒。」顔師古注引應劭曰：「言天馬者乃神龍之類，今天馬已來，此龍必至之效也。」

〔七〕驥子：文選卷四左思三都賦蜀都賦：「並乘驥子，俱服魚文。」李善注引桓子新論曰：「善相馬者曰薛公，得馬，惡貌而正走，名驥子。」劉良注：「驥子，良馬。」

〔八〕河精：初學記卷二九引魚豢典略曰：「神馬者，河之精。」

〔九〕伏波之鑄銅：伏波，指馬援。援字文淵，東漢扶風茂陵人。新莽時爲郡督郵，莽敗，依隗囂，後歸光武。拜隴西太守、伏波將軍。後擊武陵五溪蠻，卒於軍。後漢書卷二四有傳。後漢書本傳：「援好騎，善別名馬，於交阯得駱越銅鼓，乃鑄爲馬式，還上之。因表曰：『夫行天莫如龍，行地莫如馬。馬者甲兵之本。國之大用。安寧則以別尊卑之序，有變則以濟遠近之難。昔有騏驥，一日千里，伯樂見之，昭然不惑。近世有西河子輿，亦明相法。子輿傳西河儀長孺，長孺傳茂陵丁君都，君都傳成紀楊子阿，臣援嘗師事子阿，受相馬骨法。考之於行事，輒有驗効。臣愚以爲傳聞不如親見，視景不如察形。今欲形之於生馬，則骨法難備具，又不可傳之於後。孝武皇帝時，善相馬者東門京鑄作銅馬法獻之，有詔立馬于魯班門外，則更名魯班門曰金馬門。臣謹依儀氏輢，中帛氏口齒，謝氏脣鬐，丁氏身中，備此數家骨相以爲法。』馬高三尺五寸，圍四尺五寸，有詔置於宣德殿下，以爲名馬式焉。」

〔一〇〕震象飛文：周易説卦：「震……其於馬也爲善鳴、爲馵足、爲作足、爲的顙。」飛文，文選卷一班固東都賦：「猋猋炎炎，揚光飛文。」呂延濟注：「飛揚光彩，成其文章。」文選卷三四曹植七啓：「揮流芳，燿飛文，歷盤鼓，焕繽紛。」張銑注：「飛文，謂光相照也。」

〔一一〕東瀛之刻玉：東瀛，即司馬騰。騰字元邁，少拜冗從僕射，封東嬴公，歷南陽、魏郡太守，遷太常，後改封新蔡王。晉書卷三七有傳。藝文類聚卷八三引異苑曰：「晉東瀛王騰鎮鄴，游常山，天時大雪，融液不積，掘得玉馬。」

〔一二〕銀勒：銀飾馬絡頭。説文解字革部：「勒，馬頭絡銜也。」

〔一三〕金銜：金屬馬勒口。説文解字金部：「銜，馬勒口中。从金，从行。銜，行馬者也。」

〔一四〕鏤衢：馬鞍名。南朝陳徐陵驄馬驅詩：「白馬號龍駒，雕鞍名鏤衢。」清吴兆宜注引三輔決録：「平陵公孫奮富聞京師。梁冀知奮儉悋，以鏤衢鞍遺奮，從貸五千萬。」

〔一五〕光含兩月：太平御覽卷八九七引洞冥記曰：「東方朔遊吉雲之地，越扶桑之東，得神馬一匹。高九尺，股裹有旋毛如日月之狀，如月者夜光，如日者晝光，毛色隨四時之變。」此當指馬鞍上的月形裝飾物。

〔一六〕纆：閣本、張本作「纏」。今按：「纆」與上句「鞍」對，作「纏」疑是形近而誤。

〔一七〕雙絲：庾子山集卷八又謝趙王賚息絲布啓：「關尹津梁之織，鄴地雙絲。」倪璠注：「陸翽鄴中記曰：鄴有大登高、小登高錦，有大光明錦、小光明錦。」

〔一八〕「方嗤」二句：指晉惠公乘鄭國所獻馬事。左傳僖公十五年：「晉饑，秦輸之粟；秦饑，晉閉之糴，故秦伯伐晉。……三敗及韓。晉侯謂慶鄭曰：『寇深矣，若之何？』對曰：『君實深之，可若何！』公曰：『不孫！』卜右，慶鄭吉，弗使。步揚御戎，家僕徒爲右，乘小駟，鄭入也。慶鄭曰：『古者大事，必乘其産，生其水土而知其人心，安其教訓而服習其道，唯所納之，無不如志。今乘異産，以從戎事，及懼而變，將與人易。亂氣狡憤，陰血周作，張脈僨興，外彊中乾。進退不可，周旋不能，君必悔之。』弗聽。……〔九月〕壬戌，戰于韓原，晉戎馬還濘而止。」晉后，指晉惠公。后，指列國諸侯。尚書舜典：「望秩于山川，肆覲東后。」孔安國傳：「遂見東方之國君。」蔡沈集傳：「東后，東方之諸侯也。」

〔一九〕「更鄙」二句：指曹操贈劉備駿馬事。太平御覽卷八九七引傅玄乘輿馬賦曰：「往日劉備之初降也，太祖賜之駿馬，使自至廄選之。歷名馬以百數，莫可意者。次至下廄，有的顱馬，委棄莫視，瘦悴骨立。劉備撫而取之，衆莫不笑之。……其後劉備奔於荆州，馬超戰於渭南，逸足電發，追不可逮，衆乃服焉。」曹君，指曹操。經，曾經。梁文紀卷四、御製集作「惟」，御定淵鑑類函卷四三四作「輕」。餉，廣雅釋詁：「餉，遺也。」蜀王，指劉備，劉備稱帝於蜀中，故稱蜀王。

【集評】

三國兩晉南北朝文選梁文元帝：錢云：蘭筋緑髮，可以驚雲。

又答齊國饟馬書〔一〕

於戲〔二〕！馬之爲用，遠矣大矣。斯所以乾爲脊馬〔三〕，震爲馵足〔四〕。有是哉！

有是哉！何則？半漢而馳〔五〕，可以及日〔六〕；躊躇而蹀〔七〕，可以追風〔八〕。赤兔之騰聲〔九〕，的顱之濟主〔一〇〕，陳王有炤羈之説〔一一〕，班生有纆絆之談〔一二〕，抑聞斯美，遠勞此費。懷哉懷哉〔一三〕！老生不云乎〔一四〕：「雖有拱璧，以先駟馬。」〔一五〕良用此道，中心藏之，何日忘之〔一六〕。藝文類聚卷九三、梁文紀卷四、御製集、閣本、張本、全梁文、丁本。

【校注】

〔一〕又答齊國饟馬書：藝文類聚卷九三、全梁文、丁本題作「又書」，梁文紀卷四、御製集題作「又」，閣本、張本題作「又答齊國雙馬書」。今按：此篇蓋承上篇答齊國饟馬書，故今題作又答齊國饟馬書。

〔二〕於戲：感歎詞。史記卷六〇三王世家：「皇帝使御史大夫湯廟立子閎爲齊王。曰：『於戲，小子閎，受茲青社！』」司馬貞索隱：「於戲音嗚呼。戲，或音羲。」

〔三〕乾爲脊馬：周易説卦：「乾爲天、爲圜、爲君、爲父、爲玉、爲金、爲寒、爲冰、爲大赤、爲良馬、爲老馬、爲瘠馬、爲駁馬、爲木果。」脊馬，即「瘠馬」，瘦馬。脊，梁文紀卷四、御製集作「瘠」。今按：脊，通「瘠」。

〔四〕震爲馵（zhù）足：周易説卦：「震……其於馬也爲善鳴、爲馵足、爲作足、爲的顙。」馵，周易説卦孔穎達疏：「爲馵足，馬後足白爲馵，取其動而見也。」詩經秦風小戎：「文茵暢轂，駕我騏馵。」毛傳：「左足白曰馵。」馵，梁文紀卷四、御製集作「馬」。

〔五〕半（pàn）漢：梁文紀卷四、御製集、閻本、張本、全梁文、丁本作「泮渙」。今按：半漢、泮渙，連綿詞。馬縱馳貌。文選卷三張衡東京賦：「龍雀蟠蜿，天馬半漢。」薛綜注：「蟠蜿、半漢，皆形容也。」通雅卷六：「盤桓一作磐桓、畔桓、洀桓、般桓、伴奐、半漢。」

〔六〕及：國語卷八晉語二：「往言不可及也。」韋昭注：「及，追也。」

〔七〕躊躇：莊子外物：「聖人躊躇以興事。」陸德明釋文：「躊躇，從容也。」○蹀：文選卷一四顏延之赭白馬賦：「眷西極而驤首，望朔雲而蹀足。」張銑注：「蹀足，謂疾行也。」

〔八〕追風：崔豹古今注卷中鳥獸：「秦始皇有七名馬：追風、白兔、躡景、追電、飛翮、銅爵、最鳧。」劉子知人：「故孔方諲之相馬也，雖未追風逐電，絕塵摯影，而迅足之勢，固已見矣。」北周庾信三月三日華林園馬射賦：「逐日追風。」清吳兆宜注：「洞冥記：修彌國有馬如龍，騰虛逐日，或藏形於空中，惟聞聲耳。崔豹古今注：秦始皇有七名馬，一曰追風。」

〔九〕「赤兔」句：三國志卷七魏書呂布傳：「布有良馬曰赤兔。」裴松之注引曹瞞傳曰：「時人語曰：『人中有呂布，馬中有赤兔。』」赤兔，亦作「赤菟」。駿馬名。後漢書卷七五呂布傳：「布常御良馬，號曰赤菟，能馳城飛塹。」兔，藝文類聚卷九三作「菜」，梁文紀卷四、閻本、張本作「兔」，御製集、全梁文、丁本作「菟」。今按：作「兔」是，據改。

〔一〇〕「的顱」句：三國志卷三二蜀書先主傳裴松之注：「世語曰：備屯樊城，劉表禮焉，憚其爲人，不甚信用。曾請備宴會，蒯越、蔡瑁欲因會取備，備覺之，僞如廁，潛遁出。所乘馬名的盧，騎的盧走，墮襄陽城西檀溪水中，溺不得出。備急曰：『的盧：今日厄矣，可努力！』的盧乃一踊三丈，遂得過，乘桴渡河，中流而追者至，以表意謝之，曰：『何去之速乎！』孫盛曰：此不然之言。備時羈旅，客主勢殊，若有此變，豈敢晏然終表之世而無釁故乎？此皆世俗妄説，非事實也。」的顱，亦作「的盧」，名馬名。顱，閣本、張本作「盧」。

〔一一〕「陳王」句：曹植白馬篇：「白馬飾金羈，連翩西北馳。」陳王，指曹植。炤羈，梁文紀卷四、御製集作「靮羈」，御定淵鑑類函卷四三四作「照羈」。

〔一二〕「班生」句：班生，指班嗣。嗣，班固父班彪的堂兄，生平參漢書卷一〇〇敘傳上：「桓生欲借其書，嗣報曰：『……今吾子已貫仁誼之羈絆，繫名聲之韁鎖，伏周、孔之軌躅，馳顔、閔之極摯，既繫攣於世教矣，何用大道爲自眩曜？』」顏師古注：「韁，如馬韁也。」

〔一三〕懷哉懷哉：全梁文、丁本作「懷哉」。詩經王風揚之水：「懷哉懷哉，曷月予還歸哉！」

〔一四〕老生：即老子，著有老子五千言。史記卷六三有傳。

〔一五〕「雖有」二句：老子第六二章：「故立天子，置三公，雖有拱璧以先駟馬，不如坐進此道。」河上公注：「雖有美璧先駟馬而至，故不如坐進此道。」魏王弼注：「言故立天子，置三公，尊其位，重其人，所以爲道也，物無有貴於此者，故雖有拱抱寶璧以先駟馬而進之，不如坐而進此道也。」

〔六〕「中心」二句：詩經小雅隰桑：「中心藏之，何日忘之！」

遺王僧辯書〔一〕

賊既乘勝〔二〕，必將西下〔三〕。不勞遠擊，但守巴丘〔四〕。以逸待勞，無慮不克。

資治通鑑卷一六五梁紀梁簡文帝「大寶二年」、梁文紀卷四、御製集、張本、全梁文、丁本。

【校注】

〔一〕遺王僧辯書：梁文紀卷四、張本、全梁文、丁本題作「遺王僧辯書」，御製集題作「遺王僧辯論討侯景書」。今題從梁文紀。王僧辯，字君才。侯景之亂，任大都督，從繹討景。梁書卷四五、南史卷六三有傳。資治通鑑卷一六五梁紀梁簡文帝「大寶二年（551）」載：湘東王繹以王僧辯等東擊侯景。夏四月戊申，「僧辯等軍至巴陵，聞郢州已陷，因留戍之。繹遺僧辯書」云云。

〔二〕賊既乘勝：梁書卷四簡文帝紀：大寶二年，「三月，侯景自帥衆西寇。丁未，發京師，自石頭至新林，舳艫相接。四月，至西陽。乙亥，景分遣僞將宋子仙、任約襲郢州。丙子，執刺史蕭方諸。閏月甲子，景進寇巴陵，湘東王繹所遣領軍將軍王僧辯連戰不能剋」。梁書卷四五王僧辯傳：「侯景浮江西寇，軍次夏首。僧辯爲大都督，率巴州刺史淳于量、定州刺史杜龕、宜州刺史王琳、郴州刺史裴之横等，俱赴西陽。軍次巴陵，聞郢州已没，僧辯因據巴陵城。」

〔三〕西下：資治通鑑卷一六五梁紀梁簡文帝「大寶二年」胡三省注：「自江夏指江陵，當作『西上』。」

〔四〕巴丘：資治通鑑卷一六五梁紀梁簡文帝「大寶二年」胡三省注：「巴丘即巴陵，有巴丘山。」巴陵，縣名。治所在今湖南省岳陽市。

與周弘正書〔一〕

玁醜逆亂〔二〕，寒暑亟離〔三〕，海内相識，零落略盡〔四〕。韓非之智，不免秦獄〔五〕；劉歆之學，猶弊亡新〔六〕。音塵不嗣〔七〕，每以耿灼〔八〕。常欲訪山東而尋子雲〔九〕，問關西而求伯起〔一〇〕。遇有今信，力附相聞〔一一〕，遲比來郵〔一二〕，慰其延佇〔一三〕。

陳書卷二四周弘正傳、册府元龜卷二〇六、梁文紀卷四、御製集、閣本、張本、全梁文、丁本。

【校注】

〔一〕與周弘正書：梁文紀卷四、御製集、閣本、張本題作「與周弘正書」，全梁文、丁本題作「與周弘正手書」。今題從梁文紀卷四。陳書卷二四周弘正傳：「王僧辯之討侯景也，弘正與弘讓自拔迎軍，僧辯得之甚喜，即日啓元帝，元帝手書與弘正曰」云云。今按：考梁書卷五元帝紀及卷四五王僧辯傳，僧辯率大軍討侯景在大寶三年（552）初，則此書之作當在其時。

〔二〕獯醜：此指侯景。景，鮮卑化羯人，故稱。獯，即「獯鬻」。孟子梁惠王下：「惟智者爲能以小事大，故太王事獯鬻，勾踐事吴。」趙岐注：「獯鬻，北狄强者，今匈奴也。」醜，詩經小雅出車：「執訊獲醜，薄言還歸。」鄭玄箋：「醜，衆也。」○逆亂：指侯景叛亂。梁武帝太清二年（547），侯景發動叛亂，渡過長江，攻入京師建康，並縱兵搶掠，梁武帝蕭衍、梁簡文帝蕭綱均死於城中。事詳梁書卷五六侯景傳。

〔三〕寒暑亟離：一年很快過去。詩經小雅小明：「二月初吉，載離寒暑。」鄭玄箋：「乃以二月朔日始行，至今則更夏暑冬寒矣。」孔穎達疏：「以二月初朔之吉日始行，至于今，則離歷其冬寒夏暑矣。」離，史記卷六九蘇秦傳：「我離兩周而觸鄭，五日而國舉。」唐張守節正義：「離，歷也。」

〔四〕「海内」二句：文選卷四一孔融論盛孝章書：「歲月不居，時節如流。五十之年，忽焉已至，公爲始滿，融又過二，海内知識，零落殆盡，惟會稽盛孝章尚存。」張銑注：「零落，死也。」

〔五〕「韓非」二句：戰國末韓國人。與李斯同師事荀子。著有韓非子。史記卷六三有傳。史記本傳載：「人或傳其書至秦。秦王見孤憤、五蠹之書，曰：『嗟乎，寡人得見此人與之游，死不恨矣！』李斯曰：『此韓非之所著書也。』秦因急攻韓。韓王始不用非，及急，乃遣非使秦。秦王悦之，未信用。李斯、姚賈害之，毁之曰：『韓非，韓之諸公子也。今王欲并諸侯，非終爲韓不爲秦，此人之情也。今王不用，久留而歸之，此自遺患也，不如以過法誅之。』秦王以爲然，下吏治非。李斯使人遺非藥，使自殺。韓非欲自陳，不得見。秦王後悔之，使人赦之，非已死矣。」

〔六〕「劉歆」三句：漢書卷三六：「歆字子駿，少以通詩書、能屬文召見成帝，待詔宦者署，爲黄門郎。河平中，受詔與父向領校秘書，講六藝傳記，諸子、詩賦、數術、方技，無所不究。……哀帝初即位，大司馬王莽舉歆宗室有材行，爲侍中、太中大夫，遷騎都尉、奉車光禄大夫，貴幸。及王莽篡位，歆爲國師，後事皆在莽傳。」漢書卷九九王莽傳：「先是，衛將軍王涉素養道士西門君惠。君惠好天文讖記，爲涉言：『星孛掃宫室，劉氏當復興，國師公姓名是也。』涉信其言，以語大司馬董忠，數俱至國師殿中廬道語星宿，國師不應。後涉特往，對歆涕泣言：『誠欲與公共安宗族，奈何不信涉也！』歆因爲言天文人事，東方必成。涉曰：『新都哀侯小被病，功顯君素耆酒，疑帝本非我家子也。董公主中軍精兵，涉領宫衛，伊休侯主殿中，如同心合謀，共劫持帝，東降南陽天子，可以全宗族；不者，俱夷滅矣！』伊休侯者，歆長子也，爲侍中五官中郎將，莽素愛之。歆怨莽殺其三子，又畏大禍至，遂與涉、忠謀，欲發。歆曰：『當待太白星出，乃可。』忠以司中大贅起武侯孫伋亦主兵，復與伋謀。伋歸家，顔色變，不能食。妻怪問之，語其狀。妻以告弟雲陽陳邯，邯欲告之。七月，伋與邯俱告，莽遣使者分召忠等。時忠方講兵都肄，護軍王咸謂忠謀久不發，恐漏泄，不如遂斬使者，勒兵入。忠不聽，遂與歆、涉會省户下。莽令䰠惲責問，皆服。劉歆、王涉皆自殺。莽以二人骨肉舊臣，惡其内潰，故隱其誅。」弊，通「斃」。新，朝代名。王莽初封新都侯，後篡漢稱帝，建國號曰新。莽後被殺，新朝亡。詳漢書卷九九王莽傳。

〔七〕音塵不嗣：謂書信不通。音塵，文選卷一三謝莊月賦：「美人邁兮音塵闕。」張銑注：「音信復闕。」不嗣，詩經鄭風子衿：「青青子衿，悠悠我心。縱我不往，子寧不嗣音。」鄭玄箋云：「嗣，續也。女曾不傳聲問我以恩，責其忘己。」宋蘇轍詩集傳卷四子衿：「嗣，續也。學校不修，則有去者，有留者，而莫之禁。故留者念其去者而責之曰：『我雖不往見子，子曷爲不傳聲問我乎？』」

〔八〕耿灼：焦慮不安。

〔九〕常欲：册府元龜卷二〇六引作「當」。〇山東：太行山以東地區。〇子雲：西漢終軍字子雲。軍，山東濟南人。十八歲至長安上書言事，拜謁者給事中。曾論邊事，擢爲諫大夫，後出使南越，説越王内屬，爲越相呂嘉所殺，死時年二十餘。世謂之「終童」。漢書卷六四下有傳。文選卷一〇潘岳西征賦：「終童山東之英妙，賈生洛陽之才子。」

〔一〇〕問關西：閣本作「問西關」，張本作「間西關」，册府元龜卷二〇六作「望關西」。關西，指函谷關或潼關以西的地區。〇伯起：指楊震。震字伯起，東漢弘農華陰人。「少好學，受歐陽尚書於太常桓郁，明經博覽，無不窮究。諸儒爲之語曰：『關西孔子楊伯起。』」後官至太尉。後漢書卷五四有傳。

〔一一〕力：閣本、張本作「方」。○相聞：猶言通訊或通消息。説詳周一良魏晉南北朝史札記梁書札記「相聞、相知」條。

〔一二〕遲(zhì)比：等到。遲，集韻志韻：「遲，待也。」比，論語先進：「比及三年。」皇侃疏：「比，猶至也。」册府元龜卷二〇六作「此」。○郵：御製集、全梁文、閣本、丁本作「卸」，張本作「御」。漢書卷七五京房傳：「因郵上封事。」顔師古注：「郵，行書者也，若今傳送文書矣。」

〔一三〕延佇：楚辭離騷：「延佇乎吾將返。」王逸注：「延，長也。佇，立貌也。」洪興祖補注：佇，「久立也。」晉陶潛停雲詩：「良朋悠邈，搔首延佇。」

【集評】

三國兩晉南北朝文選梁文元帝：錢云：英舉闊畧，亦睹此文。

答王僧辯獻橘書〔一〕

昔文康獻橘〔二〕，十有二子。用今方古，彼有慙色。今景之兇惡既稔〔三〕，凱歌之聲已及。嘉瑞遠臻〔四〕，但增鯁慰〔五〕。太平御覽卷九六六引三國典略、梁文紀卷四、御製集、閣本、張本、全梁文、丁本。

【校注】

〔一〕答王僧辯書：梁文紀卷四題作「答左衛將軍王僧辯」，御製集題作「答王僧辯獻橘書」，閣本、張本、全梁文、丁本題作「答王僧辯書」。今題從御製集。太平御覽九六六引三國典略曰：「梁侯景未平，王僧辯獻嘉橘一帶二十五子于湘東王，王答之曰」云云。舊題南朝梁任昉述異記卷下：「王僧辨嘗爲荆南，得橘一蔕三十子，以獻梁元帝。」王僧辯，字君才，祖籍太原祁縣。父仕北魏，梁武帝天監中隨父歸梁，爲湘東王國左常侍，隨府轉丹陽尹參軍、會稽中兵、荆州中兵、荆州諮議參軍，歷竟陵太守。侯景之亂，任大都督，從繹討景。終爲陳霸先襲殺。梁書卷四五、南史卷六三有傳。今按：據書中「今景之兇惡既稔，凱歌之聲已及」語，知當作於侯景被滅前不久。而據梁書卷五元帝紀，平侯景在大寶三年（552）三月，則此書之作蓋在上年秋。

〔二〕文康獻橘：文康，指東晉庾亮。亮字元規，潁川鄢陵人。官至丞相參軍，封都亭侯。謚號文康。晉書卷七三有傳。太平御覽卷九六六引建武故事曰：「咸和六年，平西將軍庾亮送橘，十二實共同一柢，以爲瑞異，百官畢賀。」原注：「中興書曰：王者德盛，則嘉禾生。橘亦嘉味之流。」

〔三〕景：即侯景。○稔（rěn）：文選卷四一陳琳爲曹洪與魏文帝書：「而來示乃以爲彼之惡稔。」吕向注：「稔，積也。」正字通禾部：「稔，凡積久者亦曰稔。」

〔四〕嘉瑞：祥瑞。漢書卷八宣帝紀：「承天順地，調序四時，獲蒙嘉瑞，賜兹祉福。」

〔五〕鯁慰：謂心中鬱塞得以寬解。鯁，梁文紀卷四、御製集、全梁文、丁本作「歡」，天中記卷五二及駢志卷一七引三國典畧作「哽」。今按：鯁、哽通。

與武陵王書〔一〕

皇帝敬問假黄鉞太尉武陵王〔二〕：自九黎侵軼，三苗寇擾〔三〕，天長喪亂〔四〕，獯醜憑陵〔五〕，虔劉象魏，黍離王室〔六〕。朕枕戈東望〔七〕，泣血西浮〔八〕，殞愛子於二方〔九〕，無諸侯之八百〔一〇〕，身被屬甲〔一一〕，手貫流矢〔一二〕，俄而風樹之酷〔一三〕，萬恨始纏，霜露之悲〔一四〕，百憂繼集，扣心飲膽〔一五〕，志不圖全。直以宗社綴旒〔一六〕，鯨鯢未翦〔一七〕，嘗膽待旦〔一八〕，龔行天罰〔一九〕，獨運四聰〔二〇〕，坐揮八柄〔二一〕。雖復結壇待將，褰帷納士〔二二〕，拒赤壁之兵，無謀於魯肅〔二三〕，燒烏巢之米，不訪於荀攸〔二四〕。才智將殫，金貝殆竭〔二五〕，傍無寸助，險阻備嘗。遂得斬長狄於駒門〔二六〕，挫蚩尤於楓木〔二七〕。怨恥既雪，天下無塵，經營四方〔二八〕，專資一力，方與岳牧〔二九〕，同兹清静。隆暑炎赫，弟比何如〔三〇〕？文武具僚，當有勞弊。今遣散騎常侍、光州刺史鄭安忠〔三一〕，指宣往懷。

梁書卷五五武陵王紀傳、梁文紀卷四、御製集、閣本、張本、全梁文、丁本。

【校注】

〔一〕與武陵王書：梁文紀卷四題作「又與武陵王書」，御製集題作「又」，閣本、張本題作「與武陵王書」，全梁文、丁本題作「與武陵王紀書」。今題從閣本、張本。武陵王紀，即蕭紀。紀，字世詢，別字大智。梁武帝第八子。武帝天監十三年封武陵王。後爲安西將軍、益州刺史。太清中，侯景亂，武帝死，紀稱帝於蜀，後爲元帝所殺。梁書卷五五有傳。梁書武陵王紀傳有云：「太清五年夏四月，紀帥軍東下至巴郡，以討侯景爲名，將圖荆陝。聞西魏侵蜀，遣其將南梁州刺史譙淹迴軍赴援。五月日，西魏將尉遲迥帥衆逼涪水，潼州刺史楊乾運以城降之，迥分軍據守，即趨成都。丁丑，紀次於西陵，舳艫翳川，旌甲曜日，軍容甚盛。世祖命護軍將軍陸法和於硤口夾岸築二壘，鎮江以斷之。時陸納未平，蜀軍復逼，物情恇擾，世祖憂焉。法和告急，旬日相繼。世祖乃拔任約於獄，以爲晉安王司馬，撤禁兵以配之；並遣宣猛將軍劉棻共約西赴。六月，紀築連城，攻絶鐵鎖。世祖復於獄拔謝答仁爲步兵校尉，配衆一旅，上赴法和。世祖與紀書曰」云云。今按：此所云「太清五年夏四月」以下各事，實皆在太清六年(552)四月後。而西魏侵蜀，乃屬承聖二年(553)事。「傳文以太清五年一貫而下，記事混亂有如是者」。參曹道衡、沈玉成中古文學史料叢考卷四梁陳「梁書武陵王紀傳錯訛顛倒」條。

〔二〕黄鉞：天子儀仗之一。有時大臣出師假以黄鉞，以示威重，且有誅殺持節將軍的權力。尚書牧誓：「王左杖黄鉞，右秉白旄以麾。」孔安國傳：「鉞，以黄金飾斧。」孔穎達疏：「廣雅云：『鉞，斧也。』斧稱黄鉞，故知以黄金飾斧也。」古今注卷上輿服：「金斧，黄鉞也。……三代通用之以斷斬。今以金斧黄鉞爲乘輿之飾。……武王以黄鉞斬紂頭，故王者以爲戒。……大將軍出征，特加黄鉞者，以銅爲之，黄金塗刃及柄，不得純金也。得賜黄鉞，則斬持節將也。」

〔三〕「自九」二句：指侯景叛亂以來。九黎，南方少數民族部落。國語卷一八楚語下：「及少皞之衰也，九黎亂德。」韋昭注：「九黎，黎氏九人，蚩尤之徒也。」侵軼，左傳隱公九年：「彼徒我車，懼其侵軼我也。」杜預注：「軼，突也。」楊伯峻注：「淮南子覽冥訓高誘注：『自後過前曰軼。』侵軼爲一詞，突然從後超越而來犯我之意。」三苗，國語卷一八楚語下：「三苗復九黎之德。」韋昭注：「三苗，九黎之後也。高辛氏衰，三苗爲亂，行其凶德，如九黎之爲也。堯興而誅之。」尚書舜典：「竄三苗于三危。」孔安國傳：「三苗，國名，縉雲氏之後，爲諸侯，號饕餮。」史記卷一五帝本紀：「三苗在江淮、荆州數爲亂。」

〔四〕天長：謂天之常道。沈約宋書卷二高祖紀載韓延之報書，有云：「假令天長喪亂，九流渾濁。」長，梁文紀卷四、御製集、閣本、張本作「常」。廣雅釋詁：「長，常也。」

〔五〕獯醜：此指侯景。侯景，鮮卑化羯人，故稱。獯，即「獯鬻」。孟子梁惠王下：「惟智者爲能以小事大，故太王事獯鬻，勾踐事吳。」趙岐注：「獯鬻，北狄强者，今匈奴也。」醜，詩經小雅出車：「執訊獲醜，薄言還歸。」鄭玄箋：「醜，衆也。」○憑陵：文選卷五八王儉褚淵碑文：「嗣王荒怠於天位，彊臣憑陵於荆楚。」張銑注：「憑陵，勇暴貌也。」憑，梁書卷五五武陵王紀傳作「馮」。今按：「馮」通「憑」。

〔六〕「虔劉」二句：謂侵犯殘害朝廷。虔劉，左傳成公十三年：「利吾有狄難，入我河縣，焚我箕、郜，芟夷我農功，虔劉我邊陲。」杜預注：「虔、劉，皆殺也。」象魏，周禮天官冢宰大宰：「正月之吉，始和布治于邦國都鄙，乃縣治象之法于象魏，使萬民觀治象，挾日而斂之。」鄭玄注引鄭司農曰：「象魏，闕也。」賈公彦疏：「鄭司農云：『象魏，闕也』者，周公謂之象魏，雉門之外，兩觀闕高魏魏然。」此指朝廷。黍離，詩經王風有黍離篇，小序云：「黍離，閔宗周也。周大夫行役至于宗周，過故宗廟，宫室盡爲禾黍。閔周室之顛覆，彷徨不忍去，而作是詩也。」此爲使動用法。

〔七〕枕戈：「枕戈待旦」之略語。枕著武器以待天明。形容殺敵報國心切。世説新語賞譽「劉琨稱祖車騎爲朗詣」劉孝標注引晉陽秋曰：「劉琨與親舊書曰：『吾枕戈待旦，志梟逆虜，常恐祖生先吾箸鞭耳！』」○東望：閣本、張本作「東下」。

〔八〕泣血：形容極度悲痛。禮記檀弓上：「高子皋之執親喪也，泣血三年，未嘗見齒，君子以爲難。」鄭玄注：「言泣無聲，如血出。」孔穎達疏：「凡人涕淚，必因悲聲而出，若血出則不由聲也。今子臯悲無聲，其涕亦出，如血之出，故云泣血。」

〔九〕殞愛子於二方：蕭繹長子方等征湘州刺史河東王譽，兵敗，溺死。次子方諸爲郢州刺史，遭侯景將宋子仙襲擊，被執，爲侯景所害。事詳梁書卷四四世祖二子傳。

〔一〇〕諸侯之八百：史記卷四周本紀：「九年，武王上祭于畢。東觀兵，至于盟津。……是時，諸侯不期而會盟津者八百諸侯。」此處用以比侯景之亂後諸侯勤王之師。

〔一一〕被：同「披」。文選卷三三屈原九章涉江：「被明月兮佩寶璐。」李周翰注：「猶服也。」

〔一二〕手貫流矢：左傳成公二年：齊晉鞌之戰，「郤克傷於矢，流血及屨，未絶鼓音，曰：『余病矣！』張侯曰：『自始合，而矢貫余手及肘，余折以御，左輪朱殷，豈敢言病。吾子忍之！』」此指忍住傷痛堅持戰鬥。

〔一三〕風樹之酷：指父母去世之悲。韓詩外傳卷九：臯魚曰：「樹欲静而風不止，子欲養而親不待。往而不可追者年也，去而不可得見者親也。」此指蕭繹父梁武帝蕭衍死於宫中。

〔一四〕霜露之悲：禮記祭義：「霜露既降，君子履之，必有悽愴之心。」史記卷一一八淮南王傳載：淮南王劉安欲反，伍被諫曰：「臣聞子胥諫吴王，吴王不用，乃曰『臣今見麋鹿游姑蘇之臺也』。今臣亦見宫中生荆棘，露霑衣也。」此處指國家將亡的悲痛。

〔一五〕扣心飲膽：形容内心十分痛苦，而刻苦發憤。扣心，猶椎心。文選卷四一李陵與蘇武書：「何圖志未立而怨已成，計未從而骨肉受刑，此陵所以仰天椎心而泣血也。」飲膽，史記卷四一越王句踐世家：「吳既赦越，越王句踐反國，乃苦身焦思，置膽於坐，坐卧即仰膽，飲食亦嘗膽也。」

〔一六〕綴旒：即贅旒。比喻君主爲大臣挾持，實權旁落。公羊傳襄公十六年：「君若贅旒然。」何休注：「旒，旂旒；贅，繫屬之辭，若今俗名就壻爲贅壻矣。」以旂旒喻者，爲下所執持東西。」

〔一七〕鯨鯢：左傳宣公十二年：「古者明王伐不敬，取其鯨鯢而封之，以爲大戮。」杜預注：「鯨鯢，大魚名，以喻不義之人，吞食小國。」資治通鑑卷八八晉紀愍帝「建興元年」：「掃除鯨鯢，奉迎梓宮。」胡三省注：「鯨鯢，大魚，鈎網所不能制，以比敵人之魁桀者。」此處喻指侯景。

〔一八〕嘗膽：即「飲膽」，形容刻苦自勵，發憤圖强。事見史記卷四一越王句踐世家。○待旦：「枕戈待旦」之略語。形容殺敵報國心切。世説新語賞譽「劉琨稱祖車騎爲朗詣」，劉孝標注引晉陽秋曰：「劉琨與親舊書曰：『吾枕戈待旦，志梟逆虜，常恐祖生先吾箸鞭耳！』」

〔一九〕龔行天罰：虔誠地執行上天的懲罰。尚書甘誓：「今予惟恭行天之罰。」孔安國傳：「恭，奉也。」孔穎達疏：「天子用兵，稱『恭行天罰』；諸侯討有罪，稱『肅將王誅』，皆示有所稟承，不敢專也。」尚書泰誓下：「奉予一人，恭行天罰。」龔，通「恭」。

〔二〇〕四聰：尚書舜典：「明四目，達四聰。」孔安國傳：「廣視聽於四方，使天下無壅塞。」孔穎達疏：「達四方之聰，使爲己遠聽四方也。……聰，謂耳聞之也。」此指廣開四方視聽。

〔二一〕八柄：帝王統馭臣下的八種手段。周禮天官冢宰大宰：「以八柄詔王馭群臣：一曰爵，以馭其貴；二曰禄，以馭其富；三曰予，以馭其幸；四曰置，以馭其行；五曰生，以馭其福；六曰奪，以馭其貧；七曰廢，以馭其罪；八曰誅，以馭其過。」

〔二二〕「雖復」二句：謂虚心招攬接納文武之才。結壇待將，史記卷九二淮陰侯傳：蕭何建議漢高祖劉邦拜韓信爲大將軍，「曰：『王計必欲東，能用信，信即留；不能用，信終亡耳。』王曰：『吾爲公以爲將。』何曰：『雖爲將，信必不留。』王曰：『以爲大將。』何曰：『幸甚。』於是王欲召信拜之。何曰：『王素慢無禮，今拜大將如呼小兒耳，此乃信所以去也。王必欲拜之，擇良日，齋戒，設壇場，具禮，乃可耳。』王許之。諸將皆喜，人人各自以爲得大將。至拜大將，乃韓信也，一軍皆驚。」褰帷，後漢書卷三一賈琮傳：「以琮爲冀州刺史。舊典，傳車驂駕，垂赤帷裳，迎於州界。及琮之部，升車言曰：『刺史當遠視廣聽，糾察美惡，何有反垂帷裳以自掩塞乎？』乃命御者褰之。」

〔二三〕「拒赤壁」二句：三國志卷五四吴書魯肅傳：「會〔孫〕權得曹公欲東之問，與諸將議，皆勸權迎之，而肅獨不言。權起更衣，肅追於宇下，權知其意，執肅手曰：『卿欲何言？』肅對曰：『向察衆人之議，專欲誤將軍，不足與圖大事。今肅可迎操耳，如將軍，不可也。何以言之？今肅迎操，操當以肅還付鄉黨，品其名位，猶不失下曹從事，乘犢車，從吏卒，交游士林，累官故不失州郡也。將軍迎操，欲安所歸？願早定大計，莫用衆人之議也。』權歎息曰：『此諸人持議，甚失孤望；今卿廓開大計，正與孤同，此天以卿賜我也。』」同卷周瑜傳裴松之注：「臣松之以爲建計拒曹公，實始魯肅。」此處蕭繹反用其事，言自己無魯肅這樣的大臣可與共謀。赤壁，地名。在湖北省境内，具體方位説法不一，有蒲圻説、黄州説、鍾祥説、武昌説、漢陽説、漢川説、嘉魚説等多種。魯肅，字子敬，臨淮東城人。孫權統事，以爲贊軍校尉，與周瑜共拒曹操，進奮武校尉，代瑜領兵，拜漢昌太守、偏將軍，轉横江將軍。三國志卷五四吴書有傳。

〔二四〕「燒烏巢」二句：三國志卷一〇魏書荀攸傳：「太祖遂與〔袁〕紹相拒於官渡。軍食方盡，攸言於太祖曰：『紹運車旦暮至，其將韓莫鋭而輕敵，擊可破也。』太祖曰：『誰可使？』攸曰：『徐晃可。』乃遣晃及史涣邀擊破走之，燒其輜重。」此處蕭繹反用其意，謂謀略唯有自己作主。烏巢，地名。因其南臨烏巢澤而得名。故址在今河南省延津縣境内。荀攸，字公達，潁川潁陰人。曹操謀臣之一，被曹操稱爲「謀主」，官至尚書令。卒，追謚爲敬侯。三國志卷一〇魏書有傳。

〔二五〕金貝：謂金錢財貨。顔氏家訓名實：「吾見世人，清名登而金貝入，信譽顯而然諾虧。」王利器集解引盧文弨曰：「漢書食貨志：『金刀龜貝，所以通有無也。』」

〔二六〕斬長狄於駒門：左傳文公十一年載：狄人侵魯，魯敗之於鹹，「獲長狄僑如。富父終甥摏其喉以戈，殺之。埋其首於子駒之門，以命宣伯」。楊伯峻注：「沈欽韓補注引山東通志曰：『魯郭門北面三門，最西爲子駒門。』則子駒之門爲魯北郭之西門。」長狄，春秋時狄族的一支。此指侯景。侯景，鮮卑化羯人，故稱。見梁書卷五六侯景傳。

〔二七〕桎蚩尤於楓木：山海經大荒南經：「有宋山者，有赤蛇，名曰育蛇。有木生山上，名曰楓木。楓木，蚩尤所棄其桎梏，是爲楓木。」郭璞注：「蚩尤爲黄帝所得，械而殺之，已摘棄其械，化而爲樹也。」蚩尤，傳説中的古代九黎族首領。其以金作兵器，與黄帝戰于涿鹿，失敗被殺。事詳史記卷一五帝本紀。此處以比侯景。木，全梁文、丁本誤作「水」。

〔二八〕經營四方：詩經小雅北山：「旅力方剛，經營四方。」

〔二九〕岳牧：相傳堯舜時有四岳、十二州牧分管政務和方國諸侯。尚書周官：「曰唐虞稽古，建官惟百，内有百揆、四岳，外有州牧、侯伯。」此處泛稱封疆大吏。

〔三〇〕比：資治通鑑卷七五魏紀邵陵厲公「嘉平元年」：「比來天下奢靡。」胡三省注：「比，近也。」〇何如：梁文紀卷四、御製集、閻本、張本、全梁文、丁本作「如何」。

〔三一〕散騎常侍：官名。三國魏文帝時置，合秦漢散騎和中常侍二官爲一。南北朝時屬集書省，但地位漸降，多爲加官。〇光州：州名。治所在今河南省光山縣。〇鄭安忠：人名。生平無考。

【集評】

閻本：評「殞愛子於二方，無諸侯之八百」：蕭譽之罪。　評「雖復結壇待將……桎蚩尤於楓木」：辭言令人齒冷。

又與武陵王書〔一〕

甚苦大智〔二〕！季月煩暑，流金爍石〔三〕，聚蚊成雷〔四〕，封狐千里〔五〕，以兹玉體，辛苦行陣。乃眷西顧〔六〕，我勞如何。自獯醜憑陵，羯胡叛换〔七〕，吾年爲一日之長〔八〕，屬有平亂之功，膺此樂推〔九〕，事歸當璧〔一〇〕。儻遣使乎，良所遲也〔一一〕。如曰不然，於此投筆〔一二〕。友于兄弟〔一三〕，分形共氣〔一四〕。兄肥弟瘦〔一五〕，無復相代之期〔一六〕；讓棗推梨〔一七〕，長罷歡愉之日〔一八〕。上林静拱〔一九〕，聞四鳥之哀鳴〔二〇〕；宣室披圖〔二一〕，嗟萬始之長逝〔二二〕。心乎愛矣〔二三〕，書不盡言〔二四〕。

梁書卷五五武陵王紀傳、南史卷五三梁武帝諸子傳武陵王紀、通志卷八三下、梁文紀卷四、御製集、閻本、張本、全梁文、丁本。

【校注】

〔一〕又與武陵王書：梁文紀卷四、御製集題作「又」，閻本、張本題作「又與武陵王書」，全梁文、丁本題作「又與武陵王紀書」，全蜀藝文志卷二八題作「再與蕭紀書」。今題從閻本、張本。梁書卷五五武陵王紀傳載：蕭繹與武陵王紀書後，「仍令喻意於紀，許其還蜀，專制岷方。紀不從命，報書如家人禮。庚申，紀將侯叡率衆緣山將規進取，任約、謝答仁與戰，破之。既而陸納平，諸軍並西赴，世祖又與紀書曰」云云。亦見南史卷五三梁武帝諸子傳武陵王紀。

〔二〕大智：武陵王蕭紀，字世詢，別字大智。梁書卷五五、南史卷五三有傳。

〔三〕流金爍石：爍，通「鑠」。楚辭招魂：「十日代出，流金鑠石些。」王逸注：「鑠，銷也。言東方有扶桑之木，十日並在其上，以次更行，其勢酷烈，金石堅剛，皆爲銷釋也。」梁文紀卷四、御製集、閣本、張本作「鑠」，全梁文、丁本作「礫」。

〔四〕聚蚊成雷：漢書卷五三景十三王傳中山靖王勝：「建元三年，代王登、長沙王發、中山王勝、濟川王明來朝，天子置酒，勝聞樂聲而泣。問其故，勝對曰：『……夫衆喣漂山，聚蟁成靁，朋黨執虎，十夫橈椎。』」顔師古注：「蟁，古蚊字。靁，古雷字。言衆蚊飛聲有若雷也。」

〔五〕封狐千里：楚辭招魂：「蝮蛇蓁蓁，封狐千里些。」王逸注：「封狐，大狐也。言炎土之氣，多蝮虺惡蛇，積聚蓁蓁，争欲齧人。又有大狐，健走，千里求食，不可逢遇也。」

〔六〕乃眷西顧：詩經大雅皇矣：「乃眷西顧，此維與宅。」鄭玄箋：「乃眷然運視西顧，見文王之德而與之居。言天意常在文王所。」眷，説文解字目部：「眷，顧也。……詩曰：乃眷西顧。」

〔七〕「獯醜」二句：指侯景叛亂。獯，即獯鬻，漢稱匈奴。醜，詩經小雅出車：「執訊獲醜，薄言還歸。」鄭玄箋：「醜，衆也。」憑陵，文選卷五八王儉褚淵碑文：「嗣王荒怠於天位，彊臣憑陵於荆楚。」張銑注：「憑陵，勇暴貌也。」羯胡，北方少數民族。今按：侯景本鮮卑化羯人，爲東魏將，故蕭繹以「獯醜」、「羯胡」稱之。叛换，梁文紀卷四、御製集、閣本、張本作「叛涣」。叛换、叛涣、畔换，連綿詞。漢書卷一〇〇敘傳下：「項氏畔换，黜我巴、漢。」顔師古注：「畔换，强恣之貌，猶言跋扈也。詩大雅皇矣篇曰『無然畔换』。」文選卷六左思魏都賦：「雲撤叛换，席卷虔劉。」張載注：「叛换，猶恣睢也。漢書曰：項氏叛换。」

〔八〕一日之長：意謂年齡較大。論語先進：子路、曾皙、冉有、公西華侍坐，子曰：「以吾一日長乎爾，毋吾以也。」南朝宋劉義慶世説新語品藻：「論王霸之餘策，覽倚仗之要害，吾似有一日之長。」

〔九〕膺：後漢書卷四〇班彪傳附班固傳：「天子受四海之圖籍，膺萬國之貢珍。」李賢注：「賈逵注國語曰：『膺猶受也。』」〇樂推：衆人樂於擁戴。老子第六六章：「是以聖人處上而人不重，處前而人不害，是以天下樂推而不厭。」

〔一〇〕當璧：左傳昭公十三年：「初，共王無冢適，有寵子五人，無適立焉。乃大有事于群望，而祈曰：『請神擇於五人者，使主社稷。』乃徧以璧見於群望，曰：『當璧而拜者，神所立也，誰敢違之？』既，乃與巴姬密埋璧於大室之庭，使五人齊，而長入拜……平王弱，抱而入，再拜，皆厭紐。」後以喻立爲國君之兆。

〔一一〕「儻遣」二句：謂如能遣使前來，確爲我所期待。遅，集韻志韻：「遅，待也。」

〔一二〕「如曰」二句：謂如果不能遣使，則將兵戎相見。投筆，放下筆，拿起武器。後漢書卷四七班超傳載：「〔班超〕家貧，常爲官傭書以供養。久勞苦，嘗輟業投筆歎曰：『大丈夫無它志略，猶當效傅介子、張騫立功異域，以取封侯，安能久事筆研間乎？』」後立功西域，封定遠侯。

〔一三〕友于：兄弟之代稱。尚書君陳：「惟孝，友于兄弟。」孔穎達疏：「釋訓云：善父母爲孝，善兄弟爲友。」

〔一四〕分形共氣：文選卷三七曹植求自試表：「而臣敢陳聞於陛下者，誠與國分形同氣，憂患共之者也。」李善注：「呂氏春秋曰：父母之於子也，子之於父母也。一體而分形，同氣血而異息，痛疾相救，憂思相感，生則相驩，死則相哀，此之謂骨肉之親也。」

〔一五〕兄肥弟瘦：後漢書卷三九趙孝傳：「及天下亂，人相食。孝弟禮爲餓賊所得，孝聞之，即自縛詣賊，曰：『禮久餓羸瘦，不如孝肥飽。』賊大驚，並放之，謂曰：『可且歸，更持米糒來。』孝求不能得，復往報賊，願就亨。衆異之，遂不害。」

〔一六〕代：閣本、張本、明王志堅編四六法海卷七作「見」。

〔一七〕讓棗推梨：讓棗，南史卷二二王泰傳：「泰，字仲通，幼敏悟。年數歲時，祖母集諸孫侄，散棗栗於牀，群兒競之，泰獨不取。問其故，對曰：『不取自當得賜。』由是中表異之。」推梨，後漢書卷一〇〇孔融傳「融幼有異才」李賢注：「融家傳曰：『兄弟七人，融第六，幼有自然之性。年四歲時，每與諸兄共食梨，融輒引小者，大人問其故，答曰：「我小兒，法當取小者。」

由是宗族奇之。』」

〔一八〕長：閻本、張本作「永」。

〔一九〕上林：即上林苑，園囿名。故址在今江蘇省南京市雞鳴山東。宋書卷六孝武帝紀：大明三年九月，「壬辰，於玄武湖北立上林苑」。六朝事蹟編類卷四上林苑：「南史：宋孝武大明三年，於真武湖北立上林苑。建康實録云：在縣北十三里有古池，俗呼爲飲馬塘。楊修之詩注云：其苑連雞籠山，在縣北七里。」○静拱：静默。梁蕭統答湘東王求文集及詩苑英華書：「陟龍樓而静拱，掩鶴關而高卧。」

〔二〇〕四鳥：語帶雙關，既指四時之鳥，又別有深意。説苑卷一八辨物：「孔子晨立堂上，聞哭者聲音甚悲。孔子援瑟而鼓之，其音同也。孔子出，而弟子有吒者。問：『誰也？』曰：『回也。』孔子曰：『回爲何而吒？』回曰：『今者有哭者，其音甚悲，非獨哭死，又哭生離者。』孔子曰：『何以知之？』回曰：『似完山之鳥。』孔子曰：『何如？』回曰：『完山之鳥生四子，羽翼已成，乃離四海，哀鳴送之，爲是往而不復返也。』孔子使人問哭者。哭者曰：『父死家貧，賣子以葬之，將與其別也。』孔子曰：『善哉，聖人也！』」

〔二一〕宣室披圖：史記卷八四賈生列傳：「孝文帝方受釐，坐宣室。上因感鬼神事，而問鬼神之本。賈生因具道所以然之狀。」裴駰集解引蘇林曰：「未央前正室。」司馬貞索隱引三輔故事云：「宣室在未央殿北。」蕭繹謝上畫蒙敕褒賞啓亦云：「宣室之圖，更難議擬。」今按：

史籍未載宣室有圖畫者，而漢代宮殿中多有彩畫之室。漢書卷一〇元帝紀：「元帝在太子宮生甲觀畫堂。」顏師古注：「應劭曰：『……畫堂畫九子母。』如淳曰：『……畫堂，堂名。……』師古曰：『……畫堂，但畫飾耳，豈必九子母乎？霍光止畫室中，是則宮殿中通有綵畫之堂室。』」同書卷六八霍光傳：「明旦，光聞之，止畫室中不入。」顏師古注：「如淳曰：『近臣所止計畫之室也，或曰雕畫之室。』雕畫是也。」王先謙補注引周壽昌曰：「畫室當是殿前西閣之室。楊敞傳『上觀西閣上畫人，指桀紂畫謂樂昌侯王武』云云，又云『畫人有堯、舜、禹、湯』，則知西閣畫古帝王像，故稱畫室。」故頗疑「宣」是「畫」之形訛。

〔三〕萬始：萬物之始。此處指萬物。

〔三〕心乎愛矣：詩經小雅隰桑：「心乎愛矣，遐不謂矣？中心藏之，何日忘之！」

〔四〕書不盡言：周易繫辭：「書不盡言，言不盡意。」

【集評】

閻本：評「吾年爲一日之長，屬有平亂之功，膺此樂推，事歸當璧」：如此宣諭，猶或不悛，紀寧復有人理乎？其不得一見七官，宜爾。

與魏書〔一〕

子糾，親也，請君討之〔二〕。資治通鑑卷一六五梁紀梁元帝「承聖二年」、梁文紀卷四、張本、全梁文、丁本。

【校注】

〔一〕與魏書：梁文紀卷四、張本題作與魏書，全梁文、丁本題作「與西魏書」。今題從張本。魏，指西魏。資治通鑑卷一六五梁紀梁元帝「承聖二年」載：蕭紀趣兵東下。蕭繹甚懼，「與魏書」云云。周書卷二一尉遲迥傳：「侯景之渡江，梁元帝時鎮江陵，既以内難方殷，請修隣好。其弟武陵王紀，在蜀稱帝，率衆東下，將攻之。梁元帝大懼，乃移書請救，又請伐蜀。太祖曰：『蜀可圖矣。取蜀制梁，在茲一舉。』……於是乃令迥督開府元珍、乙弗亞、俟呂陵始、叱奴興、綦連雄、宇文昇等六軍，甲士一萬二千，騎萬匹，伐蜀。」

〔二〕「子糾」三句：左傳莊公九年：「鮑叔帥師來言曰：『子糾，親也，請君討之。』」子糾，即公子糾，春秋時齊國人，襄公弟。襄公言行無常，殺誅不當，公子糾奔魯，公子小白逃莒。後，公孫無知殺襄公，齊國無君。小白先歸，是爲桓公。後，齊、魯戰於乾時，魯大敗，齊桓公命魯殺子糾。生平事跡詳左傳莊公九年、史記卷三二齊太公世家。此處蕭繹以子糾擬其弟武陵王蕭紀，而以小白自比。

與王僧辯帛書〔一〕

吾忍死待公〔二〕，可以至矣。南史卷八梁本紀元帝、資治通鑑卷一六五梁紀世祖「承聖三年」、通志卷一三、梁文紀卷四、張本、全梁文、丁本。

【校注】

〔一〕與王僧辯帛書：梁文紀卷四、張本題作「與王僧辯帛書」，全梁文、丁本題作「裂帛爲書催王僧辯入援」。今題從梁文紀卷四。南史卷八梁本紀元帝載：承聖三年（554）九月，西魏攻梁，梁元帝詔徵王僧辯。十一月，「丁亥，魏軍至柵下。丙申，徵廣州刺史王琳入援。丁酉，大風，城内火燒居人數千家。以爲失在婦人，斬首尸之。是日，帝猶賦詩無廢。以胡僧祐爲開府儀同三司。庚子，信州刺史徐世譜、晉安王司馬任約軍次馬頭岸。是夜，有流星墜城中。帝援蓍筮之，卦成，取龜式驗之，因抵於地曰：『吾若死此下，豈非命乎？』因裂帛爲書催僧辯曰」云云。

〔二〕吾忍死待公：三國志卷三魏書魏明帝紀裴松之注引魏氏春秋曰：「時太子芳年八歲，秦王九歲，在於御側。帝執宣王手，目太子曰：『死乃復可忍，朕忍死待君，君其與爽輔此。』」

與劉智藏書〔一〕

菩薩蕭法車置郵大士劉智藏侍者〔二〕，自林宗遄反〔三〕，玄度言歸〔四〕，以結元禮之心〔五〕，彌益真長之歎〔六〕。故以臨風望美，對月懷賢〔七〕。有勞寤寐〔八〕，無忘興寢〔九〕。方今玄冥在節〔一〇〕，歲聿云遒〔一一〕。日似青緹〔一二〕，雲浮紅蘂。清臺炭重〔一三〕，北宮井溢〔一四〕。想禪説爲娱〔一五〕，稍符九次〔一六〕；成誦之功〔一七〕，轉探三密〔一八〕。山間芳杜〔一九〕，自有松竹之娱；巖穴鳴琴，非無薜蘿之致〔二〇〕。修德之暇，差足樂也！昔韓梅兩福〔二一〕，求羊二仲〔二二〕。鄭林騰名於馮翊〔二三〕，周黨傳芳於太原〔二四〕。或有百鎰可捐〔二五〕，千金非貴。松子爲餐〔二六〕，蒲根是服〔二七〕。未有高蹈真如〔二八〕，歸宗法海〔二九〕。梵王四鶴〔三〇〕，集林籞而相鳴〔三一〕；帝釋千馬〔三二〕，經丘園而蹋步〔三三〕。有一於此，猶或稱奇；兼而總之，何其盛也！故知南臨之水，已類吕梁之川〔三四〕；北眺之山，彌同武安之嶺〔三五〕。豈復還思潡浦〔三六〕，尚想彊臺〔三七〕；睠彼漢池〔三八〕，載懷荒谷〔三九〕。以此相求，心可知矣。

【校注】

〔一〕劉智藏：人名。生平不詳。據續高僧傳卷五、釋文紀卷二九，梁有釋智藏，其俗姓顧，本名淨藏，吴人，天監末捨身大懺，一無遺餘，還居鍾山開善寺，因不履世，上啓辭帝，手敕諭之。普通三年(522)九月十日卒，敕葬獨龍之山。新安太守蕭機製文，湘東王繹製銘，太子中庶子陳郡殷鈞爲立墓誌。與此劉智藏當不是同一人。今按：據梁書卷五元帝紀，蕭繹大同六年(540)爲江州刺史，太清元年(547)爲荆州刺史。此書云「睠彼漢池，載懷荒谷」，又云

「夢匡山而太息，想桓亭而延佇」，蓋蕭繹與劉智藏相識於江州，蕭繹轉荆州刺史後，劉智藏仍留江州，故蕭繹寫此書以抒思念之情。

〔二〕菩薩：佛教名詞。梵文「菩提薩埵」之省，原爲釋迦摩尼修行而未成佛時的稱號，後泛用爲對大乘思想的實行者的稱呼。○法車：蕭繹法號。○置郵：孟子公孫丑上：「德之流行，速於置郵而傳命。」焦循正義：「置、郵、傳三字，同爲傳遞之稱。以其車馬傳遞謂之置郵，謂之驛。其傳遞行書之舍，亦即謂之置郵，謂之驛。」○大士：對高僧的敬稱。○侍者：佛門中侍候長老的隨從僧徒。此用以敬稱劉智藏。

〔三〕林宗：東漢郭太字林宗。太，太原界休人。博通墳籍，善談論，美音制。性明知人，好獎訓士類。後漢書卷六八有傳。後漢書本傳：「乃游於洛陽。始見河南尹李膺，膺大奇之，遂相友善，於是名震京師。後歸鄉里，衣冠諸儒送至河上，車數千兩。林宗唯與李膺同舟共濟，衆賓望之，以爲神仙焉。」○遄（chuán）：爾雅釋詁：「遄，速也。」○反：同「返」。

〔四〕玄度：東晉許詢字玄度。世説新語言語：「劉真長爲丹陽尹，許玄度出都就劉宿。」劉孝標注引續晉陽秋曰：「許詢字玄度，高陽人，魏中領軍允玄孫。總角秀惠，衆稱神童，長而風情簡素。司徒掾辟，不就，蚤卒。」

〔五〕結：資治通鑑卷九九晉紀二一孝宗穆皇帝「永和七年」：「以寫佇結之情。」胡三省注：「企望之情鬱積而不散曰結。」○元禮：東漢李膺字元禮。膺，潁川襄城人。性簡亢，以聲名自高。桓帝時爲司隸校尉。靈帝初，與陳蕃謀誅宦官，事敗，免官。黨錮再起，下獄死。後漢書卷六七有傳。

〔六〕真長：東晉劉惔字真長。惔，祖籍沛國相縣。少有名，雅善清談。歷司徒左長史，侍中，丹陽尹。晉書卷七五有傳。世説新語寵禮：「許玄度停都一月，劉尹無日不往，乃歎曰：『卿復少時不去，我成輕薄京尹！』」劉孝標注引語林曰：「玄度出都，真長九日十一詣之，曰：『卿尚不去，使我成薄德二千石。』」

〔七〕「故以」二句：世説新語言語：「劉尹云：『清風朗月，輒思玄度。』」劉孝標注引晉中興士人書曰：「許珣能清言，于時士人皆欽慕仰愛之。」

〔八〕寤寐：指日夜。詩經周南關雎：「窈窕淑女，寤寐求之。求之不得，寤寐思服。」毛傳：「寤，覺。寐，寢也。」

〔九〕興寢：猶起卧。詩經小雅斯干：「乃寢乃興，乃占我夢。」鄭玄箋：「興，夙興也。」

〔一〇〕玄冥在節：指冬季。禮記月令：「〔孟冬、仲冬、季冬之月〕其帝顓頊，其神玄冥。」鄭玄注：「玄冥，少皥氏之子，曰脩，曰熙，爲水官。」陸德明音義：「玄冥，亡丁反，少昊之二子修及熙爲玄冥。玄冥，水官。」楚辭劉向九歎遠遊：「就顓頊而陳詞兮，考玄冥於空桑。」王逸注：「玄冥，太陰之神，主刑殺也。」

〔一一〕歲聿云遒：指一年將盡。歲聿，歲晚。詩經唐風蟋蟀：「蟋蟀在堂，歲聿其莫。」鄭玄箋：

「聿，遂。」遒，廣雅釋詁三：「遒，迫也，近也。」

〔一二〕青緹：深紅色。文選卷二三劉楨贈五官中郎將詩之四：「明月照緹幕，華燈散炎輝。」李善注：「緹，丹色也。」

〔一三〕清臺炭重：謂冬天已過，春夏來臨。清臺，漢書卷二一律曆志上：「詔與丞相、御史、大將軍、右將軍史各一人雜候上林清臺，課諸曆疏密。」三輔黄圖卷五臺榭：「漢靈臺，在長安西北八里。漢始曰清臺，本爲候者觀陰陽天文之變，更名曰靈臺。郭延生述征記曰：『長安宫南有靈臺，高十五仞，上有渾儀，張衡所製。又有相風銅烏，遇風乃動。一曰：長安靈臺，上有相風銅烏，千里風至，此烏乃動。又有銅表，高八尺，長一丈三尺，廣尺二寸，題云「太初四年造」。』」炭重，漢書卷七五李尋傳：「政治感陰陽，猶鐵炭之低卬，見效可信者也。」顔師古注引孟康曰：「天文志云『縣土炭』也，以鐵易土耳。先冬夏至，縣鐵炭於衡，各一端，令適停。冬，陽氣至，炭仰而鐵低。夏，陰氣至，炭低而鐵仰。以此候二至也。」

〔一四〕北宫井溢：漢書卷一〇成帝紀：建始二年春，「三月，北宫井水溢出」。漢書卷二七五行志：「元帝時童謡曰：『井水溢，滅竈煙，灌玉堂，流金門。』至成帝建始二年三月戊子，北宫中井泉稍上，溢出南流。」此指春三月，雨水充沛。

〔一五〕禪説：即「禪悦」。耽好禪理，心神愉悦。廣弘明集卷二八梁高祖摩訶波若懺文：「願諸衆生，離染著相。回向法喜，安住禪悦。」

〔一六〕九次：即「九次第定」。佛教語，意爲次第無間所修之九種禪定。

〔一七〕成誦：謂熟讀書，能背誦。

〔一八〕三密：佛教密宗以結印爲身密，誦呪爲語密，觀理爲意密。「三密相應」爲修密之要。金剛頂瑜珈中發阿耨多羅三藐三菩提心論：「所言三密者：一身密者，如結契印，召請聖衆是也；二語密者，如密誦真言，文句了了分明，無謬誤也；三意密者，如住瑜珈，相應白浄月圓，觀菩提心。」南朝梁蕭綱大法頌：「三密不限，四辯難量。」

〔一九〕芳杜：指杜若。南朝齊謝朓往敬亭路中：「山中芳杜緑，江南蓮葉紫。」洛陽伽藍記卷一城內「景林寺」：景林寺西有園，「嘉樹夾牖，芳杜匝階，雖云朝市，想同巖谷」。周祖謨校釋：「杜者，杜若也。」杜若，香草名。多年生草本。夏日開白花，味辛香。楚辭九歌湘君：「采芳洲兮杜若，將以遺兮下女。」

〔二〇〕薜蘿：薜荔和女蘿。兩者皆野生植物，常攀緣于山野林木或屋壁之上。楚辭九歌山鬼：「若有人兮山之阿，被薜荔兮帶女蘿。」王逸注：「女蘿，兔絲也。言山鬼仿佛若人，見於山之阿，被薜荔之衣，以兔絲爲帶也。薜荔、兔絲，皆無根，緣物而生。」洪興祖補注：「爾雅云：唐蒙女蘿。女蘿，兔絲。詩云：蔦與女蘿，施于松上。吕氏春秋云：或謂菟絲，無根也。其根不屬地，茯苓是也。抱朴子云：菟絲之草，下有伏菟之根，無此菟則絲不生於上，然實不屬也。」

〔二一〕韓梅兩福：韓福和梅福。晉皇甫謐高士傳韓福：「韓福者，涿人也，以行義修潔著名。昭帝時，將軍霍光秉政，表顯義士，郡國條奏行狀。天子謂福等五人行義最高，以德行徵至京兆，病不得進。元鳳元年，詔策曰：『朕愍勞福以官職之事，賜帛五十匹，遣歸。其務修孝弟，以教鄉里。』福歸，終身不仕，卒于家。」梅福字子真，九江壽春人。爲郡文學，補南昌尉。後去官，數上書，不納。後居家，常以讀書養性爲事。至元始中，王莽專政，福一朝棄妻子，去九江，至今傳以爲仙。其後，人有見福於會稽者，變名姓，爲吴市門卒云。漢書卷六七有傳。

〔二二〕求羊二仲：即裘仲、羊仲。初學記卷一八引趙岐三輔決録曰：「蔣詡，字元卿。舍中三逕，唯羊仲、裘仲從之遊，二仲皆推廉逃名。」求，説文解字裘部：「求，古文裘。」段玉裁注：「此本古文裘字，後加衣爲裘，而求專爲干請之用。」

〔二三〕「鄭林」句：「鄭林」疑是「鄭朴」之訛。晉皇甫謐高士傳：「鄭朴，字子真，谷口人也。修道静默，世服其清高。成帝時，元舅、大將軍王鳳以禮聘之，遂不屈。揚雄盛稱其德，曰谷口鄭子真。耕於巖石之下，名振京師，馮翊人刊石祠之，至今不絶。」馮翊，郡名。治所在今陝西省大荔縣。

〔二四〕「周黨」句：後漢書卷八三逸民傳周黨：「周黨字伯況，太原廣武人也。……初，鄉佐嘗衆中辱黨，黨久懷之。後讀春秋，聞復讎之義，便輟講而還，與鄉佐相聞，期剋鬭日。既交刃，而黨爲鄉佐所傷，困頓。鄉佐服其義，輿歸養之，數日方蘇，既悟而去。自此勑身修志，州里稱其高。及王莽竊位，托疾杜門。自後賊暴從横，殘滅郡縣，唯至廣武，過城不入。建武中，徵爲議郎，以病去職，遂將妻子居黽池。……黨遂隱居黽池，著書上下篇而終。邑人賢而祠之。」太原，郡名。治所在今山西省太原市西南。

〔二五〕鎰（yì）：墨子號令：「又賞之黄金，人二鎰。」孫詒讓閒詁：「鎰，二十四兩也。」國語卷八晉語二：「黄金四十鎰，白玉之珩六雙。」韋昭注：「二十兩爲鎰。」

〔二六〕松子：松實。列仙傳偓佺：「偓佺者，槐山采藥父也。好食松實，形體生毛，長數寸。兩目更方，能飛行逐走馬。以松子遺堯，堯不暇服也。松者，簡松也。時人受服者，皆至二三百歲焉。」初學記卷二八引廣志曰：「千歲老松子，色黄白，味似栗，可食。」

〔二七〕蒲根：菖蒲根。列仙傳商邱子胥曰：「商邱子胥者，高邑人也。好牧豕、吹竽，年七十，不取婦，而不老，邑人多奇之，從受道，問其要，言但食朮、菖蒲根，飲水，不饑不老。如此傳世，見之三百餘年。貴戚富室聞之，取而服之，不能終歲輒止墮慢矣。謂將復有匿術也。」

〔二八〕高蹈：遠避俗世而隱居。文選卷一八成公綏嘯賦：「狹世路之阸僻，仰天衢而高蹈。」張銑注：「蹈，以足履之也。」文選卷二一郭璞遊仙詩七首之一：「高蹈風塵外，長揖謝夷齊。」〇真如：佛教語。謂永恒存在的實體、實性，亦即宇宙萬有的本體。與實相、法界等同義。南朝梁蕭統謝敕賚制旨大集經講疏啓：「同真如而無盡，與日月而俱懸。」成唯識論卷九：「真謂真實，顯非虚妄；如謂如常，表無變易。謂此真實，於一切位，常如其性，故曰真如。」

如，閣本、張本、全梁文、丁本作「儒」。

〔二九〕歸宗法海：皈依佛法。法海，佛教語。謂佛法深廣如海。

〔三〇〕梵王四鶴：梵王，指色界初禪天的大梵天王。亦泛指此界諸天之王。宋天竺三藏求那跋陀羅譯雜阿含經卷四四：「婆句梵天即説偈言：『彼有四鵠鳥，三種金色宫。五百七十二，修行禪思者。熾焰金色身，普照梵天宫。汝且觀我身，何用至彼爲？』爾時，善梵王、别梵王、善臂别梵王復説偈言：『雖有金色身，普照梵天宫。其有智慧者，知色有煩惱。智者不樂色，於其心解脱。』」今按：鵠，同「鶴」。

〔三一〕林籞（yù）：林園。籞，漢書卷八宣帝紀：地節三年冬十月，「又詔：池籞未御幸者，假與貧民」。顔師古注：「蘇林曰：『折竹以繩緜連禁禦，使人不得往來，律名爲籞。』……應劭曰：『……籞者，禁苑也。』」

〔三二〕帝釋千馬：宋天竺三藏求那跋陀羅譯雜阿含經卷四〇：「釋提桓因欲入園觀，時敕其御者，令嚴駕千馬之車詣於園觀。御者奉敕，即嚴駕千馬之車，往白帝釋。」藝文類聚卷七六引梁劉勰剡縣石城寺彌勒石像碑銘曰：「梵王四鶴，徘徊而不去；帝釋千馬，躑躅而忘歸。」帝釋，亦稱「帝釋天」。佛教護法神之一。佛家稱其爲三十三天（忉利天）之主，居須彌山頂善見城。梵文音譯名爲釋迦提桓因陀羅。

〔三三〕蹋步：踏步不前。資治通鑑卷四九晉紀顯宗成皇帝「咸和三年」：「常乘赤馬無故蹋頓。」

胡三省注：「跼，足踡曲不能伸也。」

〔三四〕呂梁之川：莊子達生：「孔子觀於呂梁，縣水三十仞，流沫四十里，黿鼉魚鱉之所不能游也。見一丈夫游之，以爲有苦而欲死者也，使弟子並流而拯之，數百步而出，被髮行歌而游於塘下。孔子從而問焉，曰：『吾以子爲鬼，察子則人也。請問蹈水有道乎？』曰：『亡，吾無道。吾始乎故，長乎性，成乎命。與齊俱入，與汩偕出，從水之道而不爲私焉。此吾所以蹈之也。』孔子曰：『何謂始乎故，長乎性，成乎命？』曰：『吾生於陵而安於陵，故也；長於水而安於水，性也；不知吾所以然而然，命也。』」水經注卷三河水三：「河水左合一水，出善無縣故城西南八十里。其水西流，歷于呂梁之山，而爲呂梁洪。其山巖層岫衍，澗曲崖深，巨石崇竦，壁立千仞，河流激蕩，濤湧波襄，雷奔電泄，震天動地。昔呂梁未闢，河出孟門之上。蓋大禹所闢，以通河也。司馬彪曰：呂梁在離石縣西。今于縣西歷山尋河，並無過峘，至是乃爲河之巨險，即呂梁矣，在離石北以東可二百有餘里也。」

〔三五〕武安之嶺：指武安山。在今河北省武安市。後漢書卷八三逸民傳臺佟：「臺佟字孝威，魏郡鄴人也。隱於武安山。」李賢注：「武安縣之山也。」

〔三六〕漵浦：楚辭九章涉江：「入漵浦余儃佪兮，迷不知吾所如。」王逸注：「漵浦，水名。」今按：漵水，起於今湖南省漵浦縣，西北入沅水。

〔三七〕彊臺：臺名。戰國策卷二三魏二「梁王魏嬰觴諸侯于范臺」章：「梁王魏嬰觴諸侯於范臺。

酒酣，請魯君舉觴。魯君興，避席擇言曰：『……楚王登彊臺而望崩山，左江而右湖，以臨彷徨，其樂忘死，遂盟彊臺而弗登。』」鮑彪補注：「説苑曰：『楚昭王欲之荆臺。』後漢邊讓游章華臺賦：『息於荆臺之上。』荆臺即章華也。」黄丕烈札記：「『荆』、『彊』聲之轉也。」

〔三八〕睠：詩經小雅大東：「睠言顧之，潸焉出涕。」毛傳：「睠，反顧也。」陸德明音義：「睠音卷，本又作『眷』。」〇漢池：指漢水。左傳僖公四年：「君若以力，楚國方城以爲城，漢水以爲池，雖衆，無所用之。」文選卷五九沈約齊故安陸昭王碑文：「方城漢池，南顧莫重。」

〔三九〕荒谷：左傳桓公十三年：「楚莫敖屈瑕伐羅，大敗。羞於還楚，「縊於荒谷」。杜預注：「荒谷，楚地。」楊伯峻注：「荒谷在今湖北省江陵縣西。」水經注卷二八沔水：「陂水又逕郢城南，東北流謂之揚水。又東北，路白湖水注之。湖在大港北，港南曰中湖，南堤下曰昬官湖，三湖合爲一水。東通荒谷，荒谷東岸有冶父城，春秋傳曰：莫敖縊于荒谷，群帥囚于冶父。謂此處也。」太平御覽卷五四引左傳曰：「莫敖縊于荒谷。」原注：「盛弘之荆州記曰：今竹林是也。」

僕久厭塵邦，本懷人外〔一〕，加以服膺常住〔二〕，諷味了因〔三〕，彌用思齊〔四〕，每增求友〔五〕。常欲登却月之嶺〔六〕，蔭偃蓋之松〔七〕，挹琁玉之源〔八〕，解蓮華之劍〔九〕。藩維有限〔一〇〕，脱屣無由〔一一〕。每坐向詡之牀〔一二〕，恒思管寧之榻〔一三〕。夢匡山而太息〔一四〕，想桓亭而延佇〔一五〕。白雲問之，蒼江不極〔一六〕。未因抵掌〔一七〕，我勞如何。想無金玉〔一八〕，數在郵示。弱水難航〔一九〕，猶致書於青鳥〔二〇〕；流川弗遠，佇芳音於赤玉〔二一〕。鶴望還信〔二二〕，以代萱蘇〔二三〕。得志忘言〔二四〕，此寧多述。法車叩頭叩頭〔二五〕。廣弘明集卷二八上、釋文紀卷二二、御製集、閣本、張本、全梁文、丁本。

【校注】

〔一〕人外：人世之外。

〔二〕常住：佛教語。謂佛法無生滅變遷。此代指佛法。

〔三〕了因：佛教語，二因之一。唐大慈恩寺沙門基撰因明入正理論疏卷上：「因有二種，一生二了。如種生芽，能起用，故名爲生因。故理門云，非如生因，由能起用。如燈照物，能顯果故，名爲了因。」

〔四〕思齊：思與之齊。論語里仁：「見賢思齊焉，見不賢而內自省也。」朱熹集注：「冀己亦有是善。」

〔五〕求友：詩經小雅伐木：「嚶其鳴矣，求其友聲。」

〔六〕却月：彎月。梁吴均從軍行：「陳頭横却月，馬腹帶連錢。」蕭繹藩難未静述懷詩：「溪雲連陣合，却月半山空。」

〔七〕偃蓋：傘形的覆罩之物。抱朴子內篇對俗：「云千歲松樹，四邊披越，上杪不長，望而視之，有如偃蓋。」

〔八〕挹（yì）：詩經小雅大東：「維北有斗，不可以挹酒漿。」毛傳：「挹，斢也。」陸德明音義：「挹，音揖。斢，矩于反。廣雅云：『酌也。』本又作『斢』。」〇琁玉之源：文選卷二六顔延之贈王太常詩：「玉水記方流，琁源載圓折。」李善注：「尸子：凡水，其方折者有玉，其圓折者有珠也。」琁，釋文紀卷二二、閣本、張本、全梁文、丁本作「璇」。集韻仙韻：「璿，説文：美玉也。……或作琁、璇。」

〔九〕蓮華之劍：漢書卷七一雋不疑傳：「不疑冠進賢冠，帶櫑具劍。」顔師古注：「晉灼曰：古長劍首以玉作井鹿盧形，上刻木作山形，如蓮花初生未敷時。今大劍木首，其狀似此。」李白送梁公昌從信安王北征：「起舞蓮花劍，行歌明月宫。」

〔一〇〕藩維：詩經大雅板：「价人維藩，大師維垣。」毛傳：「藩，屏也。」鄭玄注：「王當用公卿諸侯及宗室之貴者爲藩屏垣幹，爲輔弼，無疏遠之。」後以指藩國。蕭繹曾封湘東王，邑二千户，故稱。見梁書卷五元帝紀。

〔一一〕脱屣（xǐ）：漢書卷二五郊祀志下：「嗟乎！誠得如黄帝，吾視去妻子如脱屣耳。」顔師古注：「屣，小履。脱屣者，言其便易，無所顧也。」

〔一二〕向詡之牀：向詡，後漢書作「向栩」，太平御覽卷三七二引英雄記作「向詡」。栩字甫興，河內朝歌人。性狂放，曾拜趙相。又徵拜侍中，後疑與張角同心而被殺。後漢書卷八一有傳。後漢書本傳：「〔栩〕性卓詭不倫。恒讀老子，狀如學道。又似狂生，好被髮，著絳綃頭。常於灶北坐板牀上，如是積久，板乃有膝踝足指之處。」

〔三〕管寧之榻：管寧，字幼安，北海郡朱虛人。東漢末年天下大亂，避亂遼東，講解詩經、尚書經，談論祭禮，整治威儀，陳明禮讓，頗受愛戴。曹魏數次徵召均不應命。後病故。三國志卷一一魏書有傳。三國志本傳裴松之注引高士傳曰：「管寧自越海及歸，常坐一木榻，積五十餘年，未嘗箕股，其榻上當膝處皆穿。」

〔四〕匡山：山名。即今江西省廬山。相傳殷周之際有匡俗兄弟七人結廬於此，故稱。後漢書郡國志「〔廬江郡〕尋陽，南有九江，東合爲大江」，劉昭注引釋慧遠廬山記畧曰：「山在尋陽南……有匡俗先生者，出殷周之際，隱遯潛居其下，受道於仙人而共嶺，時謂所止爲仙人之廬而命焉。」○太息：史記卷六九蘇秦列傳：「於是韓王勃然作色，攘臂瞋目，按劍仰天太息曰：『寡人雖不肖，必不能事秦。』」司馬貞索隱：「太息謂久蓄氣而大吁也。」

〔五〕桓亭：縣名。治所在今江西省吉安縣。漢書卷二八地理志「豫章郡」下有云：「廬陵，莽曰桓亭。」今按：據上文「匡山」及此「桓亭」，知劉智藏在江州。○延佇：久立。楚辭離騷：「悔相道之不察兮，延佇乎吾將反。」王逸注：「延，長也。佇，立貌。」洪興祖補注：佇，「久立也」。

〔一六〕不極：没有盡頭。極，大廣益會玉篇木部：極，「盡也」。

〔一七〕抵掌：擊掌。形容人在談話中的高興神情。戰國策卷三秦策一「蘇秦始將連横」章：「〔蘇秦〕見説趙王於華屋之下，抵掌而談。」高誘注：「抵，據也。」鮑彪注：「集韻：抵，側擊也。」史記卷一二六滑稽列傳：「〔優孟〕即爲孫叔敖衣冠，抵掌談語。」裴駰集解引張載曰：「談説之容則也。」

〔一八〕想無金玉：意謂料想你不會吝惜金玉良言。詩經小雅白駒：「生芻一束，其人如玉。毋金玉爾音，而有遐心。」孔穎達疏：「又言我思汝甚矣，汝雖不來，當傳書信，毋得金玉汝之音聲於我。謂自愛音聲，貴如金玉，不以遺問我，而有疏遠我之心。己與之有恩，恐遂疏己，故以恩責之。冀音信不絶。」

〔一九〕弱水：謂水淺地僻不通舟楫的水道，古人往往認爲是水弱不能載舟，因稱弱水。海内十洲記鳳麟洲：「鳳麟洲在西海之中央，地方一千五百里，洲四面有弱水繞之，鴻毛不浮，不可越也。」

〔二〇〕青鳥：神鳥名。山海經西山經：「又西二百二十里，曰三危之山，三青鳥居之。」郭璞注：「三青鳥主爲西王母取食者，别自棲息於此山也。」漢武故事：「七月七日，上於承華殿齋，日正中，忽見有青鳥從西方來集殿前。上問東方朔，朔對曰：『西王母暮必降尊像上，宜灑掃以待之。』……有頃，王母至……有二青鳥如烏，夾侍母旁。」後以爲信使的代稱。

〔二一〕芳音：此指書信。○赤玉：疑指赤玉做成的信匣。初學記卷三○引春秋合誠圖曰：「堯坐舟中，與太尉舜臨觀，鳳皇負圖授堯。圖以赤玉爲柙，長三尺，廣八寸，黄玉撿，白玉繩。封兩端，其章曰『天赤帝符璽』五字。」

〔二二〕鶴望：即延頸舉踵而望，喻急切盼望。三國志卷三五諸葛亮傳裴松之注引郭沖五事，有云：「去者束裝以待期，妻子鶴望而計日。」三國志卷三六蜀書張飛傳：「思漢之士，延頸鶴望。」

〔二三〕萱蘇：萱，萱草；蘇，皋蘇。古人以爲食之可忘憂釋勞。初學記卷二七引王朗與魏太子書曰：「不遺惠書，所以慰沃，奉讀歡笑，以藉飢渴，雖復萱草忘憂，皋蘇釋勞，無以加也。」南朝陳徐陵玉臺新詠序：「庶得代彼萱蘇，微蠲愁疾。」

〔二四〕得志忘言：即得意忘言。莊子外物：「言者所以在意，得意而忘言。」

〔二五〕叩頭：伏身跪拜，以頭叩地。舊時爲最鄭重的一種禮節。此爲書信中的恭敬之辭。

【集評】

閻本：評「梵王四鶴……何其盛也」：高流崇釋，當是風氣使然，貞白智藏，不可一一。

明葉紹泰編增訂漢魏六朝别解梁元帝集：玩其詞旨，超然人外，然卒以召師覆國，禍發岳陽，能言不能行，哀哉！

三國兩晉南北朝文選梁文元帝：陸云：清思發于夢寐，茗香供之不□也。錢云：如尋山谷，委迤突拖，崒嵂□曠，幽叢楚□，無所不極。

檄

伐侯景檄文〔一〕

夫剥極生災〔二〕，乃及龍戰〔三〕，師貞終吉〔四〕，方制豬豕〔五〕。豈不以侵陽蕩薄〔六〕，源之者亂階〔七〕；定龕艱難〔八〕，成之者忠義。故羿、澆滅於前〔九〕，莽、卓誅於後〔一〇〕。是故使桓、文之勳〔一一〕，復興於周代；温、陶之績〔一二〕，彌盛於金行〔一三〕。粤若梁興五十餘載〔一四〕，平壹宇内，德惠悠長〔一五〕，仁育蒼生〔一六〕，義征不服。左伊右瀍〔一七〕，咸皆仰化；濁涇清渭〔一八〕，靡不向風。建翠鳳之旗〔一九〕，則六龍驤首〔二〇〕；擊靈鼉之鼓〔二一〕，則百神警肅〔二二〕。風、牧、方、邵之賢〔二三〕，衛、霍、辛、趙之將〔二四〕，羽林黄頭之士〔二五〕，虎賁緹騎之夫〔二六〕，叱咤則風雲興起〔二七〕，鼓動則嵩、華倒拔〔二八〕。自桐柏以北〔二九〕，孤竹以南〔三〇〕，碣石之前〔三一〕，流沙之後〔三二〕，延頸舉踵〔三三〕，交臂屈膝〔三四〕。胡人不敢牧馬，秦士不敢彎弓〔三五〕。叶和萬邦〔三六〕，平章百姓〔三七〕，十堯九舜，曷足云也。

【校注】

〔一〕伐侯景檄文：藝文類聚卷五八題作「伐侯景檄文」，梁文紀卷四題作「討侯景馳告四方檄」，御製集、閣本、張本題作「討侯景檄」，全梁文、丁本題作「馳檄告四方」。今題從藝文類聚。檄，文體名。古官府用以徵召、曉喻、聲討的文書。明徐師曾文體明辨檄：「釋文云：檄，軍書也。説文云：以木簡爲書，長尺二寸，用以號召。若有急，則插雞羽而遣之，故謂之羽檄，言如飛之疾也。」梁書卷五元帝紀「大寶三年，世祖猶稱太清六年。……二月，王僧辯衆軍發自尋陽。世祖馳檄告四方」云云。又，蕭繹此檄蓋仿其父蕭衍齊永元三年（501）移檄京邑文。

〔二〕剥極生災：剥，周易卦名，六十四卦之一。坤下艮上，全卦六爻，僅一陽爻在上，而五陰爻在下，陰氣盛，陽氣衰，陰變剛而陽剥落，故生災。象徵小人得勢，君子不利。

〔三〕龍戰：周易坤卦：「龍戰于野，其血玄黄。」此處指對侯景的争戰。

〔四〕師貞終吉：周易師卦：「貞，丈人吉，無咎。彖曰：『師，衆也。貞，正也。能以衆正，可以王矣。剛中而應，行險而順。以此毒天下，而民從之，吉又何咎矣。』」

〔五〕豶（fén）豕：閹割了的公豬。此喻壞人。説文解字豕部：「豶，羠豕也。」桂馥義證：「豶，字或作獖。」周易大畜卦：「六五，豶豕之牙，吉。」陸德明釋文引劉云：「豕去勢曰豶。」豶，全梁文、丁本作「豬」。全梁文有校云：「『豬』當作『獱』。」

〔六〕侵陽蕩薄：侵犯陽氣，掃蕩弱小。侵，全梁文、丁本作「猨」。全梁文嚴可均校云：「『猨』當作『侵』。」陽，册府元龜卷一八五作「陵」。

〔七〕亂階：禍端，亂根。詩經小雅巧言：「無拳無勇，職爲亂階。」鄭玄箋：「言力勇者，謂易誅除也。職，主也。此人主爲亂作階，言亂由之來也。」孔穎達疏：「既無拳力，又無勁勇，亦易誅除耳，而敢主爲此亂之階梯也？」

〔八〕定龕：平定叛亂。龕，通「戡」。文選卷三〇謝朓和伏武昌登孫權故城：「北拒溺驂鑣，西龕收組練。」李善注：「尚書序曰：西伯戡黎。孔安國曰：戡，勝也。龕與戡音義同。」

〔九〕羿：傳説中夏有窮氏之國君。善射，不修民事，爲家臣寒浞所殺。見左傳襄公四年。○澆（ào）：人名。即過澆。傳説爲夏寒浞之子。因放縱享樂，爲夏后相之子少康所誅。生平略見左傳襄公四年。戰國楚屈原離騷：「澆身被服强圉兮，縱欲而不忍。日康娛而自忘兮，厥首用夫顛隕。」王逸注：「澆，寒浞子也。强圉，多力也。……縱，放也。言浞取羿妻而生澆，彊梁多力，縱放其情，不忍其欲，以殺夏后相也。」

〔一〇〕莽：指王莽。莽字巨君，西漢末濟南東平陵人。平帝時，爲大司馬。後稱帝，改國號新。緑林軍入長安，新朝滅亡，被殺。漢書卷九九有傳。○卓：指董卓。卓字仲穎，東漢隴西臨洮人。少帝昭寧元年，將兵入洛陽，廢少帝，立獻帝。後挾獻帝入長安，自爲太師，爲王允、吕布所殺。三國志卷六魏書有傳。

〔一一〕桓、文之勳：指齊桓、晉文夾輔周室之功勳。桓，指齊桓公。姜姓，名小白，春秋時齊國國君。在位時任用管仲改革，選賢任能，加强武備，發展生産。多次會盟諸侯，輔助周室，爲春秋五霸之首。生平詳史記卷三二齊太公世家。文，指晉文公。春秋時晉國國君，晉獻公次子，名重耳。驪姬之亂，重耳出奔，在外十九年。後依靠秦繆公之力歸國即位，有功於周室，爲春秋五霸之一。生平詳史記卷三九晉世家。

〔一二〕温、陶之績：温、陶，指温嶠、陶侃。東晉成帝時，祖約、蘇峻叛亂，温嶠奉陶侃爲盟主，共平叛亂，有功晉室。温嶠字泰真，一作太真，太原祁縣人。謚曰忠武。晉書卷六七有傳。陶侃，字士行，或作士衡，本鄱陽人，後徙廬江尋陽。晉書卷六六有傳

〔一三〕金行：指晉。據五德始終説，晉於五行屬金，故以「金行」稱之。

〔一四〕粤若：發語詞。用於句首以起下文。尚書堯典：「曰若稽古帝堯。」蔡沈集傳：「曰、粤、越通，古文作粤。曰若者，發語辭。」◯梁興五十餘載：梁建於天監元年（502），至此太清六年（552），已五十一年。

〔一五〕「平壹」二句：史記卷六秦始皇本紀：三十七年十月癸丑，始皇出游。上會稽，祭大禹，望於南海，而立石刻頌秦德。其文有云：「皇帝休烈，平一宇内，德惠修長。」壹，藝文類聚卷五八、册府元龜卷一八五、閣本、張本作「一」。

〔一六〕「仁育」句：文選卷四八司馬相如封禪文：「陛下仁育群生，義征不譓。」蒼生，藝文類聚卷五八、御製集作「群生」。

〔一七〕左伊右瀍：文選卷三張衡東京賦：「泝洛背河，左伊右瀍。」李善注：「洛，洛水。河，黄河。伊，伊水。瀍，瀍水。善曰：尚書曰：予朝至於洛師。卜澗水東，瀍水西，惟洛食。孔安國曰：洛出上洛山，伊出陸渾山，瀍出河南北山。」「左伊右瀍」本就洛陽之地理位置言，洛陽時屬北齊，故蕭繹用以代指北齊。

〔一八〕濁涇清渭：詩經邶風谷風：「涇以渭濁，湜湜其沚。」毛傳：「涇渭相入而清濁異。」孔穎達疏：「禹貢云：『涇屬渭汭。』注云：『涇水、渭水發源皆幾二千里，然而涇小渭大，屬於渭而入於河。』又引地理志云：『涇水出今安定涇陽西幵頭山，東南至京兆陵陽，行千六百里入渭。』即涇水入渭也。」涇、渭，二水名，相匯處時屬西魏，故蕭繹用以代指西魏。

〔一九〕建翠鳳之旗：文選卷三九李斯上秦始皇書：「建翠鳳之旗，樹靈鼉之鼓。」吕延濟注：「以翠羽爲鳳形而飾旗也。」

〔二〇〕六龍：馬八尺稱龍，古代天子的車駕爲六馬，因以爲天子車駕的代稱。故苑引東漢劉歆述初賦：「總六龍於駟房兮，奉華蓋於帝側。」章樵注：「天子之駕六馬，馬八尺爲龍。」文選卷三張衡東京賦：「天子乃撫玉輅，時乘六龍。」○驤（xiāng）首：抬頭，形容精神振奮。文選卷一四顔延之赭白馬賦：「眷西極而驤首，望朔雲而蹀足。」張銑注：「驤，舉也。」同書卷三九鄒陽上書吳王：「臣聞蛟龍驤首奮翼，則浮雲出流，霧雨成集。」李周翰注：「驤，舉也。」

〔二一〕靈鼉：李斯諫逐客書：「建翠鳳之旗，樹靈鼉之鼓。」説文解字黽部：「鼉，水蟲，似蜥易，長大。」

〔二二〕神：册府元龜卷一八五作「辟」。○警肅：警戒恭敬。肅，廣韻屋韻：「肅，恭也，敬也。」

〔二三〕風、牧、方、邵：風，風后；牧，力牧。皆傳説中黃帝之臣。見史記卷一五帝本紀。方，方叔；邵，邵虎。並輔佐周宣王中興的功臣。見詩經小雅采芑及大雅江漢。

〔二四〕衛、霍、辛、趙：衛，衛青；霍，霍去病；辛，辛慶忌；趙，趙充國。並漢代名將。衛青、霍去病，史記卷一一一、漢書卷五五均有傳。辛慶忌、趙充國，漢書卷六九有傳。

〔二五〕羽林黃頭：文選卷三九枚乘上書重諫吳王：「漢知吳有吞天下之心，赫然加怒，遣羽林黃頭，循江而下。」李善注引蘇林曰：「羽林黃頭郎，習水戰者。」羽林，禁衛軍名。漢書卷一九百官公卿表：「郎中令……又期門、羽林皆屬焉。」顏師古注：「羽林，亦宿衛之官，言其如羽之疾，如林之多也。一説羽所以爲王者羽翼也。」黃頭，史記卷一二五佞幸列傳：「〔鄧通〕以濯船爲黃頭郎。」裴駰集解：「徐廣曰：著黃帽也。駰案：漢書音義曰：善濯船池中也。一説能持櫂行船也。土，水之母，故施黃旄於船頭，因以名其郎曰黃頭郎。」

〔二六〕虎賁：指勇士。虎，册府元龜卷一八五、梁文紀卷四、閣本、張本、全梁文、丁本作「獸」。今按：百衲本梁書元帝紀作「獸」，蓋蕭繹原文作「虎」，姚思廉梁書避唐諱改「獸」，册府元龜等沿襲。○緹（tí）騎：侍衛皇帝、從事京城治安的隊伍。後漢書百官志四：「執金吾一人，中二千石……丞一人，比千石。緹騎二百人。」王先謙集解引李祖楙曰：「説文：『緹，帛丹黄色。』蓋執金吾騎以此帛爲服，故名。」

〔二七〕叱咤：怒喝。

〔二八〕嵩、華：嵩山和華山。文選卷五六張載劍閣銘：「狹過彭碣，高踰嵩華。」張銑注：「嵩華，二山名。」

〔二九〕桐柏：山名。在今河南省桐柏縣西南，淮河所出。

〔三〇〕孤竹：商周時國名。故地在今河北省盧龍縣。

〔三一〕碣石：山名。在今遼寧省綏中縣東南。

〔三二〕流沙：楚辭招魂：「魂兮歸來，西方之害，流沙千里些。」王逸注：「流沙，沙流而行也。尚書曰：餘波入於流沙。言西方之地，厥土不毛，流沙滑滑，晝夜流行，從廣千里，又無舟航也。」此泛指我國西北沙漠地區。

〔三三〕延頸舉踵：伸長脖子，踮起脚跟。形容急迫的心情。莊子胠篋：「今遂至使民延頸舉踵曰，『某所有賢者』，贏糧而趣之。」吕氏春秋卷九季秋紀精通：「聖人南面而立，以愛利民爲心，號令未出，而天下皆延頸舉踵矣。」漢高誘注：「天下皆延頸企踵，立而望之，不違坐也。」

〔三四〕交臂屈膝：表示恭敬、臣服。文選卷四四司馬相如喻巴蜀檄：「北征匈奴，單于怖駭，交臂受事，屈膝請和。」張銑注：「交臂，拱手也，屈膝，拜也。」交臂，一説反縛也。文選卷三五潘勖册魏公九錫文：「百城八郡，交臂屈膝。」張銑注：「交臂屈膝，謂來降自縛拜也。」

〔三五〕「胡人」二句：西漢賈誼過秦論上：「胡人不敢南下而牧馬，士不敢彎弓而報怨。」

〔三六〕叶和萬邦：尚書堯典：「百姓昭明，協和萬邦。」孔安國傳：「協，合。……言天下衆民皆變化從上，是以風俗大和。」叶，閣本、張本作「協」。今按：叶（xié），同「協」。叶和，調和融洽。

〔三七〕平章百姓：尚書堯典：「九族既睦，平章百姓。」孔安國傳：「百姓，百官。言化九族而平和章明。」史記卷一五帝本紀作「便章百姓」，裴駰集解：「尚書並作『平』字。孔安國曰『百姓，百官』，鄭玄曰『百姓，群臣之父子兄弟』。」司馬貞索隱：「古文尚書作『平』，此文蓋讀『平』爲浦耕反。平既訓便，因作『便章』。其今文作『辯章』。古『平』字亦作『便』，音婢緣反。便則訓辯，遂爲辯章。」平章，辨别彰明。

賊臣侯景，匈奴叛臣〔一〕，鳴鏑餘噍〔二〕。懸瓠空城〔三〕，本非國寶，壽春畿要〔四〕，賞不踰月〔五〕。開海陵之倉〔六〕，賑常平之米〔七〕，檄九府之費〔八〕，錫三官之錢〔九〕，冒于貨賄，不知紀極〔一〇〕。敢興逆亂，梗我王畿〔一一〕。賊臣正德〔一二〕，阻兵安忍〔一三〕。日者結怨江丠，遠適單于〔一四〕。簡牘屢彰，彭生之魂未弭〔一五〕；聚斂無度，景卿之誚已及〔一六〕。爲虎傅翼〔一七〕，遠相招致。虔劉我生民〔一八〕。離散我兄弟。我是以董率皋貔〔一九〕，躬擐甲胄〔二〇〕，霜戈照日〔二一〕，則晨離奪暉〔二二〕，龍騎蔽野〔二三〕，則平原掩色。信與江水同流〔二四〕，氣與寒風俱憤。兇醜畏威，委命下吏〔二五〕，乞活淮、肥〔二六〕，苟存徐、兖〔二七〕。涣汗既行〔二八〕，絲綸爰被〔二九〕。我是以班師凱歸〔三〇〕，休牛息馬〔三一〕。賊猶不悛〔三二〕，遂復矢流王屋，兵躔象魏〔三三〕。總章之觀〔三四〕，非復聽訟之堂；甘泉之宮〔三五〕，永乖避暑之地。坐召憲司，卧制朝宰〔三六〕，矯託天命，僞作符書〔三七〕。重增賦斂，肆意裒剥〔三八〕，生者逃竄，死者暴尸。道路以目〔三九〕，庶僚鉗口。刑戮失衷，爵賞由心，老弱波流，士女塗炭。臧獲之人〔四〇〕，五宗及賞〔四一〕；搢紳之士〔四二〕，三族見誅〔四三〕。穀粟騰踴〔四四〕，自相吞噬。喋喋黔首〔四五〕，路有銜索之哀〔四六〕；蠢蠢黎民〔四七〕，家隕桓山之泣〔四八〕。偃師南望〔四九〕，無復儲胥、露寒〔五〇〕；河陽北臨〔五一〕，或有穹廬氈帳〔五二〕。南山之竹，未足言其愆〔五三〕；西山之兔，不足書其罪〔五四〕。

【校注】

〔一〕侯景：字萬景，北魏懷朔鎮鮮卑化羯人。先投靠東魏丞相高歡，後降梁。梁武帝太清三年(548)，侯景發動叛亂，攻入京師建康，武帝蕭衍、簡文帝蕭綱均死於亂中。事詳梁書卷五十六侯景傳。

〔二〕鳴鏑：史記卷一一〇匈奴列傳：「冒頓乃作爲鳴鏑，習勒其騎射，令曰：『鳴鏑所射而不悉射者，斬之。』」裴駰集解：「漢書音義曰：『矢鏑飛則鳴。』」此處代指匈奴。○餘噍（jiào）：殘留性命的人。噍，噍類，指活著的人。漢書卷一高帝紀上：「項羽爲人慓悍禍賊，嘗攻襄城，襄城無噍類，所過無不殘滅。」顏師古注引如淳曰：「無復有活而噍食者也。青州俗呼無孑遺爲無噍類。」

〔三〕懸瓠：城名。在今河南省汝南縣。梁書卷五六侯景傳載：梁太清元年（547），「齊文襄遣大將軍慕容紹宗圍景於長社，景請西魏爲援，西魏遣其五城王元慶等率兵救之，紹宗乃退。景復請兵于司州刺史羊鴉仁，鴉仁遣長史鄧鴻率兵至汝水，元慶軍又夜遁。於是據懸瓠、項城，求遣刺史以鎮之。詔以羊鴉仁爲豫、司二州刺史，移鎮懸瓠；西陽太守羊思建爲殷州刺史，鎮項城」。

〔四〕壽春：縣名。治所在今安徽省壽縣。梁書卷五六侯景傳載：太清元年，侯景遭北齊攻擊，軍潰散，「乃與腹心數騎自峽石濟淮，稍收散卒，得馬步八百人，奔壽春，監州韋黯納之」。○畿（jī）要：京畿要地。畿，册府元龜卷一八五作「幾」。京畿，京都所在及其附近地區。文選卷六左思魏都賦：「神州之略，赤縣之畿。」吕延濟注：「近國之地曰畿。」

〔五〕賞不逾月：意謂賞賜間隔不超過一個月。侯景降梁後，屢求資給，梁武帝多次賞賜。梁書卷五六侯景傳載：太清元年，「景既據壽春，遂懷反叛，屬城居民，悉召募爲軍士，輒停責市估及田租，百姓子女悉以配將卒。又啓求錦萬匹爲軍人袍，領軍朱异議，以御府錦署止充頒賞遠近，不容以供邊城戎服，請送青布以給之。景得布，悉用爲袍衫，因尚青色。又以臺所給仗，多不能精，啓請東冶鍛工，欲更營造，敕並給之。景自渦陽敗後，多所徵求，朝廷含弘，未嘗拒絶」。

〔六〕海陵：文選卷三九枚乘上書重諫吴王：「轉粟西鄉，陸行不絶，水行滿河，不如海陵之倉。」李善注：「臣瓚曰：海陵，縣名，有吴太倉。」又梁有海陵郡，治所在今江蘇省泰州市。梁代州郡各有倉。隋書卷二四食貨志：「自餘諸州郡臺傳，亦各有倉。大抵自侯景之亂，國用常褊。京官文武，月别唯得廩食，多遥帶一郡縣官而取其禄秩焉。」

〔七〕常平：梁京師倉名。隋書卷二四食貨志：「其倉，京都有龍首倉，即石頭津倉也，臺城内倉，南塘倉，常平倉，東、西太倉，東宫倉，所貯總不過五十餘萬。」常，册府元龜卷一八五作「嘗」。

〔八〕檄：説文解字木部：「檄，尺二書。」後漢書卷一光武帝紀：「王郎移檄購光武十萬户。」李賢注：「説文曰：檄，以木簡爲書，長尺二寸，謂之檄，以徵召也。」册府元龜卷一八五作「撒」。○九府：史記卷一二九貨殖列傳：「其後齊中衰，管子修之，設輕重九府。」張守節正義：「周有大府、玉府、内府、外府、泉府、天府、職内、職金、職幣，皆掌財幣之官，故云九府也。」此指國庫。

〔九〕錫：通「賜」。○三官：漢代管理鑄錢的均輸、鍾官、辨銅令三種官，屬水衡都尉。史記卷三〇平準書：「其後二歲，赤側錢賤，民巧法用之，不便，又廢。於是悉禁郡國無鑄錢，專令上林三官鑄。」裴駰集解引漢書百官表曰：「水衡都尉，武帝元鼎二年初置，掌上林苑，屬官有上林均輸、鍾官、辨銅令。」

〔一〇〕紀極：終極，限度。左傳文公十八年：「聚斂積實，不知紀極。」藝文類聚卷五八作「其極」。

〔一一〕王畿：周禮夏官司馬職方氏：「乃辨九服之邦國，方千里曰王畿。」此指京都附近地區。

〔一二〕正德：梁武帝弟蕭宏第三子蕭正德。正德字公和，梁武帝未有子時曾養之爲子。武帝踐極，立昭明太子，正德自此怨望，恒懷不軌。侯景寇京師，正德與之暗中勾結。京師破，侯景推之爲天子。梁書卷五五、南史卷五一有傳。

〔一三〕阻兵安忍：左傳隱公四年：「夫州吁，阻兵而安忍，阻兵無衆，安忍無親，衆叛親離，難以濟矣。」楊伯峻注：「阻，仗恃也。……安忍謂安於殘忍。」

〔一四〕「日者」二句：謂蕭正德結怨宗室，奔北魏事。南史卷五一蕭正德傳：「正德字公和，少而凶慝，招聚亡命，破冢屠牛，兼好弋獵。齊建武中，武帝胤嗣未立，養以爲子。及平建康，生昭明太子，正德還本。天監初，封西豐縣侯，累遷吳郡太守。正德自謂應居儲嫡，心常怏怏，每形於言。普通三年，以黄門侍郎爲輕車將軍，置佐史。頃之奔魏。」日者，漢書卷一高帝紀下：「吳，古之建國也，日者荆王兼有其地，今死亡後。」顔師古注：「日者，猶往日也。」藝文類聚卷五八脱「日」字。結怨江芈(mǐ)，春秋時楚成王先立商臣爲太子，後又欲立子職而廢商臣。「商臣聞之而未察，告其師潘崇曰：『若之何而察之？』潘崇曰：『享江芈而勿敬也。』從之。江芈怒曰：『呼，役夫！宜君王之欲殺女而立職也。』」商臣遂反，弑成王。事見左傳文公元年。江芈，楚成王之妹，嫁在江國。芈，楚國姓氏。藝文類聚卷五八作「干」，册府元龜卷一八五、梁文紀卷四、御製集、閣本、張本、全梁文、丁本作「芊」。并誤。單于，漢時匈奴君長的稱號。史記卷一一〇匈奴列傳：「匈奴單于曰頭曼。」裴駰集解：「漢書音義曰：『單于者，廣大之貌，言其象天單于然。』」此處代指北魏。

〔一五〕「簡牘」二句：謂蕭正德怨氣未消，暗中與侯景書信來往。梁書卷五五蕭正德傳：「侯景知其有姦心，乃密令誘説，厚相要結。遺正德書曰：『今天子年尊，奸臣亂國，憲章錯謬，政令顛倒，以景觀之，計日必敗。況大王屬當儲貳，中被廢辱，天下義士，竊所痛心，在景愚忠，能無忿慨？今四海業業，歸心大王，大王豈得顧此私情，棄兹億兆！景雖不武，實思自奮。願王允副蒼生，鑒斯誠款。』正德覽書大喜曰：『侯景意暗與我同，此天贊也。』遂許之。」彭生，春秋時齊國同姓公族。齊襄公曾命他殺死魯桓公。後魯國向齊襄公提出質問，襄公殺彭生以塞責。彭生冤枉而死，幻化爲大豕，向襄公索命。事見左傳桓公十八年及莊公八年。弭，左傳成公十六年「憂猶未弭」杜預注：「弭，息也。」

〔一六〕「聚斂」二句：謂蕭正德貪鄙吝嗇之名遠播。南史卷五一蕭正德傳：「正德志行無悛，常公行剽掠。時東府有正德及樂山侯正則；潮溝有董當門子暹，世謂之董世子者也；南岸有夏侯夔世子洪。此四兇者，爲百姓巨蠹，多聚亡命，黄昏多殺人於道，謂之『打稍』。」景卿之誚（qiào），太平御覽卷四七二引三輔決録曰：「平陵士孫奮字景卿。少爲郡五官掾，起宅得錢貲至一億七千萬，富聞京師，而性儉恡。客舍，雇錢甚少，主人曰：『君士大夫惜錢如此，欲作孫景卿耶！』不知實是景卿。」誚，文選卷四三孔琳北山移文：「列壑争譏，攢峰竦誚。」劉良注：「誚，譏也。」

〔一七〕爲虎傅翼：韓非子難勢：「故周書曰：『毋爲虎傅翼，將飛入邑，擇人而食之。』夫乘不肖人於勢，是爲虎傅翼也。」虎，册府元龜卷一八五、閣本、張本、全梁文、丁本作「獸」。全梁文有校云：「『獸』當作『虎』。」今按：百衲本梁書作「獸」，當是姚思廉避唐諱改，册府元龜等沿用。傅，全梁文作「傳」，有校云：「『傳』當作『傅』。」

〔一八〕虔劉：左傳成公十三年：「芟夷我農功，虔劉我邊陲。」杜預注：「虔、劉，皆殺也。」○生民：藝文類聚卷五八引作「人民」。全梁文「民」下小注：「藝文類聚作『人民』。」

〔一九〕董率：督察，統率。○皋貔（pí）：猛獸名。此處喻猛士。

〔二〇〕躬擐（huàn）甲胄：左傳成公十三年：「文公躬擐甲胄，跋履山川，踰越險阻。」淮南子卷二一要略：「文王業之而不卒，武王繼文王之業，用太公之謀，悉索薄賦，躬擐甲胄，以伐無道而討不義。」高誘注：「擐，貫著也。」

〔二一〕霜戈：明亮鋒利的戈戟。南朝齊謝朓從戎曲：「日起霜戈照，風迴連騎翻。」○照：册府元龜卷一八五作「炤」。今按：炤，同「照」。

〔二二〕晨離：初升的太陽。周易説卦：「離爲火，爲日，爲電。」○奪暉：失去了光輝。奪，説文解字奞部：「奪，手持隹失之也。」段玉裁注：「引申爲凡失去物之稱。」

〔二三〕龍騎：威武勇猛的騎兵。蕭繹將軍名詩：「虎旅皆成陣，龍騎盡能誧。」

〔二四〕「信與」句：此暗用春秋時晉文公「白水爲誓」典故。左傳僖公二十四年載：晉文公與子犯爲誓，「所不與舅氏同心者，有如白水！」杜預注：「言與舅氏同心之明，如此白水，猶詩言『謂予不信，有如皦日』。質信於河。」楊伯峻注：「『有如白水』即『有如河』，意謂河神鑒之，晉世家譯作『河伯視之』是也。」後遂用作誓詞，表示信守不移。

〔二五〕委命：謂投降或伏法。西漢賈誼過秦論：「百越之君，俛首係頸，委命下吏。」○下吏：屬吏。

〔二六〕乞活：到有糧之地就食求生。參周一良魏晉南北朝史論集乞活考。○淮、肥：淮水、肥水地區。肥，册府元龜卷一八五作「氾」。

〔二七〕徐、兗：徐州、兗州地區。

〔二八〕渙汗：周易渙卦：「九五，渙汗其大號。渙王居，無咎。象曰：『王居無咎，正位也。』」孔穎達疏：「渙汗其大號者，人遇險阨，驚怖而勞，則汗從體出，故以汗喻險阨也。九五，處尊履正，在號令之中，能行號令以散險阨者也，故曰渙汗其大號也。渙王居，無咎者，爲渙之主，名位不可假人，惟王居之，乃得無咎，故曰渙王居無咎。象曰正位者，釋王居無咎之義，以九五是王之正位，若非王居之，則有咎矣。」漢書卷三六楚元王傳附劉向傳：「易曰『渙汗其大號』。言號令如汗，汗出而不反者也。」顔師古注：「此易渙卦九五之爻辭也。言王者渙然大發號令，如汗之出也。」後指帝王的命令。

〔二九〕絲綸：禮記緇衣：「王言如絲，其出如綸。王言如綸，其出如綍。」孔穎達疏：「『王言如絲，其出如綸』者，王言初出，微細如絲，及其出行於外，言更漸大，如似綸也。言綸麤於絲。『王言如綸，其出如綍』者，亦言漸大，出如綍也。綍又大於綸。」後因以稱帝王詔書。文心雕龍詔策：「記稱絲綸，所以應接群后。」

〔三〇〕班師：指軍隊凱旋。尚書大禹謨：「禹拜昌言，曰：『俞。』班師振旅。」蔡沈集傳：「班，還。」

〔三一〕休牛息馬：放歸軍用的牛馬，表示停止戰事。尚書武成：「乃偃武修文，歸馬于華山之陽，放牛于桃林之野，示天下弗服。」

〔三二〕悛（quān）：尚書泰誓：「惟受罔有悛心。」孔安國傳：「悛，改也。」左傳隱公六年：「長惡不悛，從自及也。」杜預注：「悛，止也。」

〔三三〕「遂復」二句：謂朝廷、宮闕遭受兵亂，意即侯景攻破建康，佔據朝堂。梁書卷三武帝紀：太清三年三月，「丁卯，賊攻陷宮城，縱兵大掠」。王屋，史記卷四周本紀：「〔武王〕既渡，有火自上復於下，至於王屋，流爲烏，其色赤，其聲魄云。」裴駰集解引馬融曰：「王屋，王所居屋。」躔（chán），停駐。文選卷五左思吴都賦：「習其弊邑而不睹上邦者，未知英雄之所躔也。」李善注：「方言曰：躔，歷行也。」王念孫讀書雜誌餘編文選「英雄之所躔」：「躔，居也……李注月賦引韋昭漢書注曰：『躔，處也。』處亦居也。」册府元龜卷一八五作「纏」。象魏，周禮天官冢宰大宰：「正月之吉，始和布治于邦國都鄙，乃縣治象之法于象魏，使萬民觀治象，挾日而斂之。」鄭玄注引鄭司農曰：「象魏，闕也。」賈公彦疏：「鄭司農云：『象魏，闕也』者，周公謂之象魏，雉門之外，兩觀闕高魏魏然。」此指宫室。

〔三四〕總章之觀：即總章觀。三國志卷三魏書明帝紀：青龍三年，「是時，大治洛陽宫，起昭陽、太極殿，築總章觀」。裴松之注：「魏略曰：是年起太極諸殿，築總章觀，高十餘丈，建翔鳳於其上。」太平御覽卷一八四引洛陽宫殿簿曰：「太極殿前南行仰閣三百二十八間，南上總章觀，閣十三間。」今按：魏晉以來總章觀均没有聽訟功能。蕭繹此所指或是明堂，爲古王者宣明政教的地方。文選卷三張衡東京賦：「必以肆奢爲賢，則是黄帝合宫，有虞總期，固不如夏癸之瑶臺，殷辛之瓊室也。」薛綜注：「舜之明堂，以草蓋之，名曰總章。」李善曰：「尸子曰：欲觀黄帝之行於合宫，觀堯舜之行於總章。章、期，一也。」

〔三五〕甘泉之宫：即甘泉宫。一名雲陽宫，秦漢時帝王避暑之地。故址在今陝西省淳化縣西北甘泉山。

〔三六〕「坐召」二句：謂侯景飛揚跋扈，把持朝政。後漢書卷七四袁紹傳：「坐召三台，專制朝政。」資治通鑑卷一二六宋紀太祖文皇帝「元嘉二十九年」：「宗愛爲宰相，録三省，總宿衛，坐召公卿，專恣日甚。」憲司，魏晉以來御史的別稱。

〔三七〕「矯託」三句：謂侯景矯詔自封事。梁書卷五六侯景傳載：景攻入建康後，「矯詔大赦天下，自爲大都督、督中外諸軍事、録尚書，其侍中、使持節、大丞相、王如故」。符書，官符文書。

〔三八〕裒（póu）剥：搜刮掠奪。册府元龜卷一八五作「掊克」。裒，爾雅釋詁：「聚也。」郝懿行義疏：「通作掊。」

〔三九〕道路以目：路上相見，不敢交談，以目示意。指統治暴虐。國語卷一周語上：「厲王虐，國人謗王，邵公告曰：『民不堪命矣！』王怒，得衛巫，使監謗者，以告，則殺之。國人莫敢言，道路以目。」韋昭注：「不敢發言，以目相眄而已。」

〔四〇〕臧獲：史記卷八三魯仲連傳：「臧獲且羞與之同名矣。」裴駰集解：「方言曰：荆、淮、海、岱、燕、齊之間，罵奴曰臧，罵婢曰獲。」漢揚雄方言卷三：「臧、甬、侮、獲，奴婢賤稱也。荆、淮、海、岱、雜齊之間，罵奴曰臧，罵婢曰獲。齊之北鄙，燕之北郊，凡民男而壻婢謂之臧，女而婦奴謂之獲，亡奴謂之臧，亡婢謂之獲，皆異方罵奴婢之醜稱。」

〔四一〕五宗：謂五服（斬衰、齊衰、大功、小功、緦麻）内的親族。文選卷四四陳琳爲袁紹檄豫州：「爵賞由心，刑戮在口，所愛光五宗，所惡滅三族。」李善注：「宗，亦族也。」資治通鑑卷一〇九晉紀安帝「隆安元年」：「收殺觚者高霸、程同，皆夷五族。」胡三省注：「五族，謂五服内親也。」

〔四二〕搢紳：亦作「縉紳」。代指士大夫。漢書卷二五郊祀志上：「其語不經見，縉紳者弗道。」顔師古注：「李奇曰：『縉，插也，插笏於紳。紳，大帶也。』臣瓚曰：『縉，赤白色也。紳，大帶也。左氏傳有縉雲氏。』師古曰：『李云縉插是也。字本作搢，插笏於大帶與革帶之間耳，非插於大帶也。或作薦紳者，亦謂薦笏於紳帶之間，其義同。』」册府元龜卷一八五、御製集、閣本、張本作「縉紳」。

〔四三〕三族：周禮春官宗伯小宗伯：「掌三族之别，以辨親疏。」鄭玄注：「三族，謂父子孫。」史記卷五秦本紀：「法初有三族之罪。」裴駰集解：「張晏曰：『父母、兄弟、妻子也。』如淳曰：『父族、母族、妻族也。』」

〔四四〕穀粟騰踴：指糧食緊張，物價驟漲。踴，册府元龜卷一八五作「踏」。

〔四五〕惵(dié)惵：後漢書卷四一第五倫寒朗等傳史臣贊：「惵惵楚黎，寒君爲命。」李賢注：「惵惵，懼也。」册府元龜卷一八五作「喋喋」。○黔首：禮記祭義：「明命鬼神，以爲黔首則。」鄭玄注：「黔首，謂民也。」陸德明音義：「黔……黑也。黑首謂民也。秦謂民爲黔首。」孔穎達疏：「黔，謂黑也。凡人以黑巾覆頭，故謂之黔首。」史記卷六秦始皇本紀：「二十六年……更民名曰黔首。」説文解字黑部：「黔，黎也。从黑，今聲。秦謂民爲黔首，謂黑色也。周謂之黎民。」

〔四六〕銜索之哀：指死亡之哀。韓詩外傳卷一：「枯魚銜索，幾何不蠹？」

〔四七〕蠢蠢：左傳昭公二十四年：「今王室實蠢蠢焉。」杜預注：「蠢蠢，動擾貌。」文選卷一九束晳補亡詩：「蠢蠢庶類，王亦柔之。」李善注：「毛萇詩傳曰：蠢，動也。」吕向注：「蠢蠢，衆多也。」

〔四八〕家隕桓山之泣：孔子家語卷五顔回：「孔子在衛，昧旦晨興，顔回侍側，聞哭者之聲甚哀。子曰：『回，汝知此何所哭乎？』對曰：『回以此哭聲，非但爲死者而已，又有生離別者也。』子曰：『何以知之？』對曰：『回聞桓山之鳥，生四子焉，羽翼既成，將分于四海，其母悲鳴而送之，哀聲有似於此，謂其往而不返也。回竊以音類知之。』孔子使人問哭者，果曰：『父死家貧，賣子以葬，與子長决。』子曰：『回也，善於識音矣。』」蕭繹用此典，意謂因侯景肆虐江南，家家有生離死别之悲。隕桓，册府元龜卷一八五、御製集作「隕常」，梁文紀卷四、閻本、張本、全梁文、丁本作「有隕」。

〔四九〕偃師：縣名。治所在今河南省偃師市東。

〔五〇〕儲胥、露寒：並漢宫觀名。藝文類聚卷六三引漢宫殿名：「長安有臨仙觀……露寒觀。」漢書卷八七揚雄傳：「甘泉本因秦離宫，既奢泰，而武帝復增通天、高光、迎風。宫外近則洪厓、旁皇、儲胥、弩陆，遠則石關、封巒、枝鵲、露寒、棠梨、師得。」顔師古注：「棠梨宫在甘泉苑垣外，師得宮在櫟陽界，其餘皆甘泉苑垣内之宮觀也。」此處借指梁京師宮觀。

〔五一〕河陽：縣名。治所在今河南省孟縣西南。

〔五二〕穹廬：漢書卷九四匈奴傳：「匈奴父子同穹廬卧。」顔師古注：「穹廬，旃帳也。其形穹隆，故曰穹廬。」今按：南史卷四四齊武帝諸子傳竟陵王子良附孫賁傳：「及亂，王爲檄，賁讀至『偃師南望，無復儲胥露寒；河陽北臨，或有穹廬氈帳』，乃曰：『聖製此句，非爲過似，如體目朝廷，非關序賊。』王聞之大怒，收付獄，遂以餓終。又追戮賁尸，乃著懷舊傳以謗之，極言詆毁。」〇氈：閣本、張本作「氊」。

〔五三〕「南山」三句：吕氏春秋卷六季夏紀明理：「此皆亂國之所生也，不能勝數，盡荆、越之竹猶不能書。」高誘注：「楚、越，竹所生也，尚不能勝書者，妖多也。」漢書卷六六公孫賀傳載：賀捕京師大俠朱安世以贖子罪，安世笑曰：「南山之竹不足受我辭。」又，梁書卷一武帝本紀載：永元三年二月，蕭衍移檄京邑曰：「永元盡寓縣之竹，未足紀其過，窮山澤之兔，不能書其罪。」

〔五四〕「西山」二句：意謂筆墨難以寫盡侯景軍隊的暴行。梁書卷五六侯景傳：「初，景至，便望克定京師，號令甚明，不犯百姓。既攻城不下，人心離阻，又恐援軍總集，衆必潰散，乃縱兵殺掠，交屍塞路，富室豪家，恣意裒剥，子女妻妾，悉入軍營。及築土山，不限貴賤，晝夜不息，亂加毆棰，疲羸者因殺之以填山，號哭之聲，響動天地。」西山之兔，指毛筆，古以兔毫製筆。

藝文類聚卷五八引廣志曰：「漢諸郡獻兔毫，書鴻門題，唯趙國毫中用。」

外監陳瑩之至〔一〕，伏承先帝登遐〔二〕，宮車晏駕〔三〕。奉諱驚號〔四〕，五内摧裂〔五〕，州冤本毒〔六〕，無地容身。景阻饑既甚〔七〕，民且狼顧〔八〕，遂侵軼我彭蠡〔九〕，憑凌我郢邑〔一〇〕，竊據我江夏〔一一〕，掩襲我巴丘〔一二〕。我是以義勇争先〔一三〕，忠貞盡力。斬馘兇渠〔一四〕，不可稱算，沙同赤岸，水若絳河〔一五〕。任約泥首于安南〔一六〕，化仁面縛于漢口〔一七〕，子仙乞活于鄢郢〔一八〕，希榮敗績於柴桑〔一九〕。侯景奔竄，十鼠争穴〔二〇〕，郭默清夷〔二一〕，晉熙附義〔二二〕，計窮力屈，反殺後主〔二三〕。畢原酆郇〔二四〕，並離禍患，凡蔣邢茅〔二五〕，皆伏鈇鑕〔二六〕。是可忍也，孰不可容〔二七〕！

【校注】

〔一〕外監：官職名。隋書卷一一禮儀志：「殿中内外局監、太子内外監、殿中守舍人，銅印環鈕，朱服，武冠。内外監、典事書吏，朱服，進賢一梁冠。内監朝廷人領局典事、外監統軍隊諮詳發遣局典事，武冠。外監及典事書吏，悉著朱衣，唯正直及齋監并受使，不在例。其東宮内外監、殿典事書吏，依臺格。五校、三將將軍主事，内監主事，外監主事，三校主事，朱服，武冠。」〇陳瑩：人名。生平無考。南史卷八梁本紀元帝紀：大寶元年四月，「是月壬寅，始命陳瑩報武帝崩問，帝哭于正寢。」○至：册府元龜卷一八五脱。

〔二〕登遐：對帝王之死的諱稱。文選卷三七劉琨勸進表：「永嘉之際，氛厲彌昏，宸極失御，登遐醜裔。」李善注：「王隱晉書懷紀曰：羯賊劉曜破洛，皇帝崩於平陽。……禮曰：天王崩，告喪曰天王登遐。」

〔三〕宫車晏駕：史記卷七九范雎列傳：「宫車一日晏駕，是事之不可知者一也。」裴駰集解：「應劭曰：『天子當晨起早作，而方崩殞，故稱晏駕。』韋昭曰：『凡初崩爲「晏駕」者，臣子之心猶謂宫車當駕而出耳。』」史記卷九五樊噲列傳：「其後盧綰反，高帝使噲以相國擊燕。是時高帝病甚，人有惡噲黨於吕氏，即上一日宫車晏駕，則噲欲以兵盡誅滅戚氏、趙王如意之屬。」

〔四〕奉諱：謂舉喪。父母没，孝子不忍言親之名，故諱之。禮記曲禮上：「卒哭乃諱。」鄭玄注：「諱，避也。」孔穎達疏：「古人生不諱，故卒哭前，猶以生事之，則未諱。至卒哭後，服已受變，神靈遷廟，乃神事之，敬鬼神之名，故諱之。諱，避也。生不相避名，名以名質，故言之不諱；死則質藏，言之則感動孝子，故諱之也。」

〔五〕五内摧裂：極言悲痛。東漢蔡琰悲憤詩：「慕我獨得歸，哀叫聲摧裂。」五内，五臟。

〔六〕州冤本毒：形容煩躁憤懣。册府元龜卷一八五作「煩冤荼毒」。

〔七〕景：指侯景。○阻饑：遭飢餓之厄。梁書卷五六侯景傳載：太清二年間，「景食稍盡，至是米斛數十萬，人相食者十五六」。

〔八〕狼顧：漢書卷二四食貨志上：「失時不雨，民且狼顧。」顏師古注引李奇曰：「狼性怯，走喜還顧。言民見天不雨，今亦恐也。」

〔九〕侵軼：突然襲擊。左傳隱公九年：「彼徒我車，懼其侵軼我也。」杜預注：「軼，突也。」〇彭蠡：即江西省鄱陽湖。此處代指江州。梁書卷五六侯景傳載：大寶元年七月，侯景將任約進軍襲江州，「江州刺史尋陽王大心降之」。

〔一〇〕郢邑：此指郢州州治所在地，即今湖北省武漢市武昌區。梁書卷五六侯景傳載：大寶二年四月，蕭繹衛軍將軍徐文盛率水軍破侯景後，「景訪知郢州無備，兵少，又遣宋子仙率輕騎三百襲陷之，執刺史方諸、行事鮑泉，盡獲武昌軍人家口。徐文盛等聞之，大潰，奔歸江陵，景乘勝西上」。

〔一一〕江夏：郡名。治所在今湖北省武漢市武昌區。梁書卷五六侯景傳載：大寶元年七月，「世祖時聞江州失守，遣衛軍將軍徐文盛率衆軍下武昌，拒約」。二年正月，「世祖遣巴州刺史王珣等率衆下武昌助徐文盛。任約以西臺益兵，告急于景。三月，景自率衆二萬，西上援約。四月，景次西陽，徐文盛率水軍邀戰，大破之」。

〔一二〕巴丘：城名，屬巴陵縣。即今湖南省岳陽市。梁書卷五六侯景傳載：大寶二年，侯景敗徐文盛後，乘勝西上。「初，世祖遣領軍王僧辯率衆東下代徐文盛，軍次巴陵，會景至，僧辯因堅壁拒之。景設長圍，築土山，晝夜攻擊，不克。軍中疾疫，死傷太半。世祖遣平北將軍胡僧祐率兵二千人救巴陵，景聞，遣任約以精卒數千逆擊僧祐，僧祐與居士陸法和退據赤亭以待之，約至與戰，大破之，生擒約」。

〔一三〕我：册府元龜卷一八五脱。

〔一四〕斬馘（guó）：指戰場殺敵。馘，詩經大雅皇矣：「執訊連連，攸馘安安。」毛傳：「馘，獲也。不服者，殺而獻其左耳曰馘。」孔穎達疏：「『馘，獲』，釋詁文。……玉藻云：『聽鄉任左。』故不服者殺而獻其左耳曰馘。罪其不聽命服罪，故取其耳以計功也。」○兇渠：凶惡之人。文選卷五六陸倕石闕銘：「嚴鼓未通，兇渠泥首。」劉良注：「嚴鼓未通，而兇惡之渠皆泥其頭面以降也。」

〔一五〕赤岸：文選卷一二郭璞江賦：「鼓洪濤於赤岸，淪餘波乎柴桑。」李善注：「七發曰：凌赤岸。或曰赤岸在廣陵興縣。」同書卷三四枚乘七發：「凌赤岸，篲扶桑，横奔似雷行。」李善注：「赤岸，蓋地名也。曹子建表曰：南至赤岸。山謙之南徐州記曰：京江，禹貢北江，春秋分朔，輒有大濤。至江乘，北激赤岸，尤更迅猛。然並以赤岸在廣陵，而此文勢似在遠方，非廣陵也。」○若：册府元龜卷一八五、御製集作「似」。○絳河：傳説中河名。初學記卷六引王子年拾遺記曰：「絳河去日南十萬里，波如絳色，多赤龍、赤色魚，而肥美可食。上仙服得之，則後天而死。」絳，册府元龜卷一八五作「鋒」。

〔一六〕任約：侯景部將。生平事跡詳梁書卷五六侯景傳。○泥首：以泥塗首，表示自辱服罪。後漢書卷一三公孫述傳史臣論曰：「與夫泥首銜玉者異日談也。」李賢注：「干寶晉紀曰：『吴王孫皓將其子瑾等，泥首而縛降王濬。』」文選卷五六陸倕石闕銘：「帝赫斯怒，秣馬訓兵，嚴鼓未通，兇渠泥首。」李善注：「張温表曰：臨去武昌，庶得泥首闕下。」劉良注：「言帝怒庸蜀，將討之，嚴鼓未通，而兇惡之渠皆泥其頭面以降也。」明周嬰巵林卷二「泥首」：「然則泥首是以泥塗首，自示污辱耳。」○安南：縣名。治所在今湖南省華容縣。梁書卷五六侯景傳載：大寶二年，「世祖遣平北將軍胡僧祐率兵二千人救巴陵。景聞，遣任約以精卒數千逆擊僧祐，僧祐與居士陸法和退據赤亭以待之，約至與戰，大破之，生擒約。」

〔一七〕化仁：即支化仁。侯景部將。生平事跡見梁書卷五六侯景傳。○漢口：漢水入長江之口，在今湖北省武漢市漢口區。梁書卷四五王僧辯傳載：大寶二年，「世祖命僧辯即率巴陵諸軍，沿流討景。師次郢城，步攻魯山。魯山城主支化仁，景之騎將也，率其黨力戰。衆軍大破之，化仁乃降」。

〔一八〕子仙：即宋子仙。侯景部將。生平事跡見梁書卷五六侯景傳。仙，册府元龜卷一八五作「先」。○鄢郢：即郢城，在今湖北省武漢市武昌區。梁書卷四五王僧辯傳載：大寶二年，支化仁投降後，「〔王僧辯〕仍督諸軍渡江攻郢，即入羅城。宋子仙蟻聚金城拒守，攻之未剋。子仙使其黨時靈護率衆三千，開門出戰，僧辯又大破之，生擒靈護，斬首千級。子仙衆退據倉門，帶江阻險，衆軍攻之，頻戰不剋。景既聞魯山已没，郢鎮復失羅城，乃率餘衆倍道歸建業。子仙等困蹙，計無所之，乞輸郢城，身還就景。僧辯僞許之，命給船百艘，以老其意。子仙謂爲信然，浮舟將發，僧辯命杜龕率精勇千人，攀堞而上，同時鼓譟，掩至倉門。水軍主宋遥率樓船，暗江四面雲合，子仙行戰行走，至於白楊浦，乃大破之，生擒子仙送江陵。」

〔一九〕希榮：即范希榮。侯景部將。生平事跡見梁書卷五六侯景傳。榮，册府元龜卷一八五作「勞」。○柴桑：縣名。治所在今江西省九江市西南。梁書卷四五王僧辯傳載：大寶二年，僧辯擒宋子仙後，「即率諸軍進師九水。賊僞儀同范希榮、盧暉略尚據湓城，及僧辯軍至，希榮等因挾江州刺史臨城公棄城奔走。」

〔二〇〕十鼠争穴：三國志卷一二魏書鮑勛傳載：人表勛徇私，付廷尉治罪。「廷尉法議：『正刑五歲。』三官駮：『依律罰金二斤。』帝大怒曰：『勛無活分，而汝等敢縱之！收三官已下付刺姦，當令十鼠同穴。』」本謂使三官以下互相揭發，一同治罪。此處用以喻壞人争奪葬身之所。鼠，册府元龜卷一八五作「竄」。

〔二一〕郭默：城名。東晉將軍郭默反時所築，在今江西省九江市境内。資治通鑑卷一六四梁紀梁簡文帝「大寶二年」載：秋七月，侯景將于慶自鄱陽還豫章，侯瑱閉門拒之，慶走江州，據郭默城。「八月，壬寅朔，王僧辯前軍襲于慶，慶棄郭默城走，范希榮亦棄尋陽城走。」○清夷：文選卷二五傅咸贈何劭王濟：「但願隆弘美，王度日清夷。」劉良注：「爲王之法度日益清平。夷，平也。」

〔二二〕晉熙：郡名。治所在今安徽省潛山縣。○附義：贊同並參加義舉。梁書卷四簡文帝紀載：大寶二年，「八月丙午，晉熙人王僧振、鄭寵起兵襲郡城，僞晉州刺史夏侯威生、儀同任延遁走」。

〔二三〕反殺後主：梁書卷四簡文帝紀載：大寶二年冬十月壬寅，侯景將王偉、彭儁等與簡文帝蕭綱於殿中飲酒，「既醉寢，王偉、彭儁進土囊，王脩纂坐其上，於是太宗崩於永福省，時年四十九。賊僞謚曰明皇帝，廟稱高宗。」後主，指梁簡文帝蕭綱。册府元龜卷一八五作「生人」。

〔二四〕畢原酆郇：並周文王之子的封國。左傳僖公二十四年：「昔周公吊二叔之不咸，故封建親戚以蕃屏周。管蔡郕霍，魯衛毛聃，郜雍曹滕，畢原酆郇，文之昭也。」杜預注：「十六國皆文王子也。」此處代指梁武帝諸子。

〔二五〕凡蔣邢茅：並周文王之孫、周公之子的封國名。左傳僖公二十四年：「凡蔣邢茅胙祭，周公之胤也。」杜預注：「胤，嗣也。」此處代指梁武帝諸孫。

〔二六〕鈇鑕：古代執行斬刑的工具。鈇，斧。鑕，腰斬時所用的鍘刀底座。公羊傳昭公二十五年：「君不忍加之以鈇鑕，賜之以死。」何休注：「鈇鑕，要斬之罪。」後漢書卷三三馮魴傳：「（延）褒等聞帝至，皆自髡剔，負鈇鑕，將其衆請罪。」李賢注：「説文曰：『鈇，剉刃也。』鑕，湛也,音質。」同書卷一九耿弇傳:「乃肉袒負斧鑕於軍門。」李賢注:「鑕,鍖也。」

〔二七〕「是可」二句:意謂絶對不能容忍。論語八佾:「孔子謂季氏,『八佾舞於庭,是可忍也,孰不可忍也?』」

幕府據有上流〔一〕,實惟分陝〔二〕,投袂荷戈〔三〕,志在畢命〔四〕。昔周依晋、鄭〔五〕,漢有虚、牟〔六〕。彼惟末屬〔七〕,猶能如此;况聯華日月〔八〕,天下不賤〔九〕,爲臣爲子,兼國兼家者哉!咸以義旗既建,宜須總一,共推幕府,實用主盟。粤以不佞〔一〇〕,謬董連率〔一一〕,遠惟國艱,不遑寧處〔一二〕。中權後勁〔一三〕,龔行天罰〔一四〕,提戈蒙險,隕越以之〔一五〕。天馬千群,長戟百萬,驅賁獲之士〔一六〕,資智勇之力,大楚踰荆山〔一七〕,淺原度彭蠡〔一八〕,舳艫汎水〔一九〕,以掎其南〔二〇〕,輜軿委輸〔二一〕,以衝其北。華夷百濮〔二二〕,贏糧影從〔二三〕。雷震風駭,直指建業。按劍而叱,江水爲之倒流〔二四〕;抽戈而揮,皎日爲之退舍〔二五〕。方駕長驅〔二六〕,百道俱入,夷山殄谷〔二七〕,充原蔽野。挾輈曳牛之侣〔二八〕,拔距礫石之夫〔二九〕,騎則逐日追風〔三〇〕,弓則吟猿落雁〔三一〕。捧崑崙而壓卵〔三二〕,傾渤海而灌熒〔三三〕。如駟馬之載鴻毛〔三四〕,若奔牛之觸魯縞〔三五〕。以此衆戰,誰能禦之〔三六〕!脱復蜂蠆有毒〔三七〕,獸窮則鬬〔三八〕。謂山蓋高〔三九〕,則四郊多壘〔四〇〕；謂地蓋遠，則三千弗違〔四一〕。如彼怒蛙〔四二〕，譬諸鼷鼠〔四三〕，豈費萬鈞〔四四〕，無勞百溢〔四五〕。加以日臨黃道〔四六〕，兵起絳宮〔四七〕，三門既啓〔四八〕，五將咸發〔四九〕，舉整整之旗〔五〇〕，掃亭亭之氣〔五一〕，故以臨機密運〔五二〕，非賊所解，奉義而誅，何罪不服。

【校注】

〔一〕幕府：將帥的衙署。史記卷一〇九李將軍列傳：「大將軍使長史急責廣之幕府對簿。」幕，梁文紀卷四、全梁文作「莫」。今按：莫，通「幕」，下文「共推幕府」同。〇上流：即上游。文選卷六〇任昉齊竟陵文宣王行狀：「初，沈攸之跋扈上流，稱亂陝服。」呂向注：「上流，荆州也。時攸之爲荆州刺史，宋順帝即位，起兵作亂。時以荆州比陝州，爲分陝之望也，如侯、甸之服，故云陝服也。」太平御覽卷一六七引盛弘之荆州記曰：「元嘉中，以京師根本之所寄，荆楚爲重鎮，上流之所總，擬周之分陝；晉宋以降，此爲西陝。」此處指荆州。蕭繹時據荆州，故自云「據有上流」。

〔二〕實惟分陝：相傳周初周公、邵公分陝而治，周公主陝東，邵公主陝西，總諸侯輔王室，故後世稱出任地方長官輔佐王朝爲分陝。陝即今陝西省陝縣。梁文紀卷四、全梁文、丁本作「是」。

〔三〕投袂：左傳宣公十四年：「宋殺楚使。「楚子聞之，投袂而起，屨及於窒皇，劍及於寢門之外，車及於蒲胥之市。」杜預注：「投，振也。袂，袖也。」後漢書卷七一皇甫嵩朱儁列傳史臣論曰：「斯誠葉公投袂之幾。」李賢注：「投袂，奮袂也，言其怒也。」

〔四〕畢命：文選卷三七曹植求自試表：「量能而受爵者，畢命之臣也。」吕延濟注：「自度所能受君爵賞者，是盡命之臣。畢，盡也。」

〔五〕晉、鄭：春秋時晉國和鄭國，皆爲姬姓，曾爲周王室所依賴。左傳隱公六年：「鄭伯如周，始朝桓王也。王不禮焉。周桓公言於王曰：『我周之東遷，晉、鄭焉依。』」

〔六〕虚、牟：指漢高祖之孫朱虚侯劉章、東牟侯劉興居。漢書卷三八武王傳載：高后崩，諸吕將爲亂，劉章、劉興居起兵，與陳平、周勃等共誅諸吕，還政於劉氏。

〔七〕末屬：支屬，宗支。漢書卷三六楚元王劉向傳：「吾幸得同姓末屬，累世蒙漢厚恩。」

〔八〕聯華日月：意謂皇帝的子嗣。日月，喻皇帝和后妃。禮記昏義：「故天子之與后，猶日之與月，陰之與陽，相須而後成者也。」

〔九〕天下不賤：史記卷三三魯周公世家：「周公戒伯禽曰：『我文王之子，武王之弟，成王之叔父，我於天下亦不賤矣。』」蕭繹金樓子序：「先生曰：余於天下爲不賤焉。」

〔一〇〕粤：漢書卷八四翟義傳「粤其聞日」，顔師古注：「粤，發語辭也。」南唐徐鍇説文繫傳：粤：「臣鍇曰：凡言粤，皆在事端句首，未便言之，駐其言以審思之也。……其聲氣舒久，故從亏。」○不佞：左傳成公十三年：「寡人不佞。」孔穎達疏：「服虔云：佞，才也。不才者，自謙之辭也。」

〔一一〕繆：自謙之詞。○董：爾雅釋詁：「董、督，正也。」郭璞注：「皆謂御正。」○連率：統帥，盟主。詩經邶風旄丘序：「衛不能脩方伯連率之職。」孔穎達疏：「連率者，即十國以爲連，連有帥是也。」漢班固白虎通卷七考黜：「未賜鈇鉞者，從大國連率方伯而斷獄。」

〔一二〕不遑寧處：無暇安處。詩經小雅四牡：「王事靡盬，不遑啓處。」毛傳：「遑，暇也。……處，居也。」後漢書卷五三徐穉傳：「大樹將顛，非一繩所維，何爲栖栖不遑寧處？」

〔一三〕中權後勁：左傳宣公十二年：「前茅慮無，中權後勁。」杜預注：「中軍制謀，後以精兵爲殿。」

〔一四〕龔行天罰：恭敬地執行上天的懲罰。龔，通「恭」。尚書甘誓：「今予惟恭行天之罰。」孔安國傳：「恭，奉也。」孔穎達疏：「天子用兵，稱『恭行天罰』；諸侯討有罪，稱『肅將王誅』，皆示有所禀承，不敢專也。」尚書泰誓下：「奉予一人，恭行天罰。」

〔一五〕隕越：顛墜。此處指犧牲生命。

〔一六〕賁獲之士：勇猛的武士。賁獲，孟賁、烏獲。呂氏春秋卷四孟夏紀用衆：「故以衆勇無畏乎孟賁矣，以衆力無畏乎烏獲矣。」高誘注：「孟賁，古大勇士。烏獲，有力人，能舉千鈞。」

〔一七〕荆山：山名。今湖北省沮、漳水發源之處，屬古楚國之地。

〔一八〕淺原：即敷淺原。其地歷來説法不一：漢書卷二八地理志以爲即今江西省德安縣南博陽山；朱熹九江彭蠡辨以爲即今江西省廬山；清胡渭禹貢錐指以爲即今廬山以南平原，約在今江西星子縣境；近人亦有認爲即今安徽省大別山脉尾閭的平原。參修訂本辭源「敷淺原」條。原，册府元龜卷一八五、梁文紀卷四、御製集、閣本、張本、全梁文、丁本作「源」。古儷府卷一〇、四六法海卷八作「原」。中華書局點校本梁書卷五元帝紀校勘記云：「『原』各本作『源』。按：『淺原』即禹貢之『敷淺原』。尚書禹貢：『過九江，至於敷淺原。』高平曰原，即今廬山東南麓瀕於彭蠡者。」

〔一九〕舳（zhú）艫（lú）：漢書卷六武帝紀：「舳艫千里，薄樅陽而出。」顔師古注引李斐曰：「舳，船後持柂處也。艫，船前頭刺櫂處也。」舳，册府元龜卷一八五作「觸」。

〔二〇〕掎（jǐ）：説文解字手部：「掎，偏引也。」後漢書卷七四袁紹傳載陳琳爲袁紹檄豫州：「大軍汎黄河以角其前，荆州下宛葉而掎其後。」李賢注：「賈逵注國語曰：從後牽曰掎。音居蟻反。左傳曰『晉人角之，諸戎掎之』是也。」御製集、閣本、張本作「犄」。今按：犄，用同「掎」。

〔二一〕輜（zī）軿（píng）：資治通鑑卷一〇六晉紀晉武帝「太元十一年」：「秦主登立世祖神主於軍中，載以輜軿，建黄旗青蓋。」胡三省注：「車四面有屏蔽者曰輜軿。」〇委輸：漢書卷七二鮑宣傳：「三輔委輸官不敢爲奸。」顔師古注：「委輸，謂輸委積者也。」後漢書卷三五張純傳：「督委輸。」李賢注：「委輸，轉運也。」

〔二二〕百濮：我國古代少數民族。集居於今湖北省石首市東南一帶。左傳文公十六年：「麇人率百濮聚於選，將伐楚。」杜預注：「百濮，夷也。」孔穎達疏：「濮夷無君長總統，各以邑落自聚，故稱百濮也。」逸周書王會：「正南，甌鄧、桂國、損子、産里、百濮、九菌。」孔晁注：「六者南蠻之别名。」

〔二三〕羸糧影從：擔著糧食，像影子一樣緊緊跟隨。文選卷五一賈誼過秦論：「天下雲集而響應，羸糧而景從。」李善注：「羸，擔也。」今按：羸，通贏。影，册府元龜卷一八五作「景」。今按：景、影，古今字。

〔二四〕「江水」句：宋書卷八四孔覬傳載宋世祖時移檄東土曰：「噴氣則白日盡晦，刷馬則清江倒流。」倒，册府元龜卷一八五作「逆」。

〔二五〕「抽戈」二句：淮南子卷六覽冥訓：「魯陽公與韓搆難，戰酣日暮，援戈而撝之，日爲之反三舍。」舍，左傳僖公二十八年：「微楚之惠不及此，退三舍辟之，所以報也。」杜預注：「一舍，三十里。」退，藝文類聚卷五八、册府元龜卷一八五作「還」。

〔二六〕方駕：文選卷三〇陸機擬古詩擬青青陵上柏：「方駕振飛轡，遠遊入長安。」吕延濟注：「方駕，並駕也。」

〔二七〕夷山殄（tiǎn）谷：布滿高山，填平川谷。形容人數之多。册府元龜卷一八五作「夷水殆谷」。

〔二八〕「挾輈（zhōu）」句：形容勇猛多力之人。挾輈，以手挾持車轅。輈，左傳隱公十一年：「公孫鬬與潁考叔争車，潁考叔挾輈以走。」杜預注：「輈，車轅也。」曳牛，拖住牛尾巴，使之不能前進。三國志卷八魏書許褚傳：「褚乃出陳前，一手逆曳牛尾，行百餘步。」魏書卷四四伊馛傳：「伊馛，代人也。少而勇健，走及奔馬，善射，多力，曳牛却行。」

〔二九〕拔距：漢書卷七〇甘延壽傳：「投石拔距絶於等倫。」顔師古注：「應劭曰：『投石，以石投人也。』……師古曰：『投石，應説是也。拔距者，有人連坐相把據地，距以爲堅而能拔取之，皆言其有手掣之力。……今人猶有拔爪之戲，蓋拔距之遺法。』」○磔（zhé）石：砸開石頭。廣雅釋詁：「磔，開也。」

〔三〇〕逐日追風：形容行走疾速。淮南子卷一七説林訓：「以兔之走，使犬如馬，則逮日歸風。」高誘注：「言其疾也。」逐日，山海經海外北經：「夸父與日逐走，入日。渴欲得飲，飲于河渭；河渭不足，北飲大澤。未至，道渴而死。棄其杖，化爲鄧林。」追風，文選卷三四曹植七啓：「駕超野之駟，乘追風之輿。」李善注：「超野、追風，言疾也。」全梁文作「逐風」，有校云：「『逐風』當作『追風』。」

〔三一〕吟猿落雁：形容箭法的精準神妙。吟猿，淮南子卷一六説山訓：「楚王有白蝯，王自射之，則搏矢而熙；使養由基射之，始調弓矯矢，未發，而蝯擁柱號矣，有先中中者也。」蝯，同「猿」。落雁，戰國策卷一七楚四「天下合從」章：「異日者，更羸與魏王處京臺之下，仰見飛鳥，更羸謂魏王曰：『臣爲王引弓虚發而下鳥。』魏王曰：『然則射可至此乎？』更羸曰：

『可。』有間，雁從東方來，更羸以虚發而下之。」

〔三二〕「捧崑崙」句：宋書卷九九劉劭傳載：元嘉三十年，宋世祖檄京邑曰：「傾海注螢，頽山壓卵，商周之勢，曾何足云。」

〔三三〕熒：文選卷四五班固答賓戲：「守突奥之熒燭，未仰天庭而睹白日也。」李善注：「字林曰：熒，小光也。」此指小火。

〔三四〕「如駟」句：後漢書卷四二光武十王列傳廣陵思王載：廣陵思王荆性刻急隱害。光武崩，令蒼頭詐稱東海王彊舅大鴻臚郭況書與彊曰：「若歸併二國之衆，可聚百萬，君王爲之主，鼓行無前，功易於太山破雞子，輕於四馬載鴻毛，此湯、武兵也。」

〔三五〕「若奔」句：太平御覽卷八一九引曹洪與魏文帝書云：「我軍入漢中，若駭鯨之決細網，奔兕之觸魯縞，未足以喻其易也！」魯縞，漢書卷五二韓長孺傳：「彊弩之末力不能入魯縞。」顔師古注：「縞，素也，曲阜之地俗善作之，尤爲輕細。」又，藝文類聚卷五八脱「若」字。

〔三六〕「以此」二句：左傳僖公四年載：齊準備攻打楚國，楚派屈完出使齊師，齊桓公與屈完觀師，曰：「以此衆戰，誰能禦之？以此攻城，何城不克？」

〔三七〕脱：資治通鑑卷一四四齊紀和皇帝「中興元年」：「脱距王師。」胡三省注：「脱，或也。脱者，未可必之辭。」助字辨略卷五「或」字條：「或辭，猶儻也。」○蜂蠆（chài）：蜂與蠆，都是有毒刺之蟲。喻惡人或敵人。國語卷一五晉語九：「蜹蟻蜂蠆，皆能害人，況君相乎！」蠆，左傳僖公二十二年：「君其無謂邾小，蠭蠆有毒，而況國乎！」孔穎達疏：「蠆，毒蟲也。……通俗文云：蠆長尾謂之蠍。」楊伯峻注：「蠆音瘥，毒蟲也。長尾爲蠆，短尾爲蠍。」○有毒：御製集、閣本、張本、全梁文、丁本作「若毒」。

〔三八〕獸窮則鬭：左傳定公四年：「困獸猶鬭，況人乎？」荀子哀公：顔淵對哀公問，曰：「臣聞之：鳥窮則啄，獸窮則攫，人窮則詐。」

〔三九〕謂山蓋高：詩經小雅正月：「謂山蓋卑，爲岡爲陵。民之訛言，寧莫之懲。召彼故老，訊之占夢。具曰予聖，誰知烏之雌雄？謂天蓋高，不敢不局。謂地蓋厚，不敢不蹐。維號斯言，有倫有脊。哀今之人，胡爲虺蜴？」蓋，通「盍」，何。

〔四〇〕四郊多壘：禮記曲禮上：「四郊多壘，此卿大夫之辱也。」鄭玄注：「壘，軍壁也。數見侵伐則多壘。」

〔四一〕三千：尚書呂刑：「大辟之罰，其屬二百。五刑之屬三千。」此以「三千」代指刑罰。

〔四二〕怒蛙：韓非子内儲説上七術：「越王慮伐吴，欲人之輕死也，出見怒鼃，乃爲之式。從者曰：『奚敬於此？』王曰：『爲其有氣故也。』」此喻微弱的反抗力量。

〔四三〕鼷（xī）鼠：説文解字鼠部：「鼷，小鼠也。」三國志卷二三魏書杜襲傳：「臣聞千鈞之弩不爲鼷鼠發機。」本草綱目卷五一獸三鼷鼠：「集解：藏器曰：鼷鼠極細，卒不可見。食人及牛、馬等皮膚成瘡，至死不覺。」

〔四四〕萬鈞：指萬鈞之弓弩。鈞，説文解字金部：「鈞，三十斤也。」

〔四五〕百溢：溢，同「鎰」，古代重量單位。國語卷八晉語二：「黄金四十鎰，白玉之珩六雙。」韋昭注：「二十兩爲鎰。」文選卷五左思吴都賦：「金鎰磊砢，珠琲闌干。」劉淵林注：「扶南傳曰：縑貨布帛曰賄，金二十四兩爲鎰。」百鎰，指豐厚的懸賞。

〔四六〕日臨黄道：即到了黄道日。古星命説謂青龍、明堂、金匱、天德、玉堂、司命六辰皆吉神。六辰所值之日，諸事皆宜，不避凶忌，稱黄道吉日。

〔四七〕絳宫：太乙術語。關尹子八籌：「嬰兒蕊女，金樓絳宫，青蛟白虎，寶鼎紅爐，皆此物，有非此物存者。」黄庭内景經若得章「重中樓閣十二環」，梁丘子注：「謂喉嚨十二環，相重在心上。心爲絳宫，有象樓閣者也。」

〔四八〕三門：太乙術語。占驗家立休、生、傷、杜、景、死、驚、開爲八門。以休、生、開三門爲吉，餘爲凶，故以「三門」指吉門。後漢書卷八〇文苑傳高彪：「天有太一，五將三門。」李賢注：「太一式：『凡舉事皆欲發三門，順五將。』發三門者，開門、休門、生門。五將者，天目、文昌等。」蕭繹洞林序：「羨門五將，亟經玩習。」

〔四九〕五將：太乙術語。指北極星周圍的五個星座。

〔五〇〕舉：册府元龜卷一八五作「齊」。○整整之旗：整整，即「正正」，整齊貌。孫子兵法軍争：「無邀正正之旗，勿擊堂堂之陳。」曹操注：「正正，齊也。」太平御覽卷三〇一引兵書要決曰：「孫子稱：『無要正正之旗，無擊堂堂之陣。』正正之旗者，謂行軍也，前後正治，故不可要而擊之也；堂堂之陣者，謂營軍也，堂堂不冒亂者，不可就而擊之。」文選卷四四鍾會檄蜀文：「難以敵堂堂之陣。」李善注引黃帝出軍決曰：「始立牙之日，吉氣來應，旗幡指敵。或從風而來，金鐸之聲揚以清，鼓鞞之音婉而鳴，是謂堂堂之陣，整整之旗，此大勝之徵也。」

〔五一〕亭亭：文選卷二張衡西京賦：「干雲霧而上達，狀亭亭以苕苕。」薛綜注：「亭亭、苕苕，高貌也。」

〔五二〕臨機：謂面臨變化的機會和情勢。○密運：周密運籌。

今遣使持節、大都督、征東將軍、開府儀同三司、江州刺史、尚書令、長寧縣開國侯王僧辯率衆十萬〔一〕，直掃金陵。鳴鼓聒天，摐金振地〔二〕。朱旗夕建，如赤城之霞起〔三〕；戈船夜動，若滄海之奔流。計其同惡，不盈一旅〔四〕。君子在野〔五〕，小人比周〔六〕。何校滅耳，匪朝伊夕〔七〕。舂長狄之喉〔八〕，繫郅支之頸〔九〕。今司寇明罰，質鈇所誅〔一〇〕，止侯景而已。黎元何辜〔一一〕，一無所問。諸君或世樹忠貞，身荷寵爵，羽儀鼎族〔一二〕，書勳王府〔一三〕，俛眉猾豎〔一四〕，無由自效，豈不下慚泉壤，上愧皇天！失忠與義，難以自立〔一五〕。想誠南風〔一六〕，乃眷西顧〔一七〕，因變立功，轉禍爲福。

有能縛侯景及送首者，封萬户開國公，絹布五萬匹。有能率動義衆〔一八〕，以應官軍，保全城邑，不爲賊用，上賞方伯〔一九〕，下賞剖符〔二〇〕，並裂山河〔二一〕，以紆青紫〔二二〕。昔由余入秦〔二三〕，禮同卿佐〔二四〕；日磾降漢〔二五〕，且珥金貂〔二六〕。必有其才，何恤無位〔二七〕。若執迷不反〔二八〕，拒逆王師，大軍一臨，刑茲罔赦。孟諸焚燎〔二九〕，芝艾俱盡〔三〇〕；宣房河決〔三一〕，玉石同沉。信賞之科，有如皎日〔三二〕；黜陟之制〔三三〕，事均白水〔三四〕。檄布遠近，咸使知聞。梁書卷五元帝紀、册府元龜卷一八五、梁文紀卷四、御製集、閣本、張本、全梁文、丁本。又，藝文類聚卷五八有節引。

【校注】

〔一〕使持節：官職名。魏晉南北朝時，掌地方軍政的官往往加使持節的稱號。宋書卷三九百官志上：「持節都督，無定員。前漢遣使，始有持節。光武建武初，征伐四方，始權時置督軍御史，事竟罷。建安中，魏武帝爲相，始遣大將軍督軍。……晉世則都督諸軍爲上，監諸軍次之，督諸軍爲下。使持節爲上，持節次之，假節爲下。使持節得殺二千石以下；持節殺無官位人，若軍事得與使持節同；假節唯軍事得殺犯軍令者。晉江左以來，都督中外尤重，唯王導居之。宋氏人臣則無也。江夏王義恭假黄鉞。假黄鉞，則專戮節將，非人臣常器矣。」〔二〕大都督：官職名。魏晉南北朝時統領中外諸軍的軍事首領。宋書卷三九百官上：「持節都督，無定員。……建安中，魏武帝爲相，始遣大將軍督軍。二十一年，征孫權還，夏侯惇督二十六軍是也。魏文帝黄初二年，始置都督諸州軍事，或領刺史。三年，上軍大將軍曹真都督中外諸軍事，假黄鉞，則總統外内諸軍矣。明帝太和四年，晉宣帝征蜀，加號大都督。高貴公正元二年，晉文帝都督中外諸軍，尋加大都督。晉世則都督諸軍爲上，監諸軍次之，督諸軍爲下。……晉江左以來，都督中外尤重，唯王導居之。」○征東將軍：將軍名號。爲漢魏以來四將軍之一。宋書卷三九百官上：「征東將軍，一人。……魚豢曰：『四征，魏武帝置，秩二千石。黄初中，位次三公。漢舊諸征與偏裨雜號同。』」○開府儀同三司：開府即開建府署，三司即三公。兩漢以來，或稱位亞三司，或稱班同三司，或稱儀同三司，以賞勳勞。三國兩晉南北朝多沿用。參宋書卷三九百官上。○尚書令：尚書省的長官。魏晉以來，任總機衡，事無大小，均歸於尚書令、僕。參宋書卷三九百官上。○王僧辯：字君才，祖籍太原祁縣。父仕北魏，梁武帝天監中隨父歸梁，爲湘東王國左常侍，隨府轉丹陽尹參軍、會稽中兵、荆州中兵、荆州諮議參軍，歷竟陵太守。侯景之亂，任大都督，從繹討景。後爲陳霸先襲殺。梁書卷四五、南史卷六三有傳。

〔二〕摐(chuāng)金：敲擊金屬樂器。史記卷一一七司馬相如列傳引相如子虛賦：「摐金鼓，吹鳴籟。」裴駰集解：「摐，撞也。」文選卷七司馬相如子虛賦李善注：「韋昭曰：摐，擊也。」南朝梁沈約爲安陸王謝荆州章：「摐金入濟，識謝戎麾。」振，册府元龜卷一八五作「震」。

〔三〕赤城之霞起：文選卷一一孫綽遊天台山賦：「赤城霞起而建標，瀑布飛流以界道。」李善注：「支遁天台山銘序曰：往天台，當由赤城山爲道徑。孔靈符會稽記曰：赤城，山名。色皆赤，狀似雲霞。……天台山圖曰：赤城山，天台之南門也。」

〔四〕旅：左傳哀公元年：「有衆一旅。」杜預注：「五百人爲旅。」

〔五〕君子在野：尚書大禹謨：「君子在野，小人在位。」孔安國傳：「廢仁賢，任姦佞。」在野，本謂處於鄉野，後用以稱不居官當政，與「在朝」相對。孟子萬章下：「在國曰市井之臣，在野曰草莽之臣，皆謂庶人。」

〔六〕小人比周：小人結黨營私。管子立政：「群徒比周之説勝，則賢不肖不分。」比周，册府元龜卷一八五作「在位」，下尚有「朋黨比周」四字。

〔七〕「何校」二句：意謂治侯景及同黨的罪，是早晚的事。何校滅耳，周易噬嗑卦：「上九，何校滅耳，凶。」孔穎達疏：「何校，謂擔何，處罰之極。惡積不改，故罪及其首，何擔枷械，滅没於耳，以至誅殺。」何校，册府元龜卷一八五作「何較」，梁文紀卷四、御製集、閣本、張本、全梁文、丁本作「荷校」。今按：何，通「荷」。校，枷械。説文解字木部：「校，木囚也。」大廣益會玉篇木部：「校，械也。」滅耳，磨傷了耳朵。匪，通「非」。

〔八〕春長狄之喉：左傳文公十一年載：狄人侵魯，魯敗之於鹹，「獲長狄僑如。富父終甥摏其喉以戈，殺之」。春，同「摏」，撞擊。長狄，春秋時狄族的一支。

〔九〕繫郅（zhì）支之頸：漢書卷九四匈奴傳載：漢宣帝時，匈奴五單于爭立，呼韓邪單于之兄自立爲郅支骨都單于，遣使奉獻於漢。元帝時，叛漢，殺漢使。漢西域副都護陳湯率兵攻之，斬其首。

〔一〇〕質鈇：亦作「鑕鈇」，即「鈇鑕」。古代腰斬時所用刑具。鈇，形如鍘刀；質，腰斬時所用鍘刀底座。公羊傳昭公二十五年：「君不忍加之以鈇鑕，賜之以死。」何休注：「鈇鑕，要斬之罪。」後漢書卷三三馮魴傳：「〔延〕褒等聞帝至，皆自髡剔，負鈇鑕，將其衆請罪。」李賢注：「説文曰：『鈇，剉刃也。』鑕，椹也，音質。」後漢書卷一九耿弇傳：「乃肉袒負斧鑕於軍門。」李賢注：「鑕，鍖也。」册府元龜卷一八五作「鈇鑕」。質，閣本、張本、丁本作「鑕」。

〔一一〕黎元：百姓。○辜：説文解字辛部：「辜，辠也。」

〔一二〕羽儀：周易漸卦：「鴻漸于陸，其羽可用爲儀。」孔穎達疏：「處高而能不以位自累，則其羽可用爲物之儀表，可貴可法也。」此比喻居高位而有才德，被人尊重的人物。○鼎族：即「鐘鳴鼎食」之族。喻指豪門貴族。文選卷二八曹植結客少年場行：「擊鐘陳鼎食，方駕自相求。」李周翰注：「貴者鼎食，食必擊鐘。」

〔一三〕書勳：記録功勳。○王府：帝王收藏財物或文書的府庫。尚書五子之歌：「關石和鈞，王府則有。」孔穎達疏：「人既足用，王之府藏則皆有矣。」後漢書卷七桓帝紀：「司隸校尉李膺等二百餘人受誣爲黨人，並坐下獄，書名王府。」

〔一四〕俛（fǔ）眉：低眉。前漢書卷八七揚雄傳載揚雄解嘲有云：「群卿不揖客，將相不俛眉。」顔師古注：「俛，低也。」文選卷四五亦引此文，劉良注：「不低眉下色以求賢人也。」此處表示屈服。南史卷一宋本紀上武帝載：劉裕移檄都下曰：「公侯諸君，或世樹忠貞，或身荷爵寵，而並俛眉猾豎，無由自效，顧瞻周道，寧不吊乎！」〇猾豎：狡猾的小人。此處指侯景等人。

〔一五〕自：張本作「日」。

〔一六〕想誠南風：意謂思舜之德。南風，古代樂曲名。相傳爲虞舜所作。禮記樂記：「昔者舜作五弦之琴以歌南風。」鄭玄注：「南風，長養之風也，以言父母之長養己，其辭未聞也。」孔子家語卷八辨樂：「昔者舜彈五絃之琴，造南風之詩。其詩曰：『南風之薰兮，可以解吾民之慍兮；南風之時兮，可以阜吾民之財兮。』」

〔一七〕乃眷西顧：詩經大雅皇矣：「乃眷西顧，此維與宅。」鄭玄箋：「乃眷然運視西顧，見文王之德而與之居。」言天意常在文王所。」此指嚮往荊州。蕭繹據荊州，而荊州在京師建康之西，故云。眷，回視，返顧。

〔一八〕勳：册府元龜卷一八五作「勤」。

〔一九〕方伯：史記卷四周本紀：「平王之時，周室衰微，諸侯彊並弱，齊、楚、秦、晉始大，政由方伯。」裴駰集解：「周禮曰：『九命作伯。』鄭衆云：『長諸侯爲方伯。』」此指州郡長官。

〔二〇〕剖符：古代帝王分封諸侯、功臣時，剖分竹符爲二，君臣各執其一以爲信證，故稱。後用以爲分封、授官之稱。

〔二一〕裂山河：即裂土分封。

〔二二〕紆青紫：漢書卷八七揚雄傳載雄解嘲，有云：「懷人之符，分人之禄，紆青拕紫，朱丹其轂。」顔師古注：「青紫謂綬之色也。紆，縈也。」文選卷四五揚雄解嘲李善注：「東觀漢記曰：印綬，漢制，公侯紫綬，九卿青綬。」

〔二三〕由余：人名。其先晉人，亡入戎。戎王派由余出使秦國。秦穆公以其賢，設計使其人歸於秦。秦重用由余，遂開地千里而霸西戎。事見史記卷五秦本紀。由，册府元龜卷一八五作「繇」。今按：由、繇用同。

〔二四〕禮同卿佐：指輔佐國君的執政大臣。左傳昭公九年：「君之卿佐，是謂股肱。」史記卷五秦本紀載：由余降秦，「繆公以客禮禮之」。

〔二五〕日(mì)磾(dī)：即金日磾。日磾，字翁叔，本匈奴休屠王太子。漢武帝元狩中，從渾邪王將衆降漢。入侍武帝左右，拜車騎將軍。武帝死，與霍光同受遺詔輔昭帝。卒，謚敬。漢書卷六八有傳。

〔二六〕珥：文選卷二一左思詠史之二：「金張籍舊業，七葉珥漢貂。」李善注：「珥，插也。」○金貂：皇帝左右侍臣的冠飾。後漢書輿服志下：「武冠，一曰武弁大冠，諸武官冠之。侍中、中常侍加黄金璫，附蟬爲文，貂尾爲飾，謂之『趙惠文冠』。胡廣説曰：『趙武靈王效胡服，以金璫飾首，前插貂尾，爲貴職。秦滅趙，以其君冠賜近臣。』」

〔二七〕恤：莊子德充符：「寡人恤焉若有亡也。」成玄英疏：「恤，憂也。」

〔二八〕執迷不反：即執迷不悟。反，通「返」。梁書卷一武帝紀上：「若執迷不悟，距逆王師，大衆一臨，刑兹罔赦。」

〔二九〕孟諸焚燎：淮南子卷一八人間訓：「及至火之燔孟諸而炎雲臺，水決九江而漸荆州，雖起三軍之衆，弗能救也。」高誘注：「孟諸，宋大澤。」左傳文公十年載：楚子、蔡侯伐宋。「遂道以田孟諸」。杜預注：「孟諸，宋大藪也，在梁國睢陽縣東北。」爾雅釋地「十藪」：「宋有孟諸。」晉郭璞注：「今在梁國睢陽縣東北。」即今河南省商丘縣東北。

〔三〇〕芝艾：蘭芝和艾草。三國志卷八魏書公孫度傳附公孫淵傳，裴松之注引吴書載淵表權曰：「若苗穢害田，隨風烈火，芝艾俱焚，安能白别乎？」宋書卷五二袁豹傳載：宋高祖劉裕遣益州刺史朱齡石伐蜀，使豹爲檄文曰：「大信之明，皦若朝日，如其迷復姦邪，守愚不改，火燎孟諸，芝艾同爛，河決金堤，淵丘同體，雖欲悔之，亦將何及！」

〔三一〕宣房：漢宫名。故址在今河南省濮陽縣西南。漢元光年間，黄河決於瓠子。後二十餘年，武帝命堵塞瓠子決口，築宫其上，名宣房宫。事見史記卷二九河渠書。

〔三二〕有如皎日：發誓之詞，謂白日可以作證。詩經王風大車：「謂予不信，有如皦日。」毛傳：

「皦，白也。」陸德明音義：「皦，本又作『皎』。」

〔三三〕黜陟：罷免和升遷。尚書舜典：「三載考績。三考，黜陟幽明。」孔安國傳：「黜退其幽者，升進其明者。」

〔三四〕白水：左傳僖公二十四年載：晉文公與子犯爲誓，「所不與舅氏同心者，有如白水！」晉杜預注：「言與舅氏同心之明，如此白水。猶詩言：『謂予不信，有如皦日。』」孔穎達疏曰：「諸言『有如』，皆是誓辭。有如日，有如河，有如皦，曰有如白水，皆取明白之義，言心之明白，如日、如水也；有如上帝，有如先君，言上帝、先君明見其心，意亦同也。」楊伯峻注：「『有如白水』即『有如河』，意謂河神鑒之，晉世家譯作『河伯視之』是也。」後遂用作誓詞，表示信守不移。

【集評】

閻本：景罪百倍莽、操，似此聲言反應末減，識者以此檄卜孝元之終不，第惜其才盡也。評「委命下吏……綌綸爰被」：城下之盟，內惡也，何□不諱。評「遂侵軼我彭蠡……掩襲我巴丘」：設景師不南，蕭世誠將安坐乎？評「彼惟末屬……兼國兼家者哉」：數語得之。評「乃眷西顧……以紆青紫」：王師之酷，甚于侯景，誰其應之。

【附】

梁書卷一武帝紀録梁武帝蕭衍移檄京邑曰：夫道不常夷，時無永化，險泰相沿，晦明非一，皆屯困而後亨，資多難以啓聖。故昌邑悖德，孝宣聿興，海西亂政，簡文升歷，並拓緒開基，紹寳命，理驗前經，事昭往策。獨夫擾亂天常，毀棄君德，姦回淫縱，歲月滋甚。挺虐於髫翦之年，植險於髫丱之日。猜忌凶毒，觸途而著，暴戾昏荒，與事而發。自大行告漸，喜容前見，梓宫在殯，靦無哀色，歡娱遊宴，有過平常，奇服異衣，更極誇麗。至於選采妃嬪，姊妹無別，招侍巾櫛，姑侄莫辨，掖庭有稗販之名，姬姜被干殳之服。至乃形體宣露，褻衣顛倒，斬斮其間，以爲歡笑。騁肆淫放，驅屏郊邑。老弱波流，士女塗炭。行産盈路，輿尸竟道，母不及抱，子不遑哭。劫掠剽虜，以日繼夜。晝伏宵游，曾無休息。淫酗酱肆，酣歌壚邸。寵恣愚豎，亂惑妖孽。梅蟲兒、茹法珍臧獲斯小，專制威柄，誅翦忠良，屠滅卿宰。劉鎮軍舅氏之尊，盡忠奉國；江僕射外戚之重，竭誠事上；蕭領軍葭莩之宗，志存柱石；徐司空、沈僕射搢紳冠冕，人望攸歸。或渭陽餘感，或勳庸允穆，或誠著艱難，或劬勞王室，並受遺託，同參顧命，送往事居，俱竭心力。宜其慶溢當年，祚隆後裔；而一朝齏粉，孩稚無遺。人神怨結，行路嗟憤。蕭令君忠公幹伐，誠貫幽顯。往年寇賊遊魂，南鄭危逼，拔刃飛泉，孤城獨振。及中流逆命，憑陵京邑，謀猷禁省，指授群帥，剋翦鯨鯢，清我王度。崔慧景奇鋒迅駭，兵交象魏，武力喪魂，義夫奪膽，投名送款，比屋交馳，負糧影從，愚智競赴。復誓旅江甸，奮不顧身，獎厲義徒，電掩强敵，剋殲大憝，以固皇基。功出桓、文，勳超伊、吕；而勞謙省己，事昭心蹟，功遂身退，不祈榮滿。敦賞未聞，禍酷遄及，預稟精靈，孰不冤痛！而群孽放命，蜂蠆懷毒，乃遣劉山陽驅扇逋逃，招逼亡命，潛圖密構，規見掩襲。蕭右軍、夏侯征虜忠斷夙舉，義形於色，奇謀宏振，應手梟懸，天道禍淫，罪不容戮。至於悖禮違教，傷化虐人，射天彈路，比之猶善，刳胎斮脛，方之非酷，盡寓縣之竹，未足紀其過，窮山澤之兔，不能書其罪。自草昧以來，圖牒所記，昏君暴后，未有若斯之甚者也。既人神乏主，宗稷阽危，海内沸騰，氓庶板蕩，百姓懔懔，如崩厥角，蒼生喁喁，投足無地。幕府荷眷前朝，義均休戚，上懷委付之重，下惟在原之痛，豈可卧薪引火，坐觀傾覆！至尊體自高宗，特鍾慈寵，明並日月，粹昭靈神，祥啓元龜，符驗當璧，作鎮陝藩，化流西夏，謳歌攸奉，萬有樂推。右軍蕭穎胄、征虜將軍夏侯詳並同心翼戴，即宫舊楚，三靈再朗，九縣更新，升平之運，此焉復始，康哉之盛，在乎兹日。然帝德雖彰，區宇未定，元惡未黜，天邑猶梗。仰稟宸規，率前啓路。即日遣冠軍、竟陵内史曹景宗等二十軍主，長槊五萬，驥騄爲群，鶚視争先，龍驤並驅，步出横江，直指朱雀。長史、冠軍將軍、襄陽太守王茂等三十軍主，戈船七萬，乘流電激，推鋒扼險，斜趣白城。南中郎諮議參軍、軍主蕭偉等三十九軍主，巨艦迅檝，衝波噎水，旗鼓八萬，焱集石頭。南中郎諮議參軍、軍主蕭憺等四十二軍主，熊羆之士，甲楯十萬，沿波馳艓，掩據新亭。益州刺史劉季連、梁州刺史柳惔、司州刺史王僧景、魏興太守裴帥仁、上庸太守韋叡、新城太守崔僧季，並肅奉明詔，龔行天罰。蜀、漢果鋭，沿流而下，淮、汝勁勇，望波遄騖。幕府總率貔貅，驍勇百萬，繕甲燕弧，屯兵冀馬，摐金沸地，鳴鞞聒天，霜鋒曜日，朱旗絳寓，方舟千里，駱驛係進。蕭右軍訏謨上才，兼資文武，英略峻遠，執鈞匡世。擁荆南之衆，督四方之師，宣讚中權，奉衛輿輦。旍麾所指，威稜無外，龍驤虎步，並集建業。

黜放愚狡，均禮海昏，廓清神甸，掃定京宇。譬猶崩泰山而壓蟻壤，決懸河而注熛爐，豈有不殄滅者哉！今資斧所加，止梅蟲兒、茹法珍而已。諸君咸世胄羽儀，書勳王府，皆俛眉姦黨，受制凶威。若能因變立功，轉禍爲福，並誓河、岳，永紆青紫。若執迷不悟，距逆王師，大衆一臨，刑兹罔赦，所謂火烈高原，芝蘭同泯。勉求多福，無貽後悔。賞罰之科，有如白水。

序

丹陽尹傳序〔一〕

傳曰：「大夫受郡。」〔二〕漢書曰：「尹者，正也。」〔三〕及其用人，實難授受〔四〕。廣漢和顔接下〔五〕，子高自輔經術〔六〕，孫寶行嚴霜之誅〔七〕，袁安留冬日之愛〔八〕。自二京板蕩〔九〕，五馬南渡〔一〇〕，固乃上燭天文，下應地理，爾其地勢，可得而言：東以赤山爲成皋〔一一〕，南以長淮爲伊洛〔一二〕，北以鍾山爲華阜〔一三〕，西以大江爲黄河，既變淮海爲神州〔一四〕，亦即丹陽爲京尹〔一五〕。雖得人之盛〔一六〕，頗愧前賢；而晒遇之深〔一七〕，多用宰輔。皇上受圖負扆〔一八〕，寶曆惟新〔一九〕，制禮以告成功，作樂以彰治定〔二〇〕，豈直四三皇，六五帝〔二一〕，孕夏陶周而已哉〔二二〕？若夫位以德敘，德以位成，每念忝莅京河〔二三〕，兹焉四載〔二四〕。以入安石之門，思勤王之政〔二五〕；坐真長之室，想清談之風〔二六〕。求瘼餘晨〔二七〕，頗多夏景〔二八〕，今綴采英賢，爲丹陽尹傳。金樓子卷五著書篇、藝文類聚卷五〇、梁文紀卷四、御製集、閣本、張本、全梁文、丁本。

【校注】

〔一〕丹陽尹傳序：序，同「敘」。文體名。亦稱「序文」、「序言」。一般是作者陳述作品的主旨、著作的經過等。丹陽尹傳，金樓子著書篇：「丹陽尹傳一帙十卷。金樓爲尹京時自撰。」梁書卷五元帝紀、南史卷八梁本紀元帝並録：「丹陽尹傳十卷。」隋書卷三三經籍志：「丹陽尹傳十卷，梁元帝撰。」吴光興蕭綱蕭繹年譜據梁書之武帝紀、元帝紀考得繹之遷丹陽，在普通三年（522）十月前後。又，據丹陽尹傳序「每念忝莅京河，兹焉四載」，知丹陽尹傳成於蕭繹爲丹陽尹之第四年，即普通六年（525）。

〔二〕「傳曰」句：左傳哀公二年載：趙簡子誓曰：「克敵者，上大夫受縣，下大夫受郡，士田十萬，庶人、工、商遂，人臣隸圉免。」藝文類聚卷六引風俗通曰：「周制，天子方千里，分爲縣，縣有四郡。故左氏傳曰：『上大夫受縣，下大夫受郡。』至秦始皇，初置三十六郡，以監縣。」傳，指左傳，亦名左氏春秋或春秋左氏傳，儒家經典之一，是我國第一部敘事詳細的編年體史書，相傳是春秋末年魯國史官左丘明根據魯國國史春秋編撰而成。

〔三〕尹：尚書益稷：「庶尹允諧。」孔安國傳：「尹，正也。衆正官之長信皆和諧。」爾雅釋言：「尹，正也。」郭璞注：「謂官正也。」今按：今本漢書中無「尹，正也」之語，或蕭繹誤記。

〔四〕實難授受：全梁文、丁本作「實難斯授」。清吴騫校金樓子云：「當作『實難斯授』。」

〔五〕廣漢：指西漢趙廣漢。廣漢，字子都，涿郡蠡吾人。曾任守京兆尹，潁川郡太守，京兆尹。漢書卷七六有傳。漢書本傳：「廣漢爲二千石，以和顔接士，其尉薦待遇吏，殷勤甚備。」

〔六〕子高：西漢張敞字子高。敞，河東平陽人。昭帝初舉察廉爲甘泉倉長。宣帝即位，擢豫州刺史，元康中守京兆尹。元帝即位，徵爲左馮翊。漢書卷七六有傳。漢書本傳：「敞爲人敏疾，賞罰分明，見惡輒取，時時越法縱舍，有足大者。其治京兆，略循趙廣漢之跡。方略耳目，發伏禁姦，不如廣漢，然敞本治春秋，以經術自輔，其政頗雜儒雅，往往表賢顯善，不醇用誅罰，以此能自全，竟免於刑戮。」

〔七〕孫寶：字子嚴，西漢潁川鄢陵人。成帝鴻嘉中歷任益州、冀州刺史，徵爲京兆尹。平帝時，起爲大司農，尋免。漢書卷七七有傳。漢書本傳：「徵爲京兆尹。故吏侯文以剛直不苟合常稱疾不肯仕，寶以恩禮請文，欲爲布衣友。日設酒食，妻子相對。文求受署爲掾，進見如賓禮。數月，以立秋日署文東部督郵。入見，敕曰：『今日鷹隼始擊，當順天氣取姦惡，以成嚴霜之誅，掾部渠有其人乎？』」

〔八〕袁安：金樓子作「袁宏」，藝文類聚卷五〇、梁文紀卷四、御製集、閣本、張本、全梁文、丁本作「袁安」。今按：「袁宏」當爲「袁安」之誤，據改。袁宏字彦伯，小字虎，祖籍陳郡陽夏。晉書卷九二文苑傳有傳。然史無載其爲尹及爲官仁愛事。袁安字邵公，東漢汝南汝陽人。明帝時拜楚郡太守，徵爲河南尹。後官至司徒。後漢書卷四五有傳。後漢書卷四五袁安傳：「爲人嚴重有威，見敬於州里。……後舉孝廉，除陰平長，任城令，所在吏人畏而愛之。……徵爲河南尹。政號嚴明，然未曾以臧罪鞠人。常稱曰：『凡學仕者，高則望宰相，下則希牧守。錮人於聖世，尹所不忍爲也。』聞之者皆感激自勵。在職十年，京師肅然，名重朝廷。」○冬日之愛：左傳文公七年：「酆舒問於賈季曰：『趙衰、趙盾孰賢？』對曰：『趙衰，冬日之日也。趙盾，夏日之日也。』」杜預注：「冬日可愛，夏日可畏。」後以「冬日」喻仁愛慈惠，「夏日」喻態度嚴厲。

〔九〕二京：指長安與洛陽。長安爲西漢都城，洛陽爲東漢都城。○板蕩：詩經大雅有板、蕩二詩，譏刺周厲王無道而導致國家敗壞、社會動亂。後因以指政局混亂或社會動蕩。板，藝文類聚卷五○、御定淵鑑類函卷一一二、御製集、全梁文、丁本作「版」。

〔一〇〕五馬南渡：藝文類聚卷一三引晉陽秋曰：「太安中，童謡曰：『五馬浮渡江，一馬化爲龍。』永嘉大亂，王室淪覆，唯琅琊、西陽、汝南、南頓、彭城五王獲濟，至是中宗登祚。先是五鐸見于晉陵，靈數玄感，若合符契。」

〔一一〕赤山：山名。在今江蘇省句容縣西南三十里。太平寰宇記卷九○「江南東道二」：「絳巖山，圖經云：『在絳巖湖側，山上有龍坑祠，即湖神也。』本名赤山，丹陽之義出於此，天寶初改爲絳巖山。」○成皋：又稱虎牢，舊城在今河南省滎陽市汜水鎮。漢初於此置成皋縣。形勢險要，爲歷代軍事重鎮。成，藝文類聚卷五○作「城」。

〔二〕長淮：指淮河。○伊洛：指伊河和洛河。

〔三〕鍾山：即紫金山。位於今江蘇省南京市東北郊。○華阜：藝文類聚卷五〇作「卓阜」，全梁文、丁本作「芒阜」。華阜指華山，五嶽之一，位於今陝西省西安市以東華陰縣境内。阜，文選卷四左思蜀都賦：「山阜相屬，含谿懷谷。」劉淵林注：「阜，大山也。」華，藝文類聚卷五〇作「卓」，全梁文、丁本作「芒」。

〔四〕淮海：尚書禹貢：「淮海惟揚州。」此處用以代指揚州。○神州：指中原地區。世説新語言語：「王丞相愀然變色曰：『當共戮力王室，克復神州，何至作楚囚相對！』」

〔五〕丹陽：郡名。據宋書卷三五州郡志，丹陽郡，晉武帝太康二年移治建康，元帝太興元年改爲尹。此後迄梁陳，丹陽尹治所皆在建康，即今江蘇省南京市。蕭繹玄覽賦：「既攝州於淮海，且作尹乎中京。」

〔六〕人：藝文類聚卷五〇、全梁文、丁本作「仁」。今按：仁，通「人」。

〔七〕昞：梁文紀卷四作「盼」。

〔八〕受圖：周易繫辭上：「河出圖，洛出書，聖人則之。」尚書顧命：「大玉、夷玉、天球、河圖在東序。」孔安國傳：「河圖，八卦。伏犧氏王天下，龍馬出河，遂則其文以畫八卦，謂之河圖，及典、謨，皆歷代傳寶之。」尚書洪範：「天乃錫禹洪範九疇，彝倫攸敘。」孔安國傳：「天與禹洛出書。神龜負文而出，列於背，有數至于九。禹遂因而第之，以成九類，常道所以次敍。」孔安國疏：「易繫辭云：『河出圖，洛出書，聖人則之。』九類各有文字，即是書也。而云『天乃錫禹』，知此天與禹者即是洛書也。漢書五行志劉歆以爲伏羲繫天而王，河出圖，則而畫之，八卦是也。禹治洪水，錫洛書，法而陳之，洪範是也。先達共爲此說。龜負洛書，經無其事。中候及諸緯多説黄帝、堯、舜、禹、湯、文、武受圖書之事，皆云龍負圖，龜負書。」藝文類聚卷一一引尚書中候曰：「伯禹曰：臣觀河伯，面長人首魚身，出水曰：『吾河精也。』授臣河圖。」後因稱帝王受命登位爲「受圖」。〇負扆：背靠屏風。指皇帝臨朝聽政。淮南子卷一三氾論訓：「周公繼文王之業……負扆而朝諸侯。」高誘注：「負，背也。扆，户牖之間，言南面也。」文選卷四〇沈約奏彈王源：「陛下所以負扆興言，思清弊俗者也。」李善注：「禮曰：天子負斧扆，南向而立。鄭玄曰：負之言背也。斧依，爲斧文屏風。扆與依同。」李周翰注：「扆，屏風也。」

〔一九〕寶曆：指國祚、皇位。南朝齊謝朓三日侍宴曲水代人應詔詩之二：「寶曆載暉，瑶光重載。」〇惟新：指新政權建立。詩經大雅文王：「周雖舊邦，其命維新。」毛傳：「乃新在文王也。」孔穎達疏：「周雖是舊國，其得天命，維爲新國矣。」

〔二〇〕「制禮」二句：禮記樂記：「王者功成作樂，治定制禮。」鄭玄注：「功成、治定同時耳。功主於王業，治主於教民。」孔穎達疏：「功成，謂天子功業既成。治定，謂民得王教，尊卑位定也。」

〔二一〕四三皇，六五帝：并三皇而爲四，合五帝而爲六。意謂功德可以與三皇、五帝媲美。三皇，傳説中上古三帝王，説法不一。或謂伏羲、神農、黄帝，或謂伏羲、神農、女媧，或謂伏羲、神農、燧人，或謂伏羲、神農、祝融。或謂天皇、地皇、泰皇，或謂天皇、地皇、人皇。五帝，上古傳説中的五位帝王，所指不一。或指黄帝（軒轅）、顓頊（高陽）、帝嚳（高辛）、唐堯、虞舜，或指太昊（伏羲）、炎帝（神農）、黄帝、少昊（摯）、顓頊，或指少昊、顓頊、高辛、唐堯、虞舜，或指伏羲、神農、黄帝、唐堯、虞舜。

〔二二〕孕夏陶周：化育夏代，陶冶周代。謂功德廣大。

〔二三〕京河：指流經京城的河流，此處代指京城所在地丹陽。藝文類聚卷五〇引梁簡文帝復臨丹陽教曰：「猥以庸薄，作守京河。」藝文類聚卷五六引梁武帝清暑殿聯句柏梁體，丹陽丞劉汎聯句曰：「燮贊京河豈微物。」

〔二四〕兹焉四載：據吴光興蕭綱蕭繹年譜，蕭繹於普通三年（522）爲丹陽尹，丹陽尹傳作於其在任之第四年，即普通七年（526）。

〔二五〕「以入」二句：晉書卷七九謝安傳：「尋除吴興太守。在官無當時譽，去後爲人所思。……嘗與王羲之登冶城，悠然遐想，有高世之志。羲之謂曰：『夏禹勤王，手足胼胝；文王旰食，日不暇給。今四郊多壘，宜思自效，而虚談廢務，浮文妨要，恐非當今所宜。』安曰：『秦任商鞅，二世而亡，豈清言致患邪？』」安石，謝安字安石。安，祖籍陳郡陽夏。年四十餘始出仕，東晉孝武時官至録尚書事。太元八年，任征討大都督，於淝水大破苻堅。封建昌縣公，都督揚荆司等十五州軍事。卒，謚文靖。晉書卷七九有傳。勤王，盡力於王事。

〔二六〕「坐真長」二句：晉書卷七五劉惔傳：「以惔雅善言理，簡文帝初作相，與王濛并爲談客，俱蒙上賓禮。時孫盛作易象妙於見形論，帝使殷浩難之，不能屈。帝曰：『使真長來，故應有以制之。』乃命迎惔。盛素敬服惔，及至，便與抗答，辭甚簡至，盛理遂屈。一坐撫掌大笑，咸稱美之。……尤好老、莊，任自然趣。」真長，東晉劉惔字真長。惔，祖籍沛國相縣。少有名，雅善清談。歷司徒左長史，侍中，丹陽尹。晉書卷七五有傳。清談，亦稱玄談。指魏晉以來崇尚老莊，空談玄理的風氣。

〔二七〕求瘼餘晨：謂政務之餘暇。瘼，詩經小雅四月：「亂離瘼矣，爰其適歸。」毛傳：「瘼，病。」此指民間疾苦。

〔二八〕夏景：即「暇景」，空閒時光。暇，梁文紀卷四、御製集、閣本、張本作「暇」。清吴騫校金樓子云：「『夏』，當作『暇』。」今按：夏，可假借爲「暇」。參清朱駿聲説文通訓定聲豫部「夏」字。

【集評】

閣本：評「以入安石之門，思勤王之政；坐真長之室，想清談之風」：世誠風流，不減二尹。

清李兆洛駢體文鈔卷二一梁元帝丹陽尹傳序譚獻評：雅令。

法寶聯璧序〔一〕

竊以觀乎天文，日月所以貞麗〔二〕；觀乎人文，藻火所以昭發〔三〕。況復玉毫朗照〔四〕，出天人之表；金牒空解〔五〕，生文章之外。雖境智冥焉〔六〕，言語斯絶；詠歌作焉〔七〕，可略談矣。粤乃書稱湯誥〔八〕，篇陳夢説〔九〕。昔則王畿居亳〔一〇〕，今則帝業維揚〔一一〕。功施天下，我之自出〔一二〕。豈與姚墟石紐〔一三〕，譙城温縣〔一四〕，御龍居夏，唐杜入周而已哉〔一五〕！皇帝垂衣負扆〔一六〕，辨方正位〔一七〕。車書之所會同〔一八〕，南暨交趾〔一九〕；風雲之所沾被，西漸流沙〔二〇〕。武實止戈〔二一〕，秉宜生之劍〔二二〕；樂彰治定〔二三〕，減庖犧之瑟〔二四〕。相兼二八〔二五〕，知微知彰〔二六〕；將稱四七〔二七〕，如貔如虎〔二八〕。寧俟容成翠屋之遊〔二九〕，廣成石室之會〔三〇〕！故以宗心者忘相〔三一〕，歸憑者常樂〔三二〕。昔轉輪護法，南宫有金龍之瑞〔三三〕；梵天請道，東朝開寶蓋之祥〔三四〕。盡善盡美〔三五〕，獨高皇代。古者所以出師入保〔三六〕，冬羽秋籥〔三七〕，實以周頌幼沖〔三八〕，用資端士〔三九〕，漢盈末學〔四〇〕，取憑通議〔四一〕。大傳之論孟侯〔四二〕，小戴之談司業〔四三〕。山川珍異，俟郊迎而可知〔四四〕；帷幄後言〔四五〕，藉墾田而求驗〔四六〕。以今方昔〔四七〕，事則不然。

【校注】

〔一〕法寶聯璧序：藝文類聚卷七七、全梁文、閻本、丁本題作「法寶聯璧序」，廣弘明集卷二〇題作「梁簡文帝法寶聯璧序」，釋文紀卷二二、御製集、張本題作「簡文帝法寶聯璧序」。今題從藝文類聚卷七七。法寶聯璧，梁簡文帝蕭綱主持編纂的佛典類書。梁書卷四簡文帝紀：「所著昭明太子傳五卷，諸王傳三十卷，禮大義二十卷，老子義二十卷，莊子義二十卷，長春義記一百卷，法寶連璧三百卷，並行於世焉。」南史卷四八陸罩傳：「初，簡文在雍州，撰法寶聯璧，罩與群賢並抄掇區分者數歲。中大通六年而書成，命湘東王爲序。其作者有侍中國子祭酒南蘭陵蕭子顯等三十人，以比王象、劉邵之皇覽焉。」續高僧傳卷一寶唱傳：「及簡文之在春坊，尤耽內教，撰法寶聯璧二百餘卷。別令寶唱綴紕區別，其類遍略之流。」今按：據本序「今歲次攝提，星在監德」，可知書成於中大通六年（534）正月，序蓋亦作於同時。

〔二〕「竊以」二句：日月高懸天上，爲天之文。周易賁卦：象曰：「觀乎天文，以察時變；觀乎人文，以化成天下。」唐李鼎祚集解引虞翻曰：「日月星辰高麗於上，故稱天之文也。」貞麗，牢固地附麗。周易離卦：「彖曰：離，麗也。日月麗乎天，百穀草木麗乎土。」

〔三〕「觀乎」二句：君臣等級，爲人事倫理的體現。人文，宋程頤伊川易傳卷二「賁卦」：「人文，人理之倫序。」藻、火，古代官服上所繡作爲等級標誌的水藻、火焰圖紋。尚書益稷：「藻、火、粉米、黼、黻絺繡，以五采彰施于五色，作服，汝明。」孔安國傳：「藻，水草有文者。火爲火字。」孔穎達疏：「詩云：『魚在在藻。』是藻爲水草。草類多矣，獨取此草者，謂此草有文故也。火爲火字，謂刺繡爲火字也。考工記云：『火以圜。』鄭司農云：『謂圜形，似火也。』鄭玄云：『形如半環。』……藻、火、粉、米、黼、黻六章繡於裳也。」

〔四〕玉毫：指佛眉間白毫，佛教謂其有巨大神力。妙法蓮華經：「爾時佛放眉間白毫相光，照東方萬八千世界，靡不周遍，下至阿鼻地獄，上至阿迦尼吒天。」此代指佛像。

〔五〕金牒：指佛教經典。廣弘明集卷二八録梁武帝金剛般若懺文，有云：「得金剛之妙寶，見金牒之深經。」○空解：藝文類聚卷七七作「解空」。

〔六〕境智：佛教語。佛教謂所觀之理爲境，能觀之心爲智。○冥：藝文類聚卷七七作「宜」。

〔七〕詠歌：指唱誦經卷。大日經義釋卷六曰：「一一歌詠，皆是真言；一一舞戲，無非實印。」詠，藝文類聚卷七七作「詩」。

〔八〕粤：説文解字亏部：「亏也。審愼之辭者。」徐鍇繫傳：「凡言粤皆在事端句首，未便言之，駐其言以審思之也。」漢書卷八四翟義傳「粤其聞曰」，顔師古注：「粤，發語辭也。」○書：指尚書。○湯誥：尚書中篇名，其序云：「湯既黜夏命，復歸於亳，作湯誥。」誥，藝文類聚卷七七作「語」。

〔九〕篇陳夢説（yuè）：謂尚書中記載有夢中得傅説之事。説，指傅説，殷商武丁時大臣。傅説曾爲築牆之奴隸。武丁夢得聖人，名曰説，求於野。乃于傅巖得之，舉以爲相，國大治。生平事跡參史記卷三殷本紀。尚書説命序云：「高宗夢得説，使百工營求諸野，得諸傅巖，作説命三篇。」其文有云：「王庸作書以誥曰：『以台正于四方，台恐德弗類，茲故弗言。恭默思道，夢帝賚予良弼，其代予言。』乃審厥象，俾以形旁求于天下。説築傅巖之野，惟肖。爰立作相。王置諸其左右。」

〔一〇〕王畿：指王城周圍千里的地域。周禮夏官司馬職方氏：「乃辨九服之邦國，方千里曰王畿。」孫詒讓正義：「方千里曰王畿者，謂建王國也。」〇亳：商湯的都城。一説在今河南省商丘縣東南，傳説湯曾居於此，又名南亳。一説在今河南省商丘縣北，傳説諸侯擁戴湯爲盟主於此，又名北亳。一説在今河南省偃師縣西，傳説湯攻克夏時所居，又名西亳。史記卷三殷本紀：「湯始居亳。」裴駰集解：「皇甫謐曰：『梁國穀熟爲南亳，即湯都也。』」張守節正義引括地志云：「宋州穀熟縣西南三十五里南亳故城，即南亳，湯都也。宋州北五十里大蒙城爲景亳，湯所盟地，因景山爲名。河南偃師爲西亳，帝嚳及湯所都，盤庚亦徙都之。」

〔一一〕維揚：指揚州。尚書禹貢：「淮海惟揚州。」後因截取二字以爲名。梁代揚州爲州名，治所在今江蘇省南京市，梁武帝建都於此。維，藝文類聚卷七六、御定淵鑑類函卷三一六作「惟」。今按：惟，通「維」。

〔一二〕我之自出：謂蕭氏之發源地。南齊書卷一高帝紀：「蕭何居沛，侍中彪免官居東海蘭陵縣中都鄉中都里。晉元康元年，分東海爲蘭陵郡。中朝亂，淮陰令整字公齊，過江居晉陵武進縣之東城里。寓居江左者，皆僑置本土，加以南名，於是爲南蘭陵蘭陵人也。」宋王觀國學林卷六「郢」條云：「南朝蕭氏出於蘭陵，而其後又創南蘭陵，各貴其所自出故也。」今按：梁武帝蕭衍之父乃齊高帝蕭道成族弟，見梁書卷一武帝紀。

〔一三〕姚墟：故址在今山東省菏澤市東北。史記卷一五帝本紀：「虞舜者，名曰重華。」張守節正義：「括地志云：『……周處風土記云舜東夷之人，生姚丘。』括地志又云：『姚墟在濮州雷澤縣東十三里。孝經援神契云舜生於姚墟。』案：二所未詳也。」太平御覽卷八一引帝王世紀曰：「瞽瞍妻曰握登，見大虹意感而生舜於姚墟，故姓姚，名重華，字都君。」○石紐：在今四川省汶川縣境。初學記卷九引帝王世紀曰：「禹，姒姓也。其先出顓頊。顓頊生鯀，堯封爲崇伯，納有莘氏女曰志，是爲修己。見流星貫昴，又吞神珠，意感而生禹於石紐。」宋書卷二七符瑞志上：「帝禹有夏氏，母曰修己，出行，見流星貫昴，夢接意感，既而吞神珠。修己背剖，而生禹於石紐。」史記卷二夏本紀：「夏禹，名曰文命。」張守節正義：「帝王世紀云：『……漢揚雄蜀王本紀云「禹本汶山郡廣柔縣人也，生於石紐」。』括地志云：『茂州汶川縣石紐山在縣西七十三里。……』按：廣柔，隋改曰汶川。」三國志卷三八蜀書秦宓傳：「禹生石紐，今之汶山郡是也。」紐，廣弘明集卷二〇作「細」，釋文紀卷二二、御製集、閻本、張本、全梁文、丁本作「紐」。今按：作「紐」是，據改。

〔一四〕譙城：故址在今安徽省亳縣。三國時曹操爲沛國譙人。詳三國志卷一魏書武帝紀。○温縣：屬河内郡。治所在今河南省温縣西南三十里。西晉皇帝司馬氏爲温縣人。詳晉書卷一宣帝紀。

〔一五〕御龍居夏，唐杜入周：漢書卷一下高帝紀史臣贊曰：「春秋晉史蔡墨有言：陶唐氏既衰，其後有劉累，學擾龍，事孔甲，范氏其後也。而大夫范宣子亦曰：『祖自虞以上爲陶唐氏，在夏爲御龍氏，在商爲豕韋氏，在周爲唐杜氏，晉主夏盟爲范氏。』范氏爲晉士師，魯文公世奔秦。後歸于晉，其處者爲劉氏。」

〔一六〕垂衣：謂定衣服之制，示天下以禮。周易繫辭下：「黄帝、堯、舜垂衣裳而天下治，蓋取諸乾坤。」韓康伯注：「垂衣裳以辨貴賤，乾尊坤卑之義也。」○負扆：背靠屏風。指皇帝臨朝聽政。淮南子卷一三氾論訓：「周公繼文王之業……負扆而朝諸侯。」高誘注：「負，背也。扆，户牖之間，言南面也。」文選卷四沈約奏彈王源：「陛下所以負扆興言，思清弊俗者也。」李善注：「禮曰：天子負斧扆南向而立。鄭玄曰：負之言背也。斧依，爲斧文屏風。扆與依同。」李周翰注：「扆，屏風也。」

〔一七〕辨方正位：周禮天官冢宰：「惟王建國，辨方正位。」鄭玄注：「辨，别也。鄭司農云：『别四方，正君臣之位。』」

〔一八〕「車書」句：謂車乘的軌轍相同，書牘的文字相同。表示文物制度劃一，天下一統。禮記中庸：「今天下車同軌，書同文。」

〔一九〕交阯：古地名。泛指今五嶺以南地區。韓非子十過：「其地南至交阯、北至幽都，東西至日月所出入者，莫不賓服。」

〔二〇〕流沙：文選卷三三宋玉楚辭招魂：「魂兮歸來，西方之害，流沙千里些。」王逸注：「流沙，沙流而行也。言西方之地，厥土不毛，流沙滑滑，晝夜流行，縱廣千里，又無舟航者也。」

〔二一〕武實止戈：左傳宣公十二年：夏六月丙辰，「楚重至於邲，遂次于衡雍。潘黨曰：『君盍築武軍而收晉尸以爲京觀？臣聞克敵必示子孫，以無忘武功。』楚子曰：『非爾所知也。夫文，止戈爲武。武王克商，作頌曰：「載戢干戈，載櫜弓矢。我求懿德，肆于時夏，允王保之。」』」

〔二二〕宜生之劍：史記卷四周本紀載：周武王攻入朝歌，「其明日，除道，修社及商紂宮。及期，百夫荷罕旗以先驅。武王弟叔振鐸奉陳常車，周公旦把大鉞，畢公把小鉞，以夾武王。散宜生、太顛、閎夭皆執劍以衛武王。」宜生，散宜生，周時賢臣。

〔二三〕「樂彰」句：禮記樂記：「王者功成作樂，治定制禮。」鄭玄注：「功成、治定同時耳。功主於王業，治主於教民。」孔穎達疏：「治定，謂民得王教，尊卑位定也。」蕭繹丹陽尹傳序：「制禮以告成功，作樂以彰治定。」

〔二四〕庖犧之瑟：藝文類聚卷一一引帝王世紀曰：「太昊帝庖羲氏，風姓也，蛇身人首，有聖德，都陳，作瑟三十六絃。」

〔二五〕二八：文選卷一五張衡思玄賦：「幸二八之遌虞兮，嘉傅説之生殷。」舊注：「二八，八愷、八元也。」左傳文公十八年：「昔高陽氏有才子八人，蒼舒、隤敳、檮戭、大臨、尨降、庭堅、仲容、叔達，齊聖廣淵，明允篤誠，天下之民謂之八愷。高辛氏有才子八人，伯奮、仲堪、叔獻、季仲、伯虎、仲熊、叔豹、季貍，忠肅共懿，宣慈惠和，天下之民謂之八元。此十六族也，世濟其美，不隕其名，以至於堯，堯不能舉。舜臣堯，舉八愷，使主后土，以揆百事，莫不時序，地平天成。舉八元，使布五教于四方，父義、母慈、兄友、弟共、子孝，内平外成。」

〔二六〕知微知彰：周易繫辭下：「君子知微知彰，知柔知剛，萬夫之望。」孔穎達疏：「『君子知微知彰』者，初見事幾，是知其微；既見其幾，逆知事之禍福，是知其彰著也。」

〔二七〕四七：指東漢光武帝雲臺二十八將。後漢書卷二二朱景王杜馬劉傅堅馬列傳史臣論曰：「中興二十八將，前世以爲上應二十八宿，未之詳也。然咸能感會風雲，奮其智勇，稱爲佐命，亦各志能之士也。」

〔二八〕如貔如虎：尚書牧誓：「如虎如貔，如熊如羆。」孔安國傳：「貔，執夷，虎屬也。四獸皆猛健，欲使士衆法之，奮擊於牧野。」

〔二九〕「寧俟」句：列仙傳容成公：「容成公者，自稱黃帝師，見於周穆王。能善補導之事，取精於玄牝，其要，谷神不死，守生養氣者也。髮白更黑，齒落更生，事與老子同。亦云，老子師也。」太平御覽卷七九引符子曰：「黄帝將適昆虞之丘，中路逢容成子，乘翠華之蓋，建日月之旗，驂紫虯，御雙鳥。黄帝命方明避路，謂容成子曰：『吾將釣于一壑，栖于一丘。』」翠屋，即翠帳。此指華美的車輛。屋，同「幄」。文選卷二二陸機招隱詩：「輕條象雲構，密葉成翠幄。」李善注：「齊都賦曰：翠幄浮遊。杜預左氏傳注曰：幄，帳也。」

〔三〇〕「廣成」句：神仙傳廣成子：「廣成子者，古之仙人也。居崆峒山石室之中，黄帝聞而造焉，曰：『敢問至道之要。』」

〔三一〕相：佛教語。謂一切事物的外觀形狀。南朝梁沈約佛記序：「降胎求道，寧止一相。」

〔三二〕歸憑：歸依。此指歸信佛教。憑，文選卷一六潘岳寡婦賦并序：「雖冥冥而罔覿兮，猶依依以憑附。」李善注引小雅曰：「憑，依也。」

〔三三〕「昔轉輪」二句：指漢明帝求佛法事。弘明集卷一牟子理惑論：「牟子曰：昔孝明皇帝夢見神人，身有日光，飛在殿前，欣然悦之。明日，博問群臣：『此爲何神？』有通人傅毅曰：『臣聞天竺有得道者，號之曰佛，飛行虚空，身有日光，殆將其神也。』於是上悟，遣使者張騫、羽林郎中秦景、博士弟子王遵等十二人，於大月支寫佛經四十二章，藏在蘭臺石室第十四間。時於洛陽城西雍門外起佛寺，於其壁畫千乘萬騎，繞塔三匝。又於南宫清涼臺，及開陽城門上作佛像。」後漢書卷八八西域傳天竺國：「世傳明帝夢見金人，長大，頂有光明，以問群臣。或曰：『西方有神，名曰佛，其形長丈六尺而黃金色。』帝於是遣使天竺，問佛道法，遂於中國圖畫形像焉。」轉輪，佛教語。轉法輪，説教法。南朝梁沈約佛記序：「屈兹妙有，同此轉輪。」護法，護持佛法。護，張本、全梁文、丁本作「獲」。今按：護、獲可通。南宮，秦漢時洛陽的宮殿名。史記卷八高祖本紀：「高祖置酒雒陽南宮。」張守節正義：「括地志云：『南宮在雒州雒陽縣東北二十六里洛陽故城中。輿地志云秦時已有南北宮。』」

〔三四〕「梵天」二句：後漢書卷七孝桓帝紀史臣論曰：「前史稱桓帝好音樂，善琴笙。飾芳林而考濯龍之宮，設華蓋以祠浮圖、老子，斯將所謂『聽於神』乎！」同書卷八八西域傳：「漢自楚英始盛齋戒之祀，桓帝又修華蓋之飾。」梵天，佛經中稱三界中的色界初三重天爲「梵天」。其中有「梵衆天」、「梵輔天」、「大梵天」。東朝，文選卷二〇顔延之應詔宴曲水作詩：「君彼東朝，金昭玉粹。」李善注：「東朝，東宮也。」寶蓋，飾有珍寶的華蓋。觀佛三昧海經觀四威儀品：「於階道側竪諸寶幢，無量寶幡懸其幢頭，百億寶蓋彌覆其上。」

〔三五〕盡善盡美：論語八佾：「子謂韶，『盡美矣，又盡善也。』謂武，『盡美矣，未盡善也。』」

〔三六〕出師入保：禮記文王世子：「大傅在前，少傅在後，入則有保，出則有師，是以教喻而德成也。師也者，教之以事而喻諸德者也。保也者，慎其身以輔翼之而歸諸道者也。」師、保，古時輔弼帝王和教導王室子弟的官。

〔三七〕冬羽秋籥(yuè)：禮記文王世子：「凡學世子及學士，必時。春夏學干戈，秋冬學羽籥，皆於東序。」鄭玄注：「羽籥，籥舞，象文也，用安静之時學之。詩云：『左手執籥，右手秉翟。』」周禮春官宗伯籥師：「籥師，掌教國子舞羽歈籥。祭祀，則鼓羽籥之舞。」鄭玄注：「文舞有持羽吹籥者，所謂籥舞也。」羽，雉羽，舞蹈所執。籥，一種多管樂器。

〔三八〕周頌：指周成王。頌，通「誦」。周成王名誦。史記卷四周本紀：武王崩，「太子誦代立，是爲成王。成王少，周初定天下，周公恐諸侯畔周，公乃攝行政當國」。○幼沖：謂年齡幼小。尚書盤庚下：「肆予沖人，非廢厥謀，吊由靈。」孔安國傳：「沖，童。童人，謙也。」孔穎達疏：「沖、童聲相近，皆是幼小之名。」

〔三九〕用資：依靠。○端士：正人君子。大戴禮記保傅：「於是比選天下端士、孝悌閑博有道術者以輔翼之，使之與太子居處出入，故太子乃目見正事，聞正言，行正道，左視右視，前後皆正人。」

〔四〇〕漢盈：指漢惠帝劉盈。盈，漢高祖劉邦與吕后之子。劉邦去世，盈登基，朝政大事内決於母后吕雉，外決于蕭何、曹參，盈唯拱手而已。漢書卷二有紀。○末學：謂學問淺薄。

〔四一〕通議：共同商議。

〔四二〕「大傳」句：尚書大傳卷三：「天子太子，年十八，曰孟侯。孟侯者，于四方諸侯來朝，迎於郊，問其所不知也。問之人民之所好惡，土地所生，山川之所有無。及父在時，皆知之。」尚書大傳，舊本題「漢伏勝撰」。書今亡佚，有輯本。孟侯，指周武王太子，即成王。

〔四三〕「小戴」句：禮記文王世子：「語曰：『樂正司業，父師司成。一有元良，萬國以貞。』世子之謂也。」鄭玄注：「司，主也。」孔穎達疏：「司是職司，故爲主。謂樂正主太子詩、書之業。」小戴，即小戴禮記，是中國古代一部重要的記載典章制度的書籍。禮記由西漢禮學家戴德和侄子戴聖編定，戴德選編的八十五篇本稱大戴禮記，戴聖選編的四十九篇本稱小戴禮記，即今本禮記。司業，謂主管世子學業教育。

〔四四〕「山川」二句：見上注〔四二〕。珍，閻本訛作「玲」。郊迎，古代出郊迎賓，以示隆重尊敬。郊，閻本作「交」。

〔四五〕帷幄：後漢書卷三〇郎顗傳：「豈獨陛下倦於萬機，帷幄之政有所闕歟？」李賢注：「帷幄，謂謨謀之臣也。」

〔四六〕「藉墾」句：漢書卷八六何武傳：「武爲刺史，二千石有罪，應時舉奏，其餘賢與不肖敬之如一，是以郡國各重其守相，州中清平。行部必先即學官見諸生，試其誦論，問以得失，然後入傳舍，出記問墾田頃畝、五穀美惡，已乃見二千石，以爲常。」墾田，已開墾的田地。

〔四七〕方：廣韻陽韻：「方，比也。」

我副君業邁宣尼〔一〕，道高啓筮之作〔二〕；聲超姬發〔三〕，寧假下蘭之頌〔四〕！譬衡華之峻極〔五〕，如渤澥之波瀾〔六〕。顯忠立孝，行修言道，博施尚仁，動微成務〔七〕，智察舞雞〔八〕，爻分封蟻〔九〕。爰初登仕〔一〇〕，明試以功〔一一〕。德加三輔〔一二〕，威行九流〔一三〕。董師虎據〔一四〕，操鈹蟬冕〔一五〕。津鄉濟沈〔一六〕，物仰平分之恩〔一七〕；沂岱邛岷〔一八〕，民思後來之政〔一九〕。陳倉留反裘之化〔二〇〕，淮海高墨幘之聲〔二一〕。威漸黄支〔二二〕，化行赤谷〔二三〕。南通舜玉〔二四〕，北平堯柳〔二五〕；朝鮮航海〔二六〕，夜郎款塞〔二七〕。

【校注】

〔一〕副君：太子。今按：此序寫於中大通六年（534），時太子爲蕭綱。○宣尼：漢平帝元始元年追謚孔子爲褒成宣尼公，後因稱孔子爲宣尼。見漢書卷一二平帝紀。晉左思詠史詩之四：「言論準宣尼，辭賦擬相如。」

〔二〕道高：閣本作「高徽」。○啓筮：歸藏篇名。歸藏，三易之一，相傳爲黄帝所作。

〔三〕姬發：周武王姓姬名發，周文王子，嗣爲西伯。滅商，建立周王朝。生平事蹟詳史記卷四周本紀。

〔四〕卞蘭之頌：三國志卷五魏書后妃傳武宣卞皇后載：太后弟秉薨，「子蘭嗣。少有才學，爲奉車都尉、游擊將軍，加散騎常侍」。裴松之注引魏略曰：「蘭獻賦贊述太子德美，太子報曰：『賦者，言事類之所附也，頌者，美盛德之形容也，故作者不虛其辭，受者必當其實。蘭此賦，豈吾實哉？昔吾丘壽王一陳寶鼎，何武等徒以歌頌，猶受金帛之賜，蘭事雖不諒，義足嘉也。今賜牛一頭。』」藝文類聚卷六有魏卞蘭贊述太子賦。

〔五〕衡華：衡山和華山。○峻極：中庸：「大哉聖人之道！洋洋乎！發育萬物，峻極於天。」朱熹注：「峻，高大也。此言道之極於至大而無外也。」

〔六〕渤澥：即渤海。史記卷一一七司馬相如傳引子虚賦云：「浮勃澥，游孟諸。」裴駰集解：「漢書音義曰：『海別枝名也。』」司馬貞索隱：「齊都賦云『海傍曰勃，斷水曰澥』也。」

〔七〕成務：成就事業。周易繫辭上：「夫易，開物成務，冒天下之道，如斯而已者也。」

〔八〕智察舞雞：南朝宋劉敬叔異苑卷三：「山雞愛其毛羽，映水則舞。魏武時，南方獻之，帝欲其鳴舞而無由。公子蒼舒令置大鏡其前，雞鑒形而舞不知止，遂乏死，韋仲將爲之賦其事。」

〔九〕爻分封蟻：東觀漢記卷七「沛獻王輔」條：「沛獻王輔，善京氏易。永平五年秋，京師少雨，上御雲臺，召尚席取卦具自爲卦，以周易卦林卜之，其繇曰：『蟻封穴户，大雨將集。』明日大雨。上即以詔書問輔曰：『道豈有是耶？』輔上書曰：『案易卦震之蹇，蟻封穴户，大雨將集。蹇，艮下坎上，艮爲山，坎爲水，山出雲爲雨，蟻穴居而知雨，將雲雨，蟻封穴，故以蟻爲興文。』詔報曰：『善哉！王次序之。』」

〔一〇〕爰初：當初，最初。文選卷四八揚雄劇秦美新：「爰初生民，帝王始存。」李善注：「言初有生民之時，帝王之義始存也。」○登仕：出仕，做官。

〔一一〕明試以功：尚書舜典：「敷奏以言，明試以功，車服以庸。」孔安國傳：「諸侯四朝，各使陳進治理之言，明試其言，以要其功，功成，則賜車服，以表顯其能用。」

〔一二〕「德加」句：謂在京師附近爲官頗有德政。蕭綱曾領石頭戍軍事，又曾爲丹陽尹。三輔，三輔黃圖卷一三輔沿革：「武帝太初元年，改内史爲京兆尹，與左馮翊、右扶風，謂之三輔，其理俱在長安古城中。」太平御覽卷一六四引三輔黃圖曰：「太初元年以渭城以西屬右扶風，長安以東屬京兆尹，長陵以北屬左馮翊，以輔京師，謂之三輔。」後泛稱京城附近地區。

〔一三〕「威行」句：謂威化廣播。九流，江河的許多支流。泛指廣大地區。此亦可能指江州。梁書卷四簡文帝紀：普通十四年，「徙爲都督江州諸軍事、雲麾將軍、江州刺史，持節如故」。

〔一四〕董師虎據：指蕭綱於天監八年（509）爲云麾將軍、領石頭戍軍事。董，文選卷四七陸機漢高祖功臣頌：「肅肅荆王，董我三軍。」李善注：「孔安國尚書傳曰：董，督也。」虎據，猶虎踞，此指石頭城。國語晉語一「今不據其安」，韋昭注：「據，居也。」太平御覽卷一五六引吴録曰：「劉備曾使諸葛亮至京，因覩秣陵山阜，歎曰：『鍾山龍盤，石頭虎踞，此帝王之宅也。』」石城，即石頭城。

〔一五〕鈹（pī）：説文解字金部：「鈹，大鍼也。一曰劍如刀裝者。」文選卷五左思吴都賦：「羽族以觜距爲刀鈹，毛群以齒角爲矛鋏。」劉淵林注：「鈹，兩刃小刀。」○蟬冕：泛指高官。文選卷一三潘岳秋興賦：「珥蟬冕而襲紈綺之士，此焉游處。」李善注：「蔡邕獨斷曰：『侍中、中常侍加貂附蟬。』」張銑注：「蟬以金爲之，象蟬也，皆侍中、散騎之冠冕也。」

〔一六〕津鄉濟沈：意謂拯救津鄉之民也。簡文帝曾爲荆州刺史，故有此説。津鄉，地名。後漢書卷一光武帝紀：「遣征南大將軍岑彭率二將軍伐田戎於津鄉。」李賢注：「南郡有津鄉，故城在今荆州江陵縣東。」後漢書郡國志：南郡，「江陵，有津鄉」。御製集、閣本、張本作「津鄉沈濟」，全梁文、丁本作「律鄉沈濟」，全梁文有校云：「『律』當作『津』，『沈濟』當作『濟沈』。」

〔一七〕「物仰」句：史記卷五六陳丞相世家：「里中社，平爲宰，分肉食甚均。父老曰：『善，陳孺子之爲宰！』平曰：『嗟乎，使平得宰天下，亦如是肉矣！』」物，左傳昭公十一年：「晉荀吴謂韓宣子曰：『不能救陳，又不能救蔡，物以無親。』」楊伯峻注引顧炎武曰：「物，人也。」

〔一八〕沂岱邛岷：沂水、泰山、邛州、岷山。此泛指從北到南。沂水源出今山東省沂山，南流經沂水、臨沂、郯城等地入江蘇省。岱，即泰山。邛，古州名。漢置臨邛縣，南朝梁改置邛州。在今四川省成都市西南。岷即岷山，在今四川省北部，綿延四川、甘肅兩省邊境。

〔一九〕後來之政：指商湯之善政。尚書仲虺之誥：「乃葛伯仇餉，初征自葛。東征西夷怨，南征北狄怨，曰：『奚獨後予？』攸徂之民，室家相慶，曰：『徯予后，后來其蘇。』民之戴商，厥惟舊哉！」

〔二〇〕陳倉：地名。故址在今陝西省寶雞市。○反裘之化：新序卷二雜事：「魏文侯出遊，見路人反裘而負芻。文侯曰：『胡爲反裘而負芻？』對曰：『臣愛其毛。』文侯曰：『若不知其裏盡而毛無所恃邪？』明年，東陽上計，錢布十倍，大夫畢賀。文侯曰：『此非所以賀我也。譬無異夫路人反裘而負芻也，將愛其毛，不知其裏盡毛無所恃也。今吾田地不加廣，士民不加衆，而銖十倍，必取之士大夫也。吾聞之，下不安者，其上不可居也，此非所以賀我也。』」

〔二〕「淮海」句：太平御覽卷六八七引謝承後漢書曰：「巴祇字敬祖，爲揚州刺史，黑幘毁壞，不復改易，以水澡墨，傅而用之。」墨幘，黑頭巾。幘（zé），古代包紮髮髻的頭巾。淮海，尚書禹貢：「淮海惟揚州。」此代指揚州。

〔三〕黄支：古國名。一般以爲在今印度馬德拉斯西南的甘吉布勒姆。楚辭九思傷時：「陟丹山兮炎野，屯余車兮黄支。」王逸注：「黄支，南極國名也。」前漢書卷一二平帝紀：「〔元始〕二年春，黄支國獻犀牛。」顔師古注引應劭曰：「黄支在日南之南，去京師三萬里。」

〔三〕赤谷：即「赤谷城」。在今吉爾吉斯斯坦伊塞克湖東南伊什特克附近。漢書卷九六下西域傳：「烏孫國，大昆彌治赤谷城，去長安八千九百里。户十二萬，口六十三萬，勝兵十八萬八千八百人。」

〔四〕舜玉：地名。具體方位待考。

〔五〕堯柳：晉書卷一一二載記苻健：「〔永和〕十年，温率衆四萬趨長安，遣别將從均口入淅川，攻上洛，執健荆州刺史郭敬，而遣司馬勳掠西鄙。健遣其子萇率雄、菁等衆五萬，距温于堯柳城愁思堆。」閻若璩潛丘札記卷二：「梁元帝法寶聯璧序云：『北平堯柳。』楊升菴賞其新而未詳所出，曾徧訪之，亦無解者。近方悟堯典『宅西曰昧谷』，康成古文作『柳谷』，虞翻所見鄭氏本是『夘』字，曰古大篆『卯』『柳』同字，此柳谷也。王伯厚謂魏明帝時張掖柳谷口水溢，湧寶石負圖，即其地。余按隋地理志於張掖縣注云『有大柳谷』。張掖爲今甘州衛，正在西北，故曰『北平堯柳』。上句『南通舜玉』，升菴誤記作『舜梧』，以爲『舜梧』、『堯柳』極工，陳耀文又以舜蒼梧非吉祥善事，余因竄改之曰『東平舜蒲，西通堯柳』。」

〔二六〕朝鮮：古國名。在漢武帝設置漢四郡（公元前 108）以前，對古代朝鮮半島北部國家的稱謂。詳史記卷一一五朝鮮列傳、漢書卷二八地理志。○航海：文選卷四六顏延之三月三日曲水詩序：「棧山航海，踰沙軼漠之貢，府無虚月。」吕延濟注：「言遠方之國，山作棧道，海濟舟航，踰度沙漠，來貢土物。」

〔二七〕夜郎：漢時西南地區古國名。在今貴州省西北部及雲南、四川二省部分地區。史記卷一一六西南夷列傳：「西南夷君長以什數，夜郎最大。」司馬貞索隱：「荀悦云：『犍爲屬國也。』韋昭云：『漢爲縣，屬牂柯。』按：後漢書云『夜郎東接交趾，其地在胡南，其君長本出於竹，以竹爲姓也。』」張守節正義：「今瀘州南大江南岸協州、曲州，本夜郎國。」○款塞：叩塞門，謂外族前來通好。史記卷一三○太史公自序：「海外殊俗，重譯款塞。」裴駰集解引應劭曰：「款，叩也。皆叩塞門來服從也。」

然後體道方震〔一〕，雨施雲行〔二〕。漢用戊申，晉維庚午〔三〕。增暉前曜，獨擅元貞〔四〕；恩若春風〔五〕，惠如冬日〔六〕。履道爲輿〔七〕，策賢成駟〔八〕；降意韋編〔九〕，留神緗帙〔一〇〕。許商算術〔一一〕，王圍射譜〔一二〕；南鼀異説〔一三〕，東馳雜賦〔一四〕，任良弈棋〔一五〕，羨門式法〔一六〕；箴興琴劍〔一七〕，銘自盤盂〔一八〕：無不若指諸掌〔一九〕，尋涇辯渭〔二〇〕。重以鳳艶風飛，鸞文飆豎〔二一〕。纖者入無倫，大者含元氣〔二二〕，韻調律呂〔二三〕，藻震玄黄〔二四〕。豈俟取讚彦先，詢聞雅主〔二五〕！

【校注】

〔一〕體道：躬行正道。韓非子解老：「夫能有其國保其身者，必且體道。」陳奇猷集釋：「體亦履也。」〇震：周易震卦：「震來虩虩，笑言啞啞。」王弼注：「震之爲義，威至而後乃懼也。」

〔二〕雨施雲行：喻皇天之德如雲雨之布行，滋潤萬物。周易坤卦：象曰：「雲行雨施，品物流形。」晉傅玄答程曉詩：「皇澤雲行，神化風宣。」

〔三〕「漢用」二句：待考。

〔四〕元貞：周易乾卦：「元亨利貞。」朱熹注：「元，大也；亨，通也；利，宜也；貞，正而固也。文王以爲乾道大通而至正。」

〔五〕恩若春風：三國志卷一九魏書陳思王傳：「伏惟陛下德象天地，恩隆父母，施暢春風，澤如時雨。」藝文類聚卷四五引晉孫綽丞相王導碑文曰：「玄性合平，道旨沖一，體之自然，柔暢協乎春風，温而侔於冬日。」

〔六〕惠如冬日：左傳文公七年：「酆舒問於賈季曰：『趙衰、趙盾孰賢？』對曰：『趙衰，冬日之日也；趙盾，夏日之日也。』」杜預注：「冬日可愛，夏日可畏。」

〔七〕履道：周易履卦：「九二，履道坦坦，幽人貞吉。」○輿：車。周易剥卦：上九：「君子得輿，小人剥廬。」孔穎達疏：「是君子居之則得車輿也。」

〔八〕策：本文體名，應試者對答議論爲策。此用爲動詞。如文選卷三六有王融永明九年策秀才文五首、永明十一年策秀才文五首，任昉天監三年策秀才文三首。○駟：文選卷五七顔延之陽給事誄：「如彼騑駟，配服驂衡。」李善注：「服，謂中央兩馬夾轅者，在服之左曰驂，右曰騑，四馬曰駟。」

〔九〕降意：傾心，留意。文心雕龍時序：「自元暨成，降意圖籍，美『玉屑』之譚，清金馬之路。」○韋編：此代指書册。因古代書册用竹簡書寫，以皮繩編綴，故稱。史記卷四七孔子世家：「讀易，韋編三絶。」韋，説文解字韋部：「相背也。从舛，口聲。獸皮之韋，可以束枉戾相韋背，故借以爲皮韋。」

〔一〇〕緗帙：淺黄色書套。南朝梁蕭統文選序：「飛文染翰，則卷盈乎緗帙。」吕向注：「緗，淺黄色也。帙，書衣。」此代指書籍、書卷。

〔一一〕許商算術：漢書卷三〇藝文志：「許商算術二十六卷。」許商，人名。漢書卷二七五行志：

「孝武時，夏侯始昌通五經，善推五行傳，以傳族子夏侯勝，下及許商，皆以教所賢弟子。」

〔一二〕王圍射譜：漢書卷三〇藝文志：「强弩將軍王圍射法五卷。」同書卷六九趙充國傳史臣贊曰：「漢興，郁郅王圍、甘延壽，義渠公孫賀、傅介子，成紀李廣、李蔡，杜陵蘇建、蘇武，上邽上官桀、趙充國，襄武廉褒，狄道辛武賢、慶忌，皆以勇武顯聞。」

〔一三〕南龜異説：漢書卷三〇藝文志：「南龜書二十八卷。」南龜，宋國的大龜。春秋時宋國爲殷商後裔，善占卜。

〔一四〕東馳雜賦：待考。雜賦，漢書卷三〇藝文志：「雜賦十二家，二百三十三篇。」胡應麟詩藪雜編卷一逸遺上篇章：「無名氏雜賦蓋當時類輯者，後世總集所自始也。」顧實漢書藝文志講疏：「此雜賦盡亡，不可徵，蓋多雜詼諧，如莊子寓言之類者歟？」程千帆漢志雜賦義例説臆：「子駿既依作述源流，敘賦爲屈原、陸賈、荀卿以下三種，而民間所進，中秘所藏，書簡缺脱，篇章總雜者，亦所多有。其中當不乏作者莫徵，年代失考之作。……故唯有著爲變例，别録主題，以類相從，於淩亂之中，辟識别之徑：或緣問對，或述情感，或標技藝，或舉自然，以及動植之文，諧隱之篇，取譬草木，區以别矣！又以部次未周，人代難詳，乃多冠雜字，詔示來學。若雜行出及頌德賦，當多屬封禪之事，雜四夷及兵賦，當多屬征伐之事，則又以主題不一，連類相稱者也。然則後二事者，當日匡救之方法也。」

〔一五〕任良弈棋：漢書卷三〇藝文志：「任良易旗七十一卷。」任良，京房弟子。漢書卷七五京房傳：「房罷出，後上令房上弟子曉知考功課吏事者，欲試用之。房上中郎任良、姚平。」易旗，當即「弈棋」，一種以棋子占卜的方式。李零蘭臺萬卷——讀漢書藝文志八：「易旗，疑讀易棋。隋書經籍志子部五行家有十二靈棋卜經，正屬易占類。」

〔一六〕羨門式法：漢書卷三〇藝文志：「羨門式法二十卷。羨門式二十卷。」

〔一七〕箴：文體名。以規勸告誡爲主。文心雕龍銘箴：「箴者，所以攻疾防患，喻鍼石也。斯文之興，盛於三代。夏商二箴，餘句頗存。」

〔一八〕銘：文體名。古代常刻銘於碑版或器物，或以稱功德，或用以自警。如禮記大學有成湯盤銘。文心雕龍銘箴：「昔帝軒刻輿几以弼違，大禹勒筍虡而招諫；成湯盤盂，著日新之規；武王户席，題必戒之訓；周公慎言於金人，仲尼革容於欹器：則先聖鑒戒，其來久矣。故銘者，名也，觀器必也正名，審用貴乎盛德。」

〔一九〕若指諸掌：論語八佾：「或問禘之説。子曰：『不知也；知其説者之於天下也，其如示諸斯乎？』指其掌。」朱熹集注：「指其掌，弟子記夫子言此而自指其掌，言其明且易也。」

〔二〇〕尋涇辯渭：相傳涇渭二水清濁異流，匯而不混。此喻探求分辨得清清楚楚。

〔二一〕鳳艷風飛，鸞文飆（biāo）竪：喻文章文辭艷麗，氣勢恢弘。文選卷四〇吴質答魏太子牋：「伏惟所天，優遊典籍之場，休息篇章之囿。發言抗論，窮理盡微。摛藻下筆，鸞龍之文奮矣。」湖北省鄖縣地方志編纂委員會編鄖縣志録大唐贈太尉雍州牧故濮恭王墓誌銘有云：

「夙著聰敏，軼北海之流聲；早擅文章，掩東阿之遠譽。於是括詞林而遊刃，摠儒肆以操矛。鸞文鳳艷之奇，回翔于玄翰；玉策金縢之秘，昭晰於靈府。」蕭繹太常卿陸倕墓誌銘：「詞峰飆豎，逸氣雲浮。」鸞文，鸞鳥華美的紋彩。飆豎，形容才情風發超逸。

〔二三〕「纖者」二句：漢書卷八七揚雄傳：客嘲揚子曰：「目如耀星，舌如電光，壹從壹衡，論者莫當，顧而作太玄五千文，支葉扶疏，獨説十餘萬言，深者入黄泉，高者出蒼天，大者含元氣，纖者入無倫，然而位不過侍郎，擢纔給事黄門。」顔師古注：「纖微之甚，無等倫。」

〔二三〕律吕：古代校正樂律的器具。十二管對應十二律，以管的長短來確定音的高度。奇數六管爲「律」，偶數六管爲「吕」，合稱「律吕」。後亦用以指樂律或音律。

〔二四〕玄黄：黑色和黄色。此泛指顔色。

〔二五〕取讚彦先，詢聞雅主：彦先，顧榮字彦先。榮，吴郡吴縣人。弱冠仕孫吴，吴亡入洛，拜郎中，轉廷尉正，後官散騎常侍。榮爲西晉末年擁護司馬氏政權南渡的江南士族首腦。晉書卷六八有傳。詢聞，詢問名聲。聞，名聲。雅主，文雅之士。此指王丞相。世説新語言語：「顧司空未知名，詣王丞相。丞相小極，對之疲睡。顧思所以叩會之，因謂同坐曰：『昔每聞元公道公協贊中宗，保全江表，體小不安，令人喘息。』丞相因覺，謂顧曰：『此子珪璋特達，機警有鋒。』」劉孝標「元公」下注：「顧榮。」

至於鹿苑深義〔一〕，龍宫奥説〔二〕，遠命學徒〔三〕，親登講肆〔四〕，詞爲憲章〔五〕，言成楷式〔六〕。往復王粲〔七〕，事軼魏儲〔八〕；酬答蔡謨〔九〕，道高晉兩〔一○〕。似懸鐘之應響〔一一〕，猶衢鐏之待酌〔一二〕，率邇者踵武，逖聽者風聲〔一三〕。是使金堅秘法〔一四〕，寶冥夕夢〔一五〕；無懷不滅〔一六〕，華胥夜感〔一七〕。自非建慧橋〔一八〕，明智劍〔一九〕，薰戒香〔二○〕，沐定水〔二一〕，何以空積忽微〔二二〕，歷賢劫而終現〔二三〕，黍累迴斡〔二四〕，藴珠藏而方傳〔二五〕。

【校注】

〔一〕鹿苑：即鹿野苑，佛教地名，在中天竺波羅奈國。釋迦摩尼成道後，始來此説四諦之法，度憍陳如等五比丘。法顯傳「迦尸國波羅㮈城」：「復順恒水西行十二由延，到迦尸國波羅㮈城，城東北十里許，得仙人鹿野苑精舍。此苑本有辟支佛住，常有野鹿棲宿。世尊將成道，諸天於空中唱言：『白浄王子出家學道，却後七日當成佛。』辟支佛聞已，即取泥洹。故名此處爲仙人鹿野苑。世尊成道已，後人於此處起精舍。佛欲度拘驎等五人，五人相謂言：『此瞿曇沙門本六年苦行，日食一麻一米，尚不得道。況入人間，恣身、口、意，何道之有？今日來者，慎勿與語。』佛到，五人皆起作禮處。復北行六十步，佛於此東向坐，始轉法輪度拘驎等五人處。」雜阿含經卷二三：「此處仙人園鹿野苑，如來於中爲五比丘三轉十二行法輪。」

〔二〕龍宫：龍王之宫殿。海龍王經卷三請佛品載：海龍王詣靈鷲山，聞佛説法，信心歡喜，欲請佛至大海龍宫供養。佛許之。龍王即入大海化作大殿。無量珠寶，種種莊嚴，且自海邊通海底造三道寶階，恰如佛往昔化作寶階，自忉利天降閻浮提時。佛與諸比丘菩薩共涉寶階入龍宫，受諸龍供養，爲説大法。

〔三〕學徒：從師受業的人，學生。

〔四〕講肆：講舍，講堂。

〔五〕憲章：禮記中庸：「仲尼祖述堯舜，憲章文武。」孔穎達疏：「憲，法也。章，明也。」此處指效法的對象。

〔六〕楷式：法則，典範。

〔七〕往復：指言辭辯難。高僧傳卷四晉豫章山康僧淵傳：「晉成之世，與康法暢、支敏度等俱過江。暢亦有才思，善爲往復，著人物、始義論等。暢常執麈尾行，每值名賓，輒清談盡日。」

○王粲：字仲宣，山陽高平人。漢末董卓之亂後，至荆州依劉表。曹操平荆州，辟爲丞相掾，遷軍謀祭酒，進侍中。病卒。三國志卷二一魏書有傳。三國志本傳：「性善算，作算術，略盡其理。善屬文，舉筆便成，無所改定，時人常以爲宿構；然正復精意覃思，亦不能加也。……始文帝爲五官將，及平原侯植皆好文學。粲與北海徐幹字偉長、廣陵陳琳字孔璋、陳留阮瑀字元瑜、汝南應瑒字德璉、東平劉楨字公幹並見友善。」裴松之注引典略曰：「粲才既高，辯論應機。鍾繇、王朗等雖名爲魏卿相，至於朝廷奏議，皆閣筆不能措手。」隋書卷三二經籍志：梁有「尚書釋問四卷，魏侍中王粲撰」。顏氏家訓第三勉學：「吾初入鄴，與博陵崔文彥交遊，嘗説王粲集中難鄭玄尚書事。」

〔八〕軼：超越。漢書卷八七揚雄傳：「軼五帝之遐迹兮，躡三皇之高蹤。」顏師古注：「軼亦過也。」○魏儲：魏之儲君，指魏國太子曹丕。丕多有才藝。三國志卷二魏書文帝紀：「初，帝好文學，以著述爲務，自所勒成垂百篇。又使諸儒撰集經傳，隨類相從，凡千餘篇，號曰皇覽。評曰：文帝天資文藻，下筆成章，博聞彊識，才藝兼該。」裴松之注引曹丕典論自敍：「余是以少誦詩、論，及長而備歷五經、四部，史、漢、諸子百家之言，靡不畢覽。」儲，文選卷二〇顏延之皇太子釋奠會作詩：「伊昔周儲，聿光往記。」李善注：「漢書疏廣曰：太子，國儲副君。」

〔九〕蔡謨：字道明。晉明帝時賜爵濟陽男，官至太常，領秘書監。穆帝時領司徒，遷侍中司徒。居官，屢有諫議。永和中卒，謚曰文穆。晉書卷七七有傳。晉書卷三二康獻褚皇后：「及穆帝即位，尊后曰皇太后。時帝幼沖，未親國政。領司徒蔡謨等上奏曰：『嗣皇誕哲岐嶷，繼承天統，率土宅心，兆庶蒙賴。陛下體兹坤道，訓隆文母。昔塗山光夏，簡狄熙殷，實由宣哲，以隆休祚。伏惟陛下德侔二嬀，淑美關雎，臨朝攝政，以寧天下。今社稷危急，兆庶懸命，臣等章惶，一日萬機，事運之期，天禄所鍾，非復沖虛高讓之日。漢和熹順烈，並亦臨朝，近明穆故事，以爲先制。臣等不勝悲怖，謹伏地上請。乞陛下上順祖宗，下念臣吏，推公弘道，以協天人，則萬邦承慶，群黎更生。』太后詔曰：『帝幼沖，當賴群公卿士將順匡救，以酬先帝禮賢之意，且是舊德世濟之美，則莫重之命不墜，祖宗之基有奉，是其所以欲正位於内而已。所奏懇到，形于翰墨，執省未究，以悲以懼。先後允恭謙抑，思順坤道，所以不距群情，固爲國計。豈敢執守沖闇，以違先旨。輒敬從所奏。』於是臨朝稱制。」「酬答蔡謨」，或指此事。

〔一〇〕晉兩：兩，明兩。指帝王或太子。文選卷三〇謝靈運擬魏太子鄴中集詩王粲：「不謂息肩願，一旦值明兩。」吕延濟注：「武帝既明，而太子又明，故謂太子爲明兩也。」晉之明兩，蓋指康帝長子司馬聃，即晉穆帝。

〔一一〕懸鐘之應響：韓詩外傳卷一：「古者天子左五鐘，右五鐘。將出，則撞黄鐘，而右五鐘皆應之。馬鳴中律，駕者有文，御者有數，立則磬折，拱則抱鼓，行步中規，折旋中矩。然後太師奏升車之樂，告出也。入則撞蕤賓，而左五鐘皆應之，以治容貌。容貌得則顔色齊，顔色齊則肌膚安，蕤賓有聲，鵠震馬鳴，及倮介之蟲，無不延頸以聽，在内者皆玉色，在外者皆金聲。然後少師奏升堂之樂，即席告入也。此言音樂相和，物類相感，同聲相應之義也。詩云：『鐘鼓樂之。』此之謂也。」

〔一二〕衢鐏：謂設酒通衢，行人自飲。淮南子卷一〇繆稱訓：「聖人之道，猶中衢而致尊邪，過者斟酌多少不同，各得所宜。是故得一人所以得百人也。」高誘注：「道六通謂之衢。尊，酒器也。」後以喻仁政。鐏，釋文紀卷二三、御製集作「鐏」，閣本、張本、全梁文、丁本作「尊」。今按：尊、鐏、罇，用同。

〔一三〕「率邇」二句：文選卷四八司馬相如封禪文：「率邇者踵武，逖聽者風聲。」李善注：「漢書音義曰：率，循也。邇，近也。踵，蹈也。武，蹟也。逖，遠也。近者蹈其蹟，遠者聽其風聲。」

〔一四〕金堅秘法：待考。秘，閣本、張本、全梁文、丁本作「閉」。

〔一五〕寶冥夕夢：寶冥，僧人名。金光明經卷三善集品第一二：「爾時如來復爲地神，説往昔因緣，而作偈言：……時有聖王，名曰善集。於四天下，而得自在。治正之勢，盡大海際。其王有城，名水音尊。於其城中，止住治化。夜睡夢中，聞佛功德。及見比丘，名曰寶冥。善能宣暢，如來正法。所謂金光，微妙經典。明如日中，悉能遍照。是轉輪王，夢是事已。即尋覺寤，心喜遍身。」

〔一六〕無懷：指無懷氏，傳説中古帝名。管子卷一六封禪：「昔無懷氏封泰山。」唐尹知章注：「古之王者，在伏羲前。」

〔一七〕華胥夜感：列子黄帝：「〔黄帝〕晝寢而夢，遊於華胥氏之國。華胥氏之國在弇州之西，台州之北，不知斯齊國幾千萬里；蓋非舟車足力之所及，神游而已。其國無師長，自然而已。其民無嗜欲，自然而已。……黄帝既寤，怡然自得。」此指代夢境。

〔一八〕慧橋：即「法橋」，指能使人渡過生死之大河的正法，譬如橋也。大方廣佛華嚴經卷五八：「於大愛河，造智慧橋。」梁簡文帝蕭綱菩提樹頌并序：「不有大聖，誰拯慧橋。」慧，佛教語。遠法師撰大乘義章卷二〇：「所言慧者，據行方便觀達名慧。就實以論，真心體明自性無闇，目之爲慧。」

〔一九〕智劍：清净之智慧，以斷煩惱之絆，故譬之如劍。金光明最勝王經卷二曰：「生死罥網堅牢縛，願以智劍爲斷除。」

〔二〇〕戒香：即燻香。又，佛教謂戒律能滌除塵世的污濁，故以「香」喻。

〔二一〕定水：佛教語。澄静之水，喻禪定之心。

〔二二〕忽微：漢書卷二一律曆志：「及黄鐘爲宫，則太蔟、姑洗、林鐘、南吕皆以正聲應，無有忽微。」顔師古注引孟康曰：「忽微，若有若無，細於髮者也。」

〔二三〕歷賢劫：閣本、張本、全梁文、丁本作「塵賢劫」。賢劫，佛教語。亦名善劫、現劫、現在住劫。與『過去莊嚴劫』、『未來星宿劫』合稱三劫。指千佛賢聖出世之時分。謂現在之二十增減住劫中，有千佛賢聖出世化導，故稱爲賢劫。

〔二四〕黍累：古時極輕的重量單位。漢書卷二一律曆志上：「夫推曆生律制器，規圜矩方，權重衡平，準繩嘉量，探賾索隱，鉤深致遠，莫不用焉。……權輕重者，不失黍絫。」顔師古注引應劭曰：「十黍爲絫，十絫爲一銖。」文選卷五六陸倕新漏刻銘：「以考辰正晷，測表候陰，不謬圭撮，無乖黍累。」李善注：「漢書曰：夫推曆生律制器，量多少者不失圭撮。權輕重者不失黍累。應劭曰：圭，自然之形，陰陽之始也。四圭曰撮。十黍一累，十累一銖。」呂延濟注：「六粟曰圭，十抄曰撮，十黍曰累。」此蓋代指時序。〇回斡：回轉。梁簡文帝晚春賦：「嗟時序之回斡，歎物候之推移。」文選卷三〇謝惠連七月七日夜詠牛女：「傾河易回斡，款顏難久悰。」李善注：「如淳漢書注曰：斡，轉也。」斡，御製集、閣本、張本、全梁文、丁本作「幹」。

〔二五〕蘊珠：蘊藏於水中的寶珠。莊子天地：「藏金於山，藏珠於淵。」西晉陸機文賦：「石韞玉而山輝，水懷珠而川媚。」

加以大秦之籍〔一〕，非符八體〔二〕；康居之篆〔三〕，有異六爻〔四〕。二乘始闢〔五〕，譬馬傳兔〔六〕；一體同歸〔七〕，棄犀崇象〔八〕。潤業滋多〔九〕，見思平積〔一〇〕；本有凝邈〔一一〕，了正相因〔一二〕。雖談假績〔一三〕，不攝單影〔一四〕；即此後心〔一五〕，還蹤初焰〔一六〕。俱宗出倒，蓮華起乎淤泥〔一七〕；並會集藏，明珠曜於貧女〔一八〕。性相常空〔一九〕，般若無五時之説〔二〇〕；不生煩惱〔二一〕，涅槃爲萬德之宗〔二二〕。無不酌其菁華〔二三〕，撮其旨要〔二四〕，采彼玳鱗〔二五〕，拾茲翠羽〔二六〕，潤珠隋水〔二七〕，抵玉崑山〔二八〕。每至鶴關旦啓〔二九〕，黄、綺之儔朝集〔三〇〕；魚燈夕朗〔三一〕，陳、吴之徒晚侍〔三二〕。皆仰稟神規〔三三〕，躬承睿旨〔三四〕。爰錫嘉名〔三五〕，謂之聯璧。聯含珠而可擬，璧與日而方升〔三六〕。以今歲次攝提〔三七〕，星在監德〔三八〕，百法明門〔三九〕，於兹總備，千金不刊〔四〇〕，獨高斯典。合二百二十卷，號曰法寶聯璧。雖玉杯繁露〔四一〕，若倚蒹葭〔四二〕；金臺鑿楹〔四三〕，似吞雲夢〔四四〕。

【校注】

〔一〕大秦：古國名。古代中國史書中對羅馬帝國的稱呼。後漢書卷八八西域傳大秦：「大秦國一名棃鞬，以在海西，亦曰海西國……其人民皆長大平正，有類中國，故謂之大秦。」

〔二〕八體：八種書體。秦代統一文字，廢除不符合秦文的六國文字，定書體爲大篆、小篆、刻符、蟲書、摹印、署書、殳書、隸書八種，謂之「八體」。見漢許慎説文解字敘。

〔三〕康居：古西域國名。東界烏孫，西達奄蔡，南接大月氏，東南臨大宛，約在今巴爾喀什湖和咸海之間，王都卑闐城。

〔四〕六爻：周易卦之畫曰爻。六十四卦中，每卦六畫，故稱。

〔五〕二乘：佛教語。指包括聲聞乘與緣覺乘。聞佛之聲教，觀四諦而生空智，因斷煩惱，謂之聲聞乘。緣覺乘，又名獨覺乘，謂機根鋭利，非由佛之聲教，獨自觀十二因緣而生真空智，因斷煩惱。

〔六〕譬馬傳兔：梁沙門釋僧祐撰釋迦譜卷一釋迦降生釋種成佛緣譜：「於時菩薩問諸天子：『以何形貌，降神母胎？』或言儒童形，或言日月王形，或曰釋梵形，或曰金翅鳥形。彼有梵天名曰强威，從仙道來，報諸天言：『象形第一。六牙白象，威神巍巍。梵典所載，所以者何？世有三獸，一兔，二馬，三白象。兔之渡水，趣自渡耳。馬雖善猛，猶不知水之深淺。白象之渡，盡其源底。聲聞、緣覺，其猶兔、馬，雖渡生死，不達法本。菩薩大乘，譬如白象。解暢三界十二緣起，了之本無，救護一切，莫不蒙濟。』」

〔七〕一體同歸：即同歸一體。一體，佛教謂外相雖異而其本性則一，故曰一體。肇論涅槃無名論：「天地與我同根，萬物與我一體。」

〔八〕棄犀崇象：待考。今按：「犀」疑爲「馬」之形訛，馬喻不達法本之法，象喻大乘佛法。參上注〔六〕。

〔九〕潤業：佛教語。佛教認爲煩惱有分別起與俱生起二種。依邪師、邪教、邪思惟之三緣而故起，謂之分別起；習爲性，自然而起，謂之俱生起。以俱生起之煩惱，潤溉已造之業，使生苦果。以俱生起之煩惱，潤溉，必生苦果之善惡業。

〔一〇〕見思：佛教語。見惑和思惑。依小乘俱舍宗來説，是以迷理和迷事來分別見、思二惑，迷於理而起之惑如身見、邊見等五不正見，叫做見惑；迷於事而起之惑如貪、嗔、癡等五煩惱，叫做思惑。依大乘唯識宗來説，則以分別、俱生之二起來分別，分別起的煩惱障和所知障是見惑，俱生起的煩惱障和所知障是思惑。

〔一一〕本有：佛教語。指本來固有之性德。佛教認爲，不論有情非情，其本性萬德圓滿，凡聖相同，譬如礦中之金，暗中之寶，是爲本有。○凝邈：深遠。

〔一二〕了正：正，疑「生」之訛。了生，佛教語，了因與生因。唐大慈恩寺沙門基撰因明入正理論疏上曰：「因有二種，一生二了。如種生芽，能起用，故名爲生因。故理門云，非如生因，由能起用。如燈照物，能顯果故，名爲了因。」

〔一三〕假績：績，疑爲「續」之訛。假續，即佛教三假之相續假。成實論假名相品謂因成假、相續假、相待假爲三假。一切法必依因緣而形成，謂因成假。一切諸法看似連續而存在，其實每一瞬間皆有生滅改變，是謂相續假。爲待短而有長，待苦而有樂，相對而待，是謂相待假。

〔一四〕不攝單影：蓋不懼只身修佛之意。攝，通「慴」。單影，猶單身，獨身。

〔一五〕後心：後有之心。梁王僧孺中寺碑：「是以忘言種覺，絶累於後心；寄像聲形，啓機於前教。」

〔一六〕還蹤初焰：意謂追蹤涅槃之路。蹤，追隨。焰，又作「炎」。佛教謂衆生之機緣既盡，即入於涅槃，故托薪近火隨滅，而稱涅槃爲炎。

〔一七〕「俱宗」二句：指人因佛而脱離煩惱，如同蓮花出於污泥而不染。出倒，謂走出邪境，脱離煩惱。倒，佛教用語。大乘義章五曰：「倒者，邪執翻境，名之爲倒。」宗鏡録：「顛倒是煩惱根本。」蓮華起乎淤泥，高僧傳卷二晉長安鳩摩羅什傳：「〔姚興〕遂以妓女十人，逼令受之。自爾以來，不住僧坊，別立廨舍，供給豐盈。每至講説，常先自説譬喻：如臭泥中生蓮花，但採蓮花，勿取臭泥也。」

〔一八〕「並會」二句：指凡夫得到佛藏經典，如同貧女因明珠而光彩。集藏，謂佛教典籍。高僧傳卷一一明律：論曰：「遠會應真，更集三藏。」明珠，佛教以喻經典或佛法。大般涅槃經卷三：「譬如國王髻中明珠，付典藏臣。藏臣得已，頂戴恭敬，增加守護。我亦如是，頂戴恭敬，增加守護，如來所説方等深義。何以故？令我廣得深智慧故。」同書卷三四：「我又復説衆生佛性，猶如貧女宅中寶藏，力士額上金剛寶珠，轉輪聖王甘露之泉。」

〔一九〕性相：佛教語。性指事物的本質，相指事物的表象。大智度論卷三一：「有人言性相小有差別。性言其體，相言可識……如火，熱是其性，煙是其相。」文選卷五九王巾頭陀寺碑文：「名言不得其性相，隨迎不見其終始。」李善注：「竺道生曰：法性者，法之本分也；法相者，事之貌也。」壇經機緣品：「能所俱泯，性相如如，無不定時也。」〇空：佛教語。謂萬物從因緣生，没有固定，虚幻不實。維摩經入不二法門品：「色即是空，非色滅空，色性自空。」

〔二〇〕般若：梵語的譯音。意譯爲「智慧」。佛教用以指如實理解一切事物的智慧。龍樹菩薩造大智度論卷四三釋集散品：「般若者（原注：秦言智慧），一切諸智慧中最爲第一。無上、無比、無等，更無勝者，窮盡到邊。」隋沙門釋智顗法界次第初門卷下之上：「般若，秦言智慧，照了一切諸法，皆不可得，而能通達一切無礙，名爲智慧。」〇五時：謂春、夏、季夏、秋、冬五個時令。泛指一年四季。

〔二一〕煩惱：佛教語。謂迷惑不覺。包括貪、嗔、癡等根本煩惱以及隨煩惱。煩惱能擾亂身心，引生諸苦，爲輪回之因。壇經般若品：「凡夫即佛，煩惱即菩提。前念迷即凡夫，後念悟即佛。前念著境即煩惱，後念離境即菩提。」梁武帝淨業賦：「抱惑而生，與之偕老；隨逐無明，莫非煩惱。」

〔二二〕涅槃：梵語音譯。意譯「滅」、「滅度」、「寂滅」、「圓寂」等。是佛教全部修習所要達到的最高理想，一般指熄滅生死輪回後的境界。龍樹菩薩造大智度論卷四三：「如一切衆生中佛爲第一，一切諸法中涅槃爲第一，一切衆中比丘僧爲第一。」晉僧肇肇論涅槃無名論：「涅槃之道，蓋是三乘之所歸，方等之淵府。」魏書卷一一四釋老志：「涅槃譯云滅度，或言常樂我淨，明無遷謝及諸苦累也。」

〔二三〕菁華：精華。文選卷五七顔延之陶徵士誄：「至使菁華隱没，芳流歇絶，不其惜乎？」張銑注：「菁，英也。」

〔二四〕撮其：摘取，攝取。史記卷一三〇太史公自序：「采儒墨之善，撮名法之要。」慧琳一切經音義卷八四「撮其」條：「鈔略要文，去繁就略，顯明教體也。」○旨要：要旨。三國魏曹操孫子序：「吾觀兵書戰策多矣，孫武所著深矣……行於世者失其旨要，故撰爲略解焉。」

〔二五〕玳鱗：玳瑁的甲殼。玳瑁形似龜，甲殼黄褐色，有光澤，可做裝飾品。此喻指精華。

〔二六〕翠羽：翠鳥的羽毛，多用作飾物。此喻指精華。

〔二七〕潤珠隋水：藝文類聚卷四九引梁簡文帝庶子王規墓誌銘曰：「玉挺藍田，珠潤隋水，價重連城，聲同垂棘。」淮南子卷一六説山訓：「故和氏之璧，隨侯之珠，出於山淵之精。」淮南子卷一七説林訓：「隨侯之珠在於前。」高誘注：「隨國在漢東，姬姓之侯，出遊於野，見大蛇斷在地，隨侯令醫以續傅斷蛇，得愈，去，後銜大珠報之，蓋明月之珠，因號隨侯之珠，世以爲寶也。」隋，御製集、閣本、張本、全梁文、丁本作「隨」。今按：隋、隨通。

〔二八〕抵玉崑山：漢桓寬鹽鐵論卷七崇禮：「南越以孔雀珥門户，崑山之旁以玉璞抵烏鵲。」崑山，崑崙山，傳説産玉之所。鹽鐵論卷一力耕：「美玉珊瑚出於崑山，珠璣犀象出於桂林。」

〔二九〕鶴關：指太子宮門。藝文類聚卷一六齊王融皇太子哀策文：「鶴關晝掩，皛燈夜沉。」南朝梁蕭統答湘東王求文集及詩苑英華書：「陟龍樓而静拱，掩鶴關而高卧。」漢書卷一○成帝紀：「初居桂宮，上嘗急召，太子出龍樓門。」顔師古注引張晏曰：「門樓上有銅龍若白鶴、飛廉之爲名也。」

〔三○〕黄、綺：漢初商山四皓中之夏黄公、綺里季的合稱。晉陶潛飲酒詩之六：「咄咄俗中愚，且當從黄綺。」秦末東園公、綺里季、夏黄公、甪里先生，避秦亂，隱居於商山，年皆八十有餘，鬚眉皓白，時稱商山四皓。高祖屢召不應。後高祖欲廢太子劉盈，吕后用留侯計，迎四皓輔佐太子，遂使高祖輟廢太子之議。事見史記卷五五留侯世家。

〔三一〕魚燈：魚形燈。蕭繹對燭賦：「本知龍燭應無偶，復訝魚燈有舊名。」○朗：明亮。閣本、張本、全梁文、丁本作作「爛」。

〔三二〕陳、吴：三國時魏陳琳、吴質。三國志卷二一魏書二人有傳。

〔三三〕神規：對蕭綱意圖、規劃的敬稱。

〔三四〕睿旨：對蕭綱旨意的尊稱。文心雕龍史傳：「然睿旨幽隱，經文婉約，邱明同時，實得微言。」

〔三五〕爰：於是，就。○錫：釋文紀卷二三作「賜」。今按：錫，通「賜」。

〔三六〕方：閣本、張本、全梁文、丁本作「俱」。

〔三七〕攝提：「攝提格」的省稱。歲陰名。古代歲星紀年法中的十二辰之一。相當於干支紀年法中的寅年。爾雅釋天：「太陰在寅曰攝提格。」史記卷二七天官書：「大角者，天王帝廷。其兩旁各有三星，鼎足句之，曰攝提。攝提者，直斗杓所指，以建時節，故曰『攝提格』。……以攝提格歲：歲陰左行在寅，歲星右轉居丑。」司馬貞索隱：「太歲在寅，歲星正月晨出東方。案：爾雅『歲在寅爲攝提格』。李巡云『言萬物承陽起，故曰攝提格。格，起也』。」此指甲寅年，即中大通六年（534）。

〔三八〕監德：史記卷二七天官書：「以攝提格歲：歲陰左行在寅，歲星右轉居丑。正月，與斗、牽牛晨出東方，名曰監德。」司馬貞索隱：「歲星正月晨出東方。」此指中大通六年（534）正月。南史卷四八陸罩傳：「初，簡文在雍州，撰法寶聯璧，罩與群賢並抄掇區分者數歲。中大通六年而書成，命湘東王爲序。」

〔三九〕百法明門：佛教謂菩薩於初地所得之智慧門。百法，唯識宗於説明世間、出世間之萬象用之，包括心法八、心所得法五十一、色法十一、不相應行二十四、無爲六，凡百法。明門，明者，慧也；門者，入也，又差别也。慧能通入百法之真性，故曰明門。

〔四〇〕千金不刊：史記卷八五呂不韋傳載：呂氏春秋書成，「布咸陽市門，懸千金其上，延諸侯游士賓客有能增損一字者予千金」。不刊，不須修改，不可磨滅。文選卷三八任昉爲范始興作求立太宰碑表：「原夫存樹風猷，没著徽烈，既絶故老之口，必資不刊之書。」李善注：「杜預傳序曰：左丘明受經於仲尼，以爲經者，不刊之書也。」刊，閣本訛作「利」。

〔四一〕玉杯繁露：指漢董仲舒撰寫的春秋繁露及其中的玉杯篇。

〔四二〕若倚蒹葭：世説新語容止：「魏明帝使后弟毛曾與夏侯玄共坐，時人謂『蒹葭倚玉樹』。」倚，閣本、張本、全梁文、丁本作「傍」。

〔四三〕金臺：神話傳説中神仙藏秘書之所。太平御覽卷六七八引茅君傳曰：「上元曰：『阿母隱書之妙，上真內經，天仙所寶，封之金臺，珮入太微。』」○鑿楹：謂古人遺留之書。晏子春秋卷六雜下第三十：「晏子病，將死，鑿楹納書焉，謂其妻曰：『楹語也，子壯而示之。』及壯，發書。書之言曰：『布帛不可窮，窮不可飾；牛馬不可窮，窮不可服；士不可窮，窮不可任；國不可窮，窮不可竊也。』」

〔四四〕吞雲夢：文選卷七司馬相如子虛賦：楚使子虛對齊王極夸雲夢之廣，烏有先生言齊地曰：「吞若雲夢者八九，於其胸中，曾不蔕芥。」

繹自伏櫪西河〔一〕，攝官南國〔二〕，十迴鳳琯〔三〕，一奉龍光〔四〕。筆削未勤，徒榮卜商之序〔五〕；稽古盛則〔六〕，文慚安國之製〔七〕。謹抄纂爵位，陳諸左方〔八〕。

使持節、平西將軍、荆州刺史、湘東王繹，年二十七，字世誠〔九〕。

侍中、國子祭酒南蘭陵蕭子顯，年四十八，字景陽〔一〇〕。

散騎常侍、御史中丞彭城到溉，年五十八，字茂灌〔一一〕。

散騎常侍、步兵校尉、東宮侍南瑯琊王修，年四十二，字彥遠〔一二〕。

吳郡太守、前中庶子南瑯琊王規，年四十三，字威明〔一三〕。

都官尚書、領右軍將軍彭城劉孺，年五十五，字孝穉〔一四〕。

太府卿、步兵校尉河南褚球，年六十三，字仲寶〔一五〕。
中軍長史、前中庶子陳郡謝僑，年四十五，字國美〔一六〕。
中庶子彭城劉遵，年四十七，字孝陵〔一七〕。
中庶子南琅邪王稺，年四十五，字孺通〔一八〕。
宣城王友、前僕東海徐喈，年四十二，字彦邕〔一九〕。
前御史中丞河南褚澐，年六十，字士洋〔二〇〕。
北中郎長史、南蘭陵太守陳郡袁君正，年四十六，字世忠〔二一〕。
中散大夫、金華宫家令吴郡陸襄，年五十四，字師卿〔二二〕。
中散大夫瑯琊王藉，年五十五，字文海〔二三〕。
新安太守、前家令東海徐摛，年六十四，字士績〔二四〕。
前尚書左丞沛國劉顯，年五十三，字嗣芳〔二五〕。
中書侍郎南蘭陵蕭幾，年四十四，字德玄〔二六〕。
雲麾長史、尋陽太守、前僕京兆韋稜，年五十五，字威直〔二七〕。
前國子博士范陽張綰，年四十三，字孝卿〔二八〕。

輕車長史南蘭陵蕭子範，年四十九，字景則〔二九〕。

庶子吴郡陸罩，年四十八，字洞元〔三〇〕。

庶子南蘭陵蕭瑱，年四十，字文容〔三一〕。

秘書丞、前中舍人南瑯琊王許，年二十五，字幼仁〔三二〕。

宣城王文學南瑯琊王訓，年二十五，字懷範〔三三〕。

洗馬權兼太府卿彭城劉孝儀，年四十九，字孝儀〔三四〕。

洗馬陳郡謝禧，年二十六，字休度〔三五〕。

中軍録、前洗馬彭城劉藴，年三十三，字懷芬〔三六〕。

前洗馬吴郡張孝總，年四十二，字孝總〔三七〕。

南徐州治中南蘭陵蕭子開，年四十四，字景發〔三八〕。

平西中録事參軍、典書通事舍人南郡庾肩吾，年四十八，字子慎〔三九〕。

北中記室參軍潁川庾仲容，年五十七，字仲容〔四〇〕。

宣惠記室參軍南蘭陵蕭滂，年三十二，字希傳〔四一〕。

舍人南蘭陵蕭清，年二十七，字元專〔四二〕。

宣惠主簿、前舍人陳郡謝嘏，年二十五，字茂範〔四三〕。

尚書都官郎陳郡殷勸，年三十，字弘善〔四四〕。

安北外兵參軍彭城劉孝威，年三十九，字孝威〔四五〕。

前尚書殿中郎南蘭陵蕭愷，年二十九，字元才〔四六〕。廣弘明集卷二〇、釋文紀卷二二、御製集、閣本、張本、全梁文、丁本。又，藝文類聚卷七七有節引。

【校注】

〔一〕伏櫪西河：伏櫪，漢書卷七五李尋傳：「馬不伏歷，不可以趨道；士不素養，不可以重國。」顏師古注：「伏歷，謂伏槽歷而秣之也。」西河，史記卷六七仲尼弟子列傳：「孔子既没，子夏居西河教授，爲魏文侯師。」司馬貞索隱：「在河東郡之西界，蓋近龍門。劉氏云：『今同州河西縣有子夏石室學堂也。』」張守節正義：「西河郡，今汾州也。爾雅云：『兩河間曰冀州。』禮記云：『自東河至於西河。』河東故號龍門河爲西河，漢因爲西河郡，汾州也，子夏所教處。括地志云：『謁泉山一名隱泉山，在汾州隰城縣北四十里。注水經云「其山崖壁五，崖半有一石室，去地五十丈，頂上平地十許頃。隨國集記云此爲子夏石室，退老西河居此」。有卜商神祠，今見在。』」此蕭繹以子夏自比，指其於荆州刺史任上立學事。蕭繹有請於州立學校表。

〔二〕攝官南國：指出爲荆州刺史。左傳成公二年：「敢告不敏，攝官承乏。」

〔三〕十回鳳琯：指爲荆州刺史已近十年。今按：據梁書卷五元帝紀，蕭繹於普通七年(526)出爲荆州刺史。至作此序，首尾已近十年，故云。鳳琯，指律管。古代亦用作測候季節變化的器具。吕氏春秋卷五仲夏季古樂：「昔黄帝令伶倫作爲律。……次制十二筒，以之阮隃之下，聽鳳皇之鳴，以别十二律。其雄鳴爲六，雌鳴亦六，以比黄鍾之宫適合。」夢溪筆談卷七象數一「候氣」：「司馬彪續漢書候氣之法，於密室中以木爲案，置十二律琯各如其方，實以葭灰，覆以緹縠，氣至則一律飛灰。」琯，同「管」。

〔四〕一奉龍光：蓋指立學之請獲准事。龍光，皇帝給予的恩寵。龍，詩經小雅蓼蕭：「既見君子，爲龍爲光。其德不爽，壽考不忘。」毛傳：「龍，寵也。」鄭玄箋：「爲寵爲光，言天子恩澤光耀被及己也。」

〔五〕「筆削」三句：史記卷四七孔子世家：「孔子在位聽訟，文辭有可與人共者，弗獨有也。至於爲春秋，筆則筆，削則削，子夏之徒不能贊一辭。」筆削，指著述。筆，書寫記録。削，删改時用刀削刮簡牘。卜商，字子夏，春秋末衛國人，一説晉國温人。孔子弟子，以文學見稱。孔子死後，講學於西河。所作毛詩序，見文選卷四五。史記卷六七仲尼弟子列傳有傳。

〔六〕稽古：尚書堯典：「曰若稽古帝堯。」孔安國傳：「稽，考也。能順考古道而行之者帝堯。」文心雕龍史傳：「必閲石室，啓金匱，抽裂帛，檢殘竹，欲其博練于稽古也。」〇盛則：美好的法則。

〔七〕安國之製：指孔安國尚書序，見文選卷四五。孔安國，字子國。漢武帝時以治尚書爲博士，後爲諫大夫，官至臨淮太守。生平參孔子家語卷一〇。

〔八〕左方：指後面、下方。史記卷一二八龜策列傳褚少孫論有云：「謹連其事于左方，令好事者觀擇其中焉。」閣本、張本、全梁文、丁本作「左右」。又，御製集、閣本略下文名單。

〔九〕使持節：魏晉南北朝時，都督掌地方軍政，爲加强事權，朝廷常加使持節的稱號，授予誅殺二千石以下官吏的特權。〇平西將軍：將軍名號。梁天監七年革選，釐定將軍名號、班品，置一百二十五號二十四班將軍，以班多者爲貴，平西將軍爲四平將軍之一，二十班。通典卷二九職官「四平將軍」：「平東將軍、平南將軍、平西將軍、平北將軍各一人，並漢魏間置。」

〔一〇〕侍中：職官名。南北朝時門下省長官，侍從皇帝左右，出入宮廷，與聞朝政，爲親信貴重之職。梁天監七年革選，定流内官職爲十八班，以班多者爲貴。侍中爲十二班。〇國子祭酒：官職名。掌學政，領所隸國子等學。梁十三班。〇南蘭陵：郡名。郡治在今江蘇省常州市西北孟河鎮。〇蕭子顯：字景陽。南齊建武中，封寧都縣侯。梁受禪，歷太子中舍人、建康令。領國子博士，遷國子祭酒。卒，謚曰驕。梁書卷三五、南史卷四二有傳。〇陽：廣弘明集卷二〇、釋文紀卷二二、張本、全梁文、丁本作「暢」。

〔一一〕散騎常侍：官名。三國魏文帝時置，合秦漢散騎和中常侍二官爲一。南北朝時屬集書省，但地位漸降，多爲加官。梁十三班。○御史中丞：職官名。掌監皇太子以下百官，地位顯要。梁十一班。○彭城：郡名。治所在今江蘇省徐州市。○到溉：字茂灌，彭城武原人。歷官通直散騎常侍，御史中丞，侍中，國子祭酒。梁書卷二五、南史卷四○有傳。到，廣弘明集卷二○、釋文紀卷二二、張本、全梁文、丁本作「劉」。今按：據梁書卷二五、南史卷四○改作「到」。

〔二〕步兵校尉：禁軍五校之一，掌宿衛兵。梁七班。○南瑯琊：郡名。治所在今江蘇省南京市北金川門外。瑯琊，釋文紀卷二二、張本、全梁文、丁本作「琅邪」。今按：瑯琊，用同「琅邪」。本篇下同，不再出校。○王修：生平無考。藝文類聚卷二九梁簡文帝蕭綱有餞廬陵内史王修應令詩，「所餞」者當與此爲同一人。

〔三〕中庶子：即太子中庶子，東宫屬官名。梁四人。掌侍從左右，獻納得失。梁十一班。○王規：字威明，祖籍琅邪臨沂。梁書卷四一、南史卷二二有傳。

〔四〕都官尚書：尚書臺屬官。統都官、水部、庫部、功論四曹，爲六尚書之一。梁十三班。○領：官制術語。本職之外，兼任低級職務。○右軍將軍：禁衛將軍名號，與前、後、左軍將軍合稱四軍將軍，是護衛皇帝宫廷的主要將領。梁流内職官九班。○劉孺：字孝稺，彭城人。梁書卷四一、南史卷三九有傳。○年五十五：各本同。曹道衡、沈玉成中古文學史料叢考卷四梁陳「劉孺年歲當從梁書」條：「頗疑序所記『五十五歲』下『五』字衍。」

〔一五〕太府卿：官名。梁十二卿之一，掌金帛府帑。十三班。○河南：郡名。治所在今河南省洛陽市東北。○褚球：字仲寶，祖籍河南陽翟。梁書卷四一、南史卷二八有傳。

〔一六〕中軍長史：即「中軍將軍長史」。中軍將軍，梁四中將軍之一。長史爲其屬吏之長。○陳郡：郡名。治所在今河南省淮陽縣。○謝僑：字國美，祖籍陳郡。南史卷二〇有傳。

〔一七〕劉遵：字孝陵，彭城人。梁書卷四一、南史卷三九有傳。

〔一八〕王穉：祖籍瑯琊臨沂，王暕之子。梁書卷二一王暕傳：「有四子，訓、承、穉、訏，並通顯。」

〔一九〕宣城王：梁書卷三武帝紀：中大通四年春正月，「庚午，立嫡皇孫大器爲宣城郡王」。蕭大器，字仁宗，梁簡文帝蕭綱嫡長子。死於侯景之亂。追謚哀太子。梁書卷八、南史五四有傳。○友：官名。皇弟皇子府屬官。掌侍從、諷議。梁八班。○僕：官名。即太子仆，東宫屬官。掌太子車馬。梁十班。○東海：郡名。治所在今山東省郯城縣北。○徐喈：生平無考。

〔二〇〕御史中丞：官名。御史臺長官，掌督查百官，奏劾不法。梁十一班。○褚澐：字士洋，祖籍河南陽翟。南史卷二八有傳。

〔二一〕北中郎：「北中郎將」之省稱，將軍名號，東西南北四中郎將之一。統兵出征，或爲方面大員，地位高於一般將軍。南朝多以宗室諸王擔任。○長史：官名。王公軍府屬官，掌本府官吏。○袁君正：字世忠。祖籍陳郡陽夏。南史卷二六有傳。

〔二二〕中散大夫：官名。梁屬光祿卿，養老疾，無職事，官十班。○金華宫家令：隋書卷二六百官志:「中大通三年,以昭明太子妃居金華宫,又置金華家令。」家令,「太子家令」之省稱,官名。太子三卿之一,掌東宫刑獄、錢穀、飲食,梁十班。○吴郡:郡名。治所在吴縣,即今江蘇省蘇州市。○陸襄:字師卿。吴郡吴人。梁書卷二七、南史卷四八有傳。

〔二三〕王藉:字文海,祖籍琅邪臨沂。梁書卷五〇、南史卷二一有傳。

〔二四〕新安:郡名。治所在今浙江省淳安縣西北。○東海:郡名。治所在今山東省郯城縣。○徐摛:字士秀,一字士續。祖籍東海郯。蕭綱重要僚屬,宫體詩主要創作代表。梁書卷三〇、南史卷六二有傳。

〔二五〕尚書左丞:官名。佐尚書令、僕射知省事,管理中央機構文書章奏,糾彈不法。員一人。梁九班。○沛國:郡名。治所在今安徽省濉溪縣西北。○劉顯:字嗣芳,沛國相人。梁書卷四〇、南史卷五〇有傳。

〔二六〕中書侍郎:官名。中書省屬官,本掌詔誥。劉宋以後草擬詔命之權歸中書舍人,侍郎職少官清,多爲諸王起家官。梁九班。○蕭幾:字德玄,南蘭陵人,齊宗室。梁書卷四一、南史卷四一有傳。

〔二七〕雲麾:「雲麾將軍」之省稱,將軍名號。梁置,與武臣、爪牙、龍騎將軍代前後左右四將軍。爲一百二十五號將軍之一,十八班。○尋陽:郡名。治所在今江西省九江市西南。○京兆:行政區劃名。漢三輔之一。治所在今陝西省西安市西北。○韋稜:字威直,祖籍京兆杜陵。梁書卷一二、南史卷五八有傳。

〔二八〕國子博士：官名。國子學教官。掌教授國子生。員二人。梁九班。○范陽：郡名。治所在今河北省涿州市。○張綰：字孝卿，祖籍范陽。梁書卷三四、南史卷五六有傳。

〔二九〕輕車：「輕車將軍」之省稱。將軍名號。梁代與征遠、鎮朔等將軍代舊輔國將軍。爲一百二十五號將軍之一，十四班。○蕭子範：字景則，南蘭陵人。梁書卷三五、南史卷四二有傳。

〔三〇〕庶子：南史卷四八陸罩傳載：「稍遷太子中庶子，掌管記，禮遇甚厚。」則此「庶子」爲「太子中庶子」之省稱。東宮屬官名。梁四人。掌侍從左右，獻納得失。梁十一班。○陸罩：字洞元，吳郡吳人。南史卷四八有傳。南史本傳：「初，簡文在雍州，撰法寶聯璧，罩與群賢並抄掇區分者數歲。中大通六年而書成，命湘東王爲序。其作者有侍中國子祭酒南蘭陵蕭子顯等三十人，以比王象、劉邵之皇覽焉。」○四：張本、全梁文、丁本脱。

〔三一〕蕭瑱：生平無考。藝文類聚卷三有梁蕭瑱春日貽劉孝綽詩。○容：張本、全梁文、丁本作「啓」。

〔三二〕秘書丞：官名。秘書省官員，佐秘書監掌藝文圖籍。爲清要之官，多爲僑姓高門擔任。梁八班。○中舍人：「太子中舍人」之省稱。東宮屬官，掌侍從及文翰，員四人。梁八班。○王許：生平無考。

〔三三〕文學：官名。王國屬官，掌王國教育。梁五班。○王訓：字懷範，祖籍琅邪臨沂。梁書卷二一、南史卷二二有傳。

〔三四〕洗馬：官名，即太子洗馬，東宫屬官。爲清簡之職，掌文翰，多由甲族之士擔任。員八人。梁六班。○權兼：官職術語。本職之外，臨時攝理某職事。○劉孝儀：一名劉潛，字孝儀，彭城人。梁書卷四一、南史卷三九有傳。○字孝儀：廣弘明集卷二〇、釋文紀卷二二、張本作「字子儀」，全梁文、丁本作「字孝儀」。今按：據梁書卷四一、南史卷三九改正。

〔三五〕謝禧：祖籍陳郡陽夏。謝舉之子。梁書卷三七謝舉傳：「二子禧、嘏，並少知名。」

〔三六〕中軍録：「中軍録事參軍」之省稱。王府、軍府佐吏名。梁制，諸王府、庶姓持節府例置録事參軍，中録事參軍。隨府主身份之不同，班品有六班至二班之異。○劉藴：生平無考。

〔三七〕張孝總：生平無考。藝文類聚卷二九有梁庾肩吾餞張孝總應令詩。

〔三八〕南徐州：州名。治所在今江蘇省鎮江市。○治中：「治中從事史」之省稱，州府官屬，掌衆曹文書。其官班隨所署長官地位高下而異。○蕭子開：生平待考。太平御覽卷目太平御覽經史圖書綱目有「蕭子開建安記」，同書卷四七地部亦引是書數條。

〔三九〕平西：「平西將軍」之省稱。○典書通事舍人：通典卷三〇職官東宫官：「通事舍人，齊中庶子屬官，有通事守舍人，庶子下又有内典書通事舍人二人，掌宣傳令旨内外啓奏，梁亦有之。」○南郡：郡名。治所在今湖北省荆州市。○庾肩吾：字子慎，祖籍南陽新野。蕭綱重要僚屬，宫體詩主要創作代表。梁書卷四九、南史卷五〇有傳。

〔四〇〕北中：「北中郎將」之省稱。○記室參軍：王公府軍府屬官，掌書記文翰。班品隨府主地位不同而有異。○潁川：郡名。治所在今河南省許昌市東。○庾仲容：字仲容，一字子仲，祖籍潁川鄢陵。梁書卷五〇、南史卷三五有傳。

〔四一〕宣惠：「宣惠將軍」之省稱。將軍名號。梁置，與鎮兵、翊師、宣毅將軍代舊東、西、南、北四中郎將。梁一百二十五號將軍之一，十七班。○蕭滂：南蘭陵人，蕭子範之子。梁書卷三五蕭子恪傳附蕭子範傳：「二子滂、確，並少有文章。太宗東宮時，嘗與邵陵王數諸蕭文士，滂、確亦預焉。滂官至尚書殿中郎，中軍宣城王記室，先子範卒。」

〔四二〕舍人：「太子舍人」之省稱。東宮屬官，掌文章書記，梁三班。○蕭清：字元專，南蘭陵人，蕭幾子。梁書卷四一、南史卷四一有傳。梁書卷四一蕭幾傳附蕭爲傳：「（蕭幾）子爲，字元專，亦有文才。仕至太子舍人，永康令。」南史卷四一齊宗室：「（蕭幾）子清，亦有文才，位永康令。」今按：梁書卷四一作「蕭爲」，南史卷四一作「蕭清」，當是同一人。

〔四三〕主簿：官名。自漢以下，中央各機構及地方州郡皆置，掌文書簿籍，爲掾吏之首。其官品隨所署長官地位高下而異。○謝嘏：字茂範，一説字含茂，祖籍陳郡陽夏。陳書卷二一、南史卷二〇有傳。

〔四四〕尚書都官郎：官名。尚書省諸曹郎之一，屬都官尚書。掌軍事刑監。梁五班。○殷勸：生平待考。

〔四五〕安北：「安北將軍」省稱。將軍名號。梁一百二十五號將軍之一，二十一班。○外兵參軍：

王公府、軍府佐史，爲諸曹參軍之一。其班品隨府主地位高下而有異。外，張本、全梁文、丁本脱。○劉孝威：字孝威，彭城人。梁書卷四一、南史卷三九有傳。

〔四六〕尚書殿中郎：官名。尚書省諸曹郎之一，隸尚書左僕射。常擬詔書，多用文學之士。梁五班。○蕭愷：南蘭陵人，蕭子顯之子。見梁書卷三五蕭子顯傳。

【集評】

閣本：評「許商算術……藻震玄黄」：頗稱實録。評「大秦之籍……棄犀崇象」：極意揄揚，淺而能綺。

隨園詩話卷一五第三三則：蕭子榮日出東南隅云：「三五前年暮，四五今年朝。」梁元帝法寶聯璧序云：「相兼二八，將兼四七。」此等算博士語，最爲可笑。其濫觴蓋起於東漢唐君頌，曰：「五六六七，訓道若神。」用曾點「冠者五六人，童子六七人」也。棠邑費鳳碑曰：「菲五五。」言居喪菲食二十五月也。皆割裂太過，不成文理。

忠臣傳序〔一〕

夫天地之大德曰生，聖人之大寶曰位〔二〕。因生所以盡孝〔三〕，因位所以立忠。事君事父，資敬之禮寧異〔四〕！爲臣爲子，率由之道斯一〔五〕。忠爲令德〔六〕，竊所景行〔七〕。且孝子、烈女、逸民，咸有別傳，至於忠臣，曾無述製〔八〕。今將發篋陳書，備加論討。金樓子卷五著書篇、藝文類聚卷二〇、梁文紀卷四、御製集、閣本、張本、全梁文、丁本。又，初學記卷一七有節引。

【校注】

〔一〕忠臣傳：三十卷，梁書及南史之元帝紀、隋書經籍志并有著録。金樓子卷五著書篇：「忠臣傳三秩三十卷，金樓自爲序。」今按：南史卷七六隱逸阮孝緒傳：「湘東王著忠臣傳，集釋氏碑銘、丹陽尹録、研神記，並先簡孝緒而後施行。」而據梁書卷五一處士阮孝緒傳，孝緒卒於梁大同二年(536)，則蕭繹忠臣傳及諸序自當作於此前。

〔二〕「夫天地」二句：周易繫辭下：「天地之大德曰生，聖人之大寶曰位。」

〔三〕因：初學記卷一七作「由」。

〔四〕「事君」二句：孝經士章：「資於事父以事母而愛同，資於事父以事君而敬同。」禮，藝文類聚卷二〇、初學記卷一七、梁文紀卷四、御製集、閣本、張本、全梁文、丁本作「理」。

〔五〕率由：詩經大雅假樂：「不愆不忘，率由舊章。」鄭玄箋：「率，循也。成王之令德，不過誤，不遺失，循用舊典之文章，謂周公之禮法。」此處爲歇後，意爲遵行成規、故事。

〔六〕忠爲令德：左傳成公十年：「鄭伯討立君者，戊申，殺叔申、叔禽。君子曰：『忠爲令德，非其人猶不可，況不令乎？』」令德，美德。

〔七〕竊：初學記卷一七作「實」。○景行：詩經小雅車舝：「高山仰止，景行行止。」毛傳：「景，大也。」鄭玄箋：「景，明也。諸大夫以爲，賢女既進，則王亦庶幾古人有高德者則慕仰之，有明行者則而行之。」孔穎達注：「傳云『景，大』，釋詁文。箋必易之爲明者，以行須行之，故以爲明。見其明白可法，明亦大也。言高山者，以山之高比人德之高，故云『古人有高德者則慕仰之』也。且仰是心慕之辭，故爲高德。」

〔八〕「且孝子」四句：烈女，清吴騫校金樓子云：「『烈女』，當作『列女』。」今按：列女猶烈女。謂重義輕生、有節操的女子。戰國策卷二七韓策二「韓傀相韓」章：「非獨〔聶〕政之能，乃其姊者，亦列女也。」鮑彪注：「列，義烈可陳。」元吴師道補正：「列、烈通。」劉向列女傳聶政之姊、史記卷八六刺客列傳作「烈女」。別傳，吴騫校金樓子云：「『別傳』，當作『列傳』。」

【集評】

閻本：評「至於忠臣，曾無述製」：忠臣何嘗無傳，但不加標目耳，故存其説，以俟來史。

【附】

藝文類聚卷二〇引梁王筠荅湘東王示忠臣傳牋曰：竊以孝實天經，忠爲令德，百行攸先，一心靡忒。昔淮南鴻烈，事無的凖；沛王通論，義止儒術。東平獲譽爲片言，臨淄見稱文辭小道。孰若理冠君親，義兼臣子！謹當宣示遐邇，光揚德音。

忠臣傳死節篇序

自非識君臣之大體，鑒生死之宏分〔一〕，何以能滅七尺之軀〔二〕，殉一顧之感〔三〕？然平路康衢〔四〕，從容之道進；危塗險徑，忠貞之節興。登平路者易爲功，涉險塗者難爲力〔五〕。從容之用，世不乏人；忠貞之概，時難屢有。金樓子卷五著書篇、藝文類聚卷二〇、梁文紀卷四、閣本、張本、全梁文、丁本。

【校注】

〔一〕宏：藝文類聚卷二〇、梁文紀卷四、御製集、閣本、張本、丁本作「弘」。今按：「宏」、「弘」通。

〔二〕七尺之軀：淮南子卷七精神訓：「吾生也有七尺之形，吾死也有一棺之土。」三國志卷二文帝紀裴松之注引魏書曰：「〔曹丕〕與素所敬者大理王朗書曰：『生有七尺之形，死唯一棺之土，唯立德揚名，可以不朽，其次莫如著篇籍。』」

〔三〕一顧：指被人看重、推崇。文選卷三〇謝朓和王主簿怨情：「生平一顧重，宿昔千金賤。」李善注：「鄭玄毛詩箋曰：顧，迴首也。列女傳曰：『楚成鄭子瞀者，楚成王之夫人也。初，成王登臺，子瞀不顧，王曰：顧，吾與女千金。子瞀遂行不顧。』曹植詩曰：一顧千金重，何必珠玉錢。」

〔四〕康衢：四通八達的大路。列子仲尼：「堯乃微服游於康衢。」漢書卷一〇〇叙傳：「齊甯激聲於康衢，漢良受書於邳沂。」顔師古注：「鄭氏曰：『五達曰康，四達曰衢。』」

〔五〕「登平路」二句：漢書卷一三異姓諸侯王表：「鐫金石者難爲功，摧枯朽者易爲力。」

忠臣傳諫争篇序〔一〕

富貴寵榮，人所不能忘也；刑戮流放，人所不能甘也〔二〕。而士有冒雷霆〔三〕，犯顔色，吐一言，終知自投鼎鑊〔四〕，取離刀鋸〔五〕，而曾不避者，其故何也？蓋傷茫茫禹跡〔六〕，毁於一朝；赫赫宗周〔七〕，滅成禾黍〔八〕。何者？百世之後，王化漸頽，欽若之信既盡〔九〕，解網之仁已泯〔一〇〕。徒以繼體所及〔一一〕，守器攸歸〔一二〕，出則清警傳路〔一三〕，處則憑玉負扆〔一四〕，事無暫舛〔一五〕，意有必從。所謂生於深宫之中，長於婦人之手，未嘗知憂，未嘗知懼〔一六〕。况惑褒人之巧笑〔一七〕，迷陽阿之妙舞〔一八〕，重之以刳斮〔一九〕，用之以逋逃〔二〇〕。亦有傾天滅地、汙宫豬社之罪〔二一〕，拔本塞源、裂冠毁冕之釁〔二二〕。於是策名委質〔二三〕，守死不二之臣，以剛腸疾惡之心，確乎貞一之性，不忍見霜露麋鹿栖於宮寢〔二四〕，麥穗黍離被於宗廟。故瀝血抽誠〔二五〕，披胸見款〔二六〕，赴焦爛於危年〔二七〕，甘滅亡於昔日，冀桐宮有反道之明〔二八〕，望夷無不言之恨〔二九〕。而九重懸遠〔三〇〕，百雉嚴絶〔三一〕，丹心莫亮〔三二〕，白刃先指，見之者掩目，聞之者傷心，然後鳴條有不收之魂〔三三〕，商郊致白旗之戮〔三四〕。金樓子卷五著書篇、藝文類聚卷二四、梁文紀卷四、閣本、張本、全梁文、丁本。

【校注】

〔一〕諫争：閣本、張本作「諫諍」。今按：藝文類聚卷二〇、初學記卷一七、古詩類苑卷五三、梁文紀卷四全梁文、丁本及閣本、張本俱有梁元帝忠臣傳諫争篇贊。諫争、諫諍，義同。

〔二〕「富貴」四句：文選卷三八庾亮讓中書令表：「夫富貴寵榮，臣所不能忘也；刑罰貧賤，臣所不能甘也。」

〔三〕雷霆：喻指帝王或尊者的威嚴或暴怒。韓非子主道：「〔明君〕其行罰也，畏乎如雷霆，神聖不能解也。」

〔四〕鼎鑊（huò）：漢書卷二三刑法志：「鑊亨之刑。」顔師古注：「鼎大而無足曰鑊，以鬻人也。」

〔五〕離：漢書卷八九朱邑傳：「遭離凶災，朕甚閔之。」顔師古注：「離亦遭。」〇刀鋸：國語卷四魯語上：「中刑用刀鋸。」韋昭注：「割劓用刀，斷截用鋸。」

〔六〕禹跡：相傳夏禹治水，足跡遍於九州，后因代稱國家的疆城。左傳襄公四年：「芒芒禹跡，畫爲九州。」

〔七〕赫赫：國語卷一七楚語上：「赫赫楚國，而君臨之。」韋昭注：「赫赫，顯盛也。」○宗周：詩經小雅正月：「赫赫宗周，褒姒滅之。」毛傳：「宗周，鎬京也。」禮記祭統：「即宮於宗周，奔走無射。」鄭玄注：「周既去鎬京，猶名王城爲宗周也。」

〔八〕禾黍：詩經王風黍離小序：「黍離，閔宗周也。周大夫行役至于宗周，過故宗廟，宮室盡爲禾黍。閔周室之顛覆，彷徨不忍去，而作是詩也。」後以爲悲憫故國破敗或勝地廢圮之典。

〔九〕欽若：敬順。尚書堯典：「乃命羲、和欽若昊天。」孔安國傳：「重黎之後，羲氏、和氏世掌天地四時之官，故堯命之使敬順昊天。」

〔一〇〕解網：喻寬宥之仁德。史記卷三殷本紀：「湯出，見野張網四面，祝曰：『自天下四方皆入吾網。』湯曰：『嘻，盡之矣！』乃去其三面，祝曰：『欲左，左。欲右，右。不用命，乃入吾網。』諸侯聞之，曰：『湯德至矣，及禽獸。』」

〔一一〕繼體：史記卷四九外戚世家：「自古受命帝王及繼體守文之君，非獨内德茂也，蓋亦有外戚之助焉。」司馬貞索隱：「繼體謂非創業之主，而是嫡子繼先帝之正體而立者也。」

〔一二〕守器攸歸：指承繼帝位。守器，守護國家的重器。器，指祭器、車服等象徵君權的器物。攸歸，所歸。詩經大雅泂酌：「豈弟君子，民之攸歸。」

〔一三〕清警傳路：舊時帝王出行，清除道路，警戒行人。

〔一四〕憑玉：憑靠玉做的几案。尚書顧命：「皇后憑玉几，道揚末命。」○負扆：背靠屏風。指皇帝臨朝聽政。荀子正論：「居則設張容，負依而坐。」楊倞注：「户牖之間謂之依，亦作『扆』。扆、依音同。」淮南子卷一三氾論訓：「周公繼文王之業……負扆而朝諸侯。」高誘注：「負，背也。扆，户牖之間，言南面也。」文選卷四〇沈約奏彈王源：「陛下所以負扆興言，思清弊俗者也。」李善注：「禮曰：天子負斧扆南向而立。鄭玄曰：負之言背也。斧依，爲斧文屏風。扆與依同。」李周翰注：「扆，屏風也。」

〔一五〕暫：説文解字日部：「暫，不久也。」段玉裁注：「今俗云『霎時間』即此字也。」

〔一六〕「所謂」四句：荀子哀公：「魯哀公問於孔子曰：『寡人生於深宫之中，長於婦人之手，寡人未嘗知哀也，未嘗知憂也，未嘗知勞也，未嘗知懼也，未嘗知危也。』」

〔一七〕惑褒人之巧笑：史記卷四周本紀：「三年，幽王嬖愛褒姒。……褒姒不好笑，幽王欲其笑萬方，故不笑。幽王爲烽燧大鼓，有寇至則舉烽火。諸侯悉至，至而無寇，褒姒乃大笑。幽王説之，爲數舉烽火。其後不信，諸侯益亦不至。……又廢申后，去太子也。申侯怒，與繒、西夷犬戎攻幽王。幽王舉烽火徵兵，兵莫至。遂殺幽王驪山下，虜褒姒，盡取周賂而去。」司馬貞索隱：「褒，國名，夏同姓，姓姒氏。禮婦人稱國及姓。其女是龍漦妖子，爲人所收，褒人納之于王，故曰褒姒。」張守節正義：「括地志云：『褒國故城在梁州褒城縣東二百步，古褒國也。』」

〔一八〕陽阿：淮南子卷二俶真訓：「足蹀陽阿之舞，而手會緑水之趨。」高誘注：「陽阿，古之名倡也。」三國魏曹植箜篌引：「陽阿奏奇舞，京洛出名謳。」南朝宋鮑照舞鶴賦：「雖邯鄲其敢倫，豈陽阿之能擬。」

〔一九〕「重之」句：相傳商紂殘暴，「焚炙忠良，刳剔孕婦」，「斮朝涉之脛，剖賢人之心」。事詳尚書泰誓下。刳（kū）斮（zhuó），後漢書卷七二董卓傳史臣論曰：「夫以刳肝斮趾之性。」李賢注：「刳，剖也。斮，斬也。紂刳剔孕婦，剖比干之心，斮朝涉之脛。」

〔二〇〕「用之」句：史記卷四周本紀載：武王誓師於商郊牧野，有云：「今殷王紂維婦人言是用，自棄其先祖肆祀不答，昏棄其家國，遺其王父母弟不用，乃維四方之多罪逋逃是崇是長，是信是使，俾暴虐于百姓，以姦軌于商國。」裴駰集解引孔安國曰：「言紂棄其賢臣，而尊長逃亡，罪人信用之也。」用，藝文類聚卷二四作「囚」。

〔二一〕汙宮瀦（zhū）社：指國家滅亡。漢荀悦漢紀卷三〇平帝紀：「臣聞叛逆之國，既以誅討，則瀦其宮以爲汙池，納垢濁焉。」瀦，本爲水停聚處。周禮地官司徒稻人：「以瀦畜水，以防止水。」鄭玄注：「偃瀦者，畜流水之陂也。」

〔二二〕拔本塞源：比喻背棄根本。左傳昭公九年：「我在伯父，猶衣服之有冠冕，木水之有本原，民人之有謀主也。伯父若裂冠毁冕，拔本塞原，專棄謀主，雖戎狄其何有余一人？」今按：

原、源同。○釁（xìn）：禍患。後漢書卷七桓帝紀：「禍害深大，罪釁日滋。」

〔二三〕策名委質：左傳僖公二十三年：「策名委質，貳乃辟也。」杜預注：「名書於所臣之策。」孔穎達疏：「古之仕者於所臣之人書己名於策，以明繫屬之也。」此指因仕宦而獻身於朝廷。

〔二四〕「不忍見」句：史記卷一一八淮南王傳載：漢武帝時，淮南王劉安欲反，伍被諫曰：「臣聞子胥諫吳王，吳王不用，乃曰『臣今見麋鹿游姑蘇之臺也』。今臣亦見宮中生荆棘，露霑衣也。」後漢書卷八孝靈帝紀史臣贊曰：「靈帝負乘，委體宦孽。徵亡備兆，小雅盡缺。麋鹿霜露，遂棲宮衛。」李賢注：「言帝爲政貪亂，任寄不得其人，尋以獻帝遷播，洛陽丘墟，故麋鹿棲宮衛也。」

〔二五〕瀝血抽誠：刺破皮膚滴血發誓，以示竭誠。

〔二六〕款：荀子修身：「愚款端愨，則合之以禮樂。」楊倞注：「款，誠款也。說文云：『款，意有所欲也。』」

〔二七〕焦爛：「焦頭爛額」之省稱，形容處境窘迫、危險。漢書卷六八霍光傳：「今論功而請賓，曲突徙薪亡恩澤，焦頭爛額爲上客耶？」淮南子卷一六說山訓：「淳于髡之告失火者，此其類。」高誘注：「淳于髡，齊人也。告其鄰突將失火，使曲突徙薪。鄰人不從，後竟失火。言者不爲功，救火者焦頭爛額爲上客。」焦，藝文類聚卷二四作「燋」。

〔二八〕「桐宮」句：史記卷三殷本紀：「帝太甲既立三年，不明，暴虐，不遵湯法，亂德，於是伊尹放之於桐宮。三年，伊尹攝行政當國，以朝諸侯。帝太甲居桐宮三年，悔過自責，反善，於是伊尹乃迎帝太甲而授之政。帝太甲修德，諸侯咸歸殷，百姓以寧。伊尹嘉之，乃作太甲訓三篇，褒帝太甲，稱太宗。」張守節正義：「晉太康地記云：『尸鄉南有亳阪，東有城，太甲所放處也。』按：尸鄉在洛州偃師縣西南五里也。」太平御覽卷八三引帝王紀曰：「桐宮，蓋殷之墓地，有離宮可居，在鄴西南。」桐宮，殷商時伊尹流放太甲處，在今河北省臨漳縣。反，同「返」。

〔二九〕「望夷」句：史記卷六秦始皇本紀：「二世乃齋於望夷宮，欲祠涇，沈四白馬。使使責讓〔趙〕高以盜賊事。高懼，乃陰與其婿咸陽令閻樂、其弟趙成謀……閻樂前即二世數曰：『足下驕恣，誅殺無道，天下共畔足下，足下其自爲計。』二世曰：『丞相可得見否？』樂曰：『不可。』二世曰：『吾願得一郡爲王。』弗許。又曰：『願爲萬户侯。』弗許。曰：『願與妻子爲黔首，比諸公子。』閻樂曰：『臣受命於丞相，爲天下誅足下，足下雖多言，臣不敢報。』麾其兵進。二世自殺。」裴駰集解：「張晏曰：『望夷宮在長陵西北長平觀道東故亭處是也。臨涇水作之，以望北夷。』」張守節正義：「括地志云：『秦望夷宮在雍州咸陽縣東南八里。張晏云臨涇水作之，望北夷。』」今按：望夷，秦代宮名。故址在今陝西省涇陽縣東南。

〔三〇〕九重：文選卷三三宋玉九辯：「豈不鬱陶而思君兮，君之門以九重。」張銑注：「雖思見君，而君門深邃不可至。」宋洪興祖補注：「月令云『九門磔攘』，天子有九門，謂關門、遠郊門、近郊門、城門、皋門、庫門、雉門、應門、路門也。」

〔二一〕百雉：春秋時諸侯國國都城牆高一丈、長三百丈，稱爲百雉。此指國都。禮記坊記：「都城不過百雉。」鄭玄注：「雉，度名也，高一丈，長三丈。」

〔二二〕亮：顯露。後漢書卷八四列女傳序：「高士弘清淳之風，貞女亮明白之節。」文選卷二六謝靈運初發石首城：「寸心若不亮，微命察如絲。」李善注：「亮，猶明也。」

〔二三〕「鳴條」句：史記卷二夏本紀：「湯修德，諸侯皆歸湯，湯遂率兵以伐夏桀。桀走鳴條，遂放而死。」裴駰集解：「孔安國曰：『地在安邑之西。』鄭玄曰：『南夷，地名。』」鳴條，古地名。在今山西省運城市安邑鎮北。

〔二四〕「商郊」句：史記卷四周本紀：「武王至商國，商國百姓咸待於郊。……遂入，至紂死所。武王自射之，三發而後下車，以輕劍擊之，以黄鉞斬紂頭，縣大白之旗。已而至紂之嬖妾二女，二女皆經自殺。武王又射三發，擊以劍，斬以玄鉞，縣其頭小白之旗。」

【集評】

閣本：評「然後鳴條有不收之魂，商郊致白旗之戮」：結得斬截。

清李兆洛駢體文鈔卷二一梁元帝忠臣傳諫諍篇序譚獻評：當寧有此沉痛之篇，而覆亡不晌，知六朝有無本之文。悲悼感憤寄慨，在耳目之前。又評：似未完。

内典碑銘集林序〔一〕

夫法性空寂〔二〕，心行處斷〔三〕，感而遂通〔四〕，隨方引接〔五〕。故鵲園善誘〔六〕，馬苑弘宣〔七〕，白林將謝〔八〕，青樹已列〔九〕，是宣金牒〔一〇〕，方寄銀身〔一一〕。自像教東流〔一二〕，化行南國〔一三〕。吴主至誠〔一四〕，歷七霄而光曜〔一五〕；晉王畫像〔一六〕，經五帝而彌新〔一七〕。次道、孝伯，嘉賓、玄度〔一八〕：斯數子者，亦一代名人，或修理止於伽藍〔一九〕，或歸心盡於談論，銘頌所稱〔二〇〕，興公而已〔二一〕。

【校注】

〔一〕内典碑銘集林：書名。隋書卷三五經籍志：「雜碑集二十二卷。」小注：「釋氏碑文三十卷，梁元帝撰……亡。」蕭繹金樓子著書篇：「碑集十秩百卷。付蘭陵蕭賁撰。」清姚振宗隋書經籍志考證卷四〇「釋氏碑文」：「蓋其後所撰集，此三十卷，或亦合併百卷中。」今按：南史卷七六隱逸阮孝緒傳：「湘東王著忠臣傳、集釋氏碑銘、丹陽尹録、研神記，並先簡孝緒而後施行。」内典碑銘集林蓋集釋氏碑銘之異名。而據梁書卷五一處士阮孝緒傳，孝緒卒於梁大同二年(536)，是内典碑銘集林及序當作於大同二年以前。

〔二〕法性空寂：華嚴經：「法性本空寂，無取亦無見。性空即是佛，不可得思量。」法性，佛教語。

真實不變、無所不在的體性。各宗所説不一。大般泥洹經卷五如來性品：「如來真法性，聞佛爲衆生。」空寂，佛教語。謂事物了無自性，本無生滅。楞嚴經卷五：「我曠劫來，心得無礙；自憶受生如恒河沙，初在母胎，即知空寂。」

〔三〕心行處斷：南朝梁釋慧皎高僧傳卷八義解五論曰：「夫至理無言，玄致幽寂。幽寂故心行處斷，無言故言語路絶。言語路絶，則有言傷其旨；心行處斷，則作意失其真。」華手經卷六：「若滅心行處，斷諸語言道。無我無衆生，是名爲寂滅。」

〔四〕感而遂通：周易繫辭上：「易無思也，無爲也，寂然不動，感而遂通天下之故。」

〔五〕隨方：意謂依據情勢。

〔六〕鵲園善誘：鵲園，即迦蘭陁竹園，亦譯爲竹林鵲園。大唐西域記卷九摩揭陁國下二十五「迦蘭陁竹園」：「山城北門行一里餘，至迦蘭陁竹園。今有精舍，石基甎室，東闢其户。如來在世，多居此中，説法開化，導凡拯俗，今作如來之像，量等如來之身。初，此城中有大長者迦蘭陁，時稱豪貴，以大竹園施諸外道。及見如來，聞法浄信，追惜竹園居彼異衆，今天人師無以館舍。時諸神鬼感其誠心，斥逐外道而告之曰：『長者迦蘭陁當以竹園起佛精舍，汝宜速去，得免危厄。』外道憤恚，含怒而去。長者於此建立精舍，功成事畢，躬往請佛。如來是時遂受其施。」

〔七〕馬苑：指漢朝之白馬寺。洛陽伽藍記卷四城西：「白馬寺，漢明帝所立也，佛教入中國之始。寺在西陽門外三里御道南。帝夢金神，長丈六，項背日月光明，胡神號曰佛。遣使向西域求之，乃得經像焉。時以白馬負經而來，因以爲名。」又見高僧傳卷一攝摩騰傳、魏書卷一一四釋老志。

〔八〕白林：即白鶴林、娑羅樹林。大般涅槃經卷一：「爾時拘尸那城娑羅樹林變白，猶如白鶴。」

〔九〕青樹：喻佛門弟子。大唐西域記卷六拘尸那揭羅國「娑羅林及釋迦涅槃處」：「城西北三四里，渡阿恃多伐底河，西岸不遠，至娑羅林。其樹類槲，而皮青白，葉甚光潤。四樹特高，如來寂滅之所也。」今按：如來寂滅後，四樹繁茂，喻佛門興盛。

〔一〇〕金牒：指佛教經典。廣弘明集卷二八録梁武帝金剛般若懺文：「得金剛之妙寶，見金牒之深經。」

〔一一〕銀身：銀鑄的佛像。南史卷七梁本紀：大同元年夏四月，「壬戌，幸同泰寺，鑄十方銀象，並設無礙會」。

〔一二〕像教：即象法，亦指佛教。文選卷五九王巾頭陁寺碑文：「正法既没，象教陵夷。」李善注引曇無羅讖曰：「釋迦佛正法住世五百年，像法一千年，末法一萬年。」李周翰注：「象教謂爲形象以教人也。」像，御製集、閣本、張本、全梁文、丁本作「象」。〇東流：後漢書卷八八西域傳天竺：「世傳明帝夢見金人，長大，頂有光明，以問群臣。或曰：『西方有神，名曰佛，其形長丈六尺而黄金色。』帝於是遣使天竺問佛道法，遂於中國圖畫形像焉。楚王英始信其術，中國因此頗有奉其道者。後桓帝好神，數祀浮圖、老子，百姓稍有奉者，後遂轉盛。」

〔一三〕化行南國：教化行於南方。詩經周南漢廣小序：「漢廣，德廣所及也。文王之道，被于南國，美化行乎江漢之域。」南國，詩經周南鄭玄譜：「至紂，又命文王典治南國江、漢、汝旁之諸侯。」孔穎達疏：「江、漢之域，即梁、荆二州，故尚書註云：『南兼梁、荆。』」

〔一四〕吴主：指三國時吴大帝孫權。

〔一五〕歷七霄而光曜：高僧傳卷一魏吴建業建初寺康僧會：「康僧會，其先康居人，世居天竺，其父因商賈移於交阯。……時吴地初染大法，風化未全。僧會欲使道振江左，興立圖寺，乃杖錫東遊，以吴赤烏十年初達建業，營立茅茨，設像行道。時吴國以初見沙門，睹形未及其道，疑爲矯異。有司奏曰：『有胡人入境，自稱沙門，容服非恒，事應察檢。』權曰：『昔漢明帝夢神，號稱爲佛，彼之所事，豈非其遺風耶？』即召會詰問，有何靈驗。會曰：『如來遷跡，忽逾千載，遺骨舍利，神曜無方，昔阿育王起塔，乃八萬四千。夫塔寺之興，以表遺化也。』權以爲誇誕，乃謂會曰：『若能得舍利，當爲造塔，如其虚妄，國有常刑。』會請期七日，乃謂其屬曰：『法之興廢，在此一舉。今不至誠，後將何及？』乃共潔齋浄室，以銅瓶加几，燒香禮請。七日期畢，寂然無應。求申二七，亦復如之。權曰：『此寔欺誑。』將欲加罪。會更請三七日，權又特聽。會請法屬曰：『宣尼有言曰：「文王既没，文不在兹乎。」法靈應降，而吾等無感，何假王憲？當以誓死爲期耳。』三七日暮，猶無所見，莫不震懼。既入五更，忽聞瓶中鎗然有聲，會自往視，果獲舍利。明旦呈權，舉朝集觀，五色光炎，照耀瓶上。權自手執瓶，瀉于銅盤。舍利所衝，盤即破碎。權大肅然驚起，而曰：『希有之瑞也。』會進而言曰：『舍利威神，豈直光相而已，乃劫燒之火不能焚，金剛之杵不能碎。』權命令試之。會更誓曰：『法雲方被，蒼生仰澤，願更垂神蹟，以廣示威靈。』乃置舍利於鐵砧磓上，使力者擊之，於是砧磓俱陷，舍利無損。權大歎服，即爲建塔。以始有佛寺，故號建初寺，因名其地爲佛陀里。由是江左大法遂興。」七霄，七夜也。霄，通「宵」。吕氏春秋卷六季夏紀明理：「有晝盲，有霄見。」高誘注：「霄，夜。」

〔一六〕「晉王」句：文選卷五九王巾頭陁寺碑文：「漢晉兩明，並勒丹青之飾。」李善注：「何法盛晉書曰：彭城王紘以肅祖明皇帝好佛，手書形像，經歷寇難，而此堂猶在，宜成作頌。蔡謨云：今發王命，稱先帝好佛，於義有疑。張綱集曰：盡功金石，圖形丹青。」事亦見晉書卷七七蔡謨傳。晉王，指晉明帝。

〔一七〕經五帝而彌新：唐張彦遠歷代名畫記：「明帝司馬紹，字道幾，元帝長子。幼異，有對日之奇。及長，善書畫，有識鑒，最善畫佛像。蔡謨集云：『帝畫佛於樂賢堂，經歷寇亂而堂獨存。顯宗效著，作爲頌。』」顯宗，即晉成帝，乃明帝之子、元帝之孫。

〔一八〕次道：晉何充字次道。充，廬江灊人。歷仕成帝、康帝、穆帝，官至中書監，録尚書事，又加侍中。卒，謚曰文穆。晉書卷七七有傳。晉書本傳：「于時郗愔及弟曇奉天師道，而充與弟準崇信釋氏，謝萬譏之云：『二郗諂於道，二何佞於佛。』○孝伯：晉王恭字孝伯。恭，起家爲佐著作郎，官至中書令，領太子詹事。後爲會稽王道子所殺。謚曰忠簡。晉書卷八四有傳。晉書本傳：「不閑用兵，尤信佛道，調役百姓，修營佛寺，務在壯麗，士庶怨嗟。臨刑，猶誦佛經，自理鬚鬢，神無懼容。」○嘉賓：晉郗超字景興，一字嘉賓。超，郗鑒子。爲桓温征西掾，隨府遷大司馬參軍除散騎侍郎，遷中書侍郎，轉司徒左長史。晉書卷六七有傳。晉書本傳：「愔事天師道，而超奉佛。」○玄度：東晉許詢字玄度。世説新語言語：「劉真長爲丹陽尹，許玄度出都就劉宿。」劉孝標注引續晉陽秋曰：「許詢字玄度，高陽人，魏中領軍允玄孫。總角秀惠，衆稱神童，長而風情簡素。司徒掾辟，不就，蚤卒。」世説新語言語：「劉尹云：『清風朗月，輒思玄度。』」劉孝標注引晉中興士人書曰：「許珣能清言，于時士人皆欽慕仰愛之。」世説新語文學：「簡文稱許掾云：『玄度五言詩，可謂妙絶時人。』」劉孝標注引續晉陽秋曰：「正始中，王弼、何晏好莊、老玄勝之談，而世遂貴焉。至江左李充尤盛。故郭璞五言始會合道家之言而韻之。詢及太原孫綽轉相祖尚，又加以三世之辭，而詩、騷之體盡矣。詢、綽並爲一時文宗，自此作者悉體之。」

〔一九〕伽藍：梵語「僧伽藍摩」譯音的略稱。意爲衆園或僧院，即僧衆居住的庭園。後因指稱佛寺。魏書卷一一四釋老志：「梵境幽玄，義歸清曠，伽藍浄土，理絶囂塵。」翻譯名義集卷七：「僧伽藍，譯爲衆園。僧史略云：『爲衆人園圃。園圃，生植之所，佛弟子則生殖道芽聖果也。』」

〔二〇〕銘：文體名。明徐師曾文體明辨序説銘：「按鄭康成曰：『銘者，名也。』劉勰云：『觀器而正名也。』故曰：『作器能銘，可以爲大夫矣。』考諸夏商鼎彝尊卣盤匜之屬，莫不有銘……其後作者寖繁，凡山川、宫室、門、井之類皆有銘詞，蓋不但施之器物而已。然要其體不過有二：一曰警戒，二曰祝頌。……陸機曰：『銘貴博約而温潤。』」○頌：文體名。徐師曾文體明辨序説頌：「按詩有六義，其六曰頌。頌者，容也，美盛德之形容，以其成功告於神明者也。若商之那、周之清廟諸什，皆以告神，乃頌之正體也。」○所：王引之經傳釋詞卷九：「所，猶可也。」

〔二一〕「興公」句：意謂次道等人無銘頌可稱，可稱者唯孫興公。興公，東晉孫綽字興公，太原中都人，著名文人。晉書卷五六有傳。

夫披文相質〔一〕，博約温潤〔二〕，吾聞斯語，未見其人〔三〕。班固碩學〔四〕，尚云讚頌相似〔五〕；陸機鉤深〔六〕，猶聞碑賦如一〔七〕。唯伯喈作銘〔八〕，林宗無愧〔九〕，德祖能誦〔一〇〕，元常善書〔一一〕，一時之盛，莫得係踵〔一二〕。況般若玄淵〔一三〕，真如妙密〔一四〕，觸言成累，係境非真，金石何書〔一五〕，銘頌誰闡？然建塔紀功，招提立寺〔一六〕，或興造有由〔一七〕，或誓願所記〔一八〕，故鐫之玄石〔一九〕，傳諸不朽。亦有息心應供〔二〇〕，是曰桑門〔二一〕，或謂「智囊」〔二二〕，或稱「印手」〔二三〕。高座擅名，預師尹之席〔二四〕；道林見重，陪飛龍之座〔二五〕。峩眉、廬阜之賢〔二六〕，鄴中、宛鄧之哲〔二七〕，昭哉史册，可得而詳。故碑文之興，斯焉尚矣！

【校注】

〔一〕披文相質：文選卷一七陸機文賦：「碑披文以相質。」李善注：「碑以敘德，故文質相半。」張少康文賦集釋引黄侃曰：「碑是頌體，而當敘事，故文其表而質存乎里。」

〔二〕博約温潤：文選卷一七陸機文賦：「銘博約而温潤。」李善注：「博約，謂事博文約也。銘以題勒示後，故博約温潤。」張銑注：「博謂意深，約謂文省。」張少康文賦集釋引徐復觀曰：「按銘勒於器物之上，字數受限制，故須義博而文約；語多含蓄，故體貌温潤。」

〔三〕「吾聞」二句：論語季氏：「孔子曰：『見善如不及，見不善如探湯。吾見其人矣，吾聞其語矣。隱居以求其志，行義以達其道。吾聞其語矣，未見其人也。』」

〔四〕班固：字孟堅，東漢扶風安陵人。曾撰漢書。後漢書卷四〇有傳。後漢書本傳：「年九歲，能屬文誦詩賦，及長，遂博貫載籍，九流百家之言，無不窮究。」

〔五〕「尚云」句：文心雕龍頌讚：「遷史固書，託讚褒貶。約文以總録，頌體以論辭。」碑編卷七五：「文章緣起曰：『漢司馬相如作荆軻贊，世已不傳，厥後班孟堅漢史以論爲贊，至宋范疇更以韻語。』……大抵贊有二體，若作散文，當祖班氏史評；若作韻語，當宗東方朔畫像贊。金樓子有云：『班固碩學，尚云贊頌相似。』信然！」贊，文體名。明徐師曾文體明辨序説贊：「按字書云：『贊，稱美也，字本作讚。』……其體有三：一曰雜贊……二曰哀贊……三曰史贊。」

〔六〕「陸機」句：西晉陸機曾撰文賦，探討文學創作規律，文心雕龍總術稱「陸氏文賦，號爲曲盡」，故謂其「鉤深」。陸機，字士衡，吴郡吴縣人。吴丞相陸遜孫、大司馬陸抗子。吴亡，與弟雲入洛。惠帝即位，遷太子洗馬著作郎，尚書中兵郎，轉殿中郎。河橋之敗，與弟雲及從弟耽並誅。晉書卷五四有傳。鉤深，探索深奥的意義。周易繫辭：「探賾索隱，鉤深致遠。」

〔七〕碑：碑文。文心雕龍誄碑：「夫屬碑之體，資乎史才，其序則傳，其文則銘。標序盛德，必見清風之華；昭紀源懿，必見峻偉之烈：此碑之制也。夫碑實銘器，銘實碑文，因器立名，事光於誄。」〇賦：文體名。是韻文和散文的綜合體，講究詞藻、對偶、用韻。今按：陸機之碑文，多用賦體，講究對偶詞藻，故蕭繹譏之。

〔八〕伯喈：東漢蔡邕字伯喈。邕，陳留圉人。靈帝建寧三年，辟司徒橋玄府。光和初，坐忤宦官，徙五原。董卓專權，徵署祭酒，遷尚書，拜左中郎將，封高陽鄉侯。卓誅，坐下獄死。所著有獨斷、勸學等。後漢書卷六〇有傳。

〔九〕林宗：東漢郭太字林宗。太，太原界休人。性明知人，好獎訓士類。後漢書卷六八有傳。後漢書本傳：「〔建寧二年〕卒於家，時年四十二。四方之士千餘人，皆來會葬。同志者乃共刻石立碑，蔡邕爲其文，既而謂涿郡盧植曰：『吾爲碑銘多矣，皆有慙德，唯郭有道無愧色耳。』」亦見世説新語德行「郭林宗至汝南造袁奉高」條劉孝標注引續漢書。文選卷五八有蔡邕郭有道碑文。

〔一〇〕德祖：東漢末楊修字德祖。修，弘農華陰人。以學識淵博、聰明捷悟而著稱。建安年間被舉爲孝廉，任郎中，後爲漢相曹操主簿，被殺。生平詳三國志卷一九魏書陳思王植傳裴松之注引典略。世説新語捷悟：「魏武嘗過曹娥碑下，楊修從。碑背上見題作『黄絹幼婦，外孫虀臼』八字，魏武謂修曰：『解不？』答曰：『解。』魏武曰：『卿未可言，待我思之。』行三十里，魏武乃曰：『吾已得。』令修別記所知。修曰：『黄絹，色絲也，於字爲絶。幼婦，少女也，於字爲妙。外孫，女子也，於字爲好。虀臼，受辛也，於字爲辭。所謂「絶妙好辭」也。』魏武亦記之，與修同，乃歎曰：『我才不及卿，乃覺三十里。』」〇能誦：丁本作「誦能」。

〔一一〕元常：三國魏鍾繇字元常。繇，潁川長社人。魏文帝時進封崇高鄉侯，遷太尉，轉封平陽鄉侯。明帝時，進封定陵侯，遷太傅。卒，謚曰成侯。鍾繇在書法方面頗有造詣，與王羲之並稱爲「鍾王」。三國志卷一三有傳。書斷卷中「神品」：「繇善書，師曹喜、蔡邕、劉德昇，真書絶世，剛柔備焉，點畫之間多有異趣，可謂幽深無際，古雅有餘，秦漢以來一人而已。」

〔一二〕係踵：猶接踵，相繼。爾雅釋詁：「係，繼也。」楚辭離騷：「忽奔走以先後兮，及前王之踵武。」洪興祖補注：「踵，亦跡也。」朱熹集注：「踵，足跟也。」

〔一三〕般若：梵語的譯音，意譯「智慧」。佛教用以指如實理解一切事物的智慧。大智度論卷四三釋集散品第九：「般若者（秦言智慧），一切諸智慧中最爲第一。無上、無比、無等，更無勝者，窮盡到邊。」世説新語文學：「殷中軍被廢東陽，始看佛經。初視維摩詰，疑『般若波羅密』太多，後見小品，恨此語少。」劉孝標注：「波羅密，此言到彼岸也。經云：『到者有六焉：一曰檀；檀者，施也。……六曰般若；般若者，智慧也。然則五者爲舟，般若爲導，導則俱絶有相之流，升無相之彼岸也。故曰波羅密也。』」○玄淵：謂深奥。

〔一四〕真如：梵文意譯。謂永恒存在的實體、實性，亦即宇宙萬有的本體，與實相、法界等同義。南朝梁蕭統謝敕賚制旨大集經講疏啓：「同真如而無盡，與日月而俱懸。」成唯識論卷九：「真謂真實，顯非虚妄；如謂如常，表無變易。謂此真實，於一切位，常如其性，故曰真如。」○妙密：邈遠細密。

〔一五〕金石：墨子兼愛下：「以其所書於竹帛，鏤於金石，琢於槃盂，傳遺後世子孫者知之。」孫詒讓閒詁：「吕氏春秋求人篇云：『功績銘乎金石，著於槃盂。』高注云：『金，鐘鼎也；石，豐碑也。』」

〔一六〕招提：寺院。資治通鑑卷二四八唐紀「唐武宗會昌五年」：七月，「乃先毁山野招提蘭若」。

胡三省注：「釋書曰：招提、菩薩，皆佛名，故號寺或謂之招提。增輝記曰：招提者，梵言拓鬬提奢，唐言四方僧物。後人傳寫之誤，以『拓』爲『招』，又省去『鬬奢』二字，只稱招提，即今十方寺院是也。」

〔一七〕興造：建造。○有由：有原因。

〔一八〕誓願：法華經卷一方便品：「舍利弗當知，我本立誓願：欲令一切衆，如我等無異。」

〔一九〕玄石：閻本、張本、全梁文、丁本作「立石」。吴汝綸校云：「『立』校改『玄』。」又云：「『玄』字，汝綸臆改。」玄石指碑石。以其色黑，故稱。文選卷五八王儉褚淵碑文：「方高山而仰止，刊玄石以表德。」李善注引禰衡顔子碑曰：「乃刊玄石而旌之。」李周翰注：「玄者，石之色也。」

〔二〇〕息心：梵語「沙門」的意譯。後漢紀卷一〇明帝紀：「西域天竺有佛道焉。佛者，漢言覺，將悟群生也。其教以修善慈心爲主，不殺生，專務清浄，其精者號爲沙門。沙門者，漢言息也，蓋息意去欲而歸於無爲也。」○應供：接受奉養。

〔二一〕桑門：僧侶。後漢書卷四二楚王英傳「以助伊蒲塞桑門之盛饌」，李賢注：「桑門即沙門。」

〔二二〕智囊：謂足智多謀之人。此處指支讖。高僧傳卷一魏吴建業建初寺康僧會傳附支謙傳：「初漢桓靈之世，有支讖譯出衆經。有支亮字紀明，資學於讖。謙又受業於亮，博覽經籍，莫不精究，世間伎藝，多所綜習，遍學異書，通六國語。其爲人細長黑瘦，眼多白而睛黄，時人爲之語曰：『支郎眼中黄，形軀雖細是智囊。』」

〔三〕印手：晉道安之名號。高僧傳卷五晉長安五級寺釋道安傳：「初安生而便左臂有一皮，廣寸許著臂，捋可得上下之，唯不得出手。又肘外有方肉，上有通文，時人謂之爲印手菩薩。」

〔四〕「高座」二句：意謂帛尸梨密多羅有名於時，得與宰相王導等人交往。高僧傳卷一晉建康初建寺帛尸梨密傳：「帛尸梨密多羅，此云吉友，西域人，時人呼爲高座。……晉永嘉中，始到中國，值亂，仍過江，止建初寺。丞相王導一見而奇之，以爲吾之徒也。由是名顯。太尉庾元規、光禄周伯仁、太常謝幼輿、廷尉桓茂倫，皆一代名士，見之，終日累歎，披衿致契。導嘗詣密，密解帶偃伏，悟言神解。時尚書令卞望之，亦與密致善。須臾望之至，密乃斂衿飾容，端坐對之。有問其故，密曰：『王公風道期人，卞令軌度格物，故其然耳。』諸公於是歎其精神灑厲，皆得其所。」師尹，閣本、張本、全梁文、丁本作「伊師」。詩經小雅節南山：「赫赫師尹，民具爾瞻。」毛傳：「師，太師，周之三公也。尹，尹氏，爲太師。」後世以爲三公之稱。

〔五〕「道林」二句：意謂支遁受晉皇帝重視，得預其座。高僧傳卷四晉剡沃洲山支遁傳：「支遁，字道林。……遁淹留京師，涉將三載。乃還東山。上書告辭曰：『……貧道野逸東山，與世異榮，菜蔬長阜，漱流清壑，繿縷畢世，絶窺皇階。不悟乾光曲曜，猥被蓬葦，頻奉明詔，使詣上京，進退惟谷，不知所厝。自到天道，屢蒙引見，優以賓禮，策以微言。』」飛龍，指帝王。

周易乾卦：「九五，飛龍在天，利見大人。」蕭繹答王僧辯等勸進令：「飛龍之位，孰謂可躋？」

〔二六〕「峩眉」句：指峩眉山、廬山各佛寺之名僧。今按：兩晉時峩眉山有名僧慧持，見高僧傳卷六晉蜀龍淵寺釋慧持傳。廬山有名僧慧遠，見高僧傳卷六晉廬山釋慧遠，又有釋慧永、僧濟等，分見高僧傳卷六本傳。峩眉，即今四川省峩眉山。廬阜，即今江西省廬山。

〔二七〕「鄴中」句：指鄴中、宛鄧地區的名僧。今按：鄴中，今河北省臨漳縣西南鄴鎮一帶。鄴中有名僧竺佛圖澄，見高僧傳卷九晉鄴中竺佛圖澄傳。宛鄧，漢屬南陽郡，在今河南省境內。晉釋曇戒，南陽人，見高僧傳卷五晉長沙寺釋曇戒傳。

夫世代亟改〔一〕，論文之理非一；時事推移，屬詞之體或異〔二〕。但繁則傷弱，率則恨省。存華則失體，從實則無味。或引事雖博，其意猶同。或新意雖奇，無所倚約〔三〕。或首尾倫帖〔四〕，事似牽課〔五〕。或復博涉〔六〕，體製不工〔七〕。能使艷而不華，質而不野〔八〕，博而不繁，省而不率，文而有質，約而能潤〔九〕，事隨意轉，理逐言深〔一〇〕，所謂菁華，無以間也〔一一〕。

【校注】

〔一〕世代亟改：時世改易。世代，時代，朝代。亟（qì），左傳成公十六年：「吾先君之亟戰也，有故。」杜預注：「亟，數也。」漢書卷二三刑法志：「師旅亟動，百姓罷敝。」顏師古注：「亟，屢也。」

〔二〕屬詞：謂連綴字句爲文章。即寫作。禮記經解：「屬辭比事，春秋教也。」鄭玄注：「屬，猶合也。」

〔三〕倚約：同「依約」，依傍，沿襲。

〔四〕倫帖：順暢貼切。廣雅釋詁：「倫，順也。」

〔五〕牽課：猶勉强，强作。文心雕龍養氣：「三代、春秋，雖沿世彌縟，並適分胸臆，非牽課才外也。」

〔六〕或：閣本下作「○」。張本下小注：「闕。」全梁文、丁本下有「翻」字。

〔七〕體製：體裁、格調。文心雕龍附會：「夫才量學文，宜正體製，必以情志爲神明，事義爲骨髓，辭采爲肌膚，宫商爲聲氣。」詹鍈義證：「『體製』也作『體制』，包括體裁及其在情志、事義、辭采、宫商等方面的規格要求，也包括風格。」

〔八〕質而不野：論語雍也：「子曰：『質勝文則野，文勝質則史。文質彬彬，然後君子。』」

〔九〕約而能潤：簡約而温潤。

〔一〇〕逐：大廣益會玉篇辵部：「逐，從也。」

〔一一〕間：爾雅釋詁下：「間，代也。」

予幼好雕蟲〔一〕，長而彌篤，遊心釋典，寓目詞林，頃常搜聚，有懷著述。譬諸法海，無讓波瀾〔二〕；亦等須彌，歸同一色〔三〕。故不擇高卑，唯能是與；儻未詳悉〔四〕，隨而足之。名爲内典碑銘集林，合三十卷。庶將來君子，或裨觀見焉。廣弘明集卷二〇、釋文紀卷二二、御製集、閣本、張本、全梁文、丁本。

【校注】

〔一〕雕蟲：喻從事不足道的小技藝。常指寫作詩文辭賦。漢揚雄法言卷二吾子：「或問：『吾子少而好賦。』曰：『然。童子雕蟲篆刻。』」

〔二〕「法海」二句：梁蕭綱莊嚴旻法師成實論義疏序：「法海波瀾，泛之者未易。」唐德宗大乘理趣六波羅蜜多經序：「雖法海甚深，而波流不讓。」法海，佛教語，喻佛法。謂佛法深廣如海。維摩經佛國品：「度老病死大醫王，當禮法海德無邊。」

〔三〕「亦等」二句：放光般若經卷一六：「譬如須彌山，若干種雜色。至須彌山者，皆與須彌山同色，無復別異。」摩訶般若波羅蜜經卷二一：「譬如種種色身，到須彌山王邊皆同一色。」佛説菩薩行方便境界神通變化經卷中：「須彌山王歸向者，以威德故同一色。」須彌，即須彌山。梵語譯音。原爲古印度神話中的山名，後爲佛教所採用，指一個小世界的中心。釋氏要覽界趣：「長阿含並起世因本經等云：四洲地心，即須彌山（梵音正云蘇迷盧。此名妙高）。此山有八山繞外，有大鐵圍山，周迴圍繞，并一日月晝夜回轉照四天下。」歸同，閣本、張本、全梁文、丁本作「同歸」。

〔四〕儻：閣本、張本、全梁文、丁本作「倘」。今按：倘、儻義同。

【集評】

閣本：評「班固碩學，尚云讚頌相似；陸機鉤深，猶聞碑賦如一」：體製無辨，古已難之，何況今日。

清李兆洛駢體文鈔卷二一梁元帝內典碑銘集林序譚獻評：作文與選集之理俱備。音節可誦。

管錐編第四册全上古秦漢三國六朝文一九九全梁文卷一六：元帝內典碑銘集林序。按此集「合三十卷」，據金樓子著書篇，尚有碑集十帙百卷「付蘭陵蕭賁撰」，吾國編集金石，肇始斯人。觀「幼好雕文」、「寓目詞林」等語，集碑之旨，出於愛翫詞章，不同後世金石學之意在考訂文獻或玩賞書法也。

孝德傳序〔一〕

夫天經地義〔二〕，聖人不加〔三〕。原始要終〔四〕，莫踰孝道。能使甘泉自涌〔五〕，鄰火不焚〔六〕，地出黄金〔七〕，天降神女〔八〕：感通之至〔九〕，良有可稱。金樓子卷五著書篇、藝文類聚卷二〇、梁文紀卷四、御製集、閣本、張本、全梁文、丁本。

【校注】

〔一〕孝德傳：金樓子卷五著書篇：「孝德傳三秩三十卷。金樓合衆家孝子傳成此。」梁書卷五元帝紀、南史卷八梁本紀元帝並著録：「孝德傳三十卷。」隋書卷三三經籍志著録：「孝德傳三十卷，梁元帝撰。」同卷又著録有：「孝子傳贊三卷，王韶之撰；孝子傳十五卷，晉輔國將軍蕭廣濟撰；孝子傳十卷，宋員外郎鄭緝之撰；孝子傳八卷，師覺授撰；孝子傳二十卷，宋躬撰；孝子傳略二卷。」又，蕭繹孝德傳略有殘存：藝文類聚卷二〇引孝德傳序及孝德傳皇王篇贊、孝德傳天性篇贊；初學記卷一七引天性篇贊；太平御覽卷五一〇引孝德傳「繆斐」事，卷六一六引「張楷」事；太平廣記卷二九二引孝德傳「陽雍」事。

〔二〕天經地義：孝經三才章：「夫孝，天之經也，地之義也。」唐明皇注：「經，常也。利物爲義。」晉潘岳世祖武皇帝誄：「永言孝思，天經地義。」

〔三〕聖人不加：孝經聖治章：「曾子曰：『敢問聖人之德，無以加於孝乎？』子曰：『天地之性，人爲貴。人之行，莫大於孝。……夫聖人之德，又何以加於孝乎？』」東漢揚雄法言卷一三孝至：「孝，至矣乎！一言而該，聖人不加焉。」晉李軌注：「一言而孝，兼該百行，聖人無以加之，是至德也。」

〔四〕原始要終：孝經開宗明義章：「子曰：『夫孝，德之本也，教之所由生也。復坐，吾語汝。身體髮膚，受之父母，不敢毁傷，孝之始也。立身行道，揚名於後世，以顯父母，孝之終也。夫孝，始於事親，中於事君，終於立身。』」周易繫辭下：「易之爲書也，原始要終，以爲質也。」孔穎達疏：「原窮其事之初始……又要會其事之終末。」

〔五〕甘泉自涌：拾遺記卷六後漢：「曹曾，魯人也。本名平，慕曾參之行，改名爲曾。家財巨億，事親盡禮，日用三牲之養，一味不虧於是。不先親而不食新味也。爲客於人家，得新味則含懷而歸。不畜雞犬，言喧囂驚動於親老。時亢旱，井池皆竭，母思甘清之水，曾跪而操瓶，則甘泉自涌，清美於常。」梁武帝蕭衍孝思賦：「劉鎮就養而不暇，常遠汲而力寡。苦節感於幽靈，醴泉生於竈下。」涌，張本作「滔」。

〔六〕鄰火不焚：太平御覽卷四一一引晉中興書曰：「何琦字萬倫。遭母憂，停柩在殯，爲鄰火所逼，煙焰已交，家乏僮役，計無從出。乃匍匐棺所，號哭而已。俄而風止火息，堂屋一間乃免。」晉書卷八八孝友傳載：劉殷事曾祖母王氏至孝。「及王氏卒，殷夫婦毁瘠，幾至滅性。時柩在殯而西鄰失火，風勢甚盛，殷夫婦叩殯號哭，火遂越燒東家。後有二白鳩巢其庭樹，自是名譽彌顯。」同卷亦載何琦事。梁武帝蕭衍孝思賦：「顧長沙之臨湘，有古初之道始。時父殁而未葬，遇鄰火之卒起。乃伏棺而長號，雨暴至而火死。又何琦其亦然，獨柩屋而全止。」

〔七〕地出黄金：太平御覽卷四一一引劉向孝子圖曰：「郭巨，河内温人，甚富。父没，分財二千萬爲兩分與兩弟，己獨取母供養寄住。鄰有凶宅，無人居者，共推與之居，無禍患。妻産男，慮養之則妨供養，乃令妻抱兒欲掘地埋之，於土中得金一釜，上有鐵券云：『賜孝子郭巨。』巨還宅主，宅主不敢受，遂以聞官。官依券題還巨，遂得兼養兒。」事亦見搜神記卷一一郭巨。

〔八〕天降神女：太平御覽卷四一一引劉向孝子圖曰：「前漢董永，千乘人。少失母，獨養父。父亡無以葬，乃從人貸錢一萬。永謂錢主曰：『後若無錢還君，當以身作奴。』主甚慜之。永得錢葬父畢，將往爲奴，於路忽逢一婦人，求爲永妻。永曰：『今貧若是，身復爲奴，何敢屈夫人爲妻？』婦人曰：『願爲君婦，不恥貧賤。』永遂將婦人至。錢主曰：『本言一人，今何有二？』永曰：『言一得二，理何乖乎？』主問永妻曰：『何能？』妻曰：『能織耳。』主曰：『爲我織千匹絹，即放爾夫妻。』於是索絲，十日之内千匹絹足。主驚，遂放夫婦二人而去。行至本相逢處，乃謂永曰：『我是天之織女，感君至孝，天使我償之。今君事了，不得久停。』語訖，雲霧四垂，忽飛而去。」搜神記卷一董永亦載此事。

〔九〕感通：謂此有所感而通於彼。周易繫辭上：「易無思也，無爲也，寂然不動，感而遂通天下之故。」朱子語類卷七二：「趙致道問感通之理。曰：『感，是事來感我；通，是自家受他感處之意。』」

【集評】

閻本：評「能使甘泉自涌，鄰火不焚，地出黄金，天降神女」：常談運以新樞，居然簇錦。

職貢圖序〔一〕

竊聞職方氏掌天下之圖〔二〕，四夷八蠻〔三〕，七閩九貉〔四〕，其所由來久矣。漢氏以來，南羌旅距〔五〕，西域憑陵〔六〕，創金城〔七〕，開玉關〔八〕，絶夜郎〔九〕，討日逐〔一〇〕。覩犀甲則建朱崖〔一一〕，聞蒲萄則通大宛〔一二〕，以德懷遠〔一三〕，異乎是哉！皇帝君臨天下之四十載〔一四〕，垂衣裳而賴兆民〔一五〕，坐巖廊而彰萬國〔一六〕。梯山航海〔一七〕，交臂屈膝〔一八〕，占雲望日〔一九〕，重譯至焉〔二〇〕。自塞以西，萬八千里，路之峽者，尺有六寸〔二一〕。高山尋雲，深谷絶景〔二二〕，雪無冬夏，與白雲而共色〔二三〕；冰無早晚，與素石而俱貞〔二四〕。踰空桑而歷昆吾〔二五〕，度青丘而跨丹穴〔二六〕。炎風、弱水〔二七〕，不革其心；身熱、頭痛〔二八〕，不改其節。故以明珠、翠羽之珍，細而弗有；龍文、汗血之驥〔二九〕，却而不乘。尼丘乃聖，猶有圖人之法〔三〇〕；晉帝君臨，實聞樂賢之象〔三一〕。甘泉寫閼氏之形〔三二〕，後宮玩單于之圖〔三三〕。臣以不佞〔三四〕，推轂上游〔三五〕，夷歌成章〔三六〕，胡人遥集〔三七〕。款關蹶角〔三八〕，沿泝荆門〔三九〕，瞻其容貌，訊其風俗〔四〇〕。如有來朝京輦〔四一〕，不涉漢南〔四二〕，别加訪採，以廣聞見，名爲貢職圖云爾〔四三〕。金樓子卷五著書篇、藝文類聚卷

五五、梁文紀卷四、御製集、閻本、張本、全梁文、丁本。

【校注】

〔一〕職貢圖序：梁文紀卷四題下小注云：「元帝善畫。爲湘東王時，諸蕃使者入貢，圖其形貌、服飾，次以本國風俗序曰。」職貢，古代稱藩屬或外國對於朝廷按時的貢納。左傳襄公二十九年：「魯之於晉也，職貢不乏，玩好時至。」禮記月令：「合諸侯制，百縣爲來歲受朔日，與諸侯所税於民輕重之法，貢職之數，以遠近土地所宜爲度，以給郊廟之事，無有所私。」鄭玄注：「貢職，謂所入天子。」韓非子存韓：「且夫韓入貢職，與郡縣無異也。」周禮夏官司馬大司馬：「施貢分職。」鄭玄注：「職謂賦税也。」是職猶貢也，「職貢」、「貢職」義可通。職貢圖，梁書卷五元帝紀、南史卷八梁本紀元帝並載：「貢職圖一卷。」歷代名畫記卷三：「職貢圖，一，外國酋渠諸蕃土俗本末，仍各圖其來貢者之狀，金樓子言之，梁元帝畫。」同書卷七：「〔梁元帝蕭繹〕任荆州刺史日，畫蕃客入朝圖，帝極稱善。又畫職貢圖，并序，善畫外國來獻之事。」據職貢圖序、歷代名畫記等可知，職貢圖乃繪畫。宋史繩祖學齋佔畢卷二「王會貢職兩圖之異」條：「東坡有閻立本職貢圖詩，注引譚賓録載：貞觀三年，東蠻謝元深入朝。顔師古奏，昔周武王時，遠國歸款，乃集其事爲王會篇。可圖寫遺後，爲王會圖。詔令閻立本圖之，及考唐書亦同，謂之王會圖。至武宗時，黠戛斯君長來朝，李德裕上言，有詔爲續王會圖，即無『職貢』之名。而所謂貢職圖者，見於祕府群玉帖中李公麟所述，云：

『梁元帝時，蕭繹鎮荆時作貢職圖，狀其形而識其土俗，首虜而後蠻，凡三十餘國。唐閻令作西域圖，兼彼土山川，而絶色伽梨，凡九國，中有狗頭、大耳、鬼國，爲可駭，皆所以盛會同而奢遠覽，亦貢職之流也。元祐元年六月望日，李公麟書于奏邸竹軒。』詳此，則是貢職圖乃蕭繹，而王會及西域圖乃閻立本也。坡指職貢爲閻所圖，誤矣。」貢職圖今存殘卷，然是否爲梁元帝蕭繹所繪原圖或其摹本，研究者頗有異説，金維諾中國美術史論集職貢圖的時代與作者以之爲北宋摹本，忠實保存原圖風貌；岑仲勉金石論叢現存的職貢圖是梁元帝原本嗎認爲殘圖非原本；余太山兩漢魏晉南北朝正史西域傳研究梁書西北諸戎傳與梁職貢圖，則以爲今存殘卷之十三國使臣圖像題記出自蕭繹之手的可能性幾乎没有，蕭繹職貢圖可能已不復傳世。玉海卷五六藝文圖「梁職貢圖」：「名畫記：元帝畫職貢圖，并序外國貢事。……李公麟有帖云：梁元帝鎮荆州，作職貢圖，首虜而終蠻，凡三十餘國。」同書卷一五二朝貢外夷來朝「梁職貢圖」：「書目金樓子，其自序云：『乃纂百圖一卷，今存二十有七，爲湘東王時，諸番使者入貢，圖其形貌服飾，次以本國風俗。』序曰：『尼丘有徒人之法，晉帝有樂象之賢。甘泉寫閼氏之形，後宫玩單于之圖。夷歌成章，胡人遥集。自塞以西，萬八千里，路之陿者，尺有六寸。高山尋雲，深谷絶景，占雲望日，度青丘而跨丹穴。』梁天監元年八月，交州獻鸚鵡，林邑、干阤利國朝貢；二年七月，扶南、龜兹、中天竺朝貢；三年九月，北天竺朝貢；五年七月乙丑，鄧主朝貢；九年，林邑、于闐朝貢；十年，宕昌朝貢，婆利

〔三〕四夷：古代華夏族對四方少數民族的統稱。尚書畢命：「四夷左衽，罔不咸賴。」孔安國傳：「言東夷、西戎、南蠻、北狄被髮左衽之人，無不皆恃賴三君之德。」後漢書卷八五東夷傳：「凡蠻、夷、戎、狄總名四夷者，猶公、侯、伯、子、男皆號諸侯云。」李賢注：「左傳曰，仲尼學鳥名官於郯子，既而告人曰：『吾聞之，天子失官，學在四夷，其信也。』」○八蠻：禮記王制「南方曰蠻」孔穎達疏：「南方曰蠻者，風俗通云：『君臣同川而浴，極爲簡慢。蠻者，慢也，其類有八。』李巡注爾雅云：『一曰天竺，二曰咳首，三曰僬僥，四曰跛踵，五曰穿胷，六曰儋耳，七曰狗軹，八曰旁春。』」

〔四〕七閩：指古代居住在今福建省和浙江省南部的閩人。周禮夏官司馬職方氏「七閩」鄭玄注：「玄謂閩，蠻之屬。」賈公彥疏：「叔熊居濮，如蠻，後子從分爲七種，故謂之七閩也。」○九貉：古代北方的少數民族。周禮夏官司馬職方氏「九貉」鄭玄注引鄭司農云：「北方曰貉狄。」

〔五〕南羌：説文解字羊部：「羌，西戎牧羊人也。」此言「南羌」者，蓋避上文「蠻」、「夷」字，故以「羌」代之，實同「南夷」或「南蠻」，指南方少數民族。○旅距：後漢書二四馬援傳：「若大姓侵小民，黠羌欲旅距，此乃太守事宜。」李賢注：「旅距，不從之貌。」王先謙集解：「旅距，聚衆相拒耳。」

〔六〕西域：漢以來對玉門關、陽關以西地區的總稱。漢書卷九六西域傳序：「西域以孝武時始通，本三十六國，其後稍分至五十餘，皆在匈奴之西，烏孫之南。南北有大山，中央有河，東西六千餘里，南北千餘里。東則接漢，阸以玉門、陽關，西則限以葱嶺。」○憑陵：文選卷五八王儉褚淵碑文：「嗣王荒怠於天位，彊臣憑陵於荆楚。」張銑注：「憑陵，勇暴貌也。」

〔七〕金城：古郡名，在今甘肅省蘭州市之西北。漢書卷七昭帝紀載：始元六年，「以邊塞闊遠，取天水、隴西、張掖郡各二縣置金城郡」。

〔八〕玉關：即玉門關。漢時爲通往西域各地的門户。故址在今甘肅省敦煌西北小方盤城。漢書卷九六西域傳下史臣贊曰：「孝武之世，圖制匈奴，患者兼從西國，結黨南羌，乃表河西，列四郡，開玉門，通西域，以斷匈奴右臂，隔絶南羌、月氏。」

〔九〕夜郎：古國名。在今貴州省西北部及雲南、四川二省部分地區。史記卷一一六西南夷列傳：「西南夷君長以什數，夜郎最大。」司馬貞索隱：「荀悦云：『夜郎，犍爲屬國也。』韋昭云：『漢爲縣，屬牂柯。』按後漢書云：『夜郎東接交趾，其地在胡南，其君長本出於竹，以竹而爲姓也。』」張守節正義：「今瀘州南大江南岸協州、曲州，本夜郎國。」

〔一〇〕日逐：匈奴王號。漢書卷九四匈奴傳上：「〔左賢王〕病死，其子先賢撣不得代，更以爲日逐王。日逐王者，賤於左賢王。」文選卷五一王褒四子講德論：「今聖德隆盛，威靈外覆，日逐舉國而歸德，單于稱臣而朝賀。」吕向注：「日逐、單于，皆匈奴名。」

〔一一〕犀甲：藝文類聚卷五五作「犀申」。○朱崖：即珠崖，郡名。治所在今海南省海口市。

〔一二〕蒲萄：藝文類聚卷五五作「蒲陶」。○大宛：古國名。爲西域三十六國之一，北通康居，南面和西南面與大月氏接，盛産葡萄。大約在今烏兹别克斯坦、塔吉克斯坦、吉爾吉斯斯坦三國交界的費爾幹納盆地。見史記一二三大宛傳、漢書卷九六西域傳上。漢書卷九六西域傳下史臣贊曰：「遭值文、景玄默，養民五世，天下殷富，財力有餘，士馬彊盛。故能睹犀布、瑇瑁則建珠崖七郡，感枸醬、竹杖則開牂柯、越嶲，聞天馬、蒲陶則通大宛、安息。」

〔一三〕懷遠：安撫邊遠的人。左傳僖公七年：「招攜以禮，懷遠以德。」

〔一四〕「皇帝」句：指梁武帝大同七年（541）。梁武帝於天監元年（502）登基，至大同七年，正四十年。

〔一五〕垂衣裳：謂定衣服之制，示天下以禮。周易繫辭下：「黄帝、堯、舜垂衣裳而天下治，蓋取諸乾坤。」韓康伯注：「垂衣裳以辨貴賤，乾尊坤卑之義也。」○賴：廣韻泰韻：「賴，利也。」○兆民：百姓。禮記月令：「行慶施惠，下及兆民。」鄭玄注：「天子曰兆民。」尚書吕刑：「一人有慶，兆民賴之。」

〔一六〕巖廊：高峻的廊廡。借指朝廷。漢書卷五六董仲舒傳：「蓋聞虞舜時，游於巖郎之上，垂拱無爲，而天下太平。」顔師古注引晉灼曰：「堂邊廡巖郎，謂巖峻之郎也。」郎，通「廊」。

〔一七〕梯山航海：登山渡海。謂長途跋涉。

〔一八〕交臂：拱手。戰國策卷二三魏策二「楚王攻梁南」章：「魏不能支，交臂而聽楚。」○屈膝：

即跪地。淮南子卷一三氾論訓：「夫君臣之接，屈膝卑拜，以相尊禮也。」文選卷四四司馬相如喻巴蜀檄：「北征匈奴，單于怖駭，交臂受事，屈膝請和。」

〔一九〕占雲：望雲氣以測吉凶。海内十洲記聚窟洲：「征和三年，武帝幸安定，西胡月支國王遣使獻香四兩。……使者對曰：『……臣國去此三十萬里，國有常占，東風入律，百旬不休，青雲干吕，連月不散者，當知中國時有好道之君。』」〇望日：比喻向往明君。史記卷一五帝紀：「帝堯者，放勳。其仁如天，其知如神。就之如日，望之如雲。」司馬貞索隱：「如日之照臨，人咸依就之，若葵藿傾心以向日也。」

〔二〇〕重譯：漢書卷一二平帝紀：「元始元年春正月，越裳氏重譯獻白雉一，黑雉二，詔使三公以薦宗廟。」顔師古注：「譯謂傳言也。道路絶遠，風俗殊隔，故累譯而後乃通。」

〔二一〕「路之峽」二句：漢書卷九六西域傳上載：罽賓至漢道路險阻，「杜欽説大將軍王鳳曰：『……又有三池、磐石阪，道陿者尺六七寸，長者徑三十里。臨峥嶸不測之深，行者騎步相持，繩索相引，二千餘里乃到縣度。』」峽，閣本、張本作「狹」，梁文紀卷四、玉海卷一五二引作「陿」，御製集作「夾」。今按：峽、陿、狹，用可通。

〔二二〕「高山」二句：淮南子卷一五兵略訓：「山高尋雲，谿肆無景。」高誘注：「極谿之深，不見景也。」景，日光。廣韻梗韻：「景，光也。」

〔二三〕「雪無」二句：後漢書卷四七班超傳：「先帝深愍邊萌嬰羅寇害，乃命將帥擊右地，破白山，臨蒲類。」李賢注：「郭義恭廣志曰：『西域有白山，通歲有雪，亦名雪山。』」

〔二四〕「冰無」二句：淮南子卷四墬形訓：「北方有不釋之冰。」初學記卷三引尸子曰：「朔方之寒，地凍厚六尺。北极左右有不釋之冰。」冰，藝文類聚卷五五作「水」。

〔二五〕空桑：楚辭九歌大司命：「君迴翔兮以下，踰空桑兮從女。」王逸注：「空桑，山名，司命所經。」洪興祖補注：「山海經云：東曰空桑之山。注云：此山出琴瑟材。周禮：空桑之琴瑟。是也。淮南曰：舜之時，共工振滔洪水以薄空桑。注云：空桑，地名，在魯也。」漢書卷二二禮樂志：「空桑琴瑟結信成，四興遞代八風生。」顔師古注：「空桑，地名也，出善木，可爲琴瑟也。」○昆吾：山海經中山經：「又西二百里曰昆吾之山，其上多赤銅。」郭璞注：「此山出名銅，色赤如火，以之作刃，切玉如割泥也。」

〔二六〕青丘：傳説中的東方國名。吕氏春秋卷二二慎行論求人：「禹東至榑木之地，日出、九津、青羌之野……鳥谷、青丘之鄉，黑齒之國。」山海經海外東經：「朝陽之谷……青丘國在其北，其狐四足九尾。」一説，山名。山海經南山經：「又東三百里，曰青丘之山。」○丹穴：傳説中的山名。山海經南山經：「丹穴之山……有鳥焉，其狀如雞，五采而文，名曰鳳皇。」文選卷三張衡東京賦：「鳴女牀之鸞鳥，舞丹穴之鳳皇。」

〔二七〕炎風：傳説中南方炎熱之地。淮南子卷五時則訓：「南方之極，自北户孫之外，貫顓頊之國，南至委火炎風之野，赤帝、祝融之所司者，萬二千里。」炎，藝文類聚卷五五作「災」。○

弱水：謂水淺地僻不通舟楫的水道。古時所稱弱水者甚多，如尚書禹貢：「黑水、西河惟雍州。弱水既西，涇屬渭汭，漆、沮既從，灃水攸同。」又：「導弱水至於合黎，餘波入于流沙。」山海經西山經：「勞山，弱水出焉，而西流注於洛。」山海經大荒西經：「〔昆侖之丘〕其下有弱水之淵。」海内十洲記鳳麟洲：「鳳麟洲在西海之中央，地方一千五百里，洲四面有弱水繞之，鴻毛不浮，不可越也。」此處指僻遠之地。

〔二八〕頭痛：山名。在今塔什庫爾干喀喇崑崙山一帶。漢書卷九六西域傳上載：罽賓至漢道路險阻，「杜欽説大將軍王鳳曰：『……又歷大頭痛、小頭痛之山，赤土、身熱之阪，令人身熱無色，頭痛嘔吐，驢畜盡然。』」宋書卷九七蠻夷傳史臣曰：「漢世西譯遐通，兼途累萬，跨頭痛之山，越繩度之險，生行死徑，身往魂歸。」

〔二九〕龍文、汗血：漢書卷九六西域傳下史臣贊曰：「自是之後，明珠、文甲、通犀、翠羽之珍盈於後宮，蒲梢、龍文、魚目、汗血之馬充於黃門，鉅象、師子、猛犬、大雀之群食於外囿。」「蒲梢、龍文、魚目、汗血之馬」下顔師古注引孟康曰：「四駿馬名也。」漢書卷六武帝紀：「〔太初〕四年春，貳師將軍廣利斬大宛王首，獲汗血馬來。」顔師古注引應劭曰：「大宛舊有天馬種，蹋石汗血，汗從前肩髆出，如血。號一日千里。」

〔三〇〕「尼丘」二句：論語八佾：「子夏問曰：『「巧笑倩兮，美目盼兮，素以爲絢兮。」何謂也？』子曰：『繪事後素。』」尼丘，指孔子。圖人，指描繪人之肖像。又，漢書卷三〇藝文志著録：

「孔子徒人圖法二卷。」

〔三一〕「晉帝」二句：太平御覽卷六五七引晉書曰：「彭城王紘上言：『樂賢堂有先帝手畫佛像，經歷寇難，而此堂猶存，宜敕作頌。』帝下其議。蔡謨曰：『佛者，夷狄之俗，非經典之制。先帝量同天地，多才多藝，聊因臨時而畫此像，至於雅好佛道，所未承聞也。今欲發王命，敕史官，上稱先帝好佛之志，下爲夷狄作一像之頌，於義有疑焉。』於是遂寢。」晉帝，指晉成帝司馬衍。晉書卷七有紀。實，梁文紀卷四、御製集、閣本、張本作「寔」。樂賢，指樂賢堂。晉書卷二八五行志：「成帝咸和六年正月丁巳，會州郡秀孝于樂賢堂，有麞見於前，獲之。孫盛以爲吉祥。夫秀孝，天下之彦士；樂賢堂，所以樂養賢也。」

〔三二〕「甘泉」句：漢書卷六八金日磾傳：「日磾母教誨兩子，甚有法度，上聞而嘉之。病死，詔圖畫於甘泉宫，署曰『休屠王閼氏』。日磾每見畫常拜，鄉之涕泣，然後乃去。」甘泉，即甘泉宫，在今陝西省淳化縣西北甘泉山。閼（yān）氏（zhī），漢代匈奴單于、諸王妻的統稱。史記卷九三韓信列傳：「匈奴騎圍上，上乃使人厚遺閼氏。」張守節正義：「閼，於連反，又音燕。氏音支。單于嫡妻號，若皇后。」

〔三三〕「後宫」句：蓋指漢陳平解「平城之圍」事。漢書卷一高祖紀：「〔劉邦〕遂至平城，爲匈奴所圍，七日，用陳平秘計得出。」顔師古注引應劭曰：「陳平使畫工圖美女，間遣人遺閼氏，云漢有美女如此，今皇帝困厄，欲獻之。閼氏畏其奪己寵，因謂單于曰：『漢天子亦有神靈，得其土地，非能有也。』於是匈奴開其一角，得突出。」單于，漢時匈奴君長的稱號。史記卷一一〇匈奴列傳：「匈奴單于曰頭曼。」裴駰集解：「單于者，廣大之貌，言其象天單于然。」

〔三四〕不佞：不才，用作自謙之辭。左傳襄公二十六年：「臣不佞，不能負羈紲，以從扞牧圉，臣之罪一也。」

〔三五〕推轂（gǔ）上游：指出爲荆州刺史。今按：據梁書卷三武帝紀下，蕭繹普通七年（526）十月至大同五年（539）七月爲荆州刺史，太清元年（547）正月再爲荆州刺史。參以上文「皇帝君臨天下之四十載」云云，則知職貢圖當作於太清元年以後。推轂，史記卷一〇二馮唐列傳：「臣聞上古王者之遣將也，跪而推轂，曰閫以内者，寡人制之；閫以外者，將軍制之。」此指出任將帥之職。轂，説文解字車部：「轂，輻所湊也。」老子第一一章：「三十輻共一轂。」陸德明釋文：「轂，車轂。」上游，長江上游，此代指荆州。

〔三六〕夷歌成章：文選卷四左思蜀都賦：「陪以白狼，夷歌成章。」劉淵林注：「白狼夷在漢壽西界，漢明帝時，作詩三章以頌漢德，益州刺史朱輔驛傳其詩奏之。」事詳後漢書卷八六西南夷傳。

〔三七〕胡人遥集：文選卷一一王延壽魯靈光殿賦：「胡人遥集於上楹，儼雅跽而相對。」張載注：「皆胡、夷之畫形也。人尊於鳥獸，故著於上楹。」

〔三八〕款關：猶款塞，叩塞門，謂外族前來通好。史記卷一三〇太史公自序：「海外殊俗，重譯款塞。」裴駰集解引應劭曰：「款，叩也。皆叩塞門來服從也。」南齊書卷一高帝紀上：「遐方款關而慕義，荒服重譯而來庭。」關，金樓子、藝文類聚卷五五、閻本、張本、全梁文、丁本作「開」，梁文紀卷四、御製集作「關」。今按：作「關」是，據改。○蹶角：文選卷四三丘遲與陳伯之書：「朝鮮昌海，蹶角受化。」李善注：「孟子曰：武之伐殷也，百姓若崩厥角。趙岐曰：厥角，叩頭以額角犀厥地也。」劉良曰：「蹶角，謂以額頭叩地也。」

〔三九〕沿泝（sù）：順水下行與逆水上行，意謂來往。漢書卷六一李廣利傳：「從泝河山。」李善注：「泝，逆流而上也。」○荆門：山名。在今湖北省枝江市西北之長江南岸，與北岸虎牙山相對。水經注卷三四江水二：「江水又東歷荆門、虎牙之間，荆門在南，上合下開，闇徹山南。有門像；虎牙在北，石壁色紅，間有白文，類牙形，並以物像受名。此二山，楚之西塞也。」

〔四〇〕訊：詢問。金樓子、藝文類聚卷五五、御製集、閻本、張本作「訴」，梁文紀卷四、全梁文、丁本作「訊」。今按：作「訊」是，據改。

〔四一〕京輦：指京城。文選卷二六潘岳在懷縣作：「自我違京輦，四載迄於斯。」李善注：「京輦，謂天子所居輦轂之下也。」梁京城在建康，即今江蘇省南京市。

〔四二〕漢南：漢水以南。爾雅釋地：「漢南曰荆州。」此處借指荆州。

〔四三〕貢職圖：御製集、全梁文、丁本作「職貢圖」。

【集評】

元吴澄吴文正集卷五九題梁湘東王繹貢職圖後：味柳子厚睢盱萬狀之辭，益以八荒四極之遠，陰陽奇僻之氣，所産亦猶禹鼎所象之物，古有王會圖，不可得見，此圖南梁蕭繹所作也。當今天下一統，日月所照，悉爲臣民，開闢以來之所未見，殊陬絶域，異服怪形，人所駭慄者，時獲目覩，不待索諸圖也。繹圖僅僅二三十國，奚足多哉？或謂蕭梁無有是事，繹作此以欺後世矣。雖陶穀跋語亦云斯蓋卑陋蕭梁，臆度立論，未嘗讀史書、考事實而然。夫梁雖偏霸一隅，然南朝四代運祚之短者止二十餘年，而蕭衍一人享國踰於四十年，元魏擾亂，故三十餘年，魏人不以一矢相加遺，境内小康，多歷年所，爲南北七代之最。遐僻小邦，聞風慕利而來，史不絶書。繹據實而圖之，豈欺也哉？但元魏乃梁敵國，以基業則魏先而梁後，以土地則魏廣而梁狹，以勢力則魏强而梁弱，蕭衍嘗自求和，而元恪不許。魏分東、西之後，元善見始與梁通，以魏列於貢職之首，則欺也。繹於君臣父子之道俱失，而文藝精麗，能詩能畫。此圖之作，乃在極盛將衰之時。不五六十年，侯景兵入，三主皆不得其死，國遂以亡，其事無足稱。而人寶此圖者，却以其畫之工也。觀其摹本，有缺落，字或謬誤。梁史所載，若扶南，若林邑，若婆利，若干陁利，及蠕蠕、盤盤、丹丹等，並有使至，而此無之，宜借善本完補改正。陶穀跋語亦紊前後之次，穀初得於石重貴末年之丙午，其年晉亡而失。再得之於劉知遠初年之丁未，庚戌漢亡再失。復得之於郭威廣順之癸丑，明年甲寅以侍郎充學士，又有跋語。丙午至甲寅，九年之間，三姓五君，穀仕晉爲中書舍人，仕漢爲給事中，視易姓易君如置棋，曾不以爲意，而獨拳拳於此一圖之得喪，不知其孰重孰輕也。

明宋濂文憲集卷一二題梁元帝畫職貢圖：梁元帝職貢圖一卷，自且末、中天竺、師子、北天竺、渴槃陀、武興番、高昌及建平蜑、臨江蠻，凡九國，前圖使者形狀，後列其土俗，貢獻歲月，而各國咸如之。絹素剥蝕，幾若不可觸。古誠古矣，然猶有可辯者。據梁元帝即蕭繹，其字世誠，武帝第七子也。梁書稱其任荆日，畫番客入朝圖，名畫記遂因其説，亦云畫職貢圖并序外國貢事。又據裴孝源公私畫録所載，梁元帝畫六卷，並有題印，而無職貢圖。又云職貢圖三卷，江僧寶畫，乃隋朝官，本上有陳梁年號。後來議者謂裴貞觀中人，官爲中書舍人，距繹時尚未遠，其言當可徵。洛陽任子羔一祖裴説，而駁史氏之妄踰數百言。則此圖已不能定於何人所作矣。況繹以湘東王鎮江陵，與岳陽王詧互相攻戰，曾無寧日。詧遂降魏，魏遣柱國于謹取江陵，繹焚古今圖書十四萬卷，歎曰：「文武之道，今夕盡矣。」繹尋遇害。竊計其時，繹亦何暇娱情於繪畫之事？脱誠有之，亦與十四萬卷同歸灰燼矣，惡能至於今日哉？此濂之所未喻也。又據李龍眠手帖云：「梁職貢圖首虜而終蜑，凡三十餘國。」而所謂三十餘國，又皆不與史合。自晉氏渡江，南北分統，北虜豈能越海而來貢邪？嗜古之家又謂此圖唯傳正字欽父所藏者爲真，首河南而終狼牙修，凡二十二國。其國與龍眠所言又有同異，且似疑龍眠首虜之説，而易虜爲魯。魯乃伯禽之裔，東表元侯之國，四夷之中亦豈有所謂魯邪？今以此卷，較之傳本，又絶不同。均號職貢圖，而乃復參差如此，此又濂之所未喻也。又據此卷題曰梁元帝畫，每段所寫土俗、貢獻之事，則云陶學士書。豈繹畫此時，特留餘地而候陶之書邪？此又姑置之。陶自跋其後，初書廣順三年云云，中間字多糜爛，不可屬讀。後復書云「夏五月二十九日汴上雨中書，北海陶穀，時具位珥貂三載也」。據陶名穀字秀實，邠之新平郡人。邠即豳也，古在雍州之域，漢屬安定北地郡，漢末置新平郡，今易北地爲北海，亦當有其説邪？陶起家校書郎，在周爲翰林學士，入宋歷禮刑户部三尚書，遷承旨，年六十八卒，贈右僕射。陶嘗自言頭骨當珥貂，因人笑之，自悔不復言。況在翰林日，初不珥貂，安肯自書以衒人耶？陶博學善記，以辭翰擅一世。今所書字形體窘束，絶無俊逸之氣，頗類書經手所爲。觀其書，佛作仏，壻作聟，蓋未能猝變者。此又濂之所未喻也。然其畫，意渾璞而無世俗纖陋之態，固不得爲真梁物，要亦爲宋代名筆所作。世之粗工塗青抹紅以欺人者，見之必循墻而避矣。濂與王君子克同觀青溪上，偶因吻創在告，援筆題之，不覺其辭之多也。

明葉紹泰編增訂漢魏六朝别解梁元帝集：不襲夏書之圖貢，匪採周禮之職方，自發新文，獨標瓌富。

清李兆洛駢體文鈔卷三梁元帝職貢圖序評：詞足盡意，不强爲閎肆，故佳。譚獻又評：立言有體，不徒浮蘇。

全德志序〔一〕

老子言「全德歸厚」〔二〕，莊周云「全德不刑」〔三〕，呂覽稱「全德之人」〔四〕，故以「全德」創其名也。此志陸大夫爲首〔五〕。伊人有學有辯，不夭不貧〔六〕。寶劍在前，鼓瑟從後，連環炙輠〔七〕，雍容卒歲〔八〕，駟馬高車，優游宴喜〔九〕，既令公侯踞掌〔一〇〕，復使要荒蹶角〔一一〕，入室生光，豈非盛矣？若乃何宗九策〔一二〕，事等神鈎〔一三〕；陽雍雙璧〔一四〕，理歸玄感〔一五〕。南陽樊重，高閣連雲〔一六〕；北海公沙，門人成市〔一七〕。洛此八龍〔一八〕，各傳一藝；夾河兩郡，家有萬石〔一九〕。人生行樂〔二〇〕，止足爲先〔二一〕。但使樽酒不空，坐客恒滿〔二二〕。寧與孟嘗聞琴，承睫淚下〔二三〕，中山聽息，悲不自禁〔二四〕，同年而語也〔二五〕！金樓子卷五著書篇、藝文類聚卷二一、梁文紀卷四、御製集、閣本、張本、全梁文、丁本。

【校注】

〔一〕全德志：金樓子卷五著書篇：「全德志一秩一卷。金樓自撰。」梁書卷五梁元帝紀著録全德志一卷，南史卷八梁本紀元帝著録古今全德志一卷。隋書卷三三經籍志：「全德志一卷，梁元帝撰。」

〔二〕老子：傳説姓李名耳，字聃，春秋時楚國苦縣人。曾任周守藏室之史。著道德經五千言，亦名老子。史記卷六三有傳。○全德歸厚：今本老子無此語，然第五五章有「含德之厚，比於赤子」云云。全德，後漢書卷三七桓榮傳史臣論曰：「而〔張〕佚廷議戚援，自居全德，意者以廉不足乎？」李賢注：「全德，言無玷缺也。莊子曰『是謂全德』也。」世説新語政事：「殷仲堪當之荆州，王東亭問曰：『德以居全爲稱，仁以不害物爲名。方今宰牧華夏，處殺戮之職，與本操將不乖乎？』」

〔三〕莊周：莊子名周，戰國時宋國蒙人。嘗爲蒙漆園吏，後居家講學。爲道家代表人物。有莊子一書，今存。史記卷六三有傳。○全德不刑：意謂全德者形體不受損害，亦即能形全。莊子天地：子貢曰：「執道者德全，德全者形全，形全者神全。神全者，聖人之道也。託生與民並行而不知其所之，汒乎淳備哉！功利機巧必忘夫人之心。若夫人者，非其志不之，非其心不爲。雖以天下譽之，得其所謂，謷然不顧；以天下非之，失其所謂，儻然不受。天下之非譽，無益損焉，是謂全德之人哉！我之謂風波之民。」

〔四〕呂覽：即戰國末期秦國丞相呂不韋召集門下賓客所編纂的呂氏春秋，因其中有八覽，故稱呂覽。呂氏春秋卷一孟春紀本生：「若此人者，不言而信，不謀而當，不慮而得，精通乎天地，神覆乎宇宙；其於物無不受也，無不裹也，若天地然；上爲天子而不驕，下爲匹夫而不惛：此之謂全德之人。」高誘注：「其德行升降無所虧闕，故曰全。」

〔五〕陸大夫：指陸賈。賈，西漢初楚人，以客從劉邦定天下。史記卷九七、漢書卷四三有傳。陸，金樓子、藝文類聚卷二一、梁文紀卷四、閣本、張本、全梁文、丁本作「隆」。御製集作「陸」。藝文類聚汪紹楹校：「按『隆』當作『陸』，所云寶劍，鼓瑟，公侯踞掌，要荒厥角，皆陸賈事，見史記賈傳。」今按：作「陸」是，據改。

〔六〕夭：藝文類聚卷二一、梁文紀卷四作「天」，藝文類聚汪紹楹校：「按賈傳云陸生竟以壽終，是『天』當作『夭』。」

〔七〕連環：莊子天下篇：「惠施多方，其書五車，其道舛駁，其言也不中。歷物之意，曰：『……今日適越而昔來。連環可解也。』」又，戰國策卷一三齊策六「齊閔王之遇殺」章：「秦始皇嘗使使者遺君王后玉連環，曰：『齊多智，而解此環不？』君王后以示群臣，群臣不知解；君王后引椎椎破之，謝秦使曰：『謹以解矣！』」淮南子卷二俶真訓：「辯解連環，澤潤玉石。」高誘注：「始皇遺齊襄王后玉連環，曰：『齊多智，解此環。』后椎破之，謝曰：『已解矣。』」

○炙輠：史記卷七四孟子荀卿列傳：「談天衍，雕龍奭，炙轂過髡。」司馬貞索隱：「劉向別録『過』字作『輠』。輠，車之盛膏器也。炙之雖盡，猶有餘津，言髡智不盡如炙輠也。」

〔八〕雍容：文選卷一班固兩都賦序：「雍容揄揚，著於後嗣。」呂向注：「雍，和；容，緩。」

〔九〕「駟馬」二句：史記卷九七陸賈傳載：孝惠帝時，呂太后專權，欲王諸呂，畏大臣諫阻，陸賈自度不能爭之，乃病免家居，過著悠遊華貴的生活。「常安車駟馬，從歌舞鼓琴瑟侍者十人，寶劍直百金，謂其子曰：『與汝約：過汝，汝給吾人馬酒食，極欲，十日而更。所死家，得寶劍車騎侍從者。』」

〔一〇〕公侯踞掌：指陸賈說陳平事。史記卷九七陸賈傳載：呂太后專權時，危劉氏。右丞相陳平憂懼，陸賈徑往請之，爲謀劃數事。陳平用其計，呂太后謀益衰。陸賈以此遊漢廷公卿間，名聲藉甚。踞掌，猶據掌。表示恭敬。禮記玉藻：「君賜，稽首，據掌，致諸地。」鄭玄注：

「據掌，以左手覆按右手也。」孔穎達疏：「據，案也。謂卻右手，而覆左手案於右手之上至地也。」宋衛湜禮記集説引嚴陵方氏曰：「稽首、據掌，皆致諸地，恭之至也。」

〔一一〕要荒蹶角：指南越王趙佗稱臣。史記卷一一三南越列傳載：吕太后崩，趙佗乘機以兵威邊，乘黄屋左纛，稱制。孝文帝元年，陸賈出使南越，令趙佗去黄屋稱制，同於諸侯，佗「乃頓首謝，願長爲藩臣，奉貢職」。要荒，古稱王畿外極遠之地。要，要服；荒，荒服。漢書卷六四嚴助傳：「蠻夷要服，戎狄荒服，遠近勢異也。」顔師古「要服」下注：「又在侯衛之外而居九州之内也。要，言以文德要來之耳，音一遥反。」「荒服」下注：「此在九州之外者也。荒，言其荒忽絶遠，來去無常也。」後漢書卷八七西羌傳東號子麻奴：「戎狄荒服，蠻夷要服，言其荒忽無常。」李賢注：「荒服，在九州之外也，言其荒忽無常。要服，在九州之内，侯衛之外，言以文德要來之。」蹶角，文選卷四三丘遲與陳伯之書：「朝鮮昌海，蹶角受化。」李善注：「孟子曰：武之伐殷也，百姓若崩厥角。趙岐曰：厥角，叩頭以額角犀厥地也。」劉良曰：「蹶角，謂以額頭叩地也。」

〔一二〕何宗：人名。華陽國志卷一〇上先賢士女總讚論：「何宗，字彦若，郫縣人也。通經緯、天官、推步、圖讖。知劉備應漢九世之運，讚立先主。爲大鴻臚，方授公輔，會卒。」三國志卷四五蜀書楊戲傳附何宗傳：「何彦英名宗，蜀郡郫人也。事廣漢任安學，精究安術，與杜瓊同師而名問過之。劉璋時，爲犍爲太守。先主定益州，領牧，辟爲從事祭酒。後援引圖讖，勸先主即尊號。踐阼之後，遷爲大鴻臚。建興中卒。失其行事，故不爲傳。」何，金樓子卷五著書篇、藝文類聚卷二一、梁文紀卷四、御製集、閻本、張本、全梁文、丁本俱作「河」。今按：當是「何」之訛，改正。○九策：蓋指推算劉備應漢九世之運事。

〔一三〕神鉤：搜神記卷九張氏鉤：「京兆長安有張氏，獨處一室。有鳩自外入，止於牀。張氏祝曰：『鳩來。爲我禍也，飛上承塵；爲我福也，即入我懷。』鳩飛入懷。以手探之，則不知鳩之所在，而得一金鉤，遂寶之。自是子孫漸富，資財萬倍。蜀賈至長安，聞之，乃厚賂婢，婢竊鉤與賈。張氏既失鉤，漸漸衰耗。而蜀賈亦數罹窮厄，不爲己利。或告之曰：『天命也，不可力求。』於是賫鉤以反張氏，張氏復昌。故關西稱張氏傳鉤云。」

〔一四〕陽雍雙璧：太平廣記卷二九二引孝德傳曰：「魏陽雍，河南洛陽人，兄弟六人，以傭賣爲業。公少修孝敬，達於遐邇。父母殁，葬禮畢，長慕追思，不勝心目。乃賣田宅，北徙絶水漿處大道峻阪下爲居。晨夜輦水，將給行旅，兼補履屬，不受其直，如是累年不懈。天神化爲書生，問曰：『何故不種菜以給？』答曰：『無種。』乃與之數升。公大喜，種之，其本化爲白璧，餘爲錢。書生復曰：『何不求婦？』答曰：『年老，無肯者。』書生曰：『求名家女，必得之。』有徐氏，右北平著姓，女有名行，多求不許，乃試求之。徐氏笑之，以爲狂僻，然聞其好善，戲笑媒曰：『得白璧一雙，錢百萬者，與婚。』公即具送。徐氏大愕，遂以妻之。生十男，皆令德俊異，位至卿相。今右北平諸陽，其後也。」亦見搜神記卷一一楊伯雍，「陽雍」作「楊伯雍」。今按：太平廣記卷二九二所引孝德傳或即是蕭繹所著之孝德傳。

〔一五〕玄感：冥冥中的感應。文選卷三六傳亮爲宋公修張良廟教：「風雲玄感，蔚爲帝師。」李周翰注：「易云：雲從龍，風從虎。此深感應也。玄，深。蔚，盛也。」

〔一六〕「南陽」二句：後漢書卷三二樊宏傳：「樊宏字靡卿，南陽湖陽人也，世祖之舅。……父重，字君雲，世善農稼，好貨殖。重性温厚，有法度，三世共財，子孫朝夕禮敬，常若公家。其營理産業，物無所棄，課役童隸，各得其宜，故能上下戮力，財利歲倍，至乃開廣田土三百餘頃。其所起廬舍，皆有重堂高閣，陂渠灌注。」南陽，郡名。治所在宛縣，即今河南省南陽市。樊重，人名，東漢樊宏父。

〔一七〕「北海」二句：後漢書卷八二方術列傳公沙穆：「公沙穆字文乂，北海膠東人也。家貧賤，自爲兒童不好戲弄，長習韓詩、公羊春秋，尤鋭思河、洛推步之術。居建成山中，依林阻爲室，獨宿無侣。時暴風震雷，有聲於外呼穆者三，穆不與語。有頃，呼者自牖而入，音狀甚怪，穆誦經自若，終亦無它妖異，時人奇之。後遂隱居東萊山，學者自遠而至。」北海，東漢時諸侯國名，都劇縣，即今山東省昌樂縣西。公沙，即公沙穆。後漢書卷八二有傳。

〔一八〕八龍：後漢書卷六二荀淑傳：「〔淑〕有子八人：儉、緄、靖、燾、汪、爽、肅、專，並有名稱，時人謂之『八龍』。」後以稱揚人家子弟或弟兄。

〔一九〕「夾河」二句：漢書卷六〇杜周傳：「杜周，南陽杜衍人也。……始周爲廷史，有一馬，及久任事，列三公，而兩子夾河爲郡守，家訾累巨萬矣。」

〔二〇〕人生行樂：漢書卷六六楊惲傳載惲報孫會宗書，有云：「人生行樂耳，須富貴何時！」

〔二一〕止足：知止知足。老子第四四章：「知足不辱，知止不殆，可以長久。」止，藝文類聚卷二一作「上」，汪紹楹校：「疑當作『止』。」

〔二二〕「但使」二句：後漢書卷七〇孔融傳載：孔融賦閒，賓客日盈其門，「常歎曰：『坐上客恒滿，尊中酒不空，吾無憂矣。』」樽，梁文紀卷四作「尊」。今按：尊、樽用同。

〔二三〕「寧與」二句：説苑卷一一善説：「雍門子周以琴見乎孟嘗君。孟嘗君曰：『先生鼓琴，亦能令文悲乎？』……雍門子周曰：『然臣之所爲足下悲者一事也：夫聲敵帝而困秦者，君也；連五國之約南面而伐楚者，又君也。天下未嘗無事，不從則橫。從成則楚王，橫成則秦帝。楚王秦帝，必報讐於薛矣。夫以秦、楚之强而報讐於弱薛，譬之猶摩蕭斧而伐朝菌也，必不留行矣。天下有識之士，無不爲足下寒心酸鼻者。千秋萬歲之後，廟堂必不血食矣。高臺既已壞，曲池既已壍，墳墓既已平，而青廷矣，嬰兒豎子樵採薪蕘者，蹢躅其足而歌其上，衆人見之，無不愀焉爲足下悲之，曰：「夫以孟嘗君尊貴，乃可使若此乎？」』於是孟嘗君泫然，泣涕承睫而未殞。雍門子周引琴而鼓之，徐動宫徵，微揮羽角，切終而成曲。孟嘗君涕浪汗增欷，下而就之曰：『先生之鼓琴，令文立若破國亡邑之人也。』」漢書卷五三景十三王中山靖王劉勝傳「雍門子壹微吟」，顔師古注：「張晏曰：『齊之賢者，居雍門，因以爲號。』

蘇林曰：『六國時人，名周，善鼓琴，母死無以葬，見孟嘗君而微吟也。』如淳曰：『雍門子以善鼓琴見孟嘗君，先説萬歲之後，高臺既已顛，曲池又已平，墳墓生荆棘，牧豎遊其上，孟嘗君亦如是乎？孟嘗君喟然歎息也。』」孟嘗，即孟嘗君田文，戰國齊貴族，爲戰國四公子之一，以善養士著稱。史記卷七五有傳。聞，四庫全書本金樓子、藝文類聚卷二一、閣本、張本作「問」。

〔二四〕「中山」二句：漢書卷五三景十三王中山靖王劉勝傳：「建元三年，代王登、長沙王發、中山王勝、濟川王明來朝，天子置酒，勝聞樂聲而泣。問其故，勝對曰：『臣聞悲者不可爲絫欷，思者不可爲歎息。故高漸離擊筑易水之上，荆軻爲之低而不食；雍門子壹微吟，孟嘗君爲之於邑。今臣心結日久，每聞幼眇之聲，不知涕泣之横集也。』」中山，指西漢中山王劉勝，漢宗室，景帝之子。漢書卷五三景十三王傳有傳。息，梁文紀卷四、御製集、閣本、張本作「樂」。清吴騫校金樓子云：「『息』，元帝集作『樂』。」

〔二五〕同年而語：猶言相提並論。漢賈誼過秦論上：「試使山東之國，與陳涉度長絜大，比權量力，則不可同年而語矣。」

【集評】

閣本：評「若乃何宗九策……家有萬石」：忠臣孝子，林立千秋，全德之人，指能幾屈，宜龍叟蝶生之津津也。

明葉紹泰編增訂漢魏六朝别解梁元帝集：帝爲詩賦，婉麗動人，如「妾怨迴文」、「君思出塞」，非多情者不得，然不邇聲色，頗有高名，此全德志之所爲作也。

清李兆洛駢體文鈔卷二一梁元帝全德志序譚獻評：爽氣。

洞林序〔一〕

蓋聞玄枵之野〔二〕，鬼方難測〔三〕；朱鳥之舍〔四〕，神道莫知。而緹幔曉披〔五〕，即辯黄鍾之氣〔六〕；靈臺夕望〔七〕，便知玉井之色〔八〕。復以談乎天者，雖絶名言之外〔九〕；存乎我者，還居稱謂之中〔一○〕。余幼學星文〔一一〕，多歷歲稔〔一二〕。海中之書〔一三〕，略皆尋究；巫咸之説〔一四〕，偏得研求。雖紫微迢遞〔一五〕，如觀掌握；青龍顯晦〔一六〕，易乎窺覽。羨門五將〔一七〕，亟經玩習〔一八〕；韓終六壬〔一九〕，常所寶愛。至如周王白雉之筮〔二○〕，殷人飛燕之卜〔二一〕；著名聚雪〔二二〕，非關地極之山；卦有密雲〔二三〕，能擁西郊之氣。爻通七聖〔二四〕，世經三古〔二五〕。山陽王氏，直解談玄〔二六〕；河東郭生，纔能射覆〔二七〕。兼而兩之，竊自許矣。藝文類聚卷七五、梁文紀卷四、御製集、閣本、張本、全梁文、丁本。

【校注】

〔一〕洞林：梁書卷五元帝紀載「洞林三卷」。隋志卷三四經籍志：「洞林三卷，梁元帝撰。」南史卷八梁本紀元帝則載「詞林三卷」，姚振宗隋書經籍志考證洞林認爲「詞林爲洞林之誤」，且云：「今本金樓子著書篇無洞林之目，唯有玉子訣一秩三卷，金樓付劉緩撰，豈即洞林之異名歟？似不然也。又洞林自序見藝文類聚。金樓子著書篇亦不載，則今輯本遺漏也。」另，晉書卷七二郭璞傳：「璞撰前後筮驗六十餘事，名爲洞林。」

〔二〕玄枵(xiāo)之野：指北方。爾雅釋天：「玄枵，虛也。顓頊之虛，虛也。」晉郭璞注：「虛在正北，北方黑色。枵之言耗，耗亦虛意。」

〔三〕鬼方：上古種族名。爲殷周西北境强敵。周易既濟卦：「九三，高宗伐鬼方，三年克之。」詩經大雅蕩：「内奰于中國，覃及鬼方。」毛傳：「鬼方，遠方也。」朱熹集傳：「鬼方，遠夷之國也。」泛指邊遠之地的少數民族。文選卷四七揚雄趙充國頌：「遂克西戎，還師于京；鬼方賓服，罔有不庭。」李善注：「世本注曰：鬼方，於漢則先零戎是也。」

〔四〕朱鳥之舍：指南方之地。朱鳥，星宿名。二十八宿中南方七宿井、鬼、柳、星、張、翼、軫的總稱。七宿相聯呈鳥形；朱色象火，南方屬火，故名。史記卷二七天官書：「南宫朱鳥。」亦指南方之神。太平御覽卷八八一引河圖曰：「南方赤帝，神名赤熛怒，精爲朱鳥。」文選卷一一王延壽魯靈光殿賦：「朱鳥舒翼以峙衡，騰蛇蟉虯而繞榱。」李周翰注：「朱鳥，朱雀，南方神也。」

〔五〕緹幔：橘紅色的帷幕。文選卷二三劉楨贈五官中郎將詩之四：「明月照緹幕，華燈散炎輝。」李周翰注：「緹，丹色也。」○披：文選卷一三謝惠連雪賦：「攜佳人兮披重幄。」李善注：「披，開也。」

〔六〕即：閣本、張本作「既」。○辯：梁文紀卷四、御製集作「辨」。今按：辨、辯可通。○黄鍾之氣：黄鍾，古代音樂分十二律，陰陽各六律，黄鍾爲陽律第一。古人有候氣之法，即將葦膜燒成灰，置於律管内，至某一節氣，相應律管内的灰就會自行飛出，以預測節氣的變化。黄鍾對應十一月。吕氏春秋卷六季夏紀音律：「大聖至理之世，天地之氣，合而生風。日至則月鐘其風，以生十二律。仲冬日短至，則生黄鐘。……天地之風氣正，則十二律定矣。」後漢書律曆志：「截管爲律，吹以考聲，列以物氣，道之本也。術家以其聲微而體難知，其分數不明，故作準以代之。準之聲，明暢易達，分寸又粗。然弦以緩急清濁，非管無以正也。均其中弦，令與黄鍾相得，案畫以求諸律，無不如數而應者矣。」

〔七〕靈臺：本西周臺名，漢亦有靈臺，在長安西北，爲觀測天象之所。三輔黄圖卷五臺榭：「漢靈臺，在長安西北八里。漢始曰清臺，本爲候者觀陰陽天文之變，更名曰靈臺。郭延生述征記曰：『長安宮南有靈臺，高十五仞，上有渾儀，張衡所製。又有相風銅烏，遇風乃動。一曰：長安靈臺，上有相風銅烏，千里風至，此烏乃動。又有銅表，高八尺，長一丈三尺，廣尺二寸，題云「太初四年造」。』

〔八〕玉井：星官名。參宿下方四顆星，形如井，故名。後漢書卷三〇郎顗傳：「臣竊見去年閏月十七日己丑夜，有白氣從西方天苑趨左足，入玉井，數日乃滅。」李賢注：「參星下四小星爲玉井。」

〔九〕「復以」二句：史記卷七四孟子荀卿列傳：「其次騶衍，後孟子。騶衍睹有國者益淫侈，不能尚德，若大雅整之於身，施及黎庶矣。乃深觀陰陽消息而作怪迂之變，終始、大聖之篇十餘萬言。其語閎大不經，必先驗小物，推而大之，至於無垠。……故齊人頌曰：『談天衍，雕龍奭，炙轂過髡。』」

〔一〇〕「存乎我者」二句：謂楊朱學派亦爲諸子之一家。存乎我者，列子楊朱載：楊朱曰：「人者，爪牙不足以供守衛，肌膚不足以自捍禦，趨走不足以從利逃害，無毛羽以禦寒暑，必將資物以爲養，任智而不恃力。故智之所貴，存我爲貴。」呂氏春秋卷一七審分覽不二：「陽生貴己。」高誘注：「輕天下而貴己。孟子曰：『陽子拔體一毛以利天下弗爲也。』」畢沅校：「李善注文選謝靈運述祖德詩引作楊朱。陽、楊古多通用。」今按：陽生即楊朱，亦即孟子盡心上所謂「楊子取爲我，拔一毛而利天下，不爲也」之楊子。

〔一一〕星文：星象。此指星象之學。南齊書卷四八孔稚珪傳：「頗解星文，好術數。」

〔一二〕歲稔：年歲。廣雅釋詁一：「稔，年也。」

〔一三〕海中：猶海内。説文解字丨部：「中，内也。」

〔一四〕巫咸之説：指卜筮占星之説。巫咸，古代傳説人名。黄帝時有巫咸。太平御覽卷七九引歸藏：「昔黄神與炎神争鬭涿鹿之野，將戰，筮於巫咸，巫咸曰果哉而有咎。」堯時亦有巫咸。晉郭璞巫咸山賦序：「蓋巫咸者，實以鴻術爲帝堯醫。」殷中宗的賢臣亦名巫咸。相傳是用筮占卜的創始者，又是占星家。尚書君奭：「巫咸乂王家。」孔穎達疏：「巫咸亦是賢臣。」史記卷三殷本紀：「巫咸治王家有成，作咸艾，作太戊。」楚辭離騷：「巫咸將夕降兮，懷椒糈而要之。」王逸注：「巫咸，古神巫也，當殷中宗之世。」洪興祖補注：「書序云：伊陟贊於巫咸。前漢郊祀志云：巫咸之興自此始。説者曰：巫咸，殷賢臣。一云名咸，殷之巫也。説文曰：巫，祝也。古者巫咸初作巫。山海經曰：巫咸國在女丑北。又曰：大荒之中，有靈山，巫咸、巫即、巫盼、巫彭、巫姑、巫真、巫孔、巫抵、巫謝、巫羅十巫從此升降。淮南子曰：軒轅丘在西方，巫咸在其北。注云：巫咸知天道，明吉凶。據此則巫咸之興尚矣，商時又有巫咸也。莊子曰：鄭有神巫，曰季咸。又有巫咸袑，皆取此名。」

〔一五〕紫微：即紫微垣。星官名，三垣之一。晉書卷一一天文志上：「紫宫垣十五星，其西蕃七，東蕃八，在北斗北。一曰紫微，大帝之坐也，天子之常居也，主命主度也。」○迢遞：同「迢遰」，遥遠貌。文選卷一八嵇康琴賦：「指蒼梧之迢遞，臨迴江之威夷。」吕向注：「謂蒼梧之迴遠也。」

〔一六〕青龍：東方七宿（角宿、亢宿、氐宿、房宿、心宿、尾宿、箕宿）的總稱。淮南子卷一五兵略訓：「所謂天數者，左青龍，右白虎，前朱雀，後玄武。」高誘注：「角、亢爲青龍。」亦太歲的別名。淮南子卷三天文訓：「天神之貴者，莫貴於青龍，或曰天一，或曰太陰。」後漢書律曆志下：「日周於天，一寒一暑，四時備成，萬物畢改，攝提遷次，青龍移辰，謂之歲。」

〔一七〕羨門五將：蓋指星占之術。宋王應麟漢藝文志考證卷九「羨門式法二十卷」：「日者傳：『分策定卦，旋式正棊。』周禮大史：『抱天時與大師同車。』鄭司農云：『抱式以知天時。』唐六典：『三式曰雷公、太一、六壬。其局以楓木爲天，棗心爲地，刻十二神，下布十二辰。』月令正義：『按陰陽式法。』梁元帝洞林序云：『羨門五將，韓終六壬。』司馬相如傳注：『羨門，偈石山上仙人羨門高也。』」羨門，古代傳説仙人。文選卷一九宋玉高唐賦：「有方之士，羨門高谿。」史記卷六秦始皇本紀：「三十二年，始皇之碣石，使燕人盧生求羨門高誓。」裴駰集解引韋昭曰：「古仙人。」漢書卷二五郊祀志：「於是始皇遂東遊海上，行禮祠名山川及八神，求僊人羨門之屬。……自齊威、宣時，騶子之徒論著終始五德之運，及秦帝而齊人奏之，故始皇采用之。而宋毋忌、正伯僑、元尚、羨門高最後，皆燕人，爲方僊道，形解銷化，依於鬼神之事。」顔師古注：「韋昭曰：『皆慕古人之名，效爲神仙者也。』師古曰：『自宋毋忌至最後，皆其人姓名也，凡五人。』」五將，古稱北極星周圍五星座。後漢書卷八〇文苑傳下高彪：「天有太一，五將三門。」李賢注：「太一式：『凡舉事皆欲發三門，順五將。』」

發三門者，開門、休門、生門。五將者，天目、文昌等。」

〔一八〕亟（qì）：左傳成公十六年：「吾先君之亟戰也。」杜預注：「亟，數也。」

〔一九〕韓終：秦始皇時方士。史記卷六秦始皇本紀：「因使韓終、侯公、石生求仙人不死之藥。」楚辭遠遊：「奇傅説之託辰星兮，羨韓衆之得一。」王逸注：「衆，一作『終』。」洪興祖補注引列仙傳曰：「齊人韓終，爲王採藥，王不肯服，終自服之，遂得仙也。」後漢書卷五九張衡傳録其思玄賦，有云：「咨妒媢之難並兮，想依韓以流亡。」李賢注：「韓謂齊仙人韓終也，爲王採藥，王不肯服，終自服之，遂得仙。楚辭曰：『羨韓衆而得一。』」〇六壬：用陰陽五行占卜凶吉的方法之一。六十甲子中，壬有六個（壬申、壬午、壬辰、壬寅、壬子、壬戌），故名六壬。六壬共六十四課。其占法，用兩木盤，上有天上十二辰分野，謂之天盤，下有地上十二辰方位，謂之地盤。兩盤相疊，轉動天盤，得出所占之干支與時辰的部位，以判吉凶。四庫全書總目提要卷一〇九六壬大全：「六壬與遁甲、太乙，世謂之三式，而六壬其傳尤古。或謂出於黄帝玄女，固屬無稽。要其爲術，固非後世方技家所能造，大抵數根於五行，而五行始于水。舉陰以起陽，故稱壬焉。舉成以該生，故用六焉。其有天地盤與神將加臨，雖漸近奇遁九宫之式，而由干支而有四課，則亦兩儀四象也。由發用而有三傳，則亦一生三，三生萬物也。以至六十四課，莫不原本義爻，蓋亦易象之支流，推而衍之者矣。考國語伶州鳩對七律，以所稱夷則上宫、大吕上宫推之，皆有合於六壬之義，然特以五音十二律定數，未可即指爲六壬之源。吴越春秋載伍員及范蠡雞鳴、日出、日昳、禺中四課，則時將加乘，與龍蛇刑德之用，一如今世所傳。而越絶書載公孫聖亦有今日壬午時加南方之語，其事雖不見經傳，似出依託。然趙曄、袁康皆後漢人，知其法著於漢代也。其書之見於史者，隋志二家，唐志六家，宋志三十家，而焦竑經籍志所列多至八十三家，然多散佚不傳。其存者如徐道符心鏡，蔣日新開雲觀月歌、淩福之畢法賦及五變中黄經，術家奉爲蓍蔡。而流傳既久，其説多岐，或專論課體而失之拘，或專主類神而失之粗，或雜取神煞而失之支，又皆不可以爲法。」姚振宗隋書經籍志考證卷三六六壬釋兆：「案梁元帝洞林序曰：『韓終六壬，常所寶愛。』案韓終亦云韓衆，秦方士，見史記秦始皇三十五年本紀，是古爲六壬之最著者，梁元帝或有其書。」

〔二〇〕周王白雉之筮：事不詳。後漢書卷八六南蠻西南夷列傳：「交趾之南有越裳國。周公居攝六年，制禮作樂，天下和平，越裳以三象重譯而獻白雉。」藝文類聚卷九〇引抱朴子曰：「白雉有種，南越尤多。按地域圖，今之九德，則古之越裳也，蓋白雉之所出。周成王所以爲瑞者，貴其所自來之遠，明其德化所被之廣，非謂此爲奇也。」

〔二一〕殷人飛燕之卜：蓋指殷商先祖簡狄吞燕卵事。飛燕即玄鳥。詩經商頌玄鳥：「天命玄鳥，降而生商，宅殷土芒芒。」毛傳：「玄鳥，鳦也。……湯之先祖有娀氏女簡狄配高辛氏帝。帝率與之祈于郊禖而生契，故本其爲天所命，以玄鳥至而生焉。」鄭玄箋：「天使鳦下而生商者，謂㐜遺卵，娀氏之女簡狄吞之而生契，爲堯司徒，有功，封商。堯知其後將興，又錫其姓焉。自契至湯，八遷始居亳之殷地而受命，國日以廣大芒芒然。湯之受命，由契之功，故本其天意。」

〔二二〕蓍名聚雪：蓍，蓍草，古代常用其莖占卜。周易繫辭上：「是故蓍之德，圓而神；卦之德，方以知。」聚雪，蓍草的别名。唐陸龜蒙幽居賦：「蓍名聚雪，仍招死草之譏；琴號落霞，亦被枯桐之誚。」

〔二三〕卦有密雲：周易小畜卦：「密雲不雨，自我西郊。」周易小過卦：「六五，密雲不雨，自我西郊。公弋取彼在穴。」

〔二四〕七聖：資治通鑑卷七三魏紀魏明帝「景初元年」：「然歷六代而考績之法不著，關七聖而課試之文不垂。」胡三省注：「七聖：堯、舜、禹、湯、文、武、周公。」

〔二五〕三古：上古、中古、下古的合稱。漢書卷三〇藝文志：「故曰易道深矣，人更三聖，世歷三古。」顔師古注引孟康曰：「易繫辭曰：『易之興，其於中古乎？』然則伏羲爲上古，文王爲中古，孔子爲下古。」

〔二六〕「山陽」二句：三國志卷二八鍾會傳裴松之注引何劭王弼傳曰：「性和理，樂遊宴，解音律，善投壺。其論道傅會文辭，不如何晏，自然有所拔得，多晏也。頗以所長笑人，故時爲士君子所疾。弼與鍾會善，會論議以校練爲家，然每服弼之高致。何晏以爲聖人無喜怒哀樂，其論甚精，鍾會等述之。弼與不同，以爲聖人茂於人者神明也，同於人者五情也，神明茂故能體沖和以通無，五情同故不能無哀樂以應物，然則聖人之情，應物而無累於物者也。今以其無累，便謂不復應物，失之多矣。」山陽，縣名。治所在今河南省焦作市東。王氏，指王弼。弼字輔嗣，三國魏山陽人。夙慧，拜尚書郎。齊王芳正始末，以公事免。弼好論儒道，與何晏、夏侯玄等開魏晉玄學清談之風。有周易注、老子注等。生平詳三國志卷二八鍾會傳裴松之注引王弼傳、世説新語文學。談玄，談論玄理。直，漢書卷六二司馬遷傳：「夫陰陽、儒、墨、名、法、道德，此務爲治者也，直所從言之異路，有省不省耳。」顔師古注：「直猶但也。」梁文紀卷四、閣本、張本作「真」。

〔二七〕「河東」二句：河東，縣名。治所在今山西省聞喜縣。郭生，指東晉郭璞。璞字景純，河東聞喜縣人。善五行、天文、卜筮之術，攘災轉禍，通致無方，雖京房、管輅不能過也。晉書卷七二有傳。世説新語文學：「郭景純詩云：『林無静樹，川無停流。』」劉孝標注：「王隱晉書曰：『郭璞字景純，河東聞喜人。父瑗，建平太守。』璞别傳曰：『璞奇博多通，文藻粲麗，才學賞豫，足參上流。』」射覆，古時猜物遊戲，亦往往用以占卜。漢書卷六五東方朔傳：「上嘗使諸數家射覆，置守宫盂下，射之，皆不能中。」顔師古注：「數家，術數之家也。於覆器之下而置諸物，令闇射之，故云射覆。」

【集評】

閣本：評「余幼學星文……常所寶愛」：知楚有災，而不能避，讀書萬卷，何貴哉？

明葉紹泰編增訂漢魏六朝別解梁元帝集：藝能博學，言大而非夸。

懷舊志序〔一〕

吾自北守琅臺〔二〕，東探禹穴〔三〕，觀濤廣陵〔四〕，面金湯之設險〔五〕，方舟宛委〔六〕，眺玉笥之干霄〔七〕，臨水登山，命儔嘯侶。中年承乏〔八〕，攝牧神州〔九〕，戚里英賢〔一〇〕，尚冠髦俊〔一一〕，蔭真長之弱柳〔一二〕，觀茂宏之舞鶴〔一三〕，清酒繼進，甘果徐行。長安郡公，爲其延譽〔一四〕；扶風長者，刷其羽毛〔一五〕。於是駐伏熊〔一六〕，迴駟□〔一七〕，命鄒湛〔一八〕，召王祥〔一九〕。余顧而言曰〔二〇〕：「斯樂難常〔二一〕，誠有之矣。」日月不居〔二二〕，零露相半〔二三〕。素車白馬〔二四〕，往矣不追；春華秋實〔二五〕，懷哉何已。獨軫魂交〔二六〕，情深宿草〔二七〕，故備書爵里，陳懷舊焉。金樓子卷五著書篇、藝文類聚卷三四、梁文紀卷四、御製集、閻本、張本、全梁文、丁本。

【校注】

〔一〕懷舊志：金樓子著書篇：「懷舊志一秩一卷。金樓撰。」梁書卷五元帝紀著録懷舊志一卷，南史卷八梁本紀元帝作二卷。隋書卷三三經籍志：「懷舊傳九卷，梁元帝撰。」日本國見在書目録：「懷舊志九卷，梁元帝撰。」史通卷一〇雜述：「普天率土，人物弘多，求其行事，罕能周悉，則有獨舉所知，編爲短部，若戴逵竹林名士、王粲漢末英雄、蕭世誠懷舊志、盧子行知己傳：此之謂小録者也。」又，蕭繹與劉孝綽書：「近在道務閒，微得點翰，雖無紀行之作，頗有懷舊之篇。」顔氏家訓卷四文章篇：「王籍入若耶溪詩云：『蟬噪林逾静，鳥鳴山更幽。』江南以爲文外斷絶，物無異議。……孝元諷味，以爲不可多得，至懷舊志載於籍傳。」又云：「吾家世文章，甚爲典正，不從流俗，梁孝元在蕃邸時，撰西府新文，訖無一篇見録者，亦以不偶於世，無鄭衛之音故也。有詩、賦、銘、誄、書、表、啓、疏二十卷，吾兄弟始在草土，並未得編次，便遭火蕩盡，竟不傳於世。銜酷茹恨，徹於心髓！操行見於梁史文士傳及孝元懷舊志。」周書卷四〇顔之儀傳：「父協……梁元帝爲湘東王，引協爲其府記室參軍。協不得已，乃應命。梁元帝後著懷舊志及詩，並稱贊其美。」南史卷四四齊武帝諸子傳竟陵王子良附孫賁傳：「賁字文奂……起家湘東王法曹參軍，得一府歡心。及亂，王爲檄，賁讀至『偃師南望，無復儲胥露寒，河陽北臨，或有穹廬氈帳』，乃曰：『聖製此句，非爲過似，如體目朝廷，非關序賊。』王聞之大怒，收付獄，遂以餓終。又追戮賁尸，乃著懷舊傳以謗之，極言誣毁。」今按：考梁書卷五元帝紀，知蕭賁傳所云「王爲檄」之「檄」作於簡文帝大寶三年（552）二月，是蕭繹懷舊志當成書於其後。

〔二〕琅臺：即琅邪臺，在琅邪郡琅邪山上，即今山東省膠南市東。此處代指南琅邪郡。郡治在今江蘇省南京市北。今按：蕭繹爲南琅邪郡太守，梁書卷五元帝紀失載，據吴光興蕭綱蕭繹年譜考證，時當天監十六年（517）。

〔三〕禹穴：相傳爲大禹的葬地，在今浙江省紹興市之會稽山。此處代指會稽郡。史記卷一三〇太史公自序：「二十而南游江、淮，上會稽，探禹穴。」裴駰集解引張晏曰：「禹巡狩至會稽而崩，因葬焉。上有孔穴，民間云禹入此穴。」張守節正義引括地志云：「吴越春秋云『禹案黄帝中經九山，東南天柱，號曰宛委。……山中又有一穴，深不見底，謂之禹穴』。史遷云『上會稽，探禹穴』，即此穴也。」今按：蕭繹出爲會稽太守之時間，梁書卷五元帝紀失載，據吴光興蕭綱蕭繹年譜考證，時當天監十八年（519）。

〔四〕廣陵：郡名，治所在今江蘇省揚州市東北。南齊書卷一四州郡上：「南兖州鎮廣陵，漢故王國。有江都浦水，魏文帝伐吴出此，見江濤盛壯，歎云：『天所以限南北也。』」

〔五〕金湯：「金城湯池」的省稱。漢書卷四五蒯通傳：「必將嬰城固守，皆爲金城湯池，不可攻也。」顔師古注：「金以喻堅，湯喻沸熱不可近。」這里指長江。

〔六〕方舟：莊子山木：「方舟而濟於河。」成玄英疏：「兩舟相並曰方舟。」此指乘船。○宛委：即宛委山，又名石簣山、玉笥山。在今浙江省紹興市東南。史記卷一三〇太史公自序：「上會稽，探禹穴。」張守節正義：「括地志云：『石簣山一名玉笥山，又名宛委山，即會稽山一峰也，在會稽縣東南十八里。吴越春秋云「禹案黄帝中經九山，東南天柱，號曰宛委，赤帝左闕之填，承以文玉，覆以盤石，其書金簡青玉爲字，編以白銀，皆瑑其文。禹乃東巡，登衡山，血白馬以祭。禹乃登山，仰天而笑，忽然而卧，夢見繡衣男子自稱玄夷蒼水使者，却倚覆釜之山，東顧謂禹曰：『欲得我山神書者，齋於黄帝之嶽，巖嶽之下，三月季庚，登山發石。』禹乃登宛委之山，發石，乃得金簡玉字，以水泉之脈。』」

〔七〕玉笥：山名。即委宛山。○干霄：猶參天。謂高入云霄。文選卷四三孔琳北山移文：「度白雪以方絜，干青雲而直上。」李善注：「子虛賦曰：上干青雲。」李周翰注：「干，觸也。」

〔八〕承乏：承繼空缺的職位。多用作任官的謙詞。左傳成公二年：「敢告不敏，攝官承乏。」杜預注：「言欲以己不敏，攝承空乏。」楊伯峻注：「承乏亦謙詞，表示某事由於缺乏人手，只能由自己承當。」

〔九〕神州：文選卷二一左思詠史詩：「皓天舒白日，靈景耀神州。」吕向注：「神州，京都也。」南朝梁時都建康，建康亦爲揚州治所，故此代指揚州。蕭繹金樓子序：「粤以凡庸，早賜茅社，祚土瀟湘，褰帷陜服，早攝神州。」今按：蕭繹曾於普通七年（526）以丹陽尹攝揚州刺史，年十九。參吴光興蕭綱蕭繹年譜普通七年「湘東王繹代理揚州刺史」條。

〔一〇〕戚里：漢書卷四六石奮傳：「於是高祖召其姊爲美人，以奮爲中涓，受書謁，徙其家長安中戚里。」顔師古注：「於上有姻戚者，則皆居之，故名其里爲戚里。」文選卷六左思魏都賦：「亦有戚里，寘宫之東。」吕延濟注：「戚里，外戚所居之里。」此泛指親戚鄰里。

〔一一〕尚冠：里名。漢書卷八宣帝紀：「時會朝請，舍長安尚冠里，身足下有毛，卧居數有光耀。」文選卷一〇潘安仁西征賦曰：「所謂尚冠脩成，黄棘宣明，建陽昌陰，北焕南平，皆夷漫滌蕩，亡其處而有其名。」李善注：「皆里名也。漢書曰：宣帝舍長安尚冠里。」藝文類聚卷四一引梁張率相逢行曰：「相逢夕陰街，獨趨尚冠里。高門既如一，甲第復相似。」尚，金樓子、全梁文、丁本作「南」，藝文類聚卷三四、梁文紀卷四、御製集、閣本、張本作「尚」。今按：「南」當是「尚」之形訛，改正。〇髦俊：指才智傑出之士。

〔一二〕真長：東晉劉惔字真長。惔，沛國蕭人，曾官丹陽尹。晉書卷七五有傳。南齊書卷三九劉瓛傳：「丹陽尹袁粲於後堂夜集，瓛在座，粲指庭中柳樹謂瓛曰：『人謂此是劉尹時樹，每想高風；今復見卿清德，可謂不衰矣。』」劉尹，即劉真長。

〔一三〕茂宏：宏，藝文類聚卷三四、梁文紀卷四、御製集、閣本、張本、全梁文、丁本作「弘」。今按：「宏」、「弘」舊通用，但人名從主人，此處疑當作「弘」。東晉王導字茂弘。導，祖籍琅邪臨沂。洛陽傾覆，導聯合南北士族擁司馬睿稱帝，官至丞相。卒，謚文獻。晉書卷六五有傳。今按：茂弘「舞鶴」事待考。又，世説新語排調：「昔羊叔子有鶴善舞，嘗向客稱之。」然初學記卷八引劉義慶世説曰：「晉羊祜鎮荆州於江陵，澤中得鶴，教其舞動，以樂賓友。」然人物、地點與本書所載均異，作「茂弘」者或是蕭繹誤記。

〔一四〕「長安」二句：此用王粲事。三國志卷二一王粲傳：「獻帝西遷，粲徙長安，左中郎將蔡邕見而奇之。時邕才學顯著，貴重朝廷，常車騎填巷，賓客盈坐。聞粲在門，倒屣迎之。粲至，年既幼弱，容狀短小，一坐盡驚。邕曰：『此王公孫也，有異才，吾不如也。吾家書籍文章，盡當與之。』」郡公，金樓子、藝文類聚卷三四、梁文紀卷四、御製集、閣本、張本作「郡公」，全梁文、丁本作「群公」。清吴騫校金樓子：「當作『群公』。」郡公，指一郡有聲譽之人。後漢書卷六〇蔡邕傳載：帝特詔問邕，有云：「每訪郡公卿士，庶聞忠言。」

〔一五〕「扶風」二句：蓋指馬融教授鄭玄事。後漢書卷三五鄭玄傳載：玄通諸經，「以山東無足問者，乃西入關，因涿郡盧植，事扶風馬融。融門徒四百餘人，升堂進者五十餘生。融素驕貴，玄在門下，三年不得見，乃使高業弟子傳授於玄。玄日夜尋誦，未嘗怠倦。會融集諸生考論圖緯，聞玄善算，乃召見於樓上，玄因從質諸疑義，問畢辭歸。融喟然謂門人曰：『鄭生今去，吾道東矣。』」扶風，郡名。治所槐里縣，即今陝西省興平市東南。馬融爲漢扶風茂林人。長者，韓非子詭使：「重厚自尊謂之長者。」後漢書卷二四馬援傳：「王氏，廢姓也。子石當屏居自守，而反游京師長者。」李賢注：「長者，謂豪俠者也。」文選卷四左思三都賦序：「風謡歌舞，各附其俗，魁梧長者，莫非其舊。」刷羽毛，梳理羽毛。此處比喻教育培養。

〔一六〕伏熊：車箱前横木上雕刻的伏熊紋飾，爲公、列侯輿服規格。後漢書輿服志上：「公、列侯安車，朱班輪，倚鹿較，伏熊軾，皂繒蓋，黑轓，右騑。……諸車之文：……公、列侯，倚鹿伏熊，黑轓，朱班輪，鹿文飛軨，九斿降龍。」漢書卷六〇杜周傳附子延年傳：「賜安車駟馬，罷就第。」顔師古注：「安車，坐乘之車也。後漢輿服志云『公、列侯安車，朱斑輪，倚鹿較，伏熊軾，皂蓋』。倚鹿較者，畫立鹿於車之前兩藩外也，伏熊軾者，車前横軾爲伏熊之形也。」

〔一七〕迴駟□：金樓子「駟」下作缺字符，小字云：「原缺一字。」清吴騫校：「按集作『迴結駟』。」藝文類聚卷三四作「迴駟」，汪紹楹校：「全梁文十七『駟』上有『結』字。」梁文紀卷四、閣本、張本、全梁文、丁本作「迴結駟」，御製集作「迴文駟」。御定淵鑑類函卷五六作「迴上駟」，同書卷三〇八作「迴駟馬」。

〔一八〕鄒湛：字潤甫，南陽新野人。仕魏歷通事郎，太學博士。西晉泰始初，轉尚書郎。入爲太子中庶子。太康中，補渤海太守，遷侍中。元康末卒。晉書卷九二文苑英華有傳。

〔一九〕王祥：字休徵，琅邪臨沂人。魏高貴鄉公立，拜司隸校尉，累遷司空，太尉。入晉，拜太保，進爵爲公。卒，謚元。晉書卷三三有傳。

〔二〇〕余：閣本、張本脱。

〔二一〕斯樂難常：文選卷四二魏文帝與朝歌令吴質書：「每念昔日南皮之遊，誠不可忘。既妙思六經，逍遥百氏。彈棊間設，終以六博。高談娱心，哀箏順耳，馳騁北場，旅食南館。浮甘瓜於清泉，沈朱李於寒水。白日既匿，繼以朗月，同乘並載，以遊後園，輿輪徐動，參從無聲。清風夜起，悲笳微吟，樂往哀來，愴然傷懷。余顧而言：『斯樂難常。』足下之徒，咸以爲然。今果分別，各在一方，元瑜長逝，化爲異物。每一念至，何時可言！」常，梁文紀卷四、閣本、張本作「長」。

〔二二〕日月不居：文選卷四一孔融論盛孝章書：「歲月不居，時節如流。」李善注：「國語，文姜曰：日月不居，人誰不安。」居，停留。

〔二三〕零露相半：指友朋半數已逝。零露，詩經鄭風野有蔓草：「野有蔓草，零露漙兮。」鄭玄箋：「零，落也。」

〔二四〕素車白馬：後漢書卷八一獨行范式傳載：范式字巨卿，與汝南張劭元伯爲友。式忽夢見元伯告以己死之日，望能相及。式覺寤，悲歎泣下。「式便服朋友之服，投其葬日，馳往赴之。式未及到，而喪已發引，既至壙，將窆，而柩不肯進。其母撫之曰：『元伯，豈有望邪？』遂停柩移時，乃見有素車白馬，號哭而來。其母望之曰：『是必范巨卿也。』巨卿既至，叩喪言曰：『行矣元伯！死生路異，永從此辭。』會葬者千人，咸爲揮涕。」

〔二五〕春華秋實：文選卷五六曹植王仲宣誄：「文若春華，思若涌泉。」文選卷二六陸厥奉答内兄希叔：「春華與秋實，庶子及家臣。」三國志卷一二邢顒傳載：邢顒字子昂，其人德行堂堂，淵深法度。爲平原侯曹植家丞，無所屈撓，與植不合。庶子劉楨諫植曰：「家丞邢顒，北土之彦，少秉高節，玄静澹泊，言少理多，真雅士也。楨誠不足同貫斯人，並列左右。而楨禮遇殊特，顒反疏簡，私懼觀者將謂君侯習近不肖，禮賢不足，采庶子之春華，忘家丞之秋實。爲上招謗，其罪不小，以此反側。」顔氏家訓卷三勉學：「夫學者猶種樹也，春玩其華，秋登其實；講論文章，春華也；脩身利行，秋實也。」此處指文采漂亮與品德高尚的友朋。

〔二六〕軫：楚辭九章：「出國門而軫懷兮。」王逸注：「軫，痛也。」○魂交：莊子齊物論：「其寐也魂交，其覺也形開。」陸德明釋文引司馬彪曰：「精神交錯也。」

〔二七〕宿草：禮記檀弓上：「朋友之墓，有宿草而不哭焉。」鄭玄注：「宿草，謂陳根也。」晉陶潛悲從弟仲德詩：「流塵集虚坐，宿草旅前庭。」

追思張纘詩序〔一〕

簡憲之爲人也，不事王侯〔二〕，負才任氣〔三〕，見余則申旦達夕〔四〕，不能已已〔五〕。懷夫人之德，何日忘之〔六〕。梁書卷三四張纘傳、南史卷五六張纘傳、通志卷一三九、册府元龜卷二〇四、梁文紀卷四、御製集、張本、全梁文、丁本。

【校注】

〔一〕追思張纘詩序：梁文紀卷四題作「懷張纘詩序」；御製集題作「與張纘詩序」；張本題作「與張纘詩」，下小注：「存序」；全梁文、丁本題作「追思張纘詩序」。今題從全梁文。張纘，字伯緒，祖籍范陽方城。梁大同二年徵爲吏部尚書。九年，遷湘州刺史。太清末爲蕭詧所殺。謚簡憲公。著有鴻寶及文集，皆佚。梁書卷三四、南史卷五六有傳。梁書卷三四張纘傳：「纘有識鑒，自見元帝，便推誠委結。及元帝即位，追思之，嘗爲詩，其序」云云。亦見南史卷五六張纘傳。據知此序當作於元帝即位之承聖元年(552)。

〔二〕不事王侯：周易蠱卦：「上九，不事王侯，高尚其事。」魏王弼注：「最處事上，而不累於位，不事王侯，高尚其事也。」孔穎達疏：「不事王侯，高尚其事者，最處事上，不復以世事爲心，不係累於職位，故不承事王侯，但自尊高慕尚其清虚之事，故云高尚其事也。」此處指不屈於王侯權貴。

〔三〕負才任氣：謂依恃才學，任性使氣。梁書卷三四張纘傳：「大同二年，徵爲吏部尚書。纘居選，其後門寒素，有一介皆見引拔，不爲貴要屈意，人士翕然稱之。」

〔四〕申旦達夕：自夜至晨，自晨到夜。形容日夜不止。册府元龜卷二〇四作「申達旦夕」。

〔五〕已已：休止。疊用以加重語氣。世説新語傷逝：「庾文康亡，何揚州臨葬，云：『埋玉樹著土中，使人情何能已已！』」

〔六〕何日忘之：詩經小雅隰桑：「中心藏之，何日忘之！」

金樓子序〔一〕

先生曰〔二〕：余於天下爲不賤焉〔三〕。竊念臧文仲既殁〔四〕，其立言於世〔五〕，曹子桓云「立德著書，可以不朽」〔六〕，杜元凱言「德者非所企及，立言或可庶幾」〔七〕，故户牖懸刀筆〔八〕，而有述作之志矣。常笑淮南之假手〔九〕，每蚩不韋之託人〔一〇〕。由是年在志學〔一一〕，躬自搜纂〔一二〕，以爲一家之言〔一三〕。

【校注】

〔一〕金樓子：蕭繹撰寫的一部雜家性質的著作。隋書經籍志、舊唐書經籍志、新唐書藝文志、宋史藝文志俱載爲二十卷。晁公武讀書志謂其書十五篇。至明宋濂諸子辨、胡應麟九流緒論所列「子部」，皆不及是書，知明初漸已湮晦，明季遂竟散亡。今流行本係四庫館臣從永樂大典中輯出，共六卷十四篇，六萬多字。有知不足齋本、四庫全書本、龍溪精舍本、子書百家本、叢書集成初編本和紺珠集本、説郛本等版本。此序見於金樓子前。今按：金樓子的創作過程長達三十餘年。此序云：「由是年在志學，躬自搜纂，以爲一家之言。」「年在志學」指十五歲，此爲蕭繹創作金樓子之始。金樓子雜記篇上又載：「余作金樓子未竟，從荆州還都。」據梁書卷三武帝紀及卷五元帝紀，蕭繹於普通七年至大同五年、太清元年至承聖元年皆在荆州刺史任上。此「從荆州還都」是指初卸荆州刺史任返京，時在大同五年(539)。金樓子説蕃篇又載：「我高祖、王元長、謝元暉、張思光、何憲、任昉、孔廣、江淹、虞炎、何僩、周顒之儔，皆當時之傑，號士林也。」金樓子立言篇上有云：「先帝朔望，盡哀慟哭。」稱父蕭衍爲高祖、先帝，則此時蕭衍已崩。蕭衍卒於太清三年(549)，而金樓子仍在創作中。金樓子聚書篇稱「吾今年四十六歲」，蕭繹天監七年(508)八月生，至「四十六歲」，時當承聖二年(553)，金樓子尚未完成，此時距蕭繹去世僅僅一年。立言篇上稱：「余將養性養神，獲麟于金樓之制也。」蕭繹是將金樓子當作了自己的絶筆之作的。此序説：「早攝神州，晚居外相。」梁書卷五元帝紀載：太清三年三月，「侯景寇没京師。四月，太子舍人蕭韶至江陵宣密詔，以世祖爲侍中、假黄鉞、大都督中外諸軍事、司徒承制，餘如故」。此即所謂的「晚居外相」，時在549年，序當完成於此後。如果此序寫於全書完成後，則極可能在承聖三年(553)，蕭繹去世前。

〔二〕先生：文人學者的通稱。可自稱，亦可稱人。此處是蕭繹自指。晉書卷五一皇甫謐傳：「〔謐〕沈静寡欲，始有高尚之志，以著述爲務，自號玄晏先生。」文選卷四五皇甫謐三都賦序「玄晏先生曰」，李善注：「謐自序曰：始志乎學，而自號玄晏先生。……先生，學人之通稱也。」蕭繹蓋受皇甫謐影響，亦自稱金樓先生。

〔三〕不賤：史記卷三三魯周公世家：「周公戒伯禽曰：『我文王之子，武王之弟，成王之叔父，我於天下亦不賤矣。』」蕭繹馳檄告四方：「況聯華日月，天下不賤，爲臣爲子，兼國兼家者哉！」

〔四〕臧文仲：即臧孫氏，名辰，春秋時魯國正卿，歷事魯莊公、閔公、僖公、文公四君。謚文仲。

生平事跡詳左傳莊公十一年、僖公二十年、襄公二十四年、文公二年。

〔五〕立言：四庫全書本金樓子、全梁文、丁本作「言立」。今按：依上下文意，似以「言立」爲允。左傳襄公二十四年：穆叔如晉，范宣子問曰：「古人有言曰：『死而不朽』，何謂也？」穆叔曰：「魯有先大夫曰臧文仲，既没，其言立，其是之謂乎？豹聞之，大上有立德，其次有立功，其次有立言，雖久不廢，此之謂不朽。」杜預注：「立，謂不廢絶。」

〔六〕「曹子桓」句：曹子桓，魏文帝曹丕字子桓。丕，三國魏沛國譙人，曹操次子。漢獻帝延康元年，操死，嗣爲魏王，繼任丞相，尋建魏稱帝。性好文學，有魏文帝集、典論。三國志卷二魏書有紀。三國志魏書文帝紀裴松之注引魏書曰：「帝初在東宮，疫癘大起，時人彫傷，帝深感歎，與素所敬者大理王朗書曰：『生有七尺之形，死唯一棺之土，唯立德揚名，可以不朽，其次莫如著篇籍。疫癘數起，士人彫落，余獨何人，能全其壽？』」

〔七〕「杜元凱」句：杜元凱，西晉杜預字元凱。預，京兆杜陵人。歷官曹魏尚書郎，河南尹，度支尚書，鎮南大將軍，當陽縣侯，至司隸校尉。爲滅吴統一戰爭的統帥之一。著春秋左氏經傳集解及春秋釋例等。晉書卷三四有傳。宋魏了翁左傳要義卷一「杜元凱家世及所著春秋書」條引王隱晉書：「預，知謀深博，明於治亂，嘗稱『德者非所企及，立言立功，預所庶幾也』。」庶幾，差不多，近似，用於積極方面。孟子梁惠王下：「王之好樂甚，則齊國其庶幾乎！」朱熹集注：「庶幾，近辭也。」

〔八〕户牖懸刀筆：後漢書卷四九王充傳：「充好論説，始若詭異，終有理實。以爲俗儒守文，多失其真，乃閉門潛思，絶慶吊之禮，户牖牆壁各置刀筆。著論衡八十五篇，二十餘萬言，釋物類同異，正時俗嫌疑。」户牖，門窗。刀筆，古代書寫工具。後漢書卷一一劉盆子傳：「酒未行，其中一人出刀筆書謁欲賀。」李賢注：「古者記事書於簡册，謬誤者以刀削而除之，故曰刀筆。」

〔九〕淮南：指西漢淮南王劉安。安，漢宗室，高祖孫，淮南王劉長子。文帝十六年襲父爵爲淮南王。善文辭，才思敏捷。武帝即位，安暗整武備。元狩元年事敗，舉兵未成，自殺。安曾招致賓客方術之士作鴻烈，亦稱淮南鴻烈、淮南子。史記卷一一八、漢書卷四四有傳。漢書本傳：「淮南王安爲人好書鼓琴，不喜弋獵狗馬馳騁，亦欲以行陰德拊循百姓，流名譽。招致賓客方術之士數千人，作爲内書二十一篇，外書甚衆。又有中篇八卷，言神仙黄白之術，亦二十餘萬言。」〇假手：藉别人之手達到自己的目的。此處指讓人代爲著述。

〔一〇〕蚩：文選卷二三阮籍詠懷詩：「乃悮羡門子，噭噭今自蚩。」李善注：「説文云：嗤，笑也。嗤與蚩同。」大廣益會玉篇虫部：蚩，「笑也」。〇不韋：即吕不韋，戰國末衛國人。原爲陽翟大商人，偶遇爲質於趙之秦公子異人，設計使之歸秦嗣位，爲秦莊襄王。不韋任秦相，封文信侯。秦王政立，繼任相國，尊爲仲父。曾令賓客編撰吕氏春秋。史記卷八五有傳。史記本傳：「是時諸侯多辯士，如荀卿之徒，著書布天下。吕不韋乃使其客人人著所聞，集論以爲八覽、六論、十二紀，二十餘萬言。以爲備天地萬物古今之事，號曰吕氏春秋。」○人：知不足齋本金樓子作空格，四庫全書本金樓子下有小字云：「原缺一字。」全梁文、丁本及金樓子之叢書集成本、百子全書本、龍谿精舍本作「人」字。今按：當以作「人」爲是，據補。

〔一二〕是：知不足齋本、四庫全書本金樓子缺。四庫全書本小注：「原缺一字。」全梁文、丁本及金樓子之沈氏鈔本、叢書集成初編本、百子全書本、龍谿精舍本「由」下有「是」字。今按：以有「是」爲當，據補。○志學：論語爲政：「吾十有五而志于學。」三國魏曹植武帝誄：「年在志學，謀過老成。」此借指十五歲。

〔一三〕躬自：自己，親自。詩經衛風氓：「静言思之，躬自悼矣。」鄭玄箋：「躬，身也。」

〔一四〕一家之言：指有獨特見解、自成一家的學説或論著。漢司馬遷報任少卿書：「欲以究天人之際，通古今之變，成一家之言。」

粤以凡庸〔一〕，早賜茅社〔二〕，祚土瀟湘〔三〕，搴帷陝服〔四〕，早攝神州〔五〕，晚居外相〔六〕，文案盈前，書幌未輟，俾夜作晝〔七〕，勤亦至矣。其間屢事玄言，亟登講肆。外陳玉鉉之文〔八〕，内宏金牒之典〔九〕。從乎華陰之市〔一〇〕，廢乎昌言之説〔一一〕。其事一也。六戎多務〔一二〕，千乘紜紛〔一三〕。夕望湯池〔一四〕，觀仰月之勢〔一五〕；朝瞻美氣〔一六〕，眺非煙之色〔一七〕。替於筆削。其事二也。復有西園秋月，岸幘舉杯〔一八〕；左海春朝〔一九〕，連章摛翰〔二〇〕。雖有欣乎寸錦〔二一〕，而久棄於尺璧〔二二〕。其事三也。而體多羸病，心氣頻動〔二三〕。卧治終日，淮陽得善政之聲〔二四〕；足不跨鞍，聊城有却兵之術〔二五〕。吾不解一也。常貴無爲〔二六〕，每嗤有待〔二七〕。閒齋寂寞，對林泉而握談柄〔二八〕；虚宇遼曠，玩魚鳥而拂叢蓍〔二九〕。愛静之心〔三〇〕，彰乎此矣。而候騎交馳〔三一〕，仍麾白羽之扇〔三二〕；兵車未息，還控蒼兕之軍〔三三〕。此吾不解二也。有「三廢學」、「二不解」，而著書不息，何哉？若非隱淪之愚谷〔三四〕，是謂高陽之狂生者也〔三五〕。竊重管夷吾之雅談〔三六〕，諸葛孔明之宏論〔三七〕，足以言人世，足以陳政術，竊有慕焉。

【校注】

〔一〕粤：史記卷四周本紀：「我南望三塗，北望嶽鄙，顧詹有河，粤詹雒伊，毋遠天室。」張守節正義：「粤者，審慎之辭也。」漢書卷八四翟義傳「粤其聞日」顔師古注：「粤，發語辭也。」

〔二〕茅社：古天子分封諸侯，授之茅土使歸國立社，稱作茅社。尚書禹貢：「厥貢惟土五色。」孔安國傳：「王者封五色土爲社，建諸侯則各割其方色土與之，使立社。燾以黄土，苴以白茅，茅取其絜，黄取王者覆四方。」孔穎達疏：「傳解貢土之意，『王者封五色土以爲社』，若封建諸侯，則各割其方色土與之，使歸國立社。其上『燾以黄土』，燾，覆也。四方各依其方色，皆以黄土覆之。其割土與之時，『苴以白茅』，用白茅裹土與之。必用白茅者，取其絜清也。易稱『藉用白茅』，茅色白而絜美。韓詩外傳云：『天子社廣五丈，東方青、南方赤、西方白、北方黑，上冒以黃土。將封諸侯，各取其方色土，苴以白茅，以爲社。明有土謹敬絜清也。』蔡邕獨斷云：『天子大社，以五色土爲壇。皇子封爲王者，授之太社之土，以所封之方色，苴以白茅，使之歸國以立社，謂之茅社。』」

〔三〕胙土：封土賜邑。○瀟湘：湘江與瀟水的合稱，此處指湘州。據梁書卷五元帝紀，蕭繹天監七年(508)生，十三年(514)封湘東王。

〔四〕搴帷：指高級地方官履任。後漢書卷三一賈琮傳：「以琮爲冀州刺史。舊典，傳車驂駕，垂赤帷裳，迎於州界。及琮之部，升車言曰：『刺史當遠視廣聽，糾察美惡，何有反垂帷裳以自掩塞乎？』乃命御者褰之。百城聞風，自然竦震。」搴，通「褰」。揭起，撩起。○陝服：指古荆州地。南齊書卷一五州郡志：「弘農郡陝縣，周世二伯總諸侯，周公主陝東，召公主陝西，故稱荆州爲陝西也。」文選卷六〇任昉齊竟陵文宣王行狀：「初，沈攸之跋扈上流，稱亂陝服。」吕向注：「上流，荆州也。時攸之爲荆州刺史，宋順帝即位，起兵作亂。時以荆州比陝州，爲分陝之望也，如侯、甸之服，故云陝服也。」蕭繹與劉縉書云：「昔經陝服，頗足良書。」據梁書卷三武帝紀及卷五元帝紀，蕭繹普通七年(526)十月出爲荆州刺史。陝，知不足齋本、四庫全書本金樓子作「挾」，全梁文、丁本及金樓子之重校本、叢書集成本、百子全書本、龍谿精舍本作「陝」。清吴騫校金樓子：「『挾』當作『陝』。」今按：吴騫校是，據改。

〔五〕攝：官制術語。以低職官代行高級職務。○神州：文選卷二一左思詠史詩：「皓天舒白日，靈景耀神州。」吕向注：「神州，京都也。」南朝梁時都建康，建康亦爲揚州治所，故此代指揚州。梁書卷三六孔休源傳載：普通七年，揚州刺史臨川王蕭宏薨，高祖以孔休源監揚州。「時論榮之，而神州都會，簿領殷繁。」今按：蕭繹於普通七年（526）夏秋間以丹陽尹攝揚州刺史，時年十九，故其懷舊志序云：「中年承乏，攝牧神州。」然此事梁書卷五元帝紀及南史卷八梁本紀元帝俱失載，説詳吴光興蕭綱蕭繹年譜卷一「普通七年」下「湘東王代理揚州刺史」條。揚州爲當時京師所在，地位隆重，故其以攝揚州刺史爲榮。

〔六〕外相：指朝廷重臣而都督諸軍且主政方面者。晉書卷六六陶侃傳載：侃字士行，爲使持節、侍中、太尉、都督荆江雍梁交廣益寧八州諸軍事、荆江二州刺史。史臣曰：「士行……超居外相，宏總上流。」梁書卷五元帝紀：太清元年，蕭繹爲使持節、都督荆雍湘司郢寧梁南北秦九州諸軍事、鎮西將軍、荆州刺史。「三年三月，侯景寇没京師。四月，太子舍人蕭韶至江陵宣密詔，以世祖爲侍中、假黄鉞、大都督中外諸軍事、司徒承制，餘如故。」余嘉錫目録學發微卷三：「考太清三年，侯景寇没京師，密詔以帝爲侍中，假黄鉞大都督中外諸軍事，司徒承制，所謂『晚居外相』也。」

〔七〕俾夜作晝：謂夜以繼日。今按：此乃反「俾晝作夜」用之。詩經大雅蕩：「既衍爾止，靡明靡晦。式號式呼，俾晝作夜。」毛傳：「使晝爲夜也。」鄭玄注：「用晝日作夜，不視政事。」

〔八〕玉鉉之文：指玄學著作。玉鉉，本指玉製的舉鼎之具，狀如鉤，用以提鼎之兩耳。周易鼎卦：「上九，鼎玉鉉，大吉，無不利。」周易爲魏晉時「三玄」之一，故此代指玄學著作。

〔九〕金牒：指佛教經典，與上文「玉鉉」相對。廣弘明集卷二八録梁武帝金剛般若懺文：「得金剛之妙寶，見金牒之深經。」蕭繹法寶聯璧序：「金牒空解，生文章之外。」牒，全梁文、丁本及金樓子之知不足齋本、四庫全書本、沈氏鈔本、叢書集成初編本、百子全書本、龍谿精舍本作「疊」。四庫全書本金樓子「疊」下有小字云：「案『疊』疑『曡』。」吴騫校金樓子：「『疊』疑作『牒』。」按元帝内典碑林銘集林序云『是宣金牒，方寄銀身』。」今按：吴騫校是，據改。

〔一〇〕華陰之市：後漢書卷三六張楷傳載：東漢張楷字公超，「隱居弘農山中，學者隨之，所居成市，後華陰山南遂有公超市」。

〔一一〕昌言：善言。尚書皋陶謨：「禹拜昌言，曰：『俞。』」孔安國傳：「昌，當也。以皋陶言爲當，故拜受而然之。」孔穎達疏：「禹拜受益當理之言。」

〔一二〕六戎：全梁文、丁本及金樓子之知不足齋本、四庫全書本、沈氏鈔本、叢書集成初編本、百子全書本、龍谿精舍本作「六戒」。今按：「六戒」不詞，當爲「六戎」之訛，改正。六戎，我國古代西方戎族之六部。周禮夏官司馬職方氏「五戎、六狄」鄭玄注引爾雅曰：「九夷、八蠻、六戎、五狄，謂之四海。」爾雅釋地：「九夷、八狄、七戎、六蠻，謂之四海。」宋邢昺疏：「戎者兇也，其類有六。李巡云：『一曰僥夷，二曰戎夷，三曰老白，四曰耆羌，五曰鼻息，六曰天剛。』」

〔一三〕千乘糺紛：指戰事頻繁。千乘，千輛兵車，代指軍隊。糺紛，即「糾紛」。文選卷二五劉琨答盧諶詩：「橫厲糾紛，群妖競逐。」李善注：「糾紛，亂貌也。」

〔一四〕湯池：指難以逾越的護城河。

〔一五〕仰月之勢：指護城河狀如仰月。仰月，弧上弦下之彎月。

〔一六〕美氣：南史卷二五到溉傳載：陸倕贈任昉詩，有云：「和風雜美氣，下有真人游。」

〔一七〕非煙之色：即五色云。古人以爲喜慶吉祥之氣。史記卷二七天官書：「若煙非煙，若雲非雲，鬱鬱紛紛，蕭索輪囷，是謂卿雲。卿雲見，喜氣也。」

〔一八〕西園秋月：指良辰美景。三國魏曹植公宴詩云：「公子敬愛客，終宴不知疲。清夜遊西園，飛蓋相追隨。明月澄清景，列宿正參差。」西園，爲曹操所築，在今河北省臨漳縣西。○岸幘：推起頭巾，露出前額。形容態度灑脱，或衣著簡率不拘。漢孔融與韋端書：「閒僻疾動，不得復與足下岸幘廣坐，舉杯相於，以爲邑邑。」○柸：丁本作「杯」。今按：柸，同「杯」。

〔一九〕左海：東海。今按：據梁書卷五元帝紀，蕭繹曾爲會稽太守，會稽郡東臨東海，故云。左，詩經唐風有杕之杜：「有杕之杜，生于道左。」鄭玄箋：「道左，道東也。」

〔二〇〕連章摛翰：指寫作著述。摛翰，鋪陳辭藻。摛，金樓子之知不足齋本、四庫全書本作「離」，金樓子之重校本、叢書集成本、龍谿精舍本及全梁文、丁本作「摛」，百子全書本金樓子作

「螭」。吴騫校金樓子：「『離』當作『摛』。新印已改正。」又校：「『離』當作『摛』。」今按：作「摛」是。連章，綴合文章。

〔二一〕寸錦：比喻文辭美好而篇製短小的創作。北堂書鈔卷一〇〇論書「小文寸錦」條引抱朴子曰：「小文雖巧，猶之寸錦。」

〔二二〕尺璧：喻大而可貴的創作。晉潘尼答陸士衡詩：「慙無琬琰，以訓尺璧。」

〔二三〕心氣頻動：蕭繹金樓子自序：「吾年十三，誦百家譜，雖略上口，遂感心氣疾，當時犇走。及長漸善。頻喪五男，銜悲悒忽，心地荼苦。居則常若尸存，行則不知所適。有時覺神在形外，不復附身。及以大兒爲南征不復，繼奉國諱，隨念灰滅，萬慮盡矣。」蕭繹所謂「心氣」病實爲精神失常，是大腦功能不正常的結果，今稱之精神病。古人以心爲思維器官，故稱爲心氣病。

〔二四〕「卧治」二句：史記卷一二〇汲黯傳：「會更五銖錢，民多盜鑄錢，楚地尤甚。上以爲淮陽，楚地之郊，乃召拜黯爲淮陽太守。黯伏謝不受印，詔數彊予，然後奉詔。詔召見黯……上曰：『君薄淮陽邪？吾今召君矣。顧淮陽吏民不相得，吾徒得君之重，卧而治之。』黯既辭行。……黯居郡如故治，淮陽政清。」淮陽，金樓子各本及全梁文、丁本作「睢陽」。今按：「睢陽」當作「淮陽」。淮陽，郡名，治所在今河南省淮陽縣。「淮」，形近而訛「睢」。

〔二五〕「聊城」句：史記卷八三魯仲連傳：「其後二十餘年，燕將攻下聊城，聊城人或讒之燕，燕將懼誅，因保守聊城，不敢歸。齊田單攻聊城歲餘，士卒多死而聊城不下。魯連乃爲書，約之矢以射城中，遺燕將。書曰……燕將見魯連書，泣三日，猶豫不能自決。……乃自殺。聊城亂，田單遂屠聊城。」張守節正義：「今博州縣也。」聊城，春秋時齊邑。在今山東省聊城市西北。

〔二六〕無爲：老子第三七章：「道常無爲而無不爲。侯王若能守之，萬物將自化。」

〔二七〕有待：有所依待。莊子逍遥遊：「夫列子御風而行，泠然善也，旬有五日而後反。彼於致福者，未數數然也。此雖免乎行，猶有所待者也。」亦狹指口體所需、衣食所資。參錢鍾書管錐編第四册全上古秦漢三國六朝文一六一全晉文卷一五八。

〔二八〕談柄：古人清談時所執之麈尾。宋羅願爾雅翼二〇卷「麈」條：「麈，大鹿也。其字從主，若鹿之主焉。麈之所在，衆從之。其尾可用爲拂，談者執之以揮，言其談論所指，衆不能易也。」

〔二九〕叢蓍：叢生的蓍草。蓍爲多年生草木植物，古代常用其莖占卜。周易繫辭上：「是故蓍之德，圓而神；卦之德，方以知。」

〔三〇〕愛静之心：四庫全書本金樓子「静」下無「之」字。

〔三一〕候騎：擔任偵察巡邏任務的騎兵。史記一一〇匈奴列傳：「〔單于〕使奇兵入燒回中宫，候騎至雍甘泉。」司馬貞索隱引崔浩曰：「候，邏騎。」

〔三二〕白羽之扇：白色羽毛扇。東漢以下，常用之爲指揮軍事戰鬥之標誌。晉書卷一〇〇陳敏傳載：顧榮率軍與陳敏戰，「榮以白羽扇麾之，敏衆潰散」。參周一良魏晉南北朝史札記晉書札記「白羽扇」條。

〔三三〕蒼兕：傳説中的水獸名，善奔突。此處借指勇猛的軍隊。蕭繹南郊頌序：「塵清世晏，蒼兕無用其武功。」

〔三四〕愚谷：「愚公谷」省稱。此處代指「愚公」。漢劉向説苑卷七政理：「齊桓公出獵，逐鹿而走，入山谷之中，見一老公，而問之曰：『是爲何谷？』對曰：『爲愚公之谷。』桓公曰：『何故？』對曰：『以臣名之。』桓公曰：『今視公之儀狀，非愚人也，何爲以公名之？』對曰：『臣請陳之，臣故畜牸牛，生子而大，賣之而買駒。少年曰：「牛不能生馬。」遂持駒去。傍鄰聞之，以臣爲愚，故名此谷爲愚公之谷。』」今按：蕭繹此文用「愚谷」而不徑用「愚公」者，蓋「公」爲平聲，「谷」爲仄聲，故用「谷」，以避與下句「生」同聲調。

〔三五〕高陽之狂生：史記卷九七酈生陸賈傳：「酈生食其者，陳留高陽人也。……初，沛公引兵過陳留，酈生踵軍門上謁曰：『高陽賤民酈食其，竊聞沛公暴露，將兵助楚討不義，敬勞從者，願得望見，口畫天下便事。』使者入通，沛公方洗，問使者曰：『何如人也？』使者對曰：『狀貌類大儒，衣儒衣，冠側注。』沛公曰：『爲我謝之，言我方以天下爲事，未暇見儒人也。』使者出謝曰：『沛公敬謝先生，方以天下爲事，未暇見儒人也。』酈生瞋目案劍叱使者曰：『走！復入言沛公，吾高陽酒徒也，非儒人也。』」裴駰集解：「徐廣曰：『今在圉縣。』」司馬貞索隱：「案：高陽屬陳留圉縣。高陽，鄉名也，故耆舊傳云：『食其，高陽鄉人。』」張守節正義：陳留風俗傳云『高陽在雍丘西南。』括地志云『圉城在汴州雍丘縣西南。食其墓在雍丘西南二十八里』。蓋謂此也。」高陽，鄉名。在今河南省杞縣西南高陽鎮。

〔三六〕管夷吾之雅談：指管子之著述。東漢劉向管子書序云：「太史公曰：『余讀管氏牧民山高乘馬輕重九府，詳哉言之也。』又曰：『「將順其美，匡救其惡，故上下能相親愛。」豈管仲之謂乎？』……凡管子書，務富國安民，道約言要，可以曉合經義。」管仲，字夷吾，春秋時齊國潁上人。爲齊桓公上卿。今傳有管子十九卷。史記卷六二有傳。雅談，正論，此指著述。

〔三七〕「諸葛」句：指諸葛亮之著述。三國志卷三五蜀書諸葛亮傳：裴松之注引魏氏春秋曰：「亮作八務七戒六恐五懼，皆有條章，以訓厲臣子。」又同卷陳壽論諸葛亮云：「其聲教遺言，皆經事綜物，公誠之心，形於文墨，足以知其人之意理，而有補於當世。」孔明，諸葛亮字孔明，琅邪陽都人，三國蜀漢丞相，有諸葛亮集。三國志卷三五有傳。宏論，見識高明的言論，此指著述。

老生有言〔一〕：「知我者希，則我者貴矣。」〔二〕有是哉，有是哉！裴幾原、劉嗣芳、蕭光侯、張簡憲〔三〕，余之知己也。伯牙之琴〔四〕，嗟緑綺之長廢〔五〕；巨卿之驥〔六〕，驅白馬其安歸？昔爲俎豆之人〔七〕，今成介胄之士〔八〕。智小謀大〔九〕，功名其安在哉？蓋以「金樓子」爲文也。氣不遂文，文常使氣〔一〇〕，材不值運〔一一〕，必欲師心〔一二〕。

暇閒得語〔一三〕，莫非撫臆，松石能言，必解其趣，風雲玄感〔一四〕，儻獲見知。今纂開闢已來，至乎耳目所接，即以先生爲號，名曰金樓子〔一五〕。蓋士安之玄晏〔一六〕，稚川之抱朴者焉〔一七〕！金樓子、全梁文、丁本。

【校注】

〔一〕老生：四庫全書本金樓子作「老氏」。朱文藻校金樓子：「『老生』當作『老子』。」吳騫校金樓子：「按元帝答齊國雙馬書言云：『老生不云乎：「雖有拱璧，以先駟馬」。』蓋『老生』即『老子』也。」今按：吳騫校是。老生即老子，著有老子五千言。史記卷六三有傳。

〔二〕「知我」二句：出自老子第七〇章，通行本無「矣」字。今按：梁書卷三八賀琛傳高祖口授敕引老子曰「知我者希，則我貴矣」，「則我」後無「者」字。馬王堆漢墓帛書老子甲、乙兩本均無「者」字。三國志卷二九管輅傳及卷三八秦宓傳并引作「知我者希，則我貴矣」。疑蕭繹文原作「則我貴矣」，「者」字乃後人據通行本加。

〔三〕裴幾原：裴子野字幾原。子野，祖籍河東聞喜。梁書卷三〇、南史卷三三有傳。蕭繹在丹陽尹任，裴子野作有丹陽尹湘東王善政碑。子野去世，蕭繹爲作墓誌銘。梁書本傳：「子野與沛國劉顯、南陽劉之遴、陳郡殷芸、陳留阮孝緒、吳郡顧協、京兆韋棱，皆博極群書，深相賞好，顯尤推重之。時吳平侯蕭勱、范陽張纘，每討論墳籍，咸折中於子野焉。」〇劉嗣芳：

劉顯字嗣芳。顯，祖籍沛國相縣。梁書卷四〇、南史卷五〇有傳。梁書本傳：「顯與河東裴子野、南陽劉之遴、吳郡顧協，連職禁中，遞相師友，時人莫不慕之。顯博聞强記，過於裴、顧。」〇蕭光侯：指蕭勱。勱，字文約，南蘭陵人，梁宗室。卒，謚曰光侯。南史卷五一有傳。南史本傳：「〔蕭勱〕聚書至三萬卷，披玩不倦，尤好東觀漢記，略皆誦憶。劉顯執卷策勱，酬應如流，乃至卷次行數亦不差失。少交結，唯與河東裴子野、范陽張纘善。」及其卒，蕭繹爲作侍中吴平光侯墓誌，見藝文類聚卷四八。〇張簡憲：指張纘。纘，字伯緒，祖籍范陽方城。謚簡憲公。梁書卷三四、南史卷五六有傳。梁書本傳：「纘有識鑒，自見元帝，便推誠委結。及元帝即位，追思之，嘗爲詩，其序曰：『簡憲之爲人也，不事王侯，負才任氣，見余則申旦達夕，不能已已。懷夫人之德，何日忘之。』」

〔四〕伯牙：春秋時人。精於琴藝，相傳琴曲水仙操、高山流水均爲其所作。事蹟詳荀子勸學、呂氏春秋卷一四孝行覽本味等。

〔五〕緑綺：清嚴可均全晉文卷四五傅玄琴賦序：「神農氏造琴，所以協和天下人性，爲至和之主。齊桓有鳴琴曰號鐘，楚王有琴曰繞梁，司馬相如有緑綺，蔡邕有焦尾，皆名器也。」

〔六〕巨卿：東漢范式字巨卿。參懷舊志序注〔二四〕。

〔七〕俎豆之人：指文士。俎豆，古代祭祀、宴饗時盛食物用的兩種禮器，亦泛指各種禮器。或借指祭祀禮儀。論語衛靈公：「俎豆之事，則嘗聞之矣；軍旅之事，未之學也。」

〔八〕介胄之士：披甲戴盔之士，指武士。介，甲。胄，盔。

〔九〕智小謀大：周易繫辭下：「子曰：『德薄而位尊，知小而謀大，力小而任重，鮮不及矣。』易曰：『鼎折足，覆公餗，其形渥，凶。』言不勝其任也。」

〔一〇〕使氣：發抒志氣或才氣。文心雕龍雜文：「宋玉含才，頗亦負俗，始造對問，以申其志，放懷寥廓，氣實使之。」同書才略：「嵇康師心以遣論，阮籍使氣以命詩。」

〔一一〕材不值運：指没有與「文」相配的寫作才能。值，當，對。

〔一二〕師心：謂以心爲師，不拘泥於成法。猶言獨出心裁。關尹子五鑒：「善心者，師心不師聖。」

〔一三〕暇：金樓子各本及全梁文、丁本作「霞」。錢鍾書管錐編第四册全上古秦漢三國六朝文一九九全梁文卷一六：「按『霞』當是『暇』之譌。」今按：錢説是，據改。

〔一四〕風雲玄感：即風雲感應。周易乾卦：「九五曰：『飛龍在天，利見大人。』何謂也？子曰：『同聲相應，同氣相求。水流濕，火就燥，雲從龍，風從虎，聖人作而萬物覩。本乎天者親上，本乎地者親下。則各從其類也。』」文選卷三六傅亮爲宋公修張良廟教：「風雲玄感，蔚爲帝師。」李周翰注：「易云：雲從龍，風從虎。此深感應也。玄，深。蔚，盛也。」

〔一五〕「即以」二句：宋晁公武郡齋讀書志卷一二「金樓子」條：「曰『金樓子』者，在藩時自號。」今按：蕭繹自號金樓，金樓子著書篇亦可證明，如「連山三秩三十卷」下自注：「金樓年在弱冠著此書。」「金樓秘訣一秩二十二卷」下自注：「金樓纂。」

〔一六〕士安：西晉皇甫謐字士安。謐，安定朝那人。晉書卷五一有傳。〇玄晏：晉書皇甫謐傳：「〔謐〕沈静寡欲，始有高尚之志，以著述爲務，自號玄晏先生。……又撰帝王世紀，年曆，高士、逸士、列女等傳，玄晏春秋，並重於世。」文選卷四五皇甫謐三都賦序「玄晏先生曰」，李善注：「謐自序曰：始志乎學，而自號玄晏先生。玄，静也。晏，安也。」隋書卷三三經籍志：「玄晏春秋三卷，皇甫謐撰。」

〔一七〕稚川：葛洪字稚川。洪，東晉丹陽郡句容人。晉書卷七二有傳。晉書本傳：「〔洪〕自號抱朴子，因以名書。」〇抱朴：隋書卷三四經籍志：「抱朴子内篇二十一卷，音一卷」；「抱朴子外篇三十卷，葛洪撰。」

【集評】

錢鍾書管錐編第四册全上古秦漢三國六朝文一九九全梁文卷一六：元帝金樓子序：「體多羸病，心氣頻動。卧治終日，睢陽得善政之聲；足不跨鞍，聊城有却兵之術。吾不解一也。常貴無爲，每嗤有待。閒齋寂寞，對林泉而握談柄；虚宇遼曠，玩魚鳥而拂叢蓍。愛静之心，彰乎此矣。而候騎交馳，仍麾白羽之扇；兵車未息，還控蒼兕之軍。此吾不解二也。」按機杼仿全三國文卷五八諸葛亮聞孫權破曹休魏兵東下關中虚弱上言：「此臣之未解一也……此臣之未解六也。」意謂己初不能自解，人更出乎意表，事無不舉，而心有餘閒，詞若憾而實乃深喜自負也。

蕭繹集校注

〔南朝梁〕蕭繹 著
陳志平 熊清元 校注

下

上海古籍出版社

贊

忠臣傳記託篇贊〔一〕

太真英挺〔二〕，投袂勤王〔三〕；伯猷蹈節〔四〕，身殞名揚。嶷嶷景倩〔五〕，主亡與亡；嗟乎尚矣，惟國之良〔六〕。藝文類聚卷二〇、初學記卷一七、古詩類苑卷五三、梁文紀卷四、閻本、張本、全梁文、丁本。

【校注】

〔一〕忠臣傳：蕭繹所撰。金樓子著書篇：「忠臣傳三秩三十卷。金樓自爲序。」又，南史卷七六隱逸傳阮孝緒：「湘東王著忠臣傳、集釋氏碑銘、丹陽尹録、研神記，並先簡孝緒而後施行。」是忠臣傳曾經阮孝緒審閲。今按：據梁書卷五一處士阮孝緒傳：孝緒卒於大同二年(536)，則忠臣傳當撰於此前。○記：初學記卷一七作「受」，閻本、張本作「寄」。○贊：文體名。明徐師曾文體明辨序説贊：「按字書云：『贊，稱美也，字本作讚。』……其體有三：

一曰雜贊……二曰哀贊……三曰史贊。」

〔二〕太真：晉温嶠字太真。嶠，太原祁縣人。南渡後歷官顯職，參與平定了王敦、蘇峻的叛亂。拜驃騎將軍開府儀同三司，加散騎常侍，封始安郡公。卒，謚曰忠武。有集十卷。晉書卷六七有傳。

〔三〕投袂：甩袖。形容憤怒激動。左傳宣公十四年：宋殺楚使。「楚子聞之，投袂而起，屨及於窒皇，劍及於寢門之外，車及于蒲胥之市。」杜預注：「投，振也。袂，袖也。」後漢書卷七一皇甫嵩朱儁列傳史臣論曰：「斯誠葉公投袂之幾。」李賢注：「投袂，奮袂也，言其怒也。」○勤王：指君主的統治受到威脅而動摇時，臣子起兵救援王朝。

〔四〕伯猷：南朝宋劉勔字伯猷。勔，彭城人。桂陽王劉休範爲亂，勔臨陣死之，時年五十七。事平，朝廷詔贈散騎常侍、司空，謚曰忠昭公。宋書卷八六、南史卷三九有傳。○蹈節：信守節操。

〔五〕嶷(yí)嶷：史記卷一五帝本紀：「其色郁郁，其德嶷嶷。」司馬貞索隱：「嶷嶷，德高也。」○景倩：南朝宋袁粲字景倩。粲，祖籍陳郡陽夏人。蕭道成殺後廢帝劉昱，將代宋。袁粲等謀攻蕭道成，事敗，被殺，年五十八。死前，袁粲對子袁最説：「我不失忠臣，汝不失孝子。」並求筆作啓云：「臣義奉大宋，策名兩畢，今便歸魂墳壟，永就山丘。」宋書卷八九、南史卷二六有傳。

〔六〕國之良：國之良臣。左傳昭公二十七年：「夫鄢將師矯子之命，以滅三族，國之良也，而不愆位。」良，初學記卷一七作「貞」。

忠臣傳諫争篇贊〔一〕

子政鏗鏗〔二〕，誠存社稷；朱游折檻〔三〕，遂其婞直〔四〕。藝文類聚卷二〇、初學記卷一七、古詩類苑卷五三、梁文紀卷四、閣本、張本、全梁文、丁本。

【校注】

〔一〕諫：古詩類苑卷五三、全梁文、丁本作「陳」。藝文類聚卷二〇汪紹楹校：「原作『陳』，據本書二四諫争篇引序改。」

〔二〕子政：西漢劉向字子政。向，沛人，楚元王劉交四世孫。歷仕宣、元、成三帝，官至中壘校尉。漢書卷三六楚元王傳有傳。漢書本傳：「向自見得信於上，故常顯訟宗室，譏刺王氏及在位大臣，其言多痛切，發於至誠。上數欲用向爲九卿，輒不爲王氏居位者及丞相御史所持，故終不遷。居列大夫官前後三十餘年，年七十二卒。」○鏗鏗：形容語言響亮有力。禮記樂記：「鐘聲鏗，鏗以立號。」孔穎達疏：「言金鐘之聲鏗鏗然矣。」後漢書卷七九楊政傳：「楊政字子行……善説經書。京師爲之語曰：『説經鏗鏗楊子行。』」

〔三〕朱游：西漢朱雲字游。雲，魯人。漢元帝時爲博士，遷杜陵令，後爲槐里令。以剛直敢諫著稱。漢書卷六七有傳。漢書本傳：「至成帝時，丞相故安昌侯張禹以帝師位特進，甚尊重。雲上書求見，公卿在前。雲曰：『今朝廷大臣上不能匡主，下亡以益民，皆尸位素餐，孔子所謂「鄙夫不可與事君」，「苟患失之，亡所不至」者也。臣願賜尚方斬馬劍，斷佞臣一人以厲其餘。』上問：『誰也？』對曰：『安昌侯張禹。』上大怒，曰：『小臣居下訕上，廷辱師傅，罪死不赦。』御史將雲下，雲攀殿檻，檻折。雲呼曰：『臣得下從龍逢、比干遊於地下，足矣！未知聖朝何如耳？』御史遂將雲去。於是左將軍辛慶忌免冠解印綬，叩頭殿下曰：『此臣素著狂直於世。使其言是，不可誅；其言非，固當容之。臣敢以死爭。』慶忌叩頭流血。上意解，然後得已。及後當治檻，上曰：『勿易！因而輯之，以旌直臣。』」游，初學記卷一七、古詩類苑卷五三、梁文紀卷四、閻本、張本、全梁文、丁本作「雲」。

〔四〕遂：國語卷一四晉語八：「是遂威而遠權。」韋昭注：「遂，申也。」吕氏春秋卷一九離俗覽離俗：「智者謀之，武者遂之。」高誘注：「遂，成也。」○婞直：倔强，剛直。楚辭離騷：「曰鮌婞直以忘身兮。」王逸注：「婞，很也。」

【集評】

閻本：評「遂其婞直」：靈均巧言，正足況雲。

忠臣傳執法篇贊

設官分職〔一〕，咸曰師師〔二〕。彼己之子，邦之直司〔三〕。豺狼當路，安問狐狸〔四〕。昏明有世，直道無時〔五〕。藝文類聚卷二〇、古詩類苑卷五三、梁文紀卷四、閣本、張本、全梁文、丁本。

【校注】

〔一〕設官分職：周禮天官冢宰：「惟王建國，辨方正位，體國經野，設官分職，以爲民極。」鄭玄注：「鄭司農云：『置冢宰、司徒、宗伯、司馬、司寇、司空，各有所職而百事舉。』」賈公彥疏：「既體國經野，此須立官以治民，故云『設官分職』也。……此謂設天地四時之官，即六卿也。既有其官，須有司職。故云『各有所職』。職謂主也。天官主治，地官主教，春官主禮，夏官主政，秋官主刑，冬官主事。」

〔二〕師師：尚書皋陶謨：「百僚師師，百工惟時。」孔安國傳：「師師，相師法。」孔穎達疏：「百官各師其師，轉相教誨。」

〔三〕「彼己」二句：左傳襄公二十七年：「君子曰：『彼己之子，邦之司直。』樂喜之謂乎？」杜預注：「詩鄭風。司，主也。」楊伯峻注：「詩鄭風羔裘句。己，今本作『其』。昔時均讀爲忌，語中助詞，無義。」詩經鄭風羔裘：「彼其之子，邦之司直。」毛傳：「司，主也。」孔穎達疏：「一邦之人主以爲直。」

〔四〕「豺狼」二句：喻指暴虐奸邪的人在位，却只拿宵小之徒問罪。後漢書卷五六張晧傳附子綱傳：「漢安元年，選遣八使徇行風俗，皆耆儒知名，多歷顯位，唯綱年少，官次最微。餘人受命之部，而綱獨埋其車輪於洛陽都亭，曰：『豺狼當路，安問狐狸！』」漢書卷七七孫寶傳：「〔侯〕文曰：『豺狼橫道，不宜復問狐狸。』」顔師古：「言不當釋大而取小也。」

〔五〕「昏明」二句：指政局有清明昏暗之分，而堅守正道却是始終如一。昏明，喻指政治濁清。直道，正道。論語衛靈公：「子曰：『吾之於人也，誰毁誰譽？如有所譽者，其有所試矣。斯民也，三代之所以直道而行也。』」

【集評】

閣本：評「邦之直司」：倒詩語，自韻。

孝德傳皇王篇贊〔一〕

天子之孝，曰聖與仁〔二〕。重瞳表德〔三〕，參漏通神〔四〕。皇矣高祖〔五〕，連鑣舜禹〔六〕；天經地義〔七〕，重規沓矩〔八〕。道踰七十〔九〕，聲超三五〔一〇〕。藝文類聚卷二〇、古詩類苑卷五三、梁文紀卷四、閣本、張本、全梁文、丁本。

【校注】

〔一〕孝德傳：蕭繹撰。金樓子卷五著書篇：「孝德傳三秩三十卷。金樓合衆家孝子傳成此。」梁書卷五元帝紀、南史卷八梁本紀元帝並著録：「孝德傳三十卷。」隋書卷三三經籍志著録：「孝德傳三十卷，梁元帝撰。」

〔二〕曰聖與仁：論語述而：「子曰：『若聖與仁，則吾豈敢？』」朱熹集注：「聖者，大而化之。仁，則心德之全而人道之備也。」

〔三〕重瞳：指虞舜。史記卷七項羽本紀太史公曰：「吾聞之周生曰『舜目蓋重瞳子』。」裴駰集解引尸子曰：「舜兩眸子，是謂重瞳。」史記卷一五帝本紀：「虞舜者，名曰重華。」張守節正義：「目重瞳子，故曰重華。」尚書舜典：「曰若稽古帝舜，曰重華協于帝。」孔安國傳：「華謂文德，言其光文重合於堯，俱聖明。」

〔四〕參漏：指大禹。竹書紀年卷上：「〔帝禹〕母曰修己……背剖而生禹於石紐。虎鼻大口，兩耳參鏤。」淮南子卷一九修務訓：「禹耳參漏，是謂大通。」高誘注：「參，三也。漏，穴也。」

〔五〕皇矣：詩經大雅皇矣：「皇矣上帝，臨下有赫。」毛傳：「皇，大。」○高祖：即梁武帝蕭衍。衍，廟號高祖。梁書卷一至三、南史卷六梁本紀有紀。

〔六〕連鑣：兩騎並行。文選卷三五張協七命：「肴駟連鑣，酒駕方軒。」李善注：「説文曰：鑣，馬銜也。」

〔七〕天經地義：孝經三才：「夫孝，天之經也，地之義也。」唐明皇注：「經，常也。利物爲義。」晉潘岳世祖武皇帝誄：「永言孝思，天經地義。」

〔八〕重規沓矩：謂合乎規矩法度。樂府詩集卷一四燕射歌辭二北齊元會大饗歌皇夏：「堯昔命舜，舜亦命禹。大人馭曆，重規沓矩。」

〔九〕七十：指上古七十二有道之君。七十，蓋概言之也。文選卷四八司馬相如封禪文：「伊上古之初肇，自昊穹兮生民。歷選列辟，以迄於秦。率邇者踵武，逖聽者風聲。紛綸威蕤，湮滅而不稱者，不可勝數。繼韶夏，崇號謚，略可道者七十有二君。」李善注：「德明大，相繼封禪於泰山者，七十有二人也。管子曰：封太山，禪梁父者，七十有二家。」南齊書卷四七王融傳載融上疏，有云：「然後天移雲動，勒封岱宗，咸五登三，追蹤七十。」

〔一〇〕三五：文選卷一班固東都賦：「勳兼乎在昔，事勤乎三五。」劉良注：「三五，三皇五帝也。」

孝德傳天性篇贊

生之育之，長之畜之，顧我復我〔一〕，答施何時〔二〕。欲報之德，不可方思〔三〕。涓塵之孝〔四〕，河海之慈〔五〕。廢書歎息〔六〕，泣下漣洏〔七〕。藝文類聚卷二〇、初學記卷一七、古詩類苑卷五三、梁文紀卷四、閣本、張本、全梁文、丁本。

【校注】

〔一〕「生之」三句：詩經小雅蓼莪：「父兮生我，母兮鞠我。拊我畜我，長我育我。顧我復我，出入腹我。欲報之德，昊天罔極。」鄭玄箋：「顧，旋視也。復，反覆也。」孔穎達疏：「毛以爲，此言父母生養之恩，已思報之。言父兮本疏氣以生我，母兮以懷任以養我。又拊循我，起止我，長遂我，覆育我，顧視我，反覆我。其出入門户之時，常愛厚我，是『生我劬勞』也。我今欲報父母是勞苦之德，昊天乎心無已也。常所憶念，無有已時，故言已痛切之情，以告於天。……以鞠已爲養，『畜我』承『拊我』之後，明起止而畜愛之，故爲起也。言『覆育』者，謂其寒暑或身體嫗之，覆近而愛育焉。旋視，謂去之而反顧也。復，反也，故爲『反覆』謂小者就所養之處，迴轉反覆之也。『腹我』，謂置之於腹，故爲懷抱。以父母厚已，非獨出入之時，故易傳也。」

〔二〕答施：報答恩惠。三國志卷二一魏書劉廙傳：「物不答施於天地，子不謝生於父母。」施，集韻寘韻：「施，惠也。」

〔三〕「欲報」二句：謂父母之德如江水浩瀚，不可報答。不可方思，詩經周南漢廣：「漢之廣矣，不可泳思。江之永矣，不可方思。」毛傳：「方，泭也。」鄭玄箋：「漢也、江也，其欲渡之者，必有潛行乘泭之道。今以廣長之故，故不可也。」陸德明音義：「方言云：『泭謂之䈶，䈶謂之筏。筏，秦晉通語也。』」馬瑞辰通釋：「凡船及用船以渡，通謂之方。」

〔四〕涓塵之孝：謂孝行微小如同細水與微塵。南朝宋謝靈運撰征賦：「施隆貸而有渥，報涓塵而無期。」梁武帝蕭衍孝思賦：「父母之恩，云何可報。慈如河海，孝若涓塵。」

〔五〕河海之慈：謂父母恩情如同河海般深廣。

〔六〕廢書歎息：史記卷七四孟子荀卿列傳：太史公曰：「余讀孟子書，至梁惠王問『何以利吾國』，未嘗不廢書而歎也。」

〔七〕泣下漣洏：淚流貌。文選卷二三王粲贈蔡子篤詩：「中心孔悼，涕淚漣洏。」李善注：「周易曰：『泣血漣如。』杜預左氏傳注曰：『而，語助也。』」呂延濟注：「涕淚如波漣也。洏，亦淚流也。」

【集評】

困學紀聞卷二〇雜識：梁元帝孝德傳天性贊曰：「欲報之德，不可方思。涓塵之孝，河海之慈。」即孟東野「寸草報春」之意。

閻本：評「涓塵之孝，河海之慈。廢書歎息，泣下漣洏」：痛深蓼莪。

職貢圖贊〔一〕

北通玄兔〔二〕，南漸朱鳶〔三〕；交河悠遠〔四〕，合浦迴邅〔五〕。玆海無際〔六〕，陰山接天〔七〕；遐哉鳥穴〔八〕，永矣雞田〔九〕。藝文類聚卷七四、古詩類苑卷二二、梁文紀卷四、御製集、閻本、張本、全梁文、丁本。

【校注】

〔一〕職貢圖：蕭繹所繪圖畫。梁書卷五梁元帝紀、南史卷八梁本紀元帝並載：「貢職圖一卷。」歷代名畫記卷三：「職貢圖，一，外國酋渠諸蕃土俗本末，仍各圖其來貢者之狀，金樓子言之，梁元帝畫。」同書卷七：「〔梁元帝蕭繹〕任荆州刺史日，畫蕃客入朝圖，帝極稱善。又畫職貢圖，并序，善畫外國來獻之事。」據職貢圖序、歷代名畫記等可知，職貢圖乃繪畫，今存殘卷，然是否爲梁元帝蕭繹所繪原圖或其摹本，研究者頗有異説，參金維諾中國美術史論集職貢圖的時代與作者、岑仲勉金石論叢現存的職貢圖是梁元帝原本嗎、余太山兩漢魏晉南北朝正史西域傳研究梁書西北諸戎傳與梁職貢圖。職貢，指古代藩屬或外國對於朝廷按時的貢納。

〔二〕玄兔：亦作「玄菟」。郡名。漢武帝時置。轄境相當我國遼寧省東部及朝鮮咸鏡道一帶。此泛指北方邊塞要地。兔，梁文紀卷四、全梁文、丁本作「菟」。

〔三〕朱鳶：古縣名。故治在今越南河内市東南。參晉書卷一五地理志「交趾郡」。此泛指南方邊遠之地。

〔四〕交河：亦名招哈河，在今新疆吐魯番市西。漢書卷九六西域傳下：「車師前國，王治交河城。河水分流繞城下,故號交河。去長安八千一百五十里。」

〔五〕合浦:郡名。漢置,郡治在今廣西壯族自治區合浦縣東北,以産珍珠著名。○迴邅:即「邅迴」。淮南子卷一原道訓:「邅迴川谷之間,而滔騰大荒之野。」高誘注:「邅迴猶委曲。」

〔六〕兹海:待考。或爲「蒲海」之訛。藝文類聚卷七二梁沈約謝司徒賜北蘇啓:「曠阻陰山之外,眇絶蒲海之東。」蒲海即蒲類海,即今新疆維吾爾自治區東部巴里坤湖。

〔七〕陰山:山脈名。即今横亘於内蒙古自治區南境、東北接連内興安嶺的陰山山脈。晉陸機飲馬長城窟行:「驅馬陟陰山,山高馬不前。」

〔八〕鳥穴:此當指甘肅省渭源縣的鳥鼠山。尚書禹貢:「導渭自鳥鼠同穴,東會于灃,又東會於涇,又東過漆、沮,入于河。」孔安國傳:「鳥鼠共爲雄雌,同穴處此山,遂名山曰鳥鼠,渭水出焉。」

〔九〕雞田:地名。樂府詩集卷二四南朝陳陳暄雨雪曲:「都尉出祁連,雨雪滿雞田。」隋書卷五七盧思道傳載思道勞生論,有云:「若乃羊腸、句注之道,據鞍振策,武落、雞田之外,櫛風沐雨,三旬九食,不敢稱弊。」蓋在今蒙古國色楞格省哈拉河與鄂爾渾河下游一帶,唐朝曾在此設雞田州。

論

論詩〔一〕

詩多而能者沈約〔二〕，文少而能者謝朓、何遜〔三〕。梁書卷四九何遜傳、南史卷三三何遜傳、太平御覽卷五九九、册府元龜卷一九二及卷八三九、通志卷一四一、習學記言卷三三、宋阮閱詩話總龜後集卷一一、宋葛立方撰韻語陽秋卷二、古詩紀卷一五〇、全梁文、丁本。

【校注】

〔一〕論詩：梁書卷四九何遜傳「初，遜文章與劉孝綽並見重於世，世謂之『何劉』。世祖著論論之」云云。詩話總龜後集卷一一引丹陽集：「顏延之、謝靈運各被旨擬北上篇，延之受詔即成，靈運久而方就。梁元帝云：『詩多而能者沈約，少而能者謝朓。』雖有遲速多寡之不同，不害其俱工也。」

〔二〕沈約：字休文，吴興武康人。仕齊，爲「竟陵八友」之一。入梁，爲尚書僕射，封建昌縣侯。

卒，謚隱。所著晉書百一十卷，宋書百卷，齊紀二十卷，高祖紀十四卷，邇言十卷，謚例十卷，宋文章志三十卷，文集一百卷，皆行於世。梁書卷一三、南史卷五七有傳。

〔三〕謝朓：字玄暉，祖籍陳郡陽夏。南齊竟陵王蕭子良「八友」之一。長於五言詩，爲永明體代表作家，世稱「小謝」。南齊書卷四七、南史卷一九有傳。隋書卷三五經籍志：「齊吏部郎謝朓集十二卷，謝朓逸集一卷。」○何遜：字仲言，祖籍東海郯縣。弱冠州舉秀才，官至尚書水部郎。詩與陰鏗齊名，世號「陰何」。文與劉孝綽齊名，世稱「何劉」。卒，東海王僧孺集其文爲八卷。梁書四九、南史卷三三有傳。

全德志論〔一〕

物我俱忘〔二〕，無貶廊廟之器〔三〕；動寂同遣，何累經綸之才〔四〕。雖坐三槐〔五〕，不妨家有三徑〔六〕；接五侯〔七〕，不妨門垂五柳〔八〕。但使良園廣宅〔九〕，面水帶山，饒甘果而足花卉，葆筠篁而玩魚鳥〔一〇〕。九月肅霜〔一一〕，時饗田畯〔一二〕；三春捧蠒〔一三〕，乍酬蠶妾。酌斗酒而歌南山〔一四〕，烹羔豚而擊西缶〔一五〕。或出或處〔一六〕，並以全身爲貴；優之游之〔一七〕，咸以忘懷自逸〔一八〕。若此衆君子，可謂得之矣。金樓子卷五著書篇、藝文類聚卷二一、梁文紀卷四、御製集、閣本、張本、全梁文、丁本。

【校注】

〔一〕全德志：金樓子著書篇：「全德志一秩一卷。金樓自撰。」梁書卷五元帝紀著録爲全德志一卷，南史卷八梁本紀元帝著録爲古今全德志一卷。隋書卷三三經籍志：「全德志一卷，梁元帝撰。」

〔二〕物我俱忘：梁書卷一三沈約傳載約郊居賦，有云：「惟至人之非己，固物我而兼忘。」

〔三〕廊廟：指朝廷。後漢書卷二九申屠剛傳：「廊廟之計，既不豫定，動軍發衆，又不深料。」李賢注：「廊，殿下屋也；廟，太廟也。國事必先謀於廊廟之所也。」

〔四〕經綸：指治理國家的抱負和才能。周易屯卦：「象曰：雲雷，屯。君子以經綸。」孔穎達疏：「經謂經緯，綸謂綱綸，言君子法此屯象，有爲之時，以經綸天下，約束於物。」

〔五〕三槐：相傳周代宮廷外種有三棵槐樹，三公朝天子時，面向三槐而立。後因以喻三公。周禮秋官司寇朝士：「面三槐，三公位焉。」

〔六〕三徑：太平御覽卷五一〇引嵇康高士傳曰：「蔣詡字元卿，杜陵人，爲兗州刺史。王莽爲宰衡，詡奏事到灞上，稱病不進，歸杜陵。荆棘塞門，舍中三徑，終身不出。時人諺曰：『楚國二龔，不如杜陵蔣翁。』」後因以借指歸隱者的家園。陶潛歸去來辭：「三徑就荒，松竹猶存。」

〔七〕接：梁文紀卷四、閣本、張本、丁本「接」上有「但」字，宋王楙野客叢書卷二四「借對」條引此文「接」上作「雖」字。今按：疑原文無「但」字，語氣實承上文「雖」字而一貫，故王楙補「雖」字，後人不察，意補「但」字。○五侯：西漢成帝同日封其舅王譚平阿侯、王商成都侯、王立紅陽侯、王根曲陽侯、王逢時高平侯，世謂之「五侯」。事見漢書卷九八元后傳。此處借指權貴豪門。

〔八〕五柳：東晉陶潛曾作五柳先生傳以自況，文中云：「宅邊有五柳樹，因以爲號焉。」此處借指志趣高尚的隱士。

〔九〕「但使」句：後漢書卷四九仲長統傳載：統欲卜居曠野，以樂其志，「論之曰：『使居有良田廣宅，背山臨流，溝池環匝，竹木周布，場圃築前，果園樹後。』」梁文紀卷四、閣本、張本、丁本「使」上脱「但」字。

〔一〇〕葆：通「寶」，珍愛。史記卷五五留侯世家：「果見穀城山下黄石，取而葆祠之。」裴駰集解引徐廣曰：「史記珍寶字皆作『葆』。」○篘篁：叢竹。水經注卷九清水：「又逕七賢祠東，左右篘篁列植，冬夏不變貞萋。」

〔一一〕肅霜：詩經豳風七月：「九月肅霜，十月滌場。」毛傳：「肅，縮也。霜降而收縮萬物。」孔穎達疏：「九月之時，收縮萬物者，是露爲霜也。……肅音近縮，故肅爲縮也。霜降收縮萬物，言物乾而縮聚也。月令『季春，行冬令則草木皆肅』，注云『肅謂枝葉縮栗』。亦謂縮聚乾燥之意也。」一説，肅霜猶肅爽，指天高氣爽。

〔一二〕田畯：古代勸農之官。詩經豳風七月：「同我婦子，饁彼南畝，田畯至喜。」毛傳：「田畯，田大夫也。」

〔一三〕「三春」句：禮記祭義：「古者天子諸侯必有公桑蠶室，近川而爲之，築宮，仞有三尺，棘牆而外閉之。及大昕之朝，君皮弁素積，卜三宮之夫人、世婦之吉者，使入蠶于蠶室，奉種浴于川，桑于公桑，風戾以食之。歲既單矣，世婦卒蠶，奉繭以示于君，遂獻繭于夫人。夫人曰：『此所以爲君服與？』遂副禕而受之，因少牢以禮之。」

〔一四〕「酌斗酒」句：漢書卷六六楊惲傳載惲報孫會宗書，有云：「臣之得罪，已三年矣。田家作苦，歲時伏臘，亨羊炰羔，斗酒自勞。家本秦也，能爲秦聲。婦，趙女也，雅善鼓瑟。奴婢歌者數人，酒後耳熱，仰天拊缶而呼烏烏。其詩曰：『田彼南山，蕪穢不治，種一頃豆，落而爲萁。人生行樂耳，須富貴何時！』」斗，四庫全書本金樓子、藝文類聚卷二一、梁文紀卷四、御製集、閣本、張本、全梁文、丁本作「升」。今按：據報孫會宗書「斗酒自勞」，似以作「斗」爲是。

〔一五〕西缶：戰國時，在秦趙澠池之會上，趙王爲秦王鼓瑟，秦王却不肯爲趙王擊缶。趙臣藺相如以「頸血濺大王」威脅秦王，迫使秦王擊缶，從而爲趙雪恥。因秦在西方，故稱秦王所擊之缶爲「西缶」。事詳史記卷八一廉頗藺相如列傳。文選卷一〇潘岳西征賦：「恥東瑟之偏鼓，提西缶而接刃。辱十城之虛壽，奄咸陽以取儁。」今按：蕭繹此處作「西缶」者乃與上句

「南山」相對，似別無深意。

〔一六〕或出或處：謂出仕和歸隱。周易繫辭上：「子曰：『君子之道，或出或處。』」

〔一七〕優之遊之：詩經小雅采菽：「優哉游哉，亦是戾矣。」鄭玄箋：「諸侯有盛德者亦優游。」

〔一八〕忘懷：陶淵明五柳先生傳：「嘗著文章自娛，頗示己志，忘懷得失，以此自終。」

鄭衆論〔一〕

漢世銜命匈奴〔二〕，困而不辱者〔三〕，二人而已。子卿手持漢節，卧伏冰霜〔四〕；仲師固無下拜，隔絶水火〔五〕。況復風生稽落〔六〕，日隱龍堆〔七〕；翰海飛沙〔八〕，皋蘭走雪〔九〕。豈不酸鼻痛心，憶雒陽之宫陛〔一〇〕；屑泣横悲，想長安之城闕〔一一〕。直以爲臣之道，義不爲生；事君之節，生爲義盡。豈望拔幽泉〔一二〕，出重仞〔一三〕，經長樂〔一四〕，抵未央〔一五〕。及還望塞亭，來依候火〔一六〕；傍觀上郡〔一七〕，側眺雲中〔一八〕。雖在己之願自隆，而於時之報未盡〔一九〕。藝文類聚卷五三、太平御覽卷七七九、梁文紀卷四、御製集、閣本、張本、全梁文、丁本。

【校注】

〔一〕鄭衆：字仲師。漢明帝永平八年（65），持節使匈奴。匈奴欲令其拜，衆不爲屈。還，後官至大司農，在位以清正稱。後漢書卷三六有傳。

〔二〕銜命：接受使命。禮記檀弓上：「銜君命而使。」○匈奴：我國古代北方民族之一。其族隨世異名，因地殊號。漢時頗爲邊患。

〔三〕困而不辱者：論語子路：「子曰：『行己有恥，使於四方，不辱君命，可謂士矣。』」辱，太平御覽卷七七九作「食」。

〔四〕「子卿」二句：子卿，西漢蘇武字子卿。武，武帝時杜陵人。曾奉命以中郎將使匈奴，被扣，留居匈奴十九年，持節不屈。還，拜典屬國。去世後，漢宣帝將其列爲麒麟閣十一功臣之一。漢書卷五四有傳。漢書本傳載：武帝遣武以中郎將使持節使匈奴，單于欲降武，「乃幽武置大窖中，絶不飲食。天雨雪，武卧齧雪與旃毛並咽之，數日不死」。後至海上，「杖漢節牧羊，卧起操持，節旄盡落」。節，符節，古代使者所持的憑證。

〔五〕「仲師」二句：後漢書卷三六鄭衆傳：「八年，顯宗遣衆持節使匈奴。衆至北庭，虜欲令拜，衆不爲屈。單于大怒，圍守閉之，不與水火，欲脅服衆。衆拔刀自誓，單于恐而止，乃更發使隨衆還京師。……其後帝見匈奴來者，問衆與單于争禮之狀，皆言匈奴中傳衆意氣壯勇，雖蘇武不過。」水火，太平御覽卷七七九作「太水」，或誤。

〔六〕稽落：山名。今蒙古國古爾連察嶺一帶。後漢書卷四和孝紀：「〔永元元年〕夏六月，車騎將軍竇憲出雞鹿塞，度遼將軍鄧鴻出稒陽塞，南單于出滿夷谷，與北匈奴戰於稽落山，大破之，追至私渠比鞮海。竇憲遂登燕然山，刻石勒功而還。」

〔七〕龍堆：即白龍堆沙漠。在今新疆羅布泊以東至甘肅省玉門關之間。漢書卷九六西域傳：「然樓蘭國最在東垂，近漢，當白龍堆，乏水草，常主發導，負水儋糧，送迎漢使，又數爲吏卒所寇，懲艾不便與漢通。」同書卷二八地理志：「敦煌郡，武帝後元年分酒泉置。正西關外有白龍堆沙，有蒲昌海。」

〔八〕翰海：地名。其含義隨時代而變。或曰即今呼倫湖，或曰貝加爾湖，或曰爲杭愛山之音譯。漢書卷五五霍去病傳：「〔霍去病〕封狼居胥山，禪於姑衍，登臨瀚海。」顏師古注引如淳曰：「翰海，北海名也。」

〔九〕皋蘭：山名。在今甘肅省蘭州市南。漢書卷五五霍去病傳：「轉戰六日，過焉支山千有餘里，合短兵鏖皋蘭下。」顏師古注：「皋蘭，山名也。」〇雪：太平御覽卷七七九作「霰」。

〔一〇〕「豈不」二句：此就鄭衆而言。酸鼻痛心，文選卷一九宋玉高唐賦：「孤子寡婦，寒心酸鼻。」李善注：「寒心，謂戰慄也。酸鼻，鼻辛酸淚欲出也。」雒陽，東漢都城。三國志卷二魏書文帝紀裴松之注引魏略曰：「詔以漢火行也，火忌水，故『洛』去『水』而加『佳』。」宮陛，宮殿臺階。南朝宋鮑照從過舊宮詩：「宮陛留前制，歌思溢今衢。」

〔一一〕「屑泣」二句：此就蘇武而言。屑泣，猶屑涕，即涕淚交流。楚辭劉向九嘆遠逝：「腸紛紜以繚轉兮，涕漸漸其若屑。」王逸注：「言己憂愁，腸中迴亂繚繞而轉，涕泣交流，若磑屑之下，無絶時也。」長安，西漢都城。城闕，指皇宫。文選卷三七陸機謝平原内史表：「稽顙城闕，瞻係天衢。」

〔一二〕拔幽泉：即免於死亡。幽泉，猶黄泉。指地府。

〔一三〕重仞：論語子張：「夫子之牆數仞，不得其門而入，不見宗廟之美，百官之富。」文選卷五八蔡邕郭有道碑文并序：「宫牆重仞，允得其門。」本泛指宫墻，此處指北匈奴宫廷。

〔一四〕長樂：漢宫殿名。故址在今陝西省西安市西北郊漢長安故城東南隅。三輔黄圖卷二漢宫：「長樂宫，本秦之興樂宫也。高皇帝始居櫟陽，七年長樂宫成，徙居長安城。」

〔一五〕未央：漢宫殿名。故址在今陝西省西安市西北漢長安故城内西南隅。漢高帝七年建。三輔黄圖卷二漢宫：「未央宫周迴二十八里，前殿東西五十丈，深五十丈，高三十五丈。」

〔一六〕「及還」二句：漢書卷九四匈奴傳：漢昭帝時，「匈奴三千餘騎入五原，略殺數千人，後數萬騎南旁塞獵，行攻塞外亭障，略取吏民去。是時漢邊郡烽火候望精明，匈奴爲邊寇者少利，希復犯塞」。塞亭，邊塞亭障。後漢書卷八七西羌傳：「於是障塞亭燧出長城外數千里。」三國志卷四八吴書三嗣主傳孫休：「是日進及布塞亭。」候火，即烽火。候，「堠」的古字。邊境偵察敵情的哨所、土堡。文選卷八揚雄羽獵賦：「欃槍爲闉，明月爲候。」吕向注：「候，亭候也。」

〔一七〕上郡：郡名。治所在今陝西省榆林市南。漢書卷九四匈奴傳：「軍臣單于立歲餘，匈奴復絶和親，大入上郡、雲中各三萬騎，所殺略甚衆。於是漢使三將軍軍屯北地，代屯句注，趙屯飛狐口，緣邊亦各堅守以備胡寇。」

〔一八〕雲中：郡名。治所在今内蒙古托克托東北。漢書卷五四蘇武傳：「後〔李〕陵復至北海上，語武：『區脱捕得雲中生口，言太守以下吏民皆白服，曰上崩。』武聞之，南鄉號哭，歐血，旦夕臨。」

〔一九〕盡：太平御覽卷七七九作「重」。

【集評】

閻本：評「雖在己之願自隆，而於時之報未盡」：不死厚誅，守節薄賞，李陵之不平以此。

明葉紹泰編增訂漢魏六朝别解梁元帝集：將軍一去，大樹飄零；壯士不還，寒風蕭瑟。讀此堪令憤發。

六朝文絜卷九評「風生稽落，日隱龍堆；翰海飛沙，皋蘭走雪」四句：寫得濃至而有態，睹此光景，焉能不酸鼻痛心。評「雖在己之願自隆，而於時之報未盡」二句：薄以賞功，節士爲之短氣。

議

高祖武皇帝謚議〔一〕

臣聞翼善傳聖曰堯，仁聖盛明曰舜〔二〕，受禪成功曰禹〔三〕，除虐去殘曰湯〔四〕。謚者行之跡〔五〕，號者功之表〔六〕。雖賤不誄貴，卑不誄尊〔七〕。而彰乎名者，盛德之嘉號也〔八〕；被於物者，治定之實録也〔九〕。斯所以聲明焕乎鍾石，昭晰備於絃管者焉〔一〇〕。

【校注】

〔一〕高祖武皇帝謚議：謚，古代帝王、貴族、大臣、士大夫或其他有地位的人死後，據其生前業跡評定的帶有褒貶意義的稱號。禮記檀弓下：「公叔文子卒，其子戍請謚於君，曰：『日月有時，將葬矣。請所以易其名者。』」鄭玄注：「謚者，行之蹟。」晉書卷二〇禮志中：「五經通義以爲有德則謚善，無德則謚惡，故雖君臣可同。」今按：考梁書卷三武帝紀，梁武帝蕭衍太清三年（549）五月崩，冬十一月追尊爲武皇帝，廟曰高祖。則此議之作，當在太清年五至十一月間。

〔二〕「臣聞」二句：白虎通卷一謚：「禮謚法記曰：『翼善傳聖謚曰堯，仁聖盛明謚曰舜，慈惠愛民謚曰文，剛强理直謚曰武。』」翼善，輔助善行。盛明，猶聖明。文選卷二二王康琚反招隱詩：「今雖盛明世，能無中林士。」李善注：「解嘲曰：遭盛明之世。」

〔三〕受禪成功曰禹：史記卷二夏本紀：「夏禹，名曰文命。」裴駰集解：「謚法曰：『受禪成功曰禹。』」受禪，謂王朝更迭，新皇帝承受舊帝讓給的帝位。孔叢子雜訓：「夫受禪於人者則襲其統，受命於天者則革之。」

〔四〕除虐去殘曰湯：史記卷三殷本紀：「主癸卒，子天乙立，是爲成湯。」裴駰集解：「謚法曰：『除虐去殘曰湯。』」

〔五〕謚者行之蹟：説文解字言部：「謚，行之蹟也。」藝文類聚卷四〇引春秋説題辭曰：「號者功之表，謚者行之蹟，所以追勸成德，使尚務節。」又引五經通義曰：「謚者死後之稱，累生時之行而謚之。生有善行，死有善謚，所以勸善戒惡也。謚之言列其所行，身雖死，名常存，故謂謚也。」白虎通卷一謚：「謚者，何也？謚之爲言引也，引烈行之蹟也。」

〔六〕號者功之表：白虎通卷一號：「帝王者何？號也。號者，功之表也。所以表功明德，號令臣下者也。」通典卷一〇四帝王謚號議：「五經通義曰：『號者，亦所以表功德，號令天下也。』」

〔七〕「雖賤」二句：禮記曾子問：「賤不誄貴，幼不誄長，禮也。」鄭玄注：「誄，累也。累列生時行迹，讀之以作謚。謚當由尊者成。」

〔八〕「而彰」二句：禮記表記：「子曰：『先王謚以尊名，節以壹惠，恥名之浮於行也。是故君子不自大其事，不自尚其功，以求處情；過行弗率，以求處厚；彰人之善，而美人之功，以求下賢。是故君子雖自卑而民敬尊之。』」盛德，大德。大戴禮記盛德：「聖王之盛德，人民不疾，六畜不疫，五穀不災，諸侯無兵而正，小民無刑而治，蠻夷懷服。」

〔九〕治定：政治安定。禮記樂記：「王者功成作樂，治定制禮。」鄭玄注：「功成、治定同時耳。功主於王業，治主於教民。」孔穎達疏：「治定，謂民得王教，尊卑位定也。」

〔一〇〕「斯所」二句：謂教化、政績爲人所傳頌。聲明，左傳桓公二年：「鍚、鸞、和、鈴，昭其聲也。三辰旂旗，昭其明也。夫德，儉而有度，登降有數，文物以紀之，聲明以發之，以臨照百官。」原謂聲音與光彩，後以喻聲教文明。明，梁文紀卷四作「名」。鍾石，鍾和磬。樂器名。昭晰，文選卷一七陸機文賦：「情曈曨而彌鮮，物昭晰而互進。」李善注引説文：「昭晰，明也。」此謂光輝的政績。絃管，絃樂器和管樂器。漢書卷二二禮樂志：「和親之説難形，則發之於詩歌詠言，鍾石管弦。」

伏惟天縱欽明〔一〕，惟睿作聖〔二〕；功超三五〔三〕，聲踰七十〔四〕。仰之彌高，就之彌遠〔五〕；載濬載躍〔六〕，乃武乃文〔七〕。先是木運告終〔八〕，群后改屬〔九〕，乾維罔搆〔一〇〕，地紐如崩〔一一〕。祧祀阽危〔一二〕，公卿旰食〔一三〕。九牧有淪胥之悲〔一四〕，八表興横流之歎〔一五〕，乃凝威黑水〔一六〕，表瑞丹陵〔一七〕，雲合景從〔一八〕，表裏禔福〔一九〕，受終文祖〔二〇〕，允恭克讓〔二一〕。知黔首不可以無歸〔二二〕，蒼生不可以無主。降汾陽之遠志〔二三〕，不得已而臨之。於是類帝禋宗〔二四〕，革命創制〔二五〕，禘郊式展〔二六〕，殷薦斯潔〔二七〕。臨茲大寶〔二八〕，化與和氣俱宣〔二九〕；扇此王風，政與秋霜並肅〔三〇〕。言懸日月〔三一〕，功格區宇〔三二〕。不以紫宸爲貴，不以黄屋爲尊〔三三〕。政謐刑措〔三四〕，民殷國阜。虹旌式卷，堡燧載清〔三五〕；胥象相因，環楛無曠〔三六〕。天衢亭泰〔三七〕，王道升平；南海候風〔三八〕，東溟奉賮〔三九〕。膏露凝枝〔四〇〕，慶雲觸石〔四一〕；山開蒼璧〔四二〕，地出玄珪〔四三〕。驃騎把鉞，則休屠款塞〔四四〕；太尉抗旌，則名王屢角〔四五〕。聲教所漸，浹靈蛇之都〔四六〕；威令所行，通燭龍之外〔四七〕。開庠建序〔四八〕，布濩於成均〔四九〕；正俗移風，氛氲於司樂〔五〇〕。虚納十亂〔五一〕，引諒直之規〔五二〕；廣闢四門〔五三〕，弘招賢之德。青衿知擊壤之性〔五四〕，黄髮恣鼓腹之歡〔五五〕。加以鑽味微言〔五六〕，研精至道〔五七〕，文終所牧之典〔五八〕，史倚所讀之書〔五九〕，無輟萬機〔六〇〕，日且千遍。馳郁郁之聲〔六一〕，表乾乾之德〔六二〕。允所謂皇哉君哉〔六三〕，日用而不知者矣〔六四〕。

【校注】

〔一〕天縱：天所放任，意謂上天賦予。論語子罕：「固天縱之將聖，又多能也。」○欽明：敬肅明察。尚書堯典：「曰若稽古帝堯，曰放勳欽明文思安安，允恭克讓。」孔安國傳：「欽，敬也。」陸德明音義引馬融曰：「威儀表備謂之欽，照臨四方謂之明。」後以爲對君主的頌詞。

〔二〕睿作聖：尚書洪範：「貌曰恭，言曰從，視曰明，聽曰聰，思曰睿。恭作肅，從作乂，明作哲，聰作謀，睿作聖。」孔安國傳：「於是無不通謂之聖。」孔穎達疏：「睿、聖俱是通名，聖大而睿小，緣其能通微事，事無不通，因睿以作聖也。鄭玄周禮注云：『聖，通而先識也。』是言識事在於衆物之先，無所不通，以是名之爲聖。聖是智之上、通之大也。」

〔三〕三五：「三皇五帝」的省稱。傳説中的上古帝王。

〔四〕七十：指上古七十二有道之君。七十，概言之也。史記卷一一七司馬相如傳載相如封禪書，有云：「續昭夏，崇號謚，略可道者七十有二君。」裴駰集解：「德明大，相繼封禪于泰山者七十有二人。」南齊書卷四七王融傳載：永明末，融上疏，有云：「然後天移雲動，勒封岱宗，咸五登三，追蹤七十。」

〔五〕仰之彌高，就之彌遠：論語子罕：「顏淵喟然歎曰：『仰之彌高，鑽之彌堅。瞻之在前，忽焉在後。夫子循循然善誘人，博我以文，約我以禮，欲罷不能。既竭吾才，如有所立卓爾，雖欲從之，末由也已。』」

〔六〕載潛載躍：周易乾卦：「初九，潛龍勿用。……九四，或躍在淵，無咎。」清李道平纂疏：「崔憬曰：……潛，隱也。龍下隱地，潛德不彰。是以君子韜光待時，未成其行，故曰『勿用』。……言君子進德脩業，欲及于時。猶龍自試躍天，疑而處淵，上下進退，非邪離群，故無咎。」後以喻帝王未登基之時。

〔七〕乃武乃文：尚書大禹謨：「益曰：『都！帝德廣運，乃聖乃神，乃武乃文。皇天眷命，奄有四海，爲天下君。』」孔安國傳：「文經天地，武定禍亂。」孔穎達疏：「謚法云：『經緯天地曰文，克定禍亂曰武。』經傳『文』『武』倒者。經取韻句，傳以文重故也。」

〔八〕木運：古人以木土金水火五行相生相克附會王朝之興替，有五德始終説。參顧頡剛秦漢的方士與儒生。南朝齊爲木德，南齊書卷二高帝紀：「建元元年五月，詔曰：『改元嘉曆爲建元曆，木德盛卯終未，以正月卯祖，十二月未臘。』」同卷史臣贊曰：「豈其天厭水行，固已人希木德。歸功與能，事極乎此。雖至公于四海，而運實時來；無心於黃屋，而道隨物變。應而不爲，此皇齊所以集大命也。」

〔九〕群后：文選卷三張衡東京賦：「於是孟春元日，群后旁戾。」李善注：「群后，公卿之徒也。」

〔一〇〕乾維：天的維繫。喻朝綱、君權。宋書卷一六禮志：「紹乾維，建徽號，流風聲，被絲管，自無懷以來，可傳而不朽者，七十有四君。」

〔一一〕地紐：地的載承。藝文類聚卷七七引北魏温子昇寒陵山寺碑序：「爾朱氏既絶彼天綱，斷兹地紐，禄去王室，政出私門。」

〔一二〕祧（tiāo）祀：宗廟祭祀。説文解字示部新附：「祧，遷廟也。」祀，張本作「紀」。○阽（diàn）危：漢書卷二四食貨志上：「安有爲天下阽危者若是而上不驚者！」顔師古注：「阽危，欲墜之意也。」阽，臨近危險。楚辭離騷：「阽余身而危死兮，覽余初其猶未悔。」王逸注：「阽，猶危也。或云：阽，近也。」

〔一三〕旰（gàn）食：左傳昭公二十年：「〔伍〕奢聞員不來，曰：『楚君大夫其旰食乎！』」杜預注：「將有吴憂，不得早食。」旰，左傳襄公十四年：「日旰不召，而射鴻於囿。」杜預注：「旰，晏也。」

〔一四〕九牧：文選卷四一孔融論盛孝章書：「孝章要爲有天下大名，九牧之人，所共稱歎。」李善注：「九牧，猶九州也。」○淪胥：淪陷，淪喪。

〔一五〕八表：八方之外。指極遠的地方。○横流：洪水亂流。喻天下動亂。

〔一六〕凝威：鞏固威望。廣雅釋詁：「凝，定也。」○黑水：隋書卷二三五行志：「黑水在關中，而今淮南水黑，荆、揚之地，陷於關中之應。」同書卷二九地理志上：「尚安：西魏置縣及鄧寧郡。開皇初郡廢，大業初置同昌郡。有黑水。」此代指北方少數民族。

〔一七〕丹陵：地名。相傳堯出生在丹陵。藝文類聚卷一一引帝王世紀曰：「帝堯陶唐氏，祁姓也。母慶都，孕十四月而生堯於丹陵，名曰放勳。」有在今湖南省攸縣、河北省唐縣等多説。

〔一八〕雲合景從：如雲聚合，如影隨形。比喻隨從者之多，緊緊追隨。文選卷五一賈誼過秦論：「天下雲集響應，贏糧而景從。」景，同「影」。

〔一九〕表裏：喻地理上的接鄰。宋書卷一〇〇自序：「且表裏强蠻，盤帶疆埸。」〇褆（zhī）福：漢書卷五七司馬相如傳下：「遐邇一體，中外褆福，不亦康乎？」顔師古注：「褆，安也。」

〔二〇〕受終文祖：指梁武登上帝位。尚書舜典：「正月上日，受終于文祖。」孔安國傳：「終，謂堯終帝位之事。文祖者，堯文德之祖廟。」陸德明音義：「王云：『文祖，廟名。』馬云：『文祖，天也。天爲文萬物之祖，故曰文祖。』」孔穎達疏：「受終者，堯爲天子，於此事終而授與舜，故知終謂堯終帝位之事。終，言堯終舜始也。禮，有大事，行之於廟，況此是事之大者，知『文祖』者，堯文德之祖廟也。且下云『歸格于藝祖』，藝、文義同。知『文祖』是廟者，咸有一德云：『七世之廟，可以觀德。』則天子七廟，其來自遠。堯之文祖，蓋是堯始祖之廟，不知爲誰也。」蔡沈集傳：「文祖者，堯始祖之廟。」史記卷一五帝紀：「文祖者，堯大祖也。」裴駰集解：「鄭玄曰：『文祖者，五府之大名，猶周之明堂。』」司馬貞索隱：「尚書帝命驗曰：『五府，五帝之廟。蒼曰靈府，赤曰文祖，黄曰神斗，白曰顯紀，黑曰玄矩。唐虞謂之五府，夏謂世室，殷謂重室，周謂明堂，皆祀五帝之所也。』」張守節正義：「舜受堯終帝之事于文祖也。」

〔二一〕允恭克讓：尚書堯典：「允恭克讓，光被四表，格于上下。」孔安國傳：「允，信。克，能。」孔穎達疏引鄭玄曰：「不懈於位曰恭，善能謙讓。」

〔二二〕黔首：禮記祭義：「明命鬼神，以爲黔首則。」鄭玄注：「黔首，謂民也。」陸德明音義：「黔……黑也。黑首謂民也。秦謂民爲黔首。」孔穎達疏：「黔，謂黑也。凡人以黑巾覆頭，故謂之黔首。」史記卷六秦始皇本紀：「二十六年……更民名曰黔首。」説文解字黑部：「黔，黎也。从黑，今聲。秦謂民爲黔首，謂黑色也。周謂之黎民。」○無歸：無所歸宿。

〔二三〕汾陽之遠志：指隱居之志。莊子逍遥遊：「堯治天下之民，平海内之政，往見四子藐姑射之山，汾水之陽，窅然喪其天下焉。」汾陽，汾水之北。汾，汾水，在今山西省中部，黄河第二支流。陽，公羊傳僖公二十二年：「宋公與楚人期戰於泓之陽。」何休注：「水北曰陽。」

〔二四〕類帝禋宗：尚書舜典：「肆類於上帝，禋于六宗，望於山川，徧于群神。」孔安國傳：「肆，遂也。類，謂攝位事類。……精意以享謂之禋。宗，尊也。所尊祭者其祀有六，謂四時也、寒暑也、日也、月也、星也、水旱也。」孔穎達疏：「遂行爲帝之事，而以告攝事類，祭於上帝，祭昊天及五帝也。」文選卷五六陸倕石闕銘：「類帝禋宗，光有神器。」類帝，祭祀天帝。類，祭也。禋宗，祀六宗。六宗，古所尊祀的六神。

〔二五〕革命：古代認爲王者受命於天，改朝换代是天命變更，因稱「革命」。周易革卦：彖曰：「天地革而四時成，湯武革命，順乎天而應乎人。」孔穎達疏：「夏桀、殷紂，兇狂無度，天既震怒，人亦叛主，殷湯、周武，聰明睿智，上順天命，下應人心，放桀鳴條，誅紂牧野，革其王命，改其惡俗，故曰湯武革命，順乎天而應乎人。」○創制：漢書卷一〇〇敘傳下：「革命創制，三章是紀，應天順民，五星同晷。」

〔二六〕禘郊式展：謂祭祀宗廟社稷。禘郊，國語卷五魯語下：「〔天子〕日入監九御，使潔奉禘郊之粢盛。」周禮天官冢宰内宰：「上春，詔王后帥六宫之人而生穜稑之種，而獻之于王。」鄭玄注：「且以佐王耕事供禘郊也。」賈公彦疏：「禘謂祭廟，郊謂祀天，舉尊言之，其實山川社稷等，皆用之也。」式，語助詞。詩經小雅節南山：「式夷式已，無小人殆。」清馬瑞辰通釋：「兩『式』字皆語詞。」展，左傳襄公三十一年：「百官之屬，各展其物。」杜預注：「展，陳也。」

〔二七〕殷薦：漢書卷二二禮樂志：「易曰：『先王以作樂崇德，殷薦之上帝，以配祖考。』」顔師古注：「此豫卦象辭也。殷，盛大也。上帝，天也。言王者作樂，崇表其德，大薦於天，而以祖考配饗之也。」○斯潔：潔浄。斯，語詞。

〔二八〕大寶：指帝位。周易繫辭：「天地之大德曰生，聖人之大寶曰位。」

〔二九〕「化與」句：喻指政教温和。化，教化。和氣，古人認爲天地間陰氣與陽氣交合而成之氣，萬物由此而生。引申爲祥瑞之氣。老子第四二章：「萬物負陰而抱陽，沖氣以爲和。」韓非子解老：「孔竅虛，則和氣日入。」

〔三〇〕「政與」句：喻法政嚴明。秋霜，文選卷一〇潘岳西征賦：「弛秋霜之嚴威，流春澤之渥恩。」李善注：「荀悦申鑒曰：人主怒如秋霜。漢書，孫寶敕侯文曰：今鷹隼始擊，當從天氣取奸惡，以成嚴霜之威。」文心雕龍詔策：「明罰敕法，則辭有秋霜之烈。」

〔三一〕言懸日月：謂言論如日月高懸，光輝永久。

〔三二〕功格區宇：謂功績達於天下四方。沈約宋書卷三武帝紀史臣曰：「高祖地非桓、文，衆無一旅，曾不浹旬，夷凶翦暴，祀晉配天，不失舊物，誅内清外，功格區宇。」爾雅釋詁：「格，至也。」區宇，境域，天下。

〔三三〕「不以」二句：不以帝位謂尊貴，謂對皇帝之位看得很輕。紫宸，指帝位。曹植卞太后誄：「龍飛紫宸，奄有九土。」黄屋，即「黄屋蓋」，古代帝王專用的黄繒車蓋。史記卷六秦始皇本紀：「子嬰度次得嗣，冠玉冠，佩華紱，車黄屋。」裴駰集解：「蔡邕曰：黄屋者，蓋以黄爲裏。」

〔三四〕政謐刑措：政治安寧，刑法置而不用。刑措，亦作「刑錯」。史記卷四周本紀：「故成康之際，天下安寧，刑錯四十餘年不用。」裴駰集解引應劭曰：「錯，置也。民不犯法，無所置刑。」謐，爾雅釋詁：「謐、顗、頠、密、寧，静也。」

〔三五〕「虹旌」二句：謂天下太平無戰事。虹旌，彩旗。漢王褒九懷思忠：「駕八龍兮連蜷，建虹旌兮威夷。」式，語助詞。詩經小雅節南山：「式夷式已，無小人殆。」清馬瑞辰通釋：「兩『式』字皆語詞。」卷，收起。堡燧，塞上堡壘和烽火亭。説文解字𨸏部：「燧，塞上亭守熢火者。」

〔三六〕「胥象」二句：謂四方派使者前來進貢。胥象，同「象胥」，古代接待四方使者的官員或翻譯人員。周禮秋官司寇象胥：「象胥，每翟上士一人，中士二人，下士八人，徒三十人。……象胥掌蠻、夷、閩、貉、戎、狄之國使，掌傳王之言而諭説焉，以和親之。」鄭玄注：「通夷狄之言者曰象；胥，其有才知者也。」相因，前後相連。環楛，白環、楛矢。白環，即白玉環。竹書紀年卷上：「六年，西王母之來朝，獻白環、玉玦。」後漢書卷六〇馬融傳：「納僬僥之珍羽，受王母之白環。」李賢注：「帝王紀曰『堯時僬僥氏來貢没羽。西王母慕舜之德，來獻白環』也。」楛矢，以楛木做杆的箭。國語卷五魯語下載：仲尼曰：「昔武王克商，通道于九夷、百蠻，使各以其方賄來貢，使無忘職業。於是肅慎氏貢楛矢石砮，其長尺有咫。」無曠，没有停止。

〔三七〕天衢：指京都的大道。〇亭泰：又直又寬。亭，梁文紀卷四、御製集、閣本、張本作「亨」。

〔三八〕南海候風：意謂南海之人候望風向，行船進貢。候，説文解字人部：「候，伺望也。」

〔三九〕東溟奉賮：東海之人稱臣納貢。東溟，東海。奉賮（jìn），納貢，進貢財物。賮，御製集、閣本、張本、全梁文、丁本作「貢」。

〔四〇〕膏露：甘露。禮記禮運：「故天降膏露，地出醴泉。」鄭玄注：「膏，猶甘也。」太平御覽卷八七二引孝經援神契曰：「王者德至，天則降甘露。」

〔四一〕慶雲觸石：謂祥雲升騰。古人認爲雲觸石而出，春秋公羊傳僖公三十一年：「山川有能潤于百里者，天子秩而祭之。觸石而出，膚寸而合，不崇朝而遍雨乎天下者，唯泰山爾。」慶雲，五色雲。古人以爲喜慶、吉祥之氣。列子湯問：「慶雲浮，甘露降。」漢書卷二六天文志：「若煙非煙，若雲非雲，郁郁紛紛，蕭索輪囷，是謂慶雲。慶雲見，喜氣也。」

〔四二〕蒼璧：黑色的圓璧。周禮春官宗伯大宗伯：「以蒼璧禮天。」晉書卷一一〇載記慕容儁：「常山大樹自拔，根下得璧七十、珪七十三，光色精奇，有異常玉。儁以爲嶽神之命，遣其尚書郎段勤以太牢祀之。」璧，全粱文、丁本作「壁」。

〔四三〕玄珪：黑色的玉器，上尖下方，用以賞賜建立特殊功績的人。尚書禹貢：「禹錫玄圭，告厥成功。」孔安國傳：「玄，天色，禹功盡加於四海，故堯賜玄圭以彰顯之，言天功成。」蔡沈集傳：「水色黑，故圭以玄云。」太平御覽卷八〇六引墨子曰：「申徒狄曰：『周之靈圭，出於土石。』」今按：圭、珪，用同。

〔四四〕「驃騎」三句：此指漢霍去病抗擊匈奴事。史記卷一一一衛將軍驃騎傳載：「最驃騎將軍去病，凡六出擊匈奴，其四出以將軍，斬捕首虜十一萬餘級。及渾邪王以衆降數萬，遂開河西酒泉之地，西方益少胡寇。」驃騎，「驃騎將軍」的簡稱，將軍名號。史記衛將軍驃騎列傳：「元狩二年春，以冠軍侯去病爲驃騎將軍。」張守節正義：「漢書云霍去病征匈奴有絶幕之勳，始置驃騎將軍，位在三司，品秩同大將軍。」鉞，莊子胠篋：「斧鉞之威。」成玄英疏：「小曰斧頭，大曰鉞。」禮記王制：「諸侯賜弓矢，然後征；賜鈇鉞，然後殺。」班固白虎通卷七考黜：「喜怒有節，誅伐刑刺，賜以鈇鉞，使得專殺。好惡無私，執義不傾，賜以弓矢，使得專征。……故王制曰：『賜之弓矢，然後專殺。』」休屠，漢匈奴的一支。

〔四五〕「太尉」二句：此指漢衛青抗擊匈奴事。史記卷一一一衛將軍驃騎列傳載：「最大將軍青，凡七出擊匈奴，斬捕首虜五萬餘級。一與單于戰，收河南地，遂置朔方郡。」太尉，官名。秦至西漢設置，爲全國軍政首腦，與丞相、御史大夫並稱三公。漢武帝時改稱大司馬。見漢書卷一九百官公卿表。衛青加官大司馬，故亦可稱「太尉」。抗旌，舉旗。漢書卷六四終軍傳：「票騎抗旌，昆邪右衽。」顏師古注：「抗，舉也。」名王，漢書卷八宣帝紀：神爵二年，「匈奴單于遣名王奉獻，賀正月，始和親。」顏師古注：「名王者，謂有大名，以別諸小王也」。蹷角，文選卷四三丘遲與陳伯之書：「朝鮮昌海，蹶角受化。」李善注：「孟子曰：武之伐殷也，百姓若崩厥角。趙岐曰：厥角，叩頭以額角犀厥地也。」劉良曰：「蹶角，謂以額頭叩地也。」

〔四六〕浹：荀子君道：「古者先王審禮以方皇周浹於天下。」王先謙集解引郝懿行曰：「周、浹，皆偏也。」〇靈蛇之都：太平御覽卷九三四引郭子橫洞冥記曰：「蛇璣出塗雲國。有青靈虵產珠，色光白，如瓊琰之類。」

〔四七〕燭龍：古代神話中的神名。山海經大荒北經：「西北海之外，赤水之北，有章尾山。有神，人面蛇身而赤，身長千里，直目正乘，其瞑乃晦，其視乃明，不食不寢不息，風雨是謁。是燭九陰，是謂燭龍。」楚辭天問：「日安不到，燭龍何照？」王逸注：「言天之西北有幽冥無日之國，有龍銜燭而照之也。」

〔四八〕開庠建序：建立學校。孟子滕文公上：「夏曰校，殷曰序，周曰庠；學則三代共之，皆所以明人倫也。」

〔四九〕「布濩（hù）」句：謂廣建學校。布濩，文選卷三張衡東京賦：「聲教布濩，盈溢天區。」薛綜注：「布濩，猶散被也。」成均，周禮春官宗伯大司樂：「大司樂，掌成均之法，以治建國之學政，而合國之子弟焉。」鄭玄注：「鄭司農云：『均，調也。樂師主調其音，大司樂主受此成事已調之樂。』玄謂董仲舒云：『成均，五帝之學。』成均之法者，其遺禮可法者。……文王世子曰：『於成均以及取爵於上尊。』然則周人立此學之宮。」禮記文王世子：「三而一有焉，乃進其等，以其序，謂之郊人，遠之，於成均以及取爵於上尊也。」鄭玄注：「董仲舒曰『五帝名大學曰成均』，則虞庠近是也。」

〔五〇〕「氛氳」句：謂大司樂教化於天下。氛氳，彌漫貌。司樂，指大司樂。周禮春官宗伯大司樂：「掌成均之法，以治建國之學政，而合國之子弟焉。」

〔五一〕十亂：尚書泰誓中：「予有亂臣十人，同心同德。」孔安國傳：「我治理之臣雖少，而心德同。」孔穎達疏：「釋詁云：『亂，治也。』故謂我治理之臣有十人也。十人皆是上智。咸識周是殷非，故人數雖少，而心、德同，同佐武王，欲共滅紂也。論語引此云：『予有亂臣十人。』而孔子論之，有一婦人焉。則十人之内，其一是婦人。故先儒鄭玄等皆以十人爲文母、周公、太公、召公、畢公、榮公、太顛、宏夭、散宜生、南宫括也。」

〔五二〕諒直：論語季氏：「孔子曰：『益者三友，損者三友。友直，友諒，友多聞，益矣。』」諒，梁文紀卷四作「亮」。説文解字言部：「諒，信也。」

〔五三〕四門：尚書舜典：「賓於四門，四門穆穆。」孔安國傳：「四門，四方之門。」蔡沈集傳：「四門，四方之門。古者以賓禮親邦國諸侯，各以方至，而使主焉，故曰賓。」

〔五四〕青衿：詩經鄭風子衿：「青青子衿，悠悠我心。」毛傳：「青衿，青領也，學子之所服。」鄭玄箋：「禮，父母在，衣純以青。」陸德明音義：「青，如字。學子以青爲衣領緣衿也。」此借指學子。○擊壤：晉皇甫謐高士傳壤父：「壤父者，堯時人也。帝堯之世，天下太和，百姓無事。壤父年八十餘，而擊壤於道中。觀者曰：『大哉帝之德也。』壤父曰：『吾日出而作，日入而息，鑿井而飲，耕田而食，帝何德於我哉！』」

〔五五〕黄髮：指老人。詩經魯頌閟宫：「黄髮台背，壽胥與試。」鄭玄箋：「黄髮台背，皆壽徵也。」○鼓腹：謂飽食。莊子馬蹄：「夫赫胥氏之時，民居不知所爲，行不知所之，含哺而熙，鼓腹而遊。」

〔五六〕鑽味：鑽研體味。世説新語文學：「莊子逍遥篇，舊是難處，諸名賢所可鑽味，而不能拔理於郭、向之外。」○微言：文選卷四三劉歆移書讓太常博士書：「及夫子没而微言絶，七十子卒而大義乖。」呂延濟注：「微言，要眇之言也。」

〔五七〕至道：謂極精深微妙的道理或道術。史記卷七六平原君傳：「公孫龍善爲堅白之辯，及鄒衍過趙，言至道，乃絀公孫龍。」

〔五八〕文終所牧之典：似指西漢蕭何事。史記卷五三蕭相國世家：「及高祖起爲沛公，何常爲丞督事。沛公至咸陽，諸將皆争走金帛財物之府分之，何獨先入收秦丞相御史律令圖書藏之。……孝惠二年，相國何卒，謚爲文終侯。」牧，各本同。疑爲「收」之訛。

〔五九〕「史倚」句：左傳昭公十二年：「左史倚相趨過。王曰：『是良史也，子善視之。能讀三墳、五典、八索、九丘。』」杜預注：「倚相，楚史名。皆古書名。」

〔六〇〕萬機：亦作「萬幾」。指日常紛繁的政務。尚書皋陶謨：「無教逸欲有邦，兢兢業業，一日二日萬幾。」孔安國傳：「幾，微也，言當戒懼萬事之微。」孔穎達疏：「易繫辭云：『幾者，動之微。』故幾爲微也。一日二日之間，微者乃有萬事，言當戒慎萬事之微。微者尚有萬，則大事必多矣。且微者難察，察則勞神，以言不可逸耳。」

〔六一〕郁郁：美盛貌。論語八佾：「子曰：『周監於二代，郁郁乎文哉！吾從周。』」史記卷一五帝紀：「〔高辛〕其色郁郁，其德嶷嶷。」司馬貞索隱：「郁郁，猶穆穆也。」

〔六二〕乾乾：周易乾卦：「九三，君子終日乾乾，夕惕若，厲無咎。」孔穎達疏：「言每恒終竟此日，健健自强，勉力不有止息。」漢書卷九九王莽傳：「易曰『終日乾乾，夕惕若厲』。」顔師古注：

「乾卦九三爻辭也。乾乾，自强之意。」

〔六三〕皇哉君哉：張本脱「君哉」二字。皇，廣雅釋詁：「皇，美也。」漢揚雄法言卷一三孝至：「堯、舜之道皇兮，夏、殷、周之道將兮，而以延其光兮。」

〔六四〕日用而不知者：周易繫辭上：「仁者見之謂之仁，知者見之謂之知，百姓日用而不知，故君子之道鮮矣。」

方且告成岱嶽〔一〕，鏤升中之玉簡〔二〕。昭事梁甫〔三〕，祕社首之金繩〔四〕。而文王明夷〔五〕，事侔往册〔六〕；黄帝橋山〔七〕，痛深前典。萬有淪傷〔八〕，三辰掩曜〔九〕；人祇軫慕〔一〇〕，山海含悲。慟切陟方〔一一〕，哀深遏密〔一二〕；煩冤荼毒〔一三〕，貫切心髓〔一四〕。風樹不静〔一五〕，陟岵何期〔一六〕。思所以欽若九功〔一七〕，仰稽七德〔一八〕。藝文類聚卷一四、梁文紀卷四、御製集、閣本、張本、全梁文、丁本。

【校注】

〔一〕方且：莊子天地：「彼且乘人而無天，方且本身而異形，方且尊知而火馳，方且爲緒使，方且爲物絯，方且四顧而物應，方且應衆宜，方且與物化而未始有恒。」陸德明釋文：「凡言方且者，言方將有所爲也。」○岱嶽：泰山的别稱。淮南子卷四墬形訓：「中央之美者，有岱嶽以生五穀桑麻，魚鹽出焉。」高誘注：「岱嶽，泰山也。王者禪代所祠，因曰岱嶽。」白虎通卷六封禪：「王者易姓而起，必升封泰山何？報告之義也。始受命之時，改制應天，天下太平功成，封禪以告太平也。所以必於泰山何？萬物之始，交代之處也。……封者，廣也。言禪者，明以成功相傳也。」

〔二〕升中：禮記禮器：「是故因天事天，因地事地，因名山升中於天。」鄭玄注：「升，上也。中，猶成也。謂巡守至於方獄，燔柴祭天，告以諸侯之成功也。」後以指祭天。中，閣本、張本作「平」。○玉簡：玉製的簡册，上刻祭告文辭。初學記卷五引劉義恭詩曰：「金牒封梁甫，玉簡禪岱山。」

〔三〕昭事：勤勉地服事。詩經大雅大明：「昭事上帝，聿懷多福。」高亨注：「昭，借爲劭。説文：『劭，勉也。』」此指祭祀。○梁甫：亦作「梁父」，山名。泰山旁小山，在今山東省新泰市西。古代皇帝常在此山闢基祭奠山川。史記卷六秦始皇紀：二十八年，「禪梁父」。裴駰集解：「瓚曰：古者聖王封泰山，禪亭亭或梁父，皆泰山下小山。」漢揚雄長楊賦：「方將俟元符，以禪梁甫之基，增泰山之高。」

〔四〕社首之金繩：白虎通卷六封禪：「因高告高，順其類也，故升封者，增高也，下禪梁甫之基，廣厚也。皆刻石紀號者，著己之功迹也以自效也。天以高爲尊，地以厚爲德，故增泰山之高以報天，附梁甫之基以報地，明天之所命，功成事就，有益於天地，若高者加高，厚者加厚矣。

或曰：封者金泥銀繩。或曰：石泥金繩，封之以印璽。」社，梁文紀卷四、御製集、閻本、張本、全梁文、丁本作「禮」。今按：疑作「禮」爲是。

〔五〕文王明夷：指文王被拘於羑里。史記卷四周本紀：「崇侯虎譖西伯於殷紂曰：『西伯積善累德，諸侯皆嚮之，將不利於帝。』帝紂乃囚西伯於羑里。」文王，即周文王，姬姓，名昌。商紂王時爲西伯。生平詳史記卷四周本紀。明夷，六十四卦之一，離下坤上。周易明夷卦：「明夷，利艱貞。」宋王應麟周易鄭康成注「明夷」：「夷，傷也。日出地上，其明乃光，至其入也，明則傷矣，故謂之明夷。日之明傷，猶聖人君子有明德而遭亂世，抑在下位，則宜自艱，無幹事政，以避小人之害也。」後喻指昏君在上，賢人遭受艱難或不得志。

〔六〕侔：説文解字人部：「侔，齊等也。」

〔七〕黄帝橋山：史記卷一五帝本紀：「黄帝崩，葬橋山。」裴駰集解：「皇覽曰：黄帝冢在上郡橋山。」司馬貞索隱：「地理志橋山在上郡陽周縣，山有黄帝冢也。」張守節正義：「括地志云：『黄帝陵在寧州羅川縣東八十里子午山。地理志云上郡陽周縣橋山南有黄帝冢。』案：陽周，隋改爲羅川。爾雅云山鋭而高曰橋也。」黄帝，古帝名。生平詳史記卷一五帝本紀。周易繫辭下：「神農氏没，黄帝、堯、舜氏作，通其變，使民不倦。」孔穎達疏：「黄帝，有熊氏少典之子，姬姓也。」史記卷一五帝本紀：「黄帝者，少典之子。」司馬貞索隱：「有土德之瑞，土色黄，故稱黄帝，猶神農火德王而稱炎帝然也。」

〔八〕萬有：猶萬物。子華子陽城胥渠問：「太初胚胎，萬有權輿。」○淪傷：零落衰敗。

〔九〕三辰：左傳桓公二年：「三辰旂旗，昭其明也。」杜預注：「三辰，日、月、星也。」

〔一〇〕人祇（qí）：人神。大廣益會玉篇示部：「祇，地之神也。」○軫慕：痛念。軫，楚辭九章哀郢：「出國門而軫懷兮。」王逸注：「軫，痛也。」

〔一一〕陟方：本指天子外出巡視。此婉指天子之喪。尚書舜典：「舜生三十徵庸，三十在位，五十載陟方，乃死。」孔安國傳：「方，道也。舜即位五十年，升道南方巡守，死於蒼梧之野而葬焉。」

〔一二〕遏密：本指停止舉樂。此婉指皇帝之死。尚書舜典：「二十有八載，帝乃殂落。百姓如喪考妣。三載，四海遏密八音。」孔安國傳：「遏，絕；密，靜也。……四夷絕音三年，則華夏可知。言盛德恩化，所及者遠。」孔穎達疏：「三載之內，四海之人蠻、夷、戎、狄皆絕靜八音而不復作樂，是堯盛德恩化，所及者遠也。……『密，靜』，釋詁文。遏，止絕之義，故爲絕也。」密，張本作「蜜」。今按：蜜、密可通。

〔一三〕煩冤：煩躁憤懣。楚辭九章思美人：「蹇蹇之煩冤兮，陷滯而不發。」王逸注：「忠謀盤紆，氣盈胸也。」○荼毒：悲痛。尚書湯誥：「弗忍荼毒。」孔安國傳：「荼毒，苦也。」

〔一四〕貫切心髓：意謂痛入心扉。

〔一五〕風樹不靜：指父母去世不得奉養之悲。韓詩外傳卷九：臯魚曰：「樹欲靜而風不止，子欲養而親不待。往而不可追者年也，去而不可得見者親也。」

〔一六〕陟岵：指思念父親。詩經魏風陟岵：「陟彼岵兮，瞻望父兮。」毛傳：「山無草木曰岵。」鄭玄箋：「孝子行役，思其父之戒，乃登彼岵山以遥瞻，望其父所在之處。」後漢書卷六七黨錮李膺傳：「荀爽恐其名高致禍，欲令屈節以全亂世，爲書貽曰：『久廢過庭，不聞善誘，陟岵瞻望，惟日爲歲。』」李賢注：「爽致敬於膺，故以父爲喻也。」

〔一七〕欽若：敬順。尚書堯典：「乃命羲、和欽若昊天。」孔安國傳：「重黎之後，羲氏、和氏世掌天地四時之官，故堯命之使敬順昊天。」〇九功：左傳文公七年：「六府、三事，謂之九功。水、火、金、木、土、穀，謂之六府。正德、利用、厚生，謂之三事。」

〔一八〕仰稽（qǐ）：謂敬仰膜拜。仰，詩經小雅車舝：「高山仰止。」孔穎達疏：「言高山者，以山之高比人德之高，故云『古人有高德者則慕仰之』也。且仰是心慕之辭，故爲高德。」稽（qǐ），稽首，即叩頭至地。〇七德：七種德行。左傳宣公十二年：「夫武，禁暴、戢兵、保大、定功、安民、和衆、豐財者也。……武有七德，我無一焉，何以示子孫？」杜預注：「此武七德。」國語卷二周語中：「尊貴、明賢、庸勳、長老、愛親、禮新、親舊……若七德離判，民乃攜貳。」韋昭注：「七德，謂尊貴至親舊也。」

【集評】

閻本：評「降汾陽之遠志，不得已而臨之」：凡爲帝者，皆不得矣。評「而文王明夷，事侔往册；黄帝橋山，痛深前典」：豈景足齊辛乎？

銘

郢州都督蕭子昭碑銘 并序〔一〕

蓋聞克明俊德〔二〕，元、愷之臣具焉〔三〕；思皇多士〔四〕，毛、畢之佐存焉〔五〕。由此論之，昔者明王，靡不咸樹賢戚〔六〕，俾立宗子〔七〕，建五長以御都鄙〔八〕，作六瑞而典邦國〔九〕，其爲日也久矣。皇梁革命〔一〇〕，欽若前經〔一一〕，於是制詔御史〔一二〕，推恩分邑〔一三〕。吴平忠侯蕭公茂親明德〔一四〕，勳功事勞，故以書太常之旌〔一五〕，藏司勳之貳〔一六〕，惟寧之美〔一七〕，於是裕哉〔一八〕。

【校注】

〔一〕郢州：州名，南朝宋時置，治所在夏口，即今湖北省武漢市武昌區。○都督：地方軍政長官。多帶將軍名號，領州刺史，兼理民政。○蕭子昭：即蕭昺。昺，字子昭，梁武帝從父弟。梁天監初，封吴平侯。十九年，爲使持節、散騎常侍、都督郢司霍三州諸軍事、安西將軍、郢州刺史。普通四年(523),卒於州,時年四十七。詔贈侍中、中撫軍、開府儀同三司。謚曰忠。梁書卷二四、南史卷五一有傳,並避唐諱改作「蕭景」。梁釋僧祐弘明集卷一〇有「衛尉卿蕭昺」答釋法雲書,唐釋道宣續高僧傳卷六釋惠超傳有「吴平侯蕭昺遊夏口」云云,並可證。○碑銘:碑文和銘文。宋羅大經鶴林玉露卷一一:「若湯盤銘、太公丹書所載諸銘,亦因所用器物著辭以自警,未嘗爲徒文也。後世特立石以紀事述言,而謂之碑銘,與古異矣。」

〔二〕克明俊德:尚書堯典:「克明俊德,以親九族。」孔安國傳:「能明俊德之士,任用之,以睦高祖玄孫之親。」克,詩經大雅蕩:「靡不有初,鮮克有終。」鄭玄箋:「克,能也。」

〔三〕元愷之臣:指賢臣。左傳文公十八年:「昔高陽氏有才子八人,蒼舒、隤敳、檮戭、大臨、尨降、庭堅、仲容、叔達,齊聖廣淵,明允篤誠,天下之民謂之『八愷』。高辛氏有才子八人:伯奮、仲堪、叔獻、季仲、伯虎、仲熊、叔豹、季貍,忠肅共懿,宣慈惠和,天下之民謂之『八元』。此十六族也,世濟其美,不隕其名。以至於堯,堯不能舉。舜臣堯,舉八愷,使主后土,以揆百事,莫不時序,地平天成。舉八元,使布五教于四方,父義、母慈、兄友、弟共、子孝,内平外成。」

〔四〕思皇多士:詩經大雅文王:「思皇多士,生此王國。」毛傳:「思,辭也。皇,天也。」漢書卷六四王褒傳引此詩句,顏師古注:「大雅文王之詩也。思,語辭也。皇,美也。言美哉此衆多賢士，生此周王之國也。」

〔五〕毛、畢：毛公和畢公。尚書顧命：「乃同召太保奭、芮伯、彤伯、畢公、衛侯、毛公。」孔安國傳：「太保、畢、毛稱公，則三公矣。……召、芮、彤、畢、衛、毛，皆國名。」孔穎達疏：「太保是三公官名，畢、毛又亦稱公，知此三人是三公也。……王肅云：『彤，姒姓之國。其餘五國，姬姓。畢、毛，文王庶子。衛侯、康叔所封，武王母弟。』依世本、史記爲説也。」

〔六〕賢戚：賢明能幹的親戚。

〔七〕俾立：詩經大雅緜：「乃召司空，乃召司徒，俾立室家。」鄭玄箋：「俾，使也。」○宗子：詩經大雅板：「懷德維寧，宗子維城。無俾城壞，無獨斯畏。」鄭玄箋：「宗子，謂王之適子。」

〔八〕五長：五國諸侯之長。尚書益稷：「外薄四海，咸建五長。」孔安國傳：「至海諸侯，五國立賢者一人爲方伯，謂之五長，以相統治，以奬帝室。」○御：大廣益會玉篇彳部：「御，治也。」○都鄙：左傳襄公三十年：「子産使都鄙有章。」杜預注：「國都及邊鄙。」國語卷一九吴語：「天奪吾食，都鄙荐饑。」韋昭注：「都，國也，鄙，邊邑也。」此借指全國。

〔九〕六瑞：王及五等諸侯于朝聘時所持之六種玉製信符。周禮春官宗伯大宗伯：「以玉作六瑞，以等邦國：王執鎮圭，公執桓圭，侯執信圭，伯執躬圭，子執穀璧，男執蒲璧。」周禮秋官司寇小行人：「成六瑞：王用瑱圭，公用桓圭，侯用信圭，伯用躬圭，子用穀璧，男用蒲璧。」鄭玄注：「瑞，信也。皆朝見所執以爲信。」

〔一〇〕皇梁：對梁王朝的敬稱。○革命：古代認爲王者受命於天，改朝換代是天命變更，因稱「革命」。周易革卦：「天地革而四時成，湯武革命，順乎天而應乎人。」孔穎達疏：「夏桀、殷紂，凶狂無度，天既震怒，人亦叛主，殷湯、周武，聰明睿智，上順天命，下應人心，放桀鳴條，誅紂牧野，革其王命，改其惡俗，故曰湯武革命，順乎天而應乎人。」

〔一一〕欽若：敬順。尚書堯典：「乃命羲、和欽若昊天。」孔安國傳：「重黎之後，羲氏、和氏世掌天地四時之官，故堯命之使敬順昊天。」○前經：前代的經典。

〔一二〕制詔：即詔令。史記卷六秦始皇本紀：秦初并天下，群臣與博士議曰：「臣等昧死上尊號，王爲『泰皇』，命爲『制』，令爲『詔』，天子自稱曰『朕』。」○御史：官名。春秋戰國時史官，掌紀録國事，收受文書等事。沈約宋書卷四〇百官志：「侍御史，于周爲柱下史。周官有御史，掌治令，亦其任也。」

〔一三〕推恩：廣施恩惠。孟子梁惠王上：「故推恩足以保四海，不推恩無以保妻子。」史記卷一一二平津侯主父傳：「願陛下令諸侯得推恩分子弟，以地侯之。」○分邑：分封食邑。

〔一四〕茂親明德：藝文類聚卷五〇梁陸倕敕使行江州事啓：「兼以茂親明德，淮翰作鎮。」文選卷四三丘遲與陳伯之書：「中軍臨川殿下，明德茂親。」茂親，多指皇室宗親。茂，言其美盛。藝文類聚卷四八引束皙集曰：「員外侍郎及給事冗從，皆是帝室茂親，或貴遊子弟。」明德，美德。尚書君陳：「黍稷非馨，明德惟馨。」

〔一五〕太常之旌：古代旌旗名。尚書君牙：「厥有成績，紀于太常。」孔安國傳：「王之旌旗，畫日月曰太常。」文選卷三張衡東京賦：「建辰旒之太常，紛焱悠以容裔。」薛綜注：「辰謂日月星也，畫之於旌旗，垂十二旒，名曰太常。」

〔一六〕藏司勳之貳：周禮夏官司馬司勳：「司勳，掌六鄉賞地之灋，以等其功。王功曰勳，國功曰功，民功曰庸，事功曰勞，治功曰力，戰功曰多。凡有功者，銘書於王之大常，祭於大烝，司勳詔之。大功，司勳藏其貳。」鄭玄注：「貳猶副也。功書藏於天府，又副於此者，以其主賞。」

〔一七〕惟寧：詩經大雅板：「价人維藩，大師維垣。大邦維屏，大宗維翰。懷德維寧，宗子維城。」此處「惟寧」乃「懷德」之代稱，爲古「拋前藏辭」格。又，惟、維通。

〔一八〕裕：詩經小雅角弓：「此令兄弟，綽綽有裕。」毛傳：「裕，饒也。」

公諱某，字子昭，南蘭陵蘭陵人〔一〕。自玄鳥作猗那之頌〔二〕，白馬致萋苴之歌〔三〕，克黜禍難〔四〕，然後保姓守氏〔五〕，締構漢主〔六〕，然後涉魏而東〔七〕，胤聖挺賢〔八〕，英豪繼踵〔九〕。祖左光禄府君體王季之德〔一〇〕，考東陽太守躬虢叔之仁〔一一〕，國有惇史〔一二〕，詳諸譜繫〔一三〕。

【校注】

〔一〕南蘭陵蘭陵：南蘭陵郡南陵縣，縣治在今江蘇省常州市武進縣西北孟河鎮。南齊書卷一高帝紀：「晉元康元年，分東海爲蘭陵郡。中朝亂，淮陰令整字公齊，過江居晉陵武進縣之東城里。寓居江左者，皆僑置本土，加以南名，於是爲南蘭陵蘭陵人也。」陵，影弘仁本文館詞林卷四五七作「淩」。今按：淩，通「陵」。然「蘭陵」乃地名，故仍當以作「陵」爲是。

〔二〕「自玄鳥」句：謂蕭氏遠祖興起於殷商之時。玄鳥，燕子。詩經商頌玄鳥：「天命玄鳥，降而生商。」此代指殷商。猗那，詩經商頌那是殷商的後代宋國祭祀商朝的建立者成湯的樂歌，首句爲「猗與那與」。相傳蕭氏爲殷商舊姓。左傳定公四年：「殷民六族，條氏、徐氏、蕭氏、索氏、長勺氏、尾勺氏。」

〔三〕「白馬」句：指蕭氏遠祖宋微子事。詩經周頌有客小序：「有客，微子來見祖廟也。」鄭玄箋：「成王既黜殷命，殺武庚，命微子代殷後，既受命來朝而見也。」詩有云：「有客有客，亦白其馬。有萋有且，敦琢其旅。」毛傳：「萋且，敬慎貌。」按：蕭氏一支以爲自己是宋微子後裔。通志卷二六氏族略以國爲氏「蕭氏」：「子姓。杜預曰：古之蕭國也。其地即徐州蕭縣是也。後爲宋所并，微子之支孫大心平南宮長萬有功，封於蕭，以爲附庸。宣十二年，楚滅之。子孫因以爲氏，世居豐沛之間。裔孫不疑爲楚相春申君客，漢有丞相酇文終侯何，六代孫望之御史大夫。」

〔四〕克黜：文選卷三五潘勖册魏公九錫文：「韓暹、楊奉，專用威命，又賴君勳，克黜其難。」劉良注：「克，能。黜，退也。」

〔五〕保姓守氏：保守姓氏，使家族不滅。

〔六〕締構漢主：指漢蕭何幫助漢高祖劉邦建立漢朝。後世蕭姓多自稱蕭何之後。南齊書卷一高帝本紀：「太祖高皇帝諱道成，字紹伯，姓蕭氏，小諱鬭將，漢相國蕭何二十四世孫也。」締構，文選卷六左思魏都賦：「有魏開國之日，締構之初，萬邑譬焉。」李善注引廣雅曰：「締，結也。」同書卷三六任昉宣德皇后令：「建武惟新，締構斯在。」呂向注：「締結構合也。」

〔七〕涉魏而東：歷經曹魏而至江左。梁蕭子顯南齊書卷一高帝紀：「蕭何居沛，侍中彪免官居東海蘭陵縣中都鄉中都里。晉元康元年，分東海爲蘭陵郡。中朝亂，淮陰令整字公齊，過江居晉陵武進縣之東城里。寓居江左者，皆僑置本土，加以南名，於是爲南蘭陵蘭陵人也。」

〔八〕胤：尚書洛誥：「予乃胤保，大相東土。」孔安國傳：「我乃繼文武安天下之道，大相洛邑。」孔穎達疏：「『胤』，訓繼也。」〇挺：後漢書卷五四楊賜傳：「華嶽所挺，九德純備。」李賢注：「挺，生也。」

〔九〕繼踵：前後相接。文心雕龍雜文：「自七發以下，作者繼踵。」楚辭離騷：「忽奔走以先後兮，及前王之踵武。」洪興祖補注：「踵，亦跡也。」朱熹集注：「踵，足跟也。」

〔一〇〕祖左光禄府君：指蕭道賜。梁書卷二四蕭昺傳：「父崇之字茂敬，即左光禄大夫道賜之子。……初，左光禄居於鄉里，專行禮讓，爲衆所推。仕歷宋太尉江夏王參軍，終于治書侍御史，齊末，追贈散騎常侍、左光禄大夫。」左光禄，即左光禄大夫，官名。屬光禄勳，養老疾，無職事。宋第三品。府君，舊時對已故者的敬稱，多用於碑版文字。○王季：本名姬歷，是周太王的少子、周文王之父。繼位後，篤於行義，諸侯順之。生平參史記卷四周本紀。

〔一一〕考東陽太守：指蕭崇之。梁書卷二四蕭昺傳：「崇之以幹能顯，爲政尚嚴厲，官至冠軍將軍、東陽太守。永明中，錢唐唐寓之反，別衆破東陽，崇之遇害。天監初，追謚忠簡侯。」考，禮記曲禮下：「生曰父，曰母，曰妻；死曰考，曰妣，曰嬪。」公羊傳隱公元年：「惠公者何？隱之考也。」何休注：「生稱父，死稱考。」東陽，郡名。治所在今浙江省金華縣。○虢叔：周武王之叔，西周初年封於東虢。左傳僖公五年：「虢仲、虢叔，王季之穆也，爲文王卿士，勳在王室，藏於盟府。」杜預注：「虢仲、虢叔，王季之子，文王之母弟也。仲、叔皆虢君字。」

〔一二〕惇（dūn）史：禮記内則：「凡養老，五帝憲，三王有乞言。五帝憲，養氣體而不乞言，有善則記之爲惇史。」鄭玄注：「惇史，史惇厚者也。」孔穎達疏：「惇，厚也。言老人有善德行則記録之，使衆人法則，爲惇厚之史。」三國志卷四魏志高貴鄉公髦傳：「乞言納誨，著在惇史。」

〔一三〕譜繫：記述宗族世繫的書。隋書卷三三經籍志：「今録其見存者，以爲譜繫篇。」

公惟岳降神〔一〕，才爲時出〔二〕，實川興氣〔三〕，翰彼于宣〔四〕。載色載笑〔五〕，異鬷明之言善〔六〕；一孝一友〔七〕，非陽子之貌濟〔八〕。道德功事〔九〕，兼該兩陸〔一〇〕；保家經國〔一一〕，總括二韋〔一二〕。息藝以依仁〔一三〕，澡身而浴德〔一四〕。

【校注】

〔一〕惟岳降神：謂出身高貴。詩經大雅崧高：「維嶽降神，生甫及申。」毛傳：「嶽，四嶽也。東嶽，岱；南嶽，衡；西嶽，華；北嶽，恒。……嶽降神靈和氣，以生申、甫之大功。」鄭玄箋：「降，下也。四嶽，卿士之官，掌四時者也，因主方嶽巡守之事。在堯時，姜姓爲之，德當嶽神之意，而福興其子孫，歷虞、夏、商，世有國土。周之甫也、申也、齊也、許也，皆其苗胄。」陸德明音義：「嶽，字亦作『岳』。」

〔二〕時出：謂得其時而出。禮記中庸：「溥博淵泉，而時出之。」鄭玄注：「言其臨下普徧，思慮深重，非得其時，不出政教。」

〔三〕實川興氣：謂爲國家精英，如山川之氣。太平御覽卷六一引春秋考異郵曰：「河者，水之氣，四瀆之精，所以流化，故曰河潤千里。」禮記禮運：「故政者，君之所以藏身也。是故夫政，必本於天，殽以降命。命降于社之謂殽地，降于祖廟之謂仁義，降於山川之謂興作，降於五祀之謂制度。此聖人所以藏身之固也。」

〔四〕翰彼于宣：謂才幹傑出。詩經大雅崧高：「維申及甫，維周之翰。四國于蕃，四方于宣。」毛傳：「翰，幹也。」鄭玄箋：「申，申伯也。甫，甫侯也。皆以賢知，入爲周之楨幹之臣。四國有難，則往扞禦之，爲之蕃屏。四方恩澤不至，則往宣暢之。」

〔五〕載色載笑：詩經魯頌泮水：「載色載笑，匪怒伊教。」毛傳：「色温潤也。」鄭玄箋：「僖公之至泮宮，和顔色而笑語，非有所怒，於是有所教化也。」載，詩經鄘風載馳：「載馳載驅，歸唁衛侯。」毛傳：「載，辭也。」

〔六〕鬷（zōng）明之言善：鬷明，春秋時鄭大夫，姓鬷，名蔑，字然明。左傳昭公二十八年：「昔叔向適鄭，鬷蔑惡，欲觀叔向，從使之收器者而往，立於堂下，一言而善。叔向將飲酒，聞之，曰：『必鬷明也。』下，執其手以上，曰：『昔賈大夫惡，娶妻而美，三年不言不笑，御以如皋，射雉，獲之。其妻始笑而言。賈大夫曰：「才之不可以已，我不能射，女遂不言不笑！」夫今子少不颺，子若無言，吾幾失子矣。言之不可以已也如是之』遂如故知。」唐趙蕤長短經運命：「是以鬷明醜于貌而慧於心。趙壹高於才而下于位，羅裒富而無義，原憲貧而有道，其不同也如斯懸絶。」

〔七〕一孝一友：大戴禮記曾子立孝：「孝子善事君，弟弟善事長，君子一孝一弟，可謂知終矣。」方向東彙校集解引阮元曰：「今本作『一孝一弟』，群書治要作『壹孝壹弟』，『壹』字義長，當是淺人改寫『一』字。左傳文三年『與人之壹也』，杜預注云：『壹無貳心。』禮記大學『壹是皆以修身爲本』，鄭氏注『壹是專行』是也。」

〔八〕陽子之貌濟：國語卷一一晉語五：「陽處父如衛，反，過寧，舍於逆旅寧嬴氏。嬴謂其妻曰：『吾求君子久矣，今乃得之。』舉而從之，陽子道與之語，及山而還。其妻曰：『子得所求而不從之，何其懷也！』曰：『吾見其貌而欲之，聞其言而惡之。夫貌，情之華也；言，貌之機也。身爲情，成於中。言，身之文也。言文而發之，合而後行，離則有釁。今陽子之貌濟，其言匱，非其實也。若中不濟而外彊之，其卒將復，中外易矣。若内外類而言反之，瀆其信也。夫言以昭信，奉之如機，歷時而發之，胡可瀆也！今陽子之情譓矣，以濟蓋也。且剛而主能，不本而犯，怨之所聚也。吾懼未獲其利而及其難，是故去之。』期年，乃有賈季之難，陽子死之。」韋昭注：「濟，成也。」清俞樾群經平議國語二：「濟當讀爲齊……齊有莊敬之義。廣雅釋訓曰：『濟濟，敬也。』蓋『濟』義與『齊』義通。『陽子之貌濟，其言匱』，謂陽子之貌雖若莊敬，而其言則匱也。」

〔九〕道德功事：品德和功業。左傳襄公二十四年：「大上有立德，其次有立功，其次有立言，雖久不廢，此之謂不朽。」

〔一〇〕兼該：兼備。○兩陸：指晉陸機、陸雲兄弟。晉書卷五四陸雲傳：「〔陸雲〕少與兄機齊名，雖文章不及機，而持論過之，號曰『二陸』。」

〔一一〕經國：治理國家。國語卷三周語下：「將民之與處而離之，將災是備禦而召之，則何以經國？」韋昭注：「君以善政爲經，臣奉而成之爲緯也。」

〔一二〕二韋：指西漢韋弘、韋玄成兄弟。二人爲韋賢之子。賢爲人質樸少欲，號稱鄒魯大儒。漢宣帝本始三年爲丞相，封扶陽侯。薨，謚曰節侯。次子弘，官至東海太守。少子玄成，襲父爵，以明經歷位至丞相，封侯故國。事詳漢書卷七三韋賢傳。

〔一三〕「息藝」句：論語述而：「子曰：『志於道，據於德，依於仁，游於藝。』」魏何晏集解：「依，倚也。仁者功施於仁，故可倚。藝，六藝也，不足據依，故曰游。」

〔一四〕「澡身」句：禮記儒行：「儒有澡身而浴德。」孔穎達疏：「澡身，謂能澡絜其身，不染濁也。浴德，謂沐浴於德，以德自清也。」三國志卷一一魏書管寧傳：「日逝月除，時方已過，澡身浴德，將以曷爲？」

解巾〔一〕，調補齊晉安國常侍〔二〕，踵武龔舍〔三〕，連步叔寧〔四〕，雖未鵬飛〔五〕，且資鴻漸〔六〕。出試永寧令〔七〕，岑鼎方洎〔八〕，牛刀始割〔九〕。日撫鳴琴，不以河陽爲陋〔一〇〕；時擒雅賦，更覺齊都爲鄙〔一一〕。永嘉人胡仲宣等千人詣闕〔一二〕，請公爲郡，將欲許焉，齊氏以長沙宣武王勳〔一三〕，用公爲步兵校尉〔一四〕。公覩黍離之際〔一五〕，木運不長〔一六〕，故遠魏朝，不論人物〔一七〕，時遵漢典，或校兵書〔一八〕。即而夏癸昏縱〔一九〕，商辛廢禮〔二〇〕，社稷鎮衛〔二一〕，用明允而嬰戮〔二二〕；時宗人譽〔二三〕，由正直而亡身。自宣武王遘此淫濫〔二四〕，公與時用舍〔二五〕，知命樂天〔二六〕，違平仲徐行之音〔二七〕，慕宣尼絃歌之德〔二八〕。仰逢六師〔二九〕，西指五緯〔三〇〕，東攢火燭〔三一〕。前殿兵臨作室，公乃製衣具沐〔三二〕，將濟屯膏〔三三〕，遠自郊門，奉望鉦鉞〔三四〕，賓客樂從者數十百人。

【校注】

〔一〕解巾：謂出任官職。後漢書卷二六韋彪傳：「詔書逼切，不得已，解巾之郡。」李賢注：「巾，幅巾也。既服冠冕，故解幅巾。」

〔二〕晉安國：齊明帝子蕭寶義的初封地。見南齊書卷五〇明七王傳。晉安，郡名，治所在今福建省福州市。〇常侍：指王國常侍，官名。王公國屬官，掌隨侍國主，諍諫、司儀等。宋七品，齊不詳。梁書卷二四蕭昺傳作「左常侍」。

〔三〕踵武：文選卷四八司馬相如封禪文：「率邇者踵武，逖聽者風聲。」李善注引漢書音義曰：「踵，蹈也。武，蹟也。……近者蹈其蹟，遠者聽其風聲。」〇龔舍：字君倩，西漢武原人。初，爲楚王常侍。哀帝時累拜太山太守，光禄大夫，上書辭官。王莽居攝中，卒。漢書卷七二有傳。漢書本傳：「楚王入朝，聞舍高名，聘舍爲常侍，不得已隨王，歸國固辭，願卒學，復至長安。」

〔四〕連步：接踵，前後相承。○叔寧：東晉虞預字叔寧。預，會稽餘姚人。初爲縣功曹，被斥。後官琅邪國常侍。晉元帝爲丞相，召行參軍兼記室，及踐位，除著作佐郎。後進封平康縣侯，遷散騎侍郎，除散騎常侍。晉書卷八二有傳。

〔五〕鵬飛：大鵬展翅高飛。喻人升遷騰達。

〔六〕鴻漸：周易漸卦：「初六，鴻漸于干」；「六二，鴻漸于磐」；「九三，鴻漸于陸」；「六四，鴻漸于木」；「九五，鴻漸于陵。」孔穎達疏：「鴻漸于干者，鴻，水鳥也；干，水涯也；漸進之道。自下升高，故取譬鴻飛自下而上也。初之始進，未得禄位，上無應援，體又窮下，若鴻之進于河之干，不得安寧也。故曰『鴻漸于干』也。」喻仕宦逐步升遷。文選卷一四班固幽通賦：「皇十紀而鴻漸兮，有羽儀於上京。」李善注引應劭曰：「鴻，鳥也；漸，進也。言先人至漢十世始進仕。」

〔七〕出試永寧令：梁書卷二四蕭昺傳：「遷永寧令，政爲百城最。」永寧，縣名。治所在今雲南省寧蒗彝族自治縣西北永寧鄉。

〔八〕岑鼎方洎(二)：岑鼎剛開始使用。喻賢臣始得重用。岑鼎，魯國名鼎。吕氏春秋卷九季秋紀審己：「齊攻魯，求岑鼎。魯君載他鼎以往。齊侯弗信而反之，爲非，使人告魯侯曰：『柳下季以爲是，請因受之。』魯君請於柳下季，柳下季答曰：『君之賂，以欲岑鼎也？以免國也？臣亦有國於此，破臣之國以免君之國，此臣之所難也。』於是魯君乃以真岑鼎往也。且柳下季可謂此能説矣，非獨存己之國也，又能存魯君之國。」洎，説文解字水部：「洎，灌釜也。」

〔九〕牛刀：論語陽貨：「子之武城，聞弦歌之聲。夫子莞爾而笑曰：『割雞焉用牛刀？』」朱熹集注：「因言其治小邑，何必用此大道也。」後以喻大材器。

〔一〇〕「日撫」二句：此反潘岳典故而用之。晉書卷五五潘岳傳：「岳才名冠世，爲衆所疾，遂棲遲十年。出爲河陽令，負其才而鬱鬱不得志。……初，譙人公孫宏少孤貧，客田於河陽，善鼓琴，頗能屬文。岳之爲河陽令，愛其才藝，待之甚厚。」河陽，縣名。治所在今河南省孟縣西。

〔一一〕「時摛（chī）」二句：此或反用三國魏徐幹作齊都賦事。徐幹所作齊都賦今殘，輯本見建安七子集。又，抑或反用西晉左思作齊都賦事。晉書卷九二文苑左思傳：「不好交遊，惟以閒居爲事。造齊都賦，一年乃成。」摛，摛文，鋪陳文采。

〔一二〕「永嘉」句：梁書卷二四蕭昺傳：「永嘉太守范述曾居郡，號稱廉平，雅服昺爲政，乃榜郡門曰：『諸縣有疑滯者，可就永寧令決。』頃之，以疾去官。永嘉人胡仲宣等千人詣闕，表請昺爲郡，不許。」永嘉，郡名。治所在今浙江省温州市。胡仲宣，人名。生平不詳。詣闕，赴京。闕，宮闕，指皇帝所居。

〔一三〕長沙宣武王：指梁武帝兄蕭懿。懿字元達，仕齊，官至尚書令。永元二年冬爲東昏侯所害。

梁武帝即位，追封長沙郡王，謚曰宣武。梁書卷二三、南史卷五一有傳。長沙，郡名。治所在今湖南省長沙市。

〔一四〕步兵校尉：官名。禁衛軍五校尉之一。掌宫廷宿衛士。宋四品，齊不詳。

〔一五〕黍離之際：指國家敗亡之際。詩經王風黍離小序：「黍離，閔宗周也。周大夫行役至于宗周，過故宗廟，宫室盡爲禾黍。閔周室之顛覆，彷徨不忍去，而作是詩也。」

〔一六〕木運：指南齊。古人以木、土、金、水、火五行相生相克附會王朝之興廢，有五德始終説。參顧頡剛秦漢的方士與儒生。依五德始終説，南齊爲木運。南朝梁蕭子顯南齊書卷一八祥瑞志：「世祖……及在襄陽，夢著桑屐行度太極殿階。庾温云：『屐者，運應木也。』臣案，桑字爲四十而二點，世祖年過此即帝位，謂著屐爲木行也。」

〔一七〕「故遠」二句：此以阮籍口不臧否人物比蕭昺。曹魏末，司馬氏擅權，阮籍每與人議論，發言玄遠，口不論人物。晉書卷四九有傳。魏朝，指曹魏王朝。不論人物，三國志卷一八李通傳裴松之注引王隱晉書載李秉家誡，其中記司馬昭言：「然天下之至慎，其惟阮嗣宗乎！每與之言，言及玄遠，而未曾評論時事，臧否人物，真可謂至慎矣。」晉書卷四九阮籍傳：「籍雖不拘禮教，然發言玄遠，口不臧否人物。」

〔一八〕「時遵」二句：漢書卷三〇藝文志：「至成帝時，以書頗散亡，使謁者陳農求遺書於天下。詔光禄大夫劉向校經傳諸子詩賦，步兵校尉任宏校兵書，太史令尹咸校數術，侍醫李柱國校方技。」

〔一九〕夏癸：即夏朝君主帝癸。癸在位時期荒淫，不理政事，導致夏王朝進一步衰落。事略見史記卷二夏本紀以及竹書紀年、帝王世紀等。此以夏癸擬齊東昏侯蕭寶卷。癸，影弘仁本文館詞林卷四五七作「發」，疑誤。

〔二〇〕商辛：商紂王，名受，號帝辛。商代最後一位君主。事詳史記卷三殷本紀。史記殷本紀：「帝乙崩，子辛立，是爲帝辛，天下謂之紂。」裴駰集解：「謚法曰：『殘義損善曰紂。』」此以商辛擬齊東昏侯蕭寶卷。

〔二一〕鎮衛：鎮守捍衛。三國志卷三二蜀書先主傳：「爵號不顯，九錫未加，非所以鎮衛社稷，光昭萬世也。」此指鎮守捍衛的人才。

〔二二〕用：經傳釋詞卷一「用」：「用，詞之『由』也。……禮記禮運曰：『故謀用是作，而兵由此起。』用，亦由也，互文耳。」〇明允：明察而誠信。左傳文公十八年：「昔高陽氏有才子八人，……齊聖廣淵，明允篤誠，天下之民謂之八愷。」杜預注：「允，信也。」〇嬰戮：謂遭到殺戮。晉陸機豪士賦序：「則伊生抱明允以嬰戮，文子懷忠敬而齒劍，固其所也。」資治通鑑卷七六魏紀邵陵厲公「正元二年」：「而女獨嬰戮於二門。」胡三省注：「嬰，當也。」

〔二三〕時宗人譽：當時爲人所尊崇讚美。

〔二四〕「自宣」句：指蕭懿被齊東昏侯所害事。遘（gòu），尚書金縢：「惟爾元孫某，遘勵虐疾。」陸德明音義：「遘，工豆反，遇也。」○淫濫：荒淫無度。

〔二五〕與時用舍：指根據時局或仕或隱。論語述而：「子謂顔淵曰：『用之則行，捨之則藏，唯我與爾有是夫！』」文選卷五八蔡邕陳太丘碑文序：「其爲道也，用行舍藏，進退可度。」吕延濟注：「言其道德於時，用之則行，捨之則藏。」

〔二六〕知命樂天：周易繫辭上：「樂天知命，故不憂。」孔穎達疏：「順天道之常數，知性命之始終，任自然之理，故不憂也。」南朝梁劉孝標辯命論：「然則君子居正體道，樂天知命，明其無可奈何，識其不由智力，逝而不召，來而不距，生而不喜，死而不慼。」

〔二七〕平仲徐行：指春秋時齊國晏嬰因齊君被殺之故哭而徐行之事。晏子春秋卷五雜上第三：「崔杼既弒莊公而立景公，杼與慶封相之，劫諸將軍大夫及顯士庶人于太宫之坎上，令無得不盟者。爲壇三仞，埳其下，以甲千列環其内外，盟者皆脱劍而入。維晏子不肯，崔杼許之。有敢不盟者，戟鉤其頸，劍承其心，令自盟曰：『不與崔、慶而與公室者，受其不祥。言不疾、指不至血者死。』所殺七人。次及晏子，晏子奉桮血，仰天歎曰：『嗚呼！崔子爲無道，而弒其君，不與公室而與崔、慶者，受此不祥。』俛而飲血。崔杼謂晏子曰：『子變子言，則齊國吾與子共之；子不變子言，戟既在脰，劍既在心，維子圖之也。』晏子曰：『劫吾以刃而失其志，非勇也；回吾以利而倍其君，非義也。崔子，子獨不爲夫詩乎！詩云：「莫莫葛藟，施于條枚，愷悌君子，求福不回。」今嬰且可以回而求福乎？曲刃鉤之，直兵推之，嬰不革矣。』崔杼將殺之，或曰：『不可！子以子之君無道而殺之，今其臣有道之士也，又從而殺之，不可以爲教矣。』崔子遂舍之。晏子曰：『若大夫爲大不仁，而爲小仁，焉有中乎！』趨出，援綏而乘，其僕將馳，晏子撫其手曰：『徐之！疾不必生，徐不必死，鹿生于野，命縣于廚，嬰命有繫矣。』按之成節而後去。詩云：『彼己之子，舍命不渝。』晏子之謂也。」平仲，晏嬰字仲，謚平。生平事跡見史記卷六二管晏列傳及卷三二齊太公世家。

〔二八〕宣尼絃歌：史記卷四七孔子世家：「孔子遷于蔡三歲，吳伐陳。楚救陳，軍于城父。聞孔子在陳蔡之間，楚使人聘孔子。孔子將往拜禮，陳蔡大夫謀曰：『孔子賢者，所刺譏皆中諸侯之疾。今者久留陳蔡之間，諸大夫所設行皆非仲尼之意。今楚，大國也，來聘孔子。孔子用於楚，則陳蔡用事大夫危矣。』於是乃相與發徒役圍孔子於野。不得行，絕糧。從者病，莫能興。孔子講誦弦歌不衰。子路慍見曰：『君子亦有窮乎？』孔子曰：『君子固窮，小人窮斯濫矣。』」宣尼，即孔子。漢書卷一二平帝紀載：元始元年，「追謚孔子曰褒成宣尼公。」

〔二九〕六師：尚書康王之誥：「張皇六師，無壞我高祖寡命。」曾運乾正讀：「六師，天子六軍。周制一萬二千五百人爲師。」周禮夏官司馬：「凡制軍，萬有二千五百人爲軍。王六軍，大國三軍，次國二軍，小國一軍。」此指梁武帝討齊的軍隊。事詳梁書卷一武帝紀。

〔三〇〕西指五緯：此指蕭衍起兵於襄陽以討齊事。見梁書卷一武帝紀。襄陽在建康之西，故稱西指。五緯，金、木、水、火、土五星。周禮春官宗伯大宗伯「以實柴祀日、月、星、辰」，鄭玄

注：「星謂五緯。」賈公彦疏：「五緯，即五星，東方歲星，南方熒惑，西方大白，北方辰星，中央鎮星。言緯者，二十八宿隨天左轉爲經，五星右旋爲緯。」又，西方爲太白星，主兵戎。漢書卷二六天文志：「太白曰西方秋金……太白，兵象也。」指，影弘仁本文館詞林作「憤」。

〔三一〕東攢火燭：指齊永元末，新除雍州刺史王珍國、侍中張稷率兵入殿殺東昏侯事。南齊書卷七東昏侯紀：永元三年十二月，丙寅，「王珍國、張稷懼禍及，率兵入殿，分軍又從西上閤入後宮斷之，御刀豐勇之爲内應。是夜，帝在含德殿吹笙歌作女兒子。卧未熟，聞兵入，趨出北户，欲還後宫。清曜閣已閉，閹人禁防黄泰平以刀傷其膝，仆地。顧曰：『奴反邪？』直後張齊斬首送梁王」。建康在襄陽之東，故稱東攢。攢，聚集。墨子備城門：「城上攢火。」火燭，太平御覽卷八七一引説文曰：「庭燎，火燭也。」詩經小雅庭燎：「夜如何其？夜未央，庭燎之光。」毛傳：「庭燎，大燭。」周禮秋官司寇司烜氏：「凡邦之大事，共墳燭庭燎。」鄭玄注：「墳，大也。樹於門外曰大燭，於門内曰庭燎，皆所以照衆爲明。」

〔三二〕製衣具沐：謂沐浴更衣。

〔三三〕將濟屯膏：指廣施恩澤。屯膏，周易屯卦：「九五，屯其膏。小，貞吉；大，貞凶。」三國魏王弼注：「處屯難之時，居尊位之上，不能恢弘博施，無物不與，拯濟微滯，亨於群小，而繫應在二，屯難其膏，非能光其施者也。固志同好，不容他間，小貞之吉，大貞之凶。」孔穎達疏：「『屯其膏』者，『膏』謂膏澤恩惠之類，言九五既居尊位，當恢弘博施，唯繫應在二，而所施者褊狹，是『屯難其膏』。」程頤傳：「唯其施爲有所不行，德澤有所不下，是屯其膏，人君之屯也。」

〔三四〕鉦鉞：指帝王的儀仗。後漢書輿服志：「乘輿法駕……後有金鉦黄鉞，黄門鼓車。」鉦，古樂器。文選卷三張衡東京賦：「戎士介而揚揮，戴金鉦而建黄鉞。」薛綜注：「金鉦，鐲鐃之屬也。」鉞，古兵器。形似斧，青銅或玉製，多用於禮儀。尚書顧命：「一人冕，執鉞，立于西堂。」陸德明音義：「鉞音越，説文云：『大斧也。』」

中興元年〔一〕，霸府板補寧朔將軍、行南兗州事〔二〕，遷輔國將軍，監南兗州〔三〕。昔馬越之領游擊〔四〕，馬恬之典吴郡〔五〕，即此麾號，皆用宗戚。傳呼甚寵〔六〕，識者榮之。加以密邇北門〔七〕，寄深關櫜〔八〕。殷人未狎〔九〕，四郊多壘〔一〇〕，藪澤遐曠〔一一〕，逋竄所逃〔一二〕，陳午擁衆於鄒山〔一三〕，庾希竊發於海縣〔一四〕。既外鄰戎境，内患萑苻〔一五〕，自獨夫棄常〔一六〕，憑暴歲甚〔一七〕，師之所處，加以薦饑〔一八〕。公閑於殿亂〔一九〕，善於因即〔二〇〕，政不愞弱，濟維寬猛〔二一〕。撫循煢幼〔二二〕，鋤翦豪强〔二三〕，州無滯積〔二四〕，公無禁利〔二五〕。莅官行法〔二六〕，善政斯在〔二七〕。

【校注】

〔一〕中興：齊和帝年號(501—502)。

〔二〕霸府：晉南北朝時指勢力强大、終成王業的藩王或藩臣的府署。梁書卷四二臧盾傳：「高祖平京邑，霸府建，引爲驃騎刑獄參軍。」○板：官制術語。晉南北朝時，王公大臣及地方長官可以臨時委任官吏，授官時，書其辭於板，故稱爲板或板授。民國三年張鈞衡刻適園叢書第三集文館詞林卷四五七、古逸叢書本文館詞林卷四五七作「拔」，影弘仁本文館詞林卷四五七作「板」。今按：作「板」是，據改。○寧朔將軍：將軍名號。宋第四品，齊不詳。○行南兖州事：代行南兖州府政事。錢大昕廿二史考異卷二六梁書王泰傳：「六朝時……凡諸王幼沖出鎮開府，多以長史行州府事，或府主以事它出，亦以府僚行事。」南兖州，州名。治所在今江蘇省揚州市西北蜀岡。梁書卷二四蕭昺傳：永元二年冬，「高祖義師至，以昺爲寧朔將軍、行南兖州軍事」。

〔三〕輔國將軍：將軍名號。齊第三品。○監：官制術語。非正式任職而督理其事之稱。梁書卷二四蕭昺傳：「中興二年，遷督南兖州諸軍事、輔國將軍、監南兖州。」

〔四〕馬越：指司馬越。越字元超，西晉宗室，封東海王。「八王之亂」中，曾殺長沙王乂，征成都王穎。懷帝立，越爲丞相。永嘉中憂懼而卒。謚孝獻。晉書卷五九司馬越傳：「初以世子爲騎都尉，與駙馬都尉楊邈及琅邪王伷子繇俱侍講東宫，拜散騎侍郎，歷左衛將軍，加侍中。討楊駿有功，封五千户侯。遷散騎常侍、輔國將軍、尚書右僕射，領游擊將軍。」○游擊：將軍名號。晉以領、護、左右衛、驍騎、游擊爲六軍。

〔五〕馬恬：指司馬恬。恬字元愉，晉宗室。東晉孝武帝時，曾爲侍中，領左衛將軍，補吴國内史。又領太子詹事，以爲都督兖青冀幽并揚州之晉陵徐州之南北郡軍事，領鎮北將軍、兖青二州刺史、假節。晉書卷三七有傳。〇吴郡：郡名。治所在吴縣，即今江蘇省蘇州市。

〔六〕傳呼：漢書卷七八蕭望之傳：「仲翁出入從倉頭廬兒，下車趨門，傳呼甚寵。」顔師古注：「下車而嚮門，傳聲而呼侍從者，甚有尊寵也。」

〔七〕密邇：貼近，靠近。尚書太甲上：「予弗狎于弗順，營于桐宫，密邇先王，其訓，無俾世迷。」〇北門：指南兖州爲國之北門。今按：南兖州治所在今江蘇省揚州市西北蜀岡，時位於京師建康之北。

〔八〕寄深：寄託重大的責任。南朝梁任昉齊竟陵文宣王行狀：「武皇晏駕，寄深負圖，公仰惟國典，俛遵遺託。」〇關㰏：守門打更。此指皇宫的警衛工作。㰏，古逸叢書本文館詞林卷四五七、影弘仁本文館詞林卷四五七作「柝」。㰏，同「柝」。説文解字木部：「㰏，夜行所擊者。从木，槖聲。易曰：『重門擊㰏。』」徐鍇繫傳：「㰏，今周易作『柝』，唯周禮作此㰏字。」朱駿聲通訓定聲：「㰏，經傳亦以柝爲之。」

〔九〕殷人未狎：史記卷三殷本紀載：周滅殷商後，「封紂子武庚禄父，以續殷祀，令修行盤庚之政。殷民大説。於是周武王爲天子。其後世貶帝號，號爲王。而封殷後爲諸侯，屬周。周武王崩，武庚與管叔、蔡叔作亂，成王命周公誅之，而立微子於宋，以續殷後焉。」此借指齊人尚未完全臣服。狎，左傳襄公六年：「宋華弱與樂轡少相狎，長相優，又相謗也。」杜預注：「狎，親習也。」

〔一〇〕四郊多壘：禮記曲禮上：「四郊多壘，此卿大夫之辱也。」鄭玄注：「壘，軍壁也。數見侵伐則多壘。」

〔一一〕藪澤：沼澤。漢書卷五七司馬相如列傳：「而羅者猶視乎藪澤。」顏師古注：「澤無水曰藪。」

〔一二〕逋竄：周易訟卦「九二」：「象曰：『不克訟，歸逋竄也。』」文選卷四四陳琳檄吴將校部曲文：「張魯逋竄，走入巴中。」吕向注：「逋亦竄也。」此處指逃竄爲盜賊者。

〔一三〕陳午：人名。兩晉之際盤踞在今河南省、山東省一帶的流民首領。見晉書卷一〇四石勒載記及卷六七郗鑒傳。亦參周一良魏晉南北朝論集乞活考。○鄒山：地名。即繹嶧山，在今山東省鄒城市東南。

〔一四〕庾希：字始彦，東晉潁川鄢陵人。曾爲侍中，輔國將軍，吴國内史。太和中，爲北中郎將、徐兖二州刺史。海西公之廢，希逃於海陵陂澤中，聚衆于海濱，略漁人船，夜入京口城，欲誅除凶逆，後戰敗被殺。詳晉書卷七三庾亮傳附庾希傳。○海縣：海濱縣城。

〔一五〕萑苻：左傳昭公二十年：「鄭國多盜，取人于萑苻之澤。」杜預注：「萑苻，澤名。于澤中劫人。」此代指盜賊，草寇。影弘仁本文館詞林卷四五七作「藋蒲」。

〔一六〕獨夫：尚書泰誓：「獨夫受洪惟作威，乃汝世讎。」孔安國傳：「言『獨夫』，失君道也。」蔡沈集傳：「獨夫，言天命已絶，人心已去，但一獨夫耳。」此指齊東昏侯蕭寶卷。○棄常：失常，丢棄常道。左傳莊公十四年：「妖由人興也。人無釁焉，妖不自作。人棄常則妖興，故有妖。」

〔一七〕憑暴：暴虐。○歲甚：一年比一年厲害。

〔一八〕薦饑：連續災荒。薦，詩經大雅雲漢：「天降喪亂，饑饉薦臻。」毛傳：「薦，重也。」孔穎達疏：「釋言云：『荐，再也。』僖十三年左傳曰：『晉荐饑。』釋天云：『仍饑爲荐。』此『薦』與『荐』，字異義同，故爲『重』也。」爾雅釋言：「荐，再也。」左傳僖公十三年：「冬，晉荐饑。」孔穎達疏：「釋天云：『穀不熟爲饑，仍饑爲荐。』李巡曰：『穀不成熟曰饑，連歲不熟曰荐。』」

〔一九〕閑：通「嫻」，嫻熟，善於處理。○殿亂：處理災亂事故。詩經小雅采菽：「樂只君子，殿天子之邦。」毛傳：「殿，鎮也。」

〔二〇〕因即：因勢利導。

〔二一〕濟維寬猛：即寬猛相濟。左傳昭公二十年：「仲尼曰：『善哉，政寬則民慢，慢則糾之以猛。猛則民殘，殘則施之以寬。寬以濟猛，猛以濟寬，政是以和。』」孔子家語正論解：「寬以濟猛，猛以濟寬，寬猛相濟，政是以和。」

〔二二〕撫循：安撫存恤。後漢書卷一四宗室四王三侯列傳趙孝王良：「光武兄弟少孤，良撫循甚篤。」〇煢(qióng)幼：孤兒。煢，大廣益會玉篇卂部：「單也，無兄弟也，無所依也。」

〔二三〕豪强：指有權勢而强横的人。史記卷一二二酷吏列傳：「出告緡令，鉏豪彊并兼之家，舞文巧詆以輔法。」

〔二四〕滯積：積壓。亦指積壓的財物。左傳襄公九年：「國無滯積，亦無困人。」國語卷四魯語上：「不腆先君之敝器，敢告滯積，以紓執事。」韋昭注：「滯，久也。……穀久積則將朽敗，執事所憂也。」

〔二五〕公無禁利：左傳襄公九年：「公無禁利，亦無貪民。」杜預注：「與民共。」楊伯峻注：「川澤山林之利與民共。」

〔二六〕莅官行法：禮記曲禮：「班朝治軍，莅官行法，非禮威嚴不行。」鄭玄注：「莅，臨也。」莅官，到職，居官。

〔二七〕善政：尚書大禹謨：「德惟善政，政在養民。」孔安國傳：「爲政以德，則民懷之。」

惟皇建國〔一〕，品物咸亨〔二〕，舉功行賞，各有分地。封人設壝〔三〕，典命授圭〔四〕，封吴平縣開國侯〔五〕，食邑一千户〔六〕。進授使持節、督南北兖青冀四州諸軍事、冠軍將軍、南兖州刺史〔七〕。既同宋義之號〔八〕，且等去病之功〔九〕。爰初徇地〔一〇〕，迄此作牧〔一一〕，人無菜茹之勞〔一二〕，官無芻秣之費〔一三〕。先是王師北討，戎帥捐戈〔一四〕，天子命我，受脤建節〔一五〕，有詔龔行〔一六〕，犀櫓不蔽〔一七〕。武車綏旌〔一八〕，九地靡韜其術〔一九〕；轅門誓衆〔二〇〕，八陣咸盡其謀〔二一〕。故以威讋隕霜〔二二〕，化行絶漠者矣〔二三〕。

【校注】

〔一〕惟皇建國：指梁朝建立。

〔二〕品物咸亨：周易坤卦：「象曰：『至哉坤元！萬物資生，乃順承天。坤厚載物，德合無疆。含弘光大，品物咸亨。』」孔穎達疏：「含弘光大，品物咸亨者，包含弘厚，光著盛大，故品類之物皆得亨通。」後漢書卷四〇班彪傳附子固傳：「性類循理，品物咸亨。」李賢注：「尚書曰：『別生分類，品物萬物。』亨，通也。易曰：『含弘光大，品物咸亨。』」

〔三〕「封人」句：謂分封疆土，即封爲侯王。封人，古官名。掌守帝王社壇及京畿的疆界。設壝（wēi），規劃封國疆域。周禮地官司徒封人：「封人，掌設王之社壝，爲畿封而樹之。」鄭玄注：「壝謂壇及堳埒也。」孫詒讓正義：「凡委土爲壇及卑垣之堳埒，通謂之壝。」逸周書作雒：「封人社壝……其壝東青土，南赤土，西白土，北驪土，中央亹以黄土。」

〔四〕典命：古官名。周禮春官宗伯典命：「典命，掌諸侯之五儀、諸臣之五等之命。」〇授圭：賜予玉珪。圭，玉製禮器。儀禮聘禮：「所以朝天子，圭與繅皆九寸，剡上寸半，厚半寸，博三寸，繅三采六等，朱、白、倉。」鄭玄注：「圭，所執以爲瑞節也。剡上，象天圜地方也……九寸，上公之圭也。」賈公彦疏：「凡圭，天子鎮圭，公桓圭，侯信圭，皆博三寸，厚半寸，剡上左右各寸半，唯長短依命數不同。」禮記王制：「〔諸侯〕賜圭瓚，然後爲鬯。未賜圭瓚，則資鬯於天子。」鄭玄注：「圭瓚，鬯爵也。」陸德明音義：「圭，字又作『珪』。」案説文，珪，古字；圭，今字。」

〔五〕吴平縣：縣名。治所在今江西省樟樹市。

〔六〕食邑：古代君主賜予臣下作爲世禄的封地。

〔七〕使持節：古代大臣奉天子之命出行，持節以爲憑證並示威重。魏晉以降以爲官名，有假節、持節、使持節之分，權力亦有小大之别，多爲都督諸州軍事及刺史總軍戎者。軍事長官出行加使持節，有誅殺二千石以下官員的權力。宋使持節都督爲第二品，梁初不詳。○南北兖、青、冀四州：南兖州，治所在京口，即今江蘇省鎮江市。北兖州，治所在今江蘇省淮陰市西南。青冀二州，劉宋泰始六年(470)合僑置，治所在今江蘇省連雲港市東南雲臺山一帶。○冠軍將軍：雜號將軍名。梁天監七年改爲五武將軍，大通三年復置。軍，影弘仁本文館詞林脱。梁書卷二四蕭昺傳：「高祖踐阼，封吴平縣侯，食邑一千户，仍爲使持節、都督南北兖青冀四州諸軍事、冠軍將軍、南兖州刺史。」

〔八〕宋義之號：史記卷七項羽本紀：「初，宋義所遇齊使者高陵君顯在楚軍，見楚王曰：『宋義論武信君之軍必敗，居數日，軍果敗。兵未戰而先見敗徵，此可謂知兵矣。』王召宋義與計事而大説之，因置以爲上將軍，項羽爲魯公，爲次將，范增爲末將，救趙。諸别將皆屬宋義，號爲卿子冠軍。」裴駰集解：「文穎曰：『卿子，時人相褒尊之辭，猶言公子也。上將，故言冠軍。』張晏曰：『若霍去病功冠三軍，因封爲冠軍侯，至今爲縣名。』」史記卷八高祖本紀：「項羽矯殺卿子冠軍而自尊，罪二。」司馬貞索隱：「韋昭云：『宋義之號。』如淳曰：『卿者，卿大夫之尊。子者，子男之爵。冠軍，人之首也。尊宋義，故加此號。』」

〔九〕去病之功：漢書卷五五霍去病傳：「霍去病，大將軍青姊少兒子也。……去病以皇后姊子，年十八爲侍中。善騎射，再從大將軍。大將軍受詔，予壯士，爲票姚校尉，與輕勇騎八百直棄大軍數百里赴利，斬捕首虜過當。於是上曰：『票姚校尉去病斬首捕虜二千二十八級，得相國、當户，斬單于大父行籍若侯産，捕季父羅姑比，再冠軍，以二千五百户封去病爲冠軍侯。』」

〔一〇〕爰初：當初，最初。文選卷四八揚雄劇秦美新：「爰初生民，帝王始存。」李善注：「言初有生民之時，帝王之義始存也。」○徇地：史記卷九七酈生列傳：「及陳勝、項梁等起，諸將徇地過高陽者數十人。」張守節正義：「徇，略也。」此指蕭昺齊末行南兗州事。

〔一一〕牧：指州郡長官。國語卷五魯語下：「日中考政，與百官之政事、師尹維旅、牧、相宣序民事。」韋昭注：「牧，州牧也。」

〔一二〕菜茹：漢書卷二四食貨志上：「還廬樹桑，菜茹有畦。」顔師古注：「茹，所食之菜也。」

〔一三〕芻秣：周禮天官冢宰大宰：「以九式均節財用……七曰芻秣之式。」鄭玄注：「芻秣，養牛馬禾穀也。」

〔一四〕「先是」二句：指天監四年（505），梁武帝弟臨川王蕭宏率軍北伐北魏，大敗逃歸事。詳南史卷五一臨川王宏傳。

〔一五〕受脤：左傳閔公二年：「帥師者受命於廟，受脤于社。」左傳成公十三年：「成子受脤于社。不敬。劉子曰：『……國之大事，在祀與戎。祀有執膰，戎有受脤，神之大節也。』」杜預注：「脤，宜社之肉也，盛以脤器，故曰脤。宜，出兵祭社之名。」此指受命統軍。○建節：古代使臣受命，執持符節以爲憑信。後漢書卷一六寇恂傳：「今天下初定，國信未宣，使君建節銜命，以臨四方，郡國莫不延頸傾耳，望風歸命。」梁書卷二四蕭昺傳：「天監四年，王師北伐，昺帥衆出淮陽，進屠宿預。」

〔一六〕龔行：龔，通「恭」。尚書甘誓：「今予惟恭行天之罰。」孔安國傳：「恭，奉也。」孔穎達疏：「天子用兵，稱『恭行天罰』；諸侯討有罪，稱『肅將王誅』，皆示有所稟承，不敢專也。」尚書泰誓下：「奉予一人，恭行天罰。」吕氏春秋卷三季春紀先己「夏后伯啓與有扈戰於甘澤而不勝」，高誘注引書云：「今予惟龔行天之罰。」

〔一七〕犀櫓：韓非子難二：「趙簡子圍衛之郛郭，犀楯犀櫓，立於矢石之所不及。」舊注：「櫓，楯類也。」明方以智通雅卷三五器用戎器具：「韓非子曰：『趙簡子圍衛，犀楯犀櫓，立于矢石之所及。』櫓，大楯也。」釋名卷七釋用器：「盾，遯也。跪其後，避刃以隱遯也。……以犀皮作之曰犀盾。」櫓，影弘仁本文館詞林作「擼」。

〔一八〕武車綏旌：禮記曲禮上：「兵車不式，武車綏旌，德車結旌。」鄭玄注：「綏，謂垂舒之也。武車，亦兵車。」孔穎達疏：「武車，亦革路也。取其建戈刃，即云兵車；取其威猛，即云武車也。綏，謂垂舒散之也。旌，謂車上旗幡也。尚威武，故舒散旗幡垂綏然。何胤云：『垂放旌旗之旒以見於美也。』」

〔一九〕九地：用兵的九種地勢。孫子兵法九地篇：「孫子曰：用兵之法，有散地，有輕地，有爭地，有交地，有衢地，有重地，有圮地，有圍地，有死地。諸侯自戰其地，爲散地；入人之地而不深者，爲輕地；我得則利，彼得亦利者，爲爭地；我可以往，彼可以來者，爲交地；諸侯之地三屬，先至而得天下之衆者，爲衢地；入人之地深，背城邑多者，爲重地；行山林、險阻、沮澤，凡難行之道者，爲圮地；所由入者隘，所從歸者迂，彼寡可以擊吾之衆者，爲圍地；疾戰則存，不疾戰則亡者，爲死地。」○韜：莊子天地：「君子明於此十者，則韜乎其事，心之大也。」成玄英疏：「韜，包容也。」

〔二〇〕轅門：周禮天官掌舍：「設車宮轅門。」鄭玄注：「謂王行止宿阻險之處，備非常，次車以爲藩，則仰車以其轅表門。」六韜分合：「大將設營而陳，立表轅門。」○誓衆：誓師，告戒衆人。漢書卷二三刑法志：「湯、武征伐，陳師誓衆，而放禽桀、紂，所謂善陳不戰者也。」

〔二一〕八陣：古代作戰的八種陣法。銀雀山漢墓竹簡孫臏兵法八陣：「用八陳戰者，因地之利，用八陳之宜。」名稱説法不一。文選卷五六班固封燕然山銘：「勒以八陣。」李善注引雜兵書：「八陣者，一曰方陣，二曰圓陣，三曰牝陣，四曰牡陣，五曰衝陣，六曰輪陣，七曰浮沮陣，八曰雁行陣。」又有風后八陣、孫子八陣、吴起八陣、孔明八陣等。

〔二二〕威讋(zhé)：威懾。後漢書卷八五東夷列傳：「時遼東太守祭肜威讋北方，聲行海表。」讋，説文解字言部：「讋，失氣言。……傅毅讀若慴。」後漢書卷四〇班彪傳附子固傳：「莫不陸讋水慄。」李賢注：「爾雅曰：讋，懼也，音之涉反。」慧琳一切經音義卷九八「戰讋」：「賈逵注國語云：懾謂服也。鄭注禮記：懾，猶怯也。爾雅：懼也。或作懾，又作慴。」〇隕霜：影弘仁本文館詞林卷四五七作「貴霜」。今按：疑「貴霜」爲是，與下「絶漠」相對。貴霜，漢代西域月氏所分裂的五部之一。後漢書卷八八西域傳大月氏：「初，月氏爲匈奴所滅，遂遷於大夏，分其國爲休密、雙靡、貴霜、肹頓、都密，凡五部翕侯。後百餘歲，貴霜翕侯丘就卻攻滅四翕侯，自立爲王，國號貴霜。侵安息。取高附地。又滅濮達、罽賓，悉有其國。丘就卻年八十餘死，子閻膏珍代爲王。復滅天竺，置將一人監領之。月氏自此之後，最爲富盛，諸國稱之皆曰貴霜王。漢本其故號，言大月氏云。」

〔二三〕化行：化，教化。漢書卷二三刑法志：「化行天下，告訐之俗易。」文選卷五六潘岳楊荆州誄并序：「化行邑里，惠洽百姓。」○絶漠：没有人煙的大漠。指僻遠之地。晉王嘉拾遺記卷一唐堯：「麒麟遊於藪澤，梟鴟逃於絶漠。」

遭太夫人憂〔一〕，僉曰金革奪禮〔二〕，有爲爲之〔三〕。且遵故實〔四〕，別詔敦勉。公稱情立文〔五〕，以奉權制〔六〕，每一感慟〔七〕，飛走相趨〔八〕。時宫衛俟賢〔九〕，朝難其授，諒須才冠遥集〔一〇〕，識兼謀遠，乃徵公爲太子左衛率〔一一〕。遷輔國將軍、衛尉卿〔一二〕。昔漢調銚期〔一三〕，止資敚歎之力〔一四〕；魏選董昭〔一五〕，纔求巡警之備〔一六〕。公之此舉，允膺掌咎〔一七〕。何止不疑之清正〔一八〕，玄成之文雅〔一九〕，同日而語哉〔二〇〕。

【校注】

〔一〕遭太夫人憂：即遭母喪。太夫人，漢制，列侯之母稱太夫人。漢書卷四文帝紀：「令列侯太夫人、夫人、諸侯王子及吏二千石無得擅徵捕。」顏師古注引如淳曰：「列侯之妻稱夫人。列侯死，子復爲列侯，乃得稱太夫人。子不爲列侯不得稱也。」梁書卷二四蕭昺傳：天監四年，「丁母憂，詔起攝職」。

〔二〕僉：楚辭天問：「僉曰何憂？」王逸注：「僉，衆也。」○金革奪禮：謂因戰争而奪服。禮記曾子問：「子夏問曰：『三年之喪，卒哭，金革之事無辟也者，禮與？初有司與？』孔子曰：

『夏后氏三年之喪，既殯而致事。殷人既葬而致事。記曰：「君子不奪人之親，亦不可奪親也。」此之謂乎！』子夏曰：『金革之事無辟也者，非與？』孔子曰：『吾聞諸老聃曰：「昔者魯公伯禽有爲爲之也。」今以三年之喪，從其利者，吾弗知也！』」孔穎達疏：「子夏以人遭父母三年之喪，卒哭之後，國有金革戰伐之事，君使則行，無敢辭辟，爲是禮當然與？」金革，禮記中庸：「衽金革，死而不厭。」孔穎達疏：「金革，謂軍戎器械也。」朱熹集注：「金，戈兵之屬；革，甲冑之屬。」借指戰争。奪禮，猶奪服。謂喪期未滿，官員應詔除去喪服，出任官職。

〔三〕有爲：周易繫辭上：「是以君子將有爲也，將有行也。」此指有作爲的人。

〔四〕故實：有參考或借鑒意義的舊事。國語卷一周語上：「賦事行刑，必問於遺訓而咨於故實。」韋昭注：「故實，故事之是者。」

〔五〕稱情立文：禮記三年問：「三年之喪，何也？曰：稱情而立文，因以飾群，别親疏貴賤之節，而弗可損益也。」鄭玄注：「稱情而立文，稱人之情輕重而制其禮也。」

〔六〕權制：權宜之制。大戴禮記本命：「資於事父以事母而愛同，天無二日，國無二君，家無二尊，以治之也。父在爲母齊衰期，見無二尊也。百官備，百制具，不言而事行者，扶而起；言而後事行者，扶而起；身自執事而後事行者，面垢而已。凡此，以權制者也。」

〔七〕感慟：感傷哀痛。後漢書卷六六王允傳：「天子感慟，百姓喪氣，莫敢收允尸者。」説文解字心部：「慟，大哭也。」

〔八〕飛走相趨：謂飛禽走獸來靠近孝子。古多有此類記載，且以爲是孝行所致。如初學記卷一引王歆孝子傳曰：「竺彌字道綸，父生時畏雷，每至天陰，輒馳至墓，伏墳哭。有白兔在其左右。遂憂卒。」又如太平御覽卷三七引蕭廣濟孝子傳曰：「巴郡文讓母死，墳土未足，耕一畝地爲壤，群鳥數千銜所作壤以着墳上。」

〔九〕宮衛俟賢：意謂東宮太子衛率之官，待授予賢者。宮，影弘仁本文館詞林卷四五七作「官」，疑誤。宮，指東宮。

〔一〇〕遥集：晉阮孚字遥集。曾授太子左衛率。晉書卷四九阮籍傳附阮孚傳：「避亂渡江，元帝以爲安東參軍。……琅邪王裒爲車騎將軍，鎮廣陵，高選綱佐，以孚爲長史。……轉太子中庶子、左衛率，領屯騎校尉。」

〔一一〕太子左衛率：官名。與太子右衛率合稱太子二率，掌東宮宿衛，或統兵出征，職任頗重。宋第五品，梁初不詳。左，梁書卷二四蕭昺傳載作「右」。

〔一二〕衛尉卿：官名。梁十二卿之一。掌宮門屯兵，糾察不法。梁天監七年革選，定流内官職爲十八班，以班多者爲貴。衛尉卿爲十二班。梁書卷二四蕭昺傳：天監五年，「除太子右衛率，遷輔國將軍、衛尉卿」。

〔一三〕銚期：字次況，潁川郟人。漢光武帝時封安成侯，拜衛尉。卒，謚曰忠侯。後漢書卷二〇有傳。

〔一四〕止資敚（duó）斁之力：謂銚期拜爲衛尉，只是憑藉戰功。後漢書卷二〇銚期傳載：銚期勇猛善戰，多次負傷，屢建戰功。「建武五年，行幸魏郡，以期爲太中大夫。從還洛陽，又拜衛尉。」敚斁，奪攘。説文解字攴部：「敚，彊取也。周書：『敚攘矯虔。』」斁，同「攘」。尚書同書吕刑：「姦宄奪攘矯虔。」

〔一五〕董昭：字公仁，濟陰定陶人。魏文帝時遷大鴻臚，徙封成都鄉侯，拜太僕。明帝即位，進爵樂平侯，轉衛尉，拜司徒。卒，謚曰定侯。三國志卷一四魏書有傳。

〔一六〕巡警：巡查警戒。梁書卷二三蕭範傳：「〔範〕遷衛尉卿，每夜自巡警。」

〔一七〕允膺：謂完全勝任。文選卷五九沈約齊故安陸昭王碑文：「公以宗室羽儀，允膺嘉選。」吕向注：「允，信也。膺，當也。」〇掌答：猶言職事。

〔一八〕不疑：指西漢直不疑。不疑，南陽人。清正，不好立名。漢景帝時，曾爲衛尉、御史大夫。漢書卷四六有傳。資治通鑑卷一六漢紀孝景帝「後元年」載：「八月，壬辰，以御史大夫衛綰爲丞相，衛尉南陽直不疑爲御史大夫。」

〔一九〕玄成：即西漢丞相韋玄成。史記卷九六張丞相傳：「韋丞相玄成者，即前韋丞相子也。代父，後失列侯。其人少時好讀書，明於詩、論語。爲吏至衛尉，徙爲太子太傅。」

〔二〇〕同日而語：猶言相提並論。史記卷六九蘇秦列傳：「夫破人之與破於人也，臣人之與臣於人也，豈可同日而論哉！」

轉左驍騎將軍〔一〕，兼領軍將軍〔二〕。自延康改革〔三〕，任均盡護〔四〕，直以御史之印，不易趙堯〔五〕；先零之舉，無踰充國〔六〕。故超茲何、沛，越此英、盧〔七〕。橈是長均〔八〕，攝官而進〔九〕。今之樊漢〔一〇〕，昔之關輔〔一一〕，蓋惟軫牽之野〔一二〕，仍爲輿質之邦〔一三〕，楚襄好會之所〔一四〕，劉牧郊天之地〔一五〕，雖非甘泉、密畤〔一六〕，實有伏龍、鳳雛〔一七〕。王業所起〔一八〕，家出將相。漢皋之陽〔一九〕，八命爲重〔二〇〕；推轂之寄〔二一〕，九牧所先〔二二〕。乃授公使持節、督雍梁南北秦四州郢州之竟陵司州之隨郡諸軍事、信武將軍、寧蠻校尉、雍州刺史〔二三〕。褰帷就道〔二四〕，去襜爲政〔二五〕，廣聽遠視〔二六〕，薦清貶濁，惟來百蠻，悉爲我用〔二七〕。秦士不敢彎弓，胡人不敢南牧〔二八〕。駟介徒兵〔二九〕，日充王府。師出以律〔三〇〕，遠無不懷〔三一〕。

【校注】

〔一〕左驍騎將軍：官名。梁天監六年置，領禁衛營兵，兼統宿衛。梁十一班。陳書卷一八韋載傳附韋翽傳：「遷驍騎將軍，領朱衣直閣。驍騎之職，舊領營兵，兼統宿衛。自梁代已來，其任逾重，出則羽儀清道，入則與二衛通直，臨軒則升殿俠侍。」

〔二〕領軍將軍：官名。掌禁衛軍，管天下兵要。梁十五班。梁書卷二四蕭昺傳：天監七年，「遷左驍騎將軍，兼領軍將軍」。

〔三〕延康改革：指漢末曹丕即王位後始置領軍將軍一職。宋書卷四〇百官志：「文帝即魏王位，魏始置領軍，主五校、中壘、武衛三營。」三國志卷九魏書九曹休傳：「太祖拔漢中，諸軍還長安，拜休中領軍。文帝即王位，爲領軍將軍，録前後功，封東陽亭侯。」延康，漢獻帝末年（220）年號。時曹丕爲魏王。

〔四〕任均盡護：意謂職任同於護軍中尉。宋書卷四〇百官志：「護軍將軍，一人。掌外軍。秦時護軍都尉，漢因之。陳平爲護軍中尉，盡護諸將。然則復以都尉爲中尉矣。」史記卷五六陳丞相世家載：陳平投漢王劉邦，「漢王乃謝，厚賜，拜爲護軍中尉，盡護諸將」。

〔五〕「直以」三句：史記卷九六張丞相傳：「是後戚姬子如意爲趙王，年十歲，高祖憂即萬歲之後不全也。趙堯年少，爲符璽御史。趙人方與公謂御史大夫周昌曰：『君之史趙堯，年雖少，然奇才也，君必異之，是且代君之位。』周昌笑曰：『堯年少，刀筆吏耳，何能至是乎！』居頃之，趙堯侍高祖。高祖獨心不樂，悲歌，群臣不知上之所以然。趙堯進請問曰：『陛下所爲不樂，非爲趙王年少而戚夫人與吕后有郤邪？備萬歲之後而趙王不能自全乎？』高祖曰：『然。吾私憂之，不知所出。』堯曰：『陛下獨宜爲趙王置貴彊相，及吕后、太子、群臣素所敬憚乃可。』高祖曰：『然。吾念之欲如是，而群臣誰可者？』堯曰：『御史大夫周昌，其人堅忍質直，且自吕后、太子及大臣皆素敬憚之。獨昌可。』高祖曰：『善。』於是乃召周昌，謂曰：『吾欲固煩公，公彊爲我相趙王。』周昌泣曰：『臣初起從陛下，陛下獨柰何中道而棄之於諸侯乎？』高祖曰：『吾極知其左遷，然吾私憂趙王，念非公無可者。公不得已彊行！』於是徙御史大夫周昌爲趙相。既行久之，高祖持御史大夫印弄之，曰：『誰可以爲御史大夫者？』孰視趙堯，曰：『無以易堯。』遂拜趙堯爲御史大夫。堯亦前有軍功食邑，及以御史大夫從擊陳豨有功，封爲江邑侯。」

〔六〕「先零」二句：先零，漢代羌族的一支。最初居於今甘肅省、青海省的湟水流域，後漸與西北各族融合。趙充國字翁孫，隴西上邽人。武帝時爲車騎將軍長史。昭帝時遷中郎將，屯上谷，還爲水衡都尉，擢爲後將軍。宣帝即位，封營平侯。神爵中定先零羌，還爲後將軍、衛尉。卒，謚曰壯侯。漢書卷六九有傳。漢書趙充國傳載：神爵元年春，先零諸豪背畔犯塞。「時充國年七十餘，上老之，使御史大夫丙吉問誰可將者，充國對曰：『亡踰於老臣者矣。』上遣問焉，曰：『將軍度羌虜何如，當用幾人？』充國曰：『百聞不如一見。兵難隃度，臣願馳至金城，圖上方略。然羌戎小夷，逆天背畔，滅亡不久，願陛下以屬老臣，勿以爲憂。』上笑曰：『諾。』」

〔七〕「故超」三句：意謂蕭昺之才能功績超越隨何、沛公，更勝過英布、盧綰。何，指隨何。漢高祖軍中的謁者，有口辯，曾說英布降漢。後官至護軍中尉。生平事跡見史記卷八、漢書卷一高祖紀與史記卷九一、漢書卷三四英布傳。沛，指沛公劉邦，西漢王朝建立者。史記卷八、漢書卷一有紀。英，指英布。六縣人，因受秦律被黥，又稱黥布。初屬項羽，爲其重要將領。

後叛楚歸漢，漢朝建立後封淮南王，因謀反罪被殺。史記卷九一、漢書卷三四有傳。盧，指盧綰。綰，豐人，與漢高祖同鄉里，以功封燕王。高祖崩，綰遂將其衆亡入匈奴，匈奴以爲東胡盧王。史記卷九三、漢書卷三四有傳。何，民國三年張鈞衡刻適園叢書第三集文館詞林卷四五七、古逸叢書本文館詞林卷四五七、影弘仁本文館詞林卷四五七作「河」。今按：「河」蓋「何」之訛，改正。

〔八〕橈是長均：意謂行船均水。橈，船楫。此處用作動詞。均，均水。漢水支流。水經卷二九均水：「均水出析縣北山，南流過其縣之東，又南當涉都邑北，南入于沔。」

〔九〕攝官：代理某官職。左傳成公二年：「敢告不敏，攝官承乏。」楊伯峻注：「攝，代也。」

〔一〇〕樊漢：樊城漢江，今湖北省襄樊市一帶。此代指雍州。

〔一一〕關輔：指關中及三輔地區。文選卷二八鮑照升天行：「家世宅關輔，勝帶宦王城。」李善注：「關，關中也。漢書曰：右扶風、左馮翊、京兆尹，是爲三輔。」

〔一二〕軫牽之野：軫牽二宿之分野。代指雍州。史記卷二七天官書：「天則有列宿，地則有州域。」古人將天上的星宿和地上的州域對應起來，稱某星宿是某州、國的分野。史記天官書：「牽牛、婺女，楊州。……翼、軫，荆州。」六朝時僑立的雍州（治所襄陽）當軫牽之分野。軫，星宿名。二十八宿之一，南方朱雀七宿的最末一宿。牽，即牽牛，星宿名。二十八宿之一，玄武七宿的第二宿。野，分野。與星次相對應的地域。就天文説，稱作分星；就地面說，稱作分野。國語卷三周語下：「歲之所在，則我有周之分野也。」韋昭注：「歲星在鶉火。鶉火，周分野也，歲星所在，利以伐之也。」

〔一三〕輿質：史記卷二七天官書：「輿鬼，鬼祠事；中白者爲質。」「東井、輿鬼，雍州。」輿鬼即鬼宿。二十八宿中南方七宿之一。

〔一四〕「楚襄」句：楚襄王夢會神女的地方，即雲夢澤，在今湖北省江漢平原上。戰國楚宋玉神女賦序：「楚襄王與宋玉遊於雲夢之浦，使玉賦高唐之事，其夜王寢，果夢與神女遇，其狀甚麗，王異之，明日以白玉。」

〔一五〕「劉牧」句：三國志卷六魏書劉表傳裴松之注引零陵先賢傳曰：「〔劉〕先字始宗，博學强記，尤好黄老言，明習漢家典故。爲劉表别駕，奉章詣許，見太祖。時賓客並會，太祖問先：『劉牧如何郊天也？』先對曰：『劉牧託漢室肺腑，處牧伯之位，而遭王道未平，群凶塞路，抱玉帛而無所聘頫，修章表而不獲達御，是以郊天祀地，昭告赤誠。』」劉牧，指劉表。劉表曾爲荆州牧。郊天，郊外築壇以祭天。禮記郊特牲「周之始郊，日以至」，鄭玄注：「郊天之月而日至，魯禮也。……魯以無冬至祭天於圜丘之事，是以建子之月郊天，示先有事也。」

〔一六〕甘泉：宮殿名。故址在今陝西省淳化縣西北甘泉山。史記卷一二武帝本紀：「又作甘泉宮，中爲臺室，畫天、地、泰一諸神，而置祭具以致天神。」〇密畤（zhì）：古代帝王祭祀青帝的地方。史記卷二八封禪書：「德公立二年卒。其後六年，秦宣公作密畤于渭南，祭青帝。」

〔一七〕伏龍、鳳雛：謂隱居待時的賢者。三國志卷三五蜀書諸葛亮傳：「諸葛孔明者，卧龍也。」裴松之注引晉習鑿齒襄陽記：「德操曰：『儒生俗士，豈識時務？識時務者在乎俊傑。此間自有伏龍、鳳雛。』備問爲誰，曰：『諸葛孔明、龐士元也。』」

〔一八〕「王業」句：指蕭衍自雍州刺史起兵，建立梁王朝。詳梁書卷一武帝紀。

〔一九〕漢皋之陽：即襄陽。漢皋，山名。在湖北省襄陽市西北。漢，影弘仁本文館詞林卷四五七訛作「漠」。陽，春秋穀梁傳僖公二十八年：「水北爲陽，山南爲陽。」

〔二〇〕八命：周九等官爵之第八等。周禮春官宗伯典命：「王之三公八命。」周禮春官宗伯大宗伯：「以九儀之命正邦國之位……八命作牧。」鄭玄注：「謂侯伯有功德者，加命得專征伐於諸侯。鄭司農曰：『一州之牧。王之三公亦八命。』」

〔二一〕推轂（gǔ）：史記卷一〇二馮唐列傳：「臣聞上古王者之遣將也，跪而推轂，曰閫以内者，寡人制之；閫以外者，將軍制之。」此指任命爲將帥之職。轂，説文解字車部：「轂，輻所湊也。」老子第一一章：「三十輻共一轂。」陸德明釋文：「轂，車轂。」

〔二二〕九牧：周禮秋官司寇掌交：「九牧之維。」鄭玄注：「九牧，九州之牧。」禮記曲禮下：「九州之長，入天子之國曰『牧』。」鄭玄注：「每一州之中，天子選諸侯之賢者以爲之牧也。周禮曰：『乃施典於邦國而建其牧。』」

〔二三〕雍梁南北秦郢：皆州名。雍州，治所在今湖北省襄樊市；梁州，治所在今陝西省漢中市東；南秦州，治所在今甘肅省成縣西北；北秦州，治所在今甘肅省天水市；郢州，治所在今湖北省武漢市武昌區。○郢州：影弘仁本文館詞林脱「州」字。○竟陵：郡名。治所在今湖北省鍾祥市。○司州：州名。治所在今河南省信陽市。○隨郡：郡名。治所在今湖北省隨州市。○信武將軍：將軍名號。梁天監七年革選，釐定將軍名號及班品，有一百二十五號十品二十四班，以班多者爲貴。信武將軍爲一百二十五號之一，十五班。○寧蠻校尉：武官名號。掌雍州少數民族事物，立府治事。梁代由雍州刺史兼任。梁書卷二四蕭昺傳：天監七年，「尋出爲使持節、督雍梁南北秦郢州之竟陵司州之隨郡諸軍事、信武將軍、寧蠻校尉、雍州刺史」。

〔二四〕褰帷就道：指高級地方官履任。後漢書卷三一賈琮傳：「以琮爲冀州刺史。舊典，傳車驂駕，垂赤帷裳，迎於州界。及琮之部，升車言曰：『刺史當遠視廣聽，糾察美惡，何有反垂帷裳以自掩塞乎？』乃命御者褰之。百城聞風，自然竦震。」

〔二五〕去襜（chān）爲政：後漢書卷二六蔡茂傳附郭賀傳：「顯宗巡狩到南陽，特見嗟歎，賜以三公之服，黼黻冕旒。敕行部去襜帷，使百姓見其容服，以章有德。」襜，集韻鹽韻：「襜，車襜。」後漢書卷一一劉盆子傳：「乘軒車大馬，赤屏泥，絳襜絡。」李賢注：「襜，帷也；車上施帷以屏蔽者。」

〔二六〕廣聽遠視：後漢書卷三一賈琮傳：琮有云：「刺史當遠視廣聽。」

〔二七〕「惟來」二句：梁書卷二四蕭昺傳：「〔天監〕八年三月，魏荆州刺史元志率衆七萬寇潺溝，驅迫群蠻，群蠻悉渡漢水來降。議者以蠻累爲邊患，可因此除之。昺曰：『窮來歸我，誅之不祥。且魏人來侵，每爲矛盾，若悉誅蠻，則魏軍無礙，非長策也。』乃開樊城受降。因命司馬朱思遠、寧蠻長史曹義宗、中兵參軍孟惠儁擊志於潺溝，大破之，生擒志長史杜景。斬首萬餘級，流屍蓋漢水，昺遣中兵參軍崔績率軍士收而瘞焉。」百蠻，泛稱少數民族。史記卷四七孔子世家：「昔武王克商，通道九夷百蠻。」裴駰集解引王肅曰：「百蠻，夷狄之百種。」

〔二八〕「秦士」二句：文選卷五一賈誼過秦論：「乃使蒙恬北築長城，而守蕃籬，却匈奴七百餘里，胡人不敢南下而牧馬，士不敢彎弓而報怨。」秦士，此指西魏人。士，古逸叢書本文館詞林卷四五七作「土」，疑誤。

〔二九〕駟介：左傳僖公二十八年：「獻楚俘于王，駟介百乘，徒兵千。」杜預注：「駟介，四馬被甲。」此指戰車。○徒兵：步兵。

〔三〇〕師出以律：謂出師征戰紀律嚴明。周易師卦：「初六，師出以律，否臧凶。」王弼注：「爲師之始，齊師者也，齊衆以律，失律則散，故師出以律。」孔穎達疏：「初六，師出以律者，律，法也。初六，爲師之始，是整齊師衆者也，既齊整師衆，使師出之時，當須以其法制整齊之，故云師出以律也。」

〔三一〕遠無不懷：左傳僖公七年：「招攜以禮，懷遠以德。」懷，安撫。

徵右衛將軍、領石頭戍軍事〔一〕，又授使持節、督南北兗北徐青冀五州諸軍事、信武將軍、南兗州刺史〔二〕。昔郗鑒再撫〔三〕，朱序重臨〔四〕，未有懸牀尚存〔五〕，遺犢猶在〔六〕。俗稟王濬之風〔七〕，人懷叔英之政〔八〕。厥德興謡〔九〕，還聞在昔〔一〇〕。

【校注】

〔一〕領：民國三年張鈞衡刻適園叢書第三集文館詞林卷四五七、古逸叢書本文館詞林卷四五七、影弘仁本文館詞林卷四五七脱。梁書卷二四蕭昺傳：「〔天監〕十一年，徵右衛將軍、領石頭戍軍事。」據此，「石頭戍軍事」前當有「領」字，今補。領，官制術語。指本職之外，兼任低級職務。○右衛將軍：官名。與左衛將軍合稱二衛將軍，掌宫廷宿衛營兵，爲禁衛軍主要將領。梁十二班。○石頭戍：即石頭城戍所。在今江蘇省南京市西清涼山。六朝時爲軍事要地，常置兵戍守。

〔二〕北徐：州名。治所在今安徽省鳳陽縣東北。○信武將軍：將軍名號，梁二十四班將軍之十五班。梁書卷二四蕭昺傳作「信威將軍」。信威將軍，將軍名號，梁二十四班將軍之十六班。梁書蕭昺傳：「〔天監〕十二年，復爲使持節、督南北兗北徐青冀五州諸軍事、信威將軍、南兗州刺史。」

〔三〕郗鑒：字道徽，西晉高平金鄉人。元帝承制，假龍驤將軍、兗州刺史，加輔國將軍、都督兗州諸軍事。明帝即位，拜安西將軍、兖州刺史、都督揚州江西諸軍事。王敦平，封高平侯，遷車騎將軍、都督徐兖青三州軍事、兖州刺史，鎮廣陵。成帝即位，進車騎大將軍，加散騎常侍，領兖州刺史。後進封南昌縣公、太尉。卒，謚曰文成。晉書卷六七有傳。郗鑒數爲兖州刺史，蕭昺兩爲南兖州刺史，故比之。

〔四〕朱序：字次倫，義陽人。晉書卷八一朱序傳：「太和中，遷兖州刺史。」寧康初，序降前秦，「肥水之戰」中得歸，授豫州刺史。「後丁零翟遼反，序遣將軍秦膺、童斌與淮泗諸郡共討之。又監兖青二州諸軍事、二州刺史，將軍如故，進鎮彭城。」則序亦兩爲兖州刺史。

〔五〕未有：古逸叢書本文館詞林卷四五七脱此二字。○懸牀：亦作「懸榻」。後漢書卷五三徐穉傳：「〔陳〕蕃在郡不接賓客，唯穉來特設一榻，去則縣之。」後以喻禮待賢士。

〔六〕遺犢：藝文類聚卷五〇引曹嘉之晉紀曰：「羊暨爲青州刺史，暨牛産犢，及還，以官舍所生，遺之而去。」犢，民國三年張鈞衡刻適園叢書第三集文館詞林卷四五七、古逸叢書本文館詞林卷四五七作「犢」，影弘仁本文館詞林卷四五七作「犢」。今按：作「犢」是，據改。

〔七〕王濬：字士治，晉弘農湖人。曾爲巴郡太守，益州刺史。西晉平東吴之戰，王濬是主力。太康六年卒，謚曰武。晉書卷四二有傳。晉書本傳：「及賊張弘殺益州刺史皇甫晏，果遷濬爲益州刺史。濬設方略，悉誅弘等，以勳封關内侯。懷輯殊俗，待以威信，蠻夷徼外，多來歸降。徵拜右衛將軍，除大司農。車騎將軍羊祜雅知濬有奇略，乃密表留濬，於是重拜益州刺史。」

〔八〕叔英：東漢李恂字叔英。恂，安定臨涇人。曾爲兖州刺史，使持節領西域副校尉，武威太守。後漢書卷五一李恂傳：「拜兖州刺史。以清約率下，常席羊皮，服布被。」

〔九〕興謡：創作歌謡。

〔一〇〕還聞在昔：現在還同以前一樣可以聽到。

徵爲領軍將軍〔一〕，加侍中〔二〕。昔卞壼之加常侍〔三〕，王劭之領納言〔四〕，雖並作中候〔五〕，彼有慙色。遷安右將軍，監揚州〔六〕，并置佐吏，即以第爲府。于斯時也，修學創田，勉耕分禄，不然官燭〔七〕，罔蓄私絹〔八〕。朝野具瞻，權寄日重〔九〕。公常思損挹以避近親〔一〇〕，上優遊未許〔一一〕，靳守彌固〔一二〕。乃出爲使持節、散騎常侍、都督郢司霍三州諸軍事、安西將軍、郢州刺史〔一三〕，給鼓吹一部〔一四〕。初，齊安、竟陵犬牙虜界〔一五〕，縛馬詛軍〔一六〕，亟有竊發〔一七〕。公移書告示〔一八〕，虜即焚戍保境〔一九〕，風教如神〔二〇〕，萬里清謐〔二一〕。方當永贊隆平〔二二〕，粤登三事〔二三〕，天厲不戒〔二四〕，春秋卌七〔二五〕，普通四年薨於位〔二六〕。詔贈侍中、中撫軍將軍、儀同三司，侯如故〔二七〕。喪反舊塋〔二八〕，路由皇邑〔二九〕，親降鑾蹕〔三〇〕，禮優詔葬。某年葬于某郡縣之某山，謚曰忠侯〔三〕，禮也。

【校注】

〔一〕徵爲領軍將軍：梁書卷二四蕭昺傳：「〔天監〕十三年，徵爲領軍將軍，直殿省，知十州損益事，月加禄五萬。」

〔二〕加侍中：梁書卷二四蕭昺傳：「〔天監〕十五年，加侍中。」侍中，官名。門下省長官。掌侍從左右，盡規獻納，擯相威儀，並參與決策，是中樞集團重要成員。員四人，梁十二班。

〔三〕卞壺：字望之，濟陰冤句人。晉明帝時，封建興縣公，遷領軍將軍，領尚書令，復拜右將軍，加給事中尚書令。成帝即位，與王導、庾亮輔政，尋解職，拜光禄大夫，加散騎常侍。蘇峻之亂，戰死。謚曰忠貞。有集二卷。晉書卷七〇有傳。〇常侍：官職名。秦漢以來，經常在皇帝左右奉侍的官員，均稱常侍。此處指散騎常侍。散騎常侍，三國魏文帝時置，合秦漢散騎和中常侍二官爲一。南北朝時屬集書省，但地位漸降，多爲加官。

〔四〕王劭：字敬倫，琅邪臨沂人。仕晉，歷東陽太守、司徒左長史、丹陽尹，遷吏部尚書、尚書僕射，領中領軍，出爲建威將軍、吴國内史。卒，贈車騎將軍，謚曰簡。晉書卷六五有傳。〇納言：宋書卷三九百官志：「尚書，古官也。舜攝帝位，命龍作納言，即其任也。」

〔五〕中候：指領軍將軍。晉書卷二四職官志：「中領軍將軍，魏官也。漢建安四年，魏武丞相府自置，及拔漢中，以曹休爲中領軍。文帝踐阼，始置領軍將軍，以曹休爲之，主五校、中壘、武衛等三營。武帝初省，使中軍將軍羊祜統二衛、前、後、左、右、驍衛等營，即領軍之任也。懷帝永嘉中，改中軍曰中領軍。永昌元年，改曰北軍中候，尋復爲領軍。成帝世，復爲中候，尋復爲領軍。」

〔六〕安右將軍：將軍名號。梁置，八安將軍之一，與安左、安前、安後將軍祇授予在京師任職者。爲一百二十五號將軍之一，二十一班。○監揚州：梁書卷二四蕭昺傳：「〔天監〕十七年，太尉、揚州刺史臨川王宏坐法免。詔曰：『揚州應須緝理，宜得其人。侍中、領軍將軍吴平侯昺才任此舉，可以安右將軍監揚州，並置佐史，侍中如故，即宅爲府。』昺越親居揚州，辭讓甚懇惻，至於涕泣，高祖不許。」揚州，州名。治所在今江蘇省南京市。

〔七〕不然官燭：藝文類聚卷五〇引謝承後漢書曰：「巴祇爲揚州刺史，幘毁壞，不復改易，以水滲曝用之，處暝暗之中，不燃官燭。」今按：然，同「燃」。

〔八〕罔蓄私絹：三國志卷二七魏書胡質傳裴松之注引晉陽秋曰：「〔胡〕威字伯虎。少有志尚，厲操清白。質之爲荆州也，威自京都省之。家貧，無車馬童僕，威自驅驢單行，拜見父。停廄中十餘日，告歸。臨辭，質賜絹一匹，爲道路糧。威跪曰：『大人清白，不審於何得此絹？』質曰：『是吾俸禄之餘，故以爲汝糧耳。』威受之，辭歸。」

〔九〕權寄：實權。南史卷七七恩幸茹法亮傳：「太尉王儉常謂人曰：『我雖有大位，權寄豈及茹公？』」

〔一〇〕損挹：謙虚退讓。後漢書卷一光武帝紀下：「陛下情存損挹，推而不居。」清吴玉搢別雅卷五：「損挹，損抑也。」○以避近親：南朝時期揚州刺史鎮建康，建康亦爲京師，故揚州刺史通常情況下非皇室近親不居此職。宋書卷四二劉穆之傳載：劉穆之云：「揚州根本所係，不可假人。」故蕭昺避之。參熊清元南朝之揚州刺史及其治所考析。

〔一一〕優遊：優容，寬待。漢書卷三六楚元王傳：「今陛下開三代之業，招文學之士，優游寬容，使得並進。」

〔一二〕蘄守：固守。蘄，大廣益會玉篇革部：「蘄，固也。」

〔一三〕郢：州名。治所在今湖北省武漢市武昌區。○司：州名。治所在今湖北省襄陽市。○霍：州名。梁天監六年（507）分豫州置，治所在今安徽省霍山縣。○安西將軍：將軍名號。與安東、安南、安北將軍合稱四安將軍。爲出鎮方面的軍事長官，或作爲刺史兼理軍務的加官，權任頗重。爲梁一百二十五號將軍之一，二十一班。

〔一四〕鼓吹：樂名。本軍樂，皇帝出行時亦奏。漢魏以下亦用以加賜有功之臣。梁書卷二四蕭昺傳：「〔天監〕十八年，累表陳解，高祖未之許。明年，出爲使持節、散騎常侍、都督郢司霍三州諸軍事、安西將軍、郢州刺史。將發，高祖幸建興苑餞別，爲之流涕。既還宫，詔給鼓吹一部。」

〔一五〕齊安：郡名。治所在今湖北省麻城市西南。○犬牙虜界：與敵虜邊界犬牙交錯。虜，此指北魏。

〔一六〕縛馬詛軍：漢書卷九六西域傳載：漢武帝詔曰：「曩者，朕之不明，以軍候弘上書言『匈奴縛馬前後足，置城下，馳言「秦人，我匄若馬」』，又漢使者久留不還，故興遣貳師將軍，欲以爲使者威重也。古者卿大夫與謀，參以蓍龜，不吉不行。乃者以縛馬書遍視丞相御史二千石諸大夫郎爲文學者，乃至郡屬國都尉成忠、趙破奴等，皆以『虜自縛其馬，不祥甚哉！』或以爲『欲以見彊，夫不足者視人有餘。』易之，卦得大過，爻在九五，匈奴困敗。公軍方士、太史治星望氣，及太卜龜蓍，皆以爲吉，匈奴必破，時不可再得也。又曰：『北伐行將，於鬴山必克。』卦諸將，貳師最吉。故朕親發貳師下鬴山，詔之必毋深入。今計謀卦兆皆反繆。重合侯得虜候者，言：『聞漢軍當來，匈奴使巫埋羊牛所出諸道及水上以詛軍。單于遺天子馬裘，常使巫祝之。縛馬者，詛軍事也。』」

〔一七〕亟（qì）：左傳成公十六年：「吾先君之亟戰也。」杜預注：「亟，數也。」

〔一八〕移書：發送公文。後漢書卷三一賈琮傳：「琮即移書告示，各使安其資業。」

〔一九〕焚戍：焚燒軍事堡壘。

〔二〇〕風教：詩大序：「風，風也，教也。風以動之，教以化之。」後以指風俗教化。

〔二一〕清謐：清静，安寧。文選卷三一江淹雜體詩三十首盧中郎感交：「馬服爲趙將，疆埸得清謐。」李善注：「爾雅曰：謐，静也。」梁書卷二四蕭昺傳：「在州復有能名。齊安、竟陵郡接魏界，多盜賊，昺移書告示，魏即焚塢戍保境，不復侵略。」

〔二二〕隆平：昌盛太平。文選卷五六陸倕石闕銘：「指麾而四海隆平，下車而天下大定。」

〔二三〕三事：指三公，古代中央三種最高官銜的合稱。西漢以丞相（大司徒）、太尉（大司馬）、御史大夫（大司空）爲三公，東漢以太尉、司徒、司空爲三公。詩經小雅雨無正：「三事大夫，莫肯夙夜。」鄭玄箋：「王流在外，三公及諸侯隨王而行者，皆無君臣之禮，不肯晨夜朝暮省王也。」孔穎達疏：「鄭言三公者，以經『三事大夫』爲三公也。卿則當有六人，孤則無主事，故知『三事大大』唯三公耳。」漢書卷七三韋賢傳：「天子我監，登我三事。」顏師古注：「三事，三公之位，謂丞相也。」

〔二四〕天厲不戒：天災無法防備。左傳襄公三十一年：「盜賊公行，而天厲不戒。」杜預注：「厲，猶災也。」

〔二五〕春秋：謂年齡。戰國策卷一七楚策四「虞卿謂春申君」章：「今楚王之春秋高矣，而君之封地，不可不早定也。」

〔二六〕普通：梁武帝年號（520—527）。○薨（hōng）：禮記曲禮下：「天子死曰『崩』，諸侯曰『薨』，大夫曰『卒』，士曰『不禄』，庶人曰『死』。」鄭玄注：「自上顛壞曰崩。薨，顛壞之聲。」梁書卷二四蕭昺傳：「普通四年，卒于州，時年四十七。詔贈侍中、中撫軍、開府儀同三司。謚曰忠。」

〔二七〕中撫軍將軍：將軍名號。與中權、中衛、中軍將軍合稱四中將軍，祇授予在京師任職者。地位顯要。爲梁一百二十五號將軍之一，二十三班。○儀同三司：官名。非三公而儀制同於三公之稱。梁諸將軍開府儀同三司爲十七班。

〔二八〕反：同「返」。○舊塋（yíng）：祖墳墓地。説文解字土部：「塋，墓也。」

〔二九〕皇邑：文選卷二四曹植贈白馬王彪詩：「清晨發皇邑，日夕過首陽。」呂向注：「皇邑，帝都也。」

〔三〇〕鑾蹕：猶鑾駕。皇帝的車駕。蹕，江淹爲蕭驃騎上頓表：「雲蹕親駕。」胡之驥注：「蹕，天子之駕也。」

〔三一〕謚（shì）：古代有地位的人死後據其生前業績評定的稱號。禮記檀弓下：「公叔文子卒，其子戍請謚於君，曰：『日月有時，將葬矣。請所以易其名者。』」鄭玄注：「謚者，行之跡。」晉書卷二〇禮志中：「五經通義以爲有德則謚善，無德則謚惡，故雖君臣可同。」此用作動詞。

公奉親不匱〔一〕，匹曾、柴之德〔二〕；昆季天倫〔三〕，深姜、繆之愛〔四〕。資忠履信〔五〕，席義枕仁〔六〕。從諫若轉圜〔七〕，用賢如猶己。佩觿之日〔八〕，則伏誦千周〔九〕；垂髫在年〔一〇〕，則懷書百遍〔一一〕。風鑒散朗〔一二〕，吐屬淹華〔一三〕。宫墻百仞，莫窺其宇〔一四〕；喜愠無形，誰見其色〔一五〕。遵養時晦〔一六〕，招攜以禮〔一七〕，亟撫邊人〔一八〕，屢董戎政〔一九〕。玉門之關〔二〇〕，仰其威洽〔二一〕；金附之國〔二二〕，挹其風猷〔二三〕。每銜詔中都〔二四〕，參聞三宥〔二五〕，朝有常刑〔二六〕，每用中典〔二七〕。人惟國本〔二八〕，上能糺職〔二九〕。麗邦法而有平反〔三〇〕，坐嘉石而無胥怨〔三一〕。知人善使，自家刑國〔三二〕。筆硯皆有方略〔三三〕，屐履並得其才〔三四〕。詭對造膝〔三五〕，訏謨嘉告〔三六〕，函訪密奏，手書毁草〔三七〕，是以明主敬焉。

【校注】

〔一〕不匱：詩經大雅既醉：「孝子不匱，永錫爾類。」毛傳：「匱，竭。」鄭玄箋：「孝子之行，非有竭極之時，長以與女之族類。」

〔二〕曾、柴之德：指孝德。曾、柴，孔子弟子曾子和高柴，俱以孝著稱。曾子名參，字子輿，春秋末魯國南武城人。傳曾子事母至孝，「二十四孝」中的「齧指痛心」即記其事。高柴字子羔，一作子皋，春秋時衛國人。二人事跡俱見史記卷六七仲尼弟子列傳。史記仲尼弟子列傳：「曾參……孔子以爲能通孝道，故授之業。作孝經。死於魯。」禮記檀弓上：「高子皋之執親喪也，泣血三年，未嘗見齒，君子以爲難。」

〔三〕昆季天倫：指兄弟。昆季，兄弟長爲昆，幼爲季。顔氏家訓風操：「行路相逢，便定昆季，望年觀貌，不擇是非。」天倫，穀梁傳隱公元年：「兄弟，天倫也。」范寧注：「兄先弟後，天之國貢金席；十一年三月庚申，高麗朝貢，四月，扶南、百濟、林邑朝貢，九月，宕昌朝貢；十二年，林邑、于闐、扶南朝貢；十四年，蠕蠕、狼牙修朝貢；十五年八月，蠕蠕、河南朝貢；十六年，河南、扶南、婆利朝貢；十七年，干陁利朝貢；十八年七月，于闐、扶南朝貢；普通元年正月庚子，扶南、高麗，三月，滑國，四月，河南朝貢；二年十一月，百濟、新羅；三年八月甲子，婆利、白題貢；四年，狼牙修；七年，河南、高麗、林邑、滑；大通元年，林邑、師子、高麗；中大通元年，盤盤；二年六月，丹丹朝貢；五年，波斯朝貢；大同五年八月乙酉，扶南獻生犀；中大同元年八月甲午，渴盤陀獻方物。」今按：據此知圖中所繪之事最晚爲中大同元年(546)八月，則圖成不早於其時，是此序亦當在中大同元年八月稍後，時蕭繹任荊州刺史。然至中大同元年，梁武帝蕭衍登祚已四十五年矣，而本序云「皇帝君臨天下之四十載」，疑「四十」下有脱字。序又有云：「臣以不佞，推轂上游。夷歌成章，胡人遥集。款關蹶角，沿溯荊門。瞻其容貌，訊其風俗。如有來朝京輦，不涉漢南，别加訪採，以廣聞見。名爲貢職圖云爾。」知職貢圖確作於蕭繹荊州刺史任上。

〔二〕職方氏：周代官名。周禮夏官司馬：「職方氏，中大夫四人，下大夫八人，中士十有六人，府四人，史十有六人，胥十有六人，徒百有六十人。……職方氏，掌天下之圖，以掌天下之地，辨其邦國、都鄙、四夷、八蠻、七閩、九貉、五戎、六狄之人民與其財用、九穀、六畜之數要，周知其利害。」鄭玄注：「職，主也，主四方之職貢者。職方氏，主四方官之長。」

倫次。」

〔四〕姜、繆之愛：指兄弟友愛。姜、繆，姜肱和繆彤。後漢書卷五三姜肱傳：「姜肱字伯淮，彭城廣戚人也。家世名族。肱與二弟仲海、季江，俱以孝行著聞。其友愛天至，常共臥起。及各娶妻，兄弟相戀，不能別寢，以係嗣當立，乃遞往就室。……肱嘗與季江謁郡，夜於道遇盜，欲殺之。肱兄弟更相爭死，賊遂兩釋焉，但掠奪衣資而已。」後漢書卷八一獨行傳繆彤：「繆彤字豫公，汝南召陵人也。少孤，兄弟四人，皆同財業。及各娶妻，諸婦遂求分異，又數有鬭爭之言。彤深懷憤歎，乃掩户自撾曰：『繆彤，汝修身謹行，學聖人之法，將以齊整風俗，奈何不能正其家乎！』弟及諸婦聞之，悉叩頭謝罪，遂更爲敦睦之行。」

〔五〕資忠履信：踐行忠信。文選卷一六潘岳閒居賦：「是以資忠履信以進德，修辭立誠以居業。」李善注：「易曰：履信思乎順。」

〔六〕席義枕仁：宋書卷八一顧覬之傳載覬之定命論，有云：「增信積德，離患於長饑；席義枕仁，徼禍於促算。」

〔七〕「從諫」句：漢書卷六七梅福傳：「昔高祖納善若不及，從諫若轉圜。」顔師古注：「轉圜，言其順也。」

〔八〕佩觿(xī)：佩戴角錐，示已成人。詩經衛風芄蘭：「芄蘭之支，童子佩觿。」毛傳：「觿，所以解結，成人之佩也。」孔穎達疏：「内則云：『子事父母，左佩小觿，右佩大觿。』下别云『男女未冠笄者』，故知『成人之佩』。内則注云『觿，貌如錐，以象骨爲之』，是可以解結也。又解童子而得佩成人之佩者，由人君治成人之事，故使得佩，以早成其德故也。尚書注云：『人君十二而冠佩，爲成人。』則似十二以上。」朱熹集傳：「觿，錐也，以象骨爲之，所以解結，成人之佩，非童子之飾也。」漢劉向説苑卷一九修文：「能治煩決亂者佩觿，能射御者佩韘。」

〔九〕千周：千遍，極言遍數之多。

〔一〇〕垂髦（máo）在年：指少年時期。左傳昭公九年：「豈如弁髦而因以敝之。」杜預注：「童子垂髦始冠，必三加冠，成禮而棄其始冠，故言弁髦因以敝之。」晉阮籍清思賦：「若將言之未發兮，又氣變而飄浮。若垂髦而失鬌兮，飾未集而形消。」髦，詩經鄘風柏舟：「髧彼兩髦，實維我儀。」毛傳：「髦者，髮至眉，子事父母之飾。」

〔一一〕懷書：謂温習書卷。

〔一二〕風鑒：風度和鑒識。〇散朗：瀟灑俊爽。世説新語讒險：「王平子形甚散朗，内實勁俠。」

〔一三〕吐屬：談吐與作文。三國志卷二一魏書王粲傳附阮瑀傳「軍國書檄，多琳、瑀所作也」，裴松之注：「瑀以十七年卒，太祖十八年策爲魏公，而云瑀歌舞辭稱『大魏應期運』，愈知其妄。又其辭云『他人焉能亂』，了不成語。瑀之吐屬，必不如此。」宋書卷五九張暢傳：「暢隨宜應答，吐屬如流，音韻詳雅，風儀華潤。」〇淹華：形容儀表文雅優美。藝文類聚卷五五引南朝梁王僧孺詹事徐府君集序曰：「重以姿儀端潤，趨眄淹華，寶佩鳴風，豐貂映日，從容帷扆，綽有餘輝。」

〔一四〕「宮墻」二句：謂人品、學問富美，深不可測。論語子張：「子貢曰：『譬之宮牆，賜之牆也及肩，窺見室家之好。夫子之牆數仞，不得其門而入，不見宗廟之美，百官之富。得其門者或寡矣。夫子之云，不亦宜乎！』」何晏集解引苞氏曰：「七尺曰仞也。」百，古逸叢書本文館詞林卷四五七、影弘仁本文館詞林卷四五七作「有」。

〔一五〕「喜慍」二句：謂喜怒都不形於面色。三國志卷三二蜀書先主傳：「少語言，善下人，喜怒不形於色。好交結豪俠，年少爭附之。」

〔一六〕遵養時晦：謂順應時勢，以待時機。詩經周頌酌：「於鑠王師，遵養時晦。」毛傳：「鑠，美。遵，率。養，取。」鄭玄箋：「於美乎，文王之用師，率殷之叛國以事紂，養是闇昧之君，以老其惡。」孔穎達疏：「『鑠，美』，釋詁文。又云：『遵、率，循也。』俱訓爲循，是遵得爲率。武王於紂，養而取之，故以養爲取。宣十二年左傳引此云『遵養時晦，耆昧也』，故轉晦爲昧，言取是暗昧，則謂武王取紂，不得與鄭同也。」朱熹集傳：「此亦頌武王之詩，言其初有於鑠之師而不用，退自循養，與時皆晦。」

〔一七〕招攜以禮：以禮招引尚未歸心的人。左傳僖公七年：「招攜以禮，懷遠以德。」杜預注：「攜，離也。」

〔一八〕亟撫邊人：意謂多次出任邊州刺史。

〔一九〕董：文選卷四七陸機漢高祖功臣頌：「肅肅荆王，董我三軍。」李善注引孔安國尚書傳曰：「董，督也。」李周翰注：「董，正也。」○戎政：指軍旅之事。晉潘岳西征賦：「掩細柳而撫劍，快孝文之命帥；周受命以忘身，明戎政之果毅。」

〔二〇〕玉門之關：即玉門關。漢時爲通往西域各地的門户。故址在今甘肅省敦煌西北小方盤城。漢書卷九六西域傳下史臣贊曰：「孝武之世，圖制匈奴，患其兼從西國，結黨南羌，乃表河西，列四郡，開玉門，通西域，以斷匈奴右臂，隔絶南羌、月氐。」

〔二一〕威洽：即德澤。威，廣雅釋言：「威，德也。」

〔二二〕金附之國：漢書卷九六西域傳下：「車師旁小金附國隨漢軍後盜車師，車師王復自請擊破金附。」

〔二三〕挹：通「揖」，推崇。○風猷：風教道德。文選卷三八任昉爲范始興作求立太宰碑表：「原夫存樹風猷，没著徽烈，既絶故老之口，必資不刊之書。」吕向注：「猷，道。……言風教道德，死當著其美業，故老既没，必資於銘記。」

〔二四〕銜詔中都：意謂奉詔回京。銜詔，初學記卷三〇引陸翽鄴中記曰：「石季龍皇后在觀上，有詔書五色紙，著鳳口中。鳳既銜詔，侍人放數百丈緋繩，轆轤徊轉，鳳皇飛下。鳳以木作之，五色漆畫，咮脚皆用金。」此指奉朝廷命令。中都，京城。史記卷三〇平準書：「漕轉山東粟，以給中都官。」司馬貞索隱：「中都，猶都内也。」漢書卷二四食貨志：「漕轉關東粟以給中都官，歲不過數十萬石。」顔師古注：「中都官，京師諸官府也。」

〔二五〕三宥：指對犯罪者可寬宥處理的三種情況。周禮秋官司寇司刺：「司刺掌三刺、三宥、三赦之法，以贊司寇聽獄訟。……壹宥曰不識，再宥曰過失，三宥曰遺忘。」鄭玄注：「鄭司農云：『不識，謂愚民無所識則宥之。過失，若今律過失殺人不坐死。』玄謂識，審也。不審，若今仇讎當報甲，見乙，誠以爲甲而殺之者。過失，若舉刃欲斫伐，而軼中人者。遺忘，若閒帷薄，忘有在焉，而以兵矢投射之。」

〔二六〕常刑：固定的律法。周禮天官宰冢小宰：「不用法者，國有常刑。」

〔二七〕中典：周禮秋官司寇大司寇：「大司寇之職，掌建邦之三典，以佐王刑邦國，詰四方……二曰刑平國用中典。」鄭玄注：「用中典者，常行之法。」

〔二八〕人惟國本：尚書五子之歌：「皇祖有訓：民可近，不可下；民惟邦本，本固邦寧。」孔安國傳：「言人君當固民以安國。」

〔二九〕上能糺職：周禮秋官司寇大司寇：「以五刑糾萬民……四曰官刑，上能糾職。」鄭玄注：「能，能其事也。職，職事脩理。」上，通「尚」。糺，同「糾」。資治通鑑卷四七漢紀肅宗孝章皇帝「章和二年」：「欲親至發所，以糾其變。」胡三省注：「糾，督察。」

〔三〇〕麗邦法：周禮秋官司寇小司寇：「以八辟麗邦法，附刑罰。」鄭玄注：「麗，附也。……附猶著也。」

〔三一〕嘉石：周禮秋官司寇大司寇：「以嘉石平罷民，凡萬民之有罪過而未麗於法，而害於州里者，桎梏而坐諸嘉石，役諸司空。」鄭玄注：「嘉石，文石也。樹之外朝門左。平，成也。成之使善。」賈公彦疏：「此嘉石、肺石在朝士職，朝士屬大司寇，故見之耳。云『嘉石，文石也』者，以其言嘉，嘉善也。有文乃稱嘉，故知文石也。欲使罷民思其文理，以改悔自修。」〇胥怨：尚書盤庚上序：「盤庚五遷，將治亳，殷民咨胥怨。」孔安國傳：「胥，相也。民不欲徙，乃咨嗟憂愁，相與怨上。」後漢書卷五四楊彪傳：「移都改制，天下大事，故盤庚五遷，殷民胥怨。」李賢注：「胥，相也。遷都於亳，殷人相與怨恨。」

〔三二〕自家刑國：從家開始做出榜樣，推廣到國。詩經大雅思齊：「刑于寡妻，至于兄弟，以御于家邦。」毛傳：「刑，法也。」鄭玄箋：「文王以禮法接待其妻，至于宗族，以此又能爲政，治于家邦也。」陸德明音義：「刑，韓詩云：『刑，正也。』」孔穎達疏：「〔毛以爲文王〕又能施禮法於寡少之適妻，内正人倫，以爲化本。復行此化至於兄弟親族之内，言親族亦化之。又以爲法，迎治於天下之家國。亦令其先正人倫，乃和親族，其化自内及外，徧被天下，是文王聖也。……〔鄭以爲〕文王以順從之政而行之，先施法於寡有之賢妻，言接待其妻以禮法也。以此又至於兄弟之宗族，亦令接待其妻以爲政教之本。以此之故，又能爲政治於天下之家邦，是其聖之事也。」梁書卷四八儒林傳序：天監七年，詔曰：「建國君民，立教爲首，砥身礪行，由乎經術。朕肇基明命，光宅區宇，雖耕耘雅業，傍闡藝文，而成器未廣，志本猶闕。

非以鎔範貴遊，納諸軌度，思欲式敦讓齒，自家刑國。」

〔三三〕「筆硯」句：謂所用的抄書小吏亦有謀略。筆硯，筆和墨。此借指抄書胥吏。東觀漢記曰：「班超，字仲升，家貧，爲官傭寫書，嘗輟書投筆歎曰：『大丈夫當效傅介子、張騫立功異域，以取封侯，安能久事筆硯乎！』」方略，計畫，權謀。

〔三四〕「屐履」句：謂最低賤的職務亦得其才。屐履，木屐和鞋子。此借指做屐鞋的工匠。

〔三五〕詭對造膝：漢蔡邕司空臨晉侯楊公碑：「及其所以匡輔本朝，忠言嘉謀，造膝危辭，當事而行。」文選卷三八傅亮爲宋公求加贈劉前軍表：「若乃忠規密謨，潛慮帷幕，造膝詭辭，莫見其際。」李善注：「穀梁傳曰：『士造辟而言，詭辭而出。』范寧曰：『辟，君也。詭辭而出，不以實告人也。』風俗通曰：『禮諫有五，諷爲上。故入則造膝，出則詭辭。』」呂延濟注：「造膝，謂近天子納諫言也。詭辭，謂人問則詭對之。」

〔三六〕訏謨：詩經大雅抑：「訏謨定命，遠猶辰告。」毛傳：「訏，大。謨，謀。」鄭玄箋：「大謀定命，謂正月始和布政於邦國都鄙也。」

〔三七〕手書毀草：太平御覽卷四三〇引後漢書曰：「皇甫嵩，爲人愛慎勤書，前後上表陳諫有補益者五百餘事，皆手書毀草，不宣於外。」草，漢書卷四四淮南王劉安傳：「每爲報書及賜，常召司馬相如等視草乃遺。」顔師古注：「草謂爲文之藁草。」

公既博聞强記〔一〕，雅好詞屬〔二〕。坐朝餘暇〔三〕，臨聽末景〔四〕，壯風塵之客〔五〕，延好事之賓〔六〕，成誦在心〔七〕，發言可詠〔八〕。名馳合浦以南〔九〕，譽滿交河之北〔一〇〕。非夫純粹鍾美〔一一〕，利物長仁〔一二〕，孰能功參五臣〔一三〕，行兼九德〔一四〕，若此之盛者哉！詩不云乎：「樂只君子，邦家之基。」〔一五〕其忠侯之謂矣。故吏某等以爲，封墓作謚，衛鼎晉鍾〔一六〕，皆古典也〔一七〕。仰緣皇朝褒終之美〔一八〕，謹遵披文相質之義〔一九〕，可以奮乎百代，永旌不朽。乃爲銘曰：

【校注】

〔一〕博聞强記：韓詩外傳卷三：「博聞强記者，守之以淺。」

〔二〕雅：頗。助字辨略卷三「雅」字條：「世説：『劉尹先推謝鎮西，謝後雅重劉。』此『雅』字，猶云極也。」○詞屬：謂文章。

〔三〕餘暇：猶空閒。

〔四〕臨聽末景：謂公事之餘。臨聽，臨事理政。末景，餘輝。指日偏西時。廣韻梗韻：「景，光也。」

〔五〕壯：推許。三國魏曹丕滄海賦：「美百川之獨宗，壯滄海之威神。」○風塵之客：指在外漂泊游學之人。藝文類聚卷三二引漢秦嘉與妻書：「當涉遠路，趨走風塵。」

〔六〕好事之賓：指愛好文章學術之人。漢書卷八七揚雄傳下：「時有好事者載酒肴從游學。」文選卷四二應璩與侍郎曹長思書：「學非揚雄，堂無好事之客。」

〔七〕成誦在心：文選卷四〇楊修答臨淄侯箋：「若成誦在心，借書於手，曾不斯須少留思慮，仲尼日月，無得逾焉。」

〔八〕發言可詠：文選卷五六曹植王仲宣誄：「發言可詠，下筆成篇。」李善注：「魏志：粲善屬文，舉筆便成，無所改定，時人常以爲宿構。」

〔九〕合浦：郡名。漢置，郡治在今廣西壯族自治區合浦縣東北。

〔一〇〕交河：亦名招哈河，在今新疆維吾爾自治區吐魯番市西。漢書卷九六西域傳下：「車師前國，王治交河城。河水分流繞城下，故號交河。去長安八千一百五十里。」

〔一一〕純粹：楚辭離騷：「昔三后之純粹兮，固衆芳之所在。」王逸注：「至美曰純，齊同曰粹。」〇鍾美：左傳昭公二十八年：「子貉早死無後，而天鍾美於是，將必以是大有敗也。」杜預注：「鍾，聚也。」

〔一二〕利物：周易乾卦：文言：「利物，足以和義。」孔穎達疏：「利物足以和義者，言君子利益萬物，使物各得其宜，足以和合於義，法天之利也。」

〔一三〕功参五臣：功勳可和五臣媲美。五臣，説法不一。著名者如舜有五臣，論語泰伯：「舜有臣五人而天下治。」何晏集解：「孔曰：『禹、稷、契、臯陶、伯益。』」周文王與周武王亦均有五臣。周文王五臣：尚書君奭：「惟文王尚克修和我有夏，亦惟有若虢叔，有若閎夭，有若散宜生，有若泰顛，有若南宮括。」孔安國傳：「凡五臣，佐文王，爲胥附、奔走、先後、禦侮之任。」周武王五臣：文選卷五八王儉褚淵碑文：「五臣兹六，八元斯九。」李善注：「呂氏春秋曰：『武王之佐五人。』高誘曰：『周公旦、召公奭、太公望、畢公高、蘇公忿生也。』」晉文公亦有五臣：文選卷四七袁宏三國名臣序贊：「五臣顯而重耳霸。」李善注：「五臣，狐偃、趙衰、顛頡、魏武子、司空季子。」

〔一四〕兼：説文解字秝部：「兼，并也。」○九德：古謂賢人所具備的九種品格。九德内容，説法不一。尚書皋陶謨：「皋陶曰：『都！亦行有九德，亦言其人有德，乃言曰載采采。』禹曰：『何？』皋陶曰：『寬而栗，柔而立，愿而恭，亂而敬，擾而毅，直而温，簡而廉，剛而塞，彊而義，彰厥有常，吉哉！』」孔安國傳：「言人性行，有九德以考察，真僞則可知。」孔穎達疏：「皋陶既言其九德，禹乃問其品例曰：何謂也？皋陶曰：人性有寬弘而能莊栗也、和柔而能立事也、慤愿而能恭恪也、治理而能謹敬也、和順而能果毅也、正直而能温和也、簡大而有廉隅也、剛斷而能實塞也、强勁而合道義也。人性不同，有此九德。人君明其九德所有之常，以此擇人而官之，則爲政之善哉。」左傳昭公二十八年：「心能制義曰度，德正應和曰莫，照臨四方曰明，勤施無私曰類，教誨不倦曰長，賞慶刑威曰君，慈和偏服曰順，擇善而從之曰比，經緯天地曰文。九德不愆，作事無悔。」逸周書常訓：「九德：忠、信、敬、剛、柔、和、固、貞、順。」

〔一五〕「詩不云」三句：詩經小雅南山有臺：「樂只君子，邦家之基。」毛傳：「基，本也。」鄭玄箋：「只之言是也。人君既得賢者置之於位，又尊敬以禮樂樂之，則能爲國家之本。」孔穎達疏：「我人君以禮樂樂是有德之君子，置之於位而尊用之，令人君得爲邦家太平之基。」

〔一六〕衛鼎晉鍾：文心雕龍銘箴：「魏顆紀勳於景鍾，孔悝表勤於衛鼎。」國語卷一三晉語七載：晉悼公説：「昔克潞之役，秦來圖敗晉功，魏顆以其身却退秦師於輔氏，親止杜回，其勳銘于景鍾。至於今不育，其子不可不興也。」韋昭注：「景鍾，景公鍾。」徐元誥集解：「景鍾，大鍾也，韋訓爲景公鍾，非。」又，禮記祭統載：「故衛孔悝之鼎銘曰：『六月丁亥，公假於大廟。公曰：「叔舅！乃祖莊叔，左右成公。成公乃命莊叔隨難於漢陽，即宮於宗周，奔走無射。啓右獻公。獻公乃命成叔纂乃祖服。乃考文叔，興舊耆欲，作率慶士，躬恤衛國。其勤公家，夙夜不解，民咸曰休哉！」公曰：「叔舅！予女銘，若纂乃考服！」悝拜稽首，曰：「對揚以辟之，勤大命，施於烝彝鼎。」』此衛孔悝之鼎銘也。」

〔一七〕古典：古代典範。

〔一八〕「仰緣」句：影弘仁本文館詞林作「仰緣皇期終之美」，句不可解，當有脱訛。皇朝，指梁朝。褒終，褒揚去世者。

〔一九〕披文相質之義：指撰碑文。文選卷一七陸機文賦：「碑披文以相質，誄纏緜而悽愴。」李善

注：「碑以敘德，故文質相半。」

顯允君子〔一〕，惟梁之睦〔二〕。綴食帝宗〔三〕，承家皇叔〔四〕。乃文乃武〔五〕，乃明乃淑〔六〕。冠代羽儀，如鴻在陸〔七〕。孝盡色難〔八〕，豈伊爲養〔九〕。亦有兄弟〔一〇〕，咸宗退讓〔一一〕。州閭曰仁〔一二〕，友朋稱諒〔一三〕。聿求禮本〔一四〕，言歸德尚〔一五〕。用賦王門〔一六〕，鳴弦下邑〔一七〕。憬彼桐鄉〔一八〕，令圖已立〔一九〕。否之匪人〔二〇〕，時屯勢急〔二一〕。斜徑不行〔二二〕，亂邦豈入〔二三〕。受師億萬〔二四〕，商旅如林〔二五〕。六奇王略〔二六〕，十亂一心〔二七〕。創制爰始〔二八〕，天命斯諶〔二九〕。奄有千室，邦家是臨〔三〇〕。齊俗黍離〔三一〕，餘風未更。濟濕喉襟〔三二〕，忠侯爲政。朱軒駟馬〔三三〕，旟旐增暎〔三四〕。恤獄問冤，人胥繄詠〔三五〕。徐戎叛換〔三六〕，自昔不虔〔三七〕。授我齊斧〔三八〕，清我朔邊〔三九〕。躡林蹶角〔四〇〕，遂掃穹氈〔四一〕。人無怨讟〔四二〕，師以勝旋〔四三〕。乃司三秩〔四四〕，遂掌八屯〔四五〕。元戎式總〔四六〕，擢授便煩〔四七〕。外數軍實〔四八〕，内肅帝閽〔四九〕。宗臣在位〔五〇〕，王室是尊。秦中顯敞〔五一〕，聞諸載籍〔五二〕。雖假楚都〔五三〕，事華前跡。班宣條詔〔五四〕，光今邁昔。必則令典〔五五〕，爲教所擇。淮海惟揚，是稱司隸〔五六〕。咠矣中撫〔五七〕，其儀逮逮〔五八〕。威而不猛〔五九〕，寬而有制〔六〇〕。三獨歸高〔六一〕，十邦感惠〔六二〕。蘇秦從説〔六三〕，實曰夏州〔六四〕。

巖城郢□〔六五〕，作棲中游〔六六〕。乃睠西顧〔六七〕，惟賢是求。去兹商洛〔六八〕，樹彼徽猷〔六九〕。降年何早〔七〇〕，曾不慭留〔七一〕。皇情軫悼〔七二〕，萌庶若抽〔七三〕。輟舂罷市〔七四〕，痛我忠侯。人道不遐〔七五〕，令名長久〔七六〕。矧伊樹德〔七七〕，歸全啓手〔七八〕。於穆嗣侯〔七九〕，遺薪克負〔八〇〕。奕葉載德〔八一〕，隆兹不朽〔八二〕。神塋既已，日月有時〔八三〕。桓桓寵贈〔八四〕，班禮台司〔八五〕。我□文物〔八六〕，哀以送之〔八七〕。誰旌不朽，□□□斱〔八八〕。民國三年張鈞衡刻適園叢書第三集文館詞林卷四五七、古逸叢書本文館詞林卷四五七、影弘仁本文館詞林卷四五七。

【校注】

〔一〕顯允：英明信誠。詩經小雅采芑：「顯允方叔，伐鼓淵淵，振旅闐闐。」孔穎達疏：「顯，明。允，信。」文選卷二四潘尼贈陸機出爲吴王郎中令：「顯允陸生，於今尠儔。」張銑注：「言機有明信之德，於今少匹也。」

〔二〕睦：文選卷一九韋孟諷諫：「嗟嗟我王，漢之睦親。曾不夙夜，以休令聞。」張銑注：「睦，亦親也。」

〔三〕綴食：意謂同一家族。禮記大傳：「同姓從宗，合族屬。……繫之以姓而弗別，綴之以食而弗殊，雖百世而昏姻不通者，周道然也。」孔穎達疏：「『綴之以食而弗殊』者，連綴族人以飲食之禮而不殊異也。」○帝宗：皇族。

〔四〕承家：承繼家業。周易師卦：「上六，大君有命，開國承家，小人勿用。」○皇叔：蕭昺爲蕭繹叔父輩，故稱。梁書卷二四蕭昺傳：「蕭昺字子昭，高祖從父弟也。」

〔五〕乃文乃武：謂文武兼備。尚書大禹謨：「益曰：『都！帝德廣運，乃聖乃神，乃武乃文。皇天眷命，奄有四海，爲天下君。』」孔安國傳：「文經天地，武定禍亂。」孔穎達疏：「謚法云：『經緯天地曰文，克定禍亂曰武。』經傳『文』『武』倒者。經取韻句，傳以文重故也。」

〔六〕乃明乃淑：既明且善。淑，影弘仁本文館詞林卷四五七作「叔」。今按：叔、淑通。詩經周南關雎：「窈窕淑女。」毛傳：「淑，善也。」

〔七〕「冠代」二句：周易漸卦：「鴻漸于陸，其羽可用爲儀。」孔穎達疏：「處高而能不以位自累，則其羽可用爲物之儀表，可貴可法也。」後以喻居高位而有才德，被人尊重或堪爲楷模。冠代，蓋過當代，無人比得過。

〔八〕「孝盡」句：論語爲政：「子夏問孝。子曰：『色難。有事，弟子服其勞；有酒食，先生饌，曾是以爲孝乎？』」何晏集解：「包曰：色難者，謂承順父母顏色乃爲難。」

〔九〕「豈伊」句：論語爲政：「子游問孝。子曰：『今之孝者，是謂能養。至於犬馬，皆能有養；不敬，何以別乎？』」何晏集解：「包曰：犬以守禦，馬以代勞，皆養人者。一曰人之所養乃至於犬馬，不敬則無以別。孟子曰：『食而不愛，家畜之；愛而不敬，獸畜之。』」

〔一〇〕亦有兄弟：據梁書卷二四蕭昺傳，昺有弟昌、昂、昱。

〔一一〕宗：詩經大雅公劉：「食之飲之，君之宗之。」鄭玄箋：「宗，尊也。」

〔一二〕州閭：禮記曲禮上：「故州閭鄉黨稱其孝也。」鄭玄注：「周禮二十五家爲閭，四閭爲族，五族爲黨，五黨爲州。」此泛指鄉里。

〔一三〕諒：誠信。論語季氏：孔子曰：「益友有三：友直，友諒，友多聞。」説文解字言部：「諒，信也。」

〔一四〕聿（yù）：語助詞，用於句首或句中。文選卷一二郭璞江賦：「聿經始於洛沫，攏萬川乎巴梁。」李善注：「薛君韓詩章句曰：聿，辭也。」〇禮本：禮儀之根本。

〔一五〕言歸：歸依。詩經曹風蜉蝣：「心之憂矣，于我歸處。」鄭玄箋：「歸，依歸。」言，助詞。〇德尚：以德爲上。尚，通「上」。

〔一六〕用賦王門：指爲齊晉安王國常侍。梁書卷二四蕭昺傳：「齊建武中，除晉安王國左常侍。」漢揚雄法言卷二吾子：「詩人之賦麗以則，辭人之賦麗以淫。如孔氏之門用賦也，則賈誼升堂，相如入室矣。如其不用何？」用賦，意謂以賦爲教。王門，王庭。後漢書卷八五東夷傳序：「自少康已後，世服王化，遂賓於王門，獻其樂舞。」李賢注：「竹書紀年曰：『后發即位元年，諸夷賓於王門，諸夷入舞。』」

〔一七〕鳴弦：論語陽貨：「子之武城，聞弦歌之聲。」原謂孔子弟子子游以禮樂爲教，故武城人皆弦歌。後泛指官吏治政有道，百姓生活安樂。後漢書卷七六循吏傳史臣贊：「一夫得情，千室鳴弦。」李賢注：「一夫謂守長也，千室謂黎庶。言上得化下之情，則其下鳴弦而安樂也。」〇下邑：國都以外的城邑。春秋莊公二十八年「冬，築郿」，杜預注：「郿，魯下邑。」孔穎達疏：「國都爲上，邑爲下，故云魯下邑。」

〔一八〕憬：詩經魯頌泮水：「憬彼淮夷，來獻其琛。」毛傳：「憬，遠行貌。」〇桐鄉：古地名。在今安徽省桐城縣北。漢書卷八九循吏傳朱邑：「少時爲舒桐鄉嗇夫，廉平不苛，以愛利爲行，未嘗笞辱人，存問耆老孤寡，遇之有恩，所部吏民愛敬焉……初邑病且死，屬其子曰：『我故爲桐鄉吏，其民愛我，必葬我桐鄉。後世子孫奉嘗我，不如桐鄉民。』及死，其子葬之桐鄉西郭外，民果共爲邑起冢立祠，歲時祠祭，至今不絕。」後以爲官吏在任行惠政、有遺愛之典。晉潘岳河陽縣作詩之一：「齊都無遺聲，桐鄉有餘謡。」

〔一九〕令圖：左傳昭公元年：「臣聞君子能知其過，必有令圖。令圖，天所贊也。」文選卷五三陸機辯亡論上：「奇蹤襲於逸軌，睿心因於令圖。」吕向注：「令，善；圖，謀也。」此謂善謀之聲譽。

〔二〇〕否之匪人：周易否卦：「否之匪人，不利。君子貞，大往小來。」孔穎達疏：「否之匪人者，言否閉之世，非是人道交通之時，故云匪人。」

〔二一〕時屯：文選卷三八傅亮爲宋公求加贈劉前軍表：「時屯世故，靡有寧歲。」李善注：「易曰：屯，剛柔始交而難生。又曰：屯，難也。」

〔二二〕斜徑不行：比喻爲人正直或舉止端方。論語雍也：「有澹臺滅明者，行不由徑，非公事，未嘗至於偃之室也。」何晏集解：「包曰：澹臺，姓；滅明，名；字子羽。言其公且方。」

〔二三〕亂邦豈入：論語泰伯：「危邦不入，亂邦不居。」

〔二四〕受師億萬：謂商紂王受的軍隊衆多。尚書泰誓上：「受有臣億萬，惟億萬心。」孔穎達疏：「人執異心，不和諧。」陸德明音義：「十萬曰億。」受，帝辛名受，謚號紂，世稱殷紂王、商紂王，商朝最後一位君主。生平詳史記卷三殷本紀。億萬，極言衆多。

〔二五〕商旅如林：詩經大雅大明：「殷商之旅，其會如林。」毛傳：「旅，衆也。如林，言衆而不爲用也。」孔穎達疏：「『旅，衆』，釋詁文。木聚謂之林。『如林』，言其衆多而不爲紂用。武成曰：『甲子昧爽，受率其旅若林。』」商旅，殷商之旅，即商王朝的軍隊。

〔二六〕六奇：指漢陳平爲高祖劉邦所謀畫的六條奇計。史記卷五六陳丞相世家：「凡六出奇計，輒益邑，凡六益封。奇計或頗秘，世莫能聞也。」史記卷一三〇太史公自序：「六奇既用，諸侯賓從於漢；呂氏之事，平爲本謀，終安宗廟，定社稷。」清錢大昭漢書辨疑陳平傳：「間疏楚君臣，一奇計也；夜出女子二千人滎陽東門，二奇計也；躡漢王立信爲齊王，三奇計也；僞遊雲夢縛信，四奇計也；解平城圍，五奇計也；其六當在從擊臧荼、陳豨、黥布時，史傳無文。」此處指出奇制勝的謀略。○王略：王法，國法。左傳成公二年：「兄弟甥舅，侵敗王略,王命伐之,告事而已。」杜預注:「略,經略法度。」今按:「王略」於此不通,頗疑當作「三略」。三略,古兵書名。全書分上略、中略、下略,相傳爲漢初黄石公作,故又稱黄石公三略。隋書卷三四經籍志著録:「黄石公三略三卷。」小注:「下邳神人撰,成氏注。梁又有黄石公記三卷,黄石公略注三卷。」該書已佚,今存者爲後人依託成篇,收入武經七書中。此泛指兵書及作戰的謀略。

〔二七〕十亂:本指十個輔佐周武王治國平亂的大臣。後泛指輔佐皇帝有才能的人。尚書泰誓中:「予有亂臣十人,同心同德。」孔安國傳:「我治理之臣雖少而心德同。」孔穎達疏:「釋詁云:『亂,治也。』故謂我治理之臣有十人也。十人皆是上智。咸識周是殷非,故人數雖少,而心德同,同佐武王,欲共滅紂也。論語引此云:『予有亂臣十人。』而孔子論之,有一婦人焉。則十人之内,其一是婦人。故先儒鄭玄等皆以十人爲文母、周公、太公、召公、畢公、榮公、太顛、宏夭、散宜生、南宫括也。」

〔二八〕創制爰始:此指梁開始代齊。創制,建立制度。漢書卷一〇〇敘傳下:「革命創制,三章是紀,應天順民,五星同晷。」爰始,詩經大雅緜:「爰始爰謀,爰契我龜。」經傳釋詞卷二「爰」:「或訓爲于,或訓爲於,或訓爲曰,或訓爲於是,其義一也。……爰、粤、于一聲之轉,故三字皆可訓爲於。」

〔二九〕天命斯諶(chén):尚書咸有一德:「嗚呼!天難諶,命靡常。」孔安國傳:「以其無常,故難信。」漢王符潛夫論卜列：「行有招召，命有遭隨，吉凶之期，天難諶斯。」天命，左傳宣公三年：「周德雖衰，天命未改，鼎之輕重，未可問也。」諶，爾雅釋詁：「允、孚、亶、展、諶、誠、亮、詢，信也。」

〔三〇〕「奄有」二句：謂封爲侯爵，擁有千户的食邑。梁書卷二四蕭昺傳：「高祖踐阼，封吴平縣侯，食邑一千户。」奄有，擁有。詩經周頌執競：「自彼成康，奄有四方，斤斤其明。」毛傳：「奄，同也。」孔穎達疏：「『奄，同』，釋言文。又云：『奄，蓋也。』鄭於閟宫、玄鳥箋皆以『奄』爲覆，覆蓋四方，同爲己有，與傳不異也。」

〔三一〕齊：指南齊王朝。○黍離：本詩經篇名。詩經王風黍離小序：「黍離，閔宗周也。周大夫行役至于宗周，過故宗廟，宫室盡爲禾黍。閔周室之顛覆，彷徨不忍去，而作是詩也。」後遂用作感慨亡國之詞。三國魏曹植情詩：「遊子歎黍離，處者歌式微。」

〔三二〕濟漯：指濟水、漯水。此代指今河南省、山東省一帶地區，時爲蕭昺轄地與北魏接壤地帶。濕，同「漯」，即漯水。梁書卷二四蕭昺傳：「高祖踐阼，封吴平縣侯，食邑一千户，仍爲使持節、都督南北兖青冀四州諸軍事、冠軍將軍、南兖州刺史。……昺居州，清恪有威裁，明解吏職，文案無壅，下不敢欺，吏人畏敬如神。會年荒，計口賑恤，爲饘粥於路以賦之，死者給棺具，人甚賴焉。」○喉襟：亦作「喉衿」。文選卷六左思魏都賦：「正位居體者，以中夏爲喉，不以邊垂爲襟也。」李善注：「喉、衿，以身及衣爲喻也。……李尤函谷關銘曰：衿帶咽喉。聲類曰：「衿，衣交領也。」喻指要害之地。

〔三三〕朱軒駟馬：指古代顯貴所乘車馬。漢應劭風俗通過譽：汝南陳茂，「朱軒駕駟，威烈赫奕」。文選卷一六江淹別賦：「至若龍馬銀鞍，朱軒繡軸。」李善注：「尚書大傳曰：『未命爲士，不得朱軒。』鄭玄曰：『軒，輿也，士以朱飾之。』軒，車通稱也。」

〔三四〕旟（yú）旄（máo）：旌旗。旟，畫有鳥隼的旗。周禮春官宗伯司常：「司常，掌九旗之物名，各有屬，以待國事……鳥隼爲旟……及國之大閱，贊司馬頒旗物：王建大常，諸侯建旂，孤卿建旜，大夫、士建物，師都建旗，州里建旟。」鄭玄注：「鳥隼，象其勇捷也。」爾雅釋天：「錯革鳥曰旟。」旄，詩經鄘風干旄：「孑孑干旄，在浚之郊。」毛傳：「孑孑，干旄之貌。注旄於干首，大夫之旃也。」孔穎達疏：「謂之干旄者，以注旄於干首，故釋天云：『注旄首曰旌。』李巡曰：『旄牛尾著干首。』孫炎曰：『析五采羽注旄上也，其下亦有旒縿。』郭璞曰：『載旄於竿頭，如今之幢，亦有旒也。』如是則干之首有旄有羽也。」

〔三五〕人胥繄（yī）詠：謂人人稱讚。胥，詩經小雅角弓：「爾之遠矣，民胥然矣。」鄭玄箋：「胥，皆也。」繄，左傳隱公元年：「爾有母遺，繄我獨無！」杜預注：「繄，語助。」

〔三六〕徐戎：尚書費誓：「徂兹淮夷，徐戎並興。」孔安國傳：「今往征此淮浦之夷，徐州之戎並起爲寇。」孔穎達疏：「徐戎是徐州之戎也。」此泛指異族。〇叛换：亦作「畔换」，連綿詞。漢書卷一〇〇敘傳下：「項氏畔换，黜我巴、漢。」顏師古注：「畔换，强恣之貌，猶言跋扈也。」

詩大雅皇矣篇曰『無然畔換』。」文選卷六左思魏都賦：「雲撤叛換，席卷虔劉。」張載注：「叛換，猶恣睢也。漢書曰：項氏叛換。」換，民國三年張鈞衡刻適園叢書第三集文館詞林卷四五七、古逸叢書本文館詞林卷四五七作「援」，影弘仁本文館詞林卷四五七作「換」。今按：作「換」是，據改。

〔三七〕不虔：不恭敬。國語卷二周語中：「夫三軍之所尋，將蠻、夷、戎、狄之驕逸不虔，於是乎致武。」文選卷二三王粲贈士孫文始詩：「無曰蠻裔，不虔汝德。」李善注：「賈逵國語注：虔，敬也。」

〔三八〕齊斧：文選卷四四陳琳檄吳將校部曲文：「孫權小子，未辨菽麥，要領不足以膏齊斧，名字不足以洿簡墨。」李善注：「漢書音義服虔注曰：易曰：喪其齊斧，未聞其說。張晏曰：斧，鉞也，以整齊天下。應劭曰：齊，利也。虞喜志林曰：齊，側皆切。凡師出，必齊戒入廟受斧，故曰齊斧也。」

〔三九〕朔邊：北方邊陲。漢書卷一〇〇敘傳下：「長平桓桓，上將之元，薄伐獫允，恢我朔邊。」

〔四〇〕蹛林：地名。在今蒙古國鄂爾渾河發源處之杭愛山北。史記卷一一〇匈奴列傳：「秋，馬肥，大會蹛林，課校人畜計。」裴駰集解：「漢書音義曰：匈奴秋社八月中皆會祭處。蹛音帶。」司馬貞索隱：「服虔云：『音帶。匈奴秋社八月中皆會祭處。』鄭氏云：『地名也。』晉灼云『李陵與蘇武書云「相競趨蹛林」』。則服虔說是也。又韋昭音多藍反。姚氏按：李牧傳『大破匈奴，滅襜襤』，此字與韋昭音頗同，然林、襤聲相近，或以『林』爲『襤』也。」張守節正義：「顔師古云：『蹛者，繞林木而祭也。鮮卑之俗，自古相傳，秋祭無林木者，尚豎柳枝，衆騎馳繞三周乃止，此其遺法也。』」○蹶角：亦作「厥角」，以額角叩地，表示臣服。文選卷四三丘遲與陳伯之書：「朝鮮昌海，蹶角受化。」李善注：「孟子曰：武之伐殷也，百姓若崩厥角。趙岐曰：厥角，叩頭以額角犀厥地也。」劉良曰：「蹶角，謂以額頭叩地也。」

〔四一〕穹氈：穹廬氈包，即帳篷、蒙古包。此指少數民族居住地。

〔四二〕怨讟(dú)：左傳宣公十二年：「昔歲入陳，今茲入鄭，民不罷勞，君無怨讟，政有經矣。」杜預注：「讟，謗也。」

〔四三〕勝旋：勝利回師。梁書卷二四蕭昺傳：「天監四年，王師北伐，昺帥衆出淮陽，進屠宿預。丁母憂，詔起攝職。五年，班師。」

〔四四〕乃司三秩：謂擔任三品官。梁書卷二四蕭昺傳：「〔天監〕五年，班師，除太子右衛率，遷輔國將軍、衛尉卿。」今按：衛尉卿，三品官。司，廣雅釋詁：「司，主也。」秩，大廣益會玉篇禾部：「品也。」

〔四五〕八屯：文選卷二張衡西京賦：「衛尉八屯，警夜巡晝。」薛綜注：「衛尉帥吏士周宮外，於四方四角立八屯士，士則傅宮外向爲廬舍，晝則巡行非常，夜則警備不虞也。」漢書卷一九上百官公卿表：「衛尉，秦官，掌宮門衛屯兵。」

〔四六〕元戎式總：謂爲領軍將軍。梁書卷二四蕭昺傳：「〔天監〕七年，遷左驍騎將軍，兼領軍將軍。領軍管天下兵要，監局官僚，舊多驕侈，昺在職峻切，官曹肅然。」元戎，大軍。漢書卷九三佞幸傳董賢：「往悉爾心，統辟元戎，折衝綏遠，匡正庶事，允執其中。」顏師古注：「元戎，大衆也。言爲元戎之主而統之也。」庾信哀江南賦：「實總元戎，身先士卒。」式，詩經小雅節南山：「式夷式已，無小人殆。」清馬瑞辰通釋：「兩『式』字與下章『式月斯生』皆語詞。」

〔四七〕擢授：提拔。後漢書卷七四袁紹傳：「臣以負薪之資，拔於陪隸之中，奉職憲臺，擢授戎校。」○便煩：同「便蕃」。頻繁，屢次。左傳襄公十一年：「詩曰：樂只君子，殿天子之邦。樂只君子，福禄攸同，便蕃左右，亦是帥從。」杜預注：「便蕃，數也。言遠人相帥來服從，便蕃然在左右。」

〔四八〕外數（shǔ）軍實：蕭昺曾爲爲使持節、都督南北兖、青、冀四州諸軍事，故稱。數，查點。周禮地官廩人：「以歲之上下數邦用，以知足否。」鄭玄注：「數，猶計也。」軍實，左傳宣公十二年：「在軍，無日不討軍實而申儆之。」杜預注：「軍實，軍器。」

〔四九〕内肅帝閽：指負責皇宫禁衛工作。蕭昺曾爲衛尉卿，掌宫門屯兵，故云。帝閽，楚辭離騷：「吾令帝閽開關兮，倚閶闔而望予。」王逸注：「帝，謂天帝也；閽，主門者。」此代指宫門、禁門。閽，影弘仁本文館詞林卷四五七作「閤」。

〔五〇〕宗臣：與帝王同宗的大臣。國語卷五魯語下：「男女之饗，不及宗臣；宗室之謀，不過宗人。」宗，影弘仁本文館詞林卷四五七作「寶」。

〔五一〕秦中：古地區名。指今陝西省中部平原地區，因春秋戰國時地屬秦國而得名。也稱關中。漢書四三婁敬傳：「秦中新破，少民，地肥饒，可益實。」顏師古注：「秦中謂關中，故秦地也。」○顯敞：高峻平坦。文選卷一一王粲登樓賦：「覽斯宇之所處兮，實顯敞而寡仇。」李善注：「李尤高安館銘曰：增臺顯敞，禁室靜幽。蒼頡篇曰：敞，高顯也。」

〔五二〕載籍：書籍，典籍。

〔五三〕假：漢書卷八八儒林傳轅固生：「上知太后怒，而固直言無辠，乃假固利兵。」顏師古注：「假，給與也。」○楚都：戰國時楚國都郢，在今湖北省荆州市。梁書卷二四蕭昺傳：天監七年，「尋出爲使持節、督雍梁南北秦郢州之竟陵司州之隨郡諸軍事、信武將軍、寧蠻校尉、雍州刺史」。

〔五四〕班宣：宣諭。後漢書卷六順帝紀：「劉班等八人分行州郡，班宣風化，舉實臧否。」後漢書卷三一羊續傳：「班宣政令，候民病利。」○條詔：猶詔令。

〔五五〕令典：影弘仁本文館詞林卷四五七作「今典」。

〔五六〕「淮海」二句：意謂揚州之於建康猶漢代司隸所轄之京畿。淮海惟揚，指揚州。尚書禹貢：「淮海惟揚州。」六朝時，揚州治所建康爲京師所在。司隸，官名。漢代爲監察京師百官及京畿地區的執法長官。此處代指京畿地區。

〔五七〕哿（gě）矣：詩經小雅正月：「哿矣富人，哀此惸獨。」毛傳：「哿，可。」王引之經義述聞毛詩中「哿矣富人」：「哿與哀相對爲文，哀者，憂悲；哿者，歡樂也……哿之爲言猶嘉耳。故昭八年左傳引『哿矣能言』杜注曰：『哿，嘉也。』毛傳訓哿爲可，可亦快意愜心之稱。」〇中撫：即「中撫軍將軍」，與中權、中衛、中軍將軍合稱四中將軍，只授予在京師任職者，地位顯要，梁二十三班。梁書蕭昺傳載，昺卒，「詔贈侍中、中撫軍、開府儀同三司」。

〔五八〕逮逮：禮記孔子閒居：「威儀逮逮，不可選也。」鄭玄注：「逮逮，安和之貌也。」

〔五九〕威而不猛：論語述而：「子温而厲，威而不猛，恭而安。」

〔六〇〕寬而有制：尚書君陳：「王曰：『君陳，爾惟弘周公丕訓，無依勢作威，無倚法以削。寬而有制，從容以和。』」孔安國傳：「寬不失制，動不失和，德教之治。」孔穎達疏：「寬不失制，則經寬而有制；動不失和，則經從容以和。言動謂從容也。」

〔六一〕三獨：即「三獨坐」。後漢書卷一五王常傳：「位次與諸將絶席。」李賢注：「漢官儀：御史大夫、尚書令、司隸校尉，皆專席，號三獨坐。」同書卷二七宣秉傳：「光武特詔御史中丞與司隸校尉、尚書令會同並專席而坐，故京師號曰『三獨坐』。」後泛指高官顯宦。〇歸高：推崇。西晉陸雲與平原書：「天下人歸高如此，亦可不復更耳。」文選卷四〇吴質答魏太子牋：「此衆議所以歸高，遠近所以同聲也。」

〔六二〕十邦：猶十州。梁書卷二四蕭昺傳：「〔天監〕十三年，徵爲領軍將軍，直殿省，知十州損益事，月加禄五萬。」○感惠：感激恩惠。

〔六三〕蘇秦：字季子，戰國時雒陽軒里人。師事鬼谷先生，遊説爲約從長，並相六國，趙封爲武安君。後從約解，去趙之燕，又之齊爲客卿。齊大夫與争寵，刺殺之。史記卷六九有傳。○從説：合縱之説。戰國時，蘇秦遊説六國諸侯聯合拒秦。秦在西方，六國地處南北，故稱合縱。

〔六四〕夏州：地名。在今湖北省武漢市漢陽區北。史記卷六九蘇秦列傳：蘇秦説楚威王曰：「楚，天下之强國也……東有夏州、海陽。」裴駰集解：「徐廣曰：『楚考烈王元年，秦取夏州。』駰案：左傳『楚莊王伐陳，鄉取一人焉以歸，謂之夏州』。而注者不説夏州所在。車胤撰桓温集云：『夏口城上數里有洲，名夏州。』『東有夏州』謂此也。」司馬貞索隱：「裴駰據左氏及車胤説夏州，其文甚明，而劉伯莊以爲夏州侯之本國，亦未爲得也。」張守節正義：「大江中州也。夏水口在荆州江陵縣東南二十五里。」

〔六五〕巖城郢□：民國三年張鈞衡刻適園叢書第三集文館詞林卷四五七、古逸叢書本文館詞林卷四五七「郢」下作缺字符「□」；影弘仁本文館詞林卷四五七作「巖城郢」。羅國威校證：「『郢』下當脱一字。」今按：「城郢」即郢州城，不可讀斷。所脱一字當在「城郢」前，頗疑「巖」下脱「巖」字。詩經魯頌閟宫：「泰山巖巖，魯邦所詹。」文選卷六左思魏都賦：「巖巖北闕，南端逌遵。」李周翰注：「巖巖，高也。」

〔六六〕楗(jiàn)：門上關插的木條，橫的叫關，豎的叫楗。文選卷一三宋玉風賦：「至其將衰也，被麗披離，衝孔動楗。」李善注：「字林曰：楗，拒門也。」○中游：指長江中游。

〔六七〕乃睠西顧：詩經大雅皇矣：「乃眷西顧，此維與宅。」鄭玄箋：「乃眷然運視西顧，見文王之德而與之居。言天意常在文王所。」陸德明音義：「眷，本又作『睠』，又作『券』，並音卷，同。」

〔六八〕商洛：商縣和上洛縣之合稱，漢初「四皓」曾隱居於此。漢書卷七二王貢兩龔鮑傳序：「漢興有園公、綺里季、夏黃公、甪里先生，此四人者，當秦之世，避而入商雒深山，以待天下之定也。」

〔六九〕徽猷：美善之道。詩經小雅角弓：「君子有徽猷，小人與屬。」毛傳：「徽，美也。」鄭玄箋：「猷，道也。君子有美道以得聲譽，則小人亦樂與之而自連屬焉。」

〔七〇〕降年何早：謂英年早逝。

〔七一〕曾：竟然。○憖(yìn)留：猶「憖遺」。謂願意留下。詩經小雅十月之交：「不憖遺一老，俾守我王。」左傳哀公十六年：「孔丘卒，公誄之曰：『旻天不弔，不憖遺一老。』」杜預注：「憖，且也。」

〔七二〕皇情：皇帝憂傷之情。○軫悼：痛切哀悼。軫，楚辭哀郢：「出國門而軫懷兮。」王逸注：

「軫，痛也。」

〔七三〕萌庶：民衆。○若抽：藝文類聚卷一三引晉王珣孝武帝哀策曰：「訴穹蒼以叫踊，洞五内其若抽。」

〔七四〕輟春：古代春築時，以歌相和，用以勸力。里中有喪，則春築者不相杵以示哀悼。史記卷六八商君列傳：「五羖大夫之相秦也，勞不坐乘，暑不張蓋，行於國中，不從車乘，不操干戈，功名藏於府庫，德行施於後世。五羖大夫死，秦國男女流涕，童子不歌謡，舂者不相杵。此五羖大夫之德也。」漢賈誼新書卷六春秋：「鄒穆公死，鄒之百姓若失慈父，行哭三月。四境之鄰於鄒者，士民鄉方而道哭，抱手而憂行。酤家不讎其酒，屠者罷列而歸，傲童不謳歌，舂築者不相杵，婦女抉珠瑱，丈夫釋玦靬，琴瑟無音，期年而後始復。」後以表示對死者的哀悼。南朝梁任昉出郡傳舍哭范僕射詩：「已矣余何歎，輟舂哀國均。」○罷市：集市停止買賣以示悼念。晉書卷三四羊祜傳：「南州人征市日聞祜喪，莫不號慟罷市。」

〔七五〕人道不遐：指生命不長久。

〔七六〕令名：美好的聲譽。爾雅釋詁上：「令，善也。」

〔七七〕矧(shěn)：爾雅釋言：「矧，況也。」○樹德：漢劉向説苑至公：「孔子聞之曰：『善爲吏者樹德，不善爲吏者樹怨。』」

〔七八〕歸全：謂善終。即不遭災難，終其天年。後漢書卷五二崔駰傳：「貴啓體之歸全兮，庶不忝乎先子。」李賢注：「論語曰：『曾子有疾，召門弟子曰：『啓余足。』』注云：『父母全己生之，亦當全而歸之。』」○啓手：代指善終。論語泰伯：「曾子有疾，召門弟子曰：『啓予足！啓予手！』」朱熹集注：「曾子平日以爲身體受於父母，不敢毁傷，故於此使弟子開其衾而視之。」

〔七九〕於穆：詩經周頌清廟：「於穆清廟，肅雝顯相。」毛傳：「於，歎辭也。穆，美好。」○嗣侯：繼承侯爵之位。梁書蕭昺傳載：昺父崇之，梁天監初追謚爲忠簡侯，昺亦封吴平縣侯，故云。

〔八〇〕遺薪克負：喻指能承擔起父祖傳下來的功業。莊子養生主：「指窮於爲薪，火傳也，不知其盡也。」

〔八一〕奕葉載德：國語卷一周語上：「奕世載德，不忝前人。」韋昭注：「奕，亦前人也。載，成也。」後漢書卷五四楊震傳史臣論曰：「遂累葉載德，繼踵宰相。」李賢注：「易曰：『德積載。』載，重也。」奕葉，累世，代代。

〔八二〕隆：昌盛。

〔八三〕「神塋」二句：影弘仁本文館詞林卷四五七「已日」爲壞字。神塋，墳墓。説文解字土部：「塋，墓也。」

〔八四〕桓桓：爾雅釋訓：「桓桓、烈烈，威也。」詩經周頌桓：「桓桓武王，保有厥土。」此疑代指天子。○寵贈：指帝王贈與。晉潘岳楊荊州誄：「聖王嗟悼，寵贈衾襚。誄德策勳，考終定謚。」

〔八五〕班禮：指皇帝的詔贈。○台司：指三公等宰輔大臣。文選卷三七羊祜讓開府表：「臣昨出，伏聞恩詔，拔臣使同台司。」李善注：「台司，三公也。」

〔八六〕我□文物：民國三年張鈞衡刻適園叢書第三集文館詞林卷四五七、古逸叢書本文館詞林卷四五七「我」下作缺字符「□」，影弘仁本文館詞林卷四五七爲壞字。文物，指車服旌旗儀仗之類。南朝宋謝莊宋孝武帝哀策文：「文物空嚴，鑾和虛衛。」

〔八七〕哀以送之：孝經喪親章：「孝子之喪親也……喪不過三年，示民有終也。爲之棺槨衣衾而舉之，陳其簠簋而哀戚之；擗踊哭泣，哀以送之。」禮記問喪：「親始死……惻怛之心，痛疾之意，悲哀志懣氣盛，故袒而踊之，所以動體、安心、下氣也。婦人不宜袒，故發胸、擊心、爵踊，殷殷田田，如壞牆然，悲哀痛疾之至也。故曰：『辟踊哭泣，哀以送之。』」鄭玄注：「哀以送之，謂葬時也。」文選卷五六曹植王仲宣誄序：「何用誄德？表之素旗。何以贈終？哀以送之。」

〔八八〕「誰旌」二句：意謂將功績刻在鼐鼎及鼒上，以示不朽。□□□新，影弘仁本文館詞林卷四五七作「鼐□□新」，羅國威日藏弘仁本文館詞林校證作「鼐鼎及鼒」。鼐（nài）、鼒（zī），詩經周頌絲衣：「鼐鼎及鼒，兕觥其觩。」毛傳：「大鼎謂之鼐，小鼎謂之鼒。」爾雅釋器：「鼎絶大謂之鼐，圜弇上謂之鼒。」郭璞注：「〔鼐〕，最大者。〔鼒〕，鼎斂上而小口。」

漏刻銘〔一〕

玉衡稱物〔二〕，金壺博施〔三〕。司南司火〔四〕，未符兹義。帝曰欽哉〔五〕，納隍斯譬〔六〕。實惟簡在〔七〕，窮神體智〔八〕。宫槐晚合〔九〕，月桂宵暉〔一〇〕；清臺莫爽〔一一〕，解谷胥依〔一二〕。七分六日〔一三〕，五祀三微〔一四〕。事齊幽贊〔一五〕，乃會通幾〔一六〕。碧海有乾〔一七〕，絳川猶竭〔一八〕。飛流五色，涓涓靡絶。龍首傍注〔一九〕，仙衣俯裂〔二〇〕。箭不停晷〔二一〕，聲無暫輟。用天之貞〔二二〕，分地之平〔二三〕。如弦斯直〔二四〕，如渭斯清〔二五〕。藝文類聚卷六八、梁文紀卷四、御製集、閣本、張本、全梁文、丁本。

【校注】

〔一〕漏刻：古計時器。文選卷五六陸倕新漏刻銘李善注：「劉璠梁典曰：天監六年，帝以舊漏乖舛，乃敕員外郎祖暅治之。漏刻成，太子中舍人陸倕爲文。司馬彪續漢書曰：孔壺爲漏，浮箭爲刻。下漏數刻，以考中星昏明星焉。」○銘：刻寫在器物上的文辭。明徐師曾文體明辨序説「銘」：「按鄭康成曰：『銘者，名也。』劉勰云：『觀器而正名也。』故曰：『作器能銘，可以爲大夫矣。』考諸夏商鼎彝尊卣盤匜之屬，莫不有銘，而文多殘缺，獨湯盤見於大學，而大戴禮記備載武王諸銘，使後人有所取法。是以其後作者寖繁，凡山川、宫室、門、井之類皆有銘詞，蓋不但施之器物而已。」

〔二〕玉衡：古代的測天儀器。尚書舜典：「在璿璣玉衡，以齊七政。」孔安國傳：「璣、衡，王者正天文之器，可運轉者。」孔穎達疏：「璣、衡者，璣爲轉運，衡爲横簫，運璣使動，於下以衡望之，是王者正天文之器。漢世以來，謂之渾天儀者是也。馬融云：『渾天儀可旋轉，故曰璣。衡，其横簫，所以視星宿也。以璿爲璣，以玉爲衡，蓋貴天象也。』蔡邕云：『玉衡，長八尺，孔徑一寸，下端望之，以視星辰。蓋懸璣以象天，而衡望之。轉璣窺衡，以知星宿。』是其説也。」史記卷一五帝本紀：「舜乃在璿璣玉衡，以齊七政。」裴駰集解引鄭玄曰：「璿璣、玉衡，渾天儀也。」○稱物：周易謙卦：「君子以裒多益寡，稱物平施。」孔穎達疏：「稱物平施者，稱此物之多少，均平而施。」漢書卷二一律曆志上：「權者，銖、兩、斤、鈞、石也，所以稱物平施，知輕重也。」

〔三〕金壺：銅漏壺。周禮夏官司馬：「挈壺氏，下士六人，史二人，徒十有二人。」鄭玄注：「壺，盛水器也。世主挈壺水以爲漏。」説文解字水部：「漏，以銅受水，刻節，晝夜百刻。」○博施：禮記祭義：「博施備物，可謂不匱矣。」

〔四〕司南：主管天文之事。與上文「玉衡稱物」照應。○司火：主管火爨之事。與上文「金壺博施」照應。

〔五〕帝曰欽哉：尚書堯典：「釐降二女于媯汭，嬪于虞。帝曰：『欽哉！』」爾雅釋詁：「欽，敬也。」

〔六〕納隍：喻救民於水火的迫切心情。文選卷三張衡東京賦：「人或不得其所，若己納之於隍。」薛綜注：「隍，城下坑無水者。」李善曰：「孟子曰：伊尹思天下之民，匹夫匹婦不與被堯舜之澤者，若己推而納之於溝中也。鄭玄毛詩箋曰：納，内也。説文曰：城池無水曰隍。」

〔七〕簡在：論語堯曰：「帝臣不蔽，簡在帝心。」此爲歇後語，代指「帝心」。

〔八〕窮神：窮究事物之神妙。周易繫辭下：「窮神知化，德之盛也。」○體智：體現出智慧。

〔九〕宮槐：周禮秋官司寇朝士：「面三槐，三公位焉，州長衆庶在其後。」後世皇宮亦仿此中多栽植槐樹。此代指皇宮。

〔一〇〕月桂：初學記卷一引虞喜安天論曰：「俗傳月中仙人桂樹，今視其初生，見仙人之足，漸已成形，桂樹後生。」此借指月亮。

〔一一〕清臺：漢書卷二一律曆志上：「詔與丞相、御史、大將軍、右將軍史各一人雜候上林清臺，課諸曆疏密。」三輔黄圖卷五臺榭：「漢靈臺，在長安西北八里。漢始曰清臺，本爲候者觀陰陽天文之變，更名曰靈臺。郭延生述征記曰：『長安宮南有靈臺，高十五仞，上有渾儀，張衡所製。又有相風銅烏，遇風乃動。一曰：長安靈臺，上有相風銅烏，千里風至，此烏乃動。又有銅表，高八尺，長一丈三尺，廣尺二寸，題云『太初四年造』。』」〇莫爽：無差失。爾雅釋言：「爽，差也。」

〔一二〕解谷：即「嶰谷」。漢書卷二一律曆志：「黄帝使泠綸，自大夏之西，昆侖之陰，取竹之解谷生，其竅厚均者，斷兩節間而吹之，以爲黄鐘之宫。」顔師古注：「孟康曰：『解，脱也。谷，竹溝也。取竹之脱無溝節者也。一説昆侖之北谷名也。』晉灼曰：『谷名是也。』」文選卷五左思吴都賦：「梢雲無以踰，嶰谷弗能連。」劉良注：「嶰谷，山名，生美竹。」解，梁文紀卷四作「嶰」。〇胥：皆，都。詩經小雅角弓：「爾之遠矣，民胥然矣。」鄭玄箋：「胥，皆也。」

〔一三〕七分六日：後漢書卷三〇郎顗傳：「郎顗字雅光，北海安丘人也。父宗，字仲綏，學京氏易，善風角、星算、六日七分，能望氣占候吉凶，常賣卜自奉。」李賢注：「易稽覽圖曰：甲子卦氣起中孚，六日八十分日之七。鄭玄注云：六以候也。八十分爲一日之七者，一卦六日七分也。」文選卷五六陸倕新漏刻銘：「六日無辨，五夜不分。」李善注：「淮南子曰：冬至子午，夏至卯酉。冬至加三日，則夏至之日也。歲遷六日，終而復始。高誘曰：遷六日，今年以子冬至，後年以午冬至。」

〔一四〕五祀：周禮春官宗伯大宗伯：「以血祭祭社稷、五祀、五嶽。」鄭玄注：「鄭司農云：『五祀，五色之帝於王者宫中，曰五祀。……』玄謂此五祀者，五官之神在四郊。四時迎五行之氣於四郊，而祭五德之帝，亦食此神焉。」禮記月令：孟冬之月，「天子乃祈來年于天宗，大割祀于公社及門閭，臘先祖、五祀」。鄭玄注：「五祀，門、户、中霤、竈、行也。」〇三微：即三正，謂天正、地正、人正。三正之始，萬物皆微，故又稱三微。漢書卷二一律曆志上：「三微之統既著，而五行自青始。」後漢書卷四六陳寵傳：「三微成著，以通三統。」李賢注引三禮義宗曰：「三微，三正也。言十一月陽氣始施，萬物動於黄泉之下，微而未著，其色皆赤，赤者陽氣。故周以天正爲歲，色尚赤，夜半爲朔。十二月萬物始牙，色白，白者陰氣。故殷以地正爲歲，色尚白，鷄鳴爲朔。十三月萬物始達，其色皆黑，人得加功以展其業。夏以人正爲歲，色尚黑，平旦爲朔，故曰三微。王者奉而成之，各法其一以改正朔也。易乾鑿度曰：『三微而成著，三著而體成。』當此之時，天地交，萬物通也。」

〔一五〕幽贊：周易説卦：「昔者聖人之作易也，幽贊於神明而生蓍。」晉韓伯康注：「幽，深也。贊，明也。」漢書卷一〇〇叙傳下：「占往知來，幽贊神明。」顔師古注：「説卦曰『昔者聖人之作易也，幽贊於神明而生蓍』，言欲深致神明之道，助以成教，故爲蓍卜也。」

〔一六〕通幾：周易繫辭上：「惟深也，故能通天下之志；惟幾也，故能成天下之務。」王弼注：「極未形之理則曰深，適動微之會則曰幾。」

〔一七〕碧海：傳説中海名。海内十洲記：「扶桑在東海之東岸。岸直，陸行登岸一萬里，東復有碧海。海廣狹浩汗，與東海等。水既不鹹苦，正作碧色，甘香味美。」〇乾（gān）：乾涸，竭盡。

〔一八〕絳川：猶「絳河」，即銀河。初學記卷一：「天河謂之天漢。」原注：亦曰雲漢、星漢、河漢、清漢、銀漢、天津、漢津、淺河、銀河、絳河。」

〔一九〕龍首：龍頭。此指漏壺上龍頭形的滴水口。初學記卷二五引張衡漏水轉渾天儀制曰：「以銅爲器，再疊差置，實以清水，下各開孔，以玉虬吐漏水入兩壺。右爲夜，左爲晝。」傍，御製集、閣本、張本作「旁」。

〔二〇〕仙衣：指漏壺蓋上金銅仙人之衣。文選卷五六陸倕新刻漏銘：「銅史司刻，金徒抱箭。」李善注引張衡漏水轉渾天儀制曰：「蓋上又鑄金銅仙人，居左壺，爲胥徒居右壺，皆以左手抱箭，右手指刻，以別天時早晚。」

〔二一〕箭：古代漏壺下方所置用以指示時刻之物。周禮夏官司馬挈壺氏「分以日夜」，鄭玄注：「漏之箭，晝夜共百刻，冬夏之間有長短焉。」○停晷：謂時間駐留。晉陸機長歌行：「寸陰無停晷，尺波豈徒旋。」晷，光陰，時間。晉潘尼贈陸機出爲吴王郎中令詩：「寸晷是寶，豈無璵璠。」

〔二二〕天之貞：老子第三九章：「昔之得一者：天得一以清，地得一以寧，神得一以靈，谷得一以盈，萬物得一以生，侯王得一以爲天下正。」今按：貞，正，義同。周易師卦：象曰：「貞，正也。」

〔二三〕分地之平：初學記卷二五引晉陸機漏刻賦曰：「而用天者因其敏，分地者賴其平。」

〔二四〕弦：弓弦。後漢書五行志：「順帝之末，京都童謡曰：『直如弦，死道邊。曲如鉤，反封侯。』」南朝梁吴均從軍行：「微誠言不愛，終自直如弦。」

〔二五〕渭：渭水。古人謂涇濁渭清。詩經邶風谷風：「涇以渭濁，湜湜其沚。」毛傳：「涇渭相入而清濁異。」孔穎達疏：「言涇水以有渭水清，故見涇水濁。」文選卷一〇潘岳西征賦：「北有清渭濁涇，蘭池周曲。」沈約八詠詩之七：「别北芒於濁河，戀横橋於清渭。」

【集評】

閣本：評「碧海有乾，絳川猶竭。飛流五色，涓涓靡絶」：流盡年華是此聲。

清李兆洛駢體文鈔卷二二梁元帝漏刻銘譚獻評：易盡。

東宫後堂仙室山銘〔一〕

太華削成〔二〕，本擅奇聲。峰如雪委〔三〕，嶺若蓮生〔四〕。雲除紫蓋〔五〕，霞通赤城〔六〕。金壇是籙〔七〕，玉記題名〔八〕。鳳依桐樹〔九〕，鶴聽琴聲〔一〇〕。殿接南箕〔一一〕，橋連北斗〔一二〕。秋河徙帶〔一三〕，春禽銜綬〔一四〕。朱鳥安窗，青龍作牖〔一五〕。藝文類聚卷七、梁文紀卷四、御製集、閣本、張本、全梁文、丁本。

【校注】

〔一〕東宫後堂仙室山銘：御製集題作「東宫後堂仙山銘」。仙室，文選卷四六王融三月三日曲水詩序：「挈壺宣夜，辯氣朔於靈臺；書笏珥彤，紀言事於仙室。」李善注：「華嶠後漢書曰：學者稱東觀爲『老氏藏室』、『道家蓬萊』。今故言仙室。」此蓋用以名後堂之山。

〔二〕太華削成：山海經西山經：「又西六十里，曰太華之山，削成而四方，其高五千仞，其廣十里，鳥獸莫居。」太華，山名。即西嶽華山，在陜西省華陰縣南，因其西有少華山，故稱太華。

〔三〕峰如雪委：藝文類聚卷七引梁吴均八公山賦曰：「峻極之山，蓄聖表仙……促嶂萬尋，平崖億絶。上被紫而煙生，傍帶花而來雪。」又引宋謝靈運登廬山絶頂望諸嶠詩曰：「巒隴有合沓，往來無蹤轍。晝夜蔽日月，冬夏共霜雪。」委，文選卷七揚雄甘泉賦：「瑞穰穰兮委如山。」李善注：「委，積也。」

〔四〕嶺若蓮生：初學記卷五引梁蕭推賦得翠石應令詩：「依峰形似鏡，構嶺勢如蓮。」又引陳摽法師詠孤石詩：「崖成二鳥翼，峰作一池蓮。」

〔五〕紫蓋：初學記卷八引異苑曰：「衡山有峰名曰華蓋，又一名紫蓋。」同書卷五引陳釋惠摽詠山詩：「香鑪帶煙上，紫蓋入霞生。霧捲蓮峰出，嵓開石鏡明。」

〔六〕赤城：文選卷一一孫綽遊天台山賦：「赤城霞舉而建標。」李善注：「支遁天台山銘序曰：『往天台，當由赤城山爲道徑。』孔靈符會稽記曰：『赤城，山名，色皆赤，狀似雲霞。』」

〔七〕金壇：道教供奉神僊的壇。南朝梁范雲答句曲陶先生詩：「石户棲千秘，金壇謁九仙。」南朝梁沈約桐柏山金庭館碑：「啓玉笈之幽文，貽金壇之妙訣。」

〔八〕玉記：即玉策。用玉簡製成的書册。晉左思魏都賦：「闕玉策於金縢，案圖籙於石室。」

〔九〕鳳依桐樹：莊子秋水：「夫鵷雛，發於南海而飛於北海，非梧桐不止，非練實不食，非醴泉不飲。」初學記卷三〇引毛詩疏曰：「鳳非梧桐不棲，非竹實不食。」藝文類聚卷八八引郭璞梧桐贊曰：「桐寔嘉木，鳳凰所栖。」

〔一〇〕鶴聽琴聲：韓非子十過：師曠爲晉平公鼓琴，「一奏之，有玄鶴二八道南方來，集於郎門之垝；再奏之而列；三奏之，延頸而鳴，舒翼而舞，音中宫商之聲，聲聞于天。」

〔一一〕南箕：星名，即箕宿。共四星，二星爲踵，二星爲舌。夏秋之間見於南方，故稱。

〔一二〕北斗：指北斗星。

〔一三〕秋河徙帶：藝文類聚卷八引晉孫綽太平山銘曰：「重巒蹇産，迴溪縈帶。」徙，梁文紀卷四、御製集、閣本、張本、全梁文、丁本作「從」。

〔一四〕春禽銜綬：春鳥口銜長綬。太平御覽卷九二八引盛弘之荆州記曰：「魚復縣南山有鳥，時吐物，長數寸，丹朱彪炳，形色類綬，因名吐綬鳥。」此蓋指窗户上「春禽銜綬」之雕飾。

〔一五〕「朱鳥」二句：指窗户上雕刻有鳳凰和龍的圖案。朱鳥，鳥名。後漢書卷五九張衡傳：「前祝融使舉麾兮，纚朱鳥以承旗。」李賢注：「朱鳥，鳳也。」牖（yǒu），尚書顧命：「牖間南嚮，敷重篾席。」孔穎達疏：「牖，謂窗也。」

【集評】

閻本：評「太華削成……霞通赤城」：太華銘。

清李兆洛駢體文鈔卷二二梁元帝東宮後堂仙室山銘譚獻評：工而入纖。

香爐銘〔一〕

蘇合氤氳〔二〕，非煙若雲〔三〕，時穠更薄〔四〕，乍聚還分。火微難盡，風長易聞〔五〕。孰云道力〔六〕，慈悲所薰〔七〕。藝文類聚卷七〇、曾慥類説卷五九、祝穆古今事文類聚續集卷一二、古詩類苑卷一一六、梁文紀卷四、閻本、張本、全梁文、丁本。

【校注】

〔一〕香爐銘：宋曾慥編類説卷五九作漢劉向著，從文中「道力」、「慈悲」看，顯誤。

〔二〕蘇合：香名。後漢書卷八八西域傳大秦：「合會諸香，煎其汁以爲蘇合。」梁書卷五四諸夷海南中天竺國：「蘇合是合諸香汁煎之，非自然一物也。」○氤氳：遼釋行均龍龕手鑑卷三「氣部」：「氤氳，上音因，下于君反。氤氳，元氣也。如雲非雲，似煙不煙，祥瑞氣也。」此形容煙氣很盛。

〔三〕非煙若雲：即卿雲、五色雲，古人以爲喜慶、吉祥之氣。史記卷二七天官書：「若煙非煙，若雲非雲，郁郁紛紛，蕭索輪囷，是謂卿雲。卿雲見，喜氣也。」

〔四〕時穠更薄：忽濃忽淡。穠，大廣益會玉篇禾部：「花木盛也。」此指香氣濃烈。古今事文類聚續集卷一二作「濃」。

〔五〕聞：御製集作「明」。

〔六〕道力：佛教語。自道體而生之力。智度論卷二曰：「阿難聞是事，悶心小醒，得念道力助。」

〔七〕慈悲：佛教語。謂給人快樂，將人從苦難中拔救出來。智度論卷二七曰：「大慈與一切衆生樂，大悲拔一切衆生苦。」亦泛指慈愛與悲憫。薰，類説卷五九作「熏」。

梁安寺刹下銘〔一〕

阿閣巃嵸〔二〕，洞房窗窱〔三〕。似靈光之金扇〔四〕，類景福之銀鋪〔五〕。垂琬琰之文璫〔六〕，飾琅玕之仙寶〔七〕。神童戾止〔八〕，亟連翩於威鳳〔九〕；薩埵來遊〔一〇〕，屢徘徊於紺馬〔一一〕。有識之所虔仰，無著之所招提〔一二〕。觀慧樓而下拜〔一三〕，望天街而興善〔一四〕。辭曰：

塵沙無始〔一五〕，造色無先〔一六〕。飛蛾不息〔一七〕，縈蠶自纏〔一八〕。篋蛇未斷〔一九〕，藤鼠方緣〔二〇〕。苦流長汎〔二一〕，愛火恒燃〔二二〕。髻珠孰曉〔二三〕，懷寶詎宣〔二四〕。挺茲靈覺〔二五〕，時惟天仙〔二六〕。真籍表聖〔二七〕，化乳稱權〔二八〕。寶刹千道〔二九〕，高翻四懸〔三〇〕。鳳樓含日〔三一〕，龍臺吐煙〔三二〕。紫山翠羽〔三三〕，紅水青蓮。雪宫月殿〔三四〕，晨暉夜圓。宵長梵響〔三五〕，風遠鍾傳。仙衣有拂，靈刹無邊〔三六〕。藝文類聚卷七七、釋文紀卷二二、御製集、張本、全梁文、丁本。

【校注】

〔一〕梁安寺刹下銘：御製集題下小注：「有序。」又，明王志堅四六法海卷一一作劉孝儀撰，蓋誤。梁安寺，佛寺名。清孫文川撰、陳作霖編南朝佛事志卷下：「阮修容，梁武帝後宫，湘東王繹之母也。躬勤禮佛，自以私財於京師造梁安寺。湘東王製寺碑及刹下銘。」梁元帝蕭繹有揚州梁安寺碑，藝文類聚卷七七有梁簡文帝梁安寺釋迦文佛像銘。刹，本指寺前的幡竿。六朝人稱塔爲刹。今按：金樓子后妃篇載：梁元帝蕭繹之母阮修容禮佛，於「京師起梁安寺」。又云其大同九年薨於江州。而據梁書卷五元帝紀，蕭繹大同六年(540)出爲江州刺史，阮氏隨之出鎮，則京師梁安寺之建，應在大同六年以前。

〔二〕阿閣：文選卷二九古詩十九首西北有高樓：「西北有高樓，上與浮雲齊。交疏結綺窗，阿閣三重階。」李善注：「尚書中候曰：昔黃帝軒轅，鳳皇巢阿閣。周書曰：明堂咸有四阿。然則閣有四阿，謂之阿閣。鄭玄周禮注曰：四阿若今四注者也。」〇峞巏：高聳貌。管城碩記卷二四：「巏，注云俗字。按梁元帝梁安寺刹下銘曰『阿閣峞巏，洞房窈窱』，『巏』字僅見此。」

〔三〕洞房窈窱：楚辭招魂：「姱容修態，絙洞房些。」洪興祖補注引五臣注：「洞，深也。」文選卷一一王延壽魯靈光殿賦：「旋室㛹娟以窈窕，洞房窈窱而幽邃。」張銑注：「洞，通也。窈窱，遠也。言此殿内更有曲室，美麗且深，又有通房，長遠而幽邃。」

〔四〕靈光之金扇：靈光，殿名。故址在今山東省曲阜市東。文選卷一一王延壽魯靈光殿賦序：「魯靈光殿者，蓋景帝程姬之子恭王餘之所立也……遭漢中微，盜賊奔突，自西京未央建章之殿，皆見隳壞，而靈光巋然獨存。」其賦有云：「遂排金扉而北入，霄靄靄而晻曖。」張銑注：「言排金門而北入，景將暮也。」金扇，魯靈光殿賦作「金扉」。

〔五〕景福之銀鋪：文選卷一一何晏景福殿賦：「青瑣銀鋪，是爲閨闥。」李善注：「言以青瑣銀鋪，是爲閨闥之飾。漢書曰：赤墀青瑣。銀鋪，以銀爲鋪首也。長門賦曰：擠玉户而撼金鋪。」銀鋪，銀飾的鋪首。鋪首即門上的銜環獸面，常作虎、螭、龜、蛇等形，多爲金屬鑄成。漢書卷一一哀帝紀：「孝元廟殿門銅龜蛇鋪首鳴。」顔師古注：「門之鋪首，所以銜環者也。」景福，宫殿名。初學記卷二四引洛陽宫殿簿曰：「永寧宫有景福殿、安昌殿、延休殿。」文選景福殿賦李善注引洛陽宫殿簿曰：「許昌宫景福殿七間。」

〔六〕垂琬琰之文璫：文選卷一一何晏景福殿賦：「於是列髹彤之繡桷，垂琬琰之文璫。」李善注：「以琬琰之玉，而爲文璫。」李周翰注：「璫，椽頭也。以玉爲文於上。」琬琰，泛指美玉。楚辭遠遊：「吸飛泉之微液兮，懷琬琰之華英。」洪興祖補注：「琬音宛，琰音剡。皆玉名。」

〔七〕飾琅玕之仙寶：文選卷一一王延壽魯靈光殿賦：「駢密石與琅玕，齊玉璫與璧英。」李善注：「琅玕，珠也，似玉。」

〔八〕神童：蓋指佛寺的仙童畫像。○戾止：詩經魯頌泮水：「魯侯戾止，言觀其旂。」毛傳：「戾，來。止，至也。」

〔九〕威鳳：關尹子九藥：「威鳳以難見爲神，是以聖人以深爲根。」漢書卷八宣帝紀：「九真獻奇獸，南郡獲白虎威鳳爲寶。」顏師古注引晉灼曰：「鳳之有威儀者也，與尚書『鳳皇來儀』同意。」鳳，釋文紀卷二二作「風」。

〔一〇〕薩埵：梵語「摩訶薩埵」之簡稱，即大士，大菩薩。亦即薩埵王子。摩訶薩埵曾與兩兄遊山林，有以身飼虎之事。見賢愚經摩訶薩埵以身飼虎品。

〔一一〕紺馬：後秦佛陀耶舍共竺佛念譯佛説長阿含經卷三：「大善見王七寶具足，王有四德，主四天下。何謂七寶？一金輪寶，二白象寶，三紺馬寶，四神珠寶，五玉女寶，六居士寶，七主兵寶。……云何善見大王成就馬寶？時，善見大王清旦在正殿上坐，自然馬寶忽現在前，紺青色，朱髦尾，頭頸如象，力能飛行。時，王見已，念言：『此馬賢良，若善調者，可中御乘。』即試調習，諸能悉備。時，善見王欲自試馬寶，即乘其上，清旦出城，周行四海，食時已還。時，善見王踴躍而言：『此紺馬寶真爲我瑞，我今真爲轉輪聖王。』是爲紺馬寶成就。」

〔二〕無著：梵名阿僧伽，爲法相宗之祖。大唐大慈恩寺三藏法師傳卷三「阿踰陀國」：「城西南五六里有故伽藍，是阿僧伽菩薩説法處。菩薩夜昇睹史多天，於慈氏菩薩所受瑜伽論、莊嚴大乘論、中邊分別論，晝則下天爲衆説法。阿僧伽亦名無著，即健陀邏國人也，佛滅度後一千年中出現於世。從彌沙塞部出家，後信大乘。」〇招提：梵語音譯爲「拓鬬提奢」，省作「拓提」，後誤爲「招提」。其義爲「四方」。四方之僧稱招提僧，四方僧之住處稱爲招提僧坊。北魏太武帝造伽藍，創招提之名，後遂爲寺院的别稱。

〔三〕慧樓：智慧樓。諸法集要經卷三：「此最上安隱，昇智慧樓閣。若能離放逸，善住安樂處。」薩婆多毗尼毗婆沙卷三：「阿那律爲人所謗，自説：『我入智慧樓，觀自在遊戲。』以表清淨。」此蓋指佛寺藏經樓。

〔四〕天街：佛説除恐災患經：「頓息帳幔，及牀座具。嚴飾幡蓋，猶如天街。」

〔五〕塵沙：佛教語。喻世俗之障，如塵如沙之多。

〔六〕造色：即「所造色」。佛教認爲一切物質都是地、水、火、風四大所生。又把物質世界稱爲色法。四大種爲能造色，其餘一切物體爲所造色。雜阿含經卷三：「所有色，彼一切四大，及四大所造色，是名爲色受陰。」入阿毗達磨論卷上：「所造色有十一種。一眼、二耳、三鼻、四舌、五身、六色、七聲、八香、九味、十觸一分、十一無表色，於大種有，故名所造，即是依止大種起義。」

〔一七〕飛蛾不息：晉支曇諦赴火蛾賦：「悉達有言曰：『愚人貪身，如蛾投火。』誠哉斯言，信而有徵也……燭曜庭宇，燈朗幽房，紛紛群飛，翩翩來翔，赴飛焰而體燋，投煎膏而身亡。」諸法集要經卷三：「彼愚癡衆生，著欲亦如是。若人著貪欲，常爲彼燒煮。畢竟無知覺，與燈蛾相似。」

〔一八〕縈蠶自纏：佛經以爲衆生自起煩惱、自造惑業而沉淪於三界，猶如蠶之作繭，吐絲自纏。大般涅槃經卷二七：「如蠶作繭，自生自死；一切衆生，亦復如是。」

〔一九〕篋蛇：佛教典故。以一隻箱篋容納四條蛇，比喻人體係由地、水、火、風和合而成。大般涅槃經卷二三：「觀身如篋，地、水、火、風如四毒蛇，見毒、觸毒、氣毒、齧毒，一切衆生遇是四毒，故喪其命。衆生四大亦復如是，或見爲惡，或觸爲惡，或氣爲惡，或齧爲惡。以是因緣，遠離衆善。」大智度論卷二二：「身中四大各各相害，如人持毒蛇篋，云何智人以爲安隱？」

〔二〇〕藤鼠方緣：比喻人命無常。二鼠喻晝夜，藤喻生命。晝夜相繼，歲月遷流，人命轉瞬即終，猶如黑白二鼠之爭相齧藤。翻譯名義集卷五：「緣藤入井，有黑白二鼠，齧藤將斷。」

〔二一〕苦流：即苦海，佛教指塵世間的煩惱和苦難。

〔二二〕愛火：佛教語。喻情愛。法苑珠林卷七五訶欲部第二引正法念經偈曰：「薪火雖熾然，人皆能捨離；愛火燒世間，纏綿不可捨。」○恒：張本作「仍」。

〔二三〕髻珠：佛教語。國王髮髻中的明珠。喻第一義諦、甚深法義。妙法蓮華經卷五安樂行品：「此法華經，是諸如來第一之説，於諸説中，最爲甚深，末後賜與，如彼强力之王，久護明珠，今乃與之。」

〔二四〕懷寶：擁有寶物。論語陽貨：陽貨謂孔子曰：「懷其寶而迷其邦，可謂仁乎？」

〔二五〕靈覺：佛教語。謂衆生本具的靈明覺悟之性。南朝梁簡文帝七勵：「慈照無礙，化湛靈覺，散漓弘淳，拯澆敦樸。」

〔二六〕天仙：佛教語。謂天人與神仙。大般若波羅蜜多經般若理趣分述贊卷二：「五乘凡夫曰賢，三乘證果曰聖，五趣之極曰天，人有神德曰仙。」大毗盧遮那成佛經疏卷二：「天仙，謂諸五通神仙，其數無量，故不列名。」

〔二七〕真籍：謂真人或仙家的名册。真，説文解字匕部：「真，仙人變形而登天也。」

〔二八〕化乳稱權：蓋指佛藉醍醐説法。北涼天竺三藏曇無讖譯大般涅槃經卷九：「佛言：善男子，諦聽諦聽，當爲汝説。善男子，譬如長者，多畜乳牛，有種種色，常令一人守護將養。是人有時，爲祠祀故，盡搆諸牛，著一器中。見其乳色，同一白色，尋便驚怪：『牛色各異，其乳云何，皆同一色？』是人思惟，如此一切，皆是衆生，業報因緣，令乳色一。善男子，聲聞緣覺，菩薩亦爾。同一佛性，猶如彼乳。……佛言：善男子，聲聞如乳，緣覺如酪，菩薩之人，如生熟酥，諸佛世尊，猶如醍醐。以是義故，大涅槃中，説四種性，而有差别。」權，佛教語。相對於實而言，指一時機宜之法。摩訶止觀卷三：「權是權謀，暫用還廢；實是實録，究竟旨歸。」

〔二九〕寶刹：即金刹，亦即佛寺之幡竿。慧琳一切經音義卷二七「長表金刹」：「梵云掣多羅，彼土更無别幡竿，即於塔覆鉢，柱頭懸旛。今云刹者，語聲雖訛，以金爲之，長而有表，故言金刹也。」

〔三〇〕翻：同「幡」，旗幟。釋文紀卷二三、御製集作「旛」。今按：旛，同「幡」。

〔三一〕鳳樓：指華麗的樓閣。南朝宋鮑照代陳思王京洛篇：「鳳樓十二重，四户八綺窗。」此指佛寺閣樓。

〔三二〕龍臺：文選卷八司馬相如上林賦：「登龍臺。」李善注引張揖曰：「觀名也，在豐水西北，近渭也。」此指梁安寺焚香之臺。

〔三三〕紫山：疑指崑崙山。新唐書卷二一六吐蕃下：「〔湟水〕河之上流，繇洪濟梁西南行二千里，水益狹，春可涉，秋夏乃勝舟。其南三百里三山，中高而四下，曰紫山，直大羊同國，古所謂崑崙者也，虜曰悶摩黎山。」北山録卷一：「河出崑崙山，在大羊同國。蕃語謂崑崙山爲悶摩黎山，譯爲紫山。」○翠羽：即翠鳥。

〔三四〕梵響：念佛誦經之聲。

〔三五〕雪宮：明潔清雅的房屋。此指佛寺房屋。宋高僧傳卷一五唐京師西明寺圓照傳：「師等道著依經，功超自覺，承雪宮之旨奥，爲火宅之涼颸。」○月殿：古代神話傳説月中有宫殿，爲嫦娥所居，又稱廣寒宫。又或指月天子之宫殿。法苑珠林卷四日月篇：「如起世經云：佛告比丘：月天子宫殿，縱廣正等四十九由旬，四面垣墻，七寶所成。月天宫殿純以天銀天青瑠璃而相間錯。」立世阿毗曇論卷五日月行品：「從剡浮提地，高四萬由旬，是處日月行半須彌山，等遊乾陀山，是日月宫殿，團圓如鼓。是月宫者，厚五十由旬，廣五十由旬，周迴一百五十由旬。是月宫殿，琉璃所成，白銀所覆，水大分多，下際水分，復爲最多，其下際光。亦爲最勝。……是宫殿，説名栴檀，是月天子於其中住。」此借指佛殿。

〔三六〕靈剎：寺廟。

【集評】

清李兆洛駢體文鈔卷二二梁元帝梁安寺剎下銘譚獻評：徒事姸詞，不必立意。

【附】

藝文類聚卷七七引梁簡文帝梁安寺釋迦文佛像銘曰：帝爲知仰，皆規面象。敬模螺髮，式圖輪掌。信根有五，覺枝云七。仰福靈祇，上生兜率。

碑文

善覺寺碑〔一〕

金盤上疏〔二〕，非求承露；玉舄前臨〔三〕，寧資潤礎〔四〕。飛軒絳屏〔五〕，若丹氣之爲霞〔六〕；綺井緑錢〔七〕，如青雲之入呂〔八〕。寶繩交映，無慚紫紺之宮〔九〕；花臺照日〔一〇〕，有跡白林之地〔一一〕。銘曰：

聿遵勝業〔一二〕，代彼天工。四園枝翠〔一三〕，八水池紅〔一四〕。花疑鳳翼〔一五〕，殿若龍宮。銀城映沼〔一六〕，金鈴響風〔一七〕。露臺含月，珠幡拂空〔一八〕。藝文類聚卷七六、釋文紀卷二一、御製集、閣本、張本、全梁文、丁本。

【校注】

〔一〕善覺寺碑：善覺寺，佛寺名。梁武帝妃穆貴嬪所立，在建康太清里。梁武帝使人監造，並曾御幸看刹。建康實録卷一七梁上高祖武皇帝：普通五年，「置善覺尼寺，在縣東七里，穆貴妃造，其殿宇房廊，刹置奇絶，元帝繹爲寺碑」。蕭統、蕭綱亦曾寫有關善覺寺的文章。藝文類聚卷七六有梁簡文帝善覺寺碑銘，同書卷七七有梁昭明太子謝敕賚銅造善覺寺塔露盤啓。廣弘明集卷一六有蕭綱謝御幸善覺寺看刹啓、謝敕使監善覺寺起刹啓諸文。

〔二〕金盤：即承露盤。洛陽伽藍記卷一「永寧寺」：「刹上有金寶瓶，容二十五斛。寶瓶下有承露金盤一十一重。」藝文類聚卷七七梁昭明太子謝敕賚銅造善覺寺塔露盤啓：「甘露入盤，足稱天酒。」又，漢武帝曾建仙人承露盤。漢書卷二五郊祀志上：「其後又作柏梁、銅柱、承露仙人掌之屬矣。」顔師古注：「蘇林曰：『仙人以手掌擎盤承甘露。』師古曰：『三輔故事云：建章宫承露盤高二十丈，大七圍，以銅爲之，上有仙人掌承露，和玉屑飲之。蓋張衡西京賦所云「立修莖之仙掌，承雲表之清露，屑瓊蕊以朝餐，必性命之可度」也。』」〇疏：陳列。楚辭九歌湘夫人：「疏石蘭兮爲芳。」王逸注：「疏，布陳也。」

〔三〕玉舄（xì）：玉製的柱腳石。文選卷二張衡西京賦：「雕楹玉碣，繡栭雲楣。」李善注：「廣雅曰：碣，磌也。碣與舄古字通。」舄，墨子備城門：「城上百步一樓，樓四植，植皆爲通舄。」孫詒讓閒詁引蘇時學曰：「四植即四柱。舄，同『碣』，柱下石也。」藝文類聚、全梁文作「寫」，全梁文有校云：「『寫』當作『舄』。」釋文紀卷二三作「碣」，御製集、閣本、張本、丁本作「舄」。今按：作「舄」是，據改。

〔四〕潤礎：淮南子卷一七説林訓：「山雲蒸，柱礎潤。」高誘注：「礎，柱下石磌也。」

〔五〕飛軒：高閣。文選卷二八劉琨扶風歌：「顧瞻望宮闕，俯仰御飛軒。」呂向注：「飛軒，廊宇也。」○絳屏：深紅色屏風。

〔六〕「若丹氣」句：文選卷四左思蜀都賦：「干青霄而秀出，舒丹氣而爲霞。」劉淵林注：「霞，赤雲也。嚴夫子哀時命曰：紅霓紛其朝霞。山澤氣通，故曰舒丹氣以爲霞也。」李善曰：「甘泉賦曰：騰青霄而軼浮景。河圖曰：崑崙山有五色水，赤水之氣，上蒸爲霞而赫然也。」

〔七〕綺井：藻井。飾以彩紋圖案的天花板，形似井口圍欄，故稱。文選卷二張衡西京賦「蔕倒茄於藻井」，薛綜注：「藻井，當棟中交木方爲之，如井幹也。」同書卷六左思魏都賦：「綺井列疏以懸蔕，華蓮重葩而倒披。」李周翰注：「屋上綺井，以板爲井形，飾以丹青如綺也。」同書卷三四曹植七啓：「綺井含葩，金墀玉箱。」張銑注：「又於屋間爲井形，中有蓮花下垂也。」夢溪筆談卷一九器用「藻井」：「屋上覆橑，古人謂之『綺井』，亦曰『藻井』，又謂之『覆海』。今令文中謂之『鬭八』，吴人謂之『罳頂』，唯宮室祠觀爲之。」○緑錢：緑色苔蘚。文選卷三〇沈約冬節後至丞相第詣世子車中：「賓階緑錢滿，客位紫苔生。」李善注：「崔豹古今注曰：空室無人行，則生苔蘚。或青或紫，一名緑錢。」張銑注：「緑錢者，青苔也。」錢，釋文紀卷二二、御製集、閣本、張本作「泉」，全梁文、丁本作「淺」。今按：泉，通「錢」；淺，當是「錢」之誤。

〔八〕青雲之入吕：猶青雲干吕，古人以爲吉兆。舊題漢東方朔海内十洲記聚窟洲：「征和三年，武帝幸安定，西胡月支國王遣使獻香四兩……又獻猛獸一頭……命國使將入呈帝見之……使者對曰：『……臣國去此三十萬里，國有常占，東風入律，百旬不休，青雲干呂，連月不散者。當知中國時有好道之君。』」北周庾信庾子山集羽調曲：「既浮干呂之氣，還吹入律之風。」清倪璠注：「周禮：太師掌六律、六呂，以合陰陽之聲。律曆志云：律有十二，陽六爲律，陰六爲呂，黄帝之所作也。左傳衆仲曰：夫舞所以節八音而行八風。又晏子曰：一氣、二體、三類、四物、五聲、六律、七音、八風、九歌。十洲記：天漢三年，月氏國獻神香，曰：『國有常占，東風入律，百旬不休，青雲干呂，連月不散，意中國有好道君，故披奇異而貢神香。』」入呂，古代音樂分十二律，律分陰陽，奇數爲陽律，名曰六律，偶數爲陰律，名曰六呂，故「入呂」爲陰氣調和之象。

〔九〕紫紺之宫：即紫宫。後漢書卷四八霍諝傳：「呼嗟紫宫之門，泣血兩觀之下。」李賢注：「天有紫微宫，是上帝之所居也，王者立宫，象而爲之。」又，或同紫紺殿。吴月氏優婆塞支謙譯佛説菩薩本業經：「於是忍世界，百億天帝釋，皆於忉利紫紺殿上，化作七寶師子之座，施交露帳，席以彩縶已。」紺，説文解字糸部：「紺，帛深青揚赤色。」

〔一〇〕臺：閣本脱。

〔一一〕白林：地名。又稱白鶴林，即娑羅林。梁元帝蕭繹内典碑銘集林序：「白林將謝，青樹已列。」大般涅槃經卷一：「爾時，拘尸那城娑羅樹林，其林變白，猶如白鶴。」

〔二〕聿：文選卷四九干寶晉紀總論：「聿修祖宗之志，思輯戰國之苦。」呂向注：「聿，循。」〇勝業：佛教語。勝妙之行業。俱舍論卷三〇：「遍悟所知成勝業。」

〔三〕四園：佛教中天宫之苑囿。天宫四面有四園苑，一名潰車，二名粗澀，三名和雜，四名喜林。見瑜伽師地論。此指善覺寺之園林。

〔四〕八水：泛指水流。同時亦暗指八功德水，即具有八種殊勝功德之水。又作八支德水、八味水、八定水。佛之净土有八功德池，池中充滿八功德水。所謂八種殊勝，即澄净、清冷、甘美、輕軟、潤澤、安和、除饑渴、長養諸根。此指善覺寺周圍之水流。

〔五〕花疑鳳翼：蕭繹金樓子興王篇：「林樹久不花，一旦生如鳳翼。」同書志怪篇：「大月氏國善爲蒲萄花葉酒，或以根及汁醖之。其花似杏而緑蘂碧鬚，九春之時，萬頃競發，如鸞鳳翼。」

〔六〕沼：説文解字水部：「沼，池也。」

〔七〕鈴：藝文類聚卷七六作「齡」，釋文紀卷二二、御製集、閣本、張本、全梁文、丁本作「鈴」。今按：作「鈴」是，據改。

〔八〕珠幡：裝飾有珠子的旌旗。幡，廣雅釋器：「幟，幡也。」王念孫疏證：「幡，字亦作旛。」佛教取之以顯示佛菩薩降魔之威德，與「幢」同爲佛菩薩之莊嚴供具。

【附】

藝文類聚卷七六引梁簡文帝善覺寺碑銘曰：蓋聞在天成象，倬彼雲漢；在地成形，嵩高惟岳。蒼蒼斡運，靈槎猶且去來；巖巖峻極，巫咸可以升降。穆貴嬪宿植遠因，已於恒沙佛所，經受記莂，有緑（汪紹楹校：全梁文十四作「緣」）娑婆，降跡斯土，行邁英皇，德降華附。河南望浮雲之瑞，新野表升天之祥。光前絶後，建兹福地。乃於建康之太清里，建善覺寺焉。大通元年，龍集己酉，有令使立碑文，未獲構撰。居諸不息，寒暑推移，軒曜夙傾，前星次掩，歲在諏訾，始得補綴。何言之陋，何事之隆。竊等仲由，空悲負粟之哽；復異桓良，終無維山之日。永言纏纂，獨咽丹心。銘曰：效彼毗城，建斯福舍。四柱浮懸，九城靈架。重欒交峙，迴廊逢迓。掩映花臺，崔嵬蘭榭。陽燧暉朝，青蓮開夜。

藝文類聚卷七七引梁昭明太子謝敕賚銅造善覺寺塔露盤啓曰：燥濕無變，九布見奇，寒暑是宜，六律成用。況復神龍負子，光斯極妙，金鳥銜帶，飾慈高表。函谷恥其詠歌，臨淄惡其祥應。陽燧含影，還避日輪，甘露入盤，足稱天酒。

廣弘明集卷一六蕭綱謝敕使監善覺寺起剎啓：臣綱啓：伏見敕旨，使監作舍人王曇明、材官將軍沈微、御仗吴景等監看善覺寺起剎事。爰奉聖恩，曲降神力，命斯執事，修兹長表。寶塔雲搆，無待喜園；水精特進，非差龍海。大龜持泥，未足爲盛；鶖鷺引繩，方斯取埒。仰瞻慈渥，喜戴不勝，俯循宿願，私增涕噎。不任銘荷，謹奉啓謝聞，謹啓。

廣弘明集卷一六蕭綱謝御幸善覺寺看剎啓：臣綱言：即日輿駕幸善覺寺，威神所被，金表建立，概泰清而特起，接庫樓而上征。既等湛然，長均浄土；方爲佛事，永利天人。頂荷之誠，臣百恒品，不任下情，謹奉啓事謝聞。謹啓。

莊嚴寺僧旻法師碑〔一〕

夫宏才妙物，雲液之所降生〔二〕；獨振孤標，倫類之所遠絶〔三〕。是故隨光燭魏〔四〕，非折水之恒珍〔五〕；和璧入秦〔六〕，豈潤山之常寶〔七〕。僧旻法師，蓋天地之淳精〔八〕，宇宙之瓌器〔九〕，本姓孫氏，有吴開國大皇帝其先也〔一〇〕。法師道藹二儀〔一一〕，德充四海，含春夏之生長〔一二〕，抱日月之貞明〔一三〕，辭旨清新，置言閑遠。千門萬户〔一四〕，必臻其奥〔一五〕；九部五時〔一六〕，若指諸掌〔一七〕。坦然夷易〔一八〕，豁爾洞開〔一九〕。故緇素結轍〔二〇〕，華戎延道〔二一〕。晨風之鬱北林，龍魚之趣深澤〔二二〕。哲人云逝〔二三〕，指南誰屬〔二四〕？銘曰：

永離百非〔二五〕，聞之寂滅〔二六〕。苟云未樹〔二七〕，共歸今轍。方墳結構，伽藍罷設〔二八〕。朱火一潛〔二九〕，青松長列〔三〇〕。藝文類聚卷七六、釋文紀卷二二、御製集、閣本、張本、全梁文、丁本。

【校注】

〔一〕莊嚴寺：佛寺名。南朝劉宋時所立，故址在今江蘇省南京市。太平御覽卷六五八引宋書曰：「謝尚嘗夢其父曰：『西南有氣至，衝人必死，勿當其鋒，家無一全，汝宜修福建塔寺，可禳之。若未暇立寺，可杖頭刻作塔形，見有氣來可擬之。』尚悟，懼未及造塔寺，遂刻小塔施杖頭，恒置左右。後果有異氛遥見西南，從天而下，始如車輪，漸彌大，直衝尚家，尚以杖指之，氛便迴散，闔門獲全。氣所經處，數里無復孑遺。遂於永和四年捨宅造寺，名莊嚴寺。宋大明中，路太后於宣陽門外造莊嚴寺，改此爲謝鎮西寺。」事亦見唐許嵩撰建康實録卷八晉孝宗穆皇帝原注引塔寺記。○僧旻：南朝梁僧名，與智藏、法雲合稱三大名僧。續高僧傳卷五僧旻傳：「釋僧旻，姓孫氏，家于吴郡之富春，有吴開國大皇帝其先也。幼孤養，能言而樂道。七歲出家，住虎丘西山寺，爲僧回弟子。……年十六而回亡，哀容俯仰，率由自至。喪禮畢，移住莊嚴。……年二十六，永明十年，始於興福寺講成實論。……皇梁膺運，乃翻然自遠，言從帝則，以天監五年遊于都輦。天下禮接下筵，亟深睠悦。敕僧正慧超銜詔到房，欲屈與法寵、法雲、汝南周捨等，時入華林園講論道義。自兹已後，優位日隆。六年，制注般若經以通大訓，朝貴皆思弘厥典。又請京邑五大法師於五寺首講，以旻道居其右。乃眷帝情，深見悦可。因請爲家僧，四事供給。又敕於慧輪殿講勝鬘經，帝自臨聽。仍選才學道俗釋僧智、僧晃、臨川王記室東莞劉勰等三十人，同集上定林寺抄一切經論，以類相從，凡八十卷，皆令取衷於旻。……以大通八年二月一日清旦卒于寺房，春秋六十一。天子悲惜，儲君嗟惋。敕以其月六日窆於鍾山之開善墓所。喪事大小，隨由備辦。隱士陳留阮孝緒爲著墓誌，弟子智學、慧慶等建立三碑。其二碑，皇太子、湘東王並爲製文，樹于墓側；徵士何胤著文，立於本寺。」今按：梁普通八年三月改元大通，大通三年十月改元中大通。續高僧傳僧旻傳載僧旻「大通八年」卒，顯然有誤。傳又云僧旻永明十年年二十六，其卒時「春秋六十一」，以此順推，其卒則在梁普通八年。

〔二〕雲液：指雨露。釋名釋天：「雨，水從雲下也。雨者，輔也，言輔時生養也。」

〔三〕孤標：指人或物清俊突出。○倫類：同類。禮記曲禮：「儗人必於其倫。」鄭玄注：「倫猶類也。」

〔四〕隨光燭魏：史記卷四六田敬仲完世家：「〔威王〕二十四年，與魏王會田於郊。魏王問曰：『王亦有寶乎？』威王曰：『無有。』梁王曰：『若寡人國小也，尚有徑寸之珠照車前後各十二乘者十枚，奈何以萬乘之國而無寶乎？』」隨光，即隨侯珠。淮南子卷一七說林訓：「隨侯之珠在於前。」高誘注：「隨國在漢東，姬姓之後，出游于野，見大蛇斷在地，隨侯令醫以續傅斷蛇，得愈，去，後銜大珠報之，蓋明月之珠，因號隨侯之珠，世以爲寶也。」史記卷八七李斯列傳張守節正義引說苑云：「昔隨侯行，遇大蛇中斷，疑其靈，使人以藥封之，蛇乃能去，因號其處爲斷蛇丘。歲餘，蛇銜明珠，徑寸，絶白而有光，因號『隨珠』。」隨，丁本作「隋」。今按：隋、隨同。

〔五〕「非折水」句：世說新語言語：「蔡洪赴洛，洛中人問曰：『幕府初開，群公辟命，求英奇於仄陋，采賢儁於巖穴。君吳楚之士，亡國之餘，有何異才，而應斯舉？』蔡答曰：『夜光之珠，不必出於孟津之河；盈握之璧，不必采於崑崙之山。』」折水，迴旋的流水。淮南子卷四墬形訓：「水圓折者有珠，方折者有玉。」

〔六〕和璧入秦：史記卷八一廉頗藺相如列傳：「趙惠文王時，得楚和氏璧。秦昭王聞之，使人遺趙王書，願以十五城請易璧。……趙王於是遂遣相如奉璧西入秦。」和璧，「和氏璧」省稱。韓非子和氏：「楚人和氏得玉璞楚山中，奉而獻之厲王；厲王使玉人相之，玉人曰：『石也。』王以和爲誑，而刖其左足。及厲王薨，武王即位，和又奉其璞而獻之武王；武王使玉人相之，又曰：『石也。』王又以和爲誑，而刖其右足。武王薨，文王即位，和乃抱其璞而哭於楚山之下，三日三夜，泣盡而繼之以血。王聞之，使人問其故，曰：『天下之刖者多矣，子奚哭之悲也？』和曰：『吾非悲刖也，悲夫寶玉而題之以「石」，貞士而名之以「誑」，此吾所以悲也。』王乃使玉人理其璞而得寶焉，遂命曰：『和氏之璧』。」

〔七〕潤山之常寶：淮南子卷一六説山訓：「故玉在山而草木潤，淵生珠而岸不枯。」

〔八〕淳精：精粹，精華。文選卷一班固東都賦：「發皓羽兮奮翹英，容絜朗兮於淳精。」呂延濟注：「淳精，言不雜。」

〔九〕瓌器：美才。文選卷一七傅毅舞賦：「軼態横出，瓌姿譎起。」李善注：「瓌，美也。」今按：瓌、瑰同。

〔一〇〕有吴開國大皇帝：指孫權。權，字仲謀，吴郡富春人。東漢末，繼其兄孫策據有江東六郡。其後稱帝，國號吴。卒，謚大皇帝，廟號太祖。三國志卷四七有傳。

〔一一〕藹：文選卷三一劉鑠擬古明月何皎皎詩：「落宿半遥城，浮雲藹層闕。」吕向注：「藹，蓋也。」○二儀：曹植惟漢行：「太極定二儀，清濁始以行。」文選卷二四潘岳爲賈謐作贈陸機：「肇自初創，二儀煙煴。」李善注：「周易曰：『易有太極，是生兩儀。』王肅曰：『兩儀，天地也。』」

〔一二〕含：張本作「合」。○春夏之生長：鹽鐵論卷九繇役：「春夏生長，利以行仁。」同書卷一〇詔聖：「春夏生長，聖人象而爲令。秋冬殺藏，聖人則而爲法。故令者教也，所以導民人；法者刑罰也，所以禁强暴也。二者，治亂之具，存亡之效也，在上所任。」此蓋謂人具有仁心。

〔一三〕日月之貞明：周易繫辭下：「日月之道，貞明者也。」孔穎達疏：「言日月照臨之道，以貞正得一而爲明也。」此謂人節操堅貞清白。

〔一四〕千門萬户：史記卷一二武帝本紀：「於是作建章宫，度爲千門萬户。」世説新語言語：「張茂先論史、漢，靡靡可聽。」劉孝標注引晉陽秋曰：「〔張〕華博覽洽聞，無不貫綜，世祖嘗問漢事，及建章千門萬户。」文選卷一一王延壽魯靈光殿賦：「千門相似，萬户如一。」張載注：「千門萬户，言衆多也。」

〔一五〕其：張本作「冥」。四庫全書考證卷九六漢魏六朝百三家集梁元帝集：「刊本『其』訛『冥』，據藝文類聚改。」○奥：爾雅釋宮：「西南隅謂之奥。」引申爲深密處。

〔一六〕九部：即九部經。佛經内容之九種分類。大般涅槃經卷三：「能師子吼廣説妙法，謂修多羅、祇夜、受記、伽陀、優陀那、伊帝目多伽、闍陀伽、毗佛略、阿浮陀達磨，以如是等九部經典爲他廣説。」高僧傳卷三宋京師祇洹寺求那跋摩：「至年二十，出家受戒，洞明九部，博曉四含，誦經百餘萬言，深達律品，妙入禪要，時號曰三藏法師。」○五時：佛教語。謂佛陀從成道至涅槃所説之法，可以分爲五個時期。依次爲三乘别教、三乘通教、抑揚教、同歸教、常住教。見三論玄義。南朝梁劉孝標昭明太子集序：「五時密教，月猶鏡象；一乘妙旨，觀若掌珠。」

〔一七〕若指諸掌：喻對事情非常熟悉瞭解。論語八佾：「或問禘之説。子曰：『不知也；知其説者之於天下也，其如示諸斯乎？』指其掌。」何晏集解：「包曰：孔子謂或人言知禘禮之説者，於天下之事，如指示掌中之物，言其易了。」諸，「之於」合音。

〔一八〕坦然夷易：平易明瞭。續高僧傳卷五僧旻傳：「玄理伏難，坦然夷易。故緇素結轍，華俗邀延，往復屯萃矣。」

〔一九〕豁爾洞開：豁然開朗。晉劉伶酒德頌：「兀然而醉，豁爾而醒。」

〔二〇〕緇素：黑白，代指僧俗。僧徒衣緇，俗衆服素，故稱。水經注卷二二潁水：「緇素之士，多泛舟升陟，取暢幽情。」弘明集卷一一釋法明答李交州難佛不見形：「黑衣五六，朱張數四，薄爾奉接，遂相勝舉。」廣弘明集卷二六梁武帝斷酒肉文曰：「夫匡正佛法，是黑衣人事，乃非弟子白衣所急。」〇結轍：漢書卷四文帝紀：「故遣使者冠蓋相望，結徹於道，以諭朕志於單于。」顏師古注引韋昭曰：「使車往還，故徹如結也。」今按：徹、轍通。

〔二一〕華戎：漢人和少數民族。〇延道：偏布於道路。爾雅釋詁上：「延，陳也。」方言卷一三：「延，徧也。」

〔二二〕「晨風」二句：文選卷四九干寶晉紀總論：「百姓皆知上德之生己，而不謂浚己以生也。是以感而應之，悦而歸之，如晨風之鬱北林，龍魚之趣淵澤也。」李善注：「毛詩曰：鴥彼晨風，鬱彼北林。孫卿子曰：川淵深而魚鱉歸之，刑政平而百姓歸之。」詩經秦風晨風：「鴥彼晨風，鬱彼北林。」毛傳：「晨風，鸇也。鬱，積也。北林，林名也。」

〔二三〕哲人：禮記檀弓：「孔子蚤作，負手曳杖，消摇於門，歌曰：『泰山其頹乎！梁木其壞乎！哲人其萎乎！』」鄭玄注：「哲人，亦衆人所仰放也。」

〔二四〕指南：喻指導者。梁書卷一四任昉傳録殷芸與到溉書：「哲人云亡，儀表長謝。元龜何寄？指南誰託？」文選卷三張衡東京賦：「幸見指南於吾子。」李善注：「桓譚上便宜曰：『管仲，桓公之指南。』」

〔二五〕百非：種種過失。説苑卷一七雜言：「夫子見人之一善，而忘其百非，是夫子之易事也。」

〔二六〕寂滅：佛教語，「涅槃」的意譯。指超脱生死的理想境界。

〔二七〕樹：廣韻遇韻：「樹，立也。」此指立義，即闡發義理。

〔二八〕伽藍：梵語「僧伽藍摩」譯音的略稱。即僧衆居住的庭園。後因稱佛寺爲伽藍。

〔二九〕朱火：文選卷一七傅毅舞賦：「朱火曄其延起兮，燿華屋而熺洞房。」呂向注：「朱火，燭也。」文選卷三〇王微雜詩：「孟冬寒風起，東壁正中昏。朱火獨照人，抱景自愁怨。」呂延濟注：「朱火，燈也。」

〔三〇〕青松：白虎通卷一一崩薨：「含文嘉曰：『天子墳高三仞，樹以松。諸侯半之，樹以柏。』」此既指墓前松樹，亦喻指人節操貞潔。論語子罕：「子曰：『歲寒然後知松柏之後彫也！』」

【集評】

閻本：評「隨光燭魏，非折水之恒珍；和璧入秦，豈潤山之常寶」：鑄極。評「九部五時，若指諸掌。坦然夷易，豁爾洞開」：旨哉善喻。

光宅寺大僧正法師碑〔一〕

昂昂千里〔二〕，孰辯騏驎之蹤〔三〕；汪汪萬頃，誰測波瀾之際〔四〕。望之若披雲霧，覩之如觀日月〔五〕。至乃耆年宿望〔六〕，蓄思構疑，懸鐘無盡〔七〕，短兵有倦〔八〕，猶若分旦望景〔九〕，履冰待日〔一〇〕，莫不傾河注燭〔一一〕，虛往實歸〔一二〕。皇帝革命受圖〔一三〕，補天紉地〔一四〕，轉金輪於忍土〔一五〕，策紺馬於閻浮〔一六〕，逸翮方超〔一七〕，圖南輟軌〔一八〕。豈直盡兹相府〔一九〕，署彼義年〔二〇〕，方當高步仙階〔二一〕，永編金牒〔二二〕。繁霜凝而旦委〔二三〕，松風凄而暮來。悲馬鳴之不反〔二四〕，望龍樹而心哀〔二五〕。銘曰：

澄月夜虧〔二六〕，清氣旦卷〔二七〕。曾巒遠岸〔二八〕，蒼江傍緬〔二九〕。藝文類聚卷七六、釋文紀卷二二、御製集、閣本、張本、全梁文、丁本。

【校注】

〔一〕光宅寺大僧正法師碑：御製集題作「光宅寺僧正法師碑」。光宅寺大僧正法師，指釋法雲，梁代三大名僧之一。續高僧傳卷五釋法雲傳：「釋法雲，姓周氏，宜興陽羡人，晉平西將軍處之七世也。母吴氏，初産坐草，見雲氣滿室，因以名之。七歲出家，更名法雲，從師住莊嚴寺，爲僧成、玄趣、寶亮弟子，而俊朗英秀，卓絶時世。年十三始就受業，太昌僧宗、莊嚴僧達甚相稱讚。……及梁氏高臨，甚相欽禮。天監二年，敕使長名出入諸殿，影響弘通之端，贊揚利益之漸。皇高亟延義集，未曾不敕令雲先入。後下詔，令時諸名德各撰成實義疏，雲乃經論合撰，有四十科，爲四十二卷。俄尋究了，又敕於寺三遍敷講，廣請義學充諸堂宇，敕給傳，詔車牛吏力皆備足焉。至七年，制注大品，朝貴請雲講之，辭疾不赴。帝云：『弟子既當今日之位，法師是後來名德，流通無寄，不可不自力爲講也。』因從之。尋又下詔，禮爲家僧，資給優厚，敕爲光宅寺主。創立僧制，雅爲後則。皇太子留情内外，選請十僧入於玄圃，經於兩夏，不止講經，而亦懸談文外。雲居上首，偏加供施。自從王侯，逮于榮貴，莫不欽敬。至於吉凶慶吊，不避寒暑，時人頗謂之『遊俠』。而動必弘法，不以此言間懷。……以大通三年三月二十七日初夜卒于住房，春秋六十有三。二宫悲惜，爲之流慟，敕給東園秘器，凡百喪事，皆從王府，下敕令葬定林寺側。太子中庶琅琊王筠爲作銘誌，弟子周長胤等有猶子之慕，創造二碑，立于墓所，湘東王蕭繹各爲製文。」光宅寺，寺名。故址在今江蘇省南京市東南。建康實録卷一七梁上高祖武皇帝：天監六年，「置光宅寺，西去縣十里」。資治通鑑卷一四八梁紀高祖武皇帝「天監十七年」：「上幸光宅寺。」胡三省注：「帝以三橋舊宅爲光宅寺，三橋在秣陵縣同夏里。」沈約光宅寺刹下銘并序：「光宅寺，蓋上帝之故居，行宫之舊兆，揚州丹陽郡秣陵縣某鄉某里之地。……乃以大梁之天監六年歲次星紀月旅黄鍾閏十月二十三日戊寅，仲冬之節也，乃樹刹玄壤，表峻蒼雲，下洞淵泉，仰迫星漢。」大僧正，僧官名。十六國後秦始立，統管秦地僧尼。南朝歷代亦設。慧皎高僧傳卷八齊山陰法華山釋慧基：「基既德被三吴，聲馳海内，乃敕爲僧主，掌任十城，蓋東土僧正之始也。」

〔一二〕昂昂千里：楚辭卜居：「寧昂昂若千里之駒乎？將氾氾若水中之鳧乎？」王逸注：「昂昂，志行高也。」藝文類聚卷二二青州先賢傳曰：「京師號曰：陳仲舉，昂昂如千里驥，周孟玉，瀏瀏如松下風。」

〔三〕騏驎：戰國策卷一一齊策四「魯仲連謂孟嘗」章：「君之廄馬百乘，無不被繡衣而食菽粟者，豈有騏驎騄耳哉？」騏，釋文紀卷二二、閻本、張本作「麒」。今按：騏、麒可通。

〔四〕「汪汪」二句：世説新語德行：「郭林宗至汝南造袁奉高，車不停軌，鸞不輟軛。詣黄叔度，乃彌日信宿。人問其故，林宗曰：『叔度汪汪如萬頃之陂。澄之不清，擾之不濁，其器深廣，難測量也。』」汪汪，深廣貌。頃，藝文類聚卷七六作「傾」，釋文紀卷二二、御製集、閻本、張本、全梁文、丁本作「頃」。今按：作「頃」是，據改。測，御製集、閻本、張本、全梁文、丁本作「識」。

〔五〕「望之」二句：世説新語賞譽：「衛伯玉爲尚書令，見樂廣與中朝名士談議，奇之曰：『自昔諸人没已來，常恐微言將絶。今乃復聞斯言於君矣！』命子弟造之，曰：『此人，人之水鏡也，見之若披雲霧睹青天。』」劉孝標注引王隱晉書曰：「衛瓘有名理，及與何晏、鄧颺等數共談講，見廣奇之，曰：『每見此人，則瑩然猶廓雲霧而覩青天。』」披，撥開。

〔六〕耆年：老年人。文選卷四六王融三月三日曲水詩序：「耆年闕市井之遊，稚齒豐車馬之好。」張銑注：「耆年，老人也。」○宿望：素有名望之人。廣韻屋韻：「宿，素也。」

〔七〕懸鐘無盡：禮記學記：「善待問者如撞鐘，叩之以小者則小鳴，叩之以大者則大鳴，待其從容，然後盡其聲，不善答問者反此。」

〔八〕短兵：即「短兵相接」。此喻指面對面的質疑問難。世説新語文學：「劉真長與殷淵源談，劉理如小屈，殷曰：『惡卿不欲作將善雲梯仰攻？』」

〔九〕分旦望景：早晨盼望太陽昇起。分旦，黎明時分。景，日光。廣韻梗韻：「景，光也。」

〔一〇〕履冰待日：冰霜等待太陽而消融。履冰，詩經小雅小旻：「戰戰兢兢，如臨深淵，如履薄冰。」今按：「分旦望景」、「履冰待日」喻指面對質疑問難，輕鬆解決，如同日光消除黎明的黑暗，太陽融解冰霜。

〔一一〕傾河注燭：藝文類聚卷五八引梁裴子野喻虜檄文曰：「四方同集，九服齊契，譬猶翻東海以注螢爝，倒崑崙以壓螻蟻，其身縻爛，豈假多力。」今按：此蓋喻所知甚多，問一答十。

〔一二〕虚往實歸：指無所知而往，有所得而歸。莊子德充符：「魯有兀者王駘，從之遊者與仲尼相若。常季問於仲尼曰：『王駘，兀者也，從之遊者與夫子中分魯。立不教，坐不議，虚而往，實而歸。固有不言之教，無形而心成者邪？』」成玄英疏：「請益則虚心而往，得理則實腹而歸。」又解：未學無德，亦爲虚往也。」弘明集卷一三日燭：「宏籠大訓，展我智分。治無不均，質有利鈍。虚往實歸，各足方寸。愚黠並誘，龍鬼俱化。萬塗叢歸，一由般若。」

〔一三〕革命受圖：謂改朝換代，帝王登基。此指梁代齊。革命，周易革卦：「天地革而四時成，湯武革命，順乎天而應乎人。」孔穎達疏：「夏桀、殷紂，兇狂無度，天既震怒，人亦叛主，殷湯、周武，聰明睿智，上順天命，下應人心，放桀鳴條，誅紂牧野，革其王命，改其惡俗，故曰湯武革命，順乎天而應乎人。」受圖，宋書卷二七符瑞志上：「禹觀於河，有長人白面魚身，出曰：『吾河精也。』呼禹曰：『文命治淫。』言訖，授禹河圖，言治水之事。……乃受舜禪，即天子位。」後因稱帝王受命登位。

〔一四〕補天紉地：喻指挽回世運。淮南子卷六覽冥訓：「往古之時，四極廢，九州裂，天不兼覆，地不周載，火爁炎而不滅，水浩洋而不息，猛獸食顓民，鷙鳥攫老弱。於是女媧煉五色石以補蒼天，斷鼇足以立四極，殺黑龍以濟冀州，積蘆灰以止淫水。」

〔一五〕金輪：佛教語。「輪」是古代印度戰爭中所用的一種武器。傳説征服四方的轉輪王出生時，空中自然出現此輪寶，預示無敵力量。輪寶有金、銀、銅、鐵四種，感得金輪寶者，爲金輪王，乃四輪之首，領東、南、西、北四大洲。○忍土：佛教語。娑婆世界。梵語「娑婆」意譯即「忍」。悲華經諸菩薩本授記品：「何因緣故名曰娑婆？是諸衆生忍受三毒及諸煩惱，是故彼界名曰忍土。」

〔一六〕紺馬：後秦佛陀耶舍共竺佛念譯佛説長阿含經卷三：「大善見王七寶具足，王有四德，主四天下。何謂七寶？一金輪寶，二白象寶，三紺馬寶，四神珠寶，五玉女寶，六居士寶，七主兵寶。……云何善見大王成就馬寶？時，善見大王清旦在正殿上坐，自然馬寶忽現在前，紺青色，朱髦尾，頭頸如象，力能飛行。時王見已，念言：『此馬賢良，若善調者，可中御乘。』即試調習，諸能悉備。時，善見王欲自試馬寶，即乘其上，清旦出城，周行四海，食時已還。時，善見王踴躍而言：『此紺馬寶真爲我瑞，我今真爲轉輪聖王。』是爲紺馬寶成就。」○闍浮：即閻浮提，又稱閻浮洲、剡浮洲，亦稱贍部洲，當須彌山之南方大洲名，即人類之住處。此洲之中心，有閻浮樹之林，故以爲洲名。唐玄應一切經音義卷一八「閻浮提」：「或言云剡浮洲，或作譫浮洲，又云贍部洲。閻浮者從樹爲名，提者略也。應言提鞞波，此云洲。」

〔一七〕逸翮(hé)：指疾飛的鳥。文選卷二一郭璞遊仙詩：「逸翮思拂霄，迅足羨遠遊。」李善注：「逸，迅。」翮，藝文類聚卷七六作「融」，釋文紀卷二三、御製集、閻本、張本、全梁文、丁本作「翮」。今按：作「翮」是，據改。説文解字羽部：「翮，羽莖也。」

〔一八〕圖南：莊子逍遥遊載：「北冥有魚，其名爲鯤。化而爲鳥，其名爲鵬。鵬之徙于南冥也，水擊三千里，摶扶摇而上者九萬里，背負青天而莫之夭閼者，而後乃今將圖南。」晉郭象注：「夫所以乃今將圖南者，非其好高而慕遠也，風不積則夭閼不通故耳。此大鵬之逍遥也。」後以喻人的志向遠大。○輟軌：停止前進。世説新語德行：「郭林宗至汝南造袁奉高，車不停軌，鸞不輟軛。」

〔一九〕直：楊樹達詞詮卷五「直」：「表態副詞，亦與『特』同。爲『但』、『僅』之義，與今語『不過』同。」。○盡：通「進」。國語卷一周語：「近臣盡規，親戚補察。」俞樾群經平議春秋外傳國語一云：「盡即進。」○相府：相國府。呂氏春秋卷一九離俗覽舉難：「相也者，百官之長也。」

〔二〇〕署彼義年：漢書卷一高祖本紀載：漢十二年二月，詔曰：「賢士大夫有肯從我游者，吾能尊顯之。……其有意稱明德者，必身勸，爲之駕，遣詣相國府，署行、義、年。」顏師古注引蘇林曰：「行狀年紀也。」

〔二一〕高步：闊步，大步。文選卷二一左思詠史：「被褐出閶闔，高步追許由。」〇仙階：殿壇前的臺階。此代指廟宇。

〔二二〕金牒：指佛教經典。廣弘明集卷二八録梁武帝金剛般若懺文：「得金剛之妙寶，見金牒之深經。」蕭繹法寶聯璧序：「金牒空解，生文章之外。」

〔二三〕繁霜：濃霜。漢張衡定情歌：「大火流兮草蟲鳴，繁霜降兮草木零。」〇旦：藝文類聚卷七六作「且」，釋文紀卷二二、御製集、閣本、張本、全梁文、丁本作「旦」。今按：作「旦」是，據改。〇委：通「萎」。萎頓。

〔二四〕馬鳴：古印度僧人。後秦三藏鳩摩羅什譯馬鳴菩薩傳：「王（按：即月氏國王迦膩色迦）審知比丘高明勝達，導利弘深，辯才説法，乃感非人類。將欲悟諸群惑，餓七匹馬至於六日旦。普集内外沙門異學，請比丘説法，諸有聽者，莫不開悟。王繫此馬於衆會前，以草與之，馬垂淚聽法，無念食想，於是天下乃知非恒。以馬解其音故，遂號爲馬鳴菩薩。」

〔二五〕龍樹：古印度僧人。姚秦三藏鳩摩羅什譯龍樹菩薩傳：「其母樹下生之，因字阿周陀那，阿周陀那，樹名也，以龍成其道，故以龍配字，號曰龍樹也。」

〔二六〕虧：指月虧。史記卷七九蔡澤傳：「語曰『日中則移，月滿則虧』。物盛則衰，天地之常數也。」文選卷七司馬相如子虛賦：「岑崟參差，日月蔽虧。」李善注：「張揖曰：高山擁蔽，日月虧缺半見也。」

〔二七〕旦：藝文類聚卷七六作「且」，釋文紀卷二二、御製集、閣本、張本、全梁文、丁本作「旦」。今按：作「旦」是，據改。

〔二八〕曾巒：即「層巒」，山峰重疊。曾，通「層」。

〔二九〕緬：廣雅獮韻：「緬，遠也。」

【集評】

閣本：評「繁霜凝而旦委，松風淒而暮來」：爲輓詞亦淒然。

皇太子講學碑〔一〕

皇太子洊雷種德〔二〕，重離作兩〔三〕，業冠孟侯〔四〕，道高上嗣〔五〕，宮墻累仞〔六〕，高山仰止〔七〕。承華之闥〔八〕，更似通德之門〔九〕；博望之園〔一〇〕，反類華陰之市〔一一〕。家丞庶子〔一二〕，並入四科〔一三〕；洗馬後車〔一四〕，俱通六學〔一五〕。轉金路而下壁雍〔一六〕，晬玉裕而經槐市〔一七〕。詳其懸鏡高堂〔一八〕，衢樽待酌〔一九〕；瞻後忽前，博文約禮〔二〇〕。將使東極長男之宮，不獨銘於銀榜〔二一〕；南皮太子之序〔二二〕，豈徒擅於金碑。藝文類聚卷

五五、初學記卷二一、梁文紀卷四、御製集、閣本、張本、全梁文、丁本。

【校注】

〔一〕皇太子講學碑：梁以中大通三年（531）爲界，此前皇太子爲武帝長子蕭統，後皇太子爲梁武帝三子蕭綱。從文中「東極長男之宫」句看，極可能指梁武帝長子蕭統，則此文寫在中大通三年前。

〔二〕洊（jiàn）雷：周易震卦：「洊雷，震。君子以恐懼修省。」孔穎達疏：「洊者，重也，因仍也。雷相因仍，乃爲威震也。」周易説卦：「震爲雷……爲長子。」震象徵長子，後因以「洊雷」喻太子。○種德：施恩德於人。尚書大禹謨：「臯陶邁種德，德乃降，黎民懷之，帝念哉！」孔安國傳：「種，布。」孔穎達疏：「種物必布於地，故爲布也。」

〔三〕重離作兩：周易離卦：「明兩作離。大人以繼明照于四方。」孔穎達疏：「離爲日，日爲明。」古以帝王喻日，而此以「重離」指太子。

〔四〕孟侯：指周武王太子，即周成王。尚書大傳略説：「天子太子，年十八，曰孟侯。孟侯者，於四方諸侯來朝，迎於郊者，問其所不知也。問之人民之所好惡，土地所生美珍怪異，山川之所有無。及父在時，皆知之。」○冠：藝文類聚卷五五作「觀」，初學記卷二一、梁文紀卷四、御製集、閣本、張本、全梁文、丁本作「冠」。今按：作「冠」是，據改。

〔五〕上嗣：禮記文王世子：「其登餕、獻、受爵，則以上嗣。」鄭玄注：「上嗣，君之適長子。」此指周文王世子，即周武王。

〔六〕宮墻累仞：論語子張：「叔孫武叔語大夫於朝，曰：『子貢賢于仲尼。』子服景伯以告子貢。子貢曰：『譬之宮牆，賜之牆也及肩，窺見室家之好。夫子之牆數仞，不得其門而入，不見宗廟之美，百官之富。得其門者或寡矣。夫子之云，不亦宜乎！』」墻，原作壇，初學記卷二一、御製集、閣本、張本作「墻」。今按：作「墻」是，據改。

〔七〕高山仰止：詩經小雅車舝：「高山仰止，景行行止。」孔穎達注：「言高山者，以山之高比人德之高，故云『古人有高德者則慕仰之』也。且仰是心慕之辭，故爲高德。」

〔八〕承華之闥（tà）：太子宮門。文選卷二四陸機贈馮文羆遷斥丘令：「閶闔既闢，承華再建。」李善注引洛陽記曰：「太子宮在太宮東薄室門外，中有承華門。」闥，史記卷九五樊噲列傳：「噲乃排闥直入。」張守節正義：「闥，宮中小門。」初學記卷二一、閣本、張本作「闈」。今按：闈、闥義同。爾雅釋宮：「宮中之門謂之闈。」

〔九〕通德之門：後漢書卷三五鄭玄傳載：孔融深敬鄭玄，屣履造門，告高密縣爲玄特立一鄉，並云：「昔東海于公僅有一節，猶或戒鄉人侈其門閭，矧乃鄭公之德，而無駟牡之路！可廣開門衢，令容高車，號爲『通德門』。」

〔一〇〕博望之園：亦稱「博望苑」，漢宮苑名。故址在今陝西省西安市。漢武帝爲戾太子所建，供其交接賓客。漢書卷六三武五子傳戾太子劉據：「及冠就宮，上爲立博望苑，使通賓客。」

顔師古注：「取其廣博觀望也。」三輔黄圖卷四苑囿：「博望苑，武帝立子據爲太子，爲太子開博望苑以通賓客。漢書曰：『武帝年二十九乃得太子，甚喜。太子冠，爲立博望苑，使之通賓客從其所好。』又云：『博望苑在長安城南，杜門外五里有遺址。』」另，建康實録卷二吴中太祖下：「〔赤烏四年〕冬十一月，詔鑿東渠，名青溪，通城北塹潮溝。」原注：「次南有菰首橋，一名走馬橋。橋東燕鵲湖，湖連齊文惠太子博望苑。」是齊文惠太子亦有博望苑。此代指太子宫苑。

〔一一〕華陰之市：後漢書卷三六張楷傳載：東漢張楷字公超。「隱居弘農山中，學者隨之，所居成市，後華陰山南遂有公超市。」

〔一二〕家丞庶子：指太子家丞、太子庶子，並東宫官。三國志卷一二魏書邢顒傳：「采庶子之春華，忘家丞之秋實。」隋書卷二六百官志：「〔梁〕天監六年，帝以三卿陵替，乃詔革選。家令視通直常侍，率更、僕視黄門三等，皆置丞。……庶子四人，掌侍從左右，獻納得失。」太子家令、率更令、僕爲太子三卿。

〔一三〕四科：孔門四種科目。論語先進「德行：顔淵、閔子騫、冉伯牛、仲弓。言語：宰我、子貢。政事：冉有、季路。文學：子游、子夏。」

〔一四〕洗馬後車：指太子洗馬、太子文學。梁書卷四九文學上庾於陵傳：「俄領南郡邑中正，拜太子洗馬，舍人如故。舊事，東宫官屬，通爲清選，洗馬掌文翰，尤其清者。」後車，文選卷四二魏文帝與朝歌令吴質書：「從者鳴笳以啓路，文學托乘於後車。」故以代指文學侍從之士。梁史無太子文學官之載，然皇弟、皇子府有置，見隋書卷二六百官志。南朝梁昭明太子蕭統鍾山解講詩云：「清宵出望園，詰晨届鍾嶺。輪動文學乘，笳鳴賓從静。」此蓋指文學侍從。

〔一五〕六學：指六藝或六經。漢董仲舒春秋繁露玉杯：「六學皆大，而各有所長：詩道志，故長於質；禮制節，故長於文；樂詠德，故長於風；書著功，故長於事；易本天地，故長於數；春秋正是非，故長於治人。」

〔一六〕金路：亦作「金輅」。古代帝王家乘用的金飾之車。周禮春官宗伯巾車：「金路，鉤，樊纓九就，建大旂，以賓，同姓以封。」鄭玄注：「金路，以金飾諸末。」路，初學記卷二一、梁文紀卷四作「輅」。○璧雍：周代爲貴族子弟所設的大學。白虎通卷六辟雍：「天子立辟雍何？辟雍所以行禮樂，宣德化也。辟者，璧也。象璧圓，又以法天。雍者，雍之以水，象教化流行也。」璧，初學記卷二一、梁文紀卷四、御製集、閣本、張本、全梁文、丁本作「辟」。今按：辟、璧字通。

〔一七〕晬：通「睟」。文選卷六左思魏都賦：「魏國先生有睟其容。」張載注：「趙岐曰：睟，潤澤貌也。」○玉裕：文選卷二〇陸機皇太子宴玄圃宣猷堂有令賦詩：「茂德淵沖，天姿玉裕。」李善注引廣雅曰：「裕，容也。」張銑注：「天然之姿容如玉也。」藝文類聚卷五五作「王裕」，初學記卷二一作「玉容」，梁文紀卷四、御製集、閣本、張本、全梁文、丁本作「玉裕」。今按：作「玉裕」是，據改。○槐市：漢代長安讀書人聚會、貿易之市。因其地多槐而得名。藝文類聚卷三八引三輔黄圖曰：「去城七里，東爲常滿倉。倉之北爲槐市，列槐樹數百行，爲隧，無牆屋。諸生朔望會此市，各持其群（汪紹楹校：御覽五百三十四作『郡』）所出貨物，及經傳書記，笙磬樂器，相與買賣，雍雍揖讓，論義槐下。」

〔一八〕懸鏡高堂：西京雜記卷三：「高祖初入咸陽宫，周行庫府，金玉珍寶，不可稱言。……有方鏡，廣四尺，高五尺九寸，表裏有明，人直來照之，影則倒見。以手捫心而來，則見腸胃五臟，歷然無礙。人有疾病在内，則掩心而照之，則知病之所在。又女子有邪心，則膽張心動。秦始皇常以照宫人，膽張心動者則殺之。」後以喻官吏執法嚴明，判案公正，或辨事明察秋毫，公平無私。藝文類聚卷一六引梁劉孝威重光詩曰：「帝作儲述，禮和樂正。中衢置樽，高堂懸鏡。其酌不窮，其明逾盛。」

〔一九〕衢樽：亦作「衢尊」。謂設酒通衢，供行人自飲。淮南子卷一〇繆稱訓：「聖人之道，猶中衢而致尊邪：過者斟酌多少不同，各得所宜。是故得一人所以得百人也。」高誘注：「道六通謂之衢。尊，酒器也。」後以喻仁政。

〔二〇〕「瞻後」二句：論語子罕：「顏淵喟然歎曰：『仰之彌高，鑽之彌堅。瞻之在前，忽焉在後。夫子循循然善誘人，博我以文，約我以禮，欲罷不能。』」朱熹集注：「在前在後，恍惚不可爲象。此顏淵深知夫子之道，無窮盡、無方體，而歎之也。……博文約禮，教之序也。言夫子道雖高妙，而教人有序也。侯氏曰：『博我以文，致知格物也。約我以禮，克己復禮也。』」瞻後忽前，「瞻前忽後」之錯綜用法。世説新語德行：「周子居常云：『吾時月不見黄叔度，則鄙吝之心已復生矣。』」劉孝標注引典略曰：「黄憲字叔度，汝南慎陽人。時論者咸云『顏子復生』。而族出孤鄙，父爲牛醫。……戴良少所服下，見憲則自降薄，悵然若有所失，母問：『汝何不樂乎，復從牛醫兒所來邪？』良曰：『瞻之在前，忽焉在後，所謂良之師也。』」忽，藝文類聚卷五五作「思」，初學記卷二一、梁文紀卷四、御製集、閻本、張本、全梁文、丁本作「忽」。今按：作「忽」是，據改。

〔二二〕「將使」二句：藝文類聚卷六二引神異經曰：「東方有宫，青石爲牆，高三仞，左右闕高百丈，畫以五色，門有銀榜，以青石碧鏤，題曰天地長男之宫。」東極，指東方極遠之處。榜，匾額。廣韻蕩韻：「榜，題榜。」初學記卷二一作「榜」。今按：榜、榜用同。

〔二三〕南皮太子之序：三國志卷二一魏書王粲傳附吴質傳裴松之注引魏文帝與吴質書曰：「每念昔日南皮之游，誠不可忘。」同書引又與吴質書曰：「南皮之游，存者三人，烈祖龍飛，或將或侯。」南皮，文選卷四二魏文帝與朝歌令吴質書李善注引漢書曰：「渤海郡有南皮縣。」治所在今河北省南皮縣東北。太子，指曹丕，又與吴質書作於建安二十三年(218)，而曹丕於建安二十二年立爲魏太子。序，同「敘」。

【集評】

閻本：評「家丞庶子，並入四科；洗馬後車，俱通六學」：太子當亦不愧。

隱居先生陶弘景碑〔一〕

昔大和中〔二〕，有許遠遊者〔三〕，乃雲霄之勝賓，大虚之選客〔四〕。先生規同矩合，實踵高步〔五〕，曩基先構〔六〕，即駕胥宇〔七〕。千尋危聳〔八〕，憑牖以望奔星〔九〕；百拱高懸〔一〇〕，倚欞而觀朝日〔一一〕。飛流界道〔一二〕，似天漢之横波〔一三〕；觸石起雲〔一四〕，若奇峰之出岫〔一五〕。銘曰：

肇彼冥默〔一六〕，翻成協贊〔一七〕。身託外臣〔一八〕，心同有亂〔一九〕。重道尊德，爰積睿衷〔二〇〕。顧懷汾射〔二一〕，璽問遥通〔二二〕。朱楊鬱起〔二三〕，華構方崇。静臺冠月〔二四〕，經榭迎風〔二五〕。嶕嶢高棟〔二六〕，窅靄修櫳〔二七〕。極望山川，周觀京陸〔二八〕。碧嶂千嶺，清流萬谷。景落重崖〔二九〕，煙生岫複〔三〇〕。藝文類聚卷三七、梁文紀卷四、御製集、閻本、張本、全梁文、丁本。

【校注】

〔一〕隱居先生陶弘景碑：御製集題作「陶隱居朱陽館碑」。梁簡文帝蕭綱有華陽陶先生墓誌銘、邵陵王蕭綸有隱居貞白先生陶君碑，殆同時作。陶弘景，字通明，自號華陽隱居，丹陽秣陵人。南齊時，爲諸王侍讀，除奉朝請。齊武帝永明十年(492)辭官赴句曲山隱居，從孫遊岳學，並受符圖經法，遍歷名山，尋訪仙藥。梁武帝禮聘不至，隱居茅山。國家每有吉凶征討大事，無不先咨之，時人謂之「山中宰相」。大同二年(536)卒，謚貞白先生。梁書卷五一、南史卷七六有傳。

〔二〕大和：即「太和」，東晉廢帝司馬奕年號，自366年至371年。

〔三〕許遠遊：即許邁。晉書卷八〇王羲之傳附許邁傳：「許邁字叔玄，一名映，丹楊句容人也。家世士族，而邁少恬静，不慕仕進。未弱冠，嘗造郭璞，璞爲之筮，遇泰之大畜，其上六爻發。璞謂曰：『君元吉自天，宜學升遐之道。』時南海太守鮑靚隱跡潛遁，人莫之知。邁乃往候之，探其至要。父母尚存，未忍違親。謂餘杭懸霤山近延陵之茅山，是洞庭西門，潛通五嶽，陳安世、茅季偉常所遊處，於是立精舍於懸霤，而往來茅嶺之洞室，放絶世務，以尋仙館，朔望時節還家定省而已。父母既終，乃遣婦孫氏還家，遂攜其同志遍游名山焉。初采藥於桐廬縣之桓山，餌朮涉三年，時欲斷穀。以此山近人，不得專一，四面藩之，好道之徒欲相見者，登樓與語，以此爲樂。常服氣，一氣千餘息。永和二年，移入臨安西山，登巖茹芝，眇爾自得，有終焉之志。乃改名玄，字遠遊。與婦書告別，又著詩十二首，論神仙之事焉。羲之造之，未嘗不彌日忘歸，相與爲世外之交。玄遺羲之書云：『自山陰南至臨安，多有金堂玉室，仙人芝草，左元放之徒，漢末諸得道者皆在焉。』羲之自爲之傳，述靈異之跡甚多，不可詳記。玄自後莫測所終，好道者皆謂之羽化矣。」隋書卷三三經籍志著録：「仙人許遠遊傳一卷。」

〔四〕「乃雲霄」二句：意謂其人乃天地之間有名望有才能的人物。勝賓，猶勝友。賓，御製集題作「友」。大虛，指天地宇宙。大，梁文紀卷四、御製集、閣本、張本、丁本作「太」。今按：大、太通。選客，猶選士。指才能突出、受推崇之士。禮記王制：「命鄉論秀士，升之司徒，曰選士。」

〔五〕踵：漢書卷六武帝紀：「步兵踵軍後數十萬人。」顏師古注：「踵，接也，猶言躡其踵。」○高步：闊步，大步。晉左思詠史之五：「被褐出閶闔，高步追許由。」此處有高蹈、隱居之意。

〔六〕曩（nǎng）：莊子齊物論：「曩子行，今子止；曩子坐，今子起。」成玄英疏：「曩，昔也，向也。」○基：建築物之基礎。説文解字土部：「基，墻始也。」

〔七〕胥宇：猶相宅。詩經大雅緜：「爰及姜女，聿來胥宇。」毛傳：「胥，相。宇，居也。」鄭玄箋：「於是與其妃大姜自來相可居者。」南史卷七六隱逸傳陶弘景：「永明十年，脱朝服挂神武門，上表辭禄。詔許之，賜以束帛，敕所在月給伏苓五斤，白蜜二升，以供服餌。及發，公卿祖之征虜亭，供帳甚盛，車馬填咽，咸云宋、齊以來未有斯事。於是止于句容之句曲山。恒曰：『此山下是第八洞宮，名金壇華陽之天，周回一百五十里。昔漢有咸陽三茅君得道來掌此山，故謂之茅山。』乃中山立館，自號華陽陶隱居。」

〔八〕尋：詩經魯頌閟宮：「是斷是度，是尋是尺。」毛傳：「八尺曰尋。」

〔九〕奔星：漢書卷五七司馬相如傳上：「奔星更於閨闥，宛虹拖於楯軒。」顔師古注：「奔星，流星也。」

〔一〇〕拱：漢書卷二五郊祀志上：「後八世，帝太戊有桑穀生於廷，一暮大拱，懼。」顔師古注：「合兩手曰拱。」

〔一一〕欞(líng)：欄杆。文選卷一班固西都賦：「舍欞檻而却倚，若顛墜而復稽。」李周翰注：「欞、檻，欄也。」

〔一二〕飛流界道：文選卷一一孫綽遊天台山賦：「赤城霞起而建標，瀑布飛流以界道。」李善注：「界道，謂爲道疆界也。法華經曰：『黄金爲繩，以界八道。』」

〔一三〕天漢：詩經小雅大東：「維天有漢，監亦有光。」毛傳：「漢，天河也。」

〔一四〕觸石起雲：春秋公羊傳僖公三十一年：「觸石而出，膚寸而合，不崇朝而遍雨乎天下者，唯泰山雲爾。」文選卷四左思蜀都賦：「崗巒糺紛，觸石吐雲。」李善注引春秋元命苞曰：「山有含精藏雲，故觸石而出也。」

〔一五〕岫(xiù)：爾雅釋山：「山有穴爲岫。」郭璞注：「岫，謂巖穴。」晉陶潛歸去來辭：「雲無心以出岫，鳥倦飛而知還。」

〔一六〕肇：爾雅釋詁：「肇，始也。」○冥默：猶玄默，沈静無爲。

〔一七〕協贊：協助，輔佐。此指助蕭衍代齊。梁書卷五一處士陶弘景傳：「義師平建康，聞議禪代，弘景援引圖讖，數處皆成『梁』字，令弟子進之。」南史卷七六隱逸傳陶弘景：「齊末爲歌曰『水丑木』爲『梁』字。及梁武兵至新林，遣弟子戴猛之假道奉表。及聞議禪代，弘景援引圖讖，數處皆成『梁』字，令弟子進之。」

〔一八〕外臣：方外之臣。指隱居不仕者。南齊書卷五四高逸明僧紹傳：「慶符罷任，僧紹隨歸，住江乘攝山。太祖謂慶符曰：『卿兄高尚其事，亦堯之外臣。朕雖不相接，有時通夢。』」永明元年，世祖敕召僧紹，稱疾不肯見。詔徵國子博士，不就，卒。子元琳，字仲璋，亦傳家業。」明李贄藏書世紀列傳總目後論：「外臣者，隱處之臣也。天下亂則賢人隱，故以外臣終焉。」南史卷七六隱逸傳陶弘景：「帝手敕招之，錫以鹿皮巾。後屢加禮聘，並不出，唯畫作兩牛，一牛散放水草之間，一牛著金籠頭，有人執繩，以杖驅之。武帝笑曰：『此人無所不作，欲斆曳尾之龜，豈有可致之理。』」

〔一九〕有亂：指賢能之臣。尚書泰誓中：「予有亂臣十人，同心同德。」孔安國傳：「我治理之臣雖少而心德同。」孔穎達疏：「釋詁云：『亂，治也。』故謂我治理之臣有十人也。十人皆是上智。咸識周是殷非，故人數雖少，而心德同，同佐武王，欲共滅紂也。」

〔二〇〕爰：連詞，表承接關係。文選卷一五張衡思玄賦：「將答賦而不暇兮，爰整駕而亟行。」李善注：「爰，於是也。」經傳釋詞卷二「爰」：「或訓爲于，或訓爲於，或訓爲曰，或訓爲於是，其義一也。……爰、粵、于一聲之轉，故三字皆可訓爲於。」○睿衷：皇帝的內心。南朝梁江淹蕭上銅鐘芝草衆瑞表：「臣以祥緯雜沓，星燭波連，斯乃靈跡深覃，睿衷夐感，理應寫順，祇無涵秘。」睿，古時臣下對君王、后妃等所用的敬詞。文選卷五三陸機辯亡論：「用集我大皇帝，以奇從襲於逸軌，叡心因於令圖。」呂向注：「睿，聖也。」

〔二一〕顧懷：眷顧懷念。楚辭九歌東君：「長太息兮將上，心低佪兮顧懷。」王逸注：「言日將去扶桑，上而升天，則徘徊太息，顧念其居也。」○汾射：汾水之陽，姑射之山。莊子逍遥遊：「藐姑射之山，有神人居焉。……堯治天下之民，平海内之政，往見四子藐姑射之山，汾水之陽，窅然喪其天下焉。」陸德明釋文：「姑射……山名，在北海中。……汾水出自太原，西入於河。水北曰陽，則今之晉州平陽縣，在汾水北，昔堯都也。」此指隱士的居處。汾，閣本、張本作「紛」。

〔二二〕璽問遥通：南史卷七六隱逸傳陶弘景：「武帝既早與之游，及即位後，恩禮愈篤，書問不絶，冠蓋相望。……國家每有吉凶征討大事，無不前以諮詢。月中常有數信，時人謂爲山中宰相。」璽問，指皇帝的文書問詢。管子大匡：「凡諸侯之臣，有諫其君而善者，以璽問之，以信其言。」唐房玄齡注：「謂桓公以璽問之，以信驗其所諫之言爲善。」

〔二三〕朱楊：即赤楊。一種落葉喬木。漢司馬相如子虛賦：「其北則有陰林巨樹，楩柟豫樟，桂椒木蘭，檗離朱楊。」晉孫楚登樓賦：「杞柳綢繆，芙蓉吐芳，俯依青川，仰翳朱楊。」蕭繹歸來寺碑：「鈴隨風振，盤依露泫。丹桂無枝，朱楊自翦。」楊，御製集作「陽」，疑誤。

〔二四〕静臺：静坐修道的高臺。今按：静臺或即静壇。六朝事迹編類卷一〇静壇：「舊經云：梁侍中周捨立，與道士塢相對。武帝問曰：『其壇如何？』對曰：『風不鳴條，雲無膚寸。鹿巾黄帔，其數甚多。白簡朱衣，其來罕至。因名曰静壇。』今按，道士塢在蔣山古明慶寺前，與八功德水相近，則静壇當在其處。」

〔二五〕經榭：藏經的木屋。爾雅釋宫：「闍謂之臺，有木者謂之榭。」郭璞注：「臺上起屋。」宋邢昺疏：「彼以闍爲城臺，於此臺上有木起屋者名榭。」經，御製集作「輕」。

〔二六〕嶕（jiāo）嶢（yáo）：漢書卷八七揚雄傳下：「泰山之高不嶕嶢，則不能浡滃雲而散歊烝。」顔師古注：「嶕嶢，高貌也。」〇高棟：高大的屋梁。借指高樓廣廈。南朝梁何遜和蕭諮議岑離閨怨：「曉河没高棟，斜月半空庭。」

〔二七〕窅靄（ǎi）：同「杳靄」。連綿詞，茂密深遠貌。窅，藝文類聚卷三七、全梁文、丁本作「育」，梁文紀卷四、閣本、張本作「窅」，御製集作「杳」。今按：「育」當是「窅」之形訛，據改。廣雅釋詁：「窈，深也。」王念孫疏證：「窈、窅、杳並通。」〇櫳：房舍。廣雅釋宫：「櫳，舍也。」

〔二八〕周觀：遍覽。漢張衡西京賦：「便旋閭閻，周觀郊遂。」〇京陸：大陸，天下。京，左傳莊公二十二年：「八世之後，莫之與京。」杜預注：「京，大也。」孔穎達疏：「莫之與京，謂無與之比大。」

〔二九〕景：同「影」。○重崖：御製集、閣本、張本作「崖重」。

〔三〇〕複：土窟。禮記月令：「中央土，其日戊己。……其祀中霤。」鄭玄注：「古者複穴，是以名室爲霤云。」孔穎達疏：「複穴者，謂窟居也。古者窟居，隨地而造。若平地則不鑿，但纍土爲之，謂之爲複，言於地上重複爲之也；若高地則鑿爲坎，謂之爲穴，其形皆如陶竈。故詩云『陶復陶穴』是也。故毛云：『陶其土而復之，陶其壤而穴之。』鄭云：『復者，復於土上。鑿地曰穴。皆如陶然。』故庾蔚云：『複謂地上纍土，謂之穴則穿地也。』」

【集評】

閣本：評「憑牖以望奔星」：唐代韻高，無此警句。

【附】

藝文類聚卷三七引梁簡文帝華陽陶先生墓誌曰：若夫真以歸空爲美，送以無形爲貴，不知悦生，大德所以爲生，不知惡死，谷神所以不死。妙矣哉，隱顯變化，則物莫之測。既而岫開折石，天墜玉棺，銀書息簡，流珠罷竈。九節麗於空中，千和焚於地下，仙宫有得朋之意，受學震臨谷之悲。余昔在粉壤，早逢汜上之術，今篋元良，屢稟浮丘之教，握留符而惻愴，思化杖而酸情。乃爲銘曰：無名曰道，不死爲仙，以有元則，兼稱稚川。猗歟夫子，受録歸玄，黎傳苑吏，書因賈魟。鬱鬱方崖，悠悠洞天，三山白鶴，何時復旋。

揚州梁安寺碑〔一〕

竊以陽之有宗者〔二〕，莫擬於靈烏〔三〕；夜之有光者〔四〕，孰踰於陰兔〔五〕。故以日門見羲和之色〔六〕，月殿望奔娥之象〔七〕。而合璧迢遰〔八〕，丈尺猶且莫量；朗鏡悠遠〔九〕，積空之所不算〔一〇〕。復有紫川青龍之水〔一一〕，却月朝霞之山〔一二〕。白珪、玄璧，餞瑶池之上〔一三〕；銀闕、金宫，出瀛洲之下〔一四〕。空臺四柱，隨仙衣而俱颺；寶塹三重〔一五〕，映瑞園而涵影。旃檀散馥〔一六〕，無復圓覺之風〔一七〕；地涌神龕〔一八〕，皆成多寶之塔〔一九〕。藝文類聚卷七六、釋文紀卷二二、御製集、閣本、張本、全梁文、丁本。

【校注】

〔一〕揚州梁安寺碑：藝文類聚卷七六題作「揚州梁安寺碑序」，入碑文類；釋文紀卷二二、御製集、全梁文、丁本題作「揚州梁安寺碑」，入碑文類；閣本、張本題作「揚州梁安寺碑序」，入序文類。今從釋文紀等，題作「揚州梁安寺碑」，入碑文類。揚州，亦作「楊州」，州名。治所在今江蘇省南京市。梁安寺，佛寺名。金樓子后妃篇載：梁元帝蕭繹之母阮修容禮佛，於「京師起梁安寺」。又云阮修容大同九年薨於江州。而據梁書卷五元帝紀，蕭繹大同六年(540)出爲江州刺史，阮氏隨之出鎮，當在其時。則京師梁安寺之建，應在大同六年以前。

〔二〕陽之有宗者：禮記月令：孟冬之月，「天子乃祈來年于天宗。」孔穎達疏引蔡邕曰：「日爲陽宗，月爲陰宗。」

〔三〕靈烏：指日。論衡卷一一説日：「儒者曰：日中有三足烏，月中有兔、蟾蜍。」

〔四〕夜之有光者：楚辭天問：「夜光何德，死則又育？厥利維何，而顧菟在腹。」王逸注：「夜光，月也。」洪興祖補注：「博雅云：夜光，謂之月。皇甫謐曰：月以宵曜，名曰夜光。書有旁死魄，哉生明，既生魄。死魄，朔也。生魄，望也。先儒云：月光生於日所照，魄生於日所蔽，當日則光盈，就日則光盡。」藝文類聚卷一引皇甫謐年曆曰：「月群陰之宗，光内日影以宵曜，名曰夜光。」

〔五〕陰兔：指月亮。楚辭天問「顧菟在腹。」王逸注：「言月中有菟。……菟，一作兔。」洪興祖補注：「菟，與兔同。靈憲曰：月者，陰精之宗，積而成獸，象兔，陰之類，其數偶。蘇鶚演義云：兔十二屬，配卯位，處望日，月最圓，而出於卯上。卯，兔也。其形入於月中，遂有是形。古今注云：兔口有缺。博物志云：兔望月而孕，自吐其子，故天對云：玄陰多缺，爰感厥兔。不形之形，惟神是類。」南朝梁簡文帝大法頌序：「陰兔兩重，陽烏三足。」

〔六〕羲和：山海經大荒東經：「東海之外，甘水之閒，有羲和之國。有女子名曰羲和，方浴日于甘淵。羲和者，帝俊之妻，是生十日。」郭璞注：「羲和，蓋天地始生主日月者也。」後漢書卷五二崔駰傳：「氛霓鬱以横厲兮，羲和忽以潛暉。」李賢注：「羲和，日也。」

〔七〕月殿：即月宮。古代神話傳説月中有宮殿，爲嫦娥所居，又稱廣寒宮。○奔娥：即嫦娥，亦稱「姮娥」。淮南子卷六覽冥訓：「羿請不死之藥於西王母，姮娥竊以奔月。」高誘注：「姮娥，羿妻。羿請不死之藥於西王母，未及服之，姮娥盗食之，得仙，奔入月中，爲月精也。」

〔八〕合璧：漢書卷二一律曆志：「日月如合璧，五星如連珠。」此偏指日。○迢遰：遥遠貌。釋文紀卷二二作「苕遰」，御製集、閣本、張本、全梁文、丁本作「迢遞」。今按：「迢遰」、「苕遰」、「迢遞」，連綿詞。

〔九〕朗鏡：明鏡。此喻指月亮。

〔一〇〕積空：指天空。

〔一一〕紫川：指河流。南朝梁劉孝威登覆舟山望湖北詩：「紫川通太液，丹岑聯少華。」川，御製集、閣本、張本作「凰」。

〔一二〕却月：彎月。

〔一三〕「白珪」二句：穆天子傳卷三：「吉日甲子，天子賓于西王母，乃執白圭、玄璧，以見西王母，好獻錦組百純，□組三百純，西王母再拜受之。□乙丑，天子觴西王母于瑶池之上。」白珪，白玉製的禮器。詩經大雅抑：「白圭之玷，尚可磨也。」圭、珪用同。玄璧，黑色的璧玉。瑶池，傳説中西王母的居處。

〔一四〕「銀闕」二句：史記卷二八封禪書：「自威、宣、燕昭使人入海求蓬萊、方丈、瀛洲。此三神山者，其傳在勃海中，去人不遠；患且至，則船風引而去。蓋嘗有至者，諸仙人及不死之藥皆在焉。其物禽獸盡白，而黄金銀爲宮闕。」瀛洲，傳説中的仙山。

〔一五〕塹（qiàn）：溝壕。釋文紀卷二二、御製集、閻本、張本、全梁文、丁本作「壍」。今按：壍，同「塹」。

〔一六〕旃檀：唐慧琳一切經音義卷二九「旃檀」：「梵語香木名也。唐無正譯，即白檀香是也。微赤色者爲上。」翻譯名義集衆香篇：「阿難白佛：『世有三種香，一曰根香，二曰枝香，三曰華香。此三品香，唯能隨風，不能逆風。』」世説新語文學：「有北來道人好才理，與林公相遇於瓦官寺，講小品。於時竺法深、孫興公悉共聽。此道人語，屢設疑難，林公辯答清析，辭氣俱爽。此道人每輒摧屈。孫問深公：『上人當是逆風家，向來何以都不言？』深公笑而不答。林公曰：『白旃檀非不馥，焉能逆風？』」劉孝標注：「成實論曰：『波利質多天樹，其香則逆風而聞。』」〇馥：香氣。

〔一七〕圓覺：佛教語。指佛家修成圓滿正果的靈覺之道。

〔一八〕神龕：供奉神像的小閣或塔。龕，閻本、張本、全梁文、丁本作「翕」。四庫全書考證卷九六漢魏六朝百三家梁元帝集：「刊本『龕』訛『翕』，據藝文類聚改。」慧琳一切經音義卷六九「靈龕」：「考聲云：鑿山壁爲坎也。廣雅：龕，盛也。文字典説：著佛像處也。」廣韻覃韻：「龕，塔也。」

〔一九〕多寶之塔：即多寶塔，又稱多寶佛塔，乃安置多寶如來之塔。法華經卷四寶塔品：「爾時，佛前有七寶塔，高五百由旬，縱廣二百五十由旬，從地涌出，住在空中，種種寶物而莊校之。五千欄楯，龕室千萬，無數幢幡以爲嚴飾，垂寶瓔珞，寶鈴萬億而懸其上。四面皆出多摩羅跋栴檀之香，充遍世界。其諸幡蓋，以金、銀、琉璃、硨磲、瑪瑙、真珠、玫瑰七寶合成，高至四天王宮。三十三天，雨天曼陀羅華供養寶塔，餘諸天龍、夜叉、乾闥婆、阿修羅、迦樓羅、緊那羅、摩睺羅伽、人、非人等千萬億衆，以一切華香、瓔珞、幡蓋、伎樂供養寶塔，恭敬尊重讚歎。……爾時有菩薩摩訶薩，名大樂説，知一切世間天、人、阿修羅等心之所疑，而白佛言：『世尊，以何因緣，有此寶塔從地涌出，又於其中發是音聲？』」

廬山碑〔一〕

夫日月麗天〔二〕，皇穹所以貞觀〔三〕；川岳帶地，后土所以惟寧〔四〕。廬山者，亦南國之德鎮〔五〕。雖林石異勢，而雲霞共色。長風夜作，則萬流俱響；晨鼯曉吟〔六〕，則百嶺齊應。東瞻洪井〔七〕，識曳帛之在兹〔八〕；西望石梁，見指寶之可拾〔九〕。誠復慕類易悲，山中難久〔一〇〕。攀蘿結桂，多見淹留〔一一〕。藝文類聚卷七、梁文紀卷四、御製集、閣本、張本、全梁文、丁本。

【校注】

〔一〕盧山碑：藝文類聚卷七、梁文紀卷四、閣本、張本題作「盧山碑序」，御製集、全梁文、丁本題作「盧山碑」，盧山記卷一題作「盧山記」。閣本、張本入序文類，藝文類聚卷七、梁文紀卷四、御製集、全梁文、丁本入碑文類。今題從御製集等，入碑文類。盧山，水經注卷三九盧江水：「王彪之盧山賦敘曰：盧山，彭澤之山也。雖非五嶽之數，穹窿嵯峨，實峻極之名山也。孫放盧山賦曰：尋陽郡南有盧山，九江之鎮也。臨彭蠡之澤，接平敞之原。開山圖曰：山四方，周四百餘里，疊鄣之巖萬仞，懷靈抱異，苞諸仙跡。豫章舊志曰：盧俗，字君孝，本姓匡，父東野王，共鄱陽令吳芮佐漢定天下而亡。漢封俗于鄡陽，曰越盧君。俗兄弟七人，皆好道術，遂寓精于宮亭之山，故世謂之盧山。」今按：據梁書卷五元帝紀，大同六年（540）至中大同二年（547），蕭繹出爲鎮南將軍、江州刺史，盧山正在其轄區。是此文當作於此期間。

〔二〕日月麗天：周易離卦：「象曰：『離，麗也。日月麗乎天，百穀草木麗乎土。重明以麗乎正，乃化成天下。』」魏王弼注：「麗，猶著也，各得所著之宜。」孔穎達疏：「離，麗者。釋離卦之名，麗謂附著也。以陰柔之質附著中正之位，得所著之宜，故云麗也。日月麗乎天，百穀草木麗乎土者，此廣明附著之義。」

〔三〕皇穹：指天。文選卷四八揚雄劇秦美新：「登假皇穹，鋪衍下土。」李善注：「言衆瑞升至於皇天，鋪衍於下土。」○貞觀：謂以正道示人。貞，正。觀，示。周易繫辭下：「吉凶者，貞勝者也。天地之道，貞觀者也。日月之道，貞明者也。」韓康伯注：「天地萬物莫不保其貞以全其用也。」孔穎達疏：「天覆地載之道以貞正得一，故其功可爲物之所觀也。」

〔四〕后土：對大地的尊稱。左傳僖公十五年：「君履后土而戴皇天。」○惟寧：詩經大雅板：「懷德維寧，宗子維城。」惟，御製集、閣本、張本、全梁文、丁本作「維」。今按：惟、維通。

〔五〕德鎮：有德之鎮。水經注卷三九廬江水：「孫放廬山賦曰：『尋陽郡南有廬山，九江之鎮也。』」鎮，一方最大最重要的名山，主山。周禮夏官司馬職方氏：「東南曰揚州，其山鎮曰會稽。」鄭玄注：「鎮，名山安地德者也。」孫詒讓正義：「注云：『鎮，名山安地德者也』者，廣雅釋詁云：『鎮，安也。』大司樂『四鎮』注云：『四鎮，山之重大者。』書舜典『封十有二山』孔傳云：『每州之名山殊大者，以爲其州之鎮。』此九州九山，亦並當州重大之山以鎮安地域者，故尊之曰鎮也。」

〔六〕鼯（wú）：鼯鼠。文選卷五左思吴都賦：「狖鼯猓然，騰趠飛超。」劉淵林注：「〔鼯〕肉翼若蝙蝠，其飛善從高集下，食火煙，聲如人號，一名飛生。」

〔七〕洪井：水經注卷三九贛水：「西行二十里曰散原山……沙門竺曇顯建精舍于山南……西北五六里，有洪井，飛流懸注，其深無底，舊説洪崖先生之井也。」洪崖，古仙人名。

〔八〕曳帛：南朝梁沈約宋書卷三一五行志：「孫休永安二年，將守質子群聚嬉戲，有異小子忽來，言曰：『三公鋤，司馬如。』又曰：『我非人，熒惑星也。』言畢上升，仰視若曳一匹練，有頃沒。」文選卷一一孫綽遊天台山賦：「赤城霞起而建標，瀑布飛流以界道。」李善注引天台山圖曰：「赤城山，天台之南門也。瀑布山，天台之西南峰，水從南巖懸注，望之如曳布。」今按：曳帛猶曳練，曳布，此處用以比喻洪井上之瀑布也。

〔九〕「西望」二句：水經注卷三九廬江水引尋陽記曰：「廬山上有三石梁，長數十丈，廣不盈尺，杳然無底。吴猛將弟子登山，過此梁，見一翁坐桂樹下，以玉杯承甘露漿與猛。又至一處，見數人爲猛設玉膏。猛弟子竊一寶，欲以來示世人，梁即化如指。猛使送寶還，手牽弟子，令閉眼相引而過。」

〔一〇〕山中難久：楚辭招隱士：「王孫兮歸來！山中兮不可以久留！」王逸注：「誠多患害，難隱處也。」

〔一一〕「攀蘿」二句：楚辭九歌山鬼：「若有人兮山之阿，被薜荔兮帶女蘿。」王逸注：「女蘿，菟絲也。」楚辭招隱士：「桂樹叢生兮山之幽，偃蹇連蜷兮枝相繚。……攀援桂枝兮聊淹留，王孫遊兮不歸。」淹留，楚辭離騷：「時繽紛其變易兮，又何可以淹留？」爾雅釋詁：「曩、塵、佇、淹、留，久也。」晉郭璞注：「塵垢，佇企，淹滯，皆稽久也。」

鍾山飛流寺碑〔一〕

清梵夜聞〔二〕，風傳百常之觀〔三〕；寶鈴朝響，聲揚千秋之宮〔四〕。同符上隴，望長安之城闕〔五〕；有類偃師，瞻洛陽之臺殿〔六〕。瞰連甍而如綺〔七〕，雜卉木而成帷〔八〕。銘曰：

雲聚峰高，清風鍾徹。月如秋扇，花疑春雪。極目千里〔九〕，平原迢遰〔一〇〕。藝文類聚卷七六、釋文紀卷二三、御製集、閣本、張本、全梁文、丁本。

【校注】

〔一〕鍾山：即紫金山。位於今江蘇省南京市東北郊。○飛流寺：佛寺名。

〔二〕清梵：僧尼誦經之聲。南朝梁王僧孺初夜文：「大招離垢之賓，廣集應真之侶，清梵含吐，一唱三嘆。」

〔三〕百常之觀：文選卷二張衡西京賦：「通天訬以竦峙，徑百常而莖擢。」薛綜注：「倍尋曰常。」文選卷三〇謝朓觀朝雨：「既灑百常觀，復集九成臺。」李善注：「張景陽七命曰：表以百常之闕。西京賦曰：通天眇以竦峙，勁百常而莖擢。薛綜曰：臺名也。」文選卷三五張協七命：「表以百常之闕，圜以萬雉之墉。」李善注：「百常，高也。」常，古七尺或八尺爲尋，倍尋爲常。觀，唐蘇鶚蘇氏演義卷上：「觀者，樓觀也。又曰：觀可以於其上望焉。亦曰：觀者，謂屋宇之壯觀。」

〔四〕千秋之宮：後漢書卷七桓帝紀：延熹八年二月，「己酉，南宮嘉德署黄龍見。千秋萬歲殿火」。

〔五〕「同符」二句：太平御覽卷五六引三秦記曰：「隴西開，其坂九回，不知高幾里，欲上者，七日乃越。高處可容百餘家，下處數十萬户，上有清水四注。俗歌曰：『隴頭流水，鳴聲幽咽。遥望秦川，心肝斷絶。』去長安千里，望秦川如帶。又關中人上隴者，還望故鄉悲思而歌，則有絶死者。」

〔六〕「有類」二句：藝文類聚卷八引漢官典職曰：「德陽殿，周遊容萬人，自偃師去宫四十五里，激洛水於殿下。」同書卷六二引漢官典職曰：「偃師去宫三十五里，望朱雀闕，其上鬱樸與天連。」偃師，縣名。治所在今河南省洛陽市偃師縣，西接洛陽市郊區。

〔七〕連甍：棟宇相連。甍(méng)，屋脊。左傳襄公二十八年：「猶援廟桷，動於甍。」杜預注：「甍，屋棟。」孔穎達疏：「此是屋上之長材，椽所以馮依者也。今俗謂之屋脊。」説文解字瓦部：「甍，屋棟也。」徐鍇繫傳：「所以承瓦也。」晉左思蜀都賦：「比屋連甍，千廡萬室。」

〔八〕卉木：草木。詩經小雅出車：「春日遲遲，卉木萋萋。」毛傳：「卉，草也。」卉，張本作「奔」。四庫全書考證卷九六漢魏六朝百三家梁元帝集：「刊本『卉』訛『奔』，據藝文類聚改。」

〔九〕極目千里：楚辭招魂：「湛湛江水兮上有楓，目極千里兮傷春心。」極目，縱目遠望。

〔一〇〕平原迢遰：楚辭九歌國殤：「出不入兮往不反，平原忽兮路超遠。」迢遰，同「迢遞」。文選卷一八嵇康琴賦：「指蒼梧之迢遞，臨迴江之威夷。」呂向注：「謂蒼梧之迥遠也。」御製集、閣本、張本作「迢遞」。清吴玉搢別雅卷四：「迢遰，迢遞也。見九成宫醴泉銘。」

【集評】

閣本：評「雲聚峰高」：銘詞清拔。

曠野寺碑〔一〕

雲楣膠葛〔二〕，桂棟陰峰〔三〕。刻虬龍於洞房〔四〕，倒蓮花於綺井〔五〕。月殿朗而相暉〔六〕，雪宫穆以華壯〔七〕。巘巘琁題〔八〕，虹梁生於暮雨〔九〕，嶫嶫銀榜〔一〇〕，飛觀入乎雲中〔一一〕。銘曰：

圓璫旦輝〔一二〕，方諸夜朗〔一三〕；金盤曜色〔一四〕，寶鈴成響〔一五〕。藝文類聚卷七六、釋文紀卷二三、御製集、閣本、張本、全梁文、丁本。

【校注】

〔一〕曠野寺：佛寺名。江南通志卷四三輿地志寺觀：「〔江寧府〕崇因寺在府城南十里石馬山之陰，新亭舊址也，有王謝遺跡。劉宋時名曠野寺，唐開元中以懶融嘗居，改禪居院，宋改今額。」元釋大訢蒲室集卷一〇集慶路江寧崇因寺記：「按圖志，寺建以劉宋，人呼曠野寺，齊廢，梁大同中克復。」

〔二〕雲楣：飾有雲狀紋的横梁。文選卷二張衡西京賦：「雕楹玉碣，繡栭雲楣。」薛綜注：「楣，梁也。皆雲氣畫如繡也。」〇膠葛：文選卷五左思吴都賦：「東西膠葛，南北峥嶸。」李善注：「膠葛，長遠貌。」

〔三〕桂棟：桂樹做的屋梁。〇峰：釋文紀卷二二、御製集、閣本、張本、全梁文、丁本作「崇」。

〔四〕虬龍：楚辭天問：「焉有虬龍，負熊以遊？」王逸注：「有角曰龍，無角曰虬。言寧有無角之龍，負熊獸以遊戲者乎？」〇洞房：楚辭招魂：「姱容修態，絚洞房些。」洪興祖補注引五臣注：「洞，深也。」文選卷一一王延壽魯靈光殿賦：「旋室㛹娟以窈窕，洞房窈窱而幽邃。」張銑注：「洞，通也。窈窱，遠也。言此殿内更有曲室，美麗且深，又有通房，長遠而幽邃。」

〔五〕綺井：藻井。飾以彩紋圖案的天花板。形似井口圍欄，故稱。文選卷三四曹植七啓：「綺井含葩，金墀玉箱。」張銑注：「又於屋間爲井形，中有蓮花下垂也。」文選卷六左思魏都賦：「綺井列疏以懸蔕，華蓮重葩而倒披。」李周翰注：「屋上綺井，以板爲井形，飾以丹青如綺也。」夢溪筆談卷一九器用「藻井」：「屋上覆橑，古人謂之『綺井』，亦曰『藻井』，又謂之『覆海』。今令文中謂之『鬬八』，吴人謂之『罳頂』，唯宫室祠觀爲之。」

〔六〕月殿：古代神話傳説月中有宮殿，爲嫦娥所居，又稱廣寒宮。月天子之宮殿。又，法苑珠林卷四日月篇：「如起世經云：佛告比丘：『月天子宮殿，縱廣正等四十九由旬。四面垣牆，七寶所成。月天宮殿，純以天銀天青瑠璃，而相間錯。』」此借指佛殿。蕭繹梁安寺刹下銘：「雪宮月殿，晨輝夜圓。」

〔七〕雪宮：明潔清雅的房屋。此指佛寺房屋。宋高僧傳卷一五唐京師西明寺圓照傳：「師等道著依經，功超自覺，承雪宮之旨奧，爲火宅之涼飈。」

〔八〕䡾(niè)䡾：文選卷二張衡西京賦：「反宇業業，飛簷䡾䡾。」李善注：「䡾䡾，高貌。」説文解字車部：「䡾，載高皃。」○琁題：玉飾的椽頭。文選卷七揚雄甘泉賦：「珍臺閒館，琁題玉英。」李善注引應劭曰：「題，頭也。榱椽之頭，皆以玉飾，言其英華相燭也。」琁，釋文紀卷二二、御製集、閣本、張本、全梁文、丁本作「璇」。今按：琁，同「璇」。集韻仙韻：「璿，説文：美玉也。……或作琁、璇。」

〔九〕虹梁：高而拱曲的屋梁。文選卷一班固西都賦：「因瓌材而究奇，抗應龍之虹梁。」李善注：「應龍虹梁，梁形如龍而曲如虹也。」

〔一〇〕嶫(yè)嶫：文選卷一一何晏景福殿賦：「鳥企山峙，若翔若滯。峩峩嶫嶫，罔識所屆。」呂向注：「峩峩、嶫嶫，高貌。」御製集、全梁文、丁本作「璞璞」，閣本、張本作「璞璞」。四庫全書考證卷九六漢魏六朝百三家梁元帝集：「刊本『嶫嶫』訛『璞璞』，據藝文類聚改。」○銀榜：寺廟門端所懸的銀飾匾額。

〔一一〕飛觀：高聳的宮闕。爾雅釋宮：「觀謂之闕。」文選卷二九曹植雜詩之六：「飛觀百餘尺，臨牖御櫺軒。」李周翰注：「觀，樓也。」唐蘇鶚蘇氏演義卷上：「觀者，樓觀也。又曰：觀可以於其上望焉。亦曰：觀者，謂屋宇之壯觀。」

〔一二〕璫：瓦當。屋椽頭的裝飾物。史記卷一一七司馬相如傳：「華榱璧璫，輦道纚屬。」司馬貞索隱：「韋昭曰：『裁玉爲璧，以當榱頭。』司馬彪曰：『以璧爲瓦當。』」

〔一三〕方諸：古代在月下承露取水的器具。淮南子卷三天文訓：「方諸見月則津而爲水。」高誘注：「方諸，陰燧，大蛤也。熟磨令熱，月盛時以向月下，則水生，以銅盤受之，下水數滴。」太平御覽卷四引許慎注曰：「諸，珠也。方，石也。以銅盤受之，下水數升。」

〔一四〕金盤：即佛寺幡柱頂端的承露盤。洛陽伽藍記卷一「永寧寺」：「刹上有金寶瓶，容二十五斛。寶瓶下有承露金盤一十一重。」

〔一五〕寶鈴：掛在佛塔上的金鐸。洛陽伽藍記卷一「永寧寺」：「寶瓶下有承露金盤一十一重，周匝皆垂金鐸，復有鐵鏁四道，引刹向浮圖四角。鏁上亦有金鐸，鐸大小如一石甕子。浮圖有九級，角角皆懸金鐸，合上下有一百三十鐸。……至於高風永夜，寶鐸和鳴，鏗鏘之聲，聞及十餘里。……時有西域沙門菩提達摩者，波斯國胡人也。起自荒裔，來游中土。見金盤炫日，光照雲表；寶鐸含風，響出天外。」

玄圃牛渚磯碑〔一〕

竊以增城九重〔二〕，仙林八樹〔三〕，未有船如鳴鶴〔四〕，時度宓妃〔五〕，橋似牽牛〔六〕，能分織女〔七〕。丹鳳爲群〔八〕，紫柱成迥〔九〕。清風韻響，即代歌仙〔一〇〕；桂影浮池，仍爲月浦〔一一〕。璧月朝暉，金樓啓扉。畫船向浦，錦纜牽磯。花飛拂袖，荷香入衣。山林朝市〔一二〕，併覺忘歸。藝文類聚卷七、梁文紀卷四、御製集、閣本、張本、全梁文、丁本。

【校注】

〔一〕玄圃：南朝齊梁時京師建康宮中園名。南齊書卷二一文惠太子傳：「太子與竟陵王子良俱好釋氏，立六疾館以養窮民。風韻甚和，而性頗奢麗，宮内殿堂，皆雕飾精綺，過於上宮。開拓玄圃園，與臺城北塹等，其中樓觀塔宇，多聚奇石，妙極山水。」梁書卷八昭明太子傳：「性愛山水，於玄圃穿築，更立亭館，與朝士名素者遊其中。」資治通鑑卷一六一梁紀高祖武皇帝「太清二年」：「太子於玄圃自講老、莊。」胡三省注：「自蕭齊以來，東宮有玄圃。崑崙之山三級，下曰樊桐，二曰玄圃，三曰層城，太帝之所居，東宮次於帝居，故立玄圃。」○牛渚磯：晉書卷六七温嶠傳：嶠自建康往武昌，「至牛渚磯，水深不可測，世云其下多怪物，嶠遂毁犀角而照之」。牛渚，本指今安徽省馬鞍山市西南采石山。磯，水邊石灘或突出的巖石。

今按：此牛渚磯蓋爲玄圃中所築磯名。

〔二〕增城九重：楚辭天問：「增城九重，其高幾里？」淮南子卷四墜形訓：「掘崑崙虛以下地，中有增城九重，其高萬一千里百一十四步二尺六寸。」高誘注：「增，重也。有五城十二樓，見括地象。此乃誕，實未聞也。」

〔三〕八樹：指八桂。山海經海内南經：「桂林八樹在番隅東。」郭璞注：「八樹而成林，言其大也。」

〔四〕船如鳴鶴：初學記卷六引袁山松宜都記曰：「對西陵南岸有山，其峰孤秀。人自山南上至頂，俯臨大江如縈帶，視舟船如鳧雁。」鳴鶴，梁文紀卷四、御製集、閣本、張本、全梁文、丁本作「雁鶴」。

〔五〕宓妃：傳説中的洛水女神。楚辭離騷：「吾令豐隆乘雲兮，求宓妃之所在。」王逸注：「宓妃，神女。」洪興祖補注：「漢書古今人表有宓羲氏。宓，音伏，字本作虙。顔氏家訓云：虙字从虍，宓字从宀，下俱爲必。孔子弟子宓子賤，即虙羲之後，俗字以爲宓，或復加山。子賤碑云：濟南伏生，即子賤之後。是知虙之與伏，古來通用，誤以爲密，較可知矣。洛神賦注云：宓妃，伏犧氏女，溺洛水而死，遂爲河神。」文選卷八司馬相如上林賦：「若夫青琴、宓妃之徒，絶殊離俗。」李善注引如淳曰：「宓妃，伏羲氏女，溺死洛，遂爲洛水之神。」三國魏曹植洛神賦序：「黄初三年，余朝京師，還濟洛川。古人有言，斯水之神，名曰宓妃。」

〔六〕橋似牽牛：牽牛，指牽牛星。水經注卷一九渭水：「此水又東注渭水。水上有梁，謂之渭橋，秦制也，亦曰便門橋。秦始皇作離宮于渭水南北，以象天宮，故三輔黃圖曰：渭水貫都，以象天漢，横橋南度，以法牽牛。」三輔黃圖卷一咸陽故城：「始皇窮極奢侈，築咸陽宮，因北陵營殿，端門四達，以則紫宮，象帝居。渭水貫都，以象天漢，横橋南渡，以法牽牛。」

〔七〕織女：指織女星。史記卷二七天官書：「婺女，其北織女。織女，天女孫也。」漢班固西都賦：「臨乎昆明之池，左牽牛而右織女。」古詩十九首迢迢牽牛星：「迢迢牽牛星，皎皎河漢女。」唐韓鄂歲華紀麗卷三引漢應劭風俗通曰：「織女七夕當渡河，使鵲爲橋。」明馮應京月令廣義七月令引南朝梁殷芸小説：「天河之東有織女，天帝之子也。年年機杼勞役，織成雲錦天衣，容貌不暇整。帝憐其獨處，許嫁河西牽牛郎，嫁後遂廢織紝。天帝怒，責令歸河東，但使一年一度相會。」

〔八〕丹鳳：赤鳳。禽經「鸞」晉張華注：「首翼赤曰丹鳳。」

〔九〕柱：梁文紀卷四作「桂」，御製集作「芝」。○迾：梁文紀卷四、御製集、閣本、張本、全梁文、丁本作「列」。今按：迾，同「列」。

〔一〇〕歌仙：梁文紀卷四、御製集、閣本、張本作「仙歌」。

〔一一〕月浦：月光下的水濱。御製集「浦」下有「銘曰」二字。

〔一二〕山林朝市：指隱士和官宦。山林，古隱士多避世於山林，故以代指隱士。南朝梁沈約爲武帝搜訪隱逸詔曰：「高尚其志，義焕通爻。山林不出，訓光惇史。」朝市，指官場。晉陶潛讀山海經詩之十二：「巖巖顯朝市，帝者慎用才。」此代指官宦。

【集評】

閻本：太真犀理，然之彩動矣。

攝山栖霞寺碑〔一〕

金池無底〔二〕，已通寶塹之側〔三〕；玉樹生風〔四〕，傍臨綵舡之上〔五〕。七重欄楯〔六〕，七寶蓮花〔七〕。通風承露，含香映日。銘曰：

苔依翠屋，樹隱丹楹〔八〕。澗浮山影，山傳澗聲。風來露歇，日度霞輕。三災不毀〔九〕，得一而貞〔一〇〕。藝文類聚卷七六、釋文紀卷二二、御製集、閻本、張本、全梁文、丁本。

【校注】

〔一〕攝山：又稱霞山、傘山，位於今江蘇省南京市東北。〇棲霞寺：亦稱棲霞精舍，位於今南京市東北攝山中峰西麓。高僧傳卷八齊琅琊攝山釋法度：「宋末遊于京師。高士齊郡明僧紹，抗迹人外，隱居琅琊之⿰山聶山。挹度清徽，待以師友之敬。及亡，捨所居山爲栖霞精舍，請度居之。」

〔二〕金池：南朝梁簡文帝與廣信侯重述内典書：「金池動月，玉樹含風。」

〔三〕塹：釋文紀卷二二、御製集、閻本、張本、全梁文、丁本作「壍」。今按：壍，同「塹」。

〔四〕玉樹：文選卷七揚雄甘泉賦：「翠玉樹之青葱兮。」李善注引漢武帝故事曰：「上起神屋，前庭植玉樹，珊瑚爲枝，碧玉爲葉。」

〔五〕舡：釋文紀卷二二、御製集、閻本、張本、全梁文、丁本作「船」。

〔六〕欄楯（shǔn）：欄杆。史記卷一〇一袁盎晁錯列傳「百金之子不騎衡」裴駰集解引如淳曰：「衡，樓殿邊欄楯也。」司馬貞索隱：「纂要云『宫殿四面欄，縱者云檻，横者云楯』也。」

〔七〕七寶蓮花：蓋指畫飾有七寶的蓮華臺。七寶，佛教所稱的七種珍寶。佛説長阿含經卷三：「大善見王七寶具足，王有四德，主四天下。何謂七寶？一金輪寶，二白象寶，三紺馬寶，四神珠寶，五玉女寶，六居士寶，七主兵寶。」

〔八〕丹楹：左傳莊公二十三年：經：「秋，丹桓宫楹。」杜預注：「楹，柱也。」

〔九〕三災：佛教謂劫末所起的三種災害。刀兵、疫癘、饑饉爲小三災，起於住劫中減劫之末；火、風、水爲大三災，起於壞劫之末。見俱舍論分别世品。此泛指災難。

〔一〇〕得一而貞：老子第三九章：「昔之得一者：天得一以清，地得一以寧，神得一以靈，谷得一以盈，萬物得一以生，侯王得一以爲天下正。」今按：貞、正，義同。周易師卦：象曰：「貞，正也。」世説新語言語：「侍中裴楷進曰：『臣聞天得一以清，地得一以寧，侯王得一以爲天下貞。』」劉孝標注引王弼老子注云：「一者，數之始，物之極也。各是一物，所以爲主也。各以其一，致此清、寧、貞。」

【集評】

閻本：評「風來露歇，日度霞輕」：凭檻竟日，時或遇之。

錢鍾書管錐編第四册全上古三代秦漢三國六朝文二〇〇全梁文卷一八：元帝攝山棲霞寺碑：「苔依翠屋，樹隱丹楹。澗浮山影，山傳澗聲。」按「隱」字尋常，「依」字新切；卷三四江淹青苔賦「嗟青苔之依依兮」，即此「依」也。王維書事「輕陰閣小雨，深院晝慵開。坐看蒼苔色，欲上人衣來」，末句正「青苔依依」之的解，猶李商隱贈柳「隄遠意相隨」，乃「楊柳依依」之的解（别見毛詩卷論采薇）。「欲上」與「意相隨」，同心之言也。「澗浮」二語一若山與澗有無互通，短長相資，彼影此寫，此響彼傳，不具情感之物忽締交誼，洵工於侔色揣稱矣。西方作者則常道樹臨溪畔，溪水潤樹，樹蔭庇水，濟美互惠……其言溪與樹如朋友通財協力，無異梁元之言山與澗焉。

歸來寺碑〔一〕

幡影飇於絳臺〔二〕，梵聲依於應塔〔三〕。三相不留〔四〕，蕭竃終壞〔五〕；八苦遐長〔六〕，燈蛾未已〔七〕。銘曰：

鈴隨風振，盤依露泫〔八〕。丹桂無枝〔九〕，朱楊自翦〔一〇〕。九苑萌枯〔一一〕，三昧葉卷〔一二〕。疏樹摇落，翻流清淺。藝文類聚卷七六、釋文紀卷二二、御製集、閣本、張本、全梁文、丁本。

【校注】

〔一〕歸來寺：佛寺名。地址待考。

〔二〕絳臺：春秋時晉國國君在國都絳（按：在今山西省絳縣）所建之高臺。後漢書卷二八馮衍傳下：「饁女齊於絳臺兮，饗椒舉於章華。」李賢注：「絳，晉國所都。國語曰：『晉平公爲九層之臺。』」此泛指高臺。○幡：旌旗。佛教取之以顯示佛菩薩降魔之威德，與『幢』同爲佛菩薩之莊嚴供具。

〔三〕梵聲：念佛誦經之聲。○應塔：應起之塔，即佛塔。

〔四〕三相：指解脱相、離相、滅相。解脱相是無生死的相，離相是無涅槃的相，滅相是無生死涅槃的無相，連無相亦無，即是非有非無之中道妙理。法華經藥草喻品：「如來説法，一相一味，所謂解脱相、離相、滅相。」妙法蓮華經文句卷七上：「解脱相者，無生死相；離相者，無涅槃相；滅相者無相，亦無相。」又，佛教亦稱三有爲相即生相、異相、滅相爲三相。生相，謂引未來之法，使流入現在；異與滅相，意謂使其衰異及壞滅而流入過去。

〔五〕蕭蠶終壞：佛經以爲衆生自起煩惱，自造惑業而沉淪於三界，猶如蠶之作繭，吐絲自纏。大般涅槃經卷二七：「如蠶作繭，自生自死；一切衆生，亦復如是。」蕭，疑作「縈」。蕭繹梁安寺刹下銘：「縈蠶自纏。」

〔六〕八苦：佛教謂人有生、老、病、死、恩愛、別離、求不得、怨憎會、憂悲等八種苦。見大般涅槃經聖行品、法苑珠林怨苦八苦。

〔七〕燈蛾未已：晉支曇諦赴火蛾賦：「悉達有言曰：『愚人貧身，如蛾投火。』誠哉斯言，信而有徵也。……燭曜庭宇，燈朗幽房，紛紛群飛，翩翩來翔，赴飛焰而體燋，投煎膏而身亡。」諸法集要經卷三：「彼愚癡衆生，著欲亦如是。若人著貪欲，常爲彼燒煮。畢竟無知覺，與燈蛾相似。」

〔八〕盤：即佛寺幡柱頂端的承露盤。洛陽伽藍記卷一「永寧寺」：「刹上有金寶瓶，容二十五斛。寶瓶下有承露金盤一十一重。」○泫：露珠晶瑩貌。廣韻銑韻：「泫，露光。」

〔九〕丹桂：晉嵇含南方草木狀卷中：「桂有三種：葉如柏葉，皮赤者爲丹桂。」

〔一〇〕朱楊：即赤楊。一種落葉喬木。漢司馬相如子虛賦：「其北則有陰林巨樹，楩柟豫樟，桂椒木蘭，檗離朱楊。」晉孫楚登樓賦：「杞柳綢繆，芙蓉吐芳，俯依青川，仰翳朱楊。」

〔一一〕九苑：泛指園林。○萌枯：枯枝萌芽。

〔二〕三昧：梵文音譯，意譯爲「正定」。謂屏除雜念，心不散亂，專注一境。大智度論卷七：「何等爲三昧？善心一處住不動，是名三昧。」晉慧遠念佛三昧詩集序：「夫三昧者何？專思、寂想之謂也。」初學記卷二三引大方等大集經曰：「不空菩薩以三昧力，其地平正，猶如手掌。多羅樹八道，間錯羅布。其中金多羅樹，白銀葉花；銀樹，琉璃葉花；頗黎樹，馬腦葉花，馬腦樹，車渠葉花；車渠樹，真珠葉花；赤真珠樹，黄金葉花。」

郢州晉安寺碑〔一〕

鳳皇之嶺〔二〕，芊綿映色〔三〕；蓮花之洞〔四〕，照曜增輝〔五〕。山云黄鶴，疑聞天之夜響〔六〕；城稱卻月〔七〕，似輕雲之霄蔽。銘曰：

虹梁紫柱，螭桷丹牆〔八〕；綺井飛棟〔九〕，華榱璧璫〔一〇〕，應龍若動〔一一〕，威鳳疑翔〔一二〕。玉舄霄潤〔一三〕，金池夕光。朱城却棁〔一四〕，紫陌潛通。塹柳朝緑〔一五〕，江暉暝紅。落霞將暮，鮮雲夕布〔一六〕。峰下陽烏〔一七〕，林生陰兔〔一八〕。分珮隔浦〔一九〕，皇檣隱霧〔二〇〕。俱聽法鐘〔二一〕，同觀寶聚〔二二〕。藝文類聚卷七六、釋文紀卷二二、御製集、閣本、張本、全梁文、丁本。

【校注】

〔一〕郢州：州名，南朝宋時置，治所夏口，即今湖北省武漢市武昌區。州，閣本、張本作「川」。〇晉安寺：佛寺名。湖廣通志卷七八古跡志「武昌府江夏縣」：「小塔寺在洪山，即晉安寺。有無影塔，塔下有井，名浪花井，其脉通江。」

〔二〕鳳凰之嶺：蓋指鳳闕。太平御覽卷五三引武昌記曰：「城北有崗，高數丈，名曰鳳闕，其處顯敞，昇闕以望川澤，多所遠瞻。吴黄龍元年，有鳳皇集此崗，故謂之鳳闕。」鳳皇，釋文紀卷二二、閣本、張本作「凰鳳」。

〔三〕芊綿：草木茂盛貌。宋書卷六七謝靈運傳載謝靈運山居賦，有云：「孤岸竦秀，長洲芊綿。」

〔四〕蓮花之洞：待考。蕭繹荆州長沙寺阿育王像碑：「却望五津，距青蓮之洞。」

〔五〕輝：御製集、閣本、張本作「暉」。今按：暉，用同「輝」。

〔六〕「山云」二句：太平御覽卷四八引江夏圖經曰：「〔黄鶴山〕在縣東九里，其山斷絶，無連接。舊傳云，昔有仙人控黄鶴於山，因以爲名。故梁湘東王晉安寺碑云『黄鶴從天之夜響』是。」鈞天，「鈞天廣樂」的略語。指天上的音樂。史記卷四三趙世家：「趙簡子疾，五日不知人……居二日半，簡子寤。語大夫曰：『我之帝所甚樂，與百神遊於鈞天，廣樂九奏萬舞，不類三代之樂，其聲動人心。』」聞，御製集、閣本、張本、全梁文、丁本作「鈞」。今按：疑作「鈞」是。

〔七〕城稱郤月：即郤月城，在今湖北省武漢市漢口區西南。水經注卷三五江水三：「沔左有郤月城，亦曰偃月壘，戴監軍築，故曲陵縣也。後乃沙羨縣治也。昔魏將黄祖所守，吴遣董襲、凌統攻而擒之。禰衡亦遇害於此。」太平寰宇記卷一三一漢陽縣載：郤月城「與魯城相對，以其形似郤月」，故稱。郤月，彎月。

〔八〕螭桷：雕有螭龍花紋的椽子。螭（chī），説文解字虫部：「無角曰螭。」後漢書卷五九張衡傳録衡思玄賦，有云：「伏靈龜以負坻兮，亘螭龍之飛梁。」李賢注引廣雅：「無角曰螭龍。」桷（jué），説文解字木部：「桷，榱也。椽方曰桷。从木角聲。春秋傳曰：『刻桓宫之桷。』」

〔九〕綺井：即藻井。文選卷六左思魏都賦：「綺井列疏以懸蔕，華蓮重葩而倒披。」李周翰注：「屋上綺井，以板爲井形，飾以丹青如綺也。」〇飛棟：高聳的屋梁。説文解字木部：「棟，極也。」王筠説文句讀：「棟爲正中一木之名，今謂之脊檁者是。」

〔一〇〕華榱（cuī）璧璫（dāng）：文選卷二張衡西京賦：「飾華榱與璧璫。」薛綜注：「華榱，畫其榱也。」同書卷八司馬相如上林賦：「華榱璧璫，輦道纚屬。」李善注：「韋昭曰：裁金爲璧，以當榱頭也。」張銑注：「華榱，彩飾椽也。璧璫，以璧飾椽首也。」榱，屋椽，放在檁上承接屋面和瓦片的木條。説文解字木部：「榱，秦名爲屋椽，周謂之榱，齊魯謂之桷。」急就篇卷三：「榱椽欂櫨瓦屋梁。」顏師古注：「榱即椽也，亦名爲桷。」璫，玉質瓦當。屋椽頭的裝飾。史記卷一一七司馬相如傳録上林賦：「華榱璧璫，輦道纚屬。」司馬貞索隱：「司馬彪曰：『以璧爲瓦當。』」璧，藝文類聚卷七六、全梁文作「壁」，釋文紀卷二二、御製集、閣本、張本、丁本作「壁」。今按：作「璧」是，據改。

〔一一〕應龍：文選卷四五班固答賓戲：「應龍潛於潢汙，魚黿媟之。」吕延濟注：「應龍，有翼之龍也。」南朝梁任昉述異記卷上：「龍，五百年爲角龍，千年爲應龍。」此蓋指雕畫於牆壁或柱上之龍。

〔一二〕威鳳：漢書卷八宣帝紀：「九真獻奇獸，南郡獲白虎威鳳爲寶。」顔師古注引晉灼曰：「鳳之有威儀者也，與尚書『鳳皇來儀』同意。」此蓋指雕畫於牆壁或柱上之鳳。

〔一三〕玉舄（xì）：玉製的柱脚石。文選卷二張衡西京賦：「雕楹玉碣，綉栭雲楣。」李善注：「廣雅曰：碣，礩也。碣與舄古字通。」墨子備城門：「城上百步一樓，樓四植，植皆爲通舄。」孫詒讓閒詁引蘇時學曰：「舄，同『碣』，柱下石也。」〇霄：通「宵」，夜間。

〔一四〕棁（zhuō）：論語公冶長：「臧文仲居蔡，山節藻棁，何如其知也？」邢昺疏：「棁，梁上短柱也。」

〔一五〕塹：釋文紀卷二二、全梁文、丁本作「壍」。今按：壍，同「塹」。

〔一六〕鮮雲：文選卷二八陸機悲哉行：「和風飛清響，鮮雲垂薄陰。」張銑注：「鮮雲，輕雲。」

〔一七〕陽烏：指太陽。論衡卷一一説日：「儒者曰：日中有三足烏，月中有兔、蟾蜍。」初學記卷一引廣雅云：「日名耀靈，一名朱明，一名東君，一名大明，亦名陽烏。」

〔一八〕陰兔：指月亮。楚辭天問「顧菟在腹。」王逸注：「言月中有菟。……菟，一作兔。」洪興祖補注：「菟，與兔同。靈憲曰：月者，陰精之宗，積而成獸，象兔，陰之類，其數偶。蘇鶚演義云：兔十二屬，配卯位，處望日，月最圓，而出於卯上。卯，兔也。其形入於月中，遂有是形。古今注云：兔口有缺。博物志云：兔望月而孕，自吐其子，故天對云：玄陰多缺，爰感厥兔。不形之形，惟神是類。」初學記卷一引春秋元命苞曰：「月之爲言闕也，而設以蟾蠩與兔者，陰陽雙居。明陽之制陰，陰之倚陽。」南朝梁簡文帝大法頌序：「陰兔兩重，陽烏三足。」

〔一九〕分珮隔浦：謂隔水不可見。列仙傳江妃二女：「江妃二女者，不知何所人也。出遊於江漢之湄，逢鄭交甫，見而悦之，不知其神人也。謂其僕曰：『我欲下請其佩。』僕曰：『此間之人皆習於辭，不得，恐罹悔焉。』交甫不聽，遂下與之言曰：『二女勞矣。』二女曰：『客子有勞，妾何勞之有！』交甫曰：『橘是柚也，我盛之以笥，令附漢水，將流而下，我遵其傍，采其芝而茹之，以知吾爲不遜也。願請子之佩。』二女曰：『橘是柚也，我盛之以莒，令附漢水，將流而下，我遵其旁，采其芝而茹之。』遂手解佩與交甫，交甫悦，受而懷之，中當心，趨去數十步，視佩，空懷無佩。顧二女，忽然不見。詩曰：『漢有遊女，不可求思。』此之謂也。」

〔二〇〕皇檣：指大船。皇，詩經大雅皇矣：「皇矣上帝，臨下有赫。」毛傳：「皇，大。」檣，文選卷一二郭璞江賦：「舳艫相屬，萬里連檣。」李善注引埤蒼：「檣，帆柱也。」此代指船。

〔二〕法鐘：指佛寺鐘聲。

〔三〕寶聚：珍寶積聚。此喻無上妙道。法華經信解品：「佛説聲聞當得作佛，無上寶聚不求自得。」

【集評】

閻本：評「塹柳朝緑，江暉暝紅。落霞將暮，鮮雲夕布」：靚景。

南岳衡山九真館碑〔一〕

簫鼓騰空，煙霞相接。星辰奪采，燈燭非明。風牖雲梁，千門萬户〔二〕。樓施九柱，已同賴鄉之地〔三〕；山帶五城，復類玄洲之所〔四〕。玉版之經猶藴〔五〕，金丹之處存焉〔六〕。上月臺而遺愛〔七〕，登景雲而忘老〔八〕，欣欣然不知所以而然。日暉石瓦〔九〕，東眺靈壽之峰〔一〇〕；月蔭玉牀，西瞻華蓋之嶺〔一一〕。竹類黄金〔一二〕，既葳蕤而防露〔一三〕；木似紅蓮〔一四〕，且芬披而拂日〔一五〕。杯傳九醖〔一六〕，隱淪之車晨至〔一七〕；堂開四扇，西楹之鐘夜響〔一八〕。藝文類聚卷七八、御製集、閻本、張本、全梁文、丁本。

【校注】

〔一〕南岳衡山九真館碑：藝文類聚卷七八、閻本、張本、全梁文、丁本題作「南岳衡山九貞館碑」，御製集題作「衡山九貞館碑」，御定淵鑑類函卷三五四題作「南岳衡山九貞觀碑」。今題從藝文類聚等。湖廣通志卷八九古跡志「衡州府衡陽縣」：「九真觀在岳廟東十里，一云即壽寧觀。梁元帝南岳衡山九真館碑云云。南岳總勝集卷中衡岳觀：「觀有碑文六……九真觀記。（原注：梁湘東王蕭繹撰。）」衡山，又名南岳，五岳之一，位於今湖南省衡山縣。初學記卷五「衡山」：「周官：荆州，其山鎮曰衡山。徐靈期南岳記及盛弘之荆州記云：衡山者，五岳之南岳也。其來尚矣。……故南岳衡山，朱陵之靈臺，太虛之寶洞，上承冥宿，銓德鈞物，故名衡山；下踞離宫，攝位火鄉，赤帝館其嶺，祝融託其陽，故號南岳。周旋數百里，高四千一十丈。東南臨湘川，自湘川至長沙七百里，九向九背，然後不見。」

〔二〕千門萬户：史記卷一二武帝本紀：「於是作建章宫，度爲千門萬户。」文選卷二張衡西京賦：「長廊廣廡，途閣雲蔓。閈庭詭異，門千户萬。」文選卷一一王延壽魯靈光殿賦：「千門相似，萬户如一。」張載注：「千門萬户，言衆多也。」

〔三〕「樓施」二句：史記卷六三老子韓非列傳：「老子者，楚苦縣厲鄉曲仁里人也。」劉宋裴駰集解：「地理志曰：苦縣屬陳國。」唐司馬貞索隱：「按：地理志苦縣屬陳國者，誤也。苦縣本屬陳，春秋時楚滅陳，而苦又屬楚，故云楚苦縣。至高帝十一年，立淮陽國，陳縣、苦縣皆屬焉。裴氏所引不明，見苦縣在陳縣下，因云苦屬陳。今檢地理志，苦實屬淮陽郡。苦音怙。」唐張守節正義：「按年表云淮陽國，景帝三年廢。至天漢修史之時，楚節王純都彭城，相近。疑苦此時屬楚國，故太史公書之。括地志云：『苦縣在亳州谷陽縣界。有老子宅及廟，廟中有九井尚存，在今亳州真源縣也。』厲音賴。晉太康地記云：『苦縣城東有瀨鄉祠，老子所生地也。』藝文類聚卷六四引賴鄉記曰：「老子祠在賴鄉曲仁里。」同書卷六三引賴鄉記曰：「老子廟有皇天樓、九柱樓、静念樓，皆畫仙人雲氣。」賴鄉，即厲鄉，在今河南省鹿邑縣東。賴，御製集、閣本、張本作「瀨」。

〔四〕玄洲：神話中的十洲之一。海内十洲記玄洲：「玄洲，在北海之中，戌亥之地，方七千二百里，去南岸三十六萬里，上有太玄都，仙伯真公所治……饒金芝玉草。」

〔五〕玉版之經：刻在玉片上的經文。初學記卷五「衡山」：「徐靈期南岳記及盛弘之荆州記曰：……禹治水，登而祭之，因夢遇玄夷使者，遂獲金簡玉字之書，得治水之要。」太平御覽卷三九引吴越春秋曰：「禹傷父功不成，登衡山，血白馬以祭之。忽然而卧，夢赤繡文衣男子，稱玄夷蒼水使者，謂禹曰：『欲得我山書者，齋於黄帝之嶽。』禹乃退，齋三日，登宛委，發石，得金簡玉字之書，得治水之要也。」

〔六〕金丹：抱朴子内篇金丹：「夫金丹之爲物，燒之愈久，變化愈妙。黄金入火，百鍊不消，埋之，畢天不朽。服此二物，鍊人身體，故能令人不老不死。」

〔七〕月臺：望月的高臺。〇遺愛：留於後世的德行、恩惠等。愛，御製集作「憂」。

〔八〕景雲：祥雲，瑞雲。文選卷二〇應貞晉武帝華林園集詩：「鳳鳴朝陽，龍翔景雲。」李善注：

「孝經援神契曰：王者德至山陵則景雲出。孫柔之曰：一名慶雲。文子曰：景雲光潤。」

〔九〕暉：文選卷四六王融三月三日曲水詩序：「雲潤星暉，風揚月至。」劉良注：「暉，明也。」

〔一〇〕靈壽：山名。宋阮閱郴江百詠輝松臺：「靈壽峰前路有苔，松門依舊對山開。幽人野叟尋僧至，時有輝輝大旆來。」又，會勝寺：「靈壽山前古梵宫，粥魚齋鼓白雲中。衲僧若會蒙泉意，竟與曹溪一徑通。」

〔一一〕華蓋：初學記卷五「衡山」引徐靈期南岳記及盛弘之荆州記曰：「山有三峰，其一名紫蓋。」同書卷八引異苑曰：「衡山有峰名曰華蓋，又一名紫蓋。」

〔一二〕竹類黄金：藝文類聚卷八九引竺法真羅山疏曰：「嶺南道無筋竹，惟此山有之，其大尺圍，細者色如黄金，堅貞疏節。」

〔一三〕葳蕤：漢東方朔七諫初放：「便娟之修竹兮，寄生乎江潭。上葳蕤而防露兮，下泠泠而來風。」王逸注：「葳蕤，盛貌。防，蔽也。」洪興祖補注：「葳音威，蕤儒佳切，草木垂貌。」

〔一四〕木似紅蓮：唐王維辛夷塢：「木末芙蓉花，山中發紅萼。」

〔一五〕芬披：同「紛披」，盛多貌。文選卷五〇沈約宋書謝靈運傳論：「升降謳謡，紛披風什。」吕延濟注：「紛披，多也。」〇拂日：楚辭離騷：「折若木以拂日兮，聊逍遥以相羊。」王逸注：「拂，擊也。一云蔽也。……言己總結日轡，恐不能制，年時卒過，故復轉之西極，折取若木，以拂擊日，使之還去，且相羊而遊，以俟君命也。或謂拂，蔽也，以若木鄣蔽日，使不得過也。」

〔一六〕九醖：亦作「九投」、「九酘」，謂經過多次釀造。晉張華輕薄篇：「蒼梧竹葉清，宜城九醖酒。」拾遺記卷九晉時事：「張華爲九醖酒，以三薇漬麴蘖，蘖出西羌，麴出北胡。」初學記卷二六引酒經曰：「烏梅女鯇，甛醹九投，澄清百品，酒之終也。」此代指美酒。

〔一七〕「隱淪」句：謂清晨有隱士來訪。隱淪，文選卷二六謝靈運入華子崗是麻源第三谷：「既枉隱淪客，亦棲肥遯賢。」吕向注：「隱淪、肥遯，皆幽居者。」

〔一八〕「西楹」句：謂夜晚有宫廷使者來到。西楹之鐘，古代帝王宫殿西楹下所置之鐘。亦稱「西鐘」。後漢書卷六順帝紀：延光四年，「十一月丁巳，京師及郡國十六地震。是夜，中黄門孫程等十九人共斬江京、劉安、陳達等，迎濟陰王於德陽殿西鐘下，即皇帝位，年十一」。太平御覽卷八八五引晉書曰：「趙王倫簒，時有雉飛入殿中，自大極東階上殿，驅之，更飛西鐘下，有頃飛去。」梁書卷一六張稷傳：「時東昏淫虐，義師圍城已久，城内思亡而莫有先發。北徐州刺史王珍國就稷謀之，乃使直閤張齊害東昏於含德殿。稷召尚書右僕射王亮等列坐殿前西鐘下。」楹，説文解字木部：「楹，柱也。……春秋傳曰：『丹桓宫楹。』」

青谿山館碑〔一〕

原夫法象莫過於天地，著明莫過於日月〔二〕。鼓之以雷電，潤之以風雨〔三〕，咸秩無文〔四〕，所以名山致祭〔五〕，峻極於天〔六〕。青溪山者，荆南之中岳也。隱隱干霄〔七〕，亭亭無際〔八〕。雲蓋三層〔九〕，如在帝臺之側〔一〇〕；桂林八樹〔一一〕，非異景山之傍〔一二〕。輕霞亘起〔一三〕，影落照於陽溪〔一四〕；清風遠至，響猿鳴於巫峽〔一五〕。西臨百丈之穴，南帶千仞之水。洪源湛淡〔一六〕，長波縈復〔一七〕。藝文類聚卷七八、梁文紀卷四、御製集、閣本、張本、全梁文、丁本。

【校注】

〔一〕青谿山：山名，在今湖北省南漳縣南六十里。

〔二〕「原夫」二句：周易繫辭上：「是故法象莫大乎天地，變通莫大乎四時，縣象著明，莫大乎日月，崇高莫大乎富貴。」法象，對一切事物現象的總稱。

〔三〕「鼓之」二句：周易繫辭上：「是故剛柔相摩，八卦相蕩。鼓之以雷霆，潤之以風雨。日月運行，一寒一暑。」電，梁文紀卷四作「霆」。

〔四〕咸秩無文：謂有條不紊。尚書洛誥：「王肇稱殷禮，祀于新邑，咸秩無文。」咸，皆。秩，秩序。文，王引之經義述聞卷四尚書下：「今案：『文』當讀爲『紊』。紊，亂也。盤庚曰：『若網在綱，有條不紊。』釋文：『紊，徐音文。』是『紊』與『文』古同音，故借爲『紊』。」

〔五〕名山致祭：禮記王制：「天子祭天下名山大川，五嶽視三公，四瀆視諸侯。諸侯祭名山大川之在其地者。」

〔六〕峻極於天：禮記中庸：「發育萬物，峻極於天。」鄭玄注：「峻，高也。」孔穎達疏：「言聖人之道高大，與山相似，上極於天。」

〔七〕隱隱：隱約貌。南朝宋鮑照還都道中詩之二：「隱隱日没岫，瑟瑟風發谷。」○干霄：高入雲霄。

〔八〕亭亭：文選卷二張衡西京賦：「干雲霧而上達，狀亭亭以苕苕。」薛綜注：「亭亭、苕苕，高貌也。」

〔九〕雲蓋：三國志卷二魏書文帝紀裴松之注引魏書曰：「帝生時，有雲氣青色而圜如車蓋當其上，終日，望氣者以爲至貴之證，非人臣之氣。」藝文類聚卷一引易通卦驗曰：「穀雨太陽，雲出張，如車蓋。」又引魏文帝浮雲詩曰：「西北有浮雲，亭亭如車蓋。」

〔一〇〕帝臺：帝王修築的高臺。如春秋時楚有章華臺、晉有絳臺。後漢書卷二八馮衍傳下：「饁女齊於絳臺兮，饗椒舉於章華。」李賢注：「絳，晉國所都。國語曰：『晉平公爲九層之臺。』……章華，臺名，在南郡華容縣。楚語曰：『靈王爲章華之臺，與椒舉升。』」

〔一一〕桂林八樹：山海經海内南經：「桂林八樹在番隅東。」郭璞注：「八樹而成林，言其大也。」

〔一二〕景山：詩經鄘風定之方中：「望楚與堂，景山與京。」毛傳：「景山，大山。」○傍：全梁文、丁本作「旁」。

〔一三〕亘：後漢書卷五九張衡傳：「伏靈龜以負坻兮，亘螭龍之飛梁。」李賢注：「亘猶横度也。」全梁文、丁本作「旦」。

〔一四〕陽溪：地名。即長陽溪。太平御覽卷七六五引盛弘之荆州記曰：「宜都有風穴。樵人有冬過者，置笠穴口，風吹吸之。經日，還涉長陽溪而得其笠，則知溪穴潛通矣。」

〔一五〕巫峽：長江上著名峽谷。從今重慶市巫山縣城東大寧河起，至湖北省巴東縣官渡口止，全長四十六公里。水經注卷三四江水二：「故漁者歌曰：巴東三峽巫峽長，猿鳴三聲淚沾裳。」

〔一六〕湛淡：波浪起伏貌。玉臺新詠卷二魏文帝清河作：「方舟戲長水，湛澹自浮沉。」又，文選卷五左思吴都賦：「湛澹羽儀，隨波參差。」劉淵林注：「湛澹，迅疾貌。」

〔一七〕縈(yíng)復：迴旋往復。縈，詩經周南樛木：「南有樛木，葛藟縈之。」毛傳：「縈，旋也。」

荆州長沙寺阿育王像碑〔一〕

蓋聞琁璣玉衡〔二〕，穹昊所以紀物〔三〕；金版玉文〔四〕，淳精所以播氣〔五〕。何則？咸秩社首〔六〕，義盡於寰中〔七〕；鑄鼎馮翊〔八〕，未窮於繫表〔九〕。況復道冠萬靈，理超千聖；智周十地〔一〇〕，行圓四等〔一一〕。變海成蘇〔一二〕，移山入芥〔一三〕。針鋒廣説〔一四〕，藕絲見道〔一五〕。惠音八種〔一六〕，面門五色〔一七〕。組鉢生華〔一八〕，入青樓而吐曜〔一九〕；金牀照采〔二〇〕，出紫殿而相輝〔二一〕。纔度蓮河〔二二〕，即處天冠之寺〔二三〕；始游羅衛〔二四〕，便居堅固之林〔二五〕。斯蓋俯應閻浮〔二六〕，未臻常樂〔二七〕；降情誘接〔二八〕，豈窮妄相〔二九〕。若乃境無引汲〔三〇〕，智生淺深〔三一〕；明同一體〔三二〕，惑起十重〔三三〕。七地初刃〔三四〕，方稱變易〔三五〕；三達後心〔三六〕，因窮智種〔三七〕。然俱冥四德〔三八〕，脱屣雙林〔三九〕，示表金棺〔四〇〕，現焚檀椁〔四一〕，浩浩焉不可知已。却望五津〔四二〕，距青蓮之洞〔四三〕；傍臨三峽〔四四〕，帶明月之流〔四五〕。藝文類聚卷七六、釋文紀卷二三、御製集、閣本、張本、全梁文、丁本。

【校注】

〔一〕荆州：州名。治所在今湖北省荆州市。○長沙寺：佛寺名。在荆州江陵城北。高僧傳卷五晉荆州長沙寺釋曇翼：「釋曇翼，姓姚，羌人也，或云冀州人。年十六出家，事安公爲師。……晉長沙太守滕含於江陵捨宅爲寺，安求一僧爲綱領。安謂翼曰：『荆楚士庶，始欲師宗，成其化者，非爾而誰？』翼遂杖錫南征，締構寺宇，即長沙寺是也。後丕賊越逸，侵掠漢南，江陵闔境，避難上明，翼又於彼立寺。群寇既蕩，復還江陵，修復長沙寺。……翼常歎寺立僧足，而形像尚少，阿育王所造容儀，神瑞皆多，布在諸方，何其無感，不能招致。乃專精懇惻，請求誠應。以晉太元十九年甲午之歲二月八日，忽有一像現於城北，光相衝天。時白馬寺僧衆，先往迎接，不能令動。翼乃往祇禮，謂衆人曰：『當是阿育王像，降我長沙寺焉。』即令弟子三人捧接，飄然而起，迎還本寺。道俗奔赴，車馬轟填。後罽賓禪師僧伽難陀從蜀下，入寺禮拜，見像光上有梵字，便曰：『是阿育王像，何時來此？』時人聞者方知翼之不謬。年八十二而終。」〇阿育王：古印度摩竭陀國的國王，華譯爲無憂王，於公元前270年統一全印度，初奉婆羅門教，肆其暴行，後來改信佛教，興慈悲，施仁政，弘揚佛法，當時佛教徒認爲他是理想的國王，尊之爲「護法名王」。翻譯名義集卷三：「阿育，或阿輸迦，或阿輸柯，此云無憂王。」

〔二〕琁璣玉衡：尚書舜典：「在璿璣玉衡，以齊七政。」孔安國傳：「璣、衡，王者正天文之器，可運轉者。」孔穎達疏：「璣、衡者，璣爲轉運，衡爲横簫，運璣使動，於下以衡望之，是王者正天文之器。漢世以來，謂之渾天儀者是也。馬融云：『渾天儀可旋轉，故曰璣。衡，其横簫，所以視星宿也。以璿爲璣，以玉爲衡，蓋貴天象也。』蔡邕云：『玉衡，長八尺，孔徑一寸，下端望之，以視星辰。蓋懸璣以象天，而衡望之。轉璣窺衡，以知星宿。』是其説也。」史記卷一五帝本紀：「舜乃在璿璣玉衡，以齊七政。」裴駰集解引鄭玄曰：「璿璣、玉衡，渾天儀也。」琁，釋文紀卷二二、御製集、閣本、張本、全梁文、丁本作「璇」。今按：琁，同「璇」。集韻仙韻：「璿，説文：美玉也。……或作琁、璇。」

〔三〕穹昊：上天。爾雅釋天：「穹，蒼天也。春爲蒼天，夏爲昊天。」

〔四〕金版：天子祭告上帝時鏤刻告詞或銘記大事的金屬版。周禮秋官司寇職金：「旅于上帝，則共其金版。」鄭玄注：「鉼金謂之版。」南朝梁劉孝標廣絶交論：「聖賢以此鏤金版而鐫盤盂。」○玉文：玉簡上的文字，亦用作文字的美稱。

〔五〕淳精：精粹，精華。文選卷一班固東都賦：「發皓羽兮奮翹英，容絜朗兮於淳精。」吕延濟注：「淳精，言不雜。」藝文類聚卷七三引晉傅咸汙卮賦曰：「有金商之瑋寶，稟乾剛之淳精。歎春暉之定色，越冬冰之至清。爰甄陶以成器，逞異域之殊形。」

〔六〕咸秩社首：謂封禪於社首。咸秩，有條不紊。尚書洛誥：「王肇稱殷禮，祀于新邑，咸秩無文。」咸，皆。秩，秩序。社首，山名，在今山東省泰安市西南，上有社首壇，因周成王封禪得名。漢書卷二五郊祀志上：「周成王封泰山，禪於社首。」顏師古注：「應劭曰：『山名，在博縣。』晉灼曰：『在鉅平南十二里。』師古曰：『晉説是也。』」

〔七〕寰中：宇内，天下。

〔八〕鑄鼎馮翊：水經注卷四河水四：「黄帝採首山之銅，鑄鼎于荆山之下，有龍垂胡于鼎。黄帝登龍，從登者七十人，遂升于天。故名其地爲鼎湖。荆山在馮翊，首山在蒲坂，與湖縣相連。」後漢書郡國志「左馮翊：……雲陽」，劉昭注引潘岳關中記曰：「三輔舊治長安城中，長吏各在其縣治民。光武東都之後，扶風出治槐里，馮翊出治高陵。」又引帝王世記曰：「禹鑄鼎於荆山，在馮翊懷德之南，今其下有荆渠也。」

〔九〕「未窮」句：謂非言辭所能表達。繫表，言辭之外。明楊慎丹鉛雜録繫表：「繫表二字，人多不解所出。按晉春秋荀粲曰：『立象以盡意，非通乎象外者也；繫辭以盡言，非言乎繫表者也。象外之意，繫表之言，固蘊而不出矣。』」

〔一〇〕十地：梵語意譯。或譯爲「十住」。佛家謂菩薩修行所經歷的十個境界。大乘菩薩十地爲：歡喜地、離垢地、發光地、焰慧地、極難勝地、現前地、遠行地、不動地、善慧地、法雲地。另有三乘十地、四乘十地、真言十地等，名目各有不同。南朝宋謝靈運辨宗論附答問：「一合於道場，非十地之所階，釋家之唱也。」

〔一一〕四等：佛教語，即「四無量心」。菩薩普度無量衆生的四種精神，即慈、悲、喜、捨。與樂謂之「慈」，拔苦謂之「悲」，見衆生離苦得樂而欣悦謂之「喜」，怨親平等謂之「捨」。仁王經序品：「以四攝法饒益有情，四無量心普覆一切。」

〔一二〕變海成蘇：梁釋法雲撰法華義記：「若據内談，如來種智，則物莫能測，即是轉海水爲蘇酪，長短改度，小大相容等也。」法苑珠林卷二八引華嚴經云：「日藏光明能變海水爲酪，離潤光明能變海酪爲酥。」

〔一三〕移山入芥：維摩詰經卷一：「見須彌入芥子。」罽賓國三藏般若奉詔譯大乘理趣六波羅蜜多經卷一歸依三寶品：「若遠若近，游止自在，無有障礙，於一芥子能納無量諸妙高山，如是功德無量無邊，諸佛如來悉皆具足。」芥，芥子，芥菜的種子，極細小。

〔一四〕針鋒廣説：喻值佛出世之難。大般涅槃經疏卷四：「仰針於地，梵宫投芥，墮在針鋒，此事甚難。值佛生信復難於是。」「針」，藝文類聚卷七六、全梁文、丁本作「鉢」，釋文紀卷二二、御製集、閣本、張本、全梁文、丁本作「針」。今按：作「針」是，據改。

〔一五〕藕絲見道：佛教以藕絲比喻迷事之惑。蓋於見道可斷迷理惑，其性雖猛利，却易斷除，譬如破石；于修道可斷迷理惑，其性雖鈍弱，然斷之反難，故以藕絲爲譬喻。大日經疏鈔卷五七：「見惑易斷如破石，修惑難斷如藕絲。」

〔一六〕惠音八種：指如來所得八種音聲：一極好音，二柔軟音，三和適音，四尊慧音，五不女音，六不誤音，七深遠音，八不竭音。見法界次第初門下之下。釋迦譜：「又云佛有八種音聲。」

〔一七〕面門五色：釋迦譜載：佛滅度前，「爾時世尊于晨朝時，從其面門放種種光」。「爾時如來面門所出五色光明，其光明耀覆諸大會，令彼身光悉不復現」。「爾時世尊從其面門放種種色，青黄赤白紅紫光明」。面門，華嚴經探玄記卷三：「面門者，諸德有三釋：一云是口，一云是面之正容，非别口也。光統師云：鼻下口上中間是也。」

〔一八〕組鉢：疑即「優鉢」，又作「烏鉢羅」，花名。大毗盧遮那成佛經疏卷一五曰：「優鉢羅花，有赤白二色，又有不赤不白者，形如泥盧鉢羅花。」法華經隨喜功德品曰：「優鉢華之香，常從其口出。」

〔一九〕青樓：指富貴之家的樓閣。文選卷二七曹植美女篇：「借問女安居？乃在城南端。青樓臨大路，高門結重關。」南齊書卷七東昏侯紀：「世祖興光樓上施青漆，世謂之『青樓』。」

〔二〇〕金牀：精緻華美的坐牀。大唐西域求法高僧傳卷上：「裝飾精妙，金牀寶地，供養希有。」泛指法座。

〔二一〕紫殿：帝王宮殿。三輔黄圖卷二漢宫：「〔武〕帝又起紫殿，雕文刻鏤黼黻，以玉飾之。成帝永始四年行幸甘泉，郊泰畤，神光降於紫殿。」大慈恩寺三藏法師傳：「所以紫殿慰懷，黔首胥悦。」

〔二二〕度：同「渡」。○蓮河：疑指「熙連禪河」。釋迦譜載：佛滅度後，阿難曰：「七日之中，使國人民皆得供養，然後出城北門，渡熙連禪河，於天冠寺而闍維之，是上天意使牀不動。」

〔二三〕天冠之寺：釋迦譜載：佛滅度後，「於是末羅捧牀漸進，入東城門止，諸街巷設供養已。出城北門渡熙連禪河，到天冠寺告阿難曰：『我等復應以何供養。』阿難報曰：『我親從佛聞：欲葬舍利當如轉輪聖王葬法，生獲福死得上天。』時末羅即共入城，供辦葬具已，還到天冠寺，以浄香湯洗浴佛身，以新劫貝周匝纏身，五百張氎次如纏之。内身金棺，灌以香油，置於第二大鐵槨中，栴檀木槨重衣其外，以衆名香而積其上。末羅大臣名曰路綫，執大炬火欲燃佛積，而火不燃。又諸大末羅次前燃積，火又不燃。時阿那律語末羅言：『止止諸賢，非汝所能，火滅不燃，是諸天意。以大迦葉將五百弟子，從波波國來欲見佛身，天知其意，使火不燃。』爾時大迦葉從波波國遇一尼乾子，手執文陀羅花問言：『汝知我師在乎？』答曰：『滅度以來已經七日。』迦葉聞之悵然不悅。五百比丘婉轉號啕，不能自勝。迦葉詣拘尸城，波尼連禪河到天冠寺。」

〔二四〕羅衛：國名，即迦維羅衛，在今尼泊爾塔拉伊之提羅拉冠特，爲佛出生之處。

〔二五〕堅固之林：即娑羅樹林。翻譯名義集卷三：「娑羅，此云堅固。北遠云：冬夏不改，故名堅固。」此指釋迦摩尼涅槃處的娑羅林。大唐西域記卷一二十二國「記贊」：「然忘動寂於堅固之林，遺去來於幻化之境。」

〔二六〕閻浮：即閻浮提，又稱閻浮洲、剡浮洲。亦稱贍部洲。當須彌山之南方大洲名。即人類之住處。此洲之中心，有閻浮樹之林，故以爲洲名。又屬南方，故曰南閻浮提。玄應一切經音義卷一八：「剡浮或云閻浮提，或作譫浮，又云贍部，皆梵音訛轉也。剡浮者從樹爲名，提者略也，應言提鞞波，此云洲也。」

〔二七〕臻：詩經邶風泉水：「遄臻于衛，不瑕有害。」毛傳：「臻，至。」○常樂：佛教語。又稱涅槃四德。達涅槃境界，就會具有真正的常樂我淨。恒常不變而無生生滅，名之爲常德；寂滅永安，名之爲樂德；得大自在，是主是依，性不變易，名之爲我德；解脱一切垢染，名之爲淨德。

〔二八〕降情：虛懷，虛心。○誘接：招引接納。

〔二九〕妄相：佛教認爲凡所有相，皆是虚妄。楞嚴經：「佛告阿難及諸大衆：汝等當知，有漏世界十二類生，本覺妙明覺圓心體，與十方佛無二無别。由汝妄想迷理爲咎，癡愛發生。生發遍迷，故有空性。化迷不息，有世界生。」

〔三〇〕境：閣本、張本作「鏡」。

〔三一〕智生淺深：即人之生智，有淺有深。

〔三二〕明同一體：即一明、一陀羅尼也。明爲真言陀羅尼之異名。大毗盧遮那成佛經疏卷一二曰：「破除一切無明煩惱之闇故，名之爲明，然明及真言，義有差别。若心口出者，名真言；從一切身分，任運生者，名之爲明也。」

〔三三〕惑起十重：佛教有所謂十大惑，亦稱十根本煩惱，謂五鈍使、五利使。即貪、嗔、癡、慢、疑和身見、邊見、見取見、戒取見、邪見。

〔三四〕七地：佛教語。即遠行地。菩薩十地之七。在此階位，菩薩遠離三界生死煩惱，成就方便智慧，證得無相空寂。亦稱已作地。相當於小乘羅漢果的階位。見大智度論卷七五。華嚴經十地品：「菩薩摩訶薩修此妙行，如是方便慧現前故，名爲入七地……深智慧定心，具行六地已；一時生方便，智慧入七地。」隋慧遠大乘義章卷一四：「此從二地乃至七地，修道剪障，名斷煩惱。」湯用彤漢魏兩晉南北朝佛教史第二部分第十七章：「謂七地始得無生，是時已悟理。但至於十地，金剛心現，乃證體而作佛。」○刃：東漢揚雄太玄經卷六失：

「初一，刺虚滅刃。」晉范望注：「刃，滿也。」
〔三五〕變易：佛教語。謂形體狀況如異物謂之變，恰如代以他物謂之易。
〔三六〕三達：佛教謂能知宿世爲宿命明，知未來爲天眼明，斷盡煩惱爲漏盡明。徹底通達三明謂之三達。南朝梁沈約彌勒佛銘：「七珍非羨，三達斯仰。」○後心：後有之心。南朝梁王僧孺中寺碑：「是以忘言種覺，絶累於後心；寄像聲形，啓機於前教。」
〔三七〕智種：即種智，佛教語。佛智知一切種種之法，名爲一切種智。智度論卷二七：「一切種智是佛事，聲聞辟支佛，但有總一切智，無有一切種智。」
〔三八〕冥：佛教語。無知之異名。俱舍論卷一：「以諸無知能覆實義及障真見，故爲冥。」○四德：佛教語。指大乘涅槃四功德，即常德、樂德、我德、净德。見大般涅槃經。
〔三九〕脱屣：漢書卷二五郊祀志下：「嗟乎！誠得如黄帝，吾視去妻子如脱屣耳。」顔師古注：「屣，小履。脱屣者，言其便易，無所顧也。」此喻指佛陀涅槃。○雙林：娑羅雙樹之林。佛在拘尸那拉城阿利羅跋提河邊的娑羅雙樹間入滅。
〔四〇〕示表金棺：水經注卷一河水一：「支僧載外國事曰：佛泥洹後，天人以新白緤裹佛，以香花供養，滿七日，盛以金棺，送出王宫，度一小水，水名醯蘭那，去王宫可三里許，在宫北，以栴檀木爲薪，天人各以火燒薪，薪了不燃。」大唐西域記卷六拘尸那揭羅國二「娑羅林及釋迦涅槃處」：「如來之將寂滅也，光明普照，人天畢會，莫不悲感。……時末羅衆供養已訖，欲舉金棺，詣涅疊般那所。……摩耶聞已，悲哽悶絶，與諸天衆至雙樹間，見僧伽胝、鉢及錫杖，拊之號慟，絶而復聲曰：『人、天福盡，世間眼滅，今此諸物，空無有主。』如來聖力，金棺自開，放光明，合掌坐，慰問慈母：『遠來下降，諸行法爾，願勿深悲！』阿難銜哀而請佛曰：『後世問我，將何以對？』曰：『佛已涅槃，慈母摩耶自天宫降，至雙樹間。如來爲諸不孝衆生，從金棺起，合掌説法。』」金棺，金飾之棺。

〔四一〕現焚檀槨：大唐西域記卷六拘尸那揭羅國二「娑羅林及釋迦涅槃處」：「焚身側有窣堵波，如來爲大迦葉波現雙足處。如來金棺已下，香木已積，火燒不然，衆咸驚駭，阿泥摔陁言：『待迦葉波耳。』時大迦葉波與五百弟子自山林來，至拘尸城，問阿難曰：『世尊之身，可得見耶？』阿難曰：『千氎纏絡，重棺周殮，香木已積，即事焚燒。』是時佛於棺内爲出雙足，輪相之上，見有異色。問阿難曰：『何以有此？』曰：『佛初涅槃，人天悲慟，衆淚迸染，致斯異色。』迦葉波作禮，旋繞興讚。香木自然，大火熾盛。故如來寂滅，三從棺出：初出臂，問阿難治路；次起坐，爲母説法；後現雙足，示大迦葉波。」檀，指栴檀木。槨，外棺。

〔四二〕却望：回望。◯五津：長江自今四川省成都市都江堰至樂山市犍爲縣一段五大渡口的合稱。晉常璩華陽國志卷三蜀志：蜀郡，「其大江，自湔堰下至犍爲，有五津：始曰白華津，二曰里津，三曰江首津，四曰涉頭津……五曰江南津。」

〔四三〕青蓮之洞：待考。蕭繹郢州晉安寺碑：「鳳凰之嶺，芊綿暎色；蓮花之洞，照曜增暉。」

〔四四〕三峽：指長江三峽。峽，御製集、閣本、張本、全梁文、丁本作「天」。

〔四五〕明月：指明月峽，在今重慶市巴南區境。華陽國志卷一巴志：「其郡東枳，有明月硤、廣德嶼，及雞鳴硤。故巴亦有三硤。」水經注卷三三江水一：「江水東逕陽關巴子梁，江之兩岸，猶有梁處，巴之三關，斯爲一也。……江水又左逕明月峽，東至梨鄉，歷雞鳴峽。」初學記卷八引華陽國志曰：「巴郡江州有明月峽。峽首南峰石壁有圓孔，形如明月，因以爲名。」

【集評】

閣本：評「然俱冥四德，脱屣雙林，示表金棺，現焚檀槨，浩浩焉不可知已」：「金棺」、「檀槨」，□仍爲下下人也。

荊州放生亭碑〔一〕

魚從流水，本在桃花之源〔二〕；龍處大林，恒捻浮雲之路〔三〕。豈謂陵陽垂鉤，失雲失水〔四〕；莊子懸竿，吞鉤吞餌〔五〕。雖復玄龜夜夢，終見取於宋王〔六〕；朱鷺晨飛，尚張羅於漢后〔七〕。譬如黃雀伺蟬，不知隨彈應至〔八〕；青鸇逐兔，詎識杠鼎方前〔九〕。北海之飡鶢鶋，未始非人〔一〇〕；西王之使傳信，誰云賤鳥〔一一〕。故知魚鳥一觀〔一二〕，俱在好生〔一三〕。欲使金牀之雁〔一四〕，更及衡陽之侣〔一五〕；雪山之鹿〔一六〕，不充食莘之宴〔一七〕。藝文類聚卷七七、釋文紀卷二二、御製集、閻本、張本、全梁文、丁本。

【校注】

〔一〕放生亭：亭名。放生，列子説符：「邯鄲之民以正月之旦獻鳩於簡子，簡子大悦，厚賞之。客問其故。簡子曰：『正旦放生，示有恩也。』」

〔二〕「魚從」二句：謂魚本應生長在遠離世人的流水中。桃花之源，晉陶潛桃花源記并序云「晉太元中，武陵人捕魚爲業，緣溪行，忘路之遠近。忽逢桃花林，夾岸數百步，中無雜樹，芳草鮮美，落英繽紛，漁人甚異之。復前行，欲窮其林。」遂入桃花源，見秦時避亂者的後裔居其間，「土地平曠，屋舍儼然。有良田、美池、桑竹之屬。阡陌交通，雞犬相聞。其中往來種作，男女衣著悉如外人。黄髮垂髫，並怡然自樂。」漁人出洞歸，後再往尋找，迷不復得路。

〔三〕「龍處」二句：謂龍本處於洲中外，追逐浮雲。大林，指閻浮洲。翻譯名義集三：「大論云：閻浮，樹名，其林茂盛，此樹于林中最大。提名爲洲，洲上有此樹林，故名閻浮洲。」捻：追趕。御製集作「驗」。

〔四〕「豈謂」二句：列仙傳陵陽子明：「陵陽子明者，銍鄉人也。好釣魚於旋谿，釣得白龍，子明懼，解鉤，拜而放之。」龍爲人所釣故云「失雲」、「失水」。鉤，釋文紀卷二二、御製集、閻本、張本、全梁文、丁本作「釣」。今按：似當以作「釣」爲是，否則與下文「吞鉤吞餌」重。失雲，周易乾卦：文言曰：「子曰：『同聲相應，同氣相求。』水流濕，火就燥，雲從龍，風從虎，聖人作而萬物覩。」淮南子卷九主術訓：「夫螣蛇游霧而動，應龍乘雲而舉，猨得木而捷，魚得水而騖。」失水，莊子庚桑楚：「吞舟之魚，碭而失水，則蟻能苦之。」初學記卷三〇引管子曰：「蛟龍，水中之神者也。乘水則神立，失水則神廢。」

〔五〕「莊子」二句：莊子秋水：「莊子釣於濮水，楚王使大夫二人往先焉，曰：『願以境內累矣！』莊子持竿不顧。」又莊子外物：「任公子爲大鉤巨緇，五十犗以爲餌，蹲乎會稽，投竿東海，旦旦而釣，期年不得魚。已而大魚食之，牽巨鉤，錎没而下，騖揚而奮鬐，白波若山，海水震盪，聲侔鬼神，憚赫千里。任公子得若魚，離而腊之，自制河以東，蒼梧已北，莫不厭若魚者。」

〔六〕「雖復」二句：莊子外物：「宋元君夜半而夢人被髮闚阿門，曰：『予自宰路之淵，予爲清江使河伯之所，漁者余且得予。』元君覺，使人占之，曰：『此神龜也。』君曰：『漁者有余且乎？』左右曰：『有。』君曰：『令余且會朝。』明日，余且朝，君曰：『漁何得？』對曰：『且之網得白龜焉，其圓五尺。』君曰：『獻若之龜。』龜至，君再欲殺之，再欲活之，心疑，卜之，曰：『殺龜以卜吉。』乃刳龜，七十二鑽而無遺筴。仲尼曰：『神龜能見夢於元君，而不能避余且之網；知能七十二鑽而無遺筴，不能避刳腸之患。如是，則知有所困，神有所不及也。雖有至知，萬人謀之。魚不畏網而畏鵜鶘。去小知而大知明，去善而自善矣。嬰兒生無石師而能言，與能言者處也。』」

〔七〕「朱鷺」二句：待考。漢鼓吹鐃歌十八曲有朱鷺曲，見宋書卷二二樂志。升庵詩話卷四「朱鷺」條：「古樂府有朱鷺曲，解云：『因飾鼓以鷺而名曲焉。』又云：『朱鷺咒鼓，飛於雲末。』徐陵詩有『鼍鐘鷺鼓』之句，宋之問詩『稍看朱鷺轉，尚識紫騮驕』，皆用此事。蓋鷺色本白，漢初有朱鷺之瑞，故以鷺形飾鼓，又以朱鷺名鼓吹曲也。梁元帝放生池碑云：『玄龜夜夢，終見取於宋王；朱鷺晨飛，尚張羅於漢后。』與『朱鷺飛雲末』事相叶，可以互證，補樂府解題之缺。」漢后，漢代皇帝。后，爾雅釋詁上：「后，君也。」

〔八〕「譬如」二句：説苑卷九正諫：「吴王欲伐荆，告其左右曰：『敢有諫者死。』舍人有少孺子者，欲諫不敢，則懷丸操彈，遊於後園，露沾其衣，如是者三旦。吴王曰：『子來，何苦沾衣如此？』對曰：『園中有樹，其上有蟬，蟬高居悲鳴飲露，不知螳螂在其後也；螳螂委身曲附欲取蟬，而不知黄雀在其傍也；黄雀延頸欲啄螳螂，而不知彈丸在其下也。此三者，皆務欲得其前利，而不顧其後之有患也。』吴王曰：『善哉。』乃罷其兵。」

〔九〕「青鸇」二句：論衡卷四書虚篇：「傳書稱：魏公子之德，仁惠下士，兼及鳥獸。方與客飲，有鸇擊鳩。鳩走，巡於公子案下。鸇追擊，殺於公子之前。公子恥之，即使人多設羅，得鸇數十枚，責讓以擊鳩之罪。擊鳩之鸇，低頭不敢仰視，公子乃殺之。世稱之曰：『魏公子爲鳩報仇。』此言虚也。」青鸇，猛禽名，又名晨風。似鷂。扛鼎，舉鼎。此指勇力之士。吴子料敵：「力輕扛鼎，足輕戎馬。」史記卷七項羽本紀：「籍長八尺餘，力能扛鼎，才氣過人。」裴駰集解：「韋昭曰：『扛，舉也。』」司馬貞索隱：「説文云：『扛，横關對舉也。』音江。」文選卷四六王融三月三日曲水詩序：「彯搖武猛，扛鼎揭旗之士。」劉良注：「扛、揭，皆舉也。」杠，釋文紀卷二二、全梁文、丁本作「扛」。今按：杠、扛可通。

〔一〇〕「北海」二句：意林卷五引楊泉物理論曰：「漢末有管秋陽者，與弟及伴一人，避亂俱行。天雨雪，糧絶，謂其弟曰：『今不食伴，則三人俱死。』乃與弟共殺之，得糧達舍，後遇赦，無罪。此人可謂善士乎？孔文舉曰：『管秋陽愛先人遺體，食伴無嫌也。』荀侍中難曰：『秋陽貪生殺生，豈不罪邪？』文舉曰：『此伴非會友也。若管仲啖鮑叔，貢禹食王陽，此則不可。向所殺者，猶鳥獸而能言耳。今有犬齧一狸，狸齧一鸚鵡，何足怪也？昔重耳戀齊女，而欲食狐偃；叔敖怒楚師，而欲食伍參。賢哲之忿，猶欲啖人，而況遭窮者乎。』」北海，指孔融。融字文舉，東漢魯國人，孔子二十世孫。獻帝時爲北海相，歷少府、太中大夫。自負才氣，對曹操多侮慢之詞，後爲其所殺。後漢書卷七〇有傳。飡，釋文紀卷二二作「餐」。今按：飡，同「餐」。

〔一一〕「西王」二句：漢武故事：「七月七日，上於承華殿齋。日正中，忽見有青鳥從西方來集殿前。上問東方朔，朔對曰：『西王母暮必降尊像上，宜灑掃以待之。』……王母至……有二青鳥如烏，夾侍母旁。」西王，指西王母。山海經西山經：「又西二百二十里，曰三危之山，三青鳥居之。」郭璞注：「三青鳥，主爲西王母取食者，别自棲息於此山也。」

〔一二〕一觀：猶一律。

〔一三〕好生：愛惜生命。

〔一四〕金牀之雁：指宴席上被烹飪的雁。金牀，金飾之坐牀。形容華美坐具。此代指富貴之家。

〔一五〕及：閣本、張本作「反」。○衡陽之侣：古人認爲北雁南飛，至衡陽回雁峰即止。藝文類聚卷九一引魏應瑒詩曰：「言我塞門來，將就衡陽棲。」又引梁劉孝綽賦得始歸雁詩曰：「洞庭春水緑，衡陽旅雁歸。」

〔一六〕雪山：山名。相傳釋迦牟尼在此山睹明星而悟道成佛。

〔一七〕食苹之宴：指天子饗賢臣的宴會。詩經小雅鹿鳴：「呦呦鹿鳴，食野之苹。我有嘉賓，鼓瑟吹笙。」毛傳：「苹，蓱也。」陸德明音義：「苹音平，蓱本又作萍。薄丁反，江東謂之藾。」孔穎達疏：「釋草文。郭璞曰：『今藾蒿也。初生亦可食』，陸機疏云『葉青，白色，莖似箸而輕肥，始生香，可生食，又可蒸食』是也。易傳者，爾雅云『苹，蓱』，其大者爲蘋，是水中之草，召南采蘋云『于以采蘋，南澗之濱』者也，非鹿所食，故不從之。」苹，閣本、張本、全梁文、丁本作「萍」。宴，閣本作「晏」。

【集評】

閣本：評「欲使金牀之雁，更及衡陽之侣；雪山之鹿，不充食苹之宴」：點染嘉賓，遂慙法侣。

明葉紹泰編增訂漢魏六朝別解梁元帝集：當時六門兵縱，參夷流血，同室之鬭，厥心疾狠矣。奈何恩逮異族，仁言藹如，輕重之權，不亦傎乎？

清李兆洛駢體文鈔卷二三梁元帝荆州放生亭碑譚獻評：不完。

墓誌

太常卿陸倕墓誌銘〔一〕

如金有鑛〔二〕，如竹有筠〔三〕。體二方擬〔四〕，知十可鄰〔五〕。兩升鳳沼〔六〕，三侍龍樓〔七〕。南皮朝宴〔八〕，西園夜遊〔九〕。詞峰飆豎〔一〇〕，逸氣雲浮〔一一〕。日往月來，暑流寒襲〔一二〕。東耀方遠〔一三〕，北芒已及〔一四〕。墜露曉團〔一五〕，悲風暮急〔一六〕。藝文類聚卷四九、梁文紀卷四、御製集、閣本、張本、全梁文、丁本。

【校注】

〔一〕太常卿陸倕墓誌銘：江南通志卷三八：「齊太常陸倕墓在吴縣綏山鄉，墓石從子襄爲序，湘東王繹爲銘，普通六年立。」寶刻叢編卷一四「梁太常卿陸倕墓誌」：「從子襄序，湘東王蕭繹銘。前一半磨滅，僅有姓氏，名字官爵皆不復存。後有『普通七年除太常卿』字，以其年七月卒，葬吴縣陵山鄉，碑末列祖父、二兄、四男名及官爵，以南史考之，乃陸慧曉之子陸倕也。按史，倕字佐公，累遷至太常卿，卒。（原注：復齋碑録）」太常卿，梁十二卿之一，掌宗廟祭祀、禮樂諸事物。十四班。陸倕，字佐公，吴郡吴人。南齊時爲竟陵王蕭子良「八友」之一。仕梁，歷官右軍安成王主簿、臨川王東曹掾、太子舍人、太子中庶子、中書侍郎、晉安王長史、尋陽太守、司徒司馬、廷尉卿、揚州大中正、守太常卿等職，普通七年卒。梁書卷二七、南史卷四八有傳。墓誌銘，放在墓裏刻有死者事跡的石刻。一般包括誌和銘兩部分。誌多用散文，敘述死者姓氏、生平等。銘是韻文，用於對死者的讚揚、悼念。明徐師曾文體明辨序説墓誌銘：「至論其題，則有曰墓誌銘，有誌有銘是也。」清趙翼陔餘叢考卷三二「墓誌銘」條：「竊意古來銘墓，但書姓名官位，間或銘數語於其上，而撰文敘事，臚述生平，則起于顔延之耳。」又「碑表、誌銘之别」條：「曾子固文集有云：碑表立於墓上，誌銘則埋壙中，此誌銘與碑表之異制也。諸書所載，如庾子山作崔公神道碑銘所謂『思傳舊德，宜勒黄金之碑』，楊盈川作建昌王公碑銘所謂『丘陵標榜，式建豐碑』，此碑之立於墓上者也。賈昊所辨東海女郎及甄邯諸事，皆從開冢而見。又神僧傳，寶誌公歿，梁武帝命陸倕製銘於冢内。司馬温公誌呂誨云：『誨將死，囑爲其埋文誌。』張仲倩云：『撰次所聞，納諸壙。』此誌銘之藏於墓中者也。故碑表有作於葬後者，王荆公集中馬正惠葬於天禧，而碑立於嘉祐，賈魏公碑亦立於既葬之明年。而墓誌之作，必在葬前。温公銘其兄周卿及昭遠，皆云以葬日近，不暇請於他人，而自爲銘，以葬時所用也。」

〔二〕如金有鑛：謂如含金的礦石。顔氏家訓卷三勉學：「金玉之磨瑩，自美其鑛璞；木石之段塊，自醜其雕刻。安可言木石之雕刻，乃勝金玉之鑛璞哉？」鑛，文選卷五一王褒四子講德論：「精練藏於鑛朴，庸人視之忽焉。」李善注：「説文曰：鑛，銅鐵璞也。礦與鑛同。」

〔三〕如竹有筠：禮記禮器：「其在人也，如竹箭之有筠也，如松柏之有心也。二者居天下之大端矣，故貫四時而不改柯易葉。故君子有禮，則外諧而内無怨，故物無不懷仁，鬼神饗德。」孔穎達疏：「竹，大竹也。箭，篠也。言人情備德，由於有禮，譬如竹箭，四時葱翠，由於外有筠也。筠是竹外青皮。」

〔四〕體二：謂效法顔淵、冉有。文選卷五三李康運命論：「雖仲尼至聖，顔冉大賢，揖讓於規矩之内，誾誾於洙泗之上，不能遏其端；孟軻、孫卿體二希聖，從容正道，不能維其末。」張銑注：「孟孫二子體法顔冉，故云體二；志望孔子之道，故云希聖。」後泛指效法聖賢。

〔五〕知十：即「聞一知十」。形容聰明而善於觸類旁通。論語公冶長：「子謂子貢曰：『女與回也孰愈？』對曰：『賜也何敢望回？回也聞一以知十，賜也聞一以知二。』子曰：『弗如也；吾與女弗如也。』」

〔六〕兩升鳳沼：鳳沼，即鳳池，本禁苑中池沼。魏晉南北朝時因中書省設於禁苑，故亦代稱中書省。南齊書卷三九劉瓛傳：「上欲用瓛爲中書郎，使吏部尚書何戢喻旨。戢謂瓛曰：『上意欲以鳳池相處，恨君資輕，可且就前除，少日當轉國子博士，便即後授。』」文選卷三〇謝朓直中書省：「兹言翔鳳池，鳴珮多清響。」李善注：「晉中興書曰：荀勖徙中書監爲尚書令，人賀之，乃發恚云：奪我鳳凰池，卿諸人何賀我邪？」據梁書卷二七陸倕傳，倕曾兩次任中書侍郎，故云「兩升鳳沼」。沼，藝文類聚卷四九、梁文紀卷四、閣本、張本、全梁文、丁本作「詔」，御製集作「沼」。今按：作「沼」是，據改。

〔七〕龍樓：漢太子宮門名。漢書卷一〇成帝紀：「上嘗急召，太子出龍樓門。」顏師古注引張晏曰：「門樓上有銅龍，若白鶴、飛廉之爲名也。」此代指東宮。據梁書卷二七陸倕傳，倕曾三次任東宮官，故云「三侍龍樓」。

〔八〕南皮朝宴：文選卷四二魏文帝與朝歌令吴質書：「每念昔日南皮之遊，誠不可忘。既妙思六經，逍遥百氏。彈棋間設，終以六博。高談娱心，哀箏順耳，馳騁北場，旅食南館。浮甘瓜於清泉，沈朱李於寒水。白日既匿，繼以朗月，同乘並載，以遊後園，輿輪徐動，參從無聲。清風夜起，悲笳微吟，樂往哀來，愴然傷懷。余顧而言：『斯樂難常。』足下之徒，咸以爲然。今果分別，各在一方，元瑜長逝，化爲異物。每一念至，何時可言！」南皮，縣名。文選與朝歌令吴質書李善注引漢書曰：「渤海郡有南皮縣。」治所在今河北省南皮縣東北。

〔九〕西園夜遊：曹植公宴詩：「公子敬愛客，終宴不知疲。清夜遊西園，飛蓋相追隨。明月澄清景，列宿正參差。」西園，三國曹操所築，在今河北省臨漳縣西。

〔一〇〕飆豎：如龍捲風之直上。此處形容文章議論氣勢雄壯。飆，説文解字風部：「飆，扶摇風也。」蕭繹法寶聯璧序：「重以鳳艷風飛，鸞文飆豎。」

〔一一〕逸氣：超凡脱俗的氣質。三國魏曹丕與吴質書：「公幹有逸氣，但未遒耳。」

〔一二〕「日往」二句：周易繫辭下：子曰：「日往則月來，月往則日來，日月相推而明生焉。」文選卷五七潘岳夏侯常侍誄：「日往月來，暑退寒襲。」李善注：「襲，因也。」吕向注：「襲，及。……言感時遷變。」

〔一三〕東耀方遠：猶「來日方長」。陸倕卒時年五十七，故云。東耀，指日。

〔一四〕北芒：即「北邙」，指邙山，因在洛陽之北，故名。東漢、魏、晉的王侯公卿多葬於此。漢梁鴻五噫歌：「陟彼北芒兮，噫！顧瞻帝京兮，噫！」後借指墓地。晉陶潛擬古詩之四：「一旦百歲後，相與還北邙。」

〔一五〕墜露：露水滴落。古人多以喻人生短暫易逝。文選卷二七魏武帝短歌行：「對酒當歌，人生幾何？譬如朝露，去日苦多。」李善注：「漢書，李陵謂蘇武曰：人生如朝露。」〇團：文選卷二七謝朓京路夜發：「猶霑餘露團，稍見朝霞上。」李善注：「毛詩曰：野有蔓草，零露團兮。」劉良注：「團，露垂貌。」

〔一六〕「悲風」句：文選卷二九古詩十九首去者日以疏：「去者日以疏，生者日以親。出郭門直視，但見丘與墳。古墓犂爲田，松柏摧爲薪。白楊多悲風，蕭蕭愁殺人。思還故里閭，欲歸道無因。」

【集評】

閻本：評「南皮朝宴，西園夜遊」：果愜應徐。

散騎常侍裴子野墓誌銘〔一〕

幾原博聞，裁爲典墳〔二〕。比良班馬〔三〕，等麗卿雲〔四〕。薰蕕既別〔五〕，涇渭以分〔六〕。聖皇御極〔七〕，欽賢盱顧〔八〕。儲后特聖〔九〕，降情文苑〔一〇〕。既匹嚴朱〔一一〕，復同徐阮〔一二〕。如何不慭〔一三〕，卜期斯遠〔一四〕。藝文類聚卷四八、梁文紀卷四、御製集、閻本、張本、全梁文、丁本。

【校注】

〔一〕散騎常侍：官名。三國魏文帝時置。南北朝時集書省長官，掌侍從左右、圖書文翰。多爲加官。梁十二班。○裴子野：字幾原，祖籍河東聞喜。仕齊，爲江夏王參軍。入梁，爲著作郎。遷中書侍郎、鴻臚卿，領步兵校尉。文章典雅，爲世所稱。中大通二年（530），卒，謚貞子。所著有宋略、衆僧傳、百官九品、附益謚法、方國使圖及文集二十卷。梁書卷三〇、南史卷三三有傳。南史本傳：「中大通二年卒……及葬，湘東王爲之墓誌銘，陳于藏内。邵陵王又立墓誌，堙于羡道。羡道列誌，自此始焉。」

〔二〕裁：寫作。○典墳：「三墳五典」的省稱。此處借指經典著作。左傳昭公十二年：「左史倚相趨過。王曰：『是良史也，子善視之。能讀三墳、五典、八索、九丘。』」杜預注：「皆古書名。」

〔三〕麗：漢書卷八七揚雄傳上：「麗鉤芒與驂蓐收兮，服玄冥及祝融。」顏師古注：「麗，並駕也。」此謂匹敵。○班馬：班固和司馬遷的並稱。隋書卷三三經籍志：「自是世有著述，皆擬班馬，以爲正史，作者尤廣。」班固，字孟堅，東漢扶風安陵人。曾撰漢書。後漢書卷四○有傳。司馬遷，字子長，西漢左馮翊夏陽人，繼父司馬談爲太史令，撰史。後因李陵之禍下獄，受腐刑。出獄任中書令，寫成史記。生平詳史記卷一三○太史公自序、漢書卷六二司馬遷傳。

〔四〕卿雲：指司馬相如和揚雄。南齊書卷五二文學傳史臣曰：「卿雲巨麗，升堂冠冕。」司馬相如，字長卿，西漢蜀郡成都人。工辭賦，有上林、大人等賦。史記卷一一七有傳。揚雄，字子雲，西漢蜀郡成都人。雄長於辭賦，以文見召，奏甘泉、河東、羽獵、長楊等賦。著有方言、訓纂篇、法言、太玄經。漢書卷八七、八八有傳。

〔五〕薰蕕：左傳僖公四年：「一薰一蕕，十年尚猶有臭。」杜預注：「薰，香草；蕕，臭草。」世説新語方正：「王丞相初在江左，欲結援吳人，請婚陸太尉。對曰：『培塿無松柏，薰蕕不同器。玩雖不才，義不爲亂倫之始。』」藝文類聚卷四八作「董籍」，梁文紀卷四、御製集、閻本、張本、全梁文、丁本作「薰蕕」。今按：作「薰蕕」是，據改。

〔六〕涇渭以分：詩經邶風谷風：「涇以渭濁，湜湜其沚。」毛傳：「涇渭相入而清濁異。」孔穎達疏：「禹貢云：『涇屬渭汭。』注云：涇水、渭水發源皆幾二千里，然而涇小渭大，屬於渭而入於河。』又引地理志云：『涇水出今安定涇陽西幵頭山，東南至京兆陵陽，行千六百里入渭。』即涇水入渭也。」涇渭，指涇水和渭水。古人因常用以喻人品的優劣清濁，事物的真僞是非。

〔七〕「聖皇」句：謂梁武帝在位。聖皇，對梁武帝蕭衍的敬稱。極，指帝王之位。文選卷三八桓温薦譙元彦表：「于時皇極遘道消之會，群黎蹈顛沛之艱。」劉良注：「極，宸極也。」南朝宋鮑照清河頌序：「聖上天飛踐極，迄兹二十有四載。」

〔八〕「欽賢」句：謂傾慕提拔賢才。盱顧，眷顧。盱，説文解字目部：「盱，張目也。」文選卷六左思魏都賦：「魏國先生有睟其容，乃盱衡而誥曰。」張載注：「盱，舉眉大視也。」

〔九〕儲后：儲君，太子。資治通鑑卷一七九高祖文皇帝「開皇二十年」：「汝爲儲后，當以儉約爲先。」胡三省注：「后，君也。儲后，猶言儲君也。」此指蕭繹之兄太子蕭統。

〔一〇〕降情：猶虛懷，虛心。藝文類聚卷一四引梁沈約齊武帝謚議曰：「雖屈景潢汙，降情尺木，而拯世濟民，浚發懷抱。」

〔一一〕嚴朱：嚴助和朱買臣。二人並爲漢武帝所親重的文臣。嚴助，本名莊助，西漢人，會稽吳縣人。漢武帝時曾舉郡賢良方正，擢爲中大夫，因功出爲會稽太守。後侍於内廷，爲武帝文學近臣，每逢有異事，武帝命作賦頌。朱買臣，字翁子，會稽吴人。武帝時得莊助之薦，拜中大夫，復拜會稽太守，後爲丞相長史。二人傳俱見漢書卷六四。漢書卷二八下地理志：「吴有嚴助、朱買臣，貴顯漢朝，文辭併發，故世傳楚辭。」

〔一二〕徐阮：指徐幹、阮瑀。徐幹，字偉長，北海郡人。建安初，曹操召授司空軍師祭酒掾屬，又轉五官將文學。建安二十二年（217）二月，染疾而亡。阮瑀，字元瑜，陳留尉氏人，曾爲魏丞相倉曹掾屬。二人傳並見三國志卷二一魏書。曹丕典論論文：「今之文人，魯國孔融文舉、廣陵陳琳孔璋、山陽王粲仲宣、北海徐幹偉長、陳留阮瑀元瑜、汝南應瑒德璉、東平劉楨公幹。斯七子者，於學無所遺，於辭無所假，咸以自騁驥騄於千里，仰齊足而並馳。」

〔一三〕憖（yìn）：同「憗」，願意。詩經小雅十月之交：「不憖遺一老，俾守我王。」鄭玄箋：「憖者，心不欲自彊之辭也。」陸德明釋文云：「憖，魚覲反。爾雅云『願也，强也，且也』。韓詩云『闇也』。」孔穎達疏：「説文云『憖，肯從心也』。言初時心所不欲，後始勉强而肯從，故云『心不欲自强之辭』。」左傳哀公十六年：「孔丘卒，公誄之曰：『旻天不吊，不憖遺一老。』」杜預注：「憖，且也。」梁文紀卷四、御製集、閣本、張本作「憗」，全梁文、丁本作「憖」。今按：憗，俗「整」字，於此實誤。

〔一四〕卜期斯遠：禮記曲禮上：「凡卜筮日，旬之外曰遠某日，旬之内曰近某日。喪事先遠日，吉事先近日。」左傳宣公八年：「禮，卜葬，先遠日，辟不懷也。」楊伯峻注：「卜葬者，卜葬日也。先遠日者，此月下旬先卜來月下旬，不吉則卜中旬，又不吉則卜上旬，由遠日而及近日。蓋古人以爲父母既葬，其哀漸奪，非孝子之所欲，由于不得已而爲，故卜葬期先遠日，表示不急于求葬，徵申孝心耳。」斯，梁文紀卷四、御製集、閻本、張本、全梁文、丁本作「不」。

庾先生承先墓誌〔一〕

悠哉掌庾，興自陶唐〔二〕。伯舅居晉，連鑣渭陽〔三〕。爰斯厥後，世挺珪璋〔四〕。乃登靈岳〔五〕，言遵洞府〔六〕。乃陟石山〔七〕，將從輕舉〔八〕。實惟貞吉〔九〕，實惟退讓〔一〇〕。皎皎不群〔一一〕，超超高尚〔一二〕。本同壽夭〔一三〕，寧論得喪。諸方未遊〔一四〕，佳城已望〔一五〕。蓬生蔣徑〔一六〕，釣罷磻溪〔一七〕。櫝悲新隴〔一八〕，桃餘故蹊〔一九〕。風翻嶺背〔二〇〕，月下松西。揚名不朽，高蹈夷齊〔二一〕。藝文類聚卷三七、梁文紀卷四、御製集、閻本、張本、全梁文、丁本。

【校注】

〔一〕庾先生承先墓誌：藝文類聚卷三七、閻本、張本、全梁文、丁本題作「庾先生承先墓誌」，梁文紀卷四題作「庾先生承先墓誌銘」，御製集題作「庾承先墓誌」。今題從藝文類聚卷三七。庾承先，字子通，祖籍潁川鄢陵，梁處士。梁中大通三年從劉慧斐至荆州講老子，湘東王蕭繹深相賞接。其年卒。梁書卷五一、南史卷七六有傳。先生，文人學者的通稱。可自稱，亦可稱人。

〔二〕「悠哉」二句：謂庾氏歷史悠久，源起於堯時。掌庾，掌管穀倉的官員。元和姓纂卷六：「庾，堯時掌庾大夫，以官命氏。」北周庾信庾子山集哀江南賦：「我之掌庾承周，以世功而爲族。」清倪璠注：「言己系出庾氏，其先以掌庾得姓。漢世而後，官族可得而叙也。左傳昭十二年曰：『殺獻太子之傅、庾皮之子過。』杜預注：『庾過，劉獻公太子之傅。』又隱八年：『衆仲曰：官有世功，則有官族。』是庾氏得姓之先，爲周掌庾大夫也。周書曰：『茲惟三公，論道經邦。』庾氏在漢，固無三公。惟後漢隱逸庾乘子孫，爲鄢陵著姓，餘則無聞。平準書曰：『漢興七十餘年之間，都鄙廩庾皆滿，居官者以爲姓號。』如淳曰：『倉氏、庾氏是也。』」陶唐，即帝堯。堯，傳説中遠古賢帝。名放勳。初封於陶，又封於唐，號陶唐氏，史稱唐堯。生平詳史記卷一五帝本紀。

〔三〕「伯舅」句：謂晉時庾亮貴爲皇帝之舅。伯舅，左傳僖公九年：「王使宰孔賜齊侯胙，曰：『天子有事于文、武，使孔賜伯舅胙。』」楊伯峻注：「天子謂同姓諸侯曰伯父或叔父，謂異姓諸侯爲伯舅。」此蓋指晉庾亮。三國志卷一一魏書管寧傳附胡昭傳裴松之注：「案庾氏譜：嶷字劭然，潁川人。子龕字玄默，晉尚書、陽翟子。嶷弟遁，字德先，太中大夫。遁胤嗣克昌，爲世盛門。侍中峻、河南尹純，皆遁之子，豫州牧長史顗，遁之孫，太尉文康公亮、司空冰皆遁之曾孫，貴達至今。」連鑣，兩馬同行。鑣，文選卷三五張協七命：「肴駟連鑣，酒駕方軒。」李善注：「説文曰：鑣，馬銜也。」渭陽，詩經秦風渭陽：「我送舅氏，曰至渭陽。」鄭玄箋：「渭，水名也。」孔穎達疏：「水北曰陽。」朱熹集傳：「舅氏，秦康公之舅，晉公子重耳也。出亡在外，穆公召而納之。時康公爲太子，送之渭陽，而作此詩。」今按：晉庾亮爲明帝穆皇后之兄，成帝之舅，故用「渭陽」之典。世説新語德行：「庾公乘馬有的盧。」劉孝標注引晉陽秋曰：「庾亮字元規，潁川鄢陵人，明穆皇后長兄也。淵雅有德量，時人方之夏侯太初、陳長文之倫。侍從父琛，避地會稽，端拱嶷然，郡人嚴憚之。覲接之者，數人而已。累遷征西大將軍、荆州刺史。」

〔四〕圭璋：比喻高尚的人品。詩經大雅卷阿：「顒顒卬卬，如圭如璋，令聞令望。」鄭玄箋：「王有賢臣，與之以禮義相切瑳，體貌則顒顒然敬順，志氣則卬卬然高朗，如玉之圭璋也。」

〔五〕靈岳：靈秀的山岳。三國魏嵇康答二郭詩之二：「結友集靈岳，彈琴登清歌。」此指衡岳。梁書卷五一處士庾承先傳：「郡辟功曹不就，乃與道士王僧鎮同遊衡岳。」

〔六〕言：語助詞。○遵：文選卷二一顏延之秋胡詩：「勤役從歸原，反路遵山河。」吕延濟注：「遵，從也。」○洞府：道教稱神仙居住的地方。梁沈約華山館爲國家營功德：「丹方緘洞府，河清時一傳。」

〔七〕乃陟石山：梁書卷五一處士庾承先傳：「晚以弟疾還鄉里，遂居于土臺山。」陟，御製集、閣本、張本作「涉」。石，御製集作「名」。

〔八〕輕舉：楚辭遠遊：「悲時俗之迫阨兮，願輕舉而遠遊。」王逸注：「高翔避世，求道真也。」

〔九〕貞吉：謂人能守正道而不自亂則吉。周易履卦：「九二，履道坦坦，幽人貞吉。象曰：『幽人貞吉，中不自亂也。』」孔穎達疏：「幽人貞吉者，既無險難，故在幽隱之人，守正得吉。」

〔一〇〕退讓：禮記曲禮上：「是以君子恭敬撙節，退讓以明禮。」孔穎達疏：「應進而遷曰退，應受而推曰讓。」

〔一一〕皎皎：詩經小雅白駒：「皎皎白駒，食我場苗。……皎皎白駒，在彼空谷。生芻一束，其人如玉。毋金玉爾音，而有遐心。」毛傳：「宣王之末，不能用賢，賢者有乘白駒而去者。」陸德明音義：「皎，古了反。絜，白也。」此用以形容人格之高潔。

〔一二〕超超：不同凡俗貌。世説新語言語：「我與王安豐説延陵、子房，亦超超玄箸。」○高尚：周易蠱卦：「不事王侯，高尚其事。」

〔一三〕同壽夭：即莊子「齊生死」之意，謂將長壽與短命看成一樣的。

〔一四〕諸方未遊：謂未周遊四方。高僧傳卷七宋京師道場寺釋慧觀傳：「釋慧觀，姓崔，清河人。十歲便以博見馳名，弱年出家，遊方受業。」

〔一五〕佳城：文選卷三〇沈約冬節後至丞相第詣世子車中作：「誰當九原上，鬱鬱望佳城。」李善注：「西京雜記曰：滕公駕至東都門。馬鳴，跼不肯前，皆以前脚蹋地，久之，滕公懼，使卒掘馬所蹋地，入三尺所，得石槨，有銘焉。銘曰：『佳城鬱鬱，三千年，見白日，吁嗟滕公居此室。』滕公曰：『嗟乎，天也！吾其即安此乎！』遂葬焉。」李周翰注：「佳城，墓之塋域也。」

〔一六〕蓬生蔣徑：太平御覽卷五一〇引嵇康高士傳曰：「蔣詡字元卿，杜陵人，爲兖州刺史。王莽爲宰衡，詡奏事到灞上，稱病不進，歸杜陵。荆棘塞門，舍中三徑，終身不出。時人諺曰：『楚國二龔，不如杜陵蔣翁。』」

〔一七〕釣罷磻溪：韓詩外傳卷八：「太公望少爲人壻，老而見去，屠牛朝歌，賃於棘津，釣於磻溪。」磻溪，水名。在今陝西省寶雞市東南，傳説爲周吕尚（按：即太公望）未遇文王時垂釣處。

〔一八〕檟（jiǎ）悲新隴：西京雜記卷四：「安定嵩真、玄菟曹元理，並明算術，皆成帝時人。真嘗自算其年壽七十三，『真綏和元年正月二十五日晡死』，書其壁以記之。至二十四日晡時死，其妻曰：『見真算時，長下一算，欲以告之。慮脱有旨，故不敢言，今果校一日。』真又曰：『北邙青隴上孤檟之西四丈所，鑿之入七尺，吾欲葬此地。』及真死，依言往掘，得古時空椁，即以葬焉。」檟，即楸，落葉喬木。隴，御製集、閣本、張本、全梁文、丁本作「壠」。今按：隴，同「壠」。

〔一九〕桃餘故蹊：史記卷一〇九李將軍傳太史公曰：「余睹李將軍悛悛如鄙人，口不能道辭。及死之日，天下知與不知，皆爲盡哀。彼其忠實心誠信於士大夫也？諺曰『桃李不言，下自成蹊』。此言雖小，可以諭大也。」司馬貞索隱：「姚氏云『桃李本不能言，但以華實感物，故人不期而往，其下自成蹊徑也。以喻廣雖不能出辭，能有所感，而忠心信物故也。』」

〔二〇〕背：廣雅釋詁四：「背，後也。」

〔二一〕高蹈夷齊：文選卷二一郭璞遊仙詩：「高蹈風塵外，長揖謝夷齊。」李善注：「左氏傳曰：魯人之皋，使我高蹈。……史記曰：伯夷、叔齊，孤竹君之子也。父欲立叔齊，及卒，叔齊讓伯夷，伯夷曰：『父命也。』遂逃去。叔齊亦不肯立而逃。義不食周粟，隱於首陽山。」高蹈，猶遠行。此處意爲超越。夷齊，伯夷、叔齊的合稱。伯夷，墨胎氏，商末人。孤竹國君初之子。叔齊，伯夷弟。相傳伯夷父遺命立其弟叔齊爲君，叔齊讓伯夷，伯夷遁去，叔齊亦不立而相與往歸西伯。周武王伐紂，兩人以爲不仁，叩馬諫。及周滅商，夷、齊恥食周粟而隱於首陽山，采薇而食，作采薇之歌，遂餓死。史記卷六一有二人傳。

【集評】

閻本：評「蓬生蔣徑，釣罷磻谿。櫝悲新隴，桃餘故蹊。風翻嶺背，月下松西」：墓門慚況。

特進蕭琛墓誌銘〔一〕

山東流水〔二〕，關西城市〔三〕。義府辭鋒〔四〕，風飛雲起。遊楚宦梁〔五〕，桂馥蘭芳。蓮花可賦〔六〕，迷迭成章〔七〕。學類五行〔八〕，書倅三篋〔九〕。已研金匱〔一〇〕，兼探玉牒〔一一〕。石詞既擬〔一二〕，欒社玆同〔一三〕。桃李成徑〔一四〕，松柏爲薪〔一五〕。天地長久〔一六〕，永扇高風〔一七〕。藝文類聚卷四七、梁文紀卷四、御製集、閣本、張本、全梁文、丁本。

【校注】

〔一〕特進蕭琛墓誌銘：特進，文散官名。漢制諸侯功德最盛者得封此官，位在三公下。六朝時爲加官名號，用以安置閒散或退逸大臣。梁十五班。蕭琛，字彦瑜，南蘭陵人。起家齊太學博士，累遷司徒記室。仕梁，官至侍中，特進，金紫光禄大夫。卒，謚曰平子。梁書卷二六、南史卷一八有傳。今按：梁書武帝紀載，中大通三年(531)二月，「乙卯，特進蕭琛卒」。是蕭繹此文作於此後不久。

〔二〕山東流水：蓋指孔子觀流水之術。蕭繹登隄望水：「願假宣尼術，泗水却横流。」荀子宥坐：「孔子觀於東流之水，子貢問於孔子曰：『君子之所以見大水必觀焉者是何？』孔子曰：『夫水，大徧與諸生而無爲也，似德。其流也埤下，裾拘必循其理，似義。其洸洸乎不淈盡，似道。若有決行之，其應佚若聲響，其赴百仞之谷不懼，似勇。主量必平，似法。盈不求概，似正。淖約微達，似察。以出以入，以就鮮絜，似善化。其萬折也必東，似志。是故君子見大水必觀焉。』」山東，秦、漢時稱崤山或華山以東地區，漢時亦稱古齊魯地區。清錢大昕十駕齋養新録卷一一山東：「然漢時亦有稱齊魯爲山東者，如酷吏傳：『御史大夫宏曰：「臣居山東爲小吏時，寗成爲濟南都尉。」』儒林傳：『伏生教齊魯之間，學者由此頗能言尚書，山東大師亡不涉尚書以教。』則齊魯之號山東，非無因矣。」孔子魯人，故稱。

〔三〕關西：指函谷關或潼關以西的地區。此蓋指「關西孔子」楊震。後漢書卷五四楊震傳：「震少好學，受歐陽尚書於太常桓郁，明經博覽，無不窮究。諸儒爲之語曰：『關西孔子楊伯起。』」〇城市：疑作「成市」。後漢書卷三六張楷傳載：東漢張楷字公超，「隱居弘農山中，學者隨之，所居成市，後華陰山南遂有公超市」。

〔四〕義府：義理之寶庫。常指詩、書而言。左傳僖公二十七年：「詩、書，義之府也。」蕭繹侍中吴平光侯墓誌：「學兼義府，談均理窟。」〇辭鋒：謂文章、議論鋭利如有鋒芒。梁書卷二六蕭琛傳：「琛少明悟，有才辯。」

〔五〕游楚宦梁：蓋指漢代儒生申公、白生、穆生及文士枚乘、鄒陽等人。漢書卷三六楚元王傳：「楚元王交字游，高祖同父少弟也。好書，多材藝。少時嘗與魯穆生、白生、申公俱受詩於浮丘伯。……元王既至楚，以穆生、白生、申公爲中大夫。」同書卷五一鄒陽傳：「吴王濞招致四方游士，陽與吴嚴忌、枚乘等俱仕吴，皆以文辯著名。……是時，景帝少弟梁孝王貴盛，亦待士。於是鄒陽、枚乘、嚴忌知吴不可説，皆去之梁，從孝王游。」此以漢之儒生、文士比蕭琛。

〔六〕「蓮花」句：晉孫楚、潘岳、梁江淹均有蓮花賦，另東漢閔鴻、魏陳王曹植、晉夏侯湛、晉潘岳、宋傅亮等有芙蓉賦，吴蘇彦有芙蕖賦，見藝文類聚卷八二。

〔七〕「迷迭」句：魏文帝曹丕、陳王曹植及建安七子之王粲、應瑒、陳琳均有迷迭賦，見藝文類聚卷八一。迷迭，常緑小灌木，有香氣。

〔八〕五行：此代指東漢應奉。三國志卷二一魏書王粲傳附應瑒傳裴松之注引華嶠漢書曰：「瑒祖奉，字世叔。才敏善諷誦，故世稱『應世叔讀書，五行俱下』。著後序十餘篇，爲世儒者。」

〔九〕倅（cuì）：相當。説文解字木部新附：「倅，副也。」〇三篋：此代指西漢張安世。漢書卷五九張湯傳附張安世傳：「少以父任爲郎。用善書給事尚書，精力於職，休沐未嘗出。上行幸河東，嘗亡書三篋，詔問莫能知，唯安世識之，具作其事。後購求得書，以相校無所遺失。上奇其材，擢爲尚書令，遷光禄大夫。」今按：蕭琛好讀書，故以應奉、張世安擬之。梁書卷二六蕭琛傳：「琛常言：『少壯三好，音律、書、酒。年長以來，二事都廢，惟書籍不衰。』」

〔一〇〕金匱：銅製的櫃子。用以收藏貴重文獻或文物。此代指秘本圖書。漢賈誼新書胎教：「胎教之道，書之玉版，藏之金櫃，置之宗廟，以爲後世戒。」

〔一一〕玉牒：此代指貴重書籍。文選卷五左思吴都賦：「烏策篆素，玉牒石記。」張銑注：「玉牒、石記，皆典策類也。」文選卷三五張協七命：「生必耀華名於玉牒，没則勒洪伐於金册。」李周翰注：「玉牒、金册，並國史也。」
〔一二〕石詞：刻於石上之文辭。此指墓誌銘。
〔一三〕欒社：即「欒公社」。史記卷一〇〇季布欒布列傳：「〔欒布〕以軍功封俞侯，復爲燕相。燕齊之間皆爲欒布立社，號曰欒公社。」
〔一四〕桃李成徑：參庾先生承先墓誌注〔一九〕。
〔一五〕松柏：東漢班固白虎通卷一一崩薨：「含文嘉曰：『天子墳高三仞，樹以松；諸侯半之，樹以柏。』」亦喻指人節操貞潔。論語子罕：「子曰：『歲寒然後知松柏之後彫也！』」
〔一六〕天地長久：老子第七章：「天長地久。天地所以能長久者，以其不自生，故能長久。」
〔一七〕高風：高卓的風範。文選卷四七夏侯湛東方朔畫贊：「睹先生之縣邑，想先生之高風。」

黄門侍郎劉孝綽墓誌銘〔一〕

蔡墨攸陳，有草有茵〔二〕；梁荆世櫝，或魏或秦〔三〕。積善餘慶〔四〕，時惟俊民〔五〕。孝乎惟孝〔六〕，其德有鄰〔七〕。曰風曰雅〔八〕，文章動神〔九〕。鶴開阮瑀〔一〇〕，鵬翥楊循〔一一〕。身兹惟屈，扶摇未申〔一二〕。人罔石火〔一三〕，山有楸椿〔一四〕。佳城無曙〔一五〕，寒野方春。藝文類聚卷四八、梁文紀卷四、御製集、閣本、張本、全梁文、丁本。

【校注】

〔一〕黄門侍郎：「給事黄門侍郎」之省稱，門下省次官。出入禁中，掌侍從左右，關通内外。梁十班。○劉孝綽：本名冉，字孝綽，祖籍彭城安上里。梁武帝天監初，起家著作佐郎。累遷秘書丞、廷尉卿、黄門侍郎、尚書吏部郎、秘書監。大同五年(539)卒。梁書卷三三、南史卷三九有傳。

〔二〕「蔡墨」二句：指春秋時晉國太史蔡墨論范氏的起源。左傳昭公二十九年：「秋，龍見於絳郊。魏獻子問於蔡墨曰：『吾聞之，蟲莫知於龍，以其不生得也，謂之知，信乎？』對曰：『人實不知，非龍實知。古者畜龍，故國有豢龍氏，有御龍氏。』獻子曰：『是二氏者，吾亦聞之，而不知其故。是何謂也？』對曰：『……有陶唐氏既衰，其後有劉累，學擾龍於豢龍氏，以事孔甲，能飲食之。夏后嘉之，賜氏曰御龍，以更豕韋之後。龍一雌死，潛醢以食夏后。夏后饗之，既而使求之。懼而遷于魯縣，范氏其後也。』」蔡墨，亦稱蔡史墨，晉國太史。生平事跡參左傳昭公二十九年。攸，王引之經傳釋詞：「攸，語助也。」茵，嫩草。比喻范氏之初始。張本作「苗」。

〔三〕「梁荆」二句：指梁、荆間的劉氏本源自戰國時秦國、魏國的范氏。漢書卷一高祖本紀下史臣贊曰：「春秋晉史蔡墨有言，陶唐氏既衰，其後有劉累，學擾龍，事孔甲，范氏其後也。而大夫范宣子亦曰：『祖自虞以上爲陶唐氏，在夏爲御龍氏，在商爲豕韋氏，在周爲唐杜氏，晉主夏盟爲范氏。』范氏爲晉士師，魯文公世奔秦。後歸于晉，其處者爲劉氏。劉向云戰國時劉氏自秦獲於魏。秦滅魏，遷大梁，都於豐，故周市説雍齒曰：『豐，故梁徙也。』是以頌高祖云：『漢帝本系，出自唐帝。降及于周，在秦作劉。涉魏而東，遂爲豐公。』豐公，蓋太上皇父。其遷日淺，墳墓在豐鮮焉。及高祖即位，置祠祀官，則有秦、晉、梁、荆之巫，世祠天地，綴之以祀，豈不信哉！」顔師古注引文穎曰：「范氏世仕於晉，故祠祀有晉巫。范會支庶，留秦爲劉氏，故有秦巫。劉氏隨魏都大梁，故有梁巫。後徙豐，豐屬荆，故有荆巫也。」梁，戰國時魏惠王遷都大梁，因稱魏爲梁。荆，先秦時楚國别稱。樻（kuì），木名。又名靈壽木，可爲馬鞭及杖。今按：頗疑爲「貴」之訛。

〔四〕積善餘慶：周易坤卦：「積善之家，必有餘慶。」

〔五〕惟：梁文紀卷四、御製集、閣本、張本、全梁文、丁本作「推」。○俊民：賢人。尚書多士：「乃命爾先祖成湯革夏，俊民甸四方。」孔安國傳：「天命湯更代夏，用其賢人治四方。」

〔六〕孝乎惟孝：尚書君陳：「王若曰：『君陳，惟爾令德孝恭。惟孝友于兄弟，克施有政。』」論語爲政：「或謂孔子曰：『子奚不爲政？』子曰：『書云：『孝乎惟孝，友于兄弟，施于有政。』是亦爲政，奚其爲爲政？』」

〔七〕其德有鄰：論語里仁：「子曰：『德不孤，必有鄰。』」

〔八〕曰風曰雅：本指詩經中的國風和大雅、小雅。此代指詩文之事。南朝梁蕭統文選序：「故風雅之道，粲然可觀。」

〔九〕文章動神：梁書卷三三劉孝綽傳：「孝綽幼聰敏，七歲能屬文。舅齊中書郎王融深賞異之，常與同載適親友，號曰神童。融每言曰：『天下文章，若無我當歸阿士。』阿士，孝綽小字也。……高祖雅好蟲篆，時因宴幸，命沈約、任昉等言志賦詩，孝綽亦見引。嘗侍宴，於坐爲詩七首，高祖覽其文，篇篇嗟賞，由是朝野改觀焉。……時昭明太子好士愛文，孝綽與陳郡殷芸、吴郡陸倕、琅邪王筠、彭城到洽等，同見賓禮。太子起樂賢堂，乃使畫工先圖孝綽焉。太子文章繁富，群才咸欲撰録，太子獨使孝綽集而序之。……孝綽辭藻爲後進所宗，世重其文，每作一篇，朝成暮遍，好事者咸諷誦傳寫，流聞絶域。文集數十萬言，行於世。」

〔一〇〕鶴開：如鶴展翅。喻文風飄逸。○阮瑀：字元瑜，陳留尉氏人，「建安七子」之一。曾爲魏丞相倉曹掾屬。事跡見三國志卷二一魏書王魏二劉傳。

〔一一〕鵬翥（zhù）：鵬飛。喻氣象宏偉。翥，説文解字羽部：「翥，飛舉也。」○楊循：疑作「楊脩」，古「循」、「脩」二字多互誤。楊脩，字德祖，好學，有俊才，爲丞相曹操主簿，後因事被殺。生平事跡見後漢書卷五四楊震傳附、三國志卷十九魏書陳思王曹植傳裴松之注引典略。

〔一二〕「身兹」二句：指沉淪下僚，才智未得申展。惟屈，周易繫辭下：「尺蠖之屈，以求信也。」扶摇，莊子逍遥遊：「鵬之徙於南冥也，水擊三千里，摶扶摇而上者九萬里。」成玄英疏：「扶摇，旋風也。」此喻上升。

〔一三〕石火：以石互擊迸發出的火花。形容時間極爲短暫。文選卷二六潘岳河陽縣作之一：「頮如槁石火，瞥若截道飆。」李善注：「古樂府詩曰：鑿石見火能幾時？」

〔一四〕楸(qiū)椿(chūn)：喻時間長久。楸，落葉喬木。晉潘岳懷舊賦：「望彼楸矣，感於予思。」椿，木名。椿樹。通稱香椿。莊子逍遥遊：「上古有大椿者，以八千歲爲春，八千歲爲秋。」

〔一五〕佳城：文選卷三〇沈約冬節後至丞相第詣世子車中作詩：「誰當九原上，鬱鬱望佳城。」李周翰注：「佳城，墓之塋域也。」

【集評】

閻本：評「寒野方春」：長眠之人不知曉。

侍中吴平光侯墓誌〔一〕

惟岳降神，表山甫之德〔二〕；敬如君所，顯成季之徵〔三〕。絜静精微，岐嶷天挺〔四〕。學兼義府，談均理窟〔五〕。歷太子洗馬〔六〕。八人掌籍〔七〕，爲崇賢之領袖〔八〕；五日來朝〔九〕，冠承華之楷模〔一〇〕。遷豫章内史〔一一〕。洪井鸞峰〔一二〕，甘露歲下〔一三〕；蕭崖鶴嶺〔一四〕，連理成陰〔一五〕。徵爲太子左衛率〔一六〕，遘疾〔一七〕，薨于道。頗類陶基，民號夫比〔一八〕；取譬羊祜，巷哭荆南〔一九〕。副君早垂隆眄〔二〇〕，惘其石火〔二一〕，瞻斯翠蓋，忽變丹旐〔二二〕。方使桓侯石椁〔二三〕，載銘盛夏〔二四〕；滕令佳城〔二五〕，式鐫韶濩〔二六〕。藝文類聚卷四八、梁文紀卷四、御製集、閻本、張本、全梁文、丁本。

【校注】

〔一〕侍中：職官名。南北朝時門下省長官，侍從皇帝左右，出入宫廷，與聞朝政，爲親信貴重之職。梁十二班。○吴平光侯：指蕭勱。勱字文約，梁宗室。襲封吴平侯。官廣州刺史，徵爲太子左衛率，卒於道。卒，謚曰光侯。南史卷五一梁宗室上有傳。今按：蕭勱卒期，史無載。金樓子聚書篇有云：「爲江州時……時羅鄉侯蕭説於安成失守，又遣王諮議僧辯取得説書。又值吴平光侯廣州下，遣何集曹沔寫得書。又值衡山侯蕭州下，又寫得書。又蘭左衛欽從南鄭還，又寫得蘭書。」考梁書武帝紀，蕭繹爲江州刺史在大同六年（540）十二月至太清元年（547）正月，而蕭説失守安成郡在大同八年正月，則蕭勵離廣州刺史任當在大同八年正月以後，其卒必在大同八年（542）後太清元年以前。

〔二〕「惟岳」二句：詩經大雅崧高：「崧高維嶽，駿極于天。維嶽降神，生甫及申。維申及甫，維周之翰。四國于蕃，四方于宣。」毛傳：「嶽，四嶽也。東嶽，岱；南嶽，衡；西嶽，華；北嶽，恒。……嶽降神靈和氣，以生申、甫之大功。」鄭玄箋：「申，申伯也。甫，甫侯也。皆以賢知，入爲周之楨榦之臣。四國有難，則往扞禦之，爲之蕃屏。四方恩澤不至，則往宣暢之。」陸德明音義：「嶽，字亦作『岳』。」今按：據鄭玄箋，申指申伯，非山甫。山甫，即仲山甫，周太王古公亶父的後裔，西周周宣王時任太宰官職。事跡見史記卷四周本紀。詩經中贊美仲山甫的篇目是烝民，有云：「仲山甫之德，柔嘉維則。」故頗疑蕭繹將崧高、烝民二者混記。

〔三〕「敬如」二句：左傳閔公二年：「成季之將生也，桓公使卜楚丘之父卜之，曰：『男也。其名曰友，在公之右。間於兩社，爲公室輔。季氏亡，則魯不昌。』又筮之，遇大有☲☰之乾☰☰，曰：『同復于父，敬如君所。』」及生，有文在其手曰『友』，遂以命之。」成季，又稱公孫友，魯桓公最小的兒子，魯莊公之弟。

〔四〕「絜静」二句：形容幼年文雅聰慧。絜静精微，禮記經解：「絜静精微，易教也。……絜静精微而不賊，則深于易者也。」孔穎達疏：「易之於人，正則獲吉，邪則獲凶，不爲淫濫，是『絜静』；窮理盡性，言入秋毫，是『精微』。」絜，梁文紀卷四、閣本、張本、全梁文、丁本作「潔」。今按：絜、潔，古今字。岐嶷，詩經大雅生民：「誕實匍匐，克岐克嶷，以就口食。」毛傳：「岐，知意也。嶷，識也。」鄭玄箋：「能匍匐，則岐岐然意有所知也，其貌嶷嶷然有所識别也。」朱熹集傳：「岐、嶷，峻茂之狀。」天挺，天生卓越超拔。後漢書卷六一黄瓊傳：「光武以聖武天挺，繼統興業。」

〔五〕「學兼」二句：謂富於才學，善於清談。義府，左傳僖公二十七年：「詩、書，義之府也。」理窟，義理的淵藪。世説新語文學：「〔劉〕真長遺傳教覓張孝廉船，同侣惋愕。即同載詣撫軍。至門，劉前進謂撫軍曰：『下官今日爲公得一太常博士妙選！』既前，撫軍與之話言，咨嗟稱善曰：『張憑勃窣爲理窟。』即用爲太常博士。」

〔六〕太子洗馬：官職名。東宫屬官，掌文翰。梁六班。南史卷五一梁宗室上蕭勱傳：「位太子洗馬，母憂去職，殆不勝喪。」

〔七〕八人掌籍：謂掌文翰之職。通典卷三〇職官：「梁有典經局，又置八人，掌文翰，尤爲清選，皆取甲族有才名者爲之，位視通直郎。」梁書卷四九文學上庾於陵傳：「舊事，東宫官屬，通爲清選，洗馬掌文翰，尤其清者。近世用人，皆取甲族有才望，時於陵與周捨並擢充職，高祖曰：『官以人而清，豈限以甲族。』時論以爲美。」

〔八〕崇賢：文選卷二六陸機吴王郎中時從梁陳作：「在昔蒙嘉運，矯跡入崇賢。」張銑注：「崇賢，太子門名。」晉書卷五三湣懷太子傳：「是日太子游玄圃，聞有使者至，改服出崇賢門，再拜受詔，步出承華門，乘粗犢車。」藝文類聚卷二九引晉陸機祖道畢雍孫劉邊仲潘正叔詩曰：「皇儲延髦俊，多士出幽遐。適遂時來運，與子遊承華。執笏崇賢内，振纓曾城阿。」此代指東宫。

〔九〕五日來朝：代指任太子東宫之官。宋書卷四〇百官志：「漢世太子五日一朝。」梁書卷八昭明太子傳：「太子性仁孝，自出宫，恒思戀不樂。高祖知之，每五日一朝，多便留永福省，或五日三日乃還宫。」

〔一〇〕承華：文選卷二四陸機贈馮文羆遷斥丘令詩：「閶闔既辟，承華再建。」李善注引陸機洛陽記曰：「太子宫在太宫東，薄室門外，中有承華門。」此代指東宫。

〔一一〕豫章：郡名。治所在今江西省南昌市東。○内史：官名。王國行政長官，職同太守。南史卷五一梁宗室上蕭勱傳：「又遷豫章内史，道不拾遺，男女異路。」

〔一二〕洪井：水經注卷三九贛水：「西行二十里曰散原山……西北五六里有洪井，飛流懸注，其深無底，舊説洪崖先生之井也。」洪，梁文紀卷四、御製集、閣本、張本、全梁文、丁本作「法」。○鸞峰：山名，即「鸞岡」。水經注卷三九贛水：「〔散原山〕西有鸞岡，洪崖先生乘鸞所憩泊也。岡西有鵠嶺，云王子喬控鵠所逕過也。有二崖，號曰大蕭、小蕭，言蕭史所遊萃處也。」今按：洪井、鸞峰，並豫章郡所屬。

〔一三〕甘露歲下：老子第三二章：「天地相合，以降甘露。」白虎通卷六封禪：「甘露者，美露也，降則物無不盛者也。」

〔一四〕蕭崖鶴嶺：見上注〔一二〕「鸞峰」條。

〔一五〕連理：異根草木，枝幹連生。古人以爲吉祥之兆。白虎通卷六封禪：「德至草木，則朱草生，木連理。」

天下：「古之喪禮，貴賤有儀，上下有等。天子棺槨七重，諸侯五重，大夫三重，士再重。今墨子獨生不歌，死不服，桐棺三寸而無槨。」今按：「桓侯石槨」與銘無關。史記卷五秦本紀：「惡來有力，蜚廉善走，父子俱以材力事殷紂。周武王之伐紂，并殺惡來。是時蜚廉爲紂石北方，還，無所報，爲壇霍太山而報，得石棺，銘曰『帝令處父不與殷亂，賜爾石棺以華氏。』」莊子則陽：「狶韋曰：『夫靈公也死，卜葬於故墓不吉，卜葬于沙丘而吉。掘之數仞，得石槨焉，洗而視之，有銘焉，曰：「不憑其子，靈公奪而里之。」夫靈公之爲靈也久矣，之二人何足以識之！』」此均是先秦時石槨與銘有關者，頗疑蕭繹誤記。

〔二四〕盛夏：猶大夏。夏禹樂舞名。周禮春官宗伯大司樂：「舞大夏以祭山川。」

〔二五〕滕令佳城：博物志卷七異聞：「漢滕公薨，求葬東都門外。公卿送喪，駟馬不行，跼地悲鳴，跑蹄下地得石，有銘曰：『佳城鬱鬱，三千年見白日，吁嗟滕公居此室。』遂葬焉。」佳城，藝文類聚卷四八作「嘉誠」，梁文紀卷四、御製集、閣本、張本、全梁文、丁本作「佳城」。今按：作「佳城」是，據改。

〔二六〕韶濩（hù）：亦作「韶護」。左傳襄公二十九年：「見舞韶濩者。」杜預注：「殷湯樂。」孔穎達疏：「以其防濩下民，故稱濩也。……韶亦紹也，言其能紹繼大禹也。」一説，舜樂和湯樂。文選卷五九王巾頭陀寺碑文：「步中雅頌，驟合韶護。」李善注引鄭玄曰：「韶，舜樂；護，湯樂也。」後亦以指廟堂、宮廷之樂。

【集評】

閻本：諸志銘都簡，至覺鋪揚爲煩。

侍中新渝侯墓誌銘〔一〕

爰始降神，誕兹初載〔二〕。方琮有燭〔三〕，圓珠無纇〔四〕。義若聯環〔五〕，文同藻繪〔六〕。三分竹使〔七〕，再徙建旟〔八〕。朱帷自舉〔九〕，白鹿隨車〔一〇〕。武實威邊〔一一〕，文能懷遠〔一二〕。乍歌去速〔一三〕，時謡來晚〔一四〕。昔我往矣〔一五〕，千駟連軥〔一六〕。今兹旋旆〔一七〕，雙雁隨舟〔一八〕。山迴素旐〔一九〕，水導丹旒〔二〇〕。寂寥原野，摇落徂秋〔二一〕。藝文類聚卷四八、梁文紀卷四、御製集、閻本、張本、全梁文、丁本。

【校注】

〔一〕侍中：職官名。南北朝時門下省長官，侍從皇帝左右，出入宫廷，與聞朝政，爲親信貴重之職。梁十二班。○新渝侯：指蕭暎。暎字文明，梁宗室始興忠武王蕭憺之子。普通二年，封廣信侯，後改封新渝縣侯，曾官吴興太守、北徐州刺史、廣州刺史。大同十年（544）卒，謚曰寬。南史卷五二梁宗室下有傳。

〔二〕「爰始」二句：意謂梁王朝建立初年蕭暎即出生。爰始，詩經大雅緜：「爰始爰謀，爰契我龜。」經傳釋詞卷二「爰」：「或訓爲于，或訓爲於，或訓爲曰，或訓爲於是，其義一也。……爰、粤、于一聲之轉，故三字皆可訓爲於。」降神，神靈降臨。詩經大雅崧高：「崧高維嶽，駿極于天。維嶽降神，生甫及申。」毛傳：「嶽降神靈和氣，以生申、甫之大功。」文選卷五八蔡邕陳太丘碑文：「峨峨崇嶽，吐符降神。」李周翰注：「言立五嶽之精，吐其符應，降其神靈。」誕，誕生。初載，初年。詩經大雅大明：「文王初載，天作之合。」

〔三〕琮：方柱形瑞玉，中有圓孔。周禮春官宗伯大宗伯：「以玉作六器，以禮天地四方，以蒼璧禮天，以黄琮禮地。」周禮秋官司寇小行人：「合六幣……琮以錦。」鄭玄注：「五等諸侯享天子用璧，享后用琮。」〇燭：文選卷三張衡東京賦：「輝烈光燭。」李周翰注：「輝、烈、光、燭，皆明也。」

〔四〕纇（lèi）：瑕疵。淮南子卷一三氾論訓：「明月之珠，不能無纇。」高誘注：「纇，磐若絲之結纇也。」全梁文、丁本訛作「類」。

〔五〕義若聯環：形容議論連續不絶。義，通「議」，議論。聯環，同「連環」，連結成串的玉環。莊子天下篇：「惠施多方，其書五車，其道舛駁，其言也不中。歷物之意，曰：『……今日適越而昔來，連環可解也。』」又，戰國策卷一三齊策六「齊閔王之遇殺」章：「秦始皇嘗使使者遺君王后玉連環，曰：『齊多智，而解此環不？』君王后以示群臣，群臣不知解。君王后引椎椎破之，謝秦使曰：『謹以解矣！』」淮南子卷二俶真訓：「辯解連環，澤潤玉石。」環，藝文類聚作「瓌」，梁文紀卷四、御製集、閣本、張本、全梁文、丁本作「環」。今按：作「環」是，據改。

〔六〕文同藻繪：謂文辭華美。藻繪，華麗的繡紋。抱朴子外篇廣譬：「泥龍雖藻繪炳蔚，而不堪慶雲之招。」

〔七〕三分竹使：指三次爲地方官。竹使，漢時竹製的信符。右留京師，左與郡國。凡發兵用銅虎符，其餘徵調用竹使符。漢書卷四文帝紀：「初與郡守爲銅虎符、竹使符。」顔師古注引應劭曰：「竹使符皆以竹箭五枚，長五寸，鐫刻篆書，第一至第五。」

〔八〕再徙建旟：建旟，周冬季大閲，州里之長立旟旗以爲標誌。此指任州刺史。建，樹立。旟，畫有鳥隼的旗。周禮春官宗伯司常：「司常，掌九旗之物名，各有屬，以待國事……鳥隼爲旟……及國之大閲，贊司馬頒旗物：王建大常，諸侯建旂，孤卿建旜，大夫、士建物，師都建旗，州里建旟。」鄭玄注：「鳥隼，象其勇捷也。」爾雅釋天：「錯革鳥曰旟。」今按：蕭暎先後爲北徐州刺史、廣州刺史，故云「再徙建旟」。

〔九〕朱帷自舉：後漢書卷三一賈琮傳：「以琮爲冀州刺史。舊典，傳車驂駕，垂赤帷裳，迎於州界。及琮之部，升車言曰：『刺史當遠視廣聽，糾察美惡，何有反垂帷裳以自掩塞乎？』乃命御者褰之。百城聞風，自然竦震。」

〔一〇〕白鹿隨車：藝文類聚卷九五引謝承後漢書曰：「鄭弘爲臨淮太守，行春，有兩白鹿隨車，俠轂而行。弘怪，問主簿黄國：『鹿爲吉凶？』國拜賀曰：『聞三公車輜畫作鹿，明府當爲宰相。』弘果爲太尉。」

〔一一〕威邊：揚威邊界。史記卷一一三南越傳：「〔尉〕佗因此以兵威邊，財物賂遺閩越、西甌、駱，役屬焉，東西萬餘里。」藝文類聚卷三一引晉石崇贈棗腆詩曰：「文藻譬春華，談話由蘭芳。消憂以觴醴，娱耳以名娼。博弈逞妙思，弓矢威邊疆。」

〔一二〕懷遠：安撫遠人。左傳僖公七年：「招攜以禮，懷遠以德。」

〔一三〕乍歌去速：晉書卷九〇鄧攸傳載：鄧攸爲吴郡太守，「攸在郡刑政清明，百姓歡悦，爲中興良守。後稱疾去職。郡常有送迎錢數百萬，攸去郡，不受一錢。百姓數千人留牽攸船，不得進，攸乃小停，夜中發去。吴人歌之曰：『紞如打五鼓，雞鳴天欲曙。鄧侯拖不留，謝令推不去。』」乍，梁文紀卷四、御製集作「年」。

〔一四〕時謡來晚：後漢書卷三一賈琮傳：「中平元年，交阯屯兵反，執刺史及合浦太守，自稱『柱天將軍』。靈帝特敕三府精選能吏，有司舉琮爲交阯刺史。琮到部，訊其反狀，咸言賦斂過重，百姓莫不空單，京師遥遠，告冤無所，民不聊生，故聚爲盜賊。琮即移書告示，各使安其資業，招撫荒散，蠲復傜役，誅斬渠帥爲大害者，簡選良吏試守諸縣，歲間蕩定，百姓以安。巷路爲之歌曰：『賈父來晚，使我先反；今見清平，吏不敢飯。』」

〔一五〕昔我往矣：詩經小雅采薇：「昔我往矣，楊柳依依。今我來思，雨雪霏霏。」

〔一六〕輈（zhōu）：車輛部件名。用於大車上的稱轅，用於兵車、田車、乘車上的稱輈。左傳隱公十一年：「公孫閼與潁考叔争車，潁考叔挾輈以走。」杜預注：「輈，車轅也。」此代指車。

〔一七〕旋旆：謂返回。漢陳琳檄吳將校部曲文：「故且觀兵旋旆，復整六師，長驅西征，致天下誅。」文選卷二九曹植朔風詩：「昔我初遷，朱華未希。今我旋止，素雪雲飛。」張銑注：「旋，還。」

〔一八〕雙雁隨舟：藝文類聚卷九一引會稽典録曰：「虞國少有孝行，爲日南太守，常有雙雁，宿止廳上，每出行縣，輒飛逐車，既卒於官，雁逐喪還至餘姚，住墓前，歷三年乃去。」舟，通「輈」，車轅也。此代指車。

〔一九〕素旐（zhào）：喪事用的白色旗幡。

〔二〇〕丹旒（liú）：紅色的旗幟。蓋古人送喪亦用紅色的旗幟。梁書卷四〇劉顯傳載：劉之遴爲顯撰墓誌銘，有云：「營營返魄，汎汎虚舟。白馬向郊，丹旒背壟。」蕭繹侍中吳平光侯墓誌曰：「瞻斯翠蓋，忽變丹旒。」

〔二一〕摇落徂秋：戰國楚宋玉九辯：「悲哉秋之爲氣也！蕭瑟兮草木摇落而變衰。」徂，凋謝。文選卷二二顔延之應詔觀北湖田收詩：「開冬眷徂物，殘悴盈化先。」李善注：「言開冬而視徂落之物，雖已殘悴，而尚盈於殘悴之先，言可觀也。」

中書令庾肩吾墓誌〔一〕

荆山萬重，地産卞和之玉〔二〕；隨流千仞，水出靈虵之珠〔三〕。故能胤兹屈景〔四〕，育斯唐宋〔五〕。掌庾命族〔六〕，世濟琳琅〔七〕；遂昌開國〔八〕，蟬聯冠冕〔九〕。父易〔一〇〕，高尚其道〔一一〕，遁肥貞吉〔一二〕。關吏早逢，威表真人之氣〔一三〕；少微晚映，還彰隱士之星〔一四〕。肩吾氣識淹通〔一五〕，風神閑逸，鍾鼓辭林，笙簧文苑〔一六〕。入爲度支尚書〔一七〕。任同北斗〔一八〕，錫韓稜之劍〔一九〕；朝此南宫〔二〇〕，識鄭崇之履〔二一〕。余以其爲人也，瑚璉之器〔二二〕，無慚垂棘〔二三〕；杞梓之材〔二四〕，有均廊廟〔二五〕。故贈散騎常侍中書令〔二六〕，蓋旌賢也〔二七〕。藝文類聚卷四八、梁文紀卷四、御製集、閣本、張本、全梁文、丁本。

【校注】

〔一〕中書令：官職名。中書省長官。南北朝時爲閒職，掌文翰之事。梁十三班。○庾肩吾：字子慎，祖籍南陽新野。初爲晉安王蕭綱僚屬。蕭綱爲皇太子後，肩吾曾事湘東王蕭繹。後歷太子率更令、太子中庶子。蕭綱即位，以肩吾爲度支尚書。侯景之亂中卒，贈散騎常侍、中書令。肩吾與其子信，皆爲蕭綱文學集團主要成員。梁書卷四九、南史卷五〇有傳。關於庾肩吾卒年，梁書、南史俱未確載。清倪璠庾子山年譜：大寶二年(551)七月，「時信父肩吾亦奔江陵，歷江州刺史，領義陽太守，封武康縣侯，卒。梁書云：『肩吾逃入建昌，久之，方得赴江陵，未幾卒。』賦云：『信生世等於龍門，辭親同於河洛。』用太史公事。漢書：『遷生龍門，天子始建漢家之封，太史公留滯周南，不得與從事，發憤卒。子遷適反，見父於河洛之間。』按：明年，元帝即位，肩吾已卒，是亦不得與從事也。時信適奔江陵，始一見父，遂爾遭喪，事同河洛。至承聖元年十一月帝即位時，已近小祥，襲父爵爲武康縣侯。明肩吾之卒在是年也。」

〔二〕「荆山」二句：韓非子和氏：「楚人和氏得玉璞楚山中，奉而獻之厲王。厲王使玉人相之，玉人曰：『石也。』王以和爲誑，而刖其左足。及厲王薨，武王即位，和又奉其璞而獻之武王。武王使玉人相之，又曰：『石也。』王又以和爲誑，而刖其右足。武王薨，文王即位，和乃抱其璞而哭於楚山之下，三日三夜，泣盡而繼之以血。王聞之，使人問其故，曰：『天下之刖者多矣，子奚哭之悲也？』和曰：『吾非悲刖也，悲夫寶玉而題之以「石」，貞士而名之以「誑」，此吾所以悲也。』王乃使玉人理其璞而得寶焉，遂命曰『和氏之璧』。」重，全梁文、丁本作「里」。荆山，即楚山。

〔三〕「隨流」二句：搜神記卷二〇隋侯珠：「隋縣溠水側，有斷蛇丘。隋侯出行，見大蛇，被傷中斷，疑其靈異，使人以藥封之。蛇乃能走。因號其處『斷蛇丘』。歲餘，蛇銜明珠以報之。珠盈徑寸，純白，而夜有光明，如月之照，可以燭室。故謂之『隋侯珠』，亦曰『靈蛇珠』，又曰『明月珠』。」隨，御製集、閣本、張本、全梁文、丁本作「隋」。今按：隨、隋，古今字。

〔四〕胤：國語卷三周語：「胤也者，子孫蕃育之謂也。」説文解字肉部：「胤，子孫相承續也。」〇屈景：屈原和景差。屈原，名平，戰國時楚國公族。事楚懷王，曾任三閭大夫等職。後受讒遭忌，被放逐。頃襄王時投汨羅江而死。著離騷、九章、九歌等。史記卷八四有傳。景差，史記卷八四屈原傳：「屈原既死之後，楚有宋玉、唐勒、景差之徒者，皆好辭而以賦見稱；然皆祖屈原之從容辭令，終莫敢直諫。」

〔五〕唐宋：唐勒和宋玉。漢書卷二八地理志：「始楚賢臣屈原被讒放流，作離騷諸賦以自傷悼。後有宋玉、唐勒之屬慕而述之，皆以顯名。」唐勒，漢書卷三〇藝文志：「唐勒賦四篇。」原注：「楚人。」宋玉，戰國時楚國鄢人。或謂屈原弟子。頃襄王時爲大夫。以賦見稱，作九辨、登徒子好色賦等。漢書卷三〇藝文志：「宋玉賦十六篇。」原注：「楚人，與唐勒並時，在屈原後也。」

〔六〕掌庾：參庾先生承先墓誌注〔二〕。庾，藝文類聚卷四八、閣本作「庚」，汪紹楹校：「按當作『庾』。」梁文紀卷四、御製集、張本、全梁文、丁本作「庾」。今按：作「庾」是，據改。

〔七〕琳琅：精美的玉石。比喻優秀人材。尚書禹貢：「厥貢惟球、琳、琅、玕。」孔安國傳：「球、琳，皆玉名。琅、玕，石而似珠。」世説新語容止：「有人詣王太尉，遇安豐、大將軍、丞相在坐，往别屋見季胤、平子。還語人曰：『今日之行，觸目見琳琅珠玉。』」

〔八〕遂昌開國：指晉室南渡，庾滔受封爲遂昌侯。隋書卷七八藝術庾季才傳：「庾季才，字叔奕，新野人也。八世祖滔，隨晉元帝過江，官至散騎常侍，封遂昌侯，因家于南郡江陵縣。祖詵，梁處士，與宗人易齊名。」北周庾信哀江南賦：「分南陽而賜田，裂東嶽而胙土。」清倪璠注：「謂滔封遂昌侯也。」開國，古代指建立諸侯國或受封爲侯。

〔九〕冠冕：古代帝王、官員所戴的帽子。借指仕宦。後漢書卷六八郭太傳：「〔賈淑〕雖世有冠冕，而性險害，邑里患之。」

〔一〇〕易：指庾易。易，字幼簡，志性恬隱，不交外物，以文義自樂。南齊時，屢徵不就。建武二年，詔復徵爲司徒主簿，亦不就。卒。南齊書卷五四、南史卷五〇有傳。

〔一一〕高尚：周易蠱卦：「不事王侯，高尚其事。」

〔一二〕遁肥：御製集、閣本、張本作「肥遁」。今按：遁肥，同「肥遯」、「肥遁」。周易遯卦：「上九，肥遯，無不利。」孔穎達疏：「子夏傳曰：『肥，饒裕也。』……上九最在外極，無應於内，心無疑顧，是遯之最優，故曰肥遯。」後稱退隱爲「肥遯」。○貞吉：純正高潔。周易遯卦：「九五，嘉遯貞吉。象曰：『嘉遯貞吉，以正志也。』」

〔一三〕「關吏」二句：漢書卷三〇：「關尹子九篇。」原注：「名喜，爲關吏，老子過關，喜去吏而從之。」列仙傳老子：「後周德衰，乃乘青牛車去入大秦。過西關，關令尹喜待而迎之，知真人也。乃强使著書，作道德上下經二卷。」太平御覽卷六六一引三一經曰：「真人尹喜，周大夫也。爲關令，少好學，善天文祕緯，鬼神無以匿其情狀，瓌傑不檢，榮戚不形於色。志懷道遥，天性玄湛。忽登樓四望，見東極有紫氣西邁，喜曰：『夫陽數度盡，九星度值，合歲月並，正應有異人過此。』乃齋戒掃道以俟之。及老子度關，喜先誡關吏曰：『若有翁乘青牛薄板車者，勿聽過，止以白之。』果至。吏白，願少止。喜帶印綬，設師事之禮，老子重辭之。喜曰：『願爲我著書，説大道之意，得奉而行焉。』於是著道德經上下二篇。喜於是俱去玄洲上卿。」真人，道家稱存養本性或修真得道的人。此指老子。威，藝文類聚卷四八汪紹楹校：「按當作『恒』。」梁文紀卷四、御製集、閣本、張本、全梁文、丁本作「夙」。

〔四〕「少微」二句：晉書卷九四隱逸傳謝敷：「初，月犯少微。少微一名處士星，占者以隱士當之。」少微，星座名。共四星，在太微垣西南。

〔五〕淹通：弘廣通達。文心雕龍體性：「平子淹通，故慮周而藻密。」

〔六〕「鍾鼓」二句：謂有名於文苑。

〔七〕「入爲」句：梁書卷四九文學上庾肩吾傳：「太清中，侯景寇陷京都，及太宗即位，以肩吾爲度支尚書。」度支尚書，尚書臺屬官。隋書卷二八百官志：「度支尚書統度支、户部侍郎各二人，金部、倉部侍郎各一人。」梁十二班。

〔八〕北斗：指北斗星。後漢書卷六三李固傳載固對詔，有云：「今陛下之有尚書，猶天下之有北斗也。斗爲天喉舌，尚書亦爲陛下喉舌。斗斟酌元氣，運平四時。尚書出納王命，賦政四海，權尊勢重，責之所歸。」李賢注：「春秋合誠圖曰：『天理在斗中，司三公，如人喉在咽，以理舌語。』宋均注曰：『斗爲天之舌口，主出政教。三公主導宣君命，喻於人，則宜如人喉在咽，以理舌口，使言有條理。』」

〔一九〕錫：通「賜」。○韓稜：即韓棱，字伯師，潁川舞陽人。東漢肅宗時，初爲郡功曹，後徵辟，五遷爲尚書令。和帝時，遷南陽太守，後爲司空。後漢書卷四五有傳。玉篇禾部：「稜，俗棱字。」後漢書本傳：「肅宗嘗賜諸尚書劍，唯此三人特以寶劍，自手署其名曰：『韓棱楚龍淵，郅壽蜀漢文，陳寵濟南椎成。』時論者爲之説：以棱淵深有謀，故得龍淵；壽明達有文章，故得漢文；寵敦樸，善不見外，故得椎成。」

〔二〇〕此：御製集、閣本、張本作「比」。○南宮：「尚書省」的別稱。後漢書卷三三鄭弘傳：「建初初，爲尚書令……弘前後所陳有補益王政者，皆著之南宮，以爲故事。」資治通鑑卷二九三後周紀世宗睿武孝文皇帝「顯德四年」：「乞令即日宰相於南宮三品、兩省給、舍以上，各舉所知。」胡三省注：「南宮，謂尚書省也。」

〔二一〕鄭崇：字子游，祖籍高密，祖父徙平陵。少爲郡文學史，後擢爲尚書僕射。數諫争，下獄死。漢書卷七七有傳。漢書本傳：「數求見諫争，上初納用之。每見曳革履，上笑曰：『我識鄭尚書履聲。』」

〔二二〕瑚璉之器：喻治國安邦之才。論語公冶長：「子貢問曰：『賜也何如？』子曰：『女，器也。』曰：『何器也？』曰：『瑚璉也。』」魏何晏集解：「包曰：『瑚璉，黍稷之器。夏曰瑚，殷曰璉，周曰簠簋，宗廟之器貴者。』」

〔二三〕垂棘：文選卷一班固西都賦：「懸黎垂棘，夜光在焉。」吕向注：「懸黎、垂棘，皆璧也。」此喻指優秀人才。

〔二四〕杞梓之材：喻優秀人才。左傳襄公二十六年：「晉卿不如楚，其大夫則賢，皆卿材也。如杞梓、皮革，自楚往也。雖楚有材，晉實用之。」杜預注：「杞、梓皆木名。」

〔二五〕均：文選卷三八任昉爲齊明皇帝作相讓宣城郡公第一表：「至於功均一匡，賞同千室。」張銑注：「均，同。」○廊廟：後漢書卷二九申屠剛傳：「廊廟之計，既不豫定，動軍發衆，又不深料。」李賢注：「廊，殿下屋也；廟，太廟也。國事必先謀於廊廟之所也。」此指廊廟之材，即國之棟梁。慎子知忠：「故廊廟之材，蓋非一木之枝也；粹白之裘，蓋非一狐之皮也；治亂安危、存亡榮辱之施，非一人之力也。」宋書卷六四裴松之傳：「高祖敕之曰：『裴松之廊廟之才，不宜久尸邊務，今召爲世子洗馬，與殷景仁同，可令知之。』」

〔二六〕散騎常侍：官名。南北朝時集書省長官，掌侍從左右、圖書文翰。○中書令：御製集、閣本、張本、全梁文、丁本缺此三字。

〔二七〕旌賢：表彰賢人。後漢書卷四四胡廣傳：「臣聞德以旌賢，爵以建事。」李賢注：「旌，明也。書曰『德懋懋官』也。」

【集評】

閻本：評「故能胤兹屈景，育斯唐宋」：庾氏父子，無忝前招。評「余以其爲人也……蓋旌賢也」：壯體忽變，亦是相逢兩會家也。

祭文

釋奠祭孔子文〔一〕

粤若宗師〔二〕，猗歟乃聖〔三〕。惟岳降神〔四〕，惟天所命。上善如水〔五〕，至人若鏡〔六〕。藝文類聚卷三八、梁文紀卷四、御製集、閣本、張本、全梁文、丁本。

【校注】

〔一〕釋奠祭孔子文：釋奠，禮記文王世子：「凡學，春官釋奠於其先師，秋冬亦如之。凡始立學者，必釋奠於先聖先師。」鄭玄注：「釋奠者，設薦饌酌奠而已，無迎尸以下事。」今按：此文蓋作於荆州始立學校，召學生入學時。蕭繹有請於州立學校表及召學生教，其時約在大通元年（527）。説見本書此二文注〔一〕。

〔二〕粤若：尚書堯典：「曰若稽古帝堯。」蔡沈集傳：「曰、粤、越通，古文作粤。曰若者，發語辭。」○宗師：謂言行堪爲師表之人。後漢書卷三三朱浮傳：「尋博士之官，爲天下宗師，使孔聖之言傳而不絕。」

〔三〕猗歟：嘆詞。詩經周頌潛：「猗與漆、沮，潛有多魚。」鄭玄箋：「猗與，歎美之言也。」今按：與，通「歟」。○乃聖：尚書大禹謨：「益曰：『都！帝德廣運，乃聖乃神，乃武乃文。皇天眷命，奄有四海，爲天下君。』」孔安國傳：「聖無所不通，神妙無方。」孔穎達疏：「洪範云：『睿作聖。』言通知衆事，故爲無所不通。」

〔四〕惟岳降神：詩經大雅崧高：「崧高維岳，駿極於天。維岳降神，生甫及申。」毛傳：「嶽，四嶽也。東嶽，岱；南嶽，衡；西嶽，華；北嶽，恒。……嶽降神靈和氣，以生申、甫之大功。」陸德明音義：「嶽，字亦作『岳』。」

〔五〕上善如水：老子第八章：「上善若水。水善利萬物，又不爭。處衆人之所惡，故幾於道。居善地，心善淵，與善人，言善信，政善治，事善能，動善時。夫唯不爭，故無尤。」

〔六〕至人若鏡：莊子應帝王：「至人之用心若鏡，不將不迎，應而不藏，故能勝物而不傷。」晉郭象注：「鑒物而無情。」至人，道家指超凡脱俗，達到無我境界的人。莊子逍遥遊：「至人無己，神人無功，聖人無名。」莊子齊物論：「至人神矣！大澤焚而不能熱，河漢沍而不能寒，疾雷破山、風振海而不能驚。」莊子外物：「唯至人乃能遊於世而不僻，順人而不失己。」史記卷八四賈生列傳：「至人遺物兮，獨與道俱。」司馬貞索隱：「莊子云：『古之至人先存諸己，後存諸人。』張機曰：『體盡於聖，德美之極，謂之至人。』」

祭顏子文〔一〕

欽哉體一〔二〕，亞彼至人〔三〕。乍分介石〔四〕，時知落鱗〔五〕。不先稱寶〔六〕，席上爲珍〔七〕。致虛守靜〔八〕，曲巷安貧〔九〕。欽風味道〔一〇〕，其德有鄰〔一一〕。藝文類聚卷三八、梁文紀卷四、御製集、閻本、張本、全梁文、丁本。

【校注】

〔一〕祭顏子文：藝文類聚卷三八、全梁文、丁本題作「又祭顏子文」，梁文紀卷四、御製集、閻本、張本題作「祭顏子文」。藝文類聚卷三八著録本文在釋奠祭孔子文後，按藝文類聚通例，同一作者文章前後相續時，後文例不署作者而加「又」字，全梁文、丁本題作又祭顏子文，蓋是受藝文類聚影響。今題作「祭顏子文」。顏子，即顏回。回字子淵，春秋時魯國人，孔子弟子。孔子贊其「好學」，許爲「仁人」。漢高祖以顏回配享孔子，祀以太牢，三國魏正始年間立爲定制，以後歷代統治者無不尊奉顏子，封贈有加。其生平詳史記卷六七仲尼弟子列傳。

今按：此文蓋與釋奠祭孔子文同時作。

〔二〕欽哉：尚書舜典：「欽哉，欽哉！惟刑之恤哉！」爾雅釋詁：「欽……敬也。」○體一：體悟大道。文子卷二精誠：「末世之學者，不知道之所體一，德之所總要。」今按：「體一」似當作「體二」。體二，指顏淵。文選卷五三李康運命論：「雖仲尼至聖，顏冉大賢，揖讓於規矩之内，誾誾於洙泗之上，不能遏其端；孟軻、孫卿，體二希聖，從容正道，不能維其末。」張銑注：「孟、孫二子體法顏冉，故云體二；志望孔子之道，故云希聖。」梁書卷五一處士阮孝緒傳載：孝緒撰高隱傳，有云：「非得一之士，闕彼明智；體二之徒，獨懷鑒識。」

〔三〕亞：藝文類聚卷三八作「惡」，梁文紀卷四、御製集、閣本、張本、全梁文、丁本作「亞」。今按：作「亞」是，據改。○至人：荀子天論：「故明於天人之分，則可謂至人矣。」莊子德充符：「無趾語老聃曰：『孔丘之於至人，其未邪？彼何賓賓以學子爲？彼且蘄以諔詭幻怪之名聞，不知至人之以是爲己桎梏邪？』」此指孔子。

〔四〕介石：謂堅如石。喻操守堅貞。周易豫卦：「六二，介于石，不終日，貞吉。」王弼注：「故不改其操，介如石焉。」陸德明音義：「介，音界，纖介。古文作『砎』，鄭古八反，云謂磨砎也。馬作扴，云觸小石聲。」

〔五〕落鱗：史記卷四七孔子世家：「魯哀公十四年春，狩大野。叔孫氏車子鉏商獲獸，以爲不祥。仲尼視之，曰：『麟也。』取之。曰：『河不出圖，雒不出書，吾已矣夫！』顏淵死，孔子曰：『天喪予！』及西狩見麟，曰：『吾道窮矣！』」裴駰集解引何休曰：「天生顏淵爲夫子輔佐，死者是天將亡夫子之證者也。麟者，太平之獸，聖人之類也。時得而死，此天亦告夫子將歿之證，故云爾。」落，爾雅釋詁：「落，死也。」鱗，通「麟」。

〔六〕不先稱寶：禮記儒行：「儒有不寶金玉，而忠信以爲寶。」

〔七〕席上爲珍：禮記儒行：「哀公命席。孔子侍，曰：『儒有席上之珍以待聘，夙夜强學以待問，懷忠信以待舉，力行以待取。其自立有如此者。』」鄭玄注：「席，猶鋪陳也。鋪陳往古堯舜之善道以待見問也。大問曰聘。」

〔八〕致虛守靜：老子第一六章：「致虛極，守靜篤。」王弼注：「言致虛，物之極篤；守靜，物之真正也。」

〔九〕曲巷安貧：論語雍也：「子曰：『賢哉，回也！一簞食，一瓢飲，在陋巷，人不堪其憂，回也不改其樂。賢哉，回也！』」曲巷，偏僻的小巷。安貧，自甘於貧窮。

〔一〇〕欽風：謂敬慕其風度節操。爾雅釋詁下：「欽，敬也。」○味道：體味哲理，體察道理。

〔一一〕德有鄰：論語里仁：「子曰：『德不孤，必有鄰。』」

祭東耕文〔一〕

三農九穀〔二〕，爲政所先〔三〕。萬箱億庾〔四〕，是曰民天〔五〕。繫稱斵耜〔六〕，書美厥田〔七〕。花開杏樹〔八〕，凍解新泉〔九〕。當使黍稷莫莫〔一〇〕，民翳胥樂〔一一〕；甘雨祁祁，遂及我私〔一二〕。我私之熟，表裏禔福〔一三〕。禔福中田〔一四〕，歲取十千〔一五〕。是藨是衮〔一六〕，登頌有年〔一七〕。藝文類聚卷三九、梁文紀卷四、御製集、閣本、張本、全梁文、丁本。

【校注】

〔一〕東耕：初學記卷一四引漢應劭漢官儀曰：「凡稱籍田爲千畝，亦曰帝籍，亦曰耕籍，亦曰東耕，亦曰親耕，亦曰王籍。」「天子東耕之日，親率三公九卿，戴青車，駕蒼馬。公卿已下，車駕如常法。」禮記月令：孟春之月，「是月也，天子乃以元日祈穀於上帝。乃擇元辰，天子親載耒耜，措之于參保介之御間，帥三公、九卿、諸侯、大夫躬耕帝藉」。漢書卷四文帝紀：「夫農，天下之本也，其開藉田，朕親率耕，以給宗廟粢盛。」

〔二〕三農九穀：周禮天官冢宰大宰：「以九職任萬民：一曰三農，生九穀。」鄭玄注：「鄭司農云：『三農，平地、山、澤也。九穀，黍、稷、秫、稻、麻、大小豆、大小麥。』……玄謂三農原、隰及平地。九穀無秫、大麥，而有粱、苽。」此指農民和百穀。

〔三〕爲政所先：論語顏淵：「子貢問政。子曰：『足食，足兵，民信之矣。』子貢曰：『必不得已而去，於斯三者何先？』曰：『去兵。』子貢曰：『必不得已而去，於斯二者何先？』曰：『去食。自古皆有死，民無信不立。』」

〔四〕萬箱億庾：形容豐收。詩經小雅甫田：「曾孫之稼，如茨如梁。曾孫之庾，如坻如京。乃求千斯倉，乃求萬斯箱。」鄭玄箋：「庾，露積穀也。……成王見禾穀之税，委積之多，於是求千倉以處之，萬車以載之。是言年豐收入踰前也。」詩經小雅楚茨：「我倉既盈，我庾維億。」毛傳：「露積曰庾。萬萬曰億。」釋名釋宮室：「庾，裕也，言盈裕也。露積之言也，盈裕不可勝受，所以露積之也。」

〔五〕民天：指糧食。史記卷九七酈生陸賈列傳：「王者以民人爲天，而民人以食爲天。」抱朴子外篇詰鮑：「至於八政首食，謂之民天，后稷躬稼，有虞親耕。豐年多黍多稌，我庾惟億，民食其陳。」

〔六〕繫稱斲耜：周易繫辭：「包犧氏没，神農氏作，斲木爲耜，揉木爲耒，耒耨之利，以教天下，蓋取諸益。」

〔七〕書美厥田：尚書禹貢中多次讚美「厥田」，如「厥田惟中下」、「厥田惟中中」。厥田，指土地。爾雅釋言：「厥，其也。」

〔八〕花開杏樹：氾勝之書卷上耕田篇：「杏始華榮，輒耕輕土、弱土，望杏花落，復耕。耕輒藺之。」

〔九〕凍解新泉：禮記月令：孟春之月，「東風解凍，蟄蟲始振，魚上冰，獺祭魚，鴻雁來」。

〔一〇〕黍稷：黍和稷，爲古代主要農作物。亦泛指五穀。尚書君陳：「黍稷非馨，明德惟馨。」○莫莫：詩經周南葛覃：「葛之覃兮，施于中谷，維葉莫莫。」毛傳：「莫莫，成就之貌。」鄭玄箋：「成就者，其可采用之時。」朱熹集傳：「莫莫，茂密貌。」

〔一一〕翳：楚辭離騷：「百神翳其備降兮，九疑繽其並迎。」王逸注：「翳，蔽也。」此謂沉浸。閻本作「醫」。今按：醫，通「翳」。韓非子八經：「醫曰詭，詭曰易。」陳奇猷集釋引俞樾曰：「醫字無義。趙本作緊，亦非也。醫當作翳。翳者，蔽也。」〇胥樂：詩經魯頌有駜：「鼓咽咽，醉言舞。于胥樂兮！」鄭玄箋：「胥，皆也。」朱熹集傳：「胥，相也。醉而起舞，以相樂也。」

〔二〕「甘雨」二句：詩經小雅大田：「有渰萋萋，興雨祁祁。雨我公田，遂及我私。」毛傳：「祁，徐也。」鄭玄箋：「古者陰陽和，風雨時，其來祁祁然而不暴疾。」鄭玄箋：「古者陰陽和，風雨時。其來祈祈然而不暴疾。其民之心，先公後私，今天主雨於公田，因及私田爾。此言民怙君德，蒙其餘惠。」漢班固東都賦：「習習祥風，祁祁甘雨。」甘雨，適時好雨。詩經小雅甫田：「以祈甘雨，以介我稷黍，以穀我士女。」孔穎達疏：「云甘雨者，以長物則爲甘，害物則爲苦。昭四年左傳曰：『秋無苦雨。』服虔曰『害物之雨，民所苦』是也。雨以甘故，故得祐助我禾稼，當以養士女也。」祁祁，御製集、閣本、張本、全梁文、丁本作「祈祈」。今按：祁祁、祈祈同。

〔三〕表裏：内外。〇禔（zhī）福：安寧幸福。漢書卷五七司馬相如傳下：「遐邇一體，中外禔福，不亦康乎？」顏師古注：「禔，安也。」

〔四〕中田：詩經小雅信南山：「中田有廬，疆埸有瓜。」鄭玄箋：「中田，田中也。」

〔五〕歲取十千：詩經小雅甫田：「倬彼甫田，歲取十千。」孔穎達疏：「毛以爲，倬然明大者，彼古太平之時，天下之大田也。一歲之牧，乃取十千。以其天下皆豐，故不繫之於夫井，不限之於斗斛也，要言多取田畝之收，舉十千多數而已。」朱熹集傳：「十千，謂一成之田。地方十里，爲九萬畝，而以其萬畝爲公田，蓋九一之法也。」十千，極言其多。

〔一六〕是藨（biāo）是衮（gǔn）：文選卷一九張華勵志：「藨蓘致功，必有豐殷。」李善注引杜預曰：「藨，耘也；壅苗爲蓘。」衮，梁文紀卷四、閣本、張本作「蓘」。今按：衮，通「蓘」。

〔一七〕登頌有年：歌頌豐年。登，淮南子卷九主術訓：「歲登民豐，乃始縣鐘鼓，陳干戚。」高誘注：「登，成也，年穀豐熟也。」有年，豐年。詩經小雅甫田：「自古有年，今適南畝。」又，詩經周頌有豐年詩，小序：「豐年，秋冬報也。」

存疑之作

秋興賦〔一〕

秋何興而不盡，興何秋而不傷？傷二情之本背〔二〕，更同來而匪方〔三〕。復有登山望別，臨水送歸〔四〕。洞庭之葉初下〔五〕，塞外之草前衰〔六〕。攸征人與行子〔七〕，必承臉而霑衣。紛吾閑居有怡〔八〕，優游多暇〔九〕，乃息書幌之勞〔一〇〕，以命北園之駕〔一一〕。爾乃從玩池曲，遷坐林間。淹留而蔭丹岫〔一二〕，徘徊而搴木蘭〔一三〕。爲興未已，升彼懸崖。臨風長想，馮高俯窺。察游魚之息澗，憐驚禽之換枝。聽夜籤之響殿〔一四〕，聞懸魚之扣扉〔一五〕。將據梧於芳杜〔一六〕，欲留連而不歸〔一七〕。藝文類聚卷三、御製集、閣本、張本、全梁文。

【校注】

〔一〕秋興賦：藝文類聚卷三、嚴可均全梁文均署梁簡文帝。御製集、閣本、張本作梁元帝，御製集題作「穐興賦」。今按：穐，同「秋」。又，全梁文在蕭繹春賦篇末小注：「張溥本有秋興賦、臨秋賦，今據藝文類聚編入簡文帝集。」

〔二〕二情：蓋指悲樂之情。文選卷一三潘岳秋興賦：「感冬索而春敷兮，嗟夏茂而秋落。雖末士之榮悴兮，伊人情之美惡。」

〔三〕「更同」句：意謂悲傷、歡樂之情隨秋同來，却非同類感情。廣雅釋詁：「方，類也。」

〔四〕「復有」二句：文選卷三三宋玉九辯：「悲哉秋之爲氣也！蕭瑟兮草木摇落而變衰。憭栗兮若在遠行，登山臨水兮送將歸。」

〔五〕「洞庭」句：楚辭湘夫人：「嫋嫋兮秋風，洞庭波兮木葉下。」

〔六〕「塞外」句：文選卷四一李陵答蘇武書：「涼秋九月，塞外草衰。」

〔七〕攸：助詞，無義。助字辨略卷二「攸」字條：「詩大雅：『四方攸同。』蜀志後主傳：『遂與京畿攸隔萬里。』此攸字語助，不爲義也。」〇征人：指出征或戍邊的戰士。〇行子：客行在外之人。

〔八〕紛：文選卷三二屈平離騷：「紛吾既有此内美兮，又重之以修能。」王逸注：「紛，盛貌。」

〔九〕優游：悠閒自得。詩經大雅卷阿：「伴奂爾游矣，優游爾休矣。」

〔一〇〕書帷：猶言書房。陳徐陵玉臺新詠序：「永對玩於書帷，長循環於纖手。」清吴兆宜注：「漢董仲舒傳：孝景時爲博士，下帷講誦。」

〔一一〕命北園之駕：謂駕車遊於苑囿。命駕，命人駕車馬。謂立即動身。左傳哀公十一年：「退，命駕而行。」北園，詩經秦風駟驖：「遊于北園，四馬既閑。」

〔一二〕淹留：楚辭離騷：「時繽紛其變易兮，又何可以淹留？」爾雅釋詁：「曩、塵、佇、淹、留，久也。」晉郭璞注：「塵垢，佇企，淹滯，皆稽久也。」〇丹岫：岫，疑爲「柚」之誤。丹柚，果木名。尚書禹貢：「厥包橘、柚，錫貢。」孔安國傳：「小曰橘，大曰柚。」

〔一三〕搴木蘭：楚辭離騷：「朝搴阰之木蘭兮，夕攬洲之宿莽。」王逸注：「搴，取也。」洪興祖補注：「本草云：木蘭皮似桂而香，狀如楠樹，高數仞。」

〔一四〕夜籤之響殿：謂夜間計時之漏滴聲在宫殿内迴響。籤，古代滴水計時儀器中標記時刻的竹籤。

〔一五〕懸魚：指鈴柄上的魚形飾物。太平御覽卷三三八引風俗通曰：「鈴柄施懸魚，魚者，欲君臣沉静如魚之入水，不可復得聞見耳。」

〔一六〕據梧於芳杜：意謂憑靠著甘棠樹。據梧，靠著梧几。莊子齊物論：「昭文之鼓琴也，師曠之枝策也，惠子之據梧也，三子之知幾乎。」成玄英疏：「據梧者，只是以梧几而據之談説，猶隱几者也。」杜，木名，即甘棠。詩經召南甘棠：「蔽芾甘棠，勿翦勿伐，召伯所茇。」毛傳：「甘棠，杜也。」吴陸璣毛詩草木鳥獸蟲魚疏卷上「蔽芾甘棠」條：「甘棠，今棠棃，一名杜棃，赤棠也，與白棠同耳，但子有赤白美惡。子白色爲白棠、甘棠也，少酢滑美。赤棠子澁而酢，無味。」

〔一七〕留連：閣本、張本作「連留」。

【集評】

閣本：評「察游魚之息澗，憐驚禽之换枝」：息澗、换枝，近體之祖。

臨秋賦〔一〕

火歇兮秋氣生，風起兮秋潦清。覽時興而自得，聊飛轡而娱情。遵三條之廣路〔二〕，背九仞之高城。爾乃登長坂，息佘驥，攬筆舒情，沈吟屬思〔三〕。草色雜而香同，樹影齊而花異。遥峰迢遰，縈沙斷絶。雲出山而相似，水含天而難别。藝文類聚卷三、御製集、閣本、張本、全梁文。

【校注】

〔一〕臨秋賦：藝文類聚卷三、全梁文均作梁簡文帝撰，御製集、閣本、張本作梁元帝撰。

〔二〕三條之廣路：文選卷一班固西都賦：「披三條之廣路，立十二之通門。」張銑注：「三條，三達之路。」三，藝文類聚卷三、御製集、閣本、張本、全梁文作「二」。今按：當是「三」之訛，改正。

〔三〕沈吟：深思。○屬思：構思。

【集評】

閻本：評「草色雜而香同，樹影齊而花異。遥峰迢遰，縈沙斷絶。雲出山而相似，水含天而難别」：閒中得之，出口而彩。

長安路〔一〕

前登灞陵岸〔二〕，還瞻渭水流〔三〕。城形類南斗〔四〕，橋勢似牽牛〔五〕。飛軒與良駟〔六〕，寶劍雜輕裘〔七〕。經過狹斜里〔八〕，日暮且淹留〔九〕。藝文類聚卷四二、樂府詩集卷二三、古詩紀卷一一六、古樂苑卷一二。

【校注】

〔一〕長安路：藝文類聚卷四二署名梁元帝，樂府詩集卷二三、古詩紀卷一一六、古樂苑卷一二署作蕭賁。今按：長安路，當即「長安道」，古樂府曲調名。樂府解題：「漢横吹曲，二十八解，李延年造。魏、晉已來，唯傳十曲：一曰黄鵠，二曰隴頭，三曰出關，四曰入關，五曰出塞，六曰入塞，七曰折楊柳，八曰黄覃子，九曰赤之揚，十曰望行人。後又有關山月、洛陽道、長安道、梅花落、紫騮馬、驄馬、雨雪、劉生八曲，合十八曲。」

〔二〕「前登」句：王粲七哀詩：「南登霸陵岸，回首望長安。」灞陵，即霸陵，漢文帝陵寢名，故址在今陝西省西安市東。三輔黄圖卷六陵墓：「文帝霸陵，在長安城東七十里，因山爲藏，不復起墳，就其水名，因以爲陵號。」岸，樂府詩集作「道」。

〔三〕渭水：黄河第一大支流，發源於甘肅省渭源縣的鳥鼠山，經陝西省西安市北，至潼關匯入黄河。

〔四〕「城形」句：三輔黄圖卷一漢長安故城：「〔長安〕城南爲南斗形，北爲北斗形，至今人呼漢京城爲斗城是也。」宋龔頤正芥隱筆記「老杜秦城字」：「三輔黄圖：長安故城，城南爲南斗形，城北爲北斗形，故號斗城。何遜咸陽詩云：『城斗疑連漢』，老杜『秦城近斗杓』，『秦城北斗邊』，『北斗故臨秦』，而秦中詩『春城依北斗，郢樹發南枝』，乃秦城耳。劉夢得望賦亦云：『城依斗兮闌干。』」南斗，星名。即斗宿，有星六顆。在北斗星以南，形似斗，故稱。史記卷二七天官書：「南斗爲廟，其北建星。建星者，旗也。」張守節正義：「南斗六星，在南也。」南，樂府詩集卷二三、古詩紀卷一一六、古樂苑卷一二作「北」。

〔五〕「橋勢」句：三輔黄圖卷一咸陽故城：「始皇窮極奢侈，築咸陽宮，因北陵營殿，端門四達，以則紫宮，象帝居。渭水貫都，以象天漢，横橋南渡，以法牽牛。」牽牛，即河鼓。星座名。隔銀河和織女星相對。爾雅釋天：「河鼓謂之牽牛。」晉郭璞注：「今荆楚人呼牽牛星爲擔鼓，擔者，荷也。」

〔六〕與：樂府詩集作「駕」。

〔七〕輕裘：輕暖的皮衣。論語雍也：「赤之適齊也，乘肥馬，衣輕裘。」朱熹集注：「裘，皮服。」

〔八〕狹斜：小街曲巷。多指娼妓居處。古樂府長安有狹斜行：「長安有狹斜，斜狹不容車。」或作「狹邪」。南朝陳顧野王長安道：「渭橋縱觀罷，安能訪狹邪。」周庾信見遊春人：「長安有狹邪，金穴盛豪華。」

〔九〕且：樂府詩集卷二三、古詩紀卷一一六、古樂苑卷一二作「與」。○淹留：逗留。楚辭離騷：「時繽紛其變易兮，又何可以淹留？」

半路溪〔一〕

相逢半路溪，隔溪猶不渡〔二〕。望望判知是〔三〕，翩翩識行步〔四〕。摘贈蘭澤芳〔五〕，欲表同心句〔六〕。先將動舊情〔七〕，恐君疑妾妬。樂府詩集卷七四、古樂府卷一〇、古詩類苑卷一四、古詩紀卷七七及卷八〇、古樂苑卷三八、古詩鏡卷一九、御製集、六朝詩集、漢魏六朝百三名家集卷八三梁簡文帝集、張本、丁本。又，海録碎事卷九引渡、句韻。

【校注】

〔一〕半路溪：樂府名。樂府詩集卷七四劉孝威半渡溪下云：「樂府解題曰：『半渡溪，言戰而半涉溪水見迫，所言皆嶺南地里，與武溪深相類。』梁元帝又有半路溪，則言相逢隔溪，已識行步，辭旨與此全殊。」樂府詩集卷七四、海録碎事卷九、古樂府卷一〇、御製集、六朝詩集、張本、丁本署梁元帝，古詩類苑卷一四、古樂苑卷三八署梁簡文帝。古詩紀卷七七梁簡文帝下録此詩，小注云：「樂府作元帝。」卷八〇梁元帝下録此詩，小注云：「玉臺新詠作簡文帝。」漢魏六朝百三名家集卷八三梁簡文下録此詩，小注云：「樂府作元帝。」卷八四梁元帝（即「張本」）下亦録此詩。逯欽立先秦漢魏晉南北朝詩之梁詩卷二一梁簡文帝蕭綱名下録此詩，按云：「此歌應依樂府編入元帝集。」又，清吴兆宜玉臺新詠箋注卷七「非宋刻部分」亦録有此詩，署簡文帝。

〔二〕渡：御製集、古詩鏡卷一九、漢魏六朝百三名家集卷八三梁簡文帝集、張本、丁本作「度」。今按：度，通「渡」。

〔三〕望望：一再瞻望。

〔四〕翩翩：文選卷五左思吴都賦：「締交翩翩，儐從弈弈。」李善注：「翩翩，往來貌。」又，形容人風度優美。史記卷七六平原君虞卿列傳太史公曰：「平原君，翩翩濁世之佳公子也。」文選卷三一袁淑傚曹子建樂府白馬篇：「劍騎何翩翩，長安五陵間。」劉良注：「翩翩，輕健貌。」

〔五〕蘭澤芳：文選卷一九宋玉神女賦：「沐蘭澤，含若芳。」李善注：「以蘭浸油澤以塗頭。」文選卷三四曹植七啓：「收亂髮兮拂蘭澤。」澤芳，即澤蘭。又稱都梁，實即蘭草。太平御覽卷九八二引盛弘之荆州記曰：「都梁縣有小山，山水清淺，其中生蘭草。俗謂蘭爲都梁，即以號縣。」芳，張本、丁本作「若」。四庫全書考證卷九六漢魏六朝百三家梁元帝集：「刊本『芳』訛『若』，據古詩紀改。」若，香草名，即杜若。楚辭九歌雲中君：「浴蘭湯兮沐芳，華采衣兮若英。」

〔六〕同心：周易繫辭上：「同心之言，其臭如蘭。」古詩十九首涉江采芙蓉：「同心而離居，憂傷以終老。」

〔七〕將：樂府詩集卷七四、古樂府卷一〇、古樂苑卷三八下小注云：「一作『持』。」清吴兆宜玉臺新詠箋注卷七「非宋刻部分」作「持」。今按：將、持同義。荀子成相：「君教出，行有律，吏謹將之無鈹、滑。」楊倞注：「將，持也。」

烏棲篇二首〔一〕

其一

握中酒杯瑪瑙鍾〔二〕，裾邊雜佩琥珀龍〔三〕。欲持寄君心不惜〔四〕，共指三星今何夕〔五〕。

玉臺新詠卷九、文苑英華卷二〇六、樂府詩集卷四八、古詩類苑卷九四、古詩紀卷九五、古樂苑卷二五、古詩鏡卷二三、六朝詩集、閣本。又，紺珠集卷八、類説卷五一引龍韻。

【校注】

〔一〕烏棲篇二首：樂府詩集卷四八題署梁元帝，並以之爲烏棲曲六首中二首。紺珠集卷八「瑪瑙鍾」條：「湘東王云：『幄中清酒瑪瑙鍾，裙邊雜佩琥珀龍。』」類説卷五一「三婦艷」條：「湘東王云：『幄中清酒馬硜鍊，帬邊雜珮琥班龍。』」玉臺新詠卷九作蕭子顯樂府烏棲曲應令二首。文苑英華卷二〇六作蕭子顯「烏棲篇二首」。古詩紀卷九五、古樂苑卷二五、古詩鏡卷二三均録蕭子顯烏棲曲應令三首，此爲其中二首。古詩紀題下小注：「前二首樂府作元帝，非也。元帝別有四首。」古樂苑題下小注：「三首前二首郭本作梁元帝，今從玉臺。」逯欽立先秦兩漢魏晉南北朝詩梁詩卷一二作蕭子顯詩，云：「古詩紀云：『前二首樂府詩集作元帝，非也。元帝別有四首。』」古詩類苑卷九四録蕭子範烏棲曲應令三首，此爲其前二首。今題從文苑英華卷二〇六。

〔二〕握：文苑英華卷二〇六、樂府詩集卷四八、紺珠集卷八、類説卷五一、古樂苑卷二五、六朝詩集作「幄」。〇酒杯：文苑英華卷二〇六、樂府詩集卷四八、紺珠集卷八、類説卷五一、古詩類苑卷九四、古詩紀卷九五、古樂苑卷二五、六朝詩集、閣本作「清酒」。紀容舒玉臺新詠考異卷九：「清酒，宋刻作『酒栢』。按，既曰『栢』，又曰『鍾』，于文爲複，今從文苑英華。」〇瑪瑙鍾：藝文類聚卷八四引涼州記曰：「呂纂咸寧二年盗發張駿陵，得瑪瑙鍾榼。」瑪瑙，樂府詩集卷四八作「馬腦」，類説卷五一作「馬硜」。鍾，類説卷五一作「鍊」。

〔三〕琥珀龍：琥珀雕成的龍形飾品。琥珀，文苑英華卷二〇六作「虎魄」，下小注：「一作『琥珀』。」龍，清吴兆宜玉臺新詠箋注卷九小注：「一作『紅』。」古詩類苑卷九四、古詩紀卷九五、古詩鏡卷二三作「紅」。古樂苑卷二五小注：「龍，一作『紅』。」紀容舒玉臺新詠考異卷九：「龍，馮氏校本注一作『紅』。按：史游急就篇曰：『係臂琅玕虎魄龍。』顔師古注曰：『言以虎魄爲龍，并取琅玕係著臂肘，取其媚好且珍貴也。』此句蓋用此典。琥珀，即虎魄，字異文耳。然則『紅』字爲不知誤改矣。」

〔四〕欲：文苑英華卷二〇六小注云：「一作『虚』。」樂府詩集卷四八、六朝詩集作「虚」。紀容舒玉臺新詠考異卷九：「欲，樂府詩集作『虚』，誤。」〇君：文苑英華卷二〇六、閣本作「心」，下小注：「一作『君』。」紀容舒玉臺新詠考異卷九：「君，文苑英華作『心』，義可兩存。」

〔五〕三星：詩經唐風綢繆：「綢繆束薪，三星在天。今夕何夕，見此良人？子兮子兮，如此良人何？」毛傳：「三星，參也。……三星在天，可以嫁娶矣。」鄭玄箋：「三星，謂心星也。心有尊卑，夫婦父子之象，又爲二月之合宿，故嫁娶者以爲候焉。」

其二〔一〕

淚黛紅輕點花色〔二〕，還欲令人不相識。金壺夜水誰能多〔三〕，莫持賒用比懸河〔四〕。玉臺新詠卷九、藝文類聚卷四二、文苑英華卷二〇六、樂府詩集卷四八、古詩類苑卷九四、古詩紀卷九五、古樂苑卷二五、古詩鏡卷二三、六朝詩集、閻本。

【校注】

〔一〕其二：此詩又見藝文類聚卷四二，署梁蕭子顯烏棲曲。其他情況見上篇注釋〔一〕。

〔二〕「淚黛」句：形容女子的美麗。淚，藝文類聚卷四二、文苑英華卷二〇六、樂府詩集卷四八、古詩類苑卷九四、古詩紀卷九五、古樂苑卷二五、古詩鏡卷二三、六朝詩集、閻本作「濃」。黛，釋名釋首飾：「黛，代也，滅眉毛去之，以此畫代其處也。」慧琳一切經音義卷一〇〇「粉黛」注引韻英云：「黛，青色。女人可以畫眉也。或黑色也。」紅輕，淡紅色。蓋指胭脂。藝文類聚卷四二、文苑英華卷二〇六、樂府詩集卷四八、古詩類苑卷九四、古詩紀卷九五、古樂苑卷二五、古詩鏡卷二三、六朝詩集作「輕紅」。點花色，妝點美人的容顏。

〔三〕「金壺」句：指夜晚時間無多。金壺，金屬漏壺，古代計時盛水的容器。西晉陸機漏刻賦：「挈金壺以南羅，藏幽水而北戢。」樂府詩集卷四八、六朝詩集、古樂苑卷二五作「金壺夜水詎能多」，古樂苑「水」下小注云：「『水』一作『永』」。古詩類苑卷九四、古詩紀卷九五、古詩鏡卷二三作「金壺夜永詎能多」，藝文類聚卷四二作「金壺夜永誰能過」。文苑英華卷二〇六、閻本作「金壺夜永誰能多」，文苑英華「夜永誰」下小注：「一作『此夜誰』，又作『夜永詎』。」「多」下小注：「一作『過』。」

〔四〕持：文苑英華卷二〇六、閣本作「恃」，文苑英華小注：「一作『持』。」〇賒：文苑英華卷二〇六、樂府詩集卷四八、古樂苑卷二五、六朝詩集作「奢」。〇比：文苑英華卷二〇六、閣本作「此」，文苑英華小注：「一作『比』。」〇懸河：瀑布。此借指滴水之漏壺。

【集評】

古詩鏡卷一九：梁人製爲此曲，淫麗相高，聲歸哀怨，要使嬌情媚態，一併而成。唐李白曾製此曲，語致雖工，而神情未韻，以其多挺拔之氣，而少優柔之情也。故閨閫而有行行之色，從軍而有慨慨之情，語雖工，謂之未韻。「但看陌上攜手歸，誰能對此空相憶」，不言而至；「蹔使羅袂拂君衣」，此語識輕知重。子顯三首，俱語外情深，令人自省。

代舊姬有怨〔一〕

寧爲萬里別〔二〕，乍此死生離〔三〕。那堪眼前見〔四〕，故愛逐新移。未展春光落〔五〕，遽被秋風吹〔六〕。怨黛舒還斂〔七〕，啼妝拭更垂〔八〕。誰能巧爲賦，黄金妾自貲〔九〕。玉臺新詠卷七、藝文類聚卷三二、古詩類苑卷九八、古詩紀卷八〇、六朝詩集、御製集、閣本、張本、丁本。

【校注】

〔一〕代舊姬有怨：清吴兆宜玉臺新詠箋注卷七署邵陵王綸，題下小注云：「一作元帝詩，徐刻本同。」藝文類聚卷三二、古詩類苑卷九八、古詩紀卷八〇、六朝詩集、閣本、張本、丁本作梁元帝詩。古詩紀題下注：「一作邵陵王蕭綸。」

〔二〕萬里别：文選卷二九古詩十九首行行重行行：「行行重行行，與君生别離。相去萬餘里，各在天一涯。」别，藝文類聚卷三二、古詩類苑卷九八、古詩紀卷八〇、六朝詩集、御製集、閣本、張本、丁本作「隔」。

〔三〕乍：閣本、張本、丁本作「無」。○此：清吴兆宜玉臺新詠箋注卷七下云：「一作『作』。」藝文類聚卷三二、古詩類苑卷九八、古詩紀卷八〇、六朝詩集、御製集、閣本、張本、丁本作「作」。紀容舒玉臺新詠考異卷七：「此，藝文類聚作『作』，誤。」○死生離：楚辭九歌少司命：「悲莫悲兮生别離，樂莫樂兮新相知。」玉臺新詠卷一古詩爲焦仲卿妻作：「生人作死别，恨恨那可論。」

〔四〕那堪：怎堪，怎能禁受。

〔五〕展：廣雅釋詁四：「展，舒也。」○光：藝文類聚卷三二、古詩類苑卷九八、古詩紀卷八〇、六朝詩集、御製集、閣本、張本、丁本作「花」。紀容舒玉臺新詠考異卷七：「花，宋刻作『光』，與『落』字不應。今從藝文類聚。」

〔六〕秋：藝文類聚卷三二、古詩類苑卷九八、古詩紀卷八〇、六朝詩集、御製集、閣本、張本、丁本作「涼」。

〔七〕怨黛：猶言愁眉。黛，釋名釋首飾：「黛，代也，滅眉毛去之，以此畫代其處也。」此代指眉。

〔八〕啼妝：妝，藝文類聚卷三二、古詩類苑卷九八、古詩紀卷八〇、六朝詩集、御製集、閣本、張本、丁本作「紅」。拾遺記卷七魏：「魏文帝所愛美人，姓薛名靈芸，常山人也。父名鄴，爲酇鄉亭長，母陳氏，隨鄴舍於亭傍。居生窮賤，至夜，每聚鄰婦夜績，以麻蒿自照。靈芸年至十五，容貌絶世，鄰中少年夜來竊窺，終不得見。咸熙元年，谷習出守常山郡，聞亭長有美女而家甚貧。時文帝選良家子女，以入六宫。習以千金寶賂聘之，既得，乃以獻文帝。靈芸聞别父母，歔欷累日，淚下沾衣。至升車就路之時，以玉唾壺承淚，壺則紅色。既發常山，及至京師，壺中淚凝如血。」〇更：藝文類聚卷三二、古詩類苑卷九八、古詩紀卷八〇、六朝詩集、御製集、閣本、張本、丁本作「復」。

〔九〕「誰能」二句：文選卷一六司馬相如長門賦序：「孝武皇帝陳皇后時得幸，頗妒。别在長門宫，愁悶悲思。聞蜀郡成都司馬相如天下工爲文，奉黄金百斤爲相如文君取酒，因于解悲愁之辭。而相如爲文以悟主上，陳皇后復得親幸。」自貲，藝文類聚卷三二、古詩類苑卷九八、古詩紀卷八〇、御製集、閣本、張本、丁本作「不貲」。六朝詩集作「自資」。古詩紀、古詩類苑小注云：「一作『自資』。」紀容舒玉臺新詠考異卷七：「不，宋刻作『自』，誤。今從藝文類聚。」不貲，不計量。意謂不計多少。貲（zī），後漢書卷六六陳蕃傳：「采女數千，食肉衣綺，脂油粉黛不可貲計。」李賢注：「貲，量也。」

【集評】

閻本：評「誰能巧爲賦，黄金妾自貲」：長卿而後，實無其人。

望江中月影〔一〕

澄江涵皓月〔二〕，水影若浮天。風來如可泛，流急不成圓。秦鉤斷復接〔三〕，和璧碎還聯〔四〕。裂紈依岸草〔五〕，斜桂逐行船〔六〕。即此春江上〔七〕，無俟百枝然〔八〕。藝文類聚卷一、初學記卷一、文苑英華卷一五二、古詩類苑卷一、古詩紀卷八〇、古儷府卷一、六朝詩集、御製集、張本、丁本。又，記纂淵海卷二引天、圓二韻。

【校注】

〔一〕望江中月影：藝文類聚卷一、初學記卷一、記纂淵海卷二、古詩類苑卷一、古詩紀卷八〇、古儷府卷一、六朝詩集、御製集、張本、丁本署元帝，初學記卷一、六朝詩集題作「望江中月」。文苑英華卷一五二署梁簡文帝，題作「望江中月」。古詩紀卷八〇、張本、丁本題下注云：「文苑英華作簡文帝。今從藝文、初學作元帝。」

〔二〕皓月：文苑英華卷一五二作「月影」，小注云：「類聚作『皓月』。」

〔三〕秦鈎：鈎，文苑英華卷一五二、古儷府卷二「鏡」。古詩類苑卷一、古詩紀卷八〇、張本、丁本小注云：「一作『鏡』。」今按：從上文「皓月」、「圓」及下文「和璧」推測，似以作「鏡」爲是。西京雜記卷三：「高祖初入咸陽宮，周行庫府……有方鏡，廣四尺，高五尺九寸。表裏有明，人直來照之，影則倒見。以手捫心而來，則見腸胃五臟，歷然無礙。人有疾病在內，掩心而照之，則知病之所在。又女子有邪心，則膽張心動。秦始皇常以照宮人，膽張心動者則殺之。」此喻水中月影。

〔四〕和璧：即「和氏璧」，省稱「和璧」。南朝梁沈約詠帳：「甲帳垂和璧，螭雲張桂宮。」此喻月影。

〔五〕裂紈：東漢班婕妤團扇詩：「新裂齊紈素，團團似明月。」此喻江中月影。

〔六〕斜桂：斜月。傳説月中有桂樹，故稱。樂府詩集卷六八雜曲歌辭八東飛伯勞歌：「南窗北牖桂月光，羅帷綺帳脂粉香。」桂，張本、丁本作「掛」。

〔七〕春：初學記卷一、文苑英華卷一五二、古儷府卷一作「清」。

〔八〕百枝：燈名。藝文類聚卷四引傅玄朝會賦曰：「華燈若乎火樹，熾百枝之煌煌。」同書卷八〇引晉孫惠百枝燈賦曰：「曄若雲停，爛已星布。」〇然：同「燃」。

【集評】

曲洧舊聞卷八：中秋翫月，不知起何時。考古人賦詩，則始於杜子美，而戎昱登樓望月、冷朝陽與空上人宿華嚴寺對月、陳羽鑑湖望月、張南史和崔中丞望月、武元衡錦樓望月，皆在中秋。則自杜子美以後，班班形於篇什，前乎杜子，想已然也。第以賦詠不著見於世耳。江左如梁元帝江上望月、朱超舟中望月、庾肩吾望月，而其子信亦有舟中望月，唐太宗遼城望月，雖各有詩，而皆非爲中秋宴賞而作。然則翫月盛于中秋，其在開元以後乎！今則不問華夷，所在皆然矣。

采菽堂古詩選卷二二：「流急不成圓」二句佳耳。

賦得涉江采芙蓉〔一〕

江風當夏清〔二〕，桂棹逐流縈〔三〕。初疑京兆劍〔四〕，復似漢冠名〔五〕。荷香風送遠〔六〕，蓮影向根生。葉卷珠難溜，花舒紅易輕〔七〕。日暮凫舟滿〔八〕，歸來度錦城〔九〕。

初學記卷二七、文苑英華卷三二二、樂府詩集卷五〇、錦繡萬花谷後集卷三七、古詩類苑卷一二二、古詩紀卷八〇及卷九一、古樂苑卷二六、六朝詩集、御製集、閻本、張本、丁本、漢魏六朝百三名家集吴朝請集。

【校注】

〔一〕賦得涉江采芙蓉：文苑英華卷三二二、錦繡萬花谷後集卷三七、古詩紀卷八〇、御製集、六朝詩集、閻本、張本、丁本作梁元帝蕭繹詩，初學記卷二七引作孝元帝，文苑英華卷三二二題下小注：「見初學記。」古詩紀卷八〇題下小注：「樂府作吳均採蓮曲。」樂府詩集卷五〇、古詩類苑卷一二二、古詩紀卷九一、古樂苑卷二六、漢魏六朝百三名家集吳朝請集作吳均採蓮曲，古詩紀卷九一題下小注：「初學作元帝，題云『賦得涉江采芙蓉』。」賦得，指作詩時摘取古人成句或以某物爲詩題，多用於應制及詩人集會分題作詩。涉江采芙蓉，文選卷二九古詩十九首涉江采芙蓉有「涉江采芙蓉，蘭澤多芳草」句。

〔二〕風：樂府詩集卷五〇、古樂苑卷二六作「南」。〇夏：古詩類苑卷一二二、古詩紀卷八〇及卷九一、古樂苑卷二六、漢魏六朝百三家集吳朝請集下小注：「一作『夜』。」

〔三〕桂檝：桂木船槳。代指華麗的船。棹，文苑英華卷三二二、樂府詩集卷五〇、錦繡萬花谷後集卷三七、古詩類苑卷一二二、古詩紀卷八〇及卷九一、古樂苑卷二六、御製集、六朝詩集、閣本、張本、丁本、漢魏六朝百三名家集卷一〇一吳朝請集作「檝」，古詩類苑卷一二二、古詩紀卷八〇、古樂苑卷二六下小注云：「一作『棹』。」古詩紀卷九一、漢魏六朝百三名家集吳朝請集下小注：「一作『擢』。」〇流縈：流光。縈，錦繡萬花谷後集卷三七作「螢」。

〔四〕京兆劍：蓋指花紋如芙蓉的純鈞劍。越絶書卷一一外傳記寶劍：「王取純鈞，薛燭聞之，忽如敗。有頃，懼如悟。下階而深惟，簡衣而坐望之。手振拂揚，其華捽如芙蓉始出。觀其釽，爛如列星之行；觀其光，渾渾如水之溢於塘；觀其斷，巖巖如瑣石；觀其才，煥煥如冰釋。」唐盧照鄰長安古意：「長安大道連狹斜，青牛白馬七香車。……挾彈飛鷹杜陵北，探丸借客渭橋西。俱邀俠客芙蓉劍，共宿娼家桃李蹊。」長安，即古京兆。

〔五〕漢冠名：太平御覽卷六八四引神仙服食經曰：「漢武帝閑居未央殿。有人乘白雲車，駕白鹿，冠芙蓉冠，曰：『我中山衞叔卿也。』」

〔六〕風送：樂府詩集卷五〇、古詩類苑卷一二三、古詩紀卷八〇及卷九一、古樂苑卷二六、御製集、漢魏六朝百三家集吴朝請集作「帶風」。

〔七〕輕：樂府詩集卷五〇、古詩類苑卷一二三、古詩紀卷八〇及卷九一、古樂苑卷二六、御製集、漢魏六朝百三家集吴朝請集作「傾」。

〔八〕鳧舟：文選卷三五張協七命：「乘鳧舟兮爲水嬉，臨芳洲兮拔靈芝。」李善注：「郭璞曰：『舟爲鳧形制，今吴之青雀舫，此其遺象也。』」南朝齊謝朓三日侍宴曲水代人應詔詩之四：「既停龍駕，亦泛鳧舟。」

〔九〕度：樂府詩集卷五〇作「渡」。今按：度、渡通。○錦城：即「錦官城」，城名。故址在今四川省成都市南。成都舊有大城、少城。少城古爲掌織錦官員之官署，因稱「錦官城」。後用作成都的別稱。華陽國志卷三蜀志：蜀郡，「郡更於夷里橋南岸道東邊起文學，有女牆。其道西城，故錦官也。錦江織錦濯其中則鮮明，濯他江則不好。故命曰錦里也。」初學記卷二七引晉任豫益州記：「錦城在益州南笮橋東流江南岸，蜀時故錦官也。其處號錦里，城墉猶在。」北周庾信奉和趙王途中五韻：「錦城遥可望，迴鞍念此時。」

閨怨〔一〕

蕩子從遊宦，思妾守房櫳〔二〕。塵鏡朝朝掩〔三〕，寒牀夜夜空〔四〕。若非新有悦〔五〕，何事久西東〔六〕。知人相憶否〔七〕，淚盡夢啼中。玉臺新詠卷七、藝文類聚卷三二、古詩類苑卷九八、古詩紀卷八一、古樂苑卷三八、古詩鏡卷一九、六朝詩集、御製集、閣本、張本、丁本。

【校注】

〔一〕閨怨：玉臺新詠卷七、古詩類苑卷九八作邵陵王綸代秋胡婦閨怨，藝文類聚卷三二、古樂苑卷三八、古詩鏡卷一九、六朝詩集、御製集、閣本、張本、丁本作梁元帝蕭繹閨怨。古詩紀卷八一梁元帝繹和邵陵王綸名下均録有此詩，一題閨怨，一題代秋胡婦閨怨。今題從藝文類聚等。

〔二〕房櫳：漢班婕妤自悼賦：「廣室陰兮帷幄暗，房櫳虚兮風泠泠。」

〔三〕塵鏡：匣中生塵之鏡。謂久棄不用。南朝宋鮑照擬古詩：「明鏡塵匣中，寶瑟生網羅。」

〔四〕寒牀：牀，古詩類苑卷九八、古詩紀卷八一、古樂苑卷三八、古詩鏡卷一九、御製集、閣本、張本、丁本作「衾」。玉臺新詠卷七下小注：「一作『衾』。」寒衾，禦寒的大被。西晉張華雜詩：「重衾無暖氣，挾纊如懷冰。」南朝梁劉孝威郡縣遇見人織率爾寄婦：「重衾猶覺寒，愈憶凝脂暖。」

〔五〕新有悦：意謂另有新歡。藝文類聚卷三二作「有懽悦」，六朝詩集作「有歡悦」。

〔六〕西東：意謂奔走在外，居無定所。禮記檀弓上：孔子曰：「今丘也，東西南北人也。」鄭玄注：「東西南北，言居無常處也。」

〔七〕人：指「思妾」。○憶：藝文類聚卷三二、六朝詩集作「望」。

【集評】

古詩鏡卷一九：三、四淺而不浮。

閻本：評「塵鏡朝朝掩，寒牀夜夜空」：直是悲涼。

詠風〔一〕

樓上起朝粧〔二〕，風花下砌傍〔三〕。入鏡先飄粉〔四〕，翻衫好染香〔五〕。度舞飛長袖〔六〕，傳歌共繞梁〔七〕。欲因吹少女〔八〕，還捋拂大王〔九〕。藝文類聚卷一、初學記卷一、文苑英華卷一五六、錦繡萬花谷前集卷二、記纂淵海卷二、古詩類苑卷二、古詩紀卷八一、古儷府卷一、六朝詩集、御製集、閻本、張本、丁本。

【校注】

〔一〕詠風：藝文類聚卷一、初學記卷一、錦繡萬花谷前集卷二、記纂淵海卷二、古詩類苑卷二、古詩紀卷八一、六朝詩集、御製集、閣本、張本、丁本作梁元帝詩，文苑英華卷一五六、古儷府卷一作沈約詩。古詩紀題下小注云：「英華作沈約，今從藝文、初學作元帝。此下四首並似應令之作。」又，清吴兆宜玉臺新詠箋注卷七「非宋刻部分」亦録有此詩，署簡文帝。今按：「此下四首」指本詩及詠霧、賦得蒲生我池中、詠陽雲樓簷柳。四庫全書考證卷九六漢魏六朝百三家梁元帝集：「按：文苑英華此首作沈約詩。」

〔二〕起：文苑英華卷一五六、古詩類苑卷二、古詩紀卷八一、古儷府卷一、六朝詩集、御製集、閣本、張本、丁本作「試」，文苑英華卷一五六小注云：「類聚作『起』。」

〔三〕砌：文選卷四六王融三月三日曲水詩序：「浸蘭泉於玉砌。」李周翰注：「砌，階也。」○傍：古詩類苑卷二作「旁」。今按：傍，同「旁」。廣韻唐韻：「傍，側也。」

〔四〕先：文苑英華卷一五六作「光」。

〔五〕翻：文苑英華卷一五六作「番」。○染：六朝詩集作「玞」。

〔六〕「度舞」句：韓非子五蠹：「長袖善舞，多錢善賈。」度舞，跳舞。度，文苑英華卷一五六作「逐」，小注云：「類聚作『度』。」

〔七〕繞梁：列子湯問：「昔韓娥東之齊，匱糧，過雍門，鬻歌假食。既去而餘音繞梁欐，三日不絕。」西晉陸機演連珠之十：「繞梁之音，實縈絃所思。」南朝梁沈約詠箏：「徒聞音繞梁，寧知顔如玉。」

〔八〕少女：指「少女風」，即西風。三國志卷二九魏書管輅傳裴松之注引管輅別傳：「樹上已有少女微風，樹間又有陰鳥和鳴。」清黄生義府少女風：「兑爲少女，位西方，此謂風從西來耳。……考輅傳，輅言：『樹上已有少女微風，樹間又有陰鳥和鳴。』又『少男風起，衆鳥和翔，其應至矣。須臾，有艮風鳴』云云，少男爲艮，則少女爲兑可知。」南朝梁劉孝威雨詩：「電舒長男氣，枝摇少女風。」

〔九〕捋：初學記卷一、文苑英華卷一五六、記纂淵海卷二、古儷府卷一、閻本、張本、丁本作「將」，錦繡萬花谷前集卷二、古詩類苑卷二、古詩紀卷八一、六朝詩集、御製集作「持」。○大王：暗指「大王風」。戰國楚宋玉風賦：「楚襄王游於蘭臺之宫，宋玉、景差侍。有風颯然而至，王乃披襟而當之曰：『快哉此風，寡人所與庶人共者邪！』宋玉對曰：『此獨大王之風耳，庶人安得而共之？』」

【集評】

閻本：評「入鏡先飄粉，翻衫好染香」：細秀語。

後園作回文詩〔一〕

斜峰繞徑曲，聳石帶山連。花餘拂戲鳥〔二〕，樹密隱鳴蟬。藝文類聚卷五六、四庫全書本宋桑世昌迴文類聚卷三、古詩類苑卷八一、古詩紀卷六七及卷八一、御製集、張本、丁本。

【校注】

〔一〕後園作回文詩：藝文類聚卷五六次齊王融離合詩後，無署名。張本、丁本作梁元帝詩。宋桑世昌撰回文類聚卷三署齊王融後園作。古詩類苑卷八一、古詩紀卷六七署王融，題下小注云：「此當爲梁元帝詩。觀簡文諸人和詩可見。藝文逸名，俟再考證。」同書卷八一蕭繹名下亦著録此詩。古詩紀卷八一、御製集題下小注云：「此詩藝文次王融回文詩後，然觀簡文諸人和詩，知此詩爲元帝作，藝文逸名耳。今列於此，俟再考也。（御製集無『今列於此，俟再考也』兩句）」逯欽立先秦漢魏晉南北朝詩之齊詩卷二王融、梁詩卷二五蕭繹名下並録此詩，蕭繹詩下按：「馮説是。」詩紀匡謬後園作回文詩：「藝文序王融後，無的姓名，簡文雖有和湘東王後園回文詩，然畢竟缺疑爲得。馮君注云：『今列於此，以俟再考。』亦非決定之辭。吴琯併去此注，遂令觀者不解。」回文詩，按一定法則將字詞排列成文，回環往復都能誦讀的詩。唐吴兢樂府古題要解卷下「回文詩」條：「右回復讀之，皆歌而成文也。」文心雕龍明詩：「回文所興，則道原爲始。聯句共韻，則柏梁餘制。」今按，道原作品已佚。一説起源于前秦竇滔妻蘇蕙的璿璣圖詩。參宋嚴羽滄浪詩話詩體六、陳望道修辭學發凡第七編十一。本篇屬於「通體回文」，即詩從末尾一字讀至開頭一字另成一首新詩。

〔二〕「花餘」句：謝脁遊東田：「魚戲新荷動，鳥散餘花落。」

【附】

藝文類聚卷五六引梁簡文帝和湘東王後園回文詩曰：枝雲間石峰，脈水侵山岸。池清戲鵠聚，樹秋飛葉散。

藝文類聚卷五六引梁劭陵王蕭綸回文詩曰：燭華臨静夜，香氣入重帷。曲度聞歌遠，繁絃覺舞遲。

藝文類聚卷五六引周庾信和回文詩曰：旱蓮生竭鑊，嫩菊養秋隣。滿池留浴鳥，分橋上戲人。

藝文類聚卷五六引梁定襄侯和回文詩曰：危臺出岫迴，曲澗上橋斜。池蓮隱弱芰，徑篠落藤花。

江州還入石頭〔一〕

鼓枻浮大川〔二〕，延睇洛城觀〔三〕。洛城何鬱鬱〔四〕，杳與雲霄半。前望蒼龍門〔五〕，斜瞻白鶴館〔六〕。槐垂御溝道，柳綴金隄岸〔七〕。迅馬晨風趨〔八〕，輕輿流水散〔九〕。高歌梁塵下〔一〇〕，絙瑟荆禽亂〔一一〕。我思江海遊〔一二〕，曾無朝市玩〔一三〕。忽寄靈臺宿〔一四〕，空軫及關嘆〔一五〕。仲子入南楚〔一六〕，伯鸞出東漢〔一七〕。何能棲樹枝，取斃王孫彈〔一八〕。藝文類聚卷二八、文苑英華卷二八九、古詩類苑卷一一二、古詩紀卷一〇〇、閣本、漢魏六朝百三家集劉户曹集。

【校注】

〔一〕江州還入石頭：文苑英華等本題作自江州還入石頭。藝文類聚卷二八、古詩類苑卷一一二、古詩紀卷一〇〇、漢魏六朝百三家集劉户曹集、古詩箋作南朝梁劉峻（字孝標）詩。漢魏六朝百三家集劉户曹集：「藝文作劉峻，英華次元帝後而逸其名，或以爲元帝詩，非也。」文苑英華卷二八九作梁元帝詩。吴光興蕭綱蕭繹年譜卷三「太清元年（547）」：「曹道衡、沈玉成指出，蕭繹有自江州還入石頭詩，以此推知太清元年蕭繹再赴荆州之前曾先返建康。其實，蕭繹在江州鎮，亦嘗返回建康，大同十一年護母喪返葬江寧即是一例。且類聚以此詩爲劉孝標作，衡諸詩意，『我思江海遊，曾無朝市玩』，『仲子入南楚，伯鸞出東漢。何能棲林枝，取斃王孫彈。』爲平常士人自述，全非王侯口氣。應以屬劉孝標作爲是。以故，二氏之説不可從。」石頭，即石頭城，又名石首城。古城名。故址在今江蘇省南京市清涼山。文選卷二六謝靈運初發石首城李善注引伏韜北征記曰：「石頭城，建康西界臨江城也，是曰京師。」

〔二〕鼓枻(yì)：划槳，泛舟。楚辭漁父：「漁父莞爾而笑，鼓枻而去。」枻，船槳。史記卷一一七司馬相如傳：「浮文鷁，揚桂枻，張翠帷，建羽蓋。」裴駰集解引韋昭曰：「枻，檝也。」一説船舵。漢書卷五七司馬相如傳上：「揚旌枻。」顔師古注引張揖曰：「枻，栧也。」

〔三〕延：閣本作「遥」。○洛城：即「雒城」。古邑名。即今河南省洛陽市。史記卷三二齊太公世家：「莊公二十四年，犬戎殺幽王，周東徙雒。」此處代指京都建康。古詩箋：「按：此詩言洛即指石城，蓋天子所都可言洛，猶之言長安亦無定也。」樂府詩集卷三〇長歌行：「驅車出北門，遥觀洛陽城。」洛，文苑英華卷二八九作「雒」。○觀：景象。漢司馬相如封禪文：「皇皇哉斯事，天下之壯觀，王者之卒業。」

〔四〕鬱鬱：文選卷二九古詩十九首青青陵上柏：「洛中何鬱鬱，冠帶自相索。」

〔五〕蒼龍門：太平御覽卷一八三引漢宫殿名曰：「洛陽有泰夏門、閶闔門、西華門、萬春門、蒼龍門……」此指東門。古詩箋：「史記天官書：東宫蒼龍七宿。按：門在東，故取以爲名也。」蒼，文苑英華卷二八九、閣本作「青」，下小注：「一作『蒼』。」

〔六〕瞻：文苑英華卷二八九、閣本作「暉」。○白鶴館：漢書卷九元帝紀：「〔初元三年〕夏四月乙未晦，茂陵白鶴館災。」此指宗廟宫殿。

〔七〕金堤：文選卷二張衡西京賦：「周以金堤，樹以柳杞。」薛綜注：「金堤，謂以石爲邊隒，而多種杞柳之木。」李善注：「金堤，言堅也。」又，水經注卷三四江水二：「江陵城地東南傾，故緣以金堤，自靈溪始。桓温令陳遵造。遵善于方功，使人打鼓，遠聽之，知地勢高下，依傍創築，畧無差矣。」

〔八〕馬：文苑英華卷二八九、閣本作「鳥」，文苑英華下小注：「一作『馬』。」○晨風：詩經秦風晨風：「鴥彼晨風，鬱彼北林。」毛傳：「晨風，鸇也。」

〔九〕「輕輿」句：車輛相接如流水般，形容繁華熱鬧的景象。後漢書卷一○上皇后紀明德馬皇后：「車如流水，馬如游龍。」輕輿，輕車。西晉左思吴都賦：「輕輿按轡以經隧，樓船舉颿而過肆。」

〔一○〕歌：文苑英華卷二八九、閣本作「唱」，文苑英華下小注云：「一作『歌』。」古詩類苑卷一一二、古詩紀卷一○○、漢魏六朝百三家集劉户曹集下小注云：「一作『唱』。」○梁塵下：形容歌聲嘹亮動聽。太平御覽卷五七二引漢劉向别録曰：「漢興已來，善歌者魯人虞公，發聲清哀，蓋動梁塵，受學者莫能及也。」南朝宋鮑照學古詩：「調絃俱起舞，爲我唱梁塵。」

〔一一〕「絙瑟」句：文苑英華卷二八九作「湘瑟翔琴亂」，下小注云：「一作『絙瑟荆琴亂』。」閣本作「湘瑟翔禽亂」。古詩箋：「楚辭：絙瑟兮交鼓。列子：瓠巴鼓琴而鳥舞魚躍。韓詩外傳：瓠巴鼓瑟而六馬仰秣。」湘瑟，湘靈所彈之瑟。瑟，絃樂器。楚辭遠遊：「使湘靈鼓瑟兮，令海若舞馮夷。」

〔一二〕江海遊：指退隱。莊子刻意：「就藪澤，處閒曠，釣魚閒處，無爲而已矣。此江海之士，避世之人。」南朝齊謝朓和王中丞聞琴：「無爲澹容與，蹉跎江海心。」古詩箋：「言有志高隱而無意世塗也。」

〔一三〕無：文苑英華卷二八九、閣本作「與」。○朝市：朝廷和集市。晉陶潛讀山海經詩之十二：「巖巖顯朝市，帝者慎用才。」晉王康琚反招隱詩：「小隱隱陵藪，大隱隱朝市。」

〔一四〕「忽寄」句：後漢書卷四一第五倫傳：「少子頡嗣……擢爲將作大匠，卒官。」李賢注引三輔決録曰：「頡字子陵，爲郡功曹，州從事，公府辟舉高第，爲侍御史，南頓令，桂陽、南陽、廬江三郡太守，諫議大夫。洛陽無主人，鄉里無田宅，客止靈臺中，或十日不炊。司隸校尉南陽左雄、太史令張衡、尚書廬江朱建、孟興皆與頡故舊，各致禮餉，頡終不受。」靈臺，文選卷三張衡東京賦：「左制辟雍，右立靈臺。」薛綜注：「司曆紀候節氣者曰靈臺也。」

〔一五〕軫：車子。文選卷二張衡西京賦：「天子乃駕彫軫。」劉良注：「軫，車也。」○及關歎：此反用老子出函谷關事。老子出關事見史記卷六三老子傳及列子。列子黄帝：「楊朱南之沛，老聃西遊於秦，邀於郊。至梁而遇老子。老子中道仰天而歎曰：『始以汝爲可教，今不可教也。』楊朱不答。」

〔一六〕「仲子」句：晉皇甫謐高士傳陳仲子：「陳仲子者，齊人也。其兄戴爲齊卿，食禄萬鍾。仲子以爲不義，將妻子適楚，居於陵，自謂於陵仲子。窮不苟求，不義之食不食。遭歲饑，乏糧三日，乃匍匐而食井上李實之蟲者，三咽而能視。身自織履，妻擘纑以易衣食。楚王聞其賢，欲以爲相，遣使持金百鎰，至於陵聘仲子。仲子入謂妻曰：『楚王欲以我爲相。今日爲相，明日結駟連騎，食方丈於前，意可乎？』妻曰：『夫子左琴右書，樂在其中矣。結駟連騎，所安不過容膝，食方丈於前，所甘不過一肉。今以容膝之安，一肉之味，而懷楚國之憂。亂世多害，恐先生不保命也！』於是出謝使者，遂相與逃去，爲人灌園。」南楚，古地區名。春秋戰國時，楚國在中原南面，後世稱南楚。史記卷一二九貨殖列傳：「衡山、九江、江南、豫章、長沙，是南楚也，其俗大類西楚。」

〔一七〕伯鸞：東漢梁鴻字伯鸞。鴻，扶風平陵人。後漢書卷八三逸民列傳有傳。後漢書本傳載：梁鴻娶妻孟光。「居有頃，妻曰：『常聞夫子欲隱居避患，今何爲默默？無乃欲低頭就之乎？』鴻曰：『諾。』乃共入霸陵山中，以耕織爲業，詠詩書，彈琴以自娱。仰慕前世高士，而爲四皓以來二十四人作頌。因東出關，過京師，作五噫之歌」云云。

〔一八〕「何能」二句：戰國策卷一七莊辛謂楚襄王「莊辛謂楚襄王」章：「蜻蛉其小者也，黄雀因是以。俯噣白粒，仰棲茂樹，鼓翅奮翼，自以爲無患，與人無争也。不知夫公子王孫，左挾彈，右攝丸，將加己乎十仞之上，以其類爲招。晝游乎茂樹，夕調乎酸鹹。倏忽之間，墜於公子之手。」阮籍詠懷詩：「一爲黄雀哀，涕下誰能禁。」王孫，王公子孫。後泛指貴族子弟。

【集評】

閻本：評「仲子入南楚，伯鸞出東漢。何能棲樹枝，取斃王孫彈」：終不免哀之。

趙瑟〔一〕

羅袖颯纚拂彫桐〔二〕，促柱高張散輕宫〔三〕，迎歌度舞過歸風〔四〕。過歸風，止流月，壽萬春〔五〕，歡未歇〔六〕。文苑英華卷三三五、樂府詩集卷五〇、古詩類苑卷四八、古樂府卷七、古詩紀卷八二、古樂苑卷二六、閻本、漢魏六朝百三家集沈隱侯集。

【校注】

〔一〕趙瑟：文苑英華卷三三五、閻本署梁元帝趙瑟。詩淵「器用門・瑟」署唐梁元帝趙瑟。樂府詩集卷五〇、古詩類苑卷四八、古樂府卷七、古詩紀卷八二、古樂苑卷二六、漢魏六朝百三家集沈隱侯集署沈約秦箏曲。樂府詩集卷五〇引古今樂録曰：「梁天監十一年冬，武帝改西曲，製江南上雲樂十四曲，江南弄七曲……又沈約作四曲：一曰趙瑟曲，二曰秦箏曲，三曰陽春曲，四曰朝雲曲，亦謂之江南弄云。」則此詩即配合樂曲江南弄而作。

〔二〕颯纚（shǐ）：文選卷一班固西都賦：「紅羅颯纚，綺組繽紛。」吕向注：「颯纚，長袖皃也。」文選卷二張衡西京賦：「振朱屣於盤樽，奮長袖之颯纚。」張銑注：「颯纚，舞袖貌。」樂府詩集卷五〇、古詩類苑卷四八、古樂府卷七、古詩紀卷八二、古樂苑卷二六、漢魏六朝百三家集沈隱侯集作「飄纚」。〇彫桐：即「雕桐」。古代多以梧桐樹製作琴身，故借指精美的古琴。

〔三〕促柱：轉動琴柱使絃緊。漢馬融長笛賦：「若絙瑟促柱，號鍾高調。」〇宫：古代五聲音階的第一音級。莊子徐無鬼：「鼓宫宫動，鼓角角動，音律同矣。」宋書卷一一曆志上：「揚子雲曰：『宫、商、角、徵、羽，謂之五聲。』」

〔四〕過：樂府詩集卷五〇、古詩類苑卷四八、古樂府卷七、古詩紀卷八二、古樂苑卷二六、漢魏六朝百三家集沈隱侯集作「遏」，下同。

〔五〕壽萬春：享壽萬年。世説新語排調：「晉武帝問孫皓：『聞南人好作爾汝歌，頗能爲不？』皓正飲酒，因舉觴勸帝而言曰：『昔與汝爲鄰，今與汝爲臣。上汝一杯酒，令汝壽萬春！』帝悔之。」

〔六〕未：樂府詩集卷五〇、古詩類苑卷四八、古樂府卷七、古詩紀卷八二、古樂苑卷二六、漢魏六朝百三家集沈隱侯集作「無」。

春日宴晉熙王〔一〕

百六鍾期數〔二〕，三七厄時中〔三〕。國難悲如燬〔四〕，親離歎數窮〔五〕。藩哲遊沮夢〔六〕，楊化撫邊戎〔七〕。幸兹同宴酺〔八〕，引滿愛樽空。藝文類聚卷二九、古詩類苑卷五七、古詩紀卷七六、漢魏六朝百三家集梁昭明集。

【校注】

〔一〕春日宴晉熙王：藝文類聚卷二九、古詩類苑卷五七、古詩紀卷七六、漢魏六朝百三家集梁昭明集作梁昭明詩。詩紀卷六六云：「此詩見藝文類聚。考南史，梁時無晉熙王，疑藝文誤也。」逯欽立先秦漢魏晉南北朝詩梁詩卷一四「昭明太子蕭統」名下録此詩，並云：「詩言國難云云，當作於侯景亂梁以後，是時昭明已死，不得有詩。考梁元帝稱制江陵，封簡文帝子大圜爲晉熙王。事見周書大圜傳，則此乃元帝之作。是時正值國難，諸王争位，故詩云云。」曹道衡、沈玉成中古文學史料叢考卷四梁陳「蕭統春日宴晉熙王詩」條：「此詩當爲侯景亂後事，非蕭統作甚明。然未可定爲元帝作也。然元帝有集，則其詩不當誤爲昭明太子之作。頗疑此詩乃元帝湣懷太子方矩作。梁書湣懷太子傳：『承聖元年十一月丙子，立爲皇太子，及西魏師陷荆州，太子與世祖同爲魏人所害。』蓋當時皆題『皇太子』，故誤爲昭明太子。實則簡文帝爲太子時詩，亦時有題作昭明者。類聚蓋由此致誤耶？」

〔二〕百六：指厄運。古代言災變運數者，以陰陽代表對立面，陰爲六，陽爲一，互爲消長。百一爲陽數極點，百六爲陰數極點。漢書卷八五谷永傳：「遭無妄之卦運，直百六之災阸。」文選卷四七袁宏三國名臣序贊：「百六道喪，干戈迭用。」呂延濟注：「四千六百一十七歲爲一元，一百六歲曰陽九之厄。」亦參宋洪邁容齋續筆卷六「百六陽九」條。〇期數：氣數，命運。代指厄運。

〔三〕三七：漢書卷五一路温舒傳：「温舒從祖父受曆數天文，以爲漢厄三七之間。」顔師古注引張晏曰：「三七二百一十歲也。自漢初至哀帝元年二百一年也，至平帝崩二百十一年。」此代指厄運。

〔四〕燬：詩經周南汝墳：「魴魚赬尾，王室如燬。」毛傳：「燬，火也。」陸德明音義：「燬音毁，齊人謂火曰燬。郭璞又音『貨』，字書作『焜』，音毁，説文同。一音火尾反，或云楚人名火曰燥，齊人曰燬，吴人曰焜。此方俗訛語也。」

〔五〕數：指命運。漢書卷五四李廣傳：「大將軍陰受上指，以爲李廣數奇。」顔師古注：「言廣命隻不耦合也。」唐王維老將行：「李廣無功緣數奇。」趙殿成箋注：「數爲命數。」

〔六〕「藩哲」句：蓋指鎮撫荆州。藩哲，謂諸侯王。沮夢，代指荆州。沮，即沮水，源出湖北省保康縣，經當陽市至江陵縣入長江。夢，即雲夢澤。左傳昭公三年：「王以田江南之夢。」杜預注：「楚之雲夢跨江南北。」

〔七〕楊化：弘揚教化。楊，古詩類苑卷五七、古詩紀卷七六、漢魏六朝百三家集梁昭明集作「揚」。今按：楊、揚可通。〇邊戎：邊境地區的少數民族。

〔八〕醑(xǔ)：文選卷三〇謝靈運石門新營所住四面高山迴溪石瀨修竹茂林詩：「芳塵凝瑶席，清醑滿金樽。」吕向注：「醑，酒也。」

山水松石格〔一〕

夫天地之名，造化爲靈〔二〕。設奇巧之體勢，寫山水之縱横。或格高而思逸〔三〕，信筆妙而墨精。由是設粉壁〔四〕，運神情，素屏連隅，山脈濺瀑〔五〕，首尾相映，項腹相近。丈尺分寸，約有常程〔六〕。樹石雲水，俱無正形〔七〕。樹有大小，叢貫孤平。扶疏曲直〔八〕，聳拔淩亭。乍起伏於柔條，便同「文」字。缺〔九〕或難合於破墨〔一〇〕，體向異于丹青〔一一〕。隱隱半壁，高潛入冥〔一二〕。插空類劍，陷地如坑。秋毛冬骨，夏蔭春英〔一三〕。炎緋寒碧，暖日涼星。巨松沁水，噴之蔚同〔一四〕。褒茂林之幽趣〔一五〕，割雜草之芳情〔一六〕。泉源至曲，霧破山明。精藍觀宇〔一七〕，橋彴關城〔一八〕。門人犬吠〔一九〕，獸走禽驚。高墨猶緑〔二〇〕，下墨猶赬〔二一〕。水因斷而流還〔二二〕，雲欲墜而霞輕。桂不疏于胡越〔二三〕，松不難于弟兄〔二四〕。路廣石隔，天遥鳥征。雲中樹石宜先點，石上枝柯末後成〔二五〕。高嶺最嫌林刻石〔二六〕，遠山大忌學圖經〔二七〕。審問既然傳筆法〔二八〕，秘之勿泄於户庭。

梁文紀卷四、明王元貞畫苑補益萬曆本、明唐志契繪事微言卷上、明朱謀垔畫史會要卷五、全梁文、丁本，民國十七年美術叢書三集六如居士畫譜。

【校注】

〔一〕山水松石格：此文作者，舊頗有異説。北宋韓拙山水純全集論林木曰：「梁元帝云：『木有四時，春英夏蔭，秋毛冬骨。』」宋史卷二〇七藝文志著録：「梁元帝畫山水松石格一卷。」明唐志契繪事微言卷上、明朱謀垔畫史會要卷五、明梅鼎祚梁文紀録此文均署梁元帝，清嚴可均全梁文亦歸於梁元帝名下。明王紱書畫傳習録云：「此文與長史筆法等篇，俱有古人傳習相承之意。其託名贋作，所勿計也。」四庫全書總目卷一一四山水松石格提要：「山水松石格一卷（浙江省鮑士恭家藏本），舊本題梁孝元皇帝撰。案：是書宋藝文志始著録。其文凡鄙，不類六朝人語。且元帝之畫，南史載有宣尼像，金樓子載有職貢圖，歷代名畫記載有蕃客入朝圖、遊春苑圖、鹿圖、師利圖、鵜鶘陂澤圖、芙蓉湖醮鼎圖，貞觀畫史載有文殊像。是其擅長，惟在人物。故姚最續畫品録惟稱湘東王殿下工於像人，特盡神妙。未聞以山水松石傳，安有此書也？」民國十七年美術叢書三集六如居士畫譜篇末云：「此篇著録梁元帝撰，世多疑之，又傳王維、荆浩、李成、華光、唐寅諸書，大率宋、明人僞託，中經割裂竄改不可勝記，然名言精義尚不容廢。原本此後有王維山水格、荆浩山水賦、李成山水訣，其全文已見六如居士畫譜中，今概删去以免重複。」梁文紀卷四、全梁文、丁本題作「山水松竹格」，繪事微言卷上、畫史會要卷五題作「山水松石格」。今按：文中未提及畫竹，當從諸本作「山水松石格」。格，後漢書卷五八傅燮傳：「朝廷重其方格。」李賢注：「格，猶標準也。」

〔二〕造化：指自然。莊子大宗師：「今一以天地爲大鑪，以造化爲大冶，惡乎往而不可哉？」

〔三〕格：格調。

〔四〕粉壁：白色牆壁。玉海卷五七藝文圖繪名臣「漢圖畫胡廣黄瓊頌」：「蔡質漢官典職曰：尚書奏事於明光殿，省中皆以胡粉塗壁，紫青界之，畫古烈士重行書讚。」宋李誡營造法式卷一三畫壁：「造畫壁之制，先以粗泥搭絡畢，候稍乾，再用泥横被竹篾一重，以泥蓋平，又候稍乾，釘麻華，以泥分披令匀，又用泥蓋平。（原注：以上用粗泥五重，厚一分五釐。若栱眼壁，只用粗細泥各一重，上施沙泥，收壓三遍。）方用中泥細襯，泥上施沙泥，候水脈定收，壓十遍，令泥面光澤。」

〔五〕濺瀑：水花飛濺。瀑，明王元貞畫苑補益萬曆本、明唐志契繪事微言卷上作「撲」，明朱謀垔畫史會要卷五、全梁文、丁本、民國十七年美術叢書三集六如居士畫譜作「朴」。

〔六〕常程：通常的程式。

〔七〕無：全梁文、丁本作「爲」。

〔八〕扶疏：枝葉繁茂分披貌。世説新語汰侈：「枝柯扶疏，世罕其比。」漢書卷五七上司馬相如傳：「垂條扶疏，落英幡纚。」顔師古注：「扶疏，四布也，」

〔九〕「乍起」二句：梁文紀卷四、明王元貞畫苑補益萬曆本「字」下小注：「缺。」明朱謀垔畫史會要卷五「條」、「同」下分别小注：「缺。」御定佩文齋書畫譜卷一三「字」下小注：「原闕八字。」丁本「字」下作十一空格框「□」。全梁文「字」下小注：「缺。」並空十字位。

〔一〇〕破墨：中國山水畫中一種渲染水墨的技法。即以水破濃墨而成淡墨，濃淡相間，以顯示物象的界限輪廓，以求墨采的生動。唐張彥遠歷代名畫記王維：「〔王維〕工畫山水，體涉今古。……余曾見破墨山水，筆跡勁爽。」宋郭若虛圖畫見聞志論製作楷模：「畫山石者……每留素以成雲，或借地而爲雪，其破墨之功，尤爲難也。」

〔一一〕丹青：紅色和青色。泛指絢麗的色彩。漢陸賈新語道基：「民棄本趨末，伎巧横出……傅致膠漆丹青、玄黄琦瑋之色，以窮耳目之好，極工匠之巧。」

〔一二〕冥：文選卷二八陸機齊謳行：「洪川控河濟，崇山入高冥。」李周翰注：「冥昧極高之處。」同書卷三〇陸機擬明月皎夜光：「疇昔同宴友，翰飛戾高冥。」李周翰注：「冥，天邊也。」

〔一三〕「秋毛」二句：北宋韓拙山水純全集論林木曰：「春英者謂葉細而花繁也，夏蔭者謂葉密而茂盛也，秋毛者謂葉疏而飄零也，冬骨者謂枝枯而葉槁也。」

〔一四〕蔚：草木茂盛。文選卷一班固西都賦：「茂樹蔭蔚，芳草被隄。」李善注：「蒼頡篇曰：蔚，草木盛貌。」〇同：明唐志契繪事微言卷上作「泂」，明王元貞畫苑補益萬曆本、明朱謀垔畫史會要卷五、全梁文、丁本、民國十七年美術叢書三集六如居士畫譜作「同」。今按：作「同」或是。同，同「坰」。詩經魯頌駉：「駉駉牡馬，在坰之野。」毛傳：「坰，遠野也。邑外曰郊，郊外曰野，野外曰林，林外曰坰。」孔穎達疏：「郊、牧、野、林、坰，自邑而出，遠近之異名。」

〔一五〕裒（póu）：集韻平侯：「裒，聚也。」明唐志契繪事微言卷上作「哀」。今按：哀、裒同。

〔一六〕割：戰國策卷一〇齊三「楚王死」章：「可以益割於楚。」高誘注：「割，取。」

〔一七〕精藍：佛寺，僧舍。精，精舍。藍，伽藍，即佛寺。藍，明唐志契繪事微言卷上脱，下小注：「闕。」

〔一八〕彴（zhuó）：初學記卷七引廣志曰：「獨木之橋曰榷，亦曰彴。」

〔一九〕門人：明王元貞畫苑補益萬曆本作「行人」。

〔二〇〕高墨：指畫山高處所用之墨色。

〔二一〕下墨：指畫山低處所用之墨色。〇赬（chēng）：詩經周南汝墳：「魴魚赬尾。」毛傳：「赬，赤也。」

〔二二〕還：明王元貞畫苑補益萬曆本作「遠」。

〔二三〕「桂不」句：指畫桂樹不可太稀疏。胡越，胡地在北，越在南，比喻疏遠隔絶。淮南子卷二俶真訓：「是故自其異者視之，肝膽胡越；自其同者視之，萬物一圈也。」高誘注：「肝膽喻近，胡越喻遠。」

〔二四〕「松不」句：北宋韓拙山水純全集論林木曰：「〔王〕右丞曰『松不離於弟兄』，謂高低相亞。」難，山水純全集論林木引作「離」。

〔二五〕末：明王元貞畫苑補益萬曆本作「未」。

〔二六〕林：明唐志契繪事微言卷上作「臨」，明朱謀垔畫史會要卷五、民國十七年美術叢書三集六如居士畫譜作「隣」。

〔二七〕圖經：有圖畫、地圖的書籍。此處指地圖。

〔二八〕法：明朱謀垔畫史會要卷五作「訣」。

失傳之作

理訟

按：藝文類聚卷五〇引有梁劉孝綽和湘東王理訟。吴光興蕭綱蕭繹年譜卷一考證蕭繹普通七年爲丹陽尹兼揚州刺史，而劉孝綽和詩用漢趙廣漢爲京兆尹之典，又有「兼邦牧」之語，因繫蕭繹與劉孝綽唱和事於本年。説是。

【附】

藝文類聚卷五〇引梁劉孝綽和湘東王理訟曰：馮翊亂京兆，廣漢欲兼治。豈若兼邦牧，朱輪褰素帷。淮海封畿地，雜俗良在兹。禁姦擿銖兩，馭黠震貙狸。

和受試詩

按：梁書卷四九文學上庾肩吾傳：「齊永明中，文士王融、謝朓、沈約文章始用四聲，以爲新變，至是轉拘聲韻，彌尚麗靡，復逾於往時。時太子與湘東王書論之曰」云云。簡文帝此書，藝文類聚卷七七題作「又答湘東王和受試詩書」。吴光興蕭綱蕭繹年譜卷二「中大通三年（531）」：「冬十月、十一月間，湘東王繹致書太子綱，附和受戒詩一件，太子綱又有答湘東王書之作。……該書以收録於梁書文學庾肩吾傳者爲全，節略之文亦見類聚卷七七。類聚所收該書題目作答湘東王和受試書，日本學者清水凱夫指出，題目中的『受試』可能是『受誡』或『受戒』之誤，最爲有見。如此，該書全名似當作『答湘東王和受戒詩書』爲宜。」清水凱夫所論見六朝文學論文集簡文帝蕭綱答湘東王書考。

【附】

藝文類聚卷七七引梁簡文帝答湘東王和受試詩書曰：時有效謝康樂、裴鴻臚文者，亦頗有惑焉，謝故巧不可階，裴亦質不宜慕，玉暉金銑，及爲拙目所嗤，巴人下俚，更合郢中之聽，陽春高而不和，妙聲絶而不尋，竟不精討錙銖，挍量文質，有異巧拙，終媿醜妍。是以握瑜懷玉之士，入鄭邦而知退；章甫翠履之人，望閩鄉而歎息。（今按：蕭綱此書亦見梁書卷四九庾肩吾傳，參下文和受試詩書所附。）

與張纘詩

按：梁書卷三四張纘傳：「纘有識鑒，自見元帝，便推誠委結。及元帝即位，追思之，嘗爲詩，其序」云云。張纘，字伯緒，祖籍范陽方城。梁大同二年徵爲吏部尚書。九年，遷湘州刺史。太清末爲蕭詧所殺。謚簡憲公。著有鴻寶及文集，皆佚。梁書卷三四、南史卷五六有傳。與張纘詩序今存，詩亡佚。

冬宵

按：玉臺新詠卷八劉緩有雜詠和湘東王詩三首即秋夜、寒閨、冬宵詩，今蕭繹存秋夜、寒閨二詩，見前雜詠二首。冬宵蓋亡佚。

【附】

玉臺新詠卷八劉緩雜詠和湘東王三首冬宵：不堪寒夜久，夜夜守空牀。衣裾逐坐襵，釵影近燈長。無憐四幅錦，何須辟惡香。

春宵

按：劉孝綽、劉孝威、庾肩吾并有奉和湘東王應令詩二首，蕭綱存和湘東王三韻詩二首，二詩即春宵、冬曉詩。今蕭繹春宵、冬曉原詩不存。

【附】

玉臺新詠卷七梁簡文帝和湘東王三韻二首春宵：花樹含春叢，羅幃夜長空。風聲隨篠韻，月色與池同。彩牋徒自襞，無信往雲中。

玉臺新詠卷八庾肩吾和湘東王二首應令春宵：征人别未久，年芳復臨牖。燭下夜縫衣，春寒偏著手。願及歸飛雁，因書寄高柳。

藝文類聚卷三二引梁劉孝綽春宵詩曰：春宵猶自長，春心非一傷。月帶園樓影，風飄花樹香。誰能對雙鷰，瞑瞑守空牀。

藝文類聚卷三二引梁劉孝威春宵詩曰：花開人不歸，節暖衣須變。迴釵掛反鐶，拭淚繩春線。今夜月輪圓，胡兵必應戰。

藝文類聚卷三二引梁劉孝先春宵詩曰：夜樓明月弦，露下百花鮮。情多意不設，啼罷未歸眠。燉煌定若遠，一信動經年。

藝文類聚卷三二引梁蕭子暉春宵詩曰：夜夜妾偏棲，百花含露低。蟲聲繞春岸，月色思空閨。倩語長安驛，辛苦寄遼西。

冬曉

按：見上春宵詩按語。

【附】

玉臺新詠卷七梁簡文帝和湘東王三韻二首冬曉曰：冬朝日照梁，含怨下前牀。帳褰竹葉帶，鏡轉菱花光。會是無人見，何用早紅妝。

玉臺新詠卷八庾肩吾和湘東王二首應令冬曉：鄰雞聲已傳，愁人竟不眠。月光侵曙後，霜明落曉前。縈鬟起照鏡，誰忍插花鈿。

玉臺新詠卷八劉孝威和湘東王應令冬曉：妾家邊洛城，慣識曉鐘聲。鐘聲猶未盡，漢使報應行。天寒硯水凍，心悲書不成。

藝文類聚卷三二引梁劉孝綽冬曉詩曰：冬曉風正寒，偏念客衣單。臨粧罷鉛黛，含涙翦綾紈。寄語龍城下，詎知書信難。

藝文類聚卷三二引梁劉孝先冬曉詩曰：晨霞影翠帷，思婦織霜絲。經寒牽杼澀，釧冷調梭遲。乍廢倡樓粉，貪赴遠人期。

藝文類聚卷三二引梁蕭子暉冬曉詩曰：步欄光欲通，曙烏向西東。燭滅傳餘氣，帷香開曉風。繁花無處盡，還銷寒鏡中。

首夏

按：蕭綱存和湘東王首夏詩，蕭繹原詩不存。

【附】

初學記卷三引梁簡文帝和湘東王首夏詩曰：冷風雜細雨，垂雲助麥涼。竹木俱葱翠，花蝶兩飛翔。燕泥銜復落，鶗吟斂更揚。卧石藤爲纜，山橋樹作梁。欲待華池上，明月吐清光。

名士悦傾城

按：梁簡文帝蕭綱有和湘東王名士悦傾城，蕭繹原詩不存。

【附】

玉臺新詠卷七梁簡文帝和湘東王名士悦傾城：美人稱絶世，麗色譬花叢。雖居李城北，住在宋家東。教歌公主第，學舞漢成宫。多遊淇水上，好在鳳樓中。履高疑上砌，裾開持畏風。衫輕見跳脱，珠概雜青蟲。垂絲繞帷幔，落日度房櫳。妝窗隔柳色，井水照桃紅。非憐江浦佩，羞使春閨空。

夜夢

按：武陵王蕭紀存和湘東王夜夢應令詩，蕭繹原詩不存。

【附】

玉臺新詠卷七武陵王紀和湘東王夜夢應令詩：昨夜夢君歸，賤妾下鳴機。懸知君意薄，不著去時衣。故言如夢裏，賴得雁書飛。

琵琶賦

按：南史卷五二梁宗室鄱陽忠烈王傳附世子範傳：「範雖無學術，而以籌略自命。愛奇玩古，招集文才，率意題章，亦時有奇致。嘗得舊琵琶，題云『齊竟陵世子』。範嗟人往物存，攬筆爲詠，以示湘東王，王吟詠其辭，作琵琶賦和之。」吴光興蕭綱蕭繹年譜卷一繫此賦於「普通七年」，按語云：「鄱陽忠烈王恢卒於荆州，詔以世子範權監州任，以待新任刺史湘東王繹。以故，姑繫湘東王繹和鄱陽嗣王作琵琶賦事於此。」此賦今不存。

褒稱劉杳教

按：梁書卷五〇劉杳傳：「出爲餘姚令，在縣清潔，人有饋遺，一無所受，湘東王發教褒稱之。」考湘東王繹普通初在會稽太守任上，餘姚正會稽屬縣，是此教必作於普通初年。此教今不存。

安成煬王集序

按：金樓子著書篇：「安成煬王集一秩四卷。」隋書卷三五經籍志「梁蕭琮集七卷」下注：「梁又有安成煬王集五卷，亡。」安成煬王，指蕭機。機字智通，梁武帝弟安成王秀之子。秀薨，機襲封安成郡王。薨，謚曰煬。機家既多書，博學强記。梁書卷二二、南史卷五二有傳。梁書蕭機傳：「所著詩賦數千言，世祖集而序之。」則安成煬王集乃是蕭繹集纂並作序，故蕭繹列於金樓子著書篇中。此序今不存。

宣尼像贊

按：南史卷八梁紀元帝：「帝性不好聲色，頗慕高名。爲荆州刺史，起州學宣尼廟。嘗置儒林參軍一人，勸學從事二人，生三十人，加稟餼。帝工書善畫，自圖宣尼像，爲之贊而書之，時人謂之三絶。」又，梁書卷四八儒林賀革傳：「出爲西中郎湘東王諮議參軍，帶江陵令。王初於府置學，以革領儒林祭酒，講三禮，荆楚衣冠聽者甚衆。」據梁書武帝紀及元帝紀，蕭繹爲西中郎將、荆州刺史在普通七年。蕭繹有請於州立學校表，是獲准後方能立學。其間往返，自須時日，因可推知其於州立學當在次年即大通元年初或以後。蕭繹此「贊」蓋與召學生教、與學生書、釋奠祭孔子文等約略同時，今不存。

求太子文集及詩苑英華書

按：昭明太子集有答湘東王求文集及詩苑英華書，則蕭繹先有求太子文集及詩苑英華書。俞紹初昭明太子集校注之答湘東王求文集及詩苑英華書注〔一〕有云：「文集，當指劉孝綽所編之昭明太子集，成書於普通三年，爲十卷。詩苑英華，當即南史本傳所言之英華集二十卷，梁書作文章英華。按昭明此書，於詩苑英華僅寥寥數語，一筆帶過，而自言爲文之宗旨與緣由則不嫌其詳，且與劉孝綽所撰文集之序文又多有相合處，似當作於文集撰成之初。蓋湘東王聞昭明文集初成，欲兼詩苑英華求而觀之，昭明即作此書以答之。」又，依俞氏之説，則蕭繹之「求太子文集及詩苑英華書」作於普通三年(522)。

【附】

昭明太子答湘東王求文集及詩苑英華書：得疏，知須詩苑英華及諸文製，發函伸紙，閱覽無輟。雖事涉烏有，義異擬倫，而清新卓爾，殊爲佳作。夫文典則累野，麗亦傷浮。能麗而不浮，典而不野，文質彬彬，有君子之致。吾嘗欲爲之，但恨未逮耳。觀汝諸文，殊與意會。至於此書，彌見其美。遠兼邃古，傍暨典墳，學以聚益，居焉可賞。吾少好斯文，迄兹無倦。譚經之暇，斷務之餘，陟龍樓而静拱，掩鶴關而高卧。與其飽食終日，寧遊思於文林。或日因春陽，其物韶麗，樹花發，鶯鳴和，春泉生，暄風至，陶嘉月而嬉遊，藉芳草而眺矚。或朱炎受謝，白藏紀時，玉露夕流，金風多扇，悟秋山之心，登高而遠托。或夏條可結，倦於邑而屬詞；冬雲千里，睹紛霏而興詠。密親離則手爲心使，昆弟晏則墨以親露。又愛賢之情，與時而篤。冀同市駿，庶匪畏龍。不如子晉，而事似洛濱之遊；多愧子桓，而興同漳川之賞。漾舟玄圃，必集應、阮之儔；徐輪博望，亦招龍淵之侣。校核仁義，源本山川，旨酒盈罍，嘉肴溢俎。曜靈既隱，繼之以朗月；高春既夕，申之以清夜。並命連篇，在兹彌博。又往年因暇，搜采英華，上下數十年間，未易詳悉，猶有遺恨。而其書已傳，雖未爲精核，亦粗足諷覽。集乃不工，而並作多麗。汝既須之，皆遣送也。某啓。

慶州牧書

按：藝文類聚卷五九引有梁簡文帝答湘東王慶州牧書，是蕭繹先有慶州牧書，故簡文帝答之。吴光興蕭綱蕭繹年譜卷一「普通四年」：「晉安王爲雍州，湘東王有慶州牧書，晉安王綱作答書。」今按：若身爲皇子，而爲一州刺史，尋常事爾，似無稱慶之理。吴説未確。梁簡文帝答湘東王慶州牧書中有「心慕子文」、「意存士雅」句，子文，三國魏曹彰之字；士雅，晉祖逖之字。據三國志卷一九曹彰傳：建安二十三年，代郡烏丸反，「彰北征，入涿郡界」，破敵，大勝。而晉書卷六二祖逖傳：晉室南渡，元帝用祖逖爲豫州刺史，逖「將本流徙部曲百餘家渡江，中流擊楫而誓曰：『祖逖不能清中原而復濟者，有如大江！』辭色壯烈，衆皆慨歎。」觀簡文帝文意，必在其爲雍州刺史有勝敵之事後。考梁書卷三武帝紀：普通五年正月，「平西將軍、雍州刺史晉安王綱進號安北將軍」。「六年春正月丙午，安北將軍晉安王綱遣長史柳津破魏南鄉郡，司馬董當門破魏晉城。庚戌，又破馬圈、彫陽二城。……庚申，魏鎮東將軍、徐州刺史元法僧以彭城内附。己巳，雍州前軍剋魏新蔡郡。詔曰：『廟謨已定，王略方舉。侍中、領軍將軍西昌侯淵藻，可便親戎，以前啓行；鎮北將軍、南兗州刺史豫章王綜董馭雄桀，風馳次邁；其餘衆軍，計日差遣，初中後師，善得嚴辦。朕當六軍雲動，龍舟濟江。』癸酉，剋魏鄭城。」則蕭繹慶州牧書蓋作於普通六年(525)正月。此文今不存。

【附】藝文類聚卷五九引梁簡文帝答湘東王慶州牧書曰：雖心慕子文，申威涿郡，意存士雅，慷慨臨江，而不能遂封狼居之山，永空幕南之地，逐北聊城，追奔瀚海，必欲卷綬避賢，辭病收迹。

與謝幾卿書

按：梁書卷五〇文學下謝幾卿傳：「普通六年，詔遣領軍將軍西昌侯蕭淵藻督衆軍北伐，幾卿啓求行，擢爲軍師長史，加威戎將軍。軍至渦陽退敗，幾卿坐免官。居宅在白楊石井，朝中交好者載酒從之，賓客滿坐。時左丞庾仲容亦免歸，二人意志相得，並肆情誕縱，或乘露車歷遊郊野，既醉則執鐸挽歌，不屑物議。湘東王在荆鎮，與書慰勉之。幾卿答曰」云云。今按：據梁書謝幾卿本傳，蕭繹與謝書當在普通六年（525）以後。又謝幾卿答書有「下官自奉違南浦，卷迹東郊」云云，是蕭繹赴荆州時謝幾卿曾送别，且其時已免官。答書又有云：「嘉會難常，摶雲易遠，言念如昨，忽焉素秋。恩光不遺，善謔遠降。因事罷歸，豈云棲息。」則答書當在蕭繹在荆鎮時不太久。梁書卷三武帝紀：普通七年（526）「冬十月辛未，以丹陽尹、湘東王繹爲荆州刺史」。是其與謝幾卿書當在大通元年（527）或二年秋。另梁書卷四〇文學下庾仲容傳：「遷安西武陵王諮議參軍。除尚書左丞，坐推糾不直免。仲容博學，少有盛名，頗任氣使酒，好危言高論，士友以此少之。唯與王籍、謝幾卿情好相得，二人時亦不調，遂相追隨，誕縱酣飲，不復持檢操。」考梁書武帝紀，武陵王紀爲安西將軍、益州刺史在大同三年（537）閏四月。則仲容除尚書左丞更在此後。此與梁書謝幾卿傳「時左丞庾仲容亦免歸」矛盾，必有一誤，不足據以定蕭繹、謝幾卿致書、答書之時間。而當以謝幾卿答書文本爲據。

【附】

梁書卷五〇文學下謝幾卿傳：湘東王在荆鎮，與書慰勉之。幾卿答曰：「下官自奉違南浦，卷迹東郊，望日臨風，瞻言佇立。仰尋惠渥，陪奉遊宴，漾桂棹於清池，席落英於曾岨。蘭香兼御，羽觴競集，側聽餘論，沐浴玄流。濤波之辯，懸河不足譬；春藻之辭，麗文無以匹。莫不相顧動容，服心勝口，不覺春日爲遥，更謂修夜爲促。嘉會難常，摶雲易遠，言念如昨，忽焉素秋。恩光不遺，善謔遠降。因事罷歸，豈云棲息。既匪高官，理就一廛。田家作苦，實符清誨。本乏金羈之飾，無假玉璧爲資。徒以老使形疏，疾令心阻，沈滯牀簟，彌歷七旬，夢幻俄頃，憂傷在念，竟知無益，思自祛遣。尋理滌意，即以任命爲膏酥；攬鏡照形，翻以支離代萱樹。故得仰慕徽猷，永言前哲，鬼谷深棲，接輿高舉，遁名屠肆，發迹關市。其人緬邈，餘流可想。若令亡者有知，寧不縈悲玄壤，悵隔芳塵。如其逝者可作，必當昭被光景，歡同遊豫，使夫一介老圃，得簉虚心末席。去日已疏，來侍未孱，連劍飛鳧，擬非其類，懷私茂德，竊用涕零。」

中大通三年致太子綱書

按：廣弘明集卷二七梁簡文答湘東王書云：「十八日晚，於華林園外省中得弟九月一日書，甚慰懸想。」是蕭繹十八日有至蕭綱書。又，梁簡文答湘東王書提及太子詹事、太子洗馬「話言」「論辯」，是蕭綱已居東宫矣。考梁書簡文帝紀，蕭綱「(中大通三年)七月乙亥，臨軒策拜，以修繕東宫，權居東府。四年九月，移還東宫」。東城，即東府城。則其答湘東王書在中大通三年或四年九月。吴光興蕭綱蕭繹年譜卷二「中大通三年(531)」：「九月，戊辰(初一)，湘東王繹致書太子綱。」「乙酉(十八)，太子綱於華林園收悉湘東王繹來書。」

【附】

廣弘明集卷二七梁簡文答湘東王書：十八日晚，於華林園外省中得弟九月一日書，甚慰懸想。秋節凄清，比如常也。州事多少，無足疲勞。濠梁之氣，不異恒日。差盡怡悦，時有樂事，游士文賓，比得談賞，終宴追隨，何如近日，注漢功夫，轉有次第。思見此書，有甚飢惄。吾蒙受菩薩禁戒，篋預大士，此十二日，便於東城私懺。十七日旦，早入寶雲，壁門照日，銅龍吐霧，紅泉含影，青蓮吐芳，法侶成群，金山滿座，身心快樂，得未曾有。昨旦平等寺法會中後，無礙受持，天儀臨席，睟容親證，拜伏雖多，疲勞頓遣，剃頂之時，此心特至，心口自謀，併欲剪落，無疑馬援遺蝨之談，不辭應氏赤壺之諷。僧璡典議，不異昔日，竟日問璡，殊均子路，探鉤取名，名曰因理。皇情印可，今便奉行。昨晡後方還所住，徐摛、庾吾，羌恒日夕，鏡遠在直，時來左右。但不得倜儻，殊異盤下之時；稍習節文，欲避酒泉之職。尹王相去，既爾彌伸款對。臨汝侯比多屬疾，來宮小稀，其間信使差得其簡。曄兼詹事，暕爲洗馬，時伸話言，數語論辯。句之侯東撫，復成離闊，衡山九嶷，尋應引邁，臨岐有歎，望水興嗟。但吾自至都已來，意志忽悦，雖開口而笑，不得真樂，不復飲酒，垂二十旬。次公醒狂，自成無理，知耆艾數信，述吾經過。適憶途遵江夏，路出西浮，日月易來，已涉秋暮，而韋述有長沮之弊，必笑之災，術異葛仙，形均荀序，弟復資其糧餼，特爲經營，轉禍爲福，事均北叟。分别已來，每增慨憶，歎因月積，想逐時旋，每有西郵，事同撫脞，相見之期，未知何日。瞻言玉嶺，静對金闕，懷勞之深，未常弭歇，善自保惜，及此不多。綱疏。

和受試詩書

按：梁書卷四九文學上庾肩吾傳有云：「時太子與湘東王書論之曰：『吾輩亦無所遊賞，止事披閲，性既好文，時復短詠。……又時有效謝康樂、裴鴻臚文者，亦頗有惑焉。』」藝文類聚卷七七略載此書，題作答湘東王和受試詩書。是蕭繹先有和受試詩書與蕭綱。吴光興蕭綱蕭繹年譜卷二「中大通三年(531)」：「冬十月、十一月間，湘東王繹致書太子綱，附和受戒詩一件，太子綱又有答湘東王書之作。」

【附】

梁書卷四九庾肩吾傳：時太子與湘東王書論之曰：吾輩亦無所遊賞，止事披閲，性既好文，時復短詠。雖是庸音，不能閣筆，有慚伎癢，更同故態。比見京師文體，懦鈍殊常，競學浮疏，爭爲闡緩。玄冬修夜，思所不得，既殊比興，正背風、騷。若夫六典三禮，所施則有地；吉凶嘉賓，用之則有所。未聞吟詠情性，反擬内則之篇；操筆寫志，更摹酒誥之作。遲遲春日，翻學歸藏；湛湛江水，遂同大傳。吾既拙於爲文，不敢輕有掎摭。但以當世之作，歷方古之才人，遠則揚、馬、曹、王，近則潘、陸、顔、謝，而觀其遺辭用心，了不相似。若以今文爲是，則古文爲非；若昔賢可稱，則今體宜棄。俱爲盍各，則未之敢許。又時有效謝康樂、裴鴻臚文者，亦頗有惑焉。何者？謝客吐言天拔，出於自然，時有不拘，是其糟粕；裴氏乃是良史之才，了無篇什之美。是爲學謝則不屆其精華，但得其冗長；師裴則蔑絶其所長，惟得其所短。謝故巧不可階，裴亦質不宜慕。故胸馳臆斷之侣，好名忘實之類，方分肉於仁獸，逞郤克於邯鄲，入鮑忘臭，效尤致禍。決羽謝生，豈三千之可及；伏膺裴氏，懼兩唐之不傳。故玉徽金銑，反爲拙目所嗤；巴人下里，更合郢中之聽。陽春高而不和，妙聲絶而不尋。竟不精討錙銖，覈量文質，有異巧心，終愧妍手。是以握瑜懷玉之士，瞻鄭邦而知退；章甫翠履之人，望閩鄉而歎息。詩既若此，筆又如之。徒以煙墨不言，受其驅染；紙札無情，任其搖襞。甚矣哉，文之横流，一至於此！至如近世謝朓、沈約之詩，任昉、陸倕之筆，斯實文章之冠冕，述作之楷模。張士簡之賦，周升逸之辯，亦成佳手，難可復遇。文章未墜，必有英絶。領袖之者，非弟而誰。每欲論之，無可與語，思吾子建，一共商摧。辯兹清濁，使如涇渭；論兹月旦，類彼汝南。朱丹既定，雌黄有别，使夫懷鼠知慚，濫竽自耻。譬斯袁紹，畏見子將；同彼盗牛，遥羞王烈。相思不見，我勞如何。

中大通五年致太子綱書

按：梁書卷三武帝紀載：中大通五年，「二月癸未，行幸同泰寺，設四部大會，高祖升法座，發金字摩訶波若經題，訖於己丑。」關於蕭衍此次講經，蕭綱因病，初未能聽講。後有大法頌并序敘其事，見廣弘明集卷二七。蕭子顯有御講摩訶般若經序言其詳，見廣弘明集卷一九。又，廣弘明集卷二八梁簡文答湘東王書亦述此事，並云「每得弟書」，可知蕭繹此前曾致書蕭綱。據梁書武帝紀，可知簡文帝答書當作于中大通五年（533）三月，而蕭繹致書當在此前不久。

【附】

廣弘明集卷二八梁簡文答湘東王書：暮春美景，風雲韶麗，蘭葉堪把，沂川可浴。弟召南寡訟，時綴甘棠之陰；冀州爲政，暫止褰襜之務。唐、景薦大言之賦，安、太述連環之辯。盡遊玩之美，致足樂耶？吾春初卧疾，極成委弊。雖西山白鹿，懼不能瘉；子豫赤丸，尚憂未振。高卧六安，每思扁鵲之問；静然四屋，念絶修都之香。豈望文殊之來，獨思吴容之辯。屬以皇上慈被率土，甘露聿宣，鳴銀鼓於寶坊，轉金輪於香地。法雷驚夢，慧日暉朝，道俗輻湊，遠邇畢集，聽衆白黑，日可兩三萬。獨以疾障，致隔聞道。豈止楊僕有關外之傷，周南起留滯之恨。第十三日，始侍法筵。所以君長近還，未堪執筆；敬祖前邁，裁欲勝衣。每自念此，愍然失慮。江之永矣，寤寐相思。每得弟書，輕痾遺疾。尋别有信，此無所伸。（亦略見藝文類聚卷七五）

答江禄告别書

按：南史卷三六江夷傳附江禄傳：「禄字彦遐，……位太子洗馬、湘東王録事參軍，以氣陵府王，王深憾焉。廬陵威王續代爲荆州，留爲驃騎諮議參軍。獻書告别，王答書乃致恨。」

智藏法師碑銘

按：續高僧傳卷五釋智藏：「以普通三年九月十日卒于寺房，春秋六十有五。敕葬獨龍之山，赴送盈道。同爲建碑，墳所寺内各一。新安太守蕭機製文，湘東王繹製銘，太子中庶子陳郡殷鈞爲立墓誌。」宋歐陽修集古録卷四「梁智藏法師碑」：「普通三年，真蹟。右梁智藏法師碑，梁湘東王蕭繹撰銘，新安太守蕭幾作敘，尚書殿中郎蕭挹書，世號『三蕭碑』。法師者姓顧氏，幾、挹皆稱弟子，衰世之弊，遂至於斯。余于集古録而不忍遽棄者，以其字畫粗可佳，捨其所短，取其所長，斯可矣。」宋陳思寶刻叢編卷一五「梁聞善寺知藏法師碑」：「世號『三蕭碑』，在蔣山。按此碑紹興初爲金人所焚。」宋王象之輿地碑記目卷一「臨安府碑記」、寶刻類編卷一並有著録。

團扇銘

按：南史卷五一梁宗室上臨川靖惠王宏傳：宏子正信字公理，「幼不慧，常執白團扇，湘東王取題八字銘玩之。正信不知嗤之，終常摇握。」又，太平御覽卷七〇二引梁書略同，唯「子正信」作「子正表」。

劉之遴墓誌銘

按：南史卷五〇劉虬傳附子之遴傳：「侯景初以蕭正德爲帝，之遴時落景所，將使授璽紱。之遴預知，仍剃髮披法服乃免。先是，平昌伏挺出家，之遴爲詩嘲之曰：『傳聞伏不鬭，化爲支道林。』及之遴遇亂，遂披染服，時人笑之。尋避難還鄉，湘東王繹嘗嫉其才學，聞其西上至夏口，乃密送藥殺之。不欲使人知，乃自製誌銘，厚其賻贈。」

慧超法師碑文

按：續高僧傳卷六釋慧超傳：「以普通七年五月十六日遷神於寺房，行路殞涕，學徒奔赴。凡厥喪事，出皆天府。門人追思德澤，乃爲立碑。湘東王繹、陳郡謝幾卿，各爲製文，俱鐫墓所。」

僧副法師碑文

按：續高僧傳卷一六釋僧副傳：「釋僧副，姓王氏。……卒於開善寺，春秋六十有一。即普通五年也。窆於下定林之都門外，天子哀焉，下敕流贈。……將爲勒碑旌德，而永興公主素有歸信，進啓東宫請著其文，有令遣湘東王繹爲之，樹碑寺所。」

汶陽觀碑

按：宋王象之輿地碑記目卷三峽州碑記：「廢汶陽觀碑，寰宇記云在遠安縣，梁大通五年荆州刺史湘東王繹碑。」

衡州刺史蘭欽德碑

按：宋王象之輿地碑記目卷三英德府碑記：「衡州刺史蘭欽德碑，在縣城外。梁天監七年立，湘東王蕭繹文。其石斷裂，文字磨滅。」今按：御定佩文齋書畫譜、六藝之一録卷五八及卷一〇六並作「天監七年」，疑有誤。蕭繹天監七年八月生，何能爲文？又據梁書武帝紀及蘭欽傳，欽爲衡州刺史在大同初年。

贈庾承先

按：梁書卷五一處士庾承先傳：「中大通三年，廬山劉慧斐至荆州，承先與之有舊，往從之。荆陝學徒，因請承先講老子。湘東王親命駕臨聽，論議終日，深相賞接。留連月餘日，乃還山。王親祖道，並贈篇什，隱者美之。」庾承先，字子通，祖籍潁川鄢陵，梁處士。梁書卷五一、南史卷七六有傳。蕭繹有庾先生承先墓誌。

謝碧慮屏風啓

按：明楊慎升菴集卷六七「竹根如意碧慮屏風」：「齊高帝以竹根如意賜明慶符，梁元帝有謝碧慮屏風啓。（原文小注：亦可對「虎頭鞶囊」。）

餘編

雜傳

按：唐段成式撰酉陽雜俎續集卷四貶誤：「相傳云，釋道欽住徑山，有問道者，率爾而對，皆造宗極。劉忠州晏嘗乞心偈，令執鑪而聽，再三稱『諸惡莫作，衆善奉行』。晏曰：『此三尺童子皆知之。』欽曰：『三尺童子皆知之，百歲老人行不得。』至今以爲名理。予讀梁元帝雜傳云。嗟乎！人皆敬得道者，不知行即是得。」而據蕭繹金樓子卷五著書篇，其所撰乙部「傳」類有孝德傳、忠臣傳、丹陽尹傳、仙異傳、晉仙傳、繁華傳，無「雜傳」之目。疑「雜傳」乃概稱。段氏所引或即仙異傳之逸文。金樓子於仙異傳下原注有云：「金樓年小時自撰，其書多不經。」此逸文所述同梁釋慧皎高僧傳，正「不經」事。

又，耆域，僧人名。高僧傳卷九晉洛陽耆域傳：「耆域者，天竺人也。周流華戎，靡有常所，而倜儻神奇，任性忽俗。迹行不恒，時人莫之能測。自發天竺，至於扶南，經諸海濱，爰及交廣，並有靈異。……以晉惠之末，至于洛陽。……洛陽兵亂，辭還天竺。洛中沙門竺法行者，高足僧也，時人方之樂令，因請域曰：『上人既得道之僧，願留一言，以爲永誡。』域曰：『可普會衆人也。』衆既集。域昇高座曰：『守口攝身意，慎莫犯衆惡。修行一切善，如是得度世。』言訖便禪默。行重請曰：『願上人當授所未聞。如斯偈義，八歲童子亦已諳誦，非所望於得道人也。』域笑曰：『八歲雖誦，百歲不行，誦之何益？人皆知敬得道者，不知行之自得道。悲夫！吾言雖少，行者益多也。』於是辭去。數百人各請域中食，域皆許往。明旦五百舍皆有一域，始謂獨過，後相讎問，方知分身降焉。既發，諸道人送至河南城。域徐行，追者不及。域乃以杖畫地曰：『於斯別矣。』其日有從長安來者，見域在彼寺中。又賈客胡濕登者，即於是日將暮，逢域於流沙，計已行九千餘里。既還西域，不知所終。」竺法行，晉僧人名。高僧傳卷四晉燉煌竺法乘傳：「乘同學竺法行、竺法存，並山棲履操，知名當世矣。」

晉惠末，洛中沙門耆域，蓋得道者。長安人與域食於長安寺，流沙人與域食於石人前，數萬里同日而見。沙門竺法行嘗稽首乞言，域升高坐曰：「守口攝意，心莫犯戒。」竺語曰：「得道者當授所未聽，今有八歲沙彌，亦以誦之。」域笑曰：「八歲而致誦，百歲不能行。」

同姓同名録

按：金樓子著書篇九：「同姓同名録一袟一卷。金樓撰。」梁書卷五元帝紀、南史卷八梁本紀元帝並云：「古今同姓名録一卷。」隋志卷三三經籍志：「同姓名録一卷，梁元帝撰。」郡齋讀書志卷一四：「同姓名録三卷，右梁元帝撰。纂類歷代同姓名人，成書一卷。唐陸善經續增廣之。齊梁間士大夫之俗，喜徵事以爲其學淺深之候，梁武帝與沈約徵栗事是也。類書之起，當在是時，故以此録爲首。」此書宋以後即殘缺。明徐應秋玉芝堂談薈卷六云：「同姓事相類。湘東王有同姓名録，其書今不存。」明胡應麟少室山房筆叢卷一八史書佔畢雜篇云：「梁元帝有同姓名録、丘光庭有同姓字録，皆不傳，然其書各一卷，雖唐以前時代較近，要不足以盡之，抑且唐以後絶無踵作者。」明周應賓同姓名録總記：「湘東王有同姓名録一卷，今其書不傳。余僧杲廣爲四卷詳矣，予搜而補之，復得若干人，蓋以成僧杲之志爾。」後四庫館臣從永樂大典輯出古今同姓名録，入四庫全書。

四庫全書總目子部類書類録古今同姓名録二卷（永樂大典本），提要曰：「梁孝元皇帝撰，是書見於梁書本紀及隋書經籍志者皆作一卷。唐陸善經續而廣之，故讀書志、書録解題皆作三卷。其本皆不傳。此本爲永樂大典所載，又元人葉森所增補者也。雖輾轉附益，已非其舊，然幸其體例分明，不相淆雜。凡善經及森所綴入者，皆一一標注，尚可考見元帝之原本。則類事之書，莫古於是編矣。史記淮陰侯列傳贊稱兩韓信，此辨同姓名之始。然劉知幾史通猶譏司馬遷全然不別，班固曾無更張。至遷不知有兩子我，故以宰予爲預田恒之亂；不知有兩公孫龍，故以堅白同異之論傅合於孔門之弟子。其人相混，其事俱淆，更至於語皆失實。則辨析異同，殊別時代，亦未嘗非讀書之要務，非但綴瑣聞、供談資也。明萬曆中，余寅别撰同姓名録十二卷，周應賓又補一卷，國朝王廷燦又補八卷。所録比此本加詳。然發凡起例，終以此本爲椎輪之始焉。」

今依文淵閣四庫全書本整理。

古今同姓名録卷上

梁元帝撰，唐陸善經續，元葉森補

三伯夷：一舜典作秩宗，一顓頊師，一孤竹君之子。

二唐叔：一虞之季世，一周武王用其名。

二南宫适：一周之十人，一孔子時。

三殷帝乙：一湯之謚，一殷二十九世王尚書，一紂父史記。

二穆伯：一敬姜夫禮記，一聲已夫三禮引春秋。

二文伯：一敬姜子禮記，一聲已子三禮引春秋。

二杜喬：一見禮記，一後漢時人。

二石乞：一與白公作亂，一敵子路者。

二杞梁：一古詩杞梁妻，一左傳齊侯遇于郊。疑一人。

二申繻：一魯桓公時，一魯昭公時。疑一人。

二箕遺：一范宣子所殺，一濟師取前城。

二服虔：一見漢獻帝春秋，一注左氏傳者。

二市南宜僚：一弄丸釋難者莊子；一姓熊，當五百人左傳。

二莊賈：一爲司馬穰苴所殺，一陳勝御人。

二京房：一字君明，善易前漢；一梁丘賀從之受易前漢。

三曾參：一孔子弟子字子輿；一殺人者見説苑；一字君孝，豫章孝廉。

二婁緩：一六國時，一淮南王賓前漢。

二申屠嘉：一出莊子，一前漢人丞相故安侯。

二欒巴：一後漢郡守字叔元，一後漢術士後漢方技傳，噀酒滅火。

二宛春：一楚成王將；一衛靈公時，諫開池者吕不韋春秋。

二傅毅：一字武仲；一護羌校尉，戰死封侯後漢。

二羿：一堯時射十日者，一有窮之君。

二郄儉：一術士華佗論，一晉人。

二夏侯勝：一前漢太子太傅，字長公，一魏人夏侯勤之子。

二士丏：一士鞅父春秋，一士鞅之相春秋昭公六年。

三士燮：一范文子；一吴人三國吴志，字彦威；一隋時官侍郎，出隋書此陸善經續。

二公孫龍：一孔子弟子，一白馬非白者吕不韋春秋。

三公孫敖：一春秋穆公時人，一與齊侯俱死，一前漢人年表合騎侯。

六公孫弘：一子産；一出列子；一前漢年表；一前漢丞相平津侯；一東觀漢記；一幽州從事，晉人。葉森謹按：左傳鄭公族駟氏公子喜之孫公孫弘，字子般。今梁元帝録曰子産非「産」，當作「子般」者，是。

三龐涓：一戰國魏將；一見七畧；一三國時，張既禮辟之。葉續一。

四王豹：一春秋時齊國人；一西河人，善歌；一京兆人三輔決録，一晉人。

八王喬：一周太子即靈王太子晉也；一古仙人師高晨君，出太子經；一後漢葉縣令；一河東人袁山松漢書；一晉廬陵太守；一魏人見趙王傳；一上古神仙歷五帝三代，或隱或顯，又非前師高晨君者；一武陽人，食肉芝得仙。並出王氏神仙傳。葉續三。

六王良：一古之善御者孟子；一光武時司空；一作白鷹贊中經注；一後漢隱士，與周黨同列；一爲史官作奉常，見乞伏傳；一東漢儒林傳，傳伏生尚書者。葉續一。

十一王褒：一前漢，字子淵；一前漢年表；一魏武西都尉，獻石膽博物志；一字偉元；一見温嶠集；一晉元帝時；一晉牙門將起居注；一將薪市易；一梁僕射按：北史王褒於後周時又爲少司空，字子深，出北史文苑傳此陸善經續；一漢成帝時絳衣入宮，言「天帝令我居此」見後漢五行傳人痾；一字子登，范陽襄平人，漢末成仙，號清虚真人王氏神仙傳。葉續二。

八王吉：一字子陽前漢；一重泉人字少音，出前漢儒林周堪傳；一朱崖舊事；一爲虎賁，字伯騫風俗通；一莽之孫；一後漢酷吏傳；一臨邛人；一宋崇寧間仙人出集仙傳。葉續一。

十王宏：一前漢；一魏尚書郎；一晉丹陽督郵；一太原人；一監校建康市估錢晉起居注；一宋司徒字休元，按：南史王宏本傳應作「宋太保」；一謝符采妻父，世宗中書侍郎謝氏譜；一隋揚州刺史此陸善經續；一東漢安帝騎都尉；一唐人王宏中之子，見韓文。葉續二。

六王烈：一後漢，字彦考；一崇邑人魏武集云任爲丞相徵事；一苻健攻冉閔南中郎將王烈；一字陽季，東平人，王堪父，爲治書御史；一與嵇康見石髓者晉人，字長休；一晉牙門將起居注。

六王恢案：下所列祗有五人，「六」當作「五」：一魏思成王時紀年；一前漢大行；一晉惠帝時東牟人起居注；一王溢弟即導之子；一西漢中郎將，捕得車師王，封浩侯。葉續一。

六王濟：一渾之子，字武子；一晉元帝散騎常侍；一慕容廆長史；一凉州人，字世業，爲僞史官；一宋巴東太守；一宋鎮州通判出宋通鑑。葉續一。

五王龔：一字伯宗東漢；一光禄勳東漢；一賈逵所薦見賈逵傳；一假楊陵校尉傳咸傳；一名

恭，字伯孝晉人。

五王敦：一長流人，字仲異三輔決録；一魏黄初時人；一孫權主簿；一羅尚牙門將實録；一晉大將軍。

五王珪：一晉僕射；一齊人；一唐太宗相此陸善經續一；一仁宗朝，戰于好水川宋通鑑；一神宗相字禹玉。葉續二。

四王衍：一晉人，字夷甫；一石虎將；一五代蜀王；一字文舒魏兗州刺史，爲尒朱仲遠所擒，以其名望不害，令騎牛以從軍者。葉續二。

四王陵：一秦大夫白起傳；一前漢功臣安國侯；一魏人，字彦雲；一晉人，上郡男兒起居注。

四王商：一宣帝時樂昌侯前漢；一匈奴畏者前漢；一王莽叔成都景侯；一蜀郡守。

四王舜：一漢宣帝時安平侯；一王音之子前漢；一趙后傳，故中黄門；一車騎大將軍涪之子。

四王霸：一光武將；一字孺仲，東漢隱士；一晉人，字叔稚；一後魏道武時。此陸善經續一。

三王式：一前漢儒林傳；一淮南小中正晉卞壺傳；一晉謁者僕射晉事要。

三王莽：一魏惠王時人紀年；一字稚叔，昭帝時衛尉西漢百官公卿表；一字巨君，簒漢。

三王尋：一王莽將，光武敗之昆陽；一晉武帝牙門將起居注；一晉光禄大夫，河東人。

三王導：一晉丞相，字茂宏；一晉京陵公起居注；一永徽中人。此陸善經續一。

三王蒙：一王充之祖論衡，一應元字晉人，一蔡謨親搜神記。

三王沉：一晉人，字處道；一劉聰宦者；一字彦伯作釋時論。

三王怡：一導之孫，爲中領軍；一晉永和中吴内史；一永和中姑孰令，甘露降。

三王卲：一東漢孝廉，一瑯琊人，一北齊人。此陸善經續一。

三王陽：一前漢，一東觀漢記，一石勒引爲將。葉續一。

三王鳳：一成帝舅前漢敬成侯；一光武將；一王文操之子，與父戰死定州唐宗室霍王傳。葉續一。

三王涣：一東漢洛陽令；一河内人，東漢考城令；一宋禮部侍郎，與杜祁公睢陽五老會者。葉續一。

二王孫賈：一出論語，一事齊閔王。

二王獻之：一東漢人；一晉人，善書者羲之之子。

二王允：一東漢司徒靈帝時，字子師，一晉江州刺史。

三王朔：一西漢人；一趙規小吏，與黄萌争水，殺規而朔復殺萌汝南先賢傳；一晉穆帝時造曆者，出晉律曆志。葉續一。

二王俊：一三國時；一中郎將，使匈奴。

二王譚：一前漢元帝時平阿侯，一趙壹所殺者。

二王忳：一字少林，致飛被走馬者；一晉帝舅正員外。

二王坦：一字方山，王業子汝南先賢傳；一字文度晉人。按：王文度名坦之，此但作「王坦」，誤。

二王仲宣：一粲字；一名陽，益州刺史見碑集，又二見葉森續。

二王充：一字仲任作論衡，一景帝時蓋靖侯西漢王信之孫。

二王渾：一戎父晉人；一濟父，字元冲，伐吴者。

二王混：一導孫晉人，一晉始安太守。

二王肅：一漢司徒朗之子，注周易，神女授與墨者；一魏文帝時尚書令，對茶爲酪奴者北史。

九張良：一留侯，字子房；一又前漢；一東漢秃髮傳按：晉書秃髮載記有張良，此作「東漢秃髮傳」，疑誤；一東漢人；一字仲文，魏倉部郎中；一晉石勒傳；一晉冉閔時人；一晉起居注；一護羌校尉，戰死封侯。

九張敞：一漢京兆尹，爲妻畫眉者；一字顯明，廣平棘陽令；一東漢竇武傳；一王莽傳西漢；一晉太子中庶子；一晉孝武太子中舍；一魏人東夷傳；一宋侍中，字彭祖吴國内史；一唐神龍中試才高位下科出宋高續古緯畧。葉續一。

九張衡：一字平子，作思玄賦；一平陽人；一陰平人王隱晉書；一晉趙王倫後將軍；一晉都督部曲，誣益州刺史皇甫晏謀反者起居注；一預殺隋文帝者；一張道陵子，白日仙去此陸善經續一；一晉新昌人，執縣宰降慕容皝者；一宋仁宗嘉祐二年狀元及第，仕至集賢院學士，作編年通載者。葉續二。

五張平：一留侯父；一魏漁陽太守，與成公綏善；一晉張華父；一石季龍將軍；一以中尉從高祖，封鹵麗侯西漢年表。葉續一。按：前漢書作「鹵嚴侯」。

五張禹：一漢安昌侯；一西漢侍御史，字子長；一名羽，韓安國同時；一東漢太傅；一上郡太守，爲劉聰所攻晉書。

五張湛：一漢司空字子孝，光武時太子太傅；一晉侍中，江陵侯起居注；一字處度，注列子者；一晉安帝中書郎直西省起居注；一字子然，燉煌人，崔浩識而禮之北史。葉續一。

五張温：一東漢司空；一吴人，字惠恕；一冉閔時晉載紀；一晉張軌父，爲太官令晉書；一金人，字元佐，有詩名出中州集。葉續二。

四張綱：一東漢人，字文紀；一僞燕人，有巧思，爲宋高祖所得；一唐順宗永貞初杭州刺史奏置餘杭倉宇者，出臨安志秋官考；一宋高宗參政，字彦正，謚章簡。葉續二。

四張翰：一晉丹陽太守山濤啓事；一字季鷹，思蒪者；一宋慶曆中江陵人張師正括異志；一金人，字林卿，貞祐初户部侍郎中州集。葉續二。按：金史張翰本傳爲户部尚書。

三張騫：一博望侯；一後漢人牟子云；一南陽人，字子淵。

三張蒼：一西漢相按：張蒼於高祖時封北平侯；一光武時東觀漢記；一桓元僕射，以菟字爲兔字，免官。

三張載：一後漢宦者；一晉人，字孟陽；一宋人，字子厚，號横渠先生。葉續一。

三張賀：一漢掖庭令，一東漢表守，一陳時將。此陸善經續一。

三張魯：一東漢人，號「米賊」五斗米道者；一字昭國，魏建安六年計吏；一凉李暠太守。此陸善經續一。

三張超：一東漢文苑傳；一東漢張邈兄；一字世元，廣平人。

三張子房：一留侯字；一鉅鹿人，魏建安六年法吏。

三張勝：一爲盧綰之臣，一與蘇武在匈奴者。

三張湯：一前漢舞文詆巧，一出赫連勃勃傳。

三張毅：一周人，好事不堪其勞，内中熱死者；一前漢張蒼之孫。

三張芝：一字伯英，一魏鮑勳薦者見鮑集。

二張遼：一漢桂陽太守，一魏征東將軍。

二張昶：一張芝弟也，一禿髪烏孤臣晉載記。

二張陽：一東漢岑彭傳，一字稚叔見魏文帝集。

二張堪：一漢郡守，一晉州刺史。

二張子高：一敞字西漢人；一臨海人，王導相府參議。

七張武：一敞弟漢元帝時梁王相，一前漢授金者，一南郡獻白虎者，一後漢獨行傳，一見淮南子，一晉人，一唐昭宗時萬州刺史出通鑑。葉續一。

十劉欽：一溧陽侯，一南頓令，一光武父。疑一人。一桃山侯城陽孝王子，一新市侯西漢年表，廣川繆王孫，一平度侯菑川懿王孫，一即來侯城陽王孫，一密鄉侯膠東頃王孫，一淮陽憲王宣帝子。並西漢。一劉元海時武牙將軍。葉續五。

十六劉宏：一都梁節侯長沙定王孫；一昌慮康侯魯孝王子；一東陽郡侯清河剛王子。並漢年表。一漢惠弟子；一荆州牧；一劉備父；一晉武帝率更令；一梁州害張寔者；一東漢人出劉文記；一晉鎮南大將軍字和季；一武陶侯廣川繆王孫；一兹鄉侯城陽荒王子；一容鄉侯趙共王孫，西漢年表；一高密哀王宣帝二年立。按：前漢書宣帝紀本始元年，立廣平王胥少子宏爲高密王。注云「二年」，誤；一隋誠節傳；一唐武德初總管，諫太宗勿追宋金剛者出通典兵志乘勝篇。葉續六。

十四劉章：一朱虚侯，一東野侯中山靖王子，一畧陽侯，一宣處侯中山康王子，一宜節侯，一雒陵侯長沙定王子，西漢年表；一名璋劉表子；一楚元王子休侯之曾孫；一高密哀王子頃王，一襄鄉侯趙共王子，一抑裴侯趙敬肅王孫。按：前漢書作「掷裴侯」，原本「抑裴侯」，誤；一光武姪太原王東漢齊武王傳，一順陽侯光武族兄中山王嘉之元孫，一宋高宗紹興十五年舉人出宋通鑑。葉續七。

十二劉德：一河間獻王；一劉向父，宗正；一成鄉侯高密頃王孫；一廣陵孝王子廣平侯，西漢年表；一東漢平原王；一北海人，注漢書者；一字敷思；一劇魁侯菑川懿王子。按：前漢書劇魁侯黑菑川懿王子，後元封元年思侯昭嗣，四年康侯德嗣，劉德乃菑川懿王孫也，注以德爲懿王子，字有誤；一易安侯趙敬肅王孫，坐殺人免；一定侯齊孝王孫；一東漢東武城侯；一彭城人，太醫校尉出晉書。葉續五。

三劉禮：一宗正父，帝言如兒戲者；一西漢平城侯，坐恐喝人取鷄免；一東漢劉隆父。葉續一。

九劉寬：一東襄侯廣川繆王子，一廣武利王曾孫懷王，一濟北貞王勃孫，一臨邕侯城陽共王子，一葛魁節侯菑川懿王子，一趙敬肅王子漳北侯。並西漢年表。一東漢太尉字文饒，一懷王高密王孫，一阿武侯河間獻王孫。葉續一。

七劉毅：一春秋時周大夫，殺佞夫者；一東漢劉騊駼弟；一北海敬王子東漢文苑傳；一董卓長史；一中經簿作論十三卷；一字仲雄，晉僕射；一小字盤龍。

七劉元案：下所引共有八人，「七」當作「八」：一淮陽憲王子文王；一河間孝王子富春侯；一石山節侯城陽戴王子；一更始；一江夏人；一字士微，晉三公；一字伯康，漢明帝中大夫，作簧賦者文選馬季長笛賦序；一先主孫，晉永嘉中奔蜀，李雄署爲安樂公出蜀志注。葉續一。

十劉延年：一陽嚴侯；一祝兹侯膠東康王子；一樂都侯膠東頃王孫；一鄗安侯趙敬肅王子，西漢年表；一懷昌侯西漢菑川王孫；一劉元海時左獨鹿王；一復陽侯長沙頃王子；一中鄉侯梁敬王子；一安定侯燕刺王孫；一宋建平王景素子，明帝以其嗣始平王鸞之後南史。葉續六。

七劉安：一淮南王著鴻烈解者；一後漢中常侍，廢順帝者東漢宦者傳；一孝文時楊安侯齊悼惠王子；一廣鄉侯平干頃王孫；一和陽侯中山頃王子；一成鄉侯高密頃王子；一東漢任城孝王子真王。葉續五。

六劉邵：一字孔才作望覽者；一字宏達，北海人；一吳將；一宋元兇；一晉都鄉侯；一晉侍中即劉王喬之子。

六劉曜：一漢孺子，一劉巳叔，一魏鮑勳傳，一晉載記，一慈明瑯琊人晉書，一東漢恭王光武曾孫。葉續一。按：後漢書沛恭王曜乃沛王輔之後，此文「恭」上脱去「沛」字。

六劉根：一仙人，一西漢折泉侯長城荒王子，一栗節侯趙敬肅王孫，一武昌太守晉惠帝起居注，一晉賊後晉書，一新城侯西漢膠東頃王子。葉續一。

五劉旦案：下所引共有六人，「五」當作「六」：一燕刺王；一平侯；一長沙定王孫煬王；一膠東頃王孫樂都侯；一菑川懿王孫平望侯西漢年表；一平干頃王孫平利侯西漢。葉續一。

五劉繪：一字令文，晉滎陽太守；一晉太子詹事；一見魏書；一字士章，南齊劉孝綽父；一齊人。

五劉歆：一向子，字子駿，王莽國師；一更始子穀熟侯；一字細東觀漢記；一光武騎將，封浮陽侯東漢劉植傳；一字太明，魏尚書。

五劉澤：一與燕刺王約；一虖葭侯陽城頃王子；一瑯琊王；一廉城侯。並西漢年表。一金國部掾，字潤之，劉光謙之父中州集。葉續一。

五劉交：一博鄉侯六安繆王子，一梁鄉侯趙共王子，一楚元王，一懷王濟北王孫，一臨鄉侯廣陽頃王孫。並西漢年表。葉續一。

三劉季：一漢高祖字；一宋司州刺史；一晉太始中太樂郎，校御府銅竹律者晉律曆志。葉續一。

三劉伶：一劉昕之下將軍，一字平國，一字伯倫晉人。

三劉真：一南城侯城陽共王子，一陘城侯西漢年表，中山靖王子，一魯恭王子瑕丘侯。葉續一。

二劉楨：一字公幹，魏人；一晉殿中監晉事要。

二劉子政：一向字；一孫臏時仲長子昌言。

二劉長龍：一漢文帝小名，一石崇同時人。

二劉表：一後漢荆州牧，一廣陵侯西漢年表，城陽共王子。

二劉備：一西漢年表，一蜀先主。

二劉恒：一孝惠帝美人女，一文帝名。

二劉盆子：一東漢初立爲帝；一桓元篡位時與庾仄，力能扛鼎晉陽秋。

二劉昆：一字元公，後漢人；一名琨，字越石，晉人按：「劉琨」與「劉昆」不同，未免牽合。

二劉惔：一晉人，字真長；一字處静異苑。

四劉秀：一即歆，改名秀；一東漢光武；一晉都督令史，改西海公；一晉元帝揚威將軍。

四劉裕：一後漢司農，中山人出英雄記；一見魏晉世譜；一宋高祖，小字寄奴；一晉書載記，劉元海之子，僞齊王。葉續一。

八李膺：一字元禮，東漢人；一達神將；一魏朱桓傳廬江太守，見吴志；一湘東人，撰益州記者；一晉文帝元年安城計吏；一梁武帝問「何如昔李膺」此陸善經續。字公允；一唐李群玉從祖，爲岳州牧出雲溪友議；一宋高宗建炎年間知沛縣宋通鑑。葉續二。

八李平：一諸葛集；一婦人出班婕妤傳；一蜀志李嚴傳字正方，改名平；一奮武將軍，蜀人出苻堅傳；一晉竇虞人起居注；一御史中丞，糾免崔暹者北史崔暹傳；一顔真卿守平原，使李平馳奏元宗唐顔真卿傳；一南唐户部侍郎，與潘佑同誅。葉續三。

七李充：一漢武時人洞冥記；一王莽諫議大夫；一字大遜，陳留人；一晉度支郎；一字宏度，江夏人晉文苑傳；一開皇時邊將隋書；一唐京兆尹，有美政奚陟傳。葉續二。

七李陵：一字少卿；一晉將；一燕書，南皮侯；一馮跋傳；一城門校尉，晉人；一出會稽典録；一出列女傳。

七李雄：一蜀賊晉書；一晉惠帝時相梁王；一李穆子密國公北史；一渤海人，楊素進爲大將軍北史；一隋兵部尚書字毗盧；一唐莊宗同光年游金陵、成都、鄴，各爲詠古詩名曰鼎國詩，洛鞏人也；一北海人，有文藝，好丹青，宋太宗時祗候圖畫院出名畫評。葉續五。

六李宏：一晉陽侯；一撰金煙玉鏡；一唐孝敬宗此陸善經續。按：唐太子宏，未即帝位，雖嘗追上義宗號，旋即罷去，不當稱「宗」，當依唐書作「孝敬帝」；一廣漢妖賊，自稱聖王晉書載記；一李八百弟子，養徒灊山，應讖當王出晉書周禮傳。葉續三。

六李通：一光武時；一魏武帝將；一魏建功侯，字文達；一名豐，晉時令李通，謀廢大將軍干寶晉書；一唐代宗子恭王唐世系；一金完顔亮時右丞宋通鑑高宗紀。葉續二。

六李廣：一前漢將軍；一魏將，爲司馬文王所殺；一後漢妖巫光武紀；一東漢中水守李思

五李陽：一幽州人，出郭子；一諫陶侃不與温嶠穀；一見石勒傳；一晉龍驤將軍起居注；

五李乾：一聃之父，一字仲元，一光武將東觀漢記，一晉人，一魏志都亭侯李典父。葉續一。

三世孫；一南史文苑傳按：李廣載北史文苑傳，此作「南史」，誤；一後蜀李壽子漢王晉載記。葉續三。

三李衡：一出吴志，一晉牙門將軍部史起居注，一能畫蕃馬者唐名畫録。葉續一。

三李由：一山川守斯之子，一晉關内侯字元朝，一事魏。

三李肅：一後漢殺董卓者，一後漢西羌傳，一五代漢左驍衛上將軍。葉續一。

三李固：一後漢太尉，一晉時，一太山太守。出吴質傳。

三李克：一晉獻公臣里克，一魏文侯臣李克，一唐太和中淮南從事見戎幕閑談。葉續一。

一唐楚州刺史，淮中觀巫支祁者出李肇國史補。葉續一。

二李緒：一漢李陵上表云教匈奴兵法叛臣李緒；一晉西陵尉，字世業。

二李巡：一後漢宦者，一注爾雅者。

七孫登：一後漢人；一注老子；一字公宏，嵇康所遇者；一吴太子，字子高；一長七尺九寸，大形小口左氏傳。按：左氏傳無此文，舊注疑有誤；一字仲臺，太山北海相都鄉侯；一侯都賓佐出南史。葉續一。

五孫秀：一吴人，字彦才；一字彦叔，太原人，作僕射；一晉人趙王倫傳；一字世才，濟南人；一字儁忠，瑯琊人，晉征西將軍。

三孫皓：一鄭玄弟子，一晉陽長，一吴王降魏者。

二孫邕：一後漢術士，一魏光禄大夫。

二孫恩：一吴孫峻之弟，一晉妖賊。

四陳平：一漢曲逆侯；一漢成帝詔爲司馬，迎元帝按：漢書無成帝迎元帝事，疑誤；一晉起居注；一晉時坐相忤姤棄市。

四陳遵：一春秋陳宣公；一極武使立腿未詳；一漢人，字孟公；一南粤王記蒼梧人。

五陳壽：一字光考朱崖舊事；一字光孝，宜春人；一字永祚作三國志者；一字季異臨海人；一博陽侯陳鼻孫漢年表。葉續一。

三陳元：一字長孫東漢，一無行西漢仇覽傳，一河陽侯陳涓孫西漢年表。葉續一。

三陳軫：一戰國時，一晉廣陵侯，一晉賊。

二陳勝：一前漢，字涉；一字仲雅出豫章記。

二陳咸：一前漢陳萬年子，一沛郡講禮者出王莽傳。

二陳元方：一魏初時人，一晉徐邈舅。

三趙良：一譏商鞅因景監見，趙良爲之寒心；一史記商鞅傳；一漢長沙王引爲省事。

三趙括：一襄子；一奢之子；一晉人，與齊同時。

二趙嬰：一襄子，一秦五大夫。

六伯夷：前有三，今一郄伯夷抱朴子登涉篇，一武德中竹伯夷彈琵琶段安節琵琶録，一杜子美隸人詩集課伐木篇。葉續三。

四王充：前有二，今苻堅中山太守載記；一唐王世充，避太宗諱。葉續二。

古今同姓名録卷下

梁元帝撰，唐陸善經續，元葉森補

二虞舜：一虞氏有重華，一東觀漢記。

二虞預：一字叔寧，一江東東陽人。

二虞丘壽王按：漢書作「吾丘」，此作「虞丘」，又作「吴丘」，蓋古「吾」、「虞」、「吴」三字通：一西漢辨鼎者；一别有吴丘説，非趙人。

二壽夢：一吴王，一越大夫。

二秦政按：録中稱虞舜周昌秦政皆以國號爲姓，非：一始皇，一韓非子所爲死水者。

二鬷蔑：一春秋晉人，一齊崔杼所殺。

三邵平：一秦東陵侯；一晉末人；一齊相，史記劉肥傳。葉附一。又按：史記索隱云東陵人邵平與東陵侯邵平，及此邵平皆似别人也。

三孔子：一字仲尼，二皆鄭穆公之子按：穆公子一子孔，一士子孔，此作「孔子」，誤。

二孔文子：一見左傳，一晉奉車都尉。

二孔安國：一漢人，注論語者；一晉餘不亭侯孔愉子。

二侯霸：一王莽選用能吏；一後漢，字君房。

二姬滿：一周穆王，一王孫滿。

二郝隆：一劉歆校書；一晉人，曬腹中書者。

二臧鴻：一太保屬吏王莽傳，一後漢人。

二荀爽：一漢左將軍，擊朝鮮縛楊僕者；一後漢，字慈明。

二江革：一後漢，有孝行；一字休映南史梁朝。

二藺相如：一戰國；一蜀人，殺劉季連者。

二宇文豆羅突：一後周衛剌王直小字，一趙僭王小字。

二于吉：一北海人，就帛公得素書者神仙傳；一吴孫策慊惑衆殺之，後見頭於鏡中者。

二范曄案：下所引共有三人，「二」當作「三」：一後漢良吏；一字蔚宗；一福建人，爲王審知兄王潮攻滅者五代史。葉附一。按：五代史閩世家王潮所擊殺者范暉，原本蓋誤以「暉」爲「曄」耳。

二吕才：一吴人；一唐初，善陰陽。

二公孫臣：一春秋時殺甯喜，一前漢人。

二屠擊：一晉人，一鄭人左氏傳。

二費長房：一勸桓景登高者，一隋時修道書者。

二石苞：一晉石崇父，一石虎父。

二刁大倫：一名協，嘲韓盧者；一桓温司馬。

二秋胡：一晉人，戲妻者；一西京人，傳尚書，善古隸。

二扶生：一漢書年表，一僞秦苻生按：「扶」、「苻」不同，未免牽合。

二閎孺：一孝惠倖臣，一漢廣陵人出風俗通。

二淳于長：一西漢佞幸傳定陵侯，一清平傳孔融集。

二梁統：一字佐時，太原人；一後漢人。

二毛遂：一平原君客，一落井者。

二計子訓：一薊子訓，仙人也按：「薊子訓」與「計子訓」不同，未免牽合；一與范曄同傳。

三柴武：一西漢將，一撰賦晉諸注之序，一孫權將。

二龔遂：一前漢；一後漢九江太守，字巨卿。

二丁固：一季布同母弟；一吳司空，夢腹上生松者。

二霍光：一漢大將軍；一字德兒，沛郡相，建安六年中計吏。

二顧愷之：一晉人，字長康；一宋將軍，字伯虎晉陽秋。

三許由按：下所引「遊」、「攸」與「由」不同，未免牽合：一堯讓位者；一名遊，晉人；一名攸，袁紹時人。

二程鄭：一晉人左傳，一西漢人。

四顔回：一孔子弟子，一晉羌帥晉陽秋，一孟獻子嬖臣説苑，一許暹字。葉附二。

二竇憲：一和帝舅，勒功燕然山者；一字房儲，爲洛陽令者。

六胡廣：一後漢，字伯始；一高貴鄉公黄門郎；一晉人，字恭祖；一晉大中大夫成紀子；

一薦周續之者；一開府故吏晉起居注。

二蕭云：一前漢，一後漢。

四馬武：一光武將；一晉殿中監傳氏奏事；一晉都水使，舉戴洋者晉戴洋傳；一張昌將晉張昌傳。葉附二。

三宋宏：一王莽時并州牧，一字仲子東漢，一太保見孔融集。

五戴良：一後漢人；一吳萊州刺史士燮傳；一桓嶠諮議；一晉臨川太守，上章賀成帝加元服失旨者起居注；一戴淵弟之子，房州刺史，晉人。

六任安：一東漢人儒林傳；一晉大夫；一慕容皝鴻臚載記；一蜀志；一監北軍使者，以戾太子事受節，懷二心，要斬之西漢劉屈氂傳；一宋宣和時畫院人出畫繼。葉附二。

二陳仲弓：一漢陳寔字；一齊於陵子，字子終按：「子終」非「仲弓」，未免牽合。

二孫綽：一吳人孫暠之子吳志；一晉人，字興公。

二裴寬：一後周沔州刺史，友悌著名；一唐尚書韋詵婿，號碧鸛雀者。

二崔豹：一作古今注者，一燕人載記。

二崔林：一魏司空，字德儒，三公封侯始此；一名琳，唐三戟崔家按：「琳」與「林」不同，未免牽合。

二崔浩：一字伯淵，後魏明帝祭酒；一名顥，唐詩人按：「崔顥」與「崔浩」不同，未免牽合。

二雷義：一得人償珠，拒云：「非我，同姓名者。」

二雷次宗：一義之字，一建昌人。

二董宣：一漢强項令，一晉惠帝謁者僕射。

三董仲舒：一漢大儒；一後周時，對「貂蟬出自兜鍪」者；一後魏術人。俱云董仲。

二何無忌：一甘卓主簿三國志，一宋初功臣南史。

二何點：一蜀李班司馬載記，一南齊書。

二朱買臣：一漢人，五十當富貴者；一梁元帝時人。

二朱博：一漢御史，一秦國内史載記。

二田光：一燕太子丹時，一田悦傳。

二田文：一孟嘗君；一韋賢、丙吉時，同爲相森按：史記云「有善相工田文」，云「韋、魏、丙三君皆丞相也」。此乃相工，非與同爲相。

二桓景：一晉桓彝父，一費長房弟子。

三桓彝：一吴尚書，字義則；一桓温父，字茂倫；一吴侍中，李仁對程、庾二侍郎詞。

二韋曜：一吴人，字宏嗣按：韋曜本名韋昭，三國志因避晉文帝諱而改作「曜」。此與唐韋曜並列，蓋考之未審也；一唐安樂公主婿。

二韋悰：一貞觀中左丞，一宣宗宰相按：新唐書宣宗宰相乃韋琮，此作「悰」，誤。

二郭槐：一名淮，字伯濟，魏人；一賈充妻。

三郭泰：一字林宗，一黄巾賊帥，一出劉文靈傳。

四郭文：一見王朗傳；一晉遼妻議按：此句疑有脱誤，晉書衹載隱逸傳一郭文；一晉隱士；一吕光臣，騂馬令。

二夏育：一古勇士，一後漢人。

二夏侯亶：一字甫興，晉人，兄弟相代爲荆州牧；一字世龍，梁人，家貧，好蓄妓樂。

二嚴延年：一漢酷吏，一字長孫。

二嚴武：一吴人，字子卿，善棋；一唐嚴挺之子。

二成公綏：一晉人，字士安作嘯賦；一慕容超時載記。

二成濟：一害高貴鄉公者；一張仲華時，伏劍死。

二蔡澤：一秦相，一字伯洞林陽先賢傳。

二蔡邕：一字伯喈，一出異苑。

三杜鄴：一與杜欽同字，一又欽子業，一漢昭帝建平敬侯杜延年孫名業。葉附一。按：「業」與「鄴」不同，未免牽合。

二杜子夏：一杜林字，一杜欽字。並後漢人按：二子夏皆前漢時人，此云「後漢」，誤。

三謝安：一質帝時平都故吏下卒人封平鄉侯；一東觀漢記；一晉太傅，字安石。

二謝沉：一作後漢書者；一字道昭，朓再從兄。

二謝鯤：一折屐齒者按：晉書列傳謝鯤係鄰女投梭折齒者，其過户限而折屐齒乃謝安也。且下「謝琨」亦非「鯤」，未免牽合；一名琨，宋人。

二賈捐之：一字君房，一爲駙馬東漢。

二賈謨：一晉江右平陽人；一江左武國人，字德範。
三賈充：一前漢藝文志；一更始將；一晉人，字公閭。
二高宮：一高句麗王，一王宮之孫生而張目，時以爲神，因名之曰宮。
二高柔：一三國魏人，一王蒙仲祖時人。
二高云：一西秦時，僭改元正始；一唐人，畫仕女上品。
二高益：一晉末，殺慕容泓；一唐天寶年，作花萼賦。
二尹賞：一西漢酷吏，一蜀太守。
二尹敏：一後漢不識讖者，一晉率更令。
二吴廣：一趙武靈王后父出列女傳，一西漢陳勝傳。
三吴漢：一光武將，一趙王舅束晳家傳，一魏史乞伏傳。
二吴良：一後漢，字太儀；一後漢，名梁，字伯卿。
三吴質：一字季重魏人，一漢陰人建安六年計吏，一仙人。葉附一。
三徐偃：一徐偃王，無骨者春秋；一西漢博士；一松兹侯徐厲子按：前漢書作「祝兹侯」，此云「松兹侯」，誤，景帝中六年嗣侯。葉附一。
二徐陵：一吴後主時，與陶璿討郭馬者；一字孝穆南史。
三徐邈：一魏人，畫魚致獺者續齊諧記；一晉王彌將，一晉人。

二徐衍：一負石入海者出莊子，一東漢宦者。

三徐福：一徐市音福字君房，始皇使求藥者；一上言霍氏者前漢；一字元直即徐庶也，始事游俠，後折節於學魏畧。按：徐庶本姓單名福，改姓名爲徐庶，此直以爲「徐福」，亦考之未審。

三徐幹：一東漢平清人，字叔堅班超傳；一魏人，字偉長；一字彦直，晉益州刺史。

三韓朋：一陳軫同時，一巧士別録小記，一出齊世家或名憑。

二韓安國：一漢御史大夫，一漢定襄太守馮奉世傳。

二韓終：一仙人，一西漢年表。

二韓信：一淮陰侯，一剖符王潁川者。

三韓嬰：一襄城侯西漢年表，一授韓詩者，一歆之子東漢。葉附一。

二韓博：一薦巨無霸者；一晉人，守武，封刁彝者。

二韓壽：一賈充女與香者，一慕容皝司馬載記。

二韓朗：一後漢韓朗，一晉殿中郎起居注。

二韓晃：一晉將，殺桓彝者；一唐丞相，名滉按：「滉」與「晃」不同，未免牽合。

二韓宏：一唐掌書記制誥，一同時刺史。

五楊雄按：揚子雲以邑爲氏，與「楊」不同，後人以楊修嘗稱修家子雲，遂多有混作「楊」者，此亦沿其悮也：

一字子雲，作太玄、法言；一名熊，秦將，與高祖戰白馬；一隋觀王；一後周華陰人，儻城郡公楊紹子：一魯陽郡公，字元畧北史。葉附二。

二楊敞：一漢人，一晉世曾宜之誘賣敞奴婢起居注。

二楊欣：一晉涼州刺史晉馬隆傳，一羊欣按：「羊欣」與「楊欣」不同，未免牽合。

二楊秉：一後漢，一晉振武將軍。

三楊廣：一晉人字德度，弘農人也，一隗囂將，一隋煬帝。

二楊播：一北齊楊椿兄；一炎之父，唐玄宗徵爲諫議大夫，棄官去。

二趙堯：一西漢御史弄印者按：前漢書周昌傳：「高祖持御史大夫印，美之，曰：『誰可爲御史大夫？』視堯曰：『無以易堯。』趙堯遂爲御史大夫。」今云「西漢御史弄印者」，文義不明，一貢禹時人。

三趙勝：一趙旃子，爲東陽之師左傳襄公二十三年；一平原君；一魏孝文時太史令北史藝術張琛傳。葉附一。

四趙達：一魏校書掾，白徐邈飲酒者；一「吳興八絶」，達算爲一三國吳志；一隋河東人，爲吏甚酷隋酷吏厙狄士文傳；一宋孝宗中書舍人，字莊叔，資川人。葉附二。

三趙咨：一字文楚後漢，一吴使魏者，一字君初傅元傳。

二趙昂：一與平原君同時，一漢御史大夫。

二蘇建：一武之祖，一漢景帝時人。

三蘇章：一西漢，字游卿；一東漢，字士茂；一字孺文。

二蘇峻：一字師珍，一字子高。

五周昌：一周文王，一前漢汾陰悼侯，一謂漢帝爲桀紂主者，一晉太康海西良吏晉起居注，一晉人江州刺史。

五周勃：一前漢絳侯；一字世休，封平亭侯、武元令，陳留人；一東漢荆州刺史；一漢成陰侯，文帝十五年免侯；一吴時山陰宿賊，與黄羅漢聚黨吴董襲傳。葉附一。

三周章：一吴太伯初，一漢項羽傳，一後漢司空。

三周瑜：一好事者；一吴人，字公瑾；一梁列侯周鐵武之子。葉附一。

二周舍：一趙簡子時，一晉臨川丞相舍人。

二周生：一後漢，一晉賣生留人起居注。按：生留未詳，疑有誤。

三魏尚：一陳留人，字仲文；一雲中守馮唐言之漢文帝者；一豫章人，字子崇，官至潯陽太守。

三魏相：一見左傳，一前漢相，一章帝時廷尉東觀漢記。

二魏顆：一左傳，見老人結草者；一諷之弟。

二魏舒：一中行穆子左傳；一字陽元，生南岳魏夫人，爲舅氏宅相者晉書。

二符健按：符健、符融、符熊之姓，從草音蒲，與符姓不同，録中徵引並有誤：一晉載記；一武都氐王，蜀後主時入降。

二符融：一字偉長東漢仇覽傳，一符堅弟陽平公。

二符熊：一符健本名，初父洪族祖建，初生洪夢熊，曰：「可以名吾子。」一字世業，後避名外祖改此。

三孟賁：一古勇士，一後漢順帝常侍，一武帝元朔三年少府百官公卿表。葉附一。

三孟嘗：一田文號；一字伯周，合浦還珠者；一唐李孟嘗，趙州人，封漢東郡公。葉附一。

二孟達：一蜀志，一晉左衛率督。

二孟光：一字孝裕蜀先主時，一梁鴻妻。

二孟昶：一與劉毅伐桓玄者，一五代蜀王。

二孟嘉：一後漢人，一桓温長史。

二袁粲：一晉尚書，一宋司徒。

二袁宏：一字彦伯；一名閎，字夏聃按：「閎」與「宏」不同，未免牽合。

三鄭崇：一西漢；一魏人渾之子；一晉孝武折衝將軍，討姚萇而歿。

二鄭宏：一西漢，字稺卿；一東漢，字巨君。

三鄭衆：一東漢注禮者，一東漢宦者，一晉部曲督。

三鄭茂：一漢武時壺關三老；一南陽人，死，夢婦，云復生，開棺果生感應録。

二曹參：一西漢相，一淮南王謁者。

三曹壽：一漢平陽侯尚武帝姊陽信長公主，一犍爲太守出蔡邕碑，一曹大家婿。

二曹羲：一字伯和，晉相國；一字昭侯，魏將軍爽之弟。

五劉向：一西漢，字子政；一唐人，畫入上品；一菑川懿王六世劇魁侯西漢；一劉植子軍成侯東漢；一齊天保八年於鄴謀逆者北史齊祖紀。葉附三。

四劉晏：一南齊謝朓友；一字士安，唐玄宗時；一廣川惠王子棗强侯；一趙頃王子都鄉侯並西漢。葉附二。

二劉道民：一宋武帝小字，一宋劉穆之小字。

二陸通：一楚狂人；一後周人，字仲明。

二陸賈：一造新語者；一晉新平子吴國陸覬起居注。

二陸機：一吴人，字士衡；一名璣，字元恪，注本草者按：「璣」與「機」不同，未免牽合。

三鄧曼：一左傳，公夫人按：鄧曼係楚子夫人，今作「公夫人」，誤；一後漢桓帝鄧后弟名萬，出天文志。按：「鄧萬」與「鄧曼」不同，未免牽合；一楚武大夫。

二鄧艾：一本范士則家人，有同姓名者因改之；一晉人口吃者按：鄧艾死於魏時，此云晉人，誤。

二鄧攸：一晉人，字伯道；一馬彪戰畧部曲。

二黄霸：一前漢丞相，一晉孝武時議郎。

二黄昌：一前漢會稽人，爲蜀郡守，妻認黑子者；一傅咸爲中丞時，奏中正黄昌負樗蒲錢，免官。

三王羲之：一字逸少；一字仲長，仕符健；一太宰户曹。

二王茂之：一晉侍中；一晉尚書令，字道蔚。

二王阿戎：一王戎小字，一齊王思遠小字。

六王質：一晉人，爛柯者；一字子貢，梁武帝將軍；一字質夫，唐人；一字紹奴北史恩倖傳；一唐人，字華卿文中子五世孫；一宋仁宗天章閣待制，字子野。葉附三。

五王澄：一晉竟陵内史；一字子深，太丘令；一字少游，太原人；一後晉人；一宣州刺史遜之子。

五王清：一梁王進之子；一唐人，樹下得錢者酉陽雜俎；一五代死事傳；一女仙傳，楊欽真之夫；一名青，起兵攻王莽，被矢貫咽後漢張酺傳。葉附三。按：「青」與「清」不同，未免牽合。

五王平：一巴西人，見蜀志字子均；一濟南太守晉起居注；一晉武庫正晉起居注；一漢昭帝廷尉；一宋仁宗御史，字保衡見揮麈録。葉附二。

四王閎：一漢董賢傳；一後漢王景父衛史傳；一晉宗正，河南人；一晉惠帝在東宮時爲太子舍人。

四王度：一隋御史，乃文中子弟也；一五代樞密直學士；一起兵應黄巾者三國程昱傳；一東漢淮陽侯王霸孫，尚顯宗女。葉附二。

四王弼：一注周易、老子；一齊王奐子南史；一晉姚興司徒左長史；一咸陽郡公，尚魏安樂公主北史王盟傳。葉附二。

三王愷：一字君父，與石崇争富；一晉太常卿；一晉安帝吴郡内史。

三王珣：一晉人，夢大筆者；一唐秘書監，兄弟並爲中書舍人，時號三王；一宋真宗時少師。葉附一。

三王通：一太宰晉書；一梁王錫子，字公達南史；一唐人，字仲淹，文中子也。

三王融：一字元長，一字元煦並晉人，一齊王奐長子。

三王長：一後漢張道陵弟子神仙傳；一齊王華孫南史；一後漢卜者，出蔡邕撰光武紫陽宫碑。葉附一。

三王徵：一晉王澄子，字多仁；一字景元，南齊人；一唐右衛騎曹參軍見韓文王適墓志。葉附一。

二王猛：一符堅相；一字世雄，清之子，梁朝人南史。

二王恂：一晉蘭陵令，一晉太康時豫州別駕。

二王隱：一晉録尚書事，一晉蘭臺令。

二王洽：一晉人，一唐人。

二王珉：一洽之子；一唐居西蜀，善黃白術，出逸史。

二王溥：一字伯淮，尚餘姚公主梁簡文帝女；一五代時按：王溥仕宋，至尚書右僕射，此作「五代」，誤。

二王遠：一方平也仙傳；一字景舒，齊人善談，人謂如屏風者。

二王蘊：一字叔仁，晉人；一齊王彧兄子也。

二王銓：一晉王隱父，私録晉事者；一字公衡梁人王琳子。

二王表：一孫權時降神人也，一唐秘書少監。

二王粲：一字仲宣作登樓賦者，一隋王世充父。

二王母：一觴穆天子者穆天子傳；一河北人，帛和見而拜之者神仙傳。

二王方平：一仙人遠字；一王宏之字，隱會稽者南史。

五李云：一漢桓帝白馬令字行祖，一周顯德年間人，一晉僞蜀李雄司徒，一李元忠子北史，一秦太傅璣之子、武安君之兄出唐宰相世系表。葉附三。

五李遠：一後周僕射；一字求古，唐常侍，能賦；一晉僞蜀李特僚屬載記；一宋紹聖間武舉，後取鵶川，作青唐録一卷；一青州人，學李成畫，馳名崇觀間畫繼。葉附三。

四李訓：一唐高宗宗室子見碧落碑；一文宗時講易者；一李修子，號四龍者東觀漢記；一晉僞燕馮跋時工人，竊寶而逃者。葉附二。

四李端：一後魏將軍賢之子；一唐詩人；一蔡賊，爲烏重胤食其妻；一宋開封人畫繼。葉附一。

四李昉：一宋司徒南史；一唐人，善畫；一五代漢李崧族子，爲秘書郎通鑑；一宋太宗時相，名臣。葉附二。

三李密：一西晉，字令伯；一唐邢國公；一字希邕，北齊容城縣侯。葉附一。

三李嚴：一諸葛亮表廢于南中，一唐肅宗相，一五代唐莊宗時使蜀。葉附一。

三李觀：一唐德宗涇原節度；一字元賓，韓文公友；一宋著作郎，以文祭歐陽修母。葉附一。

三李肇：一晉惠帝殿中郎，一唐作國史補者，一五代孟知祥時守利州。葉附一。

三李綱：一後漢岐州刺史；一字文紀，李大亮父也隋上柱國武陽公；一字伯紀，宋高宗宰相。葉附一。

三李稜：一隋時作亂，楊素平之；一唐狀元及第；一梁將，陷魏復歸大同年間人。

二李白：一北魏李方叔子梁郡王；一唐，字太白，謫仙人。

二李昂：一唐文宗，一唐考功員外郎。

二李諶：一唐高宗宗室子見碧落碑，一唐德宗子通王。

二李郃：一漢李固父，安帝司徒；一唐人薦劉蕡者。

二李愿：一唐李晟子，一隱盤谷者。葉森攷之，隱盤谷者即晟之子。

二李嶠：一唐魏王泰孫；一玄宗謂真才子者，字巨山。

二李元禮：一膺字；一唐長安中，堂陽令。

四張仲：一毛詩，張仲孝友；一漢陳平婦父；一晉晉陽令；一張釋之兄前漢。葉附一。

五張昭：一吴太尉，字子布；一見李白貞女碑；一五代吏部尚書；一北魏以軍功進封修武侯；一宋元豐年吏部尚書，獨掌京官七品。葉附三。

三張華：一晉人，字茂先；一南燕，勸慕容德即位；一漢議郎，見蔡邕傳。葉附一。

三張詠：一吴後主東湖太守；一宋吏部尚書，字隱之；一字永之，宋真宗時號乖崖公。葉附一。

二張浩：一後漢司空字叔明；一名顥，得鵲印者按：「張顥」與「張浩」不同，未免牽合。

二張儀：一戰國人；一字文表，陳留人。

二張曜：一北齊人上谷昌平人；宣帝時封都鄉男；一梁時，範之子。

二董卓：一字仲穎，漢賊；一晉張駿都尉。

纂要

按：梁書、南史梁元帝蕭繹本紀不載纂要，後世史志、書目亦未見著録，唯清史稿卷一四五藝文志著録：「梁元帝纂要一卷。」此當是後人輯録之本。初學記、太平御覽等均引梁元帝纂要，太平御覽經史圖書綱目列有「梁元帝纂要」，可知梁元帝蕭繹確有纂要。明清筆記、類書也屢有徵引，明馮復京六家詩名物疏引用書目亦列此書。然此書宋以後似即亡佚。清黄奭黄氏逸書考輯元帝纂要一卷。玉函山房輯佚書經編小學類亦輯梁元帝纂要一卷，并序曰：「纂要一卷，梁元皇帝撰。……南史元帝紀備載帝著作，無纂要之目。隋志『纂要一卷』，題『戴安道，亦云顔延之』，唐志載顔延之纂要六卷。諸書引者，亦多作顔延年。唯徐堅初學記卷引纂要，復引梁元帝纂要。太平御覽因之，凡有五節，體制與諸引顔延年者無異。意顔書本一卷，元帝增之，故爲六卷；徐稱『纂要』者，顔之本書，稱『梁元帝纂要』，帝所續歟？然古無明徵，姑依所引别輯一家，前後比次，亦隱見修續之意云。」今依初學記、太平御覽等重輯該書，無法確定作者者則不録。

纂要云：東西南北曰四方，四方之隅曰四維，天地四方曰六合。天地曰二儀，以人參之曰三才。四方上下謂之宇，往古來今謂之宙，或謂天地爲宇宙。凡天地元氣之所生，天謂之乾，地謂之坤，天圓而色玄，地方而色黄。日月謂之兩曜，五星謂之五緯，五星者，東方歲、南方熒惑、西方太白、北方辰、中央鎮。日月星謂之三辰，亦曰三光，日月五星謂之七曜，天河謂之天漢。亦曰雲漢、星漢、河漢、清漢、銀漢、天津、漢津、淺河、銀河、絳河。

(初學記卷一。今按：宋高似孫撰緯略卷八「天宇」條：「梁元帝纂要曰：『天地四方曰六合，四方上下謂之宇，往古來今謂之宙。』」)

纂要云：日光曰景，星月之光通謂之景。日影曰晷，日氣曰晛，乃見反，詩曰「見晛曰消」，毛傳云：「晛，日氣也。」日初出曰旭，日昕曰晞，大明曰昕，詩曰「匪陽不晞」，晞，乾也，言日昕乾濕物也。日温曰煦。在午曰亭午，在未曰昳。日晚曰旰，日將落曰薄暮。日西落，光反照於東，謂之反景。景在上曰反景，在下曰倒景。日有愛日、畏日、愛，冬日也；畏，夏日也。左傳曰：「冬日可愛，夏日可畏。」遲日。遲，春日也。詩曰：「春日遲遲。」(初學記卷一。今按：明楊慎丹鉛餘録續録卷六「日昃曰映」：「梁元帝纂要云：『日在午曰亭，在未曰映。』」)

纂要云：疾雨曰驟雨，徐雨曰零雨，雨久曰苦雨，亦曰愁霖。晉潘尼、宋伍緝之並作苦雨賦。後漢應瑒，魏文帝，晉傅玄、陸雲、胡濟、袁豹並作愁霖賦。雨晴曰霽，雨而晝晴曰啓；雨水曰潦，雨雲曰渰，詩曰：「有渰凄凄，興雨祁祁。」渰音掩，雲陰貌。亦曰油雲。孟子曰：「油然作雲，霈然下雨。」梅熟而雨曰梅雨，江東呼爲黄梅雨。雨師曰屏翳。亦曰屏號。列仙傳：赤松子，神農時雨師。風俗通云：玄冥爲雨師。(初學記卷二。今按：此以初學記引纂要體例推知，當是梁元帝纂要。又，此亦略見太平御覽卷一〇。)

梁元帝纂要曰：春曰青陽，氣清而温陽。亦曰發生、芳春、青春、陽春、三春、九春。

天曰蒼天。萬物蒼蒼而生。風曰陽風、春風、暄風、柔風、惠風。景曰媚景、和景、韶景。時曰良時、嘉時、芳時。辰曰良辰、嘉辰、芳辰。節曰華節、芳節、良節、嘉節、韶節、淑節。草曰弱草、芳草、芳卉。木曰華木、華樹、芳林、芳樹。林曰茂林。鳥曰陽鳥、時鳥、陽禽、候鳥、時禽、好鳥、好禽。正月孟春，亦曰孟陽、孟陬、上春、初春、開春、發春、獻春、首春、首歲、初歲、開歲、發歲、獻歲、肇歲、芳歲、華歲。二月仲春，亦曰仲陽。三月季春，亦曰暮春、末春、晚春。（初學記卷三。今按：亦略見太平御覽卷一九。）

梁元帝纂要曰：夏曰朱明，氣赤而光明。亦曰長嬴、以征反。朱夏、炎夏、三夏、九夏。天曰昊天。言氣浩汗。風曰炎風。節曰炎節。草曰茂草、雜草。木曰蔚林、茂林、密樹、茂樹。孟夏亦曰維夏、首夏、季夏，亦曰徂暑。徂，往也，言暑始往。（初學記卷三。今按：亦略見太平御覽卷二一。）

梁元帝纂要曰：秋曰白藏，氣白而收藏萬物。亦曰收成，萬物成而收斂。亦曰三秋、九秋、素秋、素商、高商。天曰旻天。旻，湣也，湣萬物之凋零。風曰商風、素風、淒風、高風、涼風、激風、悲風。景曰朗景、澄景、清景。時曰淒辰、霜辰。霜辰可施九月。節曰素節、商節。草曰衰草。木曰疏木、衰林、霜柯、霜條。七月孟秋，亦曰首秋、上秋、肇秋、蘭秋。八月仲秋，亦曰仲商。九月季秋，亦曰暮秋、末秋、暮商、季商、杪秋，亦曰授衣，此時婦功畢，始授衣。亦曰玄月。（初學記卷三。今按：亦略見太平御覽卷二五。）

梁元帝纂要曰：冬曰玄英，氣黑而青英。亦曰安寧，亦曰玄冬、三冬、九冬。天曰上天。言時無事，在上而臨下。風曰寒風、勁風、嚴風、厲風、哀風、陰風。景曰冬景、寒景。時曰寒辰。節曰嚴節。鳥曰寒鳥、寒禽。草曰寒卉、黄草。木曰寒木、寒柯、素木、寒條。十月孟冬，亦曰上冬，亦曰陽月。此時純陰用事，嫌其無陽，故曰陽月。十二月季冬，亦曰暮冬、杪冬、除月、暮節、暮歲、窮稔、窮紀。（初學記卷三。今按：亦略見太平御覽卷二七。）

纂要云：嵩、泰、衡、華、恒，謂之五岳；江、河、淮、濟，謂之四瀆；上、中、下，謂之三壤；山林、川澤、丘陵、墳衍、原隰，爲五土。周禮：大司徒辨五地之物，一曰山林，其動物宜毛物，其植物宜皂物；二曰川澤，其動物宜鱗物，其植物宜膏物；三曰丘陵，其動物宜羽物，其植物宜覈物；四曰墳衍，其動物宜介物，其植物宜莢物；五曰原隰，其動物宜贏物，其植物宜藂物。（初學記卷五。今按：明彭大翼山堂肆考卷一五「三壤」：「梁元帝纂要：『嵩、泰、衡、華、恒謂之五嶽』」云云。）

梁元帝纂要曰：古艷曲有北里、靡靡、激楚、結風、陽阿之曲。又有百戲，起于秦漢，有魚龍蔓延、假作獸以戲。高絙鳳皇、安息五案、並石季龍所作。見鄴中記。都盧尋橦、今之緣竿。見西京記。丸劍、丸一名鈴。見西京記。戲車、山車、興雲、動雷、見李尤長樂觀賦。跟掛、腹旋、並緣竿所作。見傅玄西都賦。吞刀、履索、吐火、見西京賦。激水、轉石、嗽霧、扛鼎、並見李尤長樂觀及傅玄西都賦。象人、見漢書。韋昭曰：今之假面。怪獸、含利之戲。並見西京賦。（初學記卷一五。今按：亦見太平御覽卷五六九，略見宋陳暘樂書卷一六一。）

梁元帝纂要曰：齊歌曰謳，吳歌曰歈，楚歌曰艷，淫歌曰哇。又有清歌、高歌、安歌、緩歌、長歌、浩歌、雅歌、酣歌、怨歌、勞歌。韓詩曰：「饑者歌食，勞者歌事。」振旅而歌曰凱歌，堂上奏樂而歌曰登歌，亦曰升歌。古之善歌者有咸黑、帝嚳歌者。見呂氏春秋。秦青、薛談、秦青弟子。韓娥、齊人。三人見列子。王豹、處於淇而河西善謳。綿駒、處高唐而齊右善歌。瓠梁、見淮南子。魯人虞公、見劉向別録。李延年。見漢書。古歌曲有陽陵、白露、朝日、魚麗、白水、白雲、江南、陽春、淮南、駕辯、淥水、陽阿、采菱、下里巴人。並見襄陽者舊傳及梁元帝纂要。（初學記卷一五。今按：太平御覽卷五七三引作古樂志。）

梁元帝纂要曰：古琴名有清角、黄帝之琴。鳴廉、脩況、籃脅、號鐘、自鳴、空中、號鐘，齊桓公琴。繞梁、楚莊王琴。緑綺、司馬相如琴。燋尾、蔡邕琴。鳳皇。趙飛燕琴。古之善鼓琴者有匏巴、師文、師襄、並見列子。師襄亦見家語，孔子師之。韓詩爲師堂子。成連、伯牙、方子春、鍾子期。並見琴操。漢有渤海趙定、梁國龍德。見劉向別録（初學記卷一六）

纂要曰：應鼓曰鞞鼓，亦曰輮鼓。輮音胤，亦曰田鼓。胤者，引也，言先擊鼓以引大鼓也。又見三禮圖。樂之所成曰鞉鼓。一作鼗，音逃，見毛詩。大鼗謂之麻，小鼗謂之料，徒擊鼓謂之咢。見爾雅。又有鼉鼓、見毛詩。又司馬相如上林賦曰：「建靈鼉之鼓。」鷺鼓、鶴鼓、毛詩曰：「振振鷺，鷺于飛，鼓咽咽。」又曰：鷺者，鼓精也。古今樂録及吴録曰：吴王夫差移於建康之宫。南門有雙鶴，從鼓中而飛，上入雲中。玉鼓、見春秋緯。布鼓、見西漢書王遵傳。銅鼓、見馬援傳。石鼓、見鄧德明南康記。聖鼓、王韶之始興記曰：秦鑿楊山，桂楊縣閣下鼓便自奔逸。息於臨武，遂之始興、洛陽，遂名聖鼓。今臨武有聖鼓城。節鼓、傅玄有節鼓賦。鞉料鼓。樂録曰：「鼗如鼓而小，執其柄搖，其耳傍邊自相擊而鳴。」爾雅曰：「小鞉曰料。」今併而稱之。馬上之鼓曰提鼓，見周禮，有木可提執。施於朝曰登聞鼓，堯置敢諫鼓，即此也。施於府寺曰朝晡鼓，在村墅曰枹鼓，枹一作桴，音俘，謂擊鼓物。在邊徼曰警鼓。（初學記卷一六。今按：以初學記引纂要體例推知，當是梁元帝纂要。亦略見白孔六帖卷六二。）

梁元帝纂文云：「辮華，文麗也。」（明楊慎升菴集卷五二「辮華」。今按：此條雖標爲「梁元帝纂要」，然不類上文所引梁元帝纂要，存疑。）

梁元帝纂要：花信曰鵞兒。木蘭、李花、楊花、榿花、桐花、金櫻、黄芀、楝花、荷花、檳榔、蔓羅、菱花、木槿、桂花、蘆花、蘭花、蓼花、桃花、枇杷、梅花、水仙、山茶、瑞香，然難以配四時，蓋通一歲言也。（明徐應秋玉芝堂談薈卷一九「花信風」條。今按：此條雖明標爲「梁元帝纂要」，然與上文所引不類，似非梁元帝纂要。）

詩評

按：日僧遍照金剛文鏡秘府論南卷論文意引王昌齡詩格云：「故梁朝湘東王詩評曰：『作詩不對，本是吼文，不名爲詩。』」盧盛江彙校彙考引王晉光文鏡秘府論探源曰：「論文意作者尚能看到原書，則詩評至唐仍可見。藤原佐世日本國見在書目録收録詩品三卷，詩評六卷，三卷本大概是鍾嶸所著，六卷本詩評不知是否即梁元帝原作。若是，則蕭繹體制似大於鍾嶸。……説從論文意的引文看，湘東王很著重詩文的對偶格律，這正與他的精雕細琢的作風一致。……説『湘東王』，不説『梁元帝』，詩評自是蕭繹較早時期所作。」

作詩不對，本是吼文，不名爲詩。

孫子兵法注

按：長短經卷九引孫子、通典卷一五一、一六〇引孫子，下均有蕭世誠注，則蕭繹亦曾爲孫子作過注解。

春丙丁，夏戊己，秋壬癸，冬甲乙：此日有疾風猛雨也。吾勘太乙中有飛鳥十，精知風雨期，五子元運式。各候其時，可用火，故曰「以火佐攻者明」。（長短經卷九引孫子水火第九：「五曰火燧。行火必有因，煙火素具。發火有時，起火有日。時者，天之燥也；日者，宿在箕、壁、參、軫也。凡此四宿者，風起之日。」蕭世誠云云。亦見通典卷一六〇）

言敵使人來候我，我佯不知，而示以虛事，前卻期會，使歸相語，故曰反間也。（通典卷一五一兵四引孫子曰：「反間者，因其敵間而用之者也。」原注引蕭世誠云云。）

所獲敵人及已叛亡軍士有重罪繫者，故爲貸免，相敕勿泄，佯不秘密，令敵間竊聞之。吾因縱之使亡，亡必歸。敵必信焉，往必死，故曰死間。（通典卷一五一兵四引孫子曰：「死間者，爲誑事於外，令吾間知之，而待於敵間者也。」原注引蕭世誠云云。）

忠臣傳

按：初學記卷二一引梁元帝忠臣傳云云。

劉弘，沛國人也。弘寓居洛陽，與晉武帝同年，少同硯書。

孝德傳

按：金樓子著書篇：「孝德傳三袟三十卷。金樓合衆家孝子傳成此。」梁書卷五元帝紀、南史卷八梁本紀元帝並著録：「孝德傳三十卷。」隋書卷三三經籍志著録：「孝德傳三十卷，梁元帝撰。」今孝德傳略有殘存。孝德傳序、孝德傳皇王篇贊、孝德傳天性篇贊、天性篇贊，前已注。又，有繆斐、張楷、陽雍三人事存。

繆斐字文雅，東海蘭陵人。世亂，將家避地海濱。不以遁世爲悶，不以窮居爲傷，浣衣濯冠，以俟絶氣。（太平御覽卷五一〇引梁蕭繹孝德傳曰云云。）

張楷字公超，河南人也。至孝自然，喪親哀毁，每讀詩見素冠「棘人」，未嘗不掩泗焉。（太平御覽卷六一六引孝德傳曰云云。）

魏陽雍，河南洛陽人。兄弟六人，以傭賣爲業。公少修孝敬，達於遐邇。父母殁，葬禮畢，長慕追思，不勝心目。乃賣田宅，北徙絶水漿處大道峻阪下爲居。晨夜韋水，將給行旅，兼補履屩，不受其直，如是累年不懈。天神化爲書生，問曰：「何故不種菜以給？」答曰：「無種。」乃與之數升。公大喜，種之，其本化爲白璧，餘爲錢。書生復曰：「何不求婦？」答曰：「年老，無肯者。」書生曰：「求名家女，必得之。」有徐氏，右北平著姓，女有名行，多求不許，乃試求之。徐氏笑之，以爲狂僻，然聞其好善，戲笑媒曰：「得白璧一雙、錢百萬者，與婚。」公即具送。徐氏大愕，遂以妻之。生十男，皆令德俊異，位至卿相。今右北平諸陽，其後也。（原注：出孝德傳）（見太平廣記卷二九二。）

研神記

按：金樓子著書篇：「研神記一袠一卷。金樓自爲序，付劉穀纂次。」此書梁書卷五元帝紀、南史卷八梁本紀元帝無著録。隋書卷三三經籍志：「研神記十卷，蕭繹撰。」日本國見在書目録：「研神記一卷，梁湘東王撰。」又，唐呂温呂衡州集卷二有上官昭容書樓歌，其序云：「貞元十四年，友人崔仁亮於東都買得研神記一卷，有昭容列名書縫處，因用感歎而作是歌。」歌曰：「君不見，洛陽南市賣書肆，有人買得研神記。紙上香多蠹不成，昭容題處猶分明，令人惆悵難爲情。」唐釋道宣律相感通傳：「搜神、研神、冥祥、冥報、旌異、述異、志怪、録幽，曾經閲之。」

秦時神人移來鎮此。（元潛説友咸淳臨安志卷二五：「華石山，在縣西二里，高二十五丈，有洞穴在水中，深不可測。按研神記」云云。）

吴興山墟，名曰臨安匡瞻山，青松蓋嶺，餘無雜木，望之可愛，時人呼爲安國山。（元潛説友咸淳臨安志卷二五：「安國山，在縣北二里，高七十丈，周二十五里，本名曰匡山。按梁孝元帝研神記」云云。）

荆南志

按：金樓子著書篇：「荆南志一袟二卷。金樓自撰。」梁書卷五梁元帝紀著録「荆南志一卷」，南史卷八梁本紀元帝著録「荆南地記一卷」，隋書卷三三經籍志著録：「荆南地志二卷，蕭世誠撰。」

莊王墓在江陵西三十里，周迴四百步，前後陪葬數十家，皆自爲行列也。（唐余知古渚宫舊事卷二周代中「莊王無子愛幸樊姬」下小注：「荆南志」云云。）

昔齊荆州城東天井出錦，于時士女取用，如人中錦不異，經月乃歇，故知華出，不足可怪。（法苑珠林卷二二引，原文小注：「見吳均齊春秋、蕭誠荆南志説。」）

山出雲母，土人採之，先候雲所出之處，於下掘取，無不獲。往往有長五尺者，可以爲屏風。當掘之時，忌有聲響，則所得粗惡。（太平寰宇記卷一一三「方臺山」引蕭誠荆南志云云。亦見太平御覽卷四九引蕭誠荆南志。今按：蕭繹字世誠，此云蕭誠，蓋唐時避諱删「世」字。）

此州北江呼爲薔薇江，始自梅槐，下迄燕尾，上有奉城，故江津長所居。（太平寰宇記卷一四六「枚迴洲」引荆南志云云。）

翠澤平晶，水陸瀰曠，芰荷殷生，麟羽滋阜。湖南林野清曠，可以棲託，故徵士宗炳昔常家焉。北有小水，自湖通江，謂之曾口。（太平寰宇記卷一四六「高沙湖」引荆南志云云。亦見太平御覽卷六六引荆南志云云。）

昔湖側有土人張被五葉同居，因以爲名。（太平寰宇記卷一四六「五葉湖」引荆南志云云。）

縣界内洲大小凡三十七，其十九有人居，十八無人。（太平寰宇記卷一四六「百里洲」引荆南志云云。亦見太平御覽卷六九引荆南志。）

巴人復遁而歸，因有巴復村，在山北，故曰巴山也。（太平寰宇記卷一四六「巴山」引荆南志云云。亦見方輿勝覽卷二七江陵府「巴山」條引荆南志。）

荆潭以上爲澨水，荆潭以下爲漕水。（太平寰宇記卷一四六「澨水」引荆南志云云。）

楚地以北山東有層臺。昔楚莊王築之，延袤百里，砥石千里。時有諸卿士諫王，王從而毁也。（太平寰宇記卷一四六「層臺」引荆南志云云。）

石首縣陽岐山，山無所出，不足可書。本屬南平界。（太平御覽卷四九引荆南記）

晉永康元年，巴陵顯安寺僧房牀下忽生一樹，隨發隨生，如是非一，樹生愈疾，咸共異之。置而不剪，旬日之間，植柯極棟，遂移房避之。自爾已後，樹長便遲，但極晚秀，夏中方有花葉，杖（今按：續高僧傳作「秋」，或是。）落與衆木不殊。多歷年稔，人莫識也。後，外國僧見之，攀而流涕曰：「此娑羅樹也，佛處其下涅盤。吾思本事，所以泣耳。」而花開細白，不足觀採。元嘉十一年，忽生一花，形色如芙蓉樹。今見在此，亦一方之奇迹也。（天中記卷五一引，原文小注：「荆南記、續高僧。」）

錦帶書十二月啓

按：此書作者有争議。直齋書録解題卷六：「錦帶一卷，梁元帝撰。比事儷語，若法帖中章草、月儀之類也。」四庫全書總目提要卷一三七子部：「錦帶一卷。舊本題梁昭明太子蕭統撰。陳振孫書録解題又云：『梁元帝撰。比事儷語，在法帖中章草、月儀之類。』詳其每篇自敘之詞，皆山林之語，非帝胄所宜言。且詞氣不類六朝，亦復不類唐格，疑宋人案月令集爲駢句，以備箋啓之用，後來附會，題爲統作耳。今刻本昭明集中亦有之，題曰十二月啓。然昭明集乃後人所輯，非其原本，未可據以爲信也。」同書卷一四八昭明太子集云：「又錦帶書十二月啓亦不類齊、梁文體。其姑洗三月啓中有『啼鶯出谷，争傳求友之聲』句，考唐人試鶯出谷詩，李綽尚書故實譏其事無所出。使昭明先有此啓，綽豈不見乎？是亦作僞之明證也。」今姑從昭明太子集（四庫全書本）中輯出以備考。

太簇正月

伏以北斗周天，送玄冥之故節；東風拂地，啓青陽之芳辰。梅花舒兩歲之裝，柏葉泛三玄之酒。飄飄餘雪，入簫管以成歌；皎潔輕水，對蟾光而寫鏡。想足下神遊書帳，性縱琴堂，談叢發流水之源，筆陣引崩雲之勢。昔時文會，長思風月之交；今日言離，永嘆參商之隔。但某執鞭賤品，耕鑿庸流，沉形南畝之間，滯迹東皋之上。長懷盛德，聊吐愚衷。謹憑黄耳之傳，佇望白雲之信。

夾鍾二月

伏以節應佳辰，時登令月。和風拂逈，淑氣浮空。走野馬於桃源，飛少女於李徑。花明麗月，光浮竇氏之機；鳥哢芳園，韻響王喬之管。敬想足下，優游泉石。放曠煙霞，尋五柳之先生；琴尊雅興，謁孤松之君子。鸞鳳騰翩，誠萬世之良規，實百年之令範。但某蓆户幽人，蓬門下客。三冬勤學，慕方朔之雄才；萬卷長披，習鄭玄之逸氣。既而風塵頓隔，仁智並乖。非無衰侶之憂，誠有離群之恨。謹伸數字，用寫寸誠。

姑洗三月

伏以景逼徂春，時臨變節。啼鶯出谷，争傳求友之音；翔蘂飛林，競散佳人之靨。魚游碧沼，疑呈遠道之書；燕語雕梁，恍對幽閨之語。鶴帶雲而成蓋，遥籠大夫之松；虹跨澗以成橋，遠現美人之影。對兹節物，寧不依然。敬想足下，聲馳海内，名播雲間。持郭璞之毫鸞，詞場月白；吞羅含之彩鳳，辯囿日新。某山北逸人，墙東隱士。龍門退水，望冠冕以何年；鷁路頽風，想簪纓於幾載。既違語嘿，且阻江湖。

聊寄八行之書，代申千里之契。

中吕四月

節届朱明，晷鍾丹陸。依依聳蓋，俱臨帝女之桑；鬱鬱丹城，並挂陶潛之柳。梅風拂户牖之内，麥氣擁宫闕之前。敬想足下，聲聞九皋，詩成七步。涵蚌胎於學海，卓爾超群；蘊抵鵲於文山，儼然孤秀。但某窮途異縣，岐路他鄉，非無阮籍之悲，誠有楊朱之泣。每遇秋風振響，鶉鷩子夏之衣；夜月流輝，鵲繞將軍之樹。既乖連璧之契，終隔斷金之情。中心藏之，卑誠至矣。今因去燕，聊寄芻蕘；如遇回鱗，希垂金玉。

蕤賓五月

麥隴移秋，桑律漸暮。蓮花泛水，艷如越女之腮；蘋葉漂風，影亂秦臺之鏡。炎風以之扇户，暑氣於是盈樓。涷雨洗梅樹之中，火雲燒桂林之上。敬想足下，追凉竹徑，托蔭松間。彈伯牙之素琴，酌嵇康之緑酒，縱横流水，酩酊頹山。實君子之佳游，乃王孫之雅事。某沉痾漳浦，卧病泉山。頓懷劉幹之勞，鎮抱相如之渴。是知枯榮莫測，生死難量，驗風燭之不停，如水泡之易滅。聊申嫩札，以代勞人。佇覩芳詞，希垂愈疾。

林鍾六月

三伏漸終，九夏將謝。螢飛腐草，光浮帳裏之書；蟬噪繁柯，影入機中之鬌。濯枝遷而潦溢，芳槿茂而發榮。山土焦而流金，海水沸而漂礫。敬想足下，藏形月府，遁跡冰牀。披莊子之七篇，逍遥物外；玩老聃之兩卷，恍惚懷中。但某白社狂人，青緗末學，不從州縣之職，聊立松篁之間。時假德以爲鄰，或借書而取友。三千年之獨鶴，暫逐雞群；九萬里之孤鵬，權潛燕侶。既非得意，正可忘言。諸不具伸，應俟面會。

夷則七月

素商驚辰，白藏届節。金風曉振，偏傷征客之心；玉露夜凝，直泫仙人之掌。桂吐花於小山之上，梨翻葉於大谷之中。故知節物變衰，草木摇落。敬想足下，時稱獨步，世號無雙。萬頃澄波，黄叔度之器量；千尋聳幹，嵇中散之楷模。但某一介庸才,三隅頑學。懷經問道,不遇披雲;負笈尋師,罕逢見日。俛仰興嘆,形影自憐。不知龍前,不知龍後。鸞鵬雖異,風月是同。幸矣擇交,希垂影拂。

南吕八月

一嘆分飛,三秋限隔。遐思盛德,將何以伸。白雲斷而音信稀,青山暝而江湖遠。敬想足下,羽儀勝睠,領袖嘉賓。傾玉醅於風前,弄瓊駒於月下。但某登山失路,涉海迷津。聞猿嘯而寸寸斷腸,聽鳥聲而雙雙下淚。當以黄花笑冷,白羽悲秋。既傳蘇子之書,更泛陶公之酌。聊因三鳥,畧敘二難,面會取書,不能盡述。或叨鳳念,不黜魚緘。

無射九月

宿昔親朋,平生益友,不謂窮通有分,雲雨將乖。既深伐木之聲,更問采葵之詠。屬以重陽變敘,節景窮秋。霜抱樹而擁柯,風拂林而下葉。金堤翠柳,帶星采而均調;紫塞蒼鴻,追風光而結陣。敬想足下,秀標東箭,價重南金,才過呑鳥之聲,德邁懷蛟之智。但某衡門賤士,甕牖微生。既無白馬之談,且乏碧雞之辯。嘆分飛之有處，嗟會面以無期。聊伸布服之言，用述併糧之志。

應鍾十月

節届玄靈，鍾應陰律。愁雲拂岫，帶枯葉以飄空；朔氣浮川，映危樓而疊迥。胡風起截耳之凍，趙日興曝背之思。敬想足下，山嶽鍾神，星辰挺秀。潛明晦跡，隱於朝市之間；縱法化人，不混鄉閭之下。某陋巷孤遊，穿牆自活。終朝息爨，若孔子之爲貧；竟日停炊，如范生之在職。牛衣當被，畏見王章；犢鼻親操，恐逢犬子。雖此慚賤，而不羞貧。綺服有時，此言何述。

黄鍾十一月

日往月來，灰移火變。暫乖語墨，頓隔秦吳。既傳蘇李之書，更共范張之志。冷風盛而結鼻，寒氣切而凝脣。虹入漢而藏形，鶴臨橋而送語。彤雲垂四面之葉，玉雪開六出之花。敬想足下，世號冰壺，時稱武庫。命長袂而留客，施大被以招賢。酌醇酒而據切骨之寒，温獸炭而袪透心之冷。某携戈日久，荷戟年深。揮白刃而萬定死生，引虹旗而千決成敗。退龍劍而却步，月下開營；進鯨鼓而横行，雲前起陣。徒勞斬斫，豈用功勳。諸不具陳，謹伸微意。

大呂十二月

分手未遥，翹心且積。引領企踵，朝夕不忘。眷友思仁，行坐未捨。既屬嚴風極冷，苦霧添寒。冰堅漢地之池，雪積袁安之宅。敬想足下，棲神鶴駕，眷想龍門，披玩之間，願無捐德。某種瓜賤士，賣餅貧生。入爨竈以揚聲，不逢蔡子；駕鹽車而顯跡，罕遇孫陽。徒懷叩角之心，終想暴腮之患。既爲久要，聊吐短章，紙盡墨窮，何能懇露。

職貢圖題記

按：梁元帝蕭繹有職貢圖，今存職貢圖序及贊。現南京博物館藏職貢圖殘卷一幅，自右至左依次爲滑國、波斯、百濟、龜兹、倭國、狼牙修、鄧至、周古柯、呵跋檀、胡密丹、白題、末國十二國使者畫像。每位使者身後，有題記，述其國名、方位、風土人情及與朝貢情況。然倭國題記只存前半，後半屬宕昌國，而宕昌國使者像已逸。題記文字雖多有漫漶，但大部分仍可辨識，内容與梁書諸夷傳西北諸戎相似，「表明兩者有相同的資料依據」（余太山兩漢魏晉南北朝正史西域傳研究梁書西北諸戎傳與梁職貢圖)。此圖「狼牙修國使」題記中「恒」「胤」均缺末筆，顯避趙宋諱，頗疑其臨摹於宋代，是否爲蕭繹職貢圖摹本，尚有争議。今輯其題記，并略加整理。

(前缺)有功，勇與□□□部索虜入居桑乾，滑爲小國，屬芮芮。齊時始走莫獻而居，後强大，征其旁國，破波斯、槃槃、罽賓、烏纏、龜兹、疏勒、于闐、勾般等國，開地千里。其土温暖，多山川，少林木，有五穀。國人以麪及羊肉爲糧。獸有師子、兩腳駱駞，野驢有角。人善騎射，着小袖長身袍，金玉爲絡帶，如人被衺。頭上刻木爲角，長六尺，金銀飾之。少女子，兄弟共妻。無城郭，氈屋爲居，東向開户。其王坐金牀，隨太歲轉，與妻並坐接賓客。無職官。無文字，以木爲契，刻之約物數。與旁國通，則使旁國□爲□書，羊皮爲紙。無職官。所降小國，使其王爲□□。事天神，每日則出户祀神而後食。其跪一拜而止，止即嗚其王手足，賤者嗚王□□。以木爲槨。父母死，子截一耳，葬已即去。魏晉以來不□中國。□監十五年，國王姓厭帶名夷栗陁始，使蒲多達□□延賓□□名纈杯。普通元年，又遣富何了了獻黄師子、白貂裘、波斯□□子錦；王妻□□亦遣使康符真同貢物。其使人搴頭剪髮，著波斯錦褶□錦袴、朱麋皮長壅鞾。其語言則河南人重譯而通焉。

波斯國使

波斯，蓋波斯匿王之後也，王子祇陁之子孫，以王父字爲氏，因爲國稱。釋道安西域諸國志：揵陁，越西西海中有安息國、揵陁、越南、波斯、陁國、波羅。陁國西有波羅斯國，城周回三十二里，高四丈，皆築土爲基，城門皆有樓觀。城内屋宇數百間，城外有寺二三百。西十五里有土山，湧泉下流向南。山中有鷲鳥噉羊，時時下地銜羊而去，土人患之。有優鉢曇花。出龍駒馬。别有鹹池，生珊瑚、馬腦、虎魄、真珠、玫瑰等寶，土人不甚珎。交易用金銀，婚禮以金帛、奴婢、牛馬等。以四匹馬爲轝、五彩爲蓋迎婦，兄弟把手付度。國東萬五千里滑國，西萬里極婆羅門國，南萬里有叉婆羅門國，北萬里即沉壈國。大通二年遣使至安□越奉表獻佛牙。

百濟國使

百濟，舊來夷馬韓之屬。晉末，駒驪畧有遼東、樂浪，亦有遼西晉平縣。自晉已來，常修蕃貢。義熙中，其王餘腆；宋元嘉中，其王餘毗；齊永明中，其王餘太：皆受中國官爵。梁初以太爲正東將軍，尋爲高句驪所破。普通二年，其王餘隆遣使奉表，云累破高麗。所治城曰固麻，謂邑曰檐魯，於中國郡縣。有二十二檐魯，分子弟宗族爲之。旁小國有叛波卓支羅、前羅、折羅、止迷麻連，上巳文、下枕羅等隨之。言語□服，畧同高麗。行不張拱，拜不申足。以帽爲冠，襦白複衫，袴曰褌。其言參諸夏，亦秦韓遺俗。

龜兹國使

龜兹，西域所居曰延城。漢以公主妻烏孫，烏孫遣其女至漢學鼓琴，龜兹請爲妻。其王降□□，以得曰漢外孫，願□。既及京師，皆賜印綬，加其妻以公主之號，錫車騎、笳鼓。既歸，慕漢制，乃治宫室，作繳道□衛，出入傳呼，頗自强大。歷魏晉至梁，歲來獻名馬。普通二年，遣使康石憶、丘波那奉表入朝。

倭國使

倭國，在帶方旁東南大海中，依山島居。自帶方循海水，乍南乍東，對其北岸，歷三十餘國，可萬餘里。倭王所□□，在會稽東。氣暖地温，出真珠、青玉，無牛馬虎豹羊鵲□□□□面文身，以木綿帖首，衣横幅，無絲(下缺)。

貢方□。齊永明中(下缺)監十年,梁彌博表獻甘草、當歸,詔□□□□□□□二州、安西軍、護羌授尉、河涼二州刺史、隴西公。衣物、風俗與河南國畧同。

狼牙修國使

狼牙修,在南海中,去廣州二萬一千里。國界東西三十日行,南北二十日行。土氣恒暖,草木常榮,無雪霜,多金銀、婆律沉香。男女悉袒而被髮,古貝繞身。國王以雲霞布覆□。貴臣著草屐,腰帶金繩,耳著金鐶。女子披布,加以纓絡。壘塼爲城,重門樓閣,閣有三層。王行駕象,有幡毦旂鼓,罩白蓋,兵衛甚設。國人説,自初立國四百餘年,後胤衰弱,王族有賢者,百姓歸之。王收繫之,而鏁自折,王不敢誅,斥之出境,遂奔天竺,天竺妻以長女。俄而狼牙修王死,舉國迎立之。二十餘年死,子婆加達多立。天監十四年,遣使阿撤多奉表貢獻。

鄧至國使

鄧至，居西涼州界，善別種也。宋文帝世，鄧至王象屈躭遣其所置里水鎮將象破羌，上書獻駿馬。天監五年，國王象舒彭遣厲僧崇獻黄耆四百斤、馬四匹。其俗呼帽曰突阿其，衣服與宕昌畧同。

周古柯國使

周古柯，滑旁小國。普通元年隨滑使朝貢。□表曰：「一切所恭敬，一切吉具足，如天静無雲，滿月明曜，天子身清静具足亦如此，爲四海弘願，以爲舟航。揚州閻浮提第一廣大國，人□布滿，歡樂莊嚴，如天上不異。周古柯王頂禮弁拜，問訊天子□□。今上金椀一、琉璃椀一、馬一匹。」

呵跋檀國使

呵跋檀，滑旁小國。普通元年，隨滑使入貢。其曰：「最所□恭敬吉天子東方大地，呵跋檀王問訊□一過，乃百千□億，天子安隱，我今遣使手送此書，書不空，故上馬一匹、銀器一故。」

胡蜜丹國使

胡蜜丹，滑旁小國也。普通元年，使使隨滑使來朝。其表曰：「揚州天子出處大國聖主：胡蜜王名□僕遥，長跪合掌，作禮千萬，今滑使到聖國，因附函啓，并水精鍾一口、馬一匹。聖主有若所敕，不敢有異。」

白題國使

白題，匈奴旁別種胡也。漢初，□□與匈奴戰，斬白題騎一人。今在滑國東六十日行，西極波斯二十□□。土地出粟麥菓食，衣物與滑國畧同。國王姓支名使□毅。普通三年，白題道釋氈獨活使安遠憐伽到京師貢獻。

末國使

末國，漢世且末國□□□□万□□(下缺)題接，西與波斯接。土人剪□，著□(下缺)騾驢。今王□安石末□□□(下缺)。

附録

本紀

梁書卷五元帝紀

世祖孝元皇帝諱繹，字世誠，小字七符，高祖第七子也。天監七年八月丁巳生。十三年，封湘東郡王，邑二千户。初爲寧遠將軍、會稽太守，入爲侍中、宣惠將軍、丹陽尹。普通七年，出爲使持節、都督荆湘郢益寧南梁六州諸軍事、西中郎將、荆州刺史。中大通四年，進號平西將軍。大同元年，進號安西將軍。三年，進號鎮西將軍。五年，入爲安右將軍、護軍將軍，領石頭戍軍事。六年，出爲使持節、都督江州諸軍事、鎮南將軍、江州刺史。太清元年，徙爲使持節、都督荆雍湘司郢寧梁南北秦九州諸軍事、鎮西將軍、荆州刺史。三年三月，侯景寇没京師。四月，太子舍人蕭韶至江陵宣密詔，以世祖爲侍中、假黄鉞、大都督中外諸軍事、司徒承制，餘如故。是月，世祖徵兵於湘州，湘州刺史河東王譽拒不遣。六月丙午，遣世子方等帥衆討譽，戰所敗死。七月，又遣鎮兵將軍鮑泉代討譽。九月乙卯，雍州刺史岳陽王詧舉兵反，來寇江陵，世祖嬰城拒守。乙丑，詧將杜崱與其兄弟及楊混各率其衆來降。丙寅，詧遁走。鮑泉攻湘州不克，又遣左衛將軍王僧辯代將。

大寶元年，世祖猶稱太清四年。正月辛亥朔，左衛將軍王僧辯獲橘三十子共蔕，以獻。

二月甲戌，衡陽内史周弘直表言鳳皇見郡界。

夏五月辛未，王僧辯克湘州，斬河東王譽，湘州平。

六月，江夏王大款、山陽王大成、宜都王大封自信安間道來奔。

九月辛酉，以前郢州刺史南平王恪爲中衛將軍、尚書令、開府儀同三司，中撫軍將軍世子方諸爲郢州刺史，左衛將軍王僧辯爲領軍將軍。改封大款爲臨川郡王，大成爲桂陽郡王，大封爲汝南郡王。是月，任約進寇西陽、武昌，遣左衛將軍徐文盛、右衛將軍陰子春、太子右衛率蕭慧正、巂州刺史席文獻等下武昌拒約。以中衛將軍、尚書令、開府儀同三司南平王恪爲荆州刺史，鎮武陵。

十一月甲子，南平王恪、侍中臨川王大款、桂陽王大成、散騎常侍江安侯圓正、侍中左衛將軍張綰、司徒左長史曇等府州國一千人奉牋曰：

竊以嵩岳既峻，山川出雲；大國有蕃，申甫惟翰。豈非皇建斯極，以位爲寶；聖教辨方，慎名與器。是知太尉佐帝，重華表黄玉之符；司空相土，伯禹降玄珪之錫。伏惟明公大王殿下，命世應期，挺生將聖。忠爲令德，孝實天經，地切應、韓，寄深旦、奭，五品斯訓，七政以齊，志存社稷，功濟屯險。夷狄内侵，枕戈泣血，鯨鯢未掃，投袂勤王，能使遊魂請盟以屈膝，醜徒銜璧而讋氣。親蕃外叛，釁均吴、楚，義討申威，兵不血刃。湘波自息，非築杜弢之壘；峴山離貳，不伐劉表之城。九江致梗，二別殊派，纔命戈船，底定瀍、霍。溯流窮討，路絶窺窬，胡兵侵界，鐵馬霧合，神規獨運，皆即梟懸，翻同翅折，遂修職貢。梁、漢合契，肆犀利之兵；巴、漢俱下，竭驍勇之陣。南通五嶺，北出力原；東夷不怨，西戎即序。可謂上流千里，持戟百萬，天下之至貴，四海之所推也。

今海水飛雲，崑山起燎，魏文悲樂推之歲，韓宣歎成禮之日。陽臺之下，獨有冠蓋相趨；夢水之傍，尚致車輿結轍。粦麥兩穗，出於南平之邦；甘露泥枝，降乎當陽之境。野蠶自績，何謝歐絲；閑田生稻，寧殊雨粟。莫非品物咸亨，是稱文明光大。豈可徽號不彰於彝典，明試不陳乎車服者哉！

昔晉、鄭入周，尚作卿士；蕭、曹佐漢，且居相國。宜崇兹盛禮，顯答群望。愔等稽尋甲令，博詢惇史，謹再拜上，進位相國，總百揆，竹使符一，別准恒儀。杖金斧以剪逆暴，乘玉輅而定社稷。傍羅麗於日月，貞明合于天地。扶危翼治，豈不休哉！

愔等不通大體，自昧伏奏以聞。

世祖令答曰：「數鍾陽九，時惟百六，鯨鯢未剪，寤寐痛心。周粤天官，秦稱相國，東至于海，西至于河，南次朱鳶，北漸玄塞。率兹小宰，弘斯大德。將何用繼蹤曲阜，擬跡桓、文，終建一匡，肅其五拜。雖義屬隨時，事無虚紀，傳稱皆讓，象著鳴謙，瞻言前典，再懷哽恧。」

十二月壬辰，以定州刺史蕭勃爲鎮南將軍、廣州刺史。遣護軍將軍尹悦、巴州刺史王珣、定州刺史杜幼安帥衆下武昌，助徐文盛。

大寶二年，世祖猶稱太清五年。二月己亥，魏遣使來聘。

三月，侯景悉兵西上，會任約軍。

四月丙午，景遣其將宋子仙、任約襲郢州，執刺史蕭方諸。戊申，徐文盛、陰子春等奔歸，王珣、尹悦、杜幼安並降賊。庚戌，領軍將軍王僧辯帥衆屯巴陵。甲子，景進寇巴陵。

五月癸未，世祖遣游擊將軍胡僧祐、信州刺史陸法和帥衆下援巴陵。任約敗，景遂遁走。以王僧辯爲征東將軍、開府儀同三司、尚書令，胡僧祐爲領軍將軍，陸法和爲護軍將軍。仍令僧辯率衆軍追景，所至皆捷。

八月甲辰，僧辯下次湓城。辛亥，以鎮南將軍、湘州刺史蕭方矩爲中衛將軍。司空、征南將軍、南平王恪進號征南大將軍、湘州刺史，餘如故。

九月己亥，以征東將軍、開府儀同三司、尚書令王僧辯爲江州刺史，餘如故。盤盤國獻馴象。

冬十月辛丑朔，有紫雲如車蓋，臨江陵城。是月，太宗崩。侍中、征東將軍、開府儀同三司、江州刺史、尚書令、長寧縣侯王僧辯等奉表曰：

衆軍薄伐，塗次九水，即日獲臨城縣使人報稱：侯景弑逆皇帝，賊害太子，宗室在寇庭者，並罹禍酷。六軍慟哭，三辰改曜。哀我皇極，四海崩心。我大梁纂堯構緒，基商啓祚。太祖文皇帝徇齊作聖，肇有六州。高祖武皇帝聰明神武，奄龕天下。依日月而和四時，履至尊而制六合。麗正居貞，大横固祉。四葉相係，三聖同基。蠢爾凶渠，遂憑天邑。閶闔受白登之辱，象魏致堯城之疑。雲扆承華，一朝俱酷。金楨玉幹，莫不同冤。悠悠彼蒼，何其罔極！

臣聞喪君有君，春秋之茂典；以德以長，先王之通訓。少康則牧衆撫職，祀夏所以配天；平王則居正東遷，宗周所以卜世。漢光以能捕不道，故景歷重昌；中宗以不違群議，故江東可立。儔今考古，更無二謀。伏惟陛下至孝通幽，英武靈斷，當七九之厄，而應千載之期；啓殷憂之明，而居百王之會。取威定霸，嶮阻艱難，建社治兵，載循古道。家國之事，一至於斯。天祚大梁，必將有主。軒轅得姓，存者二人；高祖五王，代實居長。乘屈完而陳諸侯，拜子武而服大輅。功齊九有，道濟生民。非奉聖明，誰嗣下武！

臣聞日月貞明，太陽不可以闕照；天地貞觀，乾道不可以久愓。黄屋左纛，本爲億兆而尊；鸞輅龍章，蓋以郊禋而貴。寳器存乎至重，介石慎于易差。黔首豈可少選無君，宗祏豈可一日無主。伏願陛下埽地升中，柴天改物。事迫凶危，運鍾擾攘，蓋不勞宗正奉詔，博士擇時，南面即可居尊，西向無所讓德。四方既知有奉，八百始可同期。殘寇潛居，器藏社處，乾象既傾，坤儀已覆。斬莽輗車，燒卓照市，廓清函夏，正爲塋陵，開雪宫闈，庶存鍾鼎，彼黍離離，伊何可言。陛下繼明闡祚，即宫舊楚。左廟右社之制，可以權宜；五禮六樂之容，歲時取備。金芝九莖，瓊茅三脊。要衛率職，尉候相望。坐廟堂以朝四夷，登靈臺而望雲物，禪梁甫而封泰山，臨東濱而禮日觀。然後與三事大夫，更謀都鄙。左瀍右澗，夾雒可以爲居，抗殿疏龍，惟王可以在鎬，何必勤勤建業也哉。

臣等不勝控款之至，謹拜表以聞。

世祖奉諱，大臨三日，百官縞素。乃答曰：「孤以不德，天降之災，枕戈飲膽，扣心泣血。風樹之酷，萬始不追；霜露之哀，百憂總萃。甫聞伯升之禍，彌切仲謀之悲。若封豕既殲，長蛇即戮，方欲追延陵之逸軌，繼子臧之高讓，豈資秋亭之壇，安事繁陽之石。侯景，項籍也；蕭棟，殷辛也。赤泉未賞，劉邦尚曰漢王；白旗弗懸，周發猶稱太子。飛龍之位，孰謂可躋；附鳳之徒，既聞來議。群公卿士，其諭孤之志，無忽！」司空南平王恪率宗室五十餘人，領軍將軍胡僧祐率群僚二百餘人，江州别駕張佚率吏民三百餘人，並奉牋勸進。世祖固讓。

十一月乙亥，王僧辯又奉表曰：

紫宸曠位，赤縣無主，百靈聳動，萬國回皇。雖醉醒相扶，同歸景亳，式歌且誦，總赴唐郊，猶懼陛下俛首潛然，讓德不嗣。傳車在道，方慎宋昌之謀；法駕已陳，尚杜耿純之勸。岳牧翹首，天民累息。

臣聞星回日薄，擊雷鞭電者之謂天；岳立川流，吐霧蒸雲者之謂地。苞天地之混成，洞陰陽之不測，而以裁成萬物者，其在聖人乎！故云「天地之大德曰生，聖人之大寶曰位」。黄屋廟堂之下，本非獲已而居；明鏡四衢之樽，蓋由應物取訓。伏惟陛下稽古文思，英雄特達。比以周旦，則文王之子；方之放勳，則帝摯之季。千年旦暮，可不在斯。庭闕湮亡，鍾鼎淪覆，嗣膺景曆，非陛下而誰？豈可使赤眉更立盆子，隗囂托置高廟。陛下方復從容高讓，用執謙光。展其矯行僞書，誣罔正朔，見機而作，斷可識矣。匪疑何卜，無待蓍龜。

日者，公卿失馭，禍纏霄極，侯景憑陵，姦臣互起，率戎伐潁，無處不然，勸明誅晉，側足皆爾。刁斗夜鳴，烽火相照。中朝人士，相顧銜悲；涼州義徒，東望殞涕，惵惵黔首，將欲安歸！陛下英略緯天，沉明内斷，横劍泣血，枕戈嘗膽，農山圯下之策，金匱玉鼎之謀，莫不定算扆帷，決勝千里。擊靈鼉之鼓，而建翠華之旗，驅六州之兵，而總九伯之伐，四方雖虞，一戰以霸。斬其鯨鯢，既章大戮，何校滅耳，莫匪姦回，史不絶書，府無虚月。自洞庭安波，彭蠡底定，文昭武穆，芳若椒蘭，敵國降城，和如親戚，九服同謀，百道俱進，國恥家怨，計期就雪，社稷不墜，繫在聖明。今也何時，而申帝啓之避，凶危若此，方陳泰伯之辭。國有具臣，誰敢奉詔。

天下者高祖之天下，陛下者萬國之歡心，萬國豈可無君，高祖豈可廢祀。即日五星夜聚，八風通吹，雲煙紛郁，日月光華，百官象物而動，軍政不戒而備。飛艫巨艦，竟水浮川；鐵馬銀鞍，陵山跨谷。英傑接踵，忠勇相顧，湛宗族以酬恩，焚妻子以報主。莫不覆盾銜威，提斧擊衆，風飛電耀，志滅凶醜。所待陛下昭告后土，虔奉上帝，廣發明詔，師出以名，五行夕返，六軍曉進，便當盡司寇之威，窮蚩尤之伐，執石趙而求璽，斬姚秦而取鍾，修掃塋陵，奉迎宗廟。陛下豈得不仰存國計，俯從民請。漢宣嗣位之後，即遣蒲類之軍；光武登極既竟，始有長安之捷。由此言之，不無前准。

臣等或世受朝恩，或身荷重遇，同休等戚，自國刑家，苟有腹心，敢以死奪。不任慺慺之至，謹重奉表以聞。

世祖答曰：「省示，復具一二。孤聞天生蒸民而樹之以君，所以對揚天休，司牧黔首。攝提、合雒以前，栗陸、驪連之外，書契不傳，無得稱也。自阪泉彰其武功，丹陵表其文德，有人民焉，有社稷焉，或歌謠所歸，或惟天所相。孤遭家多難，大恥未雪，國賊則蚩尤弗翦，同姓則有扈不賓，卧而思之，坐以待旦，何以應寶曆，何以嗣龍圖。庶一戎既定，罪人斯得，祀夏配天，方申來議也。」是時巨寇尚存，未欲即位，而四方表勸，前後相屬，乃下令曰：「大壯乘乾，明夷垂翼，璿度亟移，玉律屢徙，四岳頻遣勸進，九棘比者表聞。譙、沛未復，塋陵永遠，于居于處，寤寐疚懷，何心何顏，撫兹歸運。自今表奏，所由並斷，若有啓疏，可寫此令施行。」是日，賊司空、東南道大行臺劉神茂率儀同劉歸義、留異赴義，奉表請降。

大寶三年，世祖猶稱太清六年。正月甲戌，世祖下令曰：「軍國多虞，戎旃未静，青領雖熾，黔首宜安。時惟星鳥，表年祥於東秩；春紀宿龍，歌歲取於南畯。况三農務業，尚看夭桃敷水；四人有令，猶及落杏飛花。化俗移風，常在所急；勸耕且戰，彌須自許。豈直燕垂寒谷，積黍自温，寧可墮此玄苗，坐飡紅粒，不植蓠頷，空候蟬鳴。可悉深耕概種，安堵復業，無棄民力，並分地利。班勒州郡，咸使遵承。」以智武將軍、南平内史王褒爲吏部尚書。

二月，王僧辯衆軍發自尋陽。世祖馳檄告四方曰：

夫剥極生災，乃及龍戰，師貞終吉，方制豶豕。豈不以侵陽蕩薄，源之者亂階；定龕艱難，成之者忠義。故羿、澆滅於前，莽、卓誅於後。是故使桓、文之勳，復興於周代；温、陶之績，彌盛於金行。粤若梁興五十餘載，平壹宇内，德惠悠長，仁育蒼生，義征不服。左伊右瀍，咸皆仰化；濁涇清渭，靡不向風。建翠鳳之旗，則六龍驤首；擊靈鼉之鼓，則百神警肅。風、牧、方、邵之賢，衛、霍、辛、趙之將，羽林黄頭之士，虎賁緹騎之夫，叱咤則風雲興起，鼓動則嵩、華倒拔。自桐柏以北，孤竹以南，碣石之前，流沙之後，延頸舉踵，交臂屈膝。胡人不敢牧馬，秦士不敢彎弓。叶和萬邦，平章百姓，十堯九舜，曷足云也。

賊臣侯景，匈奴叛臣，鳴鏑餘噍。懸瓠空城，本非國寶，壽春饑要，賞不踰月。開海陵之倉，賑常平之米，檄九府之費，錫三官之錢，冒于貨賄，不知紀極。敢興逆亂，梗我王畿。

賊臣正德，阻兵安忍。日者結怨江芈，遠適單于。簡牘屢彰，彭生之魂未弭；聚斂無度，景卿之誚已及。爲虎傅翼，遠相招致。虔劉我生民。離散我兄弟。我是以董率皐貔，躬擐甲胄，霜戈照日，則晨離奪暉，龍騎蔽野，則平原掩色。信與江水同流，氣與寒風俱憤。凶醜畏威，委命下吏，乞活淮、肥，苟存徐、兖。涣汗既行，絲綸爰被。我是以班師凱歸，休牛息馬。賊猶不悛，遂復矢流王屋，兵躔象魏。總章之觀，非復聽訟之堂；甘泉之宫，永乖避暑之地。坐召憲司，卧制朝宰，矯託天命，僞作符書。重增賦斂，肆意裒剥，生者逃竄，死者暴尸。道路以目，庶僚鉗口。刑戮失衷，爵賞由心，老弱波流，士女塗炭。臧獲之人，五宗及賞；搢紳之士，三族見誅。穀粟騰踴，自相吞噬。慄慄黔首，路有銜索之哀；蠢蠢黎民，家隕桓山之泣。偃師南望，無復儲胥、露寒；河陽北臨，或有穹廬氊帳。南山之竹，未足言其愆；西山之兔，不足書其罪。

外監陳瑩之至，伏承先帝登遐，宫車晏駕。奉諱驚號，五内摧裂，州冤本毒，無地容身。景阻饑既甚，民且狼顧，遂侵軼我彭蠡，憑凌我郢邑，竊據我江夏，掩襲我巴丘。我是以義勇争先，忠貞盡力。斬馘兇渠，不可稱算，沙同赤岸，水若絳河。任約泥首于安南，化仁面縛于漢口，子仙乞活于鄢郢，希榮敗績於柴桑。侯景奔竄，十鼠争穴，郭默清夷，晉熙附義，計窮力屈，反殺後主。畢原酆郇，並離禍患，凡蔣邢茅，皆伏鈇鑕。是可忍也，孰不可容！幕府據有上流，實惟分陜，投袂荷戈，志在畢命。昔周依晉、鄭，漢有虚、牟。彼惟末屬，猶能如此；況聯華日月，天下不賤，爲臣爲子，兼國兼家者哉！咸以義旗既建，宜須總一，共推幕府，實用主盟。粵以不佞，謬董連率，遠惟國艱，不遑寧處。中權後勁，龔行天罰，提戈蒙險，隕越以之。天馬千群，長戟百萬，驅賁獲之士，資智勇之力，大楚踰荆山，淺原度彭蠡，舳艫汎水，以掎其南，輜軿委輸，以衝其北。華夷百濮，贏糧影從。雷震風駭，直指建業。按劍而叱，江水爲之倒流；抽戈而揮，皎日爲之退舍。方駕長驅，百道俱入，夷山殄谷，充原蔽野。挾輈曳牛之侣，拔距礫石之夫，騎則逐日追風，弓則吟猿落雁。捧崑崙而壓卵，傾渤海而灌熒。如駟馬之載鴻毛，若奔牛之觸魯縞。以此衆戰，誰能禦之！脱復蜂蠆有毒，獸窮則鬬。謂山蓋高，則四郊多壘；謂地蓋遠，則三千弗違。如彼怒蛙，譬諸鼷鼠，豈費萬鈞，無勞百溢。加以日臨黄道，兵起絳宫，三門既啓，五將咸發，舉整整之旗，掃亭亭之氣，故以臨機密運，非賊所解，奉義而誅，何罪不服。

今遣使持節、大都督、征東將軍、開府儀同三司、江州刺史、尚書令、長寧縣開國侯王僧辯率衆十萬，直掃金陵。鳴鼓聒天，摐金振地，朱旗夕建，如赤城之霞起；戈船夜動，若滄海之奔流。計其同惡，不盈一旅。君子在野，小人比周。何校滅耳，匪朝伊夕。春長狄之喉，繫郅支之頸。今司寇明罰，質鈇所誅，止侯景而已。黎元何辜，一無所問。諸君或世樹忠貞，身荷寵爵，羽儀鼎族，書勳王府，俛眉猾竪，無由自效，豈不下慚泉壤，上愧皇天！失忠與義，難以自立。想誠南風，乃眷西顧，因變立功，轉禍爲福。有能縛侯景及送首者，封萬户開國公，絹布五萬匹。有能率動義衆，以應官軍，保全城邑，不爲賊用，上賞方伯，下賞剖符，並裂山河，以紆青紫。昔由余入秦，禮同卿佐；日磾降漢，且珥金貂。必有其才，何卹無位。若執迷不反，拒逆王師，大軍一臨，刑兹罔赦。孟諸焚燎，芝艾俱盡；宣房河決，玉石同沉。信賞之科，有如皎日；黜陟之制，事均白水。檄布遠近，咸使知聞。

三月，王僧辯等平侯景，傳其首於江陵。戊子，以賊平告明堂、太社。己丑，王僧辯等又奉表曰：

衆軍以今月戊子總集建康。賊景鳥伏獸窮，頻擊頻挫，姦竭詐盡，深溝自固。臣等分勒武旅，百道同趣，突騎短兵，犀函鐵楯，結隊千群，持戟百萬，止紂七步，圍項三重，轟然大潰，群凶四滅。京師少長，俱稱萬歲。長安酒食，于此價高。九縣雲開，六合清朗，矧伊黔首，誰不載躍！伏惟陛下咀痛茹哀，嬰憤忍酷。自紫庭絳闕，胡塵四起，壖垣好畤，冀馬雲屯，泣血治兵，嘗膽誓衆。而吴、楚一家，方與七國俱反；管、蔡流言，又以三監作亂。西涼義衆，阻强秦而不通；并州遺民，跨飛狐而見泯。豺狼當路，非止一人；鯨鯢不梟，倏焉五載。英武克振，怨恥並雪，永尋霜露，如何可言！臣等輒依故實，奉脩社廟，使者持節，分告塋陵。嗣后升遐，龍輴未殯，承華掩曜，梓宫莫測，並即隨由備辦，禮具凶荒。四海同哀，六軍袒哭，聖情孝友，理當感慟。

日者，百司岳牧，祈仰宸鑒。以錫珪之功，既歸有道，當璧之禮，允屬聖明；而優詔謙沖，窅然凝邈。飛龍可躋，而乾爻在四；帝閽云叫，而閶闔未開。謳歌再馳，是用翹首。所以越人固執，熏丹穴以求君；周民樂推，逾岐山而事主。漢王不即位，無以貴功臣；光武止蕭王，豈謂紹宗廟。黄帝遊於襄城，尚訪治民之道；放勛入於姑射，猶使樽俎有歸。伊此儻來，豈聖人所欲，帝王所應，不獲已而然。伏讀璽書，尋諷制旨，顧懷物外，未奉慈衷。陛下日角龍顔之姿，表於徇齊之日，彤雲素氣之瑞，基於應物之初。博覽則大哉無所與名，深言則曄乎昭章之觀。忠爲令德，孝實動天。加以英威茂略，雄圖武算，指麾則丹浦不戰，顧眄則阪泉自蕩。地維絶而重紐，天柱傾而更植。鑿河津於孟門，百川復啓；補穹儀以五石，萬物再生。縱陛下拂袗衣而游廣成，登崘山而去東土，群臣安得仰訴，兆庶何所歸仁。況郊祀配天，罍篚禮曠，齋宫清廟，匏竹不陳，仰望鑾輿，匪朝伊夕，瞻言法駕，載渴且飢。豈可久稽衆議，有曠彝則！舊郊既復，函、雒已平。高奴、櫟陽，宫館雖毁；濁河清渭，佳氣猶存。皋門有伉，甘泉四敞，土圭測景，仙人承露。斯蓋九州之赤縣，六合之樞機。博士捧圖書而稍還，太常定禮儀而已列。豈得不揚清駕而赴名都，具玉鑾而遊正寢！昔東周既遷，鎬京遂其不復；長安一亂，郟、洛永以爲居。夏后以萬國朝諸侯，文王以六州匡天下。跡基百里，劍杖三尺。以殘楚之地，抗拒九戎；一旅之師，翦滅三叛。坦然大定，御輦東歸。解五牛於冀州，秣六馬於譙郡。緬求前古，其可得歟？對揚天命，何所讓德！有理存焉，敢重所奏。

相國答曰：「省表，復具一二。群公卿士，億兆夷人，咸以皇天眷命，歸運所屬，用集寶位于予一人。文叔金吾之官，事均往願；孟德征西之位，且符前説。今淮海長鯨，雖云授首；襄陽短狐，未全革面。太平玉燭，爾乃議之。」辛卯，宣猛將軍朱買臣密害豫章嗣王棟，及其二弟橋、樛，世祖志也。

四月乙巳，益州刺史、新除假黄鉞、太尉武陵王紀竊位於蜀，改號天正元年。世祖遣兼司空蕭泰、祠部尚書樂子雲拜謁塋陵，修復社廟。丁巳，世祖令曰：「軍容不入國，國容不入軍。雖子産獻捷，戎服從事，亞夫弗拜，義止將兵。今凶醜殲夷，逆徒殄潰，九有既截，四海乂安。漢官威儀，方陳盛禮；衛多君子，寄是式瞻。便可解嚴，以時宣勒。」是月，以東陽太守張彪爲安東將軍。

五月庚午，司空南平王恪及宗室王侯、大都督王僧辯等，復拜表上尊號，世祖猶固讓不受。庚辰，以征南將軍、湘州刺史、司空南平嗣王恪爲鎮東將軍、揚州刺史，餘如故。甲申，以尚書令、征東將軍、開府儀同三司、江州刺史王僧辯爲司徒、鎮衛將軍。乙酉，斬賊左僕射王偉、尚書吕季略、少卿周石珍、舍人嚴亶於江陵市。是日，世祖令曰：「君子赦過，著在周經；聖人解網，聞之湯令。自獫狁孔熾，長蛇荐食，赤縣阽危，黔黎塗炭，終宵不寐，志在雪恥。元惡稽誅，本屬侯景；王偉是其心膂，周石珍負背恩義，今並烹諸鼎鑊，肆之市朝。但比屯邅寇擾，爲歲已積，衣冠舊貴，被逼偷生，猛士勳豪，和光苟免，凡諸惡侣，諒非一族。今特闡以王澤，削以刑書，自太清六年五月二十日昧爽以前，咸使惟新。」是月，魏遣太師潘樂、辛術等寇秦郡，王僧辯遣杜崱帥衆拒之。以陳霸先爲征北大將軍、開府儀同三司、南徐州刺史。是月，魏遣使賀平侯景。八月，蕭紀率巴、蜀大衆連舟東下，遣護軍陸法和屯巴峽以拒之。兼通直散騎常侍、聘魏使徐陵於鄴奉表曰：

臣聞封唐有聖，還承帝嚳之家；居代惟賢，終纂高皇之祚。無爲稱於革舄，至治表於垂衣，而撥亂反正，非問前古。至如金行重作，源出東莞；炎運猶昌，枝分南頓。豈得掩顯姓於軒轅，非才子於顓頊？莫不時因多難，俱繼神宗者也。伏惟陛下，出震等於勛、華，明讓同於旦、奭。握圖執鉞，將在御天，玉縢珠衡，先彰元后。神祇所命，非惟太室之祥；圖書斯歸，何止堯門之瑞。若夫大孝聖人之心，中庸君子之德，固以作訓生民，貽風多士。一日二日，研覽萬機；允文允武，包羅群藝。擬茲三大，賓是四門，歷試諸難，咸熙庶績，斯無得而稱也。

自無妄興暴，皇祚寖微，封豨修蛇，行災中國，靈心所宅，下武其興，望紫極而長號，瞻丹陵而殞慟。家冤將報，天賜黃鳥之旗；國害宜誅，神奉玄狐之籙。滕公擁樹，雄氣方嚴；張繡交兵，風神彌勇。忠誠冠於日月，孝義感於冰霜。如霆如雷，如貔如虎，前驅效命，元惡斯殲。既挂膽於西州，方燃臍於東市。蚩尤三冢，寧謂嚴誅？王莽千剸，非云明罰。青羌赤狄，同畀豺狼，胡服夷言，咸爲京觀。邦畿濟濟，還見隆平；宗廟愔愔，方承多福。自氤氳渾沌之世，驪連、栗陸之君，卦起龍圖，文因鳥跡。雲師火帝，非無戰陣之風，堯誓湯征，咸用干戈之道。星躔東井，時破崤、潼；雷震南陽，初平尋、邑。未有援三靈之已墜，救四海之群飛，赫赫明明，龔行天罰，如當今之盛者也。於是卿雲似蓋，晨映姚鄉；甘露如珠，朝華景寢。芝房感德，咸出銅池；蓂莢伺辰，無勞銀箭。重以東漸玄菟，西逾白狼，高柳生風，扶桑盛日，莫不編名屬國，歸質鴻臚，荒服來賓，遐邇同福。其文昭武穆，跗萼也如彼；天平地成，功業也如此。久應旁求掌故，諮詢天官，斟酌繁昌，經營高邑。宗王啓霸，非勞陽武之侯；清蹕無虞，何事長安之邸。正應揚鑾旂以饗帝，仰鳳扆以承天，曆數在躬，疇與爲讓！去月二十日，兼散騎常侍柳暉等至鄴，伏承聖旨謙沖，爲而弗宰，或云涇陽未復，函谷無泥，旋駕金陵，方膺天眷。愚謂大庭、少昊，非有定居；漢祖、殷宗，皆無恒宅。登封岱岳，猶置明堂；巡狩章陵，時行司隸。何必西瞻虎據，乃建王宫；南望牛頭，方稱天闕。抑又聞之：玄圭既錫，蒼玉無陳，乃棫樸之愆期，非苞茅之不貢。雲和之瑟，久廢甘泉；孤竹之管，無聞方澤。豈不懼歟！

伏願陛下因百姓之心，拯萬邦之命。豈可逡巡固讓，方求石户之農；高謝君臨，徒引箕山之客！未知上德之不德，惟見聖人之不仁。率士翹翹，蒼生何望！昔蘇季、張儀，違鄉負俗，尚復招三方以事趙，請六國以尊秦。况臣等顯奉皇華，親承朝命，珪璋特達，通聘河陽，貂珥雍容，尋盟漳水，加牢貶館，隨勢汙隆，瞻望鄉關，誠均休戚。但輕生不造，命與時乖。忝一介之行人，同三危之遠擯。承閒內殿，事絶耿弇之恩；封奏邊城，私等劉琨之哭。不勝區區之至，謹拜表以聞。

九月甲戌，司空、鎮東將軍、揚州刺史南平王恪薨。

冬十月乙未，前梁州刺史蕭循自魏至於江陵，以循爲平北將軍、開府儀同三司。戊申，執湘州刺史王琳於殿內，琳副將殷晏下獄死。辛酉，以子方略爲湘州刺史。庚戌，琳長史陸納及其將潘烏累等舉兵反，襲陷湘州。是月，四方征鎮王公卿士復勸世祖即尊號，猶謙讓未許。表三上，乃從之。

承聖元年冬十一月丙子，世祖即皇帝位於江陵。詔曰：「夫樹之以君，司牧黔首。帝堯之心，豈貴黄屋，誠弗獲已而臨莅之。朕皇祖太祖文皇帝積德岐、梁，化行江漢，道映在田，具瞻斯屬。皇考高祖武皇帝明並日月，功格區宇，應天從民，惟睿作聖。太宗簡文皇帝地侔啓、誦，方符文、景。羯寇憑凌，時難孔棘。朕大拯横流，克復宗社。群公卿士、百辟庶僚，咸以皇靈睠命，歸運斯及，天命不可以久淹，宸極不可以久曠，粤若前載，憲章令範，畏天之威，算隆寶曆，用集神器于予一人。昔虞、夏、商、周，年無嘉號，漢、魏、晉、宋，因循以久。朕雖云撥亂，且非創業，思得上繫宗祧，下惠億兆。可改太清六年爲承聖元年。逋租宿責，並許弘貸；孝子義孫，可悉賜爵；長徒鏁士，特加原宥；禁錮奪勞，一皆曠蕩。」是日世祖不升正殿，公卿陪列而已。丁丑，以平北將軍、開府儀同三司蕭循爲驃騎將軍、湘州刺史，餘如故。己卯，立王太子方矩爲皇太子，改名元良。立皇子方智爲晉安郡王，方略爲始安郡王。追尊所生妣阮脩容爲文宣太后。是月，陸納遣將潘烏累等攻破衡州刺史丁道貴於淥口，道貴走零陵。

十二月壬子，陸納分兵襲巴陵，湘州刺史蕭循擊破之。是月，營州刺史李洪雅自零陵率衆出空靈灘，將下討納，納遣將吴藏等襲破洪雅，洪雅退守空靈城。

二年春正月乙丑，詔王僧辯率衆軍士討陸納。戊寅，以吏部尚書王褒爲尚書右僕射，劉瑴爲吏部尚書。西魏遣大將尉遲迥襲益州。

三月庚午，詔曰：「食乃民天，農爲治本，垂之千載，貽諸百王，莫不敬授民時，躬耕帝籍。是以稼穡爲寶，周頌嘉其樂章；禾麥不成，魯史書其方册。秦人有農力之科，漢氏開屯田之利。頃歲屯否，多難荐臻，干戈不戢，我則未暇。廣田之令，無聞於郡國；載師之職，有陋于官方。今元惡殄殲，海内方一，其大庇黔首，庶拯横流。一廛曠務，勞心日仄；一夫廢業，鳥鹵無遺。國富刑清，家給民足。其力田之身，在所蠲免。外即宣勒，稱朕意焉。」辛未，李洪雅以空靈城降賊，賊執之而歸。初，丁道貴走零陵投洪雅，洪雅使收餘衆，與之俱降。洪雅既降賊，賊乃害道貴。丙子，賊將吴藏等帥兵據車輪。庚寅，有兩龍見湘州西江。

夏四月丙申，僧辯軍次車輪。

五月甲子，衆軍攻賊，大破之。乙丑，僧辯軍至長沙。甲戌，尉遲迥進逼巴西，潼州刺史楊乾運以城降，納迥。己丑，蕭紀軍至西陵。

六月乙卯，湘州平。是月，尉遲迥圍益州。

秋七月辛未，巴人苻昇、徐子初斬賊城主公孫晃，舉城來降。紀衆大潰，遇兵死。乙未，王僧辯班師江陵，詔諸軍各還所鎮。

八月戊戌，尉遲迥陷益州。庚子，詔曰：「夫爰始居亳，不廢先王之都；受命于周，無改舊邦之頌。頃戎旃既息，關柝無警。去魯興歎，有感宵分，過沛殞涕，實勞夕寐。仍以瀟湘作亂，庸蜀阻兵，命將授律，指期克定。今八表乂清，四郊無壘，宜從青蓋之典，言歸白水之鄉。江、湘委輸，方船連舳，巴峽舟艦，精甲百萬，先次建鄴，行實京師；然後六軍遄征，九旂揚旆，拜謁塋陵，修復宗社。主者詳依舊典，以時宣勒。」

九月庚午，司徒王僧辯旋鎮。丙子，以護軍將軍陸法和爲郢州刺史。乙酉，以晉安王方智爲江州刺史。是月，魏遣郭元建治舟師於合肥，又遣大將邢杲遠、步大汗薩、東方老率衆會之。

冬十一月辛酉，僧辯次於姑孰，即留鎮焉。遣豫州刺史侯瑱據東關壘，徵吴興太守裴之横帥衆繼之。戊戌，以尚書右僕射王褒爲尚書左僕射，湘東太守張綰爲尚書右僕射。

十二月，宿預土民東方光據城歸化，魏江西州郡皆起兵應之。

三年春正月甲午，加南豫州刺史侯瑱征北將軍、開府儀同三司。陳霸先帥衆攻廣陵城。秦州刺史嚴超達自秦郡圍涇州，侯瑱、張彪出石梁，爲其聲援。辛丑，陳霸先遣晉陵太守杜僧明率衆助東方光。

三月甲辰，以司徒王僧辯爲太尉、車騎大將軍。丁未，魏遣將王球率衆七百攻宿預，杜僧明逆擊，大破之。戊申，以護軍將軍、郢州刺史陸法和爲司徒。

夏四月癸酉，以征北大將軍、開府儀同三司陳霸先爲司空。

六月壬午，魏復遣將步大汗薩率衆救涇州。癸未，有黑氣如龍，見於殿内。

秋七月甲辰，以都官尚書宗懍爲吏部尚書。

九月辛卯，世祖於龍光殿述老子義，尚書左僕射王褒爲執經。乙巳，魏遣其柱國萬紐于謹率大衆來寇。

冬十月丙寅，魏軍至于襄陽，蕭詧率衆會之。丁卯，停講，内外戒嚴，輿駕出行都柵。是日，大風拔木，丙子，徵王僧辯等軍。

十一月，以領軍胡僧祐都督城東城北諸軍事，右僕射張綰爲副；左僕射王褒都督城西城南諸軍事，直殿省元景亮爲副。王公卿士各有守備。丙戌，世祖遍行都柵，皇太子巡行城樓，使居民助運水石，諸要害所，並增兵備。丁亥，魏軍至栅下。丙申，徵廣州刺史王琳入援。丁酉，大風，城内火。以胡僧祐爲開府儀同三司，巂州刺史裴畿爲領軍將軍。庚子，信州刺史徐世譜、晉安王司馬任約軍次馬頭岸。戊申，胡僧祐、朱買臣等率兵出戰，買臣敗績。己酉，降左僕射王褒爲護軍將軍。辛亥，魏軍大攻，世祖出枇杷門，親臨陣督戰。胡僧祐中流矢薨。六軍敗績。反者斬西門關以納魏師，城陷於西魏。世祖見執，如蕭詧營，又遷還城内。

十二月丙辰，徐世譜、任約退戍巴陵。辛未，西魏害世祖，遂崩焉，時年四十七。太子元良、始安王方略皆見害。乃選百姓男女數萬口，分爲奴婢，驅入長安；小弱者皆殺之。明年四月，追尊爲孝元皇帝，廟曰世祖。

世祖聰悟俊朗，天才英發。年五歲，高祖問：「汝讀何書？」對曰：「能誦曲禮。」高祖曰：「汝試言之。」即誦上篇，左右莫不驚歎。初生患眼，高祖自下意治之，遂盲一目，彌加愍愛。既長，好學，博總群書，下筆成章，出言爲論，才辯敏速，冠絶一時。高祖嘗問曰：「孫策昔在江東，于時年幾？」答曰：「十七。」高祖曰：「正是汝年。」賀革爲府諮議，敕革講三禮。世祖性不好聲色，頗有高名，與裴子野、劉顯、蕭子雲、張纘及當時才秀爲布衣之交，著述辭章，多行於世。在尋陽，夢人曰：「天下將亂，王必維之。」又背生黑子，巫媪見曰：「此大貴兆，當不可言。」初，賀革西上，意甚不悦，過别御史中丞江革，以情告之。革曰：「吾嘗夢主上遍見諸子，至湘東王，手脱帽授之。此人後必當璧，卿其行乎！」革從之。及太清之難，乃能克復，故遐邇樂推，遂膺寶命矣。所著孝德傳三十卷，忠臣傳三十卷，丹陽尹傳十卷，注漢書一百一十五卷，周易講疏十卷，内典博要一百卷，連山三十卷，洞林三卷，玉韜十卷，補闕子十卷，老子講疏四卷，全德志、懷舊志、荆南志、江州記、貢職圖、古今同姓名録一卷，筮經十二卷，式贊三卷，文集五十卷。

史臣曰：梁季之禍，巨寇憑壘，世祖時位長連率，有全楚之資，應身率群后，枕戈先路。虚張外援，事異勤王，在於行師，曾非百舍。後方殲夷大憝，用寧宗社，握圖南面，光啓中興，亦世祖雄才英略，紹兹寶運者也。而稟性猜忌，不隔疏近，御下無術，履冰弗懼，故鳳闕伺晨之功，火無内照之美。以世祖之神睿特達，留情政道，不怵邪説，徙蹕金陵，左鄰强寇，將何以作？是以天未悔禍，蕩覆斯生，悲夫！

南史梁本紀元帝

世祖孝元皇帝諱繹，字世誠，小字七符，武帝第七子也。初，武帝夢眇目僧執香鑪，稱託生王宫。既而帝母在采女次侍，始褰户幔，有風回裾，武帝意感幸之。采女夢月墮懷中，遂孕。天監七年八月丁巳生帝，舉室中非常香，有紫胞之異。武帝奇之，因賜采女姓阮，進爲修容。十三年，封湘東王。太清元年，累遷爲鎮西將軍、都督、荆州刺史。

三年三月，侯景陷建鄴。四月，世子方等至自建鄴，知臺城不守。帝命栅江陵城，周回七十里。鎮西長史王沖等拜牋請爲太尉、都督中外諸軍事，承制主盟。帝不許，曰：「吾於天下不賤，寧俟都督之名；帝子之尊，何藉上台之位。議者可斬。」投筆流淚。沖等重請，不從。又請爲司空，以主諸侯，亦弗聽。乃開鎮西府，辟天下士。

是月，帝徵兵於湘州刺史河東王譽，譽拒命。尋上甲侯韶自建鄴至，宣三月十五日密詔，授帝位假黄鉞、大都督中外諸軍事、司徒、承制。於是立行臺於南郡而置官司焉。

七月，遣世子方等討河東王譽，軍敗，死之。又遣鎮兵將軍鮑泉討譽。

九月乙卯，雍州刺史岳陽王詧舉兵寇江陵，其將杜崱兄弟來降，詧遁走。鮑泉攻湘州，未剋；又遣左衛將軍王僧辯代將。

及簡文帝即位，改元爲大寶元年。帝以簡文制于賊臣，卒不遵用。正月，使少子方畧質于魏，魏不受質而結爲兄弟。

四月，剋湘州，斬譽，湘州平。雍州刺史岳陽王詧自稱梁王，蕃于魏，魏遣兵助伐襄陽。先是，邵陵王綸書已言凶事，祕之，以待湘州之捷。是月壬寅，始命陳瑩報武帝崩問，帝哭于正寢。

六月，江夏王大款、山陽王大成、宜都王大封自信安來奔。

九月辛酉，以前郢州刺史南平王恪爲中衛將軍、尚書令、開府儀同三司。改封大款爲臨川郡王，大成爲桂陽郡王，大封爲汝南郡王。

十一月甲子，南平王恪等奉牋進位相國，總百揆。帝不從。

二年三月，侯景悉兵西上。

四月，景遣其將宋子仙、任約襲郢州，執刺史方諸。庚戌，領軍王僧辯屯師巴陵。

五月癸未，帝遣將胡僧祐、陸法和援巴陵。

六月，僧祐等擊破景將任約軍，禽約，景解圍宵遁。以王僧辯爲征東將軍、開府儀同三司、尚書令，帥衆追景，所至皆捷。進圍郢州，獲賊將宋子仙等。

九月，盤盤國獻馴象。

十月辛丑朔，紫雲如蓋臨江陵城。是月，簡文帝崩，開府儀同三司王僧辯等奉表勸進。帝奉諱，大臨三日，百官縞素，答表不許。司空南平王恪率宗室，領軍將軍胡僧祐率群僚，江州別駕張佚率吏人，並奉牋勸進。帝固讓。

十一月乙亥，僧辯又奉表勸進，又不從。時巨寇尚存，帝未欲即位，而四方表勸，前後相屬，乃下令斷表。

承聖元年二月，王僧辯衆軍發自尋陽，帝馳檄四方，購獲景及逆者，封萬户開國公，絹布五萬疋。

三月，僧辯等平景，傳首江陵。戊子，以賊平告明堂、太社。己丑，僧辯等又表勸進曰：

衆軍以今月戊子，總集建康，賊景烏伏獸窮，頻擊頻挫，姦竭詐盡，深溝自固。臣等分勒武旅，百道同趨，突騎短兵，犀函鐵楯，結隊千群，持戟百萬，止紂七步，圍項三重，轟然大潰，群凶四滅。京師少長，俱稱萬歲。長安酒食，於此價高。九縣雲開，六合清朗，矧伊黔首，誰不載躍！

伏惟陛下咀痛茹哀，嬰憤忍酷。自紫庭絳闕，胡塵四起，壖垣好時，冀馬雲屯，泣血臨兵，嘗膽誓衆。而吴、楚一家，方與七國俱反；管、蔡流言，又以三監作亂。西涼義衆，阻秦塞而不通，并州遺黎，跨飛狐而見絶。豺狼當路，非止一人，鯨鯢不梟，倏焉五載。英武克振，怨恥並雪，永尋霜露，伊何可勝。臣等輒依故實，奉修社廟，使者持節，分告園陵。嗣后升遐，龍輴未殯，承華掩曜，梓宮莫測。並即隨由備辦，禮具凶荒，四海同哀，六軍袒哭。聖情孝友，理當感慟。

日者，百司岳牧，仰祈宸鑒。以錫珪之功，既歸有道；當璧之禮，允屬聖明。而優詔謙沖，杳然凝邈，飛龍可躋，而乾爻在四，帝閽云叫，而閶闔未開。謳歌再馳，是用翹首。所以越人固執，熏丹穴以求君，周人樂推，踰岐山而事主。漢王不即位，無以貴功臣，光武止蕭王，豈謂紹宗廟。黄帝遊於襄城，尚訪御人之道，放勳寂於姑射，猶使罇俎有歸。伊此儻來，豈聖人所欲？帝王所應，不獲已而然。伏讀璽書，尋諷制旨，領懷物外，未奉慈衷。陛下日角龍顔之姿，表於徇齊之日，彤雲素靈之瑞，基於應物之初。博學則大哉無所與名，深言則曄乎文章之觀。忠爲令德，孝實動天。加以英威茂略，雄圖武算，指麾則丹浦不戰，顧眄則阪泉自蕩。地維絶而重紐，天柱傾而更植。鑿河津於孟門，百川復啓，補穹儀以五石，萬物再生。縱陛下拂衫衣而游廣成，登崆山而去東土，群臣安得仰訴，兆庶何所歸仁。況郊祀配天，罍篚禮曠，齋宮清廟，匏竹不陳。仰望鸞輿，匪朝伊夕，瞻言法駕，載渴且飢。豈可久稽衆議，有曠彝則。舊邦凱復，函、洛已平。高奴、櫟陽，宫館雖毁；濁河清渭，佳氣猶存。皋門有伉，甘泉四敞，土圭測景，仙人承露。斯蓋九州之赤縣，六合之樞機。博士捧圖書而稍還，太常定禮儀其已立，豈得不揚清警而赴名都，具玉鑾而旋正寢。昔東周既遷，鎬京遂其不復，長安一亂，郟、洛永以爲居。夏后以萬國朝諸侯，文王以六州匡天下。方之跡基百里，劍仗三尺，以殘楚之地，抗拒六戎，一旅之卒，剪夷三叛，坦然大定，御輦東歸。解五牛於冀州，秣六馬於譙郡，緬求前古，其可得歟？對揚天命，無所讓德，有理存焉，敢重祈奏。」帝尚未從。

辛卯，宣猛將軍朱買臣奉帝密旨，害豫章王棟及其二弟橋、樛。

四月乙巳，益州刺史、新除假黄鉞、太尉武陵王紀僭位於蜀，年號天正。帝遣兼司空蕭泰、祠部尚書樂子雲拜謁塋陵，修復社廟。丁巳，下令解嚴。

五月庚午，司空南平王恪及宗室王侯、大都督王僧辯等，復拜表上尊號。帝猶固讓。甲申，以開府儀同三司、江州刺史王僧辯爲司徒。乙酉，斬賊左僕射王偉、尚書吕季略、少府卿周石珍、舍人嚴亶於江陵市，乃下令赦境内。齊將潘樂、辛術等攻秦郡，王僧辯遣將杜崱帥衆拒之。以陳霸先爲征北大將軍、開府儀同三司、徐州刺史。齊人賀平侯景。

八月，武陵王紀率巴、蜀之衆東下，遣護軍將軍陸法和屯巴峽以拒之。

九月甲戌，司空南平王恪薨。

十月乙未，前梁州刺史蕭循自魏至江陵，以爲平北將軍、開府儀同三司。戊申，執湘州刺史王琳於殿内。庚戌，琳長史陸納及其將潘烏累等舉兵反，攻陷湘州。是月，四方征鎮王公卿士復勸進表，三上，乃許之。

冬十一月丙子，皇帝即位於江陵，改太清六年爲承聖元年。逋租宿責，並許弘宥。孝子順孫，悉皆賜爵。長徒鎻士，特加原宥。禁錮奪勞，一皆曠蕩。是日，帝不升正殿，公卿陪列而已。時有兩日俱見。己卯，立王太子方矩爲皇太子，改名元良。立皇子方智爲晉安郡王，方略爲始安郡王。追尊所生妣阮脩容爲文宣太后。改謚忠壯太子爲武烈太子，封武烈子莊爲永嘉王。

是月，陸納遣將軍潘烏累等破衡州刺史丁道貴於淥口，道貴走零陵。

十二月，陸納分兵襲巴陵，湘州刺史蕭循擊走之。天門山獲野人，出山三日而死。星隕吴郡。淮南有野象數百，壞人室廬。宣城郡猛獸暴食人。是歲，魏廢帝元年。

二年春正月乙丑，詔王僧辯討陸納。戊寅，以吏部尚書王褒爲尚書右僕射。己卯，江夏宫南門籥牡飛。

三月庚寅，有兩龍見湘州西江。

夏五月甲申，魏大將尉遲迥進兵逼巴西，潼州刺史楊乾運以城納迥。己丑，武陵王紀軍至西陵。

六月乙卯，王僧辯平湘州。

秋七月，武陵王紀衆大潰，見殺。

八月戊戌，尉遲迥平蜀。
九月，齊遣郭元建及將邢杲遠、步大汗薩、東方老帥衆頓合肥。
冬十一月辛酉，僧辯留鎮姑孰，豫州刺史侯瑱據東關壘，徵吴興太守裴之横帥衆繼之。戊戌，以尚書右僕射王褒爲左僕射，湘東太守張綰爲右僕射。
十二月，宿預土人東方光據城歸化，齊江西州郡皆起兵應之。

三年春正月，魏帝爲相安定公所廢，而立齊王廓，是爲恭帝元年。
三月，主衣庫見黑蛇長丈許，數十小蛇隨之，舉頭高丈餘南望，俄失所在。帝又與宫人幸玄洲苑，復見大蛇盤屈於前，群小蛇繞之，並黑色。帝惡之，宫人曰：「此非怪也，恐是錢龍。」帝敕所司即日取數千萬錢鎮於蛇處以厭之。因設法會，赦囚徒，振窮乏，退居栖心省。又有蛇從屋墮落帝帽上，忽然便失。又龍光殿上所御肩輿復見小蛇縈屈輿中，以頭駕夾膝前金龍頭上，見人走去，逐之不及。城濠中龍騰出，焕爛五色，竦躍入雲，六七小龍相隨飛去。群魚騰躍，墜死於陸道。龍處爲窟若數百斛圌。舊大城上常有紫氣，至是稍復消歇。甲辰，以司徒王僧辯爲太尉、車騎大將軍。戊申，以護軍將軍、郢州刺史陸法和爲司徒。
夏四月癸酉，以征北大將軍、開府儀同三司陳霸先爲司空。
六月癸未，有黑氣如龍見于殿内。

秋九月辛卯，帝於龍光殿述老子義。先是，魏使宇文仁恕來聘，齊使又至江陵，帝接仁恕有闕，魏相安定公憾焉。乙巳，使柱國萬紐于謹來攻。

冬十月丙寅，魏軍至襄陽，梁王蕭詧率衆會之。丁卯，停講，内外戒嚴，輿駕出行城柵，大風拔木。丙子，續講，百僚戎服以聽。詔徵王僧辯。

十一月甲申，幸津陽門講武，置南北兩城主。帝親觀閱，風雨總集，部分未交，旗幟飄亂，帝趣駕而回，無復次序。風雨隨息，衆竊驚焉。乙酉，以領軍胡僧祐爲都督城東城北諸軍事，右僕射張綰爲副；左僕射王褒都督城西城南諸軍事，直殿省元景亮爲副。丁亥，魏軍至柵下。丙申，徵廣州刺史王琳入援。丁酉，大風，城内火燒居人數千家。以爲失在婦人，斬首尸之。是日，帝猶賦詩無廢。以胡僧祐爲開府儀同三司。庚子，信州刺史徐世譜、晉安王司馬任約軍次馬頭岸。是夜，有流星墜城中，帝援蓍筮之，卦成，取龜式驗之，因抵于地曰：「吾若死此下，豈非命乎？」因裂帛爲書催僧辯曰：「吾忍死待公，可以至矣。」戊申，胡僧祐、朱買臣等出戰，買臣敗績。辛亥，魏軍大攻，帝出枇杷門親臨陣督戰。僧祐中流矢薨，軍敗，反者斬西門守卒以納魏軍。帝見執，如梁王蕭詧營，甚見詰辱。他日，乃見魏僕射長孫儉，譎儉云：「埋金千斤於城内，欲以相贈。」儉乃將帝入城，帝因述詧相辱狀，謂儉曰：「向聊相譎，欲言耳；豈有天子自埋金乎？」儉乃留帝於主衣庫。

十二月丙辰，徐世譜、任約退戍巴陵。辛未，魏人戕帝。明年四月，梁王方智承制，追尊爲元皇帝，廟號世祖。

帝聰悟俊朗，天才英發，出言爲論，音響若鍾。年五六歲，武帝嘗問所讀書，對曰：「能誦曲禮。」武帝使誦之，即誦上篇。左右莫不驚歎。初生患眼，醫療必增，武帝自下意療之，遂盲一目。乃憶先夢，彌加愍愛。及長好學，博極群書。武帝嘗問曰：「孫策在江東，于時年幾？」答曰：「十七。」武帝曰：「正是汝年。」

帝性不好聲色，頗慕高名，爲荆州刺史，起州學宣尼廟。嘗置儒林參軍一人，勸學從事二人，生三十人，加稟餼。帝工書善畫，自圖宣尼像，爲之贊而書之，時人謂之三絶。與裴子野、劉顯、蕭子雲、張纘及當時才秀爲布衣交。常自比諸葛亮、桓温，惟纘許焉。

性好矯飾，多猜忌，於名無所假人。微有勝己者，必加毁害。帝姑義興昭長公主子王銓兄弟八九人有盛名。帝妒害其美，遂改寵姬王氏兄王珩名琳以同其父名。忌劉之遴學，使人鴆之。如此者甚衆，雖骨肉亦徧被其禍。始居文宣太后憂，依丁蘭作木母。及武帝崩，祕喪逾年，乃發凶問。方刻檀爲像，置于百福殿内，事之甚謹。朝夕進蔬食，動静必啓聞，迹其虚矯如此。

性愛書籍，既患目，多不自執卷。置讀書左右，番次上直，晝夜爲常，略無休已，雖睡，卷猶不釋。五人各伺一更，恒致達曉。常眠熟大鼾，左右有睡，讀失次第，或偷卷度紙。帝必驚覺，更令追讀，加以檟楚。雖戎略殷湊，機務繁多，軍書羽檄，文章詔誥，點毫便就，殆不游手。常曰：「我韜於文士，愧於武夫。」論者以爲得言。

始在尋陽，夢人曰：「天下將亂，王必維之。」又背生黑子，巫媪見曰：「此大貴不可言。」初，武帝敕賀革爲帝府諮議，使講三禮。革西上，意甚不悦，過别御史中丞江革。江革告之曰：「吾嘗夢主上偏見諸子，至湘東王，脱帽授之。此人後必當璧，卿其行乎。」革領之。及太清之禍，遂膺歸運。

自侯景之難，州郡太半入魏，自巴陵以下至建康，緣以長江爲限。荆州界北盡武寧，西拒峽口；自嶺以南，復爲蕭勃所據。文軌所同，千里而近，人户著籍，不盈三萬。中興之盛，盡於是矣。

武陵之平，議者欲因其舟艦遷都建鄴，宗懔、黄羅漢皆楚人，不願移，帝及胡僧祐亦俱未欲動。僕射王褒、左户尚書周弘正驟言即楚非便。宗懔及御史大夫劉懿以爲建鄴王氣已盡，且渚宫洲已滿百，於是乃留。尋而歲星在井，熒惑守心。帝觀之慨然而謂朝臣文武曰：「吾觀玄象，將恐有賊。但吉凶在我，運數由天，避之何益？」及魏軍逼，閹人朱買臣按劍進曰：「惟有斬宗懔、黄羅漢，可以謝天下。」帝曰：「曩實吾意，宗、黄何罪？」二人退入於人中。

及魏人燒栅，買臣、謝答仁勸帝乘暗潰圍出就任約。帝素不便馳馬，曰：「事必無成，徒增辱耳。」答仁又求自扶，帝以問僕射王褒。褒曰：「答仁，侯景之黨，豈是可信？成彼之勳，不如降也。」乃聚圖書十餘萬卷盡燒之。答仁又請守子城，收兵可得五千人。帝然之，即授城内大都督，以帝鼓吹給之，配以公主。既而又召王褒謀之，答仁請入不得，歐血而去。遂使皇太子、王褒出質請降。有頃，黄門郎裴政犯門而出。帝乘白馬素衣出東門，抽劍擊闔曰：「蕭世誠一至此乎！」魏師至凡二十八日，徵兵四方，未至而城見剋。

在幽逼，求酒飲之，製詩四絶。其一曰：「南風且絶唱，西陵最可悲。今日還蒿里，終非封禪時。」其二曰：「人世逢百六，天道異貞恒。何言異螻蟻，一旦損鵾鵬。」其三曰：「松風侵曉哀，霜雰當夜來。寂寥千載後，誰畏軒轅臺？」其四曰：「夜長無歲月，安知秋與春？原陵五樹杏，空得動耕人。」梁王詧遣尚書傅準監行刑，帝謂之曰：「卿幸爲我宣行。」準捧詩，流淚不能禁，進土囊而殞之。梁王詧使以布帊纏屍，斂以蒲席，束以白茅，以車一乘，葬于津陽門外。愍懷太子元良及始安王方略等，皆見害。徐世譜、任約自馬頭走巴陵。約後降于齊。將軍裴畿、畿弟機並被害。謝答仁三人相抱，俱見屠。汝南王大封、尚書左僕射王褒以下，並爲俘以歸長安。乃選百姓男女數萬口，分爲奴婢，小弱者皆殺之。

帝於伎術無所不該，嘗不得南信，筮之，遇剥之艮。曰「南信已至，今當遣左右季心往看」。果如所説，賓客咸驚其妙。凡所占決皆然。初從劉景受相術，因訊以年，答曰：「未至五十，當有小厄，禳之可免。」帝自勉曰：「苟有期會，禳之何益？」及是四十七矣。特多禁忌，牆壁崩倒，屋宇傾頽，年月不便，終不修改。庭草蕪没，令鞭去之，其慎護如此。

著孝德傳、忠臣傳各三十卷，丹陽尹傳十卷，注漢書一百十五卷，周易講疏十卷，内典博要百卷，連山三十卷，詞林三卷，玉韜、金樓子、補闕子各十卷，老子講疏四卷，懷舊傳二卷，古今全德志、荆南地記、貢職圖、古今同姓名録一卷，筮經十二卷，式贊三卷，文集五十卷。

初，承聖二年三月，有二龍自南郡城西升天，百姓聚觀，五采分明。江陵故老竊相泣曰：「昔年龍出建康淮，而天下大亂，今復有焉，禍至無日矣。」帝聞而惡之，踰年而遘禍。又江陵先有九十九洲，古老相承云：「洲滿百，當出天子。」桓玄之爲荆州刺史，内懷篡逆之心，乃遣鑿破一洲，以應百數。隨而崩散，竟無所成。宋文帝爲宜都王，在藩，一洲自立，俄而文帝纂統。後遇元凶之禍，此洲還没。太清末，枝江楊之閣浦復生一洲，群公上疏稱慶，明年而帝即位。承聖末，其洲與大岸相通，惟九十九云。

……

論曰：帝王之位，天下之重職，文武之道，守國所常遵。其於行用，義均水火，相資則可，專任成亂。觀夫有梁諸帝，皆一之而已。……元帝居勢勝之地，啓中興之業。既雪讎恥，且應天人。而内積猜忍，外崇矯飾，攀號之節，忍酷於踰年；定省之制，申情於木偶。竟而雍州引寇，釁起河東之戮，益部親尋，事習邵陵之窘。悖辭屈於僧辯，殘虐極於圓正，不義不昵，若斯之甚。而復謀無經遠，心勞志大，近捨宗國，遠迫强鄰；外弛藩籬，内崇講肆，卒於溘至戕隕，方追始皇之迹。雖復文籍滿腹，何救社廟之墟？歷觀書契以來，蓋亦廢興代有，未見三葉遘慜，頓若蕭宗之酷。……

初，武帝末年，都下用錢，每百皆除其九，謂爲九佰，竟而有侯景之亂。及江陵將覆，每百復除六文，稱爲六佰。識者以爲九者陽九，六者百六，蓋符曆數，非人事也。

善乎鄭文貞公論之曰：……元帝以磐石之宗，受分陝之任，屬君親之難，居連率之長。不能撫劍嘗膽，枕戈泣血，躬先士卒，致命前驅，遂乃擁衆逡巡，内懷觖望，坐觀國變，以爲身幸。不急莽、卓之誅，先行昆弟之戮。又沈猜忍酷，多行無禮，騁智辯以飾非，肆忿戾以害物。爪牙重將，心膂謀臣，或顧眄以就拘囚，或一言而及葅醢，朝之君子，相顧懍然。自謂安若泰山，算無遺策，怵於邪説，即安荆楚。雖元惡克翦，社稷未寧，而西鄰責言，禍敗旋及。斯乃上靈降鑒，此焉假手，天道人事，其可誣乎？其篤志藝文，採浮華而棄忠信；戎昭果毅，先骨肉而後寇讎。口誦六經，心通百氏，有仲尼之學，有公旦之才，適足以益其驕矜，增其禍患，何補金陵之覆没，何救江陵之滅亡哉！

歷代著録

金樓子著書篇：

集三秩三十卷。（四庫館臣輯録按語：案梁書本紀「文集五十卷」，隋書經籍志作五十二卷，又有梁元帝小集十卷，疑作此書時方三十卷，非訛也。）

梁書卷五梁元帝紀：

所著孝德傳三十卷，忠臣傳三十卷，丹陽尹傳十卷。注漢書一百一十五卷，周易講疏十卷，内典博要一百卷，連山三十卷，洞林三卷，玉韜十卷，補闕子十卷，老子講疏四卷，全德志、懷舊志、荆南志、江州記、貢職圖、古今同姓名録一卷，筮經十二卷，式贊三卷，文集五十卷。

南史卷八梁本紀元帝：

著孝德傳、忠臣傳各三十卷，丹陽尹傳十卷，注漢書一百十五卷，周易講疏十卷，内典博要百卷，連山三十卷、詞林三卷，玉韜、金樓子、補闕子各十卷，老子講疏四卷，懷舊傳二卷，古今全德志、荆南地記、貢職圖、古今同姓名録一卷，筮經十二卷，式贊三卷，文集五十卷。

隋書卷三五經籍志：

梁元帝集五十二卷，梁元帝小集十卷。

舊唐書卷四七經籍志：

梁元帝集五十卷，梁元帝集十卷。

日本國見在書目録：

湘東王集一。

新唐書卷六〇藝文志：

元帝集五十卷。又小集十卷。

直齋書録解題卷一九：

梁元帝詩一卷。即湘東王繹。

文獻通考卷二四二：

梁元帝詩一卷。陳氏曰：即湘東王繹。

世善堂藏書目録：

梁元帝詩集一卷。

澹生堂藏書目：

梁元帝集一卷。

國史經籍志：

元帝集五十卷。小集十卷。

清乾隆江南通志經籍志：

元帝集五十二卷。梁元帝小集十卷。

八千樓卷書目：

元帝集八卷。注曰：「明閻光世編。明刊本。」

歷代評論

周書卷四一庾信傳録信哀江南賦：

中宗之夷凶静亂，大雪冤恥，去代邸而承基，遷唐郊而纂祀。反舊章於司隸，歸餘風於正始。沉猜則方逞其欲，藏疾則自矜於己。天下之事没焉，諸侯之心摇矣。既而齊交北絶，秦患西起。況背闕而懷楚，異端委而開吴。驅緑林之散卒，拒驪山之叛徒。營軍梁溠，蒐乘巴渝。問諸淫昏之鬼，求諸厭劾之巫。荆門遭廪延之戮，夏首濫逵泉之誅。蔑因親於教愛，忍和樂於彎弧。慨無謀於肉食，非所望於論都。未深思於五難，先自擅於二端。登陽城而避險，臥底柱而求安。既言多於忌刻，實志勇於刑殘。但坐觀于時變，本無情於急難。地爲黑子，城猶彈丸。其怨則黷，其盟則寒。豈冤禽之能塞海，非愚叟之可移山。況以沴氣朝浮，妖精夜殞。赤烏則三朝夾日，蒼雲則七重圍軫。亡吴之歲既窮，入郢之年斯盡。

北齊書卷四五顏之推傳録之推觀我生賦：

自東晉之違難，寓禮樂於江湘。迄此幾於三百，左衽浹於四方。詠苦胡而永歎，吟微管而增傷。世祖赫其斯怒，奮大義於沮漳。孝元帝時爲荆州刺史。授犀函與鶴膝，建飛雲及艅艎。北徵兵於漢曲，南發餫於衡陽。湘州刺史河東王譽、雍州刺史岳陽王詧並隸荆州都督府。昔承華之賓帝，實兄亡而弟及。昭明太子薨，乃立晉安王爲太子。逮皇孫之失寵，歎扶車之不立。嫡皇孫驩出封豫章王而薨。間王道之多難，各私求於京邑。襄陽阻其銅符，長沙閉其玉粒。河東、岳陽皆昭明子。遽自戰於其地，豈大勛之暇集。子既殞而姪攻，昆亦圍而叔襲。褚乘城而宵下，杜倒戈而夜入。孝元以河東不供船艎，乃遣世子方等爲刺史。大軍掩至，河東不暇遣拒。世子信用群小，貪其子女玉帛，遂欲攻之，故河東急而逆戰，世子爲亂兵所害。孝元發怒，又使鮑泉圍河東。而岳陽宣言大獵，即擁衆襲荆州，求解湘州之圍。時襄陽杜岸兄弟怨其見劫，不以實告，又不義此行，率兵八千夜降，岳陽於是遁走。河東府褚顯族據投岳陽。所以湘州見陷也。行路彎弓而含笑，骨肉相誅而涕泣。周旦其猶病諸，孝武悔而焉及。

方幕府之事殷，謬見擇於人群。未成冠而登仕，財解履以從軍。時年十九，釋褐湘東國右常侍，以軍功加鎮西墨曹參軍。非社稷之能衛，童汪錡。闕。僅書記於階闥，罕羽翼於風雲。及荆王之定霸，始雠恥而圖雪。舟師次乎武昌，撫軍鎮於夏汭。時遣徐州刺史徐文盛領二萬人屯武昌蘆州拒侯景將任約，又第二子綏寧度方諸爲世子，拜中撫軍將軍、郢州刺史，以盛聲勢。濫充選於多士，在參戎之盛列。慚四白之調護，厠六友之談説。時遷中撫軍外兵參軍，掌管記，與文珪、劉民英等與世子遊處。雖形就而心和，匪余懷之所説。緊深宫之生貴，矧垂堂與倚衡。欲推心以厲物，樹幼齒以先聲。中撫軍時年十五。愾敷求之不器，乃畫地而取名。仗禦武於文吏，以虞預爲郢州司馬，領城防事。委軍政於儒生。以鮑泉爲郢州行事，總攝州府也。值白波之猝駭，逢赤舌之燒城。王凝坐而對寇，向詡拱以臨兵。任約爲文盛所困，侯景自上救之，舟艦弊漏，軍饑卒疲，數戰失利。乃令宋子仙、任約步道偷郢州城，預無備，故陷賊。莫不變蝯而化鵠，皆自取首以破腦。將睥睨於渚宫，先憑陵於他道。景欲攻荆州，路由巴陵。懿永寧之龍蟠，永寧公王僧辯據巴陵城，善於守禦，景不能進。奇護軍之電掃。護軍將軍陸法和破任約於赤亭湖，景退走，大潰。犇虜快其餘毒，縲囚膏乎野草。幸先生之無勸，賴滕公之我保。之推執在景軍，例當見殺。景行臺郎中王則初無舊識，再三救護，獲免，囚以還都。剟鬼録於岱宗，招歸魂於蒼昊。時解衣訖而獲全。荷性命之重賜，銜若人以終老。

賊棄甲而來復，肆觜距之雕鳶。積假履而弒帝，憑衣霧以上天。用速災於四月，奚聞道之十年。臺城陷後，梁武曾獨坐歎曰：「侯景於文爲小人百日天子。」及景以大寶二年十一月十九日僭位，至明年三月十九日棄城逃竄，是一百二十日，茾天道紀大數，故文爲百日。言與公孫述俱稟十二，而旬歲不同。就狄俘於舊壤，陷戎俗於來旋。慨黍離於清廟，愴麥秀於空廛。鼖鼓臥而不考，景鍾毁而莫懸。野蕭條以横骨，邑闃寂而無煙。疇百家之或在，中原冠帶隨晉渡江者百家，故江東有百譜，至是在都者覆滅略盡。覆五宗而翦焉。獨昭君之哀奏，唯翁主之悲絃。公主子女見辱見讎。經長干以掩抑，長干舊顔家巷。展白下以流連。靖侯以下七世墳塋皆在白下。深燕雀之餘思，感桑梓之遺虔。得此心於尼甫，信兹言乎仲宣。逷西土之有衆，資方叔以薄伐。永寧公以司徒爲大都督。撫鳴劍而雷咤，振雄旗而雲窣。千里追其飛走，三載窮於巢窟。屠蚩尤於東郡，挂郅支於北闕。既斬侯景，烹屍於建業市，百姓食之，至於肉盡齕骨，傳首荆州，懸於都街。弔幽魂之冤枉，掃園陵之蕪没。殷道是以再興，夏祀於焉不忽。但遺恨於炎崑，火延宫而累月。侯景既走，義師採穭失火，燒宫殿蕩盡也。

指余櫂於兩東，侍昇壇之五讓。欽漢官之復覩，赴楚民之有望。攝絳衣以奏言，忝黄散於官謗。時爲散騎侍郎，奏舍人事也。或校石渠之文，王司徒表送秘閣舊事八萬卷，乃詔比校，部分爲正御、副御、重雜三本。左民尚書周弘正、黄門郎彭僧朗、直省學士王珪、戴陵校經部，左僕射王褒、吏部尚書宗懷正、員外郎顔之推、直學士劉仁英校史部，廷尉卿殷不害、御史中丞王孝紀、中書郎鄧藎、金部郎中徐報校子部，右衛將軍庾信、中書郎王固、晉安王文學宗善業、直省學士周確校集部也。時參柏梁之唱。顧甂甌之不算，濯波濤而無量。屬瀟湘之負罪，陸納。兼岷峨之自王。武陵王。竚既定以鳴鸞，修東都之大壯。詔司農卿黄文超營殿。驚北風之復起，慘南歌之不暢。秦兵繼來。守金城之湯池，轉絳宫之玉帳。孝元自曉陰陽兵法，初聞賊來，頗爲厭勝，被圍之後，每歎息，知必敗。徒有道而師直，翻無名之不抗。孝元與宇文丞相斷金結和，無何見滅，是師出無名。民百萬而囚虜，書千兩而煙煬。溥天之下，斯文盡喪。北於墳籍少於江東三分之一，梁氏剥亂，散逸湮亡。唯孝元鳩合，通重十餘萬，史籍以來，未之有也。兵敗悉焚之，海内無復書府。憐嬰孺之何辜，矜老疾之無狀。奪諸懷而棄草，踣於途而受掠。冤乘輿之殘酷，軫人神之無狀。載下車以黜喪，揜桐棺之藁葬。雲無心以容與，風懷憤而憀悢。井伯飲牛於秦中，子卿牧羊於海上。留釧之妻，人銜其斷絶；擊磬之子，家纏其悲愴。

陳書卷三四文學何之元録梁典序有云：

洎高祖晏駕之年，太宗幽辱之歲，謳歌獄訟，向西陜不向東都；不庭之民，流逸之士，征伐禮樂，歸世祖不歸太宗。撥亂反正，厥庸斯在，治定功成，其勳有屬。今以如干卷爲世祖。

文苑英華卷七五四何之元梁典高祖事論：

世祖聰明特達，才藝兼美，詩筆之麗，罕與爲匹，伎能之事，無所不該。極星象之功，窮蓍龜之妙，明筆法於馬室，不愧鄭玄，辨雲物于魯臺，無慚梓慎。至於帷籌將略，朝野所推。遂乃撥亂反正，夷凶殄逆，紐地維之已絶，扶天柱之將傾。黔首蒙拯溺之恩，蒼生荷仁壽之惠，微管之力，民其戎乎。鯨鯢既誅，天下且定，早應移鑾西楚，旋駕東都，禋祀宗祊，清蹕宮闕。西周岳陽之敗績，信□宇文之和通，以萬乘之尊，居二境之上，强敵乘釁，再覆皇基，率土分崩，莫知攸暨。謀之不善，乃至於斯。

隋書卷四九牛弘傳載弘上表請開獻書之路，有云：

梁人阮孝緒亦爲七録。總其書數，三萬餘卷。及侯景渡江，破滅梁室，秘省經籍，雖從兵火，其文德殿内書史，宛然猶存。蕭繹據有江陵，遣將破平侯景，收文德之書，及公私典籍，重本七萬餘卷，悉送荆州。故江表圖書，因斯盡萃於繹矣。及周師入郢，繹悉焚之於外城，所收十纔一二。此則書之五厄也。

隋書卷七六文學傳序：

梁自大同之後，雅道淪缺，漸乖典則，争馳新巧。簡文、湘東，啓其淫放；徐陵、庾信，分路揚鑣。其意淺而繁，其文匿而彩，詞尚輕險，情多哀思。格以延陵之聽，蓋亦亡國之音乎！

隋王通中説卷三事君：

或問湘東王兄弟，子曰：「貪人也，其文繁。」

唐趙蕤長短經卷二文中：

梁元帝聰明才學，克平禍亂，而卒致傾覆，何也？虞南曰：「梁元聰明伎藝，才兼文武，仗順伐逆，克雪家寃，成功遂事，有足稱者。值國難之後，傷夷未復，信强寇之甘言，襲褊心於懷楚，藩屏宗支，自爲讎敵，孤遠懸僻，莫與同憂。身亡祚滅，生人塗炭，舉鄢郢而棄之，良可惜也。」原注：議曰：淮南子云：「夫仁智，才之美者也。所謂仁者，愛人也；所謂智者，知人也。愛人則無虐刑，知人則無亂政。此三代所以昌也。智伯有五過人之才，而不免於身死人手者，不愛人也；齊王建有三過人之巧，而身虜于秦者，不知賢也。故仁莫大於愛人，智莫大於知人。二者不立，雖察慧捷巧，不免於亂矣。」或曰：「周武之雄才武略，身先士卒，若天假之年，盡其兵算，必能平一宇内，爲一代之明主乎。」虞南曰：「周武驍勇果毅，有出人之畧；觀其卑躬厲士，法令嚴明，雖勾踐穰苴亦無以過也。但攻取之規有稱於海内，而仁惠之德，無聞於天下。此猛將之任，非人君之度量也。」由此觀之，夫撥亂之主，當先以收相獲將爲本，一身善戰，不足恃也。故劉向曰：「知人者，王道也；知事者，臣道也。」伎藝、善戰，何益哉？

陳姚最續畫品「湘東殿下」梁元帝初封湘東王，嘗畫芙蓉湖醮鼎圖

右天挺命世，幼禀生知，學窮性表，心師造化，非復景行，所能希涉。畫有六法，真仙爲難。王於象人特盡神妙，心敏手運，不加點治。斯乃聽訟部領之隙，文談衆藝之餘，時復遇物援毫，造次驚絶，足使荀、衛閣筆，袁、陸韜翰。圖製雖寡，聲聞於外，非復討論木訥可得而稱焉。

唐張彦遠歷代名畫記卷七：

元帝蕭繹，字世誠，中品。武帝第七子。初生便眇一目，聰慧俊朗，博涉技藝，天生善書畫。初封湘東王，後乃即位，年四十七。追號元帝，廟號世祖。嘗畫聖僧，武帝親爲贊之。任荆州刺史日畫蕃客入朝圖，帝極稱善。梁書具載。又畫職貢圖并序，善畫外國來獻之事。序具本集。姚最云：「湘東天挺生知，學窮性表，心師造化，象人特盡神妙。心敏手運，不加點理。聽訟之暇，衆藝之餘，時遇揮毫，造化驚絶，足使荀、衛閣筆，袁、陸韜翰。」游春苑白麻紙圖、鹿圖、師利像、鵜鶘陂澤圖、芙蓉蘸鼎圖，並有題印，傳於後。

宋李覯盱江集卷三六梁帝：

凝旒南面總虚名，廟祀何曾暫割牲。但學禪心能忍辱，莫羞侯景陷臺城。

宋李清照金石録後序：

昔蕭繹江陵陷殁，不惜國亡而毁裂書畫；楊廣江都傾覆，不悲身死而復取圖書。豈人性之所著，死生不能忘之歟？

宋陳造江湖長翁集卷一八梁元帝二首：

慢藏已重阿琳憂，君道平時況未優。冀北羊腸各亡社，浪言建業勝荆州。

中外誰非肉骨恩，顒顒帝子亦王孫。君王日握金銀筆，忍署兵威極六門。

宋葉適習學記言卷三三「梁書二」：

庾肩吾傳載：梁簡文時，文士庾肩吾、徐摛、陸杲、劉遵、劉孝儀、孝威及肩吾子信、摛子陵、張長公、傅弘、鮑至等，及謝朓、沈約新變之文，「至是轉拘聲韻，彌尚麗靡」。又簡文與湘東王書，言「比見京師文體，懦鈍殊常，競學浮疎，争爲闡緩」，至謂「未聞吟詠情性，反擬内則之篇；操筆寫志，更摹酒誥之作。遲遲春日，翻學歸藏；湛湛江水，遂同大傳」。又言「近世謝朓、沈約之詩，任昉、陸倕之筆，實文章之冠冕，述作之楷模」。文詞之盛衰，在上所好惡。魏武父子既成建安之體，而昭明兄弟功力不減。觀其所主如此，士人安得不風靡！況信與陵皆擅一時盛名，此所以流變至今，如百川到海，無復歸源之日。後世隨時移改，或詞致小異，自謂復古，然皆脱沈、謝本子不得，蓋亦未嘗深考故也。如上世歌詩，其可取法固多矣，奚必沈、謝乎？

宋真德秀西山讀書記卷三六「晉范氏寧曰王何之罪甚於桀紂」條：

彼蕭繹曾何足云然？方在漂摇隉杌中，不思保國之計而講老子，近有簡文，不知監也，其亦愚蔽之甚矣。

宋魏了翁鶴山集卷五〇江陵州叢蘭精舍記：

噫！張華、蕭繹嘗博物矣！

宋馬廷鸞碧梧玩芳集卷一七李氏儒富莊記：

叔翔既築儒富莊，余往過焉。縹囊緗素，魚魚雅雅，其崇如墉。叔翔曰：「有文字來，其篇籍姓氏列于史館、定爲著録者，西京三萬三千餘卷，元和已六萬四千餘卷，隋嘉則殿書以萬計者四十有七，而唐之四部十二庫又不知其幾也，況中朝文明之盛乎！吾以是稱富，何哉？若是而可爲富，則嵩華之卷石、滄溟之浮漚也。若是而不可爲富，則索之常足，味之無窮，吾庸多矣。子爲我計之，尚斯文之未墜，而吾莊之不荒也。」余曰：「嘻！聚書難，讀書尤難。昔金華潘公作磨鏡帖，朱文公亟稱之，其説曰：『僕自喻爲昏鏡，喻書爲磨鏡藥，當用此藥揩磨塵垢，使通明瑩徹而後已。』此名言也。世解讀書者幾人？焦爛於物欲之場，没溺乎宴安之中，蕭繹、宋遵貴之徒皆是也。厄吾書者，豈必郢城之煙、底柱之水哉？叔翔有大雅資，冥搜而力討，飫覽而厚藏，虚心涵泳，切已體察，其必有以知之者矣。李文正家藏書甚富，有不待見主人，下馬直入讀書者。余討論山中，覓書不可得，嘗願徜徉小谿，盡發一莊，引卷徐玩。叔翔當不吾厭也。庶幾文正之遺風歟！因奉所假歸之，輒以所聞讀書之説，次第其語爲記。」

宋王應麟玉海卷五二藝文書目「品 四部 七林」：

蕭繹有江陵，收文德殿書及公私典籍七萬餘卷，悉送荆州。周師入郢，悉焚之，所收十纔有二三，此書之五厄也。

宋王應麟困學紀聞卷七孝經：

劉盛不好讀書，惟讀孝經、論語，曰：「誦此能行足矣，安用多誦而不行乎？」蘇綽戒子威云：「讀孝經一卷，足以立身治國，何用多爲？」愚謂梁元帝之萬卷，不如盛、綽之一言。學不知要，猶不學也！

宋王應麟困學紀聞卷二〇雜識：

善讀書者，或曰「此法當失」，或曰「一卷足矣，奚以多爲」，或不求甚解。或務知大義。不善讀者，蕭繹以萬卷自累，崔儦以五千卷自矜，房法乘之不治事，盧殷之資爲詩。

宋謝翱晞髮集晞髮遺集補：

梁蕭繹。時江左戒嚴，百官戎服聽講老子，中既輟講，諜者言魏軍不出，四境帖然，又復開講一日，以至力屈就擒，身困縵幕，雖拔刀斫案，不得悔。

元陸文圭牆東類稿卷九跋蔣民瞻詠史詩梁元帝：

同室相屠危社稷，擁兵不下棄君親。何言萬卷有今日，自是六經中罪人。

明鄭真滎陽外史集卷三五讀梁帝紀：

書所以載道，道則二帝三王之道也。故書者所以治天下，而非所以失天下也！梁主繹當侯景叛亂之餘，父既餓死，兄復殞弒，所宜流涕枕戈，臥薪嚐膽，以雪莫大之恥，惟恐其或後，可也。不是之顧，而乃同氣相殘，掩恩義，莫知所以爲君臣上下之分，父子兄弟之倫矣。雖讀萬卷，果何以爲治國平天下之本哉？及夫藩邦勸進，又不能正位國都，奉安陵寢，修明國政，申儆邊防，顧乃施施然安於一隅，無憤恥自强之心。敵兵壓境，且講老子，口占爲詩。至聚書十四萬卷，焚之，而曰「文武之道，今夜盡矣」。烏乎！能盡文武之道，夫豈至於今日乎？行之不臧，不責之已，而反以讀書爲無知，亦甚矣哉！使後世不知讀書而失天下者，其梁主有以啓之乎？

明胡應麟少室山房筆叢卷一經籍會通：

等而論之，則古今書籍盛聚之時、大厄之會各有八焉，春秋也，西漢也，蕭梁也，隋文也，開元也，太和也，慶曆也，淳熙也，皆盛聚之時也；祖龍也，新莽也，蕭繹也，隋煬也，安史也，黄巢也，金人也，元季也，皆大厄之會也。東京之季，簒輯無聞；魏晉之間，採摭未備；卓曜諸兇，摧頹餘燼。於聚於厄俱未足云。

明胡應麟少室山房集卷一〇〇策一首：

若是則秦始之焚書，功烈當首乎三皇；漢高之不學，道術上崇乎五帝；梁武之餓臺城，遠勝放勳之殂落；蕭繹之談老子，迥邁杏壇之設教。而即其群剽而陰習者，老氏何以有道德五千之文，釋氏何以有大藏五千之富也。

明王世貞藝苑卮言：

卷三：梁氏帝王，武帝、簡文爲勝，湘東次之。

卷八：自三代而後，人主文章之美，無過於漢武帝、魏文帝者，其次則漢文宣光武明肅、魏高貴鄉公、晉簡文、劉宋文帝孝武明帝、元魏孝文孝静、梁武簡文元帝、陳後主、隋煬帝、唐文皇明皇、德宗、文宗，南唐元宗、後主，蜀王衍，孟主昶，宋徽、高、孝，凡二十九主。而著作之盛，則無如蕭梁父子。……昭明才不足而識有餘，簡文才有餘而識不足，武、元二主才識小不逮，而學勝之。人則昭明美矣。

卷八：三玷缺：……人主如梁武、隋煬、湘東、長城，違命昏德，不足言矣。

卷八：八無終：……至若高貴鄉公、梁簡文、湘東王、魏孝靜、隋煬，所不敢論。

明張溥漢魏六朝百三家集梁元帝集題詞：

間讀梁元帝與武陵王書，言「兄肥弟瘦」、「讓棗推梨」、「上林聞鳥」、「宣室披圖」，友于之情，三復流涕，漢明、東海，詞無以加。乃縱兵六門，參夷流血，同室之鬭，甚於寇讎。外爲可憐之言，内無急難之痛，狡人好語，固難以嘗測也。荆南定蹕，强虜叩城，地非王氣，自速其災。然召師覆國，禍發岳陽。帝好殺家人，卒殺之者家人也。驪山之火，君子緩誅申戎，而先咎幽王，有以哉！帝不好聲色，頗有高名，獨爲詩賦，婉麗多情，「妾怨迴文」、「君思出塞」，非好色者不能言。而徐娘角枕，垂刺金樓，内教之闕，不能謂當璧無過也。釋典諸文，雕鏤匠意，威鳳紺馬，增其爛熳。顧涅槃德宗，讓悟父兄，道心三降，其風薄矣。詔令書表，咄咄火攻，挾陳思之才，攘子桓之坐，眇僧化身，固一神物哉！婁東張溥題。

明陸時雍古詩鏡總論：

梁元學曲初成，遂自嬌音滿耳，含情一粲，蕊氣撲人。

明周子文藝藪談宗録何良俊四友齋叢説：

永明以後，當推徐、庾、陰、何。蓋其詩尚本於情性，但以其工爲柔曼之語，故乏風骨，猶不甚委靡。若梁元帝、簡文帝、劉孝綽，後至楊素、孫萬壽諸人，則頽然風靡矣。

清尤侗看鑒偶評卷三：

湘東讀萬卷書，而不知國君死社稷之道，束手出降，卒爲魏人所殺，吾不知所讀何書也！

清王夫之讀通鑒論卷一七元帝：

江陵陷，元帝焚古今圖書十四萬卷。或問之，答曰：「讀書萬卷，猶有今日，故焚之。」未有不惡其不悔不仁而歸咎於讀書者。曰書何負於帝哉？此非知讀書者之言也。帝之自取滅亡，非讀書之故，而抑未嘗非讀書之故也。取帝之所撰著而觀之，搜索駢麗，攢集影迹，以誇博記者，非破萬卷而不能。于其時也，君父懸命於逆賊，宗社垂絲於割裂，而晨覽夕披，疲役於此，義不能振，機不能乘，則與六博投瓊、耽酒漁色也，又何以異哉？夫人心一有所倚，則聖賢之訓典，足以錮志氣於尋行數墨之中；得纖曲而忘大義，迷影迹而失微言，且爲大惑之資也。況百家小道、取青妃白之區區者乎！

嗚呼！豈徒元帝之不仁，而讀書止以導淫哉？宋末胡元之世，名爲儒者，與聞格物之正訓，而不念格之也將以何爲，數五經、語、孟文字之多少而總記之，辨章句合離呼應之形聲而比擬之，飽食終日，以役役於無益之較訂，而發爲文章，侈筋脈排偶以爲工，於身心何與邪？於倫物何與邪？於政教何與邪？自以爲密而傲人之疏，自以爲專而傲人之散，自以爲勤而傲人之惰，若此者，非色取不疑之不仁、好行小慧之不知哉？其窮也，以教而錮人之子弟；其達也，以執而誤人之國家；則亦與元帝之兵臨城下而講老子、黄潛善之虜騎渡江而參圓悟者，奚别哉？抑與蕭寳卷、陳叔寳之酣歌恒舞、白刃垂頭而不覺者，又奚别哉？故程子斥謝上蔡之玩物喪志，有所玩者，未有不喪者也。梁元、隋煬、陳後主、宋徽宗，皆讀書者也；宋末胡元之小儒，亦讀書者也：其迷均也。

或曰：「讀先聖先儒之書，非雕蟲之比，固不失爲君子也。」夫先聖先儒之書，豈浮屠氏之言書寫讀誦而有功德者乎？讀其書，察其迹，析其字句，遂自命爲君子，無怪乎爲良知之説者起而斥之也。乃爲良知之説，迷於其所謂良知，以刻畫而髣髴者，其害尤烈也。

夫讀書將以何爲哉？辨其大義，以立修己治人之體也；察其微言，以善精義入神之用也。

乃善讀者，有得於心而正之以書者，鮮矣。下此而如太子弘之讀春秋而不忍卒讀者，鮮矣。下此而如穆姜之於易，能自反而知媿者，鮮矣。不規其大，不研其精，不審其時，且有如漢儒之以公羊廢大倫，王莽之以讖二名待匈奴，王安石以國服賦青苗者，經且爲蠹，而史尤勿論已。讀漢高之誅韓、彭而亂萌消，則殺親賢者益其忮毒；讀光武之易太子而國本定，則喪元良者啓其偏私；讀張良之辟穀以全身，則爐火彼家之術進；讀丙吉之殺人而不問，則怠荒廢事之陋成。無高明之量以持其大體，無斟酌之權以審於獨知，則讀書萬卷，止以導迷，顧不如不學無術者之尚全其樸也。故子曰：「吾十有五而志於學。」志定而學乃益，未聞無志而以學爲志者也。以學而游移其志，異端邪説，流俗之傳聞，淫曼之小慧，大以蝕其心思，而小以荒其日月，元帝所爲至死而不悟者也，惡得不歸咎於萬卷之涉獵乎？儒者之徒而效其卑陋，可勿警哉！

清陳祚明采菽堂古詩選卷二二：

湘東直率之性，筆短風姿，强屬腴辭，不能工琢。

清陳維崧陳檢討四六卷一滕王閣賦：

梁孝則廣通賓客，蕭繹則雅善文章。

清姜宸英湛園集卷三敦好齋記：

錢唐王子丹麓自署其所居曰敦好齋，取陶公「詩書敦宿好」之義也。余嘗稱陶公爲學道者，顧因敦好之義而終言之。夫自漢以來，詩書之放廢久矣。至魏之末季，王何輩出，競爲清談，以惑世士大夫，非易、老、莊之書不讀。易，聖人所以明陰陽消息之理，而與異端之旨同述，其傳流於江左，糟粕六經，菲薄湯武，百餘年不絕，而後熾爲乾竺之教。至於江陵失守，蕭繹輟講文武之道，竟與瓦礫同殉，此晉名流之遺禍，所以不在秦李斯下也。

清賀貽孫詩筏：

南朝齊、梁以後，帝王務以新詞相競，而梁氏一家，不減曹家父子兄弟，所恨體氣卑弱耳。……梁元帝及昭明統、武陵紀、邵陵綸，亦自奕奕，獨昭明小劣耳。

清劉統勛等編評鑑闡要卷四「梁湘東王繹聞廬陵王續卒喜躍屧破」目：

兄死不哀，喜躍破屧。臺城被圍，遲徊不進。即後之刻檀肖像，亦不過爲收人心之計耳。天道神明，其可欺乎？魏徵以江陵覆陷乃「上靈降鑒，此焉假手」，理固有之，事亦宜然。

清紀昀等四庫全書總目提要卷一四八集部別集小序：

集始於東漢。荀況諸集，後人追題也。其自製名者，則始張融玉海集。其區分部帙，則江淹有前集，有後集；梁武帝有詩賦集，有文集，有别集；梁元帝有集，有小集；謝朓有集，有逸集；與王筠之一官一集；沈約之正集百卷，又别選集略三十卷者：其體例均始於齊梁。蓋集之盛，自是始也。

清劉體仁通鑑劄記卷十「元帝骨肉相殘」

梁高祖子孫自相吞噬，前不能翦侯景犯闕之仇，後遂以召江陵亡國之禍，而其戎首罪魁，則梁元帝是已。

江東之勢，重在上游，湘東王繹以荆州刺史都督荆雍等九州，位尊勢重，使仗大義，爲諸王倡，則骨肉相殘無由而起。乃繹緩於寇仇，而亟攻骨肉。其後亡於江陵，非不幸也！

梁高祖太清三年，湘東王繹軍於郢州之武城。湘州刺史河東王譽軍於青草湖，信州刺史桂陽王慥軍於西峽口，託云俟四方援兵淹留不進。蕭賁以繹不早下，心非之，嘗與繹雙六，食子未下。賁曰：「殿下都無下意。」繹深銜之。及上許侯景和，繹得敕，欲旋師。賁曰：「景以人臣舉兵向闕，今若放兵，未及度江，童子能斬之矣，必不爲也。大王以十萬之師，未見賊而退，奈何！」繹不悅。未幾，因事殺之。繹不急其君父之難，所謂至不仁之人，無怪其戕骨肉矣。

初上以河東王譽爲湘州刺史，徙湘州刺史張纘爲雍州刺史，代岳陽王詧。纘恃其才望，輕譽少年，迎候有闕。譽至，檢括州府付度事，留纘不遣；聞侯景作亂，頗陵蹙纘。纘恐爲所害，輕舟夜遁，將之雍部，復慮詧拒之。纘與湘東王繹有舊，欲因之以殺譽兄弟，乃如江陵。及臺城陷，諸王各還州鎮，譽自湖口歸湘州。桂陽王慥以荊州督府，留軍江陵，欲待繹至拜謁，乃還信州。纘遺繹書曰：「河東戴檣上水，欲襲江陵，岳陽在雍，共謀不逞。」江陵游軍主朱榮亦遣使告繹云：「桂陽留此，欲應譽、詧。」繹懼，鑿船，沉米，斬纜，自蠻中步道馳歸江陵，囚慥，殺之。

湘東王繹之入援也，令所督諸州皆發兵。雍州刺史岳陽王詧遣府司馬劉方貴將兵出漢口；繹召詧使自行，詧不從。方貴潛與繹相知，謀襲襄陽。據樊城，詧攻殺之。繹厚資遣張纘赴鎮，詧聞臺城陷，遂不受代。纘逃，詧追擒之，纘乞爲沙門。

是歲上爲侯景所制，憂憤成疾而殂。太子以幼子大圜屬繹，並剪爪髮以寄之。上甲侯韶自建康出奔江陵，稱受高祖密詔徵兵，以繹爲侍中、假黃鉞、大都督中外諸軍事、司徒、承制。

可見梁之上下屬望於繹甚殷，而繹不惟不足副人望，且爲亡梁之罪魁也！

湘州刺史河東王譽得士心，繹將討侯景，遣使督其糧衆，譽不與。繹使世子方等討之，敗死，繹無戚容。又疑方等之母徐妃殺其寵姬，逼令自殺，不聽諸子制服。繹於妻子亦猜薄已甚。無怪其不念一本之愛也。

繹遣王僧辯、鮑泉等擊湘州，譽戰敗，衆圍之。譽告急於詧，詧帥衆二萬、騎二千伐江陵以救湘州。繹降杜崱等。崱兄岸襲襄陽。詧聞之夜遁。詧既與繹爲敵，恐不能自存，遣使求援於魏，請爲附庸。繹使柳仲禮圖詧。魏宇文泰遣楊忠等救之。簡文帝大寶元年，忠擊獲仲禮，於是漢東之地盡入於魏。繹求和於魏，請同附庸。邵陵王綸欲救河（今按：原無作「湘」）東王譽而兵糧不足，乃致書於繹曰：「天時地利，不及人和。況於手足肱支，豈可相害！今社稷危恥，創巨痛深，唯應剖心嘗膽，泣血枕戈，其餘小忿，或宜容貰。若外難未除，家禍仍構，料今訪古，未或不亡。夫征戰之理，唯求克勝；至於骨肉之戰，愈勝愈酷，捷則非功，敗則有喪，勞兵損義，虧失多矣。侯景之軍所以未窺江外者，良爲藩屏盤固，宗鎮强密。弟若陷洞庭，不戢兵刃，雍州疑迫，何以自安，必引進魏軍以求形援。弟若不安，家國去矣。必希解湘州之圍，存社稷之計。」繹復書，陳譽過惡不赦，且曰：「詧引楊忠來相侵逼，曲直有在，不復自陳。臨湘旦平，暮便即路。」綸得書，投之於案，慷慨流涕曰：「天下之事，一至於斯！湘州若敗，吾亡無日矣！」綸雖昏狂，其告繹之言，固猶愈於繹之安忍也。

邵陵王綸在郢州，其部下陵暴。咨議參軍府江仲舉説南平王恪圖之。恪不從，曰：「巨逆未梟，骨肉相殘，自亡之道也。」仲舉部分諸將，謀泄，綸殺之。恪狼狽往謝，綸曰：「群小所作，非由兄也。凶黨既斃，兄勿深憂。」是綸與恪猶能相容，尚賢於繹矣。

王僧辯急攻長沙，克之。斬譽。長沙既下，繹始爲高祖發喪，下令大舉討侯景，移檄遠近。

武陵王紀移告征鎮，使世子圓照帥兵三萬受湘東王節度。圓照軍至巴水，繹授以信州刺史，令屯白帝，未許東下。邵陵王綸大修鎧仗，將討侯景。繹惡之，遣王僧辯等帥舟師一萬東趣江、郢，聲言迎邵陵王還江陵，授以湘（今按：原無作「荆」）州。王僧辯軍至鸚鵡洲，綸以書責之曰：「將軍前年殺人之姪，今歲伐人之兄，以此求榮，恐天下不許！」僧辯送書於湘東王繹，繹命進軍。綸集其麾下，涕泣言曰：「我本無佗，志在滅賊，湘東常謂與之争帝，遂爾見伐。今日欲守則交絶糧儲，欲戰則取笑千載，不容無事受縛，當於下流避之。」麾下壯士争請出戰，綸不從，遂北走屯於齊昌。遣使請和於齊，齊以綸爲梁王。時繹亦與齊連和，故齊人觀望，不助綸。

武陵王紀帥諸軍發成都，湘東王繹遣使以書止之。

二年，江安侯圓正爲西陽太守，寬和好施，歸附者衆，有兵一萬。湘東王繹欲圖之，署爲平南將軍。及至，弗見，醉而囚之内省，分其部曲，使人告其罪。荆、益之釁自此起矣。

是繹不特不自報仇，且不令人興師勤王。惟知剪滅骨肉以自益。則蕭梁失國，繹爲罪魁矣。

元帝承聖元年，王僧辯等既破侯景，上表勸進，且迎都建業。繹答曰：「淮海長鯨，雖云授首；襄陽短狐，未全革面。」僧辯之發江陵也，啓繹曰：「平賊之後，嗣君萬福，未審何以爲禮？」王曰：「六門之内，自極兵威。」僧辯曰：「討賊之謀，臣爲己任，成濟之事，請别舉人。」繹乃密諭朱買臣殺豫章王棟及二弟。僧辯所不忍爲而繹悍然爲之，且念念不忘情於簪，其猜忍如此！

繹即位二年，聞武陵王紀東下，使方士畫版爲紀像，親釘支體以厭之。與魏書曰：「子糾，親也，請君討之。」太師宇文泰曰：「取蜀制梁，在茲一舉。」遣尉遲迥等伐蜀。蜀潼州刺史楊乾運之兄子略説乾運曰：「今侯景初平，宜同心戮力，保國寧民，而兄弟尋戈，此自亡之道也。夫木朽不雕，世衰難佐。不如送款關中，可以功名兩全。」從之。魏遂取蜀。紀東進敗死，仍絶其屬籍，賜姓饕餮氏。武陵王子圓照兄弟皆下廷尉，絶食死。殘酷至此已極，江陵之亡，蓋不待智者而後知矣。

引用文獻

周易集解纂疏，清李道平撰，中華書局一九九四年版
毛詩注疏，漢毛亨傳，漢鄭玄箋，唐孔穎達疏，唐陸德明音釋，朱傑人、李慧玲整理，上海古籍出版社二〇一三年版
尚書正義，漢孔安國傳，唐孔穎達正義，黄懷信整理，上海古籍出版社二〇〇七年版
毛詩傳箋通釋，清馬瑞辰撰，中華書局一九八九年版
詩經原始，清方玉潤撰，中華書局一九八六年版
詩三家義集疏，清王先謙撰，中華書局一九八七年版
周禮注疏，漢鄭玄注，唐賈公彦疏，彭林整理，上海古籍出版社二〇一〇年版
禮記正義，漢孔安國傳，唐孔穎達正義，吕友仁整理，上海古籍出版社二〇〇八年版
儀禮注疏，漢鄭玄注，唐賈公彦疏，王輝整理，上海古籍出版社二〇〇八年版
大戴禮記匯校集解，方向東撰，中華書局二〇〇八年版

春秋左傳注，楊伯峻著，中華書局一九九〇年第二版
左傳，戰國左丘明撰，西晉杜預集解，中國史學要籍叢刊本，上海古籍出版社二〇一五年版
春秋公羊傳注疏，漢何休注，上海古籍出版社二〇一四年版
論語正義，清劉寶楠撰，中華書局一九九〇年版
論語譯註，楊伯峻譯註，中華書局一九八〇年第二版
孟子正義，清焦循撰，中華書局一九八七年版
孟子字義疏證，清戴震疏證，中華書局一九六一年版
孟子譯註，楊伯峻譯註，中華書局一九六〇年版
四書章句集注，宋朱熹集注，中華書局一九八三年版
尚書大傳，舊題漢伏勝撰，文淵閣四庫全書本，上海古籍出版社一九八七年影印版韓詩外傳，漢韓嬰撰，許維遹校釋，中華書局一九八〇年版
爾雅注疏，晉郭璞注，宋邢昺疏，上海古籍出版社二〇一〇年版
釋名疏證補，漢劉熙撰，清畢沅疏證，王先謙補，中華書局二〇〇八年版
説文解字，漢許慎撰，宋徐鉉等校，上海古籍出版社二〇〇七年版
説文解字注，清段玉裁注，上海古籍出版社一九八八年第二版
焦氏易林校注，漢焦贛著，劉黎明校注，巴蜀書社二〇一一年版

大廣益會玉篇，南朝梁顧野王撰，中華書局一九八七年版
廣韻校本，中華書局一九八八年第二版
廣雅疏證，清王引之撰，江蘇古籍出版社一九八四年版
宋刻集韻，宋丁度撰，中華書局二〇〇五年第二版
正字通，明張自烈撰，文淵閣四庫全書本，上海古籍出版社一九八七年影印版
御定駢字類編，文淵閣四庫全書本，上海古籍出版社一九八七年影印版
經籍籑詁，清阮元撰集，中華書局一九八二年版
經義述聞，清王引之撰，江蘇古籍出版社二〇〇〇年版
經傳釋詞，清王引之撰，江蘇古籍出版社二〇〇〇年版
經義考，清朱彝尊編，中華書局一九九八年版
群經平議，清俞樾撰，續修四庫全書，第一七八册，上海古籍出版社二〇〇二年版
助字辨略，清劉淇撰，章錫琛校注，中華書局二〇〇四年第二版
詩詞曲語辭匯釋，張相著，中華書局一九五三年版
古本竹書紀年輯證，方詩銘、王修齡撰，上海古籍出版社二〇〇五年版
國語集解，徐元誥撰，中華書局二〇〇二年版

戰國策，漢劉向集録，上海古籍出版社一九八五年第二版
逸周書彙校集注，黄懷信、張懋鎔、田旭東撰，上海古籍出版社二〇〇七年版
史記，漢司馬遷著，南朝宋裴駰集解，唐司馬貞索隱，唐張守節正義，中華書局一九五九年版
漢書，漢班固著，唐顔師古注，中華書局一九六二年版
東觀漢紀，漢劉珍等撰，吴樹平校注，中華書局二〇〇八年版
漢紀，漢荀悦撰；後漢紀，晉袁宏撰，中華書局二〇〇二年版
越絶書校釋，漢袁康著，李步嘉校釋，中華書局二〇一三年版
吴越春秋輯校匯考，漢趙曄著，周生春輯校，上海古籍出版社一九九七年版
三輔黄圖校注，無名氏撰，何清谷校注，中華書局二〇〇五年版
漢官儀，漢應劭著，清孫星衍等輯，中華書局二〇〇八年版
華陽國志校補圖注，晉常璩著，任乃强校注，上海古籍出版社一九八七年版
高士傳，晉皇甫謐撰，文淵閣四庫全書本，上海古籍出版社一九八七年影印版
三國志，晉陳壽著，南朝宋裴松之注，中華書局一九六二年版
後漢書，南朝宋范曄著，李賢注，中華書局一九六五年版
宋書，梁沈約著，中華書局一九七四年版

南齊書，梁蕭子顯著，中華書局一九七二年版
周書，唐令狐德棻著，中華書局一九七一年版
水經注校證，北魏酈道元著，陳橋驛校證，中華書局二〇〇七年版
洛陽伽藍記校注，北魏楊衒之撰，范祥雍校注，上海古籍出版社一九七八年新版
洛陽伽藍記校釋，北魏楊衒之撰，周祖謨校釋，中華書局一九六三年版
魏書，北齊魏收著，中華書局一九七四年版
晉書，唐房玄齡著，中華書局一九七四年版
梁書，唐姚思廉著，中華書局一九八七年版
今注本二十四史梁書，熊清元校注，四川出版集團巴蜀書社二〇一三年版
陳書，唐姚思廉著，中華書局一九七二年版
北齊書，唐李百藥著，中華書局一九八七年版
隋書，唐魏徵著，中華書局一九八二年版
南史，唐李延壽著，中華書局一九八七年版
北史，唐李延壽著，中華書局一九八七年版
建康實録，唐許嵩撰，中華書局一九八六年版
日本國見在書目録，日藤原佐世撰，古逸叢書本

元和郡縣志，唐李吉甫編，中華書局一九八三年版
史通通釋，唐劉知幾撰，浦起龍釋，上海書店出版社一九七八年版
通典，唐杜佑著，中華書局一九八八年版
元和姓纂，唐林寶撰，中華書局二〇〇八年版
輿地紀勝，宋王象之撰，中華書局一九九二年版
六朝事迹類編，宋張敦頤撰，張忱石點校，中華書局二〇一二年版
資治通鑑，宋司馬光撰，中華書局一九九七年版
路史，宋羅泌撰，文淵閣四庫全書本，上海古籍出版社一九八七年影印版
通志，宋鄭樵著，中華書局一九八七年版
通志二十略，宋鄭樵著，中華書局一九九五年版
册府元龜，宋王欽若等編，中華書局二〇〇三年版
方輿勝覽，宋祝穆撰，中華書局二〇〇三年版
崇文總目，宋王堯臣撰，清錢東垣等輯釋，清錢侗附録，叢書集成初編本
郡齋讀書志校證，宋晁公武著，孫猛校證，上海古籍出版社一九九〇年版
直齋書録解題，宋陳振孫著，上海古籍出版社一九八七年版
會稽志，宋施宿著，文淵閣四庫全書本，上海古籍出版社一九八七年影印版

文獻通考，元馬端臨，中華書局二〇〇六年版
國史經籍志，明焦竑撰，叢書集成初編本
七國考，明董説撰，中華書局一九五六年版
蜀中廣記，明曹學佺撰，文淵閣四庫全書本，上海古籍出版社一九八七年影印版
全蜀藝文志，明楊慎編，叢書集成新編第五四册，臺灣新文豐出版公司一九八五年版
欽定四庫全書總目，清永瑢等撰，中華書局一九九七年整理本
讀通鑒論，清王夫之著，中華書局一九七五年版
陔餘叢考，清趙翼著，中華書局一九六三年版
欽定盛京通志，文淵閣四庫全書本，上海古籍出版社一九八七年影印版
大清一統志，文淵閣四庫全書本，上海古籍出版社一九八七年影印版
畿輔通志，文淵閣四庫全書本，上海古籍出版社一九八七年影印版
欽定授時通考，文淵閣四庫全書本，上海古籍出版社一九八七年影印版
歷代帝王宅京記，文淵閣四庫全書本，上海古籍出版社一九八七年影印版
十七史商榷，清王鳴盛著，上海書店出版社二〇〇五年版
廿二史考異，清錢大昕著，上海古籍出版社二〇〇四年版
古書疑義舉例五種，清俞樾等著，中華書局一九五六年版

漢官六種，清孫星衍輯，中華書局一九九〇年版
漢魏六朝墓銘纂例，清李富孫撰，叢書集成初編本
江南通志，清趙宏恩等監修，文淵閣四庫全書本，上海古籍出版社一九八七年影印版
南岳總勝集，文淵閣四庫全書本，上海古籍出版社一九八七年影印版
湖廣通志，文淵閣四庫全書本，上海古籍出版社一九八七年影印版
南朝齊會要，清朱銘盤撰，上海古籍出版社二〇〇六年版
南朝梁會要，清朱銘盤撰，上海古籍出版社二〇〇六年版
金石萃編，清王昶編撰，陝西人民美術出版社一九九〇年版
中國歷代人名大辭典，張撝之、沈起煒、劉德重主編，上海古籍出版一九九九年版
中國歷史地名大辭典，史爲樂主編，中國社會科學出版社二〇〇五年版
簡明中國歷史地圖集，譚其驤主編，中國地圖出版社一九九一年版
中國官制大辭典，徐連達編著，上海大學出版社二〇一〇年版
漢魏兩晉南北朝佛教史，湯用彤著，中華書局一九八三年版
秦漢文學編年史，劉躍進撰，商務印書館二〇〇六年版
南北朝文學編年史，曹道衡、劉躍進撰，人民文學出版社二〇〇〇年版
中國文學家大辭典 先秦漢魏晉南北朝卷，曹道衡，沈玉成編撰，中華書局一九九六年版

蕭綱蕭繹年譜，吴光興撰，社會科學文獻出版社二〇〇六年版
東晉南北朝學術編年史，劉汝霖撰，民國叢書第三編，上海書店一九九二年影印版
秦漢的方士與儒生，顧頡剛著，上海古籍出版社一九九八年版
中國美術史論集，金維諾著，人民美術出版社一九八一年版
魏晉南北朝史論集，周一良著，北京大學出版社一九九七年版
魏晉南北朝史札記，周一良著，中華書局二〇〇七年第二版
中國地方行政制度史：魏晉南北朝地方行政制度，嚴耕望撰，上海古籍出版社二〇〇七年版
兩漢魏晉南北朝正史西域傳研究，余太山著，中華書局二〇〇三年版
中古文學史料叢考，曹道衡、沈玉成著，中華書局二〇〇三年版
鄖縣誌，湖北省鄖縣地方誌編纂委員會編，湖北人民出版社二〇〇一年版
關尹子，舊題周關尹喜著，文淵閣四庫全書本，上海古籍出版社一九八七年影印版
鄧子，舊題周鄧析撰，百子全書本，浙江古籍出版社一九九八年版
吴子，舊題周吴起撰，百子全書本，浙江古籍出版社一九九八年版
老子校釋，朱謙之撰，中華書局一九八四年版

老子今注今譯，陳鼓應撰，中華書局一九八四年版
孫臏兵法，銀雀山漢墓竹簡整理小組編，文物出版社一九七五年版
子華子，舊題周程本撰，文淵閣四庫全書本，上海古籍出版社一九八七年影印版
莊子集釋，清郭慶藩輯，中華書局一九六一年版
管子校注，黎翔鳳撰，梁運華整理，中華書局二〇〇四年版
墨子閒詁，清孫星衍撰，中華書局二〇〇一年版
荀子集解，清王先謙撰，中華書局一九八八年版
十一家注孫子兵法校理，魏曹操等注，楊丙安校理，中華書局一九九九年版
鶡冠子彙校集注，黄懷信撰，中華書局二〇〇四年版
商君書注譯，高亨注譯，中華書局一九七四年版
商君書錐指，蔣禮鴻撰，中華書局一九八六年版
韓非子集解，韓非著，王先慎集解，中華書局一九九八年版
韓非子集釋，韓非著，陳奇猷校注，中華書局一九五八年版
晏子春秋集釋，吴則虞著，中華書局一九六二年版
文子疏義，文子著，王利器撰，中華書局二〇〇〇年版
文子校釋，文子著，李定生、徐慧君校釋，上海古籍出版社二〇〇四年版

呂氏春秋集釋，呂不韋編著，許維遹校釋，上海古籍出版社二〇〇二年版
山海經校譯，袁珂校譯，上海古籍出版社一九八五年版
鬼谷子集校集注，許富弘撰，中華書局二〇〇八年版
尸子譯註，戰國尸佼著，朱海雷譯註，上海古籍出版社二〇〇六年版
司馬法，舊題司馬穰苴著，文淵閣四庫全書本，上海古籍出版社一九八七年影印版
尉繚子，戰國尉繚著，文淵閣四庫全書本，上海古籍出版社一九八七年影印版
神農本草經，楊鵬舉校注，學苑出版社一九九八年版
新語校注，漢陸賈著，王利器校注，中華書局一九八六年版
新書校注，漢賈誼撰，閻振益、鍾夏校注，中華書局二〇〇〇年版
淮南子集釋，漢劉安編著，何寧撰，中華書局一九九八年版
説苑校證，漢劉向撰，向宗魯校證，中華書局一九八七年版
新序校釋，漢劉向編著，石光瑛校釋，陳新整理，中華書局二〇〇一年版
列女傳，漢劉向編著，遼寧教育出版社一九九八年版
春秋繁露義證，漢董仲舒著，蘇興義證，中華書局一九九二年版
白虎通疏證，漢班固著，陳立疏證，中華書局一九九四年版
鹽鐵論校注，漢桓寬著，王利器校注，中華書局一九九二年版

法言義疏，漢揚雄著，汪榮寶義疏，中華書局一九八七年版
太玄集注，漢揚雄撰，司馬光集注，中華書局一九九八年版
潛夫論校正，漢王符著，汪繼培箋，中華書局一九八五年版
新輯本桓譚新論，漢桓譚撰，朱謙之校輯，中華書局二〇〇九年版
氾勝之書，漢氾勝之著，文淵閣四庫全書本，上海古籍出版社一九八七年影印版
禽經，文淵閣四庫全書本，上海古籍出版社一九八七年影印版
論衡校釋，漢王充著，黄暉校釋，中華書局一九九〇年版
風俗通義校注，漢應劭撰，王利器校注，中華書局二〇一〇年第二版
列仙傳校箋，王叔岷撰，中華書局二〇〇七年版
神仙傳校釋，晉葛洪撰，胡守爲校釋，中華書局二〇一〇年版
抱朴子内篇校釋，晉葛洪著，楊明照校釋，中華書局一九八五年版
抱朴子外篇校箋，晉葛洪著，王明校箋，中華書局一九九一年版
孔子家語疏證，陳士珂撰，上海書店一九八七年版
列子集釋，楊伯峻集釋，中華書局一九七九年版
拾遺記，晉王嘉撰，梁蕭綺録，中華書局一九八一年版
搜神記，晉干寶撰，汪紹楹校注，中華書局一九七九年版

法顯傳校注，東晉沙門釋法顯撰，章巽注，中華書局二〇〇八年版
世説新語箋疏，南朝宋劉義慶著，余嘉錫箋疏，上海古籍出版社一九九三年版
齊民要術校釋，北魏賈思勰著，繆啓愉校釋，中國農業出版社一九九八年版
劉子集校，梁劉勰著，林其錟、陳鳳金集校，上海古籍出版社一九八五年版
劉子校釋，北齊劉晝著，傅亞庶校釋，中華書局一九九八年版
顔氏家訓集解，北齊顔之推著，王利器集解，中華書局一九九三年版
高僧傳，梁釋慧皎撰，湯用彤校注，中華書局一九九二年版
弘明集校箋，李小榮校箋，上海古籍出版社二〇一三年版
殷芸小説，梁殷芸撰，周楞伽輯注，上海古籍出版社一九八四年版
真誥，梁陶弘景撰，趙益點校，中華書局二〇一一年版
金樓子疏證校注，梁蕭繹著，陳志平、熊清元疏證校注，上海古籍出版社二〇一四年版
肇論校釋，南朝梁僧肇撰，張春波注，中華書局二〇一〇年版
高僧傳合集，上海古籍出版社一九九一年版
古畫品録，南朝齊謝赫著，上海古籍出版社一九九一年版
述異記，任昉撰，文淵閣四庫全書本，上海古籍出版社一九八七年影印版
漢魏六朝筆記小説大觀，上海古籍出版社一九九九年版

穆天子傳，無名氏撰
神異經，漢東方朔撰
海内十洲記，漢東方朔撰
西京雜記，漢劉歆撰，晉葛洪集
漢武帝内傳，佚名著
漢武故事，佚名著
博物志，晉張華撰
古今注，晉崔豹撰
南方草木狀，晉嵇含撰
搜神後記，晉陶潛撰
異苑，南朝宋劉敬叔撰
幽明録，南朝宋劉義慶撰
續齊諧記，梁吴均撰
荆楚歲時記，梁宗懔撰
北堂書鈔，唐虞世南撰，中國書店一九八九年版
藝文類聚，唐歐陽詢撰，王紹楹校，上海古籍出版社一九九九年新二版

初學記，唐徐堅撰，中華書局一九六二年版
續高僧傳，唐道宣撰，中華書局二〇一四年版
廣弘明集，唐道宣撰，四部叢刊據明刊影印本，諸子集成續編第一七册，四川人民出版社一九九七年版
壇經校釋，唐慧能，中華書局一九八三年版
大唐西域記校注，唐玄奘、辯機著，季羡林校注，中華書局二〇〇〇年版
大唐大慈恩寺三藏法師傳，唐釋慧立撰，孫毓棠點校，中華書局二〇〇〇年版
法苑珠林校注，唐釋道世著，周叔迦、蘇晉仁校注，中華書局二〇〇三年版
北山録校注，唐釋神清撰，中華書局二〇一四年版
佛説長阿含經，後秦佛陀耶舍共竺佛念譯，大正藏第一册起世經，隋闍那崛多等譯，大正藏第一册
中阿含經，東晉罽賓三藏瞿曇僧伽提婆譯，道祖筆受，大正藏第一册
須摩提女經，三國吴支謙譯，大正藏第二册
雜阿含經，南朝宋求那跋陀羅譯，大正藏第二册
中本起經，後漢曇果、康孟詳譯，大正藏第四册
賢愚經，北魏慧覺等譯，大正藏第四册

仁王護國般若波羅蜜多經，唐不空譯，大正藏第八册
放光般若經，西晉無羅叉譯，大正藏第八册
摩訶般若波羅蜜經，後秦鳩摩羅什譯，大正藏第八册
大乘理趣六波羅蜜多經，罽賓國般若譯，大正藏第八册
佛説菩薩行方便境界神通變化經，劉宋求那跋陀羅譯，大正藏第九册
法華經，後秦鳩摩羅什譯，大正藏第九册
佛説菩薩本業經，吴支謙譯，大正藏第一〇册
無量壽經，曹魏康僧鎧譯，大正藏第一二册
大般涅槃經，北涼曇無讖譯，大正藏第一二册
觀無量壽佛，南朝宋畺良耶舍譯，大正藏第一二册
大般泥洹經，東晉法顯譯，大正藏第一二册
維摩經，後秦鳩摩羅什譯，大正藏第一四册
海龍王經，西晉竺法護譯，大正藏第一五册
佛説觀佛三昧海經，東晉跋陀羅譯，大正藏第一五册
最勝王經，唐義浄譯，大正藏第一六册
諸法集要經，觀無畏尊者集，日稱等譯，大正藏第一七册

佛說除恐災患經，釋聖堅譯，大正藏第一七册

大智度論，龍樹菩薩造，後秦鳩摩羅什譯，大正藏第二五册

佛地經論，親光菩薩等造，唐三藏法師玄奘譯，大正藏第二六册

入阿毗達磨論，塞建陀羅阿羅漢造，唐玄奘譯，大正藏第二八册

成唯識論，護法等菩薩造，唐玄奘譯，大正藏第三一册

俱舍論，尊者世親造，唐玄奘譯，大正藏第三一册

立世阿毘曇論，陳真諦譯，大正藏第三二册

集諸法寶最上義論，善寂菩薩造、宋北印土沙門施護譯，大正藏第三二册

成實論，訶梨跋摩造，後秦鳩摩羅什譯，大正藏第三二册

大般若波羅蜜多經般若理趣分述贊，唐窺基撰，大正藏第三三册

法華義記，梁法雲撰，大正藏第三三册

妙法蓮華經文句，隋智顗撰，大正藏第三四册

華嚴經，大正藏第三五册

大毗盧遮那成佛經疏，唐一行著，大正藏第三九册

因明入正理論疏，唐窺基撰，大正藏第四四册

大乘義章，隋慧遠法師撰，大正藏第四四册

法界次第初門，隋智顗撰，大正藏第四六册
摩訶止觀，隋智顗撰，大正藏第四六册
釋迦譜，梁沙門釋僧祐撰，大正藏第五〇册
馬鳴菩薩傳，後秦鳩摩羅什譯，大正藏第五〇册
龍樹菩薩傳，後秦鳩摩羅什譯，大正藏第五〇册
三寶感通録，唐釋道宣撰，大正藏第五二册
翻譯名義集，南宋平江景德寺僧法雲編，大正藏第五四册
釋氏要覽，北宋釋道誠集，大正藏第五四册
一切經音義三種校本合刊，徐時儀校注，上海古籍出版社二〇〇八年版
匡謬正俗，唐顔師古著，叢書集成新編，第三八册，臺灣新文豐出版公司一九八五年版
封氏聞見記校注，唐封演著，中華書局二〇〇八年版
北户録，唐段公路撰，文淵閣四庫全書本，上海古籍出版社一九八七年影印版
意林，道藏要籍選刊，上海古籍出版社一九八六年影印本
酉陽雜俎，唐段成式撰，唐五代筆記小説大觀本，上海古籍出版社二〇〇〇年版
炙轂子録，唐王叡撰，文淵閣四庫全書本，上海古籍出版社一九八七年影印版
蘇氏演義，唐蘇鶚撰，中華書局二〇一二年版

法書要録，唐張彦遠著，人民美術出版社一九八四年版
書斷，唐張懷瓘著，文淵閣四庫全書本，上海古籍出版社一九八七年影印版
歷代名畫記，唐張彦遠著，人民美術出版社二〇〇四年版
太平御覽，宋李昉等編，中華書局一九六〇年版
太平廣記，宋李昉等編，中華書局一九六一年新版
海録碎事，宋葉廷珪撰，中華書局二〇〇二年版
錦繡萬花谷，宋佚名著，文淵閣四庫全書本，上海古籍出版社一九八七年影印版
古今事文類聚，宋祝穆撰，文淵閣四庫全書本，上海古籍出版社一九八七年影印版
雲笈七籤，宋張君房編，中華書局二〇〇三年版
記纂淵海，宋潘自牧撰，文淵閣四庫全書本，上海古籍出版社一九八七年影印版
學林，宋王觀國撰，中華書局一九八八年版
能改齋漫録，宋吴曾撰，上海古籍出版社一九七九年版
樂書，宋陳暘撰，文淵閣四庫全書本，上海古籍出版社一九八七年影印版
夢溪筆談，宋沈括著，上海書店出版社二〇〇一年版
容齋隨筆，宋洪邁著，孔凡禮點校，中華書局二〇一五年版
文房四譜，宋蘇易簡著，文淵閣四庫全書本，上海古籍出版社一九八七年影印版

書苑菁華，宋陳思編，文淵閣四庫全書本，上海古籍出版社一九八七年影印版
墨池編，宋朱長文編，文淵閣四庫全書本，上海古籍出版社一九八七年影印版
埤雅，宋陸佃著，浙江大學出版社二〇〇八年版
韻語陽秋，宋葛立方撰，上海古籍出版社一九八四年版
鶴林玉露，宋羅大經著，中華書局一九八三年版
芥隱筆記，宋龔頤正著，文淵閣四庫全書本，上海古籍出版社一九八七年影印版
賓退録，宋趙與時撰，齊治平點校，上海古籍出版社一九八三年版
野客叢書，宋王楙撰，王文錦點校，中華書局一九八七年版
虎鈐經，宋許洞著，文淵閣四庫全書本，上海古籍出版社一九八七年影印版
武經七書，中華書局二〇〇七年版
輿地碑記目，宋王象之著，文淵閣四庫全書本，上海古籍出版社一九八七年影印版
集古録，宋歐陽修編，文淵閣四庫全書本，上海古籍出版社一九八七年影印版
寶刻叢編，宋陳思編，文淵閣四庫全書本，上海古籍出版社一九八七年影印版
寶刻類編，宋佚名編，文淵閣四庫全書本，上海古籍出版社一九八七年影印版
山水純全集，宋韓拙撰，文淵閣四庫全書本，上海古籍出版社一九八七年影印版
靖康緗素雜記，宋黄朝英著，中華書局二〇一四年版

玉海，元王應麟撰，廣陵書社二〇〇七版
困學紀聞，元王應麟著，清翁元圻等注，欒保田、田松青、吕宗力校點，上海古籍出版社二〇〇八年版
書畫傳習録，明王紱撰，鳳凰出版社二〇一一年版
畫苑補益明王元貞編，明萬曆十八至十九年刊本
喻林，明徐元太編，文淵閣四庫全書本，上海古籍出版社一九八七年影印版
玉芝堂談薈，明徐應秋著，文淵閣四庫全書本，上海古籍出版社一九八七年影印版
説略，明顧起元撰，文淵閣四庫全書本，上海古籍出版社一九八七年影印版
少室山房筆叢，明胡應麟著，上海書店出版社二〇〇一年版
説郛三種，明陶宗儀撰，上海古籍出版社二〇一三年版
山堂肆考，明彭大翼撰，文淵閣四庫全書本，上海古籍出版社一九八七年影印版
釋文紀，明梅鼎祚編，文淵閣四庫全書本，上海古籍出版社一九八七年影印版
巵林，明周嬰撰，王瑞明點校，福建人民出版社二〇〇六年版
天中記，明陳耀文撰，文淵閣四庫全書本，上海古籍出版社一九八七年影印版
廣博物志，明董斯張撰，文淵閣四庫全書本，上海古籍出版社一九八七年影印版
弇州四部稿，明王世貞撰，文淵閣四庫全書本，上海古籍出版社一九八七年影印版

本草綱目，明李時珍撰，人民衛生出版社二〇一五年第二版
藏書，明李贄撰，中華書局一九七四年版
日知録集釋，清顧炎武，上海古籍出版社二〇〇六年版
義門讀書記，清何焯撰，中華書局一九八七年版
十駕齋養新録，清錢大昕著，江蘇古籍出版社二〇〇〇年版
玉函山房輯佚書，清馬國翰輯，廣陵書社二〇〇五年版
讀書雜誌，清王念孫撰，江蘇古籍出版社二〇〇〇年版
諸子平議，清俞樾撰，中華書局一九五四年版
管城碩記，清徐文靖撰，中華書局一九九八年版
六藝之一録，清倪濤編，文淵閣四庫全書本，上海古籍出版社一九八七年影印版
醫宗金鑒，清吴謙等編，人民衛生出版社二〇〇六年版
御定佩文齋廣群芳譜，文淵閣四庫全書本，上海古籍出版社一九八七年影印版
格致鏡原，清陳元龍輯，文淵閣四庫全書本，上海古籍出版社一九八七年影印版
御定月令輯要，清李光地等撰，文淵閣四庫全書本，上海古籍出版社一九八七年影印版
美術叢書，民國十七年上海神州國光社排印本
管錐編，錢鍾書撰，中華書局一九八六年第二版

楚辭補注，宋洪興祖補注，中華書局一九八三年版
楚辭通釋，清王夫之著，岳麓書社二〇一一年版
賈誼集校注，漢賈誼撰，王洲明、徐超校注，人民文學出版社一九九六年版
揚雄集校注，漢揚雄著，張震澤校注，上海古籍出版社一九九三年版
張衡詩文集校注，漢張衡撰，張震澤校注，上海古籍出版社二〇〇九年版
建安七子集，俞紹初輯校，中華書局二〇〇五年版
曹操集，三國魏曹操著，中華書局一九五九年版
諸葛亮集，三國蜀諸葛亮著，張澍輯，中華書局一九六〇年版
阮籍集校注，晉阮籍撰，陳伯君校注，中華書局一九八七年版
嵇康集校注，三國魏嵇康撰，戴明揚校注，中華書局一九六二年版
文賦集釋，晉陸機著，張少康集釋，人民文學出版社二〇〇二年版
陶淵明集，南朝宋陶淵明撰，逯欽立校注，中華書局一九七九年版
鮑參軍集注，南朝宋鮑照撰，錢仲聯增補集説，上海古籍出版社一九八〇年版
謝宣城集校注，南朝齊謝脁撰，曹融南校注集説，上海古籍出版社一九九一年版
劉孝標集校注，梁劉峻撰，羅國威校注，學苑出版社二〇〇三年版
詩品箋注，梁鍾嶸撰，曹旭箋注，人民文學出版社二〇〇九年版

江文通集匯注，南朝梁江文通撰，明胡之驥匯注，中華書局一九八四年版
文選，梁蕭統編，李善注，上海古籍出版社一九八六年版
六臣注文選，中華書局一九八七年版
何遜集校注，南朝梁何遜撰，李伯齊校注，中華書局二〇一〇年版
文心雕龍注，梁劉勰著，范文瀾注，人民文學出版社一九五八年版
庾子山集注，北周庾信撰，清吳兆宜注，文淵閣四庫全書本，上海古籍出版社一九八七年影印版
庾子山集注，北周庾信撰，清倪璠注，中華書局二〇〇七年版
玉臺新詠箋注，南朝陳徐陵編，清吳兆宜注、程琰删補，穆克宏點校，中華書局一九八五年版
文館詞林，唐許敬宗編，民國三年張鈞衡刻適園叢書第三集，續修四庫全書，第一五八二册，上海古籍出版社二〇〇二年版
文館詞林，唐許敬宗編，古逸叢書本，叢書集成新編，第五四册，臺灣新文豐出版公司一九八五年版
影弘仁本文館詞林，唐許敬宗編，日本古典研究會一九六九年纂
日藏弘仁本文館詞林校證，唐許敬宗編，羅國威校證，中華書局二〇〇一年版

文鏡秘府論彙校彙考，日遍照金剛撰，盧盛江校考，中華書局二〇〇六年版
松陵集，唐皮日休著，文淵閣四庫全書本，上海古籍出版社一九八七年影印版
文忠集，宋周必大著，文淵閣四庫全書本，上海古籍出版社一九八七年影印版
文苑英華，宋李昉編，中華書局一九六六年第一版
古今合璧事類備要，宋謝維新輯，文淵閣四庫全書本，上海古籍出版社一九八七年影印版
古今事文類聚，宋祝穆輯，文淵閣四庫全書本，上海古籍出版社一九八七年影印版
樂府詩集，宋郭茂倩撰，中華書局一九七九年版
佩韋齋輯聞，宋俞德鄰撰，文淵閣四庫全書本，上海古籍出版社一九八七年影印版
翰苑新書，宋佚名撰，文淵閣四庫全書本，上海古籍出版社一九八七年影印版
嘉禾百詠，宋張堯同著，文淵閣四庫全書本，上海古籍出版社一九八七年影印版
郴江百詠，宋阮閱著，文淵閣四庫全書本，上海古籍出版社一九八七年影印版
詩話總龜，宋阮閱撰，人民文學出版社一九八七年版
瀛奎律髓，元方回選評，李慶甲集評校點，上海古籍出版社二〇〇五年新一版
蒲室集，元釋大訢著，文淵閣四庫全書本，上海古籍出版社一九八七年影印版
古樂府，元左克明編，文淵閣四庫全書本，上海古籍出版社一九八七年影印版
古樂苑，明梅鼎祚編，文淵閣四庫全書本，上海古籍出版社一九八七年影印版

唐音癸籤，明胡震亨著，上海古籍出版社一九八一年版
石倉歷代詩選，明曹學佺編，文淵閣四庫全書本，上海古籍出版社一九八七年影印版
古詩鏡，明陸時雍編，文淵閣四庫全書本，上海古籍出版社一九八七年影印版
升庵詩話新箋證，明楊慎著，王大厚箋證，中華書局二〇〇九年版
詩藪，明胡應麟撰，上海古籍出版社一九五八年版
文章辨體序説，明吴訥撰，人民文學出版社一九六二年版
文體明辨序説，明徐師曾撰，人民文學出版社一九六二年版
古詩類苑，明張之象編，日中島敏夫整理，上海古籍出版社二〇〇六年版
梁文紀，明梅鼎祚編，文淵閣四庫全書本，上海古籍出版社一九八七年影印版
漢魏六朝百三名家集，明張溥編，廣陵書社一九九〇年版
漢魏六朝百三家集題辭，明張溥撰，人民文學出版社一九六〇年版
增訂漢魏六朝别解，明葉紹泰編，明崇禎十五年采隱山居刊本
三國兩晉南北朝文選，明錢士馨編，明末周譚刊本
丹鉛總録，明楊慎著，浙江古籍出版社二〇一三年版
升菴集，明楊慎著，文淵閣四庫全書本，上海古籍出版社一九八七年影印版
古儷府，明王志慶編，文淵閣四庫全書本，上海古籍出版社一九八七年影印版

四六法海，明王志慶編，文淵閣四庫全書本，上海古籍出版社一九八七年影印版
御定淵鑑類函，文淵閣四庫全書本，上海古籍出版社一九八七年影印版
御定歷代賦彙，文淵閣四庫全書本，上海古籍出版社一九八七年影印版
吴都文粹續集，文淵閣四庫全書本，上海古籍出版社一九八七年影印版
全芳備祖集，文淵閣四庫全書本，上海古籍出版社一九八七年影印版
御定佩文齋詠物詩選，文淵閣四庫全書本，上海古籍出版社一九八七年影印版
鈍吟雜録，清馮班撰，清何焯評，李鵬點校，中華書局二〇一三年版
古謠諺，清杜文瀾輯，中華書局一九五八年版
古詩源，清沈德潛編，中華書局二〇〇六年版
續古文苑，清孫星衍編，清嘉慶十七年冶城山館刻本，續修四庫全書，第一六〇九册，上海古籍出版社二〇〇二年版
全上古三代秦漢三國六朝文，清嚴可均輯，中華書局一九八五年版
先秦漢魏晉南北朝詩，逯欽立輯，中華書局一九八三年版
六朝文絜，清許槤評選，黎經浩箋注，上海古籍出版社一九八二年新一版
南北朝文舉要，高步瀛選注，中華書局一九九八年版
古詩選評，清王夫之編，上海古籍出版社二〇一一年版

采菽堂古詩選，清陳祚明評選，李金松點校，上海古籍出版社二〇〇八年版
古詩賞析，清張玉穀著，許逸民點校，上海古籍出版社二〇〇〇年版
古詩評選，清王夫之，上海古籍出版社二〇一一年版
古詩箋，清王士禛選，清聞人倓著，上海古籍出版社二〇一〇年版
四六叢話，清孫梅著，人民文學出版社二〇一〇年版
隨園詩話，清袁枚著，顧學頡校點，人民文學出版社一九八二年版
歷代詩話，清吴景旭著，文物出版社一九九二年版
歷代詩話續編，丁福保輯，中華書局一九八三年版
人間詞話，王國維撰，中華書局二〇〇九年版
宋詩話全編，吴文治主編，鳳凰出版社一九九八年版
宋人詩話外編，程毅中等編，國際文化出版公司一九九六年版
全明詩話，周維德集校，齊魯書社二〇〇五年版
清詩話，上海古籍出版社一九七八年新版
清詩話續編，郭紹虞編選，富壽蓀校點，上海古籍出版社一九八三年版
談藝録，錢鍾書著，中華書局一九九八年版
六朝畫論研究，陳傳席著，天津人民美術出版社二〇〇六年版

日藏弘仁本文館詞林校證匡補，熊清元撰，中華文史論叢第七十五輯
南朝之揚州刺史及其治所考析，熊清元撰，黄岡高等師範專科學校學報一九九四年第二期
六朝文學論文集，日清水凱夫著，韓基國譯，重慶出版社一九八九年版
訓詁叢稿，郭在貽著，上海古籍出版社一九八五年版
六朝詩歌語詞研究，王雲路著，黑龍江教育出版社一九九九年版

後記

蕭繹集校注即將面世，作爲校注者，我們頗感欣慰。之所以選擇蕭繹的集子作校注，是因爲 2012 年合作完成金樓子疏證校注後，我們想進一步全面研究金樓子的作者蕭繹，因此其作品的整理自然就提上了工作日程。有了金樓子疏證校注與蕭繹集校注兩部書，蕭繹現存的全部作品就都整理了，是很方便於讀者的。至於是否值得花如此大力氣去整理這位有争議的作家的作品，則是見仁見智的問題，起碼我們認爲是值得的。

這本書稿我們原先計劃兩年完成，因爲有整理金樓子疏證校注的基礎和經驗，自覺應該没什麼問題。但兩人卻花費了五年時間，個中甘苦，唯有自知。這其中，有確定校注體例的躊躇，有查不出典故的苦惱，有文意豁然開悟的欣喜，更有獲得稀見版本的激動，真是一言難盡。經五易其稿，最終呈現於讀者面前的，就是現在這樣的文本。

在撰寫的過程中，南京大學中文系張伯偉教授、中國社會科學院文學研究所劉躍進研究員爲我們提供了無私的幫助。二〇一六年九月，陳志平到臺灣東吳大學訪學，幸遇同爲研究六朝文學的林伯謙教授，林教授謙謙君子，精通佛學，數次與其討論蕭繹集注釋中的相關問題，林教授不厭其煩，使其受惠良多，並以佛光大辭典光碟相贈。上海古籍出版社劉賽編輯多次就「凡例」與我們商議，並提出切實可行的意見，使本書體例臻於完善。占旭東編審、黄亞卓編輯認真負責，使本書減少了不少文字錯訛。在此，一併致以真誠的謝意。

我們自金樓子疏證校注開始合作，至今已經十年了。十年來，我們相互配合，彼此信任，此書是我們精誠合作的又一成果。需要説明的是，在此書撰著過程中，相關資料的搜集、版本之比勘，以及與包括出版社在内的各方面之聯繫，陳志平獨任其勞，故署名時，將其姓名置前。

做校注是爲他人做嫁衣的工作，這件嫁衣儻能爲人增光添彩，則我們幸甚！

熊清元　陳志平

二〇一八年十月二十七日

兩當軒集	[清]黄景仁著　李國章校點
惲敬集	[清]惲敬著　萬陸、謝珊珊、林振岳標校　林振岳集評
茗柯文編	[清]張惠言著　黄立新校點
瓶水齋詩集	[清]舒位著　曹光甫點校
龔自珍全集	[清]龔自珍著　王佩諍校點
龔自珍詩集編年校注	[清]龔自珍著　劉逸生、周錫䪖校注
水雲樓詩詞箋注	[清]蔣春霖著　劉勇剛箋注
人境廬詩草箋注	[清]黄遵憲著　錢仲聯箋注
嶺雲海日樓詩鈔	[清]丘逢甲著　丘鑄昌標點

李玉戲曲集	[清]李玉著 陳古虞、陳多、馬聖貴點校
吴梅村全集	[清]吴偉業著　李學穎集評標校
歸莊集	[清]歸莊著
顧亭林詩集彙注	[清]顧炎武著　王蘧常輯注 吴丕績標校
安雅堂全集	[清]宋琬著　馬祖熙標校
吴嘉紀詩箋校	[清]吴嘉紀著　楊積慶箋校
陳維崧集	[清]陳維崧著　陳振鵬標點 李學穎校補
屈大均詩詞編年校箋	[清]屈大均著　陳永正等校箋
秋笳集	[清]吴兆騫撰　麻守中校點
漁洋精華録集釋	[清]王士禛著 李毓芙、牟通、李茂肅整理
聊齋志異會校會注會評本	[清]蒲松齡著　張友鶴輯校
敬業堂詩集	[清]查慎行著　周劭標點
納蘭詞箋注	[清]納蘭性德著　張草紉箋注
方苞集	[清]方苞著　劉季高校點
樊榭山房集	[清]厲鶚著　[清]董兆熊注 陳九思標校
劉大櫆集	[清]劉大櫆著　吴孟復標點
儒林外史彙校彙評	[清]吴敬梓著　李漢秋輯校
小倉山房詩文集	[清]袁枚著　周本淳標校
忠雅堂集校箋	[清]蔣士銓著　邵海清校 李夢生箋
甌北集	[清]趙翼著　李學穎、曹光甫校點
惜抱軒詩文集	[清]姚鼐著　劉季高標校

唐寅集	[明]唐寅著　周道振、張月尊輯校
文徵明集(增訂本)	[明]文徵明著　周道振輯校
震川先生集	[明]歸有光著　周本淳校點
海浮山堂詞稿	[明]馮惟敏著 凌景埏、謝伯陽標校
滄溟先生集	[明]李攀龍著　包敬第標校
梁辰魚集	[明]梁辰魚著　吴書蔭編集校點
沈璟集	[明]沈璟著　徐朔方輯校
湯顯祖詩文集	[明]湯顯祖著　徐朔方箋校
湯顯祖戲曲集	[明]湯顯祖著　錢南揚校點
白蘇齋類集	[明]袁宗道著　錢伯城校點
袁宏道集箋校	[明]袁宏道著　錢伯城箋校
珂雪齋集	[明]袁中道著　錢伯城點校
隱秀軒集	[明]鍾惺著　李先耕、崔重慶標校
譚元春集	[明]譚元春著　陳杏珍標校
張岱詩文集(增訂本)	[明]張岱著　夏咸淳輯校
陳子龍詩集	[明]陳子龍著 施蟄存、馬祖熙標校
夏完淳集箋校(修訂本)	[明]夏完淳著　白堅箋校
牧齋初學集	[清]錢謙益著　[清]錢曾箋注 錢仲聯標校
牧齋有學集	[清]錢謙益著　[清]錢曾箋注 錢仲聯標校
牧齋雜著	[清]錢謙益著　[清]錢曾箋注 錢仲聯標校
牧齋初學集詩注彙校	[清]錢謙益著　[清]錢曾箋注 卿朝暉輯校

東坡詞傅幹注校證	[宋]蘇軾著　[宋]傅幹注　劉尚榮校證
欒城集	[宋]蘇轍著　曾棗莊、馬德富校點
山谷詩集注	[宋]黄庭堅著　[宋]任淵、史容、史季温注　黄寶華點校
山谷詩注續補	[宋]黄庭堅著　陳永正、何澤棠注
山谷詞校注	[宋]黄庭堅著　馬興榮、祝振玉校注
淮海集箋注	[宋]秦觀撰　徐培均箋注
淮海居士長短句箋注	[宋]秦觀著　徐培均箋注
清真集箋注	[宋]周邦彦著　羅忼烈箋注
石林詞箋注	[宋]葉夢得著　蔣哲倫箋注
樵歌校注	[宋]朱敦儒著　鄧子勉校注
李清照集箋注(修訂本)	[宋]李清照著　徐培均箋注
陳與義集校箋	[宋]陳與義著　白敦仁校箋
蘆川詞箋注	[宋]張元幹著　曹濟平箋注
劍南詩稿校注	[宋]陸游著　錢仲聯校注
放翁詞編年箋注(增訂本)	[宋]陸游著　夏承燾、吴熊和箋注　陶然訂補
范石湖集	[宋]范成大撰　富壽蓀標校
于湖居士文集	[宋]張孝祥著　徐鵬校點
稼軒詞編年箋注(定本)	[宋]辛棄疾撰　鄧廣銘箋注
姜白石詞編年箋校	[宋]姜夔著　夏承燾箋校
後村詞箋注	[宋]劉克莊著　錢仲聯箋注
雁門集	[元]薩都拉著　殷孟倫、朱廣祁校點
揭傒斯全集	[元]揭傒斯著　李夢生標校
高青丘集	[明]高啓著　[清]金檀注　徐澄宇、沈北宗校點

三家評注李長吉歌詩	[唐]李賀著　[清]王琦等評注
樊川文集	[唐]杜牧著　陳允吉校點
樊川詩集注	[唐]杜牧著　[清]馮集梧注
温飛卿詩集箋注	[唐]温庭筠著　[清]曾益等箋注
玉谿生詩集箋注	[唐]李商隱著　[清]馮浩箋注 蔣凡校點
樊南文集	[唐]李商隱著　[清]馮浩詳注 錢振倫、錢振常箋注
皮子文藪	[唐]皮日休著　蕭滌非、鄭慶篤整理
鄭谷詩集箋注	[唐]鄭谷著 嚴壽澂、黄明、趙昌平箋注
韋莊集箋注	[五代]韋莊著　聶安福箋注
李璟李煜詞校注	[南唐]李璟、李煜著　詹安泰校注
張先集編年校注	[宋]張先著　吴熊和、沈松勤校注
二晏詞箋注	[宋]晏殊、晏幾道著　張草紉箋注
乐章集校箋	[宋]柳永著　陶然、姚逸超校箋
梅堯臣集編年校注	[宋]梅堯臣著　朱東潤編年校注
歐陽修詩文集校箋	[宋]歐陽修著　洪本健校箋
歐陽修詞校注	[宋]歐陽修著　胡可先、徐邁校注
蘇舜欽集	[宋]蘇舜欽著　沈文倬校點
嘉祐集箋注	[宋]蘇洵著　曾棗莊、金成禮箋注
王荆文公詩箋注	[宋]王安石著　[宋]李壁箋注 高克勤點校
王令集	[宋]王令著　沈文倬校點
蘇軾詩集合注	[宋]蘇軾著　[清]馮應榴注 黄任軻、朱懷春校點
東坡樂府箋	[宋]蘇軾著　[清]朱孝臧編年 龍榆生校箋

玉臺新咏彙校	吴冠文、談蓓芳、章培恒彙校
王梵志詩集校注(增訂本)	[唐]王梵志著　項楚校注
盧照鄰集箋注	[唐]盧照鄰著　祝尚書箋注
駱臨海集箋注	[唐]駱賓王著　[清]陳熙晉箋注
王子安集注	[唐]王勃著　[清]蔣清翊注
陳子昂集(修訂本)	[唐]陳子昂撰　徐鵬校點
孟浩然詩集箋注(增訂本)	[唐]孟浩然著　佟培基箋注
王右丞集箋注	[唐]王維著　[清]趙殿成箋注
李白集校注	[唐]李白著　瞿蜕園、朱金城校注
高適集校注(修訂本)	[唐]高適著　孫欽善校注
杜詩趙次公先後解輯校	[唐]杜甫著　[宋]趙次公注 林繼中輯校
杜詩鏡銓	[唐]杜甫著　[清]楊倫箋注
錢注杜詩	[唐]杜甫著　[清]錢謙益箋注
杜甫集校注	[唐]杜甫著　謝思煒校注
岑參集校注	[唐]岑參著　陳鐵民、侯忠義校注
戴叔倫詩集校注	[唐]戴叔倫著　蔣寅校注
韋應物集校注(增訂本)	[唐]韋應物著　陶敏、王友勝校注
權德輿詩文集	[唐]權德輿撰　郭廣偉校點
韓昌黎詩繫年集釋	[唐]韓愈著　錢仲聯集釋
韓昌黎文集校注	[唐]韓愈著　馬其昶校注 馬茂元整理
劉禹錫集箋證	[唐]劉禹錫著　瞿蜕園箋證
白居易集箋校	[唐]白居易著　朱金城箋校
柳宗元詩箋釋	[唐]柳宗元著　王國安箋釋
柳河東集	[唐]柳宗元著　[宋]廖瑩中輯注
元稹集校注	[唐]元稹著　周相録校注
長江集新校	[唐]賈島著　李嘉言新校

#《中國古典文學叢書》已出書目

詩經今注	高亨注
楚辭今注	湯炳正、李大明、李誠、熊良智注
司馬相如集校注	[漢]司馬相如著　金國永校注
揚雄集校注	[漢]揚雄著　張震澤校注
張衡詩文集校注	[漢]張衡著　張震澤校注
阮籍集	[魏]阮籍著　李志鈞等校點
陸機集校箋	[晉]陸機著　楊明校箋
陶淵明集校箋(修訂本)	[晉]陶潛著　龔斌校箋
世説新語箋疏(修訂本)	[南朝宋]劉義慶撰　余嘉錫箋疏　周祖謨等整理
世説新語校釋	[南朝宋]劉義慶撰　[南朝梁]劉孝標注　龔斌校釋
鮑參軍集注	[南朝宋]鮑照著　錢仲聯增補集説校
謝宣城集校注	[南朝齊]謝朓著　曹融南校注集説
江文通集校注	[南朝梁]江淹著　丁福林、楊勝朋校注
文心雕龍義證	[南朝梁]劉勰著　詹鍈義證
詩品集注(增訂本)	[梁]鍾嶸著　曹旭集注
文選	[梁]蕭統編　[唐]李善注
蕭繹集校注	[南朝梁] 蕭繹著　陳志平、熊清元校注